U0025046

自由中國

FREE CHINA

合訂本 第五集

(第六卷)

中華民國四十一年七月一日合訂
社　址：臺北市金山街一巷二號

自由中國合訂本第五集要目

第六卷 第一期

第六卷 第二期

第六卷 第三期

第六卷 第四期

第六卷 第五期

第六卷 第六期

第六卷　第七期

第六卷　第八期

第六卷　第九期

第六卷　第十期

第六卷　第十一期

第六卷　第十二期

自由中國

FREE CHINA

第六卷 第一期

新年特大號

要目

中華民國四十一年一月一日出版
社址：臺北市金山街一巷二號

半月大事記

十二月十日（星期一）

聯軍停戰談判代表建議另設小組委員會討論第四項議程之換俘問題。

伊朗通知西方國家，限於十日內承購存油，否則即將售予蘇俄及其附庸國。

杜勒斯飛抵東京。

十二月十一日（星期二）

臺灣省臨時省議會成立，黃朝琴林頂立分別當選為正副議長。

韓境停戰談判第四項議程換俘小組開始集會。

杜勒斯與美參議員斯巴克門及史密斯三氏在日招待記者，力主日本與我簽訂和約。

一九五一年諾貝爾獎金在瑞典京城授獎。

歐洲協商會議通過建立超國家機構，以管制計劃中的歐洲軍隊。

聯大主席尼爾伏宣布蘇俄與西方國家已同意成立一新裁軍委員會。

英殖民大臣李特爾頓宣稱，英政府考慮任命一主持馬來軍政的最高長官。

十二月十二日（星期三）

聯軍提七點建議，同意中立國視察停戰，並放棄北韓海外島嶼。

換俘小組共方提四點計劃，主双方釋放全部俘虜。

英外部公佈提交埃及政府之照會，表示英國決不退出運河區。

美聯社巴黎電，歐洲各政黨贊同舉行公民投票。

東德副總理鮑爾茲於聯大政委會致詞，要求訂立全德和約，並撤退外國佔領軍。

十二月十三日（星期四）

各地華僑致電聯大，抗議中共勒索暴行。

聯軍統帥部發言人宣稱，如談判限期屆滿而停戰仍未獲協議，則聯軍將訴諸行動。

十二月十四日（星期五）

立法院三讀通過兵役法。

埃及政府宣佈召回駐英大使阿姆爾。

杜勒斯在日演說，警告日人應參加自由陣營，勿為俄帝所利用。

美英法三國於聯合國中提出修正後的裁軍計劃，期與蘇俄獲致協議。

十二月十五日（星期六）

美共和黨參議員勃魯斯特抵臺訪問。

美總統杜魯門向武裝部隊發表年終文告，祈求光榮和平早日實現。

十二月十六日（星期日）

我正式承認泰國鑾披汶之新政府。

杜勒斯飛韓訪問。

蘇俄拒絕西方修正後之裁軍建議。

挪威政府同意參加擬議中監督韓國停戰的中立委員會。

十二月十七日（星期一）

英首相邱吉爾在巴黎與法總理布立温舉行會議，傳邱氏企使法國支持共犧牲臺灣以換取東南亞苟安之政策。

十二月十八日（星期二）

葉外長接見美聯社記者時稱，不願返回共區之戰俘應不列入換俘額內。

我出席聯大代表于焌吉報告聯大社委會，中共佔據大陸兩年內屠殺人民一千五百六十七萬人。

李奇威飛韓，與符立德將軍及卓伊中將在聯軍基地舉行秘密會議。

共方接受聯軍建議，双方交換戰俘名單，共軍所提名單一萬一千（內美俘三千名），聯軍所提名單一三二、四七四人。

英法會談結束，邱吉爾保證英國以全力支持促成西歐軍事與政治統一的所有方案。

埃及內長演說，決與英對抗到底。

瑞士與瑞典政府同意派遣視察員，監督韓境停戰。

十二月十九日（星期三）

聯大特別政委會通過美英法所提之裁軍案，並派五人委會調查全德。（蘇俄與東德俱已聲明不准該五人委會進入蘇俄佔領區。）

卓伊向合衆社記者談話，譴責共軍拒絕輪休制度以拖延談判。

杜勒斯離日返美。

美英法土四國答覆蘇俄照會，責俄干涉中東。

十二月廿日（星期四）

我政府照會義國，同意修改對義和約。

十二月廿一日（星期五）

聯大政委會否決蘇俄控訴美國共同安全法案撥款一億元對共產國家從事顛覆活動案。

李奇威發表聲明，要求共軍准紅十字會代表訪問戰俘。

義國宣佈廢止和約中對限制軍備之規定。

十二月廿二日（星期六）

停戰談判僵持，共軍堅持修建機場不受限制。

聯軍要求先行交換傷病戰俘。

英伊石油公司聲明，任何人自伊購油，公司將訴諸法律。

十二月廿三日（星期日）

美民主黨衆議員梅克駕機抵臺訪問。

利比亞正式獨立，首任國王為伊德利斯。

共方拒絕聯軍所提先行交換傷病戰俘之建議。

十二月廿四日（星期一）

共方答覆李奇威，表示須於停戰簽約以後始能准紅十字會代表訪問戰俘。

原書
原様

原書
原樣

時事述評

有感於文天祥之被清算

據上年十二月二十四日香港時報海豐專訊：「中共在各地清算關羽以及各姓祖宗的事，已極普遍，本縣共幹，現舉行清算文天祥，正大張旗鼓在本縣縣城及附近各鄉村展開。文天祥爲南宋之忠臣，抗拒元兵到底，南走廣東，至豐順縣五坡嶺兵敗被俘，解至元都，歷三載誘降不屈，終於從容就義於柴市，縣人對於文天祥之忠貞極爲欽仰，乃於文天祥被俘處五坡嶺建立方飯亭以垂紀念。本縣共幹以文天祥在縣民腦海中有極深刻之印象，乃舉行清算文天祥大會，迫令各鄉民衆參加……將文天祥之石像扛至大會清算鬪爭後，予以粉碎，並將方飯亭劃平……」。

這項新聞與平津學人洗腦運動的新聞，同時從共黨所統治的大陸傳出來，增加了我們更多的感慨。

六百七十年前，文天祥被一個異族征服者殺於柴市，在他是「鼎鑊甘如飴，求之不可得」的。因爲他深深知道，軀殼雖完了，典型永在。就是殺他的劊子手元世祖，雖殺死他的身體，也還贊佩他的精神，說一聲：「文天祥眞男子！」殊不知六百多年以後的今天，共產黨要從精神方面來殺戮他，給他加上「封建反動份子」「封建帝王的走狗」等徽號！共黨政權本是個「前無古人」(也應該是後無來者)的怪物，在其毀滅人類全部精神遺產的過程中，文天祥的精神之被清算，是不足詫異的。但我們所特別關懷的，在今天的中華民族當中，文天祥的精神安在?!

文天祥的精神是甚麼，想大家都會知道：正氣！文天祥與其「正氣歌」是不可分離的。

君臣之義，夷夏之分，在文天祥時代是「天柱」，是「地維」，是當時正氣所以「立」之，所以「尊」之的。正氣之爲正氣，不在其所以「立」所以「尊」之爲物，而在爲其所立爲其所尊而生死以之的精神表現。時代到了今天，所謂「天柱」或「地維」，已不是君臣之義，夷夏之分，而是民主政治思想和國家民族意識。今之服膺民主政治思想者，今之自號有國家民族意識者，當此一大變局當中，有幾人表現過旁薄凜烈的正氣呢？文天祥不世出，我們不敢責望於人人。但我們一想到文天祥就義前寫正氣歌的燕京，今天竟有若干的學人在那裡發表「邪氣頌」，不禁黯然！

在共黨鐵幕統治下，不利於他們的消息是不易於傳出來的。在現已發動的平津界教育「思想改造」的大運動中，今日或明日是否也有個文天祥出現，只好證之於他日。「自古艱難惟一死」，但我們相信，一個民族的精神遺產，是不會一下子被暴力毀滅淸淨的。(萍)

親愛精誠的狄恩將軍

最近報紙上發表，失蹤的狄恩將軍自離開他的部隊以至被俘的經過，譽他爲「韓戰中美國的第一號英雄」，我們讀完之後，除同聲讚佩狄恩將軍的英勇與堅毅之外，尤其感動人的是背負傷兵的一幕。據合衆社電稱：「……克拉克說：他發現有一個士兵兩條腿都受了傷，而被留在後面。於是他們又折回頭，狄恩將軍說這個負傷的人一定要帶着走。當時他們一共是十七個人，可是大部分的人都已精疲力竭了。結果克拉克就不顧自己右肩受了傷，而把這個傷兵背在左肩上。到後來這件背負傷兵的工作輪到狄恩將軍，雖然他經過一天來對坦克作戰與指揮召集手下部隊，已經沒有一點力氣了。狄恩將軍說，當我背着他走了一段路以後，就有一個人上來接了過去。」

我們於此所感到的，就是他的愛士卒，同甘苦。看見士兵兩腿受傷而不能走動，不把他撇掉，而說「一定要帶他走」，這是實際表現親愛，而且十七個人不分階級，每人輪流背負，雖身爲師長的將軍也沒有例外。我們中國的人命太不値錢了，共黨之草菅人命，視人如物，固不消說得。即在國民政府治下，雖則天天宣傳仁愛，但實際上能做到仁民愛物的官吏恐怕是極其少數，軍官之對待士兵，更多輕視與漠視的事例了。這一層我們希望徹底改變過來，然後反共抗俄才有根本的成功。我們的宣傳和教訓都以軍民相愛爲主旨，但是軍隊裡頭的上下交相愛豈不是更加重要嗎？如能徹底做到官兵之親愛，我想逃兵的事例就會沒有了。其次，階級雖不能不分，而甘苦絕不宜太相懸殊，以致發生離散的傾向。我們自從抗戰末期以至現在，社會上生活的豪奢與窮困對照得太顯明，固不待說，即在軍隊中亦未能免此。今日的士兵還是因爲副食費太少而有營養不足之虞，但是他方過豪奢生活的軍官，則依然時時接觸吾人之耳目，這不是顯明的對照嗎？

共產黨的根本是「恨」，我們應以「愛」反之，二十餘年來這種說法幾於盡人皆知了。但是宣傳與理解是一事，而實際做到又是一事。宣傳的理論，能維持多年而不變者，至少也有大部分是眞理，若論恨與愛之對立，則愈久而愈見其眞，中共竊據大陸以後的事實，更足證明其發揮仇恨了。但是我們的仁愛也不宜只掛在口頭上，要在每一個行動上表現出來，方能有眞正的力量，而地位越高的人，其影響越大，故越發應該如此。故不但部隊的長官，即臨民的行政首長也應該對下屬及百姓親愛。我們相信愛的力量發揮盡致，便可把共黨從根本打倒，願我朝野上下一致於此處致力！(漸)

從貨幣的兩個主義說到自由中國的貨幣

瞿荊洲

一

近世研究貨幣問題的學者，可算人才輩出；發表貨幣理論的著作，更是汗牛充棟。學者各本其研究所得，發爲議論，爲求眞理之發揚，對於貨幣制度，自須加以批判。任何貨幣制度，決沒有十全十美的，總不免有可議之處，因此，議論就越來越多了。

關於貨幣尤其是關於貨幣發行的學說以及研究此類問題的學者，可大別爲兩個陣營。其一係主張施行計畫經濟的，以爲政府應負責促進經濟之發展，所有生產、貿易、金融、物價，均應配合經濟計畫，予以管制。至於所需的資金，應儘量供給。倡導「管理貨幣說」(Managed currency plan)按經濟發展之實情，要多少貨幣，就給多少貨幣。這個學派的學說，主張這也要管，那也要管，故謂之「干涉主義」。另一則係反對干涉主義的。他們認爲管理貨幣必定導致通貨膨脹物價高漲。通貨膨脹固可促進經濟繁榮，但此種繁榮轉瞬就會陷於蕭條恐慌。爲要防止恐慌，請勿製造繁榮。信奉「貨幣數量說」(Quantity theory of money)主張嚴格規定貨幣發行最高限額。多一文貨幣，就會多一份災禍似的。這一學派的學說，反對干涉主義，故謂之「放任主義」。

以上所述兩個主義，各有各的說法，都能持之有故，言之成理。此處不擬辨別這兩個主義誰是誰非，更不擬評定他們孰優孰劣。本文的目的，在於對自由中國的貨幣，加以研討。爲求事實與學理兩不相悖起見，先將關於貨幣的兩大派的主要學說，略述其梗概，然後再說到自由中國的貨幣。

二

干涉主義者的第一個觀念，就是整個社會經濟，應當是積極活動的，步步向前的，而且是日漸擴張的。我們人類有良知良能的秉賦，應以人類生活爲中心，發揮我們的力量，運用我們的智慧，以追求社會的安全，經濟的繁榮，和文化的進步。中途如遇有困難或發生什麼缺點，應當使用種種可能的方策以圖克服而謀補救。決不許畏難苟安，故步自封，放任不管！

貨幣是我們用以發展經濟的良好工具，我們應該有計畫的管理，有效的運用。如因經濟發展之際，發見了若干缺陷，就以爲是不可挽救的浩劫；遂爲通貨擴張之威力所懾服，降伏於貨幣中心理論之下，崇奉所謂「通貨主義」，機械的規定貨幣發行限額，豈不是「作繭自縛」？貨幣本來是可供我們利用的工具，一經規定限額，反成了我們的桎梏，以致各種事業都得不着資金之滋潤，使整個社會經濟陷於枯萎，其害實有甚於「因噎廢食」。

政府的責任，在於促進生產以發展經濟，並且要使其均衡的發展。如遇生產不足或生產萎縮時，政府應予以補助。就農業言，應興修水利，增配肥料，改良品種，防治病蟲。就工業言，應修復破舊工廠，增設新工廠，或就現有的設備加以擴充，並低價供給原料及動力。俟產品增加，如有過剩時，政府應設法刺激其需要，或先予收購，再徐圖消納。此外還有減免捐稅，減低運費，津貼出口，及貸給資金等補助辦法。政府採取這些方策，旨在謀得社會經濟之均衡發展，但其結果必發生「財政赤字」及「紙幣增發」兩種嚴重現象。這些現象即係放任主義者所謂之通貨膨脹。通貨膨脹災禍之慘痛，是人人所畏懼的，比之如洪水猛獸。尤其是經過二次世界大戰，通貨膨脹的颱風，席捲各地，經濟基礎薄弱的國家，受禍尤爲慘重。提起來，令人不寒而慄。然而「財政赤字」與「紙幣增發」究竟是否即係通貨膨脹，經濟學者之悉心研究和觀察，此一問題實大有討論之餘地。

第一、財政赤字並不一定就會形成通貨膨脹。假設一國的工廠設備，尚未儘量利用，勞工也沒有充分就業，政府爲輔助工廠開工起見，代向外國購進大宗原料，動用鉅額款項，以致財政上現出赤字。在此種情形之下，財政上雖然是入不敷出，但並不會立即影響物價上漲。其結果倒是使工廠開工，增加生產，並使就業人數增加。此種事態，不乏實例，已爲一般所承認。由此看來，財政赤字初不一定就會形成通貨膨脹。

反之，財政收支縱然能夠獲得平衡，却並不能絕對防止通貨膨脹。因爲一國國民之資金，一部份供其消費，一部份係用以儲蓄。政府爲彌補財政赤字起見，增課重稅。國民如減低其消費，以其節約消費所餘積的資金以繳納稅款，則物價因消費減少，可望抑平，有助於通貨膨脹之防止。假如國民不願減低其享受，或其生活已甚清苦，無可再行減低；爲繳納新增之稅，並不自減其消費，而提支其在銀行裏的儲蓄以抵繳，則在銀行裡的存款帳上，將國民儲蓄之借方轉劃入政府公庫帳戶之貸方而已。消費既未減少，則貨物之需要情形不變，對於物價自不能發生抑平的作用。在此時期，財政上之收支固然因爲增收新稅而獲得平衡，但通貨膨脹如業已因其他原因而發生，則亦非財政收支平衡所能遏止。在普通狀況之中，凡遇政府增課新稅時，國民(納稅人)多係將消費減低到某種程度，對於物價自然有些影響。但在某種特殊情況之下，以儲蓄抵繳稅款，並非沒有發生之可能。

試進一步研究之，政府財政入不敷出之數，用增課新稅之方策以彌補，國民可減低其消費或提支其儲蓄以抵繳。如財政之收入仍有不足，勢須增發紙幣以補足。此增發之紙幣，必然是通貨膨脹無疑。殊不知政府彌補財政赤字，除了增課新稅之外還可募集公債，並不必一定要增發紙幣。國民之儲蓄在提繳稅款之後，並未掃數用罄，尚有一部份留在銀行裡作爲存款；且在經濟繁榮之際，國民之儲蓄是會與日俱增的。政府發行之公債，如由銀行承受，則銀行按其收受國民儲蓄之多寡，正比例的估計其承受能力，以消納適當數額之公債。此時無異於將國民之儲蓄間接的轉化爲政府公債。政府發行之公債如直接推銷於國民，國民即提取存在銀行的儲蓄以繳付債款，銀行又照樣的由存款帳項下將相當於債款總額之數目劃入政府公庫存戶之內。此時國民儲蓄之形式，由持有銀行存款存單改爲持有政府公債債券。此種儲蓄之持有形式，固無甚重要，而於通貨膨脹並無若何影響，這差可證明財政赤字，不能視爲通貨膨脹之本體。

第二、紙幣之增發，並不就是通貨膨脹。通貨膨脹之形成，其一部份雖然是由於紙幣之增發；而增發的紙幣，只不過是一個絕對數。至所謂通貨膨脹，除了紙幣之外，尚包括其他各種貨幣及其代用品，最重要而佔大多數的，還是存款通貨及信用貨幣。紙幣和這些貨幣各個實有量各自分別乘其流通速度以後，綜合起來，纔是通貨總量。通貨總量超過了當前生產、分配、交換、消費、等經濟行爲發展之現狀所構成的貨幣需要量，纔是通貨膨脹。假如社會經濟有迅速而又長足的發達，貨品之生產量與交易量大量的增加，其所構成的貨幣需要量也隨之增加，作爲支付工具的紙幣發行額自然也要跟着增加。此時的紙幣之增發只要不超過當前新加貨幣需要量，縱然有鉅額的增加，也不過是通貨擴張，決不是通貨膨脹。

三

在放任主義者的陣營中，首先大聲疾呼的就是說：一部近代經濟史，簡直是一部通貨膨脹史，通貨總量不斷的增加，已成爲世界各國共同的現象。所不同者，有的是輕微的增加，有的是激烈的增加而已。通貨總量輕微的增加，就是通貨膨脹的開端；激烈的增加，就是惡性的通貨膨脹。許多國家施行所謂計劃經濟，崇奉克奈勃(G. F. Knapp)氏的「國定貨幣說」(State theory of money)，認爲貨幣的職能，係由國家法令所賦與，國家爲了執行其經濟計劃，配合經濟發展，按其需要，儘量供給貨幣。於是通貨總量就不斷的增加，物價亦隨之上漲。如此自可刺激生產，市面亦可趨於繁榮。惟物價上漲，即表示貨幣價值之跌落。貨幣之價值既經跌落，則同額的紙幣，兩枚不抵一枚之用。所以紙幣之發行額，勢須迅速增加，始足敷用。通貨總量增加，就會迫使物價再漲，亦即幣價之再跌。幣量因幣值之再跌而繼續增發，物價因幣量之增發而加速上漲、互爲因果，生生不息；再加上心理作用及其他因素，物價之上漲率比幣量之增發率更來得迅速而高昂。所以在此時期，貨幣之發行額今日雖已超出當前的需要量，但遲至翌日或數日之後，因物價更加上漲，市面上會感得紙幣之不够，發生所謂「券料缺乏」及「籌碼不足」的現象，(在法幣膨脹時，此種現象，甚爲顯著)一般商民多請求政府增發紙幣以濟用。政府本身因物價已經高漲，原先編造的預算所列的貨幣數目，不能購到所需的物品和勞務，不得不追加預算。此追加額之一部份，固可取償於增課新稅及公營事業之加價。但增稅與加價對於一般物價之上漲，激烈的發生推波助瀾的作用。物價愈上漲，預算益感不敷，惟增發紙幣以塡補。社會上既因籌碼不足而要求增發紙幣，政府本身因預算不敷又須增發紙幣，在二重壓力夾攻之下，通貨總量遂至須用天文的數字以計算；紙幣之增發亦如洪水之橫流氾濫而不可收拾。

放任主義者根據的理論係「貨幣數量說」；其採用的方法則是規定貨幣發行限額。

茲先概述貨幣數量說。

貨幣數量說係由經濟學者陸克(J. Locke)氏所創導。休謨(D. Hume)及哈利斯(J. Harris)等從而和之。穆勒(J. S. Mill)亦信奉此說。費雪教授(Prof. I. Fisher)則爲此說之完成者。費雪氏認爲貨幣之價值或物價之水準，乃視次列五事而變動：(一)在流通中之貨幣數量，(二)該貨幣之流通速度，

『自由中國的宗旨』

第一、我們要向全國國民宣傳自由與民主的真實價值，並且要督促政府(各級的政府)，切實改革政治經濟，努力建立自由民主的社會。

第二、我們要支持並督促政府用種種力量抵抗共產黨鐵幕之下剝奪一切自由的極權政治，不讓他擴張他的勢力範圍。

第三、我們要盡我們的努力，援助淪陷區域的同胞，幫助他們早日恢復自由。

第四、我們的最後目標是要使整個中華民國成爲自由的中國。

(三)存款通貨之數量，(四)存款通貨之流通速度，(五)交易數量。此五者與物價之關係，費雪氏以次列方程式表示之：$MV+M'V'=TP$ 此方程式中M係代表貨幣數量，V代表貨幣之流通速度，M'代表存款通貨數量，V'代表存款通貨流通速度，T代表交易數量P即物價。如就廣義的貨幣言之，將存款通貨歸入貨幣之內，則上列之方程式，可簡縮如次：$MV=PT$ 即物價之漲跌與貨幣及貨幣流通速度之增減成正比例。如其他條件不變，則物價乃隨貨幣之數量而漲跌、

臺灣大學教授張果爲先生曾託幾位同學作成了四張統計表：(一)臺幣發行額與臺北躉售物價指數相關係數計算表，(二)新臺幣發行額與臺北物價指數相關係數計算表，(三)法幣發行額與上海躉售物價指數相關係數計算表(四)德國馬克流通額與物價指數相關係數比較表。第一表表示物價之漲率，有百分之九十四係由於貨幣發行額之增加。第二表及第三表均顯示貨幣發行額與物價水準之相關，所得係數皆爲百分之九十七。第四表更表明一九二三年德國馬克膨脹達到最高潮，物價亦上昇至頂點，二者之相關係數，竟爲百分之九十九。張先生於是作一結論：「衡量這四個相關計算的結果，可見貨幣論中的「貨幣數量說」，即作簡單機械式的應用，亦不失爲一種眞理。」

其次再論貨幣發行限額。

在十九世紀的初期，「放任自由」Laissez-faire 的思想，風靡一時。適值英國紙幣增發、物價狂漲；於是有若干思想家，根據貨幣數量說，主張紙幣之發行，要有一個最高限額，使物價穩定，以便於發展個人自由。一八四四年通過了有名的「皮爾條例」(Peel Act)，規定英蘭銀行之保證準備發行，有一個最高限額，若是超過這個限額，就必須有十足的現金準備。這是貨幣史上最著名的最高發行限額制度。皮爾條例施行之後，因不能適應國民之需要，雖曾停止施行；然不久又見恢復，如是者數次。直到第一次世界大戰發生，爲應付戰爭的需要，英國始放棄這個限額。但戰事一經結束，一九一八年康利夫委員會(Cunliffe Committee)奉命調查並研究改革貨幣，仍然迎合國民心理，建議維持最高發行限額。一九二八年英國政府公佈「通貨及銀行券條例」(Currency and Bank Note Act)，雖然將保證準備發行限額大加擴增，並規定於必要時經財政部長之許可後，得爲超過保證準備發行限額之發行，但無論如何，貨幣之發行，總要有個限度。

貨幣發行最高限額制度，不僅行之於英國，就是歐洲大陸及北美，也曾採用。最顯著的是法國德國和加拿大。試以德國爲例。一八七五年德意志帝國銀行成立時，在德國享有紙幣發行權的銀行，計有三十二家之多。後因政府對於發行紙幣有種種限制，各銀行不堪法令之束縛，相率放棄其發行權。最後祇餘四家。德意志帝國銀行之發行紙幣，採用比例準備及伸縮限制兩種辦法，在一個最大限額內，得以保證準備發行紙幣，只需有三分之一的現金準備。超過此最大限額，則須有十足的現金準備。惟於必要之時，尙得爲限外之保證準備發行，只須繳納百分之五的發行稅於政府。這種限制，雖甚寬鬆，總算仍然有一個限度。到了第一次世界大戰時，就衝破了這種藩籬，遂演成了馬克的惡性膨脹。

四

放任主義者早期未成熟的貨幣數量說，經費雪氏之推闡及提倡，完成爲新貨幣數量說。但在干涉主義者看來，貨幣數量說都是機械的貨幣病理學，其所指出的病狀，並不正確；其演算的公式，尤難與實際相脗合。例如密契爾教授(Prof. Mitchell)曾對於美國自南北戰爭時起所發的紙幣(Greenback)下了一番工夫詳加研究。其所得之結論認爲次列數事，均足以影響紙幣之價值：(一)國庫收支之盈絀，(二)政府舉債能力之大小，(三)紙幣發行之數量，(四)財政要員之調動，(五)軍事之勝負。今貨幣數量說僅以紙幣數量一項來決定貨幣之價值，殊難免偏激之誚。然費雪氏已有「其他條件不變」一語，提出保留，似已顧及此點。至於干涉主義者所依據之管理貨幣說，爲英國經濟學者凱因斯爵士(Lord J. M. Keynes)所首創。他的名著就業、利息與貨幣通論(The General Theory of Employment, Interest and Money)一書，於一九三六年出版，爲東西各國學者所欽服，近年各國的經濟政策多受其啓示。我國學者楊樹人先生及陳仲秀先生對此已有精詳的介紹和解說。凱因斯氏並不主張無限制的通貨膨脹，而且常常避免提到通貨膨脹；反對他的人說那是由於人們對於通貨膨脹這個名詞沒有十分好感的緣故。不過，凱因斯氏確實認爲若干程度的通貨膨脹，不但在解救經濟困難時是一個有效的武器；甚至在促進社會經濟高度均衡發展時也是一個必要的方策。擁護凱因斯學說的人，說凱因斯所主張的是「通貨膨脹政策」，並不是放任主義者所指摘的「通貨膨脹」。通貨膨脹確實是很危險的；爲了彌補財政赤字而取給於通貨膨脹，必然會招致物價紊亂；但是通貨膨脹政策與通貨膨脹，却是截然不同。通貨膨脹是被動的聽任紙幣氾濫；通貨膨脹政策則是在縝密的計畫之下，視事實上的需要主動的增發通貨以供應之。關於增發通貨，凱因斯並不遽行主張無限制的增發紙幣，祇認爲銀行應斟酌擴張信用，以使整個社會達到維持充分就業的程度。

凱因斯的學說博大精深，對於現實的社會，甚爲適用；不特風靡於歐美民主國家，即蘇俄的經濟學者瓦爾加氏(A. Varga)曾一度放棄馬克斯的觀點，而以爲凱因斯已發明救治資本主義經濟恐慌的特效良藥，近有奧大利派的學者密色斯氏(L. von Mises)於一九四九年出版「人類行動」(Human Action)

一書，其中關於經濟循環的一部份，詳細闡明利息之性質，推論到貨幣流通量的變化對利息所造成的影響。其學說頗爲新穎而有力，我國學者戴杜衡先生曾有較詳細的介說，此處且不複述。密色斯氏雖未直接攻擊凱因斯，但是他的論點則是針對凱因斯的學說加以新銳的批駁。密色斯氏認爲通貨膨脹確是造成繁榮之一大主因，惟此繁榮之延續，祇有在通貨不斷的加速膨脹之情形下，始有可能。同時膨脹到了某一程度，就會轉爲惡性膨脹，貨幣制度即將陷於崩潰。因爲干涉主義者之經濟計劃，均係由「廉價貨幣政策」Cheap money policy）以推行，繁榮係建立在紙幣沖積的沙灘上。金融業者最爲敏感，決不會坐待幣制崩潰之來到，一定會早一步及時停止膨脹。膨脹一經停止，即是通貨或信用之緊縮，社會經濟因之由繁榮轉爲蕭條，於是工人失業，社會購買力低落，商品無法脫手。一般人都厭惡蕭條，切盼再用通貨膨脹的方策以求繁榮之迅速恢復。殊不知蕭條即係來自繁榮，欲防止蕭條，毋寧根本的先防止繁榮。且繁榮係由通貨膨脹所造成，如欲通貨膨脹來挽救蕭條，實無異於抱薪救火。干涉主義者以爲在社會經濟發展途中，失調與脫節在所難免。政府應運用種種方策以補救。例如用管制物價的辦法以使物價與工資不要漲得太高，利用實物配給方法以使消費不要太濫，調整稅制以節制資本，或管制貿易以調劑物資之進出口；萬一不幸仍有蕭條或恐慌發生，除了在平時已預爲防範外，到了緊急的時候，還可以毅然的加以改革，以代替消極放任。但密色斯則以爲政府所採用的方策，均係賴通貨膨脹以推行，推行愈力，則蕭條恐慌愈甚；繁榮與蕭條或恐慌將會無盡期的反複重演。所以他反對限價，反對配給，反對保護關稅，甚至反對勞動立法，他是一個徹頭徹尾的放任主義者。

本年八月及九月號的倫敦經濟雜誌（The Economist, London）上連載一篇長文，題爲通貨膨脹時代彙錄（Agenda for the age of inflation）表示物價會無止境的繼續上漲，世界各國政府均囿於充分就業之說而迷信擴張信用及管制物價等方策爲「萬應藥膏」（Panacea）深致慨於密色斯氏所謂「國家崇拜狂」（Statolatry）。

綜上所述，學者忠於所學，自是各執一詞。吾人欲使學以致用，必須面對現實，因時因地以制宜；決不可爲偏於某一面的理論所蒙蔽。尤其是對於與社會經濟關係密切的貨幣問題，更須虛心而又細心的從新考慮。這是我們應有的認識。

關於貨幣的兩個主義既如上述，現在且說到自由中國的貨幣。

所謂自由中國的貨幣，自中央政府遷臺以後，原有的法幣、金圓券、及銀圓券等，均可存而不論。臺灣現爲反共抗俄的保壘，復興民族的基地。照行政院的昭告，目前的大政方針爲積極建設臺灣以準備反攻大陸，而反攻大陸的工作又分爲反攻前反攻中反攻後三個步驟。茲先論反攻前臺灣的貨幣。

臺灣在光復之初，原擬行使「臺灣流通券」，和在東北行使「東北流通券」一樣。但在接收臺灣之後，鑒於臺灣農林工礦等生產事業及交通公用事業之設備，已具有相當規模，修復及擴充，需要鉅額資金。在日據時期內，經多年戰爭之疲敝及嚴格之管制，經濟環境倒較安定，爲減輕法幣之負擔及保持臺灣經濟之安定起見，中央遂將已印就之臺灣流通券取消，特准臺灣自行發行臺幣。此實爲中央政府最明智的措施。民國三十五年五月臺幣開始發行，與日人所發的舊券一對一同價行使；市面交易往來，及舊時債務之清償，毫無折兌虧損之煩，民間稱便。同時對於日人所發舊券陸續收回，至民國三十五年十一月底，全部收回。臺灣被日據五十餘年，一旦收復，新舊幣制交替，金融上沒有發生若何波折，實在是一種良好的現象。

臺幣之發行係以管理貨幣的姿態與世人相見的。當時金融之任務，除爲財政上經費之週轉外，幾係以全力輔助生產事業及交通公用事業之修復擴充。臺灣今日之所以能夠擔當反攻基地之任務，多半在其農工生產力之足恃；即最近美國對我國的經濟援助，亦係以輔助臺省農工生產事業爲對象。倘若當時未有相當的佈置，則今日必致英雄無用武之地。緬懷臺省光復以後農工生產事業及交通公用事業之得以修復擴充，一方面得力於中央派來大批技術人員，一方面亦足以顯示管理貨幣的臺幣促進社會經濟發達之功效。

臺幣之發行因係依照管理貨幣原則，初無一定的限額。每次增發時，只須呈奉行政院財政部核可。其間曾因公文輾轉需時，遂簽定額本票以應急。至民國三十八年五月底止，臺幣與本票發行額之合計，高達一七九五四億餘元，折合新臺幣雖僅四千四百餘萬元，但當時中央在臺之軍公費用及公營事業之資金，多由臺省墊借；臺幣又與金圓券聯繫，臺省與內地互通滙兌，因金圓券之迅速貶值，臺省在滙兌上蒙受重大損失。其間臺幣對金圓券之滙率雖經中央特許可作機動的調整，從臺幣一千八百三十五元兌金圓券一元調整到金圓券二千元兌臺幣一元。但滙兌之損失已無法補償。又值京滬局勢緊張，中央軍政費款之支應更加龐大，以致臺省金融波動，物價狂漲。京滬撤守之後，臺灣之地位益見重要，經各方之一致要求，遂於三十八年六月十五日實施幣制改革，發行新臺幣以期繼續保持臺省經濟之安定。

照新臺幣發行辦法第二條之規定，新臺幣發行總額以二億元爲度，所謂「以二億元爲度」，即是新臺幣發行之最高限額。自表面觀之，似乎臺灣的幣制，已由管理貨幣轉向趨於貨幣數量說的限額制度了。後來因爲有了這個限額，金融上時有緊縮的現象，工商業者缺乏資金時無法週轉，以致經濟萎縮。若干贊成管理貨幣說的學者，就對此加以非難，以爲當時的政治家們故意迎合國民恐懼膨脹的心理，玩弄紙上的魔術，所以鑄成大錯，扼殺了所有經濟的、政治的、甚至軍事的活動。另一方面，若干信奉貨幣數量說的學者對於新臺幣既經硬性的規定了最高限額，又採取十足準備（見新臺幣發行辦法第九條）可算差強人意；但仍要責備當局者沒有採取緊縮政策，對各事業尤其是對公營事業貸款增加，以致二億元不到幾個月就掃數用罄。其實在臺灣省幣制改革方法起草之時，主管當局並未主張要規定一個最高發行限額。當時也曾請教於學者和專家，他們也以為硬性的規定限額，實在不是一個進步的制度。但在法幣及金圓券相繼崩潰以後，國民對於貨幣信心微薄，現在重談改革幣制，樹立幣信實為「先決條件」。無論那一派的學者，認為貨幣並不是購買力本身也好，認為貨幣的職能係由國家權力所賦與也好 但對於貨幣之必須有信用這一點，應當是毋庸討論的。樹立幣信是新臺幣發行辦法的靈魂，全部精神都注在這個重點上。該辦法第五條規定新臺幣對美金之滙率，第九條規定以金、銀、外滙等十足準備，第十條規定新臺幣既可結購外滙，又可折放黃金。明知這都是吃力而不討好的工作，其所以要「知其不可而為之者，其用意都在於「取信於民」。關於「發行限額」這一條，原不擬列入，但幾經研討之後，僉以臺灣光復四年以來，臺幣之發行總額僅值新臺幣四千餘萬元；觀察臺灣經濟現狀及其發展之可能，若再增加一倍或二倍，當可供長期間之使用。其時中央撥到黃金八十萬兩，按每兩兌新臺幣二百八十元計算，只需黃金七十一萬四千餘兩，即可支持新臺幣二億元之發行準備。二億元之數幾為當時貨幣流通量之五倍，如以此為限額，是與無限額相等，況且在條文中規定限額，足以堅定國民對新幣之信仰，何樂而不為？這是當時的實在情形，並非當局者拘守於某一學說而對其他學說有所偏廢。因為關於經濟學理如凱因斯的著作行文晦澀難懂，但關於貨幣發行的學說都是平易近人的，固不待皓首窮經坐破寒氈而後才能明瞭。至於新臺幣發行後，是否由於當局者未採取緊縮政策，以致僅在數月之內，即迫近二億元大關，則另有解說之餘地，容於次節申述之。

六

新臺幣發行未久，即不幸遭遇着繼京滬撤退之後，而有廣州之撤退，接着又是重慶及成都之撤退，驚魂未定，更有海南島之撤退及舟山羣島之撤退。此為我國歷史上空前未有之劇變。先期遷臺之軍事機關為獨立經費單位者，有八十多個，其他政公文教機關爭相遷臺者，不可勝數。費用龐鉅，供應浩繁，而且都在短時內，集中於臺灣一處。此時學校可以停課，廠礦可以停工，商店可以停業，惟有原在臺灣發行的新臺幣及資金之供應，未可或停。供應之方式有撥付、代墊、暫借、貸放、滙兌、交換，以及捐贈預繳等名目。當此之時，任何健全的貨幣制度，鮮有不瀕於崩潰者。所幸當局者高瞻遠矚，事先完成臺灣的幣制改革，新臺幣在萬難之情況下，勉強的撐持這個艱危的局面，使臺灣成為反共抗俄的基地。就我中華民族復興之整體言之，新臺幣實已無負於其歷史的使命。經過這一場驚濤駭浪之後，新臺幣二億元之發行限額，自已精疲力竭。至於省政府當在民國三十九年上期仍再三聲明必須堅守二億元之發行限額者，仍不外是要取信於民使新臺幣之幣信不墜以徐圖補救，其用心亦良苦。艱危的局面既經渡過，照政府的大政方針，須建設臺灣以反攻大陸。談到建設，自須助以資金，二億元發行限額的新臺幣，實在無能為力。積極建設以發展經濟之事業既不能坐待曠廢，放任不理；而政府聲言堅守限額，其威信又不能不顧，迫不得已，只有洽順輿情，乞靈於臨時限外發行。此項辦法，正名為「臺灣省政府輔助生產限外臨時發行新臺幣辦法」。規定此項貨幣專用於輔助生產，裨益工商。此項辦法實施後，學者及專家們又紛紛批評。主張管理貨幣說者就說，那個二億元的限額本來是不該要的，你們作法自斃，我們早就警告過你們了。現在事實上果然碰壁，再不要忸怩作態，趕快解脫那個不必要的束縛吧。信奉貨幣數量說的學者說，你們畢竟要放棄二億元大關了。限額內外，不過是一種字面上的分別，流通中的通貨，增加一元，即發生一元的影響。你們看物價果然相關的上漲了。所幸限外臨時發行，第一次五千萬元，第二次四千五百萬元、第三次第四次各五千萬元限額雖有增加，到底還有個限額。你們要提高警覺，竭力緊縮纔好呵！學者為學理而爭辯，苦口婆心，發為種種議論，自亦未可厚非。不過對於局勢所遭遇的劇烈的時變及實際上的艱險，似乎未予充分的重視，所以能好整以暇的唱出輕鬆的曲調。殊不知政府當局備嘗個中酸苦，「別是一般滋味在心頭」也。

七

無論那一派的學者幾乎有一共同之點：即認為發展經濟所需之資金，可挪用國民之儲蓄，或由銀行創造信用以為信用擴張 不必取給於紙幣之發行是也。此種學理，在自由中國的貨幣政策中，已充分應用。茲先述關於信用擴張之措施。為便於信用流通，首在樹立票據交換制度。臺省的票據交換事務，係由臺灣銀行主持。全省設立票據交換所的城市，計有臺北、臺中、臺南、宜蘭、嘉義、屏東、基隆、高雄、等八處。各項章則，參照各大商埠先進的票據交換所之成例擬訂，頗稱完備。就統計所得，以民國三十九年十二月一個月為準，以上八處票據交換張數為五萬四千餘張，交換金額為一億九千六百餘萬元。該月底新臺幣發行總額包括限外臨時發行五千萬元在內，為二億四千八百餘萬元。一個月的票據交換額，尚不及紙幣流通額的百分之七十。十二月為陽歷年關結帳之期，票據交換特多，其他各月，尚不及此數，足徵信用流通太不發達。市面交易習於用現鈔而不喜用票據的風尚，迄未改善。試考其原因，約有三端：（一）臺省農民佔全部人口百分之六十以上，另有勞工（包括鹽民漁民）約三十萬人。農民及勞工之支付，多係小額，必須使用現鈔。嘗聞在臺灣糖業公司每年分糖時，蔗農領取代金，必須取得現鈔，攜帶回家，召家人過目，以慰其終歲之辛勞。此筆交易，需用鉅額現鈔，俟蔗農存入信用合作社或向附近市鎮上購買日用品後，始能迴轉到銀行來。（二）近年來本省人口移動頻繁，內地商人遷臺營業者，爲數甚夥。市廛店肆，多係新開，加之投機者衆，倒閉時有所聞。商民之間，尚未樹立互信，貨品買賣時，買方開來的票據，賣方多不敢信任，只得用現鈔交割。（三）另一原因即是躲避納稅。商貨交易，如以支票付價，出入双方在銀行裡的帳戶均須記帳，留有根跡，可資追查。如以現鈔交易，則無案可稽，便於漏稅。以上種種特殊情形，決非久處象牙之塔的或生活於流通信用高度發達的都市的先生們所能了解的。

臺省爲擴張信用並節約紙幣之發行起見，曾建立滙劃制度。由公營事業先行試辦，參加者計有臺灣糖業公司等十九個單位。各單位均在臺灣銀行開立滙劃存款戶，彼此間雙邊或多邊的收支，即用滙劃轉帳單（即滙劃帳戶的支票）轉帳。此種制度曾行之於上海，頗著成效。歐美各國不大會有這種情形。我國學者對此亦不甚注意。只有日本的京都帝國大學教授小島昌太郎博士曾著有滙劃制度之研究一書，原名爲「支那ニ於ケル特殊通貨，研究」。

再談到國民儲蓄。關於此一課題，主張管理貨幣說的學者，有所謂「強迫儲蓄」（forced saving）之說。因爲通貨擴張，企業家之收益增加，對於工資及薪津亦稍予提高，只因物價亦已隨之上漲，工人及薪水階級之實際所得，反形低落，乃不得不節約消費，因而造成一種強迫儲蓄。所以在信用擴張時，可以造成新資本之累積。這本是干涉主義者研究所得的一種說法，放任主義者的密色斯氏也承認過去確曾發生過此種情形。蓋強迫儲蓄雖非「必然」，卻有「可能」。在目前的自由中國大多數的國民生活水準已甚低落。日常消費已無可再事節省。其工資與薪給掃數用去尚不敷糊口，欲造成強迫儲蓄，殆不可能。在此種實情之下，惟有採用勸導的方法，舉辦優利存款，以鼓勵國民將其不用的零星資金，或其死藏的財貨變價爲可用的資金，轉爲儲蓄，以充裕企業需用的資金，並免增發紙幣。臺省舉辦優利儲蓄存款以來，存數日益增加，截至目前爲止，存款餘額達新臺幣一億五千萬餘元。大有助於減少紙幣之發行，其功效固未可忽視也。

八

反攻中及反攻後自由中國的貨幣究應如何？關於此一問題，而準備反攻的工作中，應佔一重要部份。首先是由中央改造委員會發動，約集學者及專家，曾作數度討論。近聞行政院的設計委員會亦擬有計劃。革命實踐研究院且有切實的研究。或者均尚未到發表時期。另有好幾位學者和熱心人士發表了不少的高見：有的主張反攻的初期，在大陸上，即以新臺幣行使；有的主張暫時使用銀圓；有的主張發行軍用票或類似軍用票的貨幣；有的主張發行過渡性的貨幣稱爲光復流通券；有的主張發行一部份流通券同時以銀圓配發前方，使兩種貨幣同時行使，然後再發行新貨幣以收兌流通券及銀圓；有的主張在財政有外援的情形下，實行銀本位制，向外國借用大批白銀，大量鑄造銀圓，並發行銀圓兌換券，可以隨時兌現；在沒有外援的情形下，則實行管理貨幣，發行紙幣，採用最高限額制。（這位先生把管理貨幣和最高限額制混爲一談）此外還有「國幣券辦法」，「糧食券辦法」，及「實物兌換券辦法」。關於反攻後貨幣之名稱，更有「光復幣」，「中興幣」等等，不一而足。

以上種種主張，有的採用管理貨幣說，有的奉行貨幣數量說，有的對於此兩種學說各採用一部份以兼收併蓄，見智見仁，要亦各有其見地，可供研究自由中國的貨幣者以豐富的參考。惟尚有一點，惜未爲大家所注意，即貨幣本身須有昭著的信用是也。在法幣、金圓券、銀圓券等貨幣制度相繼崩潰之後，無論發行任何貨幣，無論採行任何貨幣制度，假使其貨幣之本身信用未孚，則必滯碍難行。貨幣本身之信用必須設法建立，而此種信用又須經過相當時日纔能建立起來。貨幣爲授受信用之工具，其本身必先有「信」而後始能致其「用」。干涉主義者認爲貨幣之職能，係國家權力所賦與。放任主義者則以爲貨幣必須有發行限額及十足準備。此兩種學說都有其理由。並且反攻勝利之後，國家之權力，必可更加伸張爲國民所悅服；接收敵僞產業及獲得外援之後，貨幣之準備，亦易充裕。惟國家之權力及充足之準備都僅足以幫助貨幣建立信用，但並非貨幣信用之本身。貨幣信用之建立，須獲得種種助力，然後加以良善的管理，並經過一相當時期。假若對於反攻中及反攻後的新國幣，不能把握時機，先期致力於信用之建立；徒然紙上談兵，擬訂些不切實際的計劃，甚至根據預擬的計劃，將新國幣刻版精印，庋藏大庫，等到反攻之時，即提出隨軍發行，憑仗國家權力或十足準備之法實以作爲無限法償，以爲已盡了準備反攻的能事；到了那時，大陸上的商民對於新國幣而目陌生，其心目中滿佈法幣、金圓券、銀圓券、膨脹貶值之陰影，則新國幣雖有國家權力和十足準備來支持，其必滯碍難行，殆可斷言。建立幣信，爲貨幣制度之先決條件，前於論新臺幣時已慨乎言之。本文已扯得太長，此處不再辭費；只須舉近事爲例：「八一九」的金圓券，可以說是國家權力最高的表現，曾幾何時，即發生搶購風潮，當搶購之時，國家權力固巍然存在也。在廣州發行銀圓券時，確有充足之銀圓爲準備，但據當時廣州來電報告，銀圓券於上午九時發出，至十一時即來擠兌一空，當擠兌之時，中央銀行除了在廣州擁有大量的銀圓外，在國外尚存有大量的銀料和銀圓（其後銀圓券幾歸數兌清，流通在舟山的銀圓券，亦如數收兌。中央尚有銀圓餘存，可爲證明），國家權力無恙，準備十分充足，仍然有搶購及擠兌的風潮發生，其故安在？貨幣本身沒有信用故也！貨幣必須建立信用之說，於此可以思過半矣。

說到此處，對於反攻中及反攻後的自由中國的貨幣，究應如何安排？我們同意於臺灣大學教授楊樹人先生的說法。楊先生在「三十四——三十五年貨幣政策的教訓」一文中（原文載三十九年十一月出版的中國經濟月刊）深致慨於日本投降以後，我們接收淪陷區域時，金融當局仗着國家的威信，着重於所謂面子問題（即本文所謂國家權力），決定馬上統一全國的幣制並將法幣價值估高。結果法幣不斷的週遊全國，物價不斷的「炒」高，人相走告，彼此信心全失。這幾句話已描寫出沒有信用的貨幣一種彷徨破落的神情。楊先生接着主張採取緩進的統一政策。選擇一個物資最豐富而客觀環境又能控制投機的區域，先把法幣穩定下來。這種說法，語重心長，恰恰把握住了建立幣信問題的要害。反攻中及反攻後自由中國的貨幣，正也要適用這個原則。臺灣的物產最爲豐富，年來管制金融的措施，已有相當的成效；雖說間有對西藥、五金、布疋、糧食、及工業原料之投機，政府當局究能予以控制，這略可相當於楊先生所要選擇的區域。切盼在這個適宜的區域，把握準備反攻的時機，先將國幣恢復起來並穩定起來。由中央銀行爲少量的發行，定名爲新國幣，加蓋臺灣地名，先在臺灣行使。新國幣可與一較穩定的外幣聯繫，臺灣對日本、香港、南洋、東南亞、及各民主國家之貿易，在臺灣均以新國幣對外幣結算，即出口貿易之結售外滙，進口貿易之結購外滙，均須使用新國幣。照目前有效的管制貿易及審核外滙情形，新國幣可與最優良的外幣同樣穩定。如此行之半年或一年，則新國幣之信用建立起來，聲譽卓著，可以信孚中外。一旦反攻，即用此信用業已昭著的新國幣，加蓋地名，在指定之區域行使，暫不與其他區域通滙。例如攻入廣東，則將新國幣加蓋廣東地名，指定在廣東省行使。攻入福建，則將新國幣加蓋福建地名，指定在福建省行使，但廣東與福建，暫不通滙。俟所指定之地區財政金融整理就緒，經濟穩定，始可由中央核定，准與其他經濟業已穩定之區域互通滙兌。如此循序漸進，不濫用國家權力，切合實際，穩紮穩打，以達到國幣制之統一。（立法委員金紹賢先生擬有「分區聯立國幣制度」，未知與此有相同之點否？因未見原文，不敢妄爲援引。）至於臺灣現有的新臺幣，可作爲地方性的貨幣，仍准流通。惟所有正規限內發行，臨時限外發行　省內發行　省外發行以及[illegible]幣與輔幣券等發行之名目，應一律廢止。另由財政當局規定一可伸縮的額度，視實際之需要，專供發展本省經濟之用，亦即所以扶助新國幣之穩定。新國幣與新臺幣之換算率，應通過外幣以計算；在國幣與外幣聯繫及新臺幣對外價格穩定時，不難求得一個合理的比重。俟新國幣在大陸獲致成功後，再設法收換新臺幣以完成統一全國幣制之大業而奠自由中國的貨幣於磐石之安。

民國四十年十二月

如此狄托！

狄托現年六十，但仍活力充沛，他那英俊的外表，整齊的服飾，和文雅的態度可能使人將他當作舊政權的一個貴族。但他那双藍色的眼睛卻特別不同，冷酷而森嚴，只有這双眼睛才是一個斯拉夫農民的眼睛，一個十分精明而多陰謀的農民的眼睛。當他笑時，他的眼睛並未笑，完全不受他面部表情的影響。那双眼蘊藏着許多未曾吐露的事情。

狄托驅走了舊政權的有閒階級，自己卻享受着他們的財富。沿着達爾馬提亞海岸，他便有六個漂亮的別墅，在風景綺麗的避暑勝地布里德（Bled）有一個田莊，在布赫多（Brdo）有一個獵場，此外，他還有許多其他遊息的地方。在這許多地方之中，他最喜歡布里俄尼島。在這裏，他常帶着他一個長達六尺餘的私人侍衛和一隻德國警犬，駕着汽車行駛在島上唯一的大道上；或是騎着馬奔馳在空曠的跑道上；或是遨游於碧波泛灔的小灣中。

南斯拉夫是一個充滿矛盾的國家。狄托雖然緊緊地控制着南斯拉夫，但仍有他勢力莫及的地方。如托婆那便是。狄托政權也曾盡力壓制這個地方的人民。但這個地方的頑固的賽爾維亞農民仍嚮往着舊政權，不接受狄托的壓制。狄托政權也就聰明地決意讓他們自便，至少在目前這些農民是個人主義者。

他們不顧一切地自由談論和思考。他們常回憶南斯拉夫在二次大戰中情形。『假若年青的彼得王不在倫敦和開羅悠閒的坐待戰爭結束，而回國領導游擊戰，那麼，歷史的過程就不同了。目前就不會有狄托當政，因爲人民是擁護他們國王的。如此　則現在彼得王必在柏爾格來德的白宮中消磨冬天，夏天必駕臨托婆那。

綜核名實和政治

毛子水

從前漢朝歷史家班固稱贊漢宣帝的政治，有一句話曰「綜核名實」。綜核名實的意義應該是很廣泛的，但最重要的意義當然是「控名責實」而不「務名忽實」。我想政俗中有許多錯誤，都是由於不能綜核名實而起，而這些錯誤有時可以禍國殃民，所以特揭出這個題目，舉幾個例來講一講。

一

先說綜核名實這件事在「幹政治」上的重要。幹政治當然可以分做好幾等。第一等是爲「治國救民」而幹政治；第二等是爲「自用其才」而幹政治；第三等則爲「富貴利達」而幹政治。爲富貴利達而幹政治的，最爲下流，我現在不去談到他們。爲自用其才而幹政治，雖然由於人性自然的要求，但亦不在我們議論的範圍以內。只有爲治國救民而幹政治的，乃是眞正可以當得起政治家的名稱的。這類人、無論能力的大小，事業的成敗，都是値得我們的欽崇和感謝的。對於這一類人，我願以綜核名實這四個字作「芹曝之獻」。

一個幹政治的人，能夠綜核名實，則能夠實實在在的做事，又能夠用適當的人來做事。但是一個人如果稍有自省的功夫，便知道綜核名實確是一件不容易做到的事情。

就事而言，則幹政治的人，最容易爲好聽的名義所誤而做出和政治本意相乖戾的事情。例如審計制度，意思本是防人作弊的，但因規定章則時，只務名高而不切近人情，往往有獎勵人作弊的嫌疑。這件事情，凡在政府機關任過職務的人，差不多都有過痛苦的經驗；但是大家都是得過且過，沒有肯從根本上來改良審計章則的。因此，從年頭到年尾，各機關的收支，件件都報銷得很清楚，但是實際上，差不多沒有不造假帳的。這種弊習不掃清，又何怪貪官汚吏習於作奸犯科的行爲呢！更何怪商人們造假帳以圖避免或減少所得稅呢！

又如國家公務人員的待遇，在一個地方，凡等級相同的，無論於法於理，都不容彼此歧異。但即以臺北而言，中央與地方不同；同是中央，同是地方，各機關又不相同。凡有外援關係的，又復以特殊階級自居。若一一綜核名實，則糾紛立起；若「聽其自然」，又失却公平的意義。這當然由於制度的不好；而制度的不好，多半由於開始時沒有顧到實在的情形。

又如行憲一事，當然是中華民國政府無上的任務。但中華民國憲法的制定，本期施行於太平盛世的，而制憲時所設想的人民知識的水準，似又比實際的程度高得多。按理講，政府行憲，是應當的，但先後緩急的次序，應依照實際的情形而定。若有萬難以實行的地方，應即依合法的程序修改。照我個人的想法，國民基本的人權，爲憲法的精神所寄；無論什麼時候，都不應觸犯。就算我們不履行憲法，聯合國世界人權宣言亦是我們所應遵守的。又民主的政體，自有起碼的條件；我們中華民國既是民主共和國，則這些起碼的條件總不應有所違背，因爲一違背便是推翻國體。至於地方制度，院會組織，乃至基本國策，在這個非常的時候，只要是國家利益所迫切要求的，政府行憲，即令於條文稍有出入，亦可以見諒於人民。二年以來，政府的苦幹精神，爲中外所同欽，但在憲法的施行上，似還沒有顧到本末輕重的適宜。既往不咎，來者可追。在國家根本大法上，我很希望政府能有相當的實事求是的氣象。

講到用人，是自古以爲難的。但我以爲政府在大陸時．對於用人，實不免有疏忽的地方。一方面固然是人才難得，一方面亦是我們政府太不注意眞才實學了。我曾聽說我們派出去的大使，行爲不檢，爲駐在國的人民所姍笑；我也曾聽說我們派出去的特使，行爲不檢，引起所到國首長的忿怒。這種事情，小則失國家的體面，大則貽禍害於國家。我知道我們政府必不至輕視外交的，但用人務名而不察實，結果定必至此。外交如此，內政亦然。雖然二年以來，我們政府在用人上已能謹愼權衡，但尚有若干德不副位，爲政府「盛德之累」的。且舉一小例來講。我們政府固然竭力提倡廉潔，我們行政的首長且能以身作則，但國家及地方的官吏中，固不能說便沒有貪汚成習的。所以我很盼望政府在重要官吏的品格上，更加注意，以期謹廉風氣的養成！

一個政府，非特在做事和用人上宜貴實在，即在宣傳上亦貴實在。宣傳是現代國家施政的一種最重要的工具；但許多人誤解了宣傳二字，以爲宣傳便是誇張或至少是說好話。這都錯了。宣傳和別的事情一樣，仍以「誠實爲最好的政策」。除了有關國策和軍事的應守秘密以外，其他都應儘量的說老實話。說老實話，就是「示民以信」；這是政治上的一實。我們政府，二年以來，勵精圖治的作風，可告無愧於人民；間有缺點，固是賢哲所難免。而報章雜誌上，多不肯振筆直書，以備規箴，這大概因爲疑心政府還沒有「人告之以有過則喜」的雅量，且恐怕有妨國家宣傳政策的緣故。實在，政府的宣傳，應重事實，不應重說話；且稍有知識的國民，對於「知過必改」的政府，比對於能夠雄辯的政府要尊敬得多。

二

非特幹政治需要綜核名實的功夫、就是議論政治的人也應有這種本事，才可以說話能中肯綮。普通有黨派成見的人，我們不去論他。我們所以爲有資格議論政治的人，是純粹以國家生存，世界和平，人類文化為心，而不顧到一己的利害的。

這樣一個人，愛自由，愛進步：這可以說愛得不錯！但這樣的人，往往務名忽實，而不知真正的利害所在。所以我們如果完全信賴他的話，有時甚可犯了極大的錯誤。從前英國著名詩人威至威士聽到法國革命的消息，大為贊成，欣然親往；後來考察到實際的情形，頗覺失望。這種勇於改過的風度，固可欽佩；但我們就他這件事可以知道一個人的論事，如果僅憑虛名或空想，是萬萬難以靠得住的。且「物有本末，事有終始。」即以自由來講吧。我們生存在一個社會裏，我們所享受的自由，必須是整個社會所可享受的。這中間決有躐等的可能。當然，一個社會裏邊有先知先覺的人出來，社會的進步可以提早。但這樣的人已不是任何時都有，即有，他所發生的影響亦未必恰到好處。凡純任理性的人，多僅憑局部觀察，而忽略了本末終始的次序。我常常逢到愛好自由的青年，任憑純潔的心地，一開口便怪政府不民主，不予人民以應得的自由。實在，據我的觀察，這種人從來便沒有不自由過。他所以有這樣的意見，完全是因為他對於實際的政治沒有很好的經驗的緣故。設使他在實際的政治上有充足的經驗，或竟發相反的議論亦未可知。一個青年人是難得有這等經驗的，所以一開口便罵政府。談自由的人這樣，談民主的人亦是這樣！我說這些話，並不是說政府有百是而無一非，而青年人便毫沒有對的地方。我不過舉一件社會上最常見的事情以說明我們現在社會中有一病徵存在。這種毛病，實在是應當急速醫治的；醫治的方法，亦不外提倡實事求是的風氣。

前些時我在一雜誌上看見一位李先生討論「重振德育」的文章。「德育」固然是教育中最重要的一部；提倡德育，是無可非議的事情。且李君作文的動機，實有足以使人欽佩的。但中間有一段，不十分合於事實，頗容易叫人發生誤會，所以我不能不略加辯正。原文：「：五四以後，我們也曾盲目的覺得以讀線裝書為可恥而競談時髦，結果只學了一些西歐的皮毛，便欣然自足。至今思之，猶愧汗不止。但這一病態至今尚存。且時勢所趨，愈演愈烈。久而久之，焉得不由浮薄而鄙野，終至道德盡喪，人性泯滅呢！」這段話至少有兩點錯誤應當改正的。一是在我們中國的學術界，五四以後，並沒有能讀書的人以讀線裝書為可恥；就我所知道的而言，自五四以後，中國讀書人，非特沒有忽遺線裝書，且用比以前更銳利的眼光來讀線裝書。一是道德的墮落，（如果比以前墮落的話）自有種種的原因，當不專因為不讀線裝書的緣故。國民道德的基礎，如四維八德等，固可由線裝書中探得，但現在學校教科書中亦都宣揚這些教義。且聖為天口，人同此心；東海西海，理無二致。仁愛信義和平的道理，西方的聖哲，亦儘有闡明得很詳盡的。總之，德育當振，理所固然；但必謂道德只存於線裝書中，則未免太拘泥。這種情形，李君當亦明曉；但李君所以有這段話，則因沒有實在的查究五四以後中國學術界的工作，所以便隨俗而率爾立論。綜核名實的功夫對於論事的重要，即此可見。

三

以上二端，一就幹政治的而言，一就議政論事的而言，都足以證明綜核名實的重要。而我們國民目前更需要辨明名實的，莫過於「和平」這個名詞。這個名詞的「名」和「實」如不明，則民志不能安定。所以我不能不多說幾句。

和平是一切文明的根基；世界有和平，乃是人類最大的幸福。我們如果不願人類的絕滅，則我們當盡一切力量以取得和平，盡一切力量以消除戰爭。

克里姆林宮指示共產國際發起和平運動而口口聲聲罵人家為戰爭販子。就表面講，蘇俄應是世界上最愛護和平的國家了。但就實際講，則現在全世界的不安，可以說都是由蘇俄造成。蘇俄所謂「和平」，意即謂「蘇俄以外的國家，放下武器，束手投降，以供克里姆林宮主人的驅使」；蘇俄所深惡的戰爭，乃是抵抗蘇俄侵略的戰爭。明白了這種情形，則共產國際的和平運動愈強烈，愛護自由的民主國家愈應儲備較優的武力。戰爭是萬惡的根原；但如果世界和平非戰爭不能得到時，則戰爭亦是我們所不得不用的工具。同一戰爭，作為侵略他人或爭奪權利的用，則為莫大的惡事；用以剷除人民的蟊賊，取得真正的和平，則為莫大的善事。自由世界的人民，能認清這點，方不致受蘇俄的欺騙而吃大虧。

除了「和平」一名詞外，還有「民族自決」一名詞，亦是蘇俄用來以製造混亂的。過去帝國主義，固然是人類歷史中許多罪惡的一大製造者；但現在有了聯合國，弱小民族可以漸漸脫離帝國主義的羈軛而獨立了。實在說，聯合國與帝國主義，在原則上是不能並存的。現在英法等國，已自願放棄他們的帝國主義以符聯合國的精神，而蘇俄則正欲乘機以繼承英法等國的帝國主義，且圖征服全世界。在蘇俄心目中，所謂「民族自決」，便是「脫離別的帝國主義的羈軛而投入蘇俄的羈軛」。至於聯合國的宗旨，蘇俄是一向不以為意的。二次大戰中，因欲得美援，所以加入聯合國；現在則因要在聯合國中阻撓聯合國種種計劃，所以不退出。我們如果「控名責實」，則蘇俄乃是聯合國宗旨的唯一破壞者。

世界上最易眩於名而忽略實際的，莫過於心地純潔的青年，因此，青年人也最容易受共產國際的欺騙。我這篇文字，目的在使舉國上下知道辨明一切事情的「名」和「實」的重要，希望稍有補益於目前的局面。如青年人因名實的分辨而識破蘇俄詐偽的宣傳，則尤是我所希望的！

論中共之統制思想

羅鴻詔

一

最近中共在北方做「改造思想」的運動，將平津方面專科及大學的教師們集合了六千人(最初三千人後增至六千人)，要把他們的思想都改造過來，使合於馬列主義的範型。共產黨徒自信甚强，他們自己的思想是絕對正確的，其他的思想都是完全錯誤的，故每到一個地方無不以統制思想爲先務。現在他們窃據平津快到三年了，而「高等學校教師中還濃厚地保留着歐美反動階級的思想，羨慕美國的政治自由，佩服英美的科學到了迷信的程度，而對于蘇聯的科學技術則投以不值一顧的輕視眼光。……只是追逐個人的興趣，從個人的角度來欣賞自己的學問與專長，沉湎於自己的過去，不肯望望人民政府的將來。」(京津高等學校教師學習委員會副主任委員錢俊瑞的話)由此可見中共之統制思想已日益嚴厲，對個人自由的思想已到「大力」撲滅的時候了。

有人以爲統制思想是不可能的。因爲思想出自內心，而政治上的禁止只能及其表面，至多只能使人不發表其思想，決不能使人自知其思想之錯誤，而改宗另一思想。這種理論共黨是不會相信的。他們軟硬兼施，即一方耐心勸說，熱烈批評，以期使人心服，他方用盡種種壓迫手段，使人自己承認昨非而今是，表示誠心接受其所謂「正確思想」。故從表面上看起來，他們的目的已經達到了。但是思想之改造眞眞如此容易嗎？一個人的思想乃是學習了幾十年的結晶，經過政治當局幾個月的改造，便可以革面洗心，完全改宗嗎？果若此，則他的思想根本不是他自己的心得，乃是剽窃而來的了。心理學家告訴我們，要忘記一件有深刻印象的事體，是很難的，何況經歷多年，而能自成體系的思想，怎能够一時丢掉呢？故就個人而論，所謂「改造思想」完全是不可能的。

但從社會方面看來，結論或不相同。共黨對一批有思想，有聲望的人們，用盡大力去折磨，去侮辱，其原來的目的並不在乎改造那批人自己的思想，乃在使他們不敢發表其思想，即使發表了也沒有多大的影響力，簡單一句話，只是禁止其謬種之流傳而已。這雖然是消極的工作，但消極工作做得到家，便可掃除障碍，而有利於積極工作。而且在共黨統治下宣傳與教育都是政府獨占的，所有教科書和印刷品都是宣揚其權威思想(馬列主義)，沒有知識的青年少年只能接觸到這種思想而並無其他，勢非接受不可。故他們以爲經過長久的時期，統制政策便會發生効力，而思想統一之目的也就可以實現。

二

那麼共黨的這個目的能不能實現呢？我們先從中國歷史上給它一個答案罷。中國之主張統制思想者以墨子爲最古。他說：「古者民始生未有刑政之時，蓋其語人異義，是以一人則一義，二人則二義，十人則十義，其人玆衆，其所謂義者亦玆衆。是以人是其義以非人之義，故交相非也」(尙同上)。此所謂「義」即是正確思想。墨子想像初民時代沒有刑政，人人自作主張，互相非議，而天下乃大亂。所以要選天下之賢可者，立以爲天子，「天子發政於天下之百姓，言曰：聞善而(作與字解)不善皆以告其上，上之所是必皆是之，所非必皆非之，上有過則規諫之，下有善則傍薦之，此上之所賞而下之所譽也。意若聞善而不善不以告其上，上之所是弗能是，上之所非弗能非，上有過弗規諫，下有善弗傍薦，下比不能上同者，此上之所罰而百姓所毁也」(尙同上)。我抄了這麼一大段意猶以爲未足，因爲通讀尙同上中二篇，深深覺得墨子的辦法和今日共黨的辦法太相像了。照墨子說，地方官之最小的是里長，其上爲鄉長，國君，最上是天子。他以爲里長要敎百姓上同於鄉長，鄉長要敎百姓上同於國君，國君要敎百姓上同於天子，天下之治以「天子能壹同天下之義」。又說，「去若(你的)不善言，學天子之善言；去若不善行，學天子之善行」。這樣完全以天子之是非爲是非，毫無客觀的內容，儼然是今日史大林的模樣，照共黨的術語說來，墨子眞够「前進」了。

孟子要「正人心，息邪說，距詖行，放淫辭」(滕文公)，但止於論辯，沒有實行的方法。他抨擊墨子也只及於兼愛，沒有論到尙同。荀子之非墨子雖涉及許多方面，但對於尙同則頗有與墨子相同的地方。他說：「夫民易一以道，而不可以共故。故明君臨之以勢，道之以道，申之以命，章之以論，禁之以刑，故其民之化道也如神，辨說惡用矣哉？今聖王沒，天下亂，姦言起，君子無勢以臨之、無刑以禁之，故辨說也」(正名)。「一以道」和「壹同天下之義」外表上是相同的；墨子用賞罰毁譽，荀子用勢用刑，也很相像。荀子所謂姦言，即上文亂名亂實之三惑，並不是指一切思想而言，但對於這類思想竟主張勢以臨之，刑以禁之，也過於相信政治力了。其弟子韓非則謂，「明君求善而賞之，求姦而誅之，其得之一也。故以善聞之者，以說(悅)善同於上者也，以姦聞之者，以惡姦同於上者也，此宜賞譽之所及也。不以姦聞，是異於上而下比周於姦者也，此宜毁罰之所及也」(難三)。上同者賞，下比者罰，依然是承襲墨子的主張，也就是今日共黨所實行的方法。至其弟子李斯爲秦丞相，已有勢以臨之，刑以禁之，故建議於始皇，實行焚書坑儒了。韓李雖不是篤守師說，然亦可謂淵源有自吧。

戰國末年，世之顯學端推儒墨(韓非子，顯學篇)，而二家都有統制思想的主張，且同欲憑政治勢力以謀其實現，可見群言淆亂，則欲以實力判定是非(實踐證明眞理)，也是自然的趨勢吧。然自秦始皇焚書坑儒，偶語棄市之法行，而天下反因之而大亂，李斯身受其殃，秦亦二世而亡，自此以後，歷代帝王再不敢施行統制思想的政策了，即是這種政策已爲中國歷史所淘汰了。不料二千餘年後的今天，又有共黨來蹈亡秦之覆轍，歷史眞要循環嗎？

三

論者可以反駁道：你說秦皇李斯以後無人嘗試，你忘記了漢武帝董仲舒嗎？漢武帝採納董仲舒之議，罷黜百家，獨尊孔子，豈不是統制思想，豈不是中國歷史上的大事嗎？其實這和共黨的統制是完全不同的。仲舒對策說：「春秋大一統者，天地之常經，古今之通誼也。今師異道，人異論，百家殊方，指意不同，是以上無以持一統，法制數變，下不知所守。臣愚以爲諸不在六藝之科，孔子之術者，皆絕其道，勿使並進。邪辟之說滅息，然後統紀可一，而法度可明，民知所從矣」(漢書本傳)。董仲舒之所據是六藝之科和孔子之術，自孔子以至董仲舒已有五百年，此五百年間中國的士大夫，對於六藝(即經書)是無人不讀的，對孔子之贊成與反對亦至爲激烈，即是經過充分批評的，且看太史公之論六家要旨，對各家均分疏其優劣得失，便是完全持着批評的態度。馬克思主義至今雖有百年的歷史，爲時尚短，尚不足與當年的孔子學說相比，而且經列寧史大林之一改再改，已是面目全非，再加以「教條主義」之非難，則馬克思全集已不足爲典據，不能當作客觀標準以鑑別眞假，只有以史大林之是非爲是非了。孔子學說則是確定的客觀標準，臣下引之以駁倒皇帝的意見，往往可使皇帝屈服。此其不同者一。馬克思主義是外來的，中國的知識分子讀過的並不多，贊成者尤其少；孔子學說在當時不但是無人不讀的，而且贊成者實居多數，故漢武帝採納仲舒之議，不聞反對之聲。至於所謂「史大林主義」，則其矛盾牴牾實不值一駁，即在共產黨員中恐亦有衷心反對者。此其不同者二。尤其大不相同者，共黨對於馬恩列史主義，則不許懷疑與批評，強入作盲目的信仰，對於其他思想則痛斷根株，不許人們去研究，全憑暴力以逼人就範。漢武帝所謂罷黜百家，獨尊孔子，不外表示政府的態度，尊崇者並沒有不許懷疑與批評，罷黜者也存而不廢，並沒有禁止人們去研究。要做官的人，自非通曉儒家的經傳不能博得一官半職。如果不想做官，不問政治，則儘可高談玄學，精研佛典。魏晉之時「爲學窮於柱下，博物止乎七篇」，豈不是一時風尚嗎？同時佛學勃興，第一流思想家都去潛心研究，社會上的善男信女普及於上中下各階層，甚至皇帝都崇信佛法，以爲能延國祚。故由魏晉以至隋唐，中國思想界實爲儒釋道之三分天下，但是政府的功令還是尊重儒家的，你如果要做官，若非通曉聖經賢傳還是不得其門而入的。然若做了官以後，你要去研究釋道二教以及九流百家之說，依然是極其自由，不受拘束的，即使著書立說去贊成儒家以外的思想也是一樣。故中國專制王朝對思想之政策，不但不像共黨國家的統制，即較之基督教及回教諸國家也寬大得多。據實而論，二千年來的中國實未嘗有過思想之統制，董仲舒並未蹈李斯之覆轍，所以我說，秦皇以後，歷代帝王都不敢嘗試了。如果歷史的力還能暗中作用的話，則中國的歷史必可淘汰共黨無疑。

四

有人說，共黨之統制思想是學自基督教的，這一點確有片面的理由，但是也只有一片面。尼凱亞會議(耶穌紀元三二五)以後，教義之統一的解釋告成，不合乎此者便是異端，皆在禁止之列；梵帝岡會議決定對於教義不許懷疑，不許批評，限制了研究者之活動範圍；宗教法庭之黑暗的審判，對思想家之鉗制及迫害，極殘酷之能事；凡此都和共黨的作法相似。蓋基督教是一神教，含有激烈的排他性，故其對異教徒之歧視和仇恨乃其本質使之然，十字軍之起因雖言人人殊，而其號召力之強大實由於對異教徒之仇恨，是沒有異議的。有此激烈的排他性，則對外者往往轉而對內，而思想統制的行爲也就要乘時而起了。但是將基督教和共黨比較還是不同的成分居多。基督教初期是下層社會之信仰集團，手無寸鐵，到處受着政治當局的迫害，其聚集群衆，吸收信徒，祇憑口頭說服與精神感召，從來不依賴武力。至羅馬皇帝之接受基督教，也不是屈服於其武力之下，乃是由於內心的信仰，即羅馬的知識分子之宗信亦復如是。共產黨雖由下層群衆開始，但他們崇奉暴力則自馬克思而已然，對於政治當局自始即懷武力推翻之念，對於知識分子亦唯有暴力壓服之一途，其發展實唯武力是賴。唯物論者初不知精神感召爲何物，其與基督教之差別實在其源頭上。羅馬公教(天主教)在其最盛時雖高踞於政治之上，但是「上帝的歸於上帝，凱撒的歸於凱撒」的信條實始終堅持着，教會是只管精神界不問世俗界的，故對於政治至多只是間接的參與而已，宗教革命以後，教會與國家又能恢復和平共處者，職由乎此。共黨則承襲了希臘正教(東正教)的傳統，加上沙皇的專制政治，宗教居於政權之下，只有供其利用，不能與之分庭抗禮，史達林的集體農場成功以後，人民的物質生活皆操於共黨手中，絕無逃避的餘地。故對於共黨不爲其奴隸則必爲其死敵，其排他性是史無前例的，基督教(不論正教與公教)怎能與之比並？

整部基督教史告訴我們，其成功實由於精神感召及其和平發展的方法，然自其權力高出於各國君主之上，而獨步歐洲以後，遂未免濫用其權力而產生莫大的流弊，結果引起了宗教革命，擾攘多年而後已。蓋統制思想的政策一經施行，其後必愈來愈緊，非經大流血的革命不能望其改變，基督教是如此，俄國尤其是如此。大彼得皇帝只想接受西歐的技術，要保留其殘酷的專制制度，對思想統制未見鬆懈，而其內部始終紛亂，皇帝多被暗殺，最後一九一七年的革命，帝制終被推翻。布爾什維克黨承襲了沙皇專制之遺風以及馬克思主義之獨佔性排他性，其不能寬容思想是理所當然的，故其統制思想亦愈來愈緊，最後又非革命不能改變。這樣革命又招來革命，紛爭擾攘無已時，其為害於社會實屬至大。我們中國對於思想之不同，從來沒有流血的鬥爭，各人提出自已的主張以供社會大衆之選擇。今共黨宗奉馬克斯實踐證明眞理之說，以勝敗為眞假之標準，於是眞理乃因暴力為轉移，善惡可由命令而變更，走到極端的統制思想路上去。如此反歷史的革命自必招來再革命無疑。我們從基督教及俄國的歷史觀之，可以斷定，統制思想是害多而利少的，則中共的前途不卜可知。

五

上面皆從歷史事實的教訓，以判定中共此次舉動之是非，最後再從理論上來看看。如果站在馬克思唯物論的立場，統制思想是多餘的。照馬克思說，「不是人的意識決定人的存在。乃是人的社會的存在決定人的意識」，這「存在決定意識」的理論，共黨向來視為金科玉律，自應作其行動的準繩。那麼要改造個人的思想自無庸舉行甚麼學習運動，只要將存在改變了，則思想也就被決定而非改變不可了。今中共竊據大陸以後，徹底施行土地改革已將農業的存在改變了，努力展開工商業政策已將工業及商業的存在改變了，他如家族制度，教育制度等等統統都已改變了，即是人的社會的存在已經完全改變了。則人的意識(思想只是意識之一部分)還有不跟着改變之理嗎？又何必浪費精力去作此不必要的運動呢？故從近處看，要改造六千個教師本身的思想是不可能的(理由見第一節)，從遠處看，要改造青少年或今後全國人民的思想是不必要的。兩方都無是處，而中共竟以如許大力去實行，實屬難解。豈馬克思的唯物論竟不是普遍的眞理嗎？抑或毛澤東腦筋裡出現了唯心論，而以存在決定意識為無用的教條了嗎？二者必居一於此。

倘若離開唯物論的立場，而論思想統制之是非，則問題不在其所禁，而在其所尊。元來統制主義乃是只許一種主義的主義，這一種主義便是墨子所謂義，荀子所謂道，換句話說，便是權威思想。這權威思想何以證明其為正確呢？不是正要討論的問題嗎？照穆勒（J.S.Mill）的分析這有三種可能。第一、權威思想完全合乎眞理，第二、全不合乎眞理，第三、其一部分合乎眞理一部分則否。今假定它是眞理，但要知悉其為眞理，也要經過懷疑批評的階段，使其所以為眞的理由顯露出來，且能指出其他思想之錯誤，然後能確信而不搖。若要顯正，必先破邪，故其他思想亦宜任其存在，而當作邪說，辯而闢之。倘若權威思想是錯誤的，而憑威力以强迫人們盲目信仰，則團體與個人將無不深受其害，更不消說。其實凡屬人類的思想都不能免於錯誤，故絕對正確的思想實為事實之所無，他方凡有一批人信奉的思想也不會完全錯誤的。故所謂權威思想多半是第三種情形，其中一部分是合乎眞理而一部分則否。果若此，則要辨別其那一部分是眞那一部分是假，正應和其他思想對照比較而研究之，然後能採其長而補其短。由此可見，可能的情形只有三種，而不論在那一種情形下，施行思想統制，即崇奉其一而禁絕其他，都是無益而有害的。我們以為唯有抵不住懷疑的才不許人懷疑，經不起批評的才不許人批評，反過來說，「眞金不怕火來燒」，經過充分的懷疑批評以後仍能屹立不動的，才配稱為權威思想而無媿。

照共黨自已的說法，共產主義之列寧階段已不全同於馬克思，今日的史大林階段又與列寧有別。那麼馬克思及列寧的著作中均有一部分是不合今日之用了。其實將史大林之所行和馬克思學說相比已經相差太遠了，故堅持馬克思主義者無不反駁史大林。如站在史大林的立場，必認為馬列都有錯誤，自非階段說所能掩飾，則史大林自已怎能全免於錯誤呢？由共黨今日之統制思想看來，其結果只許史大林個人有所創造，而全世界的人類唯有盲從，一人的權力無限伸張，而全人類盡成奴隸，如是而已，眞理云乎哉？

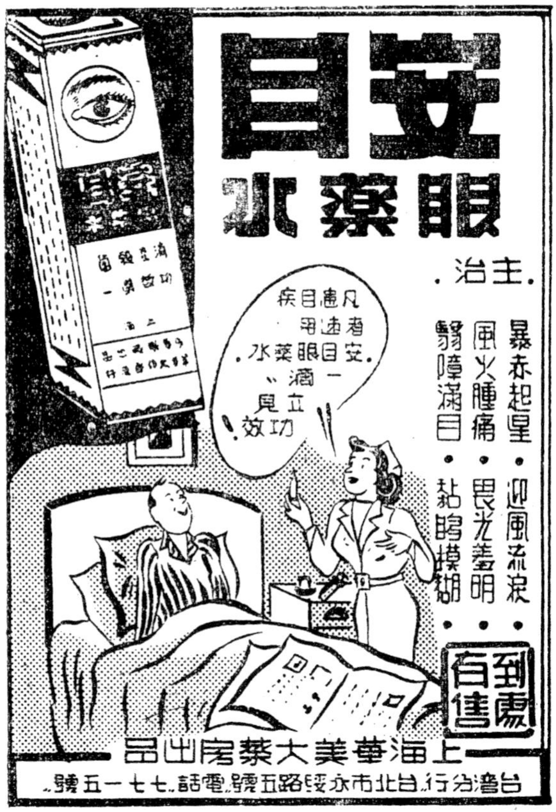

臺灣水利問題之檢討

宋希尚

一、前　言

我國以農立國，農業與水利有密切的關係，人盡知之。檢討我們數千年來建國的歷史，可以說明水利工程之興廢，往往對某一朝代之盛衰，有其重大影響，所以從事水利建設的領導者，亦最受老百姓的愛戴與崇敬。試觀大禹之被選為王，李冰父子之廟食千秋，李儀祉之供為「八惠渠」流域內灶神，最足以證明受惠之厚，感恩之深，實為裕國利民永垂不朽之事業。

水利工程的範圍，包括很廣，如(一)防洪，(二)灌溉，(三)排水，(四)發電，(五)航運，(六)築港，(七)給水，(八)洗鹹，(九)放淤等等。就臺灣水利而言，除航運問題，僅僅只有淡水河下游一段約有一百公里左右，可以通行帆船外，其他水利問題，均有其關係，尤以防洪，灌溉　直接間接的足以影響臺灣之經濟。

二、臺灣水利之不利條件

水利工程與天然條件—天時地利—有極大密切利害的關係，但檢討臺灣水文等資料，都是有利於水之為害，而不利於水之為利，益覺本省水利建設之有待人力來補救。從地形來講，中央山脈橫貫南北，形同脊樑，把整個海島分成東西兩大部份，彷彿成為全省的分水嶺，大小一百十二條河川，循此山脈，東西分流，歸注大海。中央山脈的最高峯，高出海拔約有四千公尺之多，其他高出三千公尺以上者，亦有六十餘峯，山高幅狹，地勢峻陡，造成了山陵地帶，竟佔全省總面積百分之七十五，平原地帶可供灌溉墾植者，則僅居百分之二十五。(全島面積共計為三五七六〇平方公里)至河川比降，以大甲溪及大安溪而論，為一比九十，比我國坡度最陡之金沙江，大十二倍。其次如水流較緩之曾文溪，其比降亦達一比八百二十。坡度之陡，超過世界各河記載。(按歐州最大坡降之龍河 Rhone 為一比二千二百，我國金沙江坡降為一比一千。)

從地質來講，則一般的多為水成岩，及少量的變質岩與火成岩　為新生的第三紀產物。年代幼稚，質地鬆疏，最易風化與水蝕，地表覆土甚薄，土中含沙甚多　故「滲漏率」極大。

查全省雨量尤為特殊，平均「年雨量」為二千五百公厘，「量」不可謂不多，但以支配不勻，相去懸殊，如淡水河流域，火燒寮地方(海拔四百二十公尺)，最大「年雨量」竟達八千四百零八公厘，而澎湖的馬公島，及彰化縣的竹塘地方，其平均「年雨量」則僅為二百公厘，相去有四十二倍之多。又視其平均「月雨量」，在北部基隆及大屯山一帶，冬季「月雨量」可達五百至八百公厘，一個月三十天中，雨天可占三分之二，同時在南部臺南一帶，五個月中，其總雨量尚不到十公厘左右，在區區南北長三百八十三公里，東西寬一百四十二公里之海島中，雨量分佈與變化之差如此，實為水文學中寶貴資料。

臺灣尚有颱風與地震問題，颱風適當其衝，其登陸後最大風速，每秒可達四百六十七公尺。根據民前十五年至民三十四年，此中四十九年之統計，颱風為災計達六十九次，平均每年即有一次至二次，且颱風每挾暴雨俱至，「暴雨量」之大，更是驚人，最大「日雨量」記錄竟至一千公厘左右。至地震亦甚嚴重，以其居世界地震圈範圍之內，每年全島各地合計，可感覺震撼的地震，統計有三百二十六次，輕微者達一千次以上。東部花蓮臺東沿海一帶，尤為地震頻率最繁地點之一。

綜上觀之，臺省天然條件，如地形多山，地勢峻峭，地質鬆疏，比降特大，雨量不勻，颱風地震，不時發現，無一不與水利建設，直接間接發生不利之作用。

三、臺灣水利之病態

臺省五十餘年來水利設施之現狀，多散見水利局及中國工程師學會與中國水利工程師學會年會各項專刊中，為節省篇幅，不再贅述。惟檢討臺省水利問題，自當注重于其病態之所在，而加以研究探討，以期對症下藥，有所補救。茲分析其概要，縷述如下：

(一)控制洪水量問題　臺省河流，地勢坡度之陡，雨量分配之差，實足以促成流速過急，流量洶猛，居建瓴之勢，挾沙礫傾瀉，移山倒海，奔騰澎湃，其破壞威力，不難想像得之。若再遇颱風驟至，挾暴雨俱來，則更不堪設想。據經驗之統計，臺灣最大「洪水週期」，每隔一年，必有一次，颱風災害，平均每年即有一次。故全省主要河川堤防，截至四十年七月底止，雖總長有八萬七千二百一十九公尺，實可謂年年在洪水考驗中，萬一洪水與颱風同時並至，則區區一線土堤，猶如以卵敵石，崩潰勢所難免，一旦決口泛濫，則堤後一片良田，頓成沙丘，損失之重，為禍之慘，實不忍言，過去大安溪、火炎山、宜蘭濁水溪，三星以及臺東大堤等處堤防決口後，被毀田畝迄今尚未復舊，「洪水量」至今無法排制、一聽其自由行動，隨來隨去，災害機會，年年可能，洪水脫離人力的控制，共危險性隨時隱伏，至爲可慮。

(二)水源不足問題　臺省水利，共取水多由「地表水」，就水利局之統計，百分之八十以上灌溉水源，皆取之于河川，雨量分配之不勻，地質滲透量之盛大，已如上述，則地表水之盈虛消長，自然不能配合農作物之要求。加以光復後，禁止山林砍伐與燒廢，已不如日佔時代之嚴密，水源涵蓄性能之低落，自不免大受影響，因之各河川之枯水量，亦較從前銳減。例如大甲溪，最近實測枯水流量，較十年前已減少至三分之二之多，其他河川，亦可比照，而農民水量之請求，則超過現有流量之一倍，水源實已大感不足來應付實際的要求。于是每值氣候稍旱雨量較稀之時，「爭水」之糾紛即起；利害所在，情亦可憫，近年來如大安溪水清水大嵙崁諸水，均有相似情形發生，今後因水源不足，農民發生恐慌與爭端，恐將日趨嚴重，何況在增產米穀號召中，據臺省農業年報統計，尙有卅八萬公頃可耕未耕之旱地，荒廢棄置，豈不可惜。

(三)水土保持問題　臺省地質鬆脆，地勢又居建瓴亞熱帶地域，多暴雨颱風，一遇洪水暴漲，雖數十百噸重之巨大岩石，每亦隨波輾轉順流而下，遑論沙礫，所以每年水漲之後　河床變遷，沙礫堆積，全河面目往往爲之改換，確有滄桑之感。近來森林盜伐，山地濫墾，水土保持工作，不僅無人過問，且在無形破壞中。長此下去，泥沙淤積之害，如河床墊積，蓄水庫淤高，河流含沙量增劇等等，恐將日甚一日。

(四)根本計劃問題　臺灣水利，在日佔時代，雖已粗具規模，光復以來，又積極建設，對修復堤工，開拓墾植均有長足進步。但對十九條主要及二十九條次要河流之各個整治根本計劃，迄未着手。日人雖測有五萬分之一之全省各河流域之地形圖，及二千五百分之一大甲溪流域全圖(臺電公司均有)，並于民十七年復加複測補充，且曾有詳細調查報告，及若干初步治理計劃之擬議，可供吾人設計參考，但至今尙無暇開始整理與從事治本計劃之探討。綜觀數十年來臺省水利建設或因經費關係先後多偏重于治標工作，亦可謂頭痛醫頭，脚痛醫脚，勉力應付而已。

(四)組織問題　臺灣全省現有四十個水利委員會，原脫胎于日據時代之水利組合，爲全省灌溉工程之管理與護養機構。但其性質究屬人民團體，抑應爲政府機構，實爲一未決定之問題，蓋其間利害參半，如純屬人民團體，則(1)收取會費或水租較爲困難，(2)辦理征工征地時，難期順利，(3)難免有不良份子參雜其中，妨害事業之進展，(4)各水利委員會不免各自爲政，對于政府整個政策，難收統籌配合之效。如純爲政府機關，則因水利委員會之財產內有人民之資本，參雜其間，不易劃分，且歷來人民曾參與此一事業組織，一旦改爲政府機構，人民易滋疑慮，而使長期之水利計劃，難以推進，又如屬人民團體與政府機關間之一種中間組織，則必須予以補充立法，方能推行順利。筆者最近參加省政府召開之水利座談會，據各方報告，對水利委員會之經費人事等等問題，均認爲有加强改進之必要，尙有待集中意見，彼此協商之處。

四、各項問題之檢討

從上面各種病態觀之，臺灣水利問題，相當複雜，實有詳細研討之價值。筆者綜合各方意見，就個人研究所得，認爲下列各點，似可供今後設施之參考。

(一)防洪問題中，治本兼治標的重點，在防沙，所以如何攔沙，如何築攔沙壩，實爲一重要研究問題，與其在水功試驗室試驗，不妨痛快抉擇一適當河川與地點，作實地示範試驗，求得成果，以供將來推廣，採擇施行。

(二)治本計劃，先組織設計測量隊，由水利局主持，同時搜集一切水文資料，成立研究性組織，加以整理審查設計，爲將來治本計劃張本。

(三)今後設計或興建水庫，應以「多目標」計劃爲重，從開發全流域之觀點上着眼，並切實研究泥沙之根本來源，以備作治本之對策。

(四)灌溉與排水並重，凡已完成之灌溉工程，今後應切實加以改進與維護，竭力設法減少滲漏率，使水量不致浪費，達到「一個水」(每秒一立方臺尺)平均足能灌溉二十五甲田之標準。

(五)水土保持與河床水庫的淤積有密切關係，應與有關機關聯繫，共同研究，指定適當地區實施示範，同時先就濫伐森林及任意墾山兩方面，作緊急有效之制止。

(六)涵養水源，可在河流上游，保護或多植含水性能大的森林，以避免表土之冲刷，並可源源滋潤，使小旱時期不致過分枯竭。

(七)開闢地下水源，從事鑿井工程，應作計劃全面之探測以供灌溉用水，且實爲今後灌溉水源之一有效措施。

(八)將日人已測圖表航空測圖及所擬三十餘條主要河川查勘報告其內容，包括地質水文及各種環境狀況，速加整理，如已完全者，不宜再測，未有者加以補充。

(九)加緊從事調查、測勘、鑽探、試驗等各種有關基本資料。

(十)水利委員會之組織及管轄區域，應由政府加以調整改進加强，使其能負擔賦予之使命。

自由中國通訊

東歐鐵幕背後

維也納通訊・十二月四日　安道

聯合國大會現在巴黎開會，正熱烈討論裁軍與禁用原子彈的問題，但同時北大西洋十二個公約國家，却在羅馬開會討論如何加速擴軍，與防衛西歐的計劃，這兩個會議互相對照，正反映着人心的矛盾與不安，儘管維辛斯基的和平交響曲，唱得天花亂墜，西方國家却無人相信他會言之由衷。邱吉爾在上臺之後，就提議三強直接會商世界現在的緊張局勢。史達林很快的表示贊同，因爲他又有了第二次欺騙世界的機會。但杜魯門總統却拒絕了邱氏的提議，他說：他已在波茨坦上了一次當，他不願意再上第二次當了。的確，史達林滿肚子的詭詐，從他嘴裡決不會吐出實話來，二次世界大戰以後，史達林已把十幾個國家關在鐵幕以內，這並不全是他的武力爭來的，而是他的詭詐欺騙來的。

鐵幕雖然深垂，但鐵幕背後的消息，却仍點點滴滴地能傳到自由世界，因爲這幾年來，從鐵幕背後逃出來的人，日有增加，他們的報告都是一字一淚的實話：在各附庸國家裡，愛國運動在壯烈的演着，愛好自由的民主國家，能坐視這種「一半人自由，一半人奴役」的現實嗎？現在我且把東歐鐵幕背後，各個附庸內最近的實況概括報告一下，願自由民主世界，提高警覺，共同爲反共抗俄而努力。

1.波蘭：　波蘭是世界四大天主教國家之一(四大天主教國家,即意大利，波蘭，西班牙與愛爾蘭)，宗教意識極爲濃厚。宗教是講愛國的，蘇聯人對波蘭首先所注意的，就是打倒波蘭的愛國主義，使他們都變成唯物論者，取消他們的宗教思想。最近波蘭曾發生過這樣的一件事：一天共黨把一群飢餓的兒童，關在一個大廳內，大廳的旁邊，就是一間裝滿麵包與糖果的屋子，孩子們念天主經：『天父啊！請您給我們日用的麵包吧！……』，却沒有食物到來。共產黨在旁邊說：你們的天主是無靈的，他不能給你們飯吃，你們喊偉大的史達林吧！在兒童高呼史達林的時候，門開了，滿屋子的麵包與糖果，孩子們喜歡得幾乎要哭出來了！共產黨說：共產黨給你們飯吃，你們飢餓的時候，不要再念天主經了，天主不能給你們飯吃，唯獨史達林才能給你們飯吃。

波蘭人的抵抗是很有組織的，他們時常能工罷市，時常暗殺蘇聯的高級官員，今年夏天，有兩位蘇聯軍官在華沙城外遭遊擊隊殺死。史達林對波蘭很感頭痛，他不得不派莫洛托夫親自到波蘭去鎮壓。莫洛托夫爲防止波蘭政府有意外的變亂，竟派了一位蘇聯人任波蘭的國防部長，波蘭政府的重要職務，都已漸漸落到了蘇俄人的手裡了。最近波蘭的國務總理莫洛斯基(Morawzki)與波蘭的軍事首領日摩爾斯基(Zimerski)將軍，都在自己的住所被蘇俄人扣押起來了。這種高壓政策，將要引起的是更大的反抗與犧牲。

2.匈牙利：　東歐鐵幕背後，有兩個小國家都是剛剛在邁進民主之後，就受了共產黨摧毀。這兩個小國家就是匈牙利與捷克。匈牙利第一次選舉在一九一八年，人民對選舉還沒有認識，共產黨在伯拉孔領導之下竟得了勝利。一九四五年第二次選舉，因人民對集體農場的不滿意，與工人生活的日被剝削，激起了普遍的忿恨，在九百萬人民民意測驗之後，社會民主黨以百分之八十三勝過了共產黨的百分之十七。但是共產黨並沒有放鬆他們的控制，在威迫利誘之下，終究是共產黨勝利了。一九五〇年七月的一次選舉共產黨竟得了百分之九十七的選票。這是因爲共產黨已完全控制了匈牙利的人民。凡有五百居民的鄉村，皆建有一個組織，以蘇聯人爲首領。集體農場，買賣店舖，都有蘇聯人在內作監視工作。但反抗運動仍然在暗中滋長着，工人與農民的反抗，本沒有什麼政治意味，他們都爲自己的生活而掙扎。工人對最近使行的斯坦哈諾夫(Stakhanovism)工作制度，很不滿意。農人反對集體農場，所以匈牙利至今所使行的集體農場，才僅僅有全國的百分之二。

最近匈共對清黨工作，非常積極，他們認爲：非共產思想者與有嫌疑者，皆屬危險份子，所以自閔增蒂樞機主教至外交部長芮吉克(Rajk)皆不能幸免。

天主教是共產黨攻擊的最大的目標，它代表了全國百分之七十的民衆，所以共產黨迫害教會也非常積極。自閔增蒂樞機主教被叛終身徒刑之後，葛雷斯(Grösz)總主教就領導了全國天主教徒,在一九五〇年八月卅日，他率領全國主教與政府簽立互相合作的協定，共產政府先給教會自由。然而共產黨是人面獸心，毫無誠意，牛耳方割，血盟未寒，竟留難教會變本加厲；葛雷斯總主教竟於今年夏天，以通敵叛國論罪而鋃鐺入獄了。

猶太人被認爲是危險份子，政府剝奪沒收他們的財產，不給他們工作。共產黨說，他們以經濟支持過閔增蒂樞機主教作間諜工作，企圖推翻現政府。每次清黨，凡屬猶太人的黨員，都在被淘汰之例。他們審問猶太人的時候，總要問他有多少錢財，有多少金珠寶石。猶太人逃亡的很多，因爲他們知道他們最後的命運，就是西伯利亞集中營。匈牙利今年因蘇聯主子的命令，曾集體遣送，十數萬人到西伯利亞去工作，其中猶太人就有三萬五千多人。

3.捷克：蘇聯對捷克更是處心積慮，使它的軍隊與經濟完全蘇聯化。一九五〇年五月間，史達林曾派遣了布爾加寧（Bulganin）將軍到布拉格去，專以訓練捷克軍隊。最近有四千捷克的軍官到莫斯科去受訓。史達林想把捷克的軍隊，變成一個國際兵團，使他們失掉國家觀念，能爲史達林效忠疆場。但是捷克軍隊並不如蘇聯人所想的那麼順從，兵營內時常發生毆打蘇聯軍官的事件：史達林的「聖!」像，也往往被人從講臺上扔到地下，任人踐踏，士兵的反蘇情緒，很使蘇聯教官們苦惱。

蘇聯對捷克的經濟控制甚爲嚴緊，使捷克的經濟不能獨立。蘇聯曾強迫捷克加入它的『盧布組織』(rouble block)，使捷克的幣制也蘇聯化，但這使很多的捷克人反對。所以今年春季，捷克曾有過一次很嚴厲的清黨，外交部商業部各一百四十人，教育部一百二十人被逮捕。對於這次的清黨工作，史達林曾派了前任蘇聯駐捷克大使卓林(Zorin)前來執行。這次清黨最大的犧牲者，即是捷克前外交部長克里孟蒂斯（Clementis），當時關于他的消息，曾哄動了整個歐洲，有的報紙說他曾越過了奧意邊境，逃到了南斯拉夫，但是狄托却把他送回了捷克，雖屬謠言，其中也頗耐人尋味。

捷克的兒童，一到十四歲，都應當到工廠工作。近來工人因不滿意蘇聯的 Stak hanovism 工作制度，時常能工怠工，所以生產律不如蘇聯人的理想。許多工廠的機器，拆運到俄國去了，更引起捷克人的忿恨。

最近的新法律規定：凡住在捷克的蘇聯人，都享有捷克公民的一切權利；但捷克的法庭，若沒有蘇聯使館的同意，就不能受理蘇聯人的案件。這無異于新領事裁判權。這種不平等的法律，豈不更加增了捷克人的仇恨與不平。捷克的總理戈特華德（Gottwald）是木匠出身，他是一位十全的蘇聯的工具。前幾天副總經理史蘭斯基（Slansky）已遭逮捕，他是猶太人，蘇聯人說：他是捷克的托羅斯基。Slansky 在過去很得史達林的信任，但是工具在用完之後，必要遭到廢棄，那麼 Gottwald 被廢棄的日子，恐也不遠了。

4.羅馬尼亞：羅馬尼亞於一九五〇年，已完全失掉了它的國籍，一成了蘇聯的一個省份。羅馬尼亞在一九四〇年，據莫斯科的統計，只有一千共產黨員。史達林想用這少數的工具來攫取、一個有一千六百萬人口的國家，實非一件易事，又何況當時的羅馬尼亞正是反蘇與反共的國家呢。一九四一年二次世界大戰爆發，羅馬尼亞與德國並肩作戰，使這少數的共產黨員更是潛形匿跡轉入地下，一九四四年德國戰勢逆轉，蘇聯遂大舉攻擊羅馬尼亞。國王麥克爾接受了英美蘇三國的休戰提議，羅馬尼亞遂倒戈攻擊德國。從此蘇聯軍隊就佔據了羅馬尼亞。在雅爾達會議上，因英美的壓力，使羅馬尼亞實行民主制度，蘇聯也無可奈何的答應了。但在當時的政府內，蘇聯所組織的共產黨却非常活動，在雅爾達會議不久，莫斯科就命令國王麥克爾改變政體，否則必加以武力，從此共產黨在國會就攫得了勢力。蘇聯並委任一個商人格羅迦爲內閣總理，但他徒擁有虛名，而大權却握在共產黨員手裡。

英美最初皆不願承認格羅迦內閣，經過十九個月的談判，蘇聯又一再保證其他各黨派亦能參加內閣；同時亦准許人民自由選舉，這樣英美方承認了。但是在格羅迦內閣裡，共產黨却佔有三個主要位置，而非黨員的閣員，都有蘇聯所訓練的秘密警察來監視。秘密警察竟成了蘇聯殺人的工具。旅行要向內閣領路條，這樣其他黨派的一舉一動，都有秘密警察監視，往往在不知不覺的時候，就以反動的罪名而遭逮捕。操縱選舉更是共產黨的拿手好戲。主張土地改革與提高工人待遇的民主黨報紙被關閉了，民主黨的官員，因爲得不到內閣與警局的路條，所以不能旅行，沒有發言的權利。那麼競選勝利當然是共產黨的。共產黨又在名義上強迫其他各黨參加國會，但是他們的代表却必須由共產黨來指定。被指定而不願參加的其他黨派領袖，則以反動論非，結果是遭逮捕或被殺害。一九四六年的國會議員，沒有一個非共產黨的。一九四六年共產黨選舉勝利以後，就發動了一個剷除異己運動：幾萬人以通敵叛國而論罪。農會會長曼寧(Manin)就這樣被逮捕而入獄，非共產黨員都當離開政府機關。政府把各工廠宣佈歸國有後，非共產黨員不能工作。布加勒斯特一城一萬二千名律師，就有一萬人被削去了律師資格。一九四七年國王被逼出國之後，國會即正式宣佈羅馬尼亞爲共產國家：私有產權，宗教權都須經過政府的考核而屬于政府。一千三百萬希臘教徒，現在已成了羅馬尼亞教的教徒，蘇聯委任一位司鋒爲總主教，一切用人都由蘇聯人雇用，薪水亦由莫斯科直接發給。莫斯科掌握了各大工廠與各油田，羅國政府反而無權過問，清黨工作，史達林直接用電話命令共女友安娜．鮑克（Ana Pauker）執行，她是羅馬尼亞的外交部長，很得史達林的信任，她曾說過，一位黨員的好壞，應當看他對史達林效忠的深淺而定。教育部長與皮船斯科（Petresco）將軍都是被認爲對史達林效忠不力的人，所以被逮捕了。但是共產黨的鐵掌，不論如何殘暴，總防止不了遊擊隊的活躍：在北部貓耳頭瓦(Maldova)山區，他們時常截擊蘇聯的軍車，蘇聯人雖親來勦捕，也不能剪草除根。這使俄國人大傷腦筋。

5.保加利亞：在保加利亞，土地改革黨已展開了很有組織的地下工作，他們已滲進了政府，此事克里姆林宮亦承認。他們曾有六次企圖推翻塞文高政府的事件發生，但都爲共產黨所敗而未能成功。遊擊隊也打進了各交通部門與工廠，他們以罷工抵抗共黨的橫暴。據南斯拉夫的消息：最近保共脫黨的人很多，在某一個城市內，就有百分之八十的黨員要求脫黨。因爲共產黨員常有生命的危險，他們時常有遭暗殺的可能。蘇聯爲防止叛亂，竟大批逮捕了共產黨員二百多人。其中就有納粹佔領時，反抗納粹最有力的史洛科(Slaucho)將軍。人民逃亡的一天多似一天，因爲他們不堪共產黨的苛政。自今年春天起截至現在，逃至土爾其與希腊的保國人，就有十四萬六千人。最近共產政府在保希土上，掘有四五公尺深的溝濠，又圍以鐵蒺藜，日夜有警察巡邏，逃亡的民衆常遭到巡邏槍殺。但是人民寧願死于槍刀之下，亦不願意在共產黨統制下受罪。有一個故事，說明保加利亞的人民是如何的反對塞文高的傀儡政府了。人民竟公然拒用帶有塞文高肖像的郵票；在某一個共產黨紀念日裡，保加利亞出了紀念郵票，郵票上當然印有塞文高的像。但這種郵票並不受人歡迎，人民往往用其他的郵票，而不用這紀念郵票。塞文高十分生氣，大罵郵政局長說：爲什麼這種郵票不受人歡迎。局長答說：因爲這種郵票不粘，塞文高拿來一個郵票，用水浸溼，粘在一個信封上說，你看它粘得多麼結實，爲什麼人民不用呢？局長回答說，同志！你知道人民都有點反動呢！這個故事意味深長，很能使我們明瞭：保加利亞人是如何的忿恨共產黨了。

6.亞爾巴尼亞：提起亞爾巴尼亞來，大概世人都不很注意它。因爲他是蘇聯的一個最小的衞星國家，報紙上輕易見不到有關它的消息。外面看去它好似一湖平靜的湖水，無風無浪；但是實際上它內部的恐懼與不安，是不可以言喻的。濃厚的反蘇情緒正在激烈的鼓盪着。

今年春季，亞爾巴尼亞京城地拉那蘇聯大使館被炸事件，蘇聯的外交人員死傷十數人。

這個謀殺蘇聯外交人員的事件，很使史達林震怒。她馬上給亞爾巴尼亞的內閣總理恩維何撒下了一道聖旨，懲罰兇手，逮捕肇事人犯。恩維何撒因奉主子的命令，惶恐萬狀，便不分青紅皂白，大肆逮捕。當日遭逮捕而下獄者竟有三百餘人；其中軍政要人也很不少。並下令凡民間一切武器限期交出，連刀剪也不准人民存有。史達林又命令他嚴格的執行清黨工作，因此內閣副總理斯巴諾與工業部長馬高都被撤職清除了。

民間武裝遊擊隊，已樹起反蘇與反共的大纛。共產黨軍困守城內，不敢出擊。蘇聯爲此叛亂竟出動了Mig115型飛機來鎭壓。據南斯拉夫伯爾格來德廣播稱：在三月二十二與二十三之夜間，曾有不知來路之飛機掠空而過，不久即證實了，乃是蘇聯的飛機，來援助恩維何撒的共產軍倒平遊擊隊的。亞爾巴尼亞是一個人口不滿百萬的小國家，蘇聯竟不能完全控制，其他較大的衞星國家更可想而知了。不過許多暴動與反抗運動，鐵幕外的人都不知道能了。蘇聯對這個小小的衞星國家，竟不惜一切代價，派遣許多傘兵降落在地拉那附近來鎭壓叛徒。

亞爾巴尼亞的人口雖不滿百萬，軍隊却有八萬餘人，如果連便衣警察和蘇聯的行政人員都算上的話，則將近十萬人。那麽十個人中間就有一位士兵。史達林爲控制亞爾巴尼亞監視恩維何撒起見，採用兩種方法：第一、派遣大批的蘇聯軍警與治安人員來維持全國的治安，到現在蘇聯的武裝軍警已達五千餘人。第二、把其他衞星國家的技術人員，捷克，匈牙利，波蘭甚至蘇聯，與亞爾巴尼亞的技術人員交換使用。據最近的統計：光在都拉索一城工廠工作的捷克技術人員，就有五百至六百人。蘇聯人却以主子的姿態，處處是高高在上超人一等。

7.東德：共產世界裡，普遍的鬧着飢慌，而尤以東德爲甚。因爲一切的物資，都被蘇聯搾取搶刦殆盡。蘇聯的政策往往以飢餓來征服人心。一九四六年東德大選詩，蘇聯就以馬鈴薯作爲誘餌：凡選舉共產黨員的人，能得到一公斤馬鈴薯作爲報酬。但是人民並沒有爲這一公斤馬鈴薯所欺騙，所以選舉的結果，社會民主黨以百分之四十八的選票，勝過共產黨的百分之十七。共產主義是不適合於德國的，史達林曾說過：共產主義之於德國人，就如同馬鞍子裝不到牛背上是一樣的。這倒是一句眞話。其實共產主義豈止不適於德國人，根本上它就是一個違反人性的統治！

蘇聯往往以封鎖西柏林爲對英美的威脅。每次封鎖西柏林，西柏林煤炭食糧很感恐慌。這時蘇聯却來假充好人，拿出煤炭與食糧來送給西柏林的居民，但都爲西柏林的居民拒絕了。他們要作個自由的人，而不願意爲蘇聯的僞善所欺騙。所以美國不得不以空運煤炭與食糧來救濟西柏林的人民。

東德一切都實行配給制。人們根本嚐不到肉食與雞蛋，因爲這是共產黨的營養品。牛奶只配給兒童，馬鈴薯才是人民的食糧。酒樓飯店內都充滿着佳肴美酒，（這些都是黑市買賣，）但是普通工人貧得一文莫名，誰會有錢進飯店呢！光顧的則只有共產黨員了。

德國貨歷來聞名於世，尤以醫藥爲最出名。但現在東德工廠所出的東西，却粗劣達於極點，與西德的產品相比較，豈止天壤之別。但就醫藥而論，在藥舖裡你買到一瓶阿斯匹靈，竟沒有兩丸是相同的。棉花與紗布是這樣的粗劣，醫生竟不敢用它給病人包傷，這逼使許多大夫辭職而逃亡到西德。

這種窮苦固然是戰爭的結果。但西德與西歐都同受過戰爭的災害，而西德的城市，又重新建築了起來，交通也如從前一樣暢行無阻。但是你到東德去看，城市還是一片瓦礫，交通只有幾條幹線，而且先前的双軌鐵路現在都變成了光桿一條，東德的工廠在戰後都還完整無損，而現在却都成了一片廢墟，都被折卸運到俄國去了。世界著名的 Zeiss 工廠，經過一九四五年與一九四七年兩次的折運之後，現在已成了一個空廠了。

史達林的計劃，每年要在東德搾取兩億美元，這更加重了東德人民的負擔。他想使德國倒退半個世紀，不使它再有復興的能力，永遠成爲他的奴隸。

在東德 Wismuth 鈾鑛內工作的有三十萬人，每日的死傷很重，中毒與飢餓而死的尤多。

但是德國人並沒有停止抵抗，他們往往以罷工來消極的反抗蘇聯人的殘暴。在 Saalfeld 鑛內工作的工人，因爲怠工，被蘇聯逮捕了四個工人領袖，立時有一千多人罷工了。他們把警察赶跑，把警長鎖在一間小屋子內，把門窗等物件打得粉碎。當大批的共產軍警來到的時候，工人要放附近的河水來氾濫鑛場，結果是共產黨放出了這四個工人了事。

東歐鐵幕背後的小國家，大多都是天主教徒，他們正是共產黨的敵人，所以共產黨不惜用一切的卑鄙方法來迫害教會。天主教的法物十字架，已從學校的教室內，醫院的病房內，機關的辦工室內取了下來，却代以史達林的像。史達林的像已充斥了各機關學校與醫院。最近克里姆林宮給與他的各附庸國家下了一道指令：從今年起，以後的聖誕節嚴令取消。而代之以十二月廿一日史達林的誕辰。

生活在鐵幕背後的人民，都在水深火熱之中，他們度的是非人的生活，眞如同活活的下了地獄一樣。史達林想以暴力來征服人心，終究是要失敗的。孟子說得好：『以力服人者，非心服也，力不贍也。』他們現在正如同要爆炸的火山，在等待着機會，一旦噴石流礁，那麼史達林的命運即將如潘美依城市一樣。不，潘美依埋在地下兩千個年頭，還能面目完整，然而史達林呢，他將要被全人類的怒火永遠熔爲灰燼。（一九五一年十二月四日於鐵幕邊緣之維也納）

恭賀
新禧
自由中國社全體同人敬賀

本刊鄭重推薦

工商日報

消息靈通 報導翔實 言論公正 副刊生動

社址：香港德輔道中四十三號
郵箱：六十二號郵政信箱
當日空運到臺
臺北總經銷：中國書報社
館前路八十五號

推薦在港出刊之三日刊

自由人

香港高士打道六十六號
電話：二〇八四八
當天空運到臺
臺北經銷處：中華路一二五九號

自由中國學生權威讀物

學生

半月刊

新知識的寶庫
是敎師們必備的參考材料
是家長們必需的優良助手
學生界的良友

社址：臺北市中正西路二十六號

馬來亞的剿共戰爭

新加坡通訊・十二月十日

尹　輝

（一）

一九四八年冬，正當中國大陸風雲變色的時候，一股被稱爲恐怖份子的暴民團體，在馬來亞開始了活動，這就是今天的「馬來亞人民解放軍」。這支「解放軍」經過了三年來的蔓延滋長，竟成爲今天英國心腹之患。

我們不能提出來正確的數字，來證明蘇聯及中共，究竟已經給予了馬來亞共產黨多少援助，但馬共正和中共，韓共，越共……世界各地的共黨一樣是克里姆林宮的工具之一，同樣地在替史大林作着征服世界，奴役人類的工作，這一點，已經沒有人再表懷疑了。馬共之所以能發展到今天，大部原因是受了共產黨在捷克，中國等地冒險成功的鼓勵，而英國之貿然承認中共政權，也是馬共急於要控制馬來亞以向中共看齊的主要理由。

英國人頗爲責難馬來亞華僑對於剿共戰爭，採取「騎墻態度」，但在邏輯上這種說法則十分矛盾，根據英國人的定義，毛澤東政府是中國的「合法政府」，而這些華僑當然是毛澤東的「臣民」，英國一方面企圖和毛澤東建立密切的友誼，極力拉攏中共進入聯合國，一方面又勸誘他的「臣民」來對抗中共支持的和援助的友軍，這種自作聰明的政治手腕，又是何等的愚蠢？即使這種手腕在過去曾經屢次獲得成功，但用來對付史大林，——世界上罕有的政治陰謀家——則無疑的是要失敗了。對於這樣一場離奇古怪的戰爭，迷惘不知所措的華僑們，僅僅是消極的棄家逃亡，或採取騎墻態度，已經算是很不錯了，比較敏感的觀察家則在擔心着他們可能接受了毛澤東的「解放」號召，而和馬共連合在一起。這看法也許過份悲觀一些，但絕不是不可能的事。所以，除非英國能在幫助中共，和淸剿馬共這兩個極端矛盾的立場上，獲得統一，他們不會找到更動人的理論，使華僑明瞭馬來亞反共戰場，對於彼等自身利益之如何重要，而對英國剿共的立場予以誠意的支援。

沒有人能够預測馬來亞的剿共戰爭將如何發展下去，因爲這戰爭實際上也和朝鮮戰爭一樣是國際問題之一環，自有共複雜性在。但無論如何，目前的局勢是越來越惡劣了。英國殖民部長李特爾頓曾且於十二月初親赴馬來亞研討對策，在他和馬來亞九州政府首長會議一番之後，所得的結論是，「一致贊成遣派英軍至馬來亞，協助剿共。」那就是說，由於馬共擴張的結果，現在的剿共部隊，已經不足與之抗衡了，非得增加兵力不可。參加會議的人，連李氏曾在內，都說「局勢異常嚴重。」甚至連久經大陣的邱吉爾首相也不能再保持鎭靜，十二月五日他在下院聲稱，馬來亞現在局勢已成爲「殖民部內的瘟疫區。」他說：「馬來亞當局各部門，包括軍警在內，實力已甚龐大，各戰鬪部隊開銷總額，一年達五千萬英磅，而馬來亞地方政府共他開支，尙未計算在內。吾人之錫礦及膠園，仍蒙重大之損失。」

但共軍的實力究有多少呢？如果根據官方的報導，爲數僅在五千與六千之間。即使最有權威的軍事學家，也不能解釋這六千左右的「恐怖份子」，何以竟能在實力龐大的政府淸剿之下而越鬧越兇？

根據馬共自已的說法，今天馬來亞的實力，已經數達十師以上，人數十萬餘人。比較中立的觀察家感覺這數目多少有點兒誇張，記者以爲把這數目習慣地打個五折，估計馬共人數約在五萬左右，庶幾乎雖不中不遠矣。

（二）

這裡，我們試把馬來亞剿共戰的始末作一簡扼之叙述。

一九四八年夏，新嘉坡碼頭工人，在共產黨指揮之下，發動罷工失敗之後，共產國際遂決定了在馬來聯邦開始武裝鬪爭，奪取政權。那時恰值馬來人向英國要求實踐在二次大戰時的諾言，給予馬來亞聯邦以立刻及完全的獨立而遭拒絕，馬共乃以此爲藉口，實行暴動以爲抗議。雖然英國對於馬來亞獨立已在計劃實施中，但那是另外的問題，馬來亞所知道的，只是史大林的意旨，史大林叫他們在馬來亞立刻發動戰爭，以配合共產黨在世界其他地區的擴展計劃。

於是馬來亞的「恐怖份子」暴動就此開始。

馬來亞當局因之立即宣佈進入「緊急時期」，開始使用武力，以資鎭壓。但在起初，這行動只叫做「肅淸恐怖份子」，而不說「剿共」，爲的是減輕人民心理上的嚴重性。稱之爲剿共，還是以後的事。

現在構成馬來亞聯邦的九個州，在本世紀以前還各個獨立，或是在暹邏統治之下的。由於樹膠和錫礦開發的日漸發達，才使馬來亞的居民在種族和政治上，發生了變遷。因爲馬來亞原來的土著不能從事採礦和植樹的工作，于是大批的印度人和中國人在契約規定之下，進入了馬來亞，人數日多，勢力漸大，原始的土人反而被排擠到山林中去了。終至於大部商業上的財政權利，落入中國人的掌握之中。英國人通過了一八七四和一九〇九的條例，陸續地取得了這個半島的主權，但它却沒有去解決這些移民的問題，即使移民們有的已在馬來亞居住三代之久，但仍不能取得馬來亞的公民權利，被承認為合法公民的，依然還只限於馬來亞的土著。然而馬來亞人民則幾乎沒有能够獲得他們所應有的自治權。

由於這些原因，在契約壓榨之下的勞工們的不滿；人為種族之間的不平等；二次大戰期內，陸軍當局與游擊隊領袖之間，所訂協定條款之背棄；都被共產黨用來作為煽動人民，發動戰爭的理由。

單就戰爭開始以後，馬共所採取的種種步驟來看，大家都相信共產黨在馬來亞進行戰鬪的計劃，是遠在大戰尚未結束之前，就已經安排好了的。回溯在一九四二年馬來亞聯邦及新嘉坡對日本投降之後，無數萬的馬來亞華僑被迫逃入廣大無邊的橡膠林中，開始了馬來亞的抗日遊擊戰，那時這種反抗是得到了英國軍隊的鼓勵和補給的。各個被擊潰了的正規軍也逐漸進入了森林，在游擊隊領袖的指揮之下從事戰鬪，英國人則不斷自海岸及空中把軍火來供給他們。這支武裝最後終于落入共黨控制之中。

一九四八暴動開始以後，才發現過去用以援助游擊隊的各種武器，包括英國步槍，機關槍，巨量的彈藥，以及一部日製的軍火，在抗日戰爭中，並沒有消耗去多少，大部份却被共產黨小心的隱蔽起來，一切都保持完整。及至英國人壓制了新嘉坡碼頭工人的罷工，並將幕後操縱的共產黨領袖們予以清除之後，馬來亞聯邦的「馬來亞人民解放軍」立即宣佈成立，過去的游擊隊首領們儼然成了游擊隊的領袖，百分的八十的「解放軍」，正是從前的游擊隊，雖然他們不見得已經把思想「搞通」，也未必堅定的信仰共產主義。

他們的口號是，「把所有的白種人逐出馬來亞」。號稱十師之衆的「解放軍」，於是便在馬來亞半島上到處掀起戰爭。

（三）

暴動剛剛開始，馬共所使用的恐怖手段，立刻使整個的馬來亞半島都為之震驚。「解放軍」到處刼毀車輛，焚掠房屋；無數的華僑商人被綁票勒索，縱橫馬來亞半島的一千二百家橡膠工廠的警衛人員遭受暗殺；數百個錫礦相繼爆炸起火，破壞極重。交通上所面對的威脅，尤為嚴重，甚至離開吉倫坡幾十哩以外的公路上，就是共軍活動範圍。三分之一載有物資的車輛，須在英國陸軍的護送之下才敢行走，其他的車輛則本身須配有鋼板的裝甲，以預防共軍的射擊，一小部載客的小轎車，自料不致引起共軍的射擊的，只有冒險盡量把車子開到六十哩以上的速度以減低槍彈的命中率即使如此，車輛遭刼毀的事件，還時時發生，翻開馬來亞的報紙來看，這些報導每天都佔去了極大的篇幅。

為了對付這緊急的局面，原來只有一萬人的聯邦警察部隊，迅速的增加到十萬零九千人，並且是由各種民族混合組織而成，這情形在過去是沒有的。這個部隊中還包括有許多特種部隊，如森林部隊；公路巡邏隊；鐵路防護隊；特種通訊組等單位。英國陸軍在此服役的計有兩萬五千人，此外尚有尼泊爾軍一萬五千名以上。這些陸軍在吉倫坡設有聯合指揮部，聯邦之間另設立了戰略委員會，以統一指揮剿共軍事的進行，皇家空軍在此參戰的計有六個大隊，使用的飛機自直升機，聯絡機，以至四引擎的林肯式轟炸機，吸血鬼噴射機。空軍人員包括地面警備部隊在內，共達五萬人以上，但警備部隊有時還須擔任森林作戰的任務。同時英國海軍也派遣艦隊，巡邏沿岸。

自從剿共戰爭開始以至現在，據說擊斃的共軍已在數千以上，空軍轟炸掃射的結果，也使共軍傷亡甚多。最近空軍又採取一種更為有效的手段先在共軍集聚的森林四週，投擲燃燒彈斷絕共軍的食糧來源，然後再集中轟炸掃射，將共軍自其巢穴中逐出。單就空軍炸射所造成的戰果，也許還不算太大，但這些共軍在竄出之後，便遭遇到預伏在外邊的軍隊狙擊，據說這戰術是相當成功的。因之這種陸空聯合突襲，也更加積極的在執行中。

根據情報線索而捕獲的共黨份子，也有相當的數量。目前在馬來亞所有的共黨份子，都被當局訂出價格，鼓勵人民協助緝捕。最低級的賞格數百元，最高的如馬共總書記之流則達六萬元之多。報紙上時常刊載馬來亞土共領袖被殲的消息。

（四）

在馬來亞的剿匪戰中，英國人有一個更為明顯的失敗原因，那便是在這樣一個具有四百哩長，一百七十五哩寬的面積，大部是沒有開化的森林地區，執政當局却沒有獲得當地六百萬人民的信賴。幾乎所有的馬來亞人民，不僅華僑為然，對於這場戰爭都取了不介入的態度，但求能置身事外，即使在共黨份子的恐怖手段迫害之下，也不願意自動的起來與之對抗。他們更懼怕共軍的野蠻報復，不相信政府有力量妥善的保護他們。今年春季一天中午，在一個繁盛的市區中，匪徒們公然槍殺一人，揚長而去，在警察到達之後，却沒有任何人肯出面述說事件經過的情形，對於警察的訊問，大家一致拒絕答覆。一位英籍的警官對這種態度極表不滿，便下令附近一帶商店一律關閉一個月，直至他們說出目擊的情形時為止。但過了兩星期，警察當局依然沒有得到任何目擊者的報告，只好下令復業。

這種不合作的表現可能是造成共黨份子橫行的原因之一，而較此更使英國人感到苦惱的，則是一部份華僑對於共黨的「同情」。二次大戰期內，在馬來亞的二百萬華僑中，有許多人逃出了日軍佔領的城市，或他們做工的錫礦，膠園，流為難民，跑到較為荒僻的地帶，搭起草蓬木屋，開墾着荒原的土地，這種流徙直到戰爭結束，錫礦膠廠尚未復工之前，一直繼續着。結果在鐵路，公路，和河流的兩岸，到處都發現了蓬屋，在不斷的增加起來。這些難民有些是集群居住，有的則孤獨的居住在荒野中。但他們的居處在政府當局的眼光中是違法的，他們的房屋和農場所佔的土地，都屬於政府的公產。華僑取得這些土地並沒有經過合法的手續，或得到政府的許可

•雖然，有的農場目前已建設到相當廣大完善的標準，可以和亞洲任何地區的農場比美而無遜色。

這些難民的繁殖，成了馬共理想的溫床。雖然馬共的十師「解放軍」，同屬於共產黨在東南亞的一支有力武裝，但他們在糧食供應方面，不能期待由蘇聯取得，他們食糧的來源，便是這些與世隔絕的難民。過去在抗日戰爭中，這些游擊隊是在人民的竭誠擁護下而獲得掩護和食糧的，現在的「解放軍」仍然向難民身上想辦法，要求他們照數供應，通常他們在深夜裡突然侵入毫無抵抗力的難民區中，搬去食糧，並強索現款，難民們貢獻出財產或喪失自己的生命，二者任擇其一。根據一般人情，難民們對匪徒們的供應是出於被迫的，但供應財產給匪徒之擧，又被英國人解釋爲「匪徒的同情者」。在資本主義和共產主義的「大力」鬭爭中，首先受到犧牲的，反而是這些被趕得上天無路、入地無門的華僑難民。他們在被匪徒刼掠之後，又被指爲匪徒的同路人。

如果把所有供應匪徒的人們，都稱爲「匪徒同情者」，則這些同情者的範圍又可推廣很多。有許多橡膠和錫礦在最惡劣的環境之下，竟能免於馬共的刼掠。據說他們是照數向馬共繳納現款。有的膠園的工人也按期交納「捐款」，或者說是保護費，以免遭受匪徒的殺害。共產黨確知人類愛惜生命的本性，深信人類只有在生命感受威脅時才肯獻出財產。歷來土匪强盜都習慣于使用槍刀對準了別人的胸口而逼索財物，大多可以得手而去，這個業經實驗成功的方法，極爲共產黨所推重，所以這種恐怖手段也變成了完成無產階級革命的有效方法。所謂「土匪同情者」也者，其間眞不知有多少辛酸血淚?!

「解放軍」在馬來更有一件使任何人都受到滋擾的行動，便是廣泛的搶掠「身份證」。爲了治安上的原因，馬來亞公民都由當局發給身份證，以資證明其身份，街頭檢查，時常舉行，這對於不能取得身份證的游擊隊，是非常不便的，於是他們便採取了一個搶奪人民身份證的方法，他們的理論是，如果大多數人都沒有身份證，則游擊隊沒有身份證也沒有關係了。有一次六個青年匪徒，在早晨突入一家小學，收斂了所有的四百多個學生和教職員的身份證，當場焚毀，歷時半小時，方才離去，而學校中人竟沒有人敢於聲張，直到匪徒已經離開一小時後，才去報告警察，共產黨在馬來亞恐怖政策的成功，於此也可以想見一斑。

（五）

英國人現在已經深切感到要徹底消滅馬共並非易事。一個叫做「伯里奇計劃」的設計，開始付諸實施。根據這個計劃，當局逐漸把現在做爲共黨溫床的難民區，予以掃除。難民們被遷移到另外指定地點，集中居住，四圍設有軍事工事，以資管制。一年以來，被遷移的人們已達難民總數的二分之一。在遷移過程中，當局負責照料難民們的交通飲食等，有些地方則是在軍警强制之下執行的。難民們對當局此擧，毀譽不一，一切要看他的新居是否比舊居更好而定，但新遷移的人們，可以自當局獲得九十九年的租借土地證件，他們的居住總算比較以前合法了。

由於馬共的行動，使英國在財政上受損失最重的，是樹膠和錫礦的生產減少。去年一年中，馬來亞的樹膠輸出，是歷史上最高的一年。但這並不是說樹膠的生產量空前增加了，而是因爲世界局勢日急，各國爲了軍需上的需要，而紛紛搶購樹膠，樹膠的價格因而驚人的高漲，使得所有膠廠都爭相把最後的一滴也輸出應市。在生產上說，則大多數的膠廠，僅能生產往年生產量的百分之六十。這結果是很顯然的，當馬共活躍與轟炸進行的時候，膠工便不能出發採膠了；有的膠廠因爲工人缺乏，甚至被迫把生膠汁出賣。此外，貨車司機的缺乏，也是工作停頓的原因，沒有貨車，不但不能運回採得的膠汁，且也不能運輸工人和食物到橡園去，大多橡園爲此而無法工作。至於錫礦，則因爲恐怖事件不斷發生，加以燃料斷絕，發電機不能開動，也有許多陷於停頓狀態中。錫礦是馬來亞輸出的第二重要物資，這損失對英國人也是非常重大的。

馬來亞的剿共戰爭已經進入第四年度了，英國人使用了海陸空軍及警察部隊達二十萬人以上，每年軍費開支及物資損失不可數計，而馬共的聲勢則似乎方興未艾，已有難以控制之勢。這證明了在對抗共產黨的戰爭中，政治鬭爭是比較軍事及財政上的優勢更爲重要的。站在同一反共抗俄的立場上，對於英國在馬來亞的失敗，我們不應該用幸災樂禍的眼光來加以譏諷，但我們希望英國能够更徹底的堅持自己的立場，放棄它的双重政策，和它的宣撫中共的幻想，否則前途困難更多，殆爲顯而易見之事。至於馬來亞共產黨只使用了少數的武裝及恐怖滋擾的手段，便把馬來亞攪成了「殖民部的瘟疫區」，他們似乎已獲得相當的成功，但據他們所說，他們還是失敗了，因爲截至目前爲止，他們仍沒有如期「把所有的白種人趕出馬來亞」。所以，相對的說來，英國在三年來的剿共戰爭中雖已失敗了，但他們依然是成功的，因爲直到現在爲止，他們仍沒有被共產黨趕出了馬來亞聯邦。

人生雜誌　半月刊
第二卷　第十期
業於上月十六日在港出版
歡迎直接訂閱
訂有優待辦法
社址：香港九龍鑽石山上元
嶺正街六號

香港通訊

「四大流寇」與「四大領袖」

——中共內幕側記——

柳甦生

自從毛記爲朝開府以後，絕少像卅九年在中共所謂「八一建軍節」這一天那樣鄭而皇之的公佈一項認爲具有歷史性的黨方文件。這一文件包括兩項主要的內容：第一，是經過「黨中央」的決議，指定「毛澤東」，「朱德」，「周恩來」，「劉少奇」等四人爲黨的「四大領袖」；第二，截至一九五〇年「八一建軍節」爲止，全黨統計已有五百萬黨員，通令全黨同志今後要在「四大領袖」的領導下，提高警覺，爲實現「新民主主義」的「新中國」建設而努力。中共大吹大擂，渲染得繪聲繪色，這一天所有全國各地中共的黨報及其統制的尾巴報，幾乎是好像完全同一模型的作法，用第一張整個的篇幅，登載這一黨方命令的文件，並用電報播發代表中共中央官方言論的「北京人民日報」，在這一天所撰述「八一建軍節」的社論，紅色特大號的醒目標題，在上方正中央刊出巨幅的「四大領袖」平行的玉照，四方綴滿了五星紅旗，懿歟盛哉，琳琅滿目，紅色的信徒們都爲這一號召麻醉般的歡呼舞蹈在星紅的血幟之下，「長征」過的老同志們，回憶起江西井崗山時代的往事，更覺得具有深長的歷史意義，因爲當初落草起義的爲首人物，也正是被敵人認爲「四大流寇」的人數，那即是「朱毛彭黃」（即黃公略），雖然是人物凋零，物移星換，但在得天下的今朝，公佈此「四大領袖」，到少有象徵的寓意，更至少表示不忘當日「四大流寇」時代游竄起家創業的艱辛，以爲鞭策五百萬信徒們紀念的典型，頂禮膜拜。

假如毛澤東果眞懷持此種心意而有此項的安排，那還不失爲一個「尙未忘本」的角色，無如毛澤東挾中共中央作此自以爲具有歷史性的決定，乃是爲了另一胸襟而所作的措置。原來毛澤東滿頭腦英雄思想，一肚子的唯我獨尊的「領袖慾」，他不願意任何人在聲笑或稱呼在他之上，過去「反立三路線」和「淸算張國燾運動」，固然另有痛癢相關的利害因素，但在毛澤東的下意識裡，仍然不外「領袖慾」的作祟。一個熟悉毛澤東個性的舊人曾經作這樣分析，說毛在每一見到「朱毛」或「朱毛彭黃」幾個字眼時，眉宇間就籠罩起不懌不快的顏色，這已是很早的事，但是絕沒有想到這幾個字一直保留着成爲歷史性的產物，奇怪的是「朱毛」這一名詞好像是帶有膠性的東西，想分開和去掉竟是如此的不易，讀者不要以爲這是近於渲染之辭，在卅九年八月一日以前，中共在大陸不管什麼大小場合儀式，遊行示威的行列，排列在上面或擡擧在前面的圖像，有那一次不是「朱毛」並列並排呢？毛澤東爲了軍事上的號召及多年來積重難返的習慣，不能及早改廢，已經忍了一年多難平之氣，費了多少時間的深思熟慮，才要了這麼一着「明升暗降」的妙計，而這一妙計又出之中共中央的決定，在明面上絲毫不露痕迹，讀者無妨再瞧一事實，從卅九年「八一」以後，過去擡「朱毛」畫像的，忽然一改「毛澤東」「朱德」「周恩來」「劉少奇」等四巨像，「周劉」在這以前是根本不具備這樣資格的，今忽同時並陳在「四大領袖」的行列，這看着不很像是「明升」了嗎？而另一件事實，便是從這一次公佈文件之後，凡是在紀念場合或會議禮堂，原本是「朱毛」兩像並列並掛同受紅色信徒膜拜頂禮的慣例，却改了「毛澤東」一人獨佔獨尊的局面，「朱毛」兩領袖平行地位的「均勢」打破了，這才是毛澤東多年來未克實現的心意和隱願，今果如願以償，無怪他志得意滿，在這一天，挈着小鳥般的籃蘋，在居仁堂裡大宴文武百僚，連嚾廿大杯，其意氣飛揚，躊躕滿志，可以想見，但朱德是「八一」建軍的首創人，當初沒有朱德往南昌拖去「老四軍」的一團叛軍，憑毛澤東在井崗山上那兵不滿百的少數嘍囉，還能成得起今天的大事嗎？毛澤東偏偏要在「八一建軍節」這一天，把「朱德」在黨的地位，下降與「周恩來」「劉少奇」一流二級人物爲伍，雖然毛澤東也曾列名作伴，但他由這次已一躍爲一人之下萬人之上了，這一暗降的手法還要得不高明嗎？但朱德心中是雪亮的。

「四大流寇」中，「黃公略」早已炸斃，殘存者除「朱毛」外，尙有名列第三把交椅的「彭德懷」，從中共的擴軍史以至現今止，「彭德懷」依然是「朱德」解說的「副總司令」，爲中共的第二號軍事領袖，有如梁山伯上的盧俊義，在江西游寇的時期，不要說後來居上的「劉少奇」，就連「周恩來」也是相形見絀，照中共「革命軍事委員會」出佈告署名的序次說，主席「毛澤東」，副主席「朱德」以下的「委員」名次，也是以「彭德懷」爲首而排下「周恩來」「劉少奇」兩人，足證「彭德懷」在中共歷來的資望地位，始終是在「周劉之上」，尤其是「劉少奇」雖然是風雲際會得力於「史祖」的撐腰隱然爲現在當紅的「國際派」首領，而在抗戰的初期，還只是「新四軍」的一名「政委」，只可與樊噲式爲伍的「葉挺」「項英」齊名，不要說「彭德懷」一級，就連與「八路」的參謀長「葉劍英」一比，也還要遜色，然而今天赤朝的土皇帝毛澤東，爲了要打破「朱毛」兩領袖「均勢」的一點私慾，竟連帶的把事實上多年第三號頭目彭德懷也一同打下來，而把後起的

「周恩來」「劉少奇」提升起來作為黨的「四大領袖」，無怪彭德懷抱着滿肚子冤屈，在西北邊疆「八一建軍節」這一天紀念節日裡，什麼節目都不參加舉行，抱病不出？也許直到這一天才了然於中共上級為什麼一定要他分兼「一野司令員」的用意，是在貶他與「林彪」「陳毅」「劉伯承」等並駕齊驅的角色。

使「朱彭」難堪的還不僅只把「彭德懷」遣戍化外，不讓彭過問「黨中央」的大事，以及把「朱德」的領導地位施用手腕打擊得一落千丈，並且由「劉少奇」這一支奇兵突出名震朝中的角色，在形態和外表上更作出目無餘子的氣燄，以眼前的事實，毛澤東陞下公出或因病因故不能視事時，除實際批辦的公文應由「秘書長」林伯渠負責外；其對外代表名義上，按照地位資望的順序以及中共老例的習慣，應當是由「第一副主席」朱德代拆代行（按中共偽府一共有六個「副主席」次序是朱德、劉少奇、張瀾、李濟琛、宋慶齡、高崗），即或因「朱德」為軍人不懂政治，但也只能由「劉少奇」暗中幕後操縱，名義上仍應由「朱德」負責，用以尊重中共歷來十分講究的「資格」與「名器」。事實不然，毛澤東應克姆林宮之召，去蘇兩月，北京的「中央人民政府」對外接受各國使節呈遞國書的大典，和以中共中央與政府領袖身份招待歡宴外賓，統統由「第二副主席劉少奇」越級主持，朱德反而與張瀾、高崗、李濟琛等做做陪客而已。「朱彭」冷落的情勢與「擁毛捧劉」的那股狂熱氣派，彷彿在齊頭競賽，「朱德」是極有城府修養的人，然而也禁不住這樣明面與暗地的刺激，據一位靠攏的某民主人士閒談，「朱德」在幾次宴會上與「周劉」碰杯時，常常把他們故意的捧得天上，但音容與氣色卻非常難看。不過事實上，將來的情形還不止此，從這些隱線布局看，毛澤東準備的「領袖繼承人」，或者說是「代替人」，依照秉承國際上級的意旨，以及鄉土心腹的關係，當然不是「朱德」而是「劉少奇」了。他日「劉少奇」肖像，在紀念場中瓜代了「毛澤東」時，朱德彭德懷輩還要率領五百萬紅色信徒臣民向新領袖頂禮歡呼的一天，此刻的難堪，還只是一種初步進行曲而已！

看中共人事上的升沉波動，顯著的表示着現在「國際派」炙手可熱的聲勢，在「毛劉」方面，固屬快心稱意，但在另一角度看，中共歷來講究「革命歷史」與「革命勞績」，中下級以下至今仍然雷厲風行的貫澈這一制度的精神，比如一個年資較淺的「共產黨員」，見到經過「長征」的「老幹部」，就如同耗子見猫和下屬見上司情形不相上下，在「自卑感上」，覺得矮一級低一頭。惟獨一至上級反而有這樣獵等的事件層出不窮，在心理上已給所有紅色幹部以極不良和抱持懷疑的影響，不過在中共以「朱德」為首所謂「實力派」的軍人集團，也另有不可侮的一種潛力，像賀龍蕭克劉伯承徐向前陳賡王震這一班驃猂難制的角色，多少年來都浸潤於朱德的「好好先生」的寬容統率之下，無形中已視「朱德」為軍人集團的首領，「朱德」在中共裡面一向本着大智若愚的作風，涵養功夫得着「癮君子」一段的熬鍊，已經相當到家，凡事不露聲色，力斂鋒芒，渾厚圓到的聲名，久為一班帶兵的軍頭所盛道，「彭德懷」對朱向來是步趨一致的看齊，在用兵指揮上有時常是焦孟不離的兩搭擋，軍人集團看彭與對朱的觀念與情感，多半無分軒輊，彭又隱為軍人集團的副領袖，今見統率他們的正副首領，一被擠入「周劉」同伍，一則整個榜上無名，兎死狐悲，既為朱彭抱憤憤不平之感，更復為自身岌岌難保而憂惶，當去歲歲底各處紅色軍頭因奉召赴京參與軍事會議，聖誕節之夕，彭劉蕭賀等曾密集于朱的官邸，不料談至中途，為劉少奇突然作了不速之客，大家懷着鬼胎，場面異常尷尬，劉少奇奸詐百出，陽與委蛇，陰實嚴防。此後朱彭二人轉而縱情聲色，朱棄康克清而另戀一美孋，彭捨丁玲而與「抗大校花」正式結褵，亦可見朱彭心情的抑鬱與苦腦，從「四大領袖」彭德懷落選，及由「四大領袖」的產生而使「朱德」地位急轉下降，毛澤東固然另布了一着旗子，但中共內面「國際派」與「實力派」中間，無異從此伏下一道分裂的隱線與危機！

由「四大流寇」蛻變為「四大領袖」，毛澤東固是有「大丈夫當如是也」之概，然若由「四大領袖」想到為「四大流寇」的化身，則不免有「楚人沐猴而寇」的感觸，最後來個王倫與林冲的火併，其悲運亦可想像窺知。

臺北市第一建築信用合作社
有限　責任
主要業務
信用部　存款．放款
建築部　建築房屋．房屋造作　修繕房屋．建築設計
供銷部　建築資材買賣　傢俱及資材買賣
利用部　倉庫利用．住宅利用
代理業務
基地房屋買賣
印花稅票代售
獎券
統一發票
火災保險
本社創設十五年
素以服務為目的
社址：臺北市重慶南路一段二二・二〇號
電話：三九六五號

文藝

眞理的鑰匙

金濤

調景嶺，過去是一個荒寞無聞的地方，位於九龍海角的東端，自成一個絕世獨立的小天地，淺草青蕪的山峯，環繞着一灣碧澄的海水，藍色的天，低覆在山的上面，山嶺上滿目深可及膝的荒草，沒有一株樹，和一叢小灌木，也看不到一隻自由翺翔的飛鳥，只有伏在草叢裡的秋蟲，凄凄切切的叫着，爲這裡的被人遺忘而嘆息。

然而時代的不幸，竟給這被人遺忘的地方，帶來了意外的喧鬧：灰色的腊青紙房，密密的擺滿了山坡，晨曦方曙，便聽人聲喧嘩，夕陽西下，但見燈火萬家，這荒凉的山頭，如今，得着這群知遇的不幸者安慰了她的寂寞空虛。

半山坡上，一條細長曲折的小溪，溪旁，矗立着一塊黑黝黝的巨石，石旁，是一間獨立的小紙房，由於風雨侵襲，好幾處已經破碎，陽光從破孔斜射進來，照在一張蒼白而瘦削的臉上，兩隻顴骨像格外突出，襯托着兩腮也顯得特別凹陷了。

他是這房子的主人，起床後，孤零零的坐在鋪滿碎草的地上，身體瘦得如同一把枯乾了的樹枝，外面穿着一套肥大的中式長褂，活像一副標本室裡的骨骼架子。衣服上有幾處已經裂了口，密密的用顏色不稱合的線，縫了又縫。上衣的兩個口袋裡，老是滿裝着發酸的飯糰，常見他一個人蹲在房門外，一把一把的掏出來往口裡送。

附近的鄰家，都把他當做一個神經病的人，每當濃霧瀰漫，或山雨欲來的時候，他總是直挺挺的站在那塊黑黝黝的巨石上，凝望着灰暗而低沈的天空出神，我把他比做波德萊爾散文詩中，伸長了頸子望天的人。

「眞是一個古怪的傢伙」！當我看到他這樣的時候心裡想。

一天上午，十點鐘光景，我在發飯場的第一個發飯的窗口旁邊，想趁機拾一點掉在飯桶外面的渣滓，塡充那餓癟了的肚皮，不料自己的手法太不高明，被維持秩序的推了出來，心裡懊喪萬分，國破家亡，仰人鼻息的下場，就是如此！剛想轉身回去，忽然身後好像有人招呼：

「喂！老鄉！要吃飯嗎？我這裡有一些，是今天早晨的」。聲音是那麼有氣無力，但是充滿了親切的熱情。

我回頭一看，原來就是伸長了頸子，站在大石頭上望天的人，他沒有等我回答，一隻枯槁的手，已從上衣的口袋裡，抓出一把米飯，遞在我的手裡，飢者不擇食，我接受了這雪裡送炭的餽贈，不一會兒，他的兩口袋米飯，被我吃得精光，我向他致了鄭重的謝意後，又附帶問了一句：

「你老兄怎麼這樣有辦法？自己吃不完，還要送給我」？

「誰也不是精於此道的，不過被迫在『學習』中生活而已」。他幽默的笑了笑。

「這才眞是『克難』哪」！逗得我也笑了。

奇怪的很！從這次以後，我倆的友誼迅速的成長，這大概是同病相憐的關係吧。他只告訴我，他的名字叫張小華，再問別的，什麼也不肯說。後來，也許是一個人太無聊，硬要我同他住在一起，朋友方面，這點小小的忙，自然沒有問題，有問題的倒是他那古怪的性格，和每天把伸長了頸子望天當做唯一的功課。

「老張！你天天頸子伸得長長的，不怕僵得痛嗎？說實話，你究竟在想什麼」？

「阿金！你覺得我這樣奇怪嗎」？他愣然了，似乎沒料到自己的行動，會惹起別人的驚奇。

「是的！連附近的鄰家，都以爲你是一個古怪的人」。

「古怪？哈哈……」他放聲的大笑，在我這是第一次看到，「難道你不願意讓一個肉體被裝進箱子裡的人，得到片刻的心靈自由嗎？爲什麼這樣？聽我慢慢告訴你」。

他的臉色興奮得由蒼白而緋紅，深陷的眼睛含滿了淚水，心坎深處，彈出一串沈痛哀傷的調子。

三十三年前的春天，我出生於青島海濱的一個農村，那兒風光的綺麗，不下於草長鶯飛的江南，恬靜的青山，活潑的海洋，從小就陶冶成審美的觀念，和喜歡思想的性情。家庭是屬於靠種別人田地爲生的貧農，道道地地是普羅的勞動者。爸爸非常關心下一代的教育，可惜家境太窮，而這個機會又給大哥優先佔了去，他小學畢業後，因爲成績優異，得到師長們破格的資助，升入本市的師範學校。我呢，只讀到小學五年級，就輟了學，一天到晚，跟爸爸在田裡勞働，成爲一個典型的小農夫，但一顆上進的心，使我不甘就此自棄，渴慕知識的慾望，像火燄一樣，燃燒在胸膛，一有工夫，就偷偷的讀大哥留在家裡的書籍，起先，對於傳記遊記很感興趣，後來又轉移到歷史和地理方面，不懂的地方，就領教字典，十分難懂的問題，就暫時闕疑，等大哥回家解釋，媽媽說我是書呆子，爸爸爲我的未得深造而惋惜。

大哥硬了翅膀後，自己另組織小家庭，一個小學教員收入有限，月月兌除無存，經濟上等於同家庭斷絕了關係，爸爸爲了入不敷出，整天價愁眉苦臉，在媽媽面前訴苦：

「窮日子！到什麼時候纔過得完」？

「小華今年十五歲了，再過幾年能和你一樣的種田，不就好了」？媽媽安慰爸爸。

「小華長大了，至多不過和他大哥一樣，養活了自己，養不活自己的女人。尤其靠種別人的田地來生活，種一輩子，就得窮一輩子，什麼時候能種自己的田，吃自己的飯，那就好了」！爸爸說話時，淚水濕潤了眼睛。

爸爸說什麼時候能種自己的田就好了，是眞的嗎？這個要多久纔得到呢？爲什麼有的人終日勞動不能生活，有的人終日不勞動反而舒舒服服的過日子呢？這種不公平是應該有的嗎？

這個問題，每逢爸爸愁眉苦臉的時候，就縈繞在我的腦海，始終想不出一個明確的答案，沒辦法就請教於書本，那時我以爲只有從書本上纔可找到解決的鑰匙，打開知識的寶藏，而得到一切有關於宇宙社會人生的奧祕。一天，我從大哥的書箱裡檢出一本小冊子，內容是記敍盧梭和孟德斯鳩的政治理論的，大意是人類生而都是平等的，由於社會的關係，把人束縛起來了，這是不應該的！因爲人一生下來，既然都是平等的，爲什麼生存的權利不能平等呢？我一氣把它讀完，心裡非常快慰，自覺得已經望見眞理的光輝，恨不得一把抓在手裡。

接着我又讀到一本哲學的書，內容是關於唯物辯證法方面的，那通俗的筆法，簡潔的記敍，給我這啓蒙的學生以極深的印象，從這裡，對於宇宙的本體，認識的過程，重要的邏輯原則等，都得到一個粗淺的概念，加上作者誇大的渲染，推崇書本裡說的話，都是眞理的結晶，事實上哲學本身，也確是知識的總滙，科學的科學，先入爲主的成見，使我自以爲找到了一把眞理的鑰匙，拿着這把鑰匙，可以打開任何的知識寶庫。

一個天眞未鑿的孩子，在這一類知識的追求上，可以具有高度的接受力，而不可能有一點批判力的，這時的腦海，就如一張未曾着色的白紙，染上什麼顏色，就是什麼顏色，以後很難改變過來。我有了這些書本上的素材，一棟簡易的空中樓閣，自然很容易的構築起來，而且這幅未來社會的藍圖，描繪得越美麗，對於現實也就越發不滿，巴不得舊的立刻死去，新的馬上到來。

我幻想着在未來的新社會裡，人民的生活，自由平等而快樂，大家都有工做，有飯吃，不勞而獲的現象，既不得存在，勞動而不得飽食的悲劇，也不會重演，這是社會進化之必然的歸宿，也是我找到眞理的鑰匙以後之初步的結論。

這樣日積月累下去，涉獵的書籍越多，精神活動的領域越廣，反顧過去所得的一知半解，渺小得太可憐了！類似自慚形穢的心理，和奮發向上的動機，更驅使着我熱烈的向書本追求。同時，由於自幼遭受的經濟痛苦太深，追求的重點，偏於經濟學的範圍，從法國的重農學派，到英國的古典學派，德國的計臣學派……乃至馬列恩史的理論，我都用盡了力量去閱讀，往往一個字或一個名詞的涵義，要破費幾夜的工夫思索，有時不惜往返數十里路，到市區找大哥，輾轉設法請敎。至於這些書籍的來源，也是通過大哥向市立圖書舘或私人方面借得的。我崇拜著作這些書的社會科學大師，相信他們寫在書本上的話，都是永恒的眞理，黑夜裡的星光，因此我陶醉於這些輝煌燦爛的學說中。

十九歲那年的春天，爸爸和媽媽背地商量妥當，以爲我長此種田下去，要像他們一樣窮一輩子，問我願意到鐵工廠學藝不？我想在市區看書的機會比較方便，就很高興的答應了。

這家工廠名叫國華鐵廠，專門製造各種機器和零件的，從小小的一枚針，以至大型的縫級機，還有脚踏車，馬達，發電機……，總經理叫王志和，是遠房的一位親戚，從前和爸爸很要好，後來因爲貧富懸殊，好久不來往了，爸爸爲了兒子的前途，低頭去求他，心裡難免別有一番滋味。這個老頭子五十多歲了，看出身體還很健壯，他也是學徒出身，從小只進了六個月的學校，因爲天資明敏，和肯刻苦努力上進，成功一個經驗豐富，幹練有爲的人才，他曾到過西伯利亞和日本，也曾在印度的加爾各達，法蘭西的馬賽，蘇俄的莫斯科居留一個時期，除了在學校裡，他沒讀過一本書，完全靠兩隻能幹的手，一副聰明的腦筋，從實際的生活過程中，自我敎育成功的。他討厭書本，認爲書本上的話，都是靠不住的，生活纔是眞實的書。在地球上現有的國度裡面，他最憎恨大鼻子，因爲這個民族是世界上頂陰險頂殘忍的一群；他羨慕日耳曼人，因爲他們剛毅有爲，他說，打敗了仗，不算恥辱，最恥辱的是失掉復興的信心和勇氣。

當他在這個工廠裡學徒的時候，老經理非常賞識他，後來他從國外流浪歸來，又在國華鐵廠任職，老經理把自己的女兒嫁給他，老經理逝世後，經理的職務便落到他的肩上。我由爸爸領着，走進經理室時，惹起廠內好多職員驚奇的注意，我心想這有什麼稀奇？外國的平民不也一樣的見皇帝？何必這樣勢利眼睛！

這個老頭子初次給我的印象，是精明，能幹，穩重，老練。微胖的面孔，尖削的下頦，頭髮梳得光光的，兩鬢已經斑白，額角上刻着幾條很深的縐紋，條條象徵他的堅毅剛果和超人的智慧。他同爸爸談了一些家常，又問起大哥，最後拍着我的肩膀：

「小伙子！長得這麼結實聰明，要好好的幹哪！幹好了自家開一bh工廠」。說話時，口角上浮起自得的微笑。

我莫知所措的笑了笑。爸爸囑咐我要聽話，安心在這裡學，就走了。我用感激的眼光，送走了老人蹣跚的背影，爲了兒子，甘心犧牲一切，父母的愛，是何等的偉大！

聒耳的馬達聲音，幾乎震破了耳膜，快速轉動着的機器，吸住每個工人的注意力，大家神情上冷冰冰的誰也不關心誰，工作上各個細小的部門，却都有機的密切關聯着。從廠內分工的科學化看來，充分的表現出這個老頭子的精幹，無怪乎工廠業務蒸蒸日上，成爲島上同業中生產效率最高的一家。

晚上，我拖着兩條僵直的腿，走回宿舍，躺在床上，在光亮的電燈底下，打開卡爾，馬克思「政治經濟學批判」的首頁，一個字一個字的咀嚼着這個有名的「唯物史觀公式」。突然老頭子的影子，出現在我的床前，手裡拿着一串鑰匙，不斷的嘩喇嘩喇的作響：

「小伙子！不累嗎？這般晚了，還在看書」？

「……」我摸不清他的脾氣，一時回答不上，他也沒等我回答，又接着問：

「你相信書本上的話，都靠得住嗎」？

「當然靠得住，因爲書本上講的，都是科學，都是眞理」。我對他這種蔑視的態度，提出抗議。

他並不因我的抗議而着惱，信口開河似的一直講下去：

「小伙子你還年輕，經驗曾經告訴我，生活就是書，生活會告訴你眞理的鑰匙在那裡，許多書本上記載不到的奧祕，都可從現實生活裡找到。有一些書本，是專門寫給某些人看的，他們是僞鈔的製造者，是說謊的預言家，我曾在西伯利亞做過工，也在莫斯科住過相當時間，親眼看布爾希維克統治下的老百姓，在飢餓和戰慄之中生活，他們向人民講的話，都是甜甜的，心裡所盤算的比什麼都毒辣。在這個社會裡，生產效率比起資本主義的國度，並沒有一點進步，可是剝削的手段，壓搾的程度，說起來眞駭人聽聞！中國的布爾希維克，硬說月亮是蘇聯的好，想把俄國人玩弄的那套把戲，適用在中國人頭上，那簡直是不可思議的事！我也是無產階級出身，當然希望窮人都有工做，有飯吃，但事實證明：走他們的路線，是「有工做，沒飯吃」，老百姓的生命，不如一株草，得不到一點合法的保障。我不反對你看書，但反對你看這一類的書，年青的人多富於理想，可是理想得太過火了，就變成幻想。我的內姪女芸蘭，也是張口馬列，閉口布爾希維克，經我說了一套實在的道理，纔慢慢轉變過來。小伙子當心這「一類危險的東西」！他一說完了，轉身就走，顛着手裡那串鑰匙，悠然自得的嘩啦嘩啦的響着，彷彿表示唯有他從實際的生活裡，纔發掘出眞理的鑰匙。

「這個老頭子眞厲害！他怎會曉得我看這一類的書」？我被他當頭一棒，打得頭昏眼花，眼睛像埋在濃霧裡，一時辨不清東西南北，好久一會纔恢復原來的冷靜。

「生活就是書嗎？就是眞理的鑰匙嗎？這眞一個奇怪的論調！書本上記載的，不就是科學？沒有了科學，人類豈不變成愚昧？他爲什麼這樣嘲笑咒詛布爾希維克呢？他不也希望窮人都有工做有飯吃嗎？難道此外他另有達到這個目的的辦法？……」

洶湧澎湃的思潮，波譎雲詭，刹那間千變萬化，最後我斷定他是站在資本家立場上說話，他是一個頑固的時代落伍者，再不然他就是想把我的思想固定在機器上面，做機器的奴隸……想來想去，沒有一個確切的結論，不知不覺的睡了過去。

第二天早上，天還不大亮，我照舊起床，例行的打水掃地，擦拭玻璃，想起昨晚老頭子的話，不禁笑出了聲音。

「小伙子！笑什麼？在想書本裡的眞理鑰匙」？他的影子，想不到又在這時出現了。

「早安啊！經理」！我故意所答非所問的說，想逃避他對這個問題的注意。

「我家那個老傭人病了，請假回家，我想請你到我家住幾天，照料照料，你的意思……」？

「當然可以」！我搶着回答，怕他再囉嗦下去。

老頭子的家，離開工廠百多碼，我放下水桶掃帚，只走了幾分鐘就到了，住宅的外形，是一所簡單樸素的平房，院落很寬敞，從大門口直通內室門口的甬道上，架着兩行枝葉濃密的藤蘿，陽光從葉孔間晒到地上，圓圓的有如擺着許多銅錢，藤蘿花一穗穗的累累下垂，馥郁的花香，撲到鼻孔，傳到週身，每一個細胞都像感受到春天的氣息，嗡嗡的蜜蜂，四面八方飛來，釘在花上，一動不動，好似找到了安息的歸宿。他的太太大概還沒起床，院子靜悄悄的，沒有一個人影，只有一個十八九歲學生裝束的女郎，坐在甬道的一邊，倚着藤蘿架子看書，她有南國女兒的溫柔，北國英雌的健美，一双黑寶石似的眼睛，小巧的嘴唇，位置很適當的嵌在一張秀美的臉龐上，烏黑的頭髮，垂到耳畔，穿着淺藍的上衣，黑色的裙子，風度大方而飄洒，好一個漂亮的時代女性！她猛一抬頭，遠遠的望到我，就趕緊的站起來打招呼：

「你是小華嗎？我叫芸蘭，姑媽有點病，正在睡着，姑丈說請你來幫幾天忙，這要辛苦你了」！嬌憨而天眞的談吐，活像一個稚氣未退的孩子。

「辛苦談不到，但不知我來應該做些什麼」？我仍然以一個學徒的身份問。

「事情倒不多，每天買買菜，燒燒火，有時請醫生，到藥房取點藥……」

「芸蘭！芸蘭」！話沒說完，屋裡一個女人在喊。

「噢」！她一面高聲的回答，一面低聲向我說：「姑媽喊我，也許有關於你的事，你等等看」！

她婀娜而活潑的跑進去，一會兒又婀娜而活潑的跑出來，手裡擎着一疊鈔票，交給我說：

「姑媽叫你去買菜，順便到大安藥房去一趟，告訴夏大夫，說姑媽昨晚服了藥，病況似乎好些，你餓的話，先在外邊買些點心吃，午飯和晚飯，到時候等我回來燒」。說完了，嬌憨的一笑，挾着書包到學校去了。

約莫到十一點半以後，她姍姍的自學校歸來，我燒火，她掌竈，老頭子中午不回來，午飯只有三個人吃，而經理太太因爲有病，午飯照例不用，所以我倆等於爲自己而勞動，菜弄好了，我一樣一樣的擺在桌子上，兩菜一湯，一葷一素，另外還有四碟小菜，米飯就放在鍋裡，各人自己盛，快吃完的時候，她忽然問起我：

「我昨晚聽姑丈說，你非常用功，每天晚上自修，但不知你喜歡讀那一類的書」？

「是關於社會科學一類的。自然科學無師自通，比較起來，更要困難些」。我順便又補充上一句。

沒想到在這一方面，她竟是我的同道，於是邊吃邊談，從哲學的圈子，扯到政治經濟乃至法律藝術的範疇，她對我這廣汎的紙上談兵，似乎心折，她說：

「將來你會和姑丈一樣，都是由自我教育而成功，可惜你倆的人生觀，完全相反，譬如你說眞理的鑰匙在書本裡，他却說在實際生活裡找到」。

「照妳客觀的看法，究竟誰的對呢」？我進一步的試探她的意見。

「我不是經驗論者，也不是功利主義者，但我相信眞理不能離開現實而獨立，成爲一種空洞的概念遊戲，它發現於人類的實際生活過程中，又反作用於人類的實際生活過程，換句話說，它被人類從生活裡找到，又用它改善人類的生活，這樣的眞理，纔是眞正不折不扣的眞理。社會上有許多出賣假眞理的騙子，他們以什麼科學大師自居，用動聽的口號錯誤的邏輯，把青年們導上毀滅的道路，布爾希維克就是應用這種欺騙的方法成功的。姑丈曾以一個無產者的身份，在無產階級的祖國裡生活過，他說那兒並不是無產階級的天堂而是勞苦大衆的人間地獄，事實勝於雄辯，你的意見怎樣」？

強將手下無弱兵，好厲害的小妮子，竟想拿她姑丈的那套理論說服我，我想反駁，但是缺少勇氣，固然絲絲的情感是使我低頭的原因之一，而她的論點，實在也相當的正確，除了對布爾希維克批判的部份。

「事實我沒親眼看見，理論上布爾希維克的社會不應該如此的，儘管是在各盡所能各取所值的社會主義階段，或是各盡所能各取所需的共產主義階段，都是以人類生活的自由平等快樂爲鵠的」。我固執最後一點對布爾希維克的成見。

「好了，再說吧！晚飯我們還是這樣分工合作」。她知道我的成見太深，三言五語，不能轉變過來，就轉移了話頭。

晚餐桌上多了一個人，這就是老頭子，他很幽默的問：

「你們找過了眞理的鑰匙沒有」？

「我們找到了兩把，還沒能斷定那一把是眞的」？芸蘭笑着回答。

「不用着急，時間會給你們解答這個問題」。老頭子神情泰然，若有先見之明。

我在經理家中，住了一個多月，唯一的收穫，是同芸蘭成了朋友，思想的印證，拉攏了我倆的距離，感情的融洽，栓牢了我倆的影子，回到工廠以後，星期日必定在這裡渡過，原因當然不祇爲了她，老頭子家裡這天賓客特別多，需要我來幫忙燒火，大哥和爸爸這天遠道而來看我，也是先到這裡。

技藝如同對芸蘭的友情，隨着時間的增長而突飛猛進，不到一年的光陰，我學會了許多難能可貴的技術，老頭子很滿意，常常拍着我的肩膀誇獎，說我很有出息。

我仍然很用心的讀着經濟學，想從這裡面找出一個理想的關於新社會的科學而具體的圖案，同時一些實用經濟學的書籍，大大的幫助我對於國華鐵廠管理方面的研究，我也想從這方面，給老頭子點顏色看看。從實驗中，我體察出鐵廠內部分工，有加以改良的必要，人數不用增加，只需重新部署——下，把各個生產階段，更加精細的劃分，並緊密的啣接起來，生產效率可以提高百分之二十五，這個試驗成功，我很滿意自己的工作，因爲起碼可以證明科學的理論是對的。書本上的話，不是騙人的。

老頭子對我這個工廠業務改革計劃，備加讚揚，決心實行，從此我就成了他的一個必要的助手，由一個小學徒的地位，突然爬得這樣高，是很不容易的，同人當中，固然見了眼紅，就是老頭子也一反從前的態度，常在芸蘭面前說：

「到底得讀書啊！小華這小伙子，年紀輕輕的就這麼能幹」！

「這就是生活產生眞理，眞理指導生活」。芸蘭有她自己的思想路線，實際上，我正不自覺的走着她的路線。

她批評我：「小華雖然能用科學的方法實驗，改造一個工廠，却沒有辦法把歷史搬到試驗室實驗，假如可能的話，他也許放棄布爾希維克的思想路線」。語氣中對我的固執惋惜。

「什麼都扭不過事實的，只要他在布爾希維克的社會裡生活過，馬上可以轉變過來」。老頭子的話，一針見血。

這樣，很顯然的，我們三個在思想上，走着三條截然不同的路線：老頭子因爲是在實際生活中自力奮鬬成功的，所以他相信生活就是書，就是眞理，他從實際生活中，領教過布爾希維克的德政，認爲他們的主張，口號，都是騙人的鬼話；我不同意他的觀點，我相信科學萬能，眞理支配一切，書本上的話，怎會是騙人的？布爾希維克理論，是二十世紀思想的菁華，布爾希維克社會，是人類有史以來最理想的社會典型；芸蘭呢，她有超人的綜合力和批判力，她把老頭子和我的主張綜合起來，獨創一個新的見地，生活就是書，就是眞理的鑰匙，科學在特定的條件下，會萬能，會創造奇蹟，但兩者相生相倚，不相反而相成。

她痛恨那些掛羊頭賣狗肉以先知自居的騙子，否定布爾希維克的一切理論，認爲他們不能解決任何社會問題，相反的却會導引歷史走上錯誤的方向，而陷人類於痛苦的深淵。

「條條大路通羅馬，爲什麼一定要走這條自趨滅亡的路子呢」？她時常向我提出警告。

人類思想和情感的發展，往往是不平衡的。我和芸蘭，最初是由思想的印證，而拉攏了情感的距離，後來情感的發展，很快的逸出了友情的範圍，而飛躍到白熱化的階段。她熱烈的愛着我，但反對我那種毫無保留的盲從，不時從峭壁的邊緣，深淵的岸旁，喚醒我在盲目摸索着的靈魂。人生難得者知已，可貴者愛情，因此我倆決心把未來的幸福交付給不能確實把握的命運，儘管海枯石爛，天涯海角，相信只要有一顆不變質的心，便保證足以應付任何的意外變化。

我在老頭子的眼裡，是一個有出息的青年，芸蘭的媽姑認爲我的造就，將來不會下於老頭子，爸爸早就曉得芸蘭是一個賢淑的女孩子，媽媽惟恐高攀不上，外在的阻力一點沒有，我倆順利的結合，自在意料之中。二十六年的春天，島上櫻花盛開的季節，假迎賓館舉行結婚典禮，婚後生活，甜蜜而愉快，可惜這個幸福的日子，有如盛開不久即行凋謝的櫻花，蘆溝橋頭的侵略烽火，一直燃燒到齊魯原野，每一個有血性的中華兒女，都應該堅強的站起來，抵抗這惡魔的瘋狂侵略。老頭子年紀雖然大，愛國却不肯後人，他出頭號召工業界同人將工廠內遷，以免爲敵利用，而增强民族的經濟陣容，無如曲高和寡，響應者寥寥，後來他決心單獨進行，把工廠化整爲零，經過香港，轉運到西南的大後方，在民用和軍需工業上，發揮了不少的力量。家庭方面，爸爸媽媽以年歲已老，不願遠行，我就將老頭子留下的一筆酬勞金，全數留下，只帶着芸蘭走了，好在大哥也以室家之累，無法走開，必要時可以照顧一下。

在抗戰期間，我以全力研究如何使工廠的生產符合經濟的原則，如何以最少的勞力成本，發揮最大的生產力量。公餘之暇，想盡方法找出一把使老頭子芸蘭和我都滿意的眞理的鑰匙，結果沒有成功，他倆認爲我已經鑽到牛角尖裡去了。勝利後，工廠以優先復員的資格回到青島，藍天碧海的風光，別來依然無恙，工廠的建築，被搞得七零八落，家裡的三間茅屋，尙幸完整如昔，爸爸媽媽經不起長期生活的熬煎，老邁了許多，大哥聽說弟弟回來了，滿腔歡愉的帶着嫂嫂姪子來看我，大家異口同聲的說：「這會可過太平日子了」。芸蘭過膩了都市生活，要留在家裡陪伴媽媽，八年的艱苦日子，使她成爲一個思想精細的女性。而我則仍然陶醉在布爾希維克的幻想裡。

這時候，布爾希維克的毒素，像細菌一樣，侵蝕到各個階層，無論在都市鄉村，他們都以惠而不費的代價，騙取了大衆的廣大同情，我也是其中之一。實力就是資本，群衆就是力量，於是他們悍然不顧一切，到處向國軍發動進攻，當戰火快要逼近青島的時候，老頭子着了慌，他以爲中國人對於布爾希維克，好比一個人剛吞到一顆裏着糖衣的苦藥丸，還沒嘗到苦的滋味，時局的發展，尙是一個未知數，想把工廠的業務，往海外發展，最低限度，不讓工廠落在布爾希維克手裡，因他們不是革命，而是叛亂，不是實現無產階級的利益，而是出賣中國的勞苦大衆。

老頭子的決定，是很突然的，他知道我會反對，所以在他全部計劃完成之後，才告訴我，並且說自己年事已高，太太多病，不能遠行，又沒有一個親人，想叫芸蘭跟他在一起，早晚可以照料侍候。這一點，我不便表示異議，如果强把她留下，萬一布爾希維克眞如他倆所料那樣罪惡滔天的話，我豈不成了罪人的罪人？老頭子顧慮周到，恐怕將來給他的太太和我添麻煩，工廠維持一部生產，只把重要的機器運走。然而後來，正是這一點害苦了我。

芸蘭和媽媽住在鄉區，農村的生活，使她感到莫大的興趣。這時爸爸已經實現了他的理想：種自己的田，吃自己的飯，生活過得蠻寫意！加上婆媳之間，感情濃厚得如母女，一旦驟然離別，彼此難免依依，一家人在傷心之下離散，在我是破題兒第一遭嘗到！臨別時，芸蘭鄭重的告訴我，不幸的一天必然來到，希望我早點設法先到香港。她又囑咐媽媽，假如環境惡化，早早打發我走，同布爾希維克週旋，等於與虎謀皮。

她和老頭子，對時局最後的演化，都表示很樂觀，老頭子說：

「我要和抗戰勝利一樣，凱旋回來」！

「多行不義，必自斃！歷史的測驗，是最現實的，等着瞧吧」！芸蘭把老頭子的話又加以補充。

他倆離開之後，不到三四個月光景，市區情況，突然吃緊，人心浮動，物價暴跌，老百姓抬着傢具，到處亂搬，好像只有搬搬家才可躲過這厄運似的，市面亂七八糟，軍事當局執行全日戒嚴。我心裡非常鎭定，工廠照樣生產，暗想：新天地眞要來了，老百姓不懂事，簡直庸人自擾！

其實不懂事的倒是我，老百姓的眼睛是「雪亮」的，一群戴紅星帽的布爾希維克，趾高氣揚的開入市內，以征服者的驕態，君臨一切，民主的招牌，裝璜得非常漂亮，骨子裡的陰謀，毒辣至令人想像不到的程度，工廠在「支前」的大前提下，首先被「軍管會」接管，布爾希維克幹部在召集工人講話的時候，開頭就問：

「這個工廠是誰的」？

「是王志和的」。工人視爲當然，順口回答。

「現在不是了，是你們大家的」。幹部向工人「靠攏」。

「你們的生活現在應該好一些吧」？幹部關心工人疾苦，殷切垂詢。

「從前一個人工作，可以養活全家，現在一個人工作，女人小孩都餓着肚皮」。這群無產者以爲他們眞是救星，毫不顧及地把實話說出來，希望能够得到改善。

「新中國，新時代，每人都要自食其力，工廠不能負眷屬的責任」。這回幹部聲色俱厲，不再向工人「靠攏」了。

工人群中變了質，布爾希維克無空不入的滲透到各個工廠，由幾個爲首的「帶頭」，幾個尾巴當應聲蟲，以響應「支前」爲口號，自動請求延長工作時間，減低薪給所得，「黨」的「負責同志」認爲這是「民意」，應當「准予所請」，其他沒有色彩的工人，不得不向這些「帶頭」的看齊，臉上還得裝做高興的神氣，雖然老婆孩子在家裡餓得要死。「解放」的結果，就是如此，什麼「罷工」，「請願」，都已成了歷史的名詞，在我腦海裡構想了二十多年的新社會的藍圖，至此已被撕得粉碎，老頭子和芸蘭的話是對的，布爾希維克確是一些說謊的騙子，他們的嘴是甜的，心是苦的。

經濟的目的是「飢餓」，「一把抓」的政策，不擇手段的掠奪，運用大資本驅逐小資本。「公債」「公糧」「獻金」……使龐大的社會財富，全部集中在布爾希維克手裡，最後連街頭上賣豆腐和青菜的，也由「黨」的「負責同志」在操縱把持，「人民」生產的剩餘價值，一文不留的滾進他們的腰包，用以維持勞動力再生產的「必要勞動」，也被他們剝削以去，弄得連苟延生命的最低限度的生活資料，都被他們吃掉，這就是以工農利益標榜的布爾希維克的「革命」，這樣的革命，眞革了老百姓的命。

「人民」在「飢餓」之前低頭，在「恐怖」之下戰慄，成千成萬的人，秘密的失了踪，特務，秘密警察，監視到每一個老百姓的呼吸，假如「聞香隊」封鎖了「人民」的嘴，不能隨便吃半點東西，那麼「聽風隊」就堵住了「人民」的鼻子，不能任意哼一聲氣，有政治的地方，就有暴力，就有恐怖，「民主」？「自由」？影子都找不到！

「憎恨」幫助了布爾希維克的統治，却使人民大衆墮於毀滅的坑谷，兒子審判爸爸，女兒控告母親，婆媳姑嫂，伯叔兄弟，宛若路人，交相仇視。布爾希維克抓住了人類自私的弱點，彈出了清算、鬪爭，流血的三部曲，坐收誅鋤異己搜括民財之利，朋友見面，照例今天的天氣……哈哈哈，每家都有一個小特務監視着，這便是自己的兒子或姑娘。如果承認互助合作是社會進步的動力，無疑的憎恨就是促進社會沒落的因素。

「愚昧」是統治的目的，是保證社會安全的工具。老百姓餓極了會挺而走險，受不了暴政的壓迫，會揭竿而起，「五恨」也終有「五諒」的時候，所以布爾希維克竭力製造愚昧，知識分子在社會上不再被重視，渾渾噩噩的傻小子才是最忠實的同志，××英雄的榮譽稱號，都落到這些傻瓜同志的頭上，××學校不是知識的傳受場所，而是推銷謊言的商店，眞理都是相對的，辯證法三大定律之一的「否定之否定律」，已被取銷，因爲他們「否定」了別人，不願再有人來「否定」他們，五千年的傳統文化，摧毀得乾乾淨淨，代之而來的是淸一色的俄羅斯文化，月亮眞是蘇聯的好，「美帝」的原子彈只能炸死一條牛，大鼻子的却能毀滅全個世界。

諸如此類的事實，使我領悟了布爾希維克的特質，它是由暴力，貪婪，飢餓、恐怖、憎恨、愚昧……構成的混合物，所謂唯物論的哲學，政治，經濟……等著作，不過是麻醉青年的鴉片烟。我相信了老頭子的話：生活就是書，就是眞理的鑰匙。

市區的一切，使我非常厭煩，想鄉村裡或許好些，就回到爸爸那兒去，天哪！誰曉得這裡鬧的更兇，到處像瘋狂了一樣，過去的地痞流氓，現在是布爾希維克的中堅分子、扭秧歌、演街頭劇、「坦白」、鬪爭、開會，遊行，共產黨放個屁都是香的。

清算鬪爭的事件，層出不窮，像一條循環無端的鍊子。「土地改革」給農民以空幻的希望，一年到頭勞動的結果，不够布爾維克要的，「人民」普遍的靠吃樹葉野菜維持生活，土地改革，不如說是「勞動力的再分配」更恰當些，因爲這樣可以把「人民」固定在土地上，更方便更直接的搾取「人民」的血汗，農民成了土地的附屬物，充其量不過是會說話的生產工具。

老百姓餓得奄奄一息，布爾希維克絲毫無動於中，大米、白麪、一船一船的運到俄國的港口，沒見從俄國給老百姓運回半點東西，這種「往而不來」的進貢，不是更甚於帝國主義的「不等價交換嗎」？他們喝乾了「人民」的血，還要砸碎「人民」的骨頭。

他們嘔歌和平，讚美和平，背地裡却製造戰爭，發動戰爭，把戰爭當做滿足貪婪的工具，只要客觀形勢上有機可乘，無數的中華兒女，就被强迫組成人海，投向敵人(？)的火海，他們替大鼻子打天下，替中國人挖墳墓。

我不能再忍受，這種傷心慘目的現象，再也看不下去，我要怒吼，我要反抗，我要找到老頭子和芸蘭，參加自由的戰線，爲自由，爲全人類的生存而戰鬪。

大哥和爸爸媽媽，都勸我快點離開市區，原因是大哥聽到一個不好的風聲，說是鐵廠交代時我有隱匿物資的嫌疑，他們正在製造證據，拉攏廠內一二「靠攏」的工人，作假見證，要開鬪爭大會叫我當衆「坦白」。我曉得赤色的魔掌，早晚要抓到我的頭上，但我一點不怕，犧牲了又有什麼！

爲了實現自己的理想和抱負，含着眼淚告別了大哥，離開了爸爸媽媽，踏上茫茫的征途，好容易輾轉抵達深圳，黃牛黨把我帶進了英界，又在小路上掠去我的所有，於是，我又還原做一文不名的無產階級，香港人的眼睛，比大陸上的人勢利得多，工廠辦事處的那些傢伙，只當我是一個行乞的叫化子，假王志和之名討錢的，沒有一個人肯告訴我老頭子的行踪。後來同情我的是一個看門的老工友，他悄悄的替我轉了一封信，不料兩星期後，老頭子的來信沒有收到，芸蘭的電報先到了，她告訴他們在臺灣，仍然從事舊營業，老頭子現在菲律賓，月中即可回來，叫我先在這裡安心等待，老頭子回來後什麼都可解決，滙款因手續問題，須俟本月下旬始可取到，肚皮餓極了的時候，就趁發飯的當兒，拾人家的一點餘瀝，我這樣的忍辱苟活着，完全爲的是等待一個新的機會，洗刷過去思想上的污點，把握着正確的眞理鑰匙，重新做人。阿金！你對我的遭過同情嗎？我覺得我們現在是生活在一隻箱子裡面，窒息得喘不過氣來，解脫的辦法，唯有每天站在這塊大石頭上，伸長了頸子望天，把我的思想放縱到無盡遠的空間，恢復了自由的心靈，纔像長了翅膀，而自在的遨遊於過去現在未來的世界，阿金！你還覺得奇怪嗎？

「是的，我現在完全同情你，也一點不以你的行動爲奇怪，像你這樣追求眞理而鑽到牛角尖裡的青年，不知有多少！目前大陸上的青年不正被迫着向牛角尖裡鑽嗎」？

「……」他點了點頭，一句話也沒說，臉上掛着一絲晴朗的微笑，接着又跑到那塊大石上，仰望着低沉的天空，長了翅膀的心靈，又飛出這隻小箱子，翱翔於無際的空間。

「時代給人們帶來了生活的苦難，人們從苦難中摸索到眞理的鑰匙」！我默默的想。

一個美國記者眼中的南斯拉夫

召中譯

（美國基督教箴言報地中海區新聞處主任史泰汶斯（Edmund Stevens）最近曾在該報連續發表他在南斯拉夫的旅行見聞，這篇文章就是摘譯自史氏的報導。）—譯者—

無論父子之間爭執得多麼激烈，兒子決不會因此就不像他的父親。雖然狄托共產主義與史達林共產主義交惡，但是這種交惡並不能使狄托共產主義擺脫史達林共產主義的傳統。

無論如何，南斯拉夫這個國家，我們從她的組織上來看，仍舊是屬於蘇維埃聯邦這一類型的。

南斯拉夫的大多數共產黨，對於蘇聯的外交政策雖然加以責難，說蘇聯的外交政策是侵略的、帝國主義的，但是，對於蘇聯的國內經濟政策却讚揚不已。

他們相信蘇聯的國內經濟政策是有「成就」的，那就是說，蘇維埃聯邦集體農業供給了全國的糧食需要並改善了生活水準；社會主義化工業生產了大量的重工業產品和消費品。南斯拉夫共產黨相信他們的社會主義化經濟終有一天也像蘇聯一樣會有「成就」的。

一、計劃修改法律

南斯拉夫共產黨的政策，現在仍舊保持着蘇維埃制度之「積極」的特徵，而正消除「消極」的特徵，所謂消極的特徵就是指警察國的壓制和暴虐。

在過去的一年中，狄托政權曾採取了一連串的行動給人民以較多的個人自由，安全和法律上的補救(Legal redress)。內政部任意逮捕人民的權力已被抑制，秘密警察（UDBA）官員濫用職權者已被嚴格懲罰。

同時，狄托政權正在檢討整個司法制度。不久的將來一部新的刑法將替代蘇維埃法典。這部新刑法在訴訟和被告答辯方面將採納許多西方法學的特色。

在這個尚未定案的法律變革中，工人和雇工如認為遭受不公正的待遇，有權對其上級（包括政府各部門部長）提起訴訟。

以前擔任司法審判的全是戰時忠實的游擊隊員，審判是根據「階級利益」。現在正致力一項改革，就是法官和兼理行政和司法的官員必須是合格的律師。

伯爾哥來德大學法學教授喬傑維克博士（Dr. Djordjevic）是這次法律改革的主要起草人，他曾說現在法律改革的主要目的是「補救社會主義的人道的一面，如果不能補救社會主義的人道的這一面，社會主義將較任何制度更奴役人民」。

二、實行分權

除修改法律程序以外，狄托政府已經從事一種「分權」計劃，這種計劃是剷除在政治生活和經濟生活中專斷的和官僚的蘇維埃行政制度。

去年六月曾通過一項法律准許設立「工人會議」（Workers' Councils）和「工人管理委員會」（Workers' Management Boards），「工人會議」是按照秘密投票方式由每個工場的工人和雇工選舉出來的。「工人管理委員會」是由「工人會議」輪流選舉出來的。

此一步驟被認為是走向「工人管理生產」的第一步。現在，「工人會議」有權核定本年基本生產計劃和處理工廠的一部份收入。

「工人管理委員會」對「工人會議」負責，掌理制定每月工作計劃，批准行政職位的任命，支持增加生產的政策，核定工人的工資，薪俸等級，工人的住宅，休假以及生產計劃的完成等。

「工人會議」和「工人管理委員會」均無權支配工廠廠長或將廠長免職，但是可以向上級當局控訴廠長。

在政府分權方面最重大的措置是去年四月將中央政府的十六個機關撤消，因此中央政府機關從三十五個減至十九個。除鐵道，運輸和郵電三部合併為運輸交通部外，其他撤消的各部職權均轉移至六個聯邦共和國政府。

最重要的改變是撤廢聯邦設計委員會（Federal Planning Commission）。官方發言人宣佈，聯邦設計委員會的撤消並不是放棄在經濟方面的計劃原則，而是「計劃觀念」的變更與走向分權。該發言人說：「以後，需要計劃的是生產和外滙的基本原則，企業機構和管理部門必須賦予較大的經濟自主，——包括獨自將生產品輸出國外市場和運用相當部分的外滙供其企業及雇工的需要。」

現在，南斯拉夫的許多企業直接與國外市場交易，輸出其產品並利用其所得外滙購買所需的機器和設備。

這種打破國家對外貿易壟斷是擺脫蘇維埃經濟範式的開始。但是現在不過仍在試驗階段。南斯拉夫雖實行部分分權，但是這並不是走向民主。

三、堅決主張一黨專政

西方國家人士曾建議狄托廢除蘇維埃一黨專政制度，並容許組織反對黨。狄托最近宣稱：「我們必須告訴他們（西方國家人士），他們不瞭解我們的國家，他們不知道新政黨的建立就等於我們國家的瓦解………我們告訴這些西方人，倘若他們認為有幾個政黨的地方才有民主，那是他們欺騙他們自己。………甚至於在他們的民主國家中，無人敢批評反對其政府………民主並不是法令的問題；而是公民的自覺問題。公民愈能自覺和社會主義的敵人愈少，我們的民主愈進展……」。

狄托的這個論證，使我們想起了蘇維埃的宣傳家們所說的荒誕的話：在世界上只有他們的制度是最自由最民主的制度。

狄托與蘇聯不同的，就是蘇聯的共產黨員認為一黨專政是絕對的「眞理」，而南斯拉夫共產黨認為如果有眞正的政治民主，則狄托政權將因此而解體，因此堅決主張共產黨專政。

四、人民對狄托的觀感

許多南斯拉夫人認為他們的國家和蘇聯根本沒有多大區別。

我最近在沿達爾馬辛海岸的旅行中得知許多南斯拉夫人對於他們國家的看法和觀點。

一位前南斯拉夫帝國政府的閣員對我說：「我告訴你，南斯拉夫和蘇聯一樣，在本質上並無不同。她是一個籠恐佈統治的共產主義警察國，每個人都不敢說出內心的話。沒有人敢和外國人講話，你也不會看出任何情況。」

「自然，」我說：「南斯拉夫有許多地方和蘇聯相似，但是，南斯拉夫在許多方面已經變得和蘇聯大大的不同。」

他說：「請你舉出一點來！」

我說：「好！讓我們從你自己說起吧！你是前帝國政府的柱石，現政權的公然的敵人。但你現在柏爾哥來德和你的家庭佔有一層樓房。你在政府機關工作，現在還可到海邊別墅遊息。你現在可以和一個外國人說出內心的話。倘若是在俄國的話，你早就被槍殺了，縱然不被槍殺也要被放逐到西伯利亞。你必須承認，這種區別是重要的。」

這位前政府的部長皺皺眉頭，停了一會說：「你認為他們不殺我並給我工作是愛我們嗎？不，他們是離開我們不行，他們需要我們的學識、智力，訓練和教育。我們並不自由。我們的一靜一動都被監視着。我們是在束縛之中。

「你們西方人是受狄托的宣傳所迷惑，認為狄托政權走向民主，因此你們維護狄托當權。倘若沒有你們美國人的援助，狄托也許渡不過去年冬天。」

「也許，」我說：「但是若狄托垮臺，彼得皇帝和你們也不能當權，結果將是史達林的應聲蟲登上南斯拉夫的政治舞臺。」

他冷言冷語地說：「可是，這與現在的狄托又有什麼不同呢？」

本社啓事

茲為減少訂戶滙寄訂費手續起見，經在臺灣郵政管理局成立第八一三九號劃撥儲金帳戶，嗣後如承訂閱本刊時，請將訂費送交當地郵局指定劃撥上項帳戶即可。

鄭重推薦革新後的
香港時報
言論公正 報導正確
內容充實 副刊生動
歡迎訂閱另有優待
總社：香港高士打道六四－六六號
電話：二〇八四八
分社：臺灣臺北市舘前街五〇號
電話：四〇一七

東南印務出版社
地址：香港高士打道六十六號
電話：二〇八四八
臺灣接洽處：臺北市舘前街五〇號香港時報分社
—承印—
圖書雜誌
工精價廉
交貨迅速

書刊評介

第三次世界大戰寫眞

中央日報譯印

海光

中央日報近來做了三件有味的事：第一，舉辦圍棋比賽。這可以和緩流行的歇里斯底亞症（Hysteria），而使一部分人回復到人的生活之餘光裡。第二，刊載潘煥昆先生翻譯的『暴政終將毀滅』一文。潘先生翻譯的文字常是可讀的。其所以如此，乃因潘先生之選譯文字，常從人的觀點出發。第三，翻譯並印行柯里亞雜誌原載之『第三次世界大戰寫眞』。如果竹幕以外眞有有利於反共制俄的事端，那末中央日報之此舉，是最值得別人自動稱道的一端。

關于這本文集，許多讀者諒已看過，而且已有許多人爲文介紹。評介者現在之所要提及的，將是另外的幾點。

這一部文集，照評介者看來，與其說是着重於第三次世界大戰之預測和描寫，不如說是着重於爲未來新世界底建設畫一個輪廓。這個輪廓就是，在蘇俄集團底極權暴政被撲滅之後，如何自文化，政治，和經濟諸方面來從新建設自由世界。這樣一個輪廓底描繪，會給在極權統治之下困苦掙扎的人衆以美麗的憧憬和光明的遠景。當着美麗的憧憬和光明的遠景在人衆海腦中長期起伏而不被消滅時，遲早是可能轉化而爲實際行動的。到了那一天，如果有外在力量打進極權地區，那末裡應外合，就是與極權統治算總賬的日子了。

照評介者看來，此乃這本文集編印底深遠用意之所在。有人說，這本文集之出版，乃柯里爾雜誌爲了廣事推銷而採用商業廣告心理所作出的『噱頭』。這種臆想，頗是令人心冷。咱們中國大多數的人，弄到山窮水盡，人生理想盡失，現在一舉一動都是爲了實際的和最現實的物質利益。因而動輒以這種心理來度量一切。共黨仁兄是以這種心理來度量人類行爲底最高權威，集大成者，以及理論化者。如果我們再事事都從這樣的心理習慣出發，那末不獨在精神上是共黨底俘虜，而且中國便完全完賬了。美國固然重商，同時她又重理想。她幾十億幾十億地出錢援助世界各國，有出無進。如果像英國那樣『唯利是圖』，那末美國那肯這樣幹？當然，如果說辦雜誌不想打開銷路，不想賺點錢，那也是唱高調。但是，如果所辦的內容有益於人類前途，切合時代的需要，因而銷路增加，得點正當的利潤，我想這應是大家所不反對的吧！

柯斯特勒（Arthur Koestler）所寫的一篇是『自由——終於來了』。在這篇文章裡，他論到共產主義何以毀滅。他說：『它不是政治運動。因爲無論在思想上或力量上共產黨在蘇聯都沒有敵手。共產黨不會以任何計劃或哲學教導群衆，因爲它的路線不停地改變，使人如墜五里霧中。昨天的眞理，今天會被認爲邪說。因之每一種信仰的基礎都被摧毀了。』又說：『在原始的社會裏，人們可以用對政府的效忠來代替政治思想。但在蘇聯，對政府效忠的基礎亦不存在。因爲今天對政府效忠的人，明天可能招供是賣國賊，間諜，破壞分子或人民的敵人。』

柯斯特勒的話是由痛苦經驗裡產生的。共產主義是以『政治運動』開始的。可是，等到共產黨人奪取到政權以後，政治運動便遭撲滅，代之而起的是較之從前厲害千百倍的極權統治。在這種統治鞏固以後，自然『無論在思想上或力量上』『都沒有敵手』。這種局面之造成，並非由於『革命成功』，並非由於人心悅服，而是由於藉陰謀，暴力，收買，與清除異己諸手段。一九三五年至一九三七年之間的大清黨便是明證。這些手段，就鞏固權力而言，來得非常直截了當，容易造成表面的帖服。因此，這套俄製貨色，三十年來，外銷很是暢旺。

因爲蒙在共產主義外衣之中的最後動因爲權力欲，於是，權力是最後的目的。相對於這一目的而言，一切都是手段。在有必要時，爲了奪取並保持權力，任何事物和思想都可利用。在有妨害於權力之奪取與保持時，任何事物與信仰都可摧毀。就這樣，共產黨人發展了包天蓋地的極權思想。實質地說來，與其說共產黨底上層人物崇拜唯物史觀，不如說他們堅持『權力史觀』。在權力史觀之下，一切從屬於權力。一切言行是依繞權力而『辯證』的。既然如此，自然『每一種信仰的基礎都被摧毀了』。所以，我們儘管看到這類人物拿各色各樣不變的招牌主義來愚弄並束縛人衆，可是招牌所代表的內容則隨他們因應實際政治而更換。他們這些爲權力而存在的人物，是不受這些招牌之絲毫拘束的；可是，在其操縱之下的人衆如果稍稍作違背這些招牌的言行，那末輕則遭放逐拘禁，重則被處死刑。於是，『它僅僅教其人民學會說一個字：「是！」蘇聯百分之九九點八的人們是行動一致的：對伊凡同志的陞官說「是」，對伊凡同志的被處決也說「是」；對於向納粹進攻說「是」，對於與納粹結盟也說「是」；對於萬能的史達林所作的一切決定無不稱「是」。……』在這類底極權空間，你只有跟着權力者說『是』才能自全。這種『是』的天下，才是一切極權統治者所要建立的極樂園世界！

在這篇文章裡，柯斯特勒又報導他在科立瑪地方遇見一個無政府主義者。他遇見柏津其人。『雖然他絕口不談政治，但他們都說他是一個無政府主義者。凡與我交談過的過去之罪犯，很少是對政治有興趣的。在這方面，津柏並不例外。雖然說他們是「無政府主義者」，或「托爾斯泰與克魯泡特金的信徒」，但他們大多數都承認對這些東西摸不清楚。假使一定要他們作一番說明，他們會猶豫地說：「國家是一切罪惡之源，也是人類的主要敵人；如果廢除國家，則大家都將和平相處有如兄弟。假使你要和他們爭辯，他們便會莫明其妙，而俯首無言。』顯然得很，這種念頭，照許多人看來，在弱肉强食的現在，是不健全的。不過，我們必須明瞭這種念頭發生的背景。我們考察無政府主義發生的近代背境，便會發現在暴君專政的大陸地帶，是容易發生這種念頭的。反之，在民主暢行的海洋地區，這種念頭則很難發生。俄國在十九世紀末葉，無政府主義盛行。這顯然是沙皇底『賢明』統治的產品。然而，在英美民主國家，這種主義是不會發生作用的。這是一個顯明的對照。何以會有這種對照呢？在大陸性的暴君統治之下，大家必須低着頭走路，每一個人都被籠罩在密探底陰影之下，人身毫無保障，事事要管，樣樣過問。在這種慘苦的情形之下，大家只嘗到『政府』底苦味，一點也想不出它底好處何在。國際間的弱肉强食固然要不得，國內的弱肉强食就要得嗎？所以，在這種統治之下，無政府主義之產生，實在是很自然的事，它是暴政底天然產物。而在英美，政府之存在，並非强加於人民之頭，亦非藉『革命』由武力征伐所產生，而是由人民在不受任何威脅之下共同意願所產生的。這樣產生的政府，人民隨時可以批評，必要的時候可以更換。這樣的政府，縱然要作惡，也惡不到底。人民可以自由自在地過人底生活。所以，人民不易產生無政府思想。由此可見，醫治無政府主義思想的妙藥是民主政治。

尼文斯（Allan Nevins）教授底作品是『自由思想與自由言論』。在這篇作品裡他提到『俄羅斯精神的探求』。這一節中有如下的對話：

「你覺得未來的希望如何？」我問安托諾夫。

「我已經開始希望！」他說：「正如你所說的，我們必須恢復俄國以往最優良的因素。但是我們還有更重要的一個中心目的，這便是實現俄國有史以來的幾項基本自由——思想自由，言論自由，出版自由，結社自由。所有教育上的改革以及科學與文學的發展俱將以此數項自由爲基礎。你還記得希伯來先知耶利米（Jeremiah）說的話吧？他說：「這裏正發生一件奇異而可怕的事情。先知們的預言都是假的：……而我們的人民却喜歡它如此。」有了思想言論和寫作上的自由，我們就可以排斥那些假的預言家了。』

自由是民主底必要條件。講民主而反對自由，正猶之乎要光明而不要太陽。有之，其唯共黨及其同路人乎？未有眞正講民主而反對自由者。這類底人口頭未嘗不講民主，但手上却剝奪大家底眞實自由。這是什麼原因呢？原因是很顯然易明的。魔鬼最忌陽光。麻面太太們最不喜歡製造鏡子的人。極權統治除了靠暴力以外，還要靠撒謊。撒謊常以抵賴或預言的形式出現。如果有言論自由，這些謊言豈不立被拆穿，所以，在極權世界，最受壓迫的是言論自由。結果，在這類底地區，謊言流行，正聲微茫。

在『蘇維埃政權的教育』一節中，尼文斯借着一位報紙主編人底口氣說：『共產主義的一切都是虛僞與撒謊。我們可以列擧幾樁事實。你應當記得保證人民各項自由的史達林憲法是在一九三六年制定的，但那一年也正是蘇聯進行殘酷清除運動的時候。你也應當記得那個假的國會——最高蘇維埃會議。史達林憲法把最高的權力賦予給它，但它實際上祇是一個傀儡。……。蘇維埃的教育也是如此，表面民主，實際都是一套謊言，其作用祇在支持獨裁政體。……』這是必需的作法，否則極權統治不能存續。在極統者底權力意志之前，擧凡政府，黨派，和他底勢力所及之處的一切，無一不是延續其權力火焰的柴薪。多加一塊柴，便可多燒一秒鐘。多燒一秒鐘，便可多得一點尼羅王式的快慰。在極權統治者心目中，一切皆是權力底手段，工具，或傀儡。除了權力以外，沒有任何思想或事物對於他是眞的，因而也就不是他所眞正堅持的。這本不足爲奇。足奇的是，古往今來，那些人怎麼跟着跑得那樣起勁？

尼文斯又接着說：『蘇維埃的教育也是如此，表面民主，實際都是一套謊言，其作用祇在支持獨裁政體。……列寧曾說過：「學說離開了生活與政治，就是欺騙與僞善。」然而以後列寧的政策却使學校充滿了欺騙與僞善。史達林也曾經對威爾斯說過：「教育是一種武器：它的效用胥視它受何人所控制與它的對象是什麼人。」史達林摧毀學校的行動，比列寧還要進一步，尤其是一九四六年共黨中央委員會通過那些有關思想行動的歷史性決議案以後爲然。

『那時候甚至在幼稚園裏，教員們也利用遊戲與標語來訓練一些小天使，使他們羨慕紅軍，忠於共黨，而崇拜列寧——所謂「聖中之聖」——與史達林的畫像。從第一學年到第十學年（按蘇聯的小學與中學教育是十年制，與美英的十二年制有異）的少年學生，其所受的教育是生活必須符合共產主義的型式。……』

既然極權統治者視一切爲權力之工具，當然不會放過教育。因爲，抓住了少年和青年，便是抓住了以後的幾代。這樣，他們便可造成『萬世一系』的局面。所以，凡屬極權統治橫行的地方，政治鬥爭，或黨化教育，一定滲入學校。純潔青年的純潔心地，不是被灌輸一些無聊無味的說素，便是被注入毒惡鬪爭的教條。爲了延續其極權統治，彼等不惜斲喪下一代底心靈，薰染少年底頭腦，戕賊人類純良的天性。禍延後代，了無已時。極權統治底毒惡，遠勝於洪水猛獸。

極權統治所造成的這些心理惡毒，唯有自由世界拿自由教育來洗刷。在自由教育之下，每個人爲受教育而受教育，爲文學而文學，爲藝術而藝術，為科學而科學，為興趣而研究。我深知此說為共黨及全體主義者所深惡痛絕。彼等百餘年來打擊此說不遺餘力。因為他們要求一切為政治權力而存在，他們要把一切納於政治權力之下，而從各方面以支持此政治權力。但是，唯有這樣的自由教育才能健全地發展人性。唯有人性得以健全發展，世界才能太平。

中央日報底譯印本，除了正文以外，又有一種很好的副產物。這就是關於本文集的序文或讀後共中有三篇是很優秀的文字。茲為篇幅和本評介底性質所限，評介者只舉出戴杜衡先生底作品一談。

戴杜衡先生所寫的一篇是關于『一個新俄羅斯自瓦礫中誕生』的讀後。在這篇文章裡，戴先生特別提出原作者蔡思（Stuart Chase）關於『教條與智慧』的一節。蔡思說：

『我們列舉出克里姆林宮以前的主人們的所有的錯誤假設，以開始我們的預卜。這是一張很長的表，下面是它的一部分。他們認為：

整個經濟可以詳細加以計劃。計劃不會隨計劃者的消逝而消逝。

消滅私人利潤，乃可終止工人的剝削。

沒有工人參預的獨裁式工廠經理方法是最好的。（若干美國的大公司，在勞資關係上比國家托辣斯要進步得多。）

奴隸勞工比自由勞工較有效率。

領袖們和人民間的溝通是可以無限期地操縱下去的。

『大謊言』永遠可以獲得報償。

不提及個人目的的宣傳，是有效的。

每一人類社會主要上是以恐懼來維持團結的。

思想控制，對於二億一千二百萬人是一項行得通的辦法。

領袖們是可以信賴的，共權力可以不受牽制。

這九大條原則，值得東方世界底人民再讀千遍萬遍；值得寫在街頭巷尾，觸目驚心。目前的世界，關於極權的煙幕頗多，令人眼花繚亂，頭緒不清。誰是共黨與極權者，很不容易劃分清楚。好了！蔡思在這幾條裡給予我們刻畫出一個簡明的輪廓。凡合乎上述九條的，便是共黨與極權者。否則不是。這九大條原則簡直是一個尺度。憑着這個尺度，我們不難將共黨與極權者和非共產極權者測度出來。

關于這九大原則，戴先生有很精審和深刻的分析。這值得每個在下意識裡為個人利害或黨派利害而打算的人熟讀千百遍：

『我相信，有許多人讀到這些概括中的若干條，一定會感覺毛髮悚然，即令在十年以後，也仍然有許多人讀到了會感覺毛髮悚然。這位蔡思先生竟把經濟之全面計劃與私人利潤之消滅視為重大的錯誤觀念了。許多人都將在沉思一會之後或竟不假思索的發出這樣的批評：「這完完全全是美國人的想法！」好像除了美國人之外，無論是中國人，英國人，或俄國人（未來的），都不應該如此想法似的。計劃也可以反對，利潤也值得擁護嗎？……

『根本上，這是一個經濟集權與經濟民主的問題。前者相信少數人的智慧高於多數人：全面計劃必然是少數人決策而多數人奉行。後者，則相信人類進步依仗個人創發（Personal initiative）者多而依仗國家政令者少，所以不得不為此間的自由企業留下地步，初非特別有愛於資本階級及其所熱衷追求的利潤。我們難道不看見許多所謂資本主義的國家，都一面聽任私人作各種企業活動，而另一方面卻以種種累進捐稅限制其過分利潤嗎？過去，所謂資本主義國家保障的是利潤；現在，它保障的已不是利潤，而是進步與自由。』

請讀者留意在此最後的一句話『過去，所謂資本主義國家保障的是利潤；現在，它保障的已不是利潤，而是進步與自由。』這實在是眞知灼見。許多人號稱反共，實則滿腦袋盡是共黨思想。尤其是關于經濟問題的想法，他們更是深受共黨宣傳以致接受共黨說法而不自知。所謂消滅私人利潤，便是其中之一。俗話說：『人不自私，天誅地滅』。這話底解釋應該是：『如果誰說自己是不自私自利的，便是說假話。如果說假話，便應遭天誅地滅。』由此可見，從來的人都承認人是自利的。自利是人底本性。自利並不一定是壞事。自利只在發展到妨害他人底利益時才是壞事。憑着政治力量將大家藉以謀生的資源和生產機構控制在手裡，使大家在經濟上不能自由發展，這是壞事之尤。私人利潤，是個人創導精神底一大動力。如果消滅私人利潤，那末個人創導能力勢必盡失。在這樣的地區，個人如不加入統治階層便變成待哺之鴨。在這種情勢支配之下的國家或社會，勢必逐漸分化成統治階層與被統治階層。這樣的國家或社會一定變得死氣沉沉，毫無生機。死氣沉沉的國家或社會，一定會向後倒退。這樣不健康的國家和社會是沒有理由可以長久存續的。遑論他圖？

許多人一談起『計劃』二字，便理直氣壯，彷彿說，我談『計劃』，是『為來世開太平』，『為大衆謀出路』。理由這樣正大，動機如此純正，怎麼可以反對？反對就是『資本主義』的自私自利。可是，我奉勸這樣的人冷靜一點。我在他思想中發現了共黨三十年來宣傳底成績。別的暫且不提，我且請教：您憑什麼資格替千千萬萬人底生活計劃，人生而是平等的。在太陽底下，沒有任何人高於任何人。上帝又沒有給你一張文憑，證明你在人群中的地位，像蟻王在蟻群中的地位，是應該管理人群，代人群『計劃』的。民主底實際，就是各人管各人底事。政府管的事越少越好，因此，大家沒有『拜託』你的事，你還是少『操心』的好。至於將來的事，更是渺不可測，無庸『深謀遠慮』。如果閣下嫌整天開會應酬尚不足以消磨永晝，那應奉勸閣下不妨多乘汽車兜風好了！

所謂『計劃』，無論披上多麼美麗的外衣，無論基於任何熱情的好心腸，好動機，而在實質上，它是統治方式底現代化。在實行『計劃』時，知識不夠，動機不良，經驗不足，這些毛病所形成的惡果可不必置論。即使沒有這些毛病，實行『計劃』底結果，久而久之，一定是通過全面的控制與事事的干涉，使計劃者與執行者對人衆居於極權地位。根據現代經管制度（Managerial System）看來，經濟的所有權幾成空洞名詞，而經濟的實權則操在非資本家的管理者手中。依此，可知一行全面計劃，勢必使計劃者與執行者底權力日益强大，而人衆則各別地降爲工奴、農奴、商奴、文奴。這樣的社會，不復是人底社會；而是螞蟻社會，蜜蜂社會。結果，一個新的奴隸社會通過『計劃』而形成，民主自由也許只有在字典中去尋找了。

對抗共黨更不需要這一套。在原則上，戴先生說得很明白：『其實，對抗共產主義的觀念並不困難。民主自由的觀念也是一連串的。雖沒有共產主義那樣的放縱性，而應用時也比較可以靈活變化。但祇要不過於割裂，就儘可以成爲對抗共產主義的有力武器。我所謂不要過於割裂，是這樣的意思：你不要在這件事上主張民主而在另一件事上主張集權。更明白一點說吧！你不要在政治上主張民主而在經濟上主張集權，就好。我(不是美國人)不相信經濟集權與政治民主可以配合得各不相犯。縱令勉强把二者牽合在一起，也祇能是暫時的，到最後，不是這個把那個打垮，便是那個把這個拖倒。英國的民主政治終於推翻了工黨政府，即爲一實例。』

說民主對付不了共黨暴亂，並且常常擺出替民主國家擔憂的樣子，這不是由於未知民主爲何事，便是對於民主厭惡與懼怕之流露。如果這些念頭是不背理的，那末英國應該是第一個被共黨搞垮的國家，美國應該是第二個了。在事實上是：『極端引起極端』。共黨成功的地區，無論是俄國或東方，都是有一種極端勢力存在的地區。民主政治，借用老的口氣來說，就是講『中和之道』的政治。這種政治，行起來不大能過癮，更不合於偏激的性格，但卻能消彌禍亂於無形。所以，馬克思底共產主義雖是在倫敦搞出來的，但是英國人卻最有辦法對付它。不過，民主卻不可零折。雖然民主制度底彈性較大，可是它從政治哲學，經濟思想，以至於生活方式，是一整套的。如果你胡亂零折一氣，因而抵不了共黨時，那只怪你不了解民主，不能怪民主之無靈了。政治民主與經濟自由底關聯就是整套而不可分的關聯。經濟自由是政治民主底必要條件。這就是說，如果經濟不自由，政治便不會民主。經濟自由是政治民主底物質基礎。如果經濟不自由，則所謂的政治民主，一定是空泛的，不能持久的。所以，凡是有誠意實現政治民主的人，必須鼓勵經濟自由。

然而，現在凡屬手裡抓着一點東西的人是決不肯鬆手的。他們爲了維護手裡這點殘渣，當然要找許多理由。這些理由，千言萬語，不是以神聖不可侵犯的經典教條爲根據，便是說『這是爲大家的好處』。這樣抓緊不放，是否『爲大家的好處』，此時不必深究。但是，當着什麼事物都『統籌，統辦，統購，統銷，』把『這樣或那樣收歸國有』的時候，從一時的表面看來，的確因透過經濟統治而增加了不少統治力量。所以，經濟統治問題，在某些地方，歸根究底是一個現實的政治利害之問題。這類底問題，證諸近半個世紀的經驗，似乎就不能僅靠語言與眞理來了結。在『利害』決定一切的現今，那是非問題，公利問題，應然問題，道德問題，只好退而存諸殘冬嚴寒之野了。

這本文集，有莊嚴的文章，也有輕鬆的作品。我在上面所提到的，是莊嚴的文章裡的若干重要論點。輕鬆的文字，有費城恨和莫斯科奧林匹克等篇。小姐們也許喜讀費城恨，我卻還喜歡莫斯科奧林匹克。可是，無論是莊嚴的文章也好，輕鬆的文章也好；無論是費城恨也好，莫斯科奧林匹克也好，它們所要表現或描繪的都是一貫的情感和理念。評介者希望聰明的讀者，能夠從那些理論的分析，尤其是好玩有趣的事物裡，體味出它們所要表現或描繪的情感和理念。如果這樣，你是更上一層樓，你將不是一個散漫的讀者。

這本文集所表現或描繪的，評介者已經在前面說過，是未來自由世界底一個輪廓。自由世界是怎樣的一個世界呢？你會從這本文集裡得到一些想像。

在一種不易名言的社會裡，你想苟活，便要時常辦那些毫無意義動輒得咎，麻煩死人的手續；人和人之間時常互存戒心，必須『話到口頭留半句』；必須說不好的東西好；背頌言不成理的陳腔爛調；大家相率在一種幌子之下，奔競權勢；講氣節者被看作是傻子；談理想將被人笑話；只知努力而不屑蟻附者一定歸於反汰淘；好人像冰箱裡的凍蝦，而蜉蝣蛄則滿天飛；沒有群已權界之分；沒有個人尊嚴，沒有價值觀念；優美的情操被視作奢侈品。：：這樣的社會，實在不易名狀；但是否可稱爲『人的社會』，就很值得懷疑。

而從這本文集裡，你可想像到在自由世界裡，你會得到充分的友愛，溫馨，協助，和諒解。人和人之間，坦白相處，放心談天；寫起文章來，心裡怎麼想，手裡就怎麼寫，用不着戰戰兢兢，如臨深淵，如履薄冰；居處行路，沒有誰想到會成問題；只要你肯努力，你眞有才幹，你將會因之而出頭，大家也會承認你底成就——沒有誰壓得住你，也不靠誰依『政治觀點』來『提拔』你；你自己勞力勞心吃自己底飯，有多的存起來防老；在那個社會裡，大家不會因你官做得大而表面恭維你，不會因你有權有勢而趨附你，你只有靠着眞實的學問、人品，和爲大家謀得福利，才會受到敬愛……。這樣的社會，便是『人的社會』。

朋友！你在這陰霾的苦難裡，不希望這樣的社會實現嗎？如果希望的話，你不妨在空閒的時候，把這本文集細細品味一下，然後再沉思一陣。你將會像在沙漠中作長途旅行的孤客，看見遠遠天邊的一個綠洲！

讀者投書

我對公文改革的意見

吳守璞

本刊五卷十二期刊登「封建式的現行公文程式應予改革」一文，讀後深具同感，茲為響應編者及余先生所希望的「引起一番討論」，就管見所及，略抒於後：

一、對於公文程式改革的意見——民主時代，國家的主人是人民，政府的官吏是受人民委托辦理衆人之事的「公僕」，公僕的任務為治事而非治人，與專制時代的「父母官」可以主宰人民一切者大不相同，故民主時代的官不僅沒有權利高高站在人民之上，而且還應當盡心竭慮為人民服務。我國現行公文程式上規定人民對政府機關須用「呈」，官廳對人民用「批」，人民的呈文自稱「窃民」，政府的批示用「仰即知照」，此種程式及文句，是完全違背民主精神的。對於劃分上下階級及足以造成官與民之間距離的文句，如：「鈞」「窃」「奉」「仰」「等因」「凜遵」「毋違」「切切」「此批」「伏乞」「俯察」「德便」等字句，都應絕對避免；政府機關與人民之間的公文來往，應改成普通信函格式而絕對避免表示下對上懇請意味的「呈」或上對下意味的「批」，公文程式可以代表一國的立國精神，如果民主時代仍沿用封建式的公文體裁未免欠妥。

二、對於辦公文具改進的意見——工欲善其事，必先利其器；處理公文效率之增進，一方面固然須視處理手續之合理與否為定，但另一方面，辦理公文時之工具是否進步，也有關係，例如人家用英文打字機每分鐘可打百餘個字母，一次可打多份，而我們還一直使用着最原始的毛筆，每分鐘頂多寫正楷十五個字，且僅能繕寫一份，現在若干機關用油印及複寫，雖然份數增多，但速度還不够，毛筆當然有它的長處，如永不變色及不易竄改等，但科學昌明時代，時間和效率是多麼可貴，我們浪費了大量的人力去維持毛筆繕寫這一制度，人家却將用打字機所節省的人力時間去做更有用的工作。我不反對毛筆寫字所具有的優點及其藝術價值，但我總覺得毛筆在繕寫工作上，僅能負擔一小部份的任務，如重要文書任免命令，及文憑證件等，其餘都可不用毛筆，而以複寫及自來水筆代替之。本省籍同胞不善使用毛筆，而能寫一手整齊的複寫字，此可證明日人已注重寫字的效率而不提倡使用毛筆。本省各機關所用的中文打字機，雖然效率並不理想，但較之毛筆繕寫的速度已增加三四倍之多，而且字體美觀，複打便利，祇要將打字員加以訓練，使其有聽打的能力，或訓練一班公務員可以自打中文打字機，則凡例行稿件，可逕由主辦科員用打字機同時打出兩份，一份送主管簽章存檔，一份用印發出，這樣不知要節省多少時間及人力。此種打字機如請專家研究再加改良，設廠大量製造，或可為我國數千年來文字繕寫上的艱難，開一新紀元（以前上海曾有電動打字機出售，但售價昂貴，不能為各機關普遍採用）。

其次，關於公文用紙格式的規定，政府雖一再努力劃一公文用紙格式，但迄今全國各機關的公文用紙格式，還不能完全一律。我覺得要統一公文用紙格式，應由政府將公文用紙的印刷權收歸政府，凡全國各印刷廠商承印公文用紙時，必須依照政府規定的格式，否則即由當局取締之。公文用紙的紙質，應廢除用毛邊紙而改成可用鋼筆或複寫的紙張，公文用紙上的發文字號及收文字號例皆另蓋印戳，故該項字樣可以省除。現行公文用紙格式有無改革必要，須由政府請專家研究決定之。

三、對於行文手續與效率研究——我國各機關行文手續之繁瑣，久為各方所詬病，雖然人為因素較多，但行文手續之層次及方法，仍有改革之必要，施行分層負責制的機關，公文核章的距離縮短，對於公文處理的效率增進不少，近代倡導科學管理(Scientific Management)，對於時間及動作的研究(Time and motion Study)，非常重視，如將此法應用於公文處理的手續上，由政府指定機關作實地試驗，看何種方式，何種手續最有效率，最節省時間，而又適合一般國人體力者，將之定為標準手續，通令各機關做行。又公文程式及公文處理手續，應由政府印成專冊，普遍發售，公文處理手續應視機關大小訂為數級，以便各機關選擇其繁簡而採用之。

筆者學識淺陋，上述各點，或有未盡，願就教于高明。

共產黨對肥鴿子也要清算

在柏林的蘇維埃區，曾為八月五日的共黨青年大遊行豎立『和平鴿』的彫像。蘇維埃主辦的柏林時報曾予以尖刻的諷刺，因為這些鴿子『表示着懶惰而不是機警』。該報稱：『這些鴿子太肥了，沒有一個人會相信這樣肥鴿子還會飛，除非它們像飛行船一樣被灌入汽油才行。』

共產黨對於肥鴿子也要清算嗎？

握手是浪費時間!?

東德的德國人每天要化三十二億分鐘的時光於握手禮中。這是東德情報部的一個官員統計的，曾在共產黨的一個文學週刊中發表過。他說這些時間總共有三萬七千天。握手是浪費時間。『這對於德國民主共和國的「和平運動」是一個損失，這些時間應該化在促進「和平」的工作上』。

FAST CGRA DIRECT

（全）（球）（可）（通）

國際電報

RADIOGRAM

（迅）（速）（無）（比）

營業處地址：臺北市中正西路102號　電話 6202

辦 公 地 址：臺北市中正西路102號三樓　電話 6647 6939

交通部臺北國際電臺

CHINESE GOVERNMENT RADIO ADMINISTRATION

TAIPEH

臺灣鐵路管理局貨運服務所

營業項目

迅速！

海陸運輸

報關保險

倉儲包裝

接送裝卸

安全！

貨運服務所所址：

臺北：北平路一三號 電話：三三三五・三三三七

基隆：港西街五五號 電話：四〇三・七三四

宜蘭：新興里八二號 電話：二九・一〇六

新竹：中華路一三一號 電話：六五・一〇八

臺中：新民街一三一號 電話：一五〇一・一五〇二、一五一五・一四四八、一四四九・一六二三

彰化：長樂里站前巷三二號 電話：五一・三四〇

嘉義：建興街一四號 電話：二八二八・二九二九、二五〇三

臺南：博愛路二七號 電話：七一・一〇九・一一九

高雄：新興區大明里中山一路一六一號 電話：三三五九

屏東　中山路一號 電話：一四九・一一五〇、一二四三

服務站：遍設全省公私鐵路重要地點

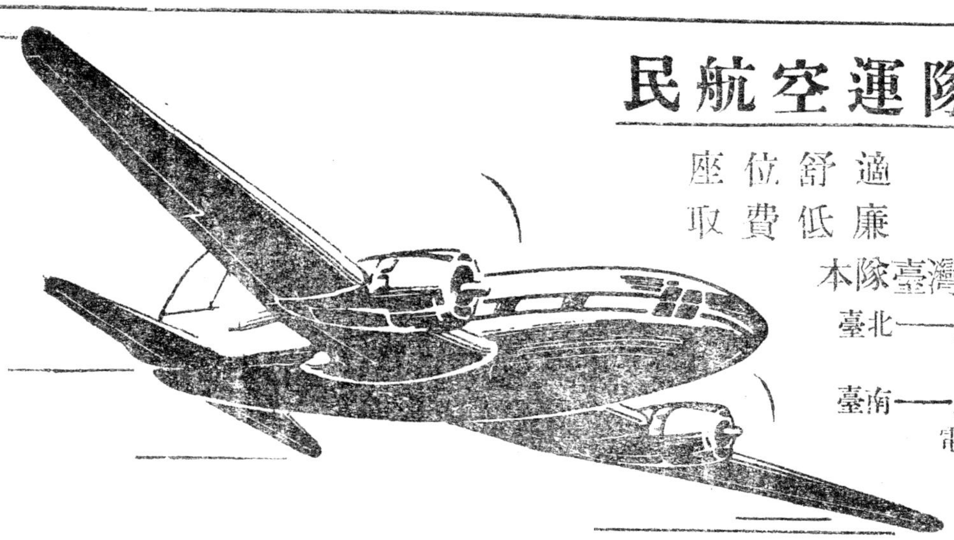

民航空運隊！

座位舒適　迅速安全
取費低廉　客貨兩便

本隊臺灣營業處：

臺北——重慶南路一段十一號
電話：2340　7321

臺南——忠義路一號
電話：156　785　787

"SPEED CARGO"
PASSENGER
CHARTER

服務東方的 CAT 民航空運隊

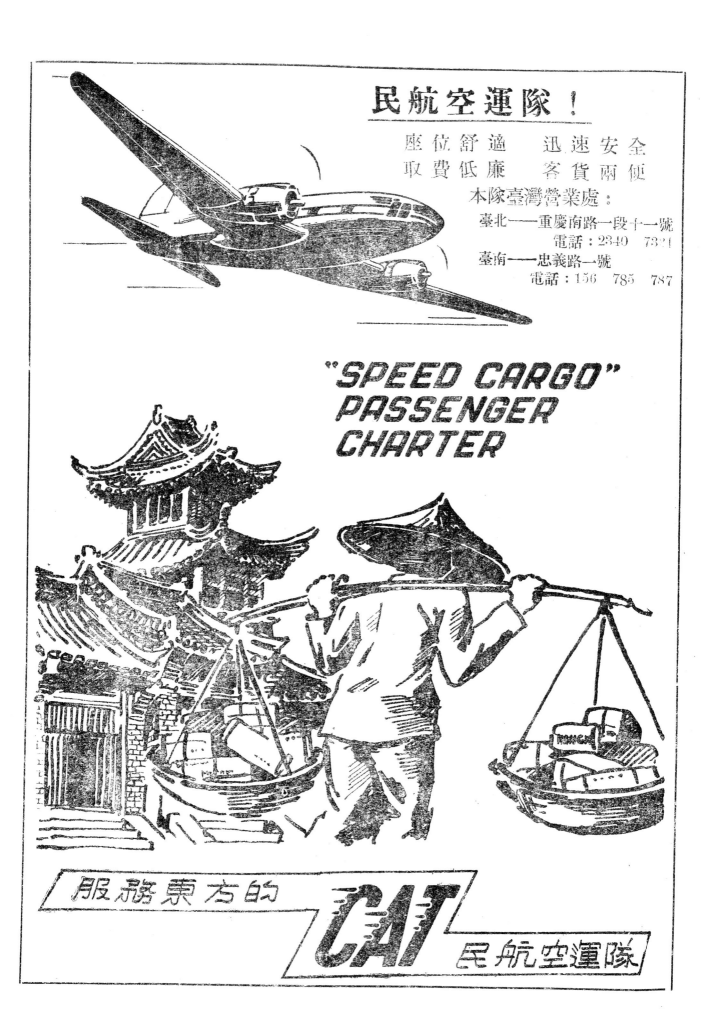

第六卷 第一期 內政部雜誌登記證內警臺誌字第一九號 臺灣省雜誌事業協會會員 四四

給讀者的報告

今天是民國四十一年的元旦，我們發行特大號，以迎接新的歲月的到來。在這艱鉅的年代，極權主義正威脅着人類的自由與生存。我們緬懷大陸同胞以及其他鐵幕地區被奴役於極權統治之下的數億人民，心情是何等沉痛！我們當如何努力奮鬥以挽救人類，使免長此淪於浩刧。雖然這是一個艱鉅的任務，但我們仍然有着堅定的信心；我們相信極權暴力終必在正義之前被最後清算。「展望四十一年的國際形勢」，我們對人類爭取自由的前途是更有理由懷抱樂觀的。由於過去對付共黨的失敗教訓，自由世界已經知所警覺；只要同心協力，我們將定能擊敗共黨的侵略。

本期第二篇社論是針對中共目前在上陸上對大專教授的迫害而作，我們爲了中國文化的前途向極權者作沉痛之抗議，並爲民族悲劇中學人們不幸的遭遇致哀矜之忱。

「從貨幣的兩個主義說到自由中國的貨幣」一文，無論就質與量，均堪稱是一篇份量很重的論著，本文可分爲兩個部份，前一部份在闡釋兩種不同的貨幣理論，後一部份在討論自由中國貨幣的實際問題。本文作者瞿荊洲先生過去是臺灣金融當局實際負責人之一，以他在這方面所具有的寶貴經驗，提供對於貨幣問題的意見，當然是值得重視的，本文末尾對將來重返大陸以後如何重建新貨幣制度的建議，尤有獨到見地。

現代文化的靈魂在於科學與民主，科學的精神的是實事求是，民主政治的實踐正有賴這種實事求是的科學精神。多年以來，世人似乎很迷惑於共產黨的宣傳技倆，競相高唱一些漂亮的教條口號，而忽視了綜核名實的實踐精神，從而在政治上造成形式主義與官僚主義的陋弊，嚴重地影響了社會與政治的進步。毛子水先生在他這篇近作中，語重心長地提出「綜核名實」的號召，惕勉一般從政的與論政的人們實踐這種精神。

羅鴻詔先生的大文「論中共之統制思想」，亦係針對目前中共在大陸上威迫大專教授「集體學習」的措施而作。羅先生首從歷史的分析說明中共企圖統制思想是一種空前的罪行，其本身將因此而加速覆亡。進而羅先生又根據馬克思的學說駁斥統治思想與其基本理論之互相矛盾。本文的主旨在指明人類思想之不容統制，凡企圖統制人類思想，使威服或盲從某一主義者，終必爲人類與歷史所唾棄。

水利問題在臺灣是很重要的，本期宋希尙教授一文提供不少建設性的建議。

廣告刊例

一、封底裡面全幅每期新臺幣一千五百元，半幅八百元，1/4幅五百元

二、普通全幅每期新臺幣一千二百元，半幅七百元，1/4幅四百元。

三、式樣及鋅版自備，如欲本社代辦，則照值計算。

本刊售價

一、	臺	幣	三元
二、	越	幣	八元
三、	菲	幣	五角
四、	港	幣	一元
五、	暹	幣	四銖
六、	美	金	二角
七、	叻	幣	四角
八、	印尼	幣	三盾

自由中國 半月刊 第六卷第一期

"Free China" 總第五十二號

中華民國四十一年一月一日

發行人 胡適

主編 『自由中國』編輯委員會

出版者 自由中國社
社址：臺北的金山街一巷二號
電話：六八八五號

航空版 香港 香港時報社（高士打道六四號）

經售者
臺灣 中國書報發行所（臺北市館前街八五號）
美國 紐約民氣日報社 舊金山國民日報社
日本 東京南友堂 東京內山書局
馬尼剌 大中華日報社
印尼 椰嘉達星日報 椰嘉達天聲日報 棉蘭繁華圖書公司
越南 西貢中原文化印刷公司 越南華僑文化事業公司
曼谷 曼谷攀多社十二號
緬甸 仰光振成書報店
新加坡 中興日報社
檳榔嶼、吉打邦均有出售
澳洲 墨爾缽王德利公司

印刷者 臺灣新生報新生印刷廠
廠址：臺北市西園路二段九號
電話：廠長室七一二五 業務課二〇九六

本刊經中華郵政登記認爲第一類新聞紙類 臺灣郵政管理局新聞紙類登記執照第二〇號 劃撥儲金帳戶第八一三九號

自由中國

FREE CHINA

第六卷　第二期

要目

中華民國四十一年一月十六日出版
社址：臺北市金山街一巷二號

半月大事記

十二月廿五日（星期二）

第一屆國民大會代表全國聯誼會在臺北舉行四十年度年會。

十二月廿六日（星期三）

立法院通過軍人婚姻條例及縣司法處組織條例。

外交部發表公報承認利比亞政府。

埃及國王法魯克任命親西方官員艾斐斐爲幕僚長，民衆對此示威抗議。

菲總統季里諾特赦前日駐菲最高司令官黑田重信。

白宮發言人宣佈美總統杜魯門任命南肯爲駐俄大使。

十二月廿七日（星期四）

韓境停戰談判卅日限期屆滿，李奇威發表演說譴責共黨故意拖延。

美官方宣佈美軍在韓作戰傷亡總數爲十萬零三千四百十八名，其中陣亡一萬七千六百七十名，受傷七萬四千七百名，失蹤一萬一千零四十八名。

美國務院宣佈，美政府決定付出十二萬罰金贖回被匈牙利扣留之四名美國飛行員。

法，比，荷，義，盧，德六國外長在巴黎集會商組歐洲聯軍。

十二月廿八日（星期五）

停戰談判續開會議，聯軍代表指摘共方延宕時間。

盟總向日政府提備忘錄，反對恢復管制人民思想之內務省。

被匈牙利扣留之四名美國飛行員獲釋。

十二月廿九日（星期六）

美經合總署正式結束，其未完成之工作由共同安全總署接辦。

美國務卿艾其遜宣佈禁止美國人民赴匈旅行，並封閉匈牙利在紐約及克利夫蘭兩地之領事館。

十二月卅日（星期日）

西歐六國外長會議結束，對武裝德國條款未獲協議。

美共同安全總署正式成立。

十二月卅一日（星期一）

英首相邱吉爾乘輪赴美。

盟總發表公報，譴責共黨蔑視日內瓦公約規定，拒不宣佈聯軍戰俘死亡現狀。

曼谷記者團抵臺訪問。

民國四十一年

一月一日（星期二）

蔣總統發表元旦文告。

一月二日（星期三）

停戰談判聯軍代表對換俘問題提出六點新建議。

美出席聯大代表柯恩在聯大聲明，韓境休戰如不實現聯軍將採新行動。

史達林應日本共同社之請，對日本人民發表誘惑性的新年祝詞。

印尼宣佈承認埃及國王法魯克爲蘇丹王。

一月三日（星期四）

蘇俄外長維辛斯基向聯合國建議，由安理會召開特別會議，設法解決韓戰談判之僵局。

美代表柯恩告聯大政委會稱，停戰即令實現，美軍仍將駐韓。

東京消息：日本政府將派「友好代表團」來臺訪問。

停戰談判共軍代表拒絕聯軍所提交換戰俘之六項新建議。

美國務院官員斥史達林對日新年賀詞爲惡劣宣傳。

維辛斯基在聯大集體安全措施委員會指責美軍事援華顧問團駐臺助我反攻。

一月四日（星期五）

停戰談判共軍代表對換俘問題提七項建議，反對戰俘自決去所，並拒絕紅會訪問戰俘。

合衆社伯爾格來德電，美英法三國通知南斯拉夫以三千五百萬元臨時款項援南彌補對外貿易差額。

菲衆院對戰略物資走私輸入共區案進行全面調查。

埃王幕僚長艾斐斐首次發表談話，警告埃人在反英鬥爭中勿陷入另一帝國主義之魔掌。

一月五日（星期六）

英首相邱吉爾一行抵華府。

美紐約區樞機主教史培爾曼抵臺訪問。

經合總署中國分署正式宣佈更改爲美國共同安全總署中國分署。

一月六日（星期日）

利比亞王國要求進入聯合國。

國防部總政治部發表檢肅匪諜運動經過。

美政府同意贈予印度五千萬元，發展農業。

美參議員羅區代艾森豪威爾報名參加新罕布什爾州初選會的共和黨總統候選人。

一月七日（星期一）

美十三航空隊司令摩爾准將，盟總新聞處長艾倫准將分別自馬尼拉與東京飛臺訪問。

美紐約區樞機主教史培爾曼離臺赴菲。

我代表于焌吉籲請聯大援助海外華僑難民。

法國會拒對預算案投信任票，布立溫內閣總辭。

英首相邱吉爾與美總統杜魯門在華府正式舉行會談。

法外長許曼宣佈願談判越境停戰。

卓伊自韓抵日與李奇威舉行會商。

一月八日（星期二）

聯大政委會否決蘇俄廢除集體安全措施委會之建議。

中美双方將領開聯席會議，摩爾，艾倫均與會。

美第八十二屆國會重開第二次會議。

共軍代表再度拒絕聯軍所提修正後之換俘新建議。

一月九日（星期三）

聯大否決蘇俄所提由安理會討論韓境停戰之建議。

杜邱會談結束。

原書
原様

原書
原樣

健全輿論形成之要件

——「輿論與民主政治」（四續）——

雷震

輿論是甚麼？民主政治又是甚麼？輿論對於民主政治的關係如何？前者及於後者的影響如何？這些，上文已經反復說明。民主政治就是民意政治，而民意政治即是輿論政治，上文並已再三申論。於此，我們可以結論爲：『民主政治就是輿論政治』了。那末，當前應該討論的問題，乃是輿論、尤其是健全的輿論，應該如何形成一問題了。

『工欲善其事，必先利其器』。建造高樓大厦，必先從基脚建起；基礎穩固，大厦方可安然矗立。民主政治之建立亦然。我們欲使民主政治步入正常軌道，並使其進步發達，必須先從健全輿論做起。就是說；必須先使民主政治的原動力——輿論，建立起來，發達起來，並且一步一步的健全起來，然後才能使民主政治有堅實之基礎，而這樣的民主政治才算是眞正的民主政治，才够得上是名符其實的民主政治了。

然則，輿論要怎樣才能逐步發展？輿論要怎樣才可以健全而有力？輿論界本身對促進民主政治應該做些甚麼工作？輿論界自己對國家大事，乃至對世界大事究應負些什麼責任？這一些一些，乃是在討論本問題的時候，一連串應該討論的中心問題了。

輿論與民主政治之關係，既如此重要，凡屬民主政制的政府，一定是尊重輿論，維護輿論；凡是不重視輿論，甚或摧殘輿論的政府，一定不是民主制度的政府。這是兩者區別之標準。可是在另外一方面，假使政府不尊重輿論，不重視批評，在輿論界本身上，有沒有過失？有沒有責任？輿論界自己對這些問題應該切實反省，時加警惕，不可一味專事責備對方，而忘記了自身應盡的責任。苛於責人而薄於責己，是不合乎中國傳統倫理觀念的。基督教的社會，亦作如是觀。凡事要做到己身、外能無愧於人、內能無違於心，才可以指責他人，才有資格教導他人。民主和自由是要依照吾人『良心』之向背而從違，而輿論尤其要根據個人的『良知』爲出發點。如希望對方尊重我，必須先能自己尊重；同時，己所不欲，勿施於人，己之所欲者，亦不必强他人同樣欲之。我們論政評事，首先應有這樣的心境，抱定如是態度，才能公正無私而不爲一時之利害所困惑。何況我們所論所評，大則關係國家前途，小則關係個人幸福呢！

如果輿論界本身，不知潔身自好，腐敗墮落，見利忘義，既無遠見，又乏責任心，只知逞一時之意氣，惑於小我之利害，妄事抨擊，吃毛求疵，甚至藉端敲詐，乘機漁利，這樣，自然無法希望政府對之表示尊重，政府也決不會對之有所敬重的。

如果輿論界批評時事，討論政策，不畏權貴，不懼强暴，不避現實，不卸責任，不閃鑠其辭，不投機取巧，憑良心論事，爲人民立言，本身能够做到健全而有力的時候，自可誘使政府尊重。所以，輿論界自求本身之健全，養成惟公是視的心理，抱定嚴正不阿的態度，同爲達成民主政治之要圖。

不過話又要說回來。一個國家在開始跨進民主政治途程的時候，政府如果不能虛懷若谷，重視輿論，接受批評，或進一步扶植輿論，維護輿論；而竟相反的干涉輿論，箝制輿論，或更摧殘、壓迫、窒息輿論；或另節外生枝，借端陷害，以達控制之目的，則輿論界縱欲獻身國事，而引天下爲已任，也是不容易有所成就的。向『老虎頭上拍蒼蠅』，一般人是不願這樣幹的，也不敢這樣幹的。想到『坐牢、殺頭』，大家總是膽戰心驚，而避之唯恐不及的。大陸上毛記政權下人民說話時之提心吊膽，和出門時之東張西望，就是一個最好的例子。

關於輿論界本身健全之道如何，玆擬略抒管見，以就正於國人，並欲以此自勗，自勉，希望以微弱的力量，貢獻於這件巨大的工作。形成健全之輿論，應該具備以下幾個要件，而且必須輿論界共同向這個目標邁進，始克有濟。

第一、對於某一問題或公共政策的評議，要有『公道』的精神，和『正確』的見解。

以言公道的精神，就是當我們批評政治的時候，要不徇私情，不拘小利，完全就事論事，就其事而論其人，不擴大，不曲解，不牽連私人生活，不拉扯無關之人，態度要光明正大，論點僅限於本題。

以言正確的見解，就是在討論問題的時候，要把握事實的眞象，既要洞察入微，尤須通觀達覽；既不可人云亦云，失去獨立的判斷，亦不可標奇立異，自我鳴高。至若糊塗論斷，或歪曲事實，或誇大其辭，那是輿論界之下流者，更不在討論之列了。

惟應提請注意者，所謂公道，所謂正確，自有仁者見仁、智者見智之不同，有時很難有客觀而明顯的界說。不過，我們擔任批評政事，討論時局的人，要儘其可能的，求其批評和討論之合於公道、正確，或近於公道、正確而已。所謂求其心之所安就是了。譬如說，今日一般批評政治、指責政府或官吏最普遍的用語，是指斥政府或某某長官爲『無能、自私、腐敗、貪汚』等等。過去美國輿論界批評我們政府，也常用這類字眼。但是，這些字眼有時很難作客觀的界說。

先從『無能』一辭說起吧！如罵某部長爲無能，這個指責就很難下個絕對的定義。因爲各人對於無能的定義，不盡完全相同，各人腦筋中無能一語之內容，界說可能彼此相差很遠，而且能與不能乃是相對的概念，『幹才』和『蠢才』的中間，很難劃出一條公平的，明白的和絕對的界線。何況大部分的人們，既非幹才，亦非蠢才呢！所以，我們只能就此時、此地、此事、批評某某的工作或辦事是無能罷了。但是，這仍不能作爲是絕對的說法。

『自私』這個概念，也有類似的情形。除掉專從道德的立場，評論某人的行爲爲自私之外，自私有時很難自客觀的認定之。尤其當這種自私，用之於非爲一己的利益，而是爲着某個小集團——如一黨，一族，一廠——的利益的場合。因爲一個社會的全體利益，究不外其成員們個人利益之總和，如把社會中各個人的利益完全拋開，應無所謂利益問題了。不講個人利益，而只標榜全體利益，或高唱階級利益者，表面上好像是爲大衆，是不自私，其實，這不過是獨裁者用以欺騙人民，鞏固政權的一套藉口辭令，可以說是自私之另一種形態耳。故自私與不自私在普通情形之下，也只能採用比較的說法。又一般人常常喜歡罵人爲自私自利之徒，如果對其所責者，加以邏輯的詳細的分析，又往往得不到所期的結論，如再進一步詢其所責的究竟意義，而指責者自己亦常常瞠目不知所云。可見自私這個概念，有時不易下一明確界說。

『腐敗』或『腐化』這一名詞，比無能和自私，則較爲有客觀性。但也不可一概而論，有時也無法作絕對的肯定，蓋有許多行爲，尚在兩可之間，可東可西，而不容易僅從外表去斷定的。如宴請賓客一事，我們可以批評其爲酒食徵逐，而對方也可以自辯爲公務應酧。即應酧一事，有時硬是浪費；有時爲洽商公務，也確有其必要。再舉一個極端的例子，用以說明確認腐化不是一件容易的事情。嫖妓宿娼應該是一件最腐化的事情，如果有人說這不算是腐化，大家一定罵這個人自己是腐化透頂了。倘若堅持嫖妓宿娼這類行爲，絕對等於腐化，爲甚麼軍隊有營妓之設？而特種酒家又可以公然存在？這豈不是自相矛盾嗎？可見嫖妓宿娼有時也有生理上的需要，不能單純的視爲腐化墮落之事。跳舞一事是否腐化，我們發現論者之中，正持有兩極端的不同的見解：贊成者往往譽之爲有益身心，認爲跳舞應該獎勵，最少是不必禁止，禁止也是徒勞無功；而反對者往往毀之爲有傷風化，認爲跳舞有時等於變相的賣淫，必須絕對禁止，以免貽害青年。可見社會上對於一個問題的意見，是極其複雜而紛歧的。

至於『貪汚』一事，那是最有客觀的明確界說，各國刑法上均列有專條，只要有事實的根據，則是很容易認定的。不過，有時也不能作絕對的說法。如送禮和饋贈這些事情，有時確是表示情誼，有時則硬是賄賂。對於 Com-mission（佣金）一事的看法，外國人的習慣，和中國顯有不同了。不過在外國，似也有一種分際，倘超過這種分際，自必視爲賄賂無疑了。

第二、批評政治和討論政策，要注意問題之現實性，要考察問題發生時之客觀環境，而其推論更須預想到可能發生之後果。因此，我們當作指責或論斷的時候，不可專從理論上去講話，尤其不可專就純粹理論之原理原則，來評論現實政治，更不可單從個人的理想作出發點，來觀察變動不居之社會現象。誠然，理論是指導現實的法則，原理是規律事物的軌範，而理想乃我們工作之目標，但是，原理原則可能有許多例外，理論和事實常有不能一致之處，而理想和現實有時更會相差甚遠。這不一定是理論上有謬悞，而是現實的社會，複雜多端，瞬息萬變，內在可能變易之因素甚多；而理論則是齊一的，固定的，不因環境而變動的。因此，當我們觀察事物的時候，很容易爲一時炫耀的外在現象所矇蔽，而忽略了事實的眞象；最可能的是執一端而推論全局，以致往往陷於錯誤而不自知。一切討論和批評，不可忽略時間與空間，必須求其客觀的現實性者以此。何況理論本身也不見得絕對沒有錯誤，因爲每一理論都有一個假定爲其前提，而一個原理原則，更有許多例外。理想世界誠可爲我們工作之目標，至於何年何月才能達到這個目標，前途往往遼遠而莫能測知。

鮑恩斯說：『研究政治學說的學生，對於實際政治家的唾罵，有時是很錯誤的。考驗行政上的能力，或公共政策上的行爲，與學問上的正式試驗，本有絕大的不同；假使一位演說家能够感動通常的平民，較諸一位僅能說服一般哲學者的，本不一定是『無能』多少。在別一方面，假使普通民衆所喜歡的人物，並不一定合於一般學者的口味』（見鮑氏著民主政治論）。

所以，我們論政評事，要注意問題的現實性，說話要切合實際，而少在書本上兜圈子。書本上的圈子，有時越兜越會令人更爲糊塗的。

第三、對於某一問題之討論和建議，態度要客觀，情意要懇摯，不能憑空臆斷，不宜妄事推測，不得捕風捉影，不可信口雌黃。我們當下筆之始，要把問題設身處地的想一想，要把問題當作本身有關的來考慮。所有的指責和建議，如果是易地而處，自已在位或身當其衝的時候，自己必能依照指責的方向，或建議的方案做下去，然後才可以提出來。不然的話，只是高調和廢話，說得儘管好聽，究無補於實際政治，政府必視爲書生之見，或紙上談兵，決不會加以尊重的。而且，自己所不能爲之之事，而必欲他人爲之，亦非合於忠恕之道。中國古訓有云：『任事者當置身於利害之外，建言者當置身於利害之中；置身於外，則無所顧慮，設身於內，則平易近情』。這幾句話說得何等合情合理。凡是從事於建言評政的人，均應遵守此旨，而置身於問題之內，不僅所說的，要平易近情，毋誇毋矜，而且要說得到，做得到。

第四、我們在批評或指責的時候，不可絲毫夾雜有『幸災樂禍』和『唯恐天下不亂』的心理，更不可希望在災難禍患的夾縫當中，自己想藉此來討一點小便宜。這是最下流的作風，談不上是健全的輿論。即令是站在反對黨的地位，也不可有這種卑鄙齷齪的心理。反對黨之於當權政府，本以監督和勉勵爲其職責，對於政府政策不滿意的時候，固應責難或抨擊，但也不能事事吹毛求疵而危言聳聽，更不可乘人之危而渾水摸魚。這是有損政治道德的。我們站在輿論的立場，無論是批評或指責，態度總要光明磊落，心地總要坦白無私。這樣，其所批評和指責，縱有謬悞或不當之處，也可以見諒於對方的。『天下爲公』一語，是輿論界當下筆評政的時候，而時刻不可忘懷的一句至理名言。

第五、我們對於政策的批評和責難，要用負責任的態度，不可存心規避，不可有意推諉。對於政府官吏，無論那一個有不是之處，或做得不好，如不批評則罷，如若評論，須不問其階級高低，權力大小，必須直截了當的指責其不是之處，或批評其作爲謬悞的地方，既不可含沙射影，尤不可指桑罵槐；否則，就容易把事實和眞象隱蔽而莫知所云了。蓋論政者的態度誠宜謙虛愼重，措詞自應婉轉平正，而是非曲直，不可隨便馬虎，對象必須明白指出，不可含糊籠統，尤其不可似隱似現，若假若眞，使人如墜五里霧中。要使對方充分了解批評和指責之所在，然後對方可以自我檢討而設法改正，然後對方可以公開答辯而說明原委。見解如有不當，論者自負道義的責任；情節如果失實，評者自負法律的責任。不必畏懼權威而思有以規避，不必恐怕負責而思有以逃兗。輿論界在評論政事的時候，倘若措詞含混曖昧，態度模稜兩可，用語含沙射影，對象指桑罵槐，這樣，不僅不能達到使對方有『知非改過』之結果，在我們自己也够不上稱爲『健全』的輿論。

近年來，我國的輿論界常有將其所批評之事件，或指責之對象，隱去其眞實的一部分，而將當事者的姓名，代以××等符號，使熟悉內情者，一見而知其事之原委，而社會一般人士，則莫明其來龍去脈，於是猜測臆度，遂彌漫於社會之中，而以訛傳訛之消息，則不脛而走矣。這是極不負責的作法，故不能造成健全而有力的輿論。

這幾年在我國刊物當中，又搬造了一種報導內幕新聞的作法，常將事實

『自由中國』的宗旨

第一、我們要向全國國民宣傳自由與民主的眞實價值，並且要督促政府（各級的政府），切實改革政治經濟，努力建立自由民主的社會。

第二、我們要支持並督促政府用種種力量抵抗共產黨鐵幕之下剝奪一切自由的極權政治，不讓他擴張他的勢力範圍。

第三、我們要盡我們的努力，援助淪陷區域的同胞，幫助他們早日恢復自由。

第四、我們的最後目標是要使整個中華民國成爲自由的中國。

眞相隱去若干，而代以若隱若現之穿插；或對於某些不相干之新聞，加油加醋的擴大其辭，以期聳動社會之視聽。社會人士在煩無聊籟的時候，很喜歡閱讀這類刋物，因其輕鬆而有趣。每當國家多事，政治紊亂的時候，這類刋物最易流行，因爲大家在苦悶當中，很希望對時局有新鮮的消息，或有特別解答的報導。上海在未淪陷前，發現此類刋物竟有七十餘種之多。其實眞正熟悉內幕眞情者，誰也不肯隨便洩露機密，所謂內幕新聞，大部分不外揑造與擴大罷了。這一類內幕報導的作法，對於實際的政治，可以說是有百害而無一利，我們站在輿論——以指導政治，督責政府爲職責的輿論——的立場，亟應加以堅決的排除。

此外還有一種不妥的作法，內幕新聞大多數也是採用的：就是作者和評者自己不署眞實姓名，而用假名筆名，使一本刋物登載一連串的不三不四的假名字，社會上看到莫明其妙，不知這些文章究出於何人手筆，或是代表那一群人物的意見。這樣，不僅社會不會重視這些意見，政府當局更可熟視無覩，而置之不理了。這也是不負責任的作法。誠然，這種用假名，筆名來發表文章的辦法，偶爾也有其必要，但是，我們今日如果希望造成健全的輿論，用以推進民主政治，挽救國家危亡，這類隱姓埋名的作風，亟應加以摒棄。惟須特別聲明者，凡是報導大陸鐵幕內，共匪暴虐殘酷的行爲，和慘無人道的事實，恐怕連累在大陸上的家族或親友而不肯著眞實姓名者，則又當別論矣。

第六、一切批評和建議，都要根據確切的事實，不可憑空造謠，要有眞憑實據，不可無的放矢。儘管所評所論，有時不免是站在個人、或小我的立場上講話，但總不能離開事實。站在個人或小我的立場講話，尙不失爲一種輿論，因爲個人也是社會的一份子，個人和小我之利害，仍然可以積極主張而得向社會呼籲的。如果離開事實講話，不僅變爲造謠惑衆，且須擔負法律的責任。所以，對於流言蜚語，馬路新聞，總要愼思明辯，認眞取捨，以免爲他人所利用，而擔負以訛傳訛之責。至於藉造謠以牟利，圖渾水以摸魚，不僅不能稱之爲輿論，簡直是輿論界之奇恥大辱。

惟須略加說明者，所謂『事實』，只要『實有其事』就可以，不一定要求須有普遍妥當性的價値意識的經驗內容。

第七、輿論是關於一定政治問題所表示的一般國民的共同意見，上文已反覆申說，故一切評論和指責，應只限於有關公共政策或社會利益的問題。就是說，應只限於有關『公共』性質的問題，而不宜涉及、或夾雜私人或某一個家庭之私的生活。即令在討論公共問題的時候，不能完全避開關係人物之性格，生活等等的描寫；或認爲爲着公共利益起見，確有多少連帶叙述之必要時，但亦應儘量避免叙述關係人物之私的生活，尤其與公共問題絕對無關之純粹私的生活。而且，在描寫或叙述這類事情的時候，應該出以含蓄隱諱之筆法，不宜過度渲染，甚或誇大其辭，以免影響有關人物之私人的名譽。至於故意揭發陰私，暗中傷害，以致防碍他人的信譽，那不僅爲法律所不許，而且不配稱爲輿論(關於言論自由和誹謗之界線，容另爲文以論之)。

第八、關於輿論界之自制自約一事，最後尙須一言者，就是對於『社會新聞』之記載，不可描寫得過火，不可形容得肉麻，不可單求一時之痛快，而寫得淋漓盡致，不可專爲刋物之銷路打算，而儘量渲染烘托；一切必須儘其可能的，出之以含蓄隱諱之筆法，寫得恰到好處，形容恰如其份，以免影響社會的安全，以免有害於『公共秩序』和『善良風俗』。不論記載或報導，如果超出了這個範圍，就變成『誨淫誨盜』而危害於社會生活了。今日自由中國社會裡面，對於社會新聞之報導，尤其關於男女關係之描寫，已有不少的刋物，顯然是走到『黃色新聞』的路線，不僅對男女間的談情說笑，寫得繪影繪聲；甚至對男女性交，也記載得毫無掩飾，其效果不僅是勸過於懲，而且是有傷風化。試問這樣寫法，除給讀者以痛快和笑料之外，對於公共利益和社會道德，究竟有些甚麼好處？我們站在輿論的立場，這類作風亟應加以糾正。

我國民法認爲：『法律行爲而有背於公共秩序或善良風俗者無效』(民法第七二條)。所謂『公共秩序』，是指國家和社會的一般利益而言；所謂『善良風俗』是指社會的一般道德觀念而言。兩者均是要求每個法律行爲，必須具有『社會的妥當性』。故以批評政策、討論政事爲目的的輿論，同樣應該具有社會的妥當性，而不能隨意超越這個範圍。同時，我們當記載這類新聞的時候，也應時時本着忠厚長者之心情，方能完成『督責』和『指導』的責任。

結　論

本文已經寫得太長了，現在想來總括的說幾句，以作結束。

本文的主旨，是要說明民主政治就是民意政治，而民意政治又是輿論政治；並力陳健全之輿論，必須是以國家利益和社會福利爲前提，而輿論界之自我約束，才是造成健全輿論之第一步工作，同時，也是要求政府重視輿論之必要條件。

因此之故，輿論對於民主政府之重要，正所謂：『良藥苦口利於病，忠言逆耳利於行』了。民主政治之能夠推進和發展，端賴由四面八方發射出來的輿論之督促和鞭策之功了。輿論之於政府，表面上好像是眼中釘或死對頭，但是，輿論對於政府之實際效用，則是利多而害少的。蓋輿論對於政府之政策，不僅在消極的批評得失，指陳利害，且在積極的條陳方案，進獻忠言。輿論的功能和效用在此，其責任亦止於此，並無強迫政府接受的權力，政府亦無必須接受的義務，政府覺其是者則從之，覺其非者則拒之。這裡也不發生甚麼道德問題。

基於這些理由，凡是民主政制的政府，只有鼓勵輿論，扶助輿論，決無干涉輿論，甚或摧殘輿論之理了。所以，民主政治和獨裁政治的分野，就看這裡有沒有表現民意的自由討論的輿論這一點。其他的區別標準，則顯屬於次要的。

自由討論就是要有『正面』和『反面』的意見，獨裁政治則只要正面的，不要反面的。極權國家報章上的言論，只有千篇一律的歌功頌德之文字，絕對不准人民批評政府的政策，更不許人民反對政府的措施。斯大林說：『共產國際所轄的各黨的一切行動，須以建立、並鞏固普羅階級獨裁制爲基礎，因此，絕不容許「自由」』。照這個意思來講，辯證法之正、反、合之『反』字，顯然不能適用於獨裁政治的。而共產黨之一切論據惟以辯證法爲依歸，可說是一個絕大的諷刺了。

民主政治和獨裁政治兩種制度根本上的區別，即在對於政府的政策能否加以自由討論和公開批評這一點，而民主政治的要義，就在對於一切涉及公共政策的決議，任何人都可加以討論和批評，且可進一步加以抨擊和責難，這在上文內已反覆說明了。這裡包含有一項更基本的重要原則，就是『是非』和『善惡』的全部，必須經過大家進一步的討論和批評，才可以慢慢顯現出來，才可以逐漸大白於天下；是非善惡的全部，並不是不經討論和批評而立即可以識別的，也不是他們本身都具有自明之理的。在研討中間，不僅有若干意料不到的事體和理由可以顯露出來，且有許多眞象和道理，必須在反復辯論之餘，才可以使大家徹底明瞭而獲致信任和合作。好像一塊白玉，必須經過一番切磋琢磨，才可以發現其眞實價值一樣。一個政策經過一度討論和研究所發現的『眞理』或『妥當』，乃是當權者『道德上的權威』唯一可能的基礎。因爲任何民衆假使都能以其自己的智慧和才能，發現何者爲眞，何者爲善，則政府的權威便可建築在人人所瞭解的『眞的』和『善的』上面了。換一句話說：就是支配一個民主政府的道德的勢力，乃爲各人『內心的衝動』，或係『衷心的傾向』。政府此時可以照着支配所指的方向，誘導人民使之前進，人民在這個場合，才是心甘情願的接受政府的驅策。此孟子所謂：『以德服人者，中心悅而誠服也』。這種由討論所獲致的政策，不僅可以推行無阻，而且成效必然顯著。民主的最高價值，就在這個地方。

一個眞正的民主的局面，其中決沒有一人僅爲他人意志的工具。而一個政府可以加諸人民身上的外力或壓力，也決不是那個政府之道德的權威的基礎。蓋一個民主政府道德上的權威，並不僅僅是建立在人民意志上面就算夠了，而且應是建立在一種適當的，或近於善的意志上面。所以，民主政制的政府，其權威的基礎是眞理，是妥善，是建築在公道上面；而獨裁政制的政府，其權威的基礎，是暴力，是威勢，是建築在強權上面。

公道是淵源於自由討論，而強權則依賴於所掌握之武力。惟有賴於自由的討論，公開的辯難，則是非曲直，公道與否，完全可以自動的顯現出來，既用不着威力，亦毋須恐懼，大家都是心安理得的各行其事，各遂其志罷了。而強權觀念則不同，一切惟力是視，力量決定一切，那個握有實力，那個就是合理合法，他的命令就是妥善，他的意志即是眞理，所謂：『公理即是強力』(Right is might)，公道就是強有力者的意志。在這種制度之下，一切漫無標準，萬事惟有依照執政者之喜怒哀樂是視，人民則戰慄恐懼，朝不保夕，感於威力的恐懼而不得不緘默服從，實非中心悅而誠服，正如孟子所云：『以力服人者，非心服也，力不贍也』。在北方學人之坦白書中，其字裡行間，我們可以充分的看出他們乃懾於威力，『死或坦白』，他們不得不選擇一條路了。故視自由討論制度之有無，乃是區別民主和獨裁之唯一標準，這是再客觀也沒有的，用不着狡辯，亦毋庸掩飾了。

職是之故，民主政治和獨裁政治兩種制度的不同，其重要的，不只是兩種制度的方法上有所不同，而是兩種制度的精神則完全相反。兩種制度的對立，正如野蠻之與文明相抗，武斷之與科學相抗一樣。民主政治的一切原則不過是應用科學的原則，以求公共政策的進步罷了。舉凡求進步，崇科學之國家，自必同時尊重民主政治中心骨幹之輿論了。

輿論不僅在民主政治時代，大家認爲是很重要的，就是在專制政治的王朝也是如此。黃黎洲先生認爲輿論——清議——是政府的防波堤，是政治上的萬里長城。政治賴有輿論，才可以防止小人爲惡，國家必有輿論，才可以求政治的進步。黎洲先生有曰：

『子言之，君子之道，辟則「坊」與。清議者，天下之坊也。夫子之議臧氏之竊位，議李氏之旅泰山，獨非清議乎？清議熄而後有美新之上言，媚闇之紅本。故小人之惡清議，猶黃河之礙砥柱也。』

這是何等精闢透徹的見解，正擊中政治上的要害，我現在特引此語，以結束本文。希望大家認識輿論在政治上之重要，共同努力來建立這個防波堤。

我所認識之『眞正的自由人』

梅蘊理

大陸淪陷，國破家亡。這一次的禍亂，在中國歷史上是空前的。國破家亡，固然可痛，然而，更可痛的是，國家經歷了這樣的慘變，人民經歷了這樣的刼難，打了無數次血仗，可是，一直到現在，還沒有打出一個眞是眞非。在這國命不絕如縷的今日，大家關於失敗的根本原因，以及今後國家的去向，依然沒有大體可以調協的看法。這是如何得了！即以大陸學人這次遭殃而論，許多人的觀感就各不一樣。這個事情眞不是一件小事。從對於這個事件的反應，可以看出各人對於失敗的過去之看法。尤其是對於西方文化的態度以及對國家將來的去向的看法。所以，這個問題，不可放過，而是必須予以討論的。

在對於大陸學人遭殃的種種反應之中，有牟宗三先生的一篇文章『一個眞正的自由人』，載在一月二日香港出版的「自由人」上。這篇文章所表現的思想，似乎成一類型。値得我們注意。因此，作者現在特別提出這篇大作，加以分析。作者所言，如果能够激起若干有心人對於這一關係重大的問題作進一步的思考，那正是國家之福。

牟先生說：『我在學校讀書的時候，我聽過金先生兩年課。他是我的先生。我在三年級的時候作了一篇論文，討論外在關係與知識的問題，大蒙他的贊賞。我那時的論點，至少，是意向與他相同。……我的觀點純是外在的觀點，我的意向想成就泛事實論，純物理主義。因此，在這種觀點與意向下，我極力想把心解析掉。………後來，我漸漸了解了「心」，轉向康德一路，亦因而漸漸能了解中國的傳統學術，與西方的正統哲學。我與金先生分了家。』在這一段開場白裡，有許多說法頗成問題。好在筆者於此祇在上面所劃定的範圍內作分析，關于這些純哲學或接近純哲學的問題，可以擱開不談。筆者所以要引證這一段話，是爲要向讀者指出，牟先生的思想之轉向自那一點開始。他在作『外在關係與知識論』一文時，他運思的模態，用一個現代哲學的名詞表示，可以說是『外在化』(externalization)；而自從他『漸漸了解了「心」』以後，他運思的模態，便是『內在化』(internalization)。如果前者是一極端的話，那末後者也是一極。從這一極端出發，牟先生的思想，從『唯心』的一元論出發，以推至於本其思想以看事看物，便愈發展愈偏頗，愈成『一孔之見』，以至走入今日的魔道。這是不難從牟先生的著作與文章裡尋跡得到的。而牟先生之論『一個眞正的自由人』之一文，則爲走入其魔道之最高峯。海角天涯，此時此日，零落的自由人，面對此種思想，怎能不忍痛一言哩！

筆者說牟先生的思想之出發點偏頗，現在走入魔道，不必在他旁的大作上求證，就在他這篇文章裡可以隨意拈來。他在表明了他在思想上與金先生分了家，而『漸漸認識了「心」』以後，緊接着說：『我與金先生分了家，亦因而了解共黨的罪惡性，與馬克思主義的最深一層。這是純技術觀點與純個人興趣的自由知識分子所事前不留意不了解，而事後必受其侮辱與荼毒的。』這是什麼推理！『我與金先生分了家』，可能是牟先生個人『亦因而了解共黨的罪惡性，與馬克思主義的最深一層』之原因。但是，牟先生怎麼能因此推論『這是純技術觀點與純個人興趣的自由知識分子所事前不留意不了解』呢？就牟先生所說的看來，是要大家放棄『純技術觀點』與『純個人興趣』，跟着他一樣，『漸漸了解了「心」』，才能『了解共產黨的罪惡性，與馬克思主義的最深一層』，否則便不能。這樣說來，牟先生就是認爲『漸漸了解了「心」』乃是『了解共產黨的罪惡性，與馬克思主義的最深一層』之充足而必要的條件。既然如此，於是必須大家都崇奉唯心論，才能了解共黨罪惡，與馬克思主義的最深一層。依作爲一個唯心論的思想者的牟先生看來，對於這種說法，一定點頭首肯曰：『善哉！斯言也！』牟先生對於他自己之所持固然有這樣的自信與熱情，可惜在邏輯上毫無保證。道理之建立不靠自信與熱情啊！如果漸漸了解了「心」是『了解共產黨的罪惡性，與馬克主義的最深一層』之充足而必要的條件，那末就應該除了唯心論者以外，旁的人都不了解它了。可惜，經驗與事實都不幫牟先生這個忙。即以牟先生所鄙棄的金岳霖先生而論，就不是如此。遠在一九三七年，筆者到金先生家裡去，看見他書架底下擺着幾本關於什麼『唯物辯證法』和『唯物史觀』的書籍。我就問他：『這些東西是怎麼回事？』他以很不耐的口氣答道：『這些東西嗎？只是政治上的東西。………這些人的說法，是不同你談道理的本身的。你所說的，只要與他們不合，他便攻擊你的人身，說你這是小資產階級意識哪！……一大套的。』說完搖頭不已。筆者至今記憶猶新。那時張申府正在清華大學當哲學系主任。他利用他底地位，大講唯物論辯證法，在『世界思潮』上從事宣揚。筆者就順便提到這個人。金先生說：『這個人，高不成，低不就，弄學問不成，就鬧這一套。』以後筆者在昆明唸書，七年一直跟着金先生在一起。他從來就沒有自動談過唯物論辯證法這一路的玩意。從他詞色之間所流露的看來，他根本就不屑於談這些東西。牟先生能說不是唯心論者就不了解共黨罪惡與馬克思的思想之最深的一層嗎？就作者之所知，羅素，Hans Kelsen 等等，都不是唯心論者，都是比較着重『技術觀點』的。牟先生能夠自信地說，這些人對於共黨罪惡與馬克思主義沒有了解嗎？筆者是沒有這種勇氣的。至於說因爲『純技術觀點與純個人興趣的自由知識分子』因『事前不留意不了解』共黨罪惡，『而事後必受其侮辱與荼毒』，這種『推論』，與基督教徒之說『你們不信上帝，死後必在地獄受硫黃火燒』，有異曲同工之妙。基督徒之作此言，有一部分是出於愛，而牟先生之作此言，却似乎對『自由知識分子』，『純個人興趣』者，以及『純技術觀點』頗有幸災樂禍的意味。這是否有傷忠厚呢？

牟先生接着說：『金先生在共黨的威脅與壓迫下，從事學習坦白。必受這樣的打擊才自己坦白地說出純個人興趣與純技術觀點之不足。照我所了解的金先生，他這篇文字不是假的。我們也不能說這全是共黨逼的，全非由衷之言。我們也不能說這全是在不自由下的可憐。這裏面含有一個嚴重問題，我們不能自我陶醉。………在受共黨的壓迫下而轉變，從其受刺激之被動性方面說，開始的情感是不會舒服的。但是不能否認在受打擊下而眞實轉變的極大可能性與普遍性。………這些自由知識分子，在平時，對其所學與其興趣，決不肯加以反省，而求有所轉進；都是個性甚强，而又滿盤是理的。其個性之强是假的，因而其滿盤是理，亦是可以隨時轉向的。當馮友蘭在成都華西壩宣揚他的「新理學」時，其得意之情與自信自負之强，眞是有「承百代之流」之概，而現在又如何？梁漱溟先生的自信自負，更是不可一世，而現在又如何？人不怕因受打擊而轉向。但是可慮可嘆的，既不能堅持其個人興趣自由主義的立場，而不捨不放以與魔鬪，又不能轉向正途，伸大義于天下，而却漸漸轉向共黨的唯物論的立場。………』又說：『消極的魔，引生這個積極的魔。因果報應，絲毫不爽』。牟先生對於深陷魔窟的學人遭逢如此大刼的快意之情，與夫幸災樂禍之意，不禁溢於言表！觀夫牟先生之言，牟先生對於共黨以此暴力方式，使學人『轉向』，放棄其『純技術觀點』，『純個人興趣』，則內心稱快。牟先生與共黨思想內容之不同，不過一個『唯心』，一個『唯物』而已。而二者所要共同對付與『改造』者，則同爲『自由知識分子』無殊。

唯心論者雖爲凡人，雖亦爲血肉之軀，但唯心論者的『心』則上可以通乎『天心』。通乎天心者，乃 God 之現身。而共黨則惡魔耳。今 God 之現身，竟假手於惡魔以折辱大陸學人。『唯心』論者只剩下一顆視而不見之『心』，妙手空空，必須假手於『唯物』惡魔以使大陸學人『轉向』。此豈一個歷史哲學命辭『凡存在即合理』之運用乎？『唯物』惡魔之折辱大陸學人，此一行徑之本身乃一『反』，因而毫無價值；但相對於牟先生所謂之『正』而言則甚有價值，即消滅中國半個世紀以來的『純技術觀點』與『純個人興趣』的『自由知識分子』，齊納入牟先生之『唯心』的『道統』，甚有助於『成就』牟先生之『正』。豈其然乎？若然，則牟先生所應致謝者，何許人乎？

上帝與惡魔之『辯證』的『相通』原來如此便捷，無怪乎列寧輩以無政府主義的國家論開始，而以極權主義的國家實際終結；無怪乎自古宗教以崇高天國爲號召，而以宗教迫害爲實際。

牟先生在此上面所引的一段中，籠統地說：「這些自由知識分子，在平時，對其所學與其興趣，決不肯加以反省，而求有所轉進。』筆者讀此數語，眞有說不出的茫然之感。牟先生所謂的『反省』是何意謂？所謂『轉進』又是向那裡『轉進』？牟先生所謂的『反省』是否意謂從其『純技術觀點』，『純個人興趣』，與夫非唯心論『反省』？牟先生所謂的『轉進』，是否一齊向『唯心』的『道統』和非『純技術觀點』，以及非『純個人興趣』『轉進』？果然如此，那就怪不得這些學人，只怪牟先生未能完成『統一思想』的大業。要完成這個大業，有兩條途徑可循：一是造成『政教合一』的局面；二是『普行教化』。如果牟先生不克採取前者，那末就得採取後者。如果要採取後者，那末必須有感人之處。今牟先生籠統地對大陸學人採取這種斷然拮然的態度，說他們『不肯反省』，『不肯轉進』，不特與共黨以『革命』，『批判』，『前進』諸詞鞭撻學人表現了同一氣質，而且在詞色之間，自居高人一等，彷彿說你們這些陷在大陸的學人都是錯誤的，學識修養都不如我，舉世昏昏，惟我獨醒。狂士本色，確有可原。其如令人難近何？

牟先生在同段裡又說：『金先生在共黨的威脅與壓迫下，從事學習坦白。必受這樣的打擊才自己坦白地說出他個人興趣與純技術觀點之不足。照我所了解的金先生，他這篇文字不是假的。我們也不能說這全是共黨逼的，全非由衷之言。我們也不能說這全是在不自由下的可憐。』我們不難想像，牟先生之作此言，內心直如吃冰淇淋一般地快樂。因爲，他平素痛恨的『個人興趣』與『純技術觀點』，在平時他無法使『個性甚强』，而又自覺『滿盤是理』的金先生等人改變，這回共黨使他改變了。

那不是共黨『替天行道』了嗎？可惜得很，這是牟先生個人自己的『如願的想法』。事實並非如此。金先生並沒有作如牟先生心所欲喜的改變。如果牟先生承認是金先生的學生，那末應該記得，金先生寫文章，一字一句都是審慎用筆的。金先生這篇『自我檢討』的文章，筆者一字一句都讀過。他只說『我助長了清華大學那種强調個人興趣的學風』，只說『我有非常濃厚的純技術觀點。我特別着重抽象的分析方法，也着重訓練分析技術』而已，他並沒有說這些好或不好。我們知道只從這些語句，根本推論不出『個人興趣』和『技術觀點』是對或不對，是好或不好之結論。而共黨所要得出的結論，是說這些東西不好。牟先生自己說『原文不得見』，他的大作只是「就我所聽得的」來作的。以『立言』自許者，立言固應如此粗忽嗎？金先生這篇文章，誰都看得出係出於勉强。而獨牟先生說『他這篇文字不是假的』。牟先生眞是太『唯心』了。當然，金先生還在虎口之中，也許共黨還可製造出更多的反『純技術觀點』和反『純個人興趣』的文字。那時，也許可更合乎牟先生的希冀了。

共黨以極大的威力，脅迫大陸學人在自我檢討中反對自己過去的『技術觀點』和『個人興趣』。牟先生認爲這兩點也是應該反對的。筆者當然不能由此推論牟先生的思想就是共黨思想，然而，看起來，總難免令人發生二者血緣相近之感。本質相同的東西，衍生出來的性質或屬性往往相似。即就實際作用而論，共黨這樣以『大力』要取消『技術觀點』和『個人興趣』，作用何在？如果這些東西對於共黨一點妨害也沒有，共黨何致如此憎惡？

牟先生的思路太窄了。他只知從他那『唯心』的一元思路出發來想問題，所以得出這樣不健全而偏枯的結論。共黨赤魔爲什麼要消滅『技術觀點』呢？因爲，技術是中立性的。在思想技術之中，既找不出任何政治觀，又找不出任何黨派觀。它像一面鏡子。美人照出美臉，醜人照出醜臉。這樣公平明正的工具所養成的頭腦便是一種公平明正的頭腦，乾乾淨淨的頭腦。這樣的頭腦，正是每個眞正自由人所需要的頭腦。然而，却不是堅持『唯黨史觀』的赤魔所能容忍的。赤魔是要把你乾乾淨淨的頭腦塞進『唯黨史觀』，使你只知有『黨』，不知有他。照筆者體會得到的，思想技術乃抵制赤魔邪說之有力的工具。像艾思奇寫的那本什麼『大衆哲學』，簡直是胡說八道，和小孩看的連環圖畫差不多，稍有分析的訓練者，豈能爲其所惑？所以，赤魔要消滅『純技術觀點』了。由赤魔之必欲消滅『技術觀點』，我們不難判斷『技術觀點』對於赤化可起相當阻力。歐美思想家之着重思想技術者日多。如果思想技術不能防赤，那末歐美思想界應該早已赤化了！在事實上，不明思想技術而頭腦不清者，最易爲赤魔所迷。

『純技術觀點』與『技術觀點』之間是有着距離的。前者必至採取 conventionalism；而後者則不必。這一『純』字是不可隨意加上的。金先生既是『實在論者』，當然不採取『純技術觀點』。他不過在思想時運用思想技術以作解析工具而已。這一點是不應反對的。想牟先生亦必同意。然而，觀牟先生之意，似以採取技術觀點，則將失去主見與動力。這種論斷，似乎是假定採取技術觀點就不能同時採取其他觀點。實則，技術觀點，與任何特殊觀點都無特不相容之處。因此，採取技術觀點，並不妨害其同時採取其他觀點。如果採取技術觀點即失主見與動力，則金先生何能與『唯心論者作了近三十年的鬪爭』？

至於赤魔之反對『個人興趣』，最顯而易見的理由，是因爲牠們反對個性原則，而要實行一切集體化，一切由『公家』來決定；學術研究尤不得例外。『個人興趣』橫阻於『集體化』之前，赤魔當然要予以打擊消滅。這與彼等之消滅私有農場，在思想出發點上是一貫的。由此可見，『個人興趣』不獨例示在思想上與赤化思想之異質，也可對赤化作用起相當阻力。牟先生何必這樣不喜？

即以中國的知識分子而論，本來大體上也可分作 Bacchus 型與 Apollo 型。牟先生自己在思想上或屬前型。各個人屬於那一型類，本係生成或自由決定。牟先生至多只能說，後型士人，只可發展於平時，於亂世不足以匡時濟世。而牟先生必欲納天下士於前型；對於後型則痛詆之不遺餘力，鞭打之惟恐不及。及其迫於萬不得已而受禍於赤魔也，則又因彼等平時不聽『教化』致得今日之『果報』而稱快。何專橫乃爾？何忍『心』乃爾？此豈『仁者之心』也哉？

牟先生說，邏輯分析『把心分析掉』。這話是否正確呢？現代邏輯解析，嚴格地說，既不肯定什麼，又不否定什麼，它只是一個純型式的工具而已。因它是這樣的工具，所以對於一切題材都是中立的 (neutral)。如果一個東西有，那末不會因邏輯解析使它無，如果一個東西無，那末不會因邏輯解析而有。邏輯解析的功用只在抽繹與釐清。邏輯解析與事物之有無各不相干。故不會虛無化，不會否定一切，不『自我封鎖』，依此，如果確乎有『心』，邏輯解析怎會把心分析掉了呢？邏輯解析可以使有效命詞顯現。如果『心』有其眞實性，那末還怕邏輯解析嗎？邏輯解析對於心之釐清可有所帮助的。也許有人說，以心觀心並非邏輯解析。這是不對的說法。觀心的心，非被觀的心。觀心的心，比被觀的心高一層次。以心觀心時，如欲對被觀之心作理智的了解，必須本乎理智。一本乎理智，解析方法就進來了。處理對象之層次到什麼地步，方法也跟進到什麼地步。譬如耕田，犂到那裡，土便分到那裡。否則，所謂『悟』，『反省』，都是知識的對象或素材，而不是知識。凡此都可明白道出，並無神秘可言。

牟先生說：『在邏輯分析裏，父子兄弟夫婦的倫常不能保，人性人道不能保，個性價值不能保，民族國家不能保，歷史文化不能保。』這話眞不知從何說起！說邏輯分析不能保這些東西，亦若說化學的定量分析之不能保這些東西。牟先生！邏輯並非一個 Program。如果你能提供有關的堅牢的前題，保險邏輯解析可以幫助你來保這些東西的。如果先生之所謂『保』是情感上的保，或力氣上之保，當然邏輯解析無能爲力。窃恐不僅邏輯解析無能爲力，即使一切理智或純思的產品或知識亦無能爲力。但是，如果這些東西都無能爲力時，要保的時候，也許須靠催眠術或醇酒。共黨却用一杯毒酒把中國人毒壞了。筆者的方案是給大家吃點清醒劑。

牟先生說：『但是可慮可嘆的，既不能堅持其個人興趣自由主義的立場，而不捨不放以與魔鬪，又不能轉向正途，伸大義於天下。』我們聽了牟先生這種高論，頗有聽喜馬拉亞山上吹笛子之感。僅僅就這句話的本身而論，這話當然無有不是。但是，中國哲學却要求將『知』與『行』聯貫起來。那末，批評的標準就不同了。赤魔滔滔，牟先生何以不留在原地，『不捨不放以與魔鬪』呢？何以專作幽隔迂遠之論呢？孔子是最講『忠恕之道』的。耶穌說：『你只知別人眼中有芒刺，却不知自己眼中有梁木。』

筆者分析到這裡，把牟先生的大作讀下去，讀到『你這小智小信的人，玩點小聰明，其愚不可及……』等妙句，我只覺得一個才士在那裡大發其火，可以不必深究。再看到他痛斥反對唯心論者的話，我只覺得他情緒激越，與布爾希維克之堅執唯物論並無二致，所以不必多談。筆者所要指出的，是牟先生在這篇痛斥淪陷大陸的『自由知識分子』的文章背後所隱藏的心情。這種心情眞是殊堪注意的。他的心情，一語道破，就是對於西方文化的仇視。因而他連帶痛恨五十年來西方文化的移植者及其作風。這種心情固然出於他『戀鄉情切』，其如無補事實何？

中國近百年來之所以弄成這個局面，一方面的理由，借陶英貝的話來說，就是由於對西方文化與文明的『刺激』之『反應』不靈所致。百餘年來，國人面對此一外來文化與文明，總是蹩蹩扭扭，顛顛倒倒，因而，表現在思想，教育，政治，經濟上，就是一個『亂』。所以現在弄得洪水橫流，生存和發展大感困難。因此，如何適應這一外來文化與文明之衝擊，我們對之究應採取什麼態度，今後仍然是一個根本重大的問題。

牟先生之千言萬語，其思想的本質，對於西方文化是持拒斥的態度。在思想本質上，筆者看不出他的思想與『中學爲體，西學爲用』有何太大的差別。顯然得很，這條道路是走不通的。東方的農業文化與文明那裡擋得住西方文化與文明之衝擊？中國那套固有的東西早已失去了生命和內容，只剩下空虛的形式了。陶英貝的研究告訴我們，文化與文明的升沈在人類歷史上是常有的現象。在這一演變中，膠執是沒有大用的。如果自己的文化果眞具有價值的若干要素（essence），那末不怕不終爲別人所採取，不怕不能復活，不怕不能在將來世界的新文化中成一重要的因素。

如果我們要能延續中國文化之有價值的要素，必須放手，大膽地讓它在世界文化大流中起一個大的形變（Transformation）。死過了的耶穌復活過來，得到了新的力量，使基督教更能發生影響。如果要做到這一點，就必須中國的知識分子澈頭澈尾先做一個眞正的自由人。一個眞正的自由人，必須不崇拜偶像，不屈服於權威，不被束縛於任何『統統』，而是具有獨立的思想，獨立的風格，理智清明，分析正確。這樣的人，常應有他個人的興趣。在個人的興趣作分進的發展中，逐漸流合起來，才能使舊的文化得到新的形變。如果以殘餘的『道統』觀念，以及『自我封鎖』的『唯心論』的『一孔之見』强加諸人，則成這一自由發展中的重大障碍。

鄭重推薦革新後的

香港時報

言論公正　報導正確
內容充實　副刊生動
歡迎訂閱另有優待

總社：香港高士打道六四－六六號
電話：二〇八四八
分社：臺灣臺北市館前街五〇號
電話：四〇一七

東南印務出版社

地址：香港高士打道六十六號
電話：二〇八四八
臺灣接洽處：臺北市館前街五〇號香港時報分社

—承印—
圖書雜誌
工精價廉
交貨迅速

史達林對日本的新陰謀

王正路

史達林突然在新年的時候向日本人民表示祝賀之忱，這不能視作一件平常的禮貌，在這一舉動背後，蘊藏着一樁大陰謀。

史達林新年對日本人民的賀詞是應日本共同通訊社總編輯岩本之請而發的。他在賀詞中開頭就說：『蘇聯領袖沒有外國元首那種向另一國人民表示祝賀的慣例。但是蘇聯人民對於因被佔領而處於水深火熱之中的日本人民的深切同情，促使我破例答應你的要求。』我們從他的這段話中，可以看出史達林的賀詞正如他所招供的是打破蘇聯領袖的『慣例』，既然打破『慣例』，當然別有用意。他說『對於因被佔領而處於火深水熱之中的日本人民的深切同情』，這暗指的是『誰實爲之，孰令致之』？他繼續說：『……以往蘇聯人民自己曾經歷過被外國佔領的痛苦，……因此，蘇聯人民完全理解日本人民的苦難，深切同情他們，相信他們一定能夠像蘇聯人民過去曾經做到的那樣求得他們的祖國的新生和獨立。』

自從日本無條件投降後，蘇聯因爲和同盟國家在對日管制上的歧見，始終沒有能夠派遣軍隊駐日擔任佔領任務，所以現在他說這種惠而不費的話。無疑地這是一種深遠的攻心策略。

蘇聯過去一再仇視日本，現在突然就搖身一變，表示『深切同情』。這正如我們中國的一句俗話所說：『黃鼠郎給鷄拜年，不懷好意！』

一、蘇俄東方政策的傳統

在從前，有許多天眞的人物，聽信俄共的宣傳，以爲蘇俄眞是『無產階級的祖國』，眞是苦難人類的救世主。因而，他們以爲蘇俄不像帝俄一樣，不會肆行對外侵略的。這一迷夢，爲第二次世界戰末期以來的事實所粉碎。蘇俄自第二次世界大戰末期以來之所作所爲，明白地告訴了世人：原來民族還是民族，國家還是國家。民族與國家的要求與它的顏色、主義、口號各不相干。它的行徑基本地還是受着自己的地理條件之決定或影響。因此，我們與其從主義和口號來了解蘇俄，不如從地理或歷史來了解蘇俄來得實質。從這些方面來了解蘇俄，我們便可以發現史達林這次對日發出賀電的眞意之所在。

俄國自彼得大帝以後，對外用兵的基本動機之一，是在西方求獲得『西窗』，在東方求獲得『東窗』。十九世紀末葉至二十世紀初葉，俄人南進益急，以致釀成日俄大戰。在帝俄的擴張主義（expansionism）之下，中國是它的第一目標。沙皇在武力主義和外交權謀交互運用之下攫取了中國廣大的領土和權益。日俄戰爭以後，帝俄的擴張主義遭受遏阻。

一九一七年俄國十月革命發生。布爾雪維克推翻了沙皇政府而登上俄國統治階級的寶座。布爾雪維克的領袖們起初並未特別重視亞洲，而是向西方擴張，企圖在西方掀起無產階級革命的浪潮而達到統治歐洲的幻想。然而，不久，蘇俄在西方的侵略政策由於侵略波蘭的紅軍之崩潰而遭挫。同時，西方國家結成一條堅强的交通遮斷線（Sanitary Cordon）以抗拒其擴張。於是，布爾雪維克的領袖們便將目光轉向東方。一九二〇年九月在巴庫舉行東方民族大會（The Congress of Oriental Nations），決定了東方民族政策。列寧的東方民族政策是標榜扶植東方弱小民族與喚起殖民地革命，其後的實際運用係以之爲根據的。東方民族政策的要點是：一、喚起被壓迫民族與殖民地人民的反帝革命意識。他們認爲被壓迫民族在打倒帝國主義的運動上佔頗重要的地位，因此，他們必須喚起被壓迫民族的革命意識，使其參加打倒帝國主義的運動。二、實行民族自決原則與蘇維埃邦聯制度。列寧提倡民族自決，並不是主張成立無數的民族國家。而是主張聯合所有的民族組成一個最大而名爲世界聯合國的國家，並且是一個中央集權的國家。這樣的一個『國家』，無疑是以蘇俄爲中心的。所以，他們所謂的『民族自決』眞正的用意之所在，是要掀起弱小民族紛紛脫離原有的『主子』而臣服於蘇俄主子。布爾雪維克將沙皇的招牌油漆一新，打着『打倒帝國主義』的旗幟，高呼着『弱小民族解放』的口號。於是，大斯拉夫民族的勢力重新光臨亞洲。這時對於帝國主義深痛惡絕的亞洲各民族一時奉之爲『救星』，趨之若鶩。當時『倒帝』『解放』的呼聲風起雲湧，這些呼聲是以大英帝國爲鵠的而展開的。

蘇俄的東方政策雖然披上了美麗的外衣，但是骨子裏所藏的依舊是沙皇擴張主義，以中國、韓國和日本爲主要目標。它的手法比沙皇的手段更毒辣、更險惡。

第二次世界大戰後，法西斯集團瓦解，它乘機實行兩面擴張政策，一方面在東歐擴張，同時在亞洲實行滲透。策動在它卵翼之下的第五縱隊在亞洲各國從事陰謀侵略。中國大陸就是這樣地關進了鐵幕。中國大陸淪陷後，蘇俄繼承下來的沙皇東方政策的第一目標實現了。一九四九年大西洋公約成立，西歐已結成了一條防共長城。聰明的史達林知道如果在歐洲再從事擴張，勢將闖下滔天大禍。於是，自那個時候起，史達林的目光完全集中在混亂、疲憊的亞洲。一九五〇年六月策動北韓以及中共進攻南韓，想完成它的第二目標。但是聯合國的堅決行動阻止了它的如意算盤。現在，作爲它第三個征服目標的日本當然不會被放過的。

二、史達林對日新年賀詞的用意

基於上述蘇俄政策發展的來龍去脈，我們就不難推斷史達林對日本人民的新年賀詞的用意，他的用意可歸納為下列幾點：

一、博得日本人民的好感，造成日本人民傾向蘇聯的心理。日本人民戰後居於被支配的地位，萬事都由美國替他們安排。這對於日本人的自尊心有鉅大的損傷。他們對『佔領』早感厭倦。所以，史達林投其所好，抓住了這一點，對日本人民『在被佔領下的苦情』表示『同情』。他想藉此引起日本人民對蘇聯的嚮往以致接近蘇聯。

二、掀起日本的反美運動，以打擊美國。蘇聯和日共一直向日本人民宣傳美國是帝國主義者，美國的政策是使日本成為美國資本帝國主義的殖民地。他們是想利用日本人民被佔領者的心理造成反美運動，以瓦解美國的太平洋防線。

日共中央委員會解釋史達林的賀詞是『對日人從事廢除日本和約及安全公約奮鬥的鼓勵。』『史達林的賀詞顯示日本人能夠廢棄和約並能與所有國家締結另一全面的和平，如果日本果如此要求而果為此奮鬥的話。』這些話就是日共所解釋史達林賀詞在這方面的用意。目前日本大學裡的左傾現象是相當普遍的，仇美空氣也相當濃厚。去年盟總一位官員在日本北部一大學講演，學生們曾向他投擲果皮碎片表示敵意，並在講堂門口高懸標語：「你以什麼資格在這裡？」(In What Capacity are you here?)這種現象頗似戰後中國各大學為共黨利用所發動的反美運動的前奏。布爾雪維克的一貫策略是先利用青年學生的熱情和對現實的敏感，然後煽動農工份子從事擾亂。史達林的賀詞便是有意助長日本人的反美運動。

三、鼓勵日共加强活動。日共在數量上雖僅有十餘萬人，但其影響所及却達百萬群衆。自整肅令頒下，日共準備今後從事「地下活動」。自史達林賀電發表後，日共得到精神鼓勵又可大事公開活躍。日共中央委員會在答覆史達林祝詞的正式聲明中宣稱：『史達林的賀詞傳達了蘇俄人民對於日本人民的友誼，同時對於日本工人，農人及知識份子形成了一種偉大的精神支持。』這個宣言使日共有了宣傳的美麗藉口和宣揚蘇聯「善意」的依據。同時日共在其聲明中主張：全國陣線在蘇俄支持之下，一致推翻吉田內閣，而建立一新的民主全國性政府。日共顯然是在煽動日本人民推翻政府而組織民主全國性政府，一如毛澤東在抗戰勝利後所主張的聯合『民主』黨派組織『聯合政府』一樣。日共的企圖是想以不流血的方式獲取政權。『民主全國性政府』的號召實際上是一個變相的奪取政權的初步陰謀，而這一陰謀步驟，就是走向莫斯科的步驟。

三、史達林的下一步驟

史達林破例地祝賀日本人民，這顯示出來，蘇聯對日策略將有變更。大家不會忘記，戰後蘇聯對日本的一貫主張是嚴厲管制日本，永遠解除日本武裝。它拒絕遣送羈留在西伯利亞的三十萬日俘，要求將日皇處以絞刑，並佔領日本島嶼，封閉日本捕魚海岸。舊金山對日和會時，它不但拒絕與日本簽訂和約並百般阻止其他國家與日本締結和約，恫嚇壓制，無所不用其極。現在，由於情勢大變，以及對日和約之訂立，蘇俄對日的恫嚇政策失敗，於是，作一百八十度的轉彎，它又裝出一幅和善的面孔對待日本了。顯而易見的，史達林的用心是使日本人民上他的鈎。而新年的賀詞是此項新政策的開端。他必將再進一步對日本人民表示『友好』和『同情』。

一九一九年七月和一九二〇年九月蘇聯曾兩度對中國人民發表宣言，這就是有名的『加拉罕宣言』。該宣言中曾說：『吾人志在使人民脫離武力主義，資本主義；且免除外國資本的壓迫，而不成為他人的奴隸。在東方人民中，中國人實佔一重要地位。故吾人不僅援助俄國的勞働者，並且援助中國人民。』並聲明放棄帝俄時代從中國攫取的一切領土，返還中東鐵路的管理權，放棄庚子賠款以及俄國人民在華獲得的一切特權。

中國人民曾因『加拉罕宣言』而對蘇俄大表好感。當時的輿論曾一致讚揚蘇俄，要求人民認識蘇俄的行動。青年學生也因此宣言而普遍傾向蘇俄。全國新聞聯合會首先拍出謝電表示『滿腔的感激』。接着全國各界聯合會、全國學生聯合會、上海各界聯合會、基督教青年會、救國十人團等二十餘團體送出同樣意味的謝電。上海的民國新報、時事新報、正報、救國日報、學生聯合日刊、星期評論、北平的晨報、益世報等呼籲對蘇親善，努力喚起輿論。『加拉罕宣言』所造成的情勢就是後來『聯俄容共』政策的背景。如果沒有民國十六年的清黨，也許中國早就淪為蘇俄的附庸。『加拉罕宣言』不過是蘇俄的曲線外交政策的表現，一個偽善的宣傳文告。事後證明蘇俄不但沒有遵守宣言，交還攫取的領土，更進一步侵略外蒙。復扶植中共造成中國的混亂，以至於潛竊了中國大陸，完成了彼得大帝未竟的大業。這宣言的效用和影響遠超過有形的百萬雄師。

根據以往的經驗和現在的趨勢，如果時機成熟史達林對日本的下一步驟可能是發表類似的『加拉罕宣言』，提出『寬大無邊』的和約條款的字樣。這種宣言可能將包括：一、無條件返還蘇俄現在佔領的日本島嶼。二、不要求日本賠款。三、遣還三十萬日俘。四、訂立貿易協定，供給日本工業原料。

但他會兌現嗎？這些條款不過是釣魚之餌而已。漁翁史達林是要用它來鈎取日本這條海中之魚。他也將要求：日本成立『民主全國性政府』；對中共締約和約為交換條件。這些實現了以後，日本便向莫斯科前進了一步。

(下轉第28頁)

關於蘇俄陰謀文證彙編

吳相湘

在本刊第五卷第六期「史達林陰謀攫取中國的鐵證」一文中，我曾援引「蘇俄陰謀文證彙編」內的許多有價值的原始文件以證實史魔的毒辣陰險。不過那一文寫的目的是在為胡適之先生大作「史達林雄圖下的中國」作註釋，因此範圍的限制，致未能多方面的應用「蘇俄陰謀文證彙編」（以下簡稱彙編）的資料；為彌補這一缺憾，特續成此篇以饗讀者。

「彙編」中的資料之所以值得一再引錄，顯然的是因為在它最初發表的當時曾在國際上尤其英國發生很重大的影響，而在今日又可以幫助我們去瞭解俄帝史魔的許多作法的淵源。

杜朗氏於大英百科全書（第十四版第十九冊七四二頁）俄羅斯黨節下曾經指陳：張作霖搜查蘇俄大使館檢獲文件的公佈，不僅說明蘇俄大使館是以命令及金錢指使援助鮑羅庭加倫在中國為蘇俄利益作活動，並且因此觸使英國人的反俄情緒高漲——英國人想起蘇俄在先一年曾以金錢贈予英國煤礦罷工工人的事，今復見北平公佈的文件，觸類旁通，遂於同年（一九二七）五月派警搜查在倫敦的蘇俄商務公司，雖然搜查所得的文件沒有公佈，但英蘇邦交卻因此於五月廿四日陷於惡化。（距北京搜查後八周）。——就百科全書這一簡短敘述，可見這一形成「彙編」的一些文件在國際上尤其英國的影響。

再就筆者所見史料來說：這些文件對於英國遠東政策且曾發生決定的作用，最重要的是因此使英國對華炮艦干涉政策懸岩勒馬，而從此作大轉變，對我國民政府有一番新認識：如一般人所周知的：自沙基慘案省港大罷工以迄民國十六年漢潯收回租界運動一段期間，英國政府對我國民政府的態度是最不友好的，寧案發生以後態度更見惡劣，除向我政府提出嚴重抗議外，並積極號召國際武力干涉以鎮壓中國情勢。但至五月九日（即提出寧案抗議後二旬），英國首相張伯倫氏在下議院演說，對於寧案竟很明白地確認係共產派一種陰謀，而對於今總統蔣公之領導力量則備加諒解與同情，並決定不再提出第二次通牒——這一對華政策的大轉變原因何在呢？最可能的解釋當然是英國駐華公使藍浦森爵士於四月二十七日親自檢閱這一批文件後發現俄帝陰謀（參見五卷六期本刊拙文），判明真相電報政府所致。

提起藍浦森爵士，一般國人都認他是「中國之友」，因為他不僅能勇敢地面對當時中國的新形勢，並且不惜周諮博訪與南北各方面人士親自接談以探求新中國的趨向，藉作外交政策決定的根據（梁士詒年譜就有許多有關此的記載，可參看），而其後又以藍夫人的名義捐款整修北平故宮咸福宮（現仍有紀念銅牌釘於宮門）——這一舉措，我們不能以其僅係「發思古之幽情」，應該知道實在是含有深意，是英國企求消弭中國人民自英法聯軍火焚圓明園以來傷痕仇恨的一種象徵，因此當藍浦森爵士使華時期中英邦交始終在正常軌道上進行。不幸，他的後任，竟完全毀壞了他建立的友誼，尤其是施蒂文大使（民國卅七年冬始回國）對於中共匪幫錯誤的認識以致種下英國承認偽朝的錯誤，更是自由中國人民所痛心的。——這一錯誤是非常顯明的：施蒂文和英人承認的中共偽朝就是藍浦森爵士和張伯倫先生所認識的中國共產黨，而史達林在當時不過是幕後指使而現在則是公開的「一面倒」的「偉大導師」了。近百年來俄英在中國的角逐，是素不兩立的，難道此時此地還有讓沒落的大英帝國染指的可能？可見今日英國承認偽朝，企圖插足大陸，真是與虎謀皮了。——現任英外相艾登先生當其未當選前曾繼美助理國務卿魯斯克之後發表對中國現局認識的文字，明白表示中國大陸偽政權並不是適合中國民意的，因之，我們特重溫這一歷史教訓希望邱吉爾首相艾登先生能追踪保守黨前哲遺徵勇於面對現實周諮博訪自由中國民意以改正錯誤！

英國今日一方面既承認偽朝，一方面卻在韓國與中共流血廝殺，一向注重現實的英人於此不知將何以自解！或者說這是兩件事吧！但彙編中的資料將告訴你這又是錯誤的：

「彙編」卷拾軍事政治陰謀第三十五頁載有一九二六年三月十五日李哈林關於利用朝鮮人在滿洲進行軍事政治工作之計劃致謝福林函，內有云：

『武隨員派來朝鮮人十一名加入古什臣部隊，業已晤面，鄙見以為：（一）如此利用此等韓人實為不當之措施，蓋彼等具有軍事訓練黨務知識，飽經革命工作，熟習滿洲情形，隸屬韓籍，通曉韓文，並略通華俄文字，其中一人並通日文，且彼等與居留滿洲之韓民，時常喬裝農人教士理髮匠苦力工人及天主教士等以相聯絡；曾在國際學校及三個月之特別班畢業，現正式隸屬於國際革命執行委員會之東方部。就此以觀，對於彼等無須再加詳察，即可毅然將其為正當之利用，即應比較在古什臣部隊中較為有益之利用者也。（二）此十一名韓人乃經北京國際革命委員會交與中國共產黨中央委員會以便派往滿洲在韓居留民中為工人及天主教士專進行各種之工作也。

『關於使用韓人為別項工作，即非朝鮮之革命工作，實與莫斯科國際軍事學校由本民族中養成各該民族相當工作人材之意旨不符，如尊處軍事黨務之工作不足安置該項人員時，則可將彼等一部份交與半哈伊勒處服務，但均必須在滿洲工作。』

這一文件中最可注意的在第(二)段「此十一名韓人……交與中國共產黨……派往工作」一節。一般人都知道：一九二六年是中共由學會研究開始進入實際工作的時候，(彙編卷五第廿二頁)，可以說尚是它行動的初期，共產國際就以配合韓共的任務相加，是不僅可以使世人明瞭中共韓共淵源的久長，而史達林共產國際同時培植這一對「難兄難弟」以便其遇事提携的心意也昭然若揭了。

蘇俄將中國朝鮮視作一個戰略單位的見解以及一切均由莫斯科發蹤指使用心，在彙編卷二密探類刊載之，一九二五年十二月二十日寄到北京大使館武隨員之訓令中更可證明，其文有云：

「査我國所有國外探訪事項向來集中於統一機關。

「一，駐華軍事密探，除服務於北京總機關外，且應遵辦紅軍革命委員會司令部及政府各項最高機關交辦事項，其辦事範圍可遠達中國境外；似此情形，各駐在地之密探工作，自當由莫斯科監督指揮，北京機關似力有不及。

「爲使北京總機關部消息靈通起見，所有在中國及朝鮮各地密探團，關於執行職務之關係均隸屬於北京總機關部，並向北京寄送所得之一切材料」。

這是莫斯科對於派在中韓軍事密探的任務和統轄關係一項基本指示，是基於「蘇俄國家備戰上利益關係」而確定，是最足以反映蘇俄戰略觀念的。

就「彙編」文件看來：蘇俄對於朝鮮的野心是更甚於帝俄的：「前俄帝國政府外交部並未委派駐高麗領事人員使之實行秘探高麗軍事政治之職務，亦並未撥給此項之費用，惟陸軍部曾由有學識之軍官中派遣專門人員前往高麗實行偵探」(卷二密探類第卌八頁蘇俄繼續前俄帝國在高麗之偵探計劃前言)。而史達林的赤俄政府則變本加厲，不惜違反國際公法，命令各地蘇俄領事館擔任密探及宣傳組織共黨的工作，並規定工作重心「爲由單純軍事方面移至軍事政治方面並帶有積極性質」，「即偵探工作大體上非對於將來所想像之敵人加以研究，乃爲預備實施建設之事業」。——這一方法的轉變，就是說不專注意於軍事戰，而轉移重心於政治戰外交戰；雅爾達協定和波茨坦宣言證明史達林這一改變是已大有所獲，這究竟是她比較尼古拉聰明？還是民主國家人士低能呢？而二十五年前就已命令中共韓共配合工作行動以爲「蘇俄利益」去拚命攫奪朝鮮，我們今日放眼韓戰場上，更不能不「深佩」史魔的「先見」了。(十一月十日中央日報刊載威洛貝少將作「韓戰的眞相」一文篇首，麥克阿瑟元帥按語有云：『中共的干預韓國衝突，甚至是在去年六月北韓出擊以前就已作了基本決定的』。覆按本文所引錄史料，則中共韓共之必將爲蘇俄利益而併肩拚命，廿五年前即已作基本決定了)。

至上錄李哈林函件中所謂「古什臣部隊」云云，是指蘇俄驅使下的白俄上校古什臣隊伍而言，原來蘇俄曾使其招募在華白俄組織軍隊俾便利用，但旋又以之爲聯絡馮玉祥國民軍的媒介。蘇俄大使館武隨員特派有訓練的朝鮮人，加入其工作，用意顯然在非常的看重對馮玉祥工作。

關於蘇俄如何利用控制馮玉祥的情形，在「彙編」中也有很多的資料，其中最關重要的當推卷三第十頁所載一九二五年六月六日駐華俄委員團致莫斯科尼古拉耶夫所陳述「利用馮玉祥計劃」：

『馮玉祥之政治面目與吾人工作有最重要之關係，余曾屢經面陳報告，此種問題未經解明，吾人工作必缺乏堅決之主張及明顯之途徑，不得不再請注意：馮玉祥究竟是否爲有利於吾方工作之政治人物，可作兩種之判斷：

『一、馮氏爲關聯中國各種運動事件之有堅持主義者，並爲中國北部舉行反抗帝國主義之國民革命運動之表現者。

『二、或爲普通之軍閥，因情勢及所占地盤關係，必須暫時爲有利於蘇俄之動作，因蘇俄爲希望帝國主義各國衰弱之國家（尤以對於日本爲最）。

『就第一種情形而言：吾人可不計及成敗利鈍，考慮適合機宜，鞏固馮玉祥之兵力，馮氏處此種情形之中，必將有利於中國及國際革命之動作，使中國變成蘇俄之一聯邦，如此則根本主義屬於革命奮鬭手段，無須以吾人之物質援助爲操縱解決之關係也。

『因此，吾黨之主要目的，當爲達到馮軍有充分戰鬭能力並能獨立工作。

『就第二種情形而言：吾人之工作應另以他種方法實行，即一方面吾人必須援助馮軍，使其能實行吾人所委辦之事務爲止，一方面應使其無反抗吾人利益之可能，蓋物質關係實占首要地位，假使吾人拒絕物質之援助，則彼之結果，非完全失敗，即在中國退處第二位，由此，吾人之指導援助應即本此施行，使其軍隊一旦無吾人之參與，即不免回復其原來之狀態。

『據上述意見；愚意以爲對於馮氏之政治面目極有辨明之必要！對於解決此項問題，余舉出幾種有裨解決之資料。

『事實方面可以對於馮氏爲良好評斷之資料，吾人殊感缺乏，相反之一面則頗多，例如：(一)馮氏既往政治態度之反覆無常。……(五)馮氏帝國主義之趨向：(甲)、軍隊中宣傳之性質在國恥地圖上註明應行退還中國之土地有貝加爾省阿穆爾省及海參威等省，然同時對於日本所占有之滿洲及美國人在中國中部所有之經濟勢力等，則絲毫未曾提及，(乙)報端時常載有馮氏與張氏(作霖)協商之消息，尤以攫占外蒙之消息爲最要，(丙)拒絕承認外蒙之獨立。(六)馮氏對美國顯明之感情(對於美國教士之特加保護尤足表示)。

『凡此種種事實皆足深省，對於馮氏應作第二種計劃，並須加以相當之實際考查。

『如仍欲保持第一種計劃，余以爲必須得有下述之種種答案，庶能使此種計劃獲得充分之保障。

「……

『由加以里斯之報告中得知馮氏似無意予以上項之保障，並稱其意志不堅，似應在其軍隊中施行一種秘密的政治計劃，使其實力不受損傷，遇事不服從馮氏關於帝國主義之指揮，換言之，即使其軍隊不爲反革命之器械。

『因此馮氏如拒絕給與上述擔負之時應採取兩種辦法：(甲)迅速與馮氏斷絕關係，將我委員團之活動移於無產之中心。(乙)將馮氏完全置於我國接濟之下，已如上述。

『實際上可以施行者如左：

『一、將馮軍換用我國式樣之軍械使知仰賴我國之供給。

『二、馮軍之預備計劃應加入共產組織與新兵，務使該軍隊能遵行指導人員所發佈之命令，仍同時保留此種預備計劃中之高級共產組織，使該軍無我國之協助，其指揮能力即大感缺乏。

『三、盡力挑撥馮氏，使敵視我國之實力派不能與馮氏結合』

由這一文件可見俄帝的最大企圖是在「使中國變成蘇俄之一聯邦」，根據這一原則去尋求適合標準的傀儡和走狗，當時中共的實力既尙微小不足道，而張作霖與佩孚孫傳芳等又各有其背景，惟有馮玉祥處有可乘之隙，因此，在蘇俄駐華大使館喀拉罕親自主持之下，決定向馮玉祥試探聯絡，接着又派遣著名陰謀家鮑羅庭親往與馮接談以察看其性質，大使館曾爲此連續舉行多次會議以商討這一重大問題。「彙編」卷三國民軍事項類有關此的文件很多，其中第十二頁載任德江(譯音)致蘇俄革命軍事會長福倫資函件可見一般：

『四月廿八日，委員團高級人員在喀拉罕處會議研究本國工作問題，鮑羅庭格克爾亦均列席，喀拉罕謂馮軍爲中國北方國民解放運動之柱石，應造成馮軍之戰鬥力使之强固持久，鮑羅庭則以爲同時應於馮軍中作成一種可使破裂之分子，藉爲保障，免其將來反對我國，喀拉罕又謂：談到馮玉祥與河南軍及南軍共同行動一層，似爲時尙早云云。

『我個人之所視爲最重要者係馮軍是否爲國民解放運動之基礎，如能始終一致永久利於我方，即應使其勢力强固持久，抑或僅因其爲親日派及守舊派之仇敵而與之聯盟，則祇應造成馮軍之戰鬥力，便足以達到目的，俟達到目的後，再破壞此「欺詐之人」可也。』

這一文件可說即是上錄「利用馮玉祥計劃」的張本，俄帝對於馮玉祥個性雖有種種顧慮，但一時無其他人物可資利用，而馮氏亦急於投靠，因此俄帝就本著先造成馮軍之戰鬥力，同時於其軍隊中施行一種秘密計劃，藉作保障（彙編同卷第廿一頁載有蘇俄在國民軍駐地河南一帶煽惑紅槍會及一般農民以反對國民軍之種種報告）的原則開始以軍火裝備馮軍了。

自馮玉祥接受俄帝金錢武器人員以後，莫斯科方面對他就毫不放鬆，命令北京中央軍事總部「逐日審察在國民軍工作對蘇俄之實際利益」外，其有關方面且常舉行會議，如「彙編」卷三國民軍事項類第三十七頁即載有一九二六年八月四日莫斯科對華會議筆錄，其列席人員有蘇俄之陸軍部長翁士力和特，外交部長翟趣林，駐日大使果布，中央委員拉的光，及蘇俄駐華使館參事武隨員等，其提案四有云：

『組織西北黨部及執行委員會案議決如下：(甲)(前段被火)馮玉祥對於指揮國民一軍不限制其自主權，(乙)對於組織西北政府一案認爲暫不適宜』

由這一會議與會人員的身份可以想見決議案的重要，當然一切都曾衡量遠東全盤大局而始作決定的；其時正當馮玉祥將自張家口出發至俄京，而莫斯科就已研討及組織西北政府一案，這顯然是上錄計劃中所謂「使中國變爲蘇俄之一聯邦」企圖之具體化——俄帝心目中之擬使中國變爲其聯邦計劃，當然不是希望一個「大一統的中國」整個加入其聯邦，而是希望將中國分割成若干地區分別加盟的，「西北政府」方案的提出，可見遠在二十五年前俄帝就擬開始逐步吞併中國了。當時決議「認爲暫不適宜」，顯然是客觀環境的不許可，並不是對馮玉祥有所倚輕倚重。——俄帝對於馮玉祥的存心如此，而其後馮玉祥之表現竟又是「反覆無常」，客觀環境不許可俄帝在當時「破壞此欺詐之人」，而卅七年冬，馮玉祥竟又自美乘船赴俄，企圖利用大陸混亂局勢有所投機，但船至俄境敖得薩，馮玉祥以心病暴卒的消息即傳播於世；「馮玉祥因何而暴死」的疑問亦接着存在於一般人心目中；今日我們如果覆按上錄「彙編」中的一些文件，應該可找出其一部份的答案了。

× × ×

今年十月三日，香港時報社評曾就中共自十一日起將各種集會中高懸的史達林魔像取消，而代以國父遺像一事加以評述，認此顯係僞府遵奉莫斯科命令而始採行的措施。這一結論，當然是正確的。很巧的：在(彙編)中可以找出以此例彼的旁證，足以更明白的揭穿史魔陰險的用心。

「彙編」卷三廣東事項類第三十六頁有云：

『吾輩平時於中國之習慣風俗及禮節不知注意，雖屬小失，亦足以引起中國人對於俄國顧問之反感。

又同類三十九頁有云：

「……凡事從遠大著想：在中國人面前，萬萬不可爭長，注意禮節，謹守禮貌，是爲目前最要之事」

「……」

「關於孫中山學會，余於去年由共產黨員導余至學校宣傳員之工作室內，示余一大幅之列寧肖

（下轉第23頁）

傑弗遜的政治思想

Saul K. Padover原著
申思聰譯

傑弗遜(Thomas Jefferson)可以說是美國民主政治的聖使徒保羅。他具有優異的文辭秉賦，並且是一個多產作家，但他却不曾在一本書裏甚或一篇文章裏，有系統地把他的民主思想明白陳述出來。傑弗遜的思想見於散存的作品中，特別是在他的優美的信函裏面。

這位美國獨立宣言的作者用信函表達他的思想，且用以幫助他同時代人物民主思想的形成。他和當時在美國和在歐洲的千百位人士通信。他一生之中寫了大約兩萬五千封信。如果我們想到傑弗遜同時還在政治和農業方面有所努力，就會驚異他是多麼了不起。寫信這件事之於傑弗遜，好像公開演說，記者招待會，和廣播之於現在政治家一樣。通過信件他向全國人民說話；用書信的方式他激勵他的夥伴們。傑弗遜不善於公開演講，他只得避開講壇，乞援於書桌。無論演說在政治方面的效果是怎樣重要他總是不發表演說，而無寧寫封信以作代替。他知道他的信函必爲公衆所閱讀。他寫那些信是爲了自覺的政治效果，作爲教育國人學習民主的工具；或者，如他自己說的：爲了「散播有用眞理的種子。」

民主這個題目是有永久的興趣和不變的重要性的，特別在美國是如此。作者深受感動的，是一般人民對於民主的意義和功能的無知，這在所謂智識份子中尤其顯著。這是一件不幸的事。我們不能苛責學校對於這種情況所負的責任。教師們——特別是歷史學家和政治學家們——已經沒有盡到他們的基本職務。這基本的職務便是把美國民主政治的歷史和要義教育我們的公民。作者遇到一些知識分子，他們知曉關於俄國，德國，或者義大利的每一事情，而關於美國憲法却毫無所知；作者認識一些作者和專門人士，他們是馬克斯主義或者法西斯主義的專家，但是一提起傑弗遜和邁迪遜，他們只曉得那不過是十八世紀的人名而已。一般人對於傑弗遜派的思想這樣無知或誤解，是非常不幸的。因爲這位獨立宣言的作者，不僅仍然是美國自由平等夢想的具體現形，而且是人類自由主義理想的化身。

許多美國人漸次遺忘。他們現在所享受的具有無上價值的民主遺產。是從艱苦戰鬪中才得來的；而且把活潑的民主制度植根於這塊大陸上，是經過數個世代的努力的。民主不是上帝自願贈予的禮品，如果我們不夠聰慧，不夠開明，不見得將來還是一個民主國家。爲了保持民主，必須爲每一有價值的事物而奮鬪。在以往，爲了獲得自由而行的戰鬪之勝利，是那些具有作自由人的思想和意志的人物得到的。這些民主的創始者中最傑出的人物，自然是傑弗遜。他集科學家，作家，學者，行政家於一身。這樣地集數種長處於一身，在美國是從來未有的。同時，他是那時代最成功的政治人物。縱然有些羞怯，他仍然是一位具有卓越才幹的鬬士，帶着鄉土味的剛毅氣質。我們將他的過去回顧一下，越發現出他是一位類乎聖經裡所說的預言家，一位實踐了夢想的先知。

那麼，民主的意義是甚麼？就傑弗遜而言，民主政治的核心就是自由的觀念。我們必須記着，他是他那時代的產兒，一個十八世紀哲學的學者，和十八世紀政治現象的觀察者。雖然他的智識來自歐洲，他自己却駐足於美洲的自由樂土。歐洲哲學家們一方面抱持人類享有自由的自然權利之概念，可是同時人文墮落的實際情況却圍繞着他們。這二者之間的不調協使傑弗遜震驚。傑弗遜是一個自學成功的、獨立的維基尼亞農人的兒子。以他這樣的一個人，是不能了解那種奇怪的甘受狂虐的(Masochistic)神秘主義。這種神秘主義曾使歐洲人民常常自願作其主人的奴隸。傑弗遜是一個理性主義者而又愛好自然。他下定決心絕不使那人類的孿生敵人，即蒙昧主義(obscurantism)和暴虐在美國的土地上生根。當傑弗遜被選爲美國第三任總統的那一年，他寫信給他的朋友羅希(Dr. Rush)說：「我已在上帝面前發誓，我永遠反對加於人心的每種形式的暴虐。」

歐洲的情勢，透過英國的統治，也影響了美國，這給與傑弗遜的思想以不屈的自由主義的傾向。十分之九的歐洲人民被奴役，窮苦不堪，是以十分之一的人才能過自由和奢華的生活。甚至遲至一八二六年，當他臨死的前幾天，傑弗遜以平生罕有的痛苦心情寫道：「上帝的恩惠並沒有使大多數人們生下來時就先在脊梁上背着鞍子，也不曾使少數寵兒生下來時就穿着帶馬刺的靴子，合法合理地預備騎上去。」環顧歐洲，傑弗遜看到些甚麼呢？在英國，腐敗的貴族經由一個神經錯亂的國王而統治。普魯士，一個有能力的暴君即將被一個無能力的暴君（「形體和心靈都卑鄙得像一頭猪」）所繼承。俄羅斯，農奴的龐大監牢，在半東方的專制君主的鞭韃之下。奧國，半封建的國家，爲推翻貴族政治和牧師制權在作着徒然的掙扎。法國，在苛政和貧困的煎熬之中，即將陷入革命和無政府的深淵。在歐洲，無論傑弗遜看到那裏，除了暴虐和絕望之外，甚麼也看不到。

『在歐洲時』，傑弗遜說：『我時常以默察在位君主的特性以自娛。……路易十六是個傻瓜。……西班牙的國王是個傻瓜，那不勒斯的國王也是一樣。他們以狩獵消耗時光。……撒丁尼亞的國王是個傻瓜。……葡萄牙女皇是個天生的白癡。丹麥的國王也是如此。繼承菲德烈大帝的普魯士國王，形體和心靈卑鄙得像猪一樣。瑞典王高斯託瓦斯和奧國的約瑟夫是不折不扣的瘋子，而英國的喬治王……簡直是個衣裳架。……這些動物們已經變得沒有心靈也沒有權力了。』

歐洲政情上這些陰暗面所給予傑弗遜思想上的影響和對於美國民主政治的影響，不能過於强調。歐洲的社會是殘忍的，政治是黑暗的。歐洲的子孫們爲了逃避那不堪忍受的情況，橫渡數千哩海洋而另覓樂土。傑弗遜有一次說：『當製造者還不明白他的買賣交易以前，或者還不曾立定決心去製造他所需要的東西的時候，歐洲雖說是件粗糙的製品，却是最初的標準。』這句話的涵意是說：美國必須依據最初的雛型而作改進。

當傑弗遜作駐法大使的時期，益增深他對社會階級和絕對專制主義的厭惡。法國人民的貧困和苦難使傑弗遜憤怒填膺。『假設法國有兩千萬人口』，他從巴黎寫道：『我以爲就有一千九百萬人的生活，其悲慘的程度，其在人類生存境遇中的可詛咒的情形，有甚於全美國中最可憐的一個人。』他深知這種不必要的悲慘處境是由於『不良的政府體制』所造成的。

美國絕不能再踏歐洲的覆轍。在歐洲，傑弗遜寫道，政府是『飛在鴿子頭上的鷹子。』只有那些曾親歷歐洲的人們，才能完全欣賞美國的確是天堂樂土之情況。所以傑弗遜在一七八五年寫信給哲姆士．孟羅（James Monroe）說：到歐洲去旅行一趟，『將使你熱愛你的國家，它的土地，它的氣候，它的平等，自由，法律，人民，和禮俗。』『我的天！』他驚歎道，『我的同胞們怎麼毫不知道他們所享受的是多麼珍貴的幸福。這種幸福世界上沒有其他民族能夠嘗得到。』

在西半球，這裏是一片新天地和新的人民，尚不曾被傳襲的不平等所汚染。未腐化的和未受束縛的人民，大部分生活在富庶而未受册封的土地上面，可能建立一個新的社會而不重演歐洲的悲慘經驗。尤其是，傑弗遜在那時尚是邊疆的領土上長大，他所熟悉而且尊重的鄰居們都是獨立自强的個體主義者，他們已經開創自己的產業而未依仗地主或僧侶的恩惠。

在傑弗遜時代，也像我們現在一樣，基本的社會事實就是政治問題，幾乎每一種社會的過惡，根本上都是導源於國家的性質和功能。一個邪惡的政府所能加於屬民身上的殘暴和折辱是很少有所限制的。在傑弗遜時代，因爲人民大都沒有政治權利，所以便無可奈何。照傑弗遜看來，這是公理：在公民無權控制政府的社會，結果是狼統治羊的社會。傑弗遜看不出在這一點上還有甚麼可以爭辯的餘地。傑弗遜堅信，縱使一個最壞的民主政府也比一個最顯赫的專制政府爲可取。因爲人們固然有犯錯誤的天生特權；然而，如聽其自然，他們的常識就會立刻把錯誤矯正過來。傑弗遜以爲這是顯而易見的道理，就是最好的政府是人民得以享有最大自由的政府；爲了人民的自由，甚至削減政府的權力到半虛弱狀態（Semi-impotency）亦在所不惜。依同理，一個最具權力的政府不可避免的是一個壞政府。因爲這樣的政府很快的就要停止作人民的公僕，而一變爲創立這個政府的公民頭上的主人。

關於政府的性質傑弗遜沒有懷抱什麼妄想。以一個唯實主義的歷史研究者（像服爾德 Voltaire 一樣，他讀歷史是爲了尋求教訓，不是爲了消遣），傑弗遜用冷靜的，懷疑的眼光看待一般的政府。事有湊巧，許多他同時代的人抱着同樣的見解，尤其那些積極於制憲活動的人們也抱着同樣的見解。傑弗遜把政府當作一個潛在的威脅而心懷畏懼；但他又把政府當作一個必需的惡（a necessary evil）而加以接受。他了解，社會必須某種管理，而個人則需要某種程度的自由；由於這兩種需要似乎互相排斥，於是秩序和自由之間的衝突好像是不可調和的。傑弗遜很清楚，歷史證明政府是常常侵害人民之自由的。政府之侵害人民的自由，有時是利用鎮壓的法令，有時則藉赤裸裸的强暴手段。極少統治者爲了人民的眞正利益而運用其權力，這幾乎是不辯自明的道理。在傑弗遜之最有啓發性的文句中，有一次寫着：如果他必須從專制和無政府兩者中選擇一個的話，他寧取後者。『如果有這麼一個問題：要麼全無法律，像美洲的野人（印地安人）一樣，否則就是法令多如牛毛，像文明的歐洲人那樣。何者會使人受最大的罪。凡經歷過兩種實際情況的人將會宣稱，是由於後一種情形使然。』他又加上一句：『羊群雖弱，總比在狼的看管下要更快活些。』這句話在歐洲的今天較之在傑弗遜時代更具有意義。

由於政府有日趨暴虐的必然趨勢，傑弗遜同時代的人們所面臨的問題，就是如何使一個必需的公僕不致變成一個怪物。換句話說，怎樣才能阻止政府侵犯人民的自由？

一七八九年傑弗遜寫道：『有些權利是不需交給政府的，而常見的事實是政府不斷地在侵犯這些權利。這些權利是：思想的權利，用言語或文字發表思想的權利；自由貿易的權利，人身自由的權利。』

傑弗遜認爲政府完全是生命和自由的補助物。失掉了自由，便不可能追尋幸福。傑弗遜在一七八二年寫信給哲姆士，孟羅說：一個強有力的政府將會控制人們的思想和行動，自必『消滅生存的幸惠』，且使人感到『還是不曾生下來的好。』

解決這個問題的辦法在於自治。人們必須被保證，他們有選擇並控制政府官吏的權利，這種權利不是一種方便措施或者一種恩賞，而是自然賦予的一種職能 (function)。傑弗遜辯稱 (這是另外許多卓越的思想家們所信守的十八世紀的善良學說)．人生而具有某些『不可讓與的』權利，『其中有生命，自由，和追求幸福的權利。』在這些自然的權利之中，還有自治的權利。『每一個人，每一個活在世上具有形體的人』，傑弗遜在一七九〇年向華盛頓總統解釋道：『都有自治的權利。他們從自然手裏領受生命，也領受了自治權。個人以他單獨意志而實行自治；集體以其多數人的意志而實行自治；因爲多數人所制定的法律即其社會的自然律。』

民主政治的批評家們振振有辭地說，人們沒有治理自己的能力。傑弗遜以兩句簡潔有力的話來駁斥這種反對民主的論調：『有時候人家說，讓人們自己治理自己是不可靠的；那麼，要別人去治理他，就更可靠嗎？』傑弗遜也不願承認在某一個人或某一團體保護之下的，無誠意的，偏私的民主政治。『不，我的朋友，』他寫給約瑟夫．克柏爾 (Joseph Cabell) 說，『得到善良而且安全的政府的方法，不是把政府整個委託於一個人，而是把政府分成幾部份委之於許多人』。而且他對他的法國友人都龐得奈蒙 (Dupont de Nemours) 說：『我們倆個都深愛人民，但是你愛他們如嬰兒，你怕他們沒有媬姆要出亂子：而我把他們當成人看待，我大方地給他們以自治權。」梅瑞安教授 (Professor Charles E. Merriam) 曾稱這是民主原理的最好說明之一。

傑弗遜信任人的品德，並且信賴『人類的常識』。自治的人們或許會犯錯誤，然而他們有機會改正錯誤。但是被他人統治的人們除了忍苦含辱或者反叛以外，便找不到出路。『我如此信賴人民的向善意識以及他們領導者的忠誠，所以我不怕他們把事情由於任何原因弄錯到如何地步。』人民可以被欺詐於一時，然而眞理之門常開，人們將學會抗拒何者是虛僞的以及何者是有害的。『凡人民已具有智識的地方。他們便信托自己的政府；凡事情錯到足以引起人民注意的時候，我們可以信賴他們，他們會把這些錯誤改正過來的。』

所以說，民主社會的基本需要之一便是普及的教育。傑弗遜深知，暴君政治是常以人民的愚昧無知爲其發育滋長的養料的。凡黑暗籠罩的地方，人民就沒有自由。只有智識的光芒四射，才能驅散迷信，並且解放人心，使他們自治。一個民主的社會而無普及的教育的確是不可思議的。『如果一個民族希望無知而又自由，則所希望的是從不曾有也永不會有的。』傑弗遜之所以主張普遍的民衆教育，不僅爲了使民主政治長久維繫且使之有效進行，而且因爲人們的幸福實導源於開闊的智識水準。『在現在推廣教育恩澤及於廣大人群的精神裏，我看到人類幸福偉大進展的遠景。』

爲了同一理由，傑弗遜主張出版的不受限制。設若民主政治需要能够閱讀的公民，跟着來的就是他們在閱讀方面必須自由。任何種類的檢查制度都和眞正的民主精神相違背，那不過是把施於身體上的暴虐換成思想上的專制罷了。更其是，民主的要義在使少數人的權利得有表達的機會，而檢查權的原則將供給多數者以專制的武器。傑弗遜說：「我們的自由依賴出版的不受限制，而且出版不能因受限制以致失去作用。」雖然傑弗遜由於報紙 (大都可以用金錢收買的) 方面無約束的弊習而身受其苦，他仍覺得出版必須以任何代價來保護。當他第一次執政時期，他談到妄誕的報紙時說．「我將以他們說謊和誹謗的權利而保護他們。」

同樣原則也適用於書籍的出版。傑弗遜說，如果一本書裏敘述的事實是揑造的，就該予以否證；如果推理是荒謬的，就該予的駁斥。『但是看在上帝面上，讓我們自由地諦聽双方的理由。』不喜歡的意見要給以發表的機會，而且批評必須予以鼓勵。若不許自由批評有名人物和公共政策，民主政治將會很快地敗壞下去的。『藉着懲罰來强使評論者放棄其對於公共措施的批評，那無異於助長寓言裏所說的狼的要求。寓言裏說，羊群必須交出看護他們的獵狗作抵押，來同狼建立和平與信任關係。』

在民主的社會裏，人們能够自由地想他所願想的，說他所願說的，這樣的社會便含蘊了良心的自由。傑弗遜認爲教會的專制較之政治的暴虐尤爲可憎。他很淸楚宗教的狂熱曾在歷史上造成流血和痛苦。在他的『論維基尼亞札記』裏，傑弗遜寫着：『自從基督教傳入以來，千百萬無辜的男人，女人，小孩子，已經被燒死，受酷刑，被罰款，繫牢獄；然而在一齊只信奉同一的宗教這條路上，我們却不曾前進一寸。』由於宗教的齊一既不能得到也不可期望，所以聰明的辦法還是完全放棄這種企圖。讓每一個人照他所願意的去崇拜，或者照他所願意的去不崇拜。傑弗遜深信，宗教是『每個人和他的造物主之間的事情。在這件事情上沒有別人介入，當然社會更沒有權來干預的。』傑弗遜自己不是教士，他討厭教條，但他信守耶穌的道德原則。

把規定人民當信仰何種宗教的權力交給國家，和因人民信仰他教而加以刑罰的原則，是同樣不可容忍的。美國革命的不朽成就；一就是宗教的容忍。一七八六年維基尼亞議會通過了『建立宗教自由法案。』對於這一件劃時代的傑作，傑弗遜終生引以為榮。傑弗遜起草的這個法案以高超的原則開端說，『萬能的上帝賦予人以自由的心靈，這是非常明白的事』，結尾的警語是，任何加於良心的限制，必須認為是『對自然權利的侵犯行為。』從傑弗遜的人道主義的哲學看來，宗教容忍之本身不僅即有其存在的理由，而且為了保持民主社會，宗教容忍也是一項根本的需要。他深知宗教偏狹所固有的殘酷，也深知當國家力量和統治教會結合後所造成的暴政之可怖。這種『教會和國家的狼狽為奸』。如傑弗遜所稱，曾在以往造成人類社會的殘破，而在美國則絕不容許此種情形發生。『任一國家，任一時代，牧師總是仇視自由的。他常常和暴君勾結，教唆暴君作惡，以便保障自己的惡行。』在美國，人們一定要有身體的自由，亦若其有心靈的自由然。沒有人或者法律應該有權命令他人信仰甚麼。傑弗遜用非常率直的話闡述這一容忍原則。他說：『我的鄰人說有二十個上帝或者說沒有上帝，對我毫無損害。這既劃不了我的腰包，也傷不了我的腿。』

傑弗遜之獻身於美國民主政治，使他在國際政治關係中採取不妥協的孤立原則。他的痛苦經驗不可能引他到另外一條路上去。我們要記得，他在政治上最活躍的年份，正值歐洲面臨一次周期性的動亂時代。當傑弗遜在華盛頓手下作國務卿時，法國人正在斬掉他們君主的頭顱，並因而招致對外戰爭。當傑弗遜任副總統時，拿破崙贏得那些為歐洲獨裁制度鋪路的勝仗。當傑弗遜作美國總統時，他面臨的是一個拿破崙在大陸上蹂躪，英國在海上刼掠的世界。二十多年期間(其中大部分時間傑弗遜都擔任政府職務)世界不知和平為何物。傑弗遜目睹國際的暴亂和流血事件，差不多感到絕望了。『在整個動物所居的世界裏』，他痛苦地寫給他的朋友邁迪遜(Madison)說，『除掉人，我想不出還有其他族類在堅忍且有計畫地從事毀滅其自身的工作。』他悲嘆地說：『以前約束文明國家的道德原則和約定成俗，現在讓位給武力了。武力是蠻族的法律，而第十九世紀却携着第五世紀的汪達爾主義(Vandalism)開始了。』這哀怨發於一百三十多年以前；若發之於現在，似更見貼切。

交戰國無所顧惜地侵犯了美國的權益和美國的航運。美國怎麼辦呢？訴諸戰爭嗎？在傑弗遜看來，這樣的醫療法，和病患本身一樣的邪惡。他寫道：『我愛和平，我切望我們應給世界另外一個有益的教訓，即指示他們另一懲處侵害的方式，而不用戰爭。戰爭所加於懲處者的懲罰和加於受懲處者是一樣多的。』這個『另一懲處侵害的方式』就是和交戰國斷絕一切交往，不和任何侵略國發生商業關係，而且不使他們的糾紛行動破裂美國的自由制度。關于美國在這個混亂世界中無與比擬的地位，傑弗遜的描述到今仍然很適當：

『如果我們只看自己，我們的困難的確很大。但是和歐洲的情形比較一下，我們便是像在天堂一樣。……命運把我們安排在如此擾攘和暴亂的場面中，就我們的智識範圍所及，沒有一個時代曾呈現這樣的局面。……征服者帶着蹂躪和破壞在大地上咆哮着，刼掠者在海洋上散播着災害和毀滅。……真的，我們的國家是安樂窩，而且使我們在殘破世界中不至沉淪的政治體制，將在歷史上永垂不朽。我們委實有我們自己的細微爭吵和焦慮，間或還有一些令人沮喪的事情。……但，幸運的是，巨象不會游泳，巨鯨不能橫行陸上；如果我們避開它們，它們便奈何我們不得。』

傑弗遜的政策不僅是避開歐洲的『獅子和老虎』，而且同樣重要的是使美洲不受歐洲的干擾。他希望能夠找到一種方法在海洋中建立一道界限，這樣把東西兩半球永遠隔開。他看出美洲大陸將來是自由與和平的故鄉，並且切望它不為殘破的歐洲之瘋狂所感染。傑弗遜和他的門徒孟羅總統的通信中，表現出他對孤立——或許用『隔離』一詞較為妥善——這一問題的感觸是如何深刻。這一觀點其後便具體地表現於『孟羅主義 (Monroe Doctrine)』中。他於孟羅的一封信中闡釋孤立主義說：

『我曾認為這個政策對於美國而言是最基本的，即是美國絕不要積極參與歐洲的紛爭。他們的政治興趣和我們的完全不同。他們相互間的猜忌，他們的勢力均衡，他們複雜的聯盟，他們政府的形式和理論，對我們都是陌生的。他們是永遠戰爭的國家。他們的全部精力都消耗在對人民的勞力，財富和生命的破滅裏。在我們這一方面，決沒有一個民族有這樣幸運的機會，嘗試着與他們絕然不同的制度，即以和平與博愛精神對待人類，並且我們的手段和才幹所朝着的目標是進步而非破壞。……在我們這個半球上的同胞們，沒有一個行將(或者一世代以後)會陷入對我們開戰的狀態，情況，或者傾向。而且歐洲國家在美洲任一部分的據點正在從他們手中喪失，所以我們即將擺脫與他們爲鄰之讀了。』

國際政治關係中的孤立觀念也被搬到經濟活動的領域裏來了。世代業農的傑弗遜不信任城市社會和商業階級。他永不能克服他對城市經濟和城市文明所存的偏見。傑弗遜相信鄉下人比城市居民可取，主要的是因爲土地所有權給鄉下人一種自由和獨立的意識。

由於恐懼城市化以及因城市化造成民主美德的敗壞，傑弗遜既願美國保留在農業社會裏，生產自己的糧食，但不製造自己的工藝品。「爲了製造一般工業品，還是讓我們的工廠留在歐洲吧。』讓歐洲保有它的無產階級和它的骯髒城市，而美國仍然是一個農業的民主國家，擁有空曠的土地。同歐洲的接觸應僅限於農產品和工藝品的交換。

自從傑弗遜以來，情況已經變遷了。現代的科學技術征服了空間的隔絕，美國再也不能滿意它的孤立地位了。尤其是，美國經濟上已經發生了深刻的變化。從一八〇〇年僅有五百萬人口的農業國家，美國現在已經變成一個高度工業化的强國，擁有人口一億三千萬，而且這些人大多數生活於城市而非農村。工業化的中心地區已發生複雜的問題，甚至是尖銳的社會衝突，但這些已幫助我們重新檢討我們的民主。傑弗遜會感覺驚奇，也許會感到高興，如果他知道美國的城市居民一般說來已表現出民主生活的才能，一如他同時代的農民。

傑弗遜知道人類社會中沒有一件事情是恒久不變的。在危機到來，他的同胞們的幸福陷入危急情況中時，傑弗遜並不粘滯於陳舊的學說之中。一八一六年傑弗遜所寫的下面一段話，想必爲所有愛好進步民主政治的人士所讚賞：

『有些人以矯飾的虔誠態度來看待憲法，視憲法如聖約之櫃，太神聖了，所以不許碰一碰。這些人把一種超人的智慧歸之於上一代的人們，並且假定他們所作的一切都不容許修改。……我當然不是一個贊成時常而且隨便變更法律和憲法的人。……但是我也知道法律和憲法必須和人類思想的進步齊頭並進。……當新的發現產生了，新的眞理出現了，儀俗和輿論都隨環境的變遷而變遷了，那末制度也必須前進，而且要和時代保持一致的步驟。我們不能要求成年人仍然穿他童年時代的衣服，同樣的也不能要求一個文明社會滯留於野蠻祖先的制度之下。……每一代人都有權利爲自己選擇他們認爲最能促進自身幸福的政府體制。』

現代的趨勢是權力向政府手裏日益集中。在或多或少的管制經濟的架構中，個人自由的問題必將在我們這一代成爲爭論的大題目，恰如政治自由權和自由貿易的問題在傑弗遜時代是論爭的題目一樣。我們一定得沿着民主的路線前進。因爲這是我們的傳統，也希望，這是我們的智慧。

傑弗遜感到人若失去自由，便不值得生活下去。美國人民明白民主的理想需要信心．民主的生活方式需要勇氣。艱苦歲月無疑橫阻在前，美國人民必須聚集他們的全部道德力量，來保衛他們的生活方式，他們的自由，和他們的創造機會。民主先知者的傑弗遜，已經明白陳示民選政府和自由公民之間的關係的基本原則。他仍將是我們智慧的領導者和穩固的燈塔。因爲他曾經同困惱我們文明的這些問題奮鬪，而且具有不屈的勇氣。他相信『光明和自由正在堅毅地前進。』

(上接第18頁)

像及一小幅之孫文肖像，余謂孫文肖像應當放大，因孫文列寧二人同爲偉人！彼又示，余以政治文學大架上爲共產主義之文學，小架上爲孫文學說之文學』……

綜此三節文字，可見在中國工作的俄國人是如何虛心地在檢討一切，「注意禮節」一事的提出，實在也可是說搔著了中國人士的一部份癢處——自前清雍乾間北京設立俄羅斯館准許俄人習學以來，俄人即注意研究我國一切事情，深知我人注重禮儀小節，前俄財政大臣威特回憶錄中亦曾強調華人注重禮節，於李鴻章訪俄時尤特別注意及此，自詡因此而加速中俄密約的簽訂——國父及列寧肖像的大小，顯然是很刺激中國人自尊心的，而俄顧問能觀察及之，可謂頗具慧眼。同樣的，在「一面倒」的秧歌僞朝在每逢集會必高舉史魔醜像之餘，突然予以取消，誠如香港時報所指出的：「如果不是遵奉莫斯科主子的命令，毛澤東是絕不敢自動出此一着的」。莫斯科命令的內容當然不是我們所能知悉的，但就「彙編」中的旁證以彼例此　則可知莫斯科命令由來，顯然是在檢討僞朝二年來的措施和「中蘇友好」關係以後的結果，這一舉措的企圖顯然欲步伍威特的後塵，以注重禮儀小節來討好中國人心，收買中國人心，以便加速其攫取中國爲附庸國的工作。

這一舉措的深意如此，而其表現於外的，是企圖藉此迷惑一些淺薄的國際觀察者誤認這是中共內部民族主義抬頭的象徵，以加强其「毛澤東將成狄托」的幻想，這眞是極險惡的「一石兩鳥」手法！是值得世人特別警醒的。

自由中國通訊

鐵幕高空的寒星

香港通訊・一月六日
烏逸人

近百年來，中國的知識份子，在中國歷史上空前風雲變幻局勢的過程中，一直是表演着極其重要而又極其可憐的角色。說是重要，因為自戊戌政變以來，沒有一次大的運動和變革不是由他們所掀起波動的；知識份子的覺醒，大體上都朝着一個方向：要將衰老垂亡的民族帶到現代人的生活中，要枯萎的靈魂回復活力生機。這是多麼偉大的願心！說是可憐，因為每一次他們懷抱着滿腔熱忱理想努力成就的一點點初步果實，十九總是為野心家所乘，為陰謀者所巧奪污毀，理想被淩遲裁割為華表的冠帶，裝飾了邪惡的精靈，到頭來還教那些並非神人的播種者親嘗苦果——先生！別把我這話當做板起面孔說教的宏論的開場白。我實在不想勇於作個歷史的判官，在這裡來點定甚麼是非功過，斬將封神；我祇覺得這一齣壯濶離奇漫長冗重的悲劇，複雜的情節一層黏一層似乎無有終底。而你我在這裡恐怕都不大明白自身是觀衆，還是演員——事實上我們是一面在看，一面在演罷！

如果悲劇的比喻不算是離題太遠，那麼現在該可以說演到高潮(Climax)的階段了——我想你不會忘記：古典的悲劇中緊接着高潮的乃是悲劇的勝利(Tragic triumph)——把你自己身旁的煩惱撇開且不去管，你一定注意到去年秋天以來中共在平津「大力展開」的所謂「高等學校教師學習運動」。你看這不是撒旦的煉獄之火燒到最高度了嗎？這是中共三年來對於陷在鐵幕內的中國學人們所施行「洗腦」工作的總結算，大掃除，其規模之大，範圍之廣以及要求之嚴苛，我們不難自紅色報紙的報道上看出。你我所熟知而且曾經欽仰的學者如金岳霖，湯用彤，錢端升，楊人楩，朱光潛，顧頡剛等人都曾為文或在甚麼會上發言「自我檢討」，宣佈他們自己過去思想為不可饒恕的荒謬錯誤——先生！這其間最為中心的正是我們如今還堅持而視為神聖的自由思想——這些事實你已知道得不少了，而且還多少看到一些所謂檢討文字的內容不是？

你當然一直關心陷於大陸的學人們的消息，如今接連而來的這些怪誕事實多少使你震驚。不知道這些事實是否減殺了你一向對大陸學人們的敬重和同情心？也許你覺得他們在罪惡的淫威下如此搖尾乞憐的姿態實在可恥，也許你認為他們是罪有應得，自作自受，更可能的是：你感到一種悲哀，悲哀於我國士人「可殺不可辱」的精神之不復見，悲哀於我國文化精神力量之衰微崩潰。從某一方面看，你這種想法也頗有道理。但是你想鐵幕是一種何等嚴密的東西，它總還關住一些我們所不得而知的消息；至少有些重要的事是不可能從他們的直接報導中看出來的。如果你知道了下面我要告你的幾則故事，或許你會修改你的某些看法。

不久以前我曾會見一位甫自鐵幕逃來的朋友，他正是一直在平津與北方學人們相處甚久的。從他帶來的消息裡我們固然可以證實一向作為文化長城的學府早已是虛有其表，弄得烏煙瘴氣，而許多過去曾享盛譽的文人學者也很少能逃避抗拒極權統治者的摧殘愚弄；然而高寒的天空，却也偶然閃爍着幾顆明亮的星光，疾風之中，仍舊不乏挺拔的勁草。正當共產黨徒們利用一切精神物質法令槍桿的壓力以使一般學人就範時，終還有人頑強不屈。就我的朋友知道得最清楚的，在清華有潘光旦，在北大便有周炳琳和趙廼摶，在北師大有邱椿。（邱原是北大教育系教授，中共將北大教育系取消併入師大，邱便到師大了）。

他們用的是消極反抗不與合作的政策，不故意招惹當權者，也不理會任何一套把戲。我們得注意，這樣作風在正常時代當然是學人的本分，而在共產式極權統治下却是何等難能的事！例如趙廼摶先生從來沒有一次參加過甚麼集會檢討會之類，如果我們對於極權統治多少有點親切了解，便會懷疑到這種事情的可能性。你不去招惹他容易，要他不來撩撥你可就難了。你看麻煩的事終於漸漸套到他們的頭上。

先就最近一點的事來看。邱椿先生對學生講課時仍然按以先的態度，講馬克斯列寧也和講盧梭斯賓塞等人一樣。學生不滿意他這種對聖書教義不甚崇敬的態度，他便說：「學術有三派，閉門造車的主觀主義者是蜘蛛派，以偉大氣魄而綜合系統的是蜜蜂派，祇能作客觀的科學分析的是螞蟻派，馬列主義是蜜蜂派的，我沒有那麼大的天才和氣魄，所以只能作個螞蟻派」。他又說：「你們教我看文件我就看，你們教我聽報告，我就聽。」——先生！你不要看這是懦弱的表示，其實這裏面含藏着多少勇氣和不屈的精神，所以現在他的學生（實際是教師）已經公開向他開砲了。

周炳琳先生在國府時代以敢言而譽滿全國，因此曾一度被共產黨人引爲同路。然而周先生在共黨勢力愈膨脹時便愈加緘默了。平津陷後他曾帶信給友人說：「我仍是忠實國民黨員，我決不負於國家和黨！」這是早爲大家熟知的事，想你也有所聞。三年來周先生確是一直信守他自己的話。但他的消極抵抗也不能平安無事，這裡又是一例——

共黨在學校公告要所謂以前「反動黨團員」辦登記的手續，周先生是老國民黨員，當然應在登記之列，可是他一仍故技，一切不問不理。於是惱怒了一位「官方」教授，便當着其他的人罵道：「周梅生！三番五次的公告都不理，簡直無法無天，目無人民政府！」並且找人帶信給周，要他快去登記。周先生的火氣又來了，拍着桌子道：「什麼！要我登記！我是三十年的國民黨員，誰不知道！我就是不登記，看着不順眼，把我抓去好了！」在這種情形之下還敢和人家硬碰，你想他這時也就是將性命豁出去了。

周炳琳這樣硬骨頭的精神豈是偶然的！我這裡願意追述一點以往的事。

抗戰勝利以後各地學潮如熾，而以平津爲首。平津在勝利後第一次學潮的表面導因便是所謂沈崇案件。當這件事還在醞釀階段時，有一天周先生自北大紅樓緩步走出到學潮搖籃地的「民主廣場」，便立刻被千百學生群所包圍，要周先生支持他們的反美運動，有人高呼「歡迎周先生領導我們」，一時群衆應聲高呼，響徹雲霄。然而周先生從容不動，祇是伸出手來擺擺，安詳而嚴肅地說：「不要這樣！不要這樣！」——要知道那時周正因不斷發表鍼貶政府的激烈言論而爲左派青年所極力擁戴——此後這件運動鬧開了，周先生却始終不表贊同。從此他才開始被視爲頑固了。

還有一件更足以表示周先生不畏群衆的精神。三十七年六月初學潮策動者以「反飢餓，反內戰」爲口號打算來一次大罷課大罷工大遊行，結果因憲警預爲防備而出不了校門，各校改在校內開會。北大學生請了幾位先生講演，有胡適校長和周炳琳先生等。周先生講演時首先大罵憲警包圍學校爲不當，繼又批評政府，且說明「反飢餓，反內戰」意義的崇高。句句話乾脆響亮，有力，群衆掌聲雷動，幾乎每說一句便鼓一次掌。周先生不動聲色，繼續說到造成飢餓的原因和內戰的責任時，話便不很中聽了，漸漸掌聲停止而代之以噓聲。後來他簡直就明白地擡出共產黨來罵了，群衆噓聲不够，便怪聲亂叫起來，周先生却是愈講愈有力，不顧一切，從容而嚴肅地把話講完，安步走下講壇。

從群衆中出來，又向着群衆而去，既不爲群衆的掌聲與推崇所昏迷陶醉，也不爲群衆的噓聲吼叫所屈從或者激怒，我看這是一件極難的事，我也從沒有見過第二個人能够這樣。群衆的領袖往往實際是群衆的俘虜。

話說得遠了，我要告訴你另一件相近的故事。主人翁是中國碩果僅存的經學佛學大師熊十力先生。熊先生到北平，共黨要人爲尊重學術的面子優與招待。但是熊先生的一套怎能與馬列的一套相能呢？自然他們得要做一番工夫。起初對熊先生一切極力恭維奉承，然後慢慢轉入正題。於是在一次宴會上有人提出來說：「熊先生的新唯識論眞是當代珍貴典集，我們佩服之至，不過如果將那個『識』字改成一個『物』字，那就更是完美的偉大系統了。」熊先生一聽，立刻暴跳起來，拂袖大罵道：「你們這些共產黨，簡直是禽獸不如！你們懂得甚麼叫做學問！」

先生！這幾樁故事都祇是這樣結束。你一定關心到他們的後果；誰知道呢？我的朋友也沒有告訴我以後怎樣。等着，我們也許不久就可以知道。不過，你不要以爲他們會立刻被共產黨拉去殺了。這是專制帝王或蠻橫軍閥的作風。共產黨極權者却沒有這麼痛快。

我這裡報告的皆是赤色新聞中絕對封鎖而我們極願知道的消息。鐵幕究竟擋不住高空寒星孤傲強勁的光亮，總有些要從一絲縫隙中透出來，給在鐵幕外心情沉慟的人們以興奮，以鼓勵。從這裡，我們很有理由推想一定還有很多我們無從知道的類似故事，在廣大中國各處受蹂躪的土地上產生——先生！這些事加上你所知道的別的先生們在所謂學習運動所作的檢討報告之類，我想總不至於使你困惑不安，而是够使你長久深思，發掘出許多深刻問題的罷！我是有許多感想，這裡一時也無從談起。此刻我想說的一點是無論在何等黑暗殘酷的環境之下，祇要還存留着一點强靱的活力和元氣，便是希望的種子。所以如何保存社會的元氣，如何繼續給生命賦予滋長的潛力，應當是我們今天有心人所最注意的事。如此，你或者可以將過於責備某些人的心情化爲同情了。

這裡，再告訴你一件小事——在清華大學曾有一位同學因爲過去反對過左派學生所鬧風潮而被提出來檢討，並要將他問罪。張奚若先生便替他開釋，說是「以辯證觀點來看，當時像這樣自由主義者的行爲也是須要的」，這位同學才得被保住了。我的朋友告訴我，像這類做着保存社會元氣工作的在平津各大學中還大有人在。

讓我們爲一切受難的靈魂祝福罷

・推薦在港出刋之三日刋・
自由人
香港高士打道六六號
電話：二〇八四八
當天空運到臺
臺北經銷處：中華路一二五九號

閒話的閒話

紐約通訊

閒話美國大選（一）

本刊特約通訊記者　曾英奇

上次，記者因了個人職務的頓趨繁忙，乃草草結束了「遊歐觀感」的報導。時間眞夠無情，不覺忽忽已半年多了。在宇宙無窮的歲月裡，半年的時光算不了甚麼，而相對於我們人生短短數十寒暑來說，則半年的時光却不能算短。個人的現實生命眞是夠短促的，這種感覺，尤以在美國爲最甚。由於「生命短促之神」無情壓迫的結果，無論是年輕的或年老的美國人，都生怕老之將至，即使他們實際上已經老到龍鍾之態，但精神上，特別是口頭上也絕不能承認。當「老」這個字在美國社會上用來形容人的年紀時，它的意思是：無用的，沒有出息的，該死的。因此，在這個國度裡，你若說某人老，那無異說某人該死。試想，好好生生的，如何能說人家該死呢？所以「老」是絕不能提的。美國人因爲怕老的心太甚，所以要活一天像一天，絕不能馬馬虎虎地活下去；他們要活着必須像「人」活着，不肯將就，更不願委身於人；他們既不肯作神的奴隸，更不肯作人的奴隸；不願作物質的奴隸，也不願作精神的奴隸；不作父母的奴隸，也不願作子女的奴隸。每一個人必須是一個不折不扣的人。每一個人要有他獨立的對宇宙萬物的是非判斷和價值判斷。根據他個人獨立的判斷，來決定他的行爲。如此，他自可不必做任何事物的奴隸了。

現在你還不能恭維美國人說他們已經可以不做任何事物的奴隸，而達到了「理想的人」的境界；但他們却是認眞地向着這個目標走。上帝不負有心人，祇要你肯走，雖千廻萬轉，路子總是可以走得通的。隨着新年序幕的揭開，他們面前又出現了一個嚴肅的課題：一九五二年的大選。不信，請看他們對這件事情積極到如何的程度。

美國大選的場面確是不同凡響的。每屆大選總在一年以前就開始醞釀，一直鬧到投票前的二十四小時爲止。但所謂爲止也者，只是競選活動的停止，而「競選活動」以外的一切節目並不停止。其實不但不停止，反而益形加劇，直到選擧揭曉，人們狂歡數日後，方算告一段落；而眞正的結束需待來年三月新總統宣誓就職以後。

按有關美國聯邦選擧，共分爲兩部份：其一是政府的選擧，即總統副總統的選擧；另一部份是國會議員的選擧。總統每隔四年選擧一次是盡人皆知的；國會衆院每兩年全部改選一次，參議員的任期六年，每兩年改選其中的三分之一。本年十一月的選擧，要選出一副總統——總統和副總統，全部衆議員，三十二個參議員。這概括全部的行政部門，也幾乎是全部的立法部門。全國一億五千萬人，除了基本人權，憲法和地方保留的權利以外，其他一切權柄幾乎都完全透過了一紙的選擧，轉交給了另一批新的人們，因此雖是一紙選擧，却比日常活動的任何節目重要，馬虎不得。

美國人對大選普遍地關注及其高昂的情趣，絕不是我們中國人未身歷其境者所能想像得到的。記者一九三九年來美，在十二年的時光中先後觀摩過三次總統選擧（一九四〇；一九四四；一九四八），六次國會選擧，和無數次的地方選擧。起初每當看到他們大吹大擂，煞有介事地進行選擧活動的時候，我下意識裡總不免覺得他們太戲劇化，太小題大做。但時間一長，看的一多，於是就漸漸地體會到此中的眞意，漸漸地了解美國人在選擧中所有表現的狂熱，並不是甚麼戲劇化的爲選擧而選擧的藝術品，乃是實實在在由衷而發的眞情流露。它——美國的大選——有形式，有內容，活生生的，有血有肉，它是和社會上的每一份子都息息相關的政治活動，和極權或獨裁國家僅具形式的選擧，誠不可同日而語。在極權或獨裁國家內，選擧對人民來說只是一種片面義務，選擧的大方向都是由當權者規定好了的，不得違拗。選擧僅僅是一種形式，這種形式僅在供給獨裁者在行使其獨裁權力時，說得順理成章（片面的）而已。如此的選擧，對選民來說祇是一種精神上的負擔，如何能鼓舞起來他們的興趣？反之，在民主國家，除了基本人權，憲法和憲法上給地方保留的權利以外，一次大選可以根本上改變一切，在英國甚至連憲法也可以改變。這樣的選擧，選民自然會親切地體會到是他們重要的權利，而有不肯輕易放過之感。

選擧既然是民主國家每一個公民的重要利權，所以美國人往往是當仁不讓。有選擧者的當仁不讓，更有候選者的推波助瀾，於是，每屆大選最後都要蔚爲波瀾壯觀的狂熱選潮，動人心弦。在國內實在找不出同樣動人的熱鬧場面，假定必須找一個近似的場面的話，那祇有在太平日子，我們中國鄉下人的過舊年才差可比擬。

記者生於民國二年，雖去國十有二載，但對於兒童時代在鄉下過舊年的情景記憶猶新。記得當時我們鄉下過年的情景是：富人家早在四五個月或半年以前就開始辦道年菜，即使一貧如洗的村民，或沿街討飯的乞丐，也要竭盡所能，準備在過年的那天吃一頓餃子，或一碗年糕。在過年的三個月以前，即開始聞到稀疏的爆竹聲，以後愈來愈密，直到元月一日凌晨而發爲高潮，人們的歡快和緊張的矛盾情緒也到達極點。這是我們中國傳統過年的一般景色，而美國大選的普遍情形就和我們這過年一樣，而很多地方更有過之。稀疏而清脆的競選爆竹聲在前一年的歲尾就開始點燃，新年一過，便漸漸地感到稠密。過去三年要政們慣常在各種不相干的餐會、年會：等集會，發表純政策性演說的講壇，從現在起要開始讓位給另一些不相干的人們，發表其競選議論。各黨競選基金雖早在新年前就開始籌募，但新年過後便要大張口袋向各處盡量要錢。以這一屆的大選來說，在去年歲尾，只是塔虎脫，史塔生，華倫，達夫，洛奇，杜威，和夫曼等人和他們的支持者以及各地的好事之徒，在平靜的紙面上塗下幾筆素描，但新年一過，眼看就是另一個場面。各黨各地的黨老板和選舉的使徒們都紛紛展開全面的活動，一天緊似一天，最後終至把每一個人都活躍起來，為了選舉忙。你不競選，你想選別人；你不發表演說，別人發表演說給你聽；你不願尋找競選的標語，而競選的標語到處找你；你不願意聽競選的廣播，而電臺的波長與電視的鏡頭被他們佔去了大半；你一時找不到汽車去聽競選演說，你的好事的隣居自願供給。從各州府縣鬧到哥倫比亞的聯邦，從城市鬧到鄉村，從農場鬧到工廠，無盡無休，終至「茶酒飯館」，臥室和客堂都為大選的氣氛所包圍，讓你「茶裡飯裡」都看到候選人的影子。這種場面眞是古今罕有，令人嘆絕。

決定美國選舉的因素是相當複雜的。正由於其複雜難以解析的清楚，以致往往為人所誤解而發為惡意的詆毀。世界共產黨人總是不分青紅皂白，一味詆毀美國的選舉是資本家和黨老爺包辦的木偶戲；而過份熱衷「自由競爭」的政經學者，則又往往憂慮她的選舉會有朝一日變成工會的獨裁。其實這種詆毀憂慮都是不正確的。資本家也是一張同等價值的選票，他們雖然有錢，但買不來秘密警察或槍桿子（雖然美國憲法上有政府不得妨碍人民持有武器自由的條文），天經地意地秘密無記名投票，人人可以昂然走近投票箱而無所恐懼；而況罷了工，短期內還可以有飯吃，有房子住，如此這般，還有甚麼人能妨碍了他們的投票自由呢？宣傳麼？那祇是錦上添花而已，天生的麻子，再塗粉也不會好看多少；人們又不都是白癡，那如何能硬騙得過去。黨老板的魔力祇能施展在地方或國會議員最初做候選人時的情形之下，即使在這種場合他們的魔力也有一個限度：第一，他們不敢違拗衆望所歸的人士，否則充其量三次以後黨老爺的地位也得塌臺；第二，若有志於做人民公僕者眞有才幹，雖黨老爺不幫忙，仍可脫穎而出。再說，工會獨裁也是不可能的。首先，美國工人是自由組織工會的，任何政黨都不能從中操縱，任何政治教條他們也不信仰。人人可以自動結合，根據自身的需要組織起獨立的工會，而不必要明中或暗中接受一頂黨的帽子（凡是給工會強迫戴帽子的政黨必是極權的政黨）。現在美國雖然有兩個全國性的龐大工會（「美國勞工團體聯盟」和「產業工人組織大會」），但中小型工會仍然到處林立，各有各的意向，各有各的自由。在大選時，一切工會的領袖或理事會祇能籲請他們的會員投某某候選人的票，但絕不能出以命令的方式強迫執行。因此，上述詆毀和憂慮都沒有眞實的意義：羅斯福和杜魯門雖慣常和華爾街作對，仍照樣可破例被選連任；塔虎脫雖因「僱傭關係法案」而大遭工會的不滿，但在一九五〇年的選舉裡，他仍能排除在杜魯門發動下的阿亥阿州強大工會的反對力量，而贏得連任的選舉，當年老羅斯福總統（即 Theodore Roosevelt）就曾不見容他的黨老板，但仍能獨自崛起而獲得選舉的勝利，而被公認為「工棍子」的惡霸劉易士（礦工聯合會主席，過去專和羅斯福作對，後為杜魯門所擊敗）也永遠無法強迫他麾下的工人實行違背其個人心願的投票。然則美國的選舉就已經盡善盡美了嗎？那當然不，不但不，而且差得很遠。就記者個人研究所得，在很多方面美國選舉和英國的選舉比較，都相形見拙。而「見拙」最利害的，是下面的兩點：

一、對黑人的歧視。在南北戰爭剛剛結束後，那裡的黑人本來已經獲得了和白人同等的權利；但頑固成性的南方人，憑藉了他們優越的智慧和經濟條件，又逐漸把黑人既得的權利部份地剝奪了。不過後來由於黑人自我掙扎的結果、情形又漸漸地好轉。現在南方十六州中對黑人還存留着嚴重歧視的地區，僅祇靠東南角的四州而已。那裡的黑人得不到理想的職業，享受不到理想的教育，物質享受和白人比較，仍相當悲慘。「私刑」還非正式地到處存在，他們雖不是往日的絕對奴隸，但處處被白人壓迫得矮一個碼子。首先，他們要繳付人頭稅才能參加選舉，而他們的教育和智慧又往往使他們缺乏正確判斷的能力。因此，選舉在那個狹小的地區裡是十分不民主的，這是美國立國精神的一個大大的諷刺。

二、選民的感情成份太濃。美國選民感情成份太濃也表現在很多方面：第一、候選人個人的吸引力往往比競選政綱更重要，而候選人之所以能吸引人，並不偏重在他的理想和政見，到是他的風姿、談吐和態度有以致之，這一點對於女性選民尤其重要。最理想的候選人，是要有捷克遜、爾基式的英俊和魁偉，威爾遜，羅斯福式的漂亮演說，而最好再有杜威式的小鬍子和羅斯福式的幽默話。第二，美國人在投票以前往往是全家會商，朝一個方向投票；或是夫唱婦隨，一鼻孔出氣。要投誰，都投誰，失掉了絕對個體判斷的可貴之處。

雖然如此，不過美國人選舉的缺點都不是根本的，致命的，歷史經驗和良心智慧總歸有一天會把他們改正過來。

所謂「閒話美國大選」也者，到是說了一大篇閒話，而一直未說到正題。但讀者切不可把它完全看作閒話。因為中國歷史上根本就沒有民主政治這一回事，它完全是「舶來品」。除非你根本上就反對民主，否則就得老老實實地跟人家學習，而不能害臊。閒話且告一段落，在以下幾篇通訊文中，我將分別以「候選人提名之謎」，「現在的美國需要甚麼樣的總統？」，「杜魯門及其實力的分析」「塔虎脫及其實力的分析」，「艾森豪威爾及其實力的分析」……等為題，向讀者逐一介紹，但其中仍免不了閒話——却是民主的閒話。

（一月四日於紐約）

東京通訊

聖誕節在東京

昨晚和今天記者巡視了東京各處，參觀日本人今年—昭和廿六年過聖誕節的情形，覺得頗有報導的必要。

首先，我想回憶一下日本在戰時和投降以後對於基督教的態度。

日本在戰時是絕對排斥西洋東西的；西洋的觀念與精神一切都在被禁除之列，因此上帝和基督也連帶遭了殃，基督信徒們當受到政治的迫害，當時的軍閥與執政者要確立神道皇國的精神。

可是基督精神是不可被抹煞的；一九四五年同盟國勝利，於是基督精神跟着米蘇里艦重臨日本了。麥克阿瑟以宏揚基督精神爲無可旁貸的責任，他一到日本就命令日本政府迅速執行二大宗教改革法令；廢止桎梏信仰自由的「宗教團體法」，推行「神道和國家分離」的鐵則。這是基督教的一大大福音。於是被封禁的教會解封了，地下潛修的教徒們重見了天日。

在這一年和第二年的日本基督教大事之可得而記者爲：

日本加特力教臨時教區會議的盛大舉行（一九四五、十一、廿八）。

日本加特力教復興委員會的成立（一九四六、一、廿三）。

日本加特力教區長會議的盛大舉行（一九四六、五、八）。

美國加特力教代表阿哈斯和萊弟到日本並晉謁天皇（一九四六、七、四），同時約定了印送聖經二五〇萬冊（其中五〇萬冊四個月內就已運到）。

新教方面的活動也是一樣積極。美國培卡主教代表各派新教於一九四五年十一月中旬到日本，鼓勵了各區的教友，同時和麥克阿瑟作了積極推行教義的商討。到了第二年六月九日，日本全國新教徒就在總部關係當局鼓勵之下展開了「新日本建設基督教運動大會」，決議從當時的三〇萬教徒在三年之內必須勸成三〇〇萬人成信者（平均每人必須勸成十人爲信者）。這一勸道運動特別値得注意的地方，是以當時美軍總部很想捧出組閣的賀川豐彥爲中心而展開的。（然而賀川却是戰時揶揄羅斯福和痛罵美國無所不至的上帝的信徒！）

這樣一來，日本基督教的蓬勃發展就不難想像了。其後的經過說來太多，恕我不再多贅了。

聖誕節是表現信仰基督的寒暖計，於是這幾年來每逢一年一度的這個佳節，我就得到街上去走走，看看這一精神究竟高漲了多少。

昨晚我去了，使我感到意外的是今年的佳節分外的冷淡！上幾天報紙上大吹特吹的日比谷公園中那顆高逾四丈的聖誕樹昨天晚上是黑的，稀少的遊人沒精打彩的。這顆大樹是美軍大電影院負責裝飾，化了不少的人工和電料。這究竟是怎麼一回事呢？我又從公園走向最繁華的銀座街上，無非想看看在那里的聖誕盛況。人山人海是往常所少見的，但仔細看去無非是些湊熱鬧買年貨的人群，很少使我感到慶祝聖誕的情景。我失望地搭上電車悄然回家了。

今天—廿五號的上午，好奇心終於又帶着我走上昨天的街上，溜了半天，還是看不到熱烈的場面。現在寫稿時，和我昨天閑遊在街上時一樣，我的腦子中無非是昨年前年的聖誕盛況，一幕幕在記憶中轉動着。那盛況是够盛大的，聖誕節前兩星期當中，只要你有興緻去走繁華的街道，你就可以看到形形色色無奇不有的場面。花花綠綠的汽車群，卡車群，人力車群，牛車群，甚至神輿群，上面坐着花枝招展的麗人，和扮成奇妙突梯的聖誕老人的小孩們，還有一群群的藝伎在跳舞，一群群的音樂在吹奏，一群群的觀客在歡呼。到了聖誕節，那場面的熱鬧而偉大眞是到了最高潮，可是，今年呢？今年竟是如此冷淡！

我知道，今年和往事的確是不同了，因爲舊金山對日和約已經簽訂，日本即將恢復自主了。然而自主的意義，是否是要回到過去底日本，回到神道皇國的日本呢？我心頭感到一種黯然的憂惑！（十一、廿五於東京）

（上接第15頁）這也就是說，史達林發表這樣的宣言，目的是想造成一九二〇年中國的那種情勢，使日本進入對蘇俄的謳歌時代，再進一步利用日本人民的心理而促使日本傾向蘇聯，並在國內成立所謂『民主全國性政府』，把美國勢力趕出去，造成眞正的勢力眞空。日共屆時將以銳敏、機動、果敢的行動，再加上遣送回國的布爾雪維克化的三十萬日俘的協助，奪取政權，而無需蘇俄使出眞刀眞槍。

這一場面布置好了，那末便有兩種用途。如果第三次世界大戰爆發，日本至少不復在政治上爲反共的堅强壁壘。而且蘇俄便於政治滲透發展到武裝滲透，以利共軍軍事侵略。武裝滲透之兆，現在我們在日本北海島已可看見。如果第三次世界大戰未爆發，那末這種場面一定透露並增加美日之『對立』。這一情勢，有助於攤瘓美國在西太平洋的勢力。

日本人民必須提高警覺，中國的悲劇是個顯明的教訓。蘇俄的基本政策永遠不會變更，它決不會放棄沙皇的擴張主義。史達林今天簽訂的條約，明天就可以撕毀；他今天說的莊嚴的諾言，明天就可能背信棄義。擺在日本人民面前的只有一條路，那就是不再對史達林存任何幻想，毫不猶疑地和民主國家聯合起來，結成一條堅强的太平洋反共戰線。這才是『走向祖國的新生和獨立』的眞正途徑！

文藝

黃昏的故事

聶華苓

我們常愛在黃昏時分聆聽母親講故事。她那寧靜的語聲和安祥的笑容爲我們拂去了滿身的風塵。每當我揷身在面目各殊的人流裏，我便想起了我們這個小天地，想起了這個充滿着人情味的小天地。它使我感到世界還不是那樣醜惡，現實也不是那樣殘酷。我們彷彿是沙灘中的旅客找到了一塊生機盎然的綠洲。那和煦的陽光撫摸着我們受傷的心靈；那悠悠的清風吹走了我們在旅途中的疲勞。我尤其愛每個週末的黃昏大家圍坐閒談的那一刻時光。我們所談都是些平凡的事，平凡的人。但在那平凡的談吐中常投射出一些智慧的光芒，照亮了每個人的靈魂。

也是一個週末的黃昏，細雨迷濛，暮色蒼茫。田野的綠顯得更冷清。雨大，人與人離得似乎更近。不知何處播出輕柔的小夜曲。微風在和牡丹喁喁私語。雨打竹葉，發出清悠的音響。母親又開始了她的故事。那清雋的聲音彷彿是小溪的流水。輕輕地流到我們的心上。

× × × ×

這還是四十餘年前的事，正是滿清時代，北京有一個麗如春輝的孟白媚。有着橫溢的才華，她的眼睛如一泓秋水，明淨清澈。青年人愛那眼中的美麗世界，老年人却說那對眸子是薄命的象徵。她的丈夫是一個有權勢的滿清官吏。人人都羨慕白媚的豪華富貴。但白媚却生活在寂寞的深淵裏。宇宙間確有交流着的靈魂。一片浮雲，一朶落花，一隻飛雁，一帶遠山，或是那遠山下蒼茫的暮靄都會引起靈魂的共鳴。世界上最痛苦的莫過於無處可訴的寂寞的靈魂。白媚的丈夫並不是個壞人，但糟糕的是他不能了解女子的眉言目語，不能體會女子的淺恨薄愁。他不懂得什麼是愛。他常奇怪爲什麼他費盡一切心機想博得白媚的歡心，但白媚仍是那樣鬱鬱不歡。他沒有風趣，沒有美感。白媚也常試着去愛她的丈夫，但他的那雙眼睛是那麼空洞而愚蠢。其實，她的丈夫對於她只不過是以無盡的豪華而換得色情的滿足。而且白媚還是他一件漂亮的裝飾品，來往往的達官貴人都讚嘆她那清麗飄逸的風姿，但她是屬於『他的』。這是『他的』光榮。

然而，白媚有她自己的小世界。她的生活彷彿是一個有奇花異草的小花園，雖然有點冷清，但有着充實的生命。她好似翱翔在那園中的小鳥，輕展着她的薄翼在那裏發掘豐富的人生。對於她，一顆沙裏有一個神秘的世界，一朶花裏有一個綺麗的夢境。她既將一生委之於天，便應聽從天意的支配。她沒有奢求，沒有奢望，她只要做她自己天地中的女王。她的生活十分寧靜。

茫茫人海，只有一個人聽見了白媚寂寞的心音，那就是她丈夫的堂弟張俊清。他看入了白媚的靈魂深處，他了解她眼中的幽怨。當他見到她時，便感到心魂不定，但却有淡淡的甜意；當他離開她時，便感到空虛，隨時彷彿在等待什麼。但是，禮教的鋼牆鐵壁阻住了他心靈輕柔的呼喚。他只能站在遠遠的欣賞這枝深谷的幽蘭，而不敢攀折她。

白媚將自己的一切委之於命運，命運便應該對她寬和一些。然而，命運却將她扔在更深幽的苦淵裏。革命軍起義，那隆隆的砲聲轟破了滿清帝王的迷夢，也轟毁了白媚寧靜的小天地。她的丈夫和其他許多滿清官吏都被殺死了。她的生活從此便罩上了一層黑暗的陰影。但是，不管天翻地覆，她總得活下去，這便是人生的悲劇。

白媚如一朶刼後殘花，更動人哀憐。眼簾啓處，便是一首哀怨的詩。當時，許多知名之士都對白媚表示愛慕，但白媚已無力使自己從苦海中浮起，現實總是醜惡的，她實在不敢再踏進現實，她已失掉了和命運搏鬭的勇氣。她只有躲在自己的小天地中讓歲月蛀蝕青春。她深居簡出，那高聳的白牆圍住了一院的凄凉，也圍住了白媚一顆寂寞的心。

紗窗日落漸黃昏，金屋無人見淚痕。
寂寞空庭春欲晚，黎花滿地不開門。

昔日的繁華如過眼煙雲，所剩下的只是空虛與悵惘。這時，只有俊清是唯一能與她共鳴的友人。默默中，白媚聽見了俊清的心音。俊清對於她的感情彷彿是泌過花香的春風，那麼輕微，却令人陶醉。愛情是輕柔的聲音訴諸清醒的靈魂。他們常在日暮雨零時靜聽簷溜的滴嗒；或是在燭光搖曳中高誦低吟；或是在薄暮時分欣賞太陽下山前最後一線柔和的光芒；或是在撩人的月色下看那婆娑的花影；或是輕羅小扇在花徑上追捕流螢；或是在幻想中携手遨遊月尖雲穹。暮樹江雲、翠瓦朱欄都曾傾聽過他們的笑語。生活雖帶有淡淡的哀愁，但其中却有無限的詩意，無比的情趣。這是一種純美的境界，世界上沒有比這更美麗的感情。但是，白媚不敢再走近一步，那是當時的禮教所不允許的。而且美神是捉弄人的，你若要欣賞她，便得保持一個適度的距離。

在一個輕風蕩漾的秋夜，白媚和俊清在走廊上把酒吟詩。銀燭將殘，那冷清的光輝照射在畫屏上，令人感到有微微的涼意。燭光在微風中抖索，那滿綴着的燭滴好似怨婦連綿的淚點。白媚忽有所感，她彷彿在自語：

『我正是那支在風塵中戰抖的臘燭，那微弱的生命之光漸漸地將自己充滿着淚水的一生燒盡。』

『但是，那點微弱的光却正是撲燈蛾棄捨自己的生命所追求的一點光明。』俊清低沉的聲音含有無限深情。

『可惜未待撲燈蛾飛來時，那纖細的蠋心已經燒成灰燼了。』白媚望着天邊的一顆孤星，眼中噙着晶瑩的淚水。

從此，白媚生活在極端的矛盾中。她知道她自己是愛俊清的。他給了她生活的勇氣；他將她從絕望中救起。雖然她表面永遠是那樣寧靜，但她的心中洋溢着火般的熱情。她常幻想和他手拉着手奔向廣漠的原野的快樂；她是那樣渴望能投入他展開的臂中，讓甜蜜的吻溶化了他倆的靈魂；假若她能和他在雨中依偎着慢步在花徑上，那將是最幸福的。她願和他在一起厮守到海枯石爛。她是愛俊清的，愛他甚於愛自己的生命。但是，在冥想中，她看見了一双双冷嘲熱諷的眼光；耳邊響着一串串鄙視她的言語。她若聽從了自己的意願，她將成為禮教的叛徒；她將成為為社會所遺棄的罪人；那將是有辱門楣罪大惡極的事……禮教！禮教！她眼前閃出了一大堆禮教的字眼，她不敢再想下去了。她決定離開俊清，不要讓感情的火焰燒毀了倆人。她應珍惜這份美麗的感情，她認為這樣離開最好，她要讓那神聖的影子永遠坎在心底。南方的姪女曾屢次誠懇地要求她去南方，這個姪女是在她的愛顧上長成的，因此對她有着濃厚的情感，願意侍奉她以終餘年。於是，她暗中收拾了行裝，悄悄地離開了北平。她臨行時懷着無限的別愁離恨，給俊清留下了兩句泣血的詩句：

『春蠶到死絲方盡，蠟炬成灰淚始乾。』

人去樓空，只剩下了一個寂寞的空庭。秋風蕭瑟，殘花飄零。那朵朵落花好似離人的笑靨，紛紛落在俊清的心上。他完全了解白媚的苦衷。他本可追蹤白媚到海角天涯，但犧牲就是愛。他還可以躲在幻想中去追尋白媚的身影，他只要能在幻想中守住這個清逸洒麗的影子，那就是幸福，那就是上帝的恩賜。他還可以在餘生中為自己編織無數瑰麗的夢。只要他倆長相記，他們的生命永遠是豐富的。他們的形體雖然孤獨，但他們的靈魂是默契的。而且，他相信，他堅定地相信她是永遠屬於他的，從上帝賜予她生命那個時候起，她便是屬於他的。他們現在雖然走着不同的行程，但他們必定同歸永恆。這是上帝的意旨。他將和她並肩携手走向天堂，那裏沒有禮教的束縛，沒有社會習俗的羈絆。他們可以盡情地相愛，一直到宇宙毀滅。他靜待着這麼一天。僅僅為了這個飄渺的幻想，他供獻了他的一生。

白媚到了南方之後，她愛上了那兒蔚藍的天和悠閒的流雲。她決定不再回到北方去，為了留戀南國風光，也為了要愛惜那份美麗的感情。她的心境十分寧靜，但那夢一般的往事，那堪回首！朝暾晚霞、鳥語花香，都會引起她昔日的回憶。重疊的關山阻隔不了默契的靈魂，他們雖然天各一方，但他們的心靈是交流着的。也就是這股交流的洪力推動着他們倆走完人生的行程。

在這期間他們也曾有過數次辛酸的晤會。往事如煙，人生若夢。一場春夢了無痕，所剩下的只是那海一般的深情。歲月和憂患已給他們烙上了衰老的印跡，但那些印跡掩飾不了內心閃灼着的青春的光輝。愛神永遠是年青的。俊清曾對白媚說道：『你的青春為我的眼而永存。』

花開花落，歲月不斷地輪轉。白媚漸入雲鬢銀髮之年。連年鋒火，顛波流離，白媚的身體被折磨得孱弱不堪。她得了嚴重的心臟病。命運對於姪女也並不寬和，姪婿在戰亂中死去。白媚靠着這個貧弱的姪女拖着她愁苦的殘年。她輾轉病楊。明麗的眸子已失去了昔日的光彩；在她枯瘦的面頰上，已找不出一絲昔日的風韻。她對於生命本已無留戀，但她要最後看一眼俊清。她滿眼是俊清的瀟洒的身影；滿耳是俊清雋永的語聲。在夢中，她呼喚他的聲音；是那麼細柔動人。

漸漸地，白媚病入膏肓。楊前冷清，她靜待着末日的到來，在一個風雪交加的清晨，白媚的楊前來了一個銀髮白髯的老人，那就是從遠道趕來探病的俊清。在昏迷中的白媚已不認識那就是她一生刻骨愛戀的人。她只是喃喃訴說那詩一般的往事。當俊清在她耳邊輕喚着她時，一對灰暗的眸子凝視着他，腮邊掛滿了激動的淚滴。俊清已向她供獻了最聖潔的愛。但是，那偉大的愛力已不能使生命的火焰復燃。縱有千萬個吻，她終於遵從上帝的意旨走向了永恆！

× × × ×

母親講完了這個淒涼的小故事，大家都沉默着。風在嗚咽，花在嘆息，蜷伏在椅上的貓好像也在沉思。冥冥中，我彷彿看見黃昏的青塚前低首徘徊的那個老人！

本刊鄭重推薦

工商日報

消息靈通　報導翔實
言論公正　副刊生動

社址：香港德輔道中四十三號
郵箱：六十二號郵政信箱
當日空運到臺
臺北總經銷：中國書報社
館前路八十五號

我響應公文改革的建議

徐　芸　書

儆寰先生：

「自由中國」發刊以來，據我的看法，有兩件最有價值的貢獻。一件就是您所提出的採用簡字的建議。另一件就是最近讀者投書欄裡發表的改革封建式現行公文程式的建議。像這樣的具體的建議，實在是必要的。假如沒有這種具體的建議，則要「民主」「自由」又有何用？

讀者余崇華先生致自由中國編者的信裡說：『我們的國家既是個民主國家，爲什麼人民向他的公僕文字往來，要稱公僕爲「鈞座」「鈞局」「貴局」，爲什麼要向公僕遞「呈文」？爲什麼等候公僕的「批諭」？……』。編者的覆信也痛切的說：『……這類不合理的用語我們到處可見，比如人民的請求要「伏乞恩准」，官吏說話則叫做「頒訓」，電影院的告示也要「奉諭」，老百姓對這些訓諭必須「毋違凜遵」……』。這些話都是極有價值的議論，眞如編者的信所說，道着了一個「似小實大」的問題。

我想這種舊時代的陳腔濫調，不僅是不合於民主與平等的時代潮流，而且違背了我們中國古聖人的教訓。四維之首，就是一個「禮」字。孔子論治國，最注重的是「正名」。但是我們在民主的時代，算是民主的國家，而民國的主人倒要居於臣僕的地位，人民的公僕却享受着主人的尊榮，試問這合不合「禮」？試問這是不是顚倒了名份？試問這是不是破壞了國家的大本？

而這種陋習的改革，我想，必須是全面的，並且，必須從根本上作去。我深感痛心的是：報紙上，官方著作上，對於總理，國父，總統，總裁，往往必要空一格，抬一個頭，國民代表給總統的電必要說是「上電」；所有機關首長對屬員或民衆團體的演說必要說是「訓話」，「致訓」；邀請首長到一個會必要說是「恭請」，錄音必要說是「恭錄」……這一切，姑不論其實質的意義如何，單說這個累贅的樣子，不是就太沒有革命的精神了嗎？對於先哲先烈，對於政治的領袖，不是不應有所尊敬，但這種反乎時代潮流，反乎「禮」之精義的作風，是必須革除的。如果當局者能毅然廢止這種累贅的東西，那倒是合乎「克己復禮」之古訓，也許可算是道德復興的起點吧！

我又常想到保存中山先生棺槨之所稱爲「陵園」這件事。那在設計和興建的時期，本來只是稱爲中山墓的，後來怎樣被稱爲「陵園」，於是有了「中山陵」的名號，大蓋已難考察。試想這個「陵」字，用在民國之父，革命的導師孫先生身上，不是與他的精神大相逕庭嗎？誠然，用者只是無心，絕沒有把帝制思想應用在中山先生身上的意思。然而，愈是無心，也就愈見得舊習慣，舊觀念的根深蒂固。因此我們的從頭改革，也就愈有必要。

總之，這種改革不是皮毛的事，不是不要緊的事，而是根本的事，是要馬上作的事，並且是很容易作的事。因此我寫這封信，表示我對「自由中國」的欽佩，和我對於一種切中時弊的建議的響應。專此，敬祝康健。

徐芸書　四十年十二月廿八日

對本刊的幾點意見

余　永　祺

道平吾兄：

（前略）「自由中國」二卷一期有吾兄「本刊兩年來的檢討」一文，主張以後多登討論實際政治的文章。弟以「自由中國」忠實讀者的資格竭誠擁護，並希其實現。實際政治的良窳對於我們有切身的利害，捨此而僅談政治理論，未免近於空泛，我們現正當洪流泛濫之衝，對共產主義的邪說謬論，固應反覆辯證，顯示其荒誕，而對於自己的政治建設亦應奠定良好的基礎。目前政府最高級人士雖有勵精圖治的蹟象，但政策的執行不能說完全沒有「偏差」，而中下級官吏雖不乏負責知恥精幹之士，然貪贓枉法濫竽之徒亦不少其例；對於前者的提醒糾正，對於後者的剷除並暴露其劣行，應該是輿論的責任。就過去的情形看來，貴刊是抱着就事論事的宗旨，以政論者的超然立場發言，對於時下施政得失相當的評了一些話。不過誠如大作所指出的還覺不夠，尤其是那一般不顧國家利害的人物，他們的行爲影響於社會人心至爲重大，若不給他們一點諍諫，俾知所警惕，則臺灣——這一塊反攻聖地又會弄得烏烟瘴氣，民心盡失，後果眞不堪設想。我以爲靠幾個編者的耳目恐怕有所不逮，貴刊何不增闢讀者投書一欄，既可補助編者耳目之不及，又可反應民意，豈不兩全其美。若有所顧忌，編者自可選擇採用。貴刊是目前自由中國中水準較高的政論刊物，如能有此一類文字之刊登，對於社會國家必可起很大的有益作用。這是我站在讀者立場的一點愚見，不知吾兄以爲然否？

弟余永祺手上　元、五、

上文是余先生致本社編輯委員夏道平先生的信，他所提出的意見都是十分寶貴的。至於讀者投書一節，本刊過去雖未經常闢此專欄，但凡是好的來書以及建設性的讀者建議，我們總是登載的。爲了使以後能夠經常保持此欄，我們竭誠歡迎讀者們不斷供給我們以這類的稿件。

——編者

第六卷 第二期 內政部雜誌登記證內警臺誌字第一九號 臺灣省雜誌事業協會會員

給讀者的報告

本期社論是『政治與道德』，很多人看了這樣的標題，一定要譏其為迂腐之論，這種看法反映着數十年來實際政治的作風。那些搞政治的人們從來就把政治視作權力的角逐，根本與道德無關，雖然在公衆場合裡他們也念念有詞，說些「古聖賢」的道理，那僅是為了行事便利而已。這風氣是造成今日中國政治與社會混亂的一大根源。中國傳統文化是最重倫理道德的，何此種精神竟不復見之於今日？難怪那些衛道的先生們又將興懷古之幽思，而以此歸罪於西方思潮之傳播。其實以個人主義為基礎的西方社會是最講究政治道德的，你看民主國家，人事的留去更替，政策的舉措設施，那有不是光明磊落的？欺詐與權術是民主政治的死敵，這種政治技倆乃源於馬加維尼與布爾雪維克的傳統。若一方面繼此兩者之衣鉢，一方面又欲「重振固有之道德」，是無異乎以子之矛攻子之盾，終更加深觀念上之混淆。因此我們不談民主政治則已，要想實現民主，就得先樹立政治道德不可。然則如何樹立政治道德？無他，「誠」、「信」而已。

雷震先生的『健全輿論形成之要件』是「輿論與民主政治」一文之總結，本篇內容在闡釋確立建全輿論之必要的條件。

『我所認識之真正的自由人』是一篇討論性的文字，與牟宗三先生在自由人（一月二日）上發表的「一個真正的自由人」一文有所商榷。牟先生原文係因金岳霖先生在中共脅迫下所作之自我討檢有感而作，牟先生以唯心的立場極端排斥技術觀點。梅綱理先生此文則從學理上辨正技術觀點之本質。唯心與唯物原是二個極端，但在排斥技術觀點上則又神氣相通，這是很是令人玩味的。梅先生這一篇文字可能要引起繼續的爭辨，這種問題的討論我們認為是很重要的，但希望這討論不是又一次「科玄之爭」，因為「科玄之爭」早在三十年前我們便在爭論了，何去何從，難倒到今天我們竟還在徘徊？大陸學人現在正遭受着魔鬼的迫害，這原是中國文化的悲劇，而臨這樣重大的考驗，還不能有助於我們思想的澄清，那才是最令人痛心的事呢！

本期翻譯是值得特別向讀者推薦的。傑弗遜這位美國革命的元勳，民主政治的導師，雖是十八世紀的人物，但他的思想真是足以爭光日月，尤其在今天的中國，這種民主政治思想的介紹，實在是異常必要的。

通訊的首篇「鐵幕高空的塞星」一文，是報導在中共「大力」摧殘學術聲中，還有不少學人們表現着威武不屈的精神，他們的亮節正像高空塞星一樣，令人肅然而崇敬。

曾英奇君現又自美寄到連續性的報導一篇，分析即將到來之美國大選的內幕，將分期在本刊連續發表，曾君旅美多年，其觀測當透闢過人也。

廣告刊例

一、封底裡面全幅每期新臺幣一千五百元，半幅八百元，1/4幅五百元

二、普通全幅每期新臺幣一千二百元，半幅七百元，1/4幅四百元。

三、式樣及鋅版自備，如欲本社代辦，則照值計算。

本刊售價

一、	臺幣	三元
二、	越幣	八元
三、	菲幣	五角
四、	港幣	一元
五、	暹幣	四銖
六、	美金	二角
七、	叻幣	四角
八、	印尼幣	三盾

自由中國 半月刊 第六卷第二期

"Free China" 總第五十三號

中華民國四十一年一月十六日

發行人 胡適

主編 『自由中國』編輯委員會

出版者 自由中國社

社址：臺北市金山街一巷二號

電話：六八八五號

航空版 香港時報社（高士打道六四號）

經售者

臺灣 中國書報發行所（臺北市館前街八五號）

美國 紐約民氣日報社 舊金山國民日報社

日本 東京南友堂 東京內山書局

馬尼剌 大中華日報社

印尼 椰嘉達星期日報 椰嘉達天聲日報 棉蘭繁華圖書公司

越南 西貢中原文化印刷公司 越南華僑文化事業公司

曼谷 曼谷攀多社十二號

緬甸 仰光振成書報店

新加坡 中興日報社 檳榔嶼、吉打邦均有出售

澳洲 墨爾缽王德利公司

北婆羅洲 馬拉奕坡美芝律聯華公司

印刷者 臺灣新生報新生印刷廠

廠址：臺北市西園路二段九號

電話：廠長室七一二五 業務股二〇九六

本刊經中華郵政登記認為第一類新聞紙類．臺灣郵政管理局新聞紙類登記執照第二〇號 劃撥儲金帳戶第八一三九號

自由中國

FREE CHINA

第六卷 第三期

要目

社論

自由中國通訊

文藝

書刊評介

讀者投書

中華民國四十一年二月一日出版
社址：臺北市金山街一巷二號

半月大事記

一月十日（星期四）

杜魯門邱吉爾會談公報發表，强調美英兩國在抵抗共黨之全球性鬭爭中，願密切合作。

杜魯門總統以對日和約送致參院，建議早日批准。

美國務院聲明，希土參加大西洋公約，並未附有任何條件。

一月十一日（星期五）

監察院全院委員審查會議通過彈劾副總統李宗仁違法失職案。

英外相艾登與美國務卿艾其遜在華府會商結束，前往紐約。

聯大以四十二票對五票，七國棄權，通過西方所提之裁軍方案。

美英法三國參謀首長在華府舉行秘密會議，商討如何對付中共對東南亞之侵略。

英外首艾登在美演說，警告中共，如侵略東南亞，必遭聯合國抵抗。

法駐越南高級委員塔西尼將軍在巴黎病逝。

盟總新聞處長艾倫准將離臺飛日。

中央社香港電：香港政府引用緊急法例於九、十兩日解押共黨份子廿餘人出境。

英首相邱吉爾抵渥太華。

聯軍統帥部對韓特別廣播，斥責共黨準備進一步侵略。

法司法部長福爾（急進社會黨）受命組閣。

一月十二日（星期六）

聯大以五十一對五票，三票棄權，通過以集體行動對抗任何地區之侵略行動。

立法院對四十一年度政府總預算案完成綜合審查程序。

華府消息：參加韓戰之十七國同意如共黨破壞韓境停戰協定，將直接採取軍事行動。

比利時前外長吳特奉命組閣。

一月十三日（星期日）

英首相邱吉爾與加拿大總理羅倫特舉行會談。

法政府追贈塔西尼將軍爲法國元帥。

柬埔寨國王西哈諾赴日訪問。

法參謀長余安將軍離美談話，對三國參謀長會談結果，表示滿意。

英駐伊大使薛佛德訪伊總理摩沙德，要求取消封閉伊境英領事舘之命令，摩氏予以拒絕。

一月十四日（星期一）

美英法三國建議聯大將蘇俄禁用原子彈建議案提交新成立的裁軍委員會處理。

聯軍否認共黨停戰代表誣指美機飛入東北境內之指控。

開羅七萬埃人遊行，要求爲被刺學生復仇。

日外務部宣佈，日政府與印尼對賠償問題已成立協議。

一月十五日（星期二）

英首相邱吉爾離加再赴華府。

美總統杜魯門任命德瑞柏爲共同安全總署駐歐洲特別代表。

英殖民大臣李特爾頓宣佈任命田普勒爲馬來亞高級專員兼英軍司令。

一月十六日（星期三）

日政府公佈吉田茂首相致杜勒斯關於中日媾和之函件，保證與中華民國政府簽定和約。

一月十七日（星期四）

英首相邱吉爾對美國會發表演說，備受議員歡呼。

美國務院發表杜勒斯致日首相吉田茂之謝函。

李奇威飛韓與卓伊舉行會議。

日外務部發言人聲明日本締約意願出諸自動，非受任何盟國之壓力。

共軍指控盟機轟炸開城，聯軍派員現地調查。

一月十八日（星期五）

葉外長發表談話稱，我政府準備隨時與日政府洽商締結和約。

日政府駐臺北事務所長木村四郎七副所長田豐千代分別拜會陳院長葉外長。

日本印尼賠償協定在東京初步簽字。

法衆院同意福爾組閣。

杜邱再度會談，同意大西洋盟國海軍統帥由美將領擔任。

一月十九日（星期六）

立法院對本年度政府總預算案完成立法程序，宣告休會。

聯大否決蘇俄所提之「和平」案。

日國務大臣岡崎勝男發表談話稱，日政府已準備與我開始初步談判，以便簽定雙邊和約。

日駐臺北事務所長木村四郎七返東京述職。

埃及政府照會英法各國，反對任何國家派兵進駐運河。

西德政府宣佈將以三十至四十萬軍隊參加計劃中之歐洲聯軍。

一月廿一日（星期一）

美總統杜魯門向國會提預算咨文，總數達八四五億。

合衆社東京電：日政府急盼與中國政府簽定和約，將于下月初派代表團來臺。

一月廿二日（星期二）

杜勒斯在美參院作證，表示相信日本決與中華民國政府簽定和約。

日國會復會，日皇裕仁主持開幕式。

社論

急轉直下的中日媾和

舊金山對日和約會議之閉幕已經將近五個月了，而對日戰爭犧牲最大的中國，仍被拒於門外，這恐怕是打破歷史紀錄的，說起來眞令人有無窮的傷感！此次吉田致杜勒斯函件之發表，打破沉悶的局面，又使人們興奮起來。該函件稱：「中華民國國民政府現在聯合國擁有席位及發言權與表決權，並對若干領土行使實際上之權力，且與大多數會員國保持外交關係。反之，中共則「事實上仍被聯合國判定爲侵略者」，而且「一九五〇年在莫斯科締結之『中蘇友好同盟互助條約』實係以對付日本爲目的之軍事同盟，而在事實上亦有甚多理由相信，在中國之共黨政權，現正支持日本共產黨，圖以暴力推翻日本政府之憲政政體。」舊金山會議後，盟國均謂，要和中華民國訂約或和中共訂約，由日本自擇。看上面吉田所舉出的理由，則以聯合國之是非爲是非，且明白表示其反共的態度。

日本內部的反應則贊否不一。共產黨及其同路人之堅決反對，自在意料之中。其他反對者則有兩種理由。第一，這個問題是應該格外愼重的，而吉田則不通過國會，不聽輿論的總結，所以是獨斷的。第二，現在韓戰和談尚有希望，即把對中共態度明顯表示出來，殊屬不智。國會方面則社會黨的左右兩派皆表示反對，而民主黨則雖謂吉田爲獨斷，又謂但作爲方針，除此之外也決無他途可循。吉田的自由黨在國會本占有多數，今民主黨又表示贊同，則國會之通過已無問題，反對黨實無能爲力，只是表示其反對態度罷了。

至於我政府方面，據葉外長的聲明稱，「我政府殊感欣慰」，又謂「現準備隨時與日本政府商洽，俾和約得以早觀厥成」，則對訂約之原則已經完全同意，要商洽的乃是技術問題而已。這麼說來，中日双方都已決定訂約，今後自將急轉直下，水到渠成，沒有多大的阻碍了。

我們對於此次中日和約的看法，約有三端。

第一、對中共的認識業經清楚。日本明明是「中蘇友好同盟互助條約的敵人」，除非向蘇俄「一邊倒」，絕無和平共處之可能。最近共黨集團抄襲日本「大東亞共榮圈」的口號，以「亞洲共榮」相號召，豈毛澤東所謂「以其人之道治其人之身」嗎？日人若以其自己的意義來作解釋，豈有認賊作父之理？故日本外務省謂，此次與中華民國政府訂約，係基於日本自身的利益，以此駁斥倫敦官方所稱由於美國壓力之說，自然是很有理由的。本來中共爲中國計，爲其自己的政權計，均絕無參加韓戰的理由，當此師老無功，天怒人怨，物資枯竭，經濟瀕臨崩潰之際，尤非急於謀和不可。可是「抗美援朝」的聲浪依然響徹雲霄，和談之忽張忽弛，已可判定，共黨所不肯放棄者，再事侵略的機會而已。由此可見中共已是死心塌地作蘇俄的走狗，再不能爲狄托，而成西方國家之友了。美國則不論朝野均早已認定中共爲死敵，故對於中日訂約事均甚表贊成。邱吉爾亦謂如果中共參加韓戰當時，余若居於首相地位，自當考慮撤消承認之問題，又謂對美國協防臺灣至感欣慰，則邱翁對中共的認識也很清楚了。但倫敦官方的態度似與邱翁仍有多少距離，仍恐因中日訂約將逼中共緊抱蘇俄，豈東方狄托之迷夢還未全醒嗎？

第二、共黨集團之反響，已見於中共僞政權的外交部副部長章漢夫元月廿三日之廣播聲明。說者謂，西方國家的軍備一天强過一天，現在還占優勢的蘇俄，明年將反居於劣勢了，故史大林如不發動大戰則已，苟尚有發動大戰之心，則必不肯坐失今年的機會。我們可以說，史大林今年發動大戰之可能，最少也無人敢作斷然的否認。如果史大林不敢發動大戰，不敢進兵西歐，則必傾全力以對付日本，援助日共之武裝暴動。史大林對日本人民的新年賀詞，已可略見端倪，尤其在日本反共的立場已經明白顯示的今天，史大林豈肯輕輕放過？如果日共武裝暴動成功，在北海道佔住根據地，而中韓共軍又大擧侵犯南韓，則今年局勢之緊張，將遠甚於去年了。

第三，邱吉爾在美國國會演說稱，「韓戰如達成休戰而後復遭破壞，則吾人將採取迅速，堅決與有效之行動。」又謂「如韓戰和談獲致協議，而又引起其他地區之侵略，則此種休戰殊屬無益。各項問題必須設法整個解決」。邱翁所謂「其他地區」當指東南亞而言，越南和馬來亞受共黨之擾亂日甚一日，最近中共志願軍援越之說，又復甚囂塵上了。那麼整個解決的辦法將若何？我們以爲東方之所以多事，固由於中共之侵略，而英美遠東政策之異趨，尤與共黨以可乘之隙。前年我們已經提議迅速締結太平洋公約（本刊三卷五期社論），未有反響。中日和約簽訂以後，只要英國放棄其遷就中共的政策，則以英美二國爲骨幹，聯合中、日、菲及其他東南亞國家締結一個太平洋公約，當非難事。我們現在重申前年的主張，促英國轉方向，美國下決心，使太平洋公約早日成立，則邱翁所謂「各項問題必須設法整個解決」者，立刻便可以獲得了。要挫折中共侵略的兇鋒，要避免第三次世界大戰，均以成立此公約爲當務之急。我們希望中日媾和迅速成功，尤望兩國爾後以締結太平洋公約爲職志，主動倡導以底於成，則遠東安謐而全世界也就可以平靜無事了。

遲回瞻顧後的日本

王雲五

自去年九月日本與美英等國簽訂多邊和約後，日本由戰敗而被占領的國家，一進而爲獨立自主之國，且和約內容條件之寬大，尤開歷史之先例，此當然爲日本可喜之重大事件。但同時日本也就面對了不少的重大問題，其中尤重大者，莫如重整軍備問題、對蘇問題與對華問題。

重整軍備爲美國之所期望，亦爲日本明智之士所期望。美日安全公約第一條的規定，「在和約與本約發生效力時，日本准許並經美國同意接受，配置美國陸空海軍於日本境內與其附近。此種軍隊得用以維持遠東的國際和平與安全，並保障日本對抗外來的武裝攻擊，且於日本政府明示的請求時，助其鎮壓日本境內由於另一國家或若干國家的煽動或干涉而發生的大規模內亂與紛擾」。這裏之所謂另一國家或若干國家無疑是指蘇聯與其附庸的中共政權而言。加以一九五〇年二月毛澤東等與蘇聯所訂的僞中蘇同盟條約，其目的在「制止日本或其他直接或間接在侵略行爲上與日本相勾結的任何國家之重新侵略與破壞和平」。這兩個文件一經對照，則美日對蘇聯及中共的敵對狀態殆無可諱言。加以由於雅爾達會議美英兩國所作的讓步，使蘇聯獲有庫頁島南部及與其鄰近各島與夫千島群島，於是日本北海道的西端 Wakkanai 距離庫頁島南部蘇聯的軍事基地祇有二十五英里，而其東端之根室則距蘇聯在戰後强占的 Habomai 群島最近者祇有二英里；至千島群島更爲自蘇聯堪察加半島南向七百英里間聯綿不斷的「踏脚石」。據美國最近的調查，蘇聯在庫頁島南部至少駐有兩個步兵師，兩個裝甲師，四個空運師，另外還配備第十航空隊，擁有軍用機八百架。同時並傳聞有以日俘組成之所謂「解放軍」三萬至六萬人。千島群島則駐有兩個步兵師團，其北部並建有地下機場與兵營，配有戰鬥及轟炸機三百架。堪察加則駐有九個師團，包括海軍陸戰隊一師，降落傘部隊一師，軍用機三百架及幾個海軍單位。此外，在西伯利亞各基地，蘇聯更駐有六十萬的軍隊與至少四千架的飛機；而與日本隔日本海相對之海參威爲蘇聯在遠東的海軍與潛艇基地，更無待言。加以中共在東北所駐的重兵與韓國境內的中韓共軍無不聽命於蘇聯，共同構成對日本的威脅。在這三面火藥包圍的狀態下，一旦全面戰發生，日本定難倖免。且僞中蘇盟約之訂立，遠在距今兩年以前，其時盟國對於日本之政策，仍未脫管制日本使不致再以武力威脅和平的原則，而該盟約無的放矢，實爲預作侵略日本之口實。今蘇聯與中共的實際表現，既在在予日本以威脅，致美日兩方不得不有安全公約之訂立；而此一公約訂立後，蘇聯更有所藉口，乘機待發。故在美日安全公約未訂立前，日本已有加强其防衛之必要；美日安全公約訂立後，日本對於防衛之加强更不能稍緩。然而防衛之武力將全恃美日安全公約第一條之規定，長久與全部依賴於美國乎？抑將由日人自行提供與組織而逐漸達成充分的自衛武力，足以構成該公約第四條所規定由於「交替的個別或集體安全措施可以保障日本區域內的國際安全與和平」，因而該公約得以終止的條件乎？爲美國減輕其兵員數額計，爲日本維持其眞正獨立計，當然有由美國獨力擔負的防衛，進至美日共同擔負的防衛，再進而爲日本自行擔負的防衛之必要。於是日本重整軍備的問題，自然隨着美日安全公約的成立，而亟待解決。

此種順理成章之事，似乎不成問題者，然在和約訂立後的日本却仍不免有種種問題。舉其大要，不外由於戰後畏戰之心理，軍費負擔之恐懼，共黨與其同路人之反對，以及苟安與委靡的習性。一則經過大戰慘重犧牲之後，任何一國之人無不畏戰，如有避免戰爭之可能，殆無有不企圖使之實現者。美國與西歐諸國初時莫不如是，日人之具此心理，原無足怪。然美國與西歐諸國於體驗共產世界之侵略無饜以後，知非積極以謀自衛不可，皆已走上重整軍備的途徑。以日本之迫近蘇聯與中共，而按照史太林基本政策之一，對於與其地理上相鄰的地區，無不逐漸藉其所謂小戰與內戰，而企圖囊括爲己有；其在遠東，則由中國大陸而韓國，事例至爲顯明，日本豈能例外？且以日本地位的重要，兵源的充足，工業基礎的强固，一旦大戰發生，則蘇聯在亞洲方面的戰略，更無不首先奪取日本者；是則日本今後無論在蘇聯所謂小戰階段，或全面戰階段，皆必不能倖免。且愈畏戰則愈不能免於一戰，轉不如早有戒備，或可使蘇聯警惕，而不致輕於一試。局勢如此，欲避戰而不可得，也只好硬着頭皮，以作準備。二則關於軍費負擔之恐懼，以日本在戰時損失之奇重，戰後數年間雖經美國種種援助，已漸復繁榮，畢竟難勝重負，自亦有其充分理由。然今日世界民主陣營之防衛，並不限於本國，在共同目標之下，本有錢出錢，有力出力的原則，像美國對於西歐防衛的經濟協助，並依美日安全公約美國所擔負的防衛責任，倘日本能以强大的兵員，補助美國所最珍惜的人力，一以盡守土之義務，一以保國際的安全，則來自美國的軍援，當非不可解決之事。三則共黨與其同路人之反對，事屬當然。由於蘇聯之企圖自己不流血而占領日本，凡足以防阻此項的企圖措施，定爲共產黨徒所反對。日本共產黨雖分爲德田球一領導下的幹部派，志賀義雄領導下的國際派與野坂參三領導下的中共派，似有其內在的矛盾性，然國際中共兩派固完全聽命於史太林與毛澤東等，即德田球一原亦一面倒向蘇聯，致爲山川均等所反對，自一九四五年被釋出獄後，表面上雖與國際派分立，實際上仍不脫蘇聯的牢籠。故三派對外的主張仍然統一。蘇聯在盟軍管理日本時期對於日共之利用，初時集中於宣傳方面，政治鬪爭方面及社會鬪爭方面；其宣傳以「反美」、「反侵略」、「反貧窮」、「反飢餓」及「亞洲共榮」爲口號；就中亞洲共榮一項對於一般具有優越感的日本人頗有誘惑的效用。至於政治鬪爭方面，自一九五〇年六月盟總頒布整肅令，禁止日共出任公職後，已不復發生效力。社會鬪爭方面，則在工運中日共雖控有公用事業等數工會，然自整肅令禁止罷工與示威遊行以來，日共的作用漸失，而其諾言均不能兌現，於是勢力漸衰；在農運中，亦因戰後日本在盟總指導下所推行的土改政策收效頗宏，日共遂不易發生作用。由於上述的演進，日共現已退而從事地下活動，一面受蘇聯的策動，走向武裝叛亂之途徑，而由於庫頁島南部與千島群島之歸屬於蘇聯，對日本本土至爲密邇，此項策動更易發生效用。日共既趨向於此一途徑，定然作種種宣傳與煽動，以反對日本之加强其武力。四則日本人民原是强毅而刻苦的民族。在戰前的野心表現，雖釀成戰禍，而自食其果，然自明治維新以來，不滿百年，由東方一個貧弱之國，一躍而爲世界一等强國，其民族性固有足多者。即在戰敗投降以後，初時亦能以臥薪嘗膽的精神，接受戰敗國的命運，而獲得美國的同情。又因共產與民主兩世界的分裂日甚，益爲戰敗的日本帶來特殊幸運，於是戰敗國所獲得的待遇轉有較戰勝國所得爲優者。一部分的人民處於美國的優惠保育之下，不免漸養成侈縱浮奢的習氣，僅就其大興土木與歐化生活兩事，可以概見。爲謀維持此種生活水準，許多人遂以發展對外貿易爲主要目的，對於軍人生活之刻苦與軍事負擔之足以影響生活水準者，自不能無所顧慮。最近日本讀賣新聞曾作過一次民意測驗，其答案是：「你們去再軍備罷，但要我們當兵可不成」。以上各項，無不成爲重整軍備的重大阻力。

對蘇問題本來是不應該成爲多大問題的。以歷史言，日俄原有宿恨；以主義言，日本在大戰時强調反共；及蘇聯在大戰結束前數日，開始對日作戰，拘留日本戰俘數十萬久未遣回；在盟軍管制日本的過程中，蘇聯極力反對美國之寬大政策，主張嚴厲管制日本，永遠解除日本武裝，封閉日本捕魚海岸，要求嚴懲日皇；在舊金山對日和會時，蘇聯不僅拒絕與日本簽訂和約，並極力防阻其他國家與日人訂約；此外尤關重要者，爲日人篤於宗教信仰，與蘇聯的反神反宗教政策根本上不相容。凡此種種，都是日人衷誠上不願與蘇聯合作而受其控制之重大理由。另一方面，則蘇聯絕對不許有强大而獨立的國家在其外圍，於其尚不敢明目張膽爲所欲爲的初時，則對於與之接壤的土地，誘令脫離祖國，以作緩衝；遠在二十年前，對於我國的唐努烏梁海與外蒙古的所爲，即其一例。及勢力益張，則對於鄰近的國家，藉其共產黨徒與第五縱隊發動政變，使蘇聯不流血而控制許多國家，如東歐諸國之例是。至對於一個民族劃分爲二，而其一部分不在蘇聯勢力範圍內者，則指使蘇聯控制下的部分從事於蘇聯所謂「小型戰爭」的侵略，如北韓對南韓之例是。對於國內有共產黨武力者，則策動武力的叛變，如共匪在中國之例是。凡此皆爲蘇聯征服世界的基本政策中，有關蠶食外圍之第一策略，與發動內戰或小戰之第二策略。其距離蘇聯較遠，或蘇聯勢力尚不敢公然侵入者，則採取政治攻勢的第三策略，例如對於西歐諸國與美國者是。對於美國管理下的日本，初時蘇聯的措施尙屬於第三策略。及日本整肅令下，共黨被視爲非法組織以後，則進而採取利用地下日共與在俄日俘發動內戰的第二策略。由於庫頁島南部，尤其是千島群島等對於北海道的接近，一葉小舟便可使兩方的日共往還自如，即軍火等亦不難由此秘密輸入。史太林對於日共的支配既甚便利，其不肯放過對日本的企圖，也就昭然若揭。在這樣的局勢下，日本如還有人要以保持中立的姿態，希冀與蘇聯相安者，不外出自幾項的原因。一則是受了日共的宣傳，而有左轉的傾向；二則是明知蘇聯不可靠，但畏其威力，並惕於廣島等地兩顆原子彈的記憶，以爲如不積極倒向美國方面，或可免觸蘇聯之怒，而得以苟安於一時，奇怪得很，史太林却於一九五二新年的時候，經由日本共同通訊社而向日本人民提出祝賀詞，其中有：「蘇聯人民對於因被占領而處於水深火熱中的日本人民深切同情……由於以往蘇聯人民經歷過被外國佔領的痛苦……故完全理解日本人民的苦難……相信他們一定能夠像蘇聯人民過去曾經做到的那樣，求得其祖國的新生和獨立」。以史太林過去對日本的態度，甚至在距今四個月前舊金山和會中所表現的態度，居然會有這樣的大轉變。實則對於史太林却不足爲奇。蘇聯在史太林主持下與他國鄭重訂立之條約，不憚一手撕毀者不知凡幾，其最顯而易見者，莫如波羅的海之愛沙尼亞、拉特維亞與立陶宛三國。此三國之外長於一九三九年之末被邀至莫斯科，於接受蘇聯特備的盛大招待以後，被要求簽署一個互助協約，容許俄國在各該國境內健立軍事基地。三外長都不願簽署此協約，但經保證別無他圖，不得已才簽署了。由於西歐諸國對此舉之懷疑，報紙的批評迫使莫洛托夫於一九三九年十月舉行最高蘇維亞第五次特別會議中宣言：「關於蘇維埃對波羅的海諸國的荒謬言論，適成爲圖利於吾人的共同仇敵……」。曾幾何時，在相距才八個月的一九四〇年六月間，紅軍便侵入這些波羅的海國家，由莫斯科的走狗迅速成立了新政府，立即請求把其國家容納於蘇聯內，而此一請求，於兩個月後，遂獲得蘇聯的贊同；其吞滅人國，不守信誓的行爲一至於此。此後東歐諸國先後被夷爲蘇聯附庸國者亦大都仿此原則，視國際條約如廢紙。即以其對中華民國而言，在一九四五年八月十四日雙方簽訂的中蘇協定主要規定六款之一即爲：「蘇聯允援助中國政府，尊重中國主權，不干涉中國內政」。然其後對於國民政府接收東北之橫加阻撓，並以掠奪我東北的大量軍器物資供給中共，使中共的勢力日益龐大，其妨害中國主權，干涉中國內政，皆爲至明顯之事。夫以鄭重訂定的國際條約尚可任便違反與撕毀，更何有於偶爾的發言。然而史太林之作此賀詞究竟有何用意，也是同樣的顯明。這除了掀動日本人民反美以外，還有替地下活動的日共打氣的作用，使他們更易獲得日本人民的同情，而漸漸恢復他們已失去的一部分勢力。

關於對華問題，最要者當然是關於雙邊和約的訂定與對自由中國或中共政權的抉擇。以中日兩國關係的密切，而在上次大戰中亦爲最先交戰的兩國，竟以特殊關係，使中華民國不克參加多邊和約的訂定，誠爲憾事。然因尚可爲雙邊和約之締結，果能從早訂立，祇要條件無何差別，兩國正常關係得以早日恢復，亦未嘗不可彌補此遺憾。無如在多邊和約簽訂後數月以來，日本政府雖有駐臺事務所設置，而對於訂立和約久無明確的表示；其模稜態度致引起美國許多參議員的表示態度，以爲日本對中國雙邊和約的訂立，如不以國民政府爲對手，將影響美國參議院對於日約的批准。然日本對此宣言，仍久無肯定的答覆。推原其故，日本當局對此問題有從長考慮之必要者，當有數事。一則爲對蘇問題的聯帶影響。由於對蘇關係之不無顧慮，與日共及其同路人之强力宣傳，在日政府決定其方針以前，其對於中共之方針自不能不聯帶考慮。二則日約之批准自以美國爲最重要，然英國集團的態度，亦不能不加考慮。良以英國早經承認中共，其對中共之立場自與美國有異；日本固不能開罪美國，亦不願與英國相忤；徬徨稍久，或亦一。

「自由中國」的宗旨

第一、我們要向全國國民宣傳自由與民主的真實價值，並且要督促政府（各級的政府），切實改革政治經濟，努力建立自由民主的社會。

第二、我們要支持並督促政府用種種力量抵抗共產黨鐵幕之下剝奪一切自由的極權政治，不讓他擴張他的勢力範圍。

第三、我們要盡我們的努力，援助淪陷區域的同胞，幫助他們早日恢復自由。

第四、我們的最後目標是要使整個中華民國成爲自由的中國。

最後則對於中國大陸之貿易，尤爲日本人民所特別注重。由於戰前日本對中國大陸，尤其是東北地區貿易之龐大，日人自不能忘情；而由於目前中國大陸與東北均爲中共僞政權所控制，日人如專從貿易着想，當不願犧牲此市場。不過今昔形勢已大不同。在一九三二至一九三九年間，日本對僞滿洲國的經濟關係，雖爲數極鉅，然實際上未必爲日本之利。日人彼時在中國東北的經營，多爲戰略的，而非經濟的，則因其集中於金屬與化學工業之故。一九三九年間僞滿洲國所發行之證券在日本市場上竟占日本本土所發行證券百分之五十九之多。以故，縱使中國東北確爲日人在本土以外最大的市場，然此項貿易多非出於自然。日本對中國東北之輸出實際上多由日人投於該地區的資金所償付。史密斯與古特兩氏所著『地理觀點上的日本』一書有言：『在其所控制的中國地區內，獲有以日本的信用資金爲保障的日本輸出市場，然其對於國內的資源適成一個漏洞，而無補於對世界其他地區平衡貿易的力量』。因此，在戰前的幾年間，日本的貿易平衡日益感覺微妙的困難；則以日圓集團的市場雖日有增加，却不能從日圓集團中獲取輸入品，以代替來自世界其他地區的輸入品。在一九三八年間，日圓集團以外地區供給日本的輸入品百分之七十九，而向日本購取其輸出品僅占百分之五十七。以日本彼時對我國東北的特殊關係，此種貿易上實際的不利固甘於接受，今則時移勢易，前此期望獲得貿易以外的補償已不可復得。至以日本自中國輸入之原料而言，近年亦自然而然地較前大減。試舉棉花一項爲例，近年亞洲及遠東各地由於內部的不安，產量均減，其輸出量自亦隨而遞減。中國本部及東北在一九三四至一九三八年間，每年產六八〇、〇〇〇公噸，在一九四八至一九四九年間減爲四六〇、〇〇〇公噸，在一九四九至一九五〇年間再減爲三六九、〇〇〇公噸。全印度在一九三四至一九三八年間，每年產一、〇三八、〇〇〇公噸，在一九四八至一九四九年間，則分別爲印度國所產四二一、〇〇〇公噸，巴基斯坦國所產一九五、〇〇〇公噸；在一九四九至一九五〇年間，則印度國產五二〇、〇〇〇公噸，巴基斯坦國產二一七，〇〇〇公噸，其中印度之產量以輸入日本者占重要部分。又據太平洋關係研究所的調查，澳大利與紐西蘭對於未來的對日貿易將居最重要地位，除能以羊毛及其他原料供應日本外，由於其生活水準之高，也就成爲日本製品之優良市場。又因美日近年特殊關係，兩國間的貿易亦有繼續增長趨勢，是以補償日人對中國大陸貿易一部分的損失。反之，日本縱能與中共控制地區恢復貿易，則其仰賴中共地區供應之小麥與大豆，中共得隨時突然停止其供應，而使日本臨時陷於很大困難。假如日人獲准在東北推銷其製品，則結果將有助於其潛在的敵人之恢復，尤其是中共所需要以恢復東北之工業者，以機器及其配件爲最切，更爲美國政策不容許。在另一方面，則中共僞政權一面倒向蘇聯，惟蘇聯之命是聽，其地位無異於東歐諸附庸國，試看這些附庸有無貿易的自由，便知對中共貿易的眞相；凡合於他國之需要者未必爲其所容許，而合乎中共的需要者，多爲戰略性的物資，亦非民主世界所當用以資敵者。有了以上種種的特殊情形，在日本一般人乍看以爲對中共貿易有頗大的前途者，明智之士當不難洞燭其非。

日本對於這些問題經過了深長思考與執權利害以後，其明智之士果然擡頭，於本年一月十六日由吉田首相致函美國杜勒斯大使，將數月來混沌的局勢頓予澄清。該函表面上雖專指對華關係一問題，然其一字一句若皆出自誠意，則對於其他兩問題的日本決策，也不難窺見梗概。查該函要點有值得我人特別注意者：

(一)中國爲日本之近鄰，日本政府終願與之有一全面的政治和平與商務關係。

(二)中華民國國民政府現在聯合國擁有席位……且與大多數聯合國會員國保持外交關係。

(三)一九五一年十一月十七日在臺灣設立一日本政府海外事務所；此乃在多邊和平條約生效之前日本獲許與其他國家間最高形式之關係。

(四)……如中華民國政府有此願望，即儘速在法律上可能時，依照多邊和平條約所揭櫫之原則，與該政府締結一項重建兩國政府間正常關係之條約。

(五)上項條約應適用於現在在中華民國國民政府控制下及將來在其控制下之全部領土。

(六)中國共黨政權……事實上現仍被聯合國判定爲侵略者，且聯合國已因此而建議對抗該政權之若干措施。

(七)日本對於該項措施現正贊同，將來亦必予贊同。

(八)一九五〇年在莫斯科締結之『中蘇友好同盟互助條約』實係以對付日本爲目的之軍事同盟。

(九)在中國之共產政權現正支持日本共產黨圖以暴力推翻日本現政府之憲政政體。

(十)日本政府無意與中國共黨政權締結双邊和約。

就以上諸點一加研究，則(一)(二)(三)(四)(五)(十)各點爲關於對華訂立双邊和約之決策；其中(一)點闡明訂約之必要，(二)與(十)兩點闡明訂約之對手，(三)與(四)兩點闡明訂約之時期(四)點兼及訂約之原則，(五)點闡明雙邊和約之適用範圍，其意旨皆甚顯明。但(六)(七)(八)(九)四點在表面上雖未明示其對於重整軍備與對蘇問題之關係，實際上已隱寓對此兩問題的傾向，請略論之。

關於對蘇問題者，第(八)點已確認所謂『中蘇友好同盟互助條約』爲對付日本之軍事同盟，第(九)點則明言中共正支持日本共產黨以暴力推翻日本現政府之憲政政體。蘇聯與中共事實上既爲一體，形式上又有共同目的的軍事同盟；故該第(九)點表面上指責中共者，實際上自亦含有指責蘇聯之意。日本既已認識一方面蘇聯有以防備日本再事侵略爲口實之軍事同盟，他方面又有經由中共——實則不經由中共而逕由蘇聯實施的事例正多——而支持日共以暴力推翻日本現政府憲政政體之企圖。對於這樣一個侵略無饜的國家是否還能存任何妥協的希望，似亦無待論辯了。

關於重整軍備問題者，則第(六)(七)兩點强調聲明日本目前今後均擁護聯合國對於侵略國的制裁。查聯合國之最後制裁勢必使用武力，而忠實擁護聯合國所作制裁之國家不能不提供武力，但提供武力之結果又不免有與侵略國作大規模戰爭之可虞。以日本所處之地位，縱無積極上擁護聯合國武力制裁的事實，尚難免美日安全公約第一條所懸想的外來武力攻擊或大規模的內亂，今更參加聯合國所實施的武力制裁，其不能不爲自身的軍備作積極準備，亦無待言。是則吉田函中關於此兩點之聲明，其心目中殆已不能不作重整軍備之決策矣。

在這短短之一文件中，日本把數月來混沌不清的三大問題，一舉而作直接的與間接的解答，其明智實有值得稱頌者。除已由我國政府對此文件迅予反響，於本月十八日由外交部長聲明中日和約之締結，已遭遇不應有之稽延，中國政府現準備隨時與日本政府開始商洽，俾和約得以早觀厥成外，我中華民國人民，無論在自由中國者或在暫時被共匪控制之大陸者，對於日本作此明智的決定，殆無不衷誠欣慰，而爲兩大民族在共同反共的立場上懷有深切期望也。

人生雜誌 半月刊
內容豐富
文字優美
歡迎直接訂閱
訂有優待辦法
社址：香港九龍鑽石山上元
嶺正街六號

歷史的使命

蔣夢麟

我自從到臺灣以後，因爲擔任社會上的實際工作，演講的機會很少，同時我也不大喜歡演講。我在臺擔任的實際工作，是農林復興委員會（簡稱農復會）。農復會在臺的工作對象是農村，目的是在使農村增加生產，和改善農民的生活，俾使農民能達到安居樂業的境地。但是我今天不想談農復會的實際工作情形而是要向諸位來講「歷史的使命」。這有兩個原因：第一，農復會在臺工作已相當成功，並且已見諸事實，農民生活水準普遍提高，農村方面表現了一種嶄新的氣象。這種事實的表現，美國派來的專家也承認，他們對農復會的工作都深具信心。現在美國對東南亞的農村改進已採用農復會在臺灣所推行的方法，在東南亞各國辦理美援的人們，如緬甸安南暹羅等地都願意派專家來臺考察，以臺灣推行的情形，作爲他們改進農村工作計劃的藍本。至於我們的農村復興工作，應該怎樣來辦，同時如何才能辦得好，這就要了解以往的史實和歷史發展的方向，這樣才能切合農村實際需要，使農村受益。第二，世界局勢瞬息萬變，將來前途如何大家都不免感到徬徨，在個人方面，也難免對出路感到煩悶。要解答這些問題，我們可否從歷史上得到啓示？用歷史方法來考驗和接受歷史的教訓，以爲我們今日行動的借鏡，是十分需要的。不過談到歷史，本人既非歷史專家，況且臺大有歷史學系，所以我不想從歷史的發展上細說。但我是很喜歡讀歷史的一個人，現在我準備把我個人在史實的瞭解上，對現代局勢和將來發展的趨勢，提出四點和諸位討論。

一、我們要明白過去，才能認識現在。我們要知道今日局勢爲何演變至此？就必須知道近至幾十年遠至百年千年中國歷史的演變，以及近百年西洋史的發展，所謂：「博古通今」，就是這個意思。就臺灣的史實來說，若不知臺灣以往的歷史，只看到眼前的山水房屋道路，是無法了解今日的臺灣的。譬如說臺灣有七百多萬人口，他們怎樣來臺，何時來臺？假如我們研究歷史的話，就知道他們大部來自福建的南部，和廣東的東部，現在臺灣人講的臺灣話，就是福建的閩南話，部份講客家話的也就是廣東嘉應五屬早年來臺的客家人，風俗習慣也和閩粵並無二致。國人大量渡海來臺，是在我明末鄭成功抗清時代，三保太監鄭和軍隊也曾來過臺灣。再溯向前，宋朝元朝時也有人來過臺灣，但他們都沒有佔領臺灣。隋朝就已有關於琉球的記載，那時的琉球是指臺灣而言。（隋時稱琉球爲沖繩）此種見解歷史家尚未一致。我們讓他們繼續考證罷。隋、宋、元各朝來臺的人，他們未能建設臺灣，是有其歷史原因的，那時高山族人盤據臺灣，文化未開，甚爲野蠻，痛恨外來的人。相反的當時的南洋群島却很歡迎華僑，因此國人多向南洋發展，直至明末因鄭成功的關係國人才大量移居臺灣。臺灣雖然被日本人佔領了五十年，除了城市方面有相當影響外，在鄉村的影響並不大。臺灣人民仍然保留着中國固有文化的傳統。一個民族要在五十年同化另一個民族是不可能的，就是一百年恐怕也做不到。廣東人還是廣東人，福建人還是福建人，他們依舊保持着固有的語言文化。因此臺灣居民的風俗習慣，文物制度仍與我們一樣。農復會工作能够順利推行亦基於此。所以我們要知道我們今天所處的社會，就應該切實了解過去的歷史，這就是，觀今宜鑑古，無古不成今的道理。

二、歷史所指示吾人的盛衰變亂原因，是否可作爲今日的教訓？車有轍而後可循。道有覆轍後車當戒。歷史上有價值的記載，吾人應該效法作爲榜樣，不對的地方我們應有所警惕，有所改進，避免歷史重演的悲劇。過去中國對付外國人的辦法是採同化和懷柔政策。所謂用夏變夷，夷狄而諸夏者則諸夏之，就是用中國固有文化對他們滋輸，使其逐漸爲漢族所同化。漢武帝出兵征匈奴，唐朝遠征高麗，所謂「招親和番」就是實行懷柔與同化政策的表現。不過近百年來用夏變夷的政策已經失效了。到清朝後半期，西洋人入侵，當時執政的人，以爲仍然可用中國一貫的同化政策來同化歐人。但近百年來的教訓是，我們不但沒有把歐人同化，反被歐人所同化，結果成了用夷變夏，使中國的文化成爲非中非西的狀態。懷柔政策則堅甲利兵來了，亦無法施行。同化和懷柔政策的不能再行採用，是因爲環境變了，舊政策只有捉襟見肘，這是因爲我們不了解西洋歷史的關係和誤用歷史上的榜樣的結果。過去夷人文化較低，易於同化。而近代歐人文化較高，科學尤其進步，商業經濟日益擴展，已經不是用同化和懷柔政策所能處理得了，因此我們不能死讀歷史，或者是泥古不化。現代國際間關係的密切，研究歷史的人已不能把歷史的範圍限于本國，而是要進一步熟知各國歷史，才能有益。像二次大戰前英首相張伯倫對德國實行綏靖政策，結果吃了大虧。因此邱吉爾執政後，就極力主戰。這是因爲邱氏懂得德人好戰有其歷史的傳統，並非妥協的政策能够遏止。過去美國一般人認爲中國共產黨是土地改革者，國民黨應對其妥協讓步，故對中共寄予同情。這也是因爲他們了解中共的歷史不够，結果還是吃了大虧。由於事實的演變，美人後悔已遲。過去本人曾與美國友人談及，你們只求避免目前犧牲，但將來會遭到更多的和不可避免的犧牲。我這樣對他們說是有歷史根據的。直到韓戰發生，他們才如惡夢初醒，知道太平洋防線如果崩潰了，戰爭就要直接威脅到舊金山。現在美國努力鞏固太平洋防務與積極支援臺灣，就是他們已經領受到史的教訓了。

三、知道過去的事實是否就可以預測將來呢？照孔孟的說法，認爲知道過去的歷史就能知道未來的發展。孔子說：雖百世可知也。他認爲祗要知道禮的損益，就可以測知未來局勢的演變。孟子也曾說過五百年必有王者興，他的這句話也是由歷史的發展推演得來的，因爲夏至商爲五百年，商至周歷六百年。但百餘年後秦始皇興起，宰相李斯爲法家，擯斥儒家思想，與講仁義之道的儒家思想完全相反。漢高祖時，推行法治精神，儒家思想仍未被採用。這樣看來知道過去的歷史對未來是毫無裨益的嗎？其實不然，孔孟只看到過去與當時的文物制度而不知道未來環境的改變。所以我們一面研究歷史的文物制度，同時還要注意到當時環境可能發生的影響。如意大利雖欲與英德同樣工業化，但因缺乏煤鐵，就不能順利完成。大陸淪陷前本人曾與諸同仁在四川等地協助政府舉辦二五減租，大部均告成功，農民生活得到改善。四川的陷落並非由于內部的擾亂，而是由于軍事的失利。中國的農民有百分之七十五，而且生活都是貧苦的，他們是造成中國歷史上一治一亂的重要原因。我們了解這一點，所以我們第一步必須先把農村搞好，然後才能談到工業化，這是可以斷言的。因爲我們是以農立國，工業的基礎建築在農業上。現在臺灣實行的各種措施，如三七五減租等，就是針對過去治亂的史實，推行的一種改革。

四、研究歷史要注意偶然發生的事件。孔孟因沒料想到戰國後來商業發達，影響朝代的變遷，所以，他們的預測是錯誤了。裴休說：「他寫歷史，覺得歷史並無規例可循，歷史爲一聯串的偶然之事。」這說明歷史上偶然發生的事件可以改變歷史的途徑。西安事變如果蔣總統不能脫險，抗日戰爭恐怕就不會發生，今日的世界大勢也將因此而大大不同。近如中共突然攻韓，一般認爲美國節節敗退，最後必退出韓國，不料美國態度突然轉變全力參加韓戰。又如日本如不偷襲珍珠港，二次大戰來得恐怕不會這樣快，沒有原子彈的爆發，二次大戰結束得恐怕也沒有這樣快。再如德國若不把赤色種子列寧送到俄國，俄國不會成爲今日侵略的共產集權國家。不過偶然的因素亦受環境的影響，如哥倫布尋求新大陸，若在航行中途失事，但在當時尋覓新航路與通商發財的心理驅使下，仍然會產生第二個哥倫布。總而言之，我們對歷史應有深切的瞭解，但是不能墨守成規，同時還要注意現實環境可能有的變化。歷史可能重演，可能不重演。歷史應從大處着眼，制度、文化、以及商業等偶然之事雖然能改變歷史，但我們決不能就偶然之事來作定論，因偶然之事的發生，亦有其歷史性的。所以我們做事應有廣博的知識，接受歷史的教訓，這樣才能有所警惕，有所作爲。

（本文係蔣夢麟先生在臺大經濟學會之演講詞，由李盛先何晃兩君記錄，經蔣先生親加校正）

鐵幕裡的一個愛情小故事

美娜是一個漂亮的姑娘。她有一双明亮的眼睛，一頭黝黑的秀髮，修長的身材，優美而自然。但是，鐵幕裏窒息的空氣使這朵美麗的鮮花已暗然失色。她是德國人，生長在南斯拉夫。爸爸在大戰中被狄托的游擊隊害死。在他爸爸未死以前，甚至於在意大利統治時代，他們的生活十分舒適。但自從狄托共產黨當政以後，她便和她母親過着愁苦的生活。

一九四六年，正是南斯拉夫與蘇聯友好的時候，十六歲的美娜愛上了一個美國青年。學校當局警告她不得和他交往。但她卻置之不顧，於是被學校開除學籍。她並不在乎，決定和她的愛人到美國去。這個美國青年打算將她偷偷帶到船上去，然後將她化裝爲一水手。她欣然同意。但她母親力加阻止，說她太年青，不宜遠行。於是，那個美國青年獨自回美國去了。他仍不斷給她來信。他終於和一個美國女孩子結婚了。

美娜知道了這個消息，芳心如焚，她的母親也悔之已晚。美娜知道她在仇視德國人的南斯拉夫是沒有前程沒有希望的。她仍然沒有放棄去美國的願望。美國有無限的自由天地可以讓她自由發展。她的舞姿優美，她可以去好來塢作明星。

但一隻無力的小鳥怎能飛過那鐵幕重重的寨空?!

歷史的鏡子

——從維辛斯基嫉美軍援說起

吳相湘

自新年以來的半月間，報紙上有幾件強烈對照有趣的新聞。這幾件事就是：（一）一月三日，俄帝代表維辛斯基在聯合國集體安全措施第一委員會嫉忌美國軍援助我反攻大陸的演說，（二）美國務院發言人駁斥維辛斯基的爛言是「蘇俄企圖藉指責他人違法行爲而掩蓋國際共產黨侵略陰謀之又一事例」。（三）「美國新聞與世界報導」記者訪問吳國楨主席詢以臺灣一般人對美援的看法如何？（四）蘇俄冶金屬工業部大批技師湧至漢口與匪幫開採粵贛湘鎢礦等金屬。（五）俄寇三四千人進駐廣州市郊，但「盡量避免成群遊覽市區，以減少人民對俄寇的憤怒」。——綜觀這幾件新聞以後，不禁使人「發思古之幽情」，要回憶起百年來中外的關係，尤其是九十五年前，俄羅斯「始作俑」強要清廷接受其槍炮軍火及採礦技術援助的往事：

（一）

如衆所周知：自明崇禎十年（一六三七年）英船炮擊我廣州虎門強迫通商以迄清道光二十年（一八四二年）江寧條約的訂立，英國人「橫蠻無理」的炮艦政策是曾給予一般中國人以極深刻印象的。其後咸豐十年七月（一八六〇年）英法聯軍進陷北京焚毀圓明園之役，更予清廷以莫大的恥辱。但城下之盟，血肉教訓的結果，却使清廷朝野認清了當時的國際關係，分辨明了敵友恩怨，得到了「英夷爲最狂悖，俄夷爲最詭譎」的結論。「就今日之勢論之：髮捻交乘，心腹之害也。俄國壤地相接，有蠶食上國之志，肘腋之憂也。英國志在通商，暴虐無人理，不爲限制，則無以自立，肢體之患也。故滅髮捻爲先，治俄次之，治英又次之」。這是咸豐十年十一月恭親王奕訢和文祥奏摺中的重點。當時距英法和約簽訂聯軍自京撤退不過一月，可以說：京津道上八旗兵丁的血瀋未乾，圓明園被焚的餘燼未息，身當外交大任的恭親王等就不以殺人放火的英人爲「罪大惡極」，反視一向以「中國之友」自居的俄羅斯爲「肘腋之憂」，而發出先「治俄」後「治英」的言論。這一轉變是極其重要的，而促成這一轉變的原因，簡捷的說：就是帝俄「企圖藉指責他人違法行爲而掩蓋其本身對華侵略陰謀」被清廷揭穿了的結果。

原來自清咸豐初元（一八五〇）俄皇尼古拉一世任命木哩斐岳幅 Nikolai Muraviev 中文譯名係依清官書咸豐朝等辦夷務始末，本文主要取材亦源於夷務始末。）爲西伯利亞總督，積極經略遠東以來，我東北邊地就成爲牠侵略的目標。首先用「明確勘定兩國不明邊界」的說詞要求清廷派員會同勘界，同時俄國的水陸大軍就闖入我黑龍江。我東北邊吏再三詰問：不應侵我土地，並嚴促俄人撤回；但俄軍却接二連三地湧到，且哄騙清廷說：「英法兵船常欲侵入江口，故來預防」。這是俄人「企圖藉指責他人違法行爲而掩蓋其本身侵略陰謀」的開始。可是這一騙局很快的就被揭穿：咸豐五年（一八五五年）十一月乙卯吉林將軍景淳密奏清廷說：「竊詢守卡員弁，實不知有英法侵邊之事」，「兩年中俄夷出入……陽請分界，陰圖侵疆，以防堵英法爲名，俾可恣意往來，其不即肆逞者，乃因立根未定耳」。這於俄帝陰險用心的觀察，可說是入木三分。但是當時俄帝却自以爲利用反英情緒以取得中國好感的策略，是頗爲得計的，因此咸豐七年三月（一八五七年）又特遣普提雅庭（Putyatin此譯名依夷務始末）來華，要求清廷接待，「會商機密事件」。並說：「現在英咈等三國（按指英法美言）有窺伺占據之心」，「本國相好，不得不據實相告」，「願與貴國彼此相安相保」，「兩國永遠互相輔助，本國深知大義，非同貪利之國可比也，但願貴國勿懷疑心」；諸如此類的花言巧語，不知多少。但清廷早已認清：「俄羅斯狡猾性成，所稱英夷糾約各國欲往天津，伊欲來京密商，無非藉端恐嚇，欲於黑龍江外占踞地方」，始終不允接待俄使，致普提雅庭在庫倫及天津水陸兩處都「碰壁」不得要領。其後，英軍陷廣州城，葉名琛被擄，中英關係轉趨緊張，普提雅庭眼看機會到了，遂再度乘輪至天津，致書清軍機處，要求速定兩國未定疆圉，並與各國一體同沾在華通商權利。其咨文有道：

「以上兩條如不斥駁，所有兩國爭競之事均可消弭。俄國所求，俟得有消息，竭力勸滅英佛兩國，以期中國有益……現在先於容曠處所遣人駐紮，且海岸早經外夷窺伺，即應分定，係因兩國公地，不令外國夷人潛駐之意；倘海岸屬爲俄國，則外國之人不致闖入滿洲地方。俄國欲駐海岸，並非欺壓，必與貴國相宜，自有報咨……。再閱貴國兵法器械，均非外洋敵手，自應更張，俄國情願助給器械，並派善於兵法之員前往代爲操練，庶可抵禦外國無故之擾……」。

這是近代外國欲以槍炮軍火及教練軍隊協助中國的「始作俑者」，就其咨文看來，俄國的用意是「非常良善的」，其出發點是爲着替中國「攘外」，侵占了中國的東北偌大海岸一帶土地，却輕輕巧巧地說「並非欺壓」，只不過是「遣人駐紮」而已。並且按這咨文中所表現出的斯拉夫式邏輯看來：「倘海岸屬爲俄國，則外國之人不致闖入滿洲地方」，很自然的可以擴大推理的說：「倘中國全部海岸屬爲俄國，則外國之人不致闖入中國大陸」，鐵幕下垂，中國完全爲俄帝附庸，中國人民不就是安全了嗎？這一說法，是中國人所能接受的嗎？很顯然地：這種花言巧語不能騙住清廷，因此清廷上諭不接受這種軍械的援助。俄使聞訊，竟對直隸總督譚廷襄的委員說：「代籌槍炮制敵，係屬爲好，轉不給臉，他國之事從此不能再管」！用要挾的方式，要脅清廷接受俄帝的「好意帮助」，這「帮助」是不是「好意」也就不待煩言了。

普提雅庭的假殷勤態度，既不爲清庭所接受，但木哩斐岳幅「槍炮兼施」的威嚇手段却逼迫黑龍江將軍奕山簽訂了璦琿條約（咸豐八年三月），俄帝不費力的就攫得烏蘇里以東一大塊土地。同時，英船又闖入海河，天津告急，普提雅庭爲着掩蓋木哩斐岳幅的侵略行爲，又儼然以中英間的調人自居。旋復致書清廷欽差大臣中稱：「願致送中國火槍一萬桿，各項炮位五十尊」。並云：「嗣後夷患極宜豫防，海口炮臺，萬不足恃，擬派修造炮臺並教兵技藝及看視金銀礦苗各官，前來中國，代爲制備一切」。軍器援助之外又「始作俑」欲以經濟開發技術援助中國，俄帝對於中國眞太「厚愛」了。可是清廷對於「令人來教導技藝暨看礦苗」却予婉言拒絕，至「欲送槍炮，既出眞心，如果送來，必當收受」，語意之間，很顯然地是想試試看「狡猾俄羅斯」的支票是不是可以兌現。誰知，俄帝的騙術，經不起時間的考驗，後來事實證明：這竟是一樁很兇險的釣餌。

自木哩斐岳幅的大軍闖入黑龍江一帶，又逼簽璦琿條約以後，我黑龍江省東北一片乾淨土爲其侵占，可說已是既成事實，但俄帝不以爲滿足，企圖再進一步將吉林與新疆邊界一併依其需要而勘定。因此，咸豐九年（一六五九年）又特遣以深知亞洲人民心理事務著稱的外交能手伊格那堤業幅（Ignatiev譯名依夷務始末）至北京與清廷談判，咨文清廷說：「木哩斐岳幅率兵由黑龍江赴朝鮮東界，便中將炮位運赴京城……其火槍一萬桿，應由何處運送？並聞英佛二夷也欲進京，此項槍炮，足資捍衛」，說得何等冠冕堂皇。但清廷却始終沒有被其迷惑，伊格那提業幅到京以後，清廷就抱定堅決態度：東北邊界應以尼布楚條約爲準，拒絕俄人的要求並企圖挽回璦琿條約所失土地，這一原則當然與俄帝的野心企圖完全背馳。因此，交涉八月，毫無結果，伊格那提業幅甚至以威嚇文字形諸照會中說：「他國請本國與中國一同交戰」……「中國願圖太平，止有一法：務思交良友於本國」，但清廷不爲所動，且嚴令海防將士：「俄夷若以解送槍炮爲名，駛至近岸，務當嚴密防範」。伊使只好於咸豐十年三月憤然離京，轉赴上海，「極力慫涌英法」：「不必誤聽人言，二三其見，竟赴天津打仗，必須毁去大沽炮臺，和議方能成就」，遂使英法主戰之意益堅。是年六月，英法聯軍連檣北上直逼天津，伊使亦同行北駛，旋又致書清廷願爲中英法間擔任調處，但他不提防清廷早已洞悉他在上海的行爲：「俄夷播弄是非，勾結挑釁，最爲可惡，此時亦不必明言，只婉告以天朝並無失信於二國，又何勞貴國替中國從中調處」。清廷主意如此，但海防力量脆弱，經不起英法聯軍的攻擊，津沽失陷，京師告急，咸豐帝倉皇北走，清廷被迫作城下之盟。是年九月英法和約簽訂，伊使又施其狡黠手段，自以調停有功要求清廷速與訂約，清廷恐其挑撥，致英法軍延不撤退，不得已與簽北京條約。——因此條約，不僅承認璦琿條約讓與俄人土地，且又將吉林邊界土地割讓甚多，總計因此兩約，中國所損失的土地總面積大於德意志法蘭西兩國面積之總和；俄帝不折一兵一將，只是「藉指斥他人違法行爲而掩蓋本身侵略陰謀」可以說是滿載而歸了。咸豐十年十月，伊格那提業幅已整裝定期回國了，但爲示好中國（其實是企圖進一步控制中國）又拿出前兩年「致送槍炮」的「釣餌」，因此，當他向恭親王辭行時，就假惺惺地「提及八年間，曾有餽送槍炮之事，中國未經允准，係未察其眞誠美意，槍炮已陸續運回」。恭親王當告以「並無却回之說，曾由理藩院行文令由陸路運至庫倫」。伊使遂狡辯未見此照會，旋又申稱：

（一）中國於製造槍炮及炸炮水雷地雷火藥及演放，均未得法，願派官員帶同匠役來中國教導，恐英佛聞知，不令帮助，請在距京較遠地方辦理。

（二）願派兵三四百名在水路會擊髮逆，必可得手，惟不可預令英法知之。

（三）南漕運京，恐沿途有阻，伊在上海時見有美國商人願領價採辦臺米洋米運津，如清廷允令伊寄信上海領事，將來夷船河船均可裝載，用俄美旗幟，即保無虞」。

諸如此類話語，說得天花亂墜，並且在恭親王至俄使館送行時又再三提及，要求恭王轉奏允許。但恭王却密奏說：「該夷餽送槍炮，言之已非一次，若謂該夷誠心感服，以此自效其輸納之忱，未免爲其所愚」。「至稱於江面協同勦賊，惟不可令英法知之，臣等伏思各夷犬羊成性，以英夷爲最狂悖，而俄夷爲最詭譎：始則狼狽爲奸，此時助順勦賊，又稱不令英法知之，言詞閃鑠，殊難憑信」。但茲事體大，必須集思廣益，因此奏請諭令各省疆吏發表意見。

清廷採納恭王意見諭令各省疆吏各抒所見後，漕運總督袁甲三就首先奏覆：「俄夷上年請進火器萬件，彼時外間聞之，均以兩國相爭，斷未有肯以利器與人者，該夷必別有詭謀，後果藉詞遷延，逞其愚弄之計」，「夷情叵測，變詐靡常，髮逆之爲害，焉知夷人不因以爲利？倘俄羅斯竟與髮逆勾結，又烏得而制之耶」？即令「幸而金陵等處助我克復，必以爲中國已失之城池，自彼得之，即聽彼占之，割據之勢成，而天下不堪矣」。這些話語誠如清帝硃批所謂「所慮實爲深遠」，値得注意。

同時，兩江總督曾國藩也覆奏說：只可「傳諭該夷酋奬其效順之忱，緩其會師之期，庶在我足以自立」。抑「自古外夷之助中國，功成之後，每多意外要求，彼時操縱失宜，或致別開嫌釁」。因此主張對於俄帝提議派兵助勦一節「只可許其來助，示以和好而無猜，緩其師期，明非有急而求救」。但曾氏接著提出他的建議說：

「抑臣竊有請者：馭夷之道貴識夷情，以大西洋諸夷論之：英吉利狡黠最甚，佛蘭西次之，俄羅斯勢力大於英佛，嘗與英夷爭鬪，爲英所憚。米利堅人性質醇厚，其於中國素稱恭順：道光十九年英夷因雅片肇釁之始，兵船闖入廣州省河，米酋曾於參贊大臣楊芳處遞禀願爲居間調處，英酋義律旋親筆有只求通商不討別情等語；是並烟價亦不敢索也。楊芳曾據以入奏，而不敢專主其議；會官軍燒搶洋行，誤傷米夷數人，其事遂寢，而夷患遂熾！咸豐三年，賊踞金陵，聞米酋亦曾於向榮處託人關說，請以兵船助勦，未知向榮曾據以入奏否？英佛兩夷犯廣東省城時，米酋未嘗助逆，上年天津擊敗夷船時，米酋即首先赴京換約，並無異詞，是米夷於中國時有效順之誠，而於英佛諸夷並非固結之黨，已可概見！此次俄夷既稱米商情願領價採米，似可飭薛煥與米酋面訂章程，妥爲籌辦，庶幾暗杜俄夷見好中國，市德米夷之心，而米夷知中國於彼毫無疑忌，或且輸誠而輒就我未可知也」。

如衆所周知：曾氏幕府人才是號稱極盛的，可以說當時中國有思想有學識而又通曉外國事情的人才（如李鴻章郭嵩燾薛福成黎庶昌等）都是曾幕中的賓友，當然於這一大計是曾參與的。因此，曾氏這一奏摺中所提示的見解，可以說是足以代表一般有思想有學識中國人的意見，清廷是以俄國援助事徵詢意見，而曾氏不僅主張婉拒俄援，且提議聯美，接受美國的軍援和經援，這是極值得注意的。中美傳統友誼之值得特別珍視，淵源實應在這等處。因此，當各方面覆奏到京，恭親王詳細彙覈後遂決計拒絕俄帝派兵助勦的提議：「從前俄夷侵占越界，並未明動干戈，至今已難驅逐，若藉詞帶兵勦賊而據南省地方，則南北兩路，分途蠶食何堪設想」？同時更查檢檔案後附和曾氏聯美的主張說：「查咸豐三年該夷請以兵船助勦金陵，撫臣楊文定，據以入告。……是米夷之於中國與英法情有不同」，「應請密諭曾國藩薛煥酌量情形妥爲牢籠，使其感恩就，不爲俄夷市德，於控馭之方，裨益匪淺」。奏上奉諭允准，於是俄帝派兵助勦的奸謀被杜塞了。同時，俄帝「致送槍炮」的騙局，也經不起時間的考驗，終被揭穿了。咸豐十一年六月庚辰恭親王等奏有道：

「伏查中國本無利俄國槍炮之意，惟該國前既以示其殷勤，未便拒絕，是以臣等豫籌接收各事宜。處處杜其詭謀，該公使見計無可施，即稱槍炮易於損銹，不出一年，恐不堪用；並恐中國購買英國火藥，復以英國乘急居奇爲詞，其言似見好中國，而其心仍欲開釁，並近京地方設廠教演，流弊不可勝言，斷難墮其奸計」。

由此可見俄帝所謂「致送槍砲」不過是一釣餌，其眞正用意不僅是想控制我軍事力量，並且企圖藉此囊括我全國礦產利權並控制通往北京咽喉要道，以便相機侵占。幸而是恭親王及早窺破奸謀，不然今日大陸上俄工程師遍地，哥薩克騎兵横行的情狀早見於九十年前了。

除開上述的幾種奸謀以外，俄帝又利用中國反英情緒，建議中國自雲南西藏攻取印度：「攻其所必救，以解除京津的危機」。咸豐十年正月庚辰，伊犁將軍扎拉芬奏文有道：

「與俄酋蘇勒官（曾久駐我京城，熟悉華夷情勢）因公晉接，談及近接其本國文報，英吉利現約佛蘭西，調兵修船，預備明年二三月間，速兵入犯。爲今之計：貴國除防範外，莫若先發制人，派兵徑攻印度地方，最爲上策。貴國雲南西藏等處，均有間道可通印度，如能由兩處進兵，一面遴派能人，暗往印度，約爲內應，自當望風披靡，萬一攻取其地，足爲貴國致富之源，即或不然，亦可藉此聲勢，使彼畏首畏尾，牽其內顧，或可從此息兵」。

在一番花言巧語後面所隱藏的，是俄帝企圖驅使中國人，爲其「自火中取栗子」流血拚命，以攻略久已垂涎的印度。但是當時的清廷對於俄帝防備周至，於其陰謀詭計頗有正確的認識。因此這一奏摺到京，清廷就寄諭伊犁將軍說：「汝之注意，正爲該夷所愚」，「籌攻印度之舉，不但無此兵力，即能取勝，而其地仍爲俄國所有，中國不能享其利」。並且「現在俄夷駐京公使伊格那提業幅屢次行文欲於吉林所屬地方，强分界址一節，嘵嘵置辯，其心實屬叵測」。中俄關係大見逆轉，並非如俄人所稱「有人駐京較前更爲和睦」。當時政府當局的見解是很正確的。

（三）

以上所陳，是俄帝企圖以「軍火器械」，「教練軍隊」，「覷看礦藏」等方法以達到完全囊括中國陰謀的最初紀錄，雖然當她「陰謀初露」時，因爲中國有識之士洞悉「流弊不堪言」而予婉拒了。但是俄帝的野心是從未稍戢的，不僅沙皇的帝俄如此，史達林的赤俄且更變本加厲。

爲着篇幅的有限，不容許再多引述史貫，可是我們却必須引錄庚子拳亂（一九〇〇年）俄兵進占我東三省後所提出的撤兵條件。這些條件根據俄人羅曼諾夫的「帝俄與滿洲」一書中所引錄的俄國三大臣會議通過的原文是這樣的：

「第一條：大俄羅斯大皇帝欲將善待大清國大皇帝之心並保障和平之念，重行表白，……允將滿洲還與中國自治。

「第六條：爲顧全多次所作之約言，中國政府於華北之陸海軍隊中皆不得聘任他國人爲軍事教官。

「第八條：在與俄國交界之中國一切地方：即滿洲蒙古與新疆所屬之塔城伊犁喀什噶爾葉爾羌和闐及于闐地方，如不先得俄國政府之同意，不得以鐵路修築，礦山發掘及一切工業經營權讓與任何列强及其人民；中國政府如不事先商得俄國政府之同意，亦不得在前述各地用己資修築鐵路。」

羅曼諾曼在引錄這些條文後特別指出：這一條件定本比較原草案中的「侵略傾向」已和緩多多了；但是就稍有常識的人看來：這些條款已完全侵犯中國最高獨立主權了。

上錄第六條所稱禁聘他國軍事教官，曾特別說：「爲顧全多次所作約言」，足見自咸豐八年俄帝初次提出「派員代爲教演兵丁」以來，於此是從沒一時放鬆的，而在這條文中顯露出俄帝的眞心，是在企圖完全控制中國的軍事力量。這種陰謀顯然是中國人所不能忍受的，甚致素主聯俄又是手訂中俄密約的李鴻章也不能忍受這種要脅。光緒二十四年李有信致淮軍宿將聶士成說：「日前俄使在總署嘖有煩言，謂伊國家必欲派員代我練兵」。試想李鴻章手訂中俄密約，目的在對付日本，「練兵」應該是對付日本的基本工作，「盟友」俄國「代我練兵」也應該是題中應有之義，然而手訂密約的主角於此竟也不免有所懷疑，是俄國「代我練兵」的用心如何，應是路人皆知了。帝俄對中國「代練兵」的就當時的文獻看來還不過是想控制北中國的軍事力量以便隨時囊括華北，而赤俄則更變本加厲了。赤俄以軍火教官協助廣東及西北國民軍，以便「爲未來革命打算」，「將中國成爲蘇聯之一聯邦」的陰險用心，是國人及世人記憶猶新的。同時筆者也曾先後撰文刊登本刊(五卷六期，六卷二期)，於此不再贅陳。

派遣軍隊，協助中國安內攘外，也是俄帝對於中國一貫的示好方法，就歷史記錄看：她的表現是只有更加深中國人對她猙獰面目的認識。淸同治十年（一八七一年），俄帝藉口新疆回亂，淸廷無暇西顧，就用「先斬後奏」的方式，先派兵將伊犁一帶要害占領，以爲其侵略新疆的通道。事後淸廷一再要求俄帝交還，但俄人再三藉詞延拖，直至光緒六年（一八八〇）經曾紀澤去俄再三交涉，俄人始允收受賠款及通商權利以交還一部分土地，而侵占伊犁的要隘却不肯交還。果然不出二十年前時人所料：「幸而助我克復，必以爲中國已失之城池，自彼得之，即聽彼占之」，當然淸廷朝野因此是非常氣憤的。但不幸東隣日本這時侵略我琉球臺灣，並思染指朝鮮，淸廷爲着京畿的安全，展開「海防」「陸防」孰輕孰重的辯爭，終於決定以海防爲先，換言之：以防日爲先，因此俄帝緊抓着這一機會，又利用中國防日反日的心理而大示假殷勤。甲午中日戰起，李鴻章一再期待俄帝實踐「武力干涉」的諾言，而俄帝却始終作壁上觀，及馬關和約簽訂，始與德法出面壓迫日本退還遼東。這一行動，就當時駐俄使臣許景澄致張之洞電說：「俄爭全遼，自衞重於援鄰」。而十月革命公開的赤檔更顯露出俄帝當時的主意是認定「中國愈弱，愈有利於俄國」，而爲着爭取西伯利亞鐵道建築的時間寧願秘密與日本妥協，但表面上「仍要裝出是中國救命的恩人」。俄國的主意如此，因此當中國無力償付對日賠款而需借外債時就要脅淸廷必須向俄借款，「若中國不借俄而借英款，伊國必問罪，甚致失和」，「中國若不顧邦交，我與日本聯絡，另籌辦法」。諸如此類橫蠻無理要脅威嚇的言語均出之於俄國公使之口，試想古今中外那有這種借款與人紓難的先例？是俄帝欲藉「借款」以控制中國財政經濟的陰毒用心昭然若揭了。

俄帝對於與日本妥協，狼狽爲奸以侵略中國的原則是曾堅持甚久的，雖經日俄之戰，但一九一〇年兩國密約仍劃定「滿蒙」勢力範圍。十月革命以後，赤俄不僅繼承了這一原則，且更變本加厲以兩副面孔周旋於中日之間；既隨時在中國利用中國的反日情緒而表現假殷勤，又暗向日本遞送秋波。因此當「九一八」事件發生，國聯擬組織調查團前往現地調查日本侵略行爲時，俄帝竟聲稱嚴守中立，拒絕參加。一九三五年春，又不惜違反國聯「不承認主義」與僞滿成立出售中東路協定。一九四一年日蘇中立條約成立，旋又簽訂商務協定，不僅使日本解除北顧之憂專心侵華，且獲得許多戰略物質。這時，俄帝用「兩副臉孔」方法，以少數軍火物質售助中國以迷惑中國人耳目，藉使中共匪黨的陰謀計劃已逐漸達成了，同時又施使共「致送槍炮藉便開礦」的慣技，强迫我新疆省政府與簽「新疆錫礦條約」。並非法開採獨山子油礦，且誘迫新疆地方官吏脫離中國中央政府，另建立蘇維埃政府爲「蘇聯利益而奮鬥」（見外交部印行蘇聯對新疆之經濟侵略）。

日蘇中立條約的訂立，不僅解除了蘇俄兩面作戰的危險，且因此外交關係的維持，便利了俄帝隨時窺伺日本內部力量的虛實，因此當一九四五年二月，日本因力量不繼難以支持要求蘇俄大使馬立克轉達政府向盟國試探求和的時候，俄帝竟不爲轉告，竟欺矇中英美簽訂雅爾達協定及中蘇條約，獲得參戰代價後始投機取巧在日本決定無條件投降前八日宣告對日作戰。俄帝的行爲是如此，而其事後竟厚顏宣稱：「蘇聯對共同盟國拔刀相助對日宣戰，才使太平洋上交戰双方的相對實力，發生了急劇變化，終於縮短戰爭，提早實現和平」。這是完全抹煞中國軍民八年抗戰和美國海空力量及原子彈加於日本的損害的一大謊言；許多歷史文件的公布，俄帝投機取巧的詭譎行爲遂大白於世。而最使中國人痛心難忘的，就是俄帝在中國抗戰緊急時竟誘使新疆叛亂，又非法開採當地礦藏，以及進入我東北的蘇軍，殘殺中國官員，擄掠婦女金銀財物，强迫行使軍票的種種野蠻行爲，至於蘇軍久不依約撤退，最後在非法拆遷東北各種工業設備與違約以軍火裝備給予中共匪軍後始變相他撤。然「割據之勢成，天下不堪問矣」，這種史無前例的詭譎陰毒殘暴野蠻的罪行，不僅是中國人所痛心難忘的，就是世界上有理性的人士也是不能忍受的。

與俄帝詭譎陰毒行徑映成强烈對照的，就是民主「世界兵工廠」的美國以大量的軍火人員金錢物質經重洋冒萬險東運來中國，支援中國軍民堅持對抗共同敵人的戰爭，並聯合中國宣示世界和平人類安寧的永遠目標，逮對日戰爭勝利美軍在協助我接收淪陷地區以後就爭先恐後的趕回家園去享天倫之樂，不僅沒有因爲金錢生命的損耗而向中國索取代價（如開礦及最惠國待遇特殊勢力範圍等），且又以大量的善後救濟物質運來我國，協助我國善後復員工作。這一代的中國人目睹耳聞這些事實，又身受其祟後，都不禁要欽佩前一代長者的遠大見解：「中國有危難需要外援時是只有美利堅國為最可信恃的」；而「暗杜俄人示好中國」，以免其「藉口帶兵勦賊」，「分途蠶食上國」的遠慮也得明證。

（三）

時間是無情的，歷史的鏡子卻是永恒雪亮的，我們今日面對這一百年來的歷史鏡子，我們應該可以看出下面幾點：

第一：百年來中美傳統的友誼是如此，中國人對於「狡猾俄羅斯」的深刻認識也是如此；但是自一九四六年史達林要求我國完全排斥美國以與俄帝合作以迄最近維辛斯基指斥美援的爛言，俄帝及其走狗中共匪幫之大力宣傳「美帝罪行」，「大力洗腦」，「改造思想」，都是企圖用血腥的魔手塗汚歷史的鏡子，迷惑中國人的眼目，這一奸計是非常毒險的。但歷史的鏡子是好像日月一樣的光亮，有時烏雲黑霧甚或日蝕月蝕，雖可遮掩一時，卻無礙其永恒的光明；因此為針對俄帝這一陰謀，我們應該更詳細地宣講這一百年中美中俄關係的眞相，（尤其應該利用廣播向大陸多多播講），用太平洋的聖水，洗淨歷史鏡子上的血腥魔掌手跡。明鏡高懸，中國人對於恩怨是非能分辨明晰的。而延擱二年的我國控蘇俄侵略案近將由聯大討論並可能獲得通過，若然，更足證歷史鏡子是永恒雪亮的，國際會議的明睿認識，益足加强中國人民驅寇滅匪的勝利信念。

第二：整整一百年前（咸豐二年一八五二），中國第一部講論外國的書「海國圖志」就曾提示給中國人：「育乃士跌國（即米利堅國名）定必無打仗之意，無論米利堅人在中國如何吃虧，育乃士跌國家定必盡心調停平安，所以米利堅凡事俱能忍耐」。而咸豐十年曾國藩恭親王的言論又如上錄，中美傳統友誼之值得珍視是如此。現在美國又「決以全力協助中國實現自由康樂獨立之計劃」，並「由於日益加強之了解與友誼，美國共同安全計劃之實施，更可聯絡中美兩國在反抗共產主義災患的鬪爭中，成為一平等的伙作」（蔡斯將軍元旦祝詞）。美國朋友的這種好意是最令自由中國人民感激的。月前臺灣省臨時議會致電美國總統及國會，致謝美國的援助，足以代表「臺灣一般人民對於美援的看法」。但我們仍希望美國朋友們注意中國亞聖孟子和曾國藩的兩句話：「嗟爾而與之，行道之人弗受，蹴爾而與之，乞人不屑也」。「祇管耕耘，不問收穫」這是援助人的天經地義。現在雖在努力向西方現代化學步，但卻不是一蹴而可達到「西方標準」的，希望美國朋友不要以西方人急切事功的標準責速效於中國。

第三：上年五月三日麥克阿瑟元帥對美國會作證時說：「我自己個人的意見認為，百年來我們在太平洋鑄成的最大政治錯誤，便是允許共產黨徒在中國坐大」。這種虛心坦誠的檢討，是令人感動的。但由歷史鏡子的反映：今日遠東局面的形成，英國和日本在中國的種種行為，（尤其九一八以後日軍的寇擾致使剿共軍事功虧一簣）卻是給俄帝勢力闖入中國並縱使中共坐大的最重要因素。報紙傳來日本亟願與我簽訂和約，恢復正常關係，共同致力反共抗俄，與邱吉爾在美國會演說相信中國大陸將不過於長在匪幫控制之下的消息，使人興奮之餘，更誠懇的希望英國日本的主政者，勇敢地面對這歷史鏡子，正心誠意虛衷懺悔，檢討過去錯誤，重訂明智的新政策，與自由中國攜手，創造遠東的新世紀。

時間是無情的，但歷史的鏡子卻是永恒雪亮的，如果世人能勇敢地時時面對這明鏡，世界和平人類康寧的好日子，一定是可以很快來臨的。

自由中國學生權威讀物
學生
——半月刊——
新知識的寶庫
是教師們必備的參考材料
是家長們必需的優良助手
學生界的良友
社址：臺北市中正西路二十六號

鄭重推薦革新後的
香港時報
言論公正　報導正確
內容充實　副刊生動
歡迎訂閱另有優待
總社：香港高士打道六四－六六號
電話：二〇八四八
分社：臺灣臺北市館前街五〇號
電話：四〇一七

東南印務出版社
地址：香港高士打道六十六號
電話：二〇八四八
臺灣接洽處：臺北市館前街五〇號香港時報分社
—承印—
圖書雜誌
工精價廉
交貨迅速

論尼赫魯的外交政策及印度與中共的關係

孫宏偉

印度之有獨立的外交政策，是一九四七年八月印度正式獨立後的事，由於環境和歷史的因素，形成了印度外交的基本原則，那就是尼赫魯所强調的所謂獨立外交政策。依據這個原則印度不願介入任何世界集團，不論英美集團還是蘇聯集團。印度由於她以往受英國長期的統治，對於西方帝國主義和殖民地主義者仍存戒慎恐懼的心理，惟恐千辛萬苦得來的自由和獨立，會因爲接受西方國家的某些援助，或參加西方國家的某些外交結合而再度受到限制，或竟喪失。反之，印度對蘇聯所僞裝的民族平等的思想却感到情感的親切。美國的黑人政策和南非的歧視有色人種政策，在印度人看來，都是帝國主義無可恕免的罪惡。此外印度的軍略地位也是迫使印度採取獨立外交政策的一個原因。印度北境和蘇聯毗隣，整個印度都在蘇聯的轟炸範圍之內，如果想避免戰禍，自非採取中立的政策不可。

尼赫魯曾闡明他在聯合國中不和任何强國結合的原因。他說印度不應犧牲同情被壓迫民族的理想和立場，遷就某一强國集團。最有利於印度的外交政策，莫過於爭取世界億兆人民的同情和期望。印度決不開罪任何國家，也不與任何國家衝突。這種獨立的見解和獨立的行動終久會受到國際的尊重。但同時他又特地聲明，凡經濟和軍事的援助印度是歡迎的，不過這些援助須無損於印度的獨立與自尊。這說明尼赫魯的外交政策是徘徊在獨立路線和外援兩者之間；他既不願意放棄民族自尊心而改變獨立外交政策，同時又希望能順利獲得外援，以爲國內經濟建設之用，如何使二者得兼，的確是印度外交上的難題。印度外交政策之標榜和平是無可厚非的，印度基於以往獨立運動所奉行的傳統非暴力主義，和獨立以後的一切政治，社會，經濟建設迫切需要長時間的和平，乃是無庸置疑之事。戰爭只有使印度瀕於經濟破產，並帶來種種災害，不僅內部政治和社會的壓力將因此而急遽增加，甚至使印度變成世界大戰的戰場。

據尼赫魯自己的解釋，印度所以要採取獨立的政策，一方面是因爲印度自己有悠長的文化和歷史背景，不用阿附歐洲一切文化的傳統，而放棄自己獨特的處事和做事方式；他引用甘地說的一句話：「不論什麼地方吹來的風我們都不應當讓它動搖了我們的脚跟。」他認爲放棄獨立政策，不僅對印度本身不利而且還要影響到世界的和平。因爲假如印度這樣做，就要喪失了促進世界和平所可能產生的影響和力量。『我們的主要賭注是世界和平，是種族平等，是被統治民族的獲得自由，此外我們並不想干涉人家的事情，當然也不願人家干涉我們。但是假如人家干涉我們，不論是軍事的，政治的和經濟的，我們都要加以抵抗。』尼赫魯企圖在今天兩集團均勢中發生一種影響和決定的作用；他認爲只有這種不介入不倚附的外交政策，才是印度最有作爲的外交政策。其實這一政策，並不是尼赫魯本人的創見，它何嘗不是歐洲外交傳統的一部呢?!多少年來，英國就採用這一個政策來操縱歐洲大陸國家的均勢，打着尼赫魯先生一樣如意的算盤，自己站得遠遠的，企圖超然局外，避免任何條約上的拘束，但到萬不得已時，也只有親自加入，來維持一個均勢的局面。英國用這樣的方法操縱歐洲大陸國家近百年之久，但時至今日由於歐洲各國本身重量的變化，就是自己加入平衡，有時也難發生作用，至此，大不列顛王國也只有徒呼負負，降尊紆紫仰仗他人的德威了。

尼赫魯的外交政策理論上是一個極理想的政策，既切合印度的實際利益，又合乎道義的準繩。而問題所在，乃印度本身是否能擔負起這一個重任？有沒有足夠的力量足以維持世界和平？這是一個無待分辨的問題。尼赫魯說：『假如人家干涉我們，我們必須加以抵抗。』尼赫魯政策的成敗利鈍，也就在於他是否能避免這一個假定中的「外來干涉」。他一方面承認印度爲應付各種可能損害及印度自由和生存的危險，必須準備戰爭，另一方面又作墨子式的非戰主張。一方面要實行自己的獨立政策，另一方面又要人家的經濟援助。這些互相矛盾的理論，是否可以並行不背，是很值得懷疑的。

尼赫魯獨立外交政策的另一基礎，是對於亞洲問題的看法。他認爲印度是亞洲領導國家之一，國際間任何關於亞洲問題的決定，印度的意見應當受到特殊的尊重。亞洲民族在以往二百多年，由於科學和工業的落後，淪爲歐洲的殖民地，但時至今日，這一階段的屈辱歷史已經告一結束，今後在世界舞臺上，亞洲國家將佔一極重要的部份。印度由於地理的位置和人口的衆多，毫無疑問的，今後不論是在東南亞、中東和遠東，都佔一個極重要的位置。亞洲多少年以來，一向被西方國家漠視，直到現在，在聯合國中亞洲問題仍沒有得到應有的重視。所謂亞洲問題，乃如何恢復自由及歷史地位，和如何計劃並開發其經濟。印度所關切的乃上述亞洲民族本身的基本問題，而不是歐美國家的强權外交的怎樣縱橫捭闔。基於上述看法，尼赫魯有關東方的外交政策，常以亞洲民族的領導自居，認爲捲入歐洲紛爭之內是不智之舉。

以上所說的尼赫魯外交原則，是決定印度對於中共態度的基本立場。他當取得和維持這一個中間的地位，必須以最大限度的忍耐和他的隣國相處，以避免關係惡化後所可能降臨的「外來干涉」。環顧印度的四隣，除巴基斯坦外，有阿富汗、尼泊爾、蘇聯（中間尚隔一小塊阿富汗土地，但由於蘇聯控制新疆之故等於接界。）和中國的西藏與新疆。和蘇聯幾乎接界的地方是喀什米爾，它的主權問題到現在還沒有決定。阿富汗、尼泊爾和印度有傳統友好的關係，巴基斯坦的力量則尚不足構成威脅。因此，事實上印度唯一的主要鄰國就是被中共潛竊的中國。

中共的「友誼」對於尼赫魯政策的成功和失敗關係太大了；沒有中共的「友誼」，印度就要面臨尼赫魯所恐懼的「外來干涉」，這一個「外來干涉」不僅可以摧毁印度經濟的命脈，並使印度在與巴基斯坦的內爭中處於極端不利的地位，而且尼赫魯所幻夢的調和東西兩集團的美夢都將隨風俱去。然則尼赫魯所以那樣極意取悅中共是有其苦衷的。

一九四九年十月一日僞中共政權成立，印度政府於十二月三十日率先予以承認。印度的承認中共，據尼赫魯的迭次聲明，並不是因爲印度對於共產主義存有好感，而是因爲印度必須承認已成事實，必須將他的政策修改以合乎實際情形，這一個看法和英國的承認中共如出一轍。

基於印度的特殊立場，所以對中共的討好政策較任何國家來得積極。她不僅是蘇聯集團以外，首先承認中共的國家，在聯大每次討論中國代表權問題的時候，她也是蘇聯集團以外主張中共加入聯合國最力的國家。無疑的，這都是爲了爭取中共的「友誼」並且希圖藉支持中共以取悅蘇聯，見重英美。尼赫魯曾自認：「印度是其他國家通中國的窗戶」，這一句話包含了他外交政策的全部意圖。

迨去年十月間中共宣佈進兵西藏，尼赫魯政策首次遭到打擊。這使尼赫魯恍然知道和中共的友好關係並不像他所想像中那樣容易維繫。當時機成熟之時，中共的魔掌會毫不遲疑地伸向印度國境的邊緣。在共產的字典裏本就找不到友誼和感情等字樣的。

德里政府爲中共進兵西藏事件，曾經數次行文北京的政權表示「訝異」和「遺憾」，但中共的覆文是，出兵西藏爲「中國內政問題」，因爲「西藏有敵視中國的外國勢力存在，阻礙了西藏和中共對於他們未來關係的和平解決。」印度對中共的進兵西藏，是惴惴不安的，但幾經考慮之後，尼赫魯終於遷就事實，逆來順受，他表示『中國對西藏享有宗主權，但西藏亦應有權享受自治，此一事件的處理，應當由談判方式，不應當由軍事解決』。之後尼赫魯再度放低論調，他說：『中共的佔領西藏，並不構成對印度的軍事威脅。印度只是不喜歡這種做法，但無意加以干涉，事實上也無法干涉』。迨最近中共宣佈進佔拉薩和中共在印藏邊境佈防消息傳出後，我們不僅沒有聽見德里方面的抗議，反而聽到印度在西藏的合法通商權益不受影響的一類聲明。這足見德里在中共不侵犯印度的條件下，將不惜委曲求全，作極大的讓步。

韓戰延遲了中共侵略東南亞和滲透印度的日程，但印度極力斡旋韓戰的結束，這不啻是歷史上的一個諷刺。印度所以要斡旋韓局，固然是爲維持世界和平，但也未始不希望韓戰的結束能使中共掙脫蘇聯的羈絆，因而可以避免蘇聯通過中共而威脅到印度。基於他站開兩集團紛爭的原則，自韓戰開始以迄於今，印度始終維持其超然獨特的立場，當聯合國通過支助南韓議決案時，印度即未參加投票；她不惜向美蘇建議，以中共加入聯合國爲條件，尋求韓戰的解決；迨後聯軍收復南韓失地，逡巡於卅八度線，尼赫魯發表聲明反對聯合國軍隊越過卅八度，並主張立即結束韓戰。數月以後中共參戰、共軍復越卅八度南下，尼赫魯當復再度斡旋和平，他贊同亞拉伯及亞洲集團國家的建議，不譴責中共爲侵略者，而以七國會議（包括蘇聯及中共）代替五強會議，共謀遠東問題之解決，這一連串事實，充份的證明其在美蘇兩集團間確是奉行獨立的外交政策，對中共則一直持友好和庇護的態度。其所以如此乃由於前面所分析印度的外交基本政策的影響，然除此以外，還有其他幾點現實利害的關係，如內部的經濟困難及喀什米爾問題的爭執，都構成了印度對外政策尤其對中共的態度之決定的因素。

尼赫魯始終對巴基斯坦是抱着厭惡和嫉視的態度，他在一九三六年寫的自傳中，根本就否認印度有「回教民族」和「回教文化」的存在。一個國家內產生一個國家，他認爲無論在政治上和經濟上均屬荒謬；他憤慨的指出，宗教的信仰並不是構成國家的要素，如果在印度成立了一個回教國家，那無異於放棄近代文化而再回到中古時代。在他一九四〇年增入自傳內的「五年以後」一章中，他更明白的指斥眞納的「兩個國家」理論。他認爲印回的爭殺，並不是一個宗教的問題，而是主張自由、統一和民主的印度者和若干反動封建份子間的一個政治鬭爭。後者企圖藉宗教的掩飾保全他們的特殊利益；以此爲目的的宗教，實是所有社會和個人進步的一大碍礙。

由於巴基斯坦的成立，尼赫魯的統一印度之幻夢，也隨之而湮滅；他原認爲絕對不合理和絕對不可能的事情，因迫於實際環境，終究成了事實；這對於尼赫魯，對於印度當然是一件極端遺憾的事。

關於喀什米爾問題本身的情形和背景，不在本文討論的範圍以內，這裡所要提到的是印度對喀什米爾問題，主要是爲了國家的體面和威信。這當然是間接的受了大一統印度思想的影響。一直到現在印度不革有主張合併巴基斯坦的 Mahasabha 一派，而且他們的勢力還在逐漸增長之中，可能威脅到溫和派在國大的地位。因此，印度對於喀什米爾問題的爭執，感情的成份居多（也許一部分因爲尼赫魯自己是喀什米爾人），而實際的利害則較少。反之，喀什米爾不僅控制了西巴基斯坦的水源，而且也是巴基斯坦的主要原料供應地和銷貨的市場。就人民說，絕大多數是回敎徒。但喀什米爾王公是印度教徒，他違背當地回教徒的意志，向印度政府請求歸併，於是印度政府表示欣然接受派兵進駐喀地，於是造成了喀什米爾問題。中立的看法，似乎巴基斯坦的要求較爲理直氣壯，而且海特拉巴 Hyderabad）邦不也是因爲該邦回教王公不能代表當地大多數印度教徒的意志而歸併於印度嗎?!但是喀什米爾問題，並不曾得到同樣的處理，這問題實際隱存了整個印度對巴基斯坦的態度。一天印度領導者沒有放棄掉他大一統印度的思想，印巴的關係是很難得改善的，印巴的對立一天存在，印度就一天不能夠開罪中共，他的討好中共政策是要繼續下去的。

其次就印度內部經濟情形來說，也是困難重重，由於她的中間政策，印度政府得不到美國資本協助推行其迫切的工業化計劃；工業化問題不能解決，印度的經濟問題也難解決，由此更帶來了許多問題，如貧窮，如糧食生產不够，如物價高漲，如工業品供應等。經濟問題一天不能解決，印度人民的生活程度就一天不能提高。人民生活不能提高，再加以千餘年遺留下來印度的階級制度，宗教思想，封建遺毒和社會貧富對立的現象，於是印度便將成爲共產主義極理想的溫床。

印度本身內部的弱點，使印度政府不敢採取任何偏激的政策，誠如尼赫魯所云：『任何企圖使我們過分偏於某一方面的主張，都足以造成我們本身的困難，引起國內反感和衝突，這對於我們自己或其他國家都是沒有什麼好處的』。

綜觀上文的分析，我們對尼赫魯的外交政策以及印度對於中共的態度，出於同情的立場，自然可以明白其苦衷之存在。但是我們不能不予指出的，是尼赫魯顯然忽視了一個更重要的前提，那就是共產世界是否能與自由世界和平相處？共產國際之征服世界的野心是否能爲尼赫魯之「婆心」所可改變？當極權之赤流氾乎亞洲之際，印度數十年奮鬪而來之自由是否還能確保？聰明的尼赫魯先生對這些問題應該有一個明確的了解，那麼他所依據的外交的原則是應該作重大修改的時候了。我們站在中國自由人民的立場，不能忘情於中印兩民族間兩千年來傳統的友誼，尼赫魯先生戰時訪問重慶的往事至今還留在人們記憶之中，以亞洲民族的立場尼赫魯對中國人民應該有較深的認識，何竟當中共暴政苛虐中國人民的時候，尼赫魯却阿奉中共以助桀爲虐，這不僅背棄中國人民的意志，違反印度先聖甘地的精神，更將使印度本身有遭致狼犬反噬之危。難道尼赫魯還不應該考慮修正對中共的態度嗎？

本刊園地公開
歡迎讀者投稿

（上接第19頁）

切自無論矣，否則，他既是希特勒戰場上的征服者，又將是斯達林戰場上的征服者。假定下次大戰爲人類最後的一次戰爭時，那麼當仁不讓，他便是人類戰爭史中最大的英雄，最後的勝利者。拜倫、喀萊爾、或貝多芬的詩句和音節是够誘人的。這是艾森豪威爾舉棋不定的原因之一。反之，放棄一條平坦的大道不走而蹈荊棘，攪進政治的高丈旋渦，若能十拿九穩，有絕對把握，還有放棄熊掌而直追哩魚的價值。但眼前就是一道難關，塔虎脫聲勢赫赫，若萬一在提名時爲塔虎脫擊潰，則一世英名，就將付諸流水了。這是艾森豪威爾舉棋不定的另一原因。但家蘭總沒野蘭香，軍人出身的老幹行伍總不過癮，若能脫下戎裝，幹上四年泱泱大國的總統，若能政績輝煌，那是多麼過癮的事情！於是這位在假的哥倫比亞大學校內的心神陷於迷惘了。當本月七日這位五星元帥發表正式聲明以答覆他的擁護者時，雖舊調重彈，說了一大篇邏輯效能的話，但中間却突然岔出一句，自認美國總統比他「目前所擔任的職務實屬優越」。字裡行間，在在繪出此公戀愛白宮的影子。

所謂「謎」，原就是製造出來令人迷惑的。但揭穿了，也就沒有甚麼稀奇之處。艾森豪威爾之是否競爭提名，要看提名前的形勢而定；杜魯門之是否自動騎驢回家，要看演變中的艾森豪威爾而定。祇有塔虎脫的長鼻子（象）是堅强的伸出來了。杜魯門、塔虎脫、艾森豪威爾，一驢、一象和一匹雜種的騾子，究竟看誰跳的高，在以下幾篇通訊中，記者將提供一些藉供觀察的材料。

推薦在港出刊之三日刊
自由人
香港高士打道六六號
電話二〇八四八
當天空運到臺
臺北經銷處
中華路一二五九號

自由中國通訊

候選人提名之謎

紐約通訊・一月十六日

——閒話美國大選（二）——

本刊特約通訊記者　曾英奇

獲得兩大政黨之一的全國性的提名，是登向白宮寶座的第一步。設若這一步成功，即使大選時再被選民的票流冲下來，也已名滿全國（自三十年代後應該說名滿全世界），在反對黨黨魁生活的歲月裡，說起話來份外地有力量。但「獲得提名」豈是容易的。首先，共和黨的老象原則上就不准吃回頭草；在全國選民之前競爭失敗了，那怪你無能，以後休想再做這個夢。一個最近的例子：一九四四年的威爾基就這樣悲慘地失敗了。到現在爲止，祇有杜威州長算是一個例外，而形成這個例外的因素更不是簡單的。其次，在進入全國大選提名以前，各黨的各州支部還要來一次提名候選人的初選大會。有志於逐鹿者，若不能在四十八州的初選大會上佔到相當地位，那就是告訴他說：可愛的麋鹿已經從他面前蹓跑了。外國人常常罵美國的總統庸碌，草包，其實美國自有史以來三十四個總統，連自來被認爲最惡劣的格蘭第（Gen. Grant）和哈定（Harding）也算在裡邊，絕沒有太草包的。因爲幸運之神絕不能領人一路子，僥倖闖關也祇能一兩道；然而道道關口有驍將把守，凡夫俗子焉有一帆風順之理？

喧鬧一時的所謂「進步黨」，自華萊士脫黨後，看景色是提不出候選人來了。其他各小黨更不必說，充其量不過湊湊熱鬧而已；眞正的好戲還得由「民主」、「共和」兩大黨來唱。上述兩黨的全國候選人提名大會已經決定七月間分別在支加哥舉行，可是相去還有半年的今天，各地初選大會已經鬧得如火如荼，令人感到眼花撩亂；而更其複雜的是兩個可能的最重要的主角——杜魯門和艾森豪威爾，老是躲躲閃閃，景象更顯得撲朔迷離，令人莫測高深，形成了這一屆總統候選人提名的老大謎團。本文的目的即在試圖將這個惑人的謎團加以揭開。但這裡必須聲明的是：在記者計劃的一系列的通訊中，這個題目應該擺在稍後的位置上。因爲它需要一些先行的材料，才能信而有徵，否則盲目瞎猜，便失掉了研究問題的意義。而現在所以把它移到前面討論的原因，完全是爲了滿足讀者好奇心的需要；因爲目前在美國，人們第一個要求「預言家」回答的，不是誰將爲一九五三年的總統，而是誰將分別被推爲一九五二年兩黨候選人的問題。美國人的心情如此，「人同此心，心同此理」，我想美國以外的人也不會例外。因此，記者通訊題目的編排，乃不得不前後倒置了。

一、誰够資格並有意作候選人？

目前在民主及共和兩黨的要政裡面，够資格做候選人的很多，但却不一定都願意做；而願意做的人也很多，又不一定够資格。而眞正够資格又願意做的人乃屬廖廖無幾。

這類人物近半個世代以來，共和黨恒較民主黨爲多，那是因爲後者連續執政太久的原因。目前在民主黨中，具這種資格、而懷有此念頭者，除了杜魯門外，僅祇大法官道格拉(Douglas)、參議韓夫雷(Humphrey)、馬克馬洪（McMahon）等廖廖數人而已；而反觀共和黨則人聲鼎沸，滔滔皆是，其中最著名的是參議員塔虎脫（Taft）、紐約州州長杜威(Dewey)、賓西法尼亞大學校長史塔生上校（Capt. Stasson）、加里福尼亞州州長華倫（Warren）、和北大西洋聯軍統帥艾森豪威爾將軍（Gen. Eisenhower）。讀者在這裡必然要問：那麼，麥克阿瑟元帥呢？記者可以很有把握地回答這個問題：老麥克實在沒有這份興趣，而同時他也不够資格了。從麥氏和他的私人顧問惠特奈將軍（Gen. Wittney）的屢次聲明中，說他沒有競選總統的興趣，讀者當比較地容易相信，然若說是此公不够資格，國內的多數讀者將要不禁瞠目咋舌了。然在這裡我要提醒讀者的是，我說麥氏之不够資格並不等於說他不够聲望。論聲望，他比任何人都不在以下，但那不是充足條件；而我的所謂「資格」，也並不包含法定成份，只不過是一種習慣的義意罷了。在習慣的意義上來說，麥克阿瑟已失掉被選爲總統的資格了：第一、年紀太大。到明年三月新總統就職時，他已屆七十三歲的高齡，這樣的年紀在英國做首相是頂够資格，而想在美國做新總統則絕不可能。第二，性格太古怪，更眞切一點說，表情太嚴肅。美國眞是一個道地的民主國家，在這個國家裡，除了日漸消滅的對有色人種的歧視以外，人們尊卑貴賤之分，可以說簡直是沒有了。所謂總統，在他們看來不過是一個 Boy而已。過去羅斯福做總統的時候，每到那裡參加群衆集會，人們總要叫他唱那個「你是個有趣的家伙」（"You are a jolly good fellow"）的民歌，而這位先生不但怪聲高唱，並且在競選演說時往往把他的狗都扯到裡面。其趣味橫生可以想見。但這並不失其為美國偉大總統之一的身份，不但不失其身份，反而是美國人所需要的典型的好總統。讀者從照片上或者會覺得傑克遜和林肯的面孔都太嚴肅，其實不然；前者是美國頂浪漫的總統，而後者性格的溫和則有如處女，絕無麥克阿瑟或馬歇爾那種裡外一致的鐵青模樣。即僅由這兩點來說，麥克阿瑟之無法角逐一九五三年（指就職日期言）的總統，就已經後天和先天地注定了，而況還有其他不利的因素呢。

截至記者著稿時為止，兩黨政要正式聲明要參加各黨候選人提名者，在共和黨有塔虎脫、華倫、史塔生等，而民主黨中僅韓夫雷一人而已。在這幾個人中，除了塔虎脫外，餘均不足道。韓夫雷在其首次宣佈將參加民主黨候選人提名時，就已經公開表示，他醉翁之意不在酒，而在一九五六年之間，這次不過跟杜魯門配搭配搭而已。華倫惜乎生的太早，以位於西海岸的加里福尼亞州州長的身份出而競選綜攬全國庶政的總統，到廿世紀末尾或者大有希望，但在五十年代的今天則絕不可能。史塔生雖自命，並且實際具有進步份子之名，但無論如何他總是演唱小生的一流角色，小巧玲瓏，不能滿足富有誇大狂的美國人的胃口。特別是處在今日這個艱巨的時代，他如何能勝任愉快。在前面所提到的夠資格而有心願者，除了杜魯門和艾森豪威爾外，還有共和黨的杜威及民主黨的道格拉斯和麥克馬洪等三人。杜威已經光榮地失敗過兩次，在上次被杜魯門擊敗後的記者招待會中，他曾慨然說他以後將不再參加總統競選了。但口頭上宣傳式的說是一回事，實際上摸索地做又是另一回事；讀者當知道我們中國歷史上趙匡胤黃袍加身的故事，假定到某一天實際的環境需要把黃袍披到他身上，那時候他自有話可以解嘲。自從杜氏第二次逐鹿失敗後，銳敏地觀察家都認為此人口是心非，未必肯從此了事。雖則記者對這種觀察也具有同感，但若說杜氏將於今年再度崛起，連續作第三次的競爭，也未免有點過火。年來杜威在政治舞臺上雖仍甚活躍，但截至目前為止，他除了表示一心一意支持艾森豪威爾競選外，絕口不談自己。以記者觀察，此君也是醉翁之意不在酒，而在一九五六年之間。原因是他已經失敗過兩次，所好的是雖敗猶榮，但若再連續着失敗一次，那就要一蹶不振，永遠再爬不起來了。反正他現在還年青（五十歲），等杜魯門下臺後，再幹不遲。至於道格拉斯，本來是民主黨中之皎皎者，後來居上。但由於他最近一年多來常發謬論，頗為黨中人所不喜歡；另一方面由於杜魯門的遲遲不表明態度，於是他也就默默無聞了。麥克馬洪到是一顆慧星，但羽毛不夠豐滿，自難在高空中飛翔。

二、兩主角的隱憂

現在三尺之童都知道杜魯門，艾森豪威爾和塔虎脫是競爭提名的主角。主角身價總是高人一等，八擡大轎份外難擡。這裡我們且不管「三七二十一」，打開轎門看看官老爺的眞面貌如何吧。

塔虎脫最直截了當，早在幾個月以前就已經肯定地表示了他的願望，眞不失為名門之子；大大方方，絲毫不拖泥帶水。假使他的父親、老塔虎脫總統地下有靈，也必含笑額手曰：此子有後望焉。可是賣領帶出身的杜魯門和當兵起家的艾森豪威爾卻都沒有這份大方。雖千呼萬喚，仍懷抱琵琶，遮閃不已。所謂「候選人提名之謎」者，即完全由此二公羞羞嗒嗒所造成。

杜魯門已經快要做完兩任總統，論到政績，雖不能算出類拔粹，但也頗不尋常。照新修改的憲法規定，只要選民捧場，他還可以再幹四年。若說富蘭克林不願做總統有人信，說約翰·杜威不願做總統有人信，說那些大王們如洛克裴勒（Rockfeller）、卡內知 Carnegie 福特、（Ford）和摩爾根（Morgan）等不願做總統也有人信，但若說一個已經自告奮勇地做了兩任總統，而又沒有華盛頓那種顧慮和心情的人，而不願再幹一任大有作為的總統，卻絕無人相信。盡管杜魯門假裝鎮定，絕口不談。但他的五臟六腑，明眼人一看就可以看得出來。杜魯門絕非尋常之輩，政術玩得實够巧妙。他之所以遲遲不肯宣佈是否將從事下一屆總統競爭的原因，完全是因了艾森豪威爾的關係。艾森豪威爾年來的聲威在美國眞是了不得。在黨籍上，他既不屬共和黨也不屬民主黨，不分階層，不分地域，不分膚色，普遍為人所歡迎。假定艾氏出頭，杜魯門明哲保身，絕不願以最後競爭失敗的身份收場。因此杜氏乃受意其親信，散佈流言：說杜氏認為艾森豪威爾思想進步，可執行其既定的外交和內政政策，因此極願選艾氏為其繼承人。那意思是：祇要艾森豪威爾出頭，不問代表民主黨還是共和黨，都可以繼續執行他既定的政策，如此他可以榮歸密蘇里了。其實，萬一有那一天，天知道他騎在回家的毛驢子上是甚麼心情。杜氏並同時讓他的徒衆散佈另一種流言：說杜魯門最不放心的是塔虎脫。因此，假定塔氏被推為共和黨的候選人，那就是十部柴油汽車也拉不住他再度競選的決心。從字面上看，多冠冕堂皇，其實啞吧吃餃子，杜魯門心裡有數。在艾森豪威爾和塔虎脫相形之下，後者自然比較地好欺服；四年前在費拉德斐亞共和黨的提名大會上，塔虎脫已經是杜威手下的敗將，而杜威尚且為杜魯門所擊敗，而在杜魯門看來，塔虎脫在勞工界已聲明狼藉，較杜威尚且相形見拙，如何能與我老夫子分庭抗禮。而現在的情形已經非常顯明：若艾森豪威爾不出而為共和黨撐門面則繼起者必為塔虎脫。塔虎脫既然不堪一擊，於是雖十部柴油機的汽車，也就拉不住杜氏的再度逐鹿了。

至此讀者可知杜魯門之是否參加這次大選，實與艾森豪威爾元帥的態度有密切關係。那麼，艾森豪威爾呢？這又是一個謎。

到現在為止，艾森豪威爾已經是美國有史以來最得人望的軍人，而在西歐世界，更普遍地得到好感。若他不出而競選總統，則在可能的第三次世界大戰中，他又是全歐聯軍的最高統帥。若民主國家最後歸於失敗，一

（下轉第17頁）

東京通訊

日本再軍備觀

余蒼白

一

日本重整軍備的問題。是每一個關心世局的人士，尤其是東南亞的人特別注意的問題，不管你對這問題的主張，是贊同還是反對。贊同的固然希望知道，反對也應該知道。關於這個問題，最近有許多新發展是值得予以報導的。舉幾個最近的事實：久留米的戰車學校新近成立了，類似士官學校的陸軍幹部學校在計劃了，警察預備隊又有大量舊陸海軍少壯幹部入隊了，警察預備隊又要增額五萬人左右了，北海道雷達網完成後，美日已經合作管制了……。從這些事實的發展，我們便不難看出重整軍備的蛛絲馬跡了。

現在我預備從純客觀的立場上分析這一問題可能發展的趨向，以供關心此問題的人士們作爲研究的參考。首先，我們得概觀一下關於這一問題的日本當局者的主張。這些主張當然是和美國當局所企求者有着密切關係的。

二

去年一年中日本朝野的政客們所草擬的重整軍備案很多。芦田均對於這問題是最感興趣的一個，他所擬的方案被稱爲芦田案，此外，木村喜八郎（參議會有力議員之一），新財閥渡邊，鐵藏也都很感興趣，因此又有所謂木村案，渡邊案。這些是比較著名的一些，其餘各家的方案名目繁多，何止數十。以上所舉幾個方案都有詳細的數字和逐年增大的計劃，而且都曾經送給美國當局看過。其中渡邊案是去年年底（十二月十九）請吉田轉達杜勒斯的。吉田雖只表示對此深感興趣而沒有爲之代轉，其實他早經偷偷送給杜拉斯看過了。

我無暇提及這些方案的內容，只能單就吉田案的內容約略予以介紹，因爲他是日本現政府的首相，執政的自由黨黨魁，他的意見當然是代表官方的。

吉田案實際就是岡崎案。我所以名吉田案而不名岡崎案，因爲岡崎之起草此案是奉吉田之命，同時又由吉田據以和杜勒斯李奇威商談了的。這案的要點如下：

（一）由美國駐防軍負防衞直接侵略之責，日本警察預備隊負防衞間接侵略之責。爲達成這一連關的任務，應由双方防衞首長和經濟方面的主持人共同組成一個有關防衞的最高機構。

（二）這一機構的性質，據說和傳說中的什麼共同委員會（作爲行政協定的實施機構）不同，它的職權將包括軍事生產計劃和再軍備計劃等最高計劃的製訂，是含有高度機能性的。

（三）現有警察預備隊至今秋將增至十五萬以上，同時增置大砲戰車等最新式武器（一說將以這十五萬人爲中心，附空軍千五百機，軍艦二十萬噸，合計成爲國防軍二十萬）。

（四）新式武器由美方貸予。目前所有武器雖由美方貸與而關係未曾明確化，此後應由美方根據海外援助法案使其法律化。

（五）爲劃清駐防軍和警察預備隊的聯防關係，將日本全土劃爲六至八個防區，並附有詳細配備計劃。

這些是該案透露出來的大概，確否未敢保證。這案是岡崎勝男會同辰巳榮一（舊中將），下村定（舊大將），河邊虎四郎（舊中將），和堀悌吉及榎本重治於去年十二月九日製成的，第二天就交給吉田。岡崎現任國務大臣，有行將改任外務大臣之說，在那時還是內閣秘書長。辰巳曾充吉田駐英大使任內武官，是吉田軍事上的第一個智囊。他和下村都是吉田的老鄉，前年以來就和吉田常常互談未來整軍的計劃。此外都是吉田不拘名義的軍事顧問，除榎本海軍出身外，其餘都是舊陸軍將官。乘便值得一提的還有二點：（一）在方案的商討期間吉田也常常出席，地點初在外務大臣官邸，後因爲人察知，改爲秘書長官邸；（二）該案是用英文提出的，原名叫做 New Defence of Japan（日本新防衛案），目的在使杜勒斯可以看懂。

三

現在要問的是，吉田已經提出了這樣一個方案，他的眞意在那裡呢？他不是說過「日本不應再軍備」嗎？這就是我們要進一步分析的。

不錯，吉田是常說那些話的。他最明白的表示是去年十一月廿七日在國會上的一次。他說：「現在沒有考慮到再軍備。縱使到了被迫而非再軍備不可的時候，我還是認爲不應再軍備的，同時也可以斷定政府是不會這樣做的」。他同時又說：「日本要自衞的，但是不再軍備」。他說那些話，據說是根據這樣的理由：（一）日本目前沒有再軍備的力量；（二）國民感情還沒有到協助軍備的程度；（三）上次大戰中日本國民作戰傷亡者爲數甚夥，在日本政府對這一般人及其家屬的救濟沒有實現前，不能希望國民有獻身的熱誠；（四）賠償問題沒有解決前，再軍備會引起賠償問題的麻煩。這些理由確是他常說的，倒不是什麼秘密。

可是這些是眞心話嗎？據我的看法，就全體看，這些理由都是對於美國的撒嬌，就個別說，除第一點外都不是眞話。「撒嬌」之理不必詳釋的，要人家出錢必須舉出許多的困難。說謊嗎？似有一叙的必要。第一，「國民感情」究竟是指那些「國民」的感情？去年下期讀賣和每日兩大報曾經有過測驗。據說國民百分之七十是贊成再軍備的。百分之七十是大多數，這是民主政治的表現，那麼吉田所說的「國民感情」究竟何指呢？第二，「戰爭受害者的救濟」事實已經在進行，預算已經列入了。如果還欠多，再加幾百億也無碍於日本目前的預算方針的。這樣一來問題不是可以解決了？第三，「賠償問題」的麻煩者只有菲列濱，印尼和越緬。這些麻煩只要日本政府對於軍備問題乾脆些，我敢擔保美國必然會出來打圓場。又何況日本對於他們的要求打定主意在敷衍，這只要看最近在交涉中的無精又無彩，使交涉對方爲之啼笑皆非，就可以明白的。

歸納起來說，那些無非是對美國撒嬌而已，說得剛性點，簡直是「竹槓」。撒嬌的目的最後是要美國自動的大量援助。因爲不如此，美國是決不會自動開口的，這只要看美國這三年來對於日本的經濟和金融政策的強力指示和雷厲風行的用意就可以明白。這一經過說來太複雜，三言兩語是弄不清楚的，只好止於一提。

四

上面所說的只就吉田所謂理由者作一解釋而已。我認爲吉田所以說「要自備的，但不再軍備」的眞意和眞理由主要有四點：(一)經濟力的不够；(二)憲法問題的麻煩；(三)國內體制尚未脫離被佔領狀態；(四)吉田個人的心境。

第一點，吉田自已承認，誰都應該會承認。美式裝備一個師（一八、三九三人）只是兵器需要三、八二四萬美元（見 Fortune 一九五〇年十二月號，現在還不够），而籌備費，營舍整備費，行政費和其他平時維持費等且不問。日本這時何能一時成立許多師團呢？況且還需要海空軍及其關連的設備，當然非美國充分援助不辦。

第二點，新憲法第九條規定日本「不保有陸海空軍及其他戰力」。要眞正整軍，這條憲法非加以修改不可。這條憲法遲早是要修改的（不止這一條），可是據我看，日本政府在等美國的開口。爲什麼呢？這憲法是麥帥總部僅僅十天草成後硬要日本政府十五分鐘內承認的東西（詳見 Mark Gayn: Japan Diary）。逼宮時吉田也在場，一座面色若土而驚絕，然而終於承認了。這一秘密迄今双方守口如瓶而未洩。美國給他那樣的難題，現在該到回敬之時了。去年五月三日李奇威曾經替麥帥和華盛頓提出解決辦法過（見五月三日總司令官李奇威聲明全文），然而我們不能不疑問，以李奇威的身份和那聲明的措詞，此時的日本政府是不是認爲已够分量了呢?!

第三點，關於「國內體制」問題，盟總當局現在雖已在放寬對日本的管制，對各種關於行政，治安，產業和勞動關係的法規已續有修改，給日本逐漸恢復自主，但距完全自主還有一些距離。這一意義和共經過說起來話長，姑不贅述。

第四點，「吉田個人的心境」說起來頗有趣。這一問題也可以分爲二方面談：其一是吉田對於舊軍人無好感，其二爲舊軍人對吉田也無甚趣味。吉田戰時曾被軍閥關過四十天是事實，據說因此對於舊軍人大抱反感。吉田個性强，自視高，榮譽心大，這一心理推測不能說它沒根據。至於舊軍人對他呢？地位太高的不肯低頭，地位不高不低的也不願低頭。現在地位不高不低的舊軍人中以服部卓四郎一系比較最有組織和辦法，奉已故石原莞爾遺教爲教條的所謂東亞聯盟系和他們有關係，以「潛行三千里」和對美抨擊而成名的辻政信一派和他們也有關係，潛勢力據說頗大。服部一派和鳩山一郎有緣而懶走吉田之門，更招吉田之厭忌。這一些，可以看出舊軍人的動向。吉田之意非要重造新幹部不可，如果允許他有長期執政的機會。吉田曾經透露過：「舊海軍的優秀人才在太平洋戰爭中幾乎完全犧牲了，這也可以說是海軍人才的全滅。陸軍方面也許還有俊才殘存着，可是派閥抗爭太厲害，實在不够信用」。這話我看不是純假的。

五

我的見解且止於此。總括說一句，這問題太大了，不是小文可以盡意的。我的結論是，明顯的和較大規模的重整軍備當然是時間的問題，可是目前還未到時候。究竟要等到幾時呢？第一要看美國心急的程度，第二要看美國自動收場「新憲法」的時間，第三要看國內體制完全倒轉的時間，第四要看吉田是否有比較長期執政的能力。關於第四點可以補充說一句，如果吉田去而鳩山一郎來，明顯的和較大規模的重整軍備還會提早些。可是千萬不要看過：現在的情形，實質上不能說不是在重整軍備。

鐵幕裏的保暖新法

天寒地凍，東柏林的共產黨爲了省煤而發明了一種保暖新法：首將暖氣關閉，再將無線電扭開，最後合着無線電的音樂跳舞。這樣，你自會週身發熱，十分温暖。

東柏林的無線電這樣廣播：「只要你關着暖氣跳舞，保證有足够的電力使你能收聽我們今晚的節目。」

共產黨窮其心智發明這些新說，只是爲了要掩蔽一件事：燃料缺乏。

所謂「人民電影」的形形色色

香港通訊・一月廿日

盧一劍

在共產黨統治的「天下」極權統治的權威是無所不在的，人民的一切活動都必須遵循黨的理論，政治路線，電影事業自不例外；編、導、演，以及監製者自不在話下，即是電影批評以及藝術理論一類的東西亦莫不如此。

比如顧仲彝在民國卅七年所寫的「電影藝術概論」，也必須接受黨的理論與宣傳的指導。在共產黨統治下的所謂「人民電影」早不是一種藝術，而成了黨的宣傳的工具。

去年上海的群益出版社因該書售缺已久，又重印出版了一次，結果遭到人民日報嚴重的譴責，認為最大的錯誤即是作者沒有把政治內容，社會作用等與電影技術相結合。

「寫一本關於電影藝術理論的書籍，作者可以不着重提出由電影藝術所擔負的政治任務，可以絕口不談藝術的政治目的與內容，而單純的去論列「技巧」。正是因為這樣，這本書的內容就深陷在政治思想錯誤的泥淖裏。」（見去年八月卅日人民日報）

這就是所謂「純技術觀點」的錯誤了。在共產黨看起來，純技術觀點是屬於機械唯物論的；辯證的唯物論則是要把政治與技術相結合，並且認為如此才能「提高」電影的藝術價值。這實在令人不知所云。至於人民日報認為「電影藝術概論」之第二大錯誤，即是作者居然在這本書中「含有崇拜英美腐朽電影藝術的傾向」。因為作者曾經在這本書中說：

「除了蘇聯以外，世界上電影事業最發達的要算美國了。」

「這還得了！顧仲彝算是極惡不赦，實在該死」。這一來可嚇慌了的確是出版那本書的出版社，不但接受批評，並且承認對此種不負責任的作風，立即加以糾正；並且還準備對所有出版物的內容作一次初步的審查。（見人民日報、一九五一年十月八日）

對於蘇聯片子（諸如「勇敢的人」等）給捧到七十二層天上自是不必說了；由於這些片子都可以作為最完全的模範，所以除了直接從蘇聯翻譯過來之外，找不到任何批評的文章。

在本國片中受到肯定批評的是「白毛女」，「白毛女」本來是一個歌劇，影片是根據歌劇改編而加以增刪的。「白毛女」的故事是說一個鄉下貧農的女孩子，被地主從她的未婚夫手中搶了去，受盡了侮辱與折磨，逃到深山裏去，這樣困苦堅持了好幾年，把頭髮都熬白了，最後終于獲得了勝利，鬪爭了地主，並且與未婚夫結婚了。

值得注意的是批評中所誇讚的兩點。首先提到原劇中白毛女受騙以後，竟然對地主幻想，以為富人真會愛上她這樣一個窮女孩子；自己既見不得人，不如跟地主過下去，也就算了。認為這個地方的處理是十分不妥當的，在電影中把它刪掉了，完全正確。（見長江日報，一九五一年九月廿九日）在共產黨看來，一個共產黨員不但應當是一個超人，並且應當像天使一樣的白璧無瑕；所以在「白毛女」影片中，也一定要把這個「優秀的貧農女兒的典型」，通過了「革命浪漫主義的想像」，以「表現勇敢鬪爭的性格」；這種處理的手法自然是為了符合黨的理論。但是有趣的是關於「白毛女」與地主所生的小孩的處理態度，在影片中所表現的是「白毛女」因逃出地主家以後，因過分疲勞小產了，這小孩不久也就死去。這一點在影評上亦認為很好。其理由即因為：「這孩子既是「孽種」，是階級壓迫的結果，他的存在祇能刺激白毛女心靈深處的隱痛，絕不是母親幸福的象徵。」所以：「去掉過去痛苦遭遇所遺留下來的烙印，使她能更健全地生活下去，對表現喜兒（即白毛女）的堅貞精神方面有好處。因此，這樣修改應該說是很合理的。」（見長江日報、一九五一年九月廿九日）

中共所頒佈的所謂新婚姻法中便曾明白規定不拘私生子、庶子，一切不正當結合所生的孩子，其本身與合理的孩子沒有分別，而絕對平等。但是在新婚姻法發表後，一年之久的權威影評（上列所引長江日報亦係轉載人民日報）竟然稱白毛女與地主所養的孩子是「孽種」，是「階級壓迫的結果」，而認為「該死」，「應當去掉」；這不是自相矛盾的說法嗎？這樣所謂新婚姻也者不成了一紙廢話了嗎？

以編製「中國人民的勝利」影片而獲得史大林獎金之劉白羽，在人民日報上曾發表過一篇題為：「從中國人民的勝利創作中學習」之宣揚式的描述。原文中除了照例的歌頌：「我們的工作是斯大林、毛澤東所決定的，我們一定要做好。」以及：「我覺得這光榮應當歸功於斯大林培養出來的蘇聯藝術家們。」之外，認為這張影片的製作：「是一項愛國主義的工作，也是一項國際主義的工作。」為什麼呢？原來這張影片雖然是在北京所拍攝的，但是「這部影片最主要的剪輯與錄音工作，是在莫斯科進行的。『北京——莫斯科』這響亮的一句話，對我們的工作有特別意義，我們的工作開始於北京，而完成於莫斯科。」無怪乎這張影片一定要「獲得全世界人民的熱烈與歡迎」了！（見人民日報、一九五一年九月六日）從這些奴隸歌頌的詞句裡，我們看到的是多麼卑劣的奴性的令人作嘔的鏡頭，在這樣的鏡頭那裡還能找到半點電影的藝術氣氛呢？

另外一張共產主義的正統影片，要數「趙一曼」了。趙一曼是在東北殉職的共產黨女烈士，飾演趙一曼的是石聯星，人民日報文化生活上一篇報導製作經過的文字題爲：「衷心的感謝」，係石聯星自己所寫。由於石聯星遠在一九三二年就開始了舞臺生活，這些年來曾參加過游擊戰，曾參加過在上海的地下工作，所以在自己的經驗上都多少能够體驗出不少趙一曼；但是石聯星認爲她主要的靈感，還是從：「蘇聯影片中的空軍英雄「虹」中的沃琳娜，和著名的女英雄丹娘」所得來。至於按照她自己所描寫之：「在哈爾濱烈士舘，我懷着無限崇敬的心情，默立在烈士的遺像前，默立在楊靜宇將軍的遺首前，默立在曾是敵人審訊趙一曼同志的審訊室裏，我的心裡燃起了難以抑制的悲痛和對階級敵人的仇恨！」

石聯星可能是一個不錯的演員，但是從上列所引證的這一段自我描寫，使我感到石聯星的戲也許在臺下比在臺上演的更精采了。至於她所提到的烈士舘，記得好像墨索里尼在羅馬也有過這樣的設置，弄一所大房子，裏面幽幽的燈光，再加上遠遠地傳來一陣青年進行曲的樂聲；似乎全體主義在許多點上都是如出一轍的。

這以上所引述的幾張影片，都是共黨新貴們所認爲成功的片子；但是我們從報縫中却看到一樁有趣的事情，那就是山東章歷縣的一位叫着「王同志」的人給人民日報寫的信，認爲下鄉放映電影，要多對觀衆作解釋工作，以免發生誤解。並且說：「如演百萬雄師下江南時，在我背後就有兩個民兵把人民解放軍錯看成日本鬼子，也有把破爛不堪的俘虜錯看成人民解放軍的。」（見人民日報，一九五一年十月八日）

山東省經過了這麼多年的戰爭，就算是鄉下人腦筋如何簡單，恐怕也不會分辨不出日本兵與八路軍制服的分別吧。這位「王同志」所聽到的在他背後兩位民兵的話，想來不見得是誤解，多半却是一般公衆的心理反應呢。

至於影評所譴責的影片，更可以看出共產黨對於思想的控制嚴密到如何程度。比如「光輝燦爛」這部片子吧，上海解放日報即認爲它除了：「在揭露帝國主義分子披着宗教外衣，進行反人民反革命的陰謀這一點，是有其現實的意義的」，「但是以整個影片來說，則是有許多缺點與錯誤的。」

這些錯誤在什麼地方呢？「它過份强調了技術人員在生產中的作用，削弱甚至忽略了工人階級的力量和黨的力量。」；「在整個影片中，看不到進步的領導階級——工人階級的力量。」；因此這張影片也就變成了：「完全不符合愛國主義與樂觀主義精神的創作思想」了。

至於「夫婦進行曲」，本年夏季在北京上演後所得的批評，認爲它是一個十足的壞影片，主要的是由於：「小資產知識份子的思想感情在這裏佔據了大部份鏡頭。」其實這些還算是客氣的，至於在香港所攝製的「血海仇」，上海解放日報對它已非批評，而完全是斥責了。即以標題來說即稱之爲：『侮辱勞動人民的「血海仇」』。並且還認爲它：「掩蓋了帝國主義的罪惡」。對於其他在港攝製的幾張片子，也都遭到了同等的待遇。諸如稱：「方帽子和火鳳凰的編導者的創作態度很不嚴肅」，而「詩禮傳家」呢，也「模糊了階級仇恨」。

看來香港的這些位自認前進的編、導、演諸人的前途是可以想像的。

由於批評影片而引起的一場筆戰的是「關連長」這部片子。原因是「關連長」最初在上海上映時，大公報上曾發表了一篇「沙土」所寫的「評關連長」，認爲：「編導者的意圖是可喜的，但所表現的藝術形象並不能很完整的表達出這意圖。」主要的是因爲這位關連長：「對於他的如何領導八連戰士英勇戰鬥的過程却表現的很模糊，而凡是遇到困難老是搔搔頭皮，把毛巾擦額上和脖子上的汗珠！這樣是不够和很難促使觀衆對這位戰鬥英雄的景仰和學習的。」；但是大公報上又發表康捷的「『評關連長』讀後」，以及陳允豪、楊兆麟、邵哲等集體寫的「寫影評要愼重」；都對「沙土」進行痛擊，甚至指着「沙土」說：「應該愼重一些」。

于是在北京所出版的權威雜誌「文藝報」立刻就以「反對打擊和壓制正確的批評」爲題，對此事加以檢討。認爲：「而問題更嚴重的，是大公報的編輯態度和立場。」，並且說：「我們也就立即會認識到大公報編者這樣橫暴地壓制正確的批評，是完全錯誤的。」，「只發表打擊正確意見的文章以堵塞言路，這是一種與我們的社會制度極不相稱的壞作風。」（見文藝報，四卷九期第廿五頁）

大公報因爲關連長碰了這麼一鼻子灰，這是無足爲奇的，只怪他們沒有先看一看北京權威的眼色，就自作主張起來了。在共黨主子討飯吃不是容易的事呢！

在共產政權之下，即是對電影批評，也是應當極其戒懼小心的事；就是讚揚一部片子，用的全是共產主義的原則，也不見得就能保證沒有錯誤，說穿了也並不困難，各報紙雜誌，只要先看準了北京人民日報的態度，再去加以譴責或讚揚，就保險「正確」了。

另外值得注意的一點，即電影廣告的問題。人民日報，一九五一年九月十一日發表了一封北京大學三院陳炳堃的信，認爲：「宣傳和推薦一張影片的目的，不應單純地從「商業觀點」出發；並以蘇聯片「勇敢的人」爲例，指出在廣告中，所用的「驚險」、「熱烈」、和「緊張」等指辭是不洽當的。」

這種對廣告嚴肅的態度，至少應當是「正確」的了，但是沒有想到，批評中所指的中國影片經理公司，不但沒有承認錯誤，並且在態度上並不接受批評。原來因爲：「該片在蘇聯也是叫着驚險影片的。」（見人民日報一九五一年十月五日）

這就是所謂「人民電影」的形形色色的精采表演。從權威的讚揚與貶斥之中，我們固然可以看出共產黨的一付驕橫的面目；共產藝術與共產文學一樣，必然由下坡而沒落，可悲的是剛剛有點起色的中國電影藝術，竟遭到了如此的一個致命的蹂躪。

文藝

懺悔

徐鍾珮

也許你不會相信，我最近時常念起你。

猶記初中畢業那年，行完畢業儀式後，你突來看我：「從今後，我們除同學外，另添了一重關係」。「什麼關係」？我問。「你還不知道」，你說：「我的母親要認你做乾女兒」。

我不信的笑起來：「你有兩個妹妹，你母親還要女兒幹什麼」。「幹什麼」，你說：「她要爲她們找個姊姊，爲我找個妹妹」。

我依然不信，儘管我是若干教師的寵兒，儘管你的母親也是我的老師，但是她始終掛着慈祥的笑，一視同仁，從沒有表示對我有過偏愛。

翌日我遇見同學們，他們都笑說：「要去做乾女兒了，是不是」？接着抹嘴一笑。我還不知道消息傳得那樣快。

我入繼你家的一天，你家裡大開筵席，我正因病發燒，但也扶病入席。席間亦聽得大家對你父母道賀，只聽得聲聲對我的誇譽，却沒有看見你。

讀高中三年，我就寄讀在你家，你那時倒反遠去天津讀書。每年的寒暑假，你學校總比我的學校放假得早，你回家時總是正值我大考，我大考完畢也整裝歸家，每年我和你在家相遇的時候，不過一星期。

在那難得聚首的一星期裡，我總覺得闔家的眼睛都釘在我身上。你的父母親耐心的默默的注視着我，注視着我和你談話的神情。

在那難得的一星期裡，你時常來我書室閒談。我是你家客人，而在你來書房時，却是反客爲主，我總是像主人似的招待你。你老愛坐在我對面的搖椅上，你的小妹妹倚在我身邊。我們談談同學的近況，談談學校生活，聽着聽着你的小妹妹伏在我膝上沉睡。你推推她：「快上床去睡」。我却緊拉着她：「讓她在這裡」。想起你闔家對我的注視，我不敢單是和你兩人相對！

你給我的第一封信，是在春節離家前，偷偷塞在我書桌裡的。我看到時嚇了一跳，我不知有什麼大事你忽然要給信我。你信裡的內容更是使我大吃一驚！你用盡了字典上可能有的熱情字眼，你說多少次的你想對我當面傾訴，只是我從不給你一個單獨對話的機會。我摺起信紙，連想起了我同學們的抹嘴一笑，連想起了你父母對我耐心的注視，我充滿了一股類似被欺騙後的憤怒：「原來只瞞了我一個」。我把你的信撕得粉碎！

自此以後，我們見面時總是怏怏的，除打個招呼外，很少交談。你變得脾氣燥急，你的母親在飯桌上老是呆呆的看着我，已不是過去的期待目光，而是帶着焦慮和不安——我破壞了你們家的愉快空氣。

這樣的局面僵持了一年，一年間，你無有信給我。你的母親再三間接的對我暗示：她的願望只是要我做她的女兒，要我不要聽信滿天飛的謠言。於是我和你間的緊張空氣又比較平息。彼此見面，也偶而交談。你的母親唇邊頰上，立刻有了笑意。你是你家裡的鳳凰。

我的房間素不要女僕來洒掃，總是我自已收拾。大考期間，爲忙着預備功課，我很少注意我的房間。但是只要你在家，我回家時總發現室內明窗淨几。書桌上我亂扔的書，也是整整齊齊的叠在一旁。

一天大雪，我踏雪歸來，進屋後正在抖去雨衣上的雪花時，聞得陣陣幽香。側過頭，見我靠床的桌子上，一瓶臘梅，臨窗書案上，一圈楊州名煙，花瓶下，壓着一張紙條：「對不起，是我來過了」，是你的筆跡。

那年暑假，我拿了畢業文憑，離開了你家——也許是永遠的離開了你們。你對我的深情，你動員全家愛我的厚意，我並非無動。但是當時我有更重要的事佔去我的注意力，同學們紛紛在談考大學，而我的前途，却是一張白紙。我無力升學，在我離開你家後，我一心只在如何設法進大學。你也許並不會了解我！因爲你從不需要自己爲你的教育費用發愁。

在我化了九牛二虎之力進入大學後，我才想起你從未給我來信，你家裡給我寫信時，也從不提你，我只依稀知道你在上海，出入舞場，我爲你嘆息，學生時代的我，是看不上以功課爲兒戲的人的。

別你後的第二年你才突然來信，信上失去了中學時代的狂熱字句，年齡和經驗教會了你矜持慎重，你稱我寄妹，表示你來信問候，別無他意。但是在信末，你依然掩飾不住你的哀怨：「你一定聽過許多關於我的荒唐故事，我不想否認。在戀愛的圈子裡，我一直有予無取，我也想扮演扮演另一種角色。也許人家不會原諒我，我却已寬恕了自己」。

那年你轉了學，你母親不願你再在上海。春假中我有事去你就讀的那個城市，你來信說：「你敢不敢來看我一次？我總不會吃了你。」

你最後一句激惱了我，我回信約定來看你。

我如何能忘你見我面後的喜悅，你在自修室裏跑步出來，越過大操場，微風吹起你圍巾上的流蘇。

你變了！西裝畢挺，皮鞋雪亮。無復我記憶中的一套學生裝，我看看自己風塵滿臉的皮鞋，和一身不合身的制服，不禁笑起來。

「你笑什麼」？你問：

「你越來越漂亮了」，我說。

「你一直當我是綉花枕頭」，你突然嘆氣。

我們似乎有許多話要說，我想勸勸你轉變你的生活方式。但是，一見面却反而談些無關緊要的題目，彼此都不敢談入正題。

就這樣的我們又默默告別。你送到我校門口，幾次欲言又止，最後才對我揮手：「到學校後等我的信」。

你的信比我先到學校，信上說：「你雖沒有譴責我，我却知道你不滿意我的生活態度，我等着你來轉變我」。

我因病未能給你回信，十天後，我的朋友給我帶來了一個我永不能相信的消息：你死了。

病榻上得你噩耗，萬感交集。我何能忘桌上臘梅和楊州名香，我何能忘在校門口你對我臨風揮手？我何能忘你固執的昂然的站在我身後，利用父母對你的愛，强迫你闔家愛我——縱然我一再把我推開。我翻一個身，讓過枕頭上濕去的一大片，生死悠悠，我從何報你對我的一往癡情。

你的父母沒有給我張紙隻字，至今我和你家裡，從沒有談過你。我怕見你家人，失去了你，我就失去了他們愛我的根據。我傷透了你父母的心。

我至今不知患的是何種病。對你突然的死，我縱有一個疑問，却無人爲我解答。只有你的堂妹，對我說過你臨終時喊我的名字，念起我：「可是你却從沒有對他好過」，她憤憤的加上一句。

她的聲聲裡充滿了譴責，我別過頭，不願給她們看見我的眼睛，她不會相信，爲你，我有過無眠的夜，爲你，我有過濕透的枕頭，她不會相信我曾再三掙扎和失望，爲着我强迫自己愛你而沒有成功。她更不會相信，在接到你最後一封信時，在病榻上我曾命令自己再作一次嘗試——但是，一切都太遲了，一切解釋却顯得多餘，你要我原諒你的生活態度，而我需要你寬恕的，却成了我畢生的十字架。

輾轉流離，我失去了你的信件，失去了你的照片。但是你的身影却跟着我走遍天涯，每一念起你，我就有刻骨負疚。你詮在愛情圈子裡，你有予無取，我，如你九泉知我，你就可知現在是輪到我有予無取了。

一九五二年一月十九日

臺灣糖業公司
榮譽出品酵母片劑
健素
老幼咸宜　營養第一
到處有售　價格低廉

本刊鄭重推薦
工商日報
消息靈通·報導翔實·
副刊生動·言論公正·
社址：香港德輔道中四十三號
郵箱：六十二號郵政信箱
當日空運到臺
臺北總經銷：中國書報社　館前路八十五號

愛之譁變

胡　平

一到晚上，我們單身宿舍的先生們就變得六神無主，上帝的尊名必遠遠離去，同時撒旦（Satan）的魔掌便緊緊控制了先生們的整個精神，連我這最年青的一個，也常感到生活之單調無味。

十二月的夜裡無月無雨，照常颳着從海邊來的終年不息的風。自己坐在房裡，想改筆記，改不下去；唯一的一家戲院正演着的破電影也在兩天以前看過了。我慣常地感到閑坐的枯寂，便到楊先生的房裡去閒扯。

我走進他的房間沒有敲門（我們早已除去這繁瑣習慣了），他正獨坐在書桌前的轉轉椅上對着一個敞開的抽屜出神，像是凝思，又像陶醉在回憶裡。當他發現我已走近他的跟前時，他即將抽屜匆匆關上，臉上有一種不自然而有些微羞窘的神情。他的這個抽屜是一向鎖着的——用一個精緻的君子鎖。這使我下意識的想到那裡面一定深鎖着一些秘密。我並沒有問他，更沒有意思要知道那抽屜中的事物。但，也許我們太熟習了，也許這是悲傷於過去的人的常情，他一時激動，竟自動地又將抽屜拉開。啊！裡面是一叢叢的信件，一些小玩意兒，小絨包和小紙口袋，同時，他把一個小紙袋拿出來，那小袋在燈光下閃爍着的顏色，就使我意識到它裡面塡滿的是感情。

「你猜這裡面裝的是什麼？」他拿着紙袋問。他沒先打開，像一個身披金甲的將軍，立在馬上彎着弓而故意不發箭一樣。

「不知道。」我回答。其實我已猜着了十之八九，不是照片就是信箋。不過在人家希望你猜不着的時候，你最好還是不煞風景。

「告訴你吧，這裡裝的是曾使我笑，快樂，又使我哭泣和悲傷的一個聰明而甜蜜的孩子——一個純潔的小靈魂。就是剛才和以往常常爲她而凝神的小靈魂。」

說完，他從小袋裡拿出一張三寸左右的照片，是一個女孩子的全身照片，這孩子並不太美麗，更不妖艷，但的確如他所說，是一個聰明而甜蜜的純潔靈魂。

這小靈魂擺在我面前，我也不禁爲之神往，於是我以小孩兒聽老人講神怪童話一樣的靜默，注意與虔誠，聽他講述他和這純潔靈魂的故事。

× × × × ×

這孩子的名字叫李紋，我初次見她是在我哥哥家裡。哥哥的女兒小燕和我年紀相仿，李紋就是她的同班同學。

記得是個五月節前的禮拜天，正是哥哥的生日，我去參加慶祝。那三間客廳裡擠滿客人，客人中除了哥哥的同事和親友，還有小燕的幾個好同學。吃飯時，客廳裡坐不開，哥哥就讓我們年青人到書房去坐。在書房中的孩子群裡，第一個引我注意的就是李紋，她身材修長，穿着一件藍布大褂兒，白球鞋，她的臉並不白，但那對深濬眼睛，配着她那初修的短髮，却顯得那樣純眞可愛。當時筵席對我已淡然無味，我默然地只有一個念頭，就是：我是否有福能享受和這孩子永遠在一起的快樂。

因此使我在筵席完了乃遲遲不去，我幫嫂嫂收拾殘局，我過分熱心地替她洗碗，擦碟子，連嫂子也不禁驚訝我能變得這樣知理，她不住對哥哥誇獎我，但她不知道我是別有心事。

收拾完了，客人已走得光光了。嫂子一面感謝，一面讓我回去休息，但我沒有聽她的話，却悄悄鑽進小燕的屋裡，我紅着臉說出了我的心思，求她把那孩子介紹給我。我的姪女兒小燕，天性頑皮，向不以長輩待我，尤其求着她時，她便故意惹我生氣，我心裡又急又燥，若不是爲了她的同學，我眞想揍她一頓。一直糾纏到深夜，她才答應了，還是我保證新年時送她一枝派克筆。

（楊先生說到這裡，我直想笑，但沒有。）

新年，學校放三天假，我帶着禮物，依照小燕的命令按時到哥哥家去。這天下着棉花朶兒一樣的大雪，我焦急地在小燕的屋裡等候李紋。小燕又叨叨不休，說李紋今天不來了，說李紋根本不喜歡我。我知道她是蓄意騙我，而且騙得那樣幼稚而可笑。但，極度患得患失的心理使我幾乎相信那謊話是眞實的。

半信半疑地呆了半響，李紋畢竟姍姍來了，這已是我們第四次相會，同時，小燕早已將我的意思傳達給對方了，所以談笑的場面並不太窘。

在晚飯時間我已決定了要單獨送她回家的計劃，但我總覺得不好意思，而又難以開口，於是我只有將它告訴小燕，拜託小燕替我說。

夜裡十點多鐘李紋要回家。嫂嫂，小燕和我都送她到門口。

「唉呀！這麼大雪，叔叔肯不肯送送李小姐？」小燕眞好，她完全照我所拜託她的說了，當時我眞想就地跪下謝恩。

路上人已很少，雪舖滿長街，明亮得像盛夏的皓月之夜，我和她並肩踏在厚雪上，路旁的樓房都彷彿爲我矮了許多，我眞希望會遇到些同學，因爲那將使他們艷羨不已。而次日在課堂上吵着讓我請吃糖的聲音，更是最幸福的享受。

其實，幸福的門早已爲我敞開，我可以從容進去，而我的心却抑止不住急燥而撲撲顫跳，我想即刻向她表示我——我的愛，但我躊躇地只說了些「你冷嗎？」之類的不關緊要的話。

橫穿馬路時，有汽車馳來，我下意識地以手止住她的行進。啊！我第一次觸摸到她的身體，那高貴而不可觸犯的身體呀！因這無意的嘗試使我的膽量增長了不少。

轉入小巷，狹窄的小路上更無人往來，每一家的小門都緊閉着，路燈的光亮暗淡模糊，牆根兒的低矮小枯樹披着雪，有如瘦俏的白衣天使，竚立着一動不動，彷彿有心地點綴這小巷的靜寂。眞的，我們踏在雪上而發出的沙沙聲便是那僅有的聲響。

我心裡燃燒着愛之火。你想，在上帝特為我們佈設的銀色夜裡，有誰能抑止那不可抑止的火焰呢？於是，我以平常絕不會有的勇氣，却又像小偷初次行刼所有的畏怯，挽住了她細嫋的腰枝，而她沒有閃躲，也沒有抗拒，且柔順地把頭偎倚在我胸前。她微微顫抖着，像每一個純眞少女第一次偎在男孩子懷裡所有的顫抖一樣。

我確為她那眞純的緊張而感動了，我不禁默然虔誠地在心底自語：

「姑娘，我的姑娘，你為什麼顫抖呢？是怕我嗎？不要，請你不要在我的臂彎裡顫抖吧！我敢向上帝宣誓，我終生不會對不起你。我願永做你的小羊，受你鞭策，聽你驅使，是你的忠實牛馬，供你坐騎，只要你肯答應我常在你身邊。」

（這時他眼裡閃着激動的光。）

從這次送她之後，我們的愛情由嫩芽而長了葉和花，如果愛情的進展可以衡度，那麼它或已進展了不只幾千里。同時，單獨和她一起玩已成了自然的常態。

在一個暮春的傍晚，我和她並行在公園小路上，路上蒙着茸茸綠毯，兩旁有修剪得平平的小冬青樹，路的盡頭是一個小湖，我和她倚着湖邊的白石欄杆，談說晚霞的美麗。我熱情地將她白嫩的酥手捧在我手裡。李紋是個愛美的孩子，她愛蓄尖長指甲，她愛她的指甲如愛生命，這我是很淸楚的。可是，你想不到我做了一件多麼暈頭的事？我因為不知道該談些什麼話好，竟無意說了長指甲的不衛生，並且展開我的手，說如何如何衛生。咗！我憑什麼配和那玉雕的素手相比呢？你看看，我的手是多麼粗大，骯髒而蠢笨呀！

（在這時，楊先生把手伸出，然後又縮回去，繼續說。）

意想不到的事終於發生了。我們第二次在這湖邊會面時，我的天！我發現她的手已剪得禿禿的。當然，無論怎樣也不會減少她手的秀潔，但是，我有什麼資格去損折她所心愛的美麗呢？讓我引一句佩脫拉克的詩吧：「倘使這不是愛的表示，那麼這又能夠是什麼？」

我是因她的愛而激動了，淚在我的眼眶裡旋轉，我緊緊地將她擁抱，她溶在我懷裡遍身痙攣着。我扶起她的頭，望她的眼睛，她却把它們緩緩閉上。我並不傻，我知道該怎麼撫慰她，——我吻了她，吻了她的純潔靈魂。這在我和她都是初次的嘗試，我完全沉醉在那甜蜜的吻裡。無論湖邊的丁香如何盛開，我已不再嗅到它們的馥郁。我覺得快樂已達頂點，我不禁暗自感謝上帝，因為他已把全世界全人類甜蜜的總和賜與我了。小胡，你也曾嘗過這種快樂嗎？你說，嗯？

（我只點點頭，並沒回答，因為我怕擾亂了他的心緒。）

唉！人就是最下賤最卑鄙的動物！得不到愛情時，他拚命追求；當愛人把最純眞的愛完全交給他時，他却又因感到平凡而見異思遷。

在李紋入高三那年，我考入國立大學，那自滿，榮耀與驕傲使我的生命譁變到另一天地。當時，我們班上有一位最貴族式的女生，雖然她性情暴燥，功課不好，而她的妖艷與高傲却在入學不久便由班花躍變為校花。同學們追求她的正和受她唾棄的人數相等，而所有男生——尤是我們系級的，都投入她的漩渦裡，一時形成風氣，覺得受她唾罵恒是無上的幸福，因為有些人想受她唾罵也求之不得，啊！即使說一千句話而能得她半句回答也是光榮的呀！那時我便是光榮的一個——我能和她言談相答。每當我和她談話時，她的一顰一笑甚至一皺眉都使我艷羨，三五次的交談，她已攝取了我全幅靈魂。因此在上課時我不能安心聽講，整堂的時間，我都凝神在沉思裡，我常把她和李紋相比較，而每次比較的結果李紋總是被比在劣勢的一邊，自己却甘願充當這美人的虜騎。幾次之後，我的意志堅定了，我不再做多餘的相較，只計劃如何能邀得她一起玩，但是，想達到這起碼的標的，是那樣困難。在這條路上拖延了很長時間。

在這段時間裡，我沒有和李紋往來，她曾來過很多封長信，前幾封我還勉强應付，搪塞的草草回答；以後幾封我則索性置之不理。同時，我也很少到哥哥家去。一來是小燕已經很討厭我；最主要的我怕一旦遇上李紋會徒惹心中不快，因為我對她的愛已由淡漠而瀕臨幻滅。有時我偶而想起她，也只是覺得她愚昧可憐，而我又愛莫能助。小胡，你要知道：由可憐而生的愛是不會有任何作用的啊！記得有一次我曾在街上碰到她，她微笑着向我走來，並且低聲喚我，我却低頭匆匆走過。我不羞慚，更不憐惜，因為在我心中除了我的美人不容有任何渣滓。（楊先生在這時連續咳嗽了幾下。）

福音降臨在一個傍晚，——我的美人答應了與我同遊。我心中氾濫着愉快，我差一點兒爬下去吻她的脚。

我和她慢步在公園裡，我想領她到那湖邊，她會像李紋一樣的給予我甜蜜。公園裡一如往昔，靜靜無人，我以老手的經驗欲挽她腰枝，却有人呼喚她的尊名。那猝來的聲音使我震驚，因為那過於自然而親近的招呼證明了他和她的情感已深於我和她的千倍萬倍，於是我囁嚅地問：

「這——？」

「眞是對不起，今天不能陪你玩了。」沒等我問完一句話，她先開口了。

「你答應我——。」

「實在抱歉，我和他約好七點鐘玩，他來早了，我有什麼辦法呢。」

「你這是什？——」

「謝謝你，送了我一路，你不會生氣吧？」

「你不能——」

我正要阻止她，那個討厭的傢伙跑來了，興奮而傲慢地握住我的手說：

「楊兄。告訴你個好消息，你一定也高興，新年我們要訂婚了，你是我倆的好朋友，一定要去吃我的酒啊？今天我們有點事不能跟你一起玩了……，回見！回見！」她早已走出一個距離，這傢伙一面招手喊着「回見」，一面追上去。然後，他們偎挽着緩緩隱失在淡淡暮色裡。

我癡癡徘徊於小路上，茫然地走到湖邊。西方彩霞已失去顏色，這曾和李紋抱吻過的湖邊再不能給予我甜蜜和快樂，更沒人和我切切私語，耳邊所有的聲音——蟲聲、流水聲、草木搖落聲，都彷彿對我嘲笑。我獨倚着白石欄杆，氣憤之潮即刻包圍了我，淹沒了我，我忍不住高聲呼救，我不知掙扎了多久，後來，我終於得救了。——我想起——李紋——那茫茫海上的救生船，那純眞的小靈魂。我像從惡夢中甦醒，我要回去，我決定明天去找李紋，我將拜伏在那純潔靈魂之前，求她免罪，我深信她會饒恕我一時的昏昧，我們會重新幸福地擁抱在一起。

回到校舍的小屋裡，桌上正躺着一封信，是李紋寫的。在以往，我根本不會看它，因爲我對她的太多的信件已覺得可憐可厭；可是今天這信猶如聖旨，我急急拆開來。

（這時楊先生從抽屜裡取出一張信）

這是一封短短的信，也是李紋最後的一信，你聽吧：

「見不到你，又不見你的回信，我覺得你確是變了。

你說你要埋頭研究經濟學，我很爲你慶幸，但是，我深信你和我面談一次不會影響你的前途。我已告訴你我要離開此地了，而我始終不明白你爲什麼毫不珍惜這最後的一次相見。

還是不要攪擾你吧，過去的只有讓它過去，我知道悲傷於既往的人是愚昧的，但我要讓回憶的漣漪永存心底。

也許多少年後我們會再相見，希望那時站在我面前的你，是一位偉大的曾爲人類謀幸福的經濟學者，那時我將承認你信裡的話：「在爲人類開拓幸福的前途上，那兒女的私情是多麼區區呀！」

紋　月日」

小胡呀！你看我是何等的醜賤呀！我下作地忘却了人性！我欺騙那顆純眞潔白的靈魂，天知道我是在爲人類開拓幸福！

（說到這裡，薄薄的素箋從他手中掉下，同時他的汗已從額角上淌出來。）

看完信我不覺滿頭淌汗，我覺得對不起那眞純的靈魂，眞是罪該萬死。我即刻騎車到李紋家，然而她家門口已改了顏色，一個大兵在門口侍衛，——那已不再是李紋家了。

我悵然地奔向我曾遇見過她的那條街，奈何，街上行人如蟻，在霓虹燈閃爍變幻的花花街上我往來徘徊，我仔細注意每一個穿藍大褂白鞋的女孩子，却沒有一個是她！

一直到街靜人稀，商店都關了門板的深夜我才回來，校舍的大門早已上了鎖。這一夜我蹲踞在大門外欲哭無淚，我開始了解了「心如刀割」的眞實滋味。我一向不相信什麼是報應，而尖刻的報應却降臨我身。

小胡，我不應該瞞你，我確曾以自已的手掌打了我的臉！我將頭額在石牆上不住地碰撞，我的良心緊扼住我的靈魂，我悔恨，我慚愧，我是多麼卑賤無恥的畜牲！啊，我比混蛋還要混蛋呀！

（楊先生眼裡彷彿冒着火星兒，嘴唇不住哆嗦着，熱淚從他的眼角直流到腮邊。他的聲音開始放低了。）

到如今已經五年多了，這純潔的靈魂未離我左右，每當我孤寂的時候，我就凝視她的照片，我把她當做聖女，我要在她面前懺悔我的罪，同時她會使我記憶幾年來的歡樂和痛楚。

在這段悠長時間裡，在這段懺悔和痛苦裡，我得到了「愛的哲學」，那就是：「我愛愛我的」。於今，這眞理已被我想得貫通了。但是，愛我的人却永——不——再來！啊，我所愛的純潔靈魂啊！

（他的聲音漸漸消沉於低微中，小屋靜如死去。）

× × × × × ×

我始終默默無言，不禁爲他的悲凉故事而感傷。

蘇聯的『民衆文化』

蘇聯的文化工作是以民衆爲對象。但他們爲了獲利的原故也可以犧牲這種文化工作的計劃的。譬如，他們也公開設置舞會跳西方舞，並有爵士音樂伴奏。這完全是爲了獲利的目的，因爲蘇聯的青年都愛跳華爾滋舞和倫巴舞。他們學習跳舞十分踴躍。但可笑的是那些教跳舞的人不是厨子，便是縫衣婦、出納，或是補衣服的人。他們根本沒有必需的藝術修養和訓練。這便是蘇聯的『民衆文化』。

書刊評介

一九五二年的世局

王雲五著　華國出版社出版

朱啓葆

自第二次世界大戰結束以來，由於蘇俄極權主義的勢力日益擴張，自由世界日益縮小，生活在自由世界的人們，想到自己的國家，想到自己的家庭，想到自己個人的前途，無不時時刻刻焦切地以世界局勢爲念；在極權勢力統治下的人們，亡了國，喪了家，即連自己個人，從身體到靈魂統統都在受宰割，受凌虐，他們待變的心情，其迫切更何止我們的千倍！總而言之，這個年頭，是舉世不安。在這個舉世不安的時期，如有人根據一切必要的條件，對於世局前途來個推斷，自爲人所樂聞。所以前些時美國柯里亞雜誌發刊一個「第三次世界大戰寫眞」專集，竟銷售到數百萬冊。

一九五一年過去了，一九五二年會怎樣呢？這個問題隨着年度的到來，我們到處可以聽到。這裡，筆者特爲這個問題介紹一個答案，這就是王雲五先生的近著——一九五二年的世局。

這本書只是一本僅有二萬四五千字的小冊子。在這樣小的一本冊子當中，著者已把有關當前世局的一切資料，摘要地引用，緊湊地安排，縝密地分析，而得到面面俱到，簡潔明確的結論。這一點是值得向讀者首先介紹的，其次說到本書的內容：

本書除序言外，共分九節。第一節導言中最重要的部份，是指出一九五二年不同於一九五一年之點。這些不同之點，也正是作者以之展望一九五二年的主要依據。全書內容的大部份，就是從這裡引伸出來，一九五一年和五二年的比較和分析，都以此爲綱領。

推測世局的演變，更具體地說，推測第三次世界大戰是否發生，何時發生，何地發生，誠如作者所云「實最無把握之舉動」。我們知道，對於未來事象的預測，通常有兩個途徑：一是憑客觀的條件，一是憑主觀的迷信。就其結論言，有時後者也可應驗，而前者反而不驗。但是，這並不有損於前者的價值，而鼓勵我們相信後者。方法是最重要的；方法不對，其言中也是僥倖。一九五二年的世局這本冊子，在其獲致結論以前，完全就客觀的條件，來比較，來分析，絲毫未來有作者個人的主觀成份（大戰主體的主觀，就作者言也是客觀條件之一）。在這種比較和分析的過程中，讀者可以看到蘇俄和美國（包括其盟國）兩方面戰略物資產量的相對消長，可以看到兩方面陸海空軍人數和其戰鬪力的對比，可以看到兩方面國際關係演進的趨勢，更可以看到兩方面心理因素的差別。這裡面，有許多很重要數字；而這些數字的援引，並不減損讀者輕快之感。這裡面，有若干深刻的觀察；而這些觀察，一般人多未想到，但一經說出，又使得大家都覺得「實獲我心」。

本書的結論，從形式上看，是在第九節的十二條，但我們融通觀之，則可歸納爲兩個結論，一個是大戰發生於何時，一個是大戰發生於何地。關於後者，作者在第八節舉出五個可能爆發大戰的地點，而比較其可能性的大小：(一)韓國，(二)日本，(三)西德，(四)南斯拉夫，(五)中東。作者在比較分析之下，似乎覺得(四)(五)兩個地點爆發大戰的可能性最大。關於前者，第九節的十二條都可視爲結論，其中也有的涉及大戰如何發生的問題。這十二條大多是附條件的結論，但就中也有很確定的推斷，如：(八)假使全面戰爭確不可免，則發動之者必爲蘇聯，而非西方國家；(十一)由於蘇聯之野無止境，西方國家的忍耐有止境，最後終仍不免於一戰，但因此而釀成的全面戰，恐不在一九五二年以內；(十)大戰之起往往出自意外，兩方既均積極備戰，則一觸即發之事亦隨時可發生。

本書的優點，不能專就其結論看，結論只是作者引用許多資料而加以精密分析後的必然結果，精彩處還在這個引用資料和分析資料的過程中。這正和玩橋戲（bridge）的老手，智慧和技巧是用在叫牌的過程，出牌爲其餘事耳。這一點，前面已經說過，這裡不憚重複指出的，是希望讀者不要輕易放過本書最精彩的所在。

本書介紹，筆者擬止於此，讀到這本書的人，或許還可發現其他的精彩處。這裡，筆者再就個人的觀感，提出一點與作者商榷。

第三次世界大戰可能爆發的地點，書中所列舉的只有五個，即韓國、日本、西德、南斯拉夫和中東。作者舉出這五個地點，並不是等量齊觀的，而是就一般人所常常意識到的一一舉出來，再根據若干條件加以分析和比較，而判斷其爆發大戰的可能性孰大孰小，乃至於有無。例如韓國，據作者的推斷，似不會爲世界大戰的爆發點。既然如此，東南亞這個地點，即令作者認爲不致由所謂「內戰」爆發爲世界大戰，似亦應當論列到。最近美英法三國曾舉行軍事會商，且外傳美英同意於必要時將以海空軍援越，所以一般人一想到第三次大戰問題，很少不向東南亞投一眼的。因此，我們覺得作者在衡量各個地點爆發大戰的可能性時，對於東南亞似乎應有個交代。

四十一年一月二十日於臺北

讀者投書

一個嚴重的青年教育問題

成雨田

編輯先生：

我是一個中學生，貴刊的忠實讀者。最近一年來我每期不斷閱讀貴刊，獲益良多，尤其對我的思想發生了很大啓發的作用，雖然有很多文章以我現在的學力，還不能完全理解，但我對政治問題與思想的探討，却十分感到興趣，在這一方面我是應該感謝貴刊的。

由於我喜歡分析問題，所以我對我現在受的學校教育時常感到懷疑與憂慮，我很想把我所親身感到的教育問題與現行教育制度的積弊，寫成文章投給貴刊，以引起世人的注意與討論，但因爲自己的學識與文字素養之不足，終不敢輕於嘗試，最近我見到貴刊闢有讀者投書一欄，討論許多切中時弊的問題，於是引起我寫作此文的動機，我希望用我粗淺的文字，提出一個久蘊在我心頭的，也是一個十分嚴重的青年教育問題。

現在我先從「十三太保」談起，「十三太保」這個名詞是一般人已經很耳熟了的，過去有一個時期，報章雜誌也常談這個題目，但大家祇是把它看作社會新聞與內幕雜誌渲染的資料，很少有人重視這個問題，並進而對現行教育制度加以檢討，提供對策，於是新聞登過便成了「舊」聞，舊聞當然就不再是值得注意的問題了?!其實，「十三太保」的問題不僅依然存在，而且還與日俱增其嚴重性。

所謂「十三太保」乃是流氓學生組織的總稱，其團體衆多，名稱各異，據我所知的有：「小九盟」，「八太保」，「南京邦」，「上海邦」，「九兄弟」，「三十六友」，「十五雄獅」，「大五霸」，「一百零八將」等等。各有各的人馬班底，一邦跨了，一邦又起，眞是「殺」不盡的「英雄好漢」。太保們的行動與作風很受美國西部武俠影片的影響：花襯衫，牛仔褲，軍用皮鞋，歪戴帽子，一付奇裝怪樣。吸煙，駡人，尋釁，橫衝直撞，到處惹事，完全流氓行徑。他們自詡英雄，英雄得配美人，於是他們又用各種不正當的手段到女學校去「找」女朋友，很多女學生常因此受到侮弄凌辱，甚至有被誘迫失去貞操的。有時太保之間爲爭奪美人或因其他事故而引起「戰爭」，當「戰爭」發生之際，太保中家有權勢者，帶來他爸爸的副官、勤務，外力介入，於是「戰爭」的場面自然更見緊張驚險了……。

關於太保們活動的實際情形，我不準備多所敘述，這不是我寫此文的目的，我的本意乃在指出十三太保是一個嚴重的教育問題。

太保們之所以變成太保，當然有家庭社會各方面的原因，但是其中最重要的，在我看來還是一個教育問題。現行的教育政策無疑地是在消極與積極的助長和培養了製造「太保」的環境。我之如此論斷不是沒有根據的，我以一個在學的學生深切的這樣感覺：現在的教育制度與政策完全忽略了獨立人格的培養與個性尊嚴與價值之啓發。好的學校頂多只是「塡鴨式」的知識灌輸，一般的通病表現在只重形式與表面，負訓導責任的人滿口教條口號，很少能使學生心服，學生們正當的課餘活動缺乏指導，於是常久地學生們便失去自動向學的興趣，而尋求其他精力發洩的出路，功課鬆一點的學校，學生們更無忌憚。此外我覺得還有一個頂大的毛病，就是辦學人的態度，從校長以至教師，很多人都是只看上面，不看下面。換句話說，是爲官廳或者說是爲政府辦教育，而不是爲學生爲後一代人在辦教育，這樣學生的情形與實際需要自然會被忽略了，於是教與學便自然分了家，其結果是大家都「混」。在這種情況之下，不也就自然的形成了製造十三太保的環境？我的同學之中有不少是與太保爲伍的，據我的觀察，他們並非天性就是太保，相反很多都是天賦頗高，但他們之所以行動失檢，大半是由於缺乏正當與合理的教導。

此外還有一點值得注意的，是太保們的出身大多是要人權貴的子弟，這般人對自己的子弟一向縱容慣了，他們有的是金錢與職權可資利用，出了事有爸爸作靠山，學校開除我不得，治安當局抓我不得，老百姓奈何我不得。「大爺威風不可一世」。……這固然也是太保們養成的另一個重大原因，更反映出政治風氣的污劣，實是令人深爲慨嘆的。

話說到此，接觸的問題又多了，還讓我們回到原來的題目。總之，十三太保問題不是少數學生的教導問題，而是一個嚴重的整個的青年教育問題，現在的教育政策與制度須要徹底的作一番檢討，大加改革，然後才能眞正樹立新的學風，給後一代人多灌注一些活力與生機。

讀者成雨田上　一月廿日臺北

幽默的回答

一個去以色列的美國工業家對以色列的一個官員說道：「我在此所見的一切給我印象很深。我願在此投一筆資本。但請告訴我，我如何才能在此發一筆小財？」

此官員回答道：「你若要剩下一筆小財產，最穩安的辦法還是帶一筆大財產來。」

第六卷　第三期

GM GENERAL MOTORS DIESEL POWER
柴油機及配件

GMC TRUCKS
通用牌著名卡車

GM GENERAL MOTORS
通用公司出品
各牌汽車材料

美國通用汽車公司三大出品

臺灣總代理

臺華汽車器材有限公司

常備　GMC　雪佛蘭　道奇　吉普　福特　萬國　零件

及一切汽車有關材料

地址：臺北市貴陽街二段二十八號
電話：六一一六　電報掛號：九二四〇

冠生園

門市部
西點麵包
喜慶蛋糕
糖菓餅乾
罐頭南貨
臺北市成都路廿六號

飲食部
粵式茶點
承辦筵席
大宴小酌
經濟實惠
臺北市成都路五十四號

(電話五八一九號)

第六卷　第三期　內政部雜誌登記證內警臺誌字第一九號　臺灣省雜誌事業協會會員　一〇八

給讀者的報告

最近兩週來國際間有兩個重要文件先後的揭佈，對遠東與世界局勢的發展，具有重大的意義，其一是英首相邱吉爾在美國會的講詞，其二是由日政府公佈的日首相吉田茂致杜勒斯的函件。前者是繼邱杜會談公報發表以後更進一步的闡明了大英帝國的保守黨政府將修改前工黨政府所執行的外交政策，尤其在遠東方面其與美國政策的分歧勢將逐漸消除，而在對抗全球性的共黨侵略的工作上更進一步的密切合作。後者則明白地保證日政府將儘速與中華民國政府簽定双邊和約，澄清了舊金山和約會議以來籠罩於遠東外交界的陰雲，使人對日本自主後外交動向爲之釋却了不少疑惑。在抵抗極權侵略鬪爭的途程中，這些事實發展都是值得欣慰的。無怪乎邱氏的演說獲得美國會議員一致的歡呼，而吉田氏的函件備受中美兩國朝野之讚許，凡一切愛好自由的人士聞之均感振奮也。

吉田函件公佈以後，我國政府已經表示了對締約所持的態度，中日双邊和的簽定，想當於最短期間必能有很順利的進展，存在於中日兩民族間的戰爭狀態即將從此結束，而從新以友好態度共同致力於反共抗俄的鬪爭，這無論對中日兩國都是一個新的紀元的開始。因此，這一期的內容我們特別着重於對日問題的探討，計有社論專論與通訊各一篇，社論的題目是「急轉直下的中日媾和」，分析未來中日兩國雙邊和約可能的發展，尤其是提供中日兩國締約以後在國際外交上應該共同努力的方向。專論的篇首「遲回瞻觀後的日本」一文係王雲五先生應本刊之請而作，本文綜論日本行將自主前後，其國內政治與外交的動向與發展，並亦論及中日和約問題。王先生近著有「一九五二年的世局」一書（本期另有朱啓葆先生爲文予以評介，讀者可以參閱），展顧未來一年的世界大局，倘與本文參合閱讀，當必有更多之發現。另一篇東京通訊則報導日本朝野對重整軍備的態度以及在這方面實際努力的情況。

「歷史的使命」係蔣夢麟先生應臺大經濟學會之請所作之演講，蔣先生是國內名教育家，現任農復會主任委員，其對農村復興之供獻，蜚聲海內外，諒早爲讀者所稔知，固無庸介紹。

本期文藝兩篇均值得向讀者推薦，其一是徐鍾珮女士的「懺悔」，其一是胡平先生的「愛的轉變」，均是情意纏綿的佳作。

廣告刊例

一、封底裡面全幅每期新臺幣一千五百元，半幅八百元，1/4幅五百元

二、普通全幅每期新臺幣一千二百元，半幅七百元，1/4幅四百元。

三、式樣及鋅版自備，如欲本社代辦，則照値計算。

本刊售價

一、臺幣三元
二、越幣八元
三、菲幣五角
四、港幣一元
五、暹幣四銖
六、美金二角
七、叻幣四角
八、印尼幣三盾

自由中國 半月刊 第六卷第三期

"Free China" 總第五十四號

中華民國四十一年二月一日

發行人　胡適

主編　「自由中國」編輯委員會

出版者　自由中國社　社址：臺北市金山街一巷二號　電話：六八八五號

航空版　香港時報社（高士打道六四號）

經售者
臺灣　中國書報發行所（臺北市館前街八五號）
美國　紐約民氣日報社　舊金山國民日報社
日本　東京南友堂　東京內山書局
馬尼剌　大中華日報社
印尼　椰嘉達星期日報　椰嘉達天聲日報　棉蘭繁華圖書公司
越南　西貢中原文化印刷公司　越南華僑文化事業公司
曼谷　曼谷攀多社十二號
緬甸　仰光振成書報店
新加坡　中興日報社　檳榔嶼、吉打邦均有出售
澳洲　墨爾鉢王德利公司
北婆羅洲　馬拉奕坡美芝律聯華公司

印刷者　臺灣新生報新生印刷廠　廠址：臺北市西園路二段九號　電話：廠長室七一二五　業務課二〇九六

本刊經中華郵政登記認爲第一類新聞紙類　臺灣郵政管理局新聞紙類登記執照第二〇號　劃撥儲金帳戶第八一三九號

自由中國

FREE CHINA

第六卷 第四期

要目

中華民國四十一年二月十六日出版

社址:臺北市金山街一巷二號

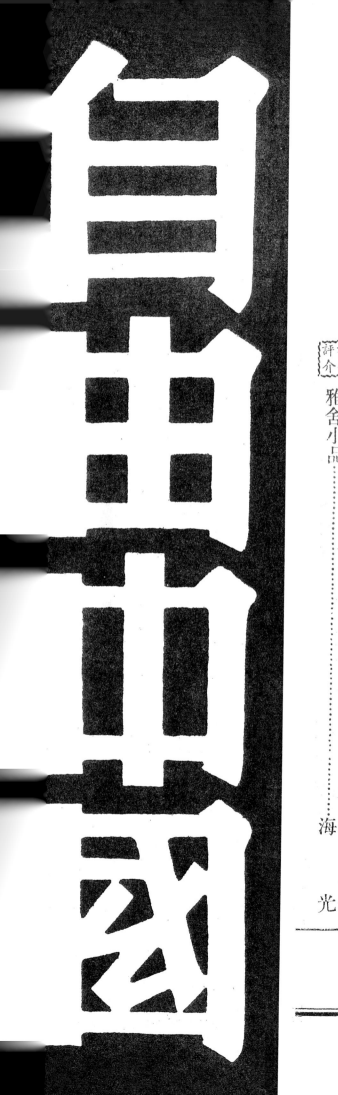

半月大事記

一月廿三日（星期三）

日首相吉田茂於致國會咨文中表示將按照舊金山和約的原則與我政府簽訂和約。

艾森豪威爾元帥發表聲明，建議召開歐洲制憲會議，以謀歐洲之統一與團結。

一月廿五日（星期五）

美第七艦隊司令馬丁中將抵臺考察其協防臺灣之防務。

運河區伊斯邁里亞城英埃軍衝突，埃警潰敗投降。

埃及內閣緊急會議，商討伊城問題。

英政府宣佈前加拿大駐倫敦高級委員馬賽已被任命為加拿大總督。

一月廿六日（星期六）

日首相吉田茂在國會稱：「日政府將與臺灣政府建立某種關係之事實，並非謂日本準備與一代表中國之政府簽訂和約。」其聲明與前此態度顯相矛盾。

蔣廷黻在聯大政委會中正式提出控蘇案，列舉蘇俄侵華證據。

美代表葛羅斯宣佈聯大決定於韓局有新發展時，即召開特別大會。

開羅群衆示威焚燬英建築。

美總統大使銜私人代表魯斯克抵日，與日政府商討實施美日安全公約問題。

一月廿七日（星期日）

臺灣省各地軍民歡渡農曆春節。

菲律賓國會訪問團抵臺訪問。

美第七艦隊司令馬丁中將離臺返防。

一月廿八日（星期一）

日政府發言人聲明，日政府與我簽訂和約之政策不變，談判將於二月十八日在臺北舉行。

菲國會訪問團離臺返菲。

埃及內閣更易，新總理瑪赫在國王法魯克前宣誓就職。

邱吉爾結束其美加旅行返抵英倫。

一月廿九日（星期二）

美共同安全總署宣布派德克為主管遠東活動之助理署長。

一月三十日（星期三）

聯大政委會以三分之二多數通過我國控蘇案。

中央社東京電，日首相吉田茂已決定遴選河田烈為中日双邊和約的日本代表團首席代表。

白宮宣佈美總統任命大西洋艦隊總司令麥考米克為北大西洋公約組織聯合艦隊總司令。

英外相艾登在下院表示願與埃及進行談判解決糾紛。

一月卅一日（星期四）

法政府建議突尼斯重開和平談判。

埃及外部發言人表示願與英恢復談判。

義參院決議取締法西斯黨。

二月一日（星期五）

聯合國大會以廿六對九票廿四票棄權通過我國控蘇案。

柯克上將夫婦離臺返美。

新任臺銀董事長俞鴻鈞就職。

二月二日（星期六）

我政府同意日本駐臺事務所職權擴大。

聯大通過秘魯提案，凡申請入會國家須合憲章要求。

二月四日（星期一）

美軍事援華顧問團長蔡斯返國述職。

二月五日（星期二）

蔣總統發表農民節告全國農民同胞書。

總統明令公布四十一年度總預算施行條例。

外交部發表中美双方換文，我政府同意承擔接受美軍經援助應予承擔之義務。

日內閣官房長官保利茂正式聲明，日政府將與中華民國政府簽訂双邊和約。

政府發言人宣佈我政府已同意日首席代表河田烈之任命。

葉外長聲明，我與日政府締結双邊和約將以舊金山和約為藍本。

聯大第六屆大會正式休會。

英外部發言人宣佈英政府下令關閉在中共區內之廣州領館。

美參院外委會通過對日和約及美國與日本、菲律賓、澳洲與紐西蘭所締結的安全公約。

二月六日（星期三）

英王喬治六世逝世，王儲伊麗莎白繼承王位。

二月七日（星期四）

美總統杜魯門正式提名肯南為駐蘇大使。

美國防部長羅維特參謀首長會議主席布萊德雷向參院報告韓局。

二月八日（星期五）

英新女王伊麗莎白宣誓即位。

英政府照會埃及，抗議開羅事件。

二月九日（星期六）

李奇威通知日首相吉田茂、佔領終結兩月內盟總權力將移交日政府。

日政府駐臺事務所長木村四郎七自日返臺。

社論

爲中日簽約問題正告日本和我國政府

由於一月十六日日本內閣秘書長發表吉田茂首相一九五一年十二月二十四日致美巡迴大使杜勒斯的函件，醞釀已久的中日和約問題，似乎呈現了明朗的趨勢。我國葉外長即於第三天（十八日）代表政府發表聲明，對於吉田的函件，無所剖析地表示「欣慰」，表示「歡迎」，認爲「關於此問題（中日簽訂和約問題）之誤解得以廓清」。接着各報紙雜誌一時充滿了興奮和樂觀的氣氛。中日和約的談判，其前途好像已光明在望了。

時間僅經過十天，同一個吉田茂首相於一月廿六日在其國會發表聲明了。這次聲明與其致杜勒斯的函件，彼此對照，並不一致。於是大家又感到失望和迷惘，說吉田出爾反爾，顚三倒四。

島國天空的風雲是變幻莫測的。島國的政治外交是不是也必然地變化不居，詭譎多詐呢？僅就吉田這件事來看，我們的答覆，是唯！唯！同時也否！否！吉田的函件和其後來的聲明，有其變的部份，也有其未變的部份。變的部份是很明顯的；未變的部份則是由伏筆做到點題。日本對於中共的態度，顯然是有了轉變，以前吉田曾說出許多正大的理由明白地向杜勒斯保證：「日本政府並無與中共簽訂双邊條約之意圖」，後來在國會中聲明則又換了口氣說，「在中共未改變其對日態度之時，不可能與中共簽訂一項類似與臺灣政府簽訂的條約，惟此並非意即日本因而完全無視其與中國大陸的關係…」，並且說希望中共與日本的關係及早改善。吉田這種態度的轉變，他很坦白說出，「我發表致杜勒斯函件，係因其適於便利美參院目前進行考慮日約的目的」。由此，我們更可進一步指出，即是這個變的部份，其所變的也只是文字和詞句，至於吉田的根本態度——對中共未能忘懷的根本態度，自始就是如此。如果在日本的詞彙中「外交辭令」等於說謊，那末，吉田函件中關於對中共問題所提的保證，正是日式的外交辭令！再說日本對我們中華民國政府的態度是怎樣呢？吉田在國會中的聲明已經毫無掩飾地說出「日本願與臺灣政府成立某種關係的事實，並非意即準備與一代表中國的政府簽訂和約」。這句話的涵義，就是說他並未承認臺灣政府是代表中國的政府，因而願與臺灣政府成立某種關係，而不是準備簽訂和約。吉田的眞意經這樣說出以後，我國人士爲之大譁。其實吉田這番眞意，原已隱藏在致杜勒斯的函中，至少在此函中沒有一點與其眞意明顯矛盾之處。儘管在該函中一再提及「中華民國國民政府」字樣，但他並未明示或暗示到這個政府是代表中國的政府；儘管他說及我政府「在聯合國擁有席位、發言權、表決權」這個事實，但這個事實，也是一些承認了中共政權的國家所不能不承認的，儘管他也說及「與中華民國政府締結一項條約，俾可依照多邊和約中規定之原則」，但他並未乾脆地說是締結和約，而是用「双邊條約」字樣。至於關於「條」約簽訂和生效的時日，則以「在法律上許可之情形下儘早…」等字作爲將來詭辯的前提，關於「條」約適用的範圍，則有「適用於目前或今後中華民國國民政府控制下之一切領土」這句話，做了「日本係基於臺灣政府目前控制若干領土的現實，準備簽訂一項條約」的伏筆。

基於以上的分析，我們覺得，吉田從其致杜勒斯的函件到其國會中的聲明，與其說是他的態度轉變，出爾反爾，不如說前者故弄玄虛，後者才是環境逼出來的老實話。所可惜者，我們政府對於吉田函件的反應，未免太輕率或者說太天眞了！

現在，日方商訂「條」約的代表團人選已經正式發表，且通知我國，到本刊出版之日，或可抵臺，而我國政府的代表團人選迄未公佈，這證明我政府已有了高度的警覺，這是可喜的。至於這幾天中日双方非正式的洽談，其發展如何我們不得而知，但僅憑上述的經過，我們有不能已於言者：

第一，我們要簡單地正告日本政府和其人民的：

（一）日本政府與代表自由中國的中華民國政府眞誠合作，不僅是中國之福，尤其是日本之福，而且是東亞集體安全之所利賴。這是個最基本的正確觀念，日本朝野人士應該深植於心，不能只騰諸口說。如其不然的話，則要有決心準備做蘇俄的附庸。這其間沒有絲毫中立的餘地。

（二）日本基於政治的或經濟的理由，想與蘇俄附庸中共政權打交道，不僅是短視，而且是盲目。利害的詳細分析，這裡的篇幅不容許，但有一個更基本的事實，日本人應認清，即中共在大陸統治下的四億五千萬人民，其精神是擁護在臺灣的中華民國政府的。中共政權是中國人民所日夕咀咒「予及汝偕亡」的對象。日本想與中共政權改善關係，如其可能的話，正是與中國四億五千萬人民爲敵。

（三）現在自由中國地域的人民，有權利督責我們的政府在外交方面不喪權，不辱權，尤其在對日問題方面，要保持戰勝國的地位，與其他盟國享有平等待遇。最近日本代表團團長河田烈說及中日戰爭結束時蔣總統對日文告的寬大，慷慨和仁慈表示感激，並希望我們保持此精神。是的，我們寬大，我們慷慨，我們仁慈，但這種精神是中華民族不念夙怨，與人爲善的美德，可不是俯仰隨人，任人欺負之謂寬大，之謂慷慨，之謂仁慈。過去中日外交上遺下的惡劣記錄，今後不會也不許重寫。我們今日的政府，已沒有曹汝霖、章宗祥、陸宗輿其人，同時。我們民間還有五四精神在！

第二、我們要向我們政府說的，

（一）我們政府現在雖局促在臺灣一島，而其精神則是全國性的。政府應拿出這樣一個全國性的精神氣派來。關於內政方面，我們經常如此督責，外交方面，我們這個督責更不敢放鬆。在這次對日簽約事件上，我政府應念茲在茲，凡有損我政府全國性的處所，政府應該斷然拒絕。和約可以暫時不訂，國格不能片刻或忘！這裡我們要具體地督責政府堅持下列幾點：

1.與日本訂約，只有以多邊和約爲藍本，簽訂中日双邊和約，除和約外無所謂「双邊條約」。名不正則言不順，言不順則其事就不應有成。

2.和約必須是完全的，無所謂「有限度」。中國大陸是中華民國的合法領土，蘇俄的傀儡中共政權之竊據大陸，只是一時的現實。和約是國際合法的範圍，和約實施的區域，在法的意義下，自然及於中國大陸。至於目前的障礙，只是一時的事實問題，在和約上不能有拖泥帶水可以引起解釋上爭辯的規定。

3.和約的簽訂和生效，其時期只須視談判的進度爲轉移，並無理由要等到多邊和約生效以後。如果日本故意拖延，只是證明其無誠意；無誠意只好拉倒。如果日本堅持其所謂「在法律上許可之情形下」的理由，則有國際法權威王寵惠先生日前所發表的論據可作政府有力的主張。

4.關於戰爭開始的日期，我政府似可不必堅持一九三一年的九一八。但是東北九省之爲中華民國的領土必須在和約上有明示或可以確切解釋的規定。我們不能讓偷天換日的手法把固有的領土丟掉，也不許有曖昧其辭的規定，將來鬧到國際法庭。

以上是我們督責政府必須堅持的精神和幾點具體事項，這裡還要附帶地說到

（二）外交上的作風或技術問題。本文在上面分析吉田前後兩次所發表之言論的時候，我們曾批評政府對於吉田的函件未加剖析，因而其反應未免輕率，未免天眞。這種批評，也許事實上是冤枉了政府。當時，政府中人或者這樣想：與其明白指出該函件所可能隱藏的眞意，倒不如佯做不懂，表示欣慰，以引導其進一步商談。如果是如此，我們承認其用心良苦。但這種用心的結果，不僅留下了談判過程中不應有的障礙，也多少損及我們外交上的尊嚴。因此，我們覺得今後的外交作風或技術，一要謹愼，一要愷切，不能放鬆的地方絕不含糊，尤其是遇着故弄玄虛的對手，更要如此當心。說到這裡，我們聯想到這幾年蔣廷黻先生在聯合國議席上的表現而表示敬佩。我們在聯合國所運用的外交政策，其基本原則自然是我政府所指示，但在作風和技術方面，則有賴於蔣氏個人者甚多。我國有兩句成語「義正辭嚴」，「理直氣壯」，但在事實上，義正者不一定都會辭嚴，理直者也不一定都會氣壯，可是這幾年蔣氏在聯合國的表現，卻十足地代表一個義正辭嚴，理直氣壯的外交鬪士。蔣氏在聯合國中有蘇俄的奸險陰謀，有英印的姑息運動，然而我國控俄案卒能於本屆大會通過，這不能不說是蔣氏個人憑其作風和技術爭取了若干國家的同情所獲致的結果。蔣氏有了這樣的功績表現，我政府今後在這方面當知注意了。

（上接第9頁）

可以消滅作爲權力爭奪之首要工具的政黨，但我們可以使政黨的操縱與把持漸漸失效，正如過去曾使政府中行政部門的操縱與把持漸漸失效一樣。

本文不打算解決問題，祇打算提出問題。我尚未能作成確切而具體的方案，但我自信已看到應就那一方向去探索出路。我所發現的出路，是更直接的民主。

這是最使我驚奇的一件事：科學的飛躍發展，竟會對民主政治毫無裨益。交通技術的進步，使空間縮小到僅及過去的百分之一或千分之一，爲什麼不能同時使人群也縮小到過去的百分之一或千分之一呢？過去所以祇能採取間接的民主，是因爲人多，不能集衆人於一堂，來行直接的表決。現在的郵政，電報、廣播、電視、新聞事業等等，難道不是已能使所有的人都如朝夕聚首一樣嗎？到了我們這時代，溝通意見的工具是如此充分，而進行選擧，卻還要選民親自跑到老遠的投票場所去把選票塞進票櫃，這是怪事。我們有了商業用的精密計算機，爲什麼不能發明同樣精密的鐵面無私的選票計算機呢？相信有這麼一天，選民祇消在家裡把電扭一按，千萬里以外的計算機上就有了正確的紀錄。這樣，擧行一個全民投票，在選民豈非像開一盞電燈那樣的方便嗎？在這情形下，就不必是政府命令，人民服從。在這情形下，政府就眞會成爲人民的公僕，它隨時隨刻可向主人直接請示。在這情形下，不僅議會辯論再無必要，連議會的存在都無必要了。如果，我們不是假意支持民主，對這樣一個嶄新的世界是不應該害怕的。不錯，理想誠不宜放得太遠，未來有許多因素無法預知，但現實卻未免走得太近，我們甚至連創辦已數十年或百年之久的郵政通訊都未嘗利用。

正因爲現在行的民主非常間接，所以政黨活動乃帶有經紀人那樣的性質夾在政府與人民之間上下其手。那些騙人的花樣、多半是由於政黨之經紀人性質才成爲可能。我相信，較爲直接的民主，可以漸漸消滅政治中欺詐的成分。在較爲直接的民主體制下，政治將更接近事務性而離開政策性，放肆的攻擊與輕率的諾言將漸漸失去其意義與作用。把人民所直接規定的事務辦得很好，將漸漸成爲權力爭奪者贏得人民支持唯一有效方法。（關於直接民主諸問題，我尚擬爲文詳論，這裡所說，祇好算是一個極簡略的引子。）

民主政治，放膽前進吧！這樣才能終極的導權力欲於正軌。現實之缺陷，並不是因爲民主太多，而是因爲民主不夠。祇要我們意識到自己尚在前進的途中，就不會因看到一些缺陷而喪沮。這喪沮，在馬加維里的獅子尚未被殺死的地方，會使人們沒有興趣去把它殺死，甚至在獅子已被殺死的地方，也會給它帶來復活的機會。我們自然更無法對付那狡猾的狐狸了。

權力欲與民主政治

'Democracy has to be born anew every generation.,,——J. Dewey

戴杜衡

一

權力欲是人類政治生活中的一個重要成分，我幾乎要說，是一個最主要的成分。沒有個人權力欲在發生作用的政治，等於說沒有脊椎的脊椎動物。人類歷史縱未必是一部鬥爭史，但人類的政治史却的確充滿了戰爭的紀錄。有人把這些鬥爭的動力歸源於民族生存，階級利益，或宗教信仰等等，這些說法究竟有多少的正確性，這裏且不談。我們若就每一個別場合仔細分析，則不難發現，無論是民族鬥爭，階級鬥爭，或宗教鬥爭，都包含着有某一個人權力之擴張或保持的動機在內；在多數場合，這甚至是最基本的動機，人們祇是把它隱藏起來，使之表現爲旁的種種形態而已。

爲什麼要把基本動機隱藏？這不僅因爲它顯得不甚光明，同時還因爲如果不把它隱藏，權力的爭奪會成爲不可能：它不足以號召徒衆，號召徒衆需要一套還更漂亮而動聽的說詞。

權力欲爲一般從事政治活動者所諱言，更爲權力者自身所諱言，以致它成了一個秘密，成了一個不登臺的幕後脚色。以致在政治上，往往表面上是一套，骨子裏又另是一套 但果眞能保持這個秘密嗎？却又不然。參加政治活動者誰都知道這秘密，祇是不願說破，心照不宣而已。不參加政治活動者也並不是不知道這秘密，許多知識分子爲此而無條件的憎厭政治，以不談政治爲淸高。但他們也不願意公開說破而招惹麻煩。

從古以來所有的政治學說或理論，因爲它們大都與某種政治利益或政治願望有關，所以總强調那冠冕堂皇的一面，而不願太多涉及這不甚光明的一面。政治學喪失了主要的內容，以致政治學至今建立不起來。

馬加維里（N. Machiavelli 可能是第一個公然而徹底的道破此一秘密之人，且以此著書立說。他勸告爲君者要像獅子那樣的兇猛，狐狸那樣的狡猾。馬加維里爲此而至今猶爲人們所不喜，雖然這不喜，也仍然是表面的，每一在政壇上活躍的分子，在內心，幾乎人人都服膺馬加維里之說，並而照此實行。（少數純粹的理想主義之所以不喜馬加維里，那是因爲他以『實然』爲『應然』，也並非眞能否認他的確道破了政治現象之一項本質。）

在近代，有一位美國的政治理論家諾麥德 Max Nomad)，曾更坦白的說：『祇有兩個原則統率着一切的政治。第一是，用一切方法取得權力，甚至那最卑鄙的；第二是，用一切方法保持那權力，甚至那最卑鄙的。』("Apostles of Revolution")我相信一切權力掌握者，無論是史大林，是邱吉爾，是杜魯門，都不會願聽這樣的話。

眞者（現實）不美不善，美者善者（理想）不眞，許多人都因此而放棄政治，甚至因此而放棄政治原理的探討。這是逃避，逃避不是正當的態度。對現實不滿，是可以找到補救的。人類應該有這樣的自信。由於權力之爭奪而使人類歷史成爲一部『相斫書』，這當然不能令人滿意。我們要找尋補救，而且的確已找到了補救，雖然我們今天所已發現的藥物，尙非完全特效。這補救便是民主政治。

二

民主政治爲政治之一種形態。統率一切政治現象的原理，同樣的統率民主政治。個人權力欲既爲政治生活的重要成分，它在民主政治中也不能沒有地位。它存在。我們一張開眼睛，就看見它存在；我們閉上眼睛，它依然存在。我們不該逃避。相反的，我們正應該以此爲正確理解之起點。有了這正確的把握，我們將發現，許多疑難問題却會自然而然的獲得圓滿的答案。（我個人甚至抱持這樣的希望，由此起點，可以建立一整套嶄新的政治學原理，但此非本文所能盡，亦非本人在此時此地所能企求。）

爲什麼權力欲永遠存在？因爲它植根於人性。在我們尙未發現人性有根本改造的可能時（有些社會運動家以爲已發現了此種可能，但那是假的），我們不得不承認它在過去現在均存在，且今後亦仍將繼續存在。我們不能確知最初的政治權力是如何發生的，這是一個尙待人類學者繼續探討的問題。但我相信它起源甚早，因爲侵占的本能大概是隨人類之生以俱來的（甚至隨生物之生以俱來）。爲了限制分別的個人之侵占本能，所以賦予某一人或少數人以特殊權力（或者是他們自己取得特殊權力），由他們來維持一個使分別的許多個人勉强能相安無事的和平秩序。這是政治的起源。所以說，政治是起源於人類之惡。如果人類沒有這個惡（侵占本能），它從頭就不需要有所謂政治，而且至今也必仍然處於無政府狀態。這是早期的政治理論家所已經發現了的眞實。

這取得了特殊權力的一人或少數人，他們本身也是人（雖然在古代，或甚至近代，他們常常被有計劃的神化），他們也必分得了人性中的弱點，分得了人性中的惡，分得了人性中的侵占本能。人類一有政治，一方面是限制了分別的個人之侵占本能，這是好的；但另一方面則正給予特殊權力者以榮侵占本能的最佳機會，這却是壞的。所以有政府爲『必要的惡』之說；它雖惡而仍屬必要，反過來，它雖必要而仍不得不被指認爲一種惡。如何處理這個必要的惡，正是政治理論家，特別是民主政治理論家，所面對的第一個重大問題。這也是多數人所已經發現了的。

一點也不錯，民主政治之理論上的先驅者，都以君權時代的暴政爲其立論的起點。他們充分理解政治權力之可怖，他們千方百計的要限制這個權力。他們想出了兩個辦法：第一是把政府之建立交由人民投票來決定，第二是把政府組織中之各部門分割而使之互相牽制。此二者都是很好的辦法，並且也確實發生了效力。但我必須指明：這效力本身有其限度，它並無藥到病除的那種特效。因此，問題祇是在趨於解決的途中而未能完全解決。早期理論的弱點就在這裏。他們似乎以爲祇要前述的兩種辦法眞正實行，就一切都好。他們對未來充滿樂觀，一種幾近於天眞的樂觀。除了極少數的遠見者，他們大都沒有發現後來還發生了種種變化。這種天眞是難怪的，他們不能看到今日，正如我們不能看到未來一樣。

『自由中國』的宗旨

第一、我們要向全國國民宣傳自由與民主的眞實價值，並且要督促政府（各級的政府），切實改革政治經濟，努力建立自由民主的社會。

第二、我們要支持並督促政府用種種力量抵抗共產黨鐵幕之下剝奪一切自由的極權政治，不讓他擴張他的勢力範圍。

第三、我們要盡我們的努力，援助淪陷區域的同胞，幫助他們早日恢復自由。

第四、我們的最後目標是要使整個中華民國成爲自由的中國。

馬加維里一系的說法是以實然爲應然，故不足取。早期的民主政治理論家則反過來，以應然爲實然，他們也令人漸生隔靴搔癢之感。理想與現實各走各的路，兩條路幾至於永遠無法接觸。

特別是爲一般流俗所接受的說法，則簡直顯得有點可笑。例如『政府爲人民之公僕』，例如『民有民治民享』，似乎就是這些最空洞的說法，最爲一般人所津津樂道。其實，這些都不過是招牌，都不過是一些門面話而已；容許我說得不客氣一點，它到今日已墮落爲一種民主八股，民主濫調，民主空談。人們聽到的是一套，但在實際生活中所接觸到的，却是另外的一套。即在美國，在英國，也仍然是政府命令，人民服從，那裏有什麼rule of the people？公僕之說更是人人都能看穿的謊話。無論在英國在美國，政府權力還是那樣的絕對，天下那有這樣一名橫行霸道，支配一切的悍僕！

可笑還是小事，它有害處。它給予民主的敵人以可乘之機。慕梭里尼說：『民主政治是這樣一種政府形式，它給予人民以主權之幻覺，而非主權之實質。』一般以『公僕』或『民有民治民享』之類的流俗觀念爲民主政治之全部內容的人們，私下拿招牌與貨色一比，我相信他們一定會由衷欽佩慕梭里尼的話眞是一針見血之論。甚至民主政治的支持者看看，政治的現實，再聽聽反對者的責難，也不免懷疑起來，動搖起來。終至於多數人對民主都是口頭說『是』而心裏說『非』，誠心誠意的擁護者，一天天變得稀少。大家說：政治總不過是這麼回事，將錯就錯的拿一些門面話來騙騙人家騙騙自己算了，何必認眞。這非常危險，民主政治成就本來已不太大，長此以往，連這一點不太大的成就都會毀棄的。但這一切都怪不得人家，怪自己把調門拉得太高，嗓子跟不上，以致荒腔走板。

那些流俗觀念還有一個害處。它們是如此的懸空而不着邊際，根本無法把民主政治的本質說清，以致誰都可以冒名頂替。共產黨人說：唯有蘇維埃俄羅斯才是最眞實的民主榜樣。他們這種說法，也並非全無理由，大家說『民享』，勞苦大衆難道不是人民中的最大多數嗎？反過來，這最大多數的利益被侵占而政府不聞不問，難道可以算是『民享』嗎？這種有意的纏夾的確發生了作用，它在思想界造成可怕的混亂。但我們要駁斥它，却不是一件太容易的事。這也怪不了人家，怪我們自己從來沒有說清楚民主政治究竟是怎樣個東西，也沒有說清楚它有什麼標幟，可以把眞的與假的很現成的辨別出來。

或者，我們放棄定義之類而代以稱指的辦法。譬如說，我們可以指着美國和英國之政治組織、制度、習俗等，稱說那就是民主。但，這不僅在一般所謂民主世界以外的人不承認，即連民主世界以內的人，也不完全承認。英國的費邊主義者，工黨主義者，如韋布(S. welb)，如蕭(B. shaw)，如拉斯基N. Lasky)，都曾提出反對，他們說：美國行的不是democracy，而且plutocracy(財閥政治)。可見若無更健全周密的理論，具體的稱指也是無用的。

民主的擁護者提不出正面的健全周密的理論，於是民主敵人的理論魘術就有了用武之地。此種魘術常常可以把一事物證明爲即等於它的相反物(antithesis)：和平可以等於戰爭，自由可以等於奴役，而民主當然也可以等於極權。這正是我們這時代所面臨的最大的迷惑。

我說了前面那一番話，並不是想要收回對先驅者們的敬意。他們不能看到今天的現實，那是當然的。而且，他們的理論，是要當作一種反專制的戰鬪號召，把未來遠景渲染得略近於烏托邦，也是必要的，至少，是可以諒解的。不可諒解的，還是我們後輩。先驅者爲我們打出了這塊招牌，我們的貨色跟不上。近五十年，即在先進國家，民主政治在組織與制度上極少進步，不僅沒有進步，甚至還退步了一點；這是說，離先驅者的理想不是更近而是更遠。這或者還是爲現實的環境(特別是戰爭)所迫，不得不然。更可悲的是，我們甚至在理論上都沒有發展，彌爾（J. S. Mill）以後，竟無高峯。它已由停滯而僵化，直到今日我們在第一道防線上使用的武器，仍然是『公僕』與『民有民治民享』之類，又如何禁得起敵人的轟擊呢？他們一句話就把這道防線衝破了：你的民主是假的。

這是時候了，我們趕快要建立更堅强的第二道防線。

三

理論之重建要從最基本的處所着手。民主運動曾在許多國家打倒了君權，但代之而興的，並不是百分之百眞實的民權。少數人的權力欲仍然在發生很大的作用。我們所要仔細觀察的，爲此一作用之活動方式究竟是否發生了變化？發生了如何的變化？這些變化又含有如何的意義？問題要如此的去把握，才可能達到比較圓滿的解決。

君權時代諱言權力之爭奪，特別是最高權力，更是一個莫大的禁忌。所有王朝，都假定着要二世三世，傳之無窮。但儘管諱言，儘管禁忌，權力之爭奪仍然是一個活生生的現實，不僅國法嚇不倒，連上帝也嚇不倒。權力之爭奪可能是隱藏的，君主無時無刻不在運用一切方法消滅潛在敵人，於是表面上也就顯得平靜無事；但也可能消滅不了，那就要發生叛亂，陰謀，與鎭壓。正因爲最高權力之爭奪爲法律所禁止而又不能眞正禁絕，雖不能禁絕而又偏要禁止，所以那制度就逼迫爭奪者非訴諸法律以外的手段不可。法律以外的手段，主要就是暴力(造反)，其次就是欺詐(篡位)，更常見的是二者兼用。在歷史上，絕少有最高權力之爭奪及移轉不伴以流血的事例，少到幾乎可以說沒有。流血可以有規模大小之不同，小則五步，大則千里，但總是流血。

這流血，就是一個特徵。我們如進一步推究，就可以發現此一特徵之適用範圍，還不限於緊接在民主時代以前的君權時代。除了對史前的傳說我們不得不取保留態度，可以說，自有信史以迄今日，這一特徵，實可適用於民主政治以外的一切政治。此一確認，豈不是等於替民主政治發現了一個獨有的標幟，使之與其它的政治有所區別？

誠然，有若干事例使我們的區別變得模糊，這是很不幸的。譬如，在美國會發生了一次南北戰爭，並且它的好幾任總統都是被暗殺而死。這些都是流血事件，都含有權力爭奪的動機，又偏偏都發生在民主體制業經確立的國家。但無論如何這些總是例外。有關人文現象的一切原理，都不能像自然科學那樣嚴格，都難免有這類的例外。我們至少可以安穩的這樣說：在民主政治，最高權力之爭奪與轉移，在最多數的場合，都可以和平的達成；而在非民主的一切政治形態，在最多數的場合，則都伴同着流血。

我們就算把民主政治的一切其它長處都按下不提，我們就算把民主政治的敵人對它所作的一切批評與責難都完全承認，僅僅流血與不流血這一點，就已經顯得民主政治遠比其它任何政治爲優越，值得我們用全力去支持。一切都不論，殺人總是一切惡中之最大者，何況在權力爭奪中的殺人，常常要殺戮無辜，並且常常要集體的殺戮無辜。

民主政治可以做到把政治鬪爭中的暴力成分徹底消滅的程度；在若干較爲成熟的民族，事實上已經做到。暴力成分之所以能消滅，並不是因爲人們已停止爭奪，而正是因爲此種爭奪可以在法律的範圍以內公開的進行。在任何時代，對最高權力者取而代之的野心均是『斫頭』的玩意，祇有在民主體制下，任何人都可以把取代的企圖坦然說出而無所恐懼。民主政治並沒有如强使水之逆流那樣的阻塞權力欲，阻塞的結果，祇有召致潰決；它是替水流找到了一條順導的出路，使之平平靜靜的歸於大海，祇在必要的地方築幾道堤防而已。

至此，我相信已能把握了民主政治之最基本的原理，剩下來，祇是這原理的運用方式；即是說，這原理是如何的在現實中成爲具體。最具體的表現，首先是反對集團之存在及其從事反對活動之充分自由。(這所謂自由，我想當然不致有人會誤解爲法律以外的自由吧。) 民主政治應該有反對集團，這不是什麼新發現，差不多已成人所盡知的常識。但我必須强調指明：它不是許多平列的特徵中之一個，而是特徵中之特徵，一個最基本的特徵，其它許多特徵都由此伸引而出。它是整個體制的樞紐，所以也必須成爲整個理論的重心。不能抓住此一重心，更多的理論，也祇是一些穿不攏，提不起的零星碎片。此一把握，並且供給了一個永不失誤的標準，一個明察毫厘的尺碼。有沒有反對集團公開存在？它們的活動有沒有充分自由？拿這標準一試，拿這尺碼一比，不僅蘇維埃的謊言不攻自破，一切僞裝的民主都無所遁形，而且民主的程度都可以準確的衡量出來。經這一試，誰是最民主的，誰是較民主的，誰是不民主的，都無需費解爭吵了。

由此一基本點之把握，可以伸引到法治。法律一方面規定了反對集團從事反對活動之方式，同時又在此限度以內給予反對活動以充分保障。民主政治的法律之精義，即在於此。至於那些與最高政治權力之爭奪無關的法律，那是在民主體制下與非民主體制下都是一樣的，並沒有什麼本質的差異。(這是說，在人民與人民的關係上，民主政治的法律與非民主政治的法律並無差異，祇是在人民與政府的關係上，即被治者與治者的關係上，才有差異。)在民主體制下，法律先於政府。法律要保障人權，特別是爲政府內心所不喜，因此而最想侵犯的那種人權；法律要保障自由，特別是可以威脅到政治權力之保持，因此而最爲權力者所嫉忌的那種自由。在民主體制下，法律拘束政府，甚於拘束人民。此無它，不過是爲防止政府利用其現成權力來阻碍或取締一切公開的或潛在的權力競爭者之活動而已。

可以說，所謂民主的法治，其基本目的即是在維持那樣一個得使權力之爭奪公開進行而無需訴諸非法手段的體制。這裏面包含了言論出版的自由，集會結社的自由；同時也包含了選舉，包含了議會，更進一步，也包含了寬容精神及種種的傳統習俗在內。總之，它包含了民主的整體。這整體的各部分互相配合，互相補充，使不流血的權力之轉移成爲可能，而且說不定在不久的將來會成爲必然。

我們頗不容易爲民主政治下一定義，拿幾十個字來說明其全貌；但如果僅爲提綱挈領，則幾個字就够了。這幾個字不是『人民的統治』，而應該是『反對的自由』。

四

上文已說明民主政治的成就，但尚未說明其成就的限度。民主政治消滅了暴力，它殺死了馬加維亞的獅子，但那狐狸仍然活着。民主政治並沒有消滅了欺詐。我們尚須從另一角度繼續探討權力欲之作用。

我們說民主的體制使權力之爭奪無需訴諸非法的手段。所謂非法手段，主要是暴力，但不一定能包含欺詐在內。這不是說，民主的法律准許欺詐，而是欺詐常常可以繞過法律，不着絲毫非法的痕跡。這已經不是一個法律問題，而是道德問題。但，要向所有的政治家要求道德是難能的。沒有一個政治家從不扯謊。有時候他是爲了國家或人民的遠大利益而扯謊，或僅僅在他自己主觀上如此想法而扯謊，這我們姑息諒解，但更多的場合，他們是爲了權力之爭奪與保持而扯謊。林肯說：『你可以在所有的時候哄騙某一些人民，可以在某一些時候哄騙所有的人民，但你不能在所有的時候哄騙所有的人民。』這位『民有民治民享』口號的首倡者，分明承認了哄騙可以是有效的。而且，能在某些時候哄騙所有人民，能在所有時候哄騙某些人民，難道還不够嗎？

民主政治解放了權力欲，使之自由發展，其所以可能，那是因爲它提供了一個權力爭奪之最後裁判員，人民之投票。沒有這個裁判員則有爭奪而無解決，人類社會將歸於原始的混沌。選舉使民主成爲可能，使權力欲之自由發展成爲可能。但一說到選舉，問題來了。正在這一點上，民主的敵人對我們的防線發出了最猛烈的砲火。我們過去慣於說：選舉是公意 public opinion) 之表現。敵人對此提出許多責難：(一) 這所謂公意果眞存在嗎？(二)就算有公意存在，它果眞是出於人民的自發嗎？(三)就算有公意存在而且是出於自發，這樣的選舉制度能把公意却如其分的表現出來嗎？諸如此類，不勝枚舉。他們說，人民是淡漠的，民主國家的選舉常常祇有略超過半數的有資格投票者眞正去參加投票，有時候連天氣之晴雨都可以影響選舉的結果。他們說，人民是無知的，民意測驗常常顯示有極大的百分比對關係興亡盛衰的重要問題答覆一個天眞的『我不知道』。他們說，選舉不能表達公意，眞正爲人民所擁戴的人物不一定會出現在候選人名單裏，眞正有自己意志的投票者，會感覺所有的候選人都是半斤八兩。這些責難，常常可以舉出許多事實的佐證而使我們瞠目不知所對。

我在本文，不擬對上列那些疑難問題嘗試作詳盡解答。我祇消說，這些問題都無絕對性，沒有一個確切的說法能適用於一切場合，任何說法都非正面的事例所能完全證明，亦非反面的事例所能完全否決。我們應該指出，民主政治的現實並不完全像其批評者所說的那樣糟糕；但我們同時也應該承認，它也並不像我們往時所渲染的那樣完美。我們和我們的敵人，大家都祇看到片面，必須把這兩個片面合起來，才能看到整個的眞實。我們不要一味的仇視敵人，在某一意義上我們要感謝：他們給予了我們一面鏡子。

此鏡子使我們發現，自有民主政治以來，選舉是在任何地區都從來沒有做得十分圓滿的。選舉至少供給了權力爭奪者以哄騙人民的機會，雖然這哄騙有時生效，有時也會無效。我們是生活在一個商業社會裏，政治的自由競爭，帶有商業的自由競爭之性質，政治口號成了商品，政治家們也的確是向商業推銷技術 salesmanship) 虛心學習的。當我們投選之時，我們誠多少有『神聖』之感，但我們目擊競選運動的那種吹吹打打與花花綠綠，從而聯想起百貨公司的競賣，我們的神聖之感，就消匿無形。我幾乎敢斷言，我們那些懷抱崇高理想的先驅者，是一定沒有預想到競選運動這一幕把戲的。

我何以敢如此斷言？這是因爲，我們的先驅者似乎都沒有看到政黨活動在今日的政治中所發生的多方面的龐大影響。在他們的體系內，有選民，有議會，有政府，單單沒有政黨。他們想像選民是政治機器的『第一推動者』(prime mover)，而未嘗料到此第一推動者的地位在今日已被，而且不得不然的已被政黨所篡竊。他們似乎假定，選民是懷抱着『斯人不出如蒼生何』那樣的嚴肅心理，把最適當的人物擁戴出來，無需那個人物自己來追逐。在現實政治中並無如此的讓德。在現實的民主政治，當選必出全力以追逐，而這追逐，又必經由政黨的途徑。民主的選舉，經政黨提名此一濾過作用，所剩給選民的選擇自由已非常有限。加以提名以後，那一幕鑼鼓喧天的鬧劇開始了，自我吹噓與對敵黨的毀謗，無所不用其極，在野黨流，尤其潑辣放肆，隨便的提出諾言。他們先有意把選民鬧得頭昏腦脹，茫然不知所從，甚至失去理性，然後來進行『神聖的』投票。這是權力欲在民主體制下的行使方式(modus operandi)。權力欲究竟不是個好東西，它究竟是人類之悪，所以它使民主政治也跟原來的理想發生了不算太小的『偏差』。

我們前面說民主政治之第一特徵爲反對的自由。這反對的自由顯然常被權力饑渴者所濫用。反對黨派，差不多是以反對爲本分：政府作得不好，它反對，固然應該；有時政府作得好，反對黨自己也明知道政府作得很好，它也反對。在反對黨口頭，政府照例是一無是處的。這些有理由的以至無理由的反對，爲政府招來許多必要的與不必要的麻煩，它至少要辯答，要解釋。這樣的吵吵鬧鬧，占據了大部份所謂『政務官』的大部分時間與精力，此時間與精力，本來應該是用以處理政務的。於是、效率又成了民主政治被攻擊的一個題目。有人說民主政治的主要內容並不是爲國爲民的政務，而是一場與國家人民差不多無關的永不休止獵取選票的競技。

這一切，追尋其根本，都由於我們未能殺死馬加維里的狐狸而起，狡猾的狐狸把我們最美麗的理想之花朵摧殘了。

五

我深知自己冒着很大的危險：我採納了不少敵人的論據。但我必須這樣作，而且認爲應該這樣作。最巧妙的理論魔術，就是從許多正確或近於正確的論據，申引出不正確的結論；如果那不正確的結論所從出的論據，顯然的全不正確，那也就不成其爲魔術。我們廻避現實，不談問題而徒唱高調，那是敵人所最歡迎的，因爲我們一開始就顯得辭窮理屈。我們扭住了敵人的每一論據來反覆辯難，也是敵人所歡迎的，因爲他可以在其堅强點上逼迫我們，最後，不得不承認自己辭窮理屈。我們最聰明同時也是最正當的辦法是，承認敵人正確或近於正確的論據，而指出，從這樣的論據，並不能達到那樣的結論。

民主政治的敵人說所謂人民主權爲一幻覺而非眞實，其目的是要叫人相信民主並不較非民主的政治形態爲佳，也就是說，並不較獨裁爲佳。我們要指出的是：政治形態的比較爲一件事，人民主權之是否眞實則爲另一件事，二者全不相干。我們所要比較的，是貨色而非招牌，是『實然』而非『應然』。我們愈是把民主政治剝得赤裸裸的一絲不掛，就愈可以把它那最本質的優於其它任何政治形態之處顯示出來：如上文所說，它縱有缺點，至少它已消滅了政治中的暴力成分，使人類不必爲了權力之爭奪而流血。

我們對敵人這樣說：民主政治縱有缺點，它還是比你們所推薦的政治形態爲佳。反過來，我們却不得不對自己這樣說：民主政治雖已較其它的政治形態爲佳，它畢竟還有缺點。

狐狸還沒有殺死，我們如何對付那狐狸？這是問題。

我們首先可從下列幾種想法得到安慰：

第一，說人民主權並非眞實，雖也有相當理由，但其非眞實的程度，並不如一般所說之甚。人民可以盲從，可以受騙，但不一定盲從，一定受騙。可能不等於必然。在人民並不盲從並不受騙的場合，主權即非虛假。

第二，政黨不止一個，而有許多。它們並不串通一起來愚弄人民，它們自己互相吵鬧。甲政黨的謊言，乙政黨唯恐不及要把它揭破，乙政黨的謊言丙政黨也不會輕易放鬆。謊言與謊言相抵消，聽者就不容易受騙。

第三，政黨有時候是製造民意，有時候也迎合民意，此二者相互的。政黨有成見而選民無意見，則政黨領導選民；選民有意見而政黨無成見，則選民領導政黨，人民的initiative，並沒有完全被政黨所篡竊。

第四，人民不一定永久愚蠢。知識會幫助他。有時知識縱無用，經驗也會幫助他。一次次的選舉就是一次次的操練。縱令騙人的把戲層出不窮，一人經十年的操練，一民族經百年的操練，總是會成熟起來的。

這些想法都對，祇是都顯得有點不求改善的惰性。似乎現實不算太壞，我們應該已經滿足，似乎祇需等待，這不算太壞的現實，也自然而然會變得更好。我們難道竟不能更爲進取一點，更爲積極一點嗎？我們誠不能追求完美，但究竟也不能這樣的故步自封。不錯，有人曾寄託希望於教育之普及，甚至寄託希望於優生學之發展。我不否認教育對我們這問題之解決多少可有助益，但我不是教育萬能論者。技術教育與政治智慧極少直接關係；思想教育，在許多場合，甚至配合着政治宣傳，做了正是我們所要殺死的那狐狸之幫手。教育與其說叫人更加懷疑，無寧說是叫人更加輕信；眞正的理性教育，即在先進國家猶難言之。至於優生學之可能成就，則更非我所能臆測。祇是，如果優生學眞能把人性改變，消滅了人性中之悪，則我們也不必再談民主政治，政治將成歷史的陳跡，我們乾脆可行無政府主義。求改善，我們難道眞不能在政治體制本身想一點辦法嗎？有時候，一個極小極小的設計，都會完成奇蹟。譬如說，無記名投票就曾使選舉制度中許多可能的流弊（威脅，賄賂等）消滅於無形。人類的政治智慧，難道在二十世紀之初眞個已經竭了嗎？我不相信如此。我認爲，二十世紀民主政治之無進步，主要是由於人們對民主政治失去興趣，不再熱衷。人們把聰明發到其它方面去了。

我們暫時不假定可以消滅權力欲，但我們可以使權力之爭奪無法也無需再使用欺詐，不如過去曾使它無法也無需使用暴力一樣。我們暫時也不假定

（下轉第4頁）

誹謗之意義及與言論自由之界線(上)

—並摘述英國誹謗律之要義—

雷 震

一

一個國家所施行的政治，是民主政治還是極權政治，只要看：這個國家裡面，有沒有表現民意的自由討論存乎其間。就是說：只要看：這個國家裡面，有沒有『言論自由』，『思想自由』，或『出版自由』這一類的基本要素存在。這是區別民主與極權兩者之唯一不二的標準，其他等等都屬於次要的。至於外表上掛的甚麼招牌，和馬路上貼的甚麼標語，都是些不相干的事情。這個道理的眞諦，我在『輿論與民主政治』一文中，已經充分的闡釋明白了。

因此，凡屬民主政制的政府，一定是尊重輿論，維護言論自由。否則，那一定掛羊頭而賣狗肉，其與民主政治的道路，則不啻相去千萬里了。

爲使本文易於瞭解起見，我現在略釋言論自由之意義，然後再進而討論誹謗之含義，以及兩者之界線。

『言論』云者，就是每人發表他個人關於學問的、宗教的、政治的、經濟的、以及藝術的思想。其中最主要的，當然是表現於出版品上面，就是通過印刷和出版的形式，而發表上述諸種意見之稱謂。其他由言語或動作而發表出來的思想：如講演、座談、說書、演劇、展覽、廣播、電視、乃至音樂演奏、電影放映等等，均應包括在內。

『自由』云者，可以說是『機會』(opportunity)的意思，即歷史所昭示的人格發展上不可缺少的機會是。人們生息於大地之上，咸應有發揮『最善我』之機會。惟有自由，然後才能解放個性；惟有機會，然後才能使各個人發揮其獨得之經歷，以貢獻於人類文化之發展。人們的個性，能夠解放，人們的創造，方不至於障碍沮滯，而各人的特長，始得以表現於社會。

由於專制的權力，强制他人作盲目的服從，這就等於掠奪他人的人格。感情移入說的創導者、心理學兼哲學大師李勃斯(Lipps, Theodor)說過：『絕對服從的原理，就是破壞道德的原理。專制主義常與破壞道德意識是同一意義』。又說：『法律和國家的終極目的，不外使各人能發展其自由的人格，而得以自由的實行善事耳』(Lipps, Ethische Grundfragen)。

綜觀這些意見，我們可以作個結論的說：『文化發展的歷史，就是人格解放的歷史了』。依此意義繹之，自由乃是積極的事物，並非無拘無束之謂了。

因此之故，爲欲達成人格解放的目的起見，必有賴於發表思想之自由，即各人應有自由發表意見的權利，除非在某種情形之下，絕不受任何人之干預或阻止，普通稱之曰：言論自由，思想自由，或出版自由等是。假使我有意見發表，而政府不予許可，或更責罰隨之；而政府之命令，我不能爲一語之譏評，一字之考核，則此後誰肯以其焦心苦思，形諸言語與文字，而冀其有所貢獻於國家呢！我的言行，既受阻碍，則我在這個國家裡面，就失其所以爲公民之資格了，這個國家對於我，亦失其所以爲國家之理了。我個人的意志，既不能參與或影響這個國家的意志的構成，那末這個國家之視我，亦不過是一個不具有意志的人—奴隸—罷了。

人們各有衝動，使能各展所長，不相衝突，因以滙成人類豐富的公共生活。近代文明國家之種種制度，在使國中沒有一人不能發展其天才而盡其最善。因而制度之不善，即爲人民的天才不能盡量發揮。我們一生最大的願望，莫過於以自發自動的行爲，增進人群道德上的積累，此自發自動的精神，即爲意志和良心的發動。故言論自由乃是人們發展人格不可或缺之要素。民主國家之所以維護言論，發展言論者，乃是使其成員們人人都有發展人格之機會，經凝結而滙合，以累積人類之文化，而促成國家之進步。

二

言論自由，乃是人們藉以解放個性、發展人格之必要工具，上文已約略言之。那末，我既求我之最善我的實現，則他人的最善我的實現，則不應由我而妨碍之，又爲自然之理，不待說明而後可知了。同爲社會的分子，各有其應有的社會地位，雖可駕乙而上之，但不應使乙的社會地位因而消滅或毁損。儘管各人的發言，不能有同等的價值，然不論其爲甲乙丙丁，應在國家意志構成之中，各有平等參與的機會，這又應是天經地義的大道理了。故自由必與平等相偕，無平等則自由失其標準。如獨認少數人的意志，應當尊重，獨許以自由，其他人們的意志，可以任意蹂躪而無所顧忌，則他人的最善我，必無由而實現。此種失去平等的自由，決不是自由的原意，更不能達成建立言論自由的目的了。

於此，言論自由必定有個限度，應該有個分際，這與其他自由應有限度和分際一樣。凡從事言論的人們，而應明瞭這個限度和分際而謹愼篤守，念兹在兹，時刻勿忘，如臨深淵，如履薄冰。倘言論超過了這個界線，則必變成誹謗和中傷，正和其他自由權超過了限度而變為侵犯他人自由權一樣了。

『誹謗』（defamation）云者，係因我所發表的言論超越了分際，使他人的名譽或信用（廣義的）受到毀損，而他人之社會地位，可能因遭受打擊而趨於低落。我國現行刑法規定：『意圖散布於衆，而指摘或傳述足以毀損他人名譽之事者，為誹謗罪』（刑法第三百十條第一項），同法又規定：散布文字，圖畫而犯誹謗之罪者，並須加重其處罰（同條第二項）。這是說：我發表的言論，其指摘或傳述而有毀損他人的名譽者，乃是超過了言論自由的界線，致使對方的人格遭到妨碍，甚至蒙受損害；我為發展我個人的人格，固有賴於我之保有言論自由，如因我濫用言論自由的結果，致妨碍他人的人格發展，則我必須受到相當之處罰，用以維護遭受言論自由的損害的人們，而懲戒濫用言論自由權利的人們了。

依照上述法律的規定，對於誹謗罪之構成，其主要條件有三：

第一、要意圖散布於衆人。所謂意圖，即有此故意或意向；所謂散布於衆人，即傳播於多數不特定人之意。就是說：有以散布於衆人的直接故意為已足，不必實際上眞有多數人知悉此事。例如：某甲向某乙傳述足以毀損某丙名譽的事實，意欲使某乙當衆廣播。此時不論某乙已否廣播，和廣播時是否引為資料，而某甲之誹謗罪，已經成立，不因某乙之不為轉播而可以免除責任。

第二、要指摘或傳述事實。必須指摘或傳述一定之事實，始能構成誹謗罪。例如，傳述某甲如何誘姦婦女，指摘某乙如何詐欺取財等是。如並非指摘或傳述一定之事實，僅係不指名姓而以抽象的漫罵或諷刺，則不能構成誹謗罪。

第三、要其事實足以毀損他人的名譽。如所指摘或傳述的事實，不足以毀損他人的名譽，則不能構成誹謗罪。至於是否足以毀損他人的名譽，須依被害人的社會地位和事實的內容，而以客觀的方法認定之。例如，指摘某公司經理尅扣囚糧，此乃事實上不可能之事，在客觀方面，則不足以妨害其名譽。惟被害人的名譽，是否因誹謗而受到實際的損害，則在所不問了。

現行刑法又規定：凡散布『文字』，或『圖畫』而有毀損他人的名譽者，特加重其處罰。這是因為文字和圖畫這些具體的東西，播遷既易，流傳復廣，且可永久保存，消除困難，而實害之存在，遠較語言和動作為大，故特加重其處罰，以警戒從事言論之人之不可絲毫疏忽。此點與英格蘭之立法例，特分書面誹謗與口頭誹謗者極相似，因實害之不同，故課責分輕重。關於英國的誹謗律，將於下節述之。

誹謗罪之成立，以指摘或傳述足以毀損他人名譽之事為要件，那末，對於名譽一詞之含義，亦應有一述之必要。

『名譽』為個人在社會上一般的評價或價值。若詳細分析之，名譽乃由於個人的品性、學識、能力、及社會上的地位而產生的價值。故名譽是與『生命』和『身體』一樣，為人們重要的法益。一般社會常謂名譽為人們之第二生命者，也就是這個意思。耶林（Jhering）對於名譽的定義說：『名譽係個人在法律上的價值（Rechtwerts）』。賓丁（Binding）說：『名譽乃是法律上所承認的個人在社交上的市價（Verkehrskurs）』。這些都是釋明名譽的含義。

綜觀上述這些說法，意義大致相同。就是說：名譽也者，係指社會上一般評價的『客觀的名譽』，非指如名譽心這些主觀的名譽。因此，對於年幼者、精神病者、法人，固不必說，即對於刑餘者、惡漢等，也可以成立誹謗罪了。蓋無論何人，都有依照法律保護自己應有的社會評價或價值，而不受他人任意侵害之權益。

名譽若依廣義來解釋，自應包括『信用』在內。信用為個人在社會上經濟的評價或價值，如加以損害，不僅貶損其聲譽，抑且影響其事業，故同樣構成誹謗罪。惟我國現行刑法，特將損害名譽和損害信用兩者分別規定，故在刑法的適用上，名譽則不包括信用在內。

關於誹謗罪尚須一言者，即妨害名譽罪係屬親告罪，非經有告訴權者之告訴，不得追訴處罰。因誹謗有輕重，如犯罪輕微，實害不著，且無關公益，被害人若不欲起訴，自可置之不理。蓋所誹謗之事實，如在公開法庭往復辯論之際，其宣揚傳播之廣遠，往往使被害人益增加其苦痛，故法律明定誹謗罪為告訴乃論之罪者，以免為保護名譽而反有以損害名譽之處。各國的立法例，均係如此規定，用意完全相同。

三

言論自由是隨着民主政治的發展而益進步。凡是民主政治發達的國家，其言論自由的範圍必廣，而言論自由發達的國家，其民主政治的程度亦必高，兩者可以說是互為因果而齊頭並進，相輔而益相成。同時，凡是言論自由發達的國家，對於超越分際的言論，如誹謗、讒言、中傷和侮蔑等等，必定異常重視；凡不重視誹謗、中傷等等的國家，其民主政治的實際程度，當亦不難想像。過去主持宣傳機構的某君，曾慨乎言之，他說：『在中國只有誹謗的自由，而無言論的自由』。我們若細玩這句話的意義，則中國與論界的情形，和言論自由的範圍，當可思過半矣。

言論自由在英美國家較為發達，故誹謗在英美社會亦極為重視。尤其是英國的社會生活，一面非常推崇言論自由，用以維護公共利益，促成政治的進步；一面則極端重視誹謗，保障私人的權益，以免自由權之被人濫用。我們只要一瞥英國的成文律，只有誹謗律，而無規定言論自由的法律，即可想見英國之重視誹謗為如何了（一般國家規定言論自由的條款，均載在憲法之中，而英國則是不成文憲法的國家，故無規定言論自由的法律)。據英國憲法學權威戴雪教授的意見，在英國法家中，『議論自由』或『出版自由』的術語，不但少見於議案中任何部分，而且法院中甚至不知有此用語。個中所有眞際，當以一部專論誹謗律書中的叙述，最能道達之。彼乃徵引歐德傑（Odgers）所著「書面誹謗與口頭誹謗」（Libel and Slander）一書中之叙述曰：

『我國現行法律允許任何人說出、寫出、或印行自己心中所欲。但若此項自由不被善用，他必定遭受處罰。倘若他竟敢以口舌誣衊個人，受誣衊者可以起訴；倘若以書面或印刷文字，陷害他人於罪惡，犯者可被通知，或以書面傳訊』。

於是，戴氏對這個問題的結論說：『議論自由在英格蘭中，實不過是一種權利，任何人得用之以書寫，或談論公共事務，但以十二人所組成之陪審團不至被視作誹謗者爲限』（Dicey A. V. Introduction to the Study of the Law of the Constitution）。

根據上文所述，可知英國社會，除依誹謗律所規定之禁止事項者外，任何思想或言論，均得自由發表，或印刷出版，而不受任何行政機關（軍事機關更無此權限）、團體或私人之阻擾和干涉。在對外發生戰爭—第二次大戰—的期間，爲保持軍事機密起見，對於報導有關軍事之消息，誠有若干之限制，但這也有一定範圍，而且限於發往國外之報導，在國內的尺度仍是很寬的。

說到這裡，我想加段插曲，以見英國之維護言論自由。據說英國倫敦的海德公園，幾乎每日都有人在露天講演，發表政見，讜言偉論、海濶天空，批評政府不遺餘力，攻擊當局體無完膚，好像他們具有眞知灼見，惟有依照他們所說行事才是萬應靈膏。聽衆圍觀，自聚自散，猶如我國在廣場上看耍猴戲一般，不過這裡是不要出錢的。警察老爺則袖手旁觀，熟視無覩，任其胡說八道，不加干涉，除非發覺另有行動。有人以此詢問英國政府，何故任其如此。據其答稱：英國是講究做買賣的，這樣最合乎經濟的原則：若將其驅散，明日又會聚攏來，若將他們關起來，不僅費事，反增費用，不如讓他們儘量發洩，只要他們有氣力；等到力竭聲嘶，他們自會回家休息，干涉和阻止到變成多餘的事了。

茲擬略述英國誹謗律之大要，即對於誹謗一語之解釋，和誹謗罪成立之要件，以明英國對於誹謗罪之重視。

誹謗（defamation）在法律上是指關於一個人的陳述（statement），意圖使此人招人憎恨，輕蔑，嘲笑，或在商業或職業方面使其遭受傷害，或使其遭受友人的廻避或厭惡。換一句話說，誹謗是一個損害他人名譽的陳述，意欲減輕其他的人對此人之好評，使其被人憎恨，輕視，嘲弄，害怕，厭惡或侮蔑。對於誹謗的定義，可歸納之如左：

一、誹謗乃是發表毀損他人名譽或信用之虛僞的陳述，而無合法的辯證（Lawful justification）。

二、一個誹謗的陳述，不一定專藉文字或語言來表示，一個人的動作或行爲也可以誹謗他人。例如：若當衆將某人的照片懸掛起來，以示嘲弄或輕視；或將某人的照片放在謀殺者，或惡人的照片一起，以曉示大衆。

三、誹謗有兩種：即『書面誹謗（Libel）與『口頭誹謗（Slander）』是。書面誹謗是表示於永久性的，可看見的，形式的，如書寫的文字，印刷品，畫片，或照片等等。口頭誹謗是表示於口說的話，或其他暫時的形式，不論是看得見的，或是聽得到的，如手勢，唏噓聲音，或其他發音不清而含有意義的聲音。惟書面誹謗和口頭誹謗之區別，在蘇格蘭並不成立。

四、書面誹謗不僅是一個可引起訴訟的犯法行爲，並且可以構成一個刑事罪；而口頭誹謗則僅僅是一個民事上的損害。又書面誹謗在所有的情形中都可引起訴訟的；但口頭誹謗，除非在特殊情形之下，必須要有眞正損害的證明，才能引起訴訟。

五、誹謗罪在英國，也是告訴乃論的。

因此，足以構成起訴原由而無須證明有特別損害之語言（Word），約可分爲左列四類：

（一）批評一個人而妨碍其交易，商業，智力職業（Profession）、或圖謀生計之普通職業、（Calling）的語言；

（二）誹謗一個人犯罪的語言。此罪如經證明爲對此人不利，則將使此人陷於監禁或其他的體罰，而不僅是課以罰金；

（三）誹謗一個人染有傳染病症的語言。此誹謗使其不能參加上流的社會；

（四）將不貞或通姦罪，加之於已婚婦女或未婚婦女的語言。

至此，我們應該研究者，乃是何種性質的陳述，始能構成所謂誹謗的問題。

若要考驗某個陳述是否含有誹謗的性質，只須考驗這個陳述是否有意煽動其他的人，對此人懷有仇視的評論或情緒。最典型的誹謗，就是毀損此人的品格，德性，而將任何形式的可恥行爲，加之於他的身上，如犯罪，搗亂，不誠實，不忠實，忘恩負義，殘暴苛刻等等。假使一個陳述，有意使此人被人嘲弄，縱然沒有暗示他有任何不良行爲，這種陳述也是誹謗的。因此，若陳述一個幽默故事，而使此人受到他人的嘲弄；或畫一張諷刺畫，諷刺此人的外表或態度，都是可以引起誹謗訴訟的。

其次，假若一個陳述而有損傷某人在職業、商業，或其他事業方面的能力，這是可以引起誹謗訴訟的。因爲一個人若被人認爲擔任他所不能勝任的工作，他便要遭人輕視，進而影響到他的事業。因此，若說一個律師不懂得法律，或是說一個醫生曾

（下轉第27頁）

論中共對大學教授的「思想改造」

『符咒與巫術，假如和大量的砒霜同時施用，確實能致羊群中的每一隻於死命的』。 —Voltaire

馬東皋

（一）

共產黨在推進和鞏固它那罪惡的獨裁統治過程中，往往剽取歷史上某些宗教的故技，變相應用。它底一手執劍一手持「經」的作風，就是一例。

中共於竊據了大陸的主要部分之後，就從民國卅八年的下半年開始，在共統治區展開了知識分子的「政治學習」與「思想改造」。它們在各級學校裡所採取的方法，是設立「政治課程」，强迫出席聽講，指定宣傳文件，强迫閱讀討論，和互相監視，定期「檢查」，進行一次又一次的「思想總結」。學校中的這種思想訓練與統制，雖然在原則上是將中共「組織」以外的師生，一視同仁，但是直到去年（四十年）上半年爲止，就華北各大學來說，一直是對學生抓得較緊，教員較鬆。這種輕重層次的劃分，並不是因爲中共對於各著名大學的教授先生們，特別尊祟，特別寬大，而是他們要「有計劃、有步驟、有重點」地，一步一步來作。正像它底軍略一樣，是先佔鄉村，次及小城，把大城市孤立起來，等待時機成熟，然後出而奪取。大學裡的教授先生，知識較豐，閱歷較多，年事較長，地位較高；在知識分子裡面，約略相當於一座座的「大城市」。他們雖然爲數不多，但都各有其重要性，特別是北平各大學，歷來自由氣息較重，比起其他院校，又有不同，如果操之過急，輕率從事，可能事倍功半，不如首先着重改造學生，兼有「殺雞儆猴」的作用，希望在這過程之中，教授們能够自動「覺悟」，站到「人民」的立場上去。雖然確有不少教師，是這樣作了，但是直到去年夏季，沒有公開表明態度，或是表示得不够徹底的教授先生，還是大有人在。於是，在準備了兩年之久，空氣已經「醞釀」得十分成熟了的去年秋季，中共悍然發動了所謂「北京天津高等學校教師思想改造學習運動」。這次「運動」的結果，見之於文字的，有去年十一，十二兩月中，共區報紙上陸續發表的許多篇平津兩地大學教授的自我檢討的文章。由於發表文章的教授中，有些是在學問上有着一定的成就，而爲中外學術界所知名的，他們這種譏駡自己，歌頌中共的文章，很可能在大陸上的知識分子中發生相當的作用，並且使國際上一些關心中國情形的人士，感到迷惑莫解。在這篇短文中，我們想略談我們對於這件事情的看法。

（二）

被中共在報紙上發表其檢討文章的教授，品類也頗不同。有一向臭名昭著，品節毫無的投機分子，有學問道德在過去頗爲青年們所敬重的學者專家也有從共匪所謂的帝國主義國家回到大陸不久，並且是一返國門就受到「招待」，無從知道共區眞象的青年教師。他們寫文章的心境，可能各有不同；中共特別選擇這幾個人的文章來發表，也自有其不同的作用，但是我們只要一加翻閱，就可看出這些文章的內容，實際上都是千篇一律，連起、承、轉、合，都是大致相若，可以說是一種新的八股文章。

這些文章大體上都分爲正反兩面，並且都是衆口一詞地說，「解放」以前，自己是如何糊塗，如何「幇凶」，「解放」以後，自己如何開始「覺悟」，經過這次「學習」，又如何「覺今是而昨非」云云。再具體一點來分析，這些文章所要否定的東西，不外以下三類：(1)自由—無論是學術自由，思想自由，或是政治上的自由，都要反對。2民主—「英美式的民主」，「改良主義」，「超階級」的「中間路線」，或者任何共產主義暴政以外的其他政治主張一律都要加以否定。(3)所謂「崇美思想」和「恐美病」。凡是曾在美國讀書研究，並且憑了這點本錢而得在共區多拿幾斤小米待遇的人，都要特別强調這一點，否則就算犯了「吃了奶便叫娘」的嚴重毛病。文章裡面所要積極肯定的，也有三類東西：(1)「分淸敵我」，「堅決背叛本階級，站穩無產階級立場」。(2)無條件地「跟着共產黨走」。3歌頌「國際主義」，堅決向蘇聯「一面倒」。這是每篇文章所共有的中心思想，顯然就是這次「學習」的重點。

至於文章中間的穿插，大多是列舉一些身邊瑣事，揭發一些私人恩怨。凡是北京大學的教授甚至助教，還都要和胡適之先生拉在一起，反唇相譏幾句，前者無非爲了湊足篇幅，後者則正像說「此地無銀三百兩」一樣，透露出中共如何無可奈何地在青年人中間發現了胡適校長的影響。

也有人於痛詆自己罪孽深重之餘，還在字裡行間，自己「表功」，冀博統治者的靑睞，比如師大的董渭川，在批判了自己的「中間態度」後，又扭扭捏捏地說：「最近和一個朋友談起這些，他說：『你也戰鬪過呵！』，這是就我在蘇州一段而言，但也令我慚愧！—這種『戰鬪』，又是多麽荒謬可笑呵，但是，無論如何，我那時確實有勇氣站出來了」。文字的曲折宛轉，正是以說明其處境的可憐。又如北大的白髮教授湯用彤，甚至提到他在南京出席中央研究院院士會議時，曾拒絕參加國家元首的召宴。這種掩耳盜鈴的瑣事，也要搜索枯腸，搬出來藉以證明自己的「立場」，我們只好像金聖歎註書一樣，在他這幾句話上面，大大地寫下「醜，醜，醜！」三個字了。

文章夾縫之中，也不缺少老實話的流露，隨手抄錄幾句，比如：「口頭上批判美國，但實際上時常想着美國對我的『待遇』，實驗室等等，對蘇聯先進經驗，不肯虛心服氣地去學習」（華北大學工學院胡爲柏）。又如，「在抗美援朝運動還沒有正式揭開的時候，曾有兩位同志來問我的意見。我當時一方面不了解敵我情況，沒有堅決的革命樂觀主義，一方面搬出毛主席過去所說的『人不犯我，我不犯人』的幾句話，完全沒能站在國際主義的立場，發揮新愛國主義，並多少含有『恐美』的情緒，和希望『太平』的思想」（北大羅常培）。以及「三大運動學習以後，我雖已有了仇美心理，但我對地主階級仍感到『恨不起來』。批判『武訓傳』的學習開始時，我對『艱苦卓絕』的武訓深表同情，改良主義的思想，再度抬頭」（北大嚴仁賡）。這些話雖然在文章裡面不佔重要的地位，却不見得沒有一些難言的苦衷。

（三）

下面我們試從本質上來看平津大學教授的「思想改造」。

唸書人，包括大學教授，在我國社會上，約略相當於歷史上所謂的「士」，「士大夫」在我國歷史上是一類特殊階層的人物。統治者與「士」之間的關係，我們可以從兩方面來看。

就「士」這一方面來看，在戰國時，諸侯互爭雄長，爲了延攬足智多謀之士，替自己出主意，「士」就成了政治家、野心家們所爭相延聘的人物（就是所謂「養士」），及至國家大一統之後，小國不再存在，「天下」的統治者只有一個，於是「士」就不再成爲王侯强者的爭奪對象。但是「士」所學的一套東西，既不能充饑，又不能解渴，而「士」自己又是四體不勤，五穀不分的人，在那時的社會中，如果沒有別人來「養」他，他就失去了生活的依據。因之，在國家統一，「士」不再爲爭聘的對象以後，他們反轉過來，要互相競爭，爭取統治者的寵愛。其中主要原因，就是因爲歷代的唸書人，只學會了一套文字技巧和一套儒家哲學，而此二者，又都是專爲統治階級服務的東西，那時的唸書人只有取寵於統治階級，才能生存，因而從前有「天子重英豪文章教爾曹」，「學成文武藝，賣與帝王家」一類的詩句。甚至把「士爲知己者死」與「女爲悅己者容」相比擬，可見從前的讀書人在專制政體之下，歷來就是居於統治者的奴才，甚至裝飾品的地位。

再就統治者一方面來看。中國政治制度，從秦到清，二千年間，大體上是專制的中央集權，是皇帝一個人專制，是人治。一個朝代的更始，在中國歷史上，總是由於征伐，所謂「馬上得天下」。但是中國是個大國，他絕不可能長久地只是「馬上治之」。爲求政權高度集中，能够眞正控制局面，推行政策，同時又要防止尾大不掉，結黨背叛，他就非要想出一套策略，半邀半强地使「天下英才，盡入彀中」不可，對於武臣，他可以使用「杯酒釋兵權」或別的手腕，以求高枕無憂。但是爲了確保政權，他還怕手無縛雞之力的文臣書生，犯上作亂，因而除了焚書坑儒，以及文字寃獄之外，中國歷史上的專制君主，還利用本身並無可非議的考試制度，來控制讀書人的思想。他們的考試內容，總是無關國計民生，唐宋以策論取士，明清以八股取士，甚至還要考究小楷的工整，目的都是只求把讀書人的精力時間，消磨在文字技巧上面，使他們除此以外，一無所知，以致造成多數讀書人思想凝固，國家科學停頓的後果。統治者於是可以爲所欲爲，無所顧忌。到了清代，再配合上一套官吏的任免制度，更已結合成爲極端完備的控制全國知識分子的制度。

我們不要忘記，在一個民主自由的社會裡。知識分子是應該有其獨立自主的地位，和充份發展的機會的。

以上是我國唸書人與專制君王之間的歷史淵源。中共侵據大陸以後，已經建立起了史無前例的最徹底的封建專制政體，並且因爲它根本沒有法律，它是更徹底的人治。像歷代專制帝王一樣，它爲了控制全國知識分子的思想，以便利推行政策，達到其獨裁政治的最高使命，它就也必需有一套較歷代君王更厲害的方法，來使「天下英才盡入彀中」，它所用的方法，就是「思想改造」。從前反對帝王的人，至少還可以自命清高，不事科場，作個山林隱逸，今則大陸之上，莫非『毛』土，身在匪區的人，誰也逃不了這一場浩刼，「入主出奴」一條道路，明明白白擺在知識份子的面前。

今天的知識分子，大學教授，雖然不見得只學了一套文字技巧或是空洞的哲理，但大多數仍然是四體不勤，五穀不分，沒有什麽特別的謀生技能，何況全國各種生產部門，也都操在中共手中，除了參加「思想改造」，讓統治者放心之外，必將失去其生活的依據。至於那些熱中名利，不願失去較高社會地位的人，自然更非在「思想改造運動」中，表現積極，以取寵於統治階級不可了。

因此，「改造」後的大學教授，一個個都在中共的明指暗示之下，如同鸚鵡一樣說出像下面所引的語句：例如，「我要改造自己，充滿信心地隨着共產黨前進」（胡爲柏），又如，「我們不要妄想作尼采所假設的『超人』，也不要妄想作易卜生所描寫的『人民公敵』，我們只應該向群衆學習，在革命的偉大事業中，作一個服從組織，遵守紀律的『無名的細胞』」（羅常培），再如，「基本問題是，舊知識分子本來就是屬於反動階級的，現在是如何轉移立場，背叛本階級，向無產階級投降」（金克木），等等濫調，我們除了慨嘆書生無用之外，只能認爲這是極權統治下所不可避免的悲劇。

四

我們現在要進一步來認識，中共究竟以什麼樣的手段，來達到其「改造」知識分子底「思想」的目的！我們應該以怎樣的態度，來看這個問題？

生活在自由世界的人們，往往只看重共產黨集團的武力侵略和暴力統治，而沒有對他們所進行的「思想改造」工作，及其可能發生的後果，加以應有的重視，這種錯覺如不及時糾正，恐怕會使人類歷史多繞許多冤枉的彎路。

有些人以爲中共的「思想改造」，充其量也不過叫這些唸書人受一次嚴格的訓練而已，何況這些教授們，並沒有都被集中在一地，編起隊伍，每天「兩操兩講」？還有些人認爲，中共無非是向知識分子灌輸一些「馬列主義」的教條，不管他們是否眞正體會，只要肯把這些教條寫在文章裡，掛在嘴唇邊，作爲口頭禪，萬靈咒，就算是「搞通」了思想。知識分子接受這些東西，也不過是像在凄風冷雨之中，撐起了一把雨傘，用以遮蔽風雨，明哲保身。一俟大局轉變，他們就會像是在雨過天晴的時候一樣，收起雨傘，露出本來面目的。對於局外人的這兩種看法，我們可以指出，第一種看法並不正確，把共匪看得太過忠厚，至於第二種看法，雖然確有不少堅貞之士，是在盡力這樣作，但是却也並不盡然。

共匪發動的「思想改造學習」，其毒辣處就在於不像「受訓」。因爲人被編入隊伍，集中受訓的時候，心裡知道是在「受訓」，可能有一種預防心理，像小孩子一進醫院，就連白開水也不敢入口一樣，中共不用這種辦法，它讓教授和學生們，仍然在自己熟悉的環境裡「學習」，它也不公開從外面加壓力，却讓一些「積極分子」在那裡醞釀，讓知識分子的陣營裡面，自己慢慢發酵。一方面，在時機接近成熟的時候，它却又從旁慫恿着說，「知識分子有求進步的自由，政府有幫助人民進步的責任，你們都在舊社會裡滾染了一身髒，現在你們有洗澡的自由，政府當然要供給你們洗澡的方便」（中共華北大學第二部主任何幹之語）。這是怎樣一種鄙卑的花言巧語！當空氣已經「醞釀」成熟的時候，整個學校裡，時時刻刻，人人都在那裡談「改造」，談「學習」，作得十分熱烈緊張，汲汲惶惶，不可終日，在這種環境之下，如果有人想保持游離狀態，避免投身漩渦，那時他所遭逢到的，將是一種難以形容的寂寞，窒息，荒涼，可怕的複雜情境，非具有大智大勇，是難以忍受和抵抗的，於是大學裡的教授們，終於一個一個，都「自動」參加了「學習」。

如上所述，共匪首先造成一種形勢，使人人覺得大勢發展已是如此，一個人抗逆大勢的發展，必是徒然無用。然後他再鼓其如簧之舌，翻來覆去的讓人相信，一切學問都是爲某一特定階級或集團服務的，沒有「超階級」的任何東西。承認了這一論點之後，推論就很方便，比如：你們這些教授，學問雖大，但這些都是從資本主義社會學來的東西，它們都是充滿了偏見，都是爲資產階級服務的，按照歷史發展的規律（他們一口咬定，馬克斯指出了社會發展的鐵一般的規律），「資本主義社會」已經完成了它底歷史使命，即將歸於消滅，未來無限美好的日子，完全屬於無產階級，你是願意革面洗心，加入「無產階級」陣營呢？還是要作「歷史的渣滓」，接受淘汰？渺小的個人，面對着這種人爲的「歷史洪流」，是無論如何，也不能抗拒的。於是，不論過去的學養如何，這些教授們開始動搖了。在共產黨所佈置的宗教氣氛中，只好隨着大家來「悔過」，「坦白」，「翻身」，一個一個都說要「站穩革命立場」，好像一頭一頭的牛羊，自動走到屠夫面前，聽候宰割。當然，平津各大學的教授們，處境十分艱危，我們無從知道他們每個人的眞正心意，但是事實的表現，確實是很殘酷的。他們的態度，將會對下一代的靑年人，發生相當的影響，我們對於這種影響，應該實事求是地看清楚，不應輕輕加以否認。

對於前述的第二類看法，就是認爲中共所指揮的「學習」，只是灌輸一些教條，大家也只是拿來作爲口頭禪，應付應付的，這種看法，也失之於把問題看得簡單了些。首先，中共自己十分反對「教條主義」，事實上它也不希望那些接受「改造」的人，懂得多少「馬列主義」的理論。它只是千方百計，要別人作它底工具。它自己也明白，要控制這些人，也決不是一些教條所能生效的，因之，它所用的方法，是多方面的，一方面是通過「工會小組」，讓大家互相監視，互相督促，一方面還故意製造一種宗教的氣氛，讓人時時有一種戒愼恐懼之感，不敢稍有逾越。除此之外，它還要用種種手段，來公開損害這些學者們的尊嚴。從前中國唸書人講究有一副「傲骨」，而大學裡的某些教授，其學問道德，在靑年學生之間，的確頗能受到尊敬。共產黨是屬於一神教的，不容許有許多別的偶像，存在於靑年的心目中，於是它就用盡方法，來剝除這些教授們的尊嚴。在這次的「學習」中，羅常培說：「要決心改造，我們就先得勇敢地承認自己的錯誤，無情地揭露自己的缺點，毫無留戀地否定過去，丟掉包袱」，正是爲虎作倀，替共匪說話。在教授們的文章上，大家都在那裡拚命「自訟」，挖掘私人恩怨，甚至「互相點名批評」，中共導演人對此一定會暗笑得計。過去的學術名流，靑年導師，現在一個個都自己抓破臉皮，醜態百出，從此不再發生「工具」以外的任何作用了。這些被侮辱與被損害了的學人，都是我國文化界不可多遇的優秀人才，現在中共把他們如此惡毒地加以糟塌，今後除非中共早日失敗，讓他們重新在眞正自由民主的空氣中獲得解救與新生，恐怕他們不會再有絲毫自尊心，創造力，和獨立研究的精神與興趣了。文化何辜？遭此巨刼！我們若不認淸現實，深自反省，團結一切反共力量，加緊準備，早日撲滅共匪這種摧殘國家元氣，摧殘文化的毒燄，恐將有噬臍莫及之日！

美國對蘇政策

犬養健 作
陸漸 譯

一

美國對蘇政策專家喬治肯南（G.Kenman），現在也漸爲日本人所知了。去年聖誕節前後華盛頓和紐約有兩個關於他的話題。其一是他已內定爲美國駐蘇大使，由於莫斯科政府對這項任命的同意與否不易逆料，以致交際場中議論紛紛。其初蘇聯政府機關報——眞理報（Prauda），對於肯南的對蘇政策加以猛烈抨擊，但後來出乎意外的莫斯科政府於十二月二十六日竟同意肯南爲新大使了。這件事的發展是很能代表蘇俄外交作風的。其二是關於肯南的新著作「由一九〇〇年至一九五〇年的美國外交」一書的問世。該書中的論文其實都是曾在雜誌及官方刊物中發表過的。這本書和福爾斯得（已經自殺的前國防部長）的日記，被推薦爲在聖誕休假中知識分子應該讀的外交關係的好著作。在肯南新著中，最有名的是一九四七年七月以X的筆名在外交季刊上發表過的「蘇聯行動源泉」，以及一九四九年四月以同一的筆名及在同一的雜誌上發表過的「美蘇之將來」。這兩篇論文正是美國政府目前採用的「圍堵政策」之理論的根據，因此之故肯南便被認爲美國對蘇政策專家了。

所謂「圍堵政策」去年以來大概爲人們所知道了。約而言之，就是在西歐以北大西洋公約和組織歐洲聯軍爲主，美英法據此而與西德相提携，守住歐洲沃土之中心以防禦共黨之攻擊。西班牙和意太利也要加入。其在東歐則聯合希臘與土耳其，並援助南斯拉夫。其在太平洋則締結美澳及美菲兩個軍事協定，又和日本締結安全保障條約。並進而計劃組織東南亞聯軍，以防守馬來亞，緬甸，越南。這政策是，在從世界的各方面建立起對抗侵略的防禦線，使侵略者的極權政治封閉於共黨的統治區域以內，換句話說，這政策便是以實力維持和平。不待說，肯南只是說明此政策之基本理論而已，但其後美國務院乃在逐步實踐此項理論。

肯南在去冬被任命爲駐蘇全權大使之前，下帷於其母校普林斯敦大學之高級研究所中，做外交政策研究的工作。肯南是國務院的一個職業外交家，一九三三年美國開始承認蘇維埃聯邦時，他在蒲立德大使之下以年青的三等秘書，而留於莫斯科。其研究蘇聯即從此時開始。其後他追隨哈利曼大使——現爲美國北大西洋公約負責人——曾經活躍於莫斯科，而在蘇任職先後三四次約有五年之久，他的俄國語很好，是俄國文學的愛好者。但最後也只做到大使館參事爲止，僅此則肯南之名不會引起世界的注目。惟其後被任爲國務院政策設計局的局長，特別是前述兩篇匿名論文發表以來，這卅年外交官乃一躍而爲國際外交舞臺的紅人了。此時他約是四十五歲。他之所以進普林斯敦大學的高級研究所，乃因爲國務院以爲，如此對美國世界政策之確立更爲有益，與僅僅的退職不同。

肯南對蘇聯的看法大約如次，他認爲蘇聯的每一個行動之根源都潛存着蘇聯之獨有的政治性格，美國不應眩惑於一次一次的外交上的討價還價，必須建立長期的世界政策。此蘇聯的政治性格之構成，除共產主義的理論外，還有蘇聯特別的環境作用着，其理論與環境之互相影響好像陽電子和陰電子之互相影響一樣。所以要研究蘇聯而只檢討共產主義之理論是不充分的。何則，共產主義之改變俄國實遜於俄國特有的歷史環境之改變共產主義故也。在俄國，貫串於馬克斯著作中的西歐的氣氛業經消失無餘。這是蘇聯所獨有的。肯南以爲，蘇聯政治性格之第一特徵，是少數人獨裁的國家。此特徵固然是根據着馬克斯的理論，但此外又承襲了古俄羅斯之專制皇帝的政治傳統，即是理論與環境合作的產物。其第二特徵則爲：只有自己才是持有眞理者，自已決無過失，這便是他們的一貫信念。肯南稱之爲克里姆林宮之無失論。以此之故，他們自已所深信的眞理以外，還有主張其他眞理——如民主主義——者，絕非他們所許可。同時蘇聯又有資本主義崩潰的信念，故隨時可作戰略的退却。比方前途看到有嚴重的障碍之際，則不作正面衝突，而柔順地退却。但是爲最後目的起見，依然使用其一貫的壓力而不已。蘇聯的最終目標在乎世界革命，固不待說此蘇聯的世界政策，不論他國如何想去說服它，也斷無變更之理，所以要使到蘇聯政策，在世界任何地點都不能表現爲侵略，舍以實力建立防禦線以外別無他途。這即是「圍堵政策」。

二

那麼，此「圍堵政策」的後果將如何呢？肯南是否暗中肯定將來的戰爭呢？不是的。他對於以爲戰爭可以解決一切的美國人的想法極力警戒，而主張「戰爭毫不能解決問題，毋寧是問題之出發點」。於是他檢討蘇聯實際上的要求，而其所下的結論是：由蘇聯觀之，並沒有選擇戰爭這個手段的理由。話雖如此，他又極力反對妥協。那麼所謂圍堵政策，究其極便是「冷戰」的繼續——或毋寧是「不致爆發大戰的狀態」的繼續而已。這種狀態究竟要繼續多久，將來將永無解決嗎？肯南對這問題的答覆是，如果以美國爲中心的自由國家，緊緊地團結，實行「圍堵」政策，如果繼續十年或十五年的話，那麼蘇聯之圈內之矛盾逐漸會深刻化，其結果或則爲蘇聯之崩潰，或則蘇聯的政策必須變更，二者必居其一。他的理由是：蘇聯國民在極權政治之下，肉體與精神的忍耐必有最後的限界；蘇聯經濟之極端不合理的與不均衡的發達之事實；和蘇聯那樣的獨裁制度，一旦政治權力上發生變化，必陷於非常的混亂。

最後的論法自不無疑問。在一般情形下這種論法也許是正確的，如肯南自己所說，皇沙時代之獨裁政治的傳統產生了今日蘇維埃之少數獨裁，故蘇聯國民對此政治制度的忍耐限度，自較歐美人所想的爲高。權威歷史學家湯恩貝（Arnold J.Toynbee）也說過，俄羅斯在過去之吸收外來文明不外兩次，就是以前的拜贊廷文明和十九世紀的馬克斯主義。這大概是眞實的吧。但是現在的蘇聯教育並沒有所謂比較教育，乃是一面倒的教育。因此對西歐社會上的「自由」觀念，俄羅斯民族在語言上雖然知道，但沒有切實感覺。以此之故，這個結論（按指俄國人民不堪壓迫及政權變化時將會混亂而言），與其說是肯南之冷靜的分析，毋寧說是含有如願的想法。

肯南的反共理論，由今日的常識觀之，是很平凡的，何以當時一躍而上舞臺，而博得喝彩呢？這與他發表論文的時間是很有關係的。當時是本來應爲羅斯福的好友的史大林以及蘇維埃聯邦，漸次發揮共產主義的侵略本能的時間，美國面臨着外交政策的全盤改造。第二次大戰時，羅斯福總統始終抱着對蘇聯之善意的空想。如果美國以其新政（New deal）以抑制其極端的資本主義制度，他方蘇聯則履行國際義務修正其極端的共產主義，那麼這兩個世界確能併立，這便是羅斯福的空想。但此空想被雅爾達協定以後的蘇聯的行動破壞餘了。

際此美國外交的苦悶時期，一個國務院出身的壯年外交官中竟脫顯而成爲新政策的設計者，（這新政策是不把他的上司面臨的煩惱放在眼中，而且是論及非常廣泛範圍的長期持續的圍堵政策），所以社會上均投以驚異的眼光。且在美麗的空想幻滅以後，此「圍堵政策」是很能投合一般人的心理的，故社會上均報以喝彩。不特此也，其後中共軍事之全面的勝利，韓戰，招待伍修權代表團出席聯合國之失敗等等接二連三的世界的事件，都足以證實肯南式的預言，所以肯南的獻策便被認爲正是適合時局的政策，而當局遂邁向此種政策了。

三

現在我們還回到原來的討論。我們要研究肯南的「圍堵線」究竟劃在甚麼地方。肯南認爲外交上的包圍政策自可充分地推進，軍事線則以留着多少餘地爲愈。由此可見他是極力主張迴避戰爭的，他的研究殊屬周到。他主張「堵圍政策」必須有和樹膠一樣有彈力的安全圈而後可。其實在第二次大戰中，在巴爾幹邱吉爾和史大林都是小心謹愼地行動着，使双方的安全圈不相接觸。這在前國務卿貝爾納斯的回顧錄中曾有記錄。這樣剛剛和人的咽喉一樣敏感的安全圈，各國皆有之。譬如前年冬聯軍追擊北韓軍至鴨綠江邊時，中共大呼國難來臨而挺身出馬者，就是因爲安全圈被打擊了之故。（譯者個人不贊同此看法）又戰前日本的軍事政策固然是失敗的，但是被ABCD的包圍線扼住咽喉而生絕望之感，於是演出珍珠港襲擊之愚妄的自殺行爲，這也是最近的一個事例。要之，圍堵政策不論如何正確，如果使對方因安全感而作挺耳走險的行動，則又違背本來的目的之外了。可是安全圈的界線是很難確定的，因爲各國的主觀的感覺不同，因此常生衝突。今日世界上發生問題的地點都是自由國家集團和蘇聯各自以爲自己的安全圈之故。朝鮮，臺灣，越南，伊朗，埃及，南斯拉夫，都是如此。但肯南對十九世紀的外交仍然極口稱讚，他回顧着十九世紀，因爲當時的各國都深知自己的利益之限界，而國策的目標也各自加以適當的自制，所以各國間的勢力均衡獲得適當的保持，他對此稱讚，而儆戒着現代外交官之拘於小事。由此態度推測之，我們以爲，他因爲圍堵政策的設計者的頭銜而被人想像爲煽動思想家，這是錯誤的，他實際上是一個篤實的實際家。莫斯科政府之承認其爲大使，固然有外交上的禮儀，同時也怕因爲將他的思想較現在美國的流行論調更着實而穩健吧。

最後應該注意的，肯南率直地忠告美國國民，必須除掉常自以爲正確的習慣，更要除掉易流於感情衝動的習慣。彼一方面是美國外交政策的負責人，而且嚴厲地攻擊蘇聯之武斷，而在另一方面又對祖國人民進此苦口忠言，我們對其思慮深長的態度，應持崇敬之感。如此的反省之言出之於一個負實際外交責任者之口，畢竟是表示美國之年青。肯南在其結論中以爲，決定圍堵政策的成敗的要點，在乎美國國民的精神及目標要造成較共產社會更好的社會，以此爲證據給全世界看，而且要求美國國民之不屈不撓的努力，這也是當然的事體，又是極其正確的見識。

美國這個國家是很年青的，有謙遜的反省力，她的前途是無限的，但因其年青而與亞洲人的接觸尚未習慣，故往往又是性急的。即在肯南的圍堵政策中對於亞洲人的場合，亞洲雖有亞洲的特性，但也有尋求採取同一步調的途徑。亞洲人步趨緩慢，生活水準很低。加之不幸亞洲的好幾個國家都憤慨乎過去西歐的殖民政策。美國眞要像自己的事一樣去理解亞細亞人的心理，恐怕要經驗着今後多年的奮鬪與努力，但是就美國而論，這畢竟是有益的吧。有些批評家以爲，美國國民之開拓者的精神，已與加州之繁榮而俱逝，若此評論是眞的，則美國的青年期已告終結了。然而事實未必如此，何則，美國踏入二十世紀後半期，乃有「世界政策之負擔」這個新開拓者的課題，就美國而論着，這眞是一種精神的滋養劑。今日美國的官吏，平民，將士均在世界各地勞苦着，這便是救出其青年期終結之危險了。恰好和身體之一部感着寒風的人們一樣，美國受此刺激而緊張，而返還年青，漸次脫却了汽車，電視，冰箱等等過度的逸樂。美國國民因此而被迫着去做知道歐洲，知道近東，知道亞洲的工作。他們將可知道各種各樣的人生理想，形形色色的民族心理。其結果倘若美國在亞洲政策上再生出第二個綜合研究家如肯南其人者，則亞美二洲之聯繫必能更進一步無疑。今後十年間的美國，實面臨着令人深感興趣的考驗。

自由中國通訊

礎潤而雨

華府通訊・一月三十日

本刊特約通訊記者　許思澄

美國畢竟是民主國家，行政當局許多事不能不有求於國會，而國會議員以及行政首長又都是人民以直接秘密投票的方式選舉出來的，因此也就不能不有求於人民。所以在決策之前，固然不免要放出一些氣球來試探空氣；就是決策以後，也不免大張旗鼓的向人民陳述經過，以求人民的全力支持。所以國會中的鼓掌歡呼，以及民間輿論界的風吹草動，有時固然是毫無道理；但有時却也有奇妙的蛛絲馬跡可供我們推測未來的氣候。

不但政府方面如此，就是其他的政治勢力，如果想左右政府的政策，也每每得從輿論方面下手。上次記者對於共產黨如何阻止援華的經過，也曾略有報導。如果仍從這方面觀察的話，顯然氣象已有些變了。

譬如前些時柯里亞雜誌(Collier)出版了一本『蛋糊攻勢』Operation Eggnog專號，描寫第三次大戰，直言不諱的預言大戰將於今春爆發。(參看本刊六卷一期『第三次世界大戰寫眞』—編者)發行之日，全國風行，連蘇聯大使館都趕緊搶着寄回去報告史大林。蘇聯外交代表還指着這個大罵一番，說是『美帝國主義準備挑動大戰』的鐵證。其實這是冤枉事。因爲美國民間雜誌競爭劇烈，爲着增加銷路，每欲出奇制勝。像這一次，算是柯里亞的老板神來之筆，目的只在發財，說他要挑動世界大戰，未免『過獎』了。但是談大戰而竟能發財，却不是偶然的事。尤其當這劍拔弩張之時，更不能說是全無意義。至少有一點可說就是一般美國人已在心理上作面對現實的準備了。過去一談大戰，一談原子彈就頭痛，現在却在冷冷靜靜的記述華盛頓如何被炸；記者冷眼旁觀，不能不說美國人已將埋在沙堆裡的頭伸出來了。

美國人最愛談實用主義（Pragmatism），一方面固然立下些好高務遠的理想目標，但另一方面却又現實得很，總是一步一步試着看，走得通就走，走不通也並不是死不回頭的傻蛋。要明白美國人，就不能不明白他們這自開國以來所奉爲圭臬的哲學基礎（他們的開國元勛富蘭克林就是最善於運用這實用主義的）。

韓戰在美國人中，可說從頭是最不受歡迎的事。但如果一定得打，也無所謂，他們一個個都奉公守法的遵召入伍。上至百萬富翁，下至販夫走卒，上前線就上前線，沒有一個抱怨的。同時，既然蘇聯和中共要講和，那再好也沒有了，講和就講和，於是這和一講就講了七個月！

自然，這休戰談判是幕滑稽劇。每當我想到那全付披掛的南日「將軍」以次各大小嘍囉，和戎服輝煌的卓伊中將以次各「美帝劊子手」，夾着一張綠漆桌子，相對無言者一百三十分鐘，(記住，是兩小時又十分鐘！)就禁不住失聲大笑。近來，兩方面都乖了，於是改成六分鐘十分鐘的短會，沒有進展，就約期再見，雖仍不失幽默，但倒底當事人比罰坐在那裡看對方那張嘴臉舒服得多。

共產黨員，在經過了無數次的無情「鬪爭」「檢討」之後，早已成了一具說話機器。共有此種非人的忍耐力，永遠的「蘑菇」下去，本在意中。但爲什麼美國人竟能受得了這個？這就不能不感謝「實用主義」了。他們眞是在實行着：『和平不至完全絕望，決不放棄和平，』談判的門還沒有關死的時候總要試試看。

然而，你眞以爲美國人如此傻瓜，就眞以爲和平可以在談判中得來嗎？請看看。美國參加談判者的意見：

『這六個月談判的教訓是簡單而又基本的，如果誤會或者忽視了這個教訓，就只能帶來危險。

『基本的結論是這樣的：共產黨領袖根本上以爲美國恐懼大戰，所以可以用恐嚇手段來加以要挾。他們假定資本主義國家都是腐爛而貪安樂，怕戰爭的。他們發動韓戰以前如此想，他們發動韓戰以後如此想，他們將來也仍舊如此想，直到民主國家用空言以外的東西來證明共並不害怕戰爭，而且當共產黨每次發動侵略時都殺得他片甲不回才止……。

『如果共產黨知道民主國家認眞要打了，他們就規矩了。共產黨的戰術，始終如一，黑白分明，是專打弱點。如果他們知道要碰釘子，他們就不進攻了。……

『共產黨尊敬什麼東西？不是恐嚇，不是哀的美頓書，不是賄賂，當然更不是任何一種支付共勒索的買命錢。他們只尊重力量，而且是當時當地，看得見，覺得着的力量。……

『和共產黨談判，採用要價還價的辦法是行不通的。你如果讓他一吋，他們就會取你一哩。任何讓步，在共產黨眼裡都是表現弱點，不但不能使他壓低價錢，反而使他高抬價格。……

……

『那末，還有辦法和共產黨談判嗎？有的，如果你能用實力作後盾。

每一次我們都得將自己的立場重複又重複的說得非常清楚。在重複的時候不妨用各種不同的辭句，表達同一樣的意見，使得其意義毫無漏洞以及可能誤會之處。共產黨自己是顛倒是非，混淆黑白的聖手，所以對於任何對方提出來的字句都懷着鬼胎，生怕裡面別有用意。所以得用各種不同的字句，來說明同一事實，他們才肯『明白』。同時即使談判已經有了結果，共產黨仍舊可以節外生枝的來曲解文義，如果事前有了多方面的說明，就可以免去這些曲解。

『這樣談判法當然談不快，對於共產黨，時間是不值錢的。……過去，他們就常常憑着滑等而佔了便宜。當對方不耐煩了，或者急於有結果時，他們就得其所哉了。

『人命在共產黨眼內也是不值錢的。……即使是他們自己軍隊的傷亡也只被看作一個補充和運輸的問題。所以單純只是殺傷，其對於共產黨的壓力也遠較西方國家所想像的小……。

『回看這過去六個月的經驗，要想談判有結果，聯合國非得隨時發動全面的地面攻勢不可。告訴共產黨我們不在乎他們停戰不停戰，反正一天停戰協定不簽，戰線就一天向北移。而且說到就作到。這樣，停戰協定就可以快快的簽成了。……

『不但在高麗如此，將來在任何與共產黨談判的場合都得如此，才能眞正避免全面戰爭。』

以上是美方談判者得着東京盟軍總部同意而發表的公開意見！

領導談判的卓伊中將最近更用本人名義發表了一篇談話。這篇談話想來臺灣報紙已有報道。其措詞處處表現着對共產集團的不信任，不過因爲他自己的地位是談和代表，所以不得不努力談判而已。雖然他的措詞十分謹愼，但他仍舊說了下面這句話：『如果想要有一個長久性的停戰協定，只有兩個辦法。不是共產黨忽然自動的革面洗心，就只有運用足夠的軍事力量使他們革面洗心。』哈哈，誰聽見過共產黨自動的革面洗心過，所以剩下的道路就可以推想而知了。

那麼，爲什麼又仍舊在不痛不癢的談和呢？這可從兩方面來推測。第一，據說李奇威，范福利和華盛頓對和談的看法頗不一樣。今年是選舉年，杜魯門，艾其生之流，自然仍舊在幻想和談早日有成，以求再一度奇跡似的當選。民主制度下軍人是必須服從政府的，所以李，范，卓諸公不能不按捺下性情，和共產黨『蘑菇』下去。第二，天寒地凍，作戰困難，眞正發動攻勢，不必要的傷亡必多。所以盟軍將領也未嘗不願利用和談拖過這段冬天。

其實，目前這種拖局，對民主集團並不是十分不利的。每個星期美國支付約三百人的死傷，可是將中共的主力釘死在高麗，間接的消除了東南亞和臺灣的無窮隱患。同時，爲美國供給了一個最理想，也最實際的練兵場；却無需乎就心一個選舉年全面戰爭的巨額傷亡。更重要的是，給共產黨的軍備一個慢性而繼續不斷的消耗。

自然，共產黨充份利用了這七個月的和談，掩護了他對高麗的增援。當去年六月時，他們在高麗的兵力遠在八十萬人以下，今日已超過了一百萬人。空軍方面的增加更爲顯著，據估計今日已有一千四百架飛機，其中七百架是高速度的噴射機。在北韓有三處可供噴射機起落的大飛機場在建築中。軍需品方面，雖然盟軍飛機不斷的轟炸其增援線，但也有大增加。去年六月時很少的大炮，據現在已經很多了。過去每天不過放幾發，最近幾星期居然有到一小時放幾千發的了。去年六月很少的坦克車，據最近美國空軍的偵察，也增加到了差不多一千輛了。運輸汽車隊在和談期間比以前增大好幾倍，有時一隊竟在九百輛以上。這些運輸汽車自然也大量的增加了前線的軍火屯積。

不過同時，在南韓方面，美軍的數量也已增加到超過過去全面作戰時的力量，已接近五十萬人了。其他各國的盟軍武器已重新換過，而且也有增援。此外，南韓的軍隊在積極整備訓練。據報至少已有八個作戰力很強的師，這和以前幾乎沒有一個師是十分合用的，已是大有不同了。在空軍方面，新添了兩隊F-86噴射戰鬥機。在地面上大量的軍火和新器械已經屯積起來。防線和大炮的炮位都已大爲加強，以準備對付從北方來的大規模新攻勢。自然，這些還都只是守勢的增援。

攻勢，却並不是不在考慮中。如果一日和談正式絕裂，則除了在陸地上將向北韓推進外，空軍將進攻中國大陸的航空基地和鐵路中心。但是將避免襲擊城市。事實上目標已經選定，盟國的同意也已在某種條件下取得。所等的，只是華盛頓政治當局的一聲號令而已。

海軍方面，也已準備了許多細節。大概的說來，將是封鎖大陸的港口，斷絕沿海所有的資敵運輸。不過海軍將避免轟擊大陸，而且中國國軍的進攻也暫時不會計算在內。

另外有一點可以注意的，是近來各方面對於蘇聯弱點的報告。這當然是針對有一部份人患的恐蘇病，但却也是一種對於事實的暴露，例如有本雜誌將美國和蘇聯的情況對照了一下，蘇聯在物質上和組織上的弱點眞是滿身漏洞。舉例說：

『如果美國是今日俄國的話，那麼：

『鐵路：自支加哥以西只有一條双軌鐵路。就全國說，三分之二的鐵路不存在。其餘的三分之一，負擔超過其能力，而且要爲三倍於美國的面積服務。

『公路：從支加哥以西沒有一條好公路，全是土路，頂多石子路。在東方大城市之間也只有很少的幾條鋪了路面的公路。很少長距離的大卡車運輸。

『汽車：從經常使用的五千萬輛減少至一百萬輛；而且只有當官的民主黨員使用。

『油管：幾乎不存在，油的儲藏

量雖多，產油却少。因爲萬一工程師打了井而沒有探到油，就得準備去西伯利亞住家。所以他們不願冒險；只是將已有的油井用乾算數。

『重工業：煤礦與鐵礦相距極遠。非得用鐵路老遠的對運不能鍊鋼，不能冶鐵。而且沒有大湖區的水道可以大量而又價廉的運礦石。

『語言：全國有十七種根本不同的語言。至於地方的方言還不算。因此一個紐約人說話，支加哥人就聽不懂。

『文字：全國三分之一的報紙將是外國文，一本使全國人能看得懂的書要用十七種文字印出來。

『人民：五分之二不是美國人，這些外國人代表十四個本來獨立，現在被征服了的國家。

『工人：工會是御用的。絕對不許罷工。如果有罷工的，立刻槍斃。工人不能隨便轉業。如果不得政府許可而轉業，馬上失去配給證而餓飯。常常要加工。集團談判工資，工時，工作情形是絕對沒有的事。

『農民：世界上沒有任何一國比俄國更怕「耕者有其田」的革命口號的了。因爲農民根本已經被剝奪光了一切的土地。農人們都只是給共產黨作奴隸式的長工。若不是靠着特務，機關槍和集中營，早垮了。

『生活情形：「無產階級的天堂」，這用來吸引人的美夢已做了三十年了。但普通人民的生活並沒有改進多少。鋼鐵的生產的確增多了，但都變成了坦克，大炮和來福槍。電力也增多了，但幾乎全部用去生產軍火了。食物常爲天災與農民對『土改』的消極抵制而減少，因而不足。經常食品仍是蕃薯，麵包和白菜。至於今日美國人人享受，日日享受的牛奶及乳製品，和肉類及雞蛋一樣，是只有少數人能享到的奢侈品。住處也只是簡陋的木屋和兵營式的宿舍。一對皮鞋是奢侈品。今日的美國很少人生活得和俄國普通人那樣低的，雖然俄國有廣大的領土和豐富的資源。

『統治：特務遍地。小孩子都教育成了告父母秘密的小間諜。饒是這樣，統治者斯大林却不敢在大衆面前露面，除非躲在一大隊兵丁後面。倘若出門，也是在戒備森嚴下，坐在避彈汽車裡疾馳而過。

『可是，雖然有着這些缺點，蘇俄却憑着他的堅甲利兵，加以第五縱隊，滲透，破壞，革命內亂等等手腕，在五年之內征服了六萬萬人。

『當美國一旦完成軍備不怕硬碰之後，美國就要以其人之道還治其人之身，對準了蘇聯內部的弱點進攻了。今年預算中一萬萬美元援助反共勢力的經費不過是一個開始。蘇聯也明白這是她弱點所在，所以只管牠自己每年至少要花十四萬萬美元做策動他國革命的工作，但對於美國這一萬萬元却惶恐不安，大聲疾呼的反對。不過欲蓋彌彰，反使美國更明白這次找到了蘇俄的致命傷，而將要重重的打擊牠了。』

這類文章自然是爲美國人寫的，因爲美國混凝土的大道縱橫全國。家家有汽車。工人可以有工會組織，經常的集體談判工資工時待遇，每週只要作四十小時工。一塊多錢一點鐘的工資連非技術的起碼工人也能掙得到。稅雖然重，但沒有人民直接秘密投票選的代表答應，一個銅板的稅也不能抽。農人如果只有三百畝（五十英畝）的農場，就得說是小農；而這三百畝地，除非他出賣，沒有人可以任意取去一畝。各人的家宅是不能侵入的。捕人除了現行犯，否則絕對的要有逮捕狀，而且逮捕了以後必須解交法庭。因爲有着這些背景，所以讀起這篇文章來，蘇聯才眞是人間地獄了。

這類文章是心理作戰的前哨戰。精彩的還在後頭呢。

順便再談一談邱吉爾來美之行以結束這篇報告。邱翁來美之前，到巴黎去了一趟。當時傳出消息，說他決定要求美國出賣臺灣。這在雄才大略的邱翁說來，本也沒有什麼了不起。大家都應當還記得在我們抗戰最艱苦的時候，是誰下令封鎖滇緬路的。再試想一下，今日這支離殘破的大英帝國，眞有點『東敗於齊南辱於楚』的味道。他上任之後，第一件大事就得到美國來向乳臭小兒靦顏告貸。這在我們中國人設身處地想來，等於哭秦庭的申包胥，除了一包眼淚之外，還有什麼本錢？事實上，他內有經濟破產之變；外有帝國崩潰之慮。要復興建設，得美國幫錢；要保持蘇彝士運河，得美國幫兇；要平定馬來亞遊擊，要美國幫械；要……要……。一切的一切，他來美國之行命定的是伸開手來說：『要！』如果他還可以有用來要價還價的東西，就只有遠東政策了。所以他不妨對臺灣問題要挾一下的。但他並沒有，一月十七日下午，在國會下院議員全體起立歡呼下，他步入了議場。記者從來就不歡喜這代表大英帝國主義的現代縱橫家，但當他來到面前，却不能不傾倒於其風度，更不能不佩服於其才略。

遠在邱翁選舉勝利之前，美國人就說：『如果邱吉爾再上臺，一定又要來挖我們的口袋，所以他不上臺，也好』。待他上臺之後，美國朋友們又說：『我口袋裡的錢在叮噹噹的響了呢！可不能讓邱吉爾來』。可是他畢竟來了。一方面全國的評論家發出謹防扒手的警告；一方面國會議員幾乎指天誓日的表示，再也不上老邱的當。但只管如此，上下院還是聯席會議歡迎他；當他入場的時候，身不由己的站起來給他一個迎門彩。沒有辦法，譚鑫培只管是老了，可是『叫天』呢！

他一來就說：『我來不是要錢的』。全場大笑，笑聲完了，他靜靜的說：『我來不是要錢給我們英國人享福的』。人們又笑了。他於是進而說明：過去英國雖借了許多錢，但多半都用在幫別人的忙了。在什麼上用了多少，在什麼上用了多少。他說：『我們英國人認爲改善英國人的生活是我們自己的事，我們非自己想法不可。』可是談到爲保衞民主制度的共同奮鬥，這不是英國一國的事，當然不能由英國自己全部負擔。『我來不是要金子，我來是要鋼鐵；我來不是要恩惠；我來是要器材。』歸根結底，還是『要』。可是要的多麼體面，多麼神氣！我不能不佩服邱吉爾，我不能不傾倒於邱吉爾！

鋼鐵和器材，那樣不是美國納稅人的錢換的，不但美國人的錢要飛，就是窮如記者，今年的所得稅也有不勝負擔之苦了。可是爲着共同的利害，只管大家都說『不給他』！事實上還是讓邱翁滿載而歸。（第一次是爲三萬萬美金！等於中共賣國的全部代價！）

爲什麼同樣的情形，到了中國要錢時就如此困難？英國比中國借的錢不知多了多少倍，可是人家還有辦法來要。在歐洲並沒有『熱戰』，可是比我們在『打着』熱戰的中國還優先得着幫助。爲什麼？爲什麼？再問一個爲什麼？

記者當大陸尚未淪陷之時，也曾隨時隨地試着以國民一份子的地位來呼籲美援。當時一個常被質問的問題是：『美國援助了中國二十萬萬元美金，都到那裡去了？是不是都被貪官污吏放進荷包裡去了？』記者一時被問得目瞪口呆。第一、在國內時只看見國軍弟兄們的艱苦，公教人員的掙扎；要汽油沒有汽油；要子彈沒有子彈；那裡聽說過有二十萬萬元的美援？如果眞有二十萬萬元的美援，好好的運用，也不至於垮臺了。可是人家有數字提出來，自己却沒有數字答覆。第二，眼面前就在美國，放着宋子文，孔祥熙（當然我們還得記得那位毛將軍：）其氣吞河嶽的豪奢，並非不爲美國人所知。美國的專欄評論家在當時曾寫過專文說：『要美援，爲什麼不向孔宋要？』記者本人就被人當場問過：『爲什麼不向孔宋要？』

現在這些事雖已暫時過去，但我們希望今後的中國政治家，至少要能如邱吉爾似的理直氣壯，向美國人報得出帳來，一五一十告訴他們，我們不是白拿了他們的錢，更不曾糟塌了他們的東西。否則一筆糊塗帳，難怪拉鐵摩爾之流可以乘虛而入，亂說戰後美國人，曾經援助了國民政府四十萬萬美元！當時記者聽了這漫天數字，再閉目想到大陸上艱苦作戰的士兵們，眞是欲哭無淚。

話回到邱吉爾。他在演說中毫不躲閃的提到了臺灣。不但提到，而且近乎意外的說道：『我們英國人非常高興你們，不讓在臺灣的中國反共者遭到侵略！』天哪，民主制度眞好，只要改選一次，以前種種彷彿就『譬如昨日死』了。

不過無論如何，這種表示總是好的。而美國議員們馬上給他喝了一通彩，也可見人心所向。接着，老邱又加上了這麼一段：

『當我戰時來到華盛頓的時候，我常聽到說中國將成爲四强之一，而且將與美國特別和好，我總有一點懷疑。我想今天，大概一般都承認了這場美夢還不會實現。可是我也決不相信，中國將長久困在共產黨徒的掌下。他們中國人幾千年前的古話說得好：『中國是一個大海，不論什麼水流進來都變鹹了』。另一句比較摩登的話，是公元第四世紀時留下來的，我特別喜歡。這句話說的是：「中國的尾巴太大了，不能隨便亂擺。」不列顛的民主制度贊許可以更換的政黨領袖和不能亂擺的國家尾巴。就因爲這個，所以今天我能够光榮的站在各位面前說話。』議員們大笑。

邱翁，邱翁，我佩服你，我敬重你！希望我們堂堂華胄，萬世子孫都能永遠記住你這句『尾大不掉』的新義！

如果大英帝國的首相在說中國的尾巴不能亂擺，則風向是在變了。礎潤而雨，月暈而風，但這雨和風對我們是否有益，就還看我們自處之道了！

別來無恙

有一美兵克里斯，當他在第二次世界大戰期間，曾將他作戰的地方的名字刻在他的軍用水瓶上，以茲紀念。但在一九四七年，美國軍事當局要他將此水瓶交上去，因爲在軍用物品上刻這樣的字是不合規則的。

克里斯又參加了這次韓戰。有一天，他發現一個士兵手上拿着的軍用水瓶正是他昔日刻字的那一個。幾經戰亂，故人重逢，說不出的喜悅。經過一番口舌之後，他才將那水瓶買了過來。於是，他馬上又將在韓國作戰的地名刻了上去。

正中書局

◎出版◎

書名	著者	臺幣售價
爲何漢奸必亡侵略必敗	蔣總統	三元
三民主義與反共抗俄	尹讓轍	三元
反共的什麼憑什麼反共	閻錫山	五元三角
叛國種子	崔書琴譯	十八元
蘇俄的强迫勞工	李啓純譯	
蘇俄征服世界的藍圖	郭湘章譯	十四元三角
躍向自由	吳炳鍾譯	
中國赤色內幕	馬存坤	七元五角
共產黨應用後備力量的陰謀	李炎義	九元
人海戰術的故事	王臨泰	二元三角
坦白公審的故事	柏梓	二元三角
防諜常識	季源溥	二元三角
蘇聯侵華史實	周酉村	四元五角
紫色的愛	水東文	十四元三訂
疤勛章	端木方	七元五角
暴風雨之夜	成鐵吾	三元

（圖書目錄附索即奉遠地函購另加郵費一成）

地址：臺北衡陽路二〇號
電話：三三一八號

杜邱會談與世界局勢的發展

華府通訊·一月廿八日

伴耘

邱吉爾行色匆匆

舉世矚目的杜邱會商，終於在一月十八日二氏最後一次晤談並補充公佈一項，以美之銅易英之鋁，錫的聯合公報而結束。當邱氏客歲組閣後，宣佈其訪美之決定時，美國輿論的反響並不十分熱烈，有的更認為是來非其時。原因大家都明白，戰後英國在工黨的領導下，大有在國際作一『第三勢力』的領導者以玩弄美蘇而自重之勢。這一點自然很使美國不愉快的。一九五〇年六月韓戰爆發以後，英國僅憑出了一點「象徵」式的武力，而在決策方面處處牽制美國，更增加了美人對英的反感與厭惡。如果我們翻閱一下去年四月麥克阿瑟將軍被杜氏撤職時的報紙，不難發現很多痛罵英國政府的文章。有的更認為行政當局之所以造成了史所未有的重大錯誤，完全是受了英國政府及輿論的影響。不僅當時輿論反響如此，就是議員當中在國會調查麥案時，也有向行政當局追問麥克阿瑟之突被免職是否受了英國政府的壓力？此外，由於英國拒絕參加西歐聯軍，與美國爭執海軍統帥問題及懷疑美國調停英伊油田糾紛之用心等等，無一不使兩國關係格格不入。邱吉爾上臺以後，美國人認為他會改弦更張，在遠東方面至少會追隨美國撤銷對北京政權的承認。可是一再等待，他並未作合乎美國胃口的明確表示，相反的，他在來美之前先往巴黎與現已倒臺的法總理普利文密商一番。於是謠傳他攜來一紙英法同意的妥協計劃與杜氏磋商。這種只知妥協要錢而不聽話的夥伴，其不為今日之美國所歡迎，自然不難想見。無怪乎倫敦泰晤士報在其登陸之前夕尚報導邱氏將遭受到『冷淡的接待』呢！至於何以來非其時？在擬定杜邱會談的日程中，正是杜氏忙於草擬他向國會提出本年施政方針及是否增加新稅的兩篇咨文的時候，滿腦子裡『韓戰如何應付，貪污如何清除？下屆是否競選？』的杜氏怎能像以前的羅斯福一樣與邱氏抵足作長夜談呢？這一切的尷尬情況，邱氏都心裡有數，可是他就選定了這樣的空氣，這樣的時間，不惜將他難得的新年消磨在茫茫的大西洋海上，早日一見杜氏，為的是什麼？為的是替他實現「將英國回復到世界上應有的地位」的理想作點準備工作。

邱翁老矣，帝國衰矣，邱氏上臺後，世人都希望他立即作一對世局的鮮明表示，未免操之過切而未了解英國在國際天秤上的分量以及其自身的處境。今天英國想發言有力，必須要找一個強有力的老板作後盾，這個老板便是唯一的美國。可是美英關係，由於工黨外交政策的投機近視，並不乳水交融。邱吉爾要想改變作風，不得不從改善兩國關係探明美國行情着手。在友好的關係中，才能提出「山姆叔你要我做些什麼？」的問題，等到得了正確的答案，然後方能告訴山姆叔「你要給我些什麼，我才能作到你要我作的事情」，直到山姆叔首肯之日，才是邱吉爾獅子吼之時。否則，要慣現實外交的邱氏，你叫他怎能開空頭支票呢！此外，高瞻遠矚的邱氏，內心十分明白，英國在「冷戰」期間毫無貢獻，他日一旦熱戰爆發，自由國家獲勝，英國憑什麼在戰後的新世界中發言，是以他得在短暫的冷戰殘餘時間中，早日將英國對冷戰貢獻的負號改為正號，以便他日論功行賞時，英國也有冷戰貢獻的紀錄。有了這種必須爭取時間的原因，縱然美國輿論是熱嘲冷笑，他也只有硬着頭皮而來，也因此我敢斷言，邱吉爾自美返英後的言動，必定是積極有力！

友誼的代價

我早講過英國人之所以選出邱吉爾，是阿特里騎牆路線行不通的結果。英國今天既無力量左右世局，只有乾乾脆脆倒向一邊。靠攏蘇聯嗎？英國本身就是蘇聯攻擊與清算的對象，共產主義者更目社會主義的英國為精神上的死敵。英國如無意向蘇投降，只有與美重續舊好，要想重建美英友誼，首先得恢復美國人對他們的信心。邱吉爾為了他日的利潤，今天不得不首先付出一筆代價。就我看來，這筆代價是很大的，它的總和是『一切向美國看齊』。刻薄點講是向美國屈膝！

杜邱會議的結果是一月九日二氏的聯合公報。在這一公報中英國已決定對歐陸防務照美國的希望努力做去。其餘美國所注意的大問題：如英國是否贊成由美國派遣大西洋盟軍艦隊司令及英國對北京政權承認之撤銷等等都懸而未決。英國所得到的是：他日在英基地飛投原子彈的否決權。單就這一公報看，無怪乎美國報紙認為邱氏來否，與美英關係的改善並無關係。更由於大家都以為邱吉爾是來要錢的，而公報上只提及一國鋼，鋁等原料問題之解決，議員們都懷疑是否有秘密文章，於是當邱氏訪加期間，有十八位議員聯合致書杜氏請其向參院公佈。從這些反應看來，美國對英厭惡的程度可以想見。再看看邱氏對國會聯席會議的致詞，邱氏的話，似乎與山姆叔的胃口又接近了一點：「除非你們十分確定保持和平的辦法是操之在你們的手上，原子武器是要繼續保有的！」「你們不讓在臺灣反共的中國人被侵犯的政策，我們英國人是很高興的！」「中國是不會被共產主義永遠控制的」！讀者先生們，這些話美國人，尤其不高興英國政府過去措施的美國人，聽了能不露出笑容而讚一聲『邱吉爾畢竟是可人兒麽』？在這篇講詞裡，他一再言明英國在共同目標下是站在美國一邊的，而否認外間對英國在西歐方面不努力的批評，對於借錢是隻字不提。他說「我不是來借錢的」，他要英國人再縮緊褲帶加速軍備。可是既然爲了共同目標而充實國防，美國人總得給一點鋼吧！邱氏在此篇動人的致詞裡，有無洩露其來美的眞企圖呢？有的，那便是東南亞一旦有警—共中包括大英帝國經濟生命線的馬來亞及緬甸—要美國也同爲朝鮮賣力一樣爲東南亞賣力。最後最重要的便是盼美國在埃及也出點象徵的兵力。因爲埃及問題是一個國際問題，英國無力挑起全付擔子。爲了想把美國抓上圈套，他向國會保證共方如在停戰協議簽定後再行侵略或目下韓戰擴大時，英國一定追隨美國之後，採取堅決而有效的步驟。如果將杜邱公報同邱氏向國會致詞的內容作一比較，我們不得不贊嘆邱氏的奸滑，換句話說，杜邱公報公佈後在美的反響，是邱氏草擬國會致詞的唯一參考，他知道此行前來要付出什麼代價，才能換得美國的友誼及信任。至於英國所需的援助呢，留待以後再談，目下僅露出一點對埃及問題的焦灼之情。深知美國大少脾胃的邱氏，他相信一旦獲得美國信任時，以後有所需求，大少爺自會解囊相助。

由於我深信英國必須要付出代價才能獲得美國的友誼及信任，我重視邱氏對美國國會的致詞，而認爲杜邱公報只是一張草率的帳單，在已公佈或未公佈的項目中，只要美國堅持，英國只有照辦。試舉一例，關於何國派員擔任盟軍大西洋海軍統帥的問題，公報上不明明載着尚未達成協議留待繼續討論嗎？何以在邱氏對美國國會致詞的第二天，華府即發表公報謂英國已同意由美人擔任統帥呢？這一問題自艾帥去春赴歐成立盟軍統帥部起，即爲英美爭執的焦點，杜邱會談期間，邱氏仍拒絕由美人擔任統帥的建議，事隔一週，邱氏竟斷然改變態度由拒絕而變爲接受，就證明我提及的「只要美國堅持英國只有照辦」的斷言，並無大誤。我更敢進一步推論，今後英國在遠東與美國步調不一的地方，英國在不傷體面的情況下，會逐漸修正，直待代價付得堪稱滿意時，才能恢復美英兩國的友誼，那時才是兩國竭誠合作決定整個的政略與戰略的時候。

和平幻影消失了

杜邱會談對世局的影響怎樣呢？我的答案是『和平的幻影消失了』。在杜邱會談之前，大家都幻想着美蘇可能得到一個妥協的和平。因爲邱翁是以『阻止戰爭爲競選的口號，他的匆匆來美，當然會以促進和平』爲首要的任務。可是我早就爲他來美之行算了命（見本刊五卷十二期作者「縱觀世局話和平」的通訊），對世局的前途講，最多他只能採聽一下行情作爲英國決策的基礎。行情如何邱翁心裡明白，我甚至相信即令邱氏皮包中有一捲所謂苟且偷安的妥協計劃，當他見杜氏一再搖頭表示無意與史大林會商的時候，這計劃提都沒有提出來以免碰鼻。行情既明，英國又只有同美國走一條路，只有儘量作『老邱將連同老杜揍老史』的表示。『如何贏得戰爭』在他心目中的地位，遠比『如何致力和平』所佔的地位重要得多。

杜邱公報前言上，曾有我們深信可以有力阻止戰爭，我們的政策，是基於這一個信念上奠立的等語，可惜這一公報是杜邱會談的結果而不是杜史會談的結果，如果有一天杜史共同發表了這類似的談話，世人或可額手爲和平稱慶。因爲萬一大戰發生，杜史才是主角啊，今天兩主角是各在嚴陣以待，邱氏抓着主角之一的杜氏而向另一主角的史氏高呼『我倆正努力維護和平』，不明明像小孩子打架一樣向史示威：『你要動，咱老子倆個就揍你嗎？』如果老史是怕打這種二對一的狗子架，自然不失爲武力勸架之一法，萬一老史不在乎你這兩小仔呢，這一表示豈不是火上加油促使双方早點動手嗎？今日的局勢正是如此。也因此公報上前言的內容大可意譯爲『我們深信可以有把握贏得戰爭，我們的政策便是基於贏得戰爭這一信念上奠立的』。

不僅此也，聯合國大會不正在討論禁用原子武器與裁軍等和平方案嗎？邱翁的意見無異暗示美國人，『這是你們擊敗蘇聯的重要武器，爲什麼在蘇聯未打垮以前討論廢止原子武器的問題呢？所以他向美國國會警告不可放棄原子武器，英國自己也大要其鋼以便作一個有力的幫手，日後邀功。英美更同時警告中共不可在東南亞多事。—實際上即等於警告蘇俄—凡此種種，不都說明打的架勢已擺好了麽？邱氏未來之前，大家至少可以假定他能奔走兩強之間，緩和一下空氣，今天英國這一資格都失去了，世人只有睜眼看着双方誰採主動了。

所以如果有人問我，邱氏訪美的成就怎樣，我可以答曰：英美調整歧見的基礎已打好了，兩國間的步調會逐漸一致，英國向美國看齊，已失去了再度賣弄騎牆的資格，人們對於和平所寄託的一點幻想也因之一掃而空。

一九五二的新危機

邱氏來美的結果對英國本身講是有極大收穫的，不錯，許多問題尚未完全解決　英國請求美國以武力支持其對蘇彝士運河的防衛政策也遭到了美國的拒絕，但是我們不可對其短短訪美的成就存過大的奢望。美英關係的不歡洽，是六年來南轅北轍的結果，這不是邱吉爾三言兩語所能改變的。美國對蘇六年來在國際問題上，交手的結果，的確飽增經驗，遠非昔日的濶少態度可比，這一經驗的結晶便是『重行動而不尚空談』，邱氏即令有心付出代價，以獲得美國的友誼及信心，由於實際上的困難與夫面子問題，也不能一次付出。所以表面上邱氏便於作了許多諾言之下換得了一個以鋼易錫鋁的協定返回英倫，如果放遠一點看，他至少贏得了一聲『孺子可教』。在英國逐步履行諾言的時候，大英帝國的發言權必會一天天的有力量，這一收穫是在三次大戰勝利結束後才能看出的。

至於邱氏訪美後對今年世局有無影響呢？就對整個世局言，我認為是和平幻影的消滅，就今年言，是加速東南亞第二韓戰的早日爆發。許多論者包括臺灣軍事發言人在內，認為中共雖陳兵華南，並無立即攻越模樣，這是軍事家的估計，就我作政略的分析，却持相反的論調，東南亞出產的橡膠佔世界上出產量百分之八十以上，錫約佔百分之六十，其他如米，奎檸椰乾等重要物資，產量皆豐。至於地理上戰略之重要性，已在上次大戰時為世界軍事家所發現，所以無論就軍略價值或經濟價值言，共產集團志在必得是自不待言。今日英美法三國軍事當局在杜邱會議後討論應付這一危機的辦法，英美外交當局一再警告中共當局不可妄動，這與其說表示其强，不如說暴露其弱。英法之所以不能在遠東與美國採取平行行動，全是為了這個頭痛的問題，美報並曾傳出法國準備承認中共以便與其謀得對越妥協的報導，共方要想在東南亞擴大騷亂辦法多多，並不一定要出自願兵，昔日之所以未積極動的原因是在蘇聯企圖分化英法與美的政略下，苟延殘喘。目下英國已宣佈了一面倒，法國將必隨之，這一原因消失，為了試探在此地區美國對英法合作的決心與程度，加强並擴大對東南亞的騷亂，是一個最好的辦法。蘇聯如認為美國在今年無意與其攤牌，同時本身又不敢在西歐輕舉妄動，能趁機囊括東南亞，是一莫大的勝利。同時，蘇俄如認定戰爭是解決美蘇衝突的唯一途徑，那麼當此日本整軍開始之時，是取得東南亞最好的時機。一旦日本裝備完畢，共產集團便永無在東南亞動手的機會了。此外就對臺灣而論，中共最初本認為朝鮮乃是到臺灣的捷徑。邱氏對美國力保臺灣的政策表示同意後，這一美夢根本幻滅，臺灣的政治地位日益鞏固，共方目下武力侵臺是不可能，唯一發洩怒氣的辦法，便是空襲騷擾藉以收攤瘓經濟撼動人心之效。好在今日臺灣已走進了『柳暗花明又一村』的境地，必能咬緊牙關以待世局的最後澄清吧，所以我說一九五二是一個尷尬年，甚至大戰爆發我也不以為奇。

一九五二一月廿八日於華盛頓

臺糖公司榮譽出品
健素
老幼咸宜　營養第一
到處有售　價格低廉

本刊鄭重推薦
香港時報
香港高士打道64—66號
臺北館前街五十號

唯一權威三日刊
自由人
香港高士打道六六號
臺北中華路一二五九號

本刊鄭重推薦
工商日報
香港德輔道中四十三號
臺北館前街八十五號中國書報社

學術性權威刊物
大陸雜誌
臺北市南陽街廿號三樓

挪威站起來了

西歐通訊・一月廿四日

安道

在小學讀地理的時候，就知道挪威是世界三大漁場之一，尤其以捕鯨而著名，教育普及，人民强悍好鬬，但民主風度却足以比美美國，二次大戰後，挪威國王訪美下機時，自己提着皮包，美國人見了，也覺着有點詫異，遂問國王的一隨從人員，爲什麼沒有人替國王提皮包，隨從人員回答說：國王提自己的皮包，這有什麼奇怪，從這點小事看來，美國人還應當向挪威人學習民主呢。

挪威位居北極圈的邊緣上，亨墨非斯瀕北極海岸，爲世界最北的城市，人民可以在半夜裡看日出，毎年五月到七月間晝夜通明，十一月到一月間則是日夜晦暗！

挪威人反共抗俄的情緒甚高，艾森豪威爾週遊歐洲十個北大西洋公約國家的時候，挪威很使他滿意，挪威王曾向他說過：如果蘇俄共產黨侵入他的國境，他將要誓死抵抗，直到最後一人一彈，也決不能向敵人屈服，所以他在北大西洋公約國家當中，特別受美國的靑睞。

挪威所處的位置，對美國在反共抗俄的戰略中，更是十分重要的，它南面可以阻擊蘇俄波羅的海的艦隊，不使它突出波羅的海而進入大西洋，蘇俄在波羅的海的海軍力量是相當雄厚的，它有一百二十隻潛艇，五艘巡洋艦，二十隻驅逐艦，史達林曾爲他的艦隊沒有出海之口而大傷其腦筋，所以他才下令挖了一道史達林運河，由刺多牙海直通白海，再由巴倫支海透過北極海而進入大西洋。但是挪威北海岸的北角和瑙得金角又能控制他北極海的出口，這使史達林簡直沒有辦法可想，況且俄國的北海岸入冬必凍，不能碇泊軍艦，挪威的沿海各個港口，因有大西洋的暖流，所以入冬不凍，這使史達林更有點眼饞。二次大戰時，德國曾在德倫的英和俾爾根建立了兩個最大的軍港，毎港都可容納七八十艘u船，如果大戰爆發，挪威可能是史達林的第一個攻擊的目標，況且由挪威至紐約只有一千一百哩的航程，如果蘇俄佔據了挪威，這對美國是多大的一個威脅？所以美國是絕不容許蘇俄佔領挪威的，上年美國曾向挪威請求，要在挪威建立空軍基地、這是美國先發制人的一種如意算盤，如果蘇俄萬一發動大戰，美國由此可以直搗蘇俄的心臟和它的空軍基地，但不意美國的這種請求竟被挪威拒絕了。

挪威是北大西洋公約國家之一，按北大西洋公約國家，是有互助互惠條例的，現在挪威既爲與國，而竟拒絕了美國的請求，豈不是違犯了約章？但挪威是有其理由的：因爲如果它讓美國在挪威建立空軍基地，這對蘇俄是更大的一個威脅，這簡直是將史達林的虎鬚，萬一史達林向挪威發動侵略，美國救援不到，那麼挪威豈不等于北極熊掌中的一隻小羊，而先行作了史達林的牙祭，拒絕美國建立空軍基地的請求，就等于不給史達林發動侵略的口實。

但是挪威自己已經動員了，國王已宣佈了全國進入緊急的備戰狀態，原來的軍事計劃要在一九五四付諸實施，也提前了二年，提早到了一九五二年，這是史達林使它改變了計劃、它現有兵力六萬人、一九五二年底能徵集二十萬人，如果戰事一旦發生，它能在三小時內馬上招集十萬人不成問題，不過它的海軍與空軍的力量是很弱小的，它只有七艘驅逐艦，最近美國又供給了它一些魚雷艇，戰鬥機共計一百架，英製噴射機四十架，駕駛員都是很優秀的選手，現在有兩中隊架駛員正在美國特撒州受訓，不久的將來，帶着新式的飛機回國，將會是一批生龍活虎的大力。

挪威的經濟情形是十分艱苦的，二次大戰的傷損，現在還未曾恢復，一切都實行配給制，男子一年可買一套服裝，女人一年只能購得三双襪子，本來到一九五二年可以恢復戰前的生活水準，但是這種希望又給動員令粉碎了。

挪威現在正準備遊擊戰，在深山茂林之中都藏有充足的食糧和武器，各城市都正在趕修防空洞，全國到處都有秘密警察來對付第五縱隊，現在國王的動員令說：抵抗到最後一人一彈也不要向敵人投降，雖在中途國王變卦，頒佈了請和的命令，也不要聽從：。這種命令的頒發無疑的是有鑒于上次大戰時，海陸總長受了德國第五縱隊的威脅，而發了停戰令，軍隊以不抵抗的姿態出現，因而喪失了挪威的京都以及南部重鎮，害得國王及其屬從度過了長時期的森林生活，這種慘痛的往事，在國王的腦海裡記憶猶新，防患未然，這無疑是一道永恒不變的抗戰血書，史達林究竟要用什麼花樣來對付挪威呢？在風雲低廻的疑陣裡，我們相信，除了訴諸血戰之外，他也只有自數技窮而已。

本刊推薦
時論權威
民主評論 半月刊

文藝

金陵瑣憶

段永蘭

只聽人說蘇杭，少有人念南京。在那半鄉村、半城市的南京，一早就有人從城外挑進來一擔擔小紅蘿蔔，水濾得紅裏透白。七八隻驢子在旭日的陽光裏被趕進城來，滿背堆着鬆鬆的乾柴。狗吠之後，遠處傳來了賣油條的叫聲。十八九歲的姑娘臉長得紅紅胖胖的，頭髮流得光亮，穿着一件淺藍竹布短衫。

家家主婦提籃去菜場了。不知是隔夜的雨還是露，菜市上永遠是濕的。巷口都是賣白蘭花的，潔白芳香的蘭花整整齊齊地排在籃底的綠葉上。賣花女不斷地叫着：「太太！買一串兒吧！」

做燒餅的還來不及將門板拿下，便將葱油揉在麵裏，一塊塊地貼在烘爐的壁上，然後一五一十地將那滿綴着縊香芝蔴的滾熱的餅從烘爐裏取出來，撕下一張張寫着大字批着紅圈的毛邊紙急忙包上，遞給顧客。

再沒有什麼比蔬菜更新鮮爽目了。紅根綠葉的菠菜，嫩綠的小白菜，淺綠入黃的包心菜，各種深深淺淺的顏色，都是從昨夜田野的雨露中新調出來的。一隻隻鷄蛋，一個壓着一個，我想沒人說得出早晨雞蛋的可愛。幾十隻初孵出的柔黃小鷄在籠裏一隻踏着一隻地擠着不停的動，許多人分明不買，也忍不住蹲下來，一隻隻捏在手心裏看。

若是端陽前後，便會看見一些猶未梳洗，「風韻猶存」的太太，穿着舊繡花鞋，一手倒提兩隻老鴨，一手挽着菜籃，籃中裝着雄黃菖蒲。

賣魚人最凶，穿着一層層的粗布藍裙，拿把大秤，挑着兩大籃魚從人堆裏橫擠過來，將一隻隻活鯉魚丟在水桶裏，劈劈拍拍的跳，他要是高興時，從小圓盆裏多抓一兩條毛魚給你，「哎呀！拿去算了，明早再來！」──還是賣豆腐的安份，安安靜靜守着擱在路邊的小擔子，兩手叉腰，望着嘈雜的菜市，不咬牙切齒爭多一塊骨頭少一兩肉，幾個銅板便打幾塊，將那軟白嫩潔的豆腐切成四四方方的，顫顫抖抖送在你碗裏。

南京沒有什麼水果。但我永忘不了那初夏的女人在槐樹的蟬叫下喊着「賣老菱呀！」她掀開小桶上的厚布，只見一桶深紫的老菱角。你一口咬進白滑的菱肉，好像嘴裏還有點玄武湖水的甜味。有時，那木桶裏是滿滿的玉黍，那熟黃的香味，像蒸熟的米飯，但比飯香豐富，像栗子的味道，但不如栗香濃厚。大路旁開滿白花的綠槐下有許多青果小攤，車馬過後灰塵四起，小販便洒些冷水在那生蕃薯片上。江南春慢，到柳條齊堤時，划船的女人才提着小筐，筐底桑葉的上面是一顆顆紅玉般的櫻桃。

每逢和暖的下午，搖鼓的挑着針線紐扣，沿着滿飾牽牛花的竹籬叫賣。用葱色頭繩紮辮的女孩從門後跑出來要兩支水紅繡花線。她有時根本什麼也不買，兩手抄在短夾襖下，東看西看，和那搖鼓的談天。

小巷裏有些令人難忘的食味。黃昏裏慢慢搖來鈴聲，買清湯的挑着擔子轉過牆角，擔上有火有水，有鍋有蓋。其實他只用竹片挑一點肉包在薄薄的混飩皮裡，但當我站在他擔上那盞小燈前，喝那碗清湯時，眞再也沒有那麼滿足了。街尾殘陽下，賣糖藕的拿把銅片切下厚厚的一片連糖帶汁熬熟的紅藕，再加上一碗糯米甜粥，我至今都記得那藍布舊棉襖和四週的暮色。入晚燈黯，簷下炸臭豆腐的將炸漲了的豆腐，一塊塊從油裡夾出來，癩頭小夥計從對面街上開水店裡提壺熱水回來，也忍不住就熱吃一塊。

入夜青石板路的巷裡，常有一輛人力車顛跛過來。冷風裡，車上一盞半明的煤油燈照着兩旁編藤椅，賣板鴨的店舖。人坐在車裡，魂都好像給它搖掉了。不！也許就在這櫃檯的舊算盤和雨裡的破石板路上，是南京城的靈魂！我一想到南京就好像看見小街兩旁的花洋布店和雜貨舖，舖裡常擺着些前年和大前年的賀年片，上面印着淡紫的小花和邊。江南的雨迷人，大街小巷的爛泥裡，常有賣花的女孩濺過來，在春雨裡，她提着滿籃雪白淺綠的桃杏。

再沒有比夫子廟更熱鬧也更破落了。草藥蛇皮，四書打拳都擠在一處。爲了生計，不知是誰上那一代傳下來的乾隆康熙時代的杯盤磁器，不管眞假，都搜出來賣。近處茶樓上拉起不成曲的胡琴。「舊時王謝堂前燕，飛入尋常百姓家。」多少人想到這兒來找烏衣巷口，但連朱雀花那找不到了。在月上柳梢頭，花市燈如晝的時候，橋邊上上下下都是提着各式蓮花燈的。倒是在元宵夜層層燈花裡，才令人驀地想起這原是昔日玉樓瑤殿的秦淮！

灰濛濛的雨裡，馬車踢踢答答轉過十字路口。小時最大的快樂，便是省出一毛錢，穿過車輪馬尾，在花牌樓買本茵夢湖或徐志摩的康橋。雨愈下愈大，模糊裏只見兩旁皇后牌絨線和絲緞的顏色。汽車流水樣從身邊無聲滑過。我望着花牌樓遠處彎過來的燦爛燈光，街心裏倒映着深藍的霓虹，當時以爲這是最美的街道。

多少人看完「一曲難忘」後，在鋼琴聲裏悵惘在「新都」的街頭，猶自以爲尚在蕭邦故鄉的城鎮裏。只有在這一帶才看見巧克力，康乃馨合成的畫面和拔佳奶油色捷克鞋。但你會被那跑過賣晚報的聲音突然驚醒，那聲音一半興奮，一半淒涼。晚秋八月，街邊砂鍋裡，正翻着滾熱的天津板栗。待你看到新街口的攤上昏黃的風燈和醬紅的牛肉時，你就徹徹底底的回到南京了。我忘不了幾乎是我故鄉的南京，忘不了冷風裡糖抄栗子的香味，忘不了那跪在井水邊，一杵一杵的搗衣聲。

秋天打霜時，山西路上許多高籬笆上滿佈着牽牛花，如凍紅了一般的盛開着，園裡的黃菊花大朵大朵球般的怒放，一瓣一瓣都肥極了。我愛那深夜裡冷冷的月光浸着的夢般安靜的柏油路。

一城水光，儘在十里後湖。後湖春色，一半在堤上迷濛撲面的垂楊。靠湖一帶的住宅，淺灰洋紅，夾在各種綠樹裡，附近連着青青的稻田，田徑裡一叢叢帶刺的野薔薇，白鳥慢慢飛下。初晴前的潤虹，從晚天弓般畫下。蛙聲四噪裡，圓極了的橙紅大月亮忽升出在矮樹叢上。

春天裡天藍極了。遠近樹梢新出的嫩葉，在風不住快活的搖。陽光在藍天裡不住地發亮。小時常到個女孩家去看蠶，一條條蠶白胖得要透明了。我們屏息看着那一兩百條蠶，在清涼新換的桑葉裡悉悉沙沙不停地吃，有些爬到稻草上結出鵝黃雪白的蠶繭。我猶記得在冬青樹裡一直通到她家的那條石子路，那灰白的木樓被一顆老樹遮得沒有一點陽光。木架上爬滿了玫瑰，紅絨一般地盛開着。我們常在玫瑰花裡躲來躲去。十年戰後；我回到百子亭那青色的矮籬前，但好像什麼都找不到了。那深紅的玫瑰也許是對於小孩紅得特別豐富，那石縫裡的薺菜也許是對於小孩綠得特別鮮嫩。我彷彿看見那褐色皮膚的女孩，微笑着從冬青籬後向我跑來。但而今她已在木搖椅上抱着自己的小孩了。

我太愛這城，但想必它和許多別的城市一樣，也一天天在不知覺間變化。在薰人的亞熱帶風裡，在海洋上，常在想不到的地方，南京會突然回到我的心上。我好像看見家裡的一排白楊樹，和樹上的鳥窠。昔日，當我看見廚房裡的煙，裊裊昇入美麗的晚霞，老鴉不停地飛繞，我便想離開，到世界更遠的地方去。如今，忽去萬里，滄海亂世。我這時眞恨未作那黃狗，永遠蹲伏在家園門前。

暮春的燕子磯，雨花石榴紅，萬樹煙雨中，火般的綠葉榴花一直連到那伸入江心燕尾樣的危石上。長江如千里鍊條，白帆點點。有人窮途末路時，便在這峭壁跳下。連我看見這天荒江老，都好像做了千古錯事一樣。采石磯的記憶已模糊不清了。只記得從大祠裡出來，那階旁的杏花。酒客高談闊論，夥計在布旗下匆忙將熱熱的薺魚，片端在八仙桌上。遠處，好風裡，碧青無邊的稻田，三兩叢矮樹，茅屋小橋，溪流裡映着桃花。

清早走到鷄鳴寺山後，紅泥土階上的泥門有四個大字：出世即空。這時猶隱約聽見山腳下城裡的雞啼。進了佛廟後，只聽見一下下沉沉的鐘聲。望着檻外玄武湖的水光，萬事皆空。

城外的松樹一直綿延到中山陵藍色的天際。陽光遍照在山懷雄踞上，我豁然想到這眞是紫金山。古廟上掛着幾百年的木瓜和常青藤；明太祖廟前一片雪一般的櫻花；參天古木裡倒處是野栗。記得有一次，一個遊客累了。他疼那雙新鞋，提着脫下的布鞋從陵墓的石階上跑下來，我見着他令人可憐又可笑。而這正是樸素的南京人！

斜陽照在那朝朝戰火攻打的大銅門上。不管那桃花扇的盛世，也不管臙脂井的風流，讓那長江波浪一年一代打在石頭城上。

評『我的父親』

陳紀瀅

徵寰先生：

「自由中國」第五卷第十二期所載段永蘭小姐所作「我的父親」一文，我讀了以後感動極了，而文字之美，尤其是近來文壇散文作品中所僅見。

我心儀書詒先生很久，但在他生前，我始終與他無一面之緣。去年段先生逝世二周年，他的朋友們爲他作的紀念文，我也看過，但眞正能感入的是他女兒這一篇短文。自然父女眞情，和書詒先生的日常生活，他女兒比別人體貼深刻，容易寫出，但寫得這麼好，也絕不是骨肉之親才可以的。

從這篇文章裡，我領悟到書詒先生志趣、思想、生活。這種超人的意境代表着讀書人的「美」，從政人的「潔」和人生的「寧」「遠」。從他女兒筆下寫來更富有骨肉的「眞摯」。

書詒先生一生可傳之事蹟很多，但我以爲這篇短文實在可積他一生的精華永傳於後世了。所以我建議把它印入教科書。因爲朱自清的「背影」時代「早已過去，這篇文字又比「背影」寫得好多了。也正是國民黨應該表彰的黨員典型。本擬詳細寫篇評文，近因身體欠佳，不能寫長稿，簡短的把我的感想寫出，煩代刊出，以便同文注意。順頌

撰安

陳紀瀅　元月十日

（上接第12頁）

醫壞了一個病人，或是說一個工匠的出品不良，這些都是可以引起訴訟的。

因此，在決定一個陳述是不是誹謗的時候，不一定是根據被告所宣佈的意思而決定，而是根據接受此陳述的人，合理的所給予陳述的意思而決定的。就是說：『一個陳述是否含有誹謗的意思，要看在發表此陳述的環境之下，接受此陳述而有理性的人，是否認爲此陳述係有誹謗的意思而定之』。至於發表誹謗的人的動機如何，或者他是否蓄意誹謗，這些並不關緊要。假若他有誹謗的目的，但他的陳述並沒有誹謗他人的含意，他對這個陳述毋庸負責。相反的，倘若一個人所作之陳述，其對象認爲他的陳述含有誹謗的意思，縱令他的原意是無辜的，這種無辜的意向，也不能作爲答辯的理由。

由是以觀，在英國的社會生活，言論自由是非常重視，而其範圍則極爲廣泛；同時，在其相反一方面，對於逸出軌道的言論，規律十分嚴格，處罰不稍寬假。故言論自由決不是言論放縱，而是有一定界線的。

書刊評介

雅舍小品

梁實秋著　正中書局出版

海光

古人說：『開卷有益』。這話大概已失時效了(古人之言，大抵如此)。如果黑字印在白紙上而且訂成本子者就是『書』，那末筆者有時爲買牙刷肥皂之類而上大街時，偶爾順便將書店那些花花綠綠的貨色順手翻翻，便覺眼花繚亂，頭昏腦脹。人是可以接受經驗教訓的動物——雖然並且凡人皆係如此，上當次數太多，以後便不敢再去問津。不料前些時有一位朋友居然特地買一本書相贈，叫做『雅舍小品』。厚情難却。翻開一看，脫口而出：『此乃書也』！書，在此時此地，是多麼不易得的東西。筆者展讀這本小品，如遇故人，如吃冰琪淋，其樂陶陶，其味津津，靈魂舒怡之至。如果一個人獨食美味而不分享大家，大家一定咒罵此人太自私自利。同樣，如果獨閣好書而不介紹給大家，在這心靈快要乾枯了的歲月，也未免太冷酷了。

打開書一看，裡面有雅舍，孩子，音樂，信，女人，男人，洋罪，謙讓，衣裳，結婚典禮，病，匿名信，……等等篇。我們且進一步把這些吉光片羽隨意揀點出來端詳一番。

在開頭的『雅舍』篇裡，如果你自己也有靈魂——這在時下是稀世的珍品，那末，你將會知道，作者之所謂『雅舍』，從物質的觀點看，實在只是一個『陋室』；然而，在這間陋室裡，却居着一個充滿了靈性和具有風格的人。這，正猶之乎在高樓大廈裡居的必常是靈性缺少的人一樣。作者說：『縱然不能蔽風雨，「雅舍」還是自有它的個性。有個性就可愛。』個性，在這年頭，於東方世界裡，正像金剛石一般地是昂貴的奢侈品。我們在必經之路上所看見的，往往是穿一模一式衣服，走一模一式的方步，說一模一式的話的人物。這時，我們便發生『個性』踏破鐵鞋無處覓之感。這年頭，有些好整齊劃一的人，有計劃地消滅人底個性，把人變成磚窰裡燒的磚一樣，塊塊整齊劃一，合乎尺寸標準，方才稱心如意。而作者偏說：『有個性就可愛』，眞是空谷之音。

『個性』是靈魂底一表現。『人爲萬物之靈』，就是靠了這一點靈氣。個性消失了，人人像磚石一樣標準化，『人』就不見了。

雅室底主人，我覺得充滿人味。讀其文，如入其室，人味盎然。他說：『我有一几一椅一榻，酣睡寫讀，均已有着，我亦不復他求。……「雅舍」所有，毫無新奇，但一物一事之安排佈置俱不從俗。人入我室，即知此是我室。』這個『我亦不復他求』的心境和精神是作人，尤其是作個讀書人，最須具備的條件。許多人就是『他求』的太多，以致墜入鬧市。一墜入鬧市，滿身便是塵埃，這時，『我』這個物件——身體——所有的東西似乎增多，但我這個『人』所有的東西却減少了。

雅室主人又有『收藏信件的癖好』。但他收藏信件是有條件的，其中之一是『多年老友，誤入仕途，使用書記代筆者，不收。』『入仕途』，是否算得『誤』，我且不管。我感興趣的是，雅舍主人，連收藏信件，也表現個性。他要『收藏』的是『眞』。那些『入仕途』的先生們，一天忙到晚，所要應付的人情又太多。他一個人底情感則又並非無限，如是寫信只有委諸職業寫信專家。水攙的太多了，酒味兒聞不到，留之何益？此事推而廣之，街上那些頒賜，旌令，扁額，獎狀，何嘗不是『使用書記代筆』的貨色？何嘗有點酒香？而頒者自頒，受者自受。毫無眞實內容，然而，眞實的內容固屬無有，對於壯壯市容確有功用。當今之世，大概就是霓虹燈世紀。以其具有點工具價值 Instrumental value 也！

該作者不獨喜歡有條件地收藏信件，而且還留意信上的稱呼。他說：『信裡面的稱呼最足以見人情世態。有一位業教授的朋友告訴我，常接到許多信件，開端如果是「夫子大人函丈」或「×老師鈞鑒」，寫信者必定剛剛畢業或失業的學生，甚而至於並不是同時同院系的學生，其內容泰半是請求提攜的意思。如果機緣湊巧，眞個提攜了他，以後他來信時便改稱「××先生」了。若是機緣再湊巧，再加上銓敘合格，連米貼算在一起足夠兩個教授的薪水，他寫起信來便乾乾脆脆的稱兄道弟了！我的朋友言下不勝欷歔。其實是他所見不廣。師生關係，原屬偶備性質，焉能不受階級升黜的影響？』

作者之所言，如果推廣及於其他事例，的確『最足以見人情世態』。但他那位令友不獨『所見不廣』，而且無乃太迂。當今之世，『師』不成師，『弟子』不成弟子，大都是混來混去——這不用說。那位朋友還是沒有弄清楚內存價值 intrinsic value 與工具價值 instrumental value 之別。在從前，爲人師表者，固然也少不了拿束修，但却具有內存價值。如今旣是霓虹燈世紀，爲人師表者只有工具價值。旣然如此，你底工具價值如果天天貶值，而他底工具價值如果日日高漲，則二者之對應關係自應『調整』。明乎此理，也就可以了然：爲什麼銀行學徒底薪水比教師高，爲什麼香港國際攝影公司底招待月薪等於十四個文學系主任底之總和，爲什麼『十年寒窗不及兩月訓練，兩月訓練不及搖身一變』，……以其『工具價值』高也！

作者於『女人』和『男人』二篇中，暢論女人和男人底種種特點，令人捧腹。他說：『男人多半自私。他的人生觀中有一基本認識，即宇宙一切均是爲了他的舒適安排下來的。……他的家便是他的國度，他在家裡稱王。……他不高興時，他看着誰都不順眼，在外面受了悶氣回到家裡來加倍的發作。他不知道女人的苦處。女人對於他的慇懃委曲，在他看來，就如同犬守夜鷄司晨一樣的稀鬆平常，都是自然現象。他說他愛女人，其實他不是愛，他是享受女人。……』妙哉斯言！

常有西洋人說，東方容易出現專制或獨裁政治。筆者覺得這種說法，簡直太不明瞭別人底『國情』。東方之所以容易出現這些現象，是淵遠流長的。東方的家庭，特別是舊式家庭，簡直是專制獨裁養成所。東方家庭裡的『宗法』有何好處，筆者不敢妄置一詞。筆者所可斷言的，就是東方古老家庭裡最發生作用的基本觀念是 paternalism。這一 paternalism 就是專制獨裁的靈魂。在東方的舊家庭裡丈夫是一家之『主』，唯『我』獨尊，一切對外大權，經濟利益，以及教導兒女之事悉操其握。彼在一家之中，大有『萬物皆備於我』之慨。妻子兒女對之唯有慴服於其權威之下，不敢稍有違抗。妻子如不合其尊意，可以『休』之。『七出』之條例加身，爲妻者便倒霉矣。兒女如不合其尊意，輕則呵斥，重則捶擊，隨意爲之。如此代代相傳，世世不絕，在這種優良傳統培養之下的人，一旦得機手握大權，那得不專制極權？照筆者看來，東方如欲實行民主，必須根本改革家庭和兒童教育開始。如欲做到這一步，必須一家之主『克己服禮』，放棄他那 paternalism。這恐怕要期望於半個世紀以後！

作者在『洋罪』一篇中，諷示東方人表面學習西俗而失其眞義風趣，有時不獨『窒礙難行』，而且易生弊端。論及東方人之模倣西人過『愚人節』，作者說：『四月一日爲萬愚節，西人相紿以爲樂，其是否爲陋俗，我們管不着。其是否把終身大事也溷在相紿的範圍以內，我們亦不得知，我只覺得這種風俗習慣，在我們這國度裏，似嫌不合國情。我覺得我們幾乎是天天在過萬愚節。舞文弄墨之輩，專做欺人之談，且按下不表，單說市井習見之事，即可見我們平日頗不缺乏相紿之樂。有些店舖高高懸起「言無二價」，「童叟無欺」的招牌，這就是反映着一般的誑價欺騙的現象。凡是約期取件的商店，如成衣店洗衣店照像館之類，因爽約而使我們徒勞往返的事是很平常的。然對外國人則不然，與外國人約甚少爽約之事。我想這原因大概就是外國人只有在四月一日那一天才肯以相紿爲樂，而在我們則一年三百六十五天，隨便那一天都無妨定爲萬愚節。』誠哉斯言！東方人在市井之中，確是如此。地攤就常是謊言廣播處，你如稍不小心，聽信其宣傳而買了他底貨色，拿回家仔細一看往往大呼上當。街頭賣藝，走方郎中，看相算命，無一不是藉撒謊愚人以賺錢。其實這何足怪？在東方，『管理衆人之事』與撒謊愚人之事結不解緣。『民可使由之，不可使知之』古有明訓。搞政治組織，必做『宣傳』。『宣傳』者，公開說謊之謂也。戈塔爾 Goebal 並曾以專給人自豪，斯達林老前輩更不用說。大量印刷花綠紙張以換取大家的金飾銀元，固一大謊也。今天說得如何如何肯定，明天則不是那回事。昨天說怎樣怎樣，今天看勢頭不對連忙否認。明明在劇場中失意，充不好一個丑脚，却說『養痾』。諸如此類，種種等等，不一而足。大家已司空見慣，不以爲奇了。『管理衆人之事』者『帶頭』撒謊，則普天之下，莫非謊言。謊言成爲空氣，時時呼吸，不可須臾離。天下相率撒謊，久謊成眞，視爲固常。若有人突說眞話，自然反被目爲假話，語言本係一個社群藉以交通意念並活動的工具。語言底這種效用是其正面的效用。但是，在假言流行的社會，語言被濫用 abuse 到這種地步，其正面的效用盡失。到了這種時際，這樣的社會實在已經走到了它自己底盡頭。只有再出一個倉頡，才能幫着把它從耗竭的邊沿救活過來。

『第六論』那篇是論『主僕關係』的。其中有至理存焉！且錄評介者最欣賞的那一段：『駕馭僕人之道，是有祕訣的，那就是，把他當做人，這樣一來，凡是人所不容易做到的，我們也就不苛責於他。容易犯的毛病，我們也可以曲宥。陶淵明介紹一個僕人給他的兒子，寫信囑咐他說：「彼亦人子也，可善視之」，這眞是一大發明！ J. M. Barrie 爵士在「可敬愛的克來頓」那一齣戲裏所描寫的，也可使人恍然於主僕一倫的精義。主僕二人漂海遇險，在一荒島上過活，起初主人不能忘記他是主人，但是主人架子不能擺得太久，因爲僕人是唯一能砍柴打獵的人，他是生產者，他漸漸變成了主人，他發號施令，而主人漸漸成爲一助手，一個奴僕了。這變遷很自然，環境逼他們如此。後來遇救回返到「文明世界」，那僕人又局促不安起來，又自甘情願的回到僕人的位置，那主人有所憑藉，又回到主人的位置了。這齣戲告訴我們，主僕的關係，不是天生成的，離開了「文明世界」，主僕的位置可能交換。我們固不必主張反抗文明，但是我們如果讓一些主人明白，他不是天生成的主人，講到眞實本領他還許比他的僕人矮一大截，這對於改善主僕一倫，也未始沒有助益哩！』

J. M. Barrie 是蘇格蘭作家。我想，他大概未曾到過東方觀光。如果他到過的話，那末他底這一齣戲裡的主僕之位，也許剛好要倒過頭來。在東方，幾千年來主僕之位一向是顚倒的：僕人長佔主人之位；而主人則常佔僕人之位，所謂在「倒懸」之中是也。這些僕人們於覇佔主位之時，又自稱是『天』底兒子。『天』底太太是誰，又如何生兒子，筆者無法考證，且不去管。偏偏那位二先生則自告奮勇，爲那些自稱爲天底兒子者說個道理出來，於是那些『天底兒子』理直氣壯，一直高踞主位幾千年之久。二先生之功誠不可沒也！

在這一『倒懸』局面之下，主人之對待僕人，眞是客氣已極，從來就不敢對僕人正視一眼，而且確是『凡是人所不容易做到的我們也就不苛責於他。凡是人所容易犯的毛病我們也可加以曲宥』。可惜，僕人對於主人似乎太不客氣。他們對於主人，凡是人所不容易做到的事，往往苛責於主人；凡是人所容易犯的毛病，僕人一定不加曲宥。稍不順意，便空起屋子恭請主人光臨，或請其長期入山休息。久而久之，代代相傳，積非成是，以致養成一種本末倒置的觀念：僕人就是主人，主人就是僕人，凡有好事，皆此主人之所爲，必歌而頌之；凡有不是，皆此『僕人』之所爲，必膺而懲之。眞主人必須以假主人之是非爲是非；眞主人必須以假主人之利害爲利害。這就是太陽從西邊出囉！

『握手』篇也滿有趣。第三段說『西裝革履我們都可以忍受，簡便易行而且惠而不費的握手我們當然無需反對。不過有幾種人，若和他握手，會感覺痛苦。第一是做大官或自以爲大做官者，那隻手不好握。他常常挺着胸膛，伸出一隻巨靈之掌，兩眼望青天，等你趨上去握的時候，他的手仍是直僵的伸着，他並不握，他等你來握。你事前不知道他是如此愛惜氣力，所以不免要熱心的迎上去握。結果是孤掌難鳴，冷涔涔的討一場沒趣。而且你還要及早罷手，趕快撒手，因爲這時候他的身體已轉向另一個人去，他預備把那巨靈之掌給另一個人去握——不是握，是摸。對付這樣的人只有一個辦法，便是，你也伸出一隻巨靈之掌，你也別握，和他作「打花巴掌」狀，看誰先握誰！』

如果作者確會因『事前不知道他是如此愛惜氣力』，而結果『冷涔涔的討一場沒趣』，那眞是活該！只怪他不明世故，不洞悉當今那些人物底心理狀態，更未精明地意識到流行於那些人物之間的Zeit Geist。俗語說：『出門觀天色，進門看顏色』。世有許多書生，戴副近視眼鏡，既不善仰觀天色，又不會俯察人情，結果『討一場沒趣』，眞是咎由自取！

億兆善男信女，在大教皇腳下圍繞。能一吻教皇芳足，該是何等榮幸！如果信仰西藏的什麼教者，得緣給活佛一摸其頭，頓時身輕如燕。依此原理而論，那些『做大官或自以爲做大官者』伸其巨靈之掌給你一摸，已經民主化多多矣！你何應多求？至若該作者所擬『對付這樣的人』的『一個辦法』，『你也伸出一隻巨靈之掌，你也別握，和他作「打花巴掌」狀，看誰先握誰！』。這種辦法，評者尤期期以爲不可。蓋如此一來，則有『分庭抗禮』之嫌，頗不合乎『時代要求』也！

走筆至此，評者報告一個類似的情形。遠在二年以前，評者以看熱鬧的心情應某『要人』之約赴某會。席間另一大員曾見評者，對評者作『垂詢』狀。我看他問的一些問題並不太不正經，於是本乎平日讀書與思考的習慣，對於其所提問題，則先推敲字句，繼則分析論點，然後則試以謹嚴之語句爲之作答。豈料筆者正在如此認眞對應之際，該『要人』之精神始而若存若亡，繼而對於所言若聽若離，終而彼則掉首他向，『王顧左右而言他』尋附近另一人作『寒宣』矣！筆者睹狀，心中大呼『上當』，又白白彈了一次琴。然而，細心一想，這也是咎由自取。其故在『不識時務』。當今之『時務』，凡人說話，只動口不動心，只用嘴舌不用腦筋。明乎此理，保險可以『百事大吉』！

『臉譜』一篇，我很愛讀。文中說：『古人云「人心不同，各如其面」，那意思承認人面不同是不成問題的。我們不能不嘆服人類創造者的技巧的神奇，差不多的五官七竅，但是部位配合，變化無窮，比七巧板複雜多了。對於什麼事都講究「統一」「標準化」的人，看見人的臉如此複雜離奇，恐怕也無法訓練改造，只好由它自然發展罷？假使每一個人的臉都像是從一個模子裡翻出來的，一律的濃眉大眼，一律的虎額龍隼，在排起隊來檢閱的時候固然甚爲壯觀整齊，但不便之處必定太多，那是不可想像的。』

此處所謂『不便之處必定太多』，例如，如有一人犯法，負有特殊任務者不便認辨出來加以逮捕等等。但好處畢竟多於害處。如果人底臉譜完全一樣，戀愛之事一定自然取消，此點正合史達林與共黨輩底要求。共黨輩根本否認人應有優美情操。他們認爲那不過是『資產階級底閒情逸緻』。在他們看來，男女之間的事，不過交配傳種而已。所謂『戀愛』，充其量只是『革命』工作底一部分：在『革命』尚未成功時，藉女色以勾引『男同志』。如果『革命』成功，像俄國內部底情形一樣，根本用不到這一套，反正男女關係既是止於交配傳種，於是相貌全同，正好便於隨時隨地隨人而解決之。省得各人各相，生出許多因『個別差異』而惹出的麻煩。豈不大妙？

依我看來，俄國底科學如果將來發達，那末傳種之事，可以在工廠中辦理。果爾，則不獨男女『戀愛』可以取消，且交配之事亦可下令停止。由史達林老仁兄通令男女人等一律割去性腺，則個個長得精壯如鬪牛，『工作效率』豈不大增？

據說俄國那位『社會主義的』大生物學家，李森科兄，在生物學界有一空前的『革命』貢献，就是使後得性可以遺傳。李仁兄既然有此巧奪天工之大神通，那末這事不久諒可實現！

該作者又說：『不要以爲一個人只有一張臉。女人不必說，常常「上帝給她一張臉，她自己另造一張」。不塗脂粉的男人的臉，也有「捲簾」一格外面擺着一副面孔，在適當的時候呱嗒一聲如簾子一般捲起，另露出一副面孔……。誤入仕途的人往往養成這一套本領。對下司道貌岸然，或是面部無表情像一張白紙似的，使你無從觀色，莫測高深，或是面皮繃得像一張皮鼓，臉拉得驢般長，使你在他面前覺得矮好幾尺！但是他一旦見到上司，驢臉得立刻縮短，再往癟裡一縮，馬上變成柿餅臉，堆下笑容，直線條全變成曲線條，如果見到更高的上司，連笑容都凝結得堆不下來，未開言嘴唇要抖上好大一陣，臉上作出十足的誠惶誠恐之狀。簾子臉是傲下媚上的主要工具，對於某種人是少不得的。』又說：『最令人不快的是一些本來吃得飽，睡得着，紅光滿面的臉，偏偏帶着一股肅殺之氣，冷森森地拒人千里之外，看你的時候眼皮都不擡，嘴撇得瓢兒似的，冷不防擡起眼皮給你一個白眼，黑眼球不知翻到那裡去了，額梗子發硬，腦殼朝天，眉頭皺出好幾道熨斗都熨不平的深溝——這樣的神情最容易在官辦的業務機關的櫃檯後面出現。遇見這樣的人，我就覺到惶惑：這個人是不是昨天賭了一夜以致睡眠不足，或是接連着腹瀉了三天，或是新近遭遇了什麼閔凶，否則何以乖戾至此，連一張臉的常態都不能維持了呢。』

梁先生對於東方某種『人上人』底『臉譜學』之研究，可謂升堂，想來必定『見習』不少時日。然而，書生梁先生究有未逮之處，容許者代爲補充。需知這一干『人上人』底臉譜之所以如上云云，乃職業性的，乃『業務』之所必需。不觀夫唱京戲乎？唱京戲之丑腳，當需開大花臉』。今『人上人』之有上述臉譜，其爲職業上之必要正同。該等『人上人』之具備此種臉譜者，可以致富，可以立功，可以諂上，可以驕下，……妙用無窮焉！這等『人上人』雖『望之儼然』，但並不『即之也溫』。此等人物，是否具有眞才實學，不得而知；但爲人方面，多半總有些許毛病，常有不可告人之隱。彼等若以眞面目出現，若與『下屬』相忘於無形，何以御衆？何以維持『尊嚴』？英國人說：『誠實是最好的政策』。流行於此等人物之間的『心照不宣』之『哲學』，乃『保持距離乃最佳之政策』。保持距離之道何由？曰：臉譜是也！這種人若與『下屬』接談，或者你有所求於他，他底那一幅臉譜便拉下了：面若冰霜，兩眼下垂，自視其鼻（據說莫索里尼有此貴相），口嘴緊閉，而鼻孔則不斷出氣：『嗯哼，嗯哼，嗯哼，……』

如果有人官場底訓練缺乏，人性尚未失盡，看不慣這一幅尊容，那末我勸他此時此日，清貧自守，深居簡出；萬一坐在家裡氣悶，不妨逗逗三歲以內的小朋友，培養一點天眞，保留一點人的元氣；或則在田野散步，看天際白雲舒捲，凝視遠山平巒。萬一你因生活上的必要而不能避免與這類仁兄照面，那末我奉勸他心理上設一道衞生防線 sanitary cordon，以欣賞動物園中貓頭鷹的心情來欣賞其面部底各種變化。（貓頭鷹底面部頗富表情）你切勿動火，更切勿畏怯。如一動火，或示畏怯，則正墮其術中矣！切戒！切戒！語云：『見怪不怪，其怪自敗』。靜觀他將各種面部表情表演完畢之後，你再同他接談所要談的事情好了！

後面還有許多妙文，我不用再『續貂』了。我喜歡這本小品。從這本小品裡，你可以看到作者底風格，你可以看到一個人的靈魂在顫動，在閃耀，你可以聽到一個人的靈魂在輕輕呼喚。朋友！你可知道，我們目前正在動物和人的邊沿上掙扎。我們只看到機械和動物在肆虐。人成了機械底奴隸，人成了動物底俘虜，人也快要成爲一張一張紙底下的犧牲品了。在這昏夜裡苦挨的你，聽到這輕微的心靈呼喚，難道不喚起你對於人之生活的回憶？難道不喚起你對於未來的人之生活之憧憬？當着昏夜有一枝燭光搖曳時，你會因不致跌到深淵裡而喜悅。當着你在疲役勞形中，即使只聽到一點人的清新聲音，你便會記起：哦！生命對於我並不是一種苦刑。你將會循着這清新的呼喚，發現一條生命之流，潺潺向遠方流去。也許，這條溪流在目前是細小的，但是，只要你對於生命不絕望，它終有一天會把你帶向大海。

聽吧！我告訴你，這裡有一陣輕微的心音！

進出口商
大信實業股份有限公司
總經理 黃金爐
地址：臺北市信陽街二三號
電話：五九一五、五九一六號

第六卷 第四期 內政部雜誌登記證內警臺誌字第一九號 臺灣省雜誌事業協會會員 一四〇

給讀者的報告

自從上月十六日日首相吉田茂致杜勒斯的函件公布以後，遠東外交界的陰雲爲之豁然澄清，中日兩國間簽訂双邊和約的問題，開始有了新的發展，最近半月來報紙上不斷傳來關於和約談判的消息，但這些消息有如島國風雲一樣地變幻不定，使人或喜或憂，特別是上月廿六吉田茂在日本國會中對和約發表的聲明，確實令人感到迷惘，日本政府對於中日双邊和約的態度與基本立場，顯然還存在着若干矛盾的觀念，在進行和約談判之前，這些矛盾觀念的澄清，是非常重要的。我們希望日本政府以睿智與遠大的眼光，認清今天的世界局勢，爲日本與遠東的前途作縝密的考慮。須知與中國政府從速締結中日和約，不僅是中國人民之意願，而且是絕對有利於日本的。日本如果妄圖與中共打交道，終必有噬臍莫及之一日。另一方面我們亦希望我國政府在這次和約談判中能够不負全國人民期望，以最大的能耐完成一個寬大的對日和約，以結束存在於中日兩民族間十數年來的戰爭狀態。當此日代表團來臺，談判即將舉行之際，我們謹以此寄望與會的双方代表。

人類的權力欲是與生以俱來的。它滲邀到人類生活的諸多方面，而尤以在政治生活方面爲甚。權力之糾纏人生及有關權力之種種，哲人羅素早有專書問世，討論此類問題。本期戴杜衡先生在「權力欲與民主政治」一文中，大膽地肯定了權力在政治活動中的眞實性，並進一步謀求疏導、對抗、解決之道。從戴先生文中，讀者可以發現民主政治在一切政治制度中的優越性以及民主政治缺點的補救之道。

言論自由是民主國家人民享有的基本權利之一，但它與誹謗有一定的界線，言論自由是每一個人發表其意見的自由，但當自由的言論侵犯及別人自由的時候，那便超越了自由的範圍而構成誹謗的行爲了。在重視言論自由的民主國家，同樣的重視對誹謗的懲戒，法律對此常有明確的規定。雷震先生此文即在闡明此義。

本期通訊欄中有兩篇華府通訊，其一是「礎潤而雨」，其二是「杜邱會談與世界局勢的發展」。後文主要係報導並評論不久以前在華府舉行的杜邱會談，前文則綜合敘述華府外交界的一般事實發展。後文着重於杜邱會談與世界局勢的分析，前文的用意乃在從世界現局的變化裡進而有以勗勉於國人。雖然在某些事件的觀察中，兩位記者的看法容或各有出入，但俱無損於兩文立論見解的完整，並更能有助讀者的比較分析，故爲同時發表。

又曾英奇君關於「閒話美國大選」連續報導的第三篇，至本期付印時尚未收到其來稿，諒或由於郵遞遲滯，容於下期再爲續登。

廣告刊例

一、封底裡面全幅每期新臺幣一千五百元，半幅八百元，1/4幅五百元

二、普通全幅每期新臺幣一千二百元，半幅七百元，1/4幅四百元。

三、式樣及鋅版自備，如欲本社代辦，則照値計算。

本刊售價

一、	臺	幣	三元
二、	越	幣	八元
三、	菲	幣	五角
四、	港	幣	一元
五、	暹	幣	四銖
六、	美	金	二角
七、	叻	幣	四角
八、	印尼		三盾

自由中國 半月刊 第六卷 第四期
"Free China" 總第五十五號
中華民國四十一年二月十六日

發行人 胡適
主編 『自由中國』編輯委員會
出版者 自由中國社
社址：臺北市金山街一巷二號
電話：六八八五號

航空版 香港時報社（高士打道六四號）

經售者
臺灣 中國書報發行所（臺北市館前街八五號）
美國 紐約民氣日報社
舊金山國民日報社
日本 東京南友堂
東京內山書局
馬尼剌 大中華日報社
印尼 椰嘉達星期日報
椰嘉達天聲日報
棉蘭繁華圖書公司
越南 西貢中原文化印刷公司
越南華僑文化事業公司
曼谷 曼谷攀多社十二號
緬甸 仰光振成書報店
新加坡 中興日報社
檳榔嶼、吉打邦均有出售
澳洲 墨爾缽王德利公司
北婆羅洲 馬拉突坡美芝律聯華公司

印刷者 臺灣新生報新生印刷廠
廠址：臺北市西園路二段九號
電話：廠長室七一二五 業務課二〇九六

本刊經中華郵政登記認爲第一類新聞紙類 臺灣郵政管理局新聞紙類登記執照第二〇號 劃撥儲金帳戶第八一三九號

自由中國

FREE CHINA

第六卷　第五期

要目

中華民國四十一年三月一日出版
社址：臺北市金山街一巷二號

半月大事記

二月十一日（星期一）

立院外委會討論對日和約，葉外長列席報告。

葉外長約見日駐臺事務所長木村四郎七，重申我政府對中日締約之態度。

新任我國駐日代表團副團長汪公紀赴日履任。

美太平洋艦隊司令雷德福宣佈，第七艦隊司令馬丁中將調他職，由卜瑞斯繼任。

李奇威抗議蘇俄拘捕日本漁船之行動。

二月十二日（星期二）

立法院第九會期開議。

日駐臺事務所副所長中田豐千代以日代表團名單送達我外交部。

二月十三日（星期三）

蔡斯將軍抵達華府。

埃及國王法魯克之特使阿姆爾會晤英外相艾登，商談解決英埃糾紛。

二月十四日（星期四）

美英法三國外長在倫敦舉行會議，商討西德參加歐洲防務問題。

美參院外委會將批准對日和約案列入議程。

泰國內閣會議宣佈下令武裝部隊戒備邊界。

二月十五日（星期五）

行政院院會通過特派外交部長葉公超為與日商訂和約之全權代表，次長胡慶育為副代表。

外交部長葉公超列席立法院報告，我與日訂和約將以舊金山和約為準。

盟總公報宣佈，盟國在日所享特權將於三月底終止。

美國務院宣佈，北大西洋公約十二國已正式批准希土兩國參加公約組織。

二月十六日（星期六）

中央社華府電：傳美政府在韓境停戰談判中將不堅持志願遣俘，參議員若干人對此曾準備向參院提出一項建議案，反對強迫遣俘，經國防部警告此項建議將妨礙停戰談判之成功而撤銷。

二月十七日（星期日）

日韓兩國在東京舉行會議同意建立外交關係。

日政府締約談判代表團全權代表河田烈等一行十一人自東京飛抵臺北。

聯軍代表於板門店韓境停戰談判全體會議中表示接受共軍解決第五項議程之建議，同意於停戰後三個月內，召開高級政治會議商討撤退外軍與和平解決韓國問題。但附有三項條件即：(一)韓國應參加擬議中之高級政治會議，(二)外國軍隊包括一切「非韓國軍」，(三)韓國以外問題不在會中討論。

美英法三國外長會議決定暫拒西德參加北大西洋公約組織。

二月十八日（星期一）

美太平洋艦隊總司令雷德福稱，封鎖中國大陸海岸線美海軍力足勝任。

北大西洋公約臨時理事會在里斯本開會，檢討參加各國之經濟能力。

澳總理孟齊斯宣佈英國將在澳洲舉行原子武器試驗。

二月十九日（星期二）

立法院三讀通過出國護照條例。

日首相吉田茂出席國會答覆質詢稱：「日政府與中國國民政府訂約，將以之為一個地方性的政權，而非代表中國全國性的政權。」

美英法三國外長與西德總理艾德諾會談結束，同意在北大西洋公約中給予德國間接發言權，並由法國控制德國整軍工作。

法衆院通過法對組織歐洲軍之建議，惟在歐洲其他五國批准前，不准德國開始征集兵員。

埃及總理瑪赫宣佈將與英國恢復談判。

北大西洋公約臨委會決議，對參加歐洲軍六國(包括西德)任何一國的攻擊，將被視為對北大西洋組織份子國的攻擊。

二月二十日（星期三）

中日和會正式揭幕，我全權代表葉公超以和約草案交與日方。

美英法三國空軍高級官員在華府秘密會商。

北大西洋公約理事會第九次會議在里斯本開幕，商討建立歐洲軍問題。

美英法三國外長發表聲明，支持建立聯洲軍。

菲衆院通過勞工菲化案。

二月廿一日（星期四）

日代表團發言人眞崎秀樹答記者稱，吉田言論不影響和會，日代表團所持原則不變。

北大西洋公約理事會批准軍委會報告，決定建立聯軍一百四十萬，一九五四年生效。

東京日共暴動，大阪名古屋均波及。

二月廿二日（星期五）

日內閣緊急會議商應付日共暴動事件。

菲駐美大使羅慕洛發表談話，呼籲建立亞洲軍。

韓境區濟島拘留營，在共黨份子操縱下發生暴動。

二月廿三日（星期六）

日全權代表河田烈訪我代表，請說明我方約稿。

北大西洋公約理事會批准一九五二年整軍計劃，建立卅個戰鬥師，廿個後備師及作戰機四千架。

印尼內閣總辭職。

社論

(一) 論中日合作的前途並再告兩國當局

近來自由中國的報章雜誌檢討對日和約的文章，已是多不可勝舉了，但是大都就過去和現在立論，極少瞻望前途者。其實就過去而論，千餘年間文化的交流，和好的空氣甚濃，雖偶有戰爭而旋即平復。兩國之交惡實始於一九一五年的二十一條，至一九四五年戰爭終結時止，凡三十年間對立抗爭迄無寧日，然自日本投降後蔣總統的寬大政策一經宣布，也就一筆勾銷了。至於現在，則中國已有兩個政府，而日本却不與竊據大陸的中共媾和，寧願選擇退守臺灣一隅的中華民國政府為談和的對手，此舉有甚麼意義呢？如果局限於臺灣一地，則双方均無必要。日本對臺灣的貿易已屬微不足道，政治亦關係至輕，訂約與否都差不了多少，何以不待中國局勢澄清之後，而急於今日談和？若站在中國的立場，則兩國的戰爭狀態之終結與否乃為先決的問題。如果戰爭狀態從此宣告終結，則和約的內容必為全面的媾和，如果戰爭狀態依然繼續，則一切談判無從開始。故只限於臺灣，限於現在，則中國寧可保留戰勝國的地位於將來大陸收復之日，何必於今天自己承認「一地方的政權」？

因此之故，我們以為必須着眼於將來中日兩國之關係，而後此次的談判乃有其特殊的意義。就最近的將來而論，吾人必須假定：中共政權不久即將倒臺，國民政府將為全中國人民一致擁戴的政府，而後談判的基礎始能奠定，條約的內容也就沒有多大的爭執了。但是看日本國內紛紛的議論，如謂中國事實上有兩個政府，謂對中共的貿易雖沒有多大發展的可能，但並非完全絕望，以及有限度媾和，純現實主義的外交等等，都是沒有把握住這個基礎觀點，而向着[illegible]態度的表現。其實有[illegible]貢獻於世界。可惜四十年來日本沒有偉大的政治家，不能使我們兩大民族誠意合作，其結果則日本已一度亡國，中國亦被蘇俄夷為附庸，傷心往事，還不够作我們當前的鑑戒嗎？第一次世界大戰以後，東亞局勢的主動權完全操在日本手中，乃天天自命為東亞的安定力，實際上却全力從事於擾亂，日人還不自認為失計嗎？如果第二次大戰中，我們兩國全置身於局外，則今天的亞細亞還不是日本獨步的天地嗎？至少也要由亞細亞人自決，他人無從置喙了。日本的有識之士，其以我們這種推斷為不謬嗎？夫然則今後我們兩國應走的途徑，合之則双美，離之則兩傷，還不是瞭如觀火嗎？

那麼中日合作有沒有甚麼障碍呢？文化上則自王仁携論語與千字文東渡以後，千餘年間日本以全力吸收中國的文明，儒教固然是中國的，佛教仍然是中國的，可謂擷取其精英，而作日本精神的榮衛。然而明治維新以還，日人吸收西歐文明，突飛猛進，其影響於中國之大，實為任何國家所不及。以前是日本追隨中國，最近是中國追隨日本，雖有先進後進之不同，始終都是和諧並進的，絕對找不出衝突的現象。故從文化史來觀察，中日韓（其實連越南也在內）早已自然形成一個文化集團，幾乎是今日世界學者一致的定論。我們從來都是一家，今後自仍當通力合作，始能開闢新途徑，缔造新文明。經濟上（物質文明）則兩國之互相依賴尤為明顯。幾十年來日本經濟之長足發展，以有龐大的中國為其西鄰之故，這是最明顯不過的。時至今日，日本工商界之念念不忘於中共，還不是為要解決貿易問題嗎？豈不是經[illegible]

原書原樣

社論

（二）

給美國政府一個嚴重的警告

原書原樣

在韓國停戰談判中，目前有一個嚴重的問題在醞釀，在發展，將來如何解決，其本身的意義和其後果都關係重大。因此，我們不得不向美國政府提出一個嚴重的警告：當心點！

這個問題，就是戰俘遣送問題。

戰俘問題，在開始談判的時候，共方提出的條件是交換全部戰俘，聯軍的條件則爲一對一（請注意：聯軍提出的戰俘名單是十三萬餘人，而共方提出的只一萬一千餘人）。後來聯軍放棄了一對一的主張，但鑒於戰俘當中有成千上萬的反共志士，不願重返共軍（中共與韓共）的魔掌，其中有些人爲表示反共意志之堅決，且於臂上刺着「反共抗俄」的字樣，於是聯軍乃提出志願遣俘的辦法，即容許戰俘於獲釋後自行決定所擬前往之地區。共方對於這個辦法，仍表示反對，他們主張全部戰俘須一律强迫遣送，不管其志願返回共區與否。這是本問題發展的大概。

到了最近，據官方的報告，關於戰俘問題有了很多的協議，惟志願遣俘或强迫遣俘一點仍未解決。但在另一方面又有些外電的報道，令人懷疑。例如東京二月十三日合衆社電：「聯軍與共軍和談代表十三日在板門店同意於簽字停戰後兩月交換全部韓國戰俘……出席戰俘問題談判之聯軍高級參謀官席克曼上校告共方稱：聯軍可於六十日內將所拘之十三萬二千名俘虜全部遣送完畢……」。這裡我們或可這樣想：「交換」與「遣送」兩詞的含義，在解釋上可能有重大的差異；因而推想到，合衆社報道中所用的「交換」二字，可能不代表席克曼上校所說的「遣送」二字的眞意。但是另有一個報導，我們却感到驚訝而不得不予以重視。這就是中央社華盛頓二月十六日專電所稱：

「據稱：有一大批參議員曾非正式的警告國防部，在韓國停戰談判中不要接受共匪所提强迫遣送不願重返中國匪區或北韓的戰俘的要求。華盛頓明星報專欄作家布朗本日單獨撰文報導稱：艾奇遜及布萊德雷上週在參院武裝部隊委員會中報告韓國和談發展時，曾使人發生一種印象，即美國似乎傾向於接受共匪所提交換一切戰俘的要求，以加速解決停戰問題。共和黨參議員晋納在獲悉美國和談代表可能以一切戰俘交還共匪之後，曾準備向參院提出一項建議，反對强迫遣俘。此項建議曾有二十五名參議員附署，國防部於獲悉此事後，國防部長羅維特及布萊德雷立即訪晤各重要的共和黨參議員，告以此項建議將妨礙停戰談判的成功，因此已經附署的各議員大多又撤消其簽名。他們深恐當大選即將於本年舉行之際，他們可能因此項建議妨礙韓國的停戰談判而被指責爲戰爭販子，於是建議乃告取消。……」

中央社這個報導，自二月十八日臺北中央日報發出後到本文屬稿時，（二月二十四日）還沒有看到相反的消息或美國官方的否認。因此，我們至少不得不承認這個報導是「事出有因」。因此，我們要給美國政府如下的兩點嚴重警告：

(1) 就這件事的本身意義看，如果美國政府終於接受共方强迫交換全部戰俘的要求，則美國的立國精神和其在國際上的道德權威無異宣告破產。

⑵就這件事的後果看，如果美國政府終於接受了這個要求，我們敢保證，在終將到來的第三次世界大戰中，共黨集團的軍隊，勢將一個個都決心戰死而絕不敢投降。

我們如此警告，沒有一點過份，也決不是危言聳聽。論據在這裡，請看：

⑴美國的立國精神，在其獨立宣言中充分表現出來。美國先哲們正確地承認：政府是爲人民而組成的。人是生而平等的。人民有其不可侵犯的權利，這些權利包括生存，自由，和幸福的追求。如果政府侵犯這些權利，人民就有權更換這個政府或推翻這個政府。此種立國精神適用到國際外交方面，就形成一個傳統——政治犯不引渡。現在，聯軍在韓國拘有的戰俘，其中有成千上萬的人因爲共黨的極權政治危害其不可侵犯的人權，而明白表示其反共的意志，如果美國政府竟强迫其重返共區，這不是宣告你們立國精神和外交傳統全部破產嗎？

2 在近世紀民主國際中，夠資格居領導地位的，唯一無二地是美國。我們如此說，並不是因爲美國有金元，有原子彈，而是由於美國的立國精神，經過兩次世界大戰，由威爾遜，羅斯福帶到國際社會，體現在今日聯合國的人權法案中，從而也樹立了美國在國際社會上的道德權威。如果美國政府在這次換俘談判中竟違背了聯合國人權法案的精神，將那些反共志士强迫地遣回共區，是不是自毁共國際上的道德權威呢？何況聯軍在韓作戰，曾向共軍散發傳單，保證其投降後予以自由，如果今竟倒行逆施，信義之謂何？

3 共產政權處置其反對者的手段，其殘酷無人道，是舉世共曉的。强迫反共的戰俘重返共區，即等於將他們送上斷頭臺。借刀殺人與拿刀殺人又有何區別？如果說美國人恐怕妨碍停戰談判而被共黨及其同路人指責爲戰爭販子，難道美國人就不怕公正的歷史家，大書特書「美國是屠殺戰俘的劊子手」嗎？

4 在第二次世界大戰初期，德軍大規模地屠殺蘇俄戰俘，其後果爲堅定了蘇俄兵士戰死而不投降的決定。希特拉幫了史達林那次大忙，後期的德蘇之戰，也就大勢已定。據最近專家的觀察和分析，史達林迄今仍不敢發動大戰乃至迴避大戰者，由於他對自己軍隊的可靠性沒有信心。這是必然的，極權國家的軍事力量，用之於一次突擊或可有效、成功，較爲持久的戰爭就可以使其解體。史達林的軍隊如此，毛澤東的軍隊如此，其他共黨頭目的軍隊亦復如此，史達林的軍隊再加上毛澤東或其他共黨頭目的軍隊，更是如此。但是，如果美國在這次換俘問題上，做到了間接地屠殺大批反共的戰俘，其後果一定是和希特拉所做過的一樣。殷鑒不遠，不待遠矚深思，美國政府中人竟不想到嗎？

綜結以上各點，在這換俘問題的談判中，我們不得不給美國政府警告。同時我們希望華盛頓方面對此問題有個明確的表示，以釋羣疑；而臺北方面，政府和民間也應該加强這個正義的呼聲。

鄭重推薦革新後的
香港時報
言論公正　報導正確
內容充實　副刊生動
歡迎訂閱另有優待
總社：香港高士打道六四—六六號
電話：二〇八四八
分社：臺灣臺北市館前街五〇號
電話：四〇一七

東南印務出版社
地址：香港高士打道六十六號
電話：二〇八四八
臺灣接洽處：臺北市館前街五〇號香港時報分社
—承印—
圖書雜誌
工精價廉
交貨迅速

推薦在港出刊之三日刊
自由人
香港高士打道六六號
電話二〇八四八
當天空運到臺
臺北經銷處
中華路一二五九號

論美國的外交

張致遠

最近兩年來美國朝野對於遠東問題與世界政策的關心，和因而所引起的熱烈辯論，可以說是美國有史以來所未曾經驗過的。這個問題和這種現象的產生係由於第二次世界大戰後，美國在國際關係的領導地位及美蘇勢力衝突的直接結果。同時一個更深刻，更强烈的原因，那就不能不歸咎於黨派政治的爭執。在政府方面，國務卿艾其遜以及他的好些同僚有他們實際政策的措施，根據一種現實外交，諸如「亞洲塵埃」，「重歐輕亞」等決策和運用。另一方面，麥克阿瑟，杜威及杜勒斯等人又有歐亞並重與積極反抗共產主義的精神表現。特別共和黨國會議員的慷慨陳辭，仗義執言，值得全世界人士的頌揚。最近訪美的英國首相邱吉爾，在其向美國參衆兩院聯席會議的致詞中，曾經强調這一點意義。他說：「各位議員，你們對付中國共產黨的侵略，眞是態度堅決，我們支持你們，我們感謝你們這種行動。我很高興，不顧你們在程序上隨時會發生外交的歧見，你們却始終不允許在臺灣的反共主義者，被大陸勢力所侵襲與屠殺。」這是一位縱橫捭闔的老政治家，對於當今世界最偉大的自由民主國家的民意代表，表示他由衷的欽佩心理。在這篇文字簡練，由他自己精心結撰的演說裏，邱吉爾對於已故參議員范登堡及其所主張的兩黨外交政策，表示無限敬意。

美國爲何在二十世紀橫渡重洋，冒着空前艱險，去參加兩次世界大戰，而於戰後又能迅速復員，絲毫不爲自己圖謀私利？不僅如此，我們還以其無窮的資源和龐大的生產能力，幫助歐洲和世界各地，不論戰勝或戰敗的國家，戰時的盟友或敵人的復蘇，使他們的人民不致因匱乏與戰爭的浩劫而永遠一蹶不振。在好些國家裏就因爲有了美援，並且又能善於運用，人民便可安居樂業，恢復生產與建設。第一次大戰後的胡佛委員會，第二次戰後的救濟總署，馬歇爾計劃，和最近的第四點計劃，這些都是盡人皆知的事實。最令人興奮，並具有世界歷史意義的貢獻，則爲威爾遜總統親手創造的國際聯盟，和羅斯福，赫爾等曾經盡過最大力量的聯合國組織。我猶能記憶，巴黎和會時期威爾遜總統的崇高人格爲全世界各國人民所敬仰，他的理想主義瀰漫全球。爲「民主世界的安全而戰」這個口號在當時響徹雲霄，在今日却是同樣眞實，同樣地感人。這裏不僅是一種政治道德，並且含有一種人生哲學，美國人民愛護自由民主，他們爲着他們生活方式，必會奮鬥到底，毫不猶豫。

理想主義在二次大戰後的幾年似乎一度被經濟史觀與權力政治所掩蔽。但美國外交政策有它的傳統，根據美國人民的信仰。他們認爲在這個世界上，小國和大國應該享有同等地位和同樣的生存權利。他們對於弱者具同情心理，對於權勢却並不怎樣欣羨，像老羅斯福那樣的「巨棒政策」，祇是特殊的個人的作風，不爲多數美國人民所歡迎。這種平等自由的精神得之於美國革命戰爭與南北戰爭的歷史經驗；這兩次戰爭影響美國人民的精神和生活，確是根深蒂固，牢不可拔。我國史書不斷記載着「存亡繼絕」，「濟弱扶傾」的義戰，這個傳統根源於孔子的忠恕之道，亦就是大同思想的基礎。

西瓦德 Willaim Seward 說得好：「早在獨立戰爭的精神裏已孕育着我們對外關係的主要原則」。美國革命的基本原則認爲殖民地就是相互關連的平等地位的分子，不論在殖民地本身中間或對英國的地位關係，都應如此。英國不承認這個平等地位和相互關係，因此就釀成革命。這個觀念就變成美國外交政策的重要傳統。泛美會議各國的外交關係建立在這個平等原則之上，門羅主義即不願歐洲列强干涉美洲國家的獨立和他們的內政。美國要求中國門戶開放，其根本精神亦基於此，他們繼續不斷地反對日本侵略，甚至最後被逼對日作戰，還是不願犧牲外交政策的傳統原則。美國政府堅持世界各國的平等地位以及牠們領土的完整，係美國參加兩次世界大戰的原因。威爾遜創造國際聯盟的目的是要擴充門羅主義，使其成爲一個世界性的主義，這樣讓每一國家的人民去決定他們自己的政治，有他們自身發展的機會，不受阻礙，不被威脅，不恐懼，大的小的，强的弱的，大家和平相處。民族自決的根本意義就可以如此解釋。現時美國領導民主集團，對蘇俄作全球的鬥爭，其主要關鍵在此，他們之所以參加韓戰的精神和目的亦在此。美國人民相信，在這個世界上俄國不應侵略韓國，眞如韓國之不能侵略俄國；並且俄國和保加利亞芬蘭應該站在絕對平等地位。有人以爲這種信念不切實際，甚至愚笨，不如回到馬克維利主義，或俾斯麥，黎胥留，克里蒙梭等人的實力政治。這種論斷，事實上，眞是莫大的錯誤，德日兩國就因爲盲目施行權力政治，幾乎自趨滅亡。

在歷史上除了瑞士聯邦以外，美國係世界最老的國際社會。美國是一個世界民族的大熔爐，久已成爲研究美國歷史和政治學者的常識。聯邦各州的面積人口相差懸殊，但它們的地位根據憲法的規定，完全平等。面積之小如羅特島州，龐大有如塔克薩斯州；內瓦達州的人口僅十六萬，紐約州則爲一千四百萬。但美國參議院規定每州得選議員二人，不能有所區別。更可注意的是：波拉參議員的代表席次由於一個小州產生，但在將近二十年的時間，對於美國外交政策的領導和批評，他是衆望所歸的人物。這件事實代表双重意義：一方面，美國參議院外交委員會在憲法上是決定美國外交的權威機構，而參議院的組織也眞能根據平等的原則。

亞當斯 John Quincy Adams 在拉丁美洲各國紛紛宣告獨立的時候，曾經公開表示，近代殖民地統治制度是一種腐敗的，濫用權威的措施。他就堅促英國追隨美國，承認拉丁美洲國家的獨立運動。門羅主義在未經宣佈之前，政府當局與前任總統詳細商議，傑弗遜就說：「我們對那些違犯其他民族權利的行動，應該有所抗議。」這種強凌弱的行動在當時先後由拿破侖與神聖同盟強制執行。門羅主義實際就是反對帝國主義，尊重各國的主權與人民的自由。二十世紀的善鄰政策，一九三三年羅斯福在 Montevideo 所宣佈的不干涉主義，其精神與門羅主義遙相呼應。善鄰即指善意互助與保護。麥金萊總統在美西戰爭結束後說過：「我不說制據，因爲這是不可想像的，這在我們的道德觀點是一種犯罪的侵略的行爲。」因此，他訓令軍事負責人員，深切注意古巴人的幸福與自由。美國對墨西哥與巴拿馬的情形亦復類此。

美國對於遠東的外交政策亦根據同一原則。遠在一八三二年利溫斯敦 Edward Livingston 頒給美國駐遠東的第一位使節羅伯茲Edward Roberts的訓諭裏，提起：「這是違反我們國家的原則，到外國去建築要塞或擴充勢力地區……並且我們從來不曾有過武力征討，或要求在其他國家內建立特殊權益。」這是美國對華政策的基本態度，以後經常由其歷任國務卿重覆聲明。顧盛 Caleb Cushing 致當時美國駐華公使向清廷說明，美國決無侵略野心。馬西 W. L. Macy 通知麥蓮木 Robert McLeam，不要參加英法的侵略企圖；嘉斯 Lewis Cass 致美使通告我國政府，美國對華關係絲毫沒有敵意或間隙存在。一九〇〇年海約翰制定門戶開放政策的動機與環境，確由於其時列强瓜分中國之說甚囂塵上，而租借割讓與勢力範圍等等强逼要求，又層出不窮。所以他說：「美國政策將會帶給中國永久安全與和平，維持中國領土與行政的完整。」這個政策係由國務院中國專家洛克希爾及其密友英人希甫斯萊，經過多次磋商後始行決定。那時英國政府亦以俄法對華陰謀與雄心，以及兩國在遠東之步驟一致，深爲憂慮。其後老羅斯福的「巨棒政策」却鑄成大錯。一九〇五年脫虎塔桂太郎換文（Taft-Katsura memorandum）給了日本在朝鮮的自由行動。一九〇八年的羅塔高平協定（Root-Takahira agreement）簡直就等於給日本在我國東北的自由行動。當塔虎脫就總統職後，態度改變；他想借款給中國政府，藉以購買東北的鐵路，並且他認爲這是我國收回權利的最有效的辦法。威爾遜於一九一三年反對國際銀行團的對華借款，因爲借款條件影響中國行政的獨立。美國的目的還是要求門戶開放，照威爾遜自己的話，這是「一個互惠的友誼的門戶」。他的國務卿勃良 William Jennins Bryan 曾在一九一五年警告日本政府，美國不能承認日本與中國間所訂立的，損害中國政治獨立，與領土完整的協定或商議。

一九二二年華盛頓會議所簽訂的九國公約，又把歷來美國所主張的原則，放到一個國際條約的基礎上去，包括當時在遠東方面有利益關係的大國如英，法，日本等等。目的是要尊重中國的主權獨立以及領土與行政的完整，給予中國自由發展的機會，因而維持一個有效的鞏固的政府。日本蔑視九國公約，巴黎條約，凱洛—白里昂公約，並且就在世界經濟恐慌與國聯分裂的時期趁火打刼。那時英美海軍又以遵守華盛頓海軍條約的限制削減實力。日本因此就敢大膽妄爲，侵入東北，直接破壞中國主權和領土完整，間接造成第二次世界大戰的遠因。美國國務卿史汀生立即根據九國公約與凱洛—白里昂公約，提出嚴重抗議；並在日本造成既成事實組織僞滿洲國的時候，公開宣佈不承認主義，鄭重指出：「美國不承認任何破壞中國主權獨立以及領土完整的行動」。美國雖非國聯會員國，但仍表示擁護李頓調查團的報告。

中日大戰爆發以後，當日本兵力幾已囊括中國大陸，進佔安南，威脅緬甸，馬來亞及荷屬東印度的時候，就在一九四一年十一月二十日，日本政府送給美國國務卿赫爾關於太平洋和平條件。日本答應以撤退安南日軍，爲廢

「自由中國」的宗旨

第一、我們要向全國國民宣傳自由與民主的真實價值，並且要督促政府（各級的政府），切實改革政治經濟，努力建立自由民主的社會。

第二、我們要支持並督促政府用種種力量抵抗共產黨鐵幕之下剝奪一切自由的極權政治，不讓他擴張他的勢力範圍。

第三、我們要盡我們的努力，援助淪陷區域的同胞，幫助他們早日恢復自由。

第四、我們的最後目標是要使整個中華民國成為自由的中國。

止禁運，解除凍結及恢復日美兩國商務關係的交換條件。赫爾於一九四一年十一月廿六予以答覆，內中包括下列基本原則：(1)不違犯各國主權與領土的完整，(2)不干涉其他國家的內政，(3)維護平等原則連帶通商機會的均等，(4)達成國際合作以和平方法解決岐見。最後亦是最重要的，美國率直要求日本撤退在中國與安南的陸海空軍及警察隊伍。結果日本就在十二月七日發動珍珠港事變。赫爾的答覆和一八三二年利温斯敦的原來態度完全一致。美國接受日本挑戰，並非純粹爲着自己利益，美國在中國的投資僅佔其國外投資總額的百分之二．八，日本已經答應撤出安南，祗要美國承認他們在中國的佔領及恢復兩國的商務關係。羅斯福與赫爾不顧犧牲中國獨立與領土完整，確係代表美國人民的立場，任何美國總統必會遭遇政黨，國會和人民的堅決反對，如果他不是如此。

近來美國發現所謂新現實主義的政治學派，根據實力政治的立場決定對外關係，這眞是違離了美國外交政策的傳統精神。杜魯門派定的駐蘇大使肯南，曾於去年十月出版一部題名爲「美國的外交」的著作，根據他在普林斯登研究院的寫作，和更久以前他在美國外交季刊登載過的論文，編成一書。肯南在外交界服務二十五年，過去且曾任國務院的政策設計委員會的主任，所以此書一出，頗受時人重視。他以權力和國家利益爲外交前提，反對門羅主義，威爾遜的理想主義以及道德和法治的觀點。他的核心思想有：一、國家的行爲不同於個人的行爲，殊不能基於道德的判斷和法治的觀念，二、蘇維埃政權將日趨崩潰或因其內部不安而被瓦解，民主國家對蘇政策不應基於絕對制滕蘇聯，民主國家縱能將蘇聯殲滅，問題仍未解決，其情形一如德日投降然，三、國際社會與國際關係之中力量才是基本因素，道德和法治根本無關輕重，所以外交的目的祗在於擺佈一種可行的與可以忍受的權力均衡。

我們知道，肯南擬求美國對蘇的約束政策(the policy of containment)，但這兩年來世界政治的變遷並不能證明，蘇聯會自動放棄牠的無止境的侵略。事實上國家利益係欺人之談，每一個家祇顧自己的利益，那末什麼人應該被犧牲呢？國際關係像肯南說的祇是權勢，不需要什麼主義原則，而是基於實力的外交政策。那種說法祇能使美國國務院和英國工黨政府的淺視者，鑄成外交上的錯誤途徑。英國承認中共政權和韓戰前美國政府的妥協姿態，已經證明其危險性，並且被逼自食其果。其他國家的人士亦曾猛烈指責麥克阿瑟，批評他的見解，並且認爲美國須回到外交談判的途徑。可是當他們這樣說的時候，就應該注意一點，不能把任何其他國家的獨立出賣。好在美國還沒有走上馬克維利主義和赤裸裸的權力政治，戰敗的德國與日本人民就可以證明這一層意義。艾其遜曾說美國的地位是一個有力量的地位，但這個力量照我推測應是反抗侵略的力量。美國是一强國，因爲牠能領導許多弱小國家，聯合起來成爲一個團結的力量。美國的外交基於合作的關係與互助的精神。杜魯門主義明白宣佈：「我們不承認任何强國對其他民族所强迫促成的政府。」聯合國憲章也載着：「聯合國組織基於所有會員國的主權平等的原則上。」美國的互助精神在威爾遜總統的十四點，大西洋憲章以及韓戰中充分地表現着。第二次大戰時代美國副國務卿威爾斯說得透澈：「我們文化的基礎就在我們能尊重小國的地位。」

由於武力與剝削所形成的權勢是不公平的，所以必至於腐化崩潰；聯結起來的民主力量因其出於各國的自願，必能完全自由平等，因此也就能發揮眞實力量。美國世界政策的傳統不容有勢力範圍，不顧冷戰熱戰決不犧牲小國，以集體安全制度爲基礎。一個偉大民族像美國那樣，原有其博大深厚的文化背景與政治傳統，不顧一時可能遭遇外交危機，甚至不斷的挫折與困惑，以致朝野上下議論紛紜，莫衷一是，但曠日持久，必能以其民族的潛在力量，克服這驚風險濤的局勢而有所自主，此誠民主世界之大幸矣。

三人行，必有密探！

據國際自由勞工聯盟的秘密情報網報告：共產黨情報局近派一批特務監視波蘭商船上水手們的行動，他們代表共產黨情報局與波蘭共產黨航政當局取得聯絡。

每一條船上有一個秘密警察的特務，其階級僅次於船長。他們的任務是宣傳共產主義和鼓勵勞工競賽。工作效率高者予以獎勵，工作鬆懈者予以懲罰。此外，他們還得監視水手們上岸時，必須要有三人同行，而其中必有一人是他們的密探。

鐵幕後的新婚姻法

東德蘇維埃區於一九五一年制定了一條新的婦女勞工法，即十六歲以上的婦女不即將生產者，或是未在哺乳期間者，得被徵作礦工。共產黨的預定計劃是在一九五一年中的開礦工人必須有七百六十萬人，但實際上，還差九十萬人。他們無法彌補這個巨大的缺額，只有另造一條法律作爲他們强迫婦女作勞工的後盾。

在共產黨認爲是必須時，法律並允許夫婦離異。倘若丈夫企圖阻礙這樣的離異，便予以監禁。

貿易對於和約的影響

瞿荊洲

中日双邊和約，行將締結，是國家的一件大事。但在事前作廣汎的商討時，必有若干問題，足以對和約發生影響。而貿易上之利益問題，就是其中之一。

關於貿易上之利益問題，尤其是日本對中國大陸貿易之利益問題，是一般人耳熟能詳的。日本軍閥在欲肆其侵略野心時代，曾以日本人口過剩土地狹小爲口實，倡言日本須向大陸發展，有所謂「大陸政策」之提出。數十年間，文人學子受軍閥的驅使，還有不肖的士大夫設法取媚於軍閥，相率著書立說，利用所有的文化宣傳工具，異口同聲，以爲日本在經濟上離不開大陸。由於這種論點，在軍事上遂演成自「九一八」開始的侵華戰爭。接着便有「七七」事變及「八一三」事變。直到民國三十四年八月十五日日本宣佈投降，纔告一段落，有識之士未嘗不致慨於日本當時缺乏正確的學說及有力的政治家，未能遏止軍閥的野心矯正侵略的邪說，以致素以金甌無缺自詡的大和民族，遭受了無條件投降的命運。現在日本的軍閥雖經鑿肅和追放，但侵略政策之餘緒所謂對大陸貿易之利益問題，仍然深入人心，並足以影響中日雙邊和約，實在是一大遺憾！

本年二月十六日，日本外務省正式公佈上年十二月二十四日首相吉田致美國國務院顧問杜勒斯函，陳明日本政府現正準備依照舊金山多邊和約內所揭櫫的原則，與中國國民政府締結一項重建兩國政府間正常關係之條約；並保證日本政府無意與中國共黨政權締結双邊和約。此一消息傳出，言論界均稱讚此係日政府明智之舉，並對其不與現正佔據中國大陸之共黨政權往來一事，表示欣慰。一月二十五日，吉田氏復以其致杜勒斯函之內容，陳述於日本參議院。惟於一月廿六日在參議院答復綠風會議員岡本愛祐的質詢後，吉田氏忽發表一項聲明，略謂日本願與臺灣政府成立某種關係的事實，並非意即日本準備與一代表中國的政府簽訂和約。日本不與中共訂約，並非意即日本因而完全無視與中國大陸的關係。中國大陸與日本的關係，地理上，歷史上，一向密切，因之，我們自然希望及早改善此種關係。此一消息傳出，言論界均譏吉田氏做翻案文章，並責其失言失策。一月二十八日，日本外務省亞洲司長倭島英二曾親往我國駐日代表團，就吉田氏在參議院引用的語句所能引起的誤會加以釋明。文化情報局長宮崎章並於同日聲稱日本政府與中華民國締結和約的政策絲毫沒有變更；與中華民國訂定的和約，將完全依照吉田致勒斯函件所示進行。因此，我方迄未置議。二月一日吉田氏在國會預算委員會中答覆質詢時，忽又聲稱日本的承認中國國民政府，不會堵塞對中共的經濟與政治關係的途徑。與中華民國政府從事談判，不一定是對共黨予以峻拒，而且可能誘致他們從事類似的協定。此一消息傳出後，言論界均攻擊吉田氏態度曖昧，並要求澄清疑點。

以上是中日双邊和約商訂前發生的波折。據某通訊社的觀察家評定，謂吉田氏在其致杜勒斯的函件中，確鑿的陳明日本實不能與對聯合國作戰的一個政權建立若何關係。其後一再發出矛盾的聲明和談話，顯示渠已放棄對於中國問題與美國完全一致之計畫，贊成採取中間路線之辦法，俾恢復日本戰前對中國大陸之若干貿易。此種觀察，較爲中肯，並已指出貿易上的利益對於和約發生了影響。試想吉田氏是一位老謀深算的人，現擔當首相兼外務大臣的重任，而中日和約又是關于國家百年大計的問題，決不會輕易失言，更不會憒然的持曖昧態度，任便的做翻案文章。他必有不得已的苦衷，而最使吉田氏感到困惑的，當是日本對中國大陸貿易之利益問題。

上年在臺北舉行日本商品展覽會時，日本有代表數十人來臺，其中有幾位代表談稱，日本工商業者要做對大陸貿易的，大有人在；尤其是關西（以大阪神戶爲中心）的實業家，最爲熱心，蓄直接經營對大陸貿易的少數工商業者，過去確曾獲得若干利益，故不惜强調日本對大陸貿易之重要性。日本議會中之反對黨即引此以爲攻擊政府的工具。日本在盟軍總部督導之下，其政治已採取民主形式，反對黨既舉出有力的論據來攻擊政府，吉田氏自未便硬攖其鋒，只有曲予解釋，委婉申辯。據外電所傳，吉田致杜勒斯函於一月十六日公佈後，即引起日本商業界人士及左翼政黨之抨擊。吉田氏並於一月十七日與來自大阪的財界領袖二十餘人舉行會議，隨後即有一次再次的矛盾的談話和聲明。足見吉田氏受了來自這一方面的壓力。我們爲了要徹底澄清此一問題，且莫儘由主觀的立場去責備他人，最好進一步切實的研究一下，看日本對中國大陸貿易究有多大的利益。茲選擇民國二十五年中日貿易統計爲研究的依據。民國二十五年是中日戰爭發生的前一年。也是我國經濟最安定最發達的一年，也應該是中日貿易全盛的一年。民國二十六年有「七七」事變及「八一三」事變，中日貿易已陷於不正常狀態；民國三十四年日本投降以後，百廢未舉，其對大陸之貿易，更不足取以爲例。所以民國二十五年貿易的實績，是研究中日貿易最合理想的材料。

根據東京日日新聞社與大阪每日新聞社合編的每日年鑑所載的統計（註一），民國二十五年日本的國際貿易，以日本本土爲限（註二），輸出總額爲二、六九二、九七六、〇〇〇日圓，輸入總額爲二、七六三、六八一、〇〇〇日圓。其中對中華民國輸出者，總額爲一五九、六九〇、〇〇〇日圓，由中國輸入者，總額爲一五四、八三七、〇〇〇日圓。由此計算，日本對中國大陸之貿易在其國際貿易總額中，輸出方面約佔百分之六弱，輸入方面僅爲百分之五．六。在全盛時期佔日本國際貿易總額百分之六以下的對中國大陸之貿易，而謂其對於日本經濟具有決定性的影響，甚至謂日本必須把握中國大陸貿易，方能經濟獨立，（日本社會黨書記鈴木茂三郎談話）實有過於誇大之嫌。

一般人士又常以爲日本所需於中國大陸者，在進口方面爲煤與鐵，在出口方面則爲紡織品。日本若與中國大陸斷絕了貿易關係，則其重要的原料沒有來源，而工業製品就會缺乏市場，其工業將遭受重大的打擊。日本係以工業立國的，工業遭受了打擊，豈不是日本經濟上難以補償的損失？這種說法，自然是持之有故，言之成理的。但是我們對於重大的問題，最好還是根據實際的數字，愼重的加以研究。試先論紡織品，仍以民國二十五年爲例，那一年日本紡織工業的生產總額爲三、三七一、六八四、〇〇〇日圓，再根據我國海關統計，民國二十五年我國進口之棉布及呢絨，計爲國幣一九、三一九、〇〇〇元（當時國幣與日圓，其値相差無多），假定此類進口之棉布及呢絨全部是日本製品（實際上決非如此），在日本紡織工業生產總額中僅佔百分之〇．五七，連百分之一也不到。況且現在留在大陸上的民衆，處於匪幫殘酷的壓榨之下，連已經被舊的衣服都要拿出來變賣，以抵繳捐稅，那裏再有餘力以購買日本的紡織品？其次論到煤：日本工業需用大量焦煤，確屬實情。民國二十五年日本輸入煤總額爲五九、二三四、〇〇〇日圓，其中由中國輸入若干，未經註明。再查我國海關統計，那一年煤之出口淨値爲國幣一一、〇二五、三四一元，假定全部輸往日本，按當時滙率折合，約相當於美金三百餘萬元。日本方面由此三百餘萬美元的貿易中所能賺得的利益，究屬有限。最後再論到鐵：日本在戰後已將鐵鑛砂列爲復興用基礎資材之首項，據日本通商產業省發表的第二次通商白皮書所載（註三）。日本所需之鐵砂多取給於馬來及菲律濱；第二次世界大戰後，鐵砂之貿易量減少，日本鐵砂輸入額不足，賴美國及瑞典爲之補足。至於由中國供給之鐵砂，初無定準；在民國三十七年及三十八年之頃，曾由海南島銷售數十萬噸，但在民國二十五年海關統計中，並未將鐵砂列爲專項，僅併在「其他」項之內，足證日本對於大陸上鐵砂之需要，事實上殊不若傳說上之嚴重。

共產匪幫佔據中國大陸，已成爲被蘇聯所奴役的政權，其重要的物資多輸往蘇聯；日本縱與之貿易，也不易獲得所需要的原料。同時，匪幫參加了韓戰，需用浩繁，其外滙已甚枯竭。據香港報載本年最初之一個多月的期間內，僞人民銀行迄未批准一筆進口外滙。在此種情形之下，日本縱欲以製品輸往大陸，其奈匪幫無外滙以購買何？本年一月二十一日杜勒斯氏在美國參議院外交委員會席上聲稱，一九五一年的最初九個月，來自中共區域的進口貨還不到日本進口總額的百分之一。又謂日本輸往中共的貨物，也不到日本出口總額的百分之一。日本首相吉田前在舊金山會議時曾說及在日本的經濟當中，對華貿易的重要性未免近乎誇大。由此看來，日本對大陸之貿易，既不足以影響日本的經濟，自亦不應影響到中日和約。

頃聞另有評論家謂日本自昔年「英日同盟」以後，日本有許多事都喜歡仿傚英國。目前有一部份日本人士，對中國大陸貿易，主張採取中間路線，無非是師英國的故智。其實此種說法，乃似是而非。英國現雖未撤消其對共黨政權的承認；但英國商民在中國大陸的財產，已橫被匪幫掠奪，英國的僑民及傳教士，正紛紛逃出大陸，最近駐廣州的英國領事館並自動關閉。這都是彰彰的事實。共黨政權對於英國且無貿易可做；對於其意圖以暴力推翻的日本（吉田致杜勒斯函中語）還會予以貿易上的利益嗎？

中國大陸在匪幫佔據之下，日本無從獲得貿易上的利益，已是當前的事實，不必多存幻想。爲日本國家百年大計着想，惟在和約生效以後，戰爭狀態結束，日本成爲自由世界之一員，在爲共同安全增強民主勢力之前提下，自可獲得公平合理的互惠。即就臺日貿易而論，較之日本目前對大陸之貿易，其重要性殆有過之而無不及。近年來日本在美國援助之下，其人民生活水準已逐漸提高，砂糖已成爲日用必需品，每年約需五十萬噸。此五十萬噸之砂糖，臺灣恰可供給。日本之工業用鹽，每年亦須大量輸入。在普通形情下，臺灣每年約可供售日本工業鹽三十萬噸。其次日本缺乏糧食，每年須向外國購進。因連年臺灣增產稻米，卓著成效，每年可有餘糧二十萬至三十萬噸運售日本（註四）。此在日本國民經濟上頗具有重大的價值。以上糖鹽米三項，按時價計算，總値在一萬萬美元以上，另有香蕉（在日本有代替糧食之功用）糖蜜紙漿等重要物資尙未計算在內。此一萬萬元以上的價額，日本可輸出其化學肥料、工業原料、機器及其零件以及其他日用品以資抵償。中日双方可以兩得其利。前年九月簽訂之臺日貿易協定，現正在東京商洽修改，双方如能竭誠互惠，則貿易協定中之貿易計劃進口總額可改訂爲二億美元，較舊協定增加一倍。日本對中國大陸之貿易，其利益殊不易達到此種程度。

日本現已派定全權代表團來臺北談判中日双邊和約，而以河田烈氏爲全權代表團團長。團員五人中，木村四郎七、中田豐千代及後宮虎郎等三人，均曾做過領事，爲推展日本對外貿易而努力。全權顧問堤汀及全權秘書坂本四郎均係東京商科大學出身，對於國際貿易具有豐富的知識和經驗。團長河田烈氏除了與日本首相吉田有私親關係外，他曾任貴族院議員及財政部長，並曾任臺灣拓殖會社社長，與日本工商業界領袖多所交往。由日本全權代表團構成份子及河田烈氏膺選團長的事實觀察，正意味着日本政府對於中日和約之締結，除爲了適於便利美國參議院目前進行考慮舊金山和約外（下轉第26頁）

誹謗之意義及與言論自由之界線（下）

——並摘述英國誹謗律之要義——

雷震

四

言論自由與誹謗的含義如何，上文已約略闡明，並將英國誹謗律之大要，加以簡略敘述，以求明瞭兩者之作用。現在要研討的，乃是言論自由和誹謗的界線如何一問題了。換一句話說：言論自由的限度如何？超越了這個限度，就進入了誹謗的範圍，那末，誹謗罪成立的條件又是如何了。也就是說：怎樣的言論才能自由發表？怎樣的言論才能構成誹謗和詆毀，庶於倡導言論自由的時候，並能維護個人和團體的權益。

我國現行刑法第三百十條第三項有左列之規定：

『對於所誹謗之事，能證明其爲眞實者，不罰。但涉於私德而與公共利益無關者，不在此限。』

上項規定爲誹謗罪的免責條件，亦卽言論自由與誹謗的界線。就是說：我們所發表的言論縱對他人有誹謗詆毀之處，如其言論有上項前半段規定之情事，則發表言論的人可以免除責任，而不受法律之懲罰。蓋以指摘或傳述的事實之所以成立誹謗罪者，以其所指摘或傳述的事實，有足爲毁損他人的名譽之故，而法律特定此指摘或傳述爲有罪者，乃所以保護他人的名譽權耳。惟名者實之賓也，既有事實存在，就不能特諱其名；如竟偏重於保護個人的名譽權，無論所作所爲如何，均不容他人置喙，亦慮所全者小，而所失者大，自非公平之立法所應出此。故本項特規定以所誹謗之事，以有關公共利益者爲限，如能證明其爲眞實者，則發表言論之人，可以不受處罰，以公共利益應重於私人利益故耳。至於僅涉及私德，無關公共利益者，其所誹謗的結果，祗是毁損了他人的名譽，而別無所全之公益，自不在不罰之列。

職是之故，誹謗罪而依本項規定免予處罰者，其要件有二：

第一、須能證明其爲眞實者。卽行爲人對於指摘或傳述足以毁損他人名譽之事實，而有確切的證據，能證明其爲實實在在之事。例如：指摘某甲如何偷關漏稅，傳述某乙如何經營黑市，　均有受罰之事實，可爲誹謗之證明。

第二、要非涉於私德而與公共利益無關者。如其所指摘或傳述之事實，雖屬千眞萬確，但僅涉及私人的道德，而與公共利益毫無關係者，仍無免罰之理由。例如：指摘某甲家庭醜事，或傳述某乙與舞女曖昧，既非有關公益，藉以警世惕俗，又足以損害他人的名譽，妨碍他人最善我的發展，當然不在不罰之列了。

因此，報紙或刋物如有記載損害他人名譽之事，雖事後出以更正或道歉，仍不能阻却犯罪之成立。

其次，現行刑法第三百十一條，對於以善意發表言論的人，特別規定保護的條款，以免言論自由的範圍，俾從事此項工作的人們有所遵循。刑法第三百十一條之規定如左：

『以善意發表言論，而有左列情形之一者，不罰：

一、因自衞、自辯、或保護合法之利益者；

二、公務員因職務而報告者；

三、對於可受公評之事，而爲適當之評論者，

四、對於中央或地方之議會、或法院、或公衆集會之記事，而爲適當之載述者。』

本條亦係規定誹謗罪之免責條件，其目的顯爲維護言論自由，促成政治進步而設。誹謗罪原爲保護私人名譽所設之規定，惟一事之善惡眞僞，本有賴於反復討論之闡釋，而政策之是非曲直，更有繫於公論物議之摘發，故國家大事和社會公益，都必須經過關係人士之一番研討，不僅大家可以洞察入微，而且可以心安理得，政策既能推行無阻，成效亦必事半功倍。尤以本條第三款所稱，可受公評之事，卽爲有關政府設施和社會福利之事，人民對之而爲適當之評論者，其動機出自善意，其目的則爲公益，自無因保護個人名譽而加以禁止或干涉之理由。故保護私人名譽，自應有個限度，卽問這件事是否有關公益的問題了。如係有關公益的問題，無論其言論如何足以毁損他人之名譽則不能加以處罰，以公益重於私益故也。如若不然，誰又願冒天下之大不韙，竭其心思才智，以貢獻於國家和民族呢！故本條之規定，係在保護個人名譽權利之範圍內，充分保持言論的自由，以冀促成政治的進步耳。蓋保護個人名譽，如無相當之限制可能變爲箝制言論之工具，反足爲社會之害了。故以善意發表言論，而有本條之情形者，不論事情的眞僞，概不處罰。此係採取多數國家之立法例，庶於保護名譽及言論自由兩者，能爲適當之折衷與調和，以求適合國家之目的。

又本條第三款之規定，完全基於保護言論自由之旨趣，使國家公共政策

，社會福利，人人可為善意而適當的評論和建議，使民主政治藉以進步而發展，上文已詳言之。惟須注意者，本款之法意，以事之可受公評及其評論適當者為限。若不可公評之事件而為評論者，例如批評正在偵查中之司法案件；或對於可受公評之事，而評論失當者，如批評立法之得失，而兼及某立法委員之不學無術等情形，均不在不罰之列。至事之可受公評與否，須依事件之性質定之；評論之適當與否，須依客觀之情形定之。

至於第四款所載：對於中央及地方之會議，或法院或公衆集會之記事，非僅藉以存眞，抑且資為稽考，故必須為適當之記載，而不能有個人之好惡夾在當中。故以善意而為適當之記載，縱有誹謗詆毀，亦可免於處罰，用以保護善意發表言論之人。

五

言論自由在英美最為發達，同時，關於誹謗中傷之言論，在英美亦極為重視，上文已約略言之。玆特研討英國誹謗律關於免責之規定，以見英國言論自由之範圍，藉悉英國政治進步之由來。

依照英國誹謗律之規定，不論所公開的陳述是如何的誹謗，只要陪審官的意見，認為公開此陳述是為了公共的利益，那就不認為這是誹謗罪了。若此陳述與公益無關，即令它是眞實而有確切的證據，亦不能以此為一件誹謗罪的辯護，雖然，這對於民事訴訟手續是一個障碍。英國誹謗律對於免責的規定，則稱之為『特權』Privilege)。在賦有特權的情形之下，只有證明他是被一個惡意的動機所驅使，而不是誠意為某個目的而使用特權（法律之所以賦予他以特權者，就是為了這個目的），他才對他的陳述負責。否則，他是可以完全免於責任的。

一般說來，在賦有特權的情況中，誹謗的陳述乃是在一個適當的時機，為了公衆的利益，或是為了增進、保護個人的權利或合法的利益而公開的。特權有兩種：即絕對特權和有限特權是。

甲、『絕對特權』(Absolute Privilege)。左列的陳述為有絕對特權的陳述：

一、審判官、陪審官、訴訟當事人、立誓的證人、律師等在審判程序中所作的陳述，或與審判程序有關的陳述；

二、上下兩院議員在議會中所作之陳述；

三、政府官吏在履行職務時，對另一官吏所作之陳述；

四、在報紙中發表的，對於當時公開的司法程序之公平 (fair) 而正確的報導；

五、被上議院或下議院所指定發表的報告、文件、表決紀錄、議事紀錄、以及重新發表已經發表過的任何此類文件。

對於賦有絕對特權的陳述，不得提起訴訟，不論它是如何的虛偽和誹謗，亦不論它是由於如何的惡意而出發的。這個規定乃是基於『自由言論的權利，是被允許完全駕乎名譽權利之上的』一項基本原則，所以，有特權的陳述和無特權的陳述，是站在兩個極端的。若一個誹謗的陳述不是有特權的，不論此陳述之公布，是出於如何的善意，此陳述可以引起訴訟；但是，倘若此陳述是賦有絕對特權，不論此陳述之公布，是由於何種不正當的動機，它是不能引起訴訟的。

乙、『有限特權』(Qualified Privilege)。主要的有左列數種．

一、在履行職務時所作的陳述；

二、在保護一件利益時所作的陳述；

三、對於有關公共利益事項的公平評論；

四、關於議會的、司法的、以及其他某些公共議事的報告。

倘若一個誹謗的陳述，未經證明為有惡意，便不得引起訴訟，此陳述便是有限特權的陳述。倘若在某個時機的陳述是有特權的，那便是為了某種原因，只有當被告為此原因而利用此時機時，他才受特權的保護。他若為某種間接的不良動機而利用此時機時，他便不能受特權的保護。

被告若對他的陳述之眞實性，沒有任何眞正的信心，這是惡意之確定的證據。因為，若他所說的是他所不能相信的，他便不可能有純正的動機。

『惡意』(Malice) 的證據，可分內在的和外在的。

『內在的』證據，包含在陳述本身的內容中。例如，陳述的文字，可能因其激烈而帶有侮辱的語氣，超過了當時的適當需要，以致文字的本身便足以構成惡意的證據。

『外在的』證據，包含在當時被告作陳述的環境之中。當時的環境可表示被告的陳述，雖然在文字方面是溫和而正當的，但實際上，他是受着某種不正當的動機所驅使。原告並不一定要肯定的證明此不正當的動機究竟是甚麼，他只須證明沒有正當的動機存在就足够了。例如，他可證明被告對於他所說的沒有眞正的信心。

對於政府的公共政策和社會福利各種問題的公開批評、指摘、研討，和建議的言論，即有限特權第三點所稱：對於有關公共利益的公平評論，亦即我刑法第三百十一條第三款所稱，對於可受公評之事而為適當之評論者。所謂公共利益的公平評論，乃是言論自由和誹謗兩者的界線之所在。公平的評論不僅是言論自由之要件，亦是評論者之責任。

甚麼是『公平的評論』(fair comment) 呢？這是現在應該研究的問題了。

在民主國家中，『每一個人都有權利評論有關公共利益的事件，』這是天經地義的。『但他必須是公平的，並且是爲了一個善意的目的。』

然則，甚麼是有關公共利益的事件？那些事件是可以自由評論呢？若要一一明白指出，自然是不可能的事情。例如，國家官吏的行爲，候選人的資格，議院的議事，司法的判决，寫作、繪畫、演劇等性質的東西，其他有關公共事業的行爲，以及其他訴諸公共評論的貢獻。

公平的評論就是被誠意的相信爲眞實的評論，而不是受了任何惡意所驅使。若評論表現有惡意，便是不公平。評論者若對於評論的眞實性沒有眞正的信心，這便是惡意之確定的證明。因爲，倘若一個人不相信他所作的誹謗陳述是無罪的，他便不會有正當的動機。倘若評論者眞正的相信他的評論是眞實的，但此評論若是受了任何不正當的和惡意的動機所驅使，此評論便是不公平，而可以引起訴訟的。

每一個人有有限特權評論有關公共利益的事件，或是訴諸公衆批評的事件。但若證明此特權是被惡意的濫用了，評論者便失去了此特權的保護。倘若評論者沒有表現幾分的『適度』，縱令他沒有任何欺詐和惡意，他的評論也被列爲不公平的。一個批評者表示意見的暴烈、誇張、或偏執，並不足以促成他的評論爲不公平，那僅僅只是個證據，證明他的批評不是善意的，或是爲惡意所驅使。

『批評必須與個人無關』，這是言論自由與誹謗兩者最重要之分界。那就是說：批評必定不能針對某個人本身，而應是針對他在公職方面的行爲，或是他的資格，或是他的作品。法律允許有關公共事件的公平評論是有特權的，但若攻擊官吏、候選人、作者、畫家、演員等人之私人德性，那末，此特權不得被用來作爲辯白的理由。對於文學批評，如不批評作者的著作、能力、技巧，而去打擊他的品格和德性，此評論便是不公平的。然而，在這種情形之下，要批評者負誹謗責任所根據的理由，並不是說他的評論不公平，乃是因爲他濫用了他的特權，故而應該喪失了他的特權。在此所根據的理由，乃是評論這一件事情的特權，根本並未存在過。因此，倘若一個評論不是純粹的評論，其中含有一些不正確的誹謗陳述，此評論便是不公平的。同樣的，在此所根據的理由，並不是評論者濫用了他的特權，因而喪失了他的特權，而是這種特權根本不曾存在。蓋一個人無權對於有關公共利益的事件作虛僞的陳述，他只能批評，指責，研討和評論眞正的事實。因此，評論的根據、必須是一個事實，而不是謊話。倘若一個人爲了他的結論而虛構一件事，法律對於這樣的人是不予保護的。此外批評者還須誠意使社會了解所評論事件之得失，而不得著有某種隱密的目的。

附註：關於英國誹謗律之摘述，係參考沙爾孟著『不法行爲法』(Salmond, Law of Torts)，及察賓著『不法行爲之究研』(Chapin on Torts)，暨『人人百科全書』(Everyman's Encyclopaedia) 三書而成。

六

誹謗與言論自由的含義，以及兩者的分際，上文已詳加闡釋，大致當可明瞭。我們若根據此項分析來觀察我國輿論界的實際情況，眞令人有不寒而慄之感。如果說一個國家的政治之推進，要靠着輿論——自由討論和負責批評的輿論——的力量來督促，和輿論的啓發來指導，從這個標準來講，我們可以說：中國今日是沒有眞正的輿論，沒有名符其實的輿論，不要說得是比不上英美等民主國家的輿論界，就連戰前的日本也趕不上，更不能與今日的日本相提並論了。無論從量的方面或質的方面言之，我國言論界之貧弱與幼稚，可謂達於極點，若以輿論之有無及其內容來衡量這個國家民主政治的程度，中國今日之稱爲民主國家，確實慚愧得很。原因何在？並不簡單，不過政府與人民兩方均應負責，則又毫無疑問矣。

健全輿論之未能建立，其原因約有以下數點，我在『輿論與民主政治』一文中，已大致說過了。

第一、政府方面。過去政府多不明白輿論在政治上之作用，尤其不了解輿論對於政治『更新』之重要，以爲凡屬批評政治上的謬悞，和指責政府措施的不當，就是暴露政府的弱點，有傷政府的威信，不是反動，就是別有用心。這種基於『家醜不可外揚』的看法，是中國人重面子的心理在作怪，也是道德方面『隱惡揚善』的教訓所養成，其結果是政治日趨於敗壞而不自知，所謂上級監督下級云云，只不過變成『官官相衛』的工具，終局非演至一敗塗地則不止。更有認爲指責政府的失策，就是挾嫌報復，故意刁難，而於批評的內容，不加反省，一味文過飾非，掩蔽自己的短處。由於這類心理在作祟，政府過去不僅沒有想法去扶持輿論，助長其發展，甚或相反的加以干涉和阻撓，此種情形，以地方政府爲尤甚。儘管民(主)國(家)已有四十年之歷史，而爲民主政治靈魂之輿論，迄今仍未建立，良可悲也。

須知良藥苦口利於病，輿論是有消毒作用的，它對於政府之政策，不僅在消極方面，批評得失，指示利弊；且於積極方面，條陳方案，進獻忠言，故輿論之於政府，正是忠言逆耳利於行了。至於歌功頌德的讚美辭令，和花言巧語的阿諛之詞，對於政府的施政，不會有實際的用處，可以說是裹着糖衣的『毒劑』之類的東西。政府做得好，它不過是錦上添花，政府做得不好，它也不能挽救失敗的命運。孔子曰：『巧言令色，鮮矣仁』，就是說明一味歌功頌德是要不得的。

講到宣傳一層。宣傳則不是撒謊，其效力只能發生的一時，終久要靠着事實來證明的。希特勒說的『假話連說十遍可變眞話』，也只能矇蔽世人於一時，不久也會折穿西洋鏡的。蓋宣傳的效力是有一定的限度，宣傳之後如不能繼以事實的表現，宣傳只是徒勞而無功，最後必至遭受人民之輕視和鄙棄。世人一見到是宣傳機關發出來的印刷品，或看見封面上印有宣傳或情報機關印行的書刊，馬上就棄置而不欲一顧者，就是這種心理的表現。

職是之故，批評政治，討論政策的言論，最少是一副清涼劑，對於政府是有百利而無一害的。站在政府的立場，應該歡迎批評性的輿論，而設法去培植的。

第二、人民方面。民間很多主持刊物的人，對於輿論的目的，缺乏正確的認識，輿論及於民主政治之效用，也沒有堅定的信心，因而不明瞭輿論界責任的重大，和健全輿論造成的必要。這當然和出版法的限制和政府的態度有連帶的關係，不過輿論界自身也確有未能善盡責任之處。民主和自由是要依據我們的『良心』的向背爲從違，而輿論的動機，尤其要根據個人的『良心』爲出發點。如果輿論界批評時局，討論政策，不畏權勢，不懼強暴，不避現實，不計利害，不投機取巧，不推卸責任，憑良心論事，爲人民立言，這樣，自然可以造成健全而有力的輿論，誘致政府的尊重和社會的重視。如若不然，批評政治而不以負責的態度和公道的精神，指責政策而不以客觀的見解和懇摯的情意，不僅不能造成健全的輿論，必爲政府所厭惡，社會亦不會表示同情。至於以描寫內幕趣聞，男女關係，或社會上最黑暗的事件爲出發點的作法，或因危言聳聽，或以稀奇怪誕，當可博得社會若干人士之一粲，尤其是有閒階級可借以消磨無聊之永晝，而供茶餘酒後談笑之資。但於整個社會生活，則是有害而無益，其影響於國家和民族之前途，則更不待言矣。蓋內幕新聞和黃色刊物的報導，往往繪影繪聲，描寫得如火如荼，此不僅是超出了言論自由的分際，而且有危害『公共秩序』和『善良風俗』之嫌了。

第三、言論自由與誹謗的界線不夠明白。就是說，那些問題可以置評，那些事件不能批評，不僅評論者不易搞得明白，即政府方面亦不易完全弄清楚。儘管憲法上有保障言論自由的規定，刑法上列有妨害名譽及信用罪的一章，可是一到出版法所載關於『出版品登載事項之限制』這一規定，意義既非常廣泛，解釋復伸縮性甚大，政府不欲引用便罷，如欲引用可能束縛之處甚大。因言論自由與誹謗兩者的界線不夠明白，其演變的結果是：應該批評的問題，大家不去批評，爲的是怕惹煩惱；不應該評論的事件，如人身攻擊，揭發陰私之類，隨時隨地可以見到。就是說：『可受公評之事』，往往不敢批評，不該評論之事，如在司法偵查中之案件，報紙上可以任意報導，言論界可以妄肆批評，且極盡渲染擴大之能事。社會上復養成一種不正常的心理，一般人偏偏愛看這一類的刊物。故依現狀言之，我國的輿論界是極其混亂，而等於無政府的狀態。

第四、法律威嚴尚未樹立，司法尊嚴亦未建立，司法機關往往不足以保護遭受誹謗和侮辱而提出訴追之人。因而有許多受到言論的誹謗或遭受寃屈之人，寧願茹辱含垢，忍氣吞聲，而不欲申訴之於公開法庭，甚至覺得『吃悶虧』總比打官司來得好。這個原因很複雜，簡單言之有二：第一、因法院在訴訟期間，對於爭執之案件，既須往復調查，又須公開辯論，報紙可以自由報導，刊物可以隨意批評，一案可能拖得很久而遷延不決，受害人因此遭遇更多的誹謗，和更大的苦痛，其結果自身則一無所得，而誹謗者依然逍遙法外，未曾受到應受之懲罰。第二是：中國人依法律解決問題之習慣未養成，縱然受到若干寃屈，亦不欲由法院去解決，認爲對簿公庭是一件不名譽的事件。尤其是誹謗和中傷這類的事情，以爲這類官司是不容易打得出名堂來，寧願啞子吃黃連，苦在肚裡。政府機關和有地位的人更是如此。爲使個人名譽能夠保護起見，大家要重視誹謗罪，法院要簡化訴訟手續，迅速解決繫爭之案件，使誹謗的言論日遞減少，而健全的輿論得以確立。

由於上述諸種關係，在中國今日的社會裡面，對於評論可受公評之事的正當輿論，尚不能建立起來，而不正常的讀物，如內幕新聞和黃色刊物，則汗牛充棟，遍地皆是，情勢之可悲，實毋逾於此。我們今日施行的是民主憲政，我們的目標是要走到直接民主政治的道路，爲使政治能有進步，能夠日日新，又日新，爲使預定的目標能夠早日達成，今後第一要圖，要從建立眞正輿論着手，要確信輿論之功用和效能，務使輿論能夠做到反映民意，指導政治。因此，對於上述四種障礙——建立輿論之障礙，應逐漸設法解除，無論政府與人民均應朝此方向，共同努力，而宣傳機關，尤應注意疏導工作，使民主政治之靈魂的輿論，一天一天的發達起來，蓬勃起來。

臺灣糖業公司
榮譽出品酵母片劑
健素
老幼咸宜 營養第一
到處有售 價格低廉

自由經濟的成就

——美國經濟現狀——

資友仁譯

一、經濟動員

從一九五一年起，美國的經濟動員了。目的在使工業儘速擴張，一方面要製造另一次大戰所需要的軍備，同時又要儘量生產美國人民日常生活所需要的物品。

一九五一年過去了，結果如何呢？一年來美國的工業有極度的擴張，是一年前所夢想不到的。因之日常用品的生產，甚至侈奢品的生產，都較前爲多。但在製造軍備上却落後了，所生產的軍備甚至不够目前在朝鮮和歐洲維持安全之用。

美國用了極大的努力完成了備戰所需的主要工廠和機器。僅在這方面的增加，就等於英格蘭全國生產量的六九%。在鋼、汽油、化學品，和電力方面其生產量和擴張情形，都是前所未有的。但，爲什麼軍備生產落後了呢？主要原因是政府顧慮到一九五二年的大選，尤甚於憂慮三次大戰。政府要想不因備戰而使任何人——不論是工人、僱主或消費者——感覺不便，以「照常營業」爲口號。工會仍有權要求增加工資和罷工；工商界仍是盡力設法使日常用品照常生產。

雖然美國的一九五一年九百四十億軍事預算中，有三分之一是指定製造飛機，但「照常營業」大大防害了飛機的生產。在一九五一年初，杜魯門總統曾預言「在一年以內，我們的飛機產量可以較目前增加五倍。」但事實上，僅僅增加了二倍。按杜魯門的計劃，本要生產一萬五千架飛機，事實上完成的不到五千架——其中尚包括若干訓練機和運輸機。在其他軍備生產方面，也同樣的落後。在一九五一年年中時，火箭的生產落後七〇%，坦克的生產落後四〇%，電子器具的生產落後三〇%。

不過，事實上按國防動員署主席威爾遜（Wilson）的政策，其中一部分本就是要第一步先擴大美國的生產設備，假如一旦大戰發生，美國的工業可以整個轉向戰時生產，而不致有任何困難。在擴大生產設備方面的成功，很少有美國人能認識到，外國人更幾乎無人知道。一九五一年美國的工業可以說準備好了所謂「潛在的力量」。

二、經濟設備的空前擴張

若從整個生產總量上看，美國從來也沒有像現在這樣繁榮，這樣生產量高。美國全國的生產與服務，已達到三千二百五十億元。一九五〇年是前此生產總量的最高峯，現在要比一九五〇年的尚高十五%。這增高的十五%其中一半是由於物價增高，一半是由於生產增加，而生產增加是由於更多的更新的機器。

汽車工業在一九五一年共製成六、八〇六、〇〇〇輛客車和載重車，較預計增多一半。電視業共製成五、二五〇、〇〇〇具電視器。幾乎所有日常用品都有大量生產，例如在這一年內生產了：三、四五五、〇〇〇個洗衣機；一二、五〇〇、〇〇〇個無線電收音器；四、一二〇、〇〇〇隻電冰箱；二、九〇〇、〇〇〇個電烘麵包器；六一二、〇〇〇、〇〇〇双玻璃女絲襪；建築業原估計在一九五一年建造八五〇、〇〇〇所房屋，但到年底計算，却造了一百多萬所。

一年來商人在新工廠與新設備上，用去二百三十一億元，這也是從所未有的大量投資。只汽油工業在開染油井及增築煉油廠及輸油管上，使用了三十億元，結果油產量增加了一四%。鋼鐵業增設新廠，用去十二億元，一九五一年共煉出一〇五、〇〇〇、〇〇〇噸鋼，比一九五〇年的高出八%。按一九五一年年終所完成的新廠的產量計算，每年可以產一〇九、〇〇〇、〇〇〇噸，較之二次大戰產量的最高峯尚高五%。公用事業增設新發電廠，用去二十五億元，結果使美國的農人家庭九五%有電使用。在一九五一年初時，人造橡皮是受政府管制的，但到一九五一年底，因產量增加特多，已可輸出國外了。

這種發達的程度，可以落山饑(Los Angeles)的市飛機場附近情形爲例。在兩年前，這一片地方只不過是些農田，到一九五一年大小工廠便像蜂巢般建築起來，這是西部發展最速的工業區。五十多家工廠幾乎是轉眼之間便興建起來。在道格拉斯(Douglas)與北美(North America)飛機製造廠附近，出現了各種大大小小工廠，製造種種物品，從首飾、游泳衣、牀單、以至鋸條。在兩年之內，這裡的地皮從四千元一畝漲到四萬多元一畝。

舊日的工業中心例如新英格蘭(New England)，朋雪文尼亞(Pennsylvania)歐海歐(Ohio)依里諾艾(Illinois)，在以前被認爲是「老了的」，現在也都重新發展起來。這其中以朋雪文尼亞最發達，只增設國防工廠一項，就用去十二億元，爲全國之冠。美國鋼鐵公司(U.S Steel)用了四億元，在這裡建築一個最大的煉鋼廠，各發爾來斯廠(Fairless works)在新英格蘭，紡織工業雖然衰落了，但電子工業和飛機製造業却新興起來。只在東哈福德(East Hanford)一地，聯合飛機公司

(United Aircraft)爲從速增產噴射機引擎，便用了四千萬元建築新廠。沿着克里夫蘭(Cleveland)東邊湖岸，有許多大的化學工廠建立。在支加哥郊區，有新工廠無數。招募工人的招牌到處皆是，貝爾好威爾(Bell & Howell)職業介紹所，白天夜晚甚至星期大都開着門，以「便利找職業的人。」

不過，最發達的地區要算是幾個新區域，最顯著的是坦克薩斯(Texas)與南部諸省。坦克薩斯用於建築國防工廠的費用，僅次於朋雪文尼亞，爲九億九千八百七十萬元。落克德爾(Rockdale)是一個農業鎮，艾爾扣公司(Alcoa)正用一億元建築一個製鋁廠，可以利用附近的便宜煤儲藏。坦克薩斯本已有很大的化學工廠，現在靠近海岸一帶，新化學工廠更如雨後春笋。貝爾(Bell)公司新建立了一個大大的滑翔機廠。新興的工廠把整個南部的地形和經濟都改變了。摘棉花改用機器，摘棉花的農夫走進了工廠。只路西安納一省(Louisiana)已計劃設立三億一千一百萬元的新工廠；阿拉巴馬(Alabama)，坎塔基(Kentuchy)，與佛老里達(Florida)三省，已計劃建築值四億五千八百萬元的新工廠。

在落基山(Rocko Mountain)一帶，因開發新油田而繁榮，繁榮的中心是北達口塔省(North Dakota)的威立斯通盆地(Williston Basin)現在正以一億七千五百萬元的資金去開發這里的油田。考樂瑞多燃料與鐵公司(Colorado Fuel & Iron)用三千萬元開設一個製鐵管廠，專供開鑿油井之用。在加里佛尼亞省，太平洋煤氣與電力公司(Pacific Gas & Electric)在近十年所增加的新發電廠，等於一九四〇年以前六十五年的設備。現在又計劃在十年內再增加一倍。美國在軍備生產方面，雖然落後，但也有奇蹟出現，例如在克來斯樂(Chrysler)汽車公司總經理柯爾伯(Colbert)主持之下，在紐瓦克(Newark)開始建築一個新的製坦克工廠，自舉行破土禮後，僅僅十個月，第一輛坦克車就出廠了。

三、新的工業革命

現在，美國的工業不僅在擴展，而且在製造上有了一個新的革命。例如杜邦公司(Du Pont)的一種新人造纖維名得可隆(Dacron)與聯合卡得(Union Carbide)公司的一種新纖維名戴諾爾(Dynel)將可完全代替了羊毛，就如同奈龍(Nylon)替代了絲。現在夏季的男子衣服，用奈龍衣料的已多於用毛衣料的了。不久地氈業也將用人造纖維，而不用羊毛了。

現在原子能的平時用途已毫無疑問，只餘下如何完成與何時完成的問題了。美國原子能委員會已使八家公司開始研究如何建立一個原子能發電廠。通用電氣公司(General Electric)與威斯丁浩士公司(Westinghouse)繼續研究潛水艇用的原子能引擎；通用電氣公司和普立特惠特尼公司(Pratt & whitney)正研究飛機用的原子能引擎。有些公司純出於愛國心，把牠的對於原子能的知識無代價的供給原子能委員會，爲加速推進整個原子能計劃。杜邦公司的總經理格林瓦爾特(Greenewalt)同意無代價在埃肯(Aiken)用九億元建築一個工廠，製造發展輕氣彈用的原料。通用電器公司亦同樣無代價的，以二億元擴充在漢福(Hanford)的製鐵廠。聯合卡史得公司負責經管正在建築中的五億元的製鈾二三五工廠。

四、經濟繁榮

由於這些發展，紐約的股票市場達到一九二九年以來最大的繁榮。一九五〇年新年之後開市，道發斯公司(Dow-Jones)的工業股票平均指數是二三八·九九，比一九四六年最高指數，尚高二六點。但這却是一九五一年的最低點，到了九月，工業股票的平均指數達到二七六·三七，是二十一年半以來的最高點。全國股息收入在一九五〇年是九十二億元，現增到九十五億元。股息增多又進而刺激了貨物市場。於是引起了通貨膨脹的恐懼。整個過去一年，要投資的人都在搶購在發展中的工業股票。投資者不僅注意目前的繁榮，而且更注意到將來的可能繁榮。甚至戰爭的恐懼或紅利稅率的增高，也不過使股票市場只有暫時的冷靜。

但每次經過暫時的冷靜之後，股市又跟着上升。到了年底，股市達到一年中的最高價，而且好像仍有繼續上升的趨勢。

五、生產增多消除了通貨膨脹

在一九五〇年初美國人鑒於中共加入韓戰，聯合國軍隊後退，在驚悸之餘，一般消費者惟恐軍備生產,將停止了消費品的生產,因之引起了搶購風潮。百貨公司通常在聖誕節後售貨情形是趨向下坡，但現在却仍直線向上，同時物價也隨而上漲。爲阻止物價上漲趨勢，物價總署戴沙爾(Di Salle)把一切貨物都定出最高的限價。但結果是已漲了價的商人佔了便宜，而努力控制着尚未加價的貨主，反而吃了虧。

但聯邦儲備銀行的理事會(Federal Reserve Board)不相信限價能發生任何效力，他們認爲通貨膨脹(亦即物價上漲)的基本問題是現錢和信用的來源大增。於是聯邦儲備銀行緊縮信用。但財長史奈得(Snyder)及杜魯門的「公平政治」(Fair Deal)是實行「多用錢」政策的(Cheap money policy)。結果儲備銀行的緊縮政策逼使史奈得放棄了多用錢的政策，並讓政府公債的利率開始增高。這影響到一切其他利率亦增高。因此貨幣及信用的供給減少，購買亦隨而減少。正在這購買力減少的時候，廠商又以從所未有的速度，製造了貨物，送到市場上。(例如，一九五〇年美國汽車產量達到了最高紀錄，一九五一年雖然在國防動員之下，前半年的汽車產量仍與一九五〇年的半年最高紀錄相等。）

這一切都發生了好影響。一般消費者開始儲蓄，一年中全國共儲蓄有二百億元，幾乎比一九五〇年多了二倍。倉庫的存貨增至總值六百九十億元。汽車零售商的車場上排滿了尚未售出的汽車；電洗衣器和其他家庭用電器具的售賣額減少了一半。電視器製造廠的存貨增加了十倍，於是不得不減少產量三分之二。到了六月，最高法院宣佈行政當局整個限制一切物價的法律爲不合法。這是數十年來最大的物價鬪爭。正在這時物價大落，消費者既驚且喜，紐約的大百貨公司一再減價，甚至一件物品在出售中就又已減價，須找給顧主所減的差額。到了十二月，許多物品的限價都變爲無意義了。到處是減價物品，從電冰箱到奈龍絲襪，較在一月時減了三〇%到五〇%。甚至到了年末，一般消費者仍無意多購買。聖誕節的售貨統計較一九五〇年低四%。以整個一年看，零售額以錢來計算是增高了三%。但這是因爲前半年物價增高了，其實售出的貨物總額反較前減少了。每個商店的貨架上都堆滿了貨物。

一九五〇年初的通貨膨脹就這樣和緩下來了。杜魯門總統的最高經濟顧問們曾預言生活費至少要增高一〇%。但實際上先增高了六%。工人的工資增加了五%，（差不多趕上物價的增高）平均爲每小時工資一元六角二分。這是從來未有的最高工資紀錄。食物價格增加九%，政府當局最注意農業，對食物價格不願加以有效管制。雖然如此，因農產品的增加自然阻止了食物價格再上漲。到年終時，食物價格以及其他多種物價都已下落。

六、軍備生產落後的原因

生活費的下落有二個原因。消費物品生產量之多，是任何人所未料到的；國防軍備的產量之少，也超過任何人所擔心的。威爾遜以他平時的威望和二次大戰時的生產成績，而出長國防動員總署，他的權力極大，除總統以外，美國未曾使任何個人這廣大的權力。但不知爲何，他未能再一顯他的本領，並且二次大戰時所犯的許多大錯誤，又重出現。

威爾遜是最高的主持人，對此他當然要負責。但一部份是軍方的錯誤，他們時時在告訴威爾遜，他們需要什麼，要多少，先要什麼，因之破壞了他規定的程序。

軍方說，「所有我們的訂單都是迫切需要的。」常常是因爲要一齊製造出來，結果是什麼也製造不出來。不過軍備生產落後主要是由於新軍器製造太複雜了。例如飛機的產量根據二次大戰時的生產經驗制訂的，但現在就不能生產那樣快，因爲現在的飛機要比那時的複雜多了。舉例說明：B—29型轟炸機要用一、七〇〇、〇〇〇工程工作小時，方可完成，B—47型噴射轟炸機需三、四六四、〇〇〇小時。有些噴射轟炸機內的電子設備，其費用就超過二架舊日的B—29。爲了幫助製造這種複雜的配備，RCA 電氣公司把整個 RCA 廠的五〇%改爲製造軍用品，但交貨仍較規定數量落後。

不過，所不可解的是，負責經濟動員的人們所犯的最大錯誤，應當是有二次大戰的經驗所可避免的錯誤。從二次大戰的經驗應該知道，機械工具的絕對重要性——機械工具是製造機器的機器，如果沒有這些工具，軍備工廠不能製造出飛機坦克或任何東西。但威爾遜未能明白機械工具是完成整個軍備計劃的鑰匙。最初在規定配給原料時，哈瑞生(Harrison)把機械工具看成和「壺鍋」相同，未能給機械工具業以優先分配。

其次是物價署長戴沙爾又未能取消機械工具的限價，以刺激其生產。威爾遜未能及早發現這些錯誤，直到八月他才下令取消機械工具的限價。到十二月他方始完全明白缺乏機械工具的嚴重性，才給與機械工具製造者以最優先的分配原料權，和原子能委員會所享有的優先權一樣。在這失去的時間內，噴射引擎的製造因缺乏機械工具而落後；製好了的飛機骨架，因無引擎而放在那裡。

遲至年末，國防部才制了一個表，規定何種武器及武器配件應優先製造，因許多配件的缺乏，又已延誤了武器的最後完成。

由於以上這些原因，武器的生產本規定在一九五一年末時，每月應有值三十億元的貨交出，事實上只達到每月製成二十億元的武器。不過整個的情形並不像初看來那麼悲觀。成百成千的飛機坦克以及其他武器都幾乎完全造好了，只缺少某些小配件，就可交給軍部了。並且，在軍備工廠內，大量的鋼鐵已製成配件，不久就可裝成完整的武器了。現在，行政當局的一切錯誤都已改正過來了，希望美國仍能有時間補上因錯誤而受到的損失。

七、財政狀況

在武器與麵包並重的政策之下，美國一九五一年的財政情形出人意外的良好，這當然也是由於武器生產落後，因之預算未完全花去。在一九五一年六月會計年終結時，不但未有赤字，而且剩餘三十五億元。假如武器的生產繼續落後，很可能到一九五二會計年終結時，財政仍能平衡。不過從今年六月開始的會計年起，政府的支出共約增爲八百億到八百五十億，（其中差不多有六百五十億元爲製造軍備之用）。依現在的稅率估計，收入大約又有七百億元，預計將有約一百億的赤字。這一百億的赤字能以增加稅收補上嗎？

對此，工商界人士大半認爲補不上。在以往兩年內，美國的公司和個人已增納了一百三十七億元的稅。一九五一年之中所增加的稅收爲九十億，這是美國歷史上增加最多的一次。現在美國的聯邦稅，省的稅收，與地方稅收，一共征交全國收入的三〇%。征稅再加上美元的貶值，現在一對夫婦有二個小孩的家庭，一年須有六千零七十二元的收入，方可享受到與一九四〇年時收入三千元相等的生活。現在一年收入二二、八五〇元（納稅六一〇一元，美元貶值七一八九元）方等於十年前的一〇、〇〇〇元（納稅四四〇元），現在一年收入七六、三二二元（納稅三八、七七八元，貶值一六、一一五元）方等於十年前的二五、〇〇〇元（納稅三、五七一元）。收入越多，現在與十年前相差的比例越高。

人人都感到征稅的負擔，尤其是工商業更甚。不僅公司稅稅率最高達到五二%，並且一九五一年的過分利得稅稅率最高達到七〇%。結果是公司的紅利大爲減少了。

一九五二年公司的紅利將更減少。因爲今年消費品的生產將減少，軍用品的生產將增加，而製造軍用品利益特小。經濟學者們多半認爲，現在的稅率已達到不能再高的地步，如果再提高稅率亦不能增多稅收；因爲如果稅率再增高，公司完稅後便無錢再擴充設備，個人納稅後，便減少了購買力，不能再刺激生產，結果並不能增加稅收。

假如美國的財政要收支平衡，看來恐怕須開征一種最普遍的售貨稅。對此，國會遲遲未提出，因爲這種稅對一切選民，無論貧富只要你買貨物都以同樣稅率征收稅。（並不像所得稅那樣，對收入多的稅率高，對收入少的稅率低）。於是國會減去六十億無關國防的政府開支。或者甚至可以把規定中最高額的國防費，花用的時間拉長一點，那麼現在的稅收便可够用。

八、援助自由國家

在一九五一年末，由於幾個新的重大問題發生，許多廠家都要重新審查這重整軍備的程序。美國既允重視西歐的安全，漸漸感到對北大西洋公約的責任之重大，是任何人所未料到的。經濟合作總署（ECA）於一九五一年底結束了，三年來用去一百一十億元，總算有助於恢復歐洲的經濟。現在歐洲的工業生產高出二次大戰前四〇%。歐洲的美元缺少，本爲八十五億元，由於有經濟合作總署，在二年之間，減爲只差十億元。

爲了接替經濟合作法案，美國國會又通過在一九五二會計年度內，以六十億最高額，援助歐洲重整軍備及其他經濟援助。不過，歐洲重整軍備的努力，已將經濟合作總署的許多成就抵消。在以往十八個月內，歐洲的物價上漲（法國的物價平均上漲了三〇%），幣制減弱，美元的缺少加甚，到年底時又已達缺少三十五億美元。

這些困難是因爲歐洲各國的經濟原已捉襟見肘，極少有餘力來負起整軍的重擔。此外，雖然歐洲得到了不少的美國援助和指導，但歐洲的工業如以美國的標準來衡量，仍是效率太低了。歐洲依舊保有企業聯營或獨佔，而不願採行美國這樣的自由而競爭的經濟制度。甚至到一九五一年，歐洲的工商人士仍忽視美國的榜樣；其實歐洲人亦同樣可以擴展他們的經濟，來負擔起整軍的擔子，假如他們能把經濟競爭的自由與個人自由同樣重視。如果沒有這樣一個改變，美國在一九五一年興建了極多極大的新工廠，將使歐洲的國家以後在世界市場上更不容易與美國競爭，亦更不易在美國市場上出售他們的貨物，（也就是更將缺乏美元。）總之，除非有根本的經濟改革，歐洲的經濟弱點是太大了，現在美國企業界人士認爲，美國助西歐整軍並支持住西歐的經濟，大約需要一百五十億到二百億元。

九、美國的天然資源

除錢之外，美國必須重新考慮，美國究竟能够消毫美國的資源到何種程度。美國現在的工業擴張，用去的鑛產，如銅，鐵，鉛等，已十分快，不是幾年前任何人所能料到的。先前美國被認爲有無窮盡的地下富藏，但現在美國在許多方面，已有原料用盡的危險。

一度曾稱富藏的麥沙比（Mesabi）地區的鐵鑛，其儲藏量已有限度。煉鋼廠不僅去南美和來比瑞亞（Liberia）運鐵鑛沙，而且從一九五一年起，開始煉次等鐵鑛沙。銅更爲缺乏，甚至許多鑛商認爲將永遠缺乏，並認爲在許多用途上，鋁將替代了銅。在一九五一年時，美國在世界市場上搶購所需要的原料。但在一九五二年，恐怕美國尚須分與西歐。美國國內的需要量更須與西方各國的需要配合。

十、今後的展望

一九五二年美國的經濟展望如何呢？在軍備方面，必將大量加多。許多新建築的工廠都將開始製造軍備；製成的武器數量越來越增多。但這必須美國的企業，工人，和一般人民情願忍受因增產軍備所必然引起的經濟脫節。從一九五一年的教訓得知，如果美國要生產牠所需要的軍備，就必須再緊縮美國的平時經濟。在一九五二年，若干不必要的工業將因缺乏原料而倒閉。工人從平時工業轉到戰時工業，其間免不了要有暫時的失業。（在底特律，到一九五一年終時已有七%的工人失業。）美國將更缺乏平時消費品。更多的金屬原料用於製造軍備，於是汽車，電冰箱，以及其他金屬用品，都將減少。

不過這些物品的缺少並不是絕對的，不會像二次大戰時的長期缺乏。第一，由於一九五〇末到一九五一年初的搶購，大半的家庭都已存有不少電器用具。第二，商家的存貨豐富，共約存有七百億的貨物。五金用具的生產大約將較一九五一年減少四〇%。按國防動員總署的計算，美國在一九五二年至少可製造出：

（一）三、〇〇〇、〇〇〇新汽車。較一九五一年少一、四〇〇、〇〇〇輛。

（二）八五〇、〇〇〇所新房屋。較一九五一年少一五〇、〇〇〇所。

（三）一〇、九〇〇、〇〇〇個新無線電收音機；四、四〇〇、〇〇〇個電視器；三、〇六二、〇〇〇隻電冰箱；二、〇〇五、〇〇〇隻電洗衣器。這些物品平均起來較一九五一年的平均量少二四%。

（四）能有美國每個人所需要的一切衣服。

預計過了頭六個月後，物品缺乏的情形將減輕

（下轉第26頁）

自由中國通訊

吉田書簡與「吉田哲學」

東京通訊・二月十九日

本刊特約通訊記者　余蒼白

一

吉田致杜拉斯的書簡發表後，很引起國際間的注意。傳說臺灣方面頗有以此為慰者，固未敢遽信以為真，然而東京的國府代表團之喜形於色，則確係事實。在書簡發表的那一天，何團長發表了一個聲明，其中有「四億五千萬國民的憂慮由此可以一掃」之語，可以證明「喜形於色」云云並非無據。

這幾天日本國會中質問和答辯甚殷，吉田書簡也是集中點之一。綜合吉田對於和國府締約的答辯，可以約為以下幾點：(一)恢復和交，(二)承認國府主權暫限於現支配區域，(三)不以中共為對手。原意和書簡中所載者初無二致，惟措詞較為明顯而已。他在一月廿六日答復綠風會議員岡本愛祐的質問說：「對於中國問題和臺灣政府締約，這和代表中國而和日本締結和平條約的意義不同。臺灣政府在某地域掌握實權，因之就是和該地域結善鄰關係。」他對於締約問題答辯過各黨議員的次數很多，說來說去就是這一套。這個對於岡本的答辯，可以看做是代表的答法。他在多次關於各種重要問題的答辯中，常常用「錯」(?)了用語：稱昭和十六年為「明治十六年」，稱日本政府為「帝國政府」，稱國民政府為「臺灣政府」。我每天看日本報五種以上，連續地（不是同一天）看到「臺灣政府」的用語不知有幾次。我細細地看日本的輿論和議員們的反響，對於錯呼昭和為「明治」和日本政府為「帝國政府」則大為駭然，而對於「臺灣政府」的訛稱(?)，則未聞有驚奇和異議者。這也是值得玩味之一事。

聽說臺灣方面從吉田答辯發表後很有點驚奇和茫然。信如是也，我不能不驚於一衣帶之隔而對於日情之隔膜一至於此。

從我看，吉田政府的真意並非開始於那一封信，而是由來已久了的。縱使吉田去而他人來，只要日本的支配勢力不大變，類似吉田的真意還是不大會變的。這原因在那裡呢？由於日本一切在「復舊」。「復舊」包括觀念的復舊，這是值得世人注意的。看透了這一點，我想依此可以預測日本政府此後任何行動的發展。

二

許多人認為日本已經變了，對於國府的態度當然也變了。我希望也說一句「於我有同感焉」，然而果真是事實嗎？據我看，日本固然也變了，因為世界沒有不變的東西，可是變的是現象而非本質，是局部而非全體，因此只能說是假變而非真變。「現象是會欺人的」；孫行者有時變美女而有時變惡魔，而孫行者還是孫行者。

要真變，必須經濟的和社會的構造真變，於是跟着政治的和人事關係也真變。可是說到日本戰後的情形，我們無論從那一角度看，發見不出那些方面有真變。五年前曾經有過一連串的真變：「財閥解體」，「集中排除」，「獨占禁止」(註一)「和土地改革」之類該是經濟關係的大變；「神道和政治分離」與教育改革之類該是思想方面的大變；大量「追放」(註二)該是人事關係的大變……。可是這一些，澈底說一句，只是年巳的「旋風」(日本稱那些改革為「旋風」)，過後便轉為風過天清——由漫漫的放縱轉為積極鼓勵「復舊」。到現在，只要是有良心而對於日情真有了解的人，誰都會承認一切已近於破鏡重圓。「既有今日，何必當初？」，應該是明眼人的同聲一歎。

這情形是誰造成的？那可以心領神會而不必拆破。如果引用古儒的概語，不妨說：「是乃天也，命也，時也，運也」。總之說一句，舊日本叨天之鴻福，承山姆大叔暫時保管而原物奉還（原物重在指精神方面，物質方面有量的缺損無質的大變）。當然囉，在那無端旋風的中間，當然也產生了許多有幸有不幸，可是從整個舊勢力的日本說，是決不會有什麼本質上的變化的。

說到這個新面孔的舊日本對於國府的觀念，我要率直地說一句，只有變壞而沒有變好。這是因為日本的統治者是過去的延長，而其觀念也是過去的延長，論理不會有變好的可能。這些統治者在戰後一小段時間對於國府的看法和感情是「想」變過的，這也確是不容否認的事情。可是過後呢，跟了客觀情勢的變化，想變的也就漫漫不變了。現在呢，他們自認為捲土重來是神授的運命，於是「痛定思痛」之餘，反而轉而怨艾於國府抗戰之多事了。這不是胡揣瞎說的空話，而是有據的事實。你如果不信，不妨把酒和他們談談心看！

說到現在的執政者吉田茂，我並沒有和他一面之緣過。可是看他過去的歷史，他是否對於今天的國府有好感却不能無疑問。查日本對於大陸有併吞的野心，在國府北伐以後，要以田中義一的政策爲轉點。田中在外務省擧行東方會議之時，吉田以瀋陽總領事之徵而被邀出席。會後吉田受命赴大連，召集了有名的大連會議，這就是「滿蒙特殊化」和伸手於長城以南的開始。吉田於次年就被擢升爲外務次官，據說這就是對於他的酬功。這樣說起來，如果日本沒有眞變，那何能寄厚望於吉田的好感呢？

我說這些話，並不是算舊賬，翻古典，而是爲得『温故而知新』。我是爲愛世界愛亞洲而愛日本最切的一個人，論本心，又怎願意說那些翻古而傷雅的尖刻話呢？可是事情的眞相是如此，那我又怎能說違心的話呢？

吉田書簡的眞意也好，日本一般統治階級的態度也好，一言蔽之，乃由於日本捲土重來而趾高氣揚。

二

然而我又要率直說，日本之所以捲土重來而趾高氣揚，決不是舊勢力有什麼神祐，而是出於山姆大叔的需要。更率直的說，山姆大叔所以需要舊勢力，決不是什麼有厚愛於舊勢力，而是有厚愛於日本這一塊土和其工業力與人的資源（最重要的還是靠近亞洲大陸的一塊土）。中國有一句老話叫做「愛屋及烏」，日本的舊勢力還不過是烏而已。這看法也可以適用於非列濱和南韓。

因之日本舊勢力之所以能够捲土重來，乃是由於能够緊緊地把握住「烏」的立場而好自爲之，善運用之。你要屋就不能不愛烏，於是烏就有烏的辦法了，這就是吉田先生到今天爲止的哲學，也將施於明天後天的哲學。其他任何日本舊勢力的代表者也抱有同樣的哲學。日本師中國而青出於藍，於此又得一解。

一九五二、二、五、於鎌倉山之茅廬。

（註一）追放就是剝奪大小軍國主義者的公權。對於被剝奪的人，美軍總部最初叫他們爲「The undesirable」，意義是「無望者」或「非所好者」。這些人被追放者到了二十餘萬，現在都被解放而捲土重來了。

（註二）日本財富的集中和獨占是對外侵略和對內搾取的基因，美軍總部基於此認識，前經下了一連串的所謂關於「財閥解體」「獨占排除」和「集中禁止」的訓令，可是早已放鬆而停止了。

人生雜誌　半月刊
內容豐富
文字優美
歡迎直接訂閱
訂有優待辦法
社址：香港九龍鑽石山上元嶺正街六號

（上接第24頁），眞是無以復加。

另有中共尾巴所謂「中國國民黨革命委員會澳洲分會」者，因爲看到某些報紙提到限制我僑民滙款至香港問題，竟異想天開，想利用這僑滙問題來挑撥僑民和政府的感情，並藉以替中共主子掩飾它無恥的强盜行爲，他們乃以「爲僑滙問題告僑胞書」爲題，散發傳單，內中有云：

「………查此次退租運動，被退租的華僑包羅極廣，由富商以至發室及街市工人，屬於本埠各僑團者皆有，如本會會員多名，僑青社社員亦有五名。

………此次澳政府制止華僑滙款回港，若澳政府採取行動，則滙款回國退租者固然受害，但僑胞中非地主而有家眷在港及內地者極多，有子弟在港及內地求學者亦不少，他們勢將同樣受害，至餓死或全部失學，………

最近中山四邑各縣因進行土改，而要求地主退租者，全是事實，僑胞拿着家信來本會訴苦，家眷受非法待遇者很多，本會已根據其姓名鄉址，急電北京中央僑委會主任何香凝，迅速下鄉查辦，另飛郵廣東僑委會火速調查，上星期本會已收到中南區僑委會副主任委員陳任一先生覆信，該函已另抄印（僑胞中若想觀看原信者，可到僑青社向本會負責人徵詢，極表歡迎，時間要在禮拜六日晚八時以後。）內說：此次因退租而僑眷受到非法拷打或跪石子者確有，此種殘暴荒謬措施，絕非人民政府的法令，全因有部分匪特混入土改工作隊內，專向僑眷爲難勒索，追害甚至用刑，企圖破壞人民政府威信，使僑胞憎恨新中國，反對人民政府，以遂其狼毒陰謀，現各民主黨派已派有大批土改工作人員下鄉調查，續漸糾正錯誤，查辦匪特……。

本會是在李濟琛將軍與國母孫夫人宋慶齡女士領導下，堅決執行孫中山先生的革命政策………。

中國國民黨革命委員會澳洲分部　白

公元一九五一年十二月一日
雪梨的臣街六十六號」

以上民革會的宣言中，最可笑的是牠以勒索爲退租，據牠的解釋，這些勒到的巨款，乃是爲退租之用。因爲僑胞中不乏地主而有家眷在港及內地者，他們過去多收了人民的租，所以現在應將從前收的「租」退還，這眞所謂「欲加勒索，何患無辭」。民革宣言的本意，原想藉僑滙問題來恫嚇僑胞，並以離間僑民對國府的感情，至於卸罪「匪特」的把戲，那根本是無法自圓其說的。但宣言內却無意中把中共「退租」勒索的眞相招認了出來，若果照民革宣言所供認的來說，在國內僑眷所受「非法拷打及跪石子」等痛苦，實遠過海外僑胞所受金錢上的損失，由此，也可以想見在中共暴政統治下的大陸不幸的中國人民所身受的痛苦的一斑了。

紐約通訊・二月十五日

今日的美國人需要甚麼樣的總統？

——閒話美國大選（三）——

本刊特約通訊記者 曾英奇

相對於全世界反共、反極權的人們來說，說「今日的美國人」需要甚麼樣的總統，不如說「今日的美國」需要甚麼樣的總統更動聽一些。雖然說，此時美國以外的一切愛好自由的人們和美國人在外交的大方向上是一致的，可是，今年十一月的大選若是容許全世界反極權的人士一起投票的話，那麼其結果必是和單是美國人自己投票大有不同。為了更符合於反共、反極權的世界戰略起見，「今日美國的總統」最好是由全世界反共、反極權的人士來一次總投票，但「星點紅條旗」一（"Star-spangled Banner"）下的，究竟是美國人的美國。天經地義，祇有美國人才有權投票；而也祇有美國人憑着他們的良心，或蔽於他們的私欲；憑着他們的理性，或者順從着他們的情感，「秘密無記名」的投票，才能產生總統。因此記者閒話這個問題，也祇能向着美國人的需要着眼，否則閒話半天，殊有不值。

那麼，今日的美國人需要甚麼樣的總統呢？

在回答今日的美國人需要甚麼樣的總統以前，我們且看看「昨日的美國人」和一般時候的美國人需要甚麼樣的總統。

從一七八九年三月喬治・華盛頓宣誓就任美國第一屆總統起，到一九四五年四月佛蘭克林・羅斯福逝世為止，一百五十六年間，一共有三十三個總統。其中留任最長的有十二年多（羅斯福），最短的不到一個月（William Henry Harrison），但不問在職時間的長短，毀譽如何，他們却都是經由美國選民用着記者前述的那一套方法選舉出來的。為了預測未來，我們對這過去的三十三位先生們實有回顧一下的必要。

一九四八年秋大選以前不久，正當杜魯門領着他老婆孩子，坐着火車作馬拉松式的競選大演說的時候，六十個在美各著名大學教授美國史，或近代史的教授，其中包括哥大著名的尼文斯（Prof. Allan Nevins）和當時還未退休的海斯教授（Prof. Carlton J. H. Hayes）等，舉行過一次美國故總統們地位的投票選舉。他們在投票以前，把被推選的對相象分作四等：（一）偉大的。（二）近於偉大的。（三）平平的。（四）不及格的。開票的結果是：

（一）偉大的六人：林肯、華盛頓、羅斯福，威爾遜、哲斐遜、捷克遜。

（二）近於偉大的四人：麥廸遜、鐵道爾・羅斯福、孟羅、克里夫蘭。

（三）平平的二十一人：約翰・亞當斯，……胡佛。

（四）不及格的兩人：哈定、葛蘭第。

第一次投票僅祇是做到粗略的分類，為了進一步確定每一候選者在每一類列中確切的地位起見，於是他們再來一次投票。至此，記者要特別指出兩點促請讀者注意：

（一）在第一次投票中，林肯等六人為何會成其為「偉大」？

（二）在第二次投票中，林肯何以能成為偉大中的「最偉大」者，而葛第為何會被列為不及格中的「最不及格」者？

從歷史上的順序來說，華盛頓為甚麼能成為偉大的總統呢？簡單地回答是：他率領了十三州殖民地衣衫襤褸的軍隊血戰了八年；他始終奉行「大陸會議」的命令而從不篡奪其權力；他公正無邪，更重要的是他不愛權力：在未被選為總統以前他拒絕軍事獨裁；在做了兩任總統以後，他堅拒第三次再來。

哲斐遜呢？誠如他為自己預刻的碑文中所說：他起草了「獨立宣言」；起草了威基尼亞州的「宗教自由條例」。其次他竭盡一切所能阻止政治上的權力集中，結果奠定了美國民主政治的初步基礎。

捷克遜呢？他有赫赫的武功，但這並不足以增加他的價值；而使他成功為第六位偉大總統的，到是另一些因素：他以反馬加維里主義的姿態出現宮白，使美國民主政治的基礎較之與哲斐遜時代更深入了一層；他以出生於南部的南卡羅林納而被選為總統，使獨立戰爭以後加入聯邦的廣大的西部和南部諸州居民，大大地增強了對合衆國的向心力；到他就任總統時為止，他是「眞正平民」出身的第一個美國總統。

林肯呢？他使美國民主政治的基礎鞏固到堅不可拔的程度；他領導美國人民渡過了「佛吉谷時代」以後最黑暗的歲月；他實踐了人道主義，解放了黑奴，鼓舞了當時及以後世世代代為擺脫奴隸身份而奮鬥的人民。

威爾遜是實際政治中理想主義的聖徒；他遏止了威廉二世獨霸世界的野心；民族自覺的倡導者，創造了現代的國際世界。

羅斯福之所以成為美國自開國以來第三號的偉大總統，除了其在國際間具有略遜於威爾遜的那些成就外，相對於美國人來說，更重要的，是他消滅了一九三三年的經濟大恐慌，創造了「新政」，使滿身創傷的資本主義得以從容地向着成熟的路上發展。

從華盛頓到羅斯福六位被目為偉大的總統，雖然他們演奏的角色不同，劇情迥異，然而構成同一舞臺之不同的時代背境，却有其共通之點：非常的時代。

華盛頓和哲斐遜是殖民地（北美）自覺的時代；捷克遜和林肯是「眞正平民」及奴隸（北美）自覺的時代；威爾遜和羅斯福是德漠克拉西和軍國主義及法西斯主義你死我活的時代。美國人民在需要和來自遠方的統治者血戰的時候，需要公正無邪，無權力慾，無鄙念，兼容並包全國的時候，找到了華盛頓；需要清明雋永的智慧，不懈的努力，擴張獨立戰爭的戰果的時候，找到了哲斐遜；需要打破民主的貴族形式，使全國四境的人民的情操能夠溶治於一爐，趨向均勻諧合的時候，找到了捷克遜；在南北分裂，人性墮落的時候，找到了林肯；在國際正義為強權扼殺而需待伸張的時候，找到了威爾遜；經濟大恐慌震動全世界，法西斯的惡濁浪潮到處翻滾的時候，找到了羅斯福。總之，他們當時所處的都是非常的時代，艱鉅的時代；天已降大任於斯人，於是在千百萬選票禮聘之下，他們都先後起而出任艱鉅了。

非常的時代背景映出了政治舞臺的偉大場面，帷幕啟開之後，裡面走出來了華盛頓、林肯和羅斯福；他們之何以成其為「偉大」，我們前面已經粗略的敘說過了。反之，從約翰·亞當斯到胡佛，這二十一位先生們之所以平平常常，歷史背景也給他們決定了一半，而不能完全歸咎於他們的平庸。

美國人在政治思想上向來奉孟特斯鳩的學說為圭臬，他們生怕政府多做一點事情而阻碍了他們發展的機會。這種情操以哲斐遜反映得最為鮮明。他歌頌農業，鄙薄工業化，一心要把政府限制於「看家狗」的份位上，不能再有越軌的行動。他的政治理想幾乎和我們中國老子小國寡民，無為而治的主張，不相上下。雖然後來工業化的歷史打破了他農業民主的美夢，但其限制政府權力的原則，並未被他的子孫遺忘。哲氏在晚年曾一再鄙薄比他年青的捷克遜氏，却沒有想到這位南方布衣在位八年，力拒馬加維里的幽靈侵入美國政府，竭力提倡庸人政治，竟使他的理想進一步得到體現。不久，製造家蜂起，大王們紛至沓來，「自由競爭」（雖然是獨佔的藉口）乃變為天經地義。於是，政府在人民眼中，益發可惡，要不是湯姆·培恩 Tom Paine）們早就強調政府是一個「必需的」惡魔的話，那麼，這個惡魔恐怕早就被一些不諳政治而喜愛自由的美國人，一個掌心雷擊死了。所幸後來羅斯福叔侄出，大大地為佔多數的工人們做了一些好事，才使政府在人民的心目中有了份量。研究美國的大選，這些心理現象是不可忽略的。

至此我們可以知道，在昇平時代，不但「華爾街」 Wall street 不需要雄才大略的總統，即連礦廠的工人和田莊裡的農夫也不需要。他們都覺得，雄才大略的總統總是精力充沛，無是生非。鐵道爾·羅斯福之在當時的美國人心目中所以無好感，並非由於他敢用「大棒子」（"Big Stick"）對付煤油大王，而是躭心他因用大棒子亂打歐洲人惹出麻煩來。然而「麻煩」終於又來了。

五十年代的今天算是一個麻煩不厭其多的時代，人人都逃脫不了這些麻煩的攪擾，而其攪擾的程度以對美國人為尤甚。原因是今日的美國已非復昨日之美國可比。讀史者每翻到「羅馬帝國」或「大英帝國」之盛時，都要贊嘆不已，但即使渥大維時代之「羅馬」或維多利亞時代之「大不列顛」，較之與今日的美國，亦相形見拙。今日美國的國勢眞是了得，她海外雖無一寸殖民地（波多黎格或琉球一類的地方，尚不能以殖民地視之），但作隨着他們的「使」和「將」在海外服務的官員竟至三十幾萬人之多。美國人常翹着大姆指說二十世紀是美國人的世紀，看看事實，美國人確亦有其值得驕傲之處。但天下一切事物都有其對立性，你驕傲你的不可一世，你就得為了你的「不可一世」而有所努力，於是現在這些任重道遠的美國人，又需要尋找一個能夠應付艱鉅的人物了。

「能夠應付艱鉅的人物」的抽象定義很不好下，我們最好去借重一些實際的例子：他們（美國人）需要華盛頓、哲斐遜、捷克遜、那樣的人物；需要威爾遜和羅斯福那樣的人物；更需要像林肯那樣的人物。

華盛頓、哲斐遜……羅斯福，他們都具有一些甚麼樣共同的優點呢？史傳家告訴我們，這些人都是：第一、小事糊塗，大事聰明——華盛頓往往記不清他軍隊的數目；哲斐遜以總統之尊身穿睡衣接見法國大使；捷克遜到死還常常寫白字；而林肯做小生意竟競爭不過一般商人；威爾遜呢？此公認識了歷史演化的大勢，而却不認識克里蒙梭，羅斯福打倒了希特勒，竟對付不了小小的劉易士；第二、偏重理想，忽視現實；第三、有遠見；第四、有主張而忠於主張，即他們都具政治家的風格；第五、都具有不可思議的魄力，敢於力排衆議，言人之所不敢言，為人之所不敢為。具有上述諸美德是今日之美國理想總統的必要條件。今日的美國人都上過他們歷史的課，而目前又正挨着時代的煎熬，假定具有上述諸條件的人物出現，山姆大叔們觀察事物雖然粗率，諒也不會放過罷。

在前文裡記者特別促請讀者注意的兩點的後一點中，關於林肯『何以能成為偉大中的「最偉大」者』一點，這裡似乎不心再多說了，應該說的到是『葛蘭第為何被列為不及格中的「最不及格」者』的問題。

葛蘭第將軍以赫赫戰功出而競選總統，一舉成功，到是頗為快意的事情。但沒有想到白宮的安樂椅和他牛皮帳裡的寶座迥然不同，他以顯赫名將的身份傲慢地走進白宮，飽吃酣睡，全不理會全國各地的反應如何；昏昏沉沉，胡亂瞎幹。結果是八年的時光，弄得聯邦政府烏烟瘴氣，貪污腐敗，不成個樣子。若是他稍微好一點，看在他名將的面上，那六十位美國人身份的教授也或者不至於忍心給他以最不及格的評語罷！

葛蘭第將軍身後所以會落得如此惡劣的評語，主要的是因爲他是職業軍人出身的關係。若是一個職業軍人在機械呆板的軍隊裡消磨過他的青年和中年時期，過了五十歲以後，忽然卸下戎裝去幹政治，那是絕對幹不好的。像華盛頓和捷克遜等都不能算是嚴格的職業軍人，他們的軍事生活是時斷時續的，並且這兩位後來成名的總統在很早就曾參加過政治活動，而後者並曾長時間地消度律師生涯。英國的邱吉爾雖是軍人出身，但他很早就擺脫了這門行業，所以後來能成爲卓越的政治家。若葛蘭第者流則與這完全兩樣，他們這些正統的職業軍人在軍營中都消磨了他們四分之三以上的生命時光，他們的一切都已經軍事化了。在他們的神精系統中，就祇知道服從或下命令；射擊或躲避射擊……。對於政治社會中的複雜情操，格格不入，如何能幹得好？所以美國自立國以來，以職業軍人出身而幹總統者，雖大有人在；但沒有一個能幹得好的，而葛蘭第更等而下之——最不及格。葛蘭第的最不及格到不要緊，可害苦了很多人——很多成名了的將軍要幹總統者。而眼前艾森豪威爾元帥就是被害而感到最苦悶的一個。記者之在此所以特別提醒讀者注意葛蘭第者，也就是因了艾森豪爲此正陷入極端苦悶的關係。

以上我們僅是就一般的因素，或者是說僅從大方向上去尋找「今日的美國人需要甚麼樣的總統」一問題之解答。但構成指導美國差不多將近一萬萬選民投票方向的動力不是簡單的，換句話說，構成這種動力方向的，除了一般的因素外，還有甚多特殊因素；大的方向固相當能左右選民的向背，但小的曲折亦常能使投票者方向失迷。不久以前還到美國來過的英國大哲學家羅素曾經說過：當相反的二力接近相等時，一微力增加其間，即足以破壞二者之平衡狀態。因此一些決定選民意向的特殊因素也非常重要。這些特殊因素最重要的有：歷史傳統，膚色黑白，階級利益，行業區別，地域區分，宗教信仰等等。

南北戰爭後，南方人自來享受着的特權，一時幾乎被「北方的侉子」(Yankee)們剝奪光了，所以一直到現在爲止，還有廿十州的「南蠻子」(R-abble)恨共和黨入骨，壓根不投共和黨人的票，年來他們雖爲杜魯門的急進主義所惱，亦復如此。反之，南方黑人因念念不忘林肯的恩惠，所以至今仍然站在共和黨一邊；而北方各地黑人因羅斯福及杜魯門先後推行的反種族歧視政策的結果，乃往往調轉方向，投民主黨人的票。

在階級方面呢？百分之八九十的資本家自然是投共和黨的票，而廣大的工人級階又多半擁護民主黨。從行業方面來看，民主黨能叫響於工業都市，而共和黨則在農村裡面比較吃香。一般大商人可以列於資本家裡面，當然投共和黨的票，而零售商人和一般小市民則見風轉舵，到底應該投誰的票，需看當時的行情而定。假定我們把南北的歧見歸因於歷史傳統的話，那麼影響選民的地域區分的因素；東西到比南北更利害。假定一個總統候選人說他的外交政策兩洋兼顧的話，他必定能够相當地得到太平洋岸如加里佛尼亞，奧里岡，和華盛頓諸州選民的支持；反之，若有一個冒失鬼膽敢說，「亞洲第一，歐洲第二」時，他必然做不成總統。宗教的情形也與這相似：你要處處表現得支持以色列，你才有希望得到猶太人的支持；你要處處表示尊重敎廷的地位，你才能得到人口衆多的天主教徒的支持。但這種表情也是不容易的，「中庸」上說『發而皆中節謂之和』，做總統候選人在兩大教派中間爭取選票，你要做到「和」的程度；實非容易。讀者當知道，這個國度裡的新敎徒比舊敎徒還是多的多；假定你過於討舊敎徒的好感時，新敎徒就要吃醋。若眞的吃起醋來，那還了得。

有關影響選民態度的諸特殊因素，因爲篇幅所限，我們只能這樣概略地說說；至於有些地方需要較詳細分析的，容在個別分析諸重要候選人的實力時，再附帶地加以說明。（本篇完）

·消息靈通· ·報導翔實·

本刊鄭重推薦

工商日報

社址：香港德輔道中四十三號
郵箱：郵政二十六號信箱
當日空運到臺
臺北總經銷：中國書報社
館前路八十五號

·言論公正· ·副刊生動·

中共在澳洲的勒索

雪梨通訊・二月九日

胡　慧

為了所謂「反美援朝」，中共和「美帝」在韓國一年來較量的結果，不僅損兵折將，而且民窮財匱，在國內他已做到了搜刮人民無可再搜刮的程度，於是一對賊眼，乃轉向海外無辜的僑胞身上，搾取僑胞們血汗換來的一些外滙，塡補她那無底洞似的外戰之坑。

中共對海外僑民的勒索是沒有地域性的，只要什麼地方有僑民，她的魔掌就會伸到這地方的僑民身上。在澳洲，據墨爾鉢的太陽報所載，中共勒索的總數，共達十萬澳磅，每起勒索的數目約自二百澳磅至一千澳磅之譜，所有在雪梨和墨爾鉢兩地，稍具資產的僑胞，幾乎每人都收到一封勒索的信和電報。他們所採取的勒索方式是這樣的：

先在鄉間用「土改」和「退租」等方式，使居住在大陸的僑眷，始則傾家蕩產，繼則由於無力「退租」或償還各種苛捐雜稅，人乃被扣押，至此「人民政府」的僞官和她在海外的匪諜，就雙管齊下，開始它的勒索勾當。一方面由它的在澳爪牙從事調查各旅澳僑胞的資產狀況，和他們的地址等等。另一方面則「人民政府」的地方官吏平素對於在人民通信滙款各方而早加注意 這樣裏應外合，當然達成任務是沒有太多困難的了。僑眷被押後，隨着就是請他們寫信或打電報給旅澳的親屬，請速滙款至香港某處轉交，當然內容是免不了「身羈囹圄」「生命危在旦夕」之語。但是錢付了而勒索却沒有止境，一直到你人財淨光，「人民政府」的人員才肯罷手。

在墨爾鉢的一個水菓商人，去年十一月六日，收到一封電報，照譯如下：

「墨爾鉢水菓批發行，速滙港幣十萬元，信詳。劉嘉泰」

該電英文原文如左：

International Telegram
Tue 3 Hongkong 16 5 1500
Wholesale Fruit Market
Melbourne
Send Ten-thousand Hongkong dollars Immediately detail by mail Luigartat.

電文內的劉某是這位水菓商的在港經紀人。一週以後航信到達。則是告訴他，他的母親現已被拘押。他告訴訪問他的記者說：『現在我的母親既已被押，我不能不儘量籌足八百澳磅滙回去。明知道錢滙回去之後不見得母親就被釋放，就是釋放了，中共當局也會借其他題目；再將母親扣押，勒索巨款的，但是處在這種環境之下，又有什麼辦法呢?!』

另一個居留阿特萊(adelaide)的中國僑民告訴記者說，去年這裡有一個八十高齡的老僑胞，自澳洲帶了他歷年辛苦血汗所積蓄的二千鎊，回到大陸去，共產黨把他的錢沒收了，人也被關起來了。

又有一個墨爾鉢水菓商鍾子陳榮進告訴記者說；他雇用的一個工人也曾收到共產黨勒索信，說他的兄弟被共黨拘押起來，要速滙款去。

以上不過是就記者所親見親聞的事件中略舉其一二而已，據澳洲報界及我僑界的估計，幾乎在雪梨、墨爾鉢，阿特萊各地稍有資產的僑胞，沒有一個不收到勒索函電，雪梨和墨爾鉢各地，合計總在百餘起以上。

人民政府的醜惡面目和牠一貫的欺騙「人民」政策，終於經不起鐵一般事實的考驗，牠的罪行，終究不能防住億兆中國苦難人民的口而傳到友邦人士的耳朵裡去。一個掛「人民政府」招牌的中共，幹出這樣盜匪的勾當，能不令人切齒。友邦記者，由於人類好奇心和同情心的驅使，到處向僑胞打聽，經過了各報記者晝夜不斷的訪問之後，終於由傳聞而證實。墨爾鉢前鋒報乃於去年（民國四十年）十一月廿八日用第一號大字及最首要的位置，以「紅匪勒索中國人」為題，揭穿了這一個猙獰事實，同日登載這消息的，還有其他各報。自從中共勒索之謎揭曉之後，澳洲各報幾乎無間斷的天天在報導這件事情。因而我們的駐澳使領館的電話也在他們競爭採訪之下，整天的響個不停，他們不僅報導澳洲方面僑胞被勒索的事實，即是美國加拿大及其他各地僑胞被勒索的消息，也沒有一件能逃得過他們的注意。

隨着報端揭載之後，澳洲國會議員克威區（B. H. Kekwich）也就於議會中向澳總理孟齊斯出了詢問，孟齊斯總理當即答允，對此事加以調查。一直到此刻，澳洲廣播及報紙中，還不斷的提到這事。一般澳洲人民，對於中共的鄙視和憎恨也因此日益加深。

這次中共勒索僑胞的周密和普遍，顯示了中共在發動這事情前，曾經有過詳密的計劃，因此，不由受害的僑胞不移恨到這些做中共海外第五縱隊的僑界敗類，因為事實證明這次勒索名單，顯然是他們送給中共的，否則中共對於僑胞的資產狀況決不會知道得那麼清楚。這些人認賊作父，不僅出賣了旅澳全體僑胞眷屬的生命財產和安全，而是還想於黑幕被揭穿之後，對吐露中共勒索原委的僑胞加以報復。他們竟藉團體代表名義向我領舘要求公佈被害人姓名，其用心之險毒

（下轉第20頁）

文藝

教國文的一點經驗

梁實秋

因爲一個特殊的機緣，我在一個私立的職業學校教了兩班(高三高二)國文。自己的國文程度不够，僶俛從事，其苦可知。但是教學相長，自己也獲益不少，根據這一點點經驗，略有幾點意見可說。

我的學生全是本省籍的，一般而論，他們的國文根柢當然是比較差些。他們全都懂日文。照普通情形，通曉外國語言文字，對於本國文的學習只有利而無害。可惜的是，日文和我們的國文太接近，而語法文法又不相同，於是他們的日文知識便成了他們學習國文的障碍，牽曳一起，糾纏難分。這是當前的一個特殊問題。也許十年八年之後，這個問題便不復存在，因爲此後的學生將逐漸不諳日語。但在目前這問題尚不失爲一個問題的時候，我們應該想一點辦法。如果我們還是用正規的辦法，使用普通的教科書，用通常的方式講解批改，恐怕學生進步將要很慢。通日文的國文先生們，可否作一點小小的研究，看看日文知識對於國文學習成爲障碍之處究竟安在，排比編列，尋繹其原理，然後製爲課程，以爲補充教材，專以矯正當前一般學生的國文上之紕繆爲目的。此其一。

國文教學的目的究竟安在？我在開始教國文的時候，只是根據教科書一篇一篇的講授下去，雖然我確是認眞的講，從不「馬虎」，但對於這基本的問題不但並無認識，而且根本沒有想到這問題的存在。我講了若干篇之後，開始懷疑了，懷疑我自己作的究竟是什麼事？我講書，學生們相當歡喜聽，在他們的臉上常有會心的微笑，甚或有許多次的鬨堂大笑，但這不證明什麼，我不是去說相聲的。如果說我教學的目的是幫助學生寫較好的文字，那麼，我這種教法能達到這個目的嗎？如果說我的教學目的是幫助學生多認識幾個字，那麼，那些字認識了之後有用沒用呢？諸如此類的問題紛至沓來，使我感得困惑。偶然翻閱教育部頒布的「課程標準」，高中國文之目標原來有四：

『一、提高閱讀速率及了解力

二、熟練應用語體文及明易文言文表達情意能作切合生活上最需要應用最廣之文字

三、培養閱讀古籍之興趣與能力

四、從民族輝煌事蹟有助於國際了解之優美文字中喚起愛國家愛民族意識發揚大同精神』

原文無標點，文字也不是太容易令人理解的。例如『有助於國際了解』數字就很令人傷腦筋。不過大意我是明白了，前兩項是要訓練學生能讀能寫，後兩項是令學生對「古籍」發生一點接觸，以及喚起學生的「愛國意識」和「大同精神」。這意思當然是不錯。不過我以爲比較重要的是前兩項，——了解與應用。顧名思義，國文就是我國的文字，國文就是我國文字的研究，文字範圍以外的應列爲次要。講到這裡，我就想到我們的國文教學法似乎應該有一個革新的運動。以往教學的方法，不外講解選文，默寫，背誦，翻譯，註釋，問答，作文。如果選文是語體文，文字淺顯，根本沒有多少可講的，講起來學生也不要聽；如果選文是古文，即使講解得清清楚楚，學生也無法吸收利用。我最近看到幾套美國出版的英文教科書，頗有所感。英文是他們的國文。他們對於英文的教學，其目標顯然的是要教學生善於運用文字，課本編排新穎，注重啓發思想，和反覆練習。返觀我們的國文課本和教法，似乎是太呆板太陳舊些。我們都曉得，文字和語言是一回事，語言和思想也是一回事。思想清楚，然後語言才能有條理，然後文字才能通順。反之，頭腦胡塗，語言雜亂，文字不通。所以，國文教學法的基本在思想的訓練，然後輔以字句法的訓練，使逐漸養成習慣。在訓練的過程中，僅僅一本課本還不够，還需要有良好的「練習簿」(Workbook)，內中有改錯、塡字、造句、成語、辨異、字體正訛、標點正誤、等等。其原理是以有系統的方法實行敎練。簡言之，我的意思是，我們何妨參考一下英美人教英文的方法來改革一下我們自己教國文的方法呢？此其二。

高中學生畢業之後，大部份不升學，很可能從此不再有受學校教育的機會，所以，乘他們在高中的時候讓他們知道一鱗半爪的「古籍」，用意不能說是不對。不過「古籍」二字涵意至廣，如何選擇，如何講授，其分寸頗不易釐訂。我的感覺是，教國文的先生們通常是把「古籍」看得太重了。講文學，詩經、楚辭、不能不要，賦不能不講，詩、詞、曲、桐城文，一樣也少不得。講史學，左傳、史記、漢書、都重要之至，以至於章學誠的「文史通義」也不能不加理會。講哲學，儒、釋、道、三家再加上玄妙的理學，甚至再加上一點西洋的玩藝，眞是五花八門無奇不有。文史哲這三部合攏起來，稱之爲「國學」，國文課裡講授國學，豈不是順理成章的事？殊不知這樣一來，國文成了萬花筒，這副千鈞擔子把學生壓得透不過氣，國文的眞正目標反倒被掩蓋住了。我個人因爲「國學」根柢淺薄，一見「國學」二字就覺得頭暈目眩。所謂「古籍」，偶然涉獵，文學只當文學看，歷史只當歷史看，哲學只當哲學看，並不明白「國學」二字是怎樣講法。中學學生應該了

解中國文化的發展情形，這是無可置疑的，但是這一副擔子不可完全擺在國文的肩上，應該由歷史地理公民等課分擔。有人告訴我，大學入學試驗的國文題目裡總是有「國學概論」一項，所以中學也不能不求配合。也許是因爲中學講授一點「國學」，大學的入學試驗才要考的。無論如何，分量過重的所謂「國學」，對於中學國文是一個不必要的負擔。此其三。

還有一點，由於課程標準的規定，中學國文的課本內容都是『選』文，『選學』當然也是很不容易的，不過中學國文是否應以「選」爲限，是很可疑的。由於選，發生很多困難。選習見的流於濫，選不習見的流於僻，選語體文則難上加難，語體的舊小說好的不多，「語錄」根本不大妥，現代的白話文作家固然如過江之鯽，但是眞够得上作範本的又有幾何？由於選，在某一方面給編國文課本的人一種便利，自己不需動筆寫，因此，只需在選擇之間有一個系統就行了，對於如何啓發學生的思路，如何訓練學生的文筆，事實上無法顧到。我以爲中等學校的國文課本，選文只應佔一部分，很大的一部份應該是由編者自撰的。編者自己的文章就够示範的標準嗎？不是這樣說。選文是要選有示範作用的，要學生們精讀。自己撰寫，便不一定是示範，可能只是示例，某種文之某種寫法而已。在自由的撰或選之下，編者可以更充分的發揮國文教學的功能。在舊式的教學法裡，選文需要精讀，『以能背誦爲主』。我們如果學習寫作文言文，背誦是必需的，而且除了背誦以外似乎還沒有更好的方法把那與語言不同的文言腔調句法硬嵌進學生腦子裡去。如今，我們大部分承認，中學國文的目標是使用語體文及淺近的文言文，所以以背誦爲主的選文精讀的方法實質上已不太需要，硬性規定選文的辦法也自然是不太適宜的了。此其四。

我自己的國文不高明對於中等教育又非專家，只憑一點點的經驗，妄談得失，罪過罪過。

(上接第18頁)

頭三個月鋼的供給將最缺少，此後擴大的生產能力(預定一九五二年煉鋼一億一千八百萬噸，到一九五三年將爲一億二千萬噸。)應可供給平時製造業較多的鋼。預計到一九五二年終，這一年全國所生產的貨物與服務，總額將爲三千五百六十億元。但由於個人收入的增加，購買力將較貨物與服務爲多——大約多一百二十億元。去年的全國儲蓄打破紀錄，是一個特殊情形，而且這情形迅速即恢復正常。在儲蓄恢復正常之後，購買力即增加，物價將因缺乏金屬製品的開始上漲。此外，假如工資再開始大量增加，以致現在物價與工資的平衡不能維持，就更將加速物價的上漲。

十一、自由經濟的龐大力量

在另一方面，許多工商界人士並不擔心通貨膨脹，反而擔心繁榮後的衰落——這當然不全是在一九五二年，他們是擔心到數年之後。他們指出，一九五一年的售賣市場之所以能維持而未衰落，主要是由於增製軍備。但是，假如現在的工業擴張都完成，用於軍備的費用亦自最高峯減少，維持美國經濟繁榮的力量將是什麼呢？

對這個問題我們可以回答：第一，即使軍備生產自最高峯下落之後，美國的國防安全計劃，將永久每年至少需要五百億元的軍事預算。已擴張了的美國經濟是可以負擔將起的，而且現在的每年七百億元稅收制度，可以供給足够的款項。

第二，美國的整個國家都像牠的工廠一樣，一齊在生長。一九五一年美國有三百九十萬嬰兒出生，較人口統計局的預測多出四十五萬人。美國的人口現在約爲一億五千五百萬，(十年中增加了十五%)，原來曾預料到一九六〇年將增爲一億七千萬，但以今的天情形看，可以增到一億八千萬。美國的自由經濟已達到一個高度生產同時高度消費的地步。

由於人口的增多，美國無須憂慮牠的大爲增加的生產能力沒有用處。製造軍備時所未滿足的消費品需要，在恢復供給時，將是很大的購買力。底特律的汽車業估計美國現在行駛中的汽車共有四千二百萬輛，其中有三分之一已超過十五年以上。現在的公路已不足以應付現在的高速度汽車，許多公路在二次大戰中皆已失修。僅把美國的公路現代化，就需四百億元。汽油業預計在十年內將用一百十二億元，擴充三分之一的設備，亦不過僅是以應付增加中的汽油需要。到一九六〇年時美國最少需要六百萬所新房屋，方僅足供給所增加的人口之用。此外，每年建築新屋和修理舊屋的費用，據估計約爲一百億元。

美國的未來是一個美景。但在這個共產帝國主義侵略戰爭威脅的世界上，美國必須有經濟力量和武裝力量來保護自己和自由世界，然後才能有幸福的將來。經濟力與武力二者不可缺一。在一九五一年，美國證明牠有了經濟力量。在一九五二年，美國必須準備好牠的武器。(完)

(譯述自一九五一年十二月卅一日 Time 第三八—四二頁)

(上接第10頁)

(吉田首相一月廿六日聲明)特別注重貿易上的利益。切盼擔當折衝樽俎重任的諸公，勿惑於日本對大陸貿易利益之說，而作不必要的讓步。本文之作，聊供當事者參考之一助云爾。

四十一年二月十四日

附註

註一：每日年鑑所載數字，係根據日本帝國統計年鑑及大藏省發表的報告。

註二：民國二十五年，朝鮮及臺灣都列入日本版圖。茲因戰後日本領土係以其本土四個大島及附近的小島嶼爲限，故只採取日本本土部份。

註三：第二次通商白皮書係昭和二十五年五月發表，其中所載者爲民國卅八年度日本貿易情形。

註四：本年一月二十三日報載行政院陳院長允於中日締結双邊和約後以剩餘食米三十萬噸售給日本。

火炬的愛

朱西寧

醫院裡的一切都是白的。

而且不僅是本身的白，還該說它是一口漂白的染缸；紫的血，橙的膿，黃疸，黑熱，猩紅疹，哪管他五顏六色，只要打從這兒經過，褐色的叉燒也會給漂白成清蒸水晶肘子。尤其是廿五號的陳群，進院時是那麼個黑人牙膏的莊稼漢，今天却成了個白面書生。

從他的嘴裡取出體溫計，我迎着亮數那上面的刻畫，熱度還老是在三十八度上打轉兒。他側着臉問道：「怎樣了，護士小姐？」聲音弱得像蚊子翅膀的顫抖。他成了個產婦。對于他，近些時來我不知爲什麼總愛在配藥的天秤上加進些謊言的份量，我說：「比昨兒好多了。」

其實他在我初次的印象裡是極惡劣的。我來軍醫院服務第一次接待的病人就是他。五六個當兵的把他用擔架送來。我走上去掀開毯子，哎喲：我止不住立刻把口罩從下巴提上來掩住鼻子。那簡直就是走十來天的路途，從未洗過一次脚，而且又穿的是橡膠鞋，陡然的脫了下來，那種奇異的氣味，已不是一種單純的臭，酸，腥，騷……還有些其他的，古人並未給我們留下什麼字眼可資形容的味道。爲什麼不給病人擦一擦身子或換一件乾淨衣服呢？莫爲這種氣候還冷麼？眞是！這些當兵的無怪乎給人家瞧不起。慢說是病人，那幾個擡擔架的，單看他們週身的披掛，不用嗅覺，用兩隻眼睛就可以聞見那種不正當的惡氣味了。我現在才體味出一些醫生爲什麼愛對病人發脾氣；服務這種職務所需要的耐性與愛心實在是一種吃力負擔，究竟我們自嘆不都是南丁格爾的那種超人。

當陳群還在昏迷狀態中，曾有一封自中央印刷廠寄來給他的快信，我將信放在他的枕頭下面。那一夜輪我值班，我寂寞的徘徊在林立的病榻前，我聽見他喃喃的說着夢囈。本來這在通間的病室裡是司空見慣的事。然而在含糊中我聽見這樣的兩句：「……我看不慣，這種日子我看不慣，我回去……回去……」我以一種戲弄的情趣伏到牀邊去問道：「你要回到哪兒去？」他縐一縐眉頭，不言語了。

我靜靜的瞅着那張無知的瘦臉，乾燥的嘴唇還似自語的輕顫着。我不知爲什麼會偶然的下意識裡換起一種浪漫的或者可以說是曖昧的幻覺；也許是夜深人靜，易于挑逗起這種羞人的情緒。我嘗試着把我安排在未來的婚後的生活裡——當然面前的這個人就是他，而且不幸的病了，我試想着該怎樣的蒼涼而心疼的照撫他——我輕輕的撫摸着他的胸脯，我想伸出手去試一試他額頭上的熱度，但我沒有，我的手在半途中停下來，落在他的枕畔。我會愛上這樣的一個醜男人麼？那才見鬼呢！我的腿蹲得有些發酸了。

我重又從他的枕頭下面取出那封快信，已經是第幾次了？我記不得，總也不止一次。素來我便有着一種彷彿天性中帶來的不道德的好奇心，我臆着信封上一定是出自女人之手的筆跡，越發的感到一種神秘，會有寫這樣秀麗字跡的女人寫給這樣的一位莊稼漢！而且時値心情極端無可寄托的子夜，我仔細的折開了他的信，心跳的很厲害，明知這是一件見不得人的歹事。那信上寫着：

群弟：接表弟信，焦灼萬分，當初你若聽我苦勸，何至落得這場病？而且又住到那種設備一定簡陋的醫院裡，什麼都不去說他，你叫我怎麼對得起兩位老人家？我已經先滙一筆款去給表弟，囑咐他給你趕快的送進私人醫院去，我若不爲萬華太小，走不開身，就應該來照應你，不過能及早把你送進私人醫院去，我心裡也就安了。這一場病後，我想你總該回心轉意了，我總認爲你是意氣用事，你還應該想想是什麼個身份，家中男丁不旺，伯伯叔叔四房人都關着你一個，你即或不給自己前途打算，也該替家裡的幾位老人着想，也該替我的處境着想，成全我的苦衷，你只知固執成見，你犯得着吃那種苦麼？再說，一旦反攻大陸，萬一你有個什麼長短，你叫我將來怎麼向老人家交待過去？你說同學中還有當過校長科長的，可是他們都是無路可走才幹這一行的，比不得你，嘉民屢次的要我催你同表弟來，他總說你是個人才，一個大學生，就算是你還沒有畢業，什麼事不好做，偏偏要去當兵？不管你是繼續求學還是找職業，即或養活你，他都絕對負責，我們也還養活得你……

我放下了信，我說不出是用一種什麼心情在凝神的審視着他昏睡的臉，我伸過手去，輕輕的按在他發燒的額上。

我應該以良知叱責我的自私，我竟會以一種蒼涼而心疼的心情來照守他了。不僅如此，我彷彿在有意無意中曾顧慮到他的表弟萬一來了，要把他送往別家醫院去，我能用什麼辦法加以阻止，我只希望他的病快一點有了起色，只須他從高熱中清醒過來，相信他可能拒絕他姐姐的主張。

並沒有等到他清醒過來，禮拜天的上午，他的表弟來了。原來就是當初送他來的時候，同醫官吵嘴的那個小兵。棕黃皮膚，補了補釘的軍服的背後，一片片大大小小汗水留下的跡子，像褥子上孩子的尿斑，身上是一種古人並未給我們留下什麼字眼可資形容的惡氣味。我把那封重又封上的快信交給他。

他問我這兒是否適宜他表哥住下去，是否有遷到私人醫院的必要。我一點也不會考慮措詞，口直心快的說道：「這兒並不是一般人想像中的那麼簡陋。」我該多麼愚蠢！分明是偷看過那封信了。我唯恐理由不够充份，又加上一句：「而且他也不宜再受顛動。」我還想說：「而且我是一個剛離學校還沒有染上職業習氣的護士，我會熱心的照顧病人的。」

然而我沒好意思張開口。

「一個軍人當然要住軍醫院！」他的表弟也是那種憫氣的味道，多冷情的樣子！臨走時，在窗口上匆匆寫了封短簡：『直至今天才請准了假看你，因爲司令官來校閱我們，一連操作了好久，可是講評時還大大的罵了一場，那實在是因爲他太注意小動作了，因此我們的訓練期間還要延長。你不要怕將來動作跟不上，因爲我們學過的課目還要重復實施，你安心養病好了。表姊滙來的二百元以及全連官長和同學捐助的五十元除掉我來去的火車票三元二角，其餘悉數留下，全連官長和同學都在希望你快點好起來歸隊。』

我的概念會陡然的轉變得這麼快，着實令人難以置信，這些青年難道就是我過去頂面碰着便不禁掏出手絹掩住鼻子的那些老粗麼？我懷着寂寞與慚愧等待去探究他的身世。

隔不多久，又來了一批實習的女青年大隊的學生。

我格外的奇怪了，過去間或在馬路上碰見這些村婦型粗手大脚的女兵，我會直覺的想到她們的出身，那種想法與目前的一切對照一下，那太荒唐而欺侮人了。她們原來是這樣的文雅的談吐，溫柔的慰問照拂着病人，他們孳孳不倦的研討着學術與工作心得，這都足以使我的理性羞愧。然而自尊心與要强的性子不許我認輸，而使我固執于原有的高貴，矜持與傲慢，我不可理喻的偏要維持我以往的小資產階級女性的優越感，完全是一種使小性子的嫉妬和她們保持着一個距離，彷彿和她們一挨近，我的白衣便會立刻沾染上永久洗不掉的汚垢。于是我離群而沉默的冷眼瞧着，我偏不服氣，偏要固執我的看法，偏要把她們的行爲蠻不講理的另作解釋：她們文雅的談吐只是故作斯文，她們溫柔的慰問與照拂只是一種人人可以做作得來的假情假意，她們孳孳不倦研討着學術與工作心得的精神又該是多麼寒酸而小器！我明知自己的不該與可憎，然而我控制不住我的情感。

尤其那兩天陳群剛剛稍見退熱，她們老愛伏到他床前去叨叨絮絮的說個不休。原來他和她們都是同時同道一起從軍的，這就更使我悵惘了，我的心異常氣悶，異常忙碌，我感到一種處于芸芸衆生之中被人不睬的寂寞，彷彿她們存心在嘲弄我，輕蔑我，故意的向我打趣，我忍耐不了零星瑣屑積年累月堆砌成的虐待，于是我被迫採取不光明的路子，我要修飾自己的容貌，我要做一個飄飄欲仙的白衣天使，而且我要報復，我要守着她們的面去佔有他，向他獻殷勤，覇佔他的心。我要使她們自嘆不能與我相比。要她們對我羨慕而認輸。

婦人的無理的狹量與把持，孩子的頑强的爭執與貪婪，我不覺沉溺于這種個人主義的情感用事的漩渦裡，愈陷愈深，而最使我悲哀的還是她們那種與我無爭的淡泊的態度，如同一個野蠻的孩子握着拳頭各處去找人鬪架，却沒有一個人來理會他。

他是個明白人，雖然他不見得就完全了解我的衷情，可是他已經看出我對于他已經超出護士與病人之間應有的限度。

夜間，我各處走動，挨床的把病人的被子整一整，便急促而又裝作緩慢的到了他的床前。他蹙眉鎖眼，像是極不耐于此種寂寞，乞憐的求道：「行行好，賞我一片安眠藥，書不讓我看，話也不准我說，這叫什麼住院？關進鐵幕去了！」我失去了一個護士的體統與風度，我咬着指頭瞟着他不言語。爲着無法分擔一個人的苦楚而苦楚，這意味我是體驗出來了。

從他的床頭取過資料卡片，我扭着身子有眼無心凝視着上面。不知怎的，潛伏在我深心的人格感，忽向我提出不屑的呵責：「想憑你這種風情去塡充他寂寞的空白麼？你純潔的任務哪兒去了？」我不禁面紅耳赤，連忙穩重了姿勢，然而我該怎樣呢？

他表弟的那封信他早就讀過，只是那封快信我一直的沒有讓他看；我擔心一種病人的反常心理會使他貪享安逸以致失去他原有的骨氣。我嘗試着說：「假使住到私人醫院去，也許比在此地舒服得多。」他眨着眼，尋索良久，自言自語的道：「住私人醫院！」他瞧着我，彷彿不懂得我的話，一步緊迫着一步重復的問道：「爲着舒服？住院是爲着治病，是爲着舒服？當兵的有資格住私人醫院？」我道：「你不是有位很濶氣的姐姐嗎？」他不言語了，眼睛瞅着我。我不安的垂下頭去，用資料卡片遮去我的臉，考慮着要把那封信交給他，但又不能做得這麼露骨。我沉澱在自責與兩難的迷濛中，抬起頭來，忽然與那一對逼人的目光相對，那裡面似乎有一種情欲的野蠻，我待不下去，臉上一陣火辣辣的發燒，我急促的離開那裡。

當他讀完了信以後，他全神墜入于遐想中，好幾天。我也跟着擔心事擔上好幾天。

再過幾天，他退熱之後開始食飲流質，精神也在日見回復，他的話也跟着增多，而且他愛單獨的與我交談，在她們女青年大隊的學生面前，我感到一種沾沾自喜的勝利的驕傲。

我每次傾聽他肺腑的吐訴，總像是坐在議會的傍聽席上敬聆着一位高瞻遠矚的大政治家在報告他的施政方針，他具有一種不平凡的見解和憂國憂民的氣概，使我傾服的走進他的故事裡面去，忘掉了我自己，忘掉了目前。

那一切都會在我的設想中清晰的出現：是的，但有一點兒血性的青年在那種令人痛心疾首的環境下，再也待不下去了。正如他所說的：「那眞是末世紀的張狂和放肆。」眼看着江南已經不保了，他那潛伏着大量的陰謀叛變者的學校裡，格外的紊亂起來；當吃光運動的第三天，飯廳裡整鷄整鴨的一片狼籍，令人觸目驚心的感到那些民脂民膏的暴殄。尤其是一般青年軍的同學，眼看着那種情景，哪一個不是忍氣吞聲，氣憤塡膺？政府以那麼大的一筆巨款公費，却自始至終是養而不敎，白白的養活着那些青年送給敵人去利用，轉過來反叛政府。

待不下去了，一個青年軍的同學向他提出了一個問題：「爲什麼當兵的只有莊稼漢？」對的，智識青年應該站起來了，應該走出家庭，走出學校了！

然而民氣渙散到極點，大家只有怕，沒有恨。一方面是流民載道，一方面是花天酒地，當時的江南，正是商女不知亡國恨，隔江猶唱後庭花。人類同情心的泯滅，只怕有史以來也沒有壞到那種程度，中國人的愛國心也從沒有墮落到那種地步，太可怕了。

從軍去！那是一個蒼凉而美麗的手勢的招引。陸訓部正在京滬一帶招考愛國的智識青年。可是他的家庭絕不許可他來當兵。

他同他的表弟再三商酌，不得不去欺騙家庭，他們說：「跟軍隊到臺灣去，以後再到臺北他姐姐那兒去，或者進學校，或者謀職業。」當時臺灣入境相當困難，這正是一個討巧的辦法，家庭方面也怕一旦共匪渡江，青年人待在家裡總不是回事兒，結果家庭中了他們的計，答應了。

在黃浦碼頭上，這一群預感暴風雨的海燕終于率先投入大時代的漩渦。那時京滬線已斷，他的家鄉已經收進了鐵幕。黃昏近了，船身悄悄的離了岸，外白渡橋沉沒在晚霧裡，大自鳴鐘再也看不見一點。千百個青年懷着一樣的心情，呆呆的停在甲板上，每一個人的心都憂傷的沉重到極點，大家一言不發，就那麼冷清清的走了，撇下了親人，眼睜睜的讓他們關進鐵幕裡去，未來的日子叫他們怎麼過得下去？一個十五歲的小同學擠在人叢裡傷心的哭了起來。

他們沒有像十萬青從軍的那麼樣到處受到熱烈的歡迎，也沒有像臺籍軍士入營的那麼樣備受鼓舞的歡送，他們是那樣默默無聞的走進新軍的烘爐，默默的承受着大時代的錘練，眼前的一切沒有放在他們的心上，他們只瞅準着那遙遠的爭取自由的目標，他們關心的是哪一天打回老家去！

軍營裡並不是一些文人筆下所寫的那種想像中慷慨悲歌的情調，那可是要流汗流血茹勞含辛的兌現交易。三百六十行，行行謀生，行行總是爲着求得點享受。唯有當兵的，時時刻刻在謀死，時時刻刻在求痛苦。風吹，雨打，滾在烙人的沙石上，汗水浸透了軍服，一層未乾再套一層，鞋子裡是一下子黏臭的黑泥，軍服的來源又是那麼艱難，儘可能的實行赤膊赤足，只讓一條紅短褲遮遮身子。一整天的操作，人是疲勞得隨便站在哪兒就可以呼呼大睡。一頭倒到床上，更不必去說了。可是，武器、彈藥、背包、水壺、乾糧袋、軍服、鞋子，零零碎碎的東西，得放妥當，提防着說不定是五更三點哪一個時辰，一聲哨子，電燈整個的熄了，三分鐘全副武裝完畢，隨着白旗子向伸手不見五指的黑夜裡，深一脚淺一脚的急行軍；綁腿緊了，腿肚兒轉了筋走不動；鬆了會散開，絆得你跌跌絆絆的，踩掉了你的鞋子，不會再留下時間讓你拔起來。像走在雨地裡，軍服濕漉漉的貼在身上。忽然間，白旗一揮得趕快散開，不管是水田，糞坑，荊棘，立刻臥下去，你可以聽見汗水一滴一滴的從下巴滴下去，滴在地上。二十華里的夜行軍趕回來，三分鐘睡下去，讓野外帶回來的泥沙汗水再塗上床舖去。可是還得提防着第二次。也許當你疲憊不堪回來的時候，正輪到你下一班的衛兵，照樣的再挾着槍去巡邏一小時。生活降低的程度使他們洗一次熱水澡也會好幾天念念不忘……。

總之，在軍營裡，苦痛俯拾皆是，一言難盡。他特別的强調這只是受訓期間的遭受，至于一旦作起戰來，那實在不可想像。很顯明的，「爲國家爲民族」在一個戰鬪兵的身上，實在不能解釋作爲高調，他們的確是在以自己的死爭得大衆的生，以個人的痛苦兌換大家的幸福，無條件的犧牲享受，無條件的犧牲生命。

「我很不容易忘掉的一次——平時很難得出營，其實也並不希望到街上去。只是公差輪到了沒有辦法。馬路上迎面來了一群女學生，穿得那麼樣整齊清潔。我急促的掉了個方向躲過去。不巧，頂面又碰上了兩位，我躲不開了，她們搗着鼻子走過去。」他狠狠的咬白了嘴唇，眨着眼，不知又在想到些什麼難堪。

「以先，我總以爲我們身上的氣味很難聞，服裝太邋遢，難怪走在街上老是挺不起胸來。可是不多久，我就否定了那種看法。原因還是爲着國家弃到這般地步，什麼人都可以把責任卸去，唯有當兵的不能辭其咎。因此，我們的自卑感普遍的存在每一個當兵的心裡。雖然我只算是一個新兵，可是旣然穿上了這身二尺半，這種自慚形穢的心理也就自然的生出來了。」

「記得去年省運會，我們被派到臺北去參加劈刺表演，在那兒很待了幾天。那天在臺大看壘球賽。無意的一轉臉，從背後過去一位——還是在中學裡，一位很要好的同學。那時大家都很幼雅，相處得很投機，拜了弟兄，我是老三，他是五弟，就是後來分了手，還是時常來往，沒有生疏過。可是我幾次張開了口，都沒有勇氣去招呼他，眼看他西裝革履的携着位女友擠進人叢裡去，我眞不明白我會那樣的懦弱。他鄉遇故知，這是可遇不可求的，錯過去未免有些可惜，我到底鼓起了勇氣，值星官那兒報告了一下，我趕上去，拍拍他肩膀，他轉過臉來，端相了好半天才伸過手來一把握着我，親親熱熱的喊了聲三哥，問我：『你怎麼落魄到這種樣子？』你想，人當了兵就是落魄，還有什麼話可說？他替我向他那位朋友介紹，說：『這位是我中學裡的同學，中大讀法律的，一位品學兼優的高材生。』其實還說那些做什麼，品學兼優的高材生是學校裡的榮譽，社會上不一定歡迎。他壓低了喉嚨說：『我以爲你到那邊去了。』我眞奇怪，我問他爲什麼這麼想法。他說：『你的思想一向不是就很前進的麼？』我止不住要笑了，難道到臺灣的，思想都是落後的麼？他連忙向我解釋：『你一直的都在激烈的不滿現實，你不是時常批評政府的秕政麼？」我覺得可笑，政府統制下的社會是現實，難道共匪的天下就不是現實？共匪的現實還沒有臨到你，你就跑了，逃避了，這種不滿現實的程度多麼厲害？」

「當然他同一般人一樣的心理，何事不可爲，偏偏要當兵？以一個銀行裡玩鈔票的，一聽說十二塊錢一個月的上等兵待遇，怎能不伸舌裂嘴的大不以爲然。可是，當兵的是爲着待遇麼？太淺薄了。蒙他的關懷，要我以後有什麼困難儘管寫信給他，我笑笑，也許他眞的以爲我窮極無聊才走這個路子的。我的福氣不淺，有一個印鈔票的姐夫，還有玩鈔票的兄弟。」

「後來又請了半天假，到姐姐那兒去。他們特爲我擺酒接風。姐姐她要我就此同表弟開小差下來，後來見我意志堅決，就只得埋怨這半天的假期太短促。可是僅僅的四個多鐘點，我倒嫌它太長了。是的，說一個人怕享受，那誰也不肯相信。本來在軍隊裡只是從報紙上知道一些社會情形，我們總以爲今天來在臺灣各階層的人絕對會痛定思痛發奮圖強的了。可是看到了姐姐一家的生活，我雖然並不灰心，可是我很傷心，很寒心。你想，處在一個隨時隨地都會叫人傷心寒心的環境裡，儘管錦衣玉食，能待得下去麼？我知道姐姐夫婦倆對我可眞是仁至義盡了，可是——仁，只是婦人之仁。義，不明大義，這樣的仁至義盡，叫我怎麼好接受？」

「從臺北回來，一路上，心情沉重的很，而且還不時的感到一些心灰意冷。可是人剛進了營房，馬上就變成另一個人了，中國還是有着無窮希望的。」

在我的心裡盤踞已久的懷疑，使我向他提出質問：「難道天下就眞有不怕死的人麼？」他提一提眉毛，彷彿瞧不起我的無知。他道：「誰都該知道，中國軍隊是世界上最不怕死的軍隊。聽天由命的哲學思想雖然在中國遺毒不淺，可是倒留下一個非常大的成就，俗語多的很，例如『生死由命』，『生有地，死有所』，『未定生，先定死』，『閻王叫人五更去，不能留情到天明』，『該怎麼死是一定的』，這些通俗的宿命論，普遍的存在每一個人的心裡。該你死了，你躲不掉，不該你死，槍林彈雨，身經百戰，還照樣的不損一根寒毛。我就是千萬個人裡面相信宿命論的一個，八歲的時候，隨着一家人逃難到湖南去，十二月的天氣，我掉進洞庭湖裡，那個時候死的可能性太大了，可是我平平安安的活到了今天。相反的，我伯伯跟前的一位哥哥，比我大幾個月，嬌生慣養的活到十一歲，倜鉛筆割破了指頭，破傷風死了，多麼容易。當然並不是說因爲你從來沒有死過，所以就不會死。不過我從來很少想到死的可怕，既然人生避免不掉死，又何苦提心吊膽的防備着？又豈是可以防備了的？不是很滑稽麼？」

我有時也勉強的插進嘴去和他交談兩句。我說：「以你這樣好的口才，如果做一個政工人員也許對國家供獻更大。」他大不以爲然的笑着道：「你錯了，葛小姐，單憑一根三寸不爛之舌去做一個政工人員，那也不過只落得上弟兄們駡你一聲賣狗皮膏藥；過去我們的政工人員會談理論，唱高調，喊口號，實際生活全不是那麼回事兒；睡懶覺，吃小鍋飯，談戀愛，言行永遠是兩回事兒，不但領導不起士兵，反而引起反感。尤其今天，不是吶喊的時候，不是鼓動別人去幹的時候，要幹，從自己幹起！」他指着那些女青年大隊的學生對我道：「當初她們和我們都是一道兒從軍的。那時候她們哪一個不是嬌滴滴的小姐！再看看今天，一個個都結壯起來了，一個個都在脚踏實地的幹起來了，這才是現時代裡我們最需要的女性。瞧着她們那種服務精神，你能說自由中國沒希望麼？」他不是在叙述她們的身世，他是在指桑駡槐的斥責我，似乎我整個兒的心理變態的過程他都知曉了。我更奇怪的是我的反應中。傾服多于反感。我努力的掙扎着：「你——是一個少見的現時代的青年。」然而我的愚蠢又被他立刻否定，他說：「不是的，我並不是一個傳奇人物，所好你在此地服務，只要你注意，我保證你以後會發現無數比我更理想的人物，因爲我有愛說話的缺點，愛展覽自己，現在這個時候應該先做不說才對。」

終于他出院了，同時女青年大隊的學生也正實習期滿，帶着心得經驗滿載而歸，我這才預感到他和她們走後的不可言狀的悵惘，因而依依惜別，我更懷着一種私心，妄想如果還是過去的軍醫院，也還可以多待在這兒幾天。因爲聽說過去的軍醫院一向是病人送來了不肯收；應該出院了，又不肯放，爲的是多報一筆醫藥費。不過即或留他不放也不可能了，他歸心似箭的急于要歸隊去。

他出院的前夕，更予我以許多寶貴的啓示。他把符號釘上軍服，用針尖指着符號上面的火炬，他像是一位正在刺綉的姐姐在勸勉着一個年幼無知的妹妹：

——生命應該是一柱火炬，不計個人利害，不計個人前程，把自己的生命力盡情的燃燒起來，把光亮獻給人生。有朝一日化爲灰燼了，然而群衆已經從黑夜步入了黎明。生命的眞諦應該是付出，不是收入。——他爲我在紀念的册子上留下了這篇箴言，他去了。

醫院裡的一切都是白的。

而且不僅是本身的白，還該說它是一口漂白的染缸。它將我以往的小資產階級女性的粉紅色的愛給漂白了。

讀者投書

留學獎學金應該公開考選

王致忠

編者先生：我是一個科學工作者，平日偶而也看看臺北的一般雜誌，前幾天無意中在一位朋友處看到他保存了兩年多的貴刊，使我能有系統的仔細明瞭貴刊的言論和立場，使我對貴刊發生一種敬仰愛護的心理。附奉投書一通，如果可能的話請登在貴刊的刊末，作爲一個淸白的學人對兩三年來所見所聞關於國外機關團體所贈獎學金選拔方式的一種控訴。敬祝

編安

讀者王致忠敬上 二月十九日

上月十七日臺北各報登載了行政院第二二〇次院會通過「國內外機關團體等贈送獎學金或研究補助金出國留學或實習之人員由敎育部統籌考選」的議案，本來這是早就該由敎育部統籌考選的事情，一直至現在才見到把這件事當作一件議案通過。雖然如此，我相信看到這一新聞而感到快慰的人決不在少數。現在就以我所知道的近兩三年來在臺灣所舉辦的國外機關團體贈送獎學金出國留學實習人員考選或甄選的情形約略一述，看看是否眞的錄取了眞才送到國外去深造：

一、ECA/JCRR 留學考試：是去年春天的事，由七八百名應試者中考選了三十餘名，其間經過報名審查、初試、複試、口試等四關，一直到去年暑期快終了時才算結束。按理不能說不嚴格，但是由於錄取標準要符合省籍的限制，許多成績好的反而遭到擯棄，成績不像樣的却金榜題名了。例如臺南××試驗所的某系主任從事研究工作多年，考試成績亦佳，複試時竟爲擯棄；而該系某助理研究員考試成績甚劣却蒙錄取送至美國去深造，這顯然違背了爲國家培植人才的目的。

二、天主敎獎學金：我對此事知之不十分詳細，聽說被選送的學生以高中畢業生爲限，選送並不舉行公開考試，我聽幾個中學生告我，被選送的學生在國內學校裏的成績十九在水準以下，雖然這項獎金是天主敎會的，敎會有處置的權利，但在宗敎與敎育的立場，爲敎會着想亦宜採公開考選的方式爲佳，否則是有欠公正的。公正，應該是敎會所重視的原則。

三、美國大使館大學敎員獎學金：是去年暑期的事，事前並未公開宣佈，所以連大學敎員知道此事的也很少，只有一二十個人前去應試，所謂「試」只是作口頭的個別談話，因此只有在美國大使館有熟人的人才能獲得這個消息而去應試。我認識的三個人去應試，結果有兩個被錄取了。這種選送大學敎員出國深造辦法的缺點也是沒有公開的學行考試，僅憑不公開的個別談話而定取捨，難免無徇情之處。

四、聯合國獎學金：這是最近舉辦的也是流弊最大的一次，在自由中國人士的心靈上蒙上了一層深暗的陰影，監察院曾提出彈劾，但未聞下文。此項獎學金的名額有五六十個，分經濟開發，由經濟部主辦；公共行政，由內政部主辦；社會福利，亦由內政部主辦，我有一位朋友曾參加經濟開發獎學金的申請，故知之較詳，我的朋友是某國立大學化學系畢業的，在校時以生物系爲副系，曾在衞生部某工廠服務數年，後又回到大學作研究工作，來臺後因找不到合宜的工作，故暫在某校任敎員，他去經濟部領申請書時，主事人問他現在在何處工作，他當然据實告他，主事人聽了頗有嫌他無「自知之明」的樣子；我的朋友是想出國研究盤尼西林製造的，並說明他的學歷資歷，又表示他在大陸時曾服務於北平中央防疫實驗處的盤尼西林示範工廠，不但有點實際經驗，而且關於盤尼西林的主要文獻他都有閱讀的筆記，希望能准他參加此項申請。結果竟被拒絕了。最近我和我的朋友業已確知資委會的××公司保送的一位在該公司深井工程處服務的人員獲得了這一名額去國外研究盤尼西林，我們不但想不出來深井工程的經驗對研究盤尼西林有何用處，更不明白爲什麽竟然對一位學歷資歷都很好的人連申請都不准許！聽說這一次經濟開發獎學金十九都爲資委會所屬各工廠的職員獲得了；「甄選」兩個字的本身就含有私相授受的不名譽的意思在內，當然用不着舉行公開考試！公共行政及社會福利獎學金甄選人員（又是「甄選」）的經過我不大明白，我只知道公共行政初選人員名單中有不少是現在政府裏的相當重要機關裏的主管人員，也知道社會福利獎學金的申請者十有八九都被選中了。總之，聯合國獎學金出國研究人員是沒有用公開考試的辦法來選拔，是誰也不會否認的事實。

這封信已經寫得太長，不容我再表示我的（也是許許多多識與不識的朋友的）悲憤。我只希望行政院的決議能夠認眞的不折不扣的被付諸實施，一切國外贈送的獎學金全部由敎育部統籌舉行考試，在公開的公平合理的方式下來選拔人才。再者目下在臺灣值得進一步培植的人才確乎不少，爲了未來的建設，希望敎育部能向國外各機構多接洽些獎學金的名額，在國家經濟十分拮据的時期，這實在不失爲百年樹人爲國儲才的一種適當辦法。

第六卷　第五期　內政部雜誌登記證內警臺誌字第一九號　臺灣省雜誌事業協會會員　一七二

給讀者的報告

本期社論兩篇：其一「論中日合作前途並再告兩國當局」，其二「給美國政府一個嚴重警告」。

關於中日兩國簽約問題，自上月廿日和會正式揭幕以來，已經進入實際談判的階段，但由於日方之缺乏誠意，致使談判陷于停滯狀態之中。本刊對此問題曾連續撰文表示意見，上期社論我們更坦直向兩國政府進其忠告。我們其所以如此重視此項問題，並非我們對和約的簽訂感到十分興趣，而是基於遠東及世界和平的前途，有所不能已於言者。無論就歷史事實與地理環境觀之，中日兩民族的形勢是：合則兩利，分則俱傷，爲中日兩國自身幸福言，均宜在平等基礎上共同合作爲兩國之未來而奮鬪。倘日本政府不此之圖，而昧於國際局勢，希圖與中共留周旋之餘地，則轉瞬必遭赤色侵略之危，重蹈中國覆轍，陷東亞於更混亂之局面，此固非日本之所願，亦非中國人民所忍睹也。中國政府與人民其所以在勝利後率先有「以德報怨」之表示，更于今日不惜委曲求全者，非僅出於傳統之和平寬大精神，實有鑒於遠東與世界安全所繫之重大。因就此意在本期社論中論之，並再告於兩國政府。

韓境停戰談判關於換俘問題，双方相持不決，聯軍方面所提志願遣俘的原則，共方自始表示反對。最近華府方面傳言，美國爲力促停戰之實現，可能不再堅持志願遣俘的原則。倘傳聞屬實，此不僅鑄成美國之過失，且爲自由世界之不幸。無論自人道立場與對抗極權侵略的戰略言，都是一個重大的失策，對於這樣一個嚴重的問題，我們不能忽視，故向美政府提出嚴重之警告。

本期專論首篇「論美國的外交」一文係張致遠教授所作，張教授是國內有數的歷史學家，對湯因比 Toynbee 的學說深有造詣。本文從歷史的觀點申論美國外交傳統的理想主義之精神，在對抗極權侵略維護世界和平的艱鉅鬪爭中，這一精神的闡發是自由世界勝利的有效保證。從此出發，我們認爲美國政府對上述換俘問題應該堅持原來的立場。

日本對大陸貿易是吉田在中日和約談判中採取模稜態度的動人理由之一，瞿荊洲先生根據事實與數字的分析證明吉田的論點只是一種藉口而已，本文對和約談判中歧見的澄清是很有助益的。

本期東京通訊分析吉田政策的本質，是一篇觀察入微的報導，曾英奇君「閒話美國大選」的第三篇是一篇饒有興趣的歷史人物的分析，很能引人入勝。梁實秋教授一文之列入文藝欄是編排上權宜之計，本文的性質實際並非文藝。梁教授在本文中所提供的經驗，對中學國文教材與教學方式的改進是很爲珍貴的。

廣告刊例

一、封底裡面全幅每期新臺幣一千五百元，半幅八百元，1/4幅五百元。

二、普通全幅每期新臺幣一千二百元，半幅七百元，1/4幅四百元。

三、式樣及鋅版自備，如欲本社代辦，則照值計算。

本刊售價

一、臺	幣	三元
二、越	幣	八元
三、菲	幣	五角
四、港	幣	一元
五、暹	幣	四銖
六、美	金	二角
七、叻	幣	四角
八、印尼	幣	三盾

自由中國

半月刊第六卷第五期

"Free China" 總第五十六號

中華民國四十一年三月一日

發行人　胡　適

主編　「自由中國」編輯委員會

出版者　自由中國社

社址：臺北市金山街一巷二號

電話：六八八五號

航空版　香港時報社（高士打道六四號）

經售者

臺灣　中國書報發行所（臺北市館前街八五號）

美國　紐約民氣日報社、舊金山國民日報社

日本　東京南友堂、東京內山書局

馬尼剌　大中華日報社

印尼　椰嘉達星期日報、椰嘉達天聲日報、棉蘭繁華圖書公司

越南　西貢中原文化印刷公司、越南華僑文化事業公司

曼谷　曼谷攀多社十二號

緬甸　仰光振成書報店

新加坡　中興日報社

檳榔嶼、吉打邦均有出售

澳洲　墨爾鉢王德利公司

北婆羅洲　馬拉奕坡美芝律聯華公司

印刷者　臺灣新生報新生印刷廠

廠址：臺北市西園路二段九號

電話：廠長室七一二五　業務課二〇九六

本刊經中華郵政登記認為第一類新聞紙類　臺灣郵政管理局新聞紙類登記執照第二〇號　劃撥儲金帳戶第八一三九號

自由中國

FREE CHINA

第六卷 第六期

要目

中華民國四十一年三月十六日出版

社址：臺北市金山街一巷二號

半月大事記

二月廿五日（星期一）

美商務部長沙伊爾宣布美國與比、丹、義、盧、挪、葡、英、荷、西德等十國簽定協定禁止戰略物資經過轉運而流入鐵幕地區。

盟總宣布將臺日間權益來往賬目移交日本政府，三方代表簽訂協定，自三月一日生效。

里斯本會議結束，北大西洋公約理事會永久會址決定設於巴黎，英駐美大使佛蘭克斯受任爲首屆秘書長。

新任北大西洋海軍統帥麥考米克抵巴黎。

越南法軍撤離和平，退距河內廿哩。

二月廿六日（星期二）

國民大會在臺代表舉行和約座談會，一致要求政府採取堅定立場，與日締結眞實之和約，否則拒絕簽訂。

美英法三國答覆東德簽訂和約之要求，聲明德國必須於經自由選擧統一後，始能討論和約。

日內閣通過國務大臣岡崎勝男與美大使魯斯克就美日安全行政協定所作談判之報告。

法議會開始對傅爾內閣一九五二年度整軍預算案進行辯論。

二月廿七日（星期三）

行政院院會通過自三月一日起至十月卅一日止，實施日光節約，時鐘撥快一小時。

聯軍統帥部在停戰談判中重申對換俘問題之立場，堅持自由遣俘之原則。

聯軍拒絕接受共方對巨濟島暴動事件之抗議。

英首相邱吉爾在下院宣布，英國已擁有原子彈。

日衆院通過一九五二年度預算法案。

二月廿八日（星期四）

美日行政協定在東京簽訂，該協定規定和約批准日本獨立後，美軍駐留日本之詳細行政辦法。

二月廿九日（星期五）

韓境停戰談判聯軍代表堅決聲明，拒絕蘇俄參加中立小組。

法衆院以三百零九票對二百八十三票否決內閣所提增稅百分之十五支付整軍費用之提案，傅爾總理因以辭職。

美埃兩國換文，埃總理表示接受美第四點計劃之援助。

三月一日（星期六）

蔣總統復行視事兩週年紀念。

中日和會擧行第二次會議，就和約名稱獲致協議。

九龍佐頓道中共份子進行暴動，香港政府下令軍警集中，待命應變。

埃及總理瑪赫辭職，原定即日開始之英埃談判因之延期。

三月二日（星期日）

法前總理雷諾同意出組內閣。

埃及新內閣組成，赫拉利受命出任總理。

印度全國普選結束，國大黨獲勝。

聯軍首席代表卓伊返東京與李奇威密商談判新策略。

三月三日（星期一）

盟總正式通知蘇俄駐日代表團佔領特權將於三月底和約生效時停止。

新任美第七艦隊司令卜瑞斯寇宣誓就職。

法前總理雷諾組閣失敗，賓雷同意嘗試組閣。

北大西洋公約歐洲聯軍統帥艾森豪威爾離法訪希土。

三月四日（星期二）

我駐日代表團長何世禮奉召返國。

英下院通過整軍方案。

埃及新總理赫拉利宣布國會改選。

英駐埃大使施諦文與埃及新總理赫拉利同意開始英埃談判。

美英兩國政府聲明共黨誣指聯軍在韓進行細菌戰純係無稽之談。

三月五日（星期三）

美太平洋艦隊總司令雷德福抵東京與李奇威將軍擧行會議，商討有關遠東美海陸軍「高級政策事宜」。

澳衆院批准美澳紐安全公約。

日國務大臣岡崎勝男在衆院宣稱美日安全條約行政協定僅是暫時性質。

法內閣難產，賓雷組閣失敗。

三月七日（星期五）

美總統杜魯門咨請國會通過七十九億撥款援外案。

美參院延期至三月十七日討論對日和約。

三月八日（星期六）

日本報紙刊載中日和約談判之我方約稿，我外交部向日代表團查詢。

法新內閣組成，皮奈出任總理兼財長，徐滿任外長。

日外務省亞洲司長倭島英二抵臺。

三月九日（星期日）

美陸軍部作戰與訓練處長金青少將，新聞處主任柏克斯少將與參謀人員等十一人自東京抵臺訪問，視察美國軍援實況。

三月十日（星期一）

中美高級將領擧行聯席會議。

古巴發生政變，巴提斯塔將軍獲得政權。

社論

履霜堅冰至！

上月二十一日，日本共產黨鼓動民衆在東京各地擾亂。結果，有十四個警察受傷。據日本新聞社的報導，除東京有嚴重的暴動外，共黨尚在大阪，名古屋，鳥取和其他城市發動暴動。共黨發動所謂「反殖民」日，抗議刻在國會辯論中之美日安全公約及和平政策，並藉這個事件暴動。共同社並謂：東京大學中，有三百觀衆在該校大禮堂中毆打在場的兩個便衣警察，這個毆打的發生，是由於有人呼喊「這裏有走狗」，而其他人衆高呼「驅逐他們出去」。

本月一日下午四時，香港九龍方面發生一件空前未有的騷動事件，起因是參加歡迎所謂「粵穗慰問東頭村災胞代表團」的一部分羣衆千餘人，在散隊時沿彌敦道列隊遊行的時候，在佐頓道附近和警察發生衝突。騷亂事件隨即擴大。群衆除叫囂擲石以外，並且焚毀警車。至五時左右，旺角方面又發生同樣事件；有羣衆於紛亂中曾以石子等向警署亂擊，駐守的警員曾鳴槍制止。至五時四十五分才把羣衆驅散。結果，警方四人受傷，民衆多人受傷。事發時整個九龍區域爲之震動；情形的嚴重，爲香港有史以來所僅見。

東亞兩個比較重要的地方，在十天裏面，竟發生同樣的惡性暴動。這決不是偶然的事情，並且決不可以「等閒視之」的。日本的暴動所藉口的是反抗殖民主義。但稍有世界政治常識的人，都知道美國的駐兵日本，決不是爲殖民，更不是爲侵略。美國的對日本沒有野心，是不可懷疑的事實。我們可以說，美國在世界政治的舉措上，儘有顯然錯誤的地方；但美國的傳統政策要以正義與平等奠定世界和平的基礎，是值得稱讚的。任何神志清醒的人，都知道美日安全公約所規定的種類，純是爲便於共同抗禦暴力起見，於日本國家的主權決沒有絲毫損傷的。一般人民，受了「反殖民」等等的口號所欺騙，還不足怪；乃大學的學生，竟亦爲這種宣傳所鼓惑，盲目亂動實在是深可憂慮的事情。這至少證明日本許多青年受共產黨的薰陶已經久了！這樣下去，受共黨毒害的青年，定必愈來愈多；願意做蘇俄侵略世界的工具的青年，亦愈來愈多。一旦克里姆林宮命令達到，只要有幾個史達林的特務在東京發縱指示，便可以造成大亂。「履霜堅冰至。」我們這些話不是危言聳聽，乃是對於日本愛國的人民一種懇切的忠告。

至於九龍的暴動，更可以使人警惕！爲什麼有數千人的民衆團體呢？說是要歡迎所謂「粵穗慰問東頭村災胞代表團」的。爲什麼有這個慰問團呢？說是去年九龍東頭村大火，燒去許多木頭房子，致所有住木屋的人都無家可歸，所以驚動了他們來慰問。爲什麼這些人要住木屋呢？根據調查，這些人的大部分，都是經不起共匪的追害因而從大陸逃亡來港的義民；他們的財產全被共匪「鬥爭」完了，所以只能棲居木屋以過着困苦的生活。我們試想想動：共匪自竊據大陸以後，無端加入韓戰，使數百萬壯丁死傷於炮火下，毫不動心；搜括民財，獻金獻糧於牠的祖國蘇俄，國內因飢餓而死的同胞不下數千萬，而共匪視若無睹；這樣禽獸心腸的人，還會想念到從大陸逃出的災民麼！即屬因假仁假義而慰問，亦應當慰問於火災發生後的旬日間，不應當問於事隔數月之後！無疑的，所謂「慰問」，所謂「歡迎」，都是一種陰謀的託詞。而當日參加暴動的人，竟有一二千人！這雖然僅有港九居民的千分之一，但一二千人的騷動，必經多日的醞釀才能成就。據香港的工商日報，則當時警局曾拘起身懷傳單和符號的男子二人。從這種種跡象來判斷，則這個暴動定是一個有計劃有組織的行動！

這兩件事情，當然都是共黨陰謀的表現，當然都是共黨奉克里姆林宮的命令而演出的。史達林整天整夜想在別的國家製造混亂以利自己侵略世界的計劃。但這兩件事情與其說是試探性的，毋寧說引火性的。史達林要併吞世界，最好是先併吞亞洲；要併吞亞洲，則在攫取中國大陸以後而攫取日本，乃所謂「擒賊先擒王」的策略。就在上月二十一日那一天，東京的讀賣新聞以顯著的地位記載蘇俄對日本的陰謀，謂蘇俄已在中國的東北設置「對日高級指揮部」以從事「解放」日本的計劃，並已在日本扶植若干人以進行地下工作；並謂蘇俄組織「對日計劃委員會」，且在北海道成立「人民軍」。我們知道，前年史達林的發動韓戰，一方面固然是要把共匪拖下水去，一方面亦是要想得着進攻日本的跳板。韓戰已一時不能解決，而蘇俄所訓練的日共又不能不用，所以遂急於在日本製造混亂，以冀事態擴大，而「人民軍」得以乘隙而起。這就是所謂「引火」的作用。在九龍的事件，這種情勢更爲明顯。共匪不是要製造藉口的東西、決不會發動「粵穗慰問團」，又決不會發動數千民衆來「歡迎」的。

不過我們從這兩件事情更可以加强我們對於克里姆林宮陰謀的認識。我們可以說：只要蘇俄存在一天，世界便一天不得安寧。我們曾屢次說過，日本如果不願意做蘇俄的奴隸，如果要做世界上一個獨立自主的國家，便應當毅然決然根絕國內的共產黨，而一心一意的和民主國家站在同一陣線上。不然，北海道的「人民軍」終究會有一天出現的！至共匪所以還沒有明目張膽的和香港爲難，那當然是克里姆林宮所預定的日子還沒有到的緣故。英人如想用姑息政策以求苟安，正「猶惡醉而强酒」，非到了一醉不起的地步不可。到了那個地步，香港政府不僅對不起香港的二百萬人，亦對不起全世界的自由國家！

巴黎聯合國大會

蔣廷黻

蔣廷黻博士由於其數年來在聯合國中堅苦奮鬬的卓越表現，贏得了全國一致的敬仰與國際間的同聲讚譽。這次第六屆聯合國大會在巴黎開會，蔣博士折衝樽俎，竭盡智慮，使我國所提控蘇案得以順利通過，其功績是不可磨滅的。現蔣博士已於大會閉幕後返抵紐約，特撰此文，將本屆大會經過及當前國際形勢報告於國人之前；原文係用英文寫成，由本刊資料室翻譯，於此刊出，以饗讀者。——編者

聯合國大會不論在何時何地舉行，常是反映世界的一面鏡子。與會的六十一個代表來自世界各地，他們代表各種典型的社會、經濟和政治組織。他們的言論和決議、他們在走廊中的談話、他們的恐懼和憂慮構成了一幅顯明的世界寫照。

這些代表們和其他的人一樣也受着環境的影響。爲了要了解在巴黎召開的第六屆聯合國大會的情形，我們必須了解一般西歐國家的心情，特別是法國的心情。

法國和其他的西歐國家都感到恐懼。他們恐懼戰爭。他們恐懼蘇俄的勢力。他們恐懼在他們之間的共產黨及其同路人。縱有馬歇爾計劃和北大西洋公約，但我仍發現西歐和法國缺乏抵抗的意志，並且非常不願面對事實。

西歐各國的代表希望此屆巴黎大會可以緩和現存的緊張的政治局勢。並準備藉妥協而獲致和平。而蘇俄這方面仍和以前一樣利用大會作爲宣傳的場所。

一般人都希望在世界各民族間謀致和平。蘇俄的宣傳便是以此希望爲基礎。而在此屆巴黎大會中，蘇俄更進一步利用人們的一種心理，不願擔負重整軍備所引起的經濟重擔，以作宣傳。維辛斯基非常狡猾地將他的宣傳集中在一點上：就是只有蘇俄是維護和平的，因此，只有蘇俄贊成即時作有效的實際的裁軍和禁止原子彈。他的宣傳不難得到幾分成功。因爲，第一，他的論調適合西歐的心情；第二，他的提議似乎簡單而動聽。人們通常問道：即刻禁止原子彈有什麼錯處呢？爲何不大筆一揮便減少列强三分之一的軍隊呢？提出這些問題的人不了解，原子彈之禁止是一件極端複雜的事；僅是條約上的禁止（那就是說，僅是在紙上禁止），而不眞正實行一個有效的國際管制的計劃，那麼，這種禁止可能是欺人的。他們也不了解，若只顧縮減列强三分之一的軍隊，而沒考慮到各强國的現存力量，那麼，目前力量不平衡的狀態仍將延續下去。事實上，任意縮減三分之一的軍隊將使目前力量不平衡的狀態更顯著，並使整個的自由世界爲蘇聯所左右。

西方列強在此屆大會中提出了一個積極的計劃以還擊蘇聯的提議，就是除了禁止原子彈之外，並成立一個有效的國際管制的組織。至於協定的軍備，必須將現存的武力加以總調查；按照各國安全之所需而予以縮減；並繼續不斷的實行國際調查和管制。西方的這種計劃當然是客觀的、嚴肅的，有建設性的。但是，此計劃過於複雜，因此不適於宣傳。

雖然西方所提出的裁軍計劃在大會中以絕對大多數通過，但其最後的結果仍未決定。在大會後的輿論和在大會前的一樣，對裁軍問題的意見仍不能一致，並且混亂。

此屆聯合國大會是在大不列顛保守黨的新閣組成以後不久舉行的。所有各國的代表都想知道艾登先生將對聯合國的工作作何供獻。艾登先生曾在國際聯盟有很多經驗，此更助長了他個人的聲望。英國雖被兩次大戰削弱，但仍爲西歐最强大的國家．且爲大不列顛國協的領袖。艾登先生在大會討論時，要求代表們討論時的措詞要溫和，以免加劇世界上緊張的政治局勢。他又提出一個建議，即聯合國對於世界的問題應一個個的解決。他認爲一個問題之解決有助於對其他問題之解決。這當然是典型的英國傳統辦法。我個人覺得艾登的建議是不切實際的。今日的世界之所以面對如此許多衝突，乃根本因爲蘇俄決心赤化全世界，並化全世界爲蘇俄之殖民地。現在歐洲、亞洲和非洲所發生的各種問題只不過是世界共產主義之基本的帝國主義陰謀之徵兆而已。這些問題是蘇俄的政治資本。聽任其懸而不決，對他所費無幾。無論是在韓國、越南、馬來亞、菲律賓、印尼、伊朗、埃及、突尼斯、莫洛哥、德國、奧地利、特里西斯特、南斯拉夫等地發生的衝突，或是在聯合國本身內部所發生的衝突，對於自由國家而言，都是嚴重的負擔，若藉戰爭而免除這些負擔，那是十分可怕的事。若藉和平的妥協來免除，則又不可避免地削弱自由世界。

在兩次大戰期間，英、法、美三國雖極力綏靖希特勒、墨索里尼和東條，但事實證明枝枝節節的解決國際衝突是不可能的。『綏靖』這個名詞被各地

的輿論所唾棄，這是應該的。因爲一個極權政權是以征服世界或是征服某地區的計劃爲出發點；就放棄其最終的目的而言，他是不讓步的。他只接受推進其計劃的妥協。與一個極權政權講外交（就在有外交餘地的範圍以內而言），其含義必定就是綏靖。在兩次大戰期間所證實的事情，在今日尤其如此。因爲今日以征服世界爲目的的獨裁者有一個龐大的帝國作後盾，並且擁有一個以絕對主義狂熱信念爲基礎的共黨組織網。

艾登先生在此屆巴黎大會中的名望曾盛極一時。但是，代表們經過愼思熟慮和眼見蘇俄代表團不妥協的態度以後，終於歸到一個結論：就是艾登的言論只不過是一篇流利動聽的演講，而沒論及問題的中心。

此次在巴黎的聯合國大會既沒失敗也沒成功，只不過是又開了一次會而已。

現在，我想討論一下中國的控蘇案。此案控告蘇俄違反一九四五年八月所簽訂的友好盟約。這個討論的本身就很重要，它更進一步使吾人瞭解一般的世界情勢。

在我政府的指示之下，我在一九四九年秋即將此控蘇案列在第四屆聯合國大會的議程上。那時，許多拉丁美洲的國家熱烈地支持中國的代表團，而美國代表團却很冷淡。在政委會的議事程序中，有些時候，竟發生一個奇怪的現象，即中國和美國的發言人似乎是辯論中的主要對手。結果此問題擱置下來了。

一九五〇年，在第五屆聯合國大會中，我又重新努力，但所得結果仍是一樣的。

今年在巴黎，我決定不顧結果如何，將此問題付諸最後的表決。我覺得一再拖延無濟於事。另一方面，一九四九年以來，美國輿論的轉變給了我幾分希望。

大會開始時，我請美國國務卿艾其遜先生予以支持。他向我指出目前情勢的種種困難，要求我應該實際一點和理智一點，並答應支持我們。此次會談完全令我滿意。因爲我以一個中國人的身份不願將友人的利益和原則所不允許他們肩負的擔負加在他們的身上。

當我將控蘇案提諸聯合國大會的政委會時，我發現美國代表團這一次始終一致是帮助我們的。我特別感激美國對此案的發言人參議員古柏（J. S. Cooper）先生。他對我們的勇敢支持是很重要的。中國人民對於參議員古柏先生在第六屆聯合國大會中對中國的自由所作的偉大貢獻必將逐漸予以重視。我甚至要進一步說，所有的自由民族終將承認，參議員古柏先生由於在巴黎帮助中國爭取自由，而對全世界的自由作了一偉大的貢獻。

拉丁美洲的國家大致都堅強地支持中國，其中很少有例外的。我特別要提到古巴和秘魯，他們的代表們曾爲中國辯護，口若懸河。

阿拉伯的代表團對於中國控蘇問題所採的立場，充分地說明了許多當前的問題。

以往，對於所有影響阿拉伯國家利益的問題，中國代表團在某些限度以內向來爲阿拉伯辯護。中國之所以如此，主要的是因爲同情民族主義的願望。因此，當控蘇案在政委會中和大會中被提出時，中國代表團已盡可能地得了阿拉伯人的許多好感。對於此問題的本身而言，無疑的，阿拉伯各國是同情中國的。但是，事情並不如此簡單。阿拉伯人在伊朗油田、蘇彝士運河、莫洛哥、突尼斯等問題的爭執中，曾經接受蘇俄的熱烈支持。他們希望在將來也獲得那種支持。因此，阿拉伯的代表們在他們自己之中獲得一個協議：投兩票贊成中國，四票棄權。我曾希望阿拉伯友人能表現得更好一點。但是，我得承認，他們所要作的決定是愼重考慮過的。

印度與緬甸的代表如我所預料的投反對中國票。我預料印尼可能棄權。但印尼的代表在讚譽了我個人對於印尼的自由所作的支持以後，却投反對中國票。我了解印尼的決定一部份是受印度的影響，一部份是由於顧慮印尼內部的議會情勢。

令我感到非常驚奇的是以色列所投的反對票。甚至於到現在，我還不了解以色列代表團的決定是以什麼爲根據。中國在巴勒斯坦爭執中雖對阿拉伯諸國表示同情，但那時她便力求對於此問題得到一個和平的解決，最近，中國又極力促使阿拉伯承認以色列，並且對於由巴勒斯坦分裂而起的所有未解決的問題力求得到一個明確的最後決定。以色列代表們也曾有許多次私下承

「自由中國的宗旨」

第一、我們要向全國國民宣傳自由與民主的真實價值，並且要督促政府（各級的政府），切實改革政治經濟，努力建立自由民主的社會。

第二、我們要支持並督促政府用種種力量抵抗共產黨鐵幕之下剝奪一切自由的極權政治，不讓他擴張他的勢力範圍。

第三、我們要盡我們的努力，援助淪陷區域的同胞，帮助他們早日恢復自由。

第四、我們的最後目標是要使整個中華民國成爲自由的中國。

認中國代表團在這些事件中所處的公平態度。

所有的西歐國家和不列顚聯邦國家對於中國所提出的議案都棄權。就西歐而言，無疑的，他們對於蘇俄的恐怖是一個重要的因素。在這方面，西歐所表現的最不切實際。果眞蘇俄如西歐所想像的那樣强盛，那麼，俄國的軍隊在過去三四年中的任何時候早已入侵西歐。但蘇俄並未如此。這不是因爲蘇俄怕聯合國，或是由於蘇俄天賦寬厚，而是因爲俄國曾經並且正在被無數的國內問題所困擾。

蘇俄的外交政策是以全世界爲其範圍的。在蘇俄看來，西歐就遠東問題對於蘇俄所作的綏靖是不可能使西歐提高任何信譽的。

許多歐洲人低估亞洲在目前的世界鬪爭中之重要性。他們忘記了第二次大戰在亞洲與太平洋和在歐洲一樣的進行。他們認爲若戰爭在西歐得勝，自會在全世界得勝。他們老是設法如此自慰。他們更進而有一種傾向，即認爲下一次世界大戰將重彈他們想像中的第二次世界大戰之舊調。可是，他們不知道，史達林這一次主要的是要利用一個新武器，就是間接侵略。

不列顚聯邦的代表們的態度一部份是受印度對於此問題所採堅强立場的影響。不列顚聯邦也是以歐洲爲中心的。自一九四三年以來，共產黨及其同路人即對於國民政府從事詆毀的宣傳。不列顚聯邦的一些代表，尤其是聯合王國、加拿大和澳洲的代表，仍然受此宣傳的影響。他們覺得自由中國多少是失敗了。因此，現在提出蘇俄違反一九四五年的條約這個問題是『考證故實(academic)』。這是英國的代表傑布爵士對於此事所加的評語。

西歐和大不列顚聯邦對於中國沒有根本惡意。倘若他們能自由選擇，無疑的，他們將選擇一個自由獨立的中國，而不選擇一個共產主義的傀儡中國。因此，他們主要的缺點乃是缺乏認識和眼光近視。我個人覺得西歐和不列顚聯邦是爭取自由的世界鬪爭中之重要的因素。不論他們此刻對中國如何偏見如何錯誤，我們這一方面仍須不斷地努力增進他們的好感，並供給他們有關在中國所發生事件的正確情報。不論現在的情勢令人如何失望，我們若輕視西歐和不列顚聯邦的重要性，那是錯誤的；倘若我們將這些國家視爲敵人，那自然更是錯誤。

蘇俄集團的五代表，對於此問題正如他們對所有其他的問題一樣，他們是五張完全相同的留聲機唱片，發言的調子完全一致。他們沒有一個人打算反駁我的論證，或是提出證據駁斥我的控訴。他們一再重覆的宣傳兩點。其一，國民政府是美帝國主義的工具；其二，國民政府是無能的，腐敗的。這兩個論調並不是新的；事實上，這兩點已在前幾屆大會中提出。

當我發言辯駁時，我曾提醒大會注意國民政府自掌政以後對於反對帝國主義和不平等條約所作的努力。大戰結束以前，在國民政府領導下的中國便達到了此目的，只有蘇俄例外。當所有其他西方列强都放棄他們在中國的特權時，只有蘇俄在二次大戰結束時反而恢復了在中國東北的各種特權，這些特權是五十年以前帝俄藉威脅和欺詐而獲得的。

關於這一部份的辯論是很簡單的。因爲關於這方面的記錄已爲世界所周知。我趁此時機又說明一點，就是中國和蘇俄對於帝國主義的看法之不同點何在。孫中山先生所提出的民族主義就是：中國和其他殖民地的或半殖民地的國家，在完成了國家的獨立與平等之後，必須極力與西方列强合作。被壓迫國家中問題重重，其中主要的問題是窮困。西方的技術知識和資本倘若能在公平的條件下加以運用，將對於落後的國家解決此基本的窮困問題，十分有帮助。這是對於所有的國家有共同利益的。就是爲了這個理由，國民政府雖一面責難二十世紀的英帝國主義，却並沒有不歡迎英國工業和經濟的合作。也就是爲了這個理由，中國在聯合國中通常一面支持印尼和伊朗這些國家之民族主義的願望，一面勸中國的鄰邦在平等的條件下極力與西方合作。這種民族主義對於落後的國家是有利的，同時，也可增進全世界共同的繁榮。

蘇俄正是爲了中國對民族主義的這種看法而攻擊中國。蘇俄希望亞洲的民族運動僅僅成爲赤化世界的一個橋樑。任何一個阻撓蘇俄汚瀆民族主義的黨和政府都自然要被克里姆林宮所詛咒。

至於蘇俄所謂的美帝國主義，我覺得用不着我說什麼。對於這件事，參議員古柏先生比我更有資格發言。然而，我以一個中國代表的身份，曾向政委會提出，美國從沒有要求過中國的寸土，從沒有要求過中國的一條鐵路，從沒要求過中國的一座礦山或一個港口。在二次大戰期間，美國曾予我們以實際的軍事援助和經濟援助，而未附以任何條件。戰爭結束後，美國以及其他幾個自由國家對於中國的善後救濟和復員方面也有大規模的援助，但也未附以任何的條件。我可忠實地向全世界聲明，所謂的美帝國主義純粹是蘇俄宣傳者的發明。

我之所以極力要將中國對於民族主義和帝國主義的看法公諸大會之前，乃因爲我看清了蘇俄過去如何使中國的民族主義運動變質爲共產主義運動，看清了蘇俄現在世界其他各地，尤其是在中東之所作所爲正是以前在中國所行的那一老套。世界若不明瞭蘇俄汚瀆民族主義的策略，全世界的自由必將遭受損害。

蘇俄宣傳的另一論調是國民政府腐敗而無能。顯然地，這個論調是想用來取得一部份代表的同情。他們就是那些受共產黨及其同路人在世界各地詆毀國民政府之宣傳所影響的代表們。我曾提醒政委會注意一件歷史大事：

在過去半世紀中，沒有一個其他的國家像中國這樣，從一九三七年到一九四一年一直單獨抵抗一個主要的軍事强國的猛攻。此一史實必須被世界人士銘記。中國曾隻身抵禦日本的侵略而沒有任何盟友的援助。一個無能而腐敗的政府自然不能有這樣的表現。蘇俄、法國、英國、以及其他的國家聽我述及此偉大的史實，可能不再指摘中國了。

我更進一步提到蘇俄在一九三五年和一九三六年對國民政府的判斷，那是在眞理報、和消息報所發表的。我又請政委會注意，果眞蘇俄認爲國民政府是無能而腐敗的，便不會在一九四五年八月與中國訂立友好盟約。

我們極明瞭我們自己的缺點。我們沒有誇張的必要。然而，我們不應讓自卑感來封住我們的口。國民政府曾實施鐵路國家化；遠在英國工黨政府將英格蘭銀行收歸國有以前，國民政府便將四大銀行收歸國有。國民政府並使大部份的電力廠成爲公共企業；國民政府經營百分之六十五以上的航運，並維持中國唯一的石油工業使成爲一個國家的工業。國民政府是第一個建立衞生制度的中國政府。國民政府通過中央農業試驗所使中國的農民能够利用品種較優良的麥稻，使農田產量增加到百分之十一到百分之十三。國民政府在戰前和在戰爭期間都繼續不斷地從事水利工作，尤其着重西北的水利。國民政府的這些成就，若爲世界所共知，將被列爲世界上最進步的政府之一。說來眞奇怪，許多代表們私下告訴我說，他們不知道中國國民政府事實上是一個社會主義的政府。

在蘇俄集團的五個代表之中，只有波蘭的代表說了一些稀奇的話。他引證李宗仁最近在紐約的一段話，說蔣總統寄望於第三次大戰以解救中國。我覺得這個宣傳是蘇俄集團整個宣傳運動中惡意最深的一點。我曾提醒政委會注意一件事，就是從事政爭的李宗仁是無意顧慮到事實的。中國已參加過兩次大戰。她兩次都發現勝利的果實是苦的，是令人失望的。中國並不想藉第三次大戰而獲救，中國主要的，要經過她自己的努力而恢復國家的獨立和自身的自由。事實上，大陸之收復不僅不會招致第三次大戰，並且是阻止戰爭最穩妥的方法。

就我自己的積極努力而論，我這一次集中全力於一點上，就是蘇俄違背了一九四五年八月十四日中蘇所簽訂的友好盟約。在我所提出的議案中只有一條是可行的，就是大會應議決蘇俄曾違背此條約。泰國的代表王衞撒亞貢親王(prince wan waithayakon)提出了一修正案，即蘇俄未能履行此條約的義務。此一修正案自然減輕了原提案的力量。我接受此修正案爲了種種原因。

第一，我尊重泰國的投票。

第二，此修正案沒有改變原提案中其他各段。其中有一段敍述大會已認定蘇俄曾阻礙中國國民政府在東北重建其權力，並曾予中共以軍事和經濟的援助。特別是這一段未被泰國的修正案所影響。在這一段中所下的字眼具體而明確。

最後，我認爲將中國的情形有系統的訴諸聯合國與得到一個最後的決議同樣的重要。這正是一個好機會，將蘇俄在遠東所實行的馬基維尼的欺詐政策告訴全世界。我相信此一有教育意義的行動與決議一樣的將有永久的影響。

控蘇案之最後的結果是一個不大不小的成功。所通過決議是一個差强人意的決議，表決中有二十五票贊成、九票反對、二十四票棄權，這也是差强人意的。然而，這是我們建立未來的努力之良好的基礎。中國人民必須了解，實行一外交政策需要繼續不斷的努力。沒有一件事經一次努力就能成功。我相信世界的輿論已經轉變，並正在轉變於我們有利的方向。我相信曾使美國的輿論轉變之許多事件，自然也將漸漸使西歐與不列顛聯邦的輿論同樣的轉變。至於我們最後完全的勝利，那就是建立一個自由獨立的中國，我對此沒有任何懷疑。

臺灣糖業公司
榮譽出品 酵母片劑
健素
營養第一 老幼咸宜
價格低廉 到處有售

作之君作之師？

——論政與教的關係——

羅鴻詔

一

說者謂西方是政教分離的，中國是政教合一的，其實這是含糊的說法，並不與眞相符合。基督教在歐洲分爲兩派，天主教（catholic church）與東正教（orthodox church），兩方的教義雖大致相同，而其與政治的關係則迥然兩樣。天主教在西羅馬帝國統治區內素有獨特的權力，「上帝的歸於上帝，凱撒的歸於凱撒」，教與政實分庭而抗禮。其最盛時政實在教之下，帝王即位都要由教皇加冕，教皇的命令實比皇帝王公的命令爲優越，僧侶的地位亦高於貴族，但大致說來是政教分離的。宗教改革後有耶蘇新教成立，在對政治的關係上也和天主教差不多，政與教各有專司，兩不相妨，但其社會更有多元化的趨勢。東正教在東羅馬帝國的情形則與此有別，當拜贊廷王朝時代，教會對於皇帝是奉命唯謹的，不但教在政之下，而且政教合一的程度頗高。東羅馬帝國滅亡後東正教的正統移到莫斯科去，皇帝同時是教會的首長，所有僧侶都是他的下屬，和普通行政官吏差不多，故其政教合一的程度，較之拜贊廷王朝時代尤有過之。至蘇維埃政府則不但以僧侶爲下屬，而且手握經濟的全權，控制着人們的飯碗，於是乎所有僧侶都成爲政治當局的奴僕，絲毫不能自主了。

中國的情形則和兩方均不相同，是獨具一格的。基督教是一神教，在它支配的區域內，絕不許其他宗教存在；而在中國則從來都是多神教，佛教傳來以前各地方固有許多不同的宗教，佛教傳來以後，除儒道二教和它鼎立之外，還有無數的帶有宗教性質的團體。這一點如果不認清，則所有東西文化（實際只是歐洲文化與中國文化）之比較都是皮相之談。只看見儒家和政治的關係最爲密切，便據此以斷中國爲政教合一，其離開實際情形實不可以道里計。難道佛道二教對中國文化毫無影響嗎？佛教的影響之大已爲衆口所贊同，湯因貝（Taynbee）竟謂唐以後的中國爲大乘佛教所支配。概言之，近幾十年來研究中國文化者，不論中外人士，對於佛教之影響均不免誇大，湯因貝是最誇大的一個吧。道教完全以中國的色彩和佛教對抗，雖採取佛教的內容甚多，但是神仙這一理想人物完全是中國的產物，佛教中是找不到的。神仙是長生不老的、游戲人間的，與世無爭與人無忤的，這些觀念都是中國人的生活態度，各人求爲『自了漢』，對於社會並沒有熱烈的愛，其思想的淵源儘可於莊子一書發見，其影響於社會生活及政治作風始終與儒家相對抗，儒家對社會有熱烈的愛，故有「以道易天下」的積極精神，而其影響於社會生活者只有家族和朋友（此所謂朋友是狹義的），對於此外的人們，都是抱着道家的態度的。（儒家對政治的影響俟下面再說）佛家則自慧遠的「沙門不拜王者論」出後已以不參與政治爲原則，而釋迦舍身救世的精神並沒有影響到中國最大多數人的生活態度，也怕沒有多大的爭議吧。一般善男信女只是佞佛以求福固不待論，讀書人之對佛教有得力者，也不過採用其治心的方法，並沒有服膺其教義（這點說來話長，須另作專論）。我們以爲中國的宗教是多神教，中國的社會是多元的社會，必須將此一點牢牢把住，然後可以明瞭其眞相。故將「教」解作廣義的宗教，則我們斷定，中國是政教分離的。

二

這個結論，我想，是很難駁倒的，可是大家看到它，恐怕不能完全首肯。在廣義的宗教下，中國確實有形形色色的宗教，但儒家思想實爲中國的主流，他們說中國是政教合一的，也是指儒教而言。其實歐洲的教是以宗教爲主的，但在中世紀時學校的教育也操在教會手中，其教師都是僧侶擔任的。儒家的教是以教育爲主的，但亦有濃厚的宗教意味，宋明末造，殉道者後先繼起，非有宗教精神孰能致此？先將這一點辨別淸楚，將「教」解作儒家的教，再看看其與政治的關係如何。

書曰，「天佑下民，作之君，作之師」（泰誓）。這種君師合一的制度，縱使不是三代皆如此，但它是西周初年的實際情形，幾乎沒有爭辯的餘地。當時除王朝官吏及各國的諸候卿大夫外，都是「不識不知，順帝之則」的人民，唯有官吏始有做教師的資格，故官師合一而政教乃不可分離。故謂周公以後，孔子以前，是官師合一，政教不分，是很正確的。然此與儒家的教無關。

儒教是孔子創立的，孔子是一個民間的教書先生，並不是官而兼師的人物，而其影響於中國社會直至二千餘年而未已。說者謂「孔子以前道在君相，孔子以後道在師儒」，師儒與道統之關係，待下面再說。今只認定以孔子爲轉捩點，以前是官與師合而爲一，以後則判而爲二，自是完全正確的歷史事實。

孔子以前有沒有「儒」，即是有沒有專以教書爲職業的，是近人聚訟的問題，但這種考據和我們現在的問題無關。即使孔子以前已有儒，而其風力必不大，並不能改變政教合一的制度，是可以斷言的。但孔子以後則「私學」大興，漸有壓倒官學之勢。降及戰國，列國爭雄競長，鬪力以外還要鬪智，各國都要延攬有知識的「士」，才可和他國鬪智。此所謂「士」都由私學出身，故私學成爲極盛之時，諸子百家爭鳴於世，到韓非子時則「儒分爲八，墨離爲三」（顯學），一家之中且有好多派別了。李斯謂「人奮其私學」，可見私學之盛行。他所以要焚書坑儒，使「欲學法令者以吏爲師」，便是想禁絕私學，而恢復官師合一政教不分的制度罷了。然而秦不旋踵而亡，私學依然是盛行的。

漢朝恢復了周時之王官世守制度，對於易詩書禮春秋都各置博士弟子員，使世守其學，戰國時的私學中較有勢力者都變爲官學，而居於顯要的地位。但是當時的私學猶是盛行，史記謂「六藝經傳以千萬數」（太史公自序），可見不入於學官的經傳實占着最大多數。經傳以外，「老子」一書也很吃香，不但民間有好多人研究，而且皇帝也喜談黃老，但是老子並不是官學，沒有專司老子的官。他如左傳，毛詩，周禮等等都是當時的私學，後來才獲得多人的愛好，而爭立學官的。至東漢末年鄭康成集五經傳注之大成，則治官私學於一爐了。唐代的「五經正義」即以鄭注爲典據，由政府頒佈，爲明經取士的格式。（即是當時的教科書）但是各地的書院盛行，雖以五經正義教學生，仍有私學的風氣。宋朝王安石秉政時以他自己的經義（熙寧新法之三經）取士，但關洛諸儒的私學實受大多數讀書人的歡迎，其勢力遠較王氏經說爲大。元明以後朝廷尊朱子爲正學，而明代則白沙陽明之說家傳戶誦，大有壓倒朱子之勢，清代的考據也只是私學，他們欲與宋儒爭勝，即是與官學對抗。明清都在京師及府縣設立學官，但除國子監尚略具規模外，地方的學官只以約束諸生爲務，並不是教書先生了。故自孔子以後官與師乃一分而不可復合，而政與教乃似一而實二了。

三

要闡明政教之似一而實二，則須推究道在君相，與道在師儒之別。孔子以文王周公時代爲理想，其時的道實在君（文王）相（周公）之身，他們以自己所認識的道去教天下的人民，而達到化民成俗的目的，這便是「以道易天下。」孔子自言，「文王既歿文不在茲乎？天之將喪斯文也，後死者不得與於斯文也；天之未喪斯文也，匡人其如予何？」（論語，子罕）這儼然以繼承文王自命，便是以道自任。又謂，「鳥獸不可與同群，吾非斯人之徒與而誰與？天下有道，丘不與易也。」（論語，微子）這裡更明說出他要「以道易天下」了。後此的師儒都以孔子爲理想人物，都是要以道易天下的。這些師儒，其平日讀書的目的是求道，一旦求得了，便要篤信之，固守之。故其教書是傳道，其作文是載道，其立身行已無一不率循乎道。如果其語言文字之所表現有離經叛道的，固然是根本要不得；縱使在語言文字上表現得極其精到，還要看其行動是否事事合道，據此以判定其信道之篤不篤，守道之嚴不嚴。而行動之最大者便是出處。出則爲行道，處則爲守道，應出則出，宜處則處，不能有絲毫的苟且。讀書人沒有政治權力，其能自守者只此「道」而已，政治上能不能致君堯舜，澤及萬民，這是要看環境的（儒家所謂命即指自然和社會的環境而言），自己沒有把握的。如果能獲得當局的信任，便是得君行道，自宜本着平日所學去改造社會（達則兼善天下）。但若沒有這種際遇，則寧可做個教書先生以守道及傳道，切不可「枉道以干時」，「曲學以阿世」（窮則獨善其身）。所謂「君子居易以俟命，小人行險以徼倖」，便是據此以辨別的。今引伊川（程頤）的一段話以見一斑。「賢者在下，豈可自進以求於君，苟有自求之心，必无能信用之理。古之人必待人君致敬盡禮而後往者，非欲自爲尊大，蓋其尊德樂道，不如是不足以有爲也。」（周易程傳，蒙彖傳）。

由此可見，師儒的道，一邊以此教學生，一邊也即以此治天下，他們的理想當然在政教合一無疑。故我們說，政與教「似一」。他們不但沒有皇帝的地位，也不會有做皇帝的念頭，故只有做宰相才可以發揮自己所學的道，以致君澤民了。但是事實上「有道之士」能夠做宰相的，也是很少很少。宋朝的高平（范仲淹），廬陵（歐陽修），荊公（王安石）儘可說是得君行道了，溫公（司馬光）雖爲相，而時期甚暫，沒有行道的機會。此外便沒有了，所以道不在君相了。朝廷雖尊某某爲正學，而以道自任的師儒並不能奉命唯謹，都要用他自己的道去教學生，故我們說，政與教「實二」。

倘若我們舍其異而求其同，則內聖外王之道實爲中國二千餘年所共遵。莊子說，「是故內聖外王之道，闇而不明，鬱而不發。」（天下）孟子亦有「聖王不作」之言，七篇之中稱堯舜，明王政，無非說明內聖外王而已。至荀子則以聖王爲至足了。「故學也者學以止之也。惡乎止之？曰止諸至足。孰謂至足？曰聖（王）也。聖也者盡倫者也，王也者盡制者也，兩盡者足以爲天下極矣。」（解蔽）說者謂莊子天下篇實較荀子爲晚出，其所謂內聖外王之道亦蹈襲儒家而來。但是天下篇的作者，必然是深於莊子之學的人，他也嚮往內聖外王之道，已毫無疑問了。墨子亦不能外是。後此的儒家固無不以內聖外王爲道，道家也還有此傾向（如「抱朴子」書中內篇外篇之分，便是如此），就此而言，君相與師儒並無二致。道是所以立教的，道已相同，則教亦不二。故政與教又是「似一」。但是「孔子墨子俱道堯舜，而取舍不同」（韓非子，顯學），即是同以聖王爲理想，而何謂聖，何謂王，則人各道其所道。不但儒墨老莊各有其道，互相非議，即同爲儒家，溫公與荊公已是道不同不相爲謀，朱陸之辨亦亘數百年而未已，其他道其所道者尤不可勝數，上面所學私學與官學的抗爭，即因道不相同，而致教亦有別。故政與教仍是「實二」。

四

以上將中國的政與教的關係已大略地加以分析了。大致說來，教實在政之下，政治當局都有欽定的監本當作正規的教科書，然亦僅供考試之用。政治上承平的時期少，而擾亂的時期多，即所謂太平盛世也還離開王政甚遠。但是立教者則代有其人，他們的成就儘能指導社會，維繫人心。故以道自任的師儒都抱着致君堯舜的態度，即是要教訓皇帝以正君德，程伊川「論經筵侍講事劄子」便是其顯著的例子。他方皇帝亦未嘗與師儒爭道統，只尊某一學派爲正學以表示其意見而已。至於僞學之禁，則是明顯的政教衝突了，然亦只是例外，不能算是歷史上的大問題。

但自滿清入主以後，其情形乃大異於前，表面上仍尊朱子爲正學，和明朝一樣，但大興文字之獄，使讀書人不敢有以道易天下的思想，故師儒的司教雖依然如故，而立教的精神則截然不同。康熙已有以道自任之心，其時李光地諸人希旨取寵，亦以道統歸之皇帝。經雍正而至乾隆，政權日見鞏固，反抗益趨微弱以至於無，故其態度越發露骨地表現出來。乾隆御製「書程頤論經筵劄子後」說道：「夫用宰相者，非人君其誰乎？使爲人君者，但深居高處，自修其德，惟以天下之治亂付之宰相，已不過問，幸而所用若韓(琦)范(仲淹)，猶不免有上殿之相爭，設不幸而所用若王(安石)呂(惠卿)，天下豈有不亂者，此不可也。且使爲宰相者，居然以天下之治亂爲己任，而目無其君，此尤大不可也。」這樣，皇帝竟與師儒爭道統，其實他們何嘗知道甚麼是道，又怎能够以身體道呢？但自此以後做宰相的已不當以天下治亂爲己任，（事實上清朝的宰相只有一個虛名）教書先生已不敢作以道易天下之想，還有誰以道自任呢？用顧亭林的說法，則天下亡了，所以道也亡了。社會上所謂道學先生只做到表面上的嚴肅，而沒有實踐道的恒心，沒有宋儒的嚴肅精神，其遭人厭惡是必然的。考據家整日埋頭於故紙堆中，也只是無可奈何的逃避，天下已亡後的現象罷了。不論在朝與在野，站在指導地位的人們失去了中心思想，毫無自信力，這種社會確實是危險的。清庭的武力還足以控制的時候，雖獲得了一時期的安定，嘉慶以後綠營已經腐化，政治經濟又復失調　叛亂後先繼起，而社會乃潰爛而不可收拾，直至於今而未已。故由文化上說，國難已有三百年了，海禁一開，碰到西方思想挾其武力與經濟而俱來　全國思想界乃形成雜亂無章的反應，因爲思想已失中心，社會已中無所主，怎能够採長去短，使西方思想供我之用呢？

用現代的話來說，以道易天下即是以主義改造社會　這在今天已是很熟習的觀念，誰知道在清代盛時有此種觀念的竟要遭受殺頭的處分呢？晚清以來思想上皇帝固沒有自信，政治上又失却控制力，論政者漸次恢復了以道易天下的念頭，民國以後有力的思想家大多數都是欲以主義改造社會的。可是現在的中國已經不是天下，只是列國之中的一國，而且國力不競，相形見絀，自己都覺得渺小了，儒家之道已是革除的對象，只有向西方去學習主義了。可是西方的思想又是五花八門、形形色色，令人頭暈目眩而不知所適從。於是不但政無所據，而且教無由立，更說不到是一是二的問題了。共黨乘之，師董仲舒之故智，定馬列主義爲一尊，他們的所信是絕對正確的眞理，其他都是完全錯誤的胡說。淺薄的思想家繼承二千年的傳統　即以篤信孔孟的心習，一變而改宗馬列了，又何怪靑年學子之靁同附和呢？自共黨竊據大陸以後，大呼「一邊倒」，「向蘇聯看齊」，要做到政與教密合無間的地步，所有教師都變成政治當局的奴僕，供其利用的工具。他們自詡爲嶄新的制度，由中國歷史上說，他們的政教合一只是開倒車，然其程度確實是空前的。

五

馬列主義是魔術，其思想實以鬬爭爲骨幹，一切是鬬爭，一切爲鬬爭，勝利是眞理，殘忍是道德，其不合於人類社會組織的原則，已有很多評論家做過詳盡的指摘了。但是今天的魔力已是如此之强，我們如果沒有堅定的道力，怎能够降魔而護法呢？換句話說，我們要擊破共黨，今後的政與教應該如何建立呢？

我們以爲官與師是不應該合一的。今日沒有君主，自沒有君師分合的問題，只論官師關係而已足，照中國歷史的發展，官師之由合而分，正足顯示社會分工的趨勢。儒家者流憧憬於三代，嚮往於西周初年的郅治，歷代都有人主張恢復官師合一制度，而事實上始終不能做到，已足證明此種分工的合理，不能以政治的力量强使之逆流了。今日的社會分工日趨細密，還想使分者復合，只有兩失其當而已。普通的官吏有許多實際事務要處理，固不宜於充任教師，有誰相信大官比小官的學問好，且更善於教學呢？即專業的學官也有許多特殊的束縛，只許其抱殘守闕，不能有刷新進步，歷代的官學之不及私學即以此故。照我們現在的教育制度，私立學校的教師固然不是官吏，官立學校的教師也還是受校長的聘請，立於「西賓」的地位，與官吏不復一致。現在要做到官師合一，唯有不許私立學校之設立，而且將所有各級學校的教師都給他一個官職，依照文官等級來銓叙而後可。可是我們的普通文官制度依然是雜亂無章，不及明清兩代遠甚，若將教師改爲官吏，恐只有比明清的學官更無成績，而增加教育上的紛亂罷了。而且民主國家的教育在養成國民各自有其判斷是非的能力，發展其個性的特長，不像獨裁國家要鑄成一模一樣的個人，以供當局的驅使。那末做教師的首先要發展個性，有獨自判斷是非的才能而後可。如果教師任用全視政治當局的好惡爲轉移，則能否獲得適才適任的教師已有疑問，更談不到個性發展與刷新進步了。

但是政與教的關係，則雖不能密切而不離，亦必有其共同的原則。如果政治上的制度與教育上的理想相背馳，則其教育必無成效，而政治也必然越來越糟。從前的中國只根據孔子傳來的五經爲原則，以此立教亦以此施政，簡單一句話，或可說是家族主義。教師要教人做官，尤須教人如何做人，官是可以不做的，人則非做不可。所謂做人當然不是孤獨的個人，而是社會關係中的人，能善處社會關係的便是好人，也就可以成爲好官。中國以五倫爲社會關係的首要，其中夫婦，父子，兄弟三倫都是家族關係，君臣之義好比是父子，故移孝可以作忠，「遡之事父」者即可以「遠之事君」，朋友關係則好比是兄弟，故「四海之內皆兄弟也，」家族關係能够處理妥善，則君臣朋友也可比類而推，故「欲治其國者先齊其家。」至若不做官的人，則已沒有君臣之義，只要完糧納稅而不違反，便是安分守己的良民了。以英美爲代表的民主國家則以個體主義（individualism）爲原則，人格是目的不是工具。教育上所謂獨立能力，發展個性等等都是由此原則出來的。政治上亦以「一個只算一個，不得多過一個」的一人一票的選擧制度爲主要。一個人與其他個人的關係是平等的，國家對每一個人的關係也是平等的，不宜有厚此薄彼的分別。家和國都是自然的團體，有特別的拘束力，不像協會之可以自由進出。中國的家族關係是死而後已的，故普通人民多是先家而後國或竟是重家而輕國的。英美諸國雖有家庭，只是教育幼童的場所，一經長大成人，便可脫離家庭而獨營生活，故其個人與國家之間並沒有有拘束力的團體如家族者，兩方的關係自遠較中國爲密切。最近的全體主義發源於德國，而大成於蘇俄，其所着重的實爲全體——國家或世界，不但家族要取消，即個人也不能有其獨自的目的與利害，而應以一切貢献於國家或世界。英美諸國的個人是與國家對等的，國家對個人的要求，在個人言之，便是義務，個人對國家的要求，由個人言之，便是權利，權利與義務須盡力謀其平衡。蘇俄的個人則是沒入於國家之中，只有義務，並無權利，個人對於國家只有絕對的服從，沒有提出要求的可能，而國家對於個人則有漫無止境的權力，儘可任意發號施令而强人以必從。現在有三種原則擺在當前，各方都是持之有故，言之成理的，（全體主義不像鬬爭思想之易於駁倒）我們究竟何去何從呢？

對這何去何從的問題下一結論，自非本文之所許，但是必須找出一個原則來使政教都有所依據，這是今天的思想家嚴重的課題，而於中國爲尤急。晚清以來因接受西洋思想而生厭惡舊思想的念頭，當時的儒家已只有軀殼而無靈魂，故宋儒的嚴肅精神乃爲譏嘲駁斥的對象，以指導思想，改造社會自命的人們，大都接受了西方浪漫的氣氛，滿腦子充滿美麗的遠景，使靑年發揮狂熱的信仰，而自己並無篤實踐履的精神，用句中國的老話說，便是信道不篤，守道不嚴。今日的中國社會被共黨擾亂到如此的地步，再不許我們作浪漫的幻想了。故我們的思想家必先做到「內聖」的工夫，而後「外王」才有實現的可能。照中國傳統的信念，聖人是可學而至的，人皆可以爲堯舜的。要學爲聖人必先立志以求道，而其工夫則在窮理以致其知，反躬以踐其實。詳言之，在知識上須將各種原則研究清楚，將各家學說對照比較而別擇之，然後得出一個確乎不拔的結論來，以爲自己的道（主義）；尤其在實踐上事事要依照那個主義去行動（循道而行），以體驗其得失，而日益改進以至於完善。抄句中庸的老話便是「博學之，審問之，愼思之，明辨之，篤行之」罷了。如果沒有如此的嚴肅精神，則做人的原則無從建立，自己已不能堂堂正正做一個人，又拿甚麼去敎人做人，敎人做官呢？

李士英著

兩個世界

大戰前夕的國際形勢

每冊定價臺幣拾元

出版者：中國新聞出版公司
臺北中山北路十六巷廿五號

總經售：正中書局
臺北衡陽路二十號

本刊鄭重推薦

工商日報

社址：香港德輔道中四十三號

郵箱：六十二號郵政信箱

消息靈通·報導翔實

言論公正·副刊生動

當日空運到臺

臺北總經銷：中國書報社

館前路八十五號

第六卷　第六期　地方自治與民主政治　一八四

地方自治與民主政治

陳　克　文

（一）

最近討論地方自治與民主政治之關係的人曾有如下之結論：中國半世紀來，撰訂憲法，已有多次，其於國事無補，實由本末倒置。自由憲法所以能發生效力，端在下層地方自治，這是各國普通的經驗。……自由民主制度必須由下層建起，若只在上層（中央及省）粉飾裝璜，則一切所謂民主機關必變成少數政客追逐權位利祿之場，與民無關。我們可以斷定自由民主之路必須經過眞正的地方自治。是使下層自治機關有權自理地方事務，並有權權宜辦理上級政府委派之事務。如欲眞正的地方自治實現，必須使上級政府不能隨意干涉地方行政，必須使地方自治機關與上級政府之間的關係成爲配合與合作的關係而不是統屬關係。必須使上級政府對於地方自治機關的監督權受法定的限制。由近代歷史看，可以知道凡自由民主國家的內部行政系統必是分權的而不是集權的。中央集權與民主制度是不相容的，地方分權與隸屬關係也是不相容的。

作此結論的人他們說是研究英國和北歐各民主國家的近代歷史，和分析各國地方制度之後所得到的結果。其實他們這一結論是針對我國半世紀來民主政治的失敗和地方自治之不能實現而發的，感情的成分多於理智的成分。這一結論有可注意的幾個問題，（一）政治改革本有由下而上，或由上而下，或上下同時着手幾種途徑可循，所謂『自由民主制度必須由下層建起』，是否由上而下或上下並進的途徑都全無成功之可能，英國及其他民主國家的歷史是否如此？實在不無疑問。（二）眞正地方自治之所以不能實現，其最主要的原因是否在中央集權隨意干涉地方行政？是否因爲地方自治機關對於中央或上級機關有統屬的關係？（三）限制中央或上級的干涉，實行分權制度是否僅採法律的規定即能收效？

我們試一研究英國地方自治制度的歷史演變及其現狀以至未來發展之趨勢，傍及英法兩國制度，即可知作此結論者其所持之理論並不健全。換言之地方自治與民主政治的關係並無先後之分，乃互相影響，互爲因果的。欲實現眞正的地方自治並非僅以法律規定中央或上級的權限不許干涉地方，或改變地方對中央的隸屬關係便能够做得到的。

（二）

英國地方制度之特色——說到地方制度不能不先說地方政府，文明各國，地方政府的組織大體相同，凡遇及全國的事務經由中央主管官署之決定及命令透過地方政府而執行。地方自治的程度及中央控制的方式則隨環境而異。古代政府的意義在於保持權力與秩序，統治者領域擴大，需要地方政府以保持其對各地方統治權力，自亦隨之而增加。就英國言，地方貴族承認統治者之權力，將自身權力所及之地區臣服於統治者，其間經過歷史甚長，情形亦殊複雜，統治者之國王與地方貴族鬪爭之結果，削減王室權力，奠定英國憲法自由基礎，此點與地方自治關係極爲重要，本文不暇詳述。

但有不可不知者，即英國現代地方政制多從古代演變而來，其時期有可遠溯於撒克遜時代者。採用舊方式使適合於目前實際狀況，爲英國制度之最大特色，英國有時以此自誇。採此方式可收保存傳統之效，又可繼續發展，不虞中斷。

諾曼人征服英倫之前後，規定地方政府職權之觀念，即地方政府之基本工作在於造橋樑路維持公共秩序及鎭壓罪犯地方服務等的觀念根本尚未存在。郵貧工作在英國地方服務上本應很早即成定制，但郵貧律之出現爲時甚晚，教育與衛生的地方服務制度則更在郵貧律之後。

偏重公共服務——古代地方政府的存在和軍事組織以及鎭壓叛亂懲罰罪犯有關。現代地方政府主要職權偏重於公共服務。地方雖然保持警察組織，到前一世紀公共服務及司法行政已逐漸分離，現在可以說已經完全分立。地方政府就現代意義說與總管全國事務之中央政府是大有分別的。

個人活動須受政府干涉——中央政府的組織爲實現全國目的，個人活動要受政府干涉，戰爭時個人活動受政府限制更嚴。個人生活以至於工作無一不在政府干涉之內。人力和資源必須歸政府統制絕無例外。此種管制即在平時也難完全放棄，例如人民自由，國防措施，自由貿易，關稅制度，出入口貿易，財產所有權及繼承權，婚姻制度，父母與子弟之關係，勞資關係等等，現代政府無一不加過問，無一不需立法。惟此種國家大事與地方政府無關，地方政府主要職務爲文明社會中的內務工作。和戰大計，或農工事業之補助與徵稅，所得稅，財產稅，關稅，軍事，外交，這些都是中央政府的事與地方政府無關。

地方政府應盡之責任——地方政府所應做的是，使地方清潔整齊適於人生，街道的掃除，建築物的審查監督，公園的建造，以及兒童教育，疾病治療，鰥寡孤獨老弱殘廢者之救濟安置，這些才是地方政府應盡的責任。

地方政府也和中央政府一樣往往干涉個人活動。例如以法律限制建築，管制汽油站；電影院戲院病院等之牌照發給；檢驗食品，檢定度量衡器，審查商店之開設，制定城市計劃等，無一不是根據公衆利益而涉及個人自由的限制。凡違反地方政府此類規定的必須受法律處分。

(三)

服務方式非一成不變——地方服務方式各異，各國地方行政制度亦不一致。英格蘭與威爾斯有關全國的地方服務，其方式即與英國其他地區不同。例如郵政及勞工行政，地方設置若干分支機構及地區團體從事實際工作，中央政府僅處於監督地位，由主管機關之國務大臣一人負監督指導責任，這大臣則對國會負責。其他地方的公共服務又與此不同，雖有中央與地方機構，但此等機構並非政府機構之一部份，乃屬公衆團體性質之組織。例如全國協助會，森林委員會，戰爭損失調查委員會，牛奶銷場分配委員會等，均係公衆團體性質，雖由政府組織成立，並非中央政府之一部份，亦非地方政府之一部份，其任務在於實施普及全國的公共服務。

中央指揮監督權漸增——公共服務的方式並無一成不變的原則，英國早期歷史因國內交通不便，故必須設置地方機構。郡長之設置即由此而來，——一面代表王權，一面充任地方保安法官，其所負的責任是地方責任。後來設立地方衞生機構則完全出於交通不便，中央鞭長莫及之故，非有半獨立機構，中央放寬管制或竟不管制不可，若凡事由中央密切指揮監督，以全國之大勢不可能。但交通進步後，中央對全國地方服務的指揮監督其程度已逐漸增高。例如養老金之發給，失業和健康保險之辦理，在今日已完全由中央處理，百年前是無從實現的。

地方負責精神——過去百年，公共服務大量增加，辦理公共服務之地方機構其方式因受歷史事實影響，採取久已普遍存在的舊方式，但其發展的成績殊佳。此種發展最重要之點在乎能反覆貫注「地方負責」，與『愛護桑梓』之精神。此種地方機構逐漸發揮民主作用，訓練人民實行地方自治。在關係繁複的現代社會，公共服務自更需有半獨立性質的地方機構以採取切實負責及自由裁量的方法以處理地方事務。中央僅須加以有限度之監督而無需將全部事務放置於本身以及其所直轄的地方機構或官員之身上。

公共服務無需全國一致，可因地以制宜，所需經費亦多出於地方。地方人士熟悉地方情況，利害攸關，自然樂於解囊襄助。地方服務機構即古已有之的舊組織如郡，市邑，教區是也，故英國現代地方政府組織係從歷史上舊方式發展而來。

由上所述，英國地方自治政府之組織及其職務之歷史演變，中央與地方分權之大概，自治與民主精神之由來，已得一明確觀念。以下再闡述與地方自治最具密切關係為民主精神基本所在之地方政權（Local Authoritis）產生的制度，以及對地方政權的監督制度。

(四)

地方政府並非一人負責——英國地方制度與其他各國比較最為特色者，即英國地方政府之組織係始終不變的地方議會而非個人。此種特質遠在諸曼人入侵以前即已存在，當時地方行政負責任者並不止於一人，現在英國司法制度亦由此特質發展而成，凡是非爭執須由地方人士十二人共同負責審判。英國現代巴力門（國會）政府其由來亦可說係出於此種古代共同生活之特色。其後國王任命地方官吏如伯爵郡長貴族軍官之類以伸張王權及於地方，於是個人負責逐較重於制度負責，前述特色為之黯然無光。但現代的英國地方政府其最後之取決權仍屬於議會而非屬於官員個人。

戰時中央對地方增加控制權力，例如民防委員會或其他類似組織，往往由中央任命專人負責執行中央決策，此在戰時或緊急時期確有必要，成效亦著，但在認『地方政府應為衆人集體之事非官員一人之事』此一原則為神聖不可侵犯之英國人看來，仍覺得難於滿意。

權力機構之產生——英國地方政府的權力機構——郡議會，邑市議會，縣議會以及教區議會——均採取民主代議的原則。各級議會的議員，議長，市長（有等議會之議長即為市長），市長的佐治市吏均由選舉而來。選舉產生之市吏與議員人數且有一定之比例，例如倫敦郡議會，選舉產生之市吏須等於議員人數六分之一。選舉人及被選舉人之資格，選舉之手續及方法均有法律規定。議長或市長之任期一年，議員任期三年，市吏任期六年。選舉糾紛或舞弊得訴之法庭。選民對於議員及市長（議長）認為違法者亦訴諸法庭。地方政黨並採君子協定由其議員人數之比例以確定各黨應得之選舉市吏人數。

司法控制為最重要之監督——關於地方自治政府之監督，在中央為主管機關之國務大臣，前已道及，其次則為上級之地方權力機構，然最重要者實為司法機關之控制。地方權力機構的責任與私人公司或團體相同，其責任限於其所有權力範圍之內。法律規定受害人得向法庭申訴。巴力門（國會）更有許多法案規定反對地方權力機構者得提出申訴。

(五)

英國地方自治制度富有其傳統性，惟同時又在繼續不斷的演變中以求適應時代需要。以下將略述其目前發展之幾項重要問題與自治及民主精神富有關係者。

服務區域之擴大——第一可注意者即一九三三年以後比較單純的地方行

政方式已經打破，地方政府所辦理的地方服務不斷爲中央或若干其他性質之團體取而辦理。其原因在於地方服務種類日增，其重要性亦日大。爲達到高水準與現代效率計，原有的地方政府行政區域已經多不適宜。以自來水與下水工程爲例，必須就地勢便利作大範圍的設置，始能收高度效率。至若干特殊服務，必須以全國爲範圍，比較作爲純粹地方事務，更見效率自不待言。因此地方政府服務有普遍趨向較大區域之勢，現時擴爲全國範圍者已有若干實例，其他亦有從新調整區域之傾向。若干服務早已組織聯合局或聯合委員會負責辦理，故擴大地區的觀念發生已久。

擴大服務區域之趨勢，其結果是否即爲減少地方政府？尙難即下判斷。一九四五年改組地方政府的白皮書，係傾向於將地方政府所聯合組成的各種委員會，此一制度加以擴大俾能應付若干地方服務之需要。若此，則現時各級地方政府仍有繼續存在之必要，蓋一方面可供聯合組織之需要，一方面聯合組織所未及辦理之服務仍須由原地方政府辦理也。

地方政府之聯合組織——其次，地方政府的組織已日趨複雜，既有聯合機構之組織，又因特殊目的而組織特殊團體，同時現存地方政府因尙有其他目的而繼續存在，於是地方行政方式遂日見錯綜複雜之象。因有此複雜情形，中央對地方之監督不免漸增困難。中央在國會提出方案若與地方有關不能不先徵詢地方政府之意見。中央與地方之間爲便利交換意見或便利地方集體表示意見計，各級地方政府遂組成各種聯合會以負其任務。例如郡議會聯合會，市政聯合會，近郊地方議會聯合會之類。若地方政府方式簡單，各級權力機構又爲數無多，此種有代表性之聯合會其作用自屬很大。惟地方政府方式旣甚複雜，權力機構又已共同組成各種委員會，則聯合會之作用不免大減。若地方政府聯合組成之委員會又組織代表團體，則以利害淆混不淸，中央對於代表所表示之意見，將有不知何去何從之感。因此複雜之地方政府制度必須配以複雜之代表性聯合會。

羅致人材，擴大政府基礎——地方政府之組織日趨複雜，任務日趨繁重，地方行政漸漸成爲專家工作，僅由兼任之顯要人物組成大權力機構，已不足應付實際需要，地方政府如何羅致高度能力之人材，遂成爲目前須待解決之一問題。

地方政府之薪給問題——人材問題可否以薪給求得解決？地方議員發給薪費自可吸引人材，加入地方政府從事公衆服務。現時國會議員，倫敦市長及其他市長郡議會議長均已有給，地方議員亦何獨不能有給？此點自亦不無可反對者，蓋現時大部份地方議員係職業分子私人收入充裕大有餘時可爲公衆服務。彼等事業之成就亦足證彼等之才能智慧精力爲公衆服務之所必需。此外更有若干退休人員及已婚女子亦以餘暇爲公衆服務。此等人多屬社會階級(Social classes)而非工作階級(Working classes)，惟彼等所代表者並非一定爲『非進步』的政治觀點。權力機構中工作階級之代表爲數亦殊不少，彼等出自工會或政治團體之支持，彼等所屬之團體，希望彼等當選加入地方政府，並准許彼等脫離經常工作以全力爲地方政府服務。

反對一階級之政府——現時若干地方政府已發給議員因公旅費，至參加地方議會或委員會以至受工資或工作時間之損失者，亦給與相當金錢，此可使若干議員不至因參加地方政府而受個人損失。其最大之作用則在於擴大地方政府的基礎，使各階級都能參加工作。凡足以影響地方政府使變成一階級政府的任何措施或任何運動，似皆爲英人之所反對。

(六)

定期選擧爲民主原則——民主原則之應用對地方政府之未來發展尙有其他新問題，即選擧分子與長期官吏間之關係問題。民主原則爲選民有權選擇其政府並根據選民意志更換政府。地方政府中的選擧分子時常面臨下次選擧或將落選的可能。選擧分子雖不少富有地方工作經驗之人，惟彼等職位係兼任性質，長期官吏則係專任職務。因此官吏所能獲得之智識經驗非選擧分子所能獲得。於是選擧分子在若干方面不得不依賴官吏。地方行政日趨專門與複雜，選擧分子之依賴官吏亦日見增加，遂成爲不可或免之事。

選擧分子之重要作用——長期官吏如因此認爲即使無選擧分子彼等仍可將地方服務辦理妥善，此實錯誤觀念。選擧分子之貢獻別的不說，彼等對地方政府，一面負指導責任，一面又爲民意之測驗器。現行制度下公衆對政府之不滿必對選擧分子施行攻擊，選擧分子之政策及行爲如爲公衆所不容，下次選擧勢將落選，官吏則無此危險。

民主政府之立法人員及政府首長必須得人民廣泛支持。政府的眞正任務在於遵行民意與鼓勵民意，此重大任務之完成即爲選擧分子之責任。選擧分子根據民意向背以制定政策，官吏則根據既定政策付之實行。無選擧則官吏只能自行其是。故有見解之官吏必不至反對有選擧代表之地方政府。即就英國全國言，違反定期選擧這一原則之地方政權恐亦難爲輿論所接受。

財政問題對地方政府的影響——英國地方政府制度未來之發展最具影響力者恐爲財政問題。中央撥助地方政府之經費現已日見增加。地方稅原爲地方政府收入之所在，惟已日見不敷支應。公衆及中央對地方服務要求更高之水準以至地方耗費日大，地方政府勢不能不於稅收之外更闢財源。

地方政府因受中央補助經費之故，其地位遂漸漸成爲中央之代理機構。戰時民用防空服務大部份即循此途徑由地方辦理。地方遵照中央命令辦事，經費由中央補助或全部由中央負擔。

中央撥款方法應加改進——此種制度已應用於若干戰後之服務工作。試問地方政府之大部份經費並不出自地方稅收，地方政府對中央之態度將有若何影響？地方政府之注意力或其設施並不反映地方稅收之增減，經濟與效率又將從何保證？現時撥款方法係採整批撥付方式，每一地方政府獲得一總額撥款，地方政府能否以此總額根據中央所定服務標準以完成其任務？整批撥款能否公平確實適合地方情形及其需要？此皆有待解決之問題。

（七）

個人負責制度——英國地方行政之未來趨勢已如上述，於此再略述美法兩國之現行地方政制以資比較。美國雖保持盎格魯撒克遜設置地方議會之傳統習慣，但其趨勢乃將大部份地方事務交由個人負責，並非議會負責。例如紐約市長權力極大。地方立法與市政政策之辯論雖為市議會之事，但市長有權自行任用大部份重要官吏，其行政權亦甚大。於某種情況下市長有權否決市議會所通過的地方法律。市長由市民選舉，但市長命運並不操縱於一個集團之手。

法國與美國相似，地方首長有極大的行政權——此在英國則只能由地方議會行使者。歐洲其他國家，地方服務工作的首長例如教育行政公共衛生等乃按照政黨勢力比例分配任用；且為有給職，任期亦有一定年限。此乃混合制度，採取各制之優點，將民主原則及個人負責以至行政的繼續性兼收並蓄。由各服務首長組成議會，換言之各首長均在地方政府之內佔一席位。

市經理制——美國又盛行所謂市經理制（Citymanager system）其理論認為現代地方服務多屬專家工作非門外漢所能應付，必須把地方行政交給專家負責。經理制下地方行政並不在議會手裏，議會雖仍設置，職權甚屬有限，通常只問財政及重大政策。地方行政交給經理負責，經理由議會任用為有給職。年度預算及工作方針由議會制定，在此範圍內經理可放手做事。經理得自行任用職員。美國地方政府採用此制者已超過六百處，有日趨普遍之勢。愛爾蘭亦採用此制，杜柏林和谷克市數年一屆之地方議會且由愛爾蘭政府下令完全停止而代以任用之市經理。

（八）

由上所述，可知英國地方自治制度實有其若干世紀的傳統與演變。現代的議會政府因出於地方自治，而地方自治的成長亦有賴於議會政府之保護與提携。由下而上與由上而下之改革固不能有所軒輊也。中央或上級干涉地方行政地方政府之成為上級的統屬關係在英國民主政治發展過程中，甚而現代的行政系統中，仍為不可避免之事實。吾人縱觀英制之歷史，自由民主制度之完成，其條件不止一端，尤為重要者則為定期選舉，選民有權選擇其政府，根據選民意志以更迭政府。此一原則在英制中最居重要地位，前述之結論反略而不談，殊覺可異。

民主制有其必不可缺乏的條件，簡言之，自由討論、容納反對意見，多數取決，與夫定期選舉，均為民主的最高原則。現代地方自治亦不能脫離此原則而存在。至於集權分權，統屬關係，乃至於行政系統上指揮監督之法律限制，皆可因時因地而各有不同，固非一成而不變者。

鐵幕裏狗的命運

匈牙利的貿易部曾頒佈一條前所未聞的法令：即所有的哈叭狗都必須將毛剃光。否則，狗的主人將受嚴重的懲處。所有剃下的狗毛超過兩公分者都必須交給政府。凡是自動將狗毛剃下而交給政府者，共產黨即付以合美金六分的賞金。

顯然的，這些剃下的狗毛是用作工業原料的。嗚呼！鐵幕裏的哈叭狗亦不能免於共黨之剝削也！

推薦在港出刊之三日刊
自由人
香港高士打道六六號
電話二〇八四八
當天空運到臺
臺北經銷處
中華路一二五九號

大陸學人自白書之借鑑

司徒謙益

很早以前，朋友們談話中，都認爲許多中共方面的言論和書冊，應該在自由中國區內予以轉載或分送。因爲像很多中共所編的中小學教科書，其內容的荒謬，令人看了，只使讀者更認清中共蔑視人性，毀滅中國文化，以及完全喪失其爲中國人；所以像這一類刊物的傳播，不僅不會起任何替共產黨宣傳的作用，只會加强人民反共的心志。

近兩個多月中，國民黨中央改造委員會，油印了很多平津及京滬學術界教育界「思想改造」運動的文稿，送給一部分教育行政人員和教授學者，據筆者所知，大家都認爲改造委員會這一辦法，非常高明：一則人家不必再偷偷摸摸去設法找尋違禁的中共報章雜誌，來發掘這些資料；二則使能獲見登載這些言論的中共報刊的人們，也不必提心吊膽，惟恐自己洩漏機密；因爲他們明知道對於這一類文稿，實在沒有「保密」的必要，但是想說而又不敢說。

可是我很願揣測改造委員會印發這些文件——大部分是自白書——的動機何在？是僅僅爲了滿足一部分人好奇心嗎？是想借此使學者教授有所警惕，彷彿是說：你們瞧吧！假如你們不幸而不在臺灣，今天也該如此這般的倒楣！中改會方面至少是不是想對那些尚未認清中共而還對中共存着若干幻想的學者教授們，憑着這些文件，而感化他們，使他們覺悟？是不是想借此而更堅定在臺的一般學者教授對政府的忠誠和擁護，甚至是對國民黨的信託？彷彿是說：你們幸而來此，乃免於被强迫說那些違心之論。也彷彿是說：國民政府雖有種種缺點，至少還沒有這樣糟塌你們。總之：是對在臺的一些讀書人的安慰，也可以說政府和政府的黨在藉此機會爲自己表功一番。最後，我猜想也許還有一種用意，是讓在臺的學術界教育界人士知道在自己的前輩中，自己的舊日同學和同事中，自己的同工中，自己的學生中，那一些人已發了那樣的狂論；使一旦重返大陸，彼此再見面時，已可以了然於對方思想，而知所應付。

以上一切，可能都是中改會印發那些文件的動機，其中當然有主要動機，有次要動機；有正式的，有附帶的；一個機關的一個行動，正如一個人的一個動作，動機和目的，往往是很複雜的，這裡我們無需詳爲分析。

×　　×　　×

可是現在的世界是自由民主國家在抵抗極權專制國家，在中國是一個自由中國想光復一片已由蘇聯控制着的故土；認識敵人，分析敵情，並從敵人那裡去學習敵人的長處，從敵人那裡來發現自己的缺點，這纔是制敵勝敵的基本要則，這也是今天自由民主國，包括自由中國在內，所最應該注意的一件事。試想，在一個情報機構裡，當他們取得敵人一分極平常的日報時，有時也可以從那裡發現極重要的資料，這些資料是敵人的官方或人民不經心透露的；也許在本國，很多消息並不是機密，可是一到了敵人的情報人員手中，即刻會成爲極度重要的參考資料。不過，這些資料是要你耐心地、虛心地，在一般人不注意的角落，用心搜羅，分析，研究，然後，你可以用它來擬訂作戰計劃或宣傳方略，或外交作風，這就是以敵制敵。拿敵人的糧食來吃和拿敵人的槍打死敵人，同樣是勝利，從敵人的俘虜或降卒口中，發現自己戰略戰術的錯誤，是很可貴的；但由自己陣營向敵人投降的敗類，供給敵人的情報，從這些情報中所發現的自己的錯誤，是更可貴的；因爲那是他們親自經歷的；除非在間諜戰中，他供給的是假情報，那自然又當別論。

現在，我把大陸上學人參加「思想改造」的學習以後，發表坦白書的那些教授學者，譬作本國的降卒；這些降卒向敵人所供的一切話中，我認爲必有可以供我們參考的資料。這些資料往往是我們平時所找不到的；我們自己沒有發覺的軍風紀上的缺點，我們自己沒有注意到的對士兵們待遇上的忽略，我們自己不能聽到的士兵們的怨聲，我們自己不知道的將領們指揮上的錯誤，我們自己沒有看到的武器效果的不合標準之類，都可以從自己的降兵向敵人作的口供中，獲得非常有用的資料。同樣的，從已經「思想改造」的學者教授們的坦白書中，我也發現了很多非常珍貴的材料，這些材料告訴了我們過去在大陸上，教育行政上的腐敗，眞够我們用以自戒；有些材料告訴了我們。

×　　×　　×

因爲限於篇幅，我祗就最近看到的一些資料中，略舉一二爲例。當然現在負教育行政責任或以往擔任過比較重要的教育職務的人，大概都能看到這些資料，我希望因着這篇短文的提示，他們也能從那些文件獲得更多的教訓，因爲他們在未來大概還要充當同樣的負責人員。

在爲天津南開大學校務委員會主席楊石先的坦白書中，說：「在南開大學來說：院與院，系與系之間，甚而系內教師與教師之間都不團結。」在過去，豈祗南開大學如此？有幾個大學不如此？恐怕曾經擔任過大學校長、院長、系主任的都有此感覺。

至於他說：「有的人很勉强地擔任了學校行政工作，總看作是額外負擔，敷衍了事。」這話對於過去很多大學的很多院長、系主任之類，也不能說是寃枉；即是現在臺灣各級學校負行政工作的人，是否有此現象，也很值得他們反省自問。

僞華北大學工學院教授胡爲柏的坦白書說：「我在群衆面前有時也頗慷慨激昂，但到緊要關頭就温文爾雅；所以出風頭有我，但學校不會開除我。」這是他追敘他學生時代的過錯，可是類似的情形，很多教授也曾幹過。

僞清華大學營建系主任梁思成坦白書上說：「因爲東北大學行政方面鬧宗派，使我對他起了厭惡之心。」大學鬧宗派，正不祇東北大學一校如此；過去多少大學在用人、聘教授、定功課各方面，存在着極强的派系觀念？北大是一派，南高東大中央也自成一派；清華、燕京各成一派，南開也自成一系；留法有留法的地盤，留英有留英的勢力圈；德國美國囘來的也各有其活動範圍。專科以上學校被派系鬧得烏煙瘴氣。爲了派系關係，明知許多不合理的現象，却不能也不願矯正；譬如京滬之間，大學林立，而院系又都相同；爲了人事問題，可併的不能併，也不願併，可裁的不願裁也不能裁，於是乎中國過去的高等教育就爲了派系而永遠病入膏盲，不可救藥。

× × ×

在僞北京大學文科研究所所長兼中國語文系教授羅常培的坦白書中，他說出了「……昆明的朱家驊黨徒恐怕我被CC拉去，曾經拿國民黨中央黨部邊疆教育委員會副主任委員的頭銜來引誘我，勸我入國民黨。……」這裡也透露了國民黨內部的不團結，甚至牽涉到學術教育工作人士的拉攏，當然不會有好影響和好印象的。

羅常培還坦白了一些「解放」後的錯誤，而這些錯誤却也是我們教育界人士所常犯的。他說：「過去兩年來，我對於湯用彤先生主持北京大學前校務委員會時期所表現的明哲保身的態度，不能發揮計劃性、積極性的敷衍、拖延的作風，心理很不滿意，可是並沒抱着互助的態度，知無不言，言無不盡地當面勸告，却在背後亂批評他。……我想……舊知識分子……一定有好些位可以發現和我有類似的面孔，或許更醜惡一點兒。此外，我和錢端升先生共同辦過一次北京大學教職員聯合會，一次北京大學工會，我們倆不單沒發生階級友愛，反而減低了舊日的交情。原因是他既主觀，我也自大，而又不能彼此說服，帮忙，以致兩年來除在公共場所見面外，沒有互相訪問過，也沒有通過一次電話。這樣不合作的主席和秘書長，如何能搞好工會呢？至於我在北京大學中國語文系，對於唐蘭教授過去處理系務的作風不滿意，但是不能抱着與人爲善的態度來批評他，帮助他，反而用輕薄的口吻去打擊他，尤其是無原則的糾紛，犯了狹隘不能容人的錯誤。」

這眞可以說够坦白了，大凡在教育界服務過的人，請捫心自問：你有沒有心裏不滿意的人，不肯當面勸告，却在背後亂批評他？你有沒有和同事不合作？你有沒有打擊過你所不滿意的人？你有沒有犯了狹隘，不能容人？

羅常培還承認了自己不肯擔任僞北大教職員聯合會福利部部長，「純粹是從個人出發」；「自己主要的病根就是自高自大的個人英雄主義。……我喜歡別人奉承，不肯虛心接受批評，因此得不到群衆的眞正意見。好跟別人計較高低；由於地位的私慾作祟；好逞能，好表現，由於好名的孽根未拔。稍有所得，就沾沾自喜；小不如意，便盛氣凌人。……對於一般同事，往往訐爲直，惡語傷人，而不能從原則上帮助他們去克服弱點，改正錯誤。」至此，我願請讀者和筆者掩卷閉目，作一反省，在過去歲月中，我們是不是也曾犯過這些毛病？我們有沒有知過而改？今日教育失敗，我們是不是也應該負一些責？我們是不是願下決心，痛改我們也有的同樣毛病？如果我們在讀到這些坦白書時，只知竊笑他們糊塗，當年何以不「乘機」南飛，或自慶老運不壞，竟能逍遙海外，我們還算有心肝嗎？老實說：他們固然失去了思想、信仰、言論、緘默的自由，可是在另一方面，他們却也眞的有了進步；因爲在大衆前，在報紙上已公開的錯誤，他至少在表面上也要改正的。

羅常培也承認了自己的第二個嚴重病根是急躁和偏狹，並說出自己和季羨林發生的爭執。像這樣的坦白，我不希望或贊成勉强別人當衆來作，我却認爲是每個人獨自反省的最好榜樣。

前北洋大學校長張含英，承認了他的許多「主觀的、片面的見解，常爲個人興趣所左右。」「有個人英雄主義和單純好名觀念。」「爲了個人目前的利益，什麼都可以犧牲，在利重的時候，也就顧不得潔不潔了。」

× × ×

以上所引很少的一部分材料，已暴露了我們學術界和教育界人員的一部分壞習氣，這些壞習氣不知阻碍了多少工作上的效率和事業上的成就，也不知損失了多少發生的可以獲得的物質的或精神的利益。

教育界以外，中共區內工商界的人士也繼續在「學習」，繼續有坦白書發表，從這些文件中，同樣的有可以爲工商界作爲反省甚至是教訓的材料。當然，很多人並不能看到這一類文件，可是過去在教育、工商界負責，現在負責，將來還有希望再負責的領袖們，大概都可以看到，我們如何不能對他們抱「責備賢者」的態度？

對中共所謂「思想改造」的自白書，如果在搜集和印發的機關，以能搜到，能發出，能滿足一部分人的好奇心，能警惕一部分執迷不悟的人，能安慰一部分忠貞學人……爲目的，那我認爲還是節省一點紙張，節省一些人力，不但不必印發，根本也不必去搜羅。如果接到這些文件，看到這些文件的學人，以之爲茶餘飯後的聊天資料，以之爲舊日朋友們的最近消息，最多是嘆息於中共無「不說話的自由」，那也就失了敵人情報的眞價值。不知彼，不知己；只知彼，不知己；只知己，不知彼，而能勝敵者，未之有也！

自由中國通訊

從中共財經立場解剖其三反四反和五反

——明爲整肅匪幹貪腐實係消滅工商階級——

香港通訊・三月一日

本刊特約通訊記者 原之道

一

共匪是以『造反』起家的。雖然現已成家立業，惟腦筋中仍然忘不了一個『反』字，對於日常工作的進行，總喜歡冠以『反』字，這不僅表示其一貫的作風，亦可算是不忘其本了。

現在大陸上進行着如火如荼的『三反』，『四反』和『五反』運動，乃是繼土改之後又一廣大的清算鬪爭，對象雖不相同，其來勢之兇猛和範圍之廣泛，則與土改毫無二致。這使『新民主主義』所標榜的四種階級之一的民族資產階級，慄慄危懼，大有朝不保夕的樣子。『狡兎死，走狗烹；飛鳥盡，良弓藏』，自古已然，共產黨豈可放過這個機會！它自覺僞政權日益鞏固，用不着再來敷衍這班傢伙，爲實行它的統制經濟，更有消滅私人企業之必要，故此次三反、四反、五反鬪爭的結果，其遭殃喪命者必爲民族資本階級無疑。

畢竟共匪是富於高度警覺性的。它知道極權與貪污、腐敗、欺詐、矇蔽是不可分離的，也可以說是一事之二面；同時它又深知這樣貪污腐化下去，必將加速共產政權的崩潰與沒落，爲挽救危亡起見，不得不趕快來一個『三反』運動，冀以整肅匪幹，鞏固江山。共匪最會利用機會，借刀殺人的，它又可以藉此機會，一面巧取豪奪以自肥，一面消滅工商階級以貫澈統制經濟，眞可謂一舉三得之事。可是病入膏肓，這不過是苟延殘喘的强心針罷了，根本是無法救活的，等到油乾燈草盡之時，便是共匪政權壽終正寢之日了。因爲它所實行的專制主義，殘忍政策，統制思想，箝制言論等等，無一而不是奴役人民，這一切的一切早已注定共產政權失敗的命運了。

二

『三反』運動就是『反貪污、反浪費，反官僚主義』的鬪爭。毛澤東於其今年元旦的『新年團拜祝詞』中，曾大聲疾呼的說道：『……還祝我們新開闢的一條戰線的勝利。這就是號召全體人民和一切工作人員一致起來，大張旗鼓地雷厲風行地開展一個三反鬪爭，就是反貪污，反浪費，反官僚主義』。北平匪『人民日報』於去年十二月三十一日社論，『以高度的信心和堅强的意志迎接一九五二年』爲題，曾痛切地說道：『一九五二年必須認眞發動羣衆，把反貪污，反浪費，反官僚主義的鬪爭進行到底』。自此以後這個三反運動便在各大都市展開了，據說東北各省的三反鬪爭，早於去年八月即已開始發動，可見東北匪幹的貪腐猶遠勝於內地各省了。

我們看到上述匪酋和匪報的呼籲，可知共匪侵據大陸不過二年，其貪污腐敗已成普遍現象，而且與日俱增，情形至爲嚴重，而貪腐之最甚者，莫過於共黨黨員與團員，簡直明目張膽，公開勒索。北平匪『人民日報』去年十二月八日即已提出：『共產黨員要自覺地積極地參加三反鬪爭』。該報公開地承認匪黨內發現了：(一)有些人任用反革命份子作爲竊取國家財產的爪牙，使國家遭受嚴重損失。(二)有些人勾結私商，盜竊國家財產。(三)利用小公家名義，假公濟私，營利舞弊。(四)追求資產階級墮落腐化的生活。(五)明目張膽地鋪張浪費，揮霍人民財產。

又北平匪『靑年報』於今年元月十一日指出：(一)靑年團內部存在着貪污，浪費，官僚主義不良現象，公私不分，佔公家小便宜。(二)把團員發動起來，帶頭羣衆響應黨的號召，規定辦法，實現黨的要求。(三)少數單位發生團的幹部壓制民主，不敢發動團員的現象，原因是他們自已手上不乾淨，或者自己的好朋友、老同事、愛人手上不乾淨，不肯坦白承認自己的錯悞。在這運動中要將這些不乾淨的幹部撤換。

其次，『四反』，『五反』運動是甚麼？

共匪認爲僞政權和匪黨之貪污腐化，都是封建社會的產物，資產階級的毒素，更進一步說這是國民黨政府遺留的壞作風，現在傳染到它的幹部身上。這是共匪一貫的作風，好事歸之於自己，而將壞事硬派到別人身上。且係『一石二鳥』的辦法，藉此又可剷除異已，於是接着就有四反和五反的鬪爭了。

『四反』運動是『反行賄，反欺詐反暴利，反偷漏』的鬪爭，『五反』運動是『反行賄，反偷稅漏稅，反盜竊國家資財，反偷工減料，反盜竊國家經濟情報』的鬪爭。共匪認爲匪幹之所以貪污腐敗，都是這些工商業者在作怪，因有行賄的人，才有受賄的人，欲使三反成功，必須先從四反五反做起始能有效。周匪恩來於本年一月五日在僞『政協常委會』上報告，他說：『工商界有很多人常常以行賄欺詐，暴利，偷漏等行爲盜竊國家財產，危害人民利益，腐蝕國家工作人員，號召全國工商界進行檢舉和坦白運動』。並要求『私人經濟事業，應受領導和限制』。其主張要點如左：

(一)不能孤立地講公私兼顧；

(二)不能抽象地講勞資關係；

(三)不能提倡盲目生產；

(四)不能容許謀取暴利；

(五)不能容許行賄、欺詐、偷漏、竊盜、引誘等行爲繼續發生；

(六)凡有犯者，必須懲辦，坦白自首者則從寬處理。

共匪對工商界的四反，五反運動，自本年一月份開始以來，已大規模的在各重要都市展開殘酷的鬪爭，目前已經發動者，有北平、天津、上海、南京、廣州、西安等六大都市，其進行步驟，原則和方法，約如左述：

其一，進行步驟。先從宣傳動員做起，繼即按行業組織學習，聯繫反省，並進行民主檢查，最後進行全面坦白，從事檢舉和揭發。

其二、鬪爭原則。由僞政權黨政軍各機關首長起『帶頭』作用，層層下去，進行檢查，並展開自我批評和自我檢討，以紀律懲處與思想教育相結合。

其三、鬪爭方法。共匪採取一切可能之有效辦法，務使對象不致漏網，被鬪爭者終必屈服。簡言之，約有以下數種：

(一)召集各同業公會負責人及幹部舉行動員大會；

(二)發動店員和婦女，參加各種檢舉大會；

(三)在動員大會和檢舉大會上，發動『自動坦白』『交代淸楚』『放手檢舉』；

(四)在各重要地點及重要行業設立檢舉箱；

(五)在各市節約檢查委員會或學習委員會之下，設立接待室，歡迎自動坦白，及以書面或口頭方式檢舉控告，保證『言者無罪，告者不究』；

(六)發動店員按行業組織『檢查組』，深入基層，廣泛開展檢舉運動。

三

觀於上述各點，可知共匪的鬪爭工作，是由三反運動，進而展開爲四反和五反運動，一面藉以打擊貪腐的匪幹，一面利用這個機會，淸算勾結行賄的工商業者，以期消滅社會上之有力分子—民族資產階級。觀共動員範圍之廣大，鬪爭手段之激烈，和步驟與方法之細密，顯見共匪此一行動，乃係一套有計劃的演出，其目的除上述整肅匪幹和排除異己之外，還有一個重要目的存在：這就是『搜刮物資，支援戰爭，和準備未來更大的戰爭』。

溯自共匪受命於蘇俄主子參加韓戰以來，經過了一年零七個月的大量消耗，物資缺乏，經濟枯竭，造成財政經濟兩者極其嚴重的危機。爲挽救財經的危機，自不得不以增產節約爲共苟延殘喘之計，而匪幹之普遍貪汚和糊塗浪費，與夫工商業方面之行賄，偷稅漏稅，和偷工減料等等，都是實行增產節約的障碍。欲達成增產節約的目的，則不能不先從掃除障碍着手，何況一石數鳥，尙有他利可圖呢！不論三反也好，四反五反也好，若從共匪財政經濟的立場言之，自爲一劑起死回生之救命湯了。匪『人民日報』於前述社論中，謂共匪本年度的『中心任務』有七項，而『增產節約』乃是其中最重要之一。繼謂『增產節約的大敵是貪汚，浪費，和官僚主義』，因此該報特別强調的說：『一九五二年必須認眞發動群衆—把反貪汚，反浪費，反官僚主義的鬪爭進行到底』。於此可見共匪之三反，四反和五反在財政經濟上意義之重要矣。玆略述其眞相如左：

第一　基於財政的需要。從僞政權『一九五〇年度財政收支概算』所列的比數中，可算出僞政權該年度支出概算爲二七億八千餘萬『公債分』，收入概算爲二二億六千餘萬公債分，赤字爲五億二千餘萬公債分（每一公債分約等於美元一元，以下均以美元代計）。迨去年三月底僞財政部發表『一九五〇年財政工作總結』一文，揭示該年度收入，較原概算收入超過百分之三一·七，赤字則佔原概算赤字的百分之九六·六。根據上述各種比數加以核計，則僞政權該年度的財政支出應爲三四億八千六百餘萬美元，收入應爲二九億八千二百餘萬美元，赤字應爲五億三百餘萬美元，其中靠公債彌補了一億餘美元。據一般觀察，僞政權參加韓戰後之大量動員，該年度之支出實際或不止此，其赤字可能超過此數甚多。

一九五一年財政收支情況，僞政權始終不予透露，若一面根據其一九五〇年的收支情況，另一面觀察其在一九五一年終在韓作戰情形，可估定其全年支出應爲四五億至五〇億美元，而其收入情況，雖因稅網更密，搾取更苛，料亦不致超過三五億美元，除以『武器捐獻』收入約二億美元，及蘇俄貸款彌補外，其赤字應達到十億美元。

過去兩年間共匪財政收入，大部分來自農村。農業稅率僅以中央部分而論，平均已在農民總收益百分之二十以上，益以地方附加，及地方各種苛雜，平均負擔爲農民總收益百分之三十以上。此外則爲土改前後，對地主鬪爭淸算而普遍沒收之積谷與浮財，三年來總數當不下於二十億美元。在都市方面，共匪雖厲行重稅，並先後以公債及武器捐獻，不斷勒索，然尙限於慢性的淸算，較之淸算地主，已屬溫和多多。本年度因韓戰和談拖延日久，前途演變莫測，支出更將劇增，而收入方面，農村無可沒收，農業稅在八月夏徵以前，收入毫無，工商業稅，貨物稅等最重要稅收，在上半年均甚淸淡，故本年上半年爲僞政權財政最窘時期，尤以春夏之交爲然。基於財政上迫切的需要，共匪乃移其目標於都市工商業者，藉口行賄，偷漏，暴利，欺詐，而厲行急性的淸算，是三反，四反五反運動之最顯著目的，在以最高速度羅掘都市財富，以應財政急需。

第二　基於外滙的需要。根據共匪與蘇俄所訂貿易協定貸款計算，以黃金爲標準折成爲美元，共匪須以外滙黃金及物資償付對蘇債務，其中自以外滙黃金爲主體。韓戰發生後，共匪所得蘇俄接濟愈多，共所付出的黃金外滙亦愈鉅。又共匪兩年來力向蘇俄集團以外的國家，搶購戰略物資，去年五月間，據美國方面報導，共匪自韓戰發生後已購入價值三億五千七百萬美元的戰略物資，其中有價值二億八千萬美元來自香港。又據香港方面統計，前昨兩年共匪自港輸入總額超過三〇億港幣，而其輸出總額不過十六億港幣。至於走私輸入，尚未估計在內。綜計此兩年中共匪的入超額達二億五千萬美元以上，而對蘇俄債務的償付尚不在內。至於僑滙方面，由於美國的凍結與取締，東南亞各地的管制，暨僑胞對僞政權的反感，數量遠不如前。春節前後一向爲僑滙最旺時期，而本年一月經港滙入大陸款額不過四千萬港幣、基於外滙消耗之劇烈，及其來源之銳減，共匪的外滙頭寸，顯然趨於枯竭，此可由近三四個月來發生下述各事覘之：(一)去秋共匪以殘酷手段，勒索華僑，迫取外滙，而不惜引起全部華僑之反感，及當地政府之注意。(二)共匪對港貿易額，由去年八九月以前，每月一億以上港幣之輸入，突減至五六千萬港幣，近一二月來則更形減少。(三)蘇俄特於去年十二月發表給予中共長期信用貸款的消息，究其原因，是共匪已無足够外滙以隨時償付貿易差額，祇能改以物資償付；而大陸輸蘇物資大部份爲有季節性的農產品，須較長期限始能償付。鑒於上述共匪外滙的枯竭情形，而其對蘇之償付又有增無已，自不能不於勒索僑胞之外，向大陸僅存的資產階級榨取外滙黃金。試閱這幾個月大陸匪報所載『四反』『五反』鬪爭對象，首推進出口商人，其罪狀多屬奪取外滙及匿存資金等等，且要追究大陸淪陷前的逃避資金的行爲，足見『四反』『五反』運動的另一目的，在於榨取工商業的外滙和黃金。

第三　基於壓制物價的需要。共匪竊據大陸以來，財政收支始終無法平衡，在僞幣不斷膨脹下，時虞物價波動。共匪壓制物價的策略，表面上爲控制全大陸的物資，促進城鄉交流，厲行重稅政策，以收縮市場的資金，並造成極端的恐怖狀態，任意課以重刑重罰，以威脅市場。但物資供應究屬有限，僞幣膨脹則無窮時，其重稅重刑和重罰，有時不免黔驢技窮，而週期性的物價波動，亦復無法消除，共匪乃不斷使用非常酷烈的突擊手段，以濟其窮。例如民國三十八年六月十日突擊上海證劵大樓，將金鈔投機商人一網打盡。民國四十年初發行巨額折實公債，令各業大量承購。同年三月間又突擊徵稅，造成極度不景氣。另以統一財政經濟爲號召，實行統制全國物資。民國四十年初，公布『私營企業重估財產調整資本辦法』，勒令各業限期重估財產，調整資本，並將帳外財產盤點入帳，以達到控制各業資財，並限制其活動之目的。同年四月間突發動所謂『鎭壓反革命』運動，以震懾市場。同年六月初發動爲期半年的『武器捐獻』運動，全面動員勒索，較之折實公債的强派，尤爲屬苛。至同年年底復提出『增產節約』運動，目的在榨取一切增產節約的成果。

綜觀過去三年間，此伏彼起之各種突擊行動與運動，其目的固不外在榨取民脂民膏，以供應他們無窮盡的消耗，惟兩者相較，搜刮仍是望塵莫及。但因其突然猛烈吸收城鄉資金，造成社會極度恐怖，在壓制物價作用上，確是一再收效。然共匪的無賴手段，終有告窮的一日，而物價波動的威脅，則始終存在。今春財政困難更多，物資供應更絀，僞幣發行更增，可能於春節前後，物價重起波瀾。共匪乃於春節節前突向資產階級進攻，一面還拘捕所謂不法的工商業者，以窮兇極惡的手段，展開四反和五反的鬪爭。僞新華社於上月二十五日在誇稱運動的成就中，特謂：『這個運動在財政金融上的成就已很明顯，最觸目的是全國金融愈益穩定，這就給今年物價的進一步的穩定，造成了極爲良好的條件。……物價方面去年九月底，六大城市三十二種主要商品的價格總指數是一一五·九，……可是運動展開之後，十一月底降爲一一三·六。……雖在舊歷年底，各地物價仍然穩定如常』。此可證共匪這種運動之又一目的所在了。

第四　基於收縮僞幣的需要。綜計三年來僞政權赤字總數，應達三〇億美元，主要是依賴增發僞幣以資維持。故共匪特對僞幣管制，步步加緊，其金融網遍佈城市每一角落，並深入農村以吸收存款。對城市工商業則勒令共將現金存入銀行；向農村收購農產品，則勒令農民將出售所得，以儲蓄方式存入僞金融機構或合作社。雖然多方設法回籠，而僞發行額據一般估計，目前當在六〇萬億以上，折合美元約爲二十五億元。按抗戰前法幣發行額爲十四億餘元，依當時法幣對美元滙率，一元美元折合法幣三元三角計算，約合美元四億二千餘萬元。目前美元實值，只當抗戰前的半數，是則僞幣的發行量，較之抗戰前的法幣已多出三倍有餘。共匪盡力推廣其發行網，使僞幣的流通範圍，遠及東北和新疆，並大力發展僞『人民幣下鄉』工作，消除過去農村使用硬幣或物物交換的現象。由於流通範圍的擴展，和維持幣值辦法的不斷推行，乃能使僞幣不因膨脹而大量貶值。

然而，時至今日，僞幣發行額已達飽和點，今後膨脹不已，勢必無法維持。尤以今年僞政權財政支出，可能因戰事擴大而更超過去年，共財政收入則因國民財富的枯竭將告銳減。今年度共匪財政所須依賴於發行者，可能倍於去年，尤以在今年八月底以前，無論農村或都市稅收，均屬最淡時期，共匪將大量增發僞幣以資彌補，殊無疑義，即依目前未擴大的戰爭狀態估計，在今年八月以前，勢須增發價值十億美元以上的僞幣。倘戰事擴大，則通貨膨脹更將驚人，以共匪所掌握的物資或共所慣用的管制手段，均將無法應付此一非常之通貨膨脹。在面臨此空前通貨危機之前，共匪乃訴之於一非常手段，所謂『四反』『五反』運動，力是以扼殺全部私營工商業，榨盡其一切可資活動的資金，如是，則任何經濟上的『反動』，殆屬不可能之事，而後偽幣大批出籠，方不虞有外來阻力。故三反、四反、五反的運動，不啻爲共匪巨量增發通貨，闢下一條坦途。刻下這種運動雖在發展初期，可是在偽幣發行方面，已生顯著的效用。例如在兩個月前，香港撥滙廣州行市，爲在港收港幣一百九十餘元，在穗付偽幣一百萬元。邇來偽幣日漲已需要港幣二百三十五元，兌得偽幣一百萬元，將次接近偽銀行的牌價了。實則共匪在此項運動中，對工商業者的搾取，除沒收不動產不計外，共可能刼奪的黃金外滙物資等動產，充其量不至超過美元三億之數，不足以供一個月的消耗，在財政上所發生的直接作用，尚屬有限。第因此項運動的結果，可以維持偽幣幣值，以便共匪大量增發通貨，其在財政上所發生的間接作用，實數倍於刼奪動產的數目。於此可見共匪三反，四反，五反運動之又一目的，乃爲消除今年巨量膨脹下的偽幣危機。

四

觀於上文的解剖，可知共匪的三反，四反，五反的鬬爭，其經濟的意義實高於政治的意義，主要目的在搜括資財，鞏固內部，以支援戰爭，幣備未來的大戰爭。

我們今日面臨着共匪對大陸同胞的殘酷清算，我們想念大陸同胞束手待斃的情形，自不能抽手旁觀，坐視不顧。此項鬬爭清算完成之日，即爲整個『民族資財階級』死刑執行之時。但是，這種飲鴆止渴的辦法，猶不足以拯救共匪經濟危機，而到了山窮水盡的時候，共匪繼三反，四反，五反之後，可能宣布金銀國有，勒令人民獻出一切窖藏的金鈔外幣，或嚴格的限制民間消費，以節省共匪匱乏的物資。因此，我們更有考慮對策的必要，盡其一切可能的方法予共匪以嚴重的打擊。玆略述其辦法如下：

（一）揭發共匪『四反』『五反』鬬爭的暴行。我政府應發表文告，揭發共匪罪行。並號召海內外的輿論，一針對着匪黨的掠奪行爲，一致聲討；一面對大陸工商業者的受苦遭難，表示深切同情，一面勸導工商業者儘量設法逃出魔掌，勿中其奸計。在自由中國區域的言論界，應著文抨擊共匪暴行，而黨政宣傳機關，應在暗中策劃擴大宣傳，使海外僑胞，獲悉共匪的詭計，不理會今後任何的敲詐和勒索。

（二）宣布我方今後之經濟政策。光復大陸後整理經濟的國策如何？對分得土地的農民如何保障？對受害的地主如何救濟？對工商業(私人企業)如何維持？對勞工店員等如何待遇？應以簡單扼要的約法三章，使大陸同胞家喻戶曉，了解政府今後的經濟政策，即國營私營並存，勞資兩利。同時對過去意志薄弱的分子，特別予以同情，認爲大陸的失敗和他們的遭受苦難，都是政府的錯誤，今後打回大陸後，除匪黨禍首必須嚴懲外，其餘被迫脅從的分子，一律寬恕，不予追究，以收攬大陸的人心。

（三）號召工商業者遷臺參加生產工作。對由大陸逃往海外的工商業者，應號召其入臺參加生產工作，最好派員赴港主持勸導登記調查工作，簡化核准入臺手續，對於志願入臺設廠的工商業者，不論新舊機件，應准免稅入口，在臺設廠時所需土地，其有公地可資撥用者，應廉其售價或租金，以資鼓勵。

（四）阻止共匪刼取外滙。大陸各地逃港資金，爲數當不在少數，尤以港粵經濟關係密切，粵籍工商人士存港資金特多，在共匪四反五反的殘酷手段下，可能有部分工商業者，不堪壓迫而交出逃港資金。共匪如能獲得大量港滙港幣，即可在港套購美滙。去秋發生共匪勒索華僑事件時，美國立即嚴加取締，此次共匪勒索工商業外滙，性質遠較嚴重，美國必更痛心疾首。我政府應密切注意香港金融動態，如發覺內滙大陸，或將港幣移存共匪所控制的銀行，或共匪有關係的機構，套購美滙數目突增時，即須提請美國注意，設法應付。

（五）打擊共匪膨脹偽鈔：今年共匪財政支出，勢將大量的依靠增發通貨，上文已經說過，我們此時宜將偽幣膨脹情形，向大陸民衆作不斷的宣傳，使民衆獲知在惡性膨脹下，偽準即將劇烈的貶值，他日局面變化，偽幣等於廢紙，銀行存款亦將毫無着落，使大陸同胞及早不存偽幣，不存款於銀行。如此舉收效，將予共匪發行政策以致命的打擊。

五

最後尚擬一言者，我們對共匪此次三反，四反，五反的鬬爭，除積極的講求對策外，應該對自己過去和現在的措施予以切實的檢討，尤其對現在工作，要時加警惕，糾正錯誤，注意改進，不要諱疾忌醫，重蹈過去的覆轍。無可諱言的，我們在大陸上的失敗，決不是被共匪打垮的，而是由於貪污，腐化，浪費，自私，官僚主義，派系鬬爭的各種惡劣因素交織的結果，由自已造因而把自已整垮的。前面已經說過，共匪畢竟富於高度警覺性的，故敢大膽的坦白的指出錯誤所在，而發動所有的力量，用盡一切的方法來剷除這些錯誤，來消毒這些惡菌；不似我們在大陸的時候，只知粉飾太平，生怕人家說我們不好，每遇人家批評我們貪污無能的時候，不惟不加反省，還要强詞奪理的加以狡辯，還要疾言厲色的加以詛咒，這樣粉飾太平的作法，焉有不失敗之理！

諱疾忌醫，病者必死，恐懼暴露弱點，終必爲弱點所乘，貪污，腐化，浪費，自私，官僚主義，派系鬬爭等等作風的存在，不惟容易消沉民心，影響士氣，且爲耗費有用資財於無形，消磨有用的精神於無用之地。今日復興基地的臺灣，目前有沒有這種情形存在，大家應該不斷的加以檢討，不惟不容許這種現象存在，且須朝乾夕惕，隨時注意改進工作。尤其要發動社會的輿論作為改革之後盾，使言論界隨時督責，率直批評，而政府要虛心接受，知過改非，俾各部門工作，充分配合，勵精圖治，以全力準備反攻大陸，拯救受苦受難的同胞。

言論自由為整肅一切黑暗之明燈，大家應該利用這個武器，庶可去腐生肌，促成政治的進步。

中華民國四一年三月一日
於香港

人生雜誌　半月刊
內容豐富
文字優美
歡迎直接訂閱
訂有優待辦法
社址：香港九龍鑽石山上元嶺正街六號

鄭重推薦革新後的
香港時報
言論公正　報導正確
內容充實　副刊生動
歡迎訂閱另有優待
總社：香港高士打道六四—六六號
電話：二〇八四八
分社：臺灣臺北市館前街五〇號
電話：四〇一一七

東南印務出版社
地址：香港高士打道六十六號
電話：二〇八四八
臺灣接洽處：臺北市館前街五〇號香港時報分社
—承印—
圖書雜誌
工精價廉
交貨迅速

鐵幕裡又一新發明——紙手銬

據最近由大陸來人稱，共匪政權又發明一種殺人不見血的新刑具，即紙手銬。

以前，共產黨若將某種罪名加到某人頭上，便秘密加以逮捕。現在則不然，他們對人民的控制一天比一天嚴密，人民全是他們的甕中之鼈，他們可以逍遙自在地盡其拆磨之能事，不怕有人會逃出他們的魔掌。他們往往將他們所謂的『人民罪人』『請』來，首先對他宣揚『人民』的德政，然後皮笑肉不笑的對他輕語道：

『……人民對你們這樣寬大，而你却做出這樣對不起人民的事，人民自然要給你處分，我們雖然同情你也沒辦法，這是人民的意志。不過，我們十二萬分的信任你，你決不會和我們為難的。因此，我們也不把你當人民的罪人看待，請你加上這副紙做的手銬，在這個地方站一夜，我們也不用人看守你。沒有人會打擾你。你可以靜靜的想問題。明早再見。』

於是，這個被請來的『人民罪人』帶着一副紙手銬獨自站在那兒。四顧無人，夜是那樣的靜，他想逃，但是，黑夜茫茫，共黨的魔網重重，逃向何處？他想起了剛才那充滿侮辱的假笑，想起了那刺人心骨的言語，憤怒的火在心中燃燒，但除了咬緊牙根忍受以外，又能有什麼辦法呢？東方現出了一線曙光，遠處雞啼，他驚起擡頭，天快亮了嗎？他想他所受的活罪也許要結束了。他渴望再見家人。他雖然與他們只分別了一兩天，但眞有隔世之感。他希望那個共幹快來。他沒有逃，甚至於沒移動一步。他想這可以證明他是誠意接受『人民』的處分的，既然如此，人民政府會釋放他的，他等待着。……

遠遠的，來了一個人影。越走越近，那正是昨天的那個共幹。他堆着滿臉笑容說道：

『怎麼樣？對人民懺悔了嗎？啊！同志你太不應該了！』他一面說着，一面看着那破裂的紙手銬。『人民既然信任你，你就應該忠於人民，為什麼將手銬破壞了呢？這就怪不着我們了啊！又是你自己對不起人民。好吧！姑念你初犯，昨天你站了八個鐘頭，今天再罰你站十六個鐘頭。請你再換一副紙銬，到時候我再來看你，我想你不會再做對不起人民的事的』。

這個所謂的『人民罪人』就被這樣的疲勞刑罰一直折磨下去，十六個鐘頭，三十二個鐘頭，六十四個鐘頭。

我做了「人民代表」

香港通訊・三月五日

江天

筆者是河北新樂縣人，爲了不能忍受中共的奴役統治，在四個月前輾轉逃來香港。我原來在本鄉小學裡面作教員，兼教務主任。「解放」後，中共幹部抓不到我甚麼毛病，也就讓我繼續幹下去。我爲着保全個人和家庭的安全，在表面上當然只好表示擁護共產黨；看了幾本小冊子，見人滿口新名詞，對幹部恭恭敬敬，叫我幹甚麼就幹什麼，所以幹部們對我印象很好，認爲我「思想前進」。到第三次「縣各界人民代表會議」的時候，居然青眼相加，叫我去做本村「人民代表」！現在我就要把我榮任「人民代表」這一段經驗向自由中國的同胞們報導一下。

新樂縣第一次「縣人民代表會議」是在民國三十八年開的。我只在事後聽說有那麼一回事，代表如何產生，如何開會，根本我們村裡人都不知道。到三十九年春天，省裡下了命令，要開第二次 縣人民代表會議」，規定各村的「人民代表」要用選舉產生，表示「民主」！而且規定參加選舉的要在選民人數一半以上才算有效。命令從縣政府傳到區政府，從區政府傳到村政府；於是村幹部又緊張起來。誰去參加「人代會」倒沒問題，幹部們很快就協議了派一個叫陳文光的（共產黨員）去作代表；可是要把全村一半以上的選民弄來投票，可相當麻煩。於是幹部開會商量之後，就發動宣傳。所有的幹部，加上小學教員，加上一些地痞流氓，二流子等所謂「積極份子」，全體出動宣傳。先集合由村幹講了一套「人民代表會議」的意義，然後分組宣傳，由民兵協助，把老百姓趕到空場裡開會，聽我們鼓吹共產黨的「民主」。這些「主人翁」帶着厭倦的表情聽完了之後，各自默默回家。於是村幹命令各小組挨家挨戶去宣傳。我們跑到每一家去，把那一套鬼話又說一遍，要他們到選舉的時候去參加選舉。農民們恭恭敬敬地給我們泡茶，拿出一小盤瓜子（那是他們專爲招待訪問的幹部而忍痛買的），陪着笑臉聽我們講，答應一定去參加選舉……

這樣宣傳了差不多兩個禮拜，到了選舉的黃道吉日。選票上印着三個名字，第一個是陳文光，另外用兩個別的幹部作陪襯。一清早，民兵就到各處打鑼，叫人去投票。可是那時正是農忙時候，老百姓誰有閒心去要這個無聊把戲？全村選民該有一千多人，到下午四五點鐘，零零落落去敷衍故事一共只有兩三百人。陳文光氣得不得了，大罵：「他媽的這些王八旦，敢違抗命令想拆老子的臺？」於是村幹們命令民兵出動，一部份人到各路放哨，有人過路就强迫他到投票處去，另一部份民兵到各家去抓人來投票。這樣「大張旗鼓」的大力推動，到晚上十點鐘才把選舉結束，讓那些「主人翁」餓着肚子，摸着黑路回家。選舉結果很滿意，投票者佔選民百分之九十，而且「一致選舉陳文光同志作本村人民代表」！

那一次「人民代表會議」我沒有參加，不多談它了，還是說說我自己參加的那次吧。

幾個月之後，上級又命令選舉代表參加「第三次縣各界人民代表會議」，並且指示：「代表」要非幹部的人，另外派兩個幹部去列席會議；選舉不要用不記名投票方式，而且根本不要用投票方式，而改用舉手表決的方式。據說舉手表決比不記名投票更民主，更能選出眞正代表民意的代表。

這樣一來，陳文光的代表是當不成了。幹部們開會一商量，不知怎的就決定讓我去作代表，另派陳文光和一個叫劉德恩的幹部去列席。我心裡對共產黨又厭恨又害怕，只有裝着很高興地接受這賜給的「光榮」。共幹另外找了兩個「積極份子」也算是候選人，可是明白地告訴他們，這次不派他們去。這回選舉比上一次簡單多了，也不用多宣傳，也不用印選票，也不用民兵放哨抓人。選舉前幾天，村幹派了幾個民兵打鑼通知了一下。到選舉當天，再派幾個民兵到各家吆喝了一番。農民有了上次的經驗，知道反正是得來一來。到下午兩點多鐘，場子裡居然到了四五百人。於是村幹宣佈開會，先報告了一番上次「人民代表會議」「偉大成就」，講了一些「人民作主人」的大道理，然後說這次改選代表，有三個候選人，第一個候選人是×××同志，接着他對我作介紹，說我思想如何前進，態度如何積極，爲人民服務的決心如何堅强；我在旁邊聽着眞是啼笑皆非。他替我吹噓完之後，只把另外兩個候選人的名字提了一下，就說，現在我們請候選人發表競選演說。群衆無精打采地拍了兩下手。我非常了解他們，同情他們；可是他們並不了解我，並不同情我。

我當時心裡一陣酸楚，恨不得向他們說：「老鄉！我跟你們一樣是被迫不得已啊！咱們是一氣兒的！讓咱們一道起來打死這群壓迫我們的混蛋！」可是我當然不能這樣。我裝着很高興的樣子上臺去，背了一套八股。另外兩個候選人沒有出來競選，村幹就舉行舉手表決，當然臺下一致舉手選我作代表。有幾個女幹部還肉麻地給我獻花，簡直能把人氣死。

我跟隨那兩個幹部到縣城去，住在「招待所」裡。人很擁擠雜亂，可是伙食不壞，每餐白麵饅頭，肉油都很多。我暗自慶幸不虛此行。

第二天開會了；會場是城裡一個戲園子，有七八百個坐位，正式代表本來只有兩百多人，可是會場擠得不得了，因為列席的幹部有七百多人(確實人數都忘記了)。本來代表的席次指定在戲臺正面的一塊，可是許多幹部不管三七二十一就坐到那裡去，一方面他們願意坐「正廳」，另一方面他們要跟定他們本村的那個「代表」，督促他發言、舉手。結果黑壓壓擠了一滿園子，也分不清誰是代表，誰是列席幹部。(許多「代表」講時髦，也穿的幹部服。)亂哄了一個多鐘頭，正式開會，「縣長」李純良先上臺報告了半個多鐘頭，內容不外是「民主政權」「為人民服務」一套，我根本沒仔細聽。然後是選舉主席團。馬上有人提議，「縣人民政府」的負責幹部是「當然主席團」；李純良提出表決，一哄就通過了。李純良又說，除了縣人民政府幹部以外，還是再多推選幾個吧；下面又通過了；於是開始提名。提了一兩個之後，我身旁的陳文光又來勁了，他推一推劉德恩說：「你提名我上去！」劉德恩就站起來大聲喊說：「我提議××村的陳文光！」自然也通過了。他這位「列席」的一躍而為「主席」之後，我倒大大鬆了一口氣，因為劉德恩比較老實，不會釘着我督促我發言。

主席團選過之後仍舊是由「縣長」李純良作主席；他報告說這次「人民代表會議」的主要任務是討論徵糧任務。收到的其他提案有二十多件，比上次「人代會」收到的提案少得太多，這表示大家對「人民代表會議」重視還不够；可是接着他又自相矛盾地說，這可以說是一種好現象，因為這表示幾個月來各方面工作推行得很有成績，問題不多了。這種矛盾的飾詞使我差一點捧腹大笑。

李純良說了一段坐下之後，接着的節目是「縣人民政府」報告施政工作，他又站起來代表縣政府作報告，又囉囉嗦嗦報告了半個鐘頭。然後大會一致通過「批准」他的施政報告。下面就討論提案了。第一件提案是徵糧任務，換了一個科長模樣的幹部講話，報告本縣所分派的徵糧數額和「政府」的徵糧工作計劃。我心裡一核計，照他這個計劃，我們村裡攤派的徵糧任務比頭一次夏徵還要重三分之一的樣子，我心裡直替農民叫苦，可是我當然知道沒有商量餘地，所以根本不打算發言。但居然有一個「代表」起來發言；大概和他同來的幹部不在他身旁罷，他竟老老實實說徵糧要得太多，老百姓拿不起，他本村負擔太重，他自己負擔也太重。他只說了幾句話，會場裡立刻起了一陣騷動；很明顯地反應分為兩種。一部份是表現出同情贊助。這些大概都是正牌「代表」，他們發出低沉的嗡嗡聲，像怨氣發洩得到滿足似的，另一種是那七八百「列席」幹部的反應。他們厭惡地發出噓聲和呵斥聲。主席李純良大聲叫會場鎮靜。會場平靜之後，那位老實的農民已經沒有勇氣接着再說了，他誠惶誠恐地像被抓住的小偷似的低頭下了臺。馬上有一個穿幹部服的傢伙紅着臉衝上臺去，理直氣壯地把那農民大罵一陣，他開口就說「剛纔那個代表發言不正確！」接着「自私自利」「小圈子主義」「本位主義」「違反人民利益」「不擁護政府政策」等等大帽子，亂七八糟來了一大堆，看樣子他簡直恨不得把這個「人民代表會議」的會場變成一個鬪爭會的會場！他罵完之後，全場熱烈鼓掌。

我也熱烈地鼓了掌；

徵糧任務議案通過之後，下面還有些零七八碎的提案。我心裡懸念着那個純樸可憐的農民，不知道他回去後命運如何。檢討會，鬪爭會那些熟悉的場面浮現在我的心頭，使我無心再提起注意去聽下面討論的東西；不過我還記得很清楚，上臺去講話的，都是些穿幹部服的飛揚浮燥的傢伙——反正不是幹部就是愛時髦的「積極份子」。每次議案表決的時候，「列席」的幹部也參加舉手表決，我看見別人舉手，就跟着舉手，管他是甚麼提案！

到下午一點鐘，主席宣佈休會，回招待所吃飯，那天的菜特別豐富，比解放前我們鄉裡地主吃得還好。下午兩點多鐘繼續開會，把議案討論完，全場起立，喊了幾聲「毛主席萬歲」「中華人民共和國萬歲」，就算功德圓滿了。第二天上午，「代表」們每人領到一堆文件，包括會議紀錄和各該村所分配的各項任務；每人還發了一個「紀念章」，於是起程回家。我把這些文件一齊交給陳文光讓他帶回去保管。

回到本村，幹部們先熱烈地歡迎我們一番，擺了兩桌「慶功宴」，我和陳文光各坐一桌的上席，大吃了一頓。第二天，村幹又派民兵把老百姓趕出來開會，由我和陳文光「傳達會議決議」。於是我的任務算是完成了。

中共宣稱：「人民代表會議制度是我們國家的基本制度，是人民民主政權的基本組織形式。」這種基本組織形式，是甚麼樣子，我已經認識清楚了——它就是一種「我說你服」，「決而不議」的形式！

(上接第31頁)

我們看到這一條，不得不脫口而出，妄肆批評一句：「天下本無事，庸人自擾之」！據說有許多學校就根據這一條把上課時間改遲一小時或半小時。外國的辦法移到中國來，其基本精神每每完全相反了！這又是一個例證。在外國，為着不變動各部門的工作時間表，才有撥快時鐘的辦法；而我們中國則恰恰相反，撥快了時鐘，又讓某些部門變更其工作時間表。這究竟是甚麼玩意兒？簡直是開玩笑！

我們很知道，政府已經做了錯的事，絕不會因人民的批評而認錯改變的，政府的威信有關！但是我們還是要指出，並請貴刊登載出來。我們的希望是在今後。希望今後政府諸公少做這一類不合情理的事。

讀者寧靜遠敬上

四十一年婦女節

文藝

遙遠的祝福

羊叔子

一

是一個暴風雨的黃昏。

下午，時間還不到六點鐘，天色却黯淡得像往日的深夜，濃厚的烏雲，裹住了太平山的峯巔，「東方之珠」的海島，在風雨中顫抖着；沿海岸的一排路燈，整齊地伸向馬路的盡頭，淡黃色的光圈，像燃在聖母殿上的臘燭一樣；海邊是一片肅殺的景象。

跨出巴士，一陣驟雨迎面撲來，雨衣已失却了作用，膝蓋以下的褲管全給淋濕了，我加快速度，走進開往尖沙咀的天星小輪碼頭。

碼頭入口處的杜上，高掛着七號風球，標誌着强風襲港的信號，也預示給所有的乘客：渡海輪是隨時會停航的。

候輪室裡祇有寥寥幾個乘客，他們的臉上都寫着憂鬱和焦急的彩色，望着那灰黯的天空發愁，穿制服的稽查，在閘門口無聊地踱着方步。碼頭外，是風與雨的世界，海濤的呼嘯與風雨相結合，控制了整個空間。這時候，人，才感到自己的渺小。

維多利亞的內海在沸騰着：狂風挾着急雨，箭一般射在黑色的波濤上，海更加憤怒了，波浪一堆堆推向岸邊，沉重地捶擊着岸邊的巖石，海中央幾艘戰艦和海輪，不時的呼嘯着，在升火待發，準備和可能到來的颶風戰鬪

晨間的報紙透露：假如颶風風向不變，晚上八點鐘便可吹到港外。那時，一切交通工具都癱瘓了，我將無法回家休息，因之，我準備過海應一個朋友約會的計劃，祇得臨時打消。決定回家去渡過這狂風暴雨之夜。

二

海邊冷寂極了。

走出碼頭不遠，朦朧的雨絲夜霧中，有一個人對着我的面走來，當他擦過我身邊時，依稀看到他沒有穿着雨衣，而且也沒有撐雨傘，在這個狂風暴雨之夜，這個人冒雨跑到海邊來幹什麼？他該不是個瘋子？好奇心迫使我回過頭來，看見那個人正一步步走向海邊。

一幅現實的悲劇馬上將展開在我的眼前，這個人原來是準備自殺的啊！在這個風雨之夜的海邊，除了我還有誰來搭救這不幸的人？人類的同情心驅使我，馬上跑轉去，在他已逼近海邊的時候，抓緊了他的膀子，使我感到意外的，這個體格魁梧的男子，却沒有多大氣力，他要想掙扎已不可能了。

「朋友！你不能這樣輕生！」我說。他嚇了一跳，雨絲中我雖看不清他的臉龐，但我覺得他的整個身體像受了劇烈激動般的顫抖不已。

「我沒有活下去的意義了，爲什麼還要偷活在這世界上？」他的聲音並不是香港本地口音，而是普通的國語，這聲音頓勾起我無限親切的鄉情，我應該帮助這不幸的外省籍的男子。

「不！你不能這樣！活下去是做人的義務！」我激動地帶着强烈的感情勸告他。

「對於生死的選擇是我的權利，你不能干涉我！請你鬆手！我實在活不下去了。」

「你錯了，當一個人的生命進入危險階段，任何人都有糾正和警告的義務，你如果不聽，我便要報警了。」

「報警！報警？……」他喃喃地唸了兩遍，嘆了一口氣，在我的挾持下，走到總統輪船公司的騎樓下。

路燈慘淡的光輝，照出他的臉部輪廓非常清癯，消瘦，但還不失英俊的氣概，看年紀不超過三十歲；他穿的是套褪了色的藍嗶嘰中山裝，皮鞋也有了好幾個窟窿，亂蓬蓬的頭髮，雨水還在一滴滴地流着，他抹了抹臉上的雨水，作了個疲倦的表示。

「唉！這回是第二次了，想不到自殺還有這麼多的波折，眞是『生非容易死艱難』！」

「怎麼？你曾經自殺過一次了？什麼事情使你如此消極？什麼事情使你喪失了生存的情趣？」

「說來話太長了，叫我從那裡說起……」沉默中他低下了頭，兩道晶瑩的淚珠從他眼邊掛落。

惻隱之心從我心底油然而生，對於這不幸的青年朋友的遭遇，我深深地感動而寄予同情，我相信他必定有難言的痛苦，而且是一個悲劇性故事的主角！我想了解他內心的機密；作爲一個人，我更有拯救一個在沉溺中的不幸者的義務！

「你吃過晚飯沒有？」我問他。

他搖了搖頭。

「現在時間還早，我們到咖啡館吃東西好嗎？」

「不！我不想打擾你，而且，這時候也難得找到沒有打烊的餐室了。」

「我的家離這兒不遠，那麼你到我家裡去談談順便吃點東西好嗎？」

猶豫了一會，他答應了我的邀請。

我帶他到上環的寓所，叫他脫去淋濕的衣衫，披上一條毛毯，用濃濃的紅茶冲去襲人的寒意，並爲他買了一磅麵包充飢。

屋外，風吹得更緊，雨也下得更急，滾熱的紅茶提起了他的精神，話語像山泉般湧了出來，更像催淚的瓦斯，使我也陪了不少同情之淚。

三

這個二十八歲的落拓者張學騫，是湖北蒲圻人

，他有一個美滿温馨的家，父母都健在，妻子是武漢大學時的同學，有一個剛一歲的孩子。

大陸保衛戰的最後階段，他正在國軍一二二軍二一七師政工處任中校科長，戰局惡化後，他隨着部隊敗退到川西的峨嵋，大渡河邊蘇場一役，部隊遭共軍擊潰，他不幸作了俘虜。由峨嵋解送到重慶的途中，他巧妙地逃出了集中營，化裝為楊子江上的縴夫，歷盡千辛萬苦，流浪五千多里，回到了故鄉的蒲圻。

蒲圻在三十八年春天便「解放」了，他的父親是個退休已久的縣長，被當地「縣人民政府」禁閉在監獄裡，家中一切可變錢的衣物和傢俱，都給農會折價作了「減租退押」的果實，一家三口的生活，全靠他的妻子在蒲圻縣立中學教書的收入來維持，光景是悽慘極了。

統治着這個鄂南小縣的偽縣長章進之，過去是共黨的「職業學生」，潛伏在武大「搞學運」的特務，論關係也可說是他們夫婦的「同學」，這個狼心狗肺的「老同學」，對他的妻子梁蔚芬是早已垂涎欲滴的。他回到家裡不久，「老同學」便撕下了臉孔，迫他辦了「反動黨團員登記」而且每天派了「公安員」輪番訪問，給予他精神上以莫大威脅，雖然他還沒有關進集中營，然而那不自由的政治高壓，已窒息得他透不過氣來，面對着生存與生活的危機，他決定出走。

這時，香港的英界已封鎖了，他本想夫妻雙雙逃出來，但事實上是不可能的，他祇有硬着心腸，拋棄了老母、嬌妻、幼子，在一個昏黑的夜晚，悄然搭上粵漢路的南下車，輾轉逃出恐怖的鐵幕，來到自由的香港，那是前年九月間的事。

「我到香港的時候，調景嶺難民登記已截止了。沒有飯票，而且找不到適合的工作，我祇好去做苦力，開始是在馬鞍山礦場做工，因為工資給把頭層層剝削，每天做得精疲力竭，有時還要虧空伙食，於是，我和幾個難友又離開了礦場，到各處去做散工，事實上，散工也不容易幹，我們是外省人，言語不通，工作比香港老工人要繁重，而工資卻比他們少，下起雨來，就得吃自己的老本，你看！我手上累累的厚繭，便是半年多苦工的代價。

「同時，我也曾為香港許多反共報紙或雜誌寫過文章，但是，因為在流浪的生活中，生活不安定，情緒也不安定，創作不出好的作品，事實上，靠寫稿來維持，除非是有極多的投稿的地方，否則是難以生活下去的，這些日子，雖然我的生活很苦，但我並不灰心，因為我有一個希望，希望能夠苟延殘喘的活着，活到反攻大陸的時候，為了國難家仇，將我的身子獻給國家……」說到這裡，他的情緒逐漸激昂起來，而且帶着強烈的苦悶與憂傷的成分。

「既然你對未來有一個美好的希望，為什麼要一次又一次的自殺呢？」我問他。

「唉」！他沉重地嘆了一口氣，繼續說道：「我的個性是很倔強的，雖然我的生活很苦，但我始終將痛苦咽在心頭，並不願人家來分擔我的痛苦，我告訴家裡的人，『在香港我有一份固定的職業，生活很好要他們放心』，實際上，這時候我過的是人世間最不幸的生活。

「三個月前，妻的來信透露：父親已死在「人民政府」的監獄中，母親也病得奄奄一息了，她那份縣立中學教員的職務，因為有人攻擊她是「反動份子眷屬」而解聘了，家庭的生活已非常危殆，同時，「公安員」對我的失踪也在多方追究，而那位「人民縣長」的章進之，也經常到家裡來獻假殷勤，要她催我回去。最後，她肯定的告訴我：『在任何惡劣情勢下，我是會保持住自己的清白，而不使人格有所玷辱的，我們從認識到結婚，已經有十年長的時間，這一點，你應該能相信我！』從此，我便與家中斷絕了通信聯繫。

然而，叫我怎能忘記她們呢？眼見得家庭將有一個極大的變故到來，我又如何能置之度外呢？因之，我還是經常到轉信的地點去查信，終於，不幸的事情到來了，一個星期前，我接到了妻的妹妹轉來的信，附着妻的絕命書，她，可憐的她已經自殺了，母親也病故了，孩子雖然還活着，他的命運也不可預卜，圓滿的家庭僅剩下了我一個人，活着又有什麼意義呢？

前天，我曾經在佐頓道的海邊跳海自殺，但是給人救起送到九龍醫院住了兩天，今天上午便出院了，今晚，這驚心動魄的風雨之夜，我準備靜悄悄地離開這世界，殊不知又遇到你來搭救我……」說完，他的聲音嘶啞了，伏在桌上哭了起來，哭得非常傷心；窗外的風雨聲與他的哭聲相應和，我更黯然無言。

好半天，他才停止了哭泣，從那貼身的衣袋裡摸出一封字跡很模糊的信來，顫顫地遞給我，「這是我妻子給我的信。」

四

「學騫！我親愛的丈夫！

這是我的絕命書，假如能僥倖逃過檢查，到達你的手裡，希望你能夠珍愛它，就像珍愛我一樣，因為這是我臨死前血淚的結晶啊！

用自己的手來結束自己的生命，是世界上最殘忍的事，更何況這世界上還有我親愛的丈夫，親愛的孩子存在呢？但是，我已經不能不如此做了，在眼前這殘酷的迫害中，死，究竟是一種超脫，我太自私了，終於選擇了這條愚笨的道路，使你有着填不滿的空虛，終生抱憾，這是我的罪過。

父親和母親，這兩位慈祥的老人，已經先後去世了，你知道這消息必定很悲痛，然而，在這個求生不得、求死不能的「新民主社會」，兩位老人能及早得到生命的解脫，實在是一件最幸運的事，這裡其他的人，是連這一份死亡選擇的權利也被剝奪了的。

我曾經再三的考慮過，我必須要等着你回來！使你知道我始終沒有變心，但是，目前已不可能了，「民主婦聯」對我施用壓力，强迫我和你脫離關係，强迫我去和那狼心狗肺的章進之結婚，這是多麼愚蠢而殘酷的獸行啊！它能折散我們的愛情嗎？它能汚蔑我的清白嗎？它能使我移情別屬去愛一個畜生嗎？親愛的騫！我永遠是屬於你的，甚至我的靈魂也永遠追隨在你的身旁，你要重視我的這一份情操，最最純潔的情操！

我沒有多大的希望，祇希望你能够不忘記這可憐的妻子的死！在每年我的忌辰的午夜，無論在海邊或山頭，揀一個清淨的地方，低低地喚幾聲我的名字，我就不會感到寂寞，我就非常滿足了。（我也曾想要你每年到我墓前留一個花圈，但這是可能的嗎？我已經不知死所了，天知道我的坟墓在哪裡？）

靜兒已經睡了，睡得那麼香甜，他那裡會知道他的母親馬上會死去呢？我看到他那正直的鼻子，端正的臉龐，我就像看到你一樣，騫！我是不願意死去的，我的死勢必使靜兒，成爲無母的孤兒，我是多麼的罪過啊！我太對不起我的孩子了，然而，事實是不能兩全的，叫我怎麼能苟延殘喘的活下去？我死後，做妹是會好心地照顧他的，望你放心！將來，你必須要好好的教育他，使他成爲一個有作爲的人！你再續娶時，絕對不要歧視他，他是我唯一的一塊肉啊！

這些日子，仙橋伯對我們的幫助很大，如今還欠了他相等於二百塊銀洋的人民券，你將來要歸還這筆債務，並且好好的感謝他！他是一個最好的老人！

在這個無邊黑暗的子夜，人啊！你聽到你可憐的妻子的呼喚嗎？你聽到你可憐的妻子的哭泣嗎？在遙遠的海島，人啊！你要好好的保重身體！你必須要爲我們復仇！當這個罪惡統治摧毀了的時候，你不要忘記了你可憐的妻子的願望……。

永別了！永別了！親愛的丈夫！親愛的孩子！我們不能再見了，我的末日到了……

蔚芬絕筆四月二十日深夜」

讀完了這封血淚書，我像看到了一幅人世間最悽慘的圖面，好半天，我還癡癡的望着那糢糊的字跡，淚水滴落在紙上，這悲劇的主角之一張學騫，早已經哽咽不成聲了。

這時候，窗外的風雨暫停了，收音機裡播出天文臺的消息：「颶風已從港外掠過」。

五

他站起身來，抹去滿臉的淚水，向我告辭。

「這時候，你到那裡去？你住在什麼地方？」

「……」好久，他才併出幾個字，「沒有目的」。

我覺得救人就要救到底，我不能任令他再去流浪，使他再萌自殺的動機，他是個有作爲的青年，我應該留他住下來，並爲他解決部份問題。

「你這樣流浪下去，是會葬送你的青春的，你應該珍惜自己，不要自暴自棄，目前的生活，我可爲你想辦法，未來的日子，再從長計議好了。」

「不！我們萍水相逢，怎麼好打擾你？而且，我什麼都沒有，住下來也不方便……。」

「你不要如此拘泥，這個苦難的時代，我們還分什麼彼此？反正我目前比你好，窮日子大家窮下去。」

「……」於是，他便在我的寓所住下來。

一星期過去，他的神情還很沮喪，白天，他經常哼着「祖國戀」的曲子，重複地唱着那句「爲了你我願犧牲一切」的歌詞，晚上他失眠得在帆布床上翻來覆去，連夢裡也喊着「蔚芬」的名字。有時候他更慷慨激昂，好像非與人決鬥不可的神氣，有時候，却又墮入深沉的思考裡，好像在設計一個周密的計劃，我知道：一個人悲傷過度的心情，短時間是難以冲淡的，我常常勸慰他，要他不要太傷害了自己，每次，他總是回答我一個難言的苦笑，這沉重的悲哀的枷鎖，在他心頭是極難解開的，這悲哀纍積着，纍積着，我想：有一天，它會化成一股强大的力量，創造出驚人的事業來。

這以後，他經常到外面去採訪朋友，有一天，他告訴我，他已經與從事敵後游擊活動的指揮機構取得了聯繫，他決心去做最危險的工作，他激昂地對我說：「能够死得痛快，死得光榮，是我樂意承受的，這樣，我才對得起國家民族，對得起在罪惡統治下含冤死去的父母妻子。」我聽了，固然爲他將從事危險的艱苦工作而擔心，但像這樣一個視死如歸的朋友，我能够阻止他慷慨赴難的壯擧嗎？我祇是鄭重囑咐他小心謹愼。

六

一個月後的某一天，我出外訪友，到很晚才回家，他已經不在了，桌上留下了他的一張字條。

「××：等了很久，還不見你回來，我不得不先走了，原諒我的不辭而別，因爲幾個朋友正等我搭六點鐘北上的火車，趁黑夜潛入××基地，那兒，正有許多朋友們在從事着艱鉅的工作。

這些日子來，你的友情深深地感動了我，給我以新生的力量，我慚愧過去的消極，我應該將你給我的友愛擴大開來，讓天下人皆能愛其所愛，爲了這崇高的理想，我必須付出最大的犧牲，甚至我的生命。

別了！××！今後我們也許還能再見，也許將永別了。不要爲我的安危躭心，我相信必能帶給你以興奮的勝利的消息……。

你的朋友張學騫匆留」

五天後的淸早，島上反共報紙的華南版，都以顯著的地位刋載了一則廣州消息：「天河機場附近的共軍軍火庫，昨晚突發生爆炸，損失慘重中共廣州警備部，已出動大批軍警調查爆炸原因……」讀了這則新聞，我知道這興奮動人的消息是什麼人幹的！以他的機警和智慧，我相信他能够安全地逃出魔窟！

……………。

六個月了，我沒有得到過他的訊息，他慷慨成仁了嗎？他從容就義了嗎？或者，他到更遼遠的地方去創造更驚人的事業去了呢？在這個風雨如晦的夜裡，怎能不使我爲他寄以深切的系念？春風啊！帶去我遙遠摯切的祝福吧！祝福那在遠方戰鬥中的英雄！

舊歌新唱

思澄

（一）

九一八以後盛行的抗日歌曲中，有一首叫『五月的鮮花。』音調悲涼，而寓意沉重。稍爲改掉幾個字，今天很可以唱唱：

『㈠五月的鮮花，開遍了原野，鮮花掩蓋着志士們的鮮血。爲了挽救這垂危的民族，他們曾頑強的抗戰不息。

『㈢如今的大陸，已淪亡了三年，同胞們天天在痛苦中熬煎！失去了自由，更失掉了飯碗，屈辱的忍受那無盡的皮鞭。』

（二）

許多抗戰歌詞都是中共根據當時的第三國際路線編的。因爲歌詞淺顯，音節簡單而好聽，所以頗能風行一時，深入人心，而獲得了他們的宣傳效果。可惜的是第三國際路線時常作一百八十度的轉灣，所以這些深入民間的歌詞，重唱起來，反成了中共欺騙人民的鐵證。例如有一首是：

『槍口對外，齊步前進，不殺老百姓，不打自己人，我們是鐵的隊伍，我們是鐵的心。維護中華民族，永作自由人。』

當時共匪窮途末路，生怕國軍徹底打擊他們，於是利用國人厭倦內戰，急於抗日的心理，編了以上的歌詞。這歌的確使當時許多人不知不覺陷入了共匪的思想陷阱。但今日唱來，稍改幾個字，倒是共匪若干年來活生生的寫照：

『槍口對內，齊步前進。專殺老百姓，專打自己人。他們是血淋淋的隊伍，他們有黑漆漆的心。出賣中華民族，永作奴隸群。』

也許一些文特要跳起身來辯護道：『我們槍口不僅對內，也對外。你看我們不是在抗美援朝嗎？我們並不專殺老百姓，也不專殺自己人，我們還殺外國人呢。』可佩！可佩！中共了不起，利用外人炮火，屠殺本國人民，更聰明了。

（三）

中共善於利用漂亮名詞，口號，建立各種外圍組織，吸引青年。例如當年在平津學運的核心，叫『民族解放先鋒隊。』多動聽！多吸引人！許多青年因此陷入網羅，不過這些外圍組織也並不是不易辨認的，一個有頭腦的青年應當分別得出。例如當平津危急之時，共黨的外圍集會，不唱保衞平津而高唱『保衞馬德里。』因爲當時蘇俄的衞星國西班牙正遭着佛朗哥的痛擊。西班牙內戰的是非，我們不必具論，但當時的情形，不顧自己眼前的危機，而且因爲莫斯科的一紙訓令就要爲十萬八千里外、莫明其妙的西班牙人民政府保衞馬德里，其用心可知。其實那首歌詞也是可以稍爲改動就用來作反共抗俄之用的。例如第一句：『拿起爆烈的手榴彈，對準殺人放火的佛朗哥。』今日只要將『佛朗哥』代以『史大林』或者『毛澤東。』就可以天衣無縫了。

（四）

當年共匪外圍還放出一首叫『祖國進行曲』的。所謂『祖國』原來是指『黑海到北氷洋』而言。所以共匪的認賊作父，早在二十年前就承認了。不過以歌論歌，這歌也很動聽。自然，其中的詞句也可以更動一下。例如：『我們沒有見過別的國家，可以這樣自由呼吸。』可以改作：『我們沒有見過別的國家，這樣不能自由呼吸。』

（五）

中共的所謂『國歌』是聶耳的義勇軍進行曲。這歌在抗日戰爭中曾起了極大的鼓勵士氣民心的作用。如果今日因中共的『糊塗』而我們自由中國竟對此歌禁唱，則不但對不起聶耳，而且也失去了一件反共抗俄的精良武器。我說中共糊塗，是因爲他們以劉豫、石敬塘的兒皇帝身份，壓迫愛自由的中國人民去『給奴才的奴才作奴才』，竟然敢以這支革命歌曲作『國歌』，眞是自己吞下一顆定時炸彈。試想，當人們高唱：『起來，不願作奴隸的人們！』時，他們心中想的是什麼？騎在人民頭上的中共有禍了，因爲他們不知道自己做的是什麼。

（六）

中共是以游擊起家的，游擊生涯並不舒服，因此極需要激動的歌詞打氣。在這方面中共頗有極精彩的產品。例如『太行山上』。其中的警句：『敵人從那裏進攻，我們就叫他在那裏滅亡！』在今日共匪猖狂時，我們不正可以高聲大唱嗎？至於另一首游擊隊的歌詞：『沒有吃，沒有穿，自有那敵人送上前；沒有槍，沒有炮，敵人爲我們造！我們生長在這裡，每一寸土地都是我們自己的；誰要把牠強佔去，我們就和他拚倒底！』不但可以激勵士氣，而且的確指出游擊戰的原則來了。我們不會因爲中共用過機關槍而不用機關槍，我們自然也不必因爲中共唱過某些歌而我們就一定不唱某些歌，尤其當這些歌的深長意義證明眞理在我們這邊的時候。

中華民國四十一年二月廿一日晨六時於華府

本刊推薦
時論權威
民主評論

書刊評介

評「洗腦」

吳魯芹

書名：*Brain-washing in Red China*
作者：*Schoard Hunter*
出版處所：紐約 *Vanguard Press*
出版年月：一九五一年十月

這本書所紀錄的，雖僅是鐵幕中漏出來的一些絲絲屑屑，不足形容大陸上智識分子所遭受的慘痛萬一；但作者能將一些看上去似乎不甚相關的事實，呈獻於讀者之前，並道出其中實甚相關的理由，是甚有見地的。作者能看出西貢兩家報紙主編被謀殺，越南某地兩家酒舘被擲手榴彈，馬來亞叢林中游擊隊在開自我批評的座談會，以及華北革命大學的換腦筋，洗腦筋等等事實，決非是地方性的，決非如越南報紙記載鐵路被破壞時，慣用『當地一隊恐怖分子』一詞，可概括其眞正涵義。這些發生在不同地區的大小事件，其動力的來源，完全相同。他們祇是一部龐大機器中的幾個輪齒，操縱這部龐大機器的魔鬼，遠在克里姆林宮。

『洗腦』這件工程是世界性的。在馬來亞叢林中檢獲游擊隊遺留下的日記，其中自我檢討的紀錄，以及小頭目們對部屬言行考察的紀錄，其實質，其方式，其語調，與華北革命大學學生們所經歷的，所採用的，初無二致。作者發現記日記，是共匪洗腦工程中一重要的武器。「日記」一詞，在共產黨徒的觀念中，祇是考察不安分子的一種工具，是教育受「洗」人士的一種方法，與我們一般人祇記些身邊瑣事，決無公開必要的日記，決不相同。幹部可以隨時抽閱你的日記，隨時考察到你是否在存心哄騙，這辦法是既刻毒，又科學，你若是爲應付環境，每天寫些共產主義的敎條，起初以爲這祇是應付環境而已，殊不知按敎學法上所謂感應結的形成，漸漸不自覺的也就吸收了一部份。而且存心應付環境的說謊哄騙，決不能持久，遲早要露出破綻，按程度的深淺，遭到洗滌，改造，或者送歸西天的厄運。

作者敘述華北革命大學的學生「洗腦」過程，是根據身歷其境的季君的口述。這位季君原是清華大學的學生，因爲隨便提出了幾個每一個眞正中國人所不易忘懷的問題，遂被送到洗腦的工廠中去改造，這些問題中有一個就是何以蘇俄在戰後搶走了中國東北的工業設備。這一類問題是歌頌「中蘇友好」的匪幹們身上的隱疾，揭開這一塊瘡疤，自然是「罪孽深重」的，於是乎送進作爲洗腦工廠的華北革大受「洗」。在這裡第一步每一個學生必須先作一報告，說明自己家庭三代以來的狀況，幼年的家庭敎育，個人的社會關係。根據這一報告，受「洗」的七八千人有半數以上被判定有罪，需要「坦白」了，這是「洗腦」的預備工程。四五千人由此陷入惶恐的境地，『你昨晚怎麼沒有睡好呀？』有人會用同情的語調對你說：『你如果不便在公共場合說，你不妨同我談談呀。』於是你知道即使在睡眠時間也有人注意你，在情緒上你更惶恐無地，你變得更不寧靜，你理智的控制力也就愈差。這時你已正合接受催眠魔術的條件了。「洗腦」就是用催眠的方法，叫你失去自己，使你成爲一部機器上的小零件，隨着機器的轉動，不能休止，不敢休止。

你想沉默嗎？不行，沉默就失去自我敎育的一部份，沉默能使你清醒，清醒應該是洗腦過程中最危險的障碍。作者告訴我們，在華北革大每當叉思奇演講過後的小組討論中，『如果你不長篇大論滔滔不絕表示意見，說明你的觀點以及思想過程，在休息時就會有人問你爲什麼你獨獨沒有意見提供給大家。你假使說沒有意見或者沒有問題提出，那麼就有人更進一步地逼你「那麼你是全盤接受講演中所說的觀念的了。既然如此，那你一定完全了解。你既然了解，爲什麼不在小組討論中幫助別人了解？你如果不了解，那麼爲什麼不提問題呢？」』（頁三六）於是大家只有翻來覆去背誦共產主義的敎條，這樣重覆地說來說去，幫助你敎育了自己，助幫你吸收想用沉默躲開的敎條。

如果這樣辦法還改造不了你，如果你還「頑固」，你還不相信『凡是國民黨做的事都是違背人民利益的』，就要按情節輕重，留校再「洗」，或者送到北平新生活勞働學校去（頁三九）。所謂勞働學校云云，事實上就是集中營中作苦工。但是仍有死不馴服的人，有一位學生居然膽敢提抗議，他說『這根本不是思想改造，這是神經戰，要逼人承認並未做過的事。』（頁四〇）當然這種人是十分「不可救藥」的了。因爲催眠術在他身上，竟然失效。於是他被送到察哈爾勞働大學去，假使他繼續清醒如故，「洗腦」的方法到了「技窮」的境地，必然是一命嗚呼，省却一份「人民的糧食」。

筆者認爲此書之功用，對西方人遠勝於對東方人，因爲有多少事，我們雖不是司空見慣，至少是聽慣，但實爲西方人所不懂。若我們筆之於書，恐又爲西方人所不肯輕易置信，作者是有廿五年歷史的名記者。他不是爲誰宣傳，毋用滲雜一句假話。他叙述一位德國醫生爲了自由，逃避納粹的魔掌，跑到遙遠的中國開業，因爲受不了另一種更勝於納粹格殺打撲的威脅，最近又逃出他原來打算了其殘生的第二故鄉，到加拿大去另起爐灶(頁六七)。這是那位醫生親口說給作者聽的。這可能是一千件小事中的一件。但是它說明一件極簡單的事實：自由世界正遭逢遠勝於納粹主義的威脅，這威脅是無遠弗屆，無所不包，韓國戰爭是此一威脅的一個戰場，馬來亞的游擊戰事，是另一戰場。作者特別指出『馬來亞是中共全面亞洲戰爭的一環』(頁一六一)，是極爲正確的觀察。此一威脅，固不僅止於兵馬刀槍已也。共匪在漫畫宣傳上所創造的仇美運動(頁二〇九)，也是這種全面戰事中的一個科目。香港傳來一個可笑的故事，說共匪甚至在燈謎中，亦不稍懈其曲解歷史，仇美親蘇的運動。據說以日本投降的謎面，徵打一古人姓名。這謎底偏偏不是衆人所猜「屈服於原子彈」的屈原二字，而是蘇武，這事看上去似甚可笑，然而這種有計劃的使病菌蔓延，則甚可怕。假如還有人認爲看圖識字，或者連環圖畫的教育功用無足輕重，那眞是大錯特錯，作者特別指出，眞正的智識份子，是不會受這種歪曲了的歷史蒙騙的。『共產黨不在乎這一層，這些少數智識分子自有洗腦一法來解決，或者一班執行死刑的劊子手結束他們。』(頁二〇九)。成千成萬略識之無的人會相信，或者會漸漸相信，這就够了。極權能否穩固一時，繫於大多數人的盲從與無知。

作者在書末特別强調自由國家的觀念，依然囿于頭痛醫頭的鷄零狗碎的想頭。這種想頭，已經吃大虧，也許還要吃更大的虧。作者說：『美國總是說韓境戰事，英國人則說馬來亞戰事，法國人則說越南的戰事，但是中國共產黨不這樣想，亞洲任何一地的共產黨也不這樣想。他們祇說亞洲的全面戰爭，反帝國主義的戰爭，他們是全球性的戰略，韓國、菲律賓、馬來亞，祇是大小不同的戰場。』(頁一九六)在這些大小不同的戰場上，克里姆林宮可以按輕重緩急來運用，自由國家祇是水來土掩，有時還不免欺騙自己和胡思亂想，此二者，作者愼重地說：『足可毀滅文明無疑。』(頁一八八)

這種自我陶醉式的欺騙自己，具體事實可從香港找到。在香港目前有兩百萬中國人，一萬五千西方人，西方人中，百分之八十五以上是英國人。作者說：『除去極少數例外，香港的中文書店，拒絕出售反共書籍，或爲共產黨當局所不許可的書籍。其中甚至有不少書店，向廣州的中共宣傳當局，領取登記證的。這些書店甚至於把原稿送到廣州去審查，然後再出版。然而香港當局認爲只要幾家祇有西方人光顧和少數懂英文的中國人所光顧的書店，不在共產黨手中，局勢就很穩定，就盡在掌握之中了。』(頁一一八)這種短視，這種沉緬於自我陶醉的如意算盤，到某一天結賬之日，會發現大吃其虧，悔之無及。

擺在眼前的馬來亞局勢，不就是顯而易見的教訓麼？馬來亞的游擊隊是誰訓練出來的？作者在一六二頁說：『在馬來亞的所謂內戰，實際就是中共的侵略，其與中共之參加韓戰的侵略，一模一樣。事實上，馬來亞的游擊領袖們，大半是由中國而來，這些人是在第二次大戰期間，盟國運他們到馬來亞，協助以游擊戰術打擊日本侵略者的。這些人都是毛澤東的信徒，他們當時藉此從英美獲得武器與物資，以主要的精神，用在叢林中開小組討論會，同時打擊其他不願與之同流合污的中國人……。』此不禁令人憶起當年史廸威與中國政府鬧蹩扭的事情，西方人總以爲中共游擊隊是抗日的，而並不深究他們祇是用來作幌子的，克里姆林宮早有了征服世界的藍圖，擴張勢力，掠取物資才是目的，在馬來亞如此，在中國大陸亦如此。當時未嘗沒有人看到這危機，但是看到的人，要受若干年委屈，才有殘酷的事實，證明其所見之不謬，然而吃虧大了。今日我們若忽視這毀滅人性的洗腦工程，以爲祇是給讀書人的一點磨折，別無其他深文奧義在，我們就大錯特錯，來日吃的虧，必將百倍於今日，甚至於陷子孫於萬刼不復的深淵。

作者在結語中，特別以沉痛的語調，警告世人：『最顯著的一件事實，是一個擁有四億五千萬人口的國家，正在以極有系統的方法，洗滌人民的腦筋，灌輸仇恨。這是一種侵略，而且是第一等的侵略，因爲它是有長期戰略的，有遠大目標的。如果自由國家坐視其蔓延，共他蘇聯的衛星國家，亦步其後塵，則將來我們子孫所付的代價，眞令人不寒而慄。』

這本書還是描述毀滅人性的洗腦工程的第一部，雖然所述的事實，不過是此一浩大工程中的片斷，但已足可說明此一事之爲害，遠過於數百萬匪軍。收復大陸易，欲根除洗腦之爲害則殊非一日之事，因爲恢復人性，該是多艱鉅的一件工作！

自由中國學生權威讀物
學生
半月刊
新知識的寶庫
是教師們必備的參考材料
是家長們必需的優良助手
學生界的良友
社址：臺北市中正西路二十六號

讀者投書

從「政在便民」說到日光節約

寧靜遠

編者先生：

二月初間我在中央日報看到一篇「政在便民」的社論。內容我不大記得，現在手頭又無報可查。但當時給我的一個愉快印象，至今還存在。我覺得我們目前批評時政，大可不必唱高調，只要政府的施政能夠時時爲「便民」着想，也就是老百姓天大的幸福了。那篇社論，好像是有所據而云然，因此，我當時頗爲興奮，覺得政府已經注意到了這一方面。

後來又看到中央日報二月廿八日登載政院決定自三月一日起，日光節約，時鐘撥快一小時。這個決議，到了三月一日居然施行了。這樣一來，恰恰給那篇「政在便民」的社論一個不大不小的諷刺。

關於三月一日即實行夏令時間，其與民不便之處，我留在後面再說。這裡我先說說「日光節約」的起源，以證明我們政院諸公雖不盡博古，至少都是通今的。

「日光節約」是個洋玩意兒，不是我們的國粹。不僅不是國粹，而且與國粹正相反。各位如不信，請翻翻尙書堯典看一看，那裡說「乃命羲和，欽若昊天，曆象日月星辰，敬授人時。」你看看這裡的「欽」字和「敬」字，就可想到我們古聖人對於「時」，是如何地謹愼將事。決不是可以用政府一紙命令，就把明天的子時改爲卯時的。外國人就可不管這一套，爲着某種目的(其實也是很有必要的)，政府可以規定自某月某日將時鐘撥快一小時，到了某月某日又把時鐘撥回一小時，儘管日月星辰的運行還是照常，他們可不必「欽」，也說不上「敬」。

說起外國實行「日光節約」(daylight Saving)，那就要溯源到第一次世界大戰時期，德國於一九一六年初爲着節省燃料和燈光，第一次實行撥快時鐘的辦法。到了同年五月十七日英國政府仿照德國辦法，通過了一個「夏令時間法」(Summertime Act)，於五月二十一日開始實施，將時鐘撥快一小時。但這個辦法只限於夏季的三個月份，故名爲夏令時間。接着歐洲其他國家也仿行，美國也於一九一七年開始實行這個玩意。

這種撥快時鐘的辦法，本來是個戰時的措施，後來因爲在夏季實行，確有若干便利處，於是有許多國家在平時也保存這一套，例如一九二五年八月七日英國國會就正式把夏令時間法成爲一個永久性的法案。在第二次大戰時期，英國爲着節省燃料，及便於夜間防空，一九四〇年曾於二月二十五日提前開始實行夏令時間，一九四一年至一九四四年之間，竟全年實行夏令時間，一九四五年又減縮爲九個月。在一九四一年至一九四五年以及一九四七年這六個年度當中，且把夏季三個月份的時間，提早了兩個小時，即所謂 Double Summertime

歐洲的國家，雖然大多數曾經實行過這種辦法，但有些國家是時存時廢的。蘇俄是遲到一九三〇年才實行。美國各州對於這種辦法也有反對的。我們中國則是在第二次大戰後學上了一套。

以上是所謂「日光節約」在外國施行的大概。這個玩意自然不是天經地義，但在夏令實行，確有許多好處。我們可不必恪守國粹來反對它。夏令實行的好處，尤其是在高度工業化的國家更爲顯著。因爲在這些國家，社會各部門的日常活動，都有一個時間表。甲部門與乙部門的時間表，都是配合得非常緊湊的。夏季，天亮得早，社會各部門的日常活動，如果仍照平常的時間開始，勢必要浪費些日光，如果變更時間表，又牽涉太多，且稍有不配合的地方，則各部門間活動必發生阻碍。所以最簡單而又妥當的辦法，是把時鐘撥快一小時，以適應夏季的太陽早出。至於不到夏季，即把時鐘撥早，甚至像英國在某些年度內全年或九個月將時鐘撥早一小時，這就不能稱之爲「日光節約」，而還另有其特殊原因。但即令如此，我們也認爲提早開始「夏令時間」或過遲停止「夏令時間」，都不是好辦法，不值得仿行。我們不要以爲外國人做的事，錯的也是對的。

我們政府這次規定從三月一日起即開始夏令時間，將時鐘撥快一小時，理由何在，未見官方說明，但據官方報紙宣稱，是「日光節約」。「日光節約」一詞，用在春行夏令，是不是名詞的濫用呢？照我們想，行政院這次的決定，唯一可勉強拿出來說的理由，是爲的節省電力。其實，夜晚所可能節省的用電，大部份已消耗在早上。睡早一小時，勢必要起早一小時。臺灣的公教人員和大部份的中小學生，其住址都離他們的機關和學校有相當路程，尤其是臺灣的學生，都是走讀的，有很多很多的學生每天要花兩三個小時來趕路、乘火車。自從本月一日時鐘撥快一小時以來，他們都要在天未亮時起床、盥洗、拉屎、吃早點。家庭的主婦們還要比他們更起早一點到廚房去昇火、熱水、和做早點。在這段時間內他們不用電燈嗎？節省用電的目的，達到了多少，我們不難想像到。節省用電，在目前是必要的，但得另想較好的辦法。例如臺北每晚停電由一刻鐘延長到半小時，我們老百姓雖深感不便，我們也不反對。

最奇怪的，在行政院的規定下，有這麼一條：「至於國防部臺灣省政府及其所屬機關，得就事實需要及地方情形自行改訂。」（下轉第24頁）

第六卷 第六期 內政部雜誌登記證內警臺誌字第一九號 臺灣省雜誌事業協會會員 二〇四

給讀者的報告

東京大阪各地日共暴動之後，繼之有九龍中共份子的暴動，這兩個局部事件的先後發生，給人有風雨將至的徵兆，所謂「一葉知秋」、「履霜冰至」，凡了解共黨心情的人都知道共黨侵略技倆之所依循的法式，這兩個不同地區的事件絕不僅是地方性的治安問題，而是赤色侵略的嚆矢，預示共黨將加緊擴大其對遠東地區的侵略。此次日共藉反對美日安全公約，九龍中共份子假所謂「粵穗慰問東頭村災胞代表團」口實，以鼓動仇外情緒，其方式及技倆與三年前中共在大陸上之所爲，完全如出一轍，基於自由世界共同安全之立場，吾人敢以過去的痛苦經驗有以警告日英兩國當局，及早放棄對共黨的模稜與姑息政策，從速加強反共之準備。此本期社論之所由作也。

「巴黎聯合國大會」一文係蔣廷黻博士自巴黎返抵紐約後，爲本刊所撰之特稿。本文詳述此次在巴黎舉行之第六屆聯合國大會的經過，可視爲蔣博士給國人的一個綜合報告。數年來蔣博士在極端惡劣的處境之中，折衝樽俎，極盡辛勞，其對國家之貢獻至鉅。他之所以能夠博得世人的敬仰，一方面固然由於他高深的學識與崇高的人格，但更重要的還是他具有高度的對於自由與正義的信念與熱忱，這種信念與熱忱是自由世界的精神力量之泉源。在本文中蔣博士不但爲我們詳盡地報告了目前一般的國際情勢，更鼓舞起我們爲自由而戰的必勝信念。

「作之君作之師」是專制時代傳統的政治觀念。近代獨裁者的領袖無失論，與之一系相承，內容一致，只有版本古今之不同而已。羅鴻召先生藉此爲題，以論政教之關係。政教關係之不同是政制區別的一個基本要素，基督教文明與希臘正教的傳統之分道揚鑣便是從此開始，轉輾流變而有今日自由與極權之對立。凡是專制與極權者無有不是無饜之權力的渴求者，他們不僅要獨占世俗的政治權力，並竊據精神的權威，假此行事可以「通乎天人之際」，鞏固其爲「人君」之地位。在這樣的統治之下，人權之橫遭凌遲，殆爲意中之事。處民主時代之今日，作之君作之師的觀念，應該徹底揚棄了！

陳克文先生一文旨在說明民主政治與地方自治的關係並無先後之分，而是互相影響的。本文用比較研究的方法，借鑑英國民主政治的歷史，並益以美法兩國的情形，議論甚爲精闢。

中共最近在大陸上如火如荼的進行所謂「三反」「四反」「五反」運動，此一運動之發動說明中共面臨財經危機之嚴重，本期通訊首篇對此有詳盡解析。

廣告刊例

一、封底裡面全幅每期新臺幣一千五百元，半幅八百元，1/4幅五百元

二、普通全幅每期新臺幣一千二百元，半幅七百元，1/4幅四百元。

三、式樣及鋅版自備，如欲本社代辦，則照値計算。

本刊售價

一、	臺幣	三元
二、	越幣	八元
三、	菲幣	五角
四、	港幣	一元
五、	暹幣	四銖
六、	美金	二角
七、	叻幣	四角
八、	印尼幣	三盾

自由中國 半月刊 第六卷第六期

"Free China" 總第五十七號

中華民國四十一年三月十六日

發行人 胡適

主編 『自由中國』編輯委員會

出版者 自由中國社 社址：臺北市金山街一巷二號 電話：六八八五號

航空版 香港時報社（高士打道六四號）

經售者

臺灣 中國書報發行所（臺北市館前街八五號）

美國 紐約民氣日報社 舊金山國民日報社

日本 東京南友堂 東京內山書局

馬尼剌 大中華日報社

印尼 椰嘉達星期日報 椰嘉達天聲日報 棉蘭繁華圖書公司

越南 西貢中原文化印刷公司 越南華僑文化事業公司

曼谷 曼谷攀多社十二號

緬甸 仰光振成書報店

新加坡 中興日報社

檳榔嶼、吉打邦均有出售

澳洲 墨爾缽王德利公司

北婆羅洲 馬拉奕坡美芝律聯華公司

印刷者 臺灣新生報新生印刷廠 廠址：臺北市西園路二段九號 電話：廠長室 七一二五 業務課 二〇九六

本刊經中華郵政登記認爲第一類新聞紙類 臺灣郵政管理局新聞紙類登記執照第二〇號 劃撥儲金帳戶第八一三九號

自由中國

FREE CHINA

第六卷　第七期

要目

中華民國四十一年四月一日出版

社址：臺北市金山街一巷二號

半月大事記

三月十一日（星期二）

立法院選舉院長，張道藩氏當選。

美陸軍部作戰訓練處長金肯斯少將，新聞處主任柏克斯少將離臺返美。

聯軍統帥李奇威飛韓與高級軍事人員會商。

美新罕布什爾州初選，艾森豪威爾與克伏威分別在共和黨與民主黨獲勝。

英工黨決議警告比萬等黨內左翼份子，促其遵守黨紀。

美政府建議日內瓦國際紅十字總會對北韓共區時疫進行調查，以明共發生之眞正原因。

三月十二日（星期三）

蔣總統核准實施國防部軍事會議制訂之主管官任期制度，規定參謀總長、陸、海、空、勤總司令以至師長、艦長、空軍大隊長任期均爲二年，經最高統帥核准後得連任一次。

日本日華經濟協會理事長大竹平八郎抵臺。

法衆議院以二百九十三票對一百零一票批准皮奈總理組成之新內閣。

三月十三日（星期四）

美國防部宣佈，美在菲律賓及臺灣地區之軍事責任由李奇威之遠東統帥部移交予雷德福之太平洋統帥部。

日內瓦國際紅十字總會分電盟共雙方，建議對共方指控細菌戰問題組織調查委員會。

巨濟島共俘再度暴動，聯軍進行調查中。

英不列顚關係大臣伊斯邁勛爵被任命爲北大西洋公約組織首任秘書長。

美英法三國駐德高級委員與西德總理艾德諾發表聯合聲明稱，三國與西德間就和平契約舉行之談判已近完成。

美英法三國照會蘇俄，提出修正後之對奧和約草案。

三月十四日（星期五）

總統命令特任王叔銘爲空軍總司令。

美參院開始辯論對日和約及美日、美菲、美澳紐安全條約。

美代表向聯合國裁軍委員會提出五點工作計劃。

三月十五日（星期六）

美國務院宣佈美政府代表聯合國接受國際紅十字會所提調查共方指責聯軍進行細菌戰之眞相。

平壤電臺廣播稱，「國際調查隊」已於三月四日到達平壤調查「聯軍細菌戰」。

盟總宣佈解除對日本作戰工業之禁令。

蘇俄代表馬立克在聯合國裁軍委員會上誣指美國在韓施用細菌。

聯合國新聞自由小組通過報人道德公約。

三月十六日（星期日）

美第八軍司令符立德聲明，聯軍如奉命北進，必能直搗鴨綠江邊。

共軍在板門店討論換俘之參謀會議席上對巨濟島共俘暴動事提强硬抗議。

伊朗石油委員會宣佈，伊政府與國際銀行進行之談判已完全失敗。

三月十七日（星期一）

日首相吉田茂於自由黨特別大會中再度再選爲該黨總裁。

三月十八日（星期二）

監察院會對總統提名大法官行使同意權，全部獲得同意。

日外務省亞洲局長倭島英二離臺返日。

東京消息，盟總已將日輸出管制權交還日本政府。

聯合國四人委員會開始調查工作，研究全德自由選舉之可能。

三月十九日（星期三）

美軍事援華顧問團長蔡斯將軍自美返臺。

蘇俄拒絕美國所提由聯合國裁軍委員會作全世界軍備調查之計劃。

我政府承認古巴新政府。

三月廿日（星期四）

日國務大臣岡崎勝男在國會外委會稱，如中共改變其目前態度，日仍願與中共展開外交關係。

美參院以六十六票對十票批准舊金山對日和約。並通過美日、美菲、美澳紐安全條約。

三月廿一日（星期五）

美海長金波爾乘機抵菲。

美國防部長羅維特在衆院外委會稱，美國已接獲情報，中共部隊業已越過邊界進入越南。

三月廿二日（星期六）

美海長金波爾在菲談話稱，美在太平洋軍事力量，足以應付緊急情勢。

日外務省否認岡崎勝男在國會曾作保留與中共建立外交關係之聲明。

三月廿三日（星期日）

聯軍統帥部表示，願與共軍舉行秘密會議，以打開戰俘問題之僵局。

美英法三國答覆蘇俄就對德和約之照會，堅持和會召開以前必須舉行全德選舉。

埃王法魯克下令解散衆院，定五月十八日改選。

三月廿四日（星期一）

美海長金波爾抵臺。

美英法及英聯邦其他國家空軍首長在倫敦舉行爲期五日之秘密會議，商討應付共黨在歐之侵略。

美國務院發表「一九五一年外交政策」，指出蘇俄對自由世界三種威脅。

社論

節約運動必須正本清源

實行節約的口號，近十餘年來，迭次由政府提出，均未收到實效而成為具文，這是甚麼緣故？際此民窮財盡的時候，要實行節約，誰還說不應該呢？但是政治不是說教，每次提倡一種運動均必達目的而後已，如果失敗了，應求其癥結之所在，而痛下針砭，正本清源。

節約的反面是奢侈，要提倡節約，則奢侈品自應懸為厲禁。去年六月政府曾將奢侈品的種類明白公布，禁止普通商店出售，我們很贊成此辦法之適當。但是日久玩生，現在普通商店裡陳列着的似乎又有好多奢侈品了。我們以為要節約運動之收效，實以嚴禁奢侈品為第一要義。如果這一點尚不能做到，則整個運動必然成為空言，是可以斷定的。至對於非奢侈品，則所謂節約只指其分量消費之減少，問題之所在乃不是物而是人了。

私人經濟以量入為出為原則，政府要管制須從其來源着眼。現在僅領薪俸的公教人員之生活，已至節無可節的地步了。據財廳高級人士說，今天新臺幣的價值（購買力）較之最初發行時期僅值四分之一强（百分之二十七），換言之，物價高於三十八年九月者已是四倍了，（當時物價指數為三百八十左右現在則為一千五百餘）。但公教人員的待遇依然如故，食物補給也屬有限，連同正薪最多不會超過最初發行時一半，而且捐稅負擔又復有加無減。三年前公教人員的生活已只能勉强維持，物價四倍的今天，其節衣縮食的情形概可想見，還待當局諸公的勸導嗎？一般工人農民的生活，比起公教人員來，其今不如昔的程度或許不算很高，但是絕沒有比戰前更好，是明白不過的。評論家以臺省人民的「拜拜」為浪費，幾乎衆口一詞，其實未曾洞察平民生活的眞相。照各報約略的估計，全年拜拜所費的猪有二萬五千頭至三萬頭，每頭四百斤計，總數不過一千餘萬斤。假定參加拜拜的有五百萬人，則每人平均只有二斤。須知一般農民除拜拜外，是很少有吃猪肉的機會的，將二斤再加一倍，算他們全年消費四斤吧，比起「朱門酒肉臭」的情況來，還是微乎其微的，絕不能說他們是奢侈。我們雖不贊成拜拜的舊俗，但謂之為浪費奢侈，却不敢苟同時論。他如漁民，鹽民等等的生活也並沒有奢侈浪費的事實，都無再予節約的必要。故就人而論，要勸導節約的對象只有大地主，商人，及少數官吏了。（臺省的大地主為數無多，且要涉及土地問題，茲不具論。）

通貨膨脹之有利於商人，以輓近十餘年的經驗，大家都知道很清楚了。最近的統制外滙對進口商人亦有大利。結滙價和黑市價必有相當距離，似乎是無法消滅的。政府的管制又只限於申請結滙之許可與否，對輸入後在市場上的賣價則一概不問。進口商以結滙價輸入貨品，而以黑市價賣出，已有莫大的利潤（照現在的實際情形有百分之七十的利潤），倘若奇貨可居，則其利潤必至倍蓰。但是因通貨膨脹及統制外滙而獲利還是合法的，其他由投機取巧和不法營業而獲利的尤不可勝數。這樣多數的商人都有優厚的入息，若要他們節約，必使其盈餘的資本投於工業而後可。今日的公營工業，都是曾經投下莫大的資本的，其中還有些要虧本，要靠政府的貸款始能維持，私營的怎能夠追求高利潤呢？工業投資不合算，則儲蓄沒有意義，其優厚的入息唯出於消費之一途，而生活之奢侈乃成為必至的結果了。故要商人實行節約，只有遏止通貨膨脹，糾正不合理的統制外滙，禁絕不法的營業，以及激勵其投資工業，而後能期其實現。年來政府所施行的方法似乎在在均與此背道而馳，一部份商人們有多量的鈔票在手，豈能因當局的一紙文告而降低其生活水準嗎？

公營事業素為人們所詬病，也就因為其浪費與奢侈。據監察院調查某局的報告，去年的捐款廣告費花去新臺幣一千萬元，這筆大款是否為生意上所必需？縱使不是浪費，也總不免有違節約之道吧。去年各種公營事業多半都要虧本，請求政府貸款的總額竟達新臺幣三億元之巨，理應緊縮開支以平衡預算，而期事業之進展。但考之實際，則其普通人員的待遇高於同級的公務人員者，既在二倍以上，尤其是主管人員生活之濶綽實為有目所共覩，不獨私家生活上的支出一概由公司付賬，而且大宴小宴頻數舉行，這是虧本的生意所應有嗎？又如最近日月潭水位降落，迫得普遍停電，初則每日停十五分鐘，後則停三十分鐘了。試問浪費電力的不是文武各機關嗎？因機關之浪費而減少公司的輸入，同時又使人民忍受停電之不便，其損失之大殊難估計。這不該全力取締，以達到節約的目的嗎？

近頃各機關的專用交通車，似乎越來越多，聽說臺北全市共有六百多輛，我們一到街上，接觸眼瞼者到處皆是，這是甚麼名堂呢？為職員節省交通費嗎？每日四次的公共汽車費不過二元，每月每人給他五六十元也就完事。且看通行路上的交通車，往往座客寥寥不滿十人，其給與人們的印像只有浪費而已。為職員節省時間或準時到達嗎？只要公共汽車管理完善，並沒有不能準時上班的理由；而且常見有些機關的職員在下班半點鐘以前便坐在車子上等待的不計其數，豈不是因有專用交通車之故而致不按時退班嗎？假如說藉此名義可以免稅的話，則此一部門之節省致使正當稅收減少，且有碍於交通行使之全盤計劃了。或以為在本市的公共汽車尚未完善之時，不妨以此為暫時過渡的辦法，則究竟到何年何月便可廢止呢？須知所謂暫時，所謂過渡，若非有明確規定的時限，便是搪塞，便是藉口，並不是眞正的理由。其實公共汽車管理不完善，理應一致督促其改進，如今日的各自爲政，便是政治無能的病態了。聽說外國是絕無此類專用交通車的，且到香港一看，則確實沒有，而其公共汽車的管理却比我們好得多，其公務人員的上下班也沒有因交通阻碍而遲到早退的毛病，我們何以不能效法呢？若將此數百輛的機關交通車加入市內公共汽車行駛（其實僅其半數或三分之一也就够了），則市內公共交通必甚便利，不僅公務人員上下班不會發生問題，而人民必謳功頌德，不致因等候公共汽車而排成長蛇陣了。

至於少數過着奢侈生活的官吏，其鈔票的來源或明或暗，雖很難找得其不法的證據，但將其收入與支出加以比較，便可明瞭。現在上館子請客一次花去數百元的官吏，往往可以碰得到，一席之費竟與簡任大員一月的薪俸相當，難道他們平日不要開支一文嗎？又如主管人員之特別辦公費竟有爲其薪俸之一二十倍者（戰前沒有超過一倍的，通常多與薪俸同額），如此的規定是否合理？「政者正也，子率以正，孰敢不正？」「以身教者從，以言教者訟。」二千年前的古人早已完全道破了。我們以爲要實行節約須從政府的官吏始，而越高級的人員責任也越發重大。故高級當局必須以身作則，先行嚴格檢討自己是否毫無瑕疵，然後嚴督部屬，徹底履行。我們在上面已將奢侈浪費的本源拉雜地舉例說明了，願我當局今後多做些拔本塞源的工作，無須乎提倡節約的演講或文告。

『自由』苦惱了共黨

在匈牙利，有許多共產黨聽人歡呼『自由』時，常報之以嘻笑的口語，若當一個女『同志』歡呼『自由』時，他們常笑着叫道：『哈！親愛的，』倘若有人反對，他們又說他們不過是在開玩笑。

匈牙利共黨當局對此頗感苦惱。有一匈牙利的報紙即說道：『資本主義的殘餘仍存留在各地，他們對於黨對他們的警告，似乎並未牢記在心。……有些「同志」永遠是那樣不莊重，任意開玩笑。這比那些異黨份子更糟糕。因爲當他們說他們是共產黨時，誰會相信呢？那還不是可以被人當爲一個玩笑嗎？』

鄭重推薦革新後的
香港時報
言論公正 報導正確
內容充實 副刊生動
歡迎訂閱另有優待
總社：香港高士打道六四—六六號
電話：二〇八四八
分社：臺灣臺北市館前街五〇號
電話：四〇一七

東南印務出版社
地址：香港高士打道六十六號
電話：二〇八四八
臺灣接洽處：臺北市館前街五〇號
香港時報分社
—承印—
圖書雜誌
工精價廉
交貨迅速

推薦在港出刊之三日刊
自由人
香港高士打道六六號
電話二〇八四八
當天空運到臺
臺北經銷處
中華路一二五九號

貢獻給立法院幾點意見（上）

——兼釋立法院在現制上之地位——

雷震

一

我對於這部憲法——中華民國憲法——的起草和制訂，始終是參與其事的。不僅此也，在超過百次的起草會，審查會、小組會、和國民大會等等集會的時候，其他的起草人、參加人間或因事缺席、或中途退席，我不特沒有一次沒參加，也從未遲到早退，儘管是最少數人的小組會，或一二人字斟句酌在商量的場合。因此，對於這部憲法各條條文的意義和來源，我可以源源本本的道出來。當三十七年春夏之交，正是行憲的重要階段，各方面對於憲法的精神和條文的眞意所在，不無悞解或曲解的地方，殊有損害制憲當時的立法原意。其中最顯著的有：

（一）在行憲首屆國民大會開會時，曾作違反憲法，超越國大固有職權的決議。例如，第一屆國民大會議事規則第五條規定：『國民大會開會時，得聽取施政報告，檢討國是，並得提出「質詢」或「建議」』，而堅決的揚棄了大會秘書處的草案：『提案範圍以有關憲法第二十七條之規定者爲限』的規定（憲法第二十七條係規定國民大會的職權）。在國民大會議事的展開中，跟着就有政府各部門的施政報告，及代表們對於報告的檢討和質詢，接着並有政府對於檢討和質詢的答復。在提案方面，除了關於修改憲法有不少提案以外，復對於國防外交財政經濟等部門，提出了數達八百件以上的議案，經審查議決而交給政府參酌，參考或採擇施行。我說這是國民大會偷天換日的辦法，以議事規則爲掩護，很具體的擴充了他在憲法以外的職權。但是，實際上則一無所得，國民大會閉會了，一切也無下文了，等於開了一場玩笑。

（二）行憲監察院開會時，曾發生『何以考試院對立法院有提案權（憲法第八十七條規定：考試院關於所掌事項，得向立法院提出法律案），而監察院則無』的疑問。又監察院在議事進行當中，復行使了與立法院差不多的質詢和建議之權。

（三）行憲立法院開會後，也發生了許多離奇的現象，有的直到現在依然未能改善。此係本文要討論的問題，留待後面詳述。

由於這些大大小小的錯誤相繼演出，使大家對於這部憲法的用意，感到十分的惶惑和不安。

這些錯誤是出於甚麼原因呢？大致可歸納爲以下三種：

第一、一部分人士對於這部憲法懷有强烈的成見，可以說是夾雜着不信任和仇視的成見。他們認爲這是『協商』的結果，大有背於國父中山先生遺教的精神。尤其是討厭『政治協商會議』的人，更連帶的討厭這部憲法，以爲這部憲法，只能作爲政治上敷衍應付的過渡辦法，而不宜作爲立國建制的根本大法，一遇機會來臨，必須加以根本的修正，才能適合於他們的胃口。這個中間以國大代表爲甚，他們不僅是受了『五五憲草』多年宣傳的影響，且認爲這部憲法所規定的國民大會，職權過小，會期太短，尤其是會期太少，這樣的國民大會幾乎等於總統，副總統的選舉大會，在政治上的地位，太無足輕重了。

第二、一部部分人士對於這部憲法，確有許多地方不甚了解。由於這部憲法在制定的過程中間，除經過多次協商而修改，變動者外，再加上制憲國民大會的增刪和改動，有些地方則越改越壞，改得實在不成樣子，還添上許多不相干的條文，使不悉制憲底蘊者實在無法瞭解。例如考試院有提案權而監察院則無之類。又如憲法第一百六十四條，規定文化教育經費在總預算上應佔之成數，明知無論在中央或地方，目前（在大陸的時候）無法行得通，行不通就成違憲，但是偏偏要訂上去，違憲亦所不顧。又如憲法第一百五十二條規定：『人民具有工作能力者，國家應予以適當之工作機會』，這條隨時可使政府違憲，蓋政府對於具有工作能力之人民，而不能予以適當工作的時候，就變爲違憲了。這樣的憲法，敎一般人民怎能了解呢！無怪乎行得支離破碎呀！

憲法也和普通法律一樣，要能『逐條』，『逐字』推行，而不宜懸爲敎條，或視爲理想的境界。

其實，基本國策這一章，原案只有四條，其主要目的是爲着『軍隊國家化』這一問題，如『全國陸海空軍，須超出個人，地域及黨派關係以外，効忠國家，愛護人民（憲法第一百三十八條）』，『任何黨派及個人不得以武裝力量爲政爭之工具（憲法第一百三十九條）』，『現役軍人不得兼任文官（憲法第一百四十條）』。這些都是希望共產黨就範的，與整軍方案有連帶的關係。爲着陪襯這個問題起見，對於外交，國民經濟和教育文化也各規定了一條，文字也很簡單。蓋在政治協商會議的時候，軍隊國家化和『政治民主化』兩個問題，爲當時研究討論的中心問題。不料這一章到了制憲國民大會審查小組中，你提出一條，我加上一條，威瑪憲法和蘇俄憲法都成了我們的藍本，一下子就加成了三十三條，可謂洋洋大觀，如『金融機構，應依法受國家之管理(憲法第一百四十九條)』，也算是一條憲法，殊令人有莫明其妙之感。這樣規定若算是基本國策，那末，一部六法全書的內容，都可成爲基本國策了。

第三、執政黨沒有堅決擁護這部憲法的信心，和竭誠推行這部憲法的努力。因此，主持其事者沒有以謹愼的心情和認眞的態度，出其全力的推行這部憲法；亦沒有設個研究或輔導的機構，隨時研究檢討，以幫助其執行。他們並沒有認爲行憲之成敗，可能關係於執政黨之前途。不過，這也難怪他們。毫無疑問的，這部憲法的設計是與國父遺教頗有出入。因此，他們很不喜歡這部憲法，甚至厭惡這部憲法。他們之所以贊成，是爲了應付時局需要，心不由衷而勉爲接受的。然而，問題的所在是：執政黨既以領導者的身份，接受這部憲法草案的意見，復率領國民，聯合友黨，從而制訂頒布之，就應該正心誠意的出其全力貫澈實行。即令是多少變更了遺教，也只有硬着頭皮的努力奉行，在行憲的工作上多加努力，亦可減少憲法本身的不妥。無論何種法律，儘管訂得有條有理，而推行不力總會發生毛病，何況憲法本身還是毛病多端呢！我們在大陸的時候，各種制度的立法具備，不比那一個國家遜色，就是『決而不行』，或『行之不力』，結果才會失敗，殷鑑不遠，今後當知所懼了。

講到這部憲法合不合於遺教這一層，說來話長，不過我們可以總括的說一句：今日民主國家的憲法，都是制憲當時各種政治力量和社會力量『調和折衷』的產物。如美國的現行憲法，也是聯邦主義(Federalism)與地方分權(Confederation)兩者調和折衷的結果。拉薩爾(Lassal)說：『憲法的本質便是包含在「各種社會力量的相互關係之中」』，就是說明這個意思。可以說：今日民主國家的憲法，沒有一個是合於理想而不含有妥協成分的。

從實行民主的立場來講，政治協商會議最初的草案，比五五憲草更有進步，從安定政治的立場來講，現行憲法也比五五憲草來得妥當。試舉一例言之：首屆國民大會爲選舉副總統一事，已鬧得天昏地暗，如果七百餘之立法委員及二百餘之監察委員，再加上立法院之正副院長，監察院之正副院長，若均由國大代表選舉如五五憲草所規定者(五五憲草第三十二條)，則國民大會之緊張與糾紛，不知伊於胡底，其結果如何，當不難想像得之。國民黨當局爲應付當時局勢需要而毅然的採行這部憲法，無論就實行民主或安定政治的立場來說，是確有必要而具有遠見的，也是抱有絕大的勇氣的。

由於這許多原因，我在三十七年曾一度想寫一部憲法釋義，將憲法每條條文的立法原意，起草經過和變遷由來，從頭至尾，條分縷析，而巨細無遺的加以說明，使國人對這憲法的用意，可能獲得進一步的認識，也可作爲有關這部憲法的文獻，留備後世參考的資料。無如當時任職政府，奔走接洽之事特忙，尤其關於國大代表，立監委員對於民青兩黨之退讓問題，唇敝舌焦而仍不得解決。故公餘之暇只能寫成緒論一部分，稿正待續而徐蚌會戰失敗之勢已成，國事日趨嚴重，人心浮動不安，當時實在沒有心思來伏案著述。三十八年這一年，東奔西走，席不暇暖，更無閒心來從事解釋憲法的工作；且已大難臨頭，這部憲法之存廢，可能成爲問題，詮釋憲法還不變爲無意義的工作麼？

政府遷至臺灣，總統復行視事，繼承法統，一切均按憲法以行事，國民大會雖不能如期舉行，而立監兩院均按期開會，對於國家根本大法及其立法原意，國人自有充分明瞭之必要，我現在來對民主政治中最重要的立法院貢獻幾點意見，也許有助於行憲工作之推進，而不是沒有意義的事情。

我還須補充說一句，這部憲法制定後，有人建議設置憲法解釋委員會(名稱大約如此)，欲將憲法每條立法原意，逐條加以說明，然後彙印成冊，以備各方之參考。此項委員人選雖經政府聘定，而其工作則迄未進行。

二

現代的民主政治係指政權由人民自己，或依據人民的意思而行使的政治制度之謂，故政治的發動，除蘇俄及其同類型者外，必須具備以下三個條

『自由中國』的宗旨

第一、我們要向全國國民宣傳自由與民主的真實價值，並且要督促政府(各級的政府)，切實改革政治經濟，努力建立自由民主的社會。

第二、我們要支持並督促政府用種種力量抵抗共產黨鐵幕之下剝奪一切自由的極權政治，不讓他擴張他的勢力範圍。

第三、我們要盡我們的努力，援助淪陷區域的同胞，幫助他們早日恢復自由。

第四、我們的最後目標是要使整個中華民國成爲自由的中國。

件：

其一、要有一個由人民直接選舉的民意機關，代表人民行使政權，監督政府。

其二、要有一個負責任的政府，對於這個民意機關負責。就是說：政府的行動要受這個機關的牽制（Check），政府不能離開民意機關而獨行其是。

其三、這個民意機關的工作進行，要以民主的方式，即一切問題的決定，均須經過『公開討論』（Open discussion）和『多數表決』的方式。

無疑問的，我們今天實行的是民主政治。從這一點出發，更無疑問的，我們的政治要有一個監督政府的民意機關。根據這個分析，像這樣意義的民意機關，在中華民國憲法上當然是『立法院』而不是國民大會或監察院。儘管國民大會和監察院也是民意機關，但不是具有這樣意義的民意機關，儘管國民大會這一章，有『國民大會依憲法之規定，代表全國國民行使政權』這一規定，而立法院這一章沒有寫出『代表人民行使政權』這類字眼。但是，從立法的精神來說，這部憲法是以立法院代表人民行使政權，監督政府的。因為『監督政府』與『代表人民行使政權』，是一事之二面，兩者不能分別看待。試閱憲法第五十五條、第五十七條、第五十九條、第六十三條、和一百零五條各條的規定，即可明瞭這個解釋是絕對不錯的。憲法第六十三條規定：『立法院有議決法律案、預算案、戒嚴案、大赦案、宣戰案、媾和案、條約案及國家其他重要事項之權』。照這條意思來講，政府凡百施政，不論大小，不問重要與否，必須經過立法院的決議始可進行，除非是法律已有委任的。尤其是一年一度之預算案，事前必須經過立法院的核定（第五十九條），而後政府始能按照行事，立法院雖不能增加支出，但可就原預算酌予減少或剔除；事後須將決算，送至立法院復核（第一百零五條），以核對政府是否忠實履行預算上之所定。故必俟立法院復核決算與預算無誤後，政府始可解除其用錢的責任。凡百庶政，非錢莫辦，審核預算和查核決算乃是代表人民的民意機關，從用錢的途徑上來控制政府，以完成其監督的責任，因為政府所有支出的款項，直接間接的都是來自人民荷包裡。同時，從政府之款項收支，可以看出政府施政的方針和成績，監督政府的財政，也就等於監督政府的全盤庶政。

至於憲法第五十七條的規定，更明顯的表示行政院要對立法院負責。這一條的規定，就是闡明本憲法的精神之所在，所謂『負責』，就是表示『進退』的意思。由於立法委員三分之二的多數決定，可以迫使行政院長辭職，除非行政院長是服從立法院的決定。這是貫徹憲法第五十五條之所定，因這兩條是互相呼應的。行政院長之任命，事前既須得到立法院之同意，而立法院不能贊同之政策，自然得以決議移請行政院變更之。

以上這些規定無疑義的，是使我們的民主政治含有議會政治的性質。不要誤會的，我只是說含有議會政治的性質或色彩，並不說完全就是議會政治。這部憲法的立法機關，雖不能像英國一樣，議會高於一切，政府等於議會的派出所，但政府的一切施政是要透過立法機構的，故立法院在我國政治中的地位是很高的，而與其他民主國家的議會，國會差不多。

職是之故，立法院的工作好不好，它走的方向對不對，換一句話說，立法院本身健全不健全，不僅是關係於行憲之前途，尤其是關係於建國的基礎。此外還要影響到人民的利害這一層，更不待說明了。

立法委員既是代表人民行使政權，故立法委員之一舉一動，應該時時注意『民意』的趨向，一切工作要以人民的意見為依歸，而不能僅憑個人之喜怒好惡以行事。不過話又要說回來，所謂民意也者，究竟表現在那裡？一國的民意，在選舉的時候，要靠選舉來測驗，在平時要靠輿論來表現。中國今日有沒有表現民意的輿論，說起來確實慚愧得很。從促進民主政治的立場，要從速建立表現民意的健全的輿論。

根據這個觀點——行使政權，監督政府——來評論立法院這幾年的行動，我想並非無益之舉。不過要聲明一句，本文完全就事論事，由理論和事實做出發點，批評其過去的得失，並對未來工作作積極性的建議，其用意是想建立一個在政治上具有『舉足輕重』力量的立法院，以奠定民主政治的基礎，而無意於對過去任何個人來責難。其實，這個聲明也許是多餘的。

平心而論，立法院這幾年對於政府的批評，大致是善意的。若由人民的立場來說，只覺得立法院做得不夠，並未覺得立法院做得過份。若由立法院過去和現在的工作方式，和其行動方向來說，這樣的作法，是不會使立法院受人尊重的。我覺得：立法院如果要使其聲譽日隆，地位崇高，真能負起監督的責任，說起話來有分量，使政府知所敬畏，那麼，目前這種情形，殊有逐漸加以改善之必要。（未完）

自由中國學生權威讀物
學生
一 半月刊 一
新知識的寶庫
是教師們必備的參考材料
是家長們必需的優良助手
學生界的良友
社址：臺北市中正西路二十六號

從冷戰談到自由世界的經濟合作

鄒文海

大家憂慮着第三次世界大戰會突然降臨，像柯林士雜誌那樣，便假定本年五月爲大戰爆發之期，其實從另一觀點看，三次大戰早已與二次大戰膠着在一起不能分開的了。當蘇俄決心在東歐設置附庸國家，它即悍然與世界和平爲敵，於是很狡滑的進行着「白蟻戰術」，對侵略對象先作內部蛀空，而後以人民革命的方式圈定領地。在這一種攻勢之下，所有民主國家有被蟻食的可能，中國，韓國，越南，新嘉坡，印尼，印度，中東阿拉伯國家，以至西歐各國，隨時可被選定爲犧牲品。一九四五年以來，民主國家被迫得四面應付。每一事故發生，政治家們或許深慶事件局部化了，沒有蔓延爲驚天動地的原子戰爭。所謂冷戰，中共的叛亂，胡志明叛亂，以及北韓的南侵，都可以視作第三次世界大戰的節目，這樣的積小戰而致大果，過去的六年，蘇俄實佔優勢。這種戰術如允其繼續運用，那末第三次大戰可能是五十年戰爭，甚至是百年戰爭！

戰爭不一定要以宣戰始以簽訂和約終。這一種傳統的觀念，決不能解釋蘇俄對於戰爭的看法。蘇俄是鬬爭的專家，所以它以鬬爭的方式進行戰爭。所謂鬬爭方式，即避免陣地的對壘而肆力於內部的滲透。萬一武裝的衝突不可倖免，亦盡量的使其局部化，以避免大戰場的科學戰爭。再不得已，利用外交的折衝爲掩護，化險爲夷的把緊張局面緩和下來。因爲祇有這樣，才可以分大戰爲小戰，才可以把戰爭的時間延長下去，才可以在漫長的時間中消耗民主國家的經濟力，才可以覓取一舉克敵的理想機會。這是蘇俄的鬬爭技巧，也是蘇俄的戰爭策略，以爲史達林將如希特勒那樣可以雷霆萬鈞之勢的雄師逆襲民主國家，那實在小看了史達林的聰明。

蘇俄對於敵我之勢的利與不利估計得很清楚。克里姆林宮的首腦們，決不如一般所想像的是冒險家的集團。反之，他們都是冷酷的列寧計劃的執行者。他們了解在疆場之上，紅軍的戰鬬力及不上民主國家，最大的限度，也不過與民主國家相等，取勝不會是容易的事情。民主國家優裕的生產力，進步的科學，以及其人民愛護自由的決心，都可以使蘇俄處於不利。相反的，蘇俄的獨裁政權，因恐大戰的進行而失去其對內的控制力，則反對派的乘機而起，以至紅軍的叛變，隨時都可能發生。因之，蘇俄不會動員數百萬軍隊，正式向民主國家宣戰。

然而蘇俄自有其取勝之道。它把大戰分散爲無數次的小戰，它把時間集中的緊張戰爭，延續爲各地的局部戰爭，正如它現在所普遍運用者，那末它雖然亦要偶遇小挫，最後必大獲全勝。每一次的局部化的事件中，蘇俄除沒有動員紅軍外，都是以全力來支持的。蘇俄以其完全的政治，經濟，以至外交的資本，甚至還配合了附庸國家的叫囂，民主國家內部的地下活動，以求此局部化事件的勝利。反之，民主國家對每一局部化的事件，不可能拿出全部的力量的。民主國家在沒有大規模戰爭之前，團結不很堅固。就以聯軍在韓國作戰而言，英法的觀點，始終不能與美國一致。

其次，民主政府是和平的機構，而獨裁政府是作戰的機構。民主國家非於戰時作適當的調整，即軍備亦不能有充分的擴充。獨裁的蘇俄則不然，可以儘量降低人民生活水準，以國家的全部力量從事於軍火生產。因之，自軍火的數量言，現在民主國家已有很多東西落在蘇俄之後。更可怕的，民主國家的外交不能應付蘇俄亦戰亦和的策略。杜勒斯對於這一點很有同樣的感覺，他說美國的外交方式過於守舊，和平時期是一套，戰時又是一套，不能兩套並用。其實民主國家的制度，在和平時期，議會所允許的範圍極有限度，作決策時天然有許多顧忌。尤其可以招致嚴重後果的問題，還得估計輿論的反響，國際的合作，以及其他政治上的微妙的動力，於是民主國家的外交總顯得躊躇，總顯得柔弱無力，不像蘇俄的一鞭一痕。

因此，過去的幾年，民主國家實處於被動的地位，不過走着蘇俄所指定的路徑。在所謂冷戰的歲月中，民主國家差可自慰的惟馬歇爾計劃的執行。依作者的觀察，馬歇爾計劃亦是失敗的。馬歇爾計劃的主要意義，在於恢復民主國家的經濟秩序，以加强對共產主義的抗毒素。這是以唯物論對抗唯物論，在思想的本質上有其缺點的，最少，馬歇爾並沒有以理想啓示國際間團結和合作的途徑。而且一般國家經濟力量的衰落，自有基本理由在，一方面固由於戰爭的破壞作用，最重要的還是因爲强國失掉它們的殖民地，弱國則尚未產生它們經濟的創造能力，以至大小國家的經濟都走着下坡。這純粹是國際經濟的組織問題。換言之，舊時代過去了，帝國主義式的國際經濟組織亦崩潰了。但什麼是近代平等國家間經濟合作的正當途徑？我們尚沒有合理的計劃，由是發生了普遍的脫節現象，英國的市場緊縮了，印度又不能發生其獨立的自足經濟，這可以最簡單的來說明世界貧窮原因。試問，馬歇爾計劃能補救這方面的缺憾麼？

其次，從馬歇爾計劃實施的方法來說，它又低估了共產黨對民主國家所可以發揮的破壞力量。每個國家的經濟復興工作，必須於安定的環境中進行，方能發揮預期的效果。而共產黨徒潛伏着的國家，少數破壞分子，已足擾亂建設工作而有餘。艾帥到達歐洲之日，法意曾發生群衆的示威遊行。我們亦許以爲這不過是共產黨象徵性的搗亂行爲，實則這類似的搗亂行爲日積月累以後，頗足降低當地政府的建設力。能工的煽動，提高工資的口號，金融市場的擾亂，高物價的過分誇張，社會中每一可能發生的偶然事件，共產黨皆可以利用而擴大其波瀾。尤其原來落後的國家，社會秩序尚未成爲定型，共產黨更可以無孔不入的積極播弄。因此經濟的援助，殊難達成提高當地生活水準的願望。即使是原來的先進國家，在戰後的艱難環境之中，共產黨的可乘之機一樣也是很多的。法國政潮暗伏，工潮時起，而越南的戰爭又吸收了它所得的全部美援，以是法國的戰後經濟，並不能使法人解除重負。英國亦是一樣。即以煤塊而言，威爾斯的儲量尚富，然而缺乏煤礦工人，煤荒始終就無法解決。去年曾欲招用意大利工人，又爲原來的工人反對，並以罷工相要挾。英國對外貿易的入超，常在二十億美元以上，以至美國雖主張封鎖匪共大陸，而英國却依舊把橡膠資敵。就是這樣的不擇手段，英國的經濟情況還是異常險惡的。除一九五〇年略爲小康之外，一直在枯竭的狀態之中。

一般人都稱譽馬歇爾計劃在冷戰中得到成功。歐洲的共產黨勢力降落了，一般國家的人民已增加自信，不至脆弱得不能抵抗共產黨的恫嚇。然而法意的共產黨徒，還能在會議中佔有席次。並且他們的無理叫囂，也還能博得輿論界的同情。尤其去年各國整頓軍備的努力，備受共產黨的指摘，而一年的重整軍備，事實上亦使歐洲經濟瀕於破產。這種種事實可以說是民主國家冷戰中的成功嗎？匪共囊括中國大陸之後，南韓越南先後告警，印度因疑懼而極力向匪幫靠攏，中東在各種事實的鼓勵之中，伊朗和埃及首先發難，繼之則突尼西亞亦發生了反法運動，殖民地主義已到沒落的時代，這是我們所不能否認的歷史潮流，然而在反共抗俄最緊張的關頭，民主國家內部發生這樣大的裂痕，總非民主國家之福。這種種事實，又可以說是民主國家冷戰中的勝利嗎？

我們當然不是說美國經濟援助毫無意義。反之我們相信羅斯福總統所提示的不虞匱乏的自由，確爲安定世界重要的理想。現在世界既在匱乏的痛苦之中，有餘的國家能加以援手，這是種見義勇爲的美德，也是種人性崇高的表現。但是依賴它爲反共抗俄的重要對策，那就嫌不足了。最少，經濟援助而不與其他政策相配合，匹馬單槍的要拯救世界於危急存亡之秋，其結果就如過去的事實所答覆的，蘇俄在每一個局部戰爭中都能得到或大或小的勝利。蘇俄之利在破壞，民主國家之利在建設，自古破壞易而建設難，故蘇俄易奏膚功。蘇俄挑撥人類的衝動，民主國家要發揚人類的理性，衝動容易泛濫，理性難於高度發揮，故蘇俄的聲勢，一來就咄咄迫人。不過這兩個因素，表面上看是蘇俄的優勢，實際上就是蘇俄的缺點。衝動與破壞，一時固能刺人欲狂；但理智與建設眞能成功，衝動與破壞便不足畏了。人類愛好和平，殆爲天性。惟和平不可求，衝動與破壞方佔上風。而和平之所以不可求，還因爲我們沒有克盡建設之功和發揮理性之效。

縱觀今日世界，民主國家所以在蘇俄的滲透與恫嚇之前敗下陣來，最重要的理由，就是缺少一個所有民主國家共同追求的目標。反抗史達林獨裁，祇是世界必經的程序，不能說就是世界的目標。民主與自由，爲世界之理想者近三百年。這一個理想廓清神權與君權的烟霧，掃除拿破崙威廉以及希墨的反動。它的有助於人類的進步，不難證實，不過到了今天，民主與自由已不能完全反映人類的要求。第一第二兩次大戰之後，不特戰敗的反民主的獨裁者爲之覆滅，就是戰勝者反民主的殖民地制度也已隨之崩潰。在殖民地制度崩潰中，原來的殖民地與原來的大帝國，其國內的經濟基礎皆受嚴重的打擊，甚至許多國家因此無法恢復其健全的組織。在這許多紛擾事件之中，實啓示我們一個世界的新理想。國家與國家之間，其經濟的條件既然是互相依賴的，那末國家爲什麼不採取公平合作的方式？所謂公平合作，即互相推進其人民的生活水準的合作。殖民地制度之所以崩潰，因爲它祇着眼於帝國的繁榮，由是進而搾取弱小民族的血汗以造成帝國的富庶。在這個方式之下，不特弱小國家受到不可補救的摧殘，對大帝國亦發生不幸。弱小國家因受搾取之故，各方面均極落後，以至脫離殖民地的地位後尚不能有獨立的能力，這是極爲明顯的事實。而大帝國受殖民地政策之害，使其經濟基礎懸空，一旦殖民地獨立，它一樣也會不能自給自足，這在以前不很顯著，現在已是昭然若揭了。

因此，二十世紀的人類，僅僅努力於消滅殖民地制度還是不够的。消滅殖民地制度不過使國際間不幸的原因消失，但不能創造幸福。而國際幸福的創造，必自國際經濟的公平合作始。每一個國家發展其地域的經濟特性，以此與其他國家相交換，在國際社會中就可能得到互給互足的利益。如此，天然合於農業條件的國家不必爲不能工業化而煩惱，天然合於工業條件的國家亦不必恐懼糧食的被封鎖。這一種理想，當然需要有遠見的政治家的設計與奮鬭方可實現，但我們堅信這個理想可以成功，而且是安定世界的惟一途徑。

這一個理想，現在亦許言之過早，因爲蘇俄政治上的鐵幕固然不肯解除，經濟上的鐵幕一樣牢牢的封鎖着，而在它堅決的不合作態度之下，國際的完全合作自有其困難。不過即使如此，領導國家的政治家，仍不能不作澄清思想的準備。因爲民主國家而不能對此有共同認識，原來的殖民地國家將爲蘇俄所利用，即原來的帝國如日本者亦時時在蘇俄的威脅之下。對於前者，蘇俄以反英法的民族主義爲號召，對於後者，蘇俄以經濟的流通爲引誘。由是伊朗，埃及，印度，印尼，越南及突尼西亞，自然對英法要抱猜忌的態度，而日本自然對蘇俄與匪共的秋波無法堅決拒絕。民主國家而能建立其各國經濟合作的理想，這一種矛盾便自然煙消雲散了。民主國家的團結，必能勝過鐵幕之內的附庸國。

我們現在對國際經濟合作的努力，除許曼計劃外，很少見到政治家關心及此，這是馬歇爾計劃不

(下轉第27頁)

第六卷　第七期　自由是不可分的

自由是不可分的

Bruce Winton Knight原作
遠　思　譯

今日之美國將成爲『自由世界』之主要戰士（至於戰多久，以什麼爲代價，沒有人知道），因此，今日之美國人比以往任何時候都需要仔細考慮美國的自由。我們的自由是不可分的，這對於我們應該是十分明顯的。既然我們之中的大多數人都必須將我們大部份瞬息即逝的生命消磨在『取得與消費』之中，那麼，顯然的，經濟的自由是我們個人自由之主要的部份。然而，實際上，我們的行爲所表現的，彷彿經濟的自由根本不是自由，或認爲經濟的自由如此不關緊要，因此我們無需愼重的考慮它。我們只要看一看在美國涉及經濟自由之性質的許多最簡單的事實，以及經濟自由正遭遇的情形，我們便可知道事實確是如此。

經濟的自由就是選擇的自由。這和其他任何形式的個人自由是一樣的。自然，其自由是有限制的。實際上，我們只能在眞正的事物之中選擇，而任何一個選擇永遠也不會是完善的。在道義上，我們被一個很老的原則所約束，就是人皆爲其同胞之保護人。對於我們的選擇所產生的結果，我們不僅對我們自己和家庭負責，並且對一般的同胞負責。假若强者不保護弱者，使他們的自由不受侵害；假若幸運的人不幫助不幸的人，那麼，個人的自由就社會而言將是一個無意義的東西。因此，在有眞正的負責的經濟選擇之範圍內才有經濟的自由。那麼爲何我們要擴大這種經濟選擇的範圍呢？一部份因爲自由的選擇對於經濟的功能比任何可想像到的官員所管制的還有效得多。

但是，自由的含義比此更深遠。亞當・斯密（Adam Smith）現常爲人所攻擊，並很少有人讀他的著作。但他曾很恰當地强調一個事實，就是我們若無個人的自由和責任，便不能成爲成熟的人類。新約在很久以前也會作過如此相似的評論。負責的自由就是自信，自新，自制。只有重視這些性質的國家才會被人認眞地當作世界的自由之保衛者。有鼓勵這些性質的政府才適合統轄一自由國家。然而，我們美國的政府已變成了一個限制我們經濟自由的範圍之可怕的機構。

試想我們在消費與儲蓄之間的選擇的自由，既然家庭是與我們關係最密切的社會單位，那麼，我們在爲我們的子女和我們自己的老年儲蓄時便不應受阻撓。這似乎是合理的。然而，爲了一切實際的目的，我們的政府將儲蓄視作不合法的行爲，而處以重罰。他們首先增加我們儲蓄的困難，加到我們身上的苛捐雜稅愈來愈多，藉此來維持政府龐大的開支。其次他們任意降低利率，以減少我們儲蓄的收入。就是政府將儲蓄的價值對生產者作虛假的估計，然後，政府利用通貨膨脹以降低我們所儲蓄之任何幣制的購買力。政府又將我們自一九四九年以來所持有之政府所發行的貨幣和債券之眞正價值降低五分之二强，有這種行爲的政府眞與一個龐大的僞造機構無異。我們的總統還告訴我們說：『倘若通貨膨脹停止，並破壞我們的儲蓄……那將是克里姆林宮所希望最容易得到的勝利。』我們的總統竟有此說！政府既暗傷了我們的儲蓄能力之後，又來給我們『社會安全』。實際上，我們貨幣的安全是假的，其價值將由更大的通貨膨脹而降低。

試想我們對於不同的生產品之選擇的自由。一般說來，我們應爲我們自己決定怎樣利用我們的收入才令我們最滿意，而生產者必須照着此決定去做。然而，我們的政府製造『價格的最高限度』和『價格的最低限度』這些謊言來限制我們。常識和歷史都可告訴我們這種不進步的策略將引起什麼後果。若政府將價格定於最高限度，便將使市場上的需求增加，而供給減少，以致造成貨物供不應求的現象。若政府將價格限於一最低限度，那麼，便將使供給增加，而需求減少，以致造成貨物過剩的現象。

至於『社會公正』又如何呢？我們在平時房屋租金也有最高限度，但政府官員們並不按照人們之所需而分配房屋。他們規避這個麻煩的工作，而不決定誰應讓出房屋？讓出多少？誰應遷入？因此，房屋的分配完全是靠機會和徇私。實際上，最後的機會才輪到有家小的工人們，因爲他們的工作使他們無暇尋找住處，他們的孩子們使他們成爲『不受歡迎的房客』。至於農村的情形，地主比佃戶得到更多的幫助；興旺的地主比其他的人變得更富有；賣給窮人的糧食的價格增加得更高，公正是這樣的情形嗎？這些控制之主要的意義乃在於：我們不能按照物品對於我們有價值與否而予以自由的選擇，生產不能由我們自由的選擇而決定。

試想我們對於不同的謀生方法之選擇的自由。一個人若願意冒險，他便應有自由選擇一小規模的商業，或是買大規模的股票，這樣的人也應該有自由在各種不同的商業部門中加以選擇。這似乎是合理的。一個人若希望穩當一點，他便應有自由作有薪俸收入的工作，他也應有選擇何種業務和何種僱主的自由。然而，我們的政府一直在直接地或間接地縮小這種選擇的範圍。直接地，政府本身參入一個個的企業組織，而將人民摒諸門外。我們在這方面的『進步』是走向完全的社會主義。在社會主義之下，政府成爲唯一的企業家，因此也成爲唯一的僱主。間接地，政府鼓勵工會藉各種不同的策略造成人們失業的現象，其最簡單的策略即要求過高的工資，以致僱主們必須限制他們的勞力，或是破產。

這不過是我們政府對於我們基本的經濟自由所加的許多限制中的幾個例子而已。在這個『自由的樂土』上；為什麼我們還讓這些現象發生呢？既然自由主義涉及個人自由，我們又如何設法來將這些現象美其名為『自由主義』呢？無疑的，私人企業有一部份是應受責備的，因為，常常有人一面主張『自由』企業，一面又力求私人壟斷。而且，二十年前的經濟大恐慌（此經濟大恐慌之造成主要的是由於政府未能盡其主要的義務，即調整貨幣的價值）所引起的恐怖使我們寧可以自由為代價而換取安全。

這些現象一部份是由於我們的一個願望所促成，就是要剷除那些超越我們的人。一部份是由於我們逃避自由的責任。但是，這些現象的來源似乎是由於我們的思想混亂。若要清除所有這些思想上的混亂好似和濃霧角力一般，又好像對付魔鬼一樣，將它從門口趕出去了，他又由所有的窗口溜進來了。然而，有些最流行的思想混亂是太嚴重了，那是不容我們忽視的。

許多人攻擊經濟自由乃根據一個幾令人不能相信的理由，即英美的經濟自由已遭蔑視。這正如同佈道者因為許多人未來聽講道而咒罵在教堂內聽道的人一樣。這是邏輯上的一個『勳功偉績』。然而，當批評者指摘那些存在於他們所謂的『十九世紀的自由主義』之下的嚴重的經濟措施時，他們還以為他們是在批評自由主義。其實過錯並不在於自由主義。過錯在於逃避責任，例如保護兒童與窮人的責任。責任是自由主義最基本的要素，同樣的，經濟自由被人咒為一種商業『階級』統治勞工『階級』的制度。縱令是這樣的情形（其實並不如此），這是反對自由的一種奇怪的說法，因為任何一個有組織的階級實行統治便是違反自由。

『個人自由被人認為公共慈善事業，以致於若有人表示不贊成『福利國』（Welfare State）（福利國的人民福利之增進主要的是靠政府不是靠私人的機構——譯者註），他便被認為是反對那些逆運的人。這如同辯論說，你若不喜歡瓊斯藥房的丸藥，你便是贊成生病。歷史上賢明的專制政治應該使我們有所警悟，即德政不一定是自由的。倘若人民所享受的德政是以自由為代價，並且什麼是德政乃由『當局』所決定的，那麼，這樣的德政自然不是自由的。去年冬天，我們一個有權威的經濟學家曾利用『黃金律』（黃金律就是一個人希望人如何對他，他便如何對人——譯者註）來說明此點。譬如，你喜歡吃饅頭，而你的鄰居喜歡吃炒麵，若根據『黃金律』你便必須將饅頭給你的鄰居。這是一條不通的規律。眞正的黃金律是：別人希望你如何對待他們，你便如何對待他們只要他們負了他們的社會責任。

有人常將自由和經濟平等混淆。許多人以為凡是減少不平等現象的即是『自由的』。然而，倘若對於相等的價值予以不相等的報償是一件壞事的話，那麼，對於不相等的價值予以相等的報償也一定不比那更好。正如同依尼俄奇（Ebenezer Elliott）在一世紀多以前所觀察的一樣：

> 什麼是共產黨？共產黨就是要將各人不相等的收入作相等的分配。
> 新約在更早以前就說過：凡是掩沒了他自己的人就不應希望報酬。

『自由、平等、博愛』這個口號若用來為無差別的平等而辯護，那麼，這個口號是一個嚴重的矛盾。當我們開始使不平等的人平等時，我們破壞了自由，而在人與人之間所建立的友愛關係大約如同該隱（Cain）和亞伯（Abel）之間的關係一樣（在聖經上，該隱和亞伯都是亞當和夏娃的兒子，而亞伯為該隱所殺）。

一般人常將自由和民主混為一談，以致於這兩個名詞幾乎可以互相通用。但是，一個大多數也能對於那些偶而得到投票較少的少數人專制。在古代的雅典，民主政治竟培養了人們一種強烈的慾望，就是搶刼那些有特別多的錢財的人，以致於那些亡命的犧牲者終於不得不去和國家外面的敵人合作。艾可頓（Lord Acton）即說過，民主政治的獨裁比專制政治的獨裁更糟糕。因為專制君主還怕引起民衆的憤恨，而在民主專制的國家中，一個人是無法由獨裁的大多數手中逃脫的，除非他暗自逃跑，或是背叛國家。

若要測驗一個民族是否適於自治，主要的就是看在此民族中所給予少數者的保護之範圍有多大。在美國，少數者所遭受到最嚴重的一個問題，不是他的種族或宗教團體受虐待，而是大多數人對個人、家庭和自動組織的團體不斷地施以統治。英國的社會主義不論其是否是賢明的政治，却是反對大約半數的英國家庭的民主獨裁。工黨政府所實行的『混合經濟』從事於一般規則之制定和實施，却旁生枝節斤斤計較生產品之處理和個人分配的問題。工黨政府規定窮人應以什麼樣的方式來接受額外的收入；它並利用權力使勞工們凍結於特殊的職業上。甚至於那些大多數人，他們平日也沒有經濟選擇的自由，他們所得到的一點可憐的經濟自由只是每次選舉時選舉掌握經濟部份的官吏。

最後，國家的父權主義者將他們自己誤認為耶和華。只要人們較優的經濟狀況是他們所應得的，那麼，我們若眞正信仰自由，我們便應讓他們任他們自己的意思去支配他們的錢。但是，父權主義者堅持他們必須住特別規定的房子，生病時必須到特別規定的地方去治療，還有其他等等。父權主義者認為這對於他們是最好的。為什麼信任他們讓他們自己去選擇呢？父權主義者說，因為他們不知道怎樣才是聰明的選擇。但是，假若他們不被允許自己去選擇，他們又如何去學習選擇呢？不管父權主義者如何掩飾自己的回答，他內心眞正的回答是，他們天生就不能夠學習。這樣的一種態度自會發展到什麼地步，這應該是很明顯的。一個『福利國』實行其政策愈久，則加之於選

（下轉第27頁）

臺灣的文獻

方　豪

臺灣研究

本刊從五卷一期起，曾闢「臺灣產業」一欄，先後發表有心得的研究專著九篇，頗受讀者歡迎；尤其是海外讀者，他們渴盼對臺灣各方面的情形作更進一步的瞭解。爲適應此一要求，我們特請對於臺灣史曾下過很多工夫的臺大教授方豪先生，爲我們主編「臺灣研究」一欄，本期先發表方先生自己撰著的「臺灣的文獻」。其餘各篇，將按期陸續刊出。但因作者答應寫稿有先後，需要撰寫的時間有長短，所以談不上系統，這一點是要請讀者原諒的。

——編　者

一　引　言

研究一個地方的情形，必須具備那個地方的材料。這些材料我們稱之爲文獻。有些人一聽「文獻」二字，就以爲是談歷史；其實從廣義說起來，時間一分鐘一分鐘的過去，凡可以作爲參考材料的，當然都是陳迹，已成過去，就這一意義來說，文獻可以說是史料。然而談臺灣天文氣象的，談臺灣地質地形的，談臺灣土壤水利的，談臺灣森林畜牧的，缺乏了過去的記錄和統計數字，那研究便空空洞洞。就這一意義來說，文獻不一定是史料——歷史的材料，文獻是各種科目研究的材料。而且文獻的文，不僅指文字；文獻的獻，也不祇如字典上的解說，指「賢者」即耆舊而言。因爲文獻之所以爲文獻，實包括書籍、檔案、碑銘、錢幣、圖譜、古物、攝影、拓片等，而語言、歌謠、傳說、神話、俚諺、風俗、服飾、用具等，經有識者整理、觀察、分析、判斷，同樣可成爲最有價值的文獻。所以廣義說來，連史前史和考古學上的一切材料，也應該列入文獻。不過臺灣文獻也和各處一樣，有錯誤的，有僞造的；如 G. Psalmanazar 在十八世紀所刊布的幾本書，實則他並沒有到過臺灣；中法戰爭及臺灣民主國時，上海所僞造的臺灣勝利小冊，亦充滿了誇張和謊言。

二　中、日、荷、西的臺灣文獻

別說臺灣地方小，臺灣歷史短，臺灣的文獻却五花八門，種類繁多。臺灣有所謂原住民族，或稱先住民族，今通稱高山族，（這是保留日本人所用「高砂族」一名的讀音而改變的稱呼，其實他們之中有所謂「平埔番」，根本不在高山，這名詞並不恰當。）他們沒有文字，所以一切要從地下和地上的實物去研究。

臺灣何時與中國大陸相通？至今無一定的結論，而要研究這一問題，又必須到中國古史中去發掘材料。有人一直上求到尚書中的禹貢、三國志吳志孫權傳、漢書地理志、後漢書東夷傳、沈瑩臨海水土志（太平御覽引）等；其次的也要翻一翻隋書東夷列傳及陳稜傳、宋史琉求傳、趙汝适諸蕃志、元史瑠求傳等；當然一切有關中國與琉球和南洋或印度、阿拉伯交通的書籍，也都被人參考。汪大淵的島夷誌略、費信的星槎勝覽、陳第的東番記（前人多誤爲周嬰作）等，就是屬於這一類的。清代以後的文獻，近人論列已多，玆從略。

臺灣所受倭寇的侵擾，比沿海大陸各省來得更重，可是這方面的材料，一部分必須求之於日本。加以明末開拓臺灣和從荷蘭人手中光復臺灣的顏思齊、鄭芝龍、鄭成功等都和日本人有關，所以這一時期的材料，也有一部分不得不求之於日本，作爲參考之用。其中値得重視的是日人林恕所輯的華夷變態，原抄本藏日本內閣文庫，臺灣大學有影寫本。至於清代領有臺灣以後，臺灣船舶遇風漂流日本，或日本船漂流臺灣以及其他民間貿易情事，日本亦保存有若干記錄。日本佔領臺灣前，對臺灣已作過試探性的侵略，和各種交涉，與佔領後五十年間的一切經過，更非借助於日本文獻不可。如在馬關條約締結前至少三四個月，日本參謀本部已出版「臺灣誌」一冊，對於臺灣情形瞭若指掌，且對劉銘傳的治臺，有頗中肯要的批評。即如清代的臺灣方志，若干罕見本，日本內閣文庫及宮內省圖書寮皆藏有原刻本。

荷蘭人先侵入澎湖，第一次在明萬曆三十二年（一六〇四），第二次在天啓二年（一六二二），次年又侵入臺灣，但不久即撤去，又次年乃定居於臺灣，永曆十五年陰曆十二月，陽曆已爲一六六二年二月，向鄭成功投降退走，先後近六十年，這一般時間中荷蘭方面的文獻，佔了很重要的位置。現臺大有自荷蘭國立文獻館攝回的資料二萬五千頁以上，其中有統治、經濟、傳教、鄭氏等資料，分外交文書、報告書、函牘、會計冊、航海日誌、地圖等。乃從臺灣撤退時帶出者，其中頗有殘缺，並有水漬及霉爛者。

荷蘭文獻中，署名 C.E.S. 的「被忽視之臺灣」，即被鄭成功逐出的荷蘭太守揆一王與其同事 Coyett et Socii 所合著，實爲重要文獻。

但荷蘭文的臺灣文獻，還當求之於日本、巴達維亞及荷蘭本國。如 Zeelandia 城日記、巴達維亞城日記、日本出島荷蘭商館日記等。又古代荷蘭傳教史料集，一八八六年出版，收荷蘭文獻甚多。原名 Archief voor de Geschiedenis der Oude Hollandsche Zending.，又一七二四至一七二六年在阿姆斯特丹和 Dordrecht 出版的新舊東印度誌 Oud en Nieuw Oost-Indien 著者 F. Valentyn 乃一教士，未到臺灣，但在荷屬印度得見有關臺灣材料甚多；又因其年代與荷蘭佔臺年代相近，故頗爲可靠。

萬曆四十七年（一六一九）即有西班牙教士乘船遇風，在臺灣登陸，但略作調查，旋即退去。至天啓六年（一六二六）西班牙人始由菲律賓率艦隊到達臺灣北部，活動於基隆、淡水、八里坌、金包里、關渡、三貂角、蘇澳之間，傳教重於通商。至崇禎十五年（一六四二）爲荷人逐出；共竊據十六年。鄭氏時代，與菲律賓亦曾互派臨時使節；淸咸豐九年（一八五九）天主教教士二度來臺，仍爲西班牙人，至今高雄教區，猶爲西班牙人轄治，所以西班牙關於臺灣的文獻，無論爲已刊行的著作，或藏於菲律賓及西班牙的抄本，爲數亦不在少。

三　朝鮮及英、法、葡的臺灣文獻

朝鮮顯宗實錄及顯宗改修實錄中有關於鄭經及臺灣商人漂流朝鮮的史料，可見鄭氏與日本通商情形，鄭氏與永曆的關係以及淸聖祖對臺灣的注意。此一例也。

英文文獻中最有價值的是英國東印度公司的報告書。十九世紀以後，英文的有關臺灣的調查、旅行、報告之類的文字，纔逐漸多起來；研究臺灣地理、語言、人種、宗教、生物的論著也不少，大多發表於 China Review, China Repository, Journ. N. C. B. R. A. S. 等刊物及各學會會報。

法國是荷、西、葡等國以後，歐洲國家中最注意臺灣的一個國家，野心極大。一七一五年馮秉正 P. de Mailla 在測繪臺灣地圖後，從九江發致歐洲的法文長函，（譯文已見拙著康熙五十三年測繪臺灣地圖考，載文獻創刊號）在歐洲發生了極大的影響，此後將近一百年間，歐洲出版的幾部有關中國的巨著，臺灣部分的材料，可說都脫胎於此信。十九世紀的法文著述，在數量上且超過英文，尤以中法戰爭中，孤拔將軍率艦來臺前後的一個時期，而 M. Imbault-Huart 的著作特多。可比之於英文的 R.Swinhoe。

大家都知道，臺灣之在世界被稱爲「美麗之島」是葡萄牙人所命名的。葡臺關係如此之早，而我把葡文文獻列於最後，實因葡文有關臺灣的資料，大多是從澳門、日本及其他地方輾轉獲得的，所以可取的不多。

以上舉若干國爲例，限於篇幅，不舉其他。但外國文獻的原件，多被運往各本國，所以參考較難。當英法聯軍之役以後，安平與淡水亦開放爲商港，此後與臺灣有條約上關係的，計有美、俄、德、荷、丹、西、義、奧、祕、巴等國，有關通商與傳教的文獻，領事舘與教堂保存的遠比我們的爲多；且此等材料，亦有保存於福州、厦門、上海、香港等地，或流傳到外國的。

四　臺灣文獻的散佚和隱沒

這可以分三方面來說：

一是就本島來說：文獻散佚和隱沒的原因，不外變亂太多、蟲害太大，而舊時臺灣民居茅屋爲多，易於着火，文獻失於火災的，亦必不少。臺灣地震特多，文獻毀於地震的，有一很好的例可資證明。即蔣師轍臺遊日記中有一段說：「方伯（按指唐景崧）曾秉豸節，因訊以道署檔册，曰：同治十二年地大震，署宇半圮，文牘皆沒於泥塗，百不存一矣！」此外是不知愛惜，或不明不白地爲私人佔有，而不肯公開，不知利用，最後仍必將歸於消滅，此則最爲痛心！臺南文化第二卷第一期有林條均「關於故儒連雅堂觀世音考證」一文，述及連雅堂先生遺稿被人佔去的經過云：「至民國廿二年，連師欲移居上海，斯時情境，予正恨相逢之晚，又恨相違之速；幸連師以予爲可教，臨別時，將其未發刊之著作十餘種，贈予留爲紀念，且囑有機緣代其刊行問世。予受後，愛如拱璧，什襲珍藏；不意該著作於十餘年前，除觀世音考證及其他數種外，其餘悉由吳子宏先生向予商借，謂係陳逢源先生所轉託；予以吳先生諒不致效法荊州，欣然借之。其間不知何故，聞該書復由陳先生轉贈楊雲萍先生，迄今任索不歸，誠堪浩嘆！致予辜負連師所託，罪莫大焉！今連師已作古，予更對不起連師於泉下也！」其語沉痛已極！

二是就大陸來說：本省文獻，由於淸代有不得在原籍作官的限制，所以在本省宦遊的無非外省人，於是在他們調職時或任期屆滿而被携往大陸的亦必不少。這也有很好的一個例，如胡適之先生尊翁鐵花先生所輯「臺東州採訪修志册」與所著臺灣紀錄兩種，即日記與禀啓存稿，後者已由臺灣省文獻委員會印行，前者經我考明被列於「臺灣通志」中，（見四十年八月十日公論報，臺灣風土第一四一期拙著「胡鐵花先生與臺東州採訪修志册」）並因此由適之先生函告其尊翁文集抄本中，存有一篇「記臺灣臺東州疆域道里地方情形並書後」，正和採訪册的建置沿革同，除證實我的考證不錯外，胡先生又合校一次，發表於大陸雜誌第三卷第十二期。這一個例子說明了兩件事：一是有些文獻何以流回大陸？一是有些文獻怎樣被埋沒於本省，而不爲察覺。至於像臺灣割讓時，臺灣通志稿之被移往福建，又被日本人設法取回，這是大家都知道的。苗栗縣志原只在上海藏有抄本兩部，前年作者亦託人抄得一部，實爲島上孤本。

三是就國外來說：在外國的有關臺灣的文獻，有些保存得很好，有些也影踪全無，不可究詰了。如「傳教關係書目」Bibliotheca Missionum 第五卷曾著錄兩本有關古代淡水高山族語言的兩部西班牙文書，係愛斯基委 Jacint Esquivel 神父所著：一名「淡水語基督教理」，一名「淡水語辭典」，現在已存亡不明。日人中村孝志曾撰文發表於「愛書」第六輯。

五　臺灣文獻保存情況

臺灣的開發以澎湖爲最早，所以最老的建築，如廟宇等，應該都在澎湖；可是爲了交通的不便，地方的貧瘠，加上年年颱風的損害，和以前倭寇的侵擾，海盜的劫掠，荷蘭人的佔據，明末中國軍隊的清剿，清軍的進攻鄭氏，以及清末法國與日本的軍事行動等，早使古蹟蕩然，一片荒凉；況清代領有臺灣本島以後，初則銳意開闢臺南，繼又發展中北部及東南部，澎湖遂不復爲人注意，而古代文物亦日益凋零。現在唯一值得注意的是民國八年重修馬公媽祖宮時，在祭壇下土中所發見的「沈有容諭退紅毛番碑」，可稱爲臺灣現存第一古碑，碑文僅十二字，恐非完璧。乃記明萬曆三十二年（一六〇四）沈有容退荷蘭東印度公司第一任使節韋麻郎 Wybrant van Waerwyk 事。

澎湖以次，臺南實爲臺灣文化發祥地，所以古蹟特多。最古古蹟，當推大井頭之大井，相傳明宣德間太監王三保下西洋，過臺取水於此。又烏鬼埕，相傳爲紅毛役使黑奴所築；又烏鬼橋亦同。鄭氏故宮則在舊大北門內米市附近。他如寧靖王術桂所建一元子園、鄭氏駐軍之馬兵營、鄭經爲董夫人所建之北園、寧靖王之五妃墓、李茂春所建夢蝶園（康熙二十二年改爲法華寺）、康熙三十二年高拱乾所建斐亭，在舊道署內。

臺南赤嵌樓有歷史館，陳列本省文獻頗多。民國十九年，日本人曾舉行了一次「臺灣文化三百年紀念會」（這名稱實在不合，茲不論），二年後，成立史料館於安平；又三年，舉行臺灣博覽會，設歷史館於臺南。博覽會後二年，乃設立歷史館；三十四年遷於赤嵌樓。有鄭氏與荷蘭媾和條約文攝影九幀，原藏海牙荷蘭國立文獻館；有鄭成功墨蹟、永曆通寶、漢番對譯文契、民主國郵票、劉永福時代之臺南官銀票、安平及臺南城內出土磁器、臺南出土荷蘭磁器、鄭成功時代輸入澎湖及安平之「平戶燒」。

臺南孔廟的禮器與樂器，亦有歷史價值。

臺中圖書館舊藏所謂「岸裡文書」中，有雍正、乾隆、嘉慶、道光年間的墾約、借約、水粟約、布告、劄付等十餘件。

臺北方面，省立臺北圖書館乃由臺灣總督府圖書館及南方資料館而成。前者創立於大正三年（民國三年），儲書二十萬冊，轟炸時損失一部分兒童讀物及通俗書刊，尚存十六萬冊。臺灣典籍，或藏有原本，或備有影寫本等。爲目前收藏臺灣文獻最多者。後者成立於昭和十五年（民國二十九年），所收資料，不限於臺灣，包括華南及印度、南洋一帶。現有文獻資料八萬餘冊。

臺灣省博物館創設於明治四十一年（光緒三十四年），歷史部有陳列品三千四百八十一件，高山族部有三千六百十件。

國立臺灣大學，現在藏有臺灣研究參考書籍二萬餘冊。各地碑碣拓片在昭和十一年（民國二十五年）時已有一百四十四件，現因略有分散，故統計不全。該校考古人類學系標本陳列室，所收頗爲豐富，最便於研究臺灣史前史及原住民族生活情形。該校圖書館的 Huart 文庫及伊能文庫，亦有不少有關臺灣的重要資料。惜後者現已分存於若干處，極不便於參考。該校又藏有前日人留下清代新竹縣檔案甚夥，尚在整理研究中。

有些不相干的機關亦藏有極重要的臺灣文獻，但不爲人知道。如臺灣省菸酒公賣局藏有澎湖廳志抄本一部，諸羅縣志殘抄本三冊，鳳山縣和雲林縣採訪冊各一部，是已往沒有人提到過的，去年秋天我纔看到。至於私人的收藏，更不易列舉，如鳳山林靜觀所藏鳳山采訪冊，知道的人也不多。

六　臺灣的碑碣與山地同胞土俗品

臺灣現存碑碣，除前引澎湖沈有容諭退紅毛番碑，恐爲現存臺灣最古石碑，其次應推「陳永華暨夫人洪氏墓碑」。永華卒於永曆三十四年（康熙十九年）七月。臺灣較古的碑，多在臺南。石暘睢先生曾撰臺南古碑記，發表於民俗臺灣第二卷第三號，據統計康熙碑得十一方，雍正碑三方，乾隆碑七十五方，嘉慶碑二十七方，道光碑四十二方；更晚者茲不錄。陳永華夫婦墓碑之後，當以康熙二十四年施琅所立「改建天后宮碑記」爲最古。同誌二卷六號，石先生又作有補遺，錄乾隆碑三方，嘉慶、道光碑各一，光緒碑二。石先生曾估計，臺灣現有古碑二百三十餘，臺南碑林保存四十五方。碑林在臺南市南門外，民國二十四年立。

臺灣大學現藏本省古碑拓片頗多，足資參考。

臺灣書畫名家較少。可舉者有乾嘉時臺南林朝英，別號一峯亭，咸豐間，臺北陳維英，號迂谷，道光間新竹鄭用鑑字明卿，又臺北吳鴻業字希周；他們都有少數作品流傳下來。

這裡我們要說一說臺灣原住民族的土俗品的保存。這些土俗品，在臺大有一標本陳列室，於民國十七年，由日人伊能嘉矩捐其收藏品而奠其基礎。至於這些土俗品的原來地點，有些還保存着，有些則已漸歸湮滅，如臺北圓山的貝塚和石器時代的大砥石，都有此情形。見宋文薰著「湮滅中的臺北史前遺址」。（載臺灣風土一四七、一四八期，四十年十二月十四日及二十八日公論報）

史前時代的遺物，在本島中尚可見到的，有基隆沿岸、臺北圓山、社子、唭里岸、關渡，新竹縣海岸的苑裡，彰化八卦山，臺南二層行溪流域、螺底山丘麓、壽山附近，鳳山丘陵南端；澎湖島亦有貝塚殘跡；墾丁則發見有石棺。臺灣文化第五卷第一期所載國分直一著「關於臺灣先史遺址散布圖」一文，可資參考，文中並有插圖。

七 日本佔據時期的臺灣文獻

日本佔據時期的臺灣文獻，是值得我們特別一提的。

臺灣割讓後的許多詩文，多不能在臺付印，如洪棄生先生編(原名攀桂，學名一枝，字月樵)，在民國十年，祇能將無礙日本當局的詩，刋印一部分，題爲寄鶴齋文矕六卷及寄鶴齋詩矕四卷；另有瀛海偕亡記，則因內容易被注目，特囑其哲嗣炎秋先生攜往北平保存；後炎秋先生以散失堪虞，乃於民國十一年託北京大學出版部，將該書改名爲臺灣戰紀，與中東戰紀一卷，各印五百部。光復後，臺灣書店有翻印本。

當時偶有抗日言論發表，往往失去自由。如民國十四年、十五年，蔣渭川先生即因提倡臺灣解放運動，發表文章，而被拘入獄。

連雅堂先生在民國九年十年出版臺灣通史三冊，其卷四獨立紀竟被勒令改爲過渡紀，但書口仍未改。

民國三十二年九月二十日，櫟社(臺灣最大詩社)第二集已印竣三百冊，未及公開發行，即被日警沒收。

日本佔據時期，臺灣新的文字發表，雖如此遭受壓抑，但日本當局，對於所謂史蹟名勝的保護，及舊文獻的搜集存藏，卻很努力，實在值得欽佩。

八 殘存的外國古蹟

臺灣外國古蹟方面的情形，可一述的只有三處。

臺南赤嵌樓，雖是荷蘭人 Provintia 城的故址，但現在的建築物卻是同治元年(一八六二)所建文昌閣和海神廟的遺蹟。原來的樣式，在乾隆十七年所刊臺灣縣志「赤嵌夕照」中可窺見一斑。安平的荷蘭舊城 Zeelandia，也已一改再改，現在也祇有在同治十一年(一八七二)刋續修臺灣府志「安平晚渡」圖中，依稀得之。

屏東縣萬巒鄉赤山地區有一臺灣現存最早基督教建築物，乃同治八年(一八六九)所建天主教堂，因其中若干部分帶有西班牙及臺灣混合作風，頗爲日人注意。日本名建築家藤島亥治郎氏曾撰文，發表於「國寶」月刊，(昭和十四年出版)。四年前出版他所著「臺灣之建築」一書中，也加以敘述。

臺灣外國古蹟，存於今者，尚有淡水英國領事館內的紅毛城，城旁尚有淸代所遺古炮，不知如何當日會把本國的古物一倂爲外國領事館所佔有。至於在基隆社寮島西南端的紅毛城，據說在鄭氏時代已毀，早已成爲廢墟。社寮島又有蕃字洞，有1661，1664，1667，1688等年題字，亦臺灣外人重要文獻。

至於像蕃仔田的荷蘭文古碑、嘉義紅毛井、大肚龍目井、澎湖紅木埕、基隆孤拔海濱、澎湖孤拔墓、鵝鑾鼻潭仔灣羅婆號船遭難遺址、澎湖赤嵌澳姑婆嶼們克布勒號船遇難碑等，或事蹟太新，或確否待考，或顯屬誤傳，如孤拔墓在其法國故鄉，並不在澎湖。茲從略。

九 餘論

臺灣文獻，略論如上。若就書目而言，連氏臺灣通史有藝文志，極不完備，如府志中即缺周元文所修本；又誤謬雜書，余撰有訂誤述例，載臺灣文化六卷二期。他如赤嵌筆談等之獨列爲一書，臺東採訪冊之列爲臺灣人士所著書等，不能備舉。

外人所著書目中，H. Cordier 有一種，一八九三年出版；後甘爲霖 W. Campbell 著「荷蘭治下的臺灣」Formosa under the Dutch，亦附有臺灣書目，更爲詳備，但對於中文書，則闕漏太多，

臺灣尚有一種奇特文獻，即荷蘭人從前教番人所讀的羅馬字拼音；用此等字所寫的文書，在新港發現最多，因此亦稱新港文字。荷人已有用此種字所譯的聖經和教理書。舊時蕃人與漢人的田地買賣契紙中，多用此種字，亦稱紅毛字。

民間收藏的古文獻，最應及早訪查。以前日本私人所著臺灣文獻，見於「臺灣歷史館出品目錄」及「臺灣史料集成」等書的，爲數亦頗不少，想今日已多流往日本。前年我爲調查延平王遺像，得見臺北附近若干鄭姓宗譜，去年又得見晉安杜氏族譜．及其他若干家譜，知臺灣譜學甚衰，此亦民間重要文獻，不可不多加提倡。

至於流在大陸的臺灣文獻，將來亦必須盡力訪求。如高拱乾所修臺灣第一部府志，去冬余無意中得知武漢大學尚有一部，乃已往無人提及者。孫殿起編「販書偶記」亦記有一部；孫氏又記有關臺灣書多種；可見隱沒的文獻，似還不少；三十八年我在中央研究院所找到的恒春縣志，不過是一個例。本文言有未盡處，請讀者參見拙著「臺灣文獻的散佚與今日的迫切工作」，載「臺灣文化」六卷二期，茲不贅述。

人生雜誌 半月刊
內容豐富
文字優美
第三卷 第三期 業已出版
歡迎直接訂閱
訂有優待辦法
社址：香港九龍鑽石山上元嶺正街六號

自由中國通訊

「東大事件」和日本大學問題

東京通訊・三月十四日

徐逸樵

一

日本東京大學舊稱東京帝國大學，「帝國」二字戰後觸時代之忌，乃改爲今名，然其爲日本首屈一指的最高學府和世界著名大學之一，則今猶如昔。這個大學最近發生了一樁學生和警察大衝突，馴至引起了國會中和政府與學校當局一大爭訟的所謂東大事件。迄今餘波起伏，尚未眞正平息。這一事件在外國人視之也許是一樁生疏的或不甚感興味的小事，而在今日變動劇烈的日本，則殊爲不容輕視的涉及思想問題的大事。

二

這事件發生於上月二十日下午七點多鐘東大文京區本校。根據二十天來東京各報紙，雜誌和參衆兩院文部委員會與法務委員會召詢有關人員的全部記錄，這事件的經過大旨如次：

上月二十日下午七點多鐘，東大學生在校內演劇。這劇是初演，觀衆只限於校內師生和其家屬，並不售票，而事實上則有便衣警三人混入偵察。據便衣警事後告各記者，在第二幕初上之時，突聞學生中有高呼「場內有狗」和「把他拖出去」的聲音；倏時間，有學生三十餘人把他們圍住，毆擊他們，繳去他們的公事日記，同時迫着他們寫下以後再不到校偵察的手據，纔放他們回去。

警察去後當然不甘心。過後不久便有大隊武裝警察衝進會場，搜查爲首的學生，並迫令戲劇照常演去，不准中止。據校方的報告，事後失蹤學生一人，迄無下落，而據該管本富士署的說法，則謂該生迄未拘獲，堅不承認當場帶走。到了第二天，警察的報復更進一步。據東大學生代表吉川勇在參衆兩院法務委員會上說：「那個便衣警（指上一天混入會場的便衣警一人——筆者）率領其他便衣警二十名和武裝警三十名侵入校內……把同學一人上了手枷脚鐐，左手抓住他，右手用警棒打他，一直從泥地上拖出去。這個同學門齒一個被打落，口中鮮血淋漓着，手上脚上都受了傷，是用汽車裝走的……其餘同學被摔倒和打傷的還多着。」

他同時說，當時還有警察預備隊三十餘人待機於大門，可是沒有進來。吉川的說明也許是眞的，因爲當時被召去說明的，除掉東大校長矢內原和另一學生代表以外，還有警視總監田中和本富士署長野口，而田中和野口對於吉川的說明並沒糾正或反駁。

三

這一事件的嚴重性，從較小的方面說，是關於那三本便衣警的日記。因爲警察不得學校當局許可而入校偵察是違反四年前文部次官（教育次長）和警察最高當局的協定的（這協定曾由次長通函各校，名爲「次官通達」），而這次由於便衣警潛入所引起的事件，不僅違反了那個協定的精神，而且暴露了那三本日記中偵察教授學生等秘密。那些秘密的暴露，在警察方面是狼狽，在學校方面是憤怒。那三本日記的內容很快地被學生會同各部主任教授攝了影，然後繳還於本富士署。據各方面確實的報道，日記中所記載的無非是些如何「尾行」（跟踪）和偵察教授和學生的情形。被「尾行」和偵查的教授九人和學生三十餘人。其中一部分教授都是有名的書獃子，於是更激動了學校的盛怒。

這一事件的嚴重性，從較大的方面說，是關於「社會治安」和「學校自治」的問題。因爲從警察和行政當局看，現在日本的學校，尤其是日本的國立大學，像東大和西京大學之類，乃是「赤色的溫床」，正本必須清源。而從學校當局和學生看，「學校自治」和「學問自由」乃是盟軍總部的政策和日本政府載在法令的神聖，那是絕對不許侵害的東西。由於這樣觀點的不同，於是從警察和行政局看，學校是政府的學校，也是社會的學校，政府爲肅清赤化和維持秩序，對於學校的「治安」問題自不容袖手坐視，而從學校當局看，學校，尤其是大學是研究眞理的殿堂，學術自由是追求眞理的基本條件，而學校自治乃是實現學術自由的基本條件。校內有問題可以自己解決，警察干涉等於法西斯特高（註一）的復活，爲守護眞理追求的學府，「自治」和「自由」是斷乎不許侵犯的，這是學校當局的論理。

公說公有理，婆說婆有理，相互爭持之不決，於是觸動了政府黨（自由黨）當局之怒。政府黨的幹事長增田甲七子，於上月廿九日親訪該黨領袖吉田茂，提出了大學校長「官選」之議，作一舉迫壘的計劃。訪後對記者說：「首相也同意了，要我告訴黨的政治調查委員會，研究具體的辦法。」這是一個動搖大學自治的嚴重的信號，於是東大前任校長南原繁和現任校長矢內原便拿出老蘇格拉底殉道似的精神，先後發表了次述嚴重的談話：

「官選是反乎日本大學悠久的傳統和現教育制度與教育精神的重大問題，在戰前那個荒木大將尚在試之而失敗了的。那是世界任何自由民主主義國家所沒有的事，是反乎時代的想法，從常識判斷，那是不至於有的吧！」（南原）「大學校長自主的任免權是學校自治的根本問題，如果官選之議是事實的話，那無異想出了昭和十三年荒木大將文部大臣時代完全一樣的辦法，不禁令人回憶到遭了那時全國大學猛烈反對而終歸於失敗的歷史。那樣的辦法不外是滿洲事變以後黑暗史的重演，也可以說是右回轉和走倒路的極點。」（矢內原）

文部省（教育部）是政府的行政機關，照理應該同意政府黨的方法，可是說來也奇怪，省內一部分人居然發表了相反的更激烈的意見，這是值得注意的。那一部分人這樣說：

「自由黨如果要强制執行的話，那無異以全智識界為對手而把天下劃分為二個……我國從設立大學八十年來，文部大臣干涉校長任免的例子只有京大瀧川事件的鳩山大臣（註二）和東大校長長與又郎當時的荒木大臣，然而那是都歸於失敗了的。」（三月二日朝日新聞）

南原在日本教育界的地位極高。他在前年，為反對軍事基地和部分講和，曾和大學教授三百餘人與政府分庭抗禮，至今筆墨官司時斷時續未嘗終息。他前年赴美之初，吉田茂曾使人一再暗示，請其在美愼於說話，可是他一概不管，到美後到處發表其意見如故。回國後觸吉田之怒，於某次自由黨秘密會議席上，斥南原為「曲學阿世」。南原自不示弱，即在東大校長室招請記者發表談話，痛責吉田有甚於吉田之責南原者。這一風波，從思想問題上說，可以說是一九五〇年日本大事之一。去年十一月東大校長改選，矢內原膺選繼任。矢內原是戰時被軍部强迫解職的東大各教授之一。盟軍登陸不久，即指令日本政府趕速恢復因反軍閥而去職的諸教授原職，於是矢內原乃和其他各大學數十教授之處同一境遇者重登大學講壇，大受青年學生之歡呼。這一次他發表了那樣激烈的談話，在他是有無窮感慨的。

可是說來又奇怪，這一形勢險惡的東大事件的發展，據說由於法務總裁（司法大臣）木村本月十二日的談話，表面上總算歸於大學的勝利而暫告一段落了。木村在參議院法務委員會上這樣說：

「次官通達就照樣算了。大學是應該由自己守護校內自治的，這一點也希望警察方面注意到。關於校內自治的習慣是應該十分尊重的。……不過校內如果有秘密的共黨細胞的存在，便會有出來對抗的右翼團體的發生，那不是成為放棄大學自主性的結果了嗎？這是希望矢內原校長要善自處之的。」

四

事實上，木村的談話只是一時的懷柔，不是問題的解決。他所說的共黨細胞和右翼，如果這幾年來日本的報紙和雜誌不是故弄玄虛以聳人聽聞的話，那末我們應該相信那些活動是已經老早普遍存在於日本各大學了的。現在所談的是「東大事件」，只就這事件的發生地東京大學而言，「東大細胞」是日本「全國學生聯盟」事實上的領導者，而東大的「新人會」（不是戰前的「新人會」）乃是右翼學生的秘密組織，這是已經不是什麼秘密的內幕。這些學校內部思想上和行動上的分裂，簡括地說一句，就是整個日本現實的反映，在整個現實的分裂沒有統一以前，試問問題那會一下子就解決了呢？

況且有類於「東大事件」者決不是什麼新鮮的事件。在這事件發生的當中，以東大學生為主的澁谷車站前「反戰」和「反殖民地化」的演說，引起了學生和警察間連續的大衝突，被拘學生達三十餘人。去年十一月間，西京大學（戰前的京都帝國大學）發生了學生圍住天皇空汽車的所謂「大不敬事件」，餘波迄今未了。前年盟總的教育顧問伊爾氏作全國大學一整年巡迴大演講，碰了一整年的釘子，因此而教授解聘和學生被拘與開除者不知凡幾。這一些只是無窮風波中的一小部分而已，說來眞是太多。

有人說，盟總一年來政策之不一貫反映到日本全般的現實，而教育和思想問題不過是其中的一端。其然豈其然乎，是有待於讀者明智之判斷也。

三月十四於鎌倉山

（註一）「特高」是「特別高等警察」之略語，是戰前令人戰慄的思想警察，盟總成立後即令日本政府解散。

（註二）瀧川為戰前京都帝國大學的法學教授。他當時所著的「刑法讀本」被軍部視為馬列主義的宣傳，諷示當時文部大臣鳩山一郎予以强迫解聘。鳩山於日本敗降之次年四月，以自由黨（第一黨）黨魁之資格，正在開始組閣之時，突被盟總指名追放，至今不能上臺，那個瀧川事件也就是罪狀之一。

學術性權威刊物
大陸雜誌
訂閱價目
半年　新臺幣三十元
全年　新臺幣六十元
社址：臺北市南陽街二十號三樓
電話：七四四〇號

法共控制了工聯

西歐通訊・三月十日

本刊特約通訊記者　警雷

法國共產黨無論從那一方面講，都在趨向沒落，但是他們在工會的力量，仍然不可厚侮。法國工會目前一共有三個龐大的組織：勞工總聯，工人協會與天主教的工人組織，其中歷史最久，勢力最大的當然要算勞工總聯（以下簡稱工聯）了。它控制了法國半數以上的工人，一旦有事，它不但爲法國國家心腹之患，抑且是整個歐洲的一大危機。如果目前的情形仍舊繼續發展下去，歐洲聯軍在法方所建的新馬奇諾防線，我們十分有理由相信，一旦大戰爆發就要全部癱瘓的。

誰在自由國家裡控制了工人，誰就能取得勝利，同樣如果共產黨控制了世界自由陣營內的一切工會，勝利毫無疑問的要屬於蘇俄，這實在是一個應該注意的問題。法國共產黨在工聯內的核心份子，共約有五萬個，史大林曾經說有十五萬工人核心，他就可以控制蘇聯，那末試想在工人數額尚不足蘇俄四分之一的法國，其力量是不是可怕呢？這五萬名共產工人，分佈在法國全國有戰略價值的各工廠，在運輸事業上有百分之六十到七十的力量，在其他如鑛井，冶工，鐵路，煤氣電氣事業之內，有着其他工會望塵莫及的力量，雖然目前已較以往走上沒落衰微的途徑。

法國工聯的法文名字是 Confederation General das Travail，簡稱是C.G.T.。雖然是在共產黨手內操縱着的工會，但是名稱仍然照舊，從未改成共產黨的名字，工聯的會址是在黎法埃特大街。根據亞眠憲章的規定，法國工聯是應當置身於政治宗教與哲學的干涉之外。但是實際上是必誠必敬的接受着法共中委會的命令，執行法共政策，從事直接間接破壞法國而爲蘇俄利益打算的工作。

在參加工聯廣大的工人群中，無疑的有許多非共產黨員，但是他們大多都是被迫去參加工聯，爲的是獲得工作機會或免除失業的威脅（比如書報業的工人即其一例）。許多天主教的信徒或知或不知的也參加到這個工聯組織之內，因爲外表上它總是工人的協會。

一九三六年時，法國全國統一工會實行統一計劃，在杜魯斯召開了一次大會，共產黨員法順與辣加猛得到了三分之一的票數，過去曾作過火柴工人的來翁儒奧由於他的朋友包德羅，培林，比松與大多數工會的支持，得繼續作他的總書記。

在德軍佔領法國時期，由於培林的出走，這個「大多數」的力量削弱了，工聯雖被維祺政府予以解散，不過卻轉入了地下。勝利時，在一九四四年八月大罷工之後，工聯才重行公開活動，不過這時候，由於法共的積極爭取工聯，舊時的面目全非，法共已獲取了控制工聯的權力。

法共控制了工聯，當然爲另一部分工人領袖所不滿。於是便有所謂左傾的工會陣線，左傾的工會戰場，還有C.G.T.E.S.以及工協等等組織的紛紛出現。

一九四六年的大會是開在巴黎的凡爾賽門地方，爲分裂準備好了途徑。大會至此的動向是給與每個工會一票的投票權，而法順則主張聯合投票，並且要選擧兩個領袖，結果共產黨控制的礦工，地下室工作員，烟囱建築等工會，壓倒了書報，教職，公營員工工會，來翁儒奧不能再鰲頭獨占，而讓法順也登上了第二位總書記的實座。

一九四七年工聯分裂了，產生了一個工協，大多數的非共產黨人員的鬥士都跟踪了儒奧，不過很多普通工人們還依然矢忠於法埃特大街！

一九五〇年，依委，德拉，烟囱工人的領袖，在被共產黨擠下臺以後創辦了一個「統一雜誌」，專門反對法共的操縱工聯，不過在根本上他還是屬於工聯的一份子。

至於天主教的工人組織，那也是在戰後才積極發展的，現在在法國已經握有相當大的力量，並且它還是國際性的組織，在比，法，荷，連不讓有第二個工會的西班牙，也有了不少的會員，他們的機關報是「青年工人」，他們的目標是實行近代幾位教宗的社會主張，來建設理想的勞資合協的世界。教會當局，對於此項工作，十分關懷，目前正在長大中。在法國它也是工聯的一個敵人。如果以上的幾個工會能夠實行合縱，則工聯的力量一定要逐漸減退。

目下工聯支持下的刊物有「工人生活」，「孝敬法國」，都是傾向共產主義的刊物，此外所謂機關刊物則是「人民雜誌」，每期銷售五萬份，工人生活則每期三十萬强。

工聯是法國工人最大的工會，控制在共產黨手內，一般中立主義或失敗主義者，目前又多爲虎作倀，代爲聲揚，一般知識水準不足的工人雖然不是信仰共產主義者，但是因爲利害關係又不能脫離工聯，因此造成了法共在工聯優越的地位。但是在目前情形之下，如果處理得法，法共在工聯的力量仍舊可以設法予以瓦解的，如過去一九四七到一九四八年之間，因爲工協與天主教工會的合作，挽救了法國政治與經濟的最大危機，而使許多次法共企圖發動的大罷工都消滅於無形。此外關於美國軍火的起卸，關於法國軍火的運往安南，以及法國整軍問題，法共在工聯內曾因爲工協與天主教工會的阻撓而不得全部實行他們的計劃。但是其間也有不幸的事件發生，那便是工協與天主教工會之間因爲步調不一，相互齟齬，這形勢無疑地是助長了法共在工聯的力量。其次是工人領袖的缺乏。工人領袖在維琪政府時期，有的與政府合作過，有的則隱晦韜光，不曾露面，但是在勝利之後，法共受了莫斯科的指示，對這些非共的工人領袖施以壓迫，報復或清算，給他們加上通敵的罪名，揑造許多賣國的僞證，這樣使許多反共的工人領袖，被判死刑的處了死刑，被判入獄的鋃鐺入獄，假手殺人，使戰後的工會都入了共產黨的掌握。

爲了法國國家人民的安全着想，爲了西歐的安全着想，爲了全世界自由國家的利益，現在法國政府與法國其他的工會機構，都感到有覺醒起來的必要，大家也都在想法着手阻止和瓦解法共在工聯的力量，他們考慮的辦法，大致如下：

一、非共的工會大家應當尋得一個共同基礎，聯合起來，吸收那些不甘心參加工聯的工人們，並且進行說服，誘致那些不是共產黨的工人們脫離工聯，並嚴防共產黨員的滲入。

二、國家方面立刻停止對工聯的協助，特別是經濟上的接濟。

三、追究過去陷害工人領袖的責任和釋放在獄內的一切工人領袖，並發掘新的工人領袖。

四、非共產黨控制的工會更應當聯合起來發行刊物，疏導工人，更着重在揭穿共產黨的陰謀方面。

法國人普通說來是愛法國的，此項方法當然會收得成效。

目前法國其他的工會，既然已經漸漸覺悟了，特別在美國的鼓勵之下，已漸漸有團結的趨向，法國政府也漸漸在考慮對付法共在工聯的步驟，希望在不久的將來，大家將所考慮的有效辦法，付諸實現，使所有的工會組織脫離共產黨的操縱，成爲工人們自己的工會，只要法國政府與其他工會好自爲之，成績是可以拭目以待的。若然，那不但是法國之幸，而且是西歐國家之幸，是自由世界抗共反俄的一大幸事呢！

時論權威
民主評論
半月刊
每逢五號　廿號出刊
臺灣分社
臺北市杭州南路二段

鐵幕裏的藝術

羅馬利亞一位女詩人瑪麗亞·班勒西曾因兩首詩而遭到共黨的抨擊。其中一首是關於愛情的，讚美一個接近暮年的情人額前新添的白髮。一首是諷刺在鐵幕裏所流行的以政治爲題材之冗長的詩。她寫有這樣的一句：『我學會了如何用貧乏的思想去寫漫長的詩篇。』

羅馬利亞當局猛烈抨擊前一首詩是落伍的，後一首詩是輕視羅馬利亞的現代文字。

但是，這位女詩人還要承認黨的批評是『公正的』，並且聲稱黨的批評對於她的思想進步是『一個有價值的幫助』。

顯然的，鐵幕內的藝術是『共產黨的藝術』。南斯拉夫共產黨的波巴報即宣稱過：『羅馬利亞的文化官員已負起了指導所有作家，詩人和藝術家的全部責任。其目的乃是指導他們產生俄國式的作品。』

本刊鄭重推薦
工商日報
社址：香港德輔道中四十三號
郵箱：六十二號郵政信箱
消息靈通·報導翔實
言論公正·副刊生動
當日空運到臺
臺灣總經銷：中國書報社
臺北市館前路八十五號

香港通訊

還我自由

——港九自由工會的新生——

嚴肅

根據共產黨的說法，他們是代表了全世界工人利益的。但就蘇俄革命成功三十餘年後的今天，事實上的表現，它的工人們的生活却並沒有改善，相反的，在蘇俄，工人們不但更徹底的被剝削了所有的剩餘勞動，甚至於連人類最低限度的基本權利也沒有了。在過去和目前其他國家中，工人們對於生活上的不滿，是慣常歸咎於資本家的工廠主人的，但在今天的蘇俄，按照史大林的說法，工廠的主人就是工人自己，這麼一來，以至於蘇俄工人雖然被壓搾得較任何時代，任何地區更要厲害，但他們既然自己就是工廠的主人，這使他們竟找不到一個適當的對象來加以詛咒了。

史大林奴役工人的手段，是如此的厲害。

雖然，無論如何，終于掩飾不了一件事實，蘇俄現在答應在二十一世紀可以給予工人們的物質生活條件，在英美——做爲蘇俄革命對象的資本主義國家——的工人們，老早就享有了。而現在英美工人所享有的自由權利，則蘇俄還沒有預言將在以後多少世紀中，才會給予他的工人們。難怪蘇俄的鐵幕，老是越來越緊縮了，據許多觀察家的意見，以爲蘇俄的鐵幕一旦解除，恐怕所有的工人，都將追隨其他各階層的蘇俄人民，一齊逃跑到西方，在那些「罪惡的資本主義社會」中討生活了。蘇俄是永遠不會取消它的鐵幕的，只有這樣，才使蘇俄的工人們看不見外面的「剝削」，「搾取」的世界，才使蘇俄的工人們更相信「眞理報」和史大林的演說。

二次大戰期間，便曾零零碎碎的發生了一些使鐵幕主人頗不開心的事：爲了戰爭的理由，蘇俄必須遣派軍隊前往東歐，但這無疑的將會使鐵幕發生「漏洞，」史大林一開始便爲此而擔心。事實也正是如此，蘇俄軍隊在走進了東歐國家的工人住宅中時，看到房中華麗的陳設，和名貴的無線電，大感惶惑，在被眞理報描寫爲窮困不堪的資本主義國家的工人們，其生活是不應如此舒適的。起初蘇俄的軍隊按照蘇俄的標準，把這些工人們看作「資本家」，從工人們的家裡很鬬爭去了不少的「果實」，如收音機之類，都放進自己的包袱中去了，其後經當地土共們詳加解釋，說明東歐國家的工人們，確是如此生活的，他們並不是資本家，於是鬬爭才停止了。

如果和美國工人目前的生活對照一下，蘇俄工人們，對他們的「幸福的生活」，一定更要懷疑了。例如在美國，許多大規模的汽車工廠，都是屬於資本家的私人產業，但在工廠門外的停車場中，排列着以千百計的座車，那是屬於工人的。但在蘇俄，資本家的汽車工廠是早已不存在了，所有的大規模的汽車工廠，據說都是屬於工人自己的，工廠中每日生產的汽車，確也不少，但在工廠門口通常僅停放着兩三輛座車，這就不是屬於「工人自己」的了，那是屬於工廠經理，或政治委員的。在此明顯的對照之下，對於自稱爲工人解放者的蘇俄，眞是一個尖刻的諷刺。

毛澤東奴隸政權在中國建立之後，中國工人的處境，尤其惡劣。工人們「翻了身」，「做了主人」，扭了秧歌，打了腰鼓，歡呼慶祝一陣之後，「幸福的生活」便開始了。工作時間被「自動」的延長到十小時至十三小時以上，而工資則爲了「工廠是工人自己的」，在人「帶頭」「挑戰」之下，也「自動」的減少了。過去一個工人還可以維持一個小家庭的生活的，現在「新社會」中，家庭被稱爲「包袱」，必須放下，工人們日夜血汗所得，不足個人溫飽，人人給攪的家破人亡，沒有希望，沒有前途。

而最悲慘的是，淪陷後的工人，也陷入了蘇俄工人同樣的奴隸的命運，他們不但受盡了更重的剝削，也同時喪失了就業，辭職的自由。在蘇俄魔掌所不能及的地區，共產黨經常發動工人怠工，罷工，反抗資本家，以表示他們才是工人的救星，但在鐵幕中，工人罷工，就是反動。上海楊樹浦幾家大工廠的工人們，爲了中共強迫拆遷工廠，集會討論善後辦法，還沒有罷工，但已引起了「人民的憤怒」，在「特務暴動」的藉口之下，被機關槍掃射死了五百多人，傷者還未計算在內。這血債是空前的，也是沒有得到報紙披露，和輿論支持的流血慘案。天津中紡工人爲了「攬待遇」，而致集體失踪，或明令改調東北作苦工的，數達全廠工人總數三分之二以上。共產黨就是用了這種殘暴的手段來對付工人的。他們以工人的支持而取得了政權，但在成功之後，便立即暴露了他們猙獰的面目，視工人爲奴隸，開始壓迫這些人，只許他們規規矩矩，不許他們亂說亂動了。

人類究竟是不同於禽獸的，用了對付畜牲牛馬的手段來對付人類，必然失敗無疑。人類是有智慧的，欺騙的手段，可能收效一時，但不能永久有效，人類的忍耐是有限度的，超過了限度時，便是最怯懦的人，也會起來反抗的。馬克思的共產主義學說，在蘇俄及其附庸國的實際行動註解之下，已被證明了是一種殘害人類的野蠻理論，在此理論之下，無數億的善良人類被屠殺，迫害，搾取，而受患者只是極少數秉性殘忍，手段卑污的人們，三十餘年血腥的史實，促起了全世界工人的覺醒，在今天，共產黨肉麻的口號，再也不能使任何人爲之感動，假借共產主義之名以宰制人類的人們，法寶已破，大限將臨，反共的狂潮，就在工人階層中掀起，這一潮流是誰也無力加以阻止的。

首先了解了此一現階段的革命新形勢，再來檢討最近香港工運的情況，及其未來的發展方向，便可發現所有港九不甘做工具被奴役的工人們的覺醒，組織，團結，進而和史大林的走狗爪牙們，展開强烈的鬪爭，並獲得勝利，乃是歷史發展的結果。

正如大家所熟悉的，信仰自由主義的人群，在對抗極權的鬪爭中，其力量的產生，是逐漸的，遲緩的；但也是日趨肯定的，堅强的。生活在鐵幕的邊緣上的港九工友們，早已毫無遮掩的看透了中共在大陸上的種種暴行，反奴役與反迫害的鬪爭意識，早已孕育成熟了。但此一力量的表現在行動上，形成一股巨大的潮流，則還是最近一兩月的事。在此過程之中，給予了港九工友們極大的鼓勵的，便是「港九西商酒店酒樓工會」，於四十一年一月十四日，在自由民主的氣氛中，宣告成立。當天英京酒家五樓的會場，曾爲港九人士留下一個極爲深刻的印象。在青天白日的光輝之下，簡單明瞭的兩行大字，直率的說明了這個工會的目的，那便是

「反支配，反控制，
爭自由，爭獨立。」

這應該是每一個活人的最低限度的要求，這幾個字劃分了人類和牛馬畜牲之間的界限。

在會場中最令人感到憤慨的，是該會主席張蔭泉先生，在開會詞所述，于該會成立過程中，共產黨徒們，對這一個新生團體的破壞與壓迫的經過事實。而更令人感奮的是，在這樣惡劣的環境之下，該會依然百折不撓，勇往直前的成立了。該會的告港九工友書中，曾特別着重宣示了他們的立場，是「自由獨立，不受任何人的控制」。要求大家「精誠團結，互助互愛，不要被某種工棍所蒙蔽，和煽動」，他們很坦白的對那些走狗工棍們，提出了警告說：「一個不能代表工人，而迫害工人，又以工會自稱的特種組織，在民主自由的社會中，是不會長久存在的。不能爲工人服務，而騎在工人的頭上，其結果是必然被工人打倒的」。他們追溯過去一部份勞資糾紛的事例，只是「某些工棍的毒計，他們的目的，就是希望經常與資方發生爭執，使他們坐享漁人之利，成則居功，敗則不任咎。」提醒大家起來組織自己工會，「不要給別人包辦，不要怕某種工棍的壓迫！」並且說明了目前在港九製造不安的陰謀者，正是這些工棍，「他們一方面賣弄手段，壓迫着我們，一方面又利用我們做工具，借着我們工人的力量，來施其敲詐恐嚇的勾當！我們都知道今天大陸上的工人同胞，所受的迫害和災難，因此我們需加强認識，提高警覺」。

繼此之後港九自由勞工的團結運動有如風起雲湧，「港九汽車司機總會」，「中國海員職工總會」，「香港營業汽車司機工會」，「鷄鴨業職工會」，「礦工聯合會」，都先後成立，所有港九各行業的工友們，都在各別醞釀着擺脫赤色黨徒的控制，另行成立民主的自由工會了。最引人注意的是最近成立的「九龍巴士職工總會」，和新的「自由電車職工會」。此一無情的事實演變，在以工人起家的共產黨的眼光中，是充份了解其非常嚴重的意義的。因之，破壞，壓迫的手段，就無所不用其極了。欺騙，威嚇，離間，所謂軟硬兼施，是卑汚的，也是毒辣的。甚至還以香港解放後，將加嚴厲的清算，或報告大陸各地方當局，鬪爭共家屬爲威脅，以圖挽回他們的最後控制。然而黔驢技窮，共奈大勢已去何？儘管他們費盡了心機，而結果仍是毫無成就。這次「九龍巴士職工會」，經過了合法的手續，籌備了春節聯歡遊藝大會，本來只是聯歡性質，並沒有什麼政治目的，但竟被所謂「九巴分會」者，張貼通告，擅指爲「僞組織」，完全是大陸上的迫害人民的作風，儼然把鐵幕延伸到香港來了。這種愚昧的行動，不但可恨，且也可憐，「九龍巴士職工總會」爲此曾發表聲明，痛斥共無恥，最後且聲明「在這混亂的正義和反正義交混的時代裡，我們必須站在正義這方面作殊死戰，不爲威迫，不受利誘，經過了這一次卑汚的迫害之後，「九龍巴士職工總會」的組織反而更見積極了。

自由電車職工會的產生也是最近的事，它的醞釀始於赤色工棍們刼持工會發動工潮，因而激起普遍的不滿，在這次工潮中赤色棍子們的企圖是完全失敗了，刼持工會的「代表」事實上不能代表工人的意見，工友們不支持赤色棍子發動工潮所提出的理由，並且另行組織了自由工會。

對於那些自稱代表的赤色棍子們，這打擊無疑是非常之大的。於是他們又指鹿爲馬，把自由工會稱爲「僞組織」，「工賊」，「走狗」，認爲不讓他們代表就是「出賣電車工友，出賣全港工友(好大的帽子)……」然而他們的法寶，漫罵，欺騙，威脅，既已失靈，也就沒有人再吃這一套了。自由電車工會已進入具體的成立階段。於是赤色工棍們又轉而搖尾乞憐於勞工處，竟要求勞工司破壞法律，濫用職權，對自由工會施行壓力，不許其註册，這種無恥的態度，是很令人作嘔的。當然，這種無理的要求已被勞工司予以嚴詞拒絕了。

我們無須再事引證，單從上面的一切，已足以了解未來香港工運發展的方向。黃星點點的黑暗時期，即將過去，青天白日的光輝下，眞正代表工友們的自由工會，即將陸續誕生了。工人們正以堅强無比的勇氣，擺脫了那些「不能爲工人服務，而騎在工人頭上」，「利用工人作工具，來施行敲詐，恐嚇的勾當」的工棍們的枷鎖，站在正義的一邊，增加團結，集中力量，「不爲威迫，不受利誘」，和無恥的走狗們作殊死戰了。這是全世界反奴役，反極權的鬪爭中，所必然發生的現象，是「沛然莫之能禦也」的。算

總賬的時間業已來臨，覺悟了的中國工友們，必然將在這一次爭取自由的聖戰裡，成爲一個極端重要的角色。我們應爲港九自由工友們的新生而歡呼，而鼓舞，並願把我們所有的力量貢獻出來，在精神上鼓勵他們，支持他們。

最後，讓我們引用前蘇俄的西歐情報部主任芮斯的名言，作爲本文的結束。芮斯是蘇俄政府的要員，但爲了看不慣史大林對人民的殘酷屠殺，憤而脫離了蘇俄政府，逃亡到瑞士。但格別烏不肯放過他，他們花了三十萬法郎的代價，來奪取了芮斯的生命，但他的幾句名言，却爲了他的正義感，和偉大的精神而永垂不朽，他說：

「如所週知，眞理終將戰勝，報仇的日子，一定比克里姆林宮的人所想像的更早，……一切都不會被遺忘，一切不會被饒恕。『天才的領袖』啦，『人民的慈父』啦，『社會主義的太陽』啦，沒有特殊，也沒有例外，都一樣的會被抓來給人民審判，一切的人民，凡是被寃枉指控者，無辜被殘殺槍決者，都要來爲暴君的罪惡作證。被作爲工具的，全世界的工人們，應該永遠洗刷清白他們的名字，……誰妥協誰就是史大林的從犯」。是的，「誰妥協誰就是史大林的從犯」！

全港九的工友們起來，向史大林和他的走狗們清算！

讓我們爲大陸上死難的親友們復仇！

中華民國四十一年三月十七日
於香港

仰光通訊

緬甸華僑堅決反共

陳振中

編輯先生：我是一個熱愛祖國的華僑青年，現在緬甸仰光經商。我和所有海外華僑一樣，都關心祖國的命運，痛恨毛記赤色王朝的奴役人民，出賣國家民族。緬甸現在雖然已經承認中共，但是僑居緬甸的華僑幾乎百分之百的仍然是堅決反共的，中共走狗雖百般鑽營，陰謀破壞華僑的團結，展開赤色宣傳，但終無法得售其計。關於這些情形，自由祖國知道得很少，下面我將報導一件最近發生的事件，從此可見此間華僑反共之堅決。

中共份子前些時在仰光創辦了一個「生活週報」，專事赤色宣傳工作。經常散佈謠言，爲緬共叛軍大聲旗鼓，並企圖鼓勵民變，挑撥民族間感情。他們這種作風不但使緬甸的地方政府很爲反感，更激起了一般華僑的公憤。所謂「多行不義必自斃」，由於該報之悛惡不改，近來作風更有變本加厲之勢，華僑大衆忍無可忍，不待地方政府之取締，於上月底群衆將該報社包圍，摘下其招牌，勒令其自動停刊，關門大吉，現該報編輯人員皆不敢出大門一步，恐遭毆打。這一件事無論緬人與華僑，都爲之人心大快。

我們在海外的華僑常常覺得政府的宣傳不够，不能與共黨較量，關於這一類海外華僑反共的情形，我們應該儘量報導，以打擊共黨的虛僞宣傳。其次臺灣的書刊報章，應該設法大量向海外發行，華僑們是多麼渴望得到這類的讀物？如在仰光而言，偶爾在書店裡才能看貴刊和其他少數幾個刊物，雖然大家很希望看，但總覺在種類與數量上不能和赤色刊物競爭，因爲中共在這方面是有計劃的，他們甚至不惜犧牲印刷成本的無價奉送。這是我們在文化宣傳上應該加强改善的。順便在此一提，希望貴刊代爲呼籲，引起政府與文化界的注意。此祝

撰安

讀者　陳振中敬上
四一・三・十九　仰光

臺灣糖業公司
榮譽出品　酵母片劑
健素
營養第一　老幼咸宜
價格低廉　到處有售

文藝

覺醒

胡平

（一）

『諸位來賓，諸位老師，諸位同學，今天我要講的題目是：節—約—救—國。……』小明認眞地念着。他今晚很快地吃完飯就坐在這客廳的大椅子上了，因為學校下下星期要開遊藝會，還招待家長，小明上學期講演比賽得第一、這次開會王老師又讓他講。其實他早已背會了，但他仍然要念，要念得更熟，不然，上臺忘了辭兒才丟臉呢！雖然王老師不像爸爸一樣打屁股，可是他只笑一笑小明就臉紅，眞的，那比打屁股還難堪呢！

『諸位來賓，諸位老師，諸位……』，小明念了一遍又一遍，一遍比一遍聲音大。

『諸位來賓——』客廳的門忽然響了一下兒，小明也停止了一下，剛想再念，姐姐又咳嗽了一聲，小明知道姐姐進來了，回頭看看，果然是姐姐，還有媽媽，還有表姑，王太太。——一大群都進來了，像來打大狼一樣。但是小明不理她們，接着念：

『諸位老師——』

『老師，老師，又是老師，總是念什麼呢？誰不知道你有個王老師……眞是傻，眞傻！』姐姐挿嘴說。

『哈哈哈哈……』姐姐引得大家都笑了，連媽媽也笑了。笑什麼呢？勸人節約有什麼可笑的呢？小明一點兒也不害羞，王老師說過：講演不怕人笑，笑人的人才可笑呢！所以他繼續念：

『諸位來賓，諸位老師，諸位同學，今天——』

『好了，好了，饒命吧！算你厲害，現在我們要辦公了，您老請吧！』姐姐笑嘻嘻諷刺地說，並且伸出右管指着左邊墻上通小臥室的門，活像外國僕役請貴賓入室的神態。

小明知道「辦公」就是打牌，他不想走開，可是他又不敢得罪姐姐，怕姐姐以後不帶他出去玩，所以只有忍耐着，慢吞吞地摺起自己的稿子。

『這孩子眞有意思，哈哈，哈哈！』表姑笑得像個大滑頭。

『有意思？反正比打牌有意思！比上香港買玻璃襪子有意思！』小明心裡想着，他很生氣，但他沒有說出口來，便一聲不響地到小臥室裡去了。

客廳的左右牆上各有一門，一門通大臥室，一門通小臥室，大臥室媽媽住，小臥室是姐姐和小明的房。本來姐姐不願同小明住一起，是媽媽偏讓姐姐照管小明。小明更不歡喜跟姐姐一起住，就連這屋子也不願進，因為他嫌姐姐太懶，——被也不疊，衣服亂丟，襪子扔得東一雙，西一隻。眞是，姐姐除了玩不懶，甚麼都懶，她根本不照管小明。

小明走進小臥室，靜靜地坐在床上，客廳裡的談話聲和笑聲聽得清清楚楚，他們已開始「辦公」了。小明心裡很不好過，想玩，沒有人跟他玩；想做功課，做不下去；睡覺吧，又還那麼早。於是他直想哭，但他即刻又想起王老師來，王老師說過：好孩子不哭，哭是最不勇敢的。王老師眞是個好老師，他常常教小明做好孩子，他還說讓小明勸姐姐，不要跟姐姐學，姐姐沒出息，太懶，又不用功，光知道玩，所以她總考不上大學。小明覺得這話眞對，姐姐就是這樣不好，但是小明有點兒不明白，為什麼王老師老和姐姐一起玩？姐姐又不聽他的話，每次他勸姐姐不要去跳舞，姐姐就偏去，偏氣王老師，還常常罵他「書獃子」「大傻瓜」「大老趕」。既然王老師是大傻瓜，為什麼她還總找王老師一起玩呢？眞　眞怪！

——小明獃坐着想想東，想想西，不知想到哪兒去了，腦子亂昏昏的。但他忽然又想到今天放學王老師送他出校門時對他說的話了：「回家再好好念念，背背，越熟越好，因為這次還要講給家長們聽呢！」小明最聽王老師的話，所以他決定再背幾遍，可是這時客廳裡不知誰正胡了牌，大家笑的笑，生氣拍桌子的拍桌子，亂亂嚷嚷，彷彿故意跟小明過不去似的。小明並不屈服，索性站在牀上，他面對着姐姐的梳妝臺，姐姐的牀，和臺上牀上的香港化裝品、英國呢衣服，玻璃絲襪子講演了，即刻那些東西都變成浪費金錢的聽衆，小明覺得很氣壯，便大聲喊：

『諸位來賓，諸位老師，諸……。』

（二）

星期天的清早兒，太陽還沒出來，小明還睡得正香甜的時候，客廳裡的電話鈴就響了，小明即刻被吵醒，姐姐也被吵醒了。姐姐並沒生氣，却馬上爬起來。——平常姐姐是愛生氣的，有一次王媽掃地把她掃醒，她氣得大罵王媽，幾乎把王媽給罵死。但是王媽賤骨頭，仍然跟姐姐站一邊兒，小明不罵她，她反倒對小明不好，大概因為姐姐常給王媽錢，但不明不白王媽為什麼情願為錢挨罵？

今天小明對電話吵醒姐姐，姐姐沒生氣這件事很清楚：他知道是牛邦政打來的，牛邦政是姐姐的新朋友，姐姐喜歡他，不管白天晚上，他只要一找姐姐，姐姐就立刻跟他去玩，好像他把姐姐迷住了似的。但是，小明可一點兒也不喜歡這牛邦政，他看着他就不順眼——那麼胖噸噸，白白的大寬臉，老鼠眼睛，頭髮曲曲彎彎，亮光光的要往下流油，好像還擦着胭脂粉雪花膏，他比姐姐還浪費，每次來找姐姐，都換一套新西裝。尤其讓小明討厭的是：自從姐姐認識了他，就一次也不帶小明出去玩了，小明覺得一定是他挑唆的，他眞是個大討厭鬼！

姐姐踏拉着鞋跑去客廳接電話，慌得連門也顧不得帶上。小明因爲被攪醒了睡覺，心裡很煩，使勁閉上眼睡，可是姐姐打電話的聲音却清清淅淅送到他耳朶裡來：

『哈嘍！』姐姐愛用外國語說。

『——』

『我知道就是你，眞討厭！連覺都不讓人睡舒服。』姐姐嬌得好像比小明年紀還小。

『——』

『你才大懶蟲呢！討厭！……什麼？』

『——』

『什麼？這麼早就讓人家吃午飯？』

『——』

『不去那兒——我們先划船去吧。』

『——』

『下午呢？』

『——』

『不，不！那個片子我看過了。』

『——』

『好，這個還不錯。』

『——』

『不，晚場吧。』

『——』

『爲什麼不能看晚場？』

『——』

『啊，啊！在哪兒？』

『——』

『噫！誰去那兒呢！音樂糟糕極了，跳也跳不舒服！』

『——』

『好吧，好——』

『我就去。「白白」！』

姐姐掛上電話跑回來，王媽也端來洗臉水，——王媽最會伺候姐姐。

『姐姐——』

『做什麼？』姐姐正擦肥皂。

『我也去。』

『你?!』姐姐回過頭來看着小明，她滿臉肥皂沫白白得像個老奸臣，『你去做什麼？我去跳舞，你不是不贊成嗎?!』

『我去划船。』

『嘿，嘿！還有臉划船！濺人一身水也不害羞！』

『不，姐姐，我不是會划了嗎？』

姐姐不再說話，只顧梳頭、擦粉、穿衣服、穿得花花綠綠就跑出去了。

太陽已經出來了，那麼好的天氣！小明眼看着姐姐出去玩，也不敢硬跟着去，只是羨慕，只是心裡難過。他覺得姐姐近來是變了，變得不領小明出去玩了……變得愛穿花衣服，愛塗口紅，變得更壞了，是牛邦政使姐姐壞的。從前姐姐和王老師一起玩的時候，常帶小明出去玩，大家去公園看獅子，猴子，去螢橋划船。小明最喜歡划大船，那玩意兒眞有意思，雖然他只去過一次，到現在還一直記着，而且記得很清楚呢！

——那天天氣和今天一樣好，風美麗，太陽也美麗，淡水河上平平的，他和姐姐，王老師都坐在船上，起初是王老師划，划過激流，王老師就讓他學習，因爲小明不會划，濺了大家滿身水，姐姐駡「討厭鬼」，可是王老師還說小明划得很不錯呢！……啊！划大船眞好玩，眞好玩，永遠不會忘記！可是，姐姐不再帶他去了，他只有呆在家裡，眞悶死人呀！今天小明再也忍不住自己的難過，便爬在床上哭了！

(三)

明天是遊藝會的好日子，夜裡小明做了許多段好夢壞夢，直到黎明，它們還縈繞着他：

『媽媽，明天就是我們的遊藝會了，你去不去？』

『我怎麼去呢？王太太要請我吃飯。』

『那麼你派人找爸爸去。』

『爸爸怎麼肯去？你沒看見他連回家來的時間都沒有嗎？』

『不，媽媽，你一定要去；別人的家長都去——。』小明哀求，他要哭了。

『那麼，讓你姐姐去吧；你去問問她。』

『她一定更不肯去。』

『肯去，她喜歡看熱鬧。』

小明急急跑去問姐姐，客廳裡的小凳兒把他拌了一交，他爬起來又跑。

『姐姐，姐姐！你去嗎？』

『什麼去嗎去嗎！我知道你說的什麼呢？』

『明天我們學校開遊藝會，家長都去，媽媽說讓你去，你去嗎？』

『我？我才不去呢！什麼了不起的遊藝會！』

小明的希望破滅了，於是他號啕大哭，並且大聲喊：

『不，不！姐姐，你一定去，一定要去！』

姐姐被喊醒了，一面推小明，一面說：

『小明，小明，你嚷什麼？快醒來，快醒來，我不是說一定去了嗎？』

小明醒了，聽到姐姐的話，還以爲自己做夢，直到睜開眼睛才清楚了，原來姐姐昨晚已答應他去了。小明即刻像昨晚一樣高興起來，再也睡不下去，便跳下床穿衣服了。

『姐姐，快起來去呀！』小明穿上衣服，央求姐姐。

『這麼老早，你趕頭刀去呀？』姐姐不耐煩地說，她還想睡。

『已經六點半多了，八點就開會。』

『眞是沉不住氣！那麼你先去好了，反正我誤不了。』

『不，你一睡就——』

『唉呀！眞討厭，我不理你了！』姐姐說着，索性把頭鑽進被窩裡去，像蠶鑽到繭裡一樣。

眞如姐姐所說，小明有點兒沉不住氣，他決定不等姐姐一起了。但他剛剛走到客廳，電話鈴突然響起來，小明吓了一大跳，心裡想：「眞糟糕呀！姐姐又不能去了。」正想着，姐姐已爬起來跑到電話前面，小明失望得要哭。

『哈嘍！大老牛嗎？』姐姐興奮地問。——她常叫牛邦政作大老牛。

『——』

『啊哈，是爸爸呀！我還以爲是誰呢？』姐姐好像失望了；小明是再高興沒有了，靠着門抿着嘴兒笑。

『——』

『好吧，我就去告訴媽媽。』

『——』

『不，起來了，我早就起來了！爸爸，我的鞋帶來了嗎？』

『——』

『眞的嗎？顏色漂亮嗎？是不是我說的那種——』

『——』

『噫！怎麼沒有呢？表姑那雙就是從香港帶來的，她說還多着呢！眞是，那種顏色多土氣呢！』

『——』

『不！我不要！』姐姐不怕爸爸，賭氣掛上電話又回去躺下了。

姐姐生氣了，小明可是不生氣，却蹦蹦跳跳地往學校去了。

（四）

就到八點鐘了，大禮堂裡擠滿了人，同學們個個樂得笑咪咪，家長們像是全都來了，可是姐姐還不來。小明到門口接了三次，却連個影兒也沒有。鐘又敲了，敲的小明心窩兒蹦蹦跳，他想回去找姐姐，又怕誤了唱國歌，正猶豫着，已經全體肅立了，他只好肅立起來。

唱完國歌就是主席講話，校長是主席，慢慢地走上講臺。他仍然穿着那套灰色舊西服，——大概他只有這套出頭露面的衣服，但他精神很好，講話很懇切，全場都靜極了，除了小明心裡不靜，——因爲姐姐還沒來。

校長講學校的情形，講學校在艱苦節約中求進步。正在這時姐姐來了。家長席上即刻起了騷動，都轉頭看姐姐，姐姐今天穿得好漂亮，年青的男家長們脖子都看得僵了，大概他們都希望得到一個這樣的漂亮姐姐。但是，小明却感到很羞恥，尤其他要講的題目是節約，別人一定說：「你連自己的姐姐都管不了，還勸別人節什麼約呢？」想到這一點，他羞得連頭也不敢抬起來了，小臉蛋兒一邊紅了一大片。不過他覺得姐姐來了總比不來好。

『小明，快該你講了，今天要大聲，讓家長們聽聽，也讓姐姐聽聽，你看他們都太浪費了！』王老師走來坐在小明的邊側說。——王老師讀過兩年多的經濟系，生活迫他休學，他痛恨人們的浪費，尤其在現在。

『……』小明點點頭。小明正要這樣做，他和王老師想的一樣，他相信姐姐會感動，會改變的。

校長講完了。小明站起來英勇地走上講臺，全體聽衆都大鼓掌，姐姐也鼓掌了，掌聲鼓起來沒完沒了，王老師憋不住笑了，笑得直流眼淚，他怕被人看見，趕快偷偷摸摸地拭了拭。

小明背着手站在講臺上，先看了看王老師，王老師正替他使勁；又看看姐姐，姐姐也正在看着他，他很高興。

『諸位來賓，諸位老師，諸位同學……』小明一開始就聲音響亮。

『現在讓我們閉上眼睛想一想，就在這時候，就在我們歡聚一堂的時候，祖國大陸上正有千千萬萬的同胞受着壓迫，受着饑餓，受着鞭笞和奴役……』小明把每一字每一句都咬得非常清切。

『要解救那苦難中的同胞，我們必須堅强我們的力量。如今，國家艱苦到萬分，我們決不能袖手旁觀，我們既不能生產，便要努力節約，不論是一點一滴，都要省下來支援這神聖的……』小明義正辭嚴，越講越有力。

『我們不僅要克制自己，督促自己，並且要勸我們的爸爸、媽媽、哥哥、姐姐、和親戚朋友，告訴他們：「在這最艱苦的時期，誰浪費，誰就是不愛國，不愛國，就如同自殺自滅……」』講到這裡，全場人都好像停止了呼吸，一點聲響都沒有了。

就在這最靜的時候，却從窗外傳來一種聲音：『楚…楚…』是口哨兒的聲音，——牛邦政來了，他來找姐姐去玩。眞可恨！討厭鬼在什麼地方都討厭。

口哨兒的聲音太古怪，全場即刻譁然大笑，小明的聲音被壓倒了。姐姐永遠不害羞，大大方方地走出會場。會場裡笑聲更大，彷彿天花板要塌下來一樣。

小明獃立在臺上，嘴已痙攣得不聽他的命令，臉由白變成通紅，又變成蒼白，他再也講不下去，心裡又是羞慚，又是喪氣，便用手蒙着臉，匆匆地從臺上跑下來，一頭鑽到王老師懷裡，「哇」的一聲大哭起來。王老師知道什麼使孩子傷了心，便抱起小明到自己的屋子裡去。

『小明，小明，不要哭，不要傷心，你講得很好，沒有一點錯兒；他們不是笑你的，是笑——』

『我知道，我知道——』小明哭得更厲害，全身顫抖着。

『小明——，忘了嗎？好孩子不哭，不怕，要勇敢地站起來。聽話，讓老師看你——』

小明最聽話，果然不哭了，直直地站在王老師面前。

是眞純，是希望，是力量，它們感動了王老師，王老師的淚靜靜地從眼角流下來。

（五）

媽媽去香港了，把家和小明交給姐姐照管，可是姐姐根本不管，倒向外跑得更厲害，像瘋了一般，而且回家來總是不高興。

今天姐姐起得更晚，王媽把早飯擺上來，笑嘻嘻問姐姐早安。

『誰歡喜你，總是早安早安！』姐姐不知爲什麼這樣不高興。

『小姐今兒去哪兒呢？喲！您這條裙子可眞漂亮！』王媽仍然笑，她常常誇獎姐姐的服飾，她相信姐姐會歡喜。

『誰要你管！出去！』姐姐眼睛瞪得好大，吓得王媽哆哆嗦嗦就踏出去了。

『姐姐，你難過——，是嗎？』小明想勸姐姐，但不知說些什麼好。

『……』姐姐沒言語。

『姐姐，一定是牛……欺侮你了，不要再找他——』

『不要多說話，快吃完上學去！我要出去了。』

小明不敢再勸，也沒吃飽就走了。

…………

傍晚，小明放學回家，姐姐還沒回來。

『王媽』小明站在屋前臺堦上喊。

『………』王媽好假裝耳聾。

『王媽！——姐姐呢？』

『還沒回來』媽媽不在家，王媽也變厲了。

小明走進客廳，客廳空空的；走進臥室，臥室空空的。雖然平日媽媽姐姐在家時，他也很少和她們談話，但是沒有人他却覺得太冷淸。

王媽如今像是主人了，哭喪着臉端來一些冷飯，搪塞了責任，小明只吃了一小碗便到街上去了。

小明在街上蹓來蹓去消磨時間，時間過得是那樣慢，他心裡很不愉快，凝凝地注視任何來到眼前的事物，——注視行人，注視汽車，注視人家屋子的燈一盞一盞地變亮，他却不知道該做什麼。

天是已然黑下來了；又更黑了；又更黑得像電影院裡突然斷了片子一樣。可是小明不欲回家，一家好像不是小明的，他怕那沒有人的家。

…………

十點多鐘了，街上已經行人稀少，天上黑沉沉，沒有一顆星子，小明想到會下雨，才凝凝地回來，——他疲憊得像一隻飛倦了的小烏鴉。

姐姐依然沒有回來，王媽却已經睡了，院裡，屋裡沒有一點兒亮。小明打開了客廳裡的燈，大屋顯得那樣空曠，他覺得有些陰森森。其實小明並不信有鬼，但他現在却覺得屋裡有一種東西使他害怕，究竟這種東西是因風舞動着的白窓帘呢？還是自己的黑影子？他不知道。他只怔怔地站在屋中央。他已經睏了，但他不敢自己去睡，不敢開臥室的門，彷彿臥室裡有更可怕的東西。他也想到到王媽屋裡去睡，可是又不能去，——一面是因爲不願吵醒王媽，使她更恨自己；一面覺得王媽屋裡太難聞；同時，他相信姐姐會回來，因爲她不能住在外面，姐姐從沒有在外面住過。於是他要等姐姐回來，便坐在大沙發上，不知不覺竟睡着了。

午夜裡起了大風大雨，門被吹得忽然開開，忽然關上，關上便大響一聲，開開冷風便吹進來，冷風吹在小明身上，却沒有人知道小明的冷。

小明彎着腿睡在沙發上，像一隻沒有人管的狗。惡夢乘虛而來，斷斷續續，一個接着一個：小明夢見自己在一個大山洞裡，又像是在一所大破廟裡，廟裡冷颼颼，死沉沉，他忽然看見一個沒有頭的大黑影子，搖晃着向他走來，他不敢看，用兩手蒙上眼睛，但是仍然看得見，他害怕，他想跑，可是跑不動，正着急的時候，大黑影子猛地向他撲來。

『啊——！』小明尖辣辣地喊出口來，眼睛睜開，又馬上閉上，閉得緊緊地。他眞的覺得四壁都是大黑影子，他再也睡不着了，只蜷曲在大沙發的角裡抖慄。

——風更冷了。

（六）

天明了，天仍然陰黯。

不知是凍的抑是吓的，小明非常不舒服，遍身發燒，發冷，發抖，頭沉沉的，像頂着一塊大石頭，他覺得好像去年得病時候一樣難受。

雨不知在什麼時候已經停止，姐姐回來了，她的眼睛紅紅的，是哭的呢？還是熬夜熬的呢？

小明睜開倦眼，無力地坐起來看看姐姐，他渴望能得到姐姐的撫慰，姐姐却沒有注意他，而爬在沙發上哭起來。

小明的頭被壓得更重，像是又加了一千斤一萬斤，他已失去支持的勇氣，他需要大人們的看護和照管，他必須求姐姐了，雖然姐姐不喜歡他，但他面前只有姐姐是個親人。

『姐姐——』小明摸姐姐的手，他的手熱烘烘，姐姐的手冷得像冰。

『……』姐姐只顧哭，沒有理小明。

『姐姐——，你摩摩我的頭，我太冷了啊，姐姐——！』

『……………』

得不到回響，小明傷心欲哭，他所期待的看護和照管原來是一個最大的絕望，他只好遲遲走進自己的屋子，爬上床去。「媽媽今天回來嗎？什麼時候回來？王老師呢？……」他默默想着，盼望着。

姐姐哭得全身發抖，淚沾濕了她的新衣。誰使她哭的呢？只有她自己知道。——牛邦政是濶少爺，有錢，要去香港，去美國，姐姐也要去，他不帶她去。幾天來，她一直爲他整理行李，買東西，幫他做事，希望用殷勤換得他的允諾，她央求他，哭着央求他，但是，一夜的淚所換來的只是絕望。是絕望使姐姐哭的！絕望使姐姐心碎了！

小明躺在床上，閉着眼睛，眼前閃爍着無數小花兒，像萬花筒裡的小花，有的美麗，有的晃眼睛。小明想用手抓住它們，它們却猶如他的快樂一樣，永不讓他抓住——。其實這孩子的快樂是那樣簡單：只要一有個人領他玩玩，划划船，看看獅子，猴子，並不要花費多少錢，孩子就會心滿意足，但是，這孩子所得到的只是寂寞。

姐姐的哭聲低下來，悔恨，理智戰勝了她的悲哀。他忽然想到小明，想到小明是病了，那熱烘烘的手便是證人。同時，她想到那孩子就是她的弟弟，她對他不該這樣忽略，她清醒了，她知道她應該照管那一向不為人注意的孩子，她了解那孩子是對的，而自己的一切享樂盡是浪費金錢和青春生命！因為她什麼也沒有挽回來。

『小明——』姐姐跑到小明床邊，低聲問。

『……』小明沒有聽到。

『小明，小明！——睜開眼睛，我是姐姐。』

『姐姐——』小明無力地回答。

『你病了？』

『姐姐——，你肯不肯打電話給王老師？告訴他我難過得很，我要他來。』

『小明，我也可以照管你——你要什麼？』

『不，姐姐，不要，你替我找王老師來就好。』

小明不信任姐姐，姐姐並不惱，只覺得自己羞慚，——她還不如王老師，她沒有盡到做姐姐的責任，小明的不信任，全是她自己造成的，是應該的。

姐姐趕忙去打了電話，又趕忙跑回來。

『小明，王老師說馬上就來。』

『……』小明睜了睜眼，又閉上了。

姐姐站在床邊，很久很久，沒說話，也不知道應該怎樣照管才好。

『小明，小明，——』姐姐看到小明有些昏迷，她着急地喊，並坐在床邊，輕輕撫摩小明的頭。

小明的眼睛睜開了，疑懼地看着姐姐：

『姐姐——，姐姐——，我不再惹你生氣了，以後你要我怎麼我就怎麼，……我不說節約了，也不潑水，你帶我去玩吧！這家要悶死我了……姐姐，我聽你，永遠聽你的話——』

姐姐已經後悔了，已經夠傷心了，小明的話却又使她意想不到，那每一句，每一字都像尖針，直刺到她的心上，她的心劇痛，她覺得這孩子太可憐，她對不起他，她沒有臉站在這孩子的面前。於是她顫抖地說：

『不，不，小明，不要，你不要聽姐姐的話，你沒有錯，你就是姐姐，姐姐應該聽你的話，永遠——』

姐姐咽住了，她的淚無聲地滴在小明的身旁，小明緊握住姐姐的手。

『王老師！王老師！』小明忽然看到王老師，他忘了痛苦，興奮地喊。

王老師滿頭是汗，遠遠地站在姐姐背後，他早已來了，剛才的一段談話他都聽到了。就是為了不擾亂她倆情感的交流，他才一直沒有作聲。

姐姐隨着小明的喊聲轉回身來，她沒有說什麼，一下子把頭埋在王老師懷裡嗚咽地哭起來了。

…………

小明笑了。他自己也不明白為什麼笑。

（完）

李士英著

兩個世界

大戰前夕的國際形勢

每冊定價臺幣拾元

出版者：中國新聞出版公司
臺北中山北路十六巷廿五號

總經售：正中書局
臺北衡陽路二十號

（上接第11頁）

擇的自由之上的限制愈大，則其所限制的人民愈多，那麼，我們就愈接近民主政治本身的毀滅。因為父權主義之固有的哲學就是，『人民』是兒童，只有『政府當局』才是成人。兒童既然不適於為他們自己作最初步的經濟選擇，那麼，當然也就不能為集中計劃經濟之極端複雜的工作而選擇其負責人。

不，誰也不能選擇，政府當局必須自己選擇自己。因此，英國式的『民主社會主義』根本就是一個互相矛盾的名詞。英國的社會主義必定不僅和經濟的自由是敵對的，並且和政治的自由也是敵對的。至於英國政府當局要剷除民主這個討厭的東西所利用的許多武器，我們也無須贅述。假若我們應該得到自由的話，那麼，我們所必須考慮的是，遲早總有一個必然的結果，不是社會主義必須屈服，就是民主必須屈服。現在我們所注意的是民主社會主義這個制度，這個哲學已侵入了我們自己的國家，而我們這個國家被世人認為必須是『自由世界』的主要戰士。

——譯自 Freeman——

代郵

黃守誠先生：來函拜悉，我們首先得感謝你愛護本刊的熱忱。你所提出的幾點建議，我們正在考慮之中。請賜示通訊地址，俾便請教。

本刊編輯部啓

（上接第9頁）

能發揮大力量的原因。也是民主國家間依舊存在着離心力的原因。為安定英國、法國、德國及日本的經濟組織，國際經濟合作計劃是應該提倡的；為建設一般弱小國家的經濟前途，國際經濟合作計劃又是必需提倡的。我們希望許曼計劃的成功，而在這個雛形上發育着世界合作的藍圖，則不僅可奠立現在反共抗俄的基礎，而且亦確定了將來祥和世界的遠景。

書刊評介

羅素論權力

B. Russell: Power, Allen and Unwin

海光

這是一本許多人知道的書，但這是一本很少人能引用的書。這本書之所見不限於東方，但這本書之所見對於東方人不幸常新。

馬克斯輩以經濟自利爲歷史發展底基本動力，而羅素，在本書中，以權力之取得爲社會動態底基本動因。羅素認爲，權力（power）之爲社會動態底基本動因，亦若能力（energy）之爲物理學底基本概念。『權力也和能力一樣，有許多種類，如財富，軍備，民政，支配思想的勢力。在這許多種類底權力之中，沒有一種可視爲其他一種底附從物，也沒有一種是從其他諸種衍產出來的。』

全書分十八章。計有權力底衝動，領袖與徒從，權力底類型，僧侶權力，君王權力，裸露權力，革命權力，經濟權力，支配意見的權力，信仰——權力底泉源，組織底生物學觀，權力與政體，組織與個體，競爭，權力與道德，權力哲學，權力倫理，與權力底節制諸論題。

在『領袖與徒從』一章中，羅素說：『權力衝動底形態有二：明顯的，可見之於領袖；隱伏的，可見之於徒從。許多人之所以願意追隨一個領袖，他底意圖是希冀憑藉他（領袖）所領導的團體以取得權力，他們以爲領袖底勝利即是自己底勝利。多數的人感覺到自己沒有能力足以領導他們底團體得到勝利。於是找出一個人，這個人似乎具有博得勝利所必須的勇氣和機智，大家奉他爲領袖。』這說明了群衆服從一個領袖底心理根源。

群衆雖服從領袖，但群衆中之狡詰者，又常能通過一服從形式而分享領袖所有的權力。上層分給中層，中層分給下層。於是，彼等於服從上一級時所付出的代價，所失去了的人之尊嚴，俱可取償於下一級。層層如此，於是構成了一個統治形體。這樣的一個統治形體，一定是埃及金字塔形，上尖下寬。因而，在這種統治形體之下，社會階層不分化而自分化。各層之間的人所分享的政治權力，社會地位，經濟利益，種種等等，即使沒有十分刺目的顯明差異，也有可辨識的差異。而輪到一般人民，便墮入十八層地獄了。蘇俄不過是這種統治形體底標本而已。

凡自命爲英雄或奇才異能者很少不愛好權力。但是，此等人之愛好權力，究竟只限於他有興趣的某一方面或某幾方面；而對於一切方面都有權力欲的人似乎很少。羅素說：『權力愛好，屬於種種有限形式的，人類幾乎普遍都有；屬於無限形式的愛好權力的人很少。』一些太太們在家裡管教孩子威風十足，但對於她們外子所管的外務，則很少興趣。但是，世上也有自以爲在一切方面爲領袖（(Leader in every thing)，自以爲事事都能幹的人物。對于此層，生長於自由與專家社會的羅素，似未注意及之。嘗見有一政黨首領，彼在組織政黨方面或有所長，但彼至某印刷廠視察時，指導工人如何排印，指手劃脚，外行話滿口，爲技工所竊笑，彼固不之覺也。在現代極權型式底地區，若有人手握炸藥，則萬事能幹：在政治上爲領袖，在軍事上爲元帥，在經濟上爲計劃者，在文教上也爲大法師。此種類型底人物，事事愛管，對於任何問題他都有意見。史達林以一人之身，且兼爲科學天才，軍事天才，大哲學家，人民底導師，……（恕評者頭昏，數不清了。）總而言之，他無所不能，無所不通。這種『萬能權力』，如非發生於欲無限擴展權力於一切方面的權力狂，便是受全體主義的影響。但是，不論由何原因，這種狂妄是奇中之奇。但司空見慣者，則了不以爲怪。

領袖和徒從底分類，並非窮盡可能。在領袖與徒從之間，尚有第三種人，這種人即是『退避者』。羅素說：『有一種人，有不向人屈伏的勇氣，但也沒有高踞別人之上的傲氣。像這類底人，和社會組織不容易契合。於是，他們竭力尋求逃避的地方，藉以享受幾許孤寂的自由。具備這種性質的人在歷史上往往頗爲重要。早期的基督教徒與美洲底開拓者代表這類人物底兩個支派。退避者有時是精神的退避，有時是形體的退避。有時所需爲隱士之廬，寂寞而孤寄，有時爲僧侶寺院，幽靜而合居。精神的逃避者，是隱晦教派中的人。這類人底興趣已經耗竭於過去愚昧的狂熱，至此地步則潛心於深邃寡要之學。形體的退避者，乃追求文化邊疆的人，爲探險家。例如號稱亞馬遜河底博物學家貝茲（Bates），居於亞馬遜河流域凡十五年。他所接觸的除印地安人以外，別無其他社會。在隱士所具有的幾許氣質中，有許多是美德的要素。因爲，這些氣質，使人拒絕接受流行的誘惑，使人專心致志於重要的工作，而不顧及一般的漠視和敵意，然後得到與一般流行的錯誤意見相反的知識。』

此時此日，而談『隱士底心情及隱士底價值』，不獨不易爲若干多血質者所了解與同情，且鮮有不觸怒於群衆者。實則，廢亂之世，以黑當白，以僞亂眞，以非作是，以醜毀美，一切文化底遺產破壞盡淨，一切善惡標準不存，一切名器皆失其尊嚴與價值，眼前的動只是盲力與暴力的動，只是人欲橫流，只是利害與意氣之播弄，只是貪念幻想與勢利之結合。這種情境之中，僉動愈亂，猶如抱薪就火，越搞越糟。在這種時分，必須有少數人沉靜下來，不把頭暴露在暴風雨中，保留一點殘存的元氣，保留一點倖免的生機，維護一點文化的餘燼。讓它不致全滅，待機在明春發長。在歷史上，每個天翻地覆的交替之世，總有少許這類底孤孽之子。所以，這種爲超個人的利害而苦撐的人，是絕續之交之所寄，是不斷滅的靈魂。

然而，所可惜的是：如今的時代與昔日不同了。如今出現了一種新因素。這種新因素就是包天蓋地的全體主義的極權統治。在這種統治之下，任何人都是『無所逃於天地之間的』。在從前朝代變更，不從者只要『削髮爲僧，遁入空門』，便可饒過了。或者，只要你不積極策動反抗，不去作官，滷跡江湖，也就算了。這樣，抱幾本殘書，發憤幽思，或可爲後世存點種子。今日則不然。今日的極權統治者對於讀書人，無一不視作眼中釘，要『清算』，要『改造』，要『學習』。炸藥底有效範圍，便是權力行使之場所。極權統治的魔掌深入每一角落：深入祠堂廟觀，深入學校，也深入每一個人底寢室裡。和尚尼姑要抓來配婚。避居窮鄉僻壤之士也要弄得他不好過。所以，今日要斷絕，便是連根斷絕。那裡還有『隱士』藏身之所！

羅素解釋組織進步底一種理由：『在怯懦的人中，組織之所以銳進，不僅由於服從領袖，而且更是由於藉着組織一個分子便感到氣壯。這種感覺，在一個群體中，人人都有。在狂熱的群衆集會中，同情主持者之旨趣的，往往甚覺得意，並且感到親切和安穩。這種情緒逐漸增高，直到最後，一切別的情感都被排除淨盡。所剩下的，只有一種欣然自得的權力意識，係出於自我擴張。團體的鼓動，甘美醉人。浸沉於其中者，神智，仁愛，甚至於個體自存的觀念，都易於消失。浸沉在這種氣氛之中的人，逞兇殘的屠殺，與英勇的殉道，有同等的可能。』觀夫此理，可知『革命』與『群衆運動』爲何結不解之緣。群衆運動者，組織火牛陣之謂也。從此又可知蘇俄共黨式的『革命』，『陰謀』，『暴動』，『煽惑』，『宣傳』，皆是相連之事物。此類事物，皆是提供苦難群衆以幻想，掀起並操縱群衆之情緒，激動其情緒，運用其暴力，以事推翻現狀，刼奪政權。而政權到手以後，則領頭者必收拾此大批火牛，食其肉寢其皮，淪彼等爲工奴農奴，打入十八層地獄。蓋群情激昂與充滿改變現狀之群衆較之已被顛覆之舊軀殼可怕萬倍，不予以收拾則新權力必不能穩站。故近代人之忍狠，無有過於職業性地提倡『革命』者。近代事之慘苦，無有過於以『革命』爲專門職業者。觀夫列寧以降之事證，可知『革命』者，乃權力欲擴張之近代的一新形態也。可不懼哉？

權力不限於政治權力。現代極權統治乃權力全面化之一統治形態。在此統治形態之下，權力擴張於天上以及地下，從精神到物質，從思想信仰到吃飽睡覺，無所不包，權力擴張及於古往今來——改寫過去的歷史，並發展現在的文教統治。而此諸權力滙聚於政治權力，充實政治權力，並支持此一政治權力；但回過頭來，此一政治權力又爲此一切諸權力之總樞紐。有形與無形的諸權力相互支持依托，遂成現代極權統治之奇觀。此一巨大權力機構，遂得毫無限制地吞噬人權與人身，儼如一巨大惡魔，日食人肉人血以爲生然。

羅素說：『支配人類的權力可以根據它影響到個人的情形予以分類，或者依照其相關的組織之種類來劃分。

『個體所受的影響，有：一、加諸人身之直接的實質權力。例如，一個人之繫獄或被殺。二、藉賞罰爲誘掖或懲戒。例如，職位之任命與罷黜。三、以勢力支配思想。這是就最廣義而言的宣傳。……

『這些類型底權力之表現於吾人處置動物的情況中，非常坦率而簡單。因爲，在處置動物時，不需要僞裝和假託之詞。如有一頭猪，用繩索縛其腰部而拉牠。猪在號叫的情形之下被拉至船中。在這種情形之下，猪之所身受者，乃直接加諸其身的實質權力。在另一方面，像俗諺所說，驢子逐胡蘿蔔而行。對于這樣的驢子，吾人可誘之使依吾人底願望而動作。吾人所取手段爲誘導驢子使牠相信它是爲其自身利益而工作。介乎這二例之間的一個例子，爲演技動物之一例。在演技動物之中，習慣乃以賞罰造成。又有羊群被誘登船之一例。這個例子底方式有所不同。羊群首領一經强迫前進，群羊便情願隨之前進。

『這些類型底權力在人類中都可找到實例

『猪底例子說明軍事權力與警察權力。

『驢與胡蘿蔔一例是宣傳權力底表徵。

『演技動物表明「敎育」底權力。

『群羊隨從違願而行的首領前進，乃顯示政黨政治的例子。像通常的情形一樣，大家所尊重的一個領袖被一個黨派所拘束，或者被黨魁一流的人物所拘束。』

明乎羅素所言，則現代極權統治底手法可以大白。

僧侶權力在中古曾大張其勢。這種權力，自其表面形式看來，似已不存在於今日世界大部文明地區。實則自其實質觀之，這種權力於極權統治中大見恢復。在極權統治下的地區，姑以蘇俄爲例，只有一個黨與一個主義被許可存在。在這種情形之下，此一主義取原有國教底地位而代之。於是，保持，註釋，並宣揚此一主義的黨徒之權力，自取原有僧侶權力而代之了。但此種變形僧侶底知識程度，隨政權樹立之久暫而不同。在政權樹立日久的局勢之下，作爲新僧侶的黨徒，所受教養日深，知識水平漸可與國家知識水平接近。這時，所收信仰可以較大。如果政權初立，則情形異是。在政權初立或立之不久之時，作爲僧侶的黨徒，多屬宣傳員出身。彼輩實不識學問爲何物。

徒爲從龍之衆，或趨附之流，以暴力與宣傳改變天下。彼等在此種暗示之下，不知天高地厚，擅自造作，自我作古，妄立奇說。政治權力又復從而保護之，人莫敢置評。習之既久，此輩則以自己胡亂之造作爲眞理矣。那個艾思奇就是這等人物之首席代表。不過，他還沒有李森科出風頭。（若李森科之說果眞，則中國婦女應無一人能跑百米者）其餘步其後塵者，更無論矣。

裸露權力爲權力中較顯著的一種。『如果一種權力之所以被人民尊重，只因爲它乃一權力，而絕無其他原因，這樣的權力，就是裸露的權力。因此有一種權力向來屬於傳統性質的，而當着這種信仰一經不被大家接受的時候，便立即變成裸露於外的權力。所以自由思想與活潑的批評時代，愈易發展裸露的權力。』裸露的權力之存在與延續，不爲什麼理由，只爲要存在而存在。這種權力之存在，完全是權力意志之表現，亦若盲目的生之意志使許多人爲求生而求生然。但是，愈是這種權力之本相裸露，則其爲裸露的程度愈益顯著，因而其存在愈益不固。這可以說明，在裸露權力之下，爲何不許言論自由。設想蘇俄及其同型者一旦開放言論自由，將成何種景象。監獄之窗，豈可以開？

革命權力，近若干年來，在世界混亂地區幾於流行成爲一種時尚。但標榜革命者於既取得權力以後，一切作爲厥惟如何保持此一權力。但保持此一權力之作爲若非創造性的而係佔有性的，則惟有導致此一權力與新起勢力之衝突與夫本身之趨於崩解。這二者皆需藉消耗社會之物質的潛能以及文教的積累以延續或擴大其鬪爭的火焰。故在此種情境之下，革命所帶來者，恆非幸福，而係更大的災害，更澈底的破壞，更普遍的貧困，道德淪喪，人心冷酷，險詐百出，馬基威尼主義盛行，暴力使用層出不窮。隨此諸犧牲而來者，常爲更大桎梏之建立。所以，羅素說：『照吾人觀察，傳統制度底瓦解可能出於兩個不同的途徑。一是舊有制度所依據的信仰與精神習尚，受不住懷疑論底攻擊，因而只有退讓。在這種情形中，社會團結只能藉運用裸露的權力來保持。二、一種新信仰，與新精神習慣，日漸對群衆起支配力，終於成爲很强的勢力，足以建立協合新信念的政府來代替被視爲已成腐朽的政府。在這種情形中，新革命權力所具有的特徵，既異於傳統權力，又異於裸露的權力。這種革命若告成功，那末它所建立的制度又確乎迅速成爲一種傳統制度。』蘇俄革命底經過，最足以例示此理。但是，『這種革命鬪爭若激烈而又延長，那末常常變成搏取裸露權力的鬪爭。』此語頗足助人明瞭世變。

信仰，恆被認爲權力之一泉源。羅素說：『一個團體底權力不僅依靠這一團體底人數與經濟資源和技術能力，尤需有賴於信仰。』『現今有一流行的信念，以爲主義之一致乃國家力量底要素。這種見解之保持與遵行，在德國與俄國則出以極端嚴厲的態度。』這種想法無論是否正確，必爲權力者所喜好。因爲，至少從心理因素來觀察，信仰之一致可以易於收團結之效。團結又爲部勒底基礎。這類辦法，退步言之，即使爲非常時際之所需要，亦只可選擇地在一時施之於一部分的人；而不可盲目地在一切時間施之於一切的人。否則，總較下來，結果必定不佳。羅素說：『服從態度藉强制而得之於從屬的，必有礙於智慧之發展。如果在一個社會中，人衆至少必須表面接受顯然悖理的主義，那末最優秀的人必定對之不感興趣，或者不滿意。結果，智慧水準將會降低，不久必致妨礙技術底進步。這種情形，當着正式的信仰很少有智識人士能以誠意接受時，尤其如此。』所以，在極權統治長久之下，大部分的人會失去思考力與創造力，一個個變得麻木不仁呆頭呆腦，一個社會變成死板的軀殼。我們把俄國兵底照片與美兵照片比較一下便知。

權力有密度可量。權力底密度與組織底强度爲同義語。羅素在組織之生物學觀一章中說：『權力底密度，或是組織底强度，關聯的問題複雜而且重要。在各個文明國家中，國家底活動在今日遠甚於往日。在俄國，德國，和意大利，國家幾乎干涉人民底一切事務。』這是什麼原因呢？『因爲人愛好權力，更因獲得權力的人士愛好權力常大於多數人，當政的人在一般情形之下希望國家對內的活動之增加，正與希望國家底領土增加無殊。』這正可說明，爲什麼被支配的空間不增加甚至縮小時統治欲反而擴大。

許多人動輒言組織，殊不知組織底元氣遠較組織底形式重要。若組織底元氣早已斲喪殆盡時，以最大的氣力整飾組織底形式，固可壯觀於一時，但是否實用，殊難斷言。組織底元氣，靠新風氣，新觀念，新精神爲之培養。假若一個人底靈魂仍是一個舊靈魂，則雖穿一件較新之衣裝，亦屬無甚裨益於其前途。舊的靈魂不能丟掉，則技術的改進，譬猶坐一九五二年新型汽車打麻將，結果必定更壞。在西部武打片中，拿手槍的暴客，常比拿戈矛的印第安人更爲可怕。羅素說：『使得組織變成老舊的因素乃是基於過去的成功而形成的習性。可是，當新的情勢崛起的時候，當事者已經是舊的習性過堅，難於改變以資應付。在革命時代，那些有指揮習慣的人絕對不能即時充分察覺當前的情況不復能靠服從的習慣來應付。復次，高貴人物之所以需要別人對之尊敬，原意本在鞏固權勢。久而久之，遂發展而成牢不可破的禮節。這一套東西，妨礙彼等底活動，使彼等無法獲得應付新局面所需的相關知識。君王常因過於神聖，不復能領導作戰；且逆耳之言即爲眞理亦不能告之，因告者將被處死刑。』羅素之言，可謂洞悉底裡。

愛好權力乃人之常情。在一合理範圍之內，適當地發展權力欲，可促進社會底進步。所以，權力並非在一切意義之下皆爲壞事。但若發展爲權力哲學，則爲害鉅大。『哲學』，就某些習用或俗用的意義而言，非爲精靈即爲妖魔。前者是否可導人入聖不易確知，但後者則頗可有助於使人作惡。人有一意欲，自稱爲『哲學家』者，往往基於此意欲而建造一大『哲學體系』，於是橫決者氣壯矣，狂行者理直矣。黑格爾，費希特，柏革森之流，皆是販賣此路貨色之『哲學大法師』。故彼等爲現實世界之權力狂所銘喜。世有好作『哲學的英雄 Philosophical Hero』者，於不得志於現實世界之餘，則『轉進』於觀念世界，欲挾其『支配意見之權力』以支配世界。助暴長亂，可勝言哉！羅素說得很明白：『愛好權力的心理是正常人性底一部分。但是，權力哲學在某一確切意義中則有狂妄之氣。外在的世界，即物質世界與人類底世界二者，其存在爲一已知事件。這類事件，可屈抑一定種類之自傲感，但却可遭一狂人底否認。人因愛好權力而使之對於世界抱持歪曲的見解者，在每一瘋人院中都可見到。在瘋人院中，一個人以爲自己是英吉利銀行底總經理，另一個人以爲自己是一國王，又一人竟以自己是天父上帝。可是，同樣的妄念，如果由學者藉深奧的言詞叙述出來，結果便可博取哲學教授位置。凡證實了的瘋人必遭禁閉，……而未經證實了的瘋人則掌握大軍權，而能以死亡及災禍加於其勢力範圍以內的一切清醒人士。在文學中，在哲學中，在政治中，狂性底成功乃現代種種特色之一。』此語說來令人毛骨悚然。

以權力爲基因所形成的害處，衆人可見：小之變生宮室，血流五步；大之則殺人盈野，國亡種滅。權力像原子能，用的不得當，可能引起危險的結果。權力必須有高於權力的東西來駕馭。權力必須予以節制。

羅素認爲：『愛好權力的心理，必須與權力以外的一種目的相關聯，這種愛好方才是一種美德。我底意思並非說人不可爲權力而權力。因爲在實際事業底進行途程中，這種動機必作隨以生。我底意思是說，企圖實現其他一種目標的欲望必須甚爲强烈，因而所得權力非有裨於實現這一目標便不心滿意足。』羅素提出節制權力之一法是：『……愛好權力的心理必須與一種目標相聯。這種目標，廣泛地說，乃與別人底欲望相和諧的目標。因而，這種目標，一旦實現，他人將蒙其利。……』這就是說，人不妨好權，但應爲一正當目標而好權。

然而，僅以此標準來防範權力之肆虐是不够的。古往今來，大奸雄，大獨裁者，如史達林之流，那一個不是標尙正當的目標呢？那一個不是說『爲了人民』呢？那一個敢明目張膽說我之所爲都是爲了權力呢？可是，他們不知爲了權力而害死多少人。因而，爲了防範權力之肆虐，僅僅有正當目標是不够的。不僅不够，在現今權術政治之下,事實證示,好目標大都用作欺騙大家以換取或鞏固權力的工具。所以，羅素接着又說：『而這一目標之實現，所用手段須無相隨而生的惡果。如有相隨而生的惡果，而此惡果又超過原有的目標，那末這種手段便不可採取。』

這是非常重要的。現代政治之中，『必擇手段』比空講目標重要萬倍。老實說，僅就目標而論，希特勒，史達林，那一個不是說得天花亂墜？然而，一付諸實踐，糟糕的事就來了。民主政治是實行任何『爲人民』的主義之較佳的制度。離開民主而談任何『好主義』，都是騙人的。民主是個試金石。權力者是否眞『爲大家好』，或者不過爲了自己，只有看他是否實行民主便知。你既然說你底『主義』是爲了大家好，爲何不讓大家作主？爲何要你一個人爲所欲爲？如果說大家底知識不够，那末少數人底知識就更够嗎？

節制權力在制度方面的途徑，羅素認爲不能採取克倫威爾，列寧，與希特勒輩之方法，而民主政治雖非完善的解決方法，但實爲解決辦法底一主要部分。羅素說：『民主政治底功用乃屬消極性質。民主政治並不保證一定有良好政府，但能防止一定的弊端。』人間的實際事物沒有絕對完善的。如說有，不是欺人,便是自欺。一種政治制度,如能防止弊端,大家便可少受許多活罪了。

但是，實行民主政治，在心理上先須有所準備。不然,徒有民主形式,而無民主內容，結果必不見佳。民主政治底心理準備，乃是寬容。寬容底限度是，凡不妨害民主制度與內容的言行皆需聽其自然。在這一限度以內，不可排斥過多,又應不具過分强烈之偏好。好惡不能過分主觀,尤不可以爲凡合於我者爲『好』,『不合於我者爲『壞』。蓋人人如此，則解決之道惟有施放炸藥,天下鮮不大亂。羅素說得有趣:『這種態度不適於成人。當兒童服從命令時我們就說「好」，否則說「壞」。這樣的兒童，當其成長而爲政治領袖之時，這種觀念如深入腦中，那末便會將「好人」解釋爲服從我命令的人，而「壞人」則爲抗拒命令的人。因而，我輩中人都是「好人」，而反對黨都是「壞人」。所謂「好政府」即是我們所主持的政府，「壞政府」即是其他政黨所主持的政府。……如果嚴格抱持這種觀點，那末社會生活幾於不可能。因爲，只有暴力才能決定那一團體是「好」的，那一團體才是「壞」的。』縱然，這種精神狀態存在一日，「世界永無寧息之時。遑論其他，吾人欲謀完全收節制權力之實效，除政治條件以外，經濟條件，心理與教育條件，在在都需注意。但是，這些條件之收效，必須在一長遠的過程之中。』羅馬不是一天建成的』。大家且拿出信心，忍耐地去作，澄淸黃河，化積潦之區爲肥沃之地。

第六卷　第七期　內政部雜誌登記證內警臺誌字第一九號　臺灣省雜誌事業協會會員　二三六

給讀者的報告

節約，用現代的觀點來看並不一定就是美德，生產發達的國家當須鼓勵人民消費。可是在某種情形之下，尤其是在戰時，節約却是一種必要的措施。任何國家沒有在戰時而不厲行節約的；因為經濟動員是現代戰爭勝負決定的重大因素，而節約則是經濟動員的必要步驟。現在我們處於與共黨侵略者作生死搏鬭的時候，厲行節約，全力支援這個聖戰原是天經地義的事。事實上政府早在提倡節約運動，先後頒佈的法令規章不為不多，但是實際發生的效果却很令人懷疑。考其原因蓋均由於推行的辦法未能切實。凡是一切社會改革的運動不應是只重數條口號，而須要拿出切實可行的辦法，徒具形式的法令規章絕不能收到改革的效果。節約運動尤其如此。我們為求真正達到節約的目的，希望當局從根本上做起，而官吏們的以身作則尤為重要。所以我們說：「節約運動必須正本清源」。

本期專論首篇「貢獻給立法院幾點意見」一文是雷震先生所作。民主制度最重要的特徵是由人民代表操制定法律的權力，以與行政機關相制衡，所以民主政治又被稱為議會政治。我國立法院是根據現行憲法產生的立法機構，其性質雖與英美先進民主國家的國會有別，但其為代表人民而制定法律的職能則完全一樣，故立法院的地位是很崇高的，同時其責任也是重大的。立法院應該重視其崇高的地位，善用其憲法所賦與的權力，進而奠定中國民主的基礎。為實現上述的目標，現在的立法院似還須更多之努力。雷震先生以其參與制定現行憲法的經驗，與篤信民主的熱誠，為文陳述其意見。這意見，想也是一般人民的意見。

本刊以前曾闢有「臺灣產業」一欄，介紹臺灣產業情形。茲應讀者之請，更廣泛的對臺灣文化與歷史作全面之介紹，故自本期起再闢「臺灣研究」一欄，特請方豪教授主編，第一篇是方教授的臺灣文獻，餘文將陸續發表。

「自由是不可分的」一文譯自美國出版之自由人Freeman，本文闡述經濟自由與政治自由之不可分割性，對於倡經濟集權論者這是一付很好的清醒劑。顯然的，當人們的腸胃都被控制了的時候，剩下的政治自由是什麼呢？

東京通訊報導最近發生的「東大事件」，這一事件與數年前大陸上發生的學潮如出一轍，使人不寒而慄。維護學術自由的尊嚴，同時並嚴防共黨之陰謀，正是日本政府當前所面臨的難題。

海光先生的書評是快炙人口的，本期「羅素論權力」一篇更是議論透闢，發人深省。

廣告刊例

一、封底裡面全幅每期新臺幣一千五百元，半幅八百元，1/4幅五百元

二、普通全幅每期新臺幣一千二百元，半幅七百元，1/4幅四百元。

三、式樣及鋅版自備，如欲本社代辦，則照值計算。

本刊售價

一、	臺幣	三元
二、	越幣	八元
三、	菲幣	五角
四、	港幣	一元
五、	暹幣	四銖
六、	美金	二角
七、	叻幣	四角
八、	印尼幣	三盾

自由中國　半月刊　第六卷第七期

"Free China"　總第五十八號

中華民國四十一年四月一日

發行人　胡適

主編　『自由中國』編輯委員會

出版者　自由中國社
社址：臺北市金山街一巷二號
電話：六八八五號

航空版　香港時報社

經售者

臺灣　中國書報發行所（臺北市館前街八五號）

美國　紐約民氣日報社
舊金山國民日報社

日本　東京南友堂
東京內山書局

韓國　釜山草梁洞新泰號

馬尼剌　大中華日報社

印尼　椰嘉達星期日報
椰嘉達天聲日報
棉蘭繁華圖書公司

越南　西貢中原文化印刷公司
越南華僑文化事業公司

暹邏　曼谷樂多社十二號

緬甸　仰光振成書報店

印度　孟買梅亞號
加爾各答塔梅學校

新加坡　中興日報社
檳榔嶼、吉打邦均有出售

澳洲　墨爾鉢王德利公司

北婆羅洲　馬拉奕坡美芝律聯華公司

印刷者　臺灣新生報新生印刷廠
廠址：臺北市西園路二段九號　電話：二〇九六

本刊經中華郵政登記認為第一類新聞紙類　臺灣郵政管理局新聞紙類登記執照第二〇號　臺灣郵政劃撥儲金帳戶第八一三九號

自由中國

FREE CHINA

第六卷 第八期

中華民國四十一年四月十六日出版
社址:臺北市金山街一巷二號

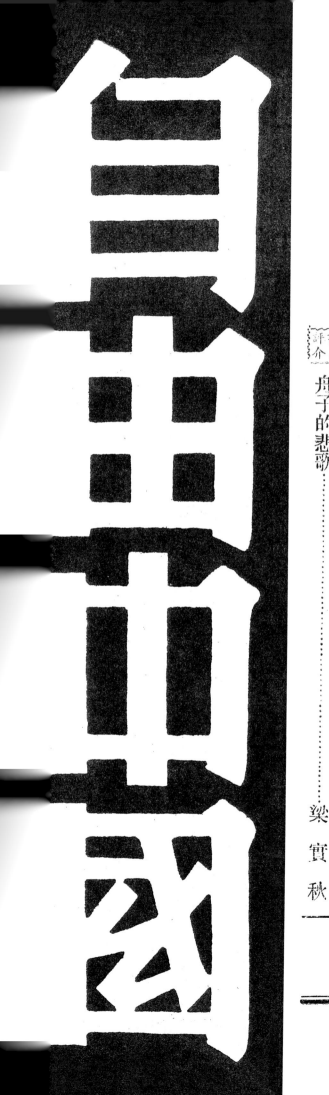

半月大事記

三月廿五日（星期二）

立法院三讀通過修正出版法案。

美海軍部長金波爾發表談話稱，韓境談判如告失敗，美將採必要措施。

日首相吉田茂在參院答覆共黨議員岩間正男之質詢稱，進行中之中日和約並無秘密條款。

韓境停戰談判，進口港問題獲致協議。

越南法軍高級指揮部否認中共進軍越南。

美英法三國政府答復蘇俄照會，聲明全德舉行自由選舉前，將不討論對德和約問題。

大西洋盟國海軍統帥麥考米克在華府談話稱，盟國海軍現有力量，不足控制大西洋。

三月廿六日（星期三）

美海軍部長金波爾完成訪臺任務，飛赴日本。

蘇俄拒絕國際紅十字總會所提對細菌戰進行調査之建議。

法國當局宣佈突尼西亞全境戒嚴，突總理申尼克及其他民族主義領袖多人被捕。

三月廿七日（星期四）

美國務院高級顧問杜勒斯宣佈辭職。

美海軍部長金波爾自日飛韓訪問。

中韓兩國通航，韓國訪問團隨試航機到臺訪問。

日本締和全權代表河田烈接獲日政府新訓令，對最後草案未予同意。

法內閣緊急會議商討突境局勢。

蘇俄外長維辛斯基表示不同意美英法三國就對德問題所提之覆照。

三月廿八日（星期五）

葉外長聲明，我對和約談判之立場不變。

法國與比利時兩國議會批准對日和約。

日參院通過一九五二年度日政府總預算案。

美共同安全總署向國會提出一九五三年度遠東經援款項之分配細數，內建議以一億一千五百萬美元援助臺灣。

突尼西亞國王與法總督集會後發表公報稱，國王與總督對改革問題已獲協議，突尼西亞將獲得內政上之自治權，同時尊重法國之權益。巴古契被國王任命為新總理。

日本政府下令大規模搜捕共黨，並封閉日共重要機關報「和平與獨立」。

美海軍部長金波爾在韓再度聲明，韓戰結束後美軍仍繼續協防臺灣。

聯合國裁軍委員會通過禁止馬立克對於細菌戰之指責。

三月廿九日（星期六）

蔣總統發表青年節告全國青年書。

日本警察宣佈過去兩日全國大搜査中，已破獲日共地下政治局，並逮捕共黨一七四人。

西德總理艾德諾宣佈西方三國將於五月間與德簽訂和平契約，俾使西德獲得幾乎完全的自治權以參加西歐聯防。

突尼西亞國王任命法總督霍特克洛克為新內閣之外長。

法外長徐滿闡釋法政府對突尼西亞政策，決協助其達成完全自治。

英駐埃大使會晤埃外長，準備重開談判。

三月三十日（星期日）

美總統杜魯門宣佈不參加下屆競選。

我國記者團飛韓訪問。

留日華僑回國觀光團抵臺。

三月卅一日（星期一）

摩洛哥反法示威，群衆與警察混戰。

四月一日（星期二）

新任大法官黃正銘等七人分別報到視事。

美海長金波爾在東京談話，呼籲加強援華。

史達林答覆美編輯人詢問稱，第三次世界大戰之來臨，不較二三年前更迫切。

法政府任命雷道納繼任駐越南高級專員。

李奇威書告琉球人民稱，美將繼續防禦遠東，至侵略威脅消滅為止。

四月二日（星期三）

中日双方締和代表舉行非正式會談。

艾帥發表出任北大西洋公約聯軍統帥周年報告，謂在對抗共黨之鬥爭中，西方國家已漸佔上風。

四月三日（星期四）

海軍總司令桂永清辭職照准，馬紀壯受命繼任。

日外務省表示對日和約生效後，蘇俄駐日代表團將喪失其合法地位。

四月四日（星期五）

李奇威飛汶山與聯軍代表晤談。

蘇俄與古巴斷絕外交關係。

四月五日（星期六）

日外務省亞洲局長倭島英二再度抵臺。

施幹克在美談話稱，臺灣工業如能增產百分之廿，經濟即可自給。

四月七日（星期一）

伊朗政府致函世界銀行要求重開談判。

華府宣佈自第二次世界大戰結束迄今，美軍經援外款項達三百九十億元。

四月八日（星期二）

教育部頒布實施學生軍訓綱要。

中日締和代表非正式會談，就和約主要問題再加討論。

四月九日（星期三）

總統明令陸軍總司令孫立人，聯勤總司令黃鎮球各連任一次，並特任桂永清為總統府參軍長。

總統明令公布修正出版法。

美總統杜魯門為防止鋼工下令接管鋼鐵工業，宣佈鋼鐵工廠為政府所有。

社論

（一）

向美國政府重申警告

——遣俘談判的最後關頭是「美國世紀」絕續之交——

現世紀是「美國世紀」。這種說法，儘管蘇俄聽得不服氣，因爲她要爭取世界的「領導」(？)權，以奴役全人類；儘管英國聽到不開心，因爲她會常常回憶到過去在國際上享有的光榮。但是事實究是事實，截至今日止，公正的世界歷史家，誰不承認現世紀是屬於美國的呢？

「美國世紀」的特徵，是由於美國在這個時期內高度地發揮其國際道德權威。只要她繼續地保有並發揮這種道德權威，則所謂「美國世紀」可能不止於百年；如果她的道德權威一經降落或甚至破產，則「美國世紀」明日就告終結。

在過去半個世紀當中，美國在國際上她的道德權威已經確立了。兩次世界大戰，她都是始而主持公道，繼而參加戰爭，終而使民主國家贏得最後勝利；兩次大戰以後，有精神相通而形態不同的兩個國際組織，也都由於美國的賢明領導而組成，儘管國際聯盟，美國因國內問題致未加入，而威爾遜總統的十四點原則也和羅斯福總統的四大自由一樣，爲現世紀的國際關係標出了若干崇高的理想。聯合國成立以後，蘇俄在聯合國的倒行逆施，強辭奪理，美國也每每仗義申斥，不稍寬假。當蘇俄傀儡——北韓共黨侵犯南韓時，杜魯門總統爲維護聯合國的精神，由美國挺身撻伐，聯合國威望的增高，實由於美國道德權威的發揮盡致。這種道德權威所表現的氣派，還可以從戰爭期間的租借法案，戰後的救濟總署，經合總署，共同安全總署，以及馬歇爾計劃，大西洋公約，第四點計劃等等方面看出來，此所以現世紀之爲「美國世紀」。

現在，臨到了一個嚴重關頭：板門店的戰俘談判，美國能否爲聯軍堅持志願遣俘的原則，這正考驗她能否繼續保持其國際道德權威於不墜，也就是說「美國世紀」在今日已臨到絕續之交。

一個半月以前，本刊六卷五期曾爲這個問題發表過一社論「給美國政府一個嚴重的警告」。當時我們只根據東京合衆社電及華盛頓中央社電的報道的消息，而感到「空谷來風」，就心美國政府有放棄志願遣俘原則的傾向。在那篇社論的結尾，我們曾「希望華盛頓方面有個明確的表示以釋群疑，而臺北方面，政府和民間也應該加強這個正義的呼聲。」可是我們的希望落空了。時間過了一個半月，遣俘談判由公開而秘密，到了今天（四月十一日），外電紛傳，英、法、加三國正向美國加壓力，要她同意強迫遣俘，而美國國務院的態度，據說已有了妥協的傾向。

我們反對強迫遣俘，其理由在上次社論中已面面說到，這裡我們除再度強調美國不可自毀其國際道德權威以外，只就最近事態的新發展，分下列三點來說：

一、遣俘談判從公開方式改爲秘密方式以來，官方的報告沒有了。這一轉變，似已說明美國態度有了妥協的趨勢。在秘密談判期內，曾傳說聯軍提出一折衷方案，就是在遣俘時，聯軍將把新近虜獲的戰俘，換下原列名單中的反共戰俘。這一傳說如果是事實，則聯軍已徹底放棄了志願遣俘的原則，更無所謂「折衷」。因爲我們知道，自停戰談判以來，韓戰不過一些小小接觸，双方都不會有很多的戰俘。以這批戰俘換下反共的戰俘，則所換下的只是少數；何況在這批補上的戰俘中，必然仍有大多數是反共的。這一手法，只是自欺欺人！

二、最近北平和平壤電臺都聲稱；戰俘遣回後，將一律准予參加和平工作，即悖上判有「反共」字樣的戰俘，也得與其家人安全相處。這種話出自誅鋤異已不留根蒂的共黨口中，天下那有如此傻瓜會相信呢？倘若真的有人假借共黨這個諾言，來解脫強迫遣俘的譴責，那末，我們不得不懷疑在秘密談判中共黨方面得到了一個明示或暗示，所以有這樣一個聲明，以便對方的安協。秘密談判，原是便於暗盤交易的。

三、據傳英、法、加壓迫美國同意強迫遣俘的理由有二：第一、拒絕遣送所有的戰俘，可能是破壞日內瓦公約；第二、一旦全面世界戰爭發生，俄國必會俘獲無數的歐洲戰俘，並可能運用聯軍企圖在韓境運用的同樣方法。這兩點，自我們看來，不僅不能構成應該全部遣俘的理由，正相反我們可以據此來反對強迫遣俘。

第一、就日內瓦公約說，該約根本就沒有設想到戰俘有因政治理由拒絕返回本國的情事，因此沒有對於這種情事定下任何條文。再就該約的全部精神來看，無處不是表現人道主義。而且在關於遣送戰俘的第四十六條中，第一款則提到要顧及戰俘本身的利益，第二款又規定戰俘遣送必須執行得合乎人道。日內瓦公約是如此，我們還可以據此來反對志願遣俘嗎？

第二個理由只是一個顧慮。抱這種顧慮的人，也會想到聯軍如果強迫遣俘，將反共的戰俘給共黨任情宰殺，那末，一旦全面世界戰爭發生，共黨集團的軍隊縱有反共的強烈意志，誰還肯向民主國家投降？一人決死，可以當百。今日在韓戰方面強迫遣俘一萬，無異在下次全面世界戰爭中增強敵人兵力百萬千萬！而且就另一方面說，民主國家爲着它日自己的戰俘，可能被敵方扣留而顧慮，這已證明其爲精神上的失敗主義者。敵我還未交鋒，我們爲甚麼就預先想到自己軍隊之投降，而爲投降的兵士作有利的打算呢？而且這種打算，也要基於一個前提，即我們的敵人，必須是以怨報怨，同時也是以德報德的。可是蘇俄不是這樣的一個國家。因而這種打算也就等於癡人說夢。

總而言之，遣俘問題無論從那方面說，志願的原則萬萬不能放棄。這一原則能否堅持，別的國家儘可吵吵鬧鬧，而其關鍵仍在美國政府。所以我們要向美國政府重申警告，不要在這個問題上自毀其半世紀以來樹立了的國際道德權威！

社論

（二）研究敵情　不容自我陶醉

無可諱言的，我們對共產黨控制下的中國大陸之實際情形，異常隔膜，尤其是對經濟問題，更少確切的瞭解。大陸經共黨三年竊占，社會經濟的結構，已經發生了根本變化；我們所視爲常態的經濟運行法則，大部分已不適用。我們對其演變之重要趨勢，未能把握，以致我們所能作的推測與判斷，大部不能作爲最後的定論。當然，這些疑似的推測與判斷，更常常引導到錯誤的認識。

經濟現象要由數字表現。首先，我們所能得到的重要數字，其可靠性就大成問題。試舉一個簡單的例子。一九五一年度僞政權的財政赤字，我們有一個研究報告說是約合美金十億之數，另一個報告則說是美金三十億以上。十億與三十億，二者的距離太大。這兩個數字，至少必有一個與事實全不相符。從事研究工作態度之輕率，由此可見。我們若勤加搜集，就到處可以發現這一類的歧異，這一類的參差。

我們的敵情研究，將爲我們的政策所依據；而我們的敵情研究若長此停留在這個幼稚的階段，我們的政策就無法健全。這是一件多麼危險的事。

當然，研究大陸經濟是一件困難的工作。其最大的困難，是在於直接資料之不夠，以及所能得到的直接資料之全不可靠。鐵幕的特徵，就是要封鎖消息，不讓實際情況向外間洩露。共黨僞政權今年來推行的所謂「五反」運動，就把「盜竊國家經濟情報」，視爲與「行賄」「偷漏」等同樣的罪行。經他們官方認可之後發表的消息，所披露的資料，當然都經過改造；它們的目的，不在報告實況，而正是在掩飾實況。統計數字到他們手中，都成了說謊的工具。我們被迫到這些明知其不可靠的資料去沙裏淘金似的發現眞實，就不容易達到十分正確的結果。

至於我們自己所能搜集到的情報，則往往僅能表現眞實之一角，不能從而推見其全貌。以偏概全，也不容易達到綜合性的瞭解。

可是，研究工作縱極困難，卻並不是不可能。俄國封鎖消息，比中共還要澈底，還要周密，但民主國家，特別是美國，近年來對俄國實情研究的成績，已斐然可觀。人家能夠辦到的事，何以我們就不能辦到呢？以中國人研究中國的情形，究竟還比美國人研究俄國的情形多具備一些有利條件，何以我們的成績竟如此可憐？

這主要有三個原因。第一個原因是我們根本沒有把這項工作看得十分重要。研究的機構是成立了，但並沒有去廣泛的搜集資料；或者，即使搜集到大量資料，也沒有去好好的整理，好好的運用。我們若能把所有資料詳加對比，互相校核，就多少必能發現一些眞實。謊話無法編造得十分周密，它總要在無意中露出一些破綻；所以，即令是敵方不盡可靠的資料，我們誠能以精密的科學方法來處理，就可透過其虛偽的外表，窺見其實情。我們們動員大量有資格的專家，專心專力的來從事這項工作，才能希望有良好的成績。

第二個原因是，我們的研究工作，夾雜有太多的宣傳動機。公開的報章雜誌的所發表的報導文字，固不用說；即令是不擬公布的研究報告之類，也不能採取較爲客觀的態度。好像我們的工作，是專爲了找尋敵人的弱點而抹煞其強點。從這種研究態度，常能產生出過於樂觀的幻想，有些大膽的論者，甚至可以從這裏得出僞政權在半年或三個月之內就要遭逢經濟崩潰之類的結論。應該知道，研究敵情之目的，不是要有意找尋樂觀結論來自我陶醉，而是要求得瞭解。

第三個原因是更加重要的：我們有一種牢不可破的保持機密的觀念。不錯，我們從事客觀研究的結果，可能有一部分不宜於公開發表；但我們相信，應該保持機密的部分，不會太多。即令是應該保持機密的部分，也不宜機密到祇讓極少數入知道的程度。高度機密常常閉塞了自己的智慧，這是民主國家之大忌，因爲這樣，就無法收到集思廣益之效。即以研究工作而論，這就需要一個相當龐大的機構：爲着工作本身之繁瑣與困難，尤其因爲過去沒有作出良好的開端，連舊的資料都須從新整理，這機構總得要包含百數上下的工作人員，才能勝任。這百數的人員雖要分組分工，但各部分工作之間，仍需有相互的瞭解。這樣，至少對這研究機構本身的許多工作人員，就無法保持機密。此外，對立法機關無法機密，對行政機關無法機密，甚至對宣傳機關也無法機密，因爲他們不能盲目的決策，盲目的施政，或盲目的從事宣傳。要能充分瞭解敵情，機密的觀念是多少應該修改的；如果這個觀念不加修改，我們恐怕永還沒有法子把敵情研究工作，做得很好。

本來，研究工作可以由政府機關擔任，也可以民間的學術團體擔任。研究敵情，性質也許不同，民間學術團體或個人，往往無法得到進行工作所必要的便利。但由政府機關來擔任這項工作，也必需使之多少具有學術團體的性質。它要少受干涉，少受官方的直接指導，這樣才能保持它所必須保持的客觀觀點與超利害立場。這樣一個團體，在今日的自由中國，顯然尚未存在，這就難怪我們對大陸的實情，是如此隔膜。

照現在的情形，我們對敵人的力量，嚴格說來，簡直是無法估計。因爲沒有確切的依據，我們祇好依仗推理，依仗直覺。推理與直覺雖不一定錯誤，但錯誤的可能卻非常之大；因爲單純的推理與直覺，最不容易避免『一相情願的想法』(Wishful thinking)的無形作用。我們常常會把敵人估計太低，因此陷入虛幻的樂觀而不自知。不用說，太過樂觀，自與太過悲觀同樣的有害，後者使我們喪失信心，前者則使我們輕敵而鬆懈了自己的努力。我們不必悲觀，也不宜過於樂觀。我們所要的，首先應該是瞭解。爲瞭解，我們要求加強研究敵情的工作。

短評

海關爲什麼還要使用英文？

據本月三日臺北新生報訊：「各公司行號工廠，出售貨物開立統一發票，一律應用中文書寫，省府前經通電規定有案。茲悉省府爲切實執行上項政令起見，昨特再電省商聯會及工業會轉知所屬，今後開出之統一發票，如未依照規定填用中文者，均應補辦。否則倘有中獎，停發其獎金」。省府這個政令，是對的。一個國家有其一國的文字，尤其是政府機關，更應一律使用本國文字，這是一個關於國格的問題。

可是，我們的海關，到現在還是一律使用英文，這個怪現象之存在，而人們多不以爲怪，眞是怪之又怪者！海關之使用英文，其原始，想大家都會知道，是一頁喪權辱國的傷心史。當時我國關稅不能自主，不僅稅則由外人規定，即海關行政權也握在外人手中。關稅收入除償還外債外，剩下一點盈餘(當時叫作關餘)才可由我們政府從外人手中討來。在這個階段中，外人主持海關行政，已是國家的奇恥大辱，其使用英文，是勢所必然，同時也值不得計較。現在；關權已經收回了，主持海關行政的，已經都是我們中國人了，爲什麼一切文件還要使用英文呢？如果說那些在海關辦事的各級職員不認識中國字，那末，他們就不配做中國公民，更不配任公職(事實上決非如此)；如果說因爲傳統的關係有其方便，則這個傳統之保持，只是爲國家留下一個奴隸的根性！

因爲海關使用英文，臺灣銀行國外部關於申請外滙的一切文件表格，也用英文，這更是荒天下之大唐！前幾天我們碰到一個經營書報業的朋友，據他說：他每次向臺灣銀行申請外滙的時候，總要填寫一大堆英文表格，上一次他從香港購進一批中國書籍，臺灣銀行國外部，一定要他把三個書名譯成英文，填在表格上。這個書名實在是無法適當地譯成英文的，但國外部一定要他譯，理由是海關的要求是如此。中國人民在這種場合下，不免要問一句：我們的海關是不是隸屬中國政府？

海關是財政部管轄。財政部對於這件事也曾注意到沒有呢？難道你們不認爲這是個怪現象而不必糾正嗎？作爲一個獨立國家的公民，我們有權提出這個質問。(筱)

和約談判的癥結在那裡？

中日和約談判，自本年二月二十日開始以來，其間經過許多波折，好容易於三月二十五日由双方全權代表在一次非正式會議中完成了双方同意的最後草案。不意二十七日日本首相吉田又給其全權代表河田烈以「臨時訓令」，把這個最後草案又推翻。於是談判又陷於僵局。

在僵持中，吉田又派外務省亞洲局長倭島英二再度來臺，經過日本代表團幾次內部會議，統一了他們內部意見以後，河田烈於本月八日在又一次非正式會議中，向我方提出了書面意見。據報載，這個書面意見「與我方見解較爲接近」。這是截至本文屬稿時(四月十日)的經過。

三月廿七日吉田的「臨時訓令」和四月八日河田烈提出的書面意見，其內容是些什麼，我們局外人無從知悉。但從四月九日臺北新生報「本報訊」所透露的消息，我們也可推測到一點。據該報載：「日締和代表河田烈，昨(八)日下午在中日双方非正式會議中，曾向葉代表提出一答覆我方備忘錄之書面意見十一點。……據悉：在此十一點意見中，日方對於有關中國應享有盟國地位之廿一條(應爲第廿一條——筆者)及各有關條文，頗有「巧妙」之表現，而對於賠償問題條款，除表明日本放棄在華一切權益外，希望中國方面鑒於日本經濟能力之無法負擔，放棄對技術及勞役賠償之要求」。據此，我們可以想到：曾經獲致協議而現在又因吉田的「臨時訓令」以致發生問題的，大約有兩點：(一)最惠國條款，(二)賠償問題。

關於賠償問題，在這篇短評中不能申論，這裡我們要鄭重表示：最惠國條款我們一點也不敢讓步，日本更不應該有此要求。文字上「巧妙」地弄花槍，我們更要提高警覺！

查我國原先提出的和約草案(全文早經東京各報於三月八九兩日批露，三月十五日香港時報有全部譯文)，其第廿一條的內容如下(根據香港時報的譯文)：

「倘日本與任何國家成立媾和協定或有關戰爭要求之協議，而於各該協議中給予該國以較本約規定爲大之利益時，則該項利益應由本約之締約國同等享受」。

這一條是從對日多邊和約第二十六條而來的。中華民國是簽署並加入一九四二年一月一日聯合國宣言且對日作戰的國家。我們這次和日本談判双邊和約，其基本精神，決不能比多邊和約有所虧損。也即是說，我們站在同盟國的立場，決不容許日本在基本精神上給我有何歧視！這是個要點，是和約談判的現階段中一個要點，我們萬萬放鬆不得。同時，我們在這裡還要明白告訴日本的吉田政府：最惠國條款這個問題，是考驗日本政府有無與中華民國友好合作的誠意。要合作，就不許有歧視；有歧視，根本就談不上合作。文字的「巧妙」，不能掩飾心理上的僞和拙，你們的底牌是什麼？攤出來吧！我們的立場是堅定的。(筱)

神聖同盟與聯合國組織

黃正銘

國家主權的確立，始有國際組織的形成，而國際組織的發揮，又往往限制國家主權。人類歷史，不但有此循環，有時又且重演。古代神聖羅馬帝國，與今人所倡導的歐洲聯邦，頗相類似，而神聖同盟與聯合國組織，亦得失互見。神聖羅馬帝國的理想，是要把歐洲國家放在一個統一的政治組織之下，但是當時歐洲各國的發展，卻走到另一方向。他們所期求的，是「民族國家」和「政治獨立」。國際意識，是非常薄弱或並不存在的。甚至耶教各國，應結成個體，具有若干機構，以維護他們的統一，亦不過是少數學者寂寞的呼聲。國家對立，爭雄競霸，進而締結同盟，互謀私利，以造成均勢之局。歐洲歷史，看到了空前的長期而層迭的戰爭。

民族國家的建立，更伴着民主憲政的演進，歐洲國家制度，始告完成。法國革命，不但掀起自由主義的高潮，亦使國際理想，漸現曙光。議會與憲法，已成為各國人民普遍的要求。主權獨立，國際組織亦即展開。拿破崙雖曾駐蹕克里姆林宮，但歐洲主要國家，已知相互團結，保障權利和領土，以防止侵害。並建立歐洲公法，以制裁對於公共安全的任何擾亂。這是國際聯盟的雛形，亦即聯合國憲章的初稿。

※ ※ ※

神聖同盟，維持歐洲和平凡三十年。以國際會議的方式，對外求取歐洲協調，對內支持正統主義。歐洲一家，宏揚教義。各國軍民，共為保護宗教，和平及正義而努力。他不僅反對國際戰爭，同時亦限制國內戰爭。哲人歌德，曾盛讚神聖同盟，謂為人類最偉大和最有益的創制。可惜當時歐洲各國的發展，尚沒有達到同一程度。有的沒有完成民族統一，有的沒有完成議會政治，或者國家既缺乏民族的統一，政治亦無民主的素養。以致神聖同盟的干涉主義，因欠缺執行標準而喪失效能。此後各國主權日趨凝固，國際結合，亦益見頻繁。到了二十世紀，巴爾幹國家已非歐洲外圍。斯拉夫民族，亦有力的可以影響歐洲的生活。新世界的美國，和古老的東方，亦具備了震動歐洲的力量。現代國際組織，已不可能仍以歐洲若干國家為限，他的功能，亦應以扶植民族獨立，民權政治，以達成全面的和平與進步。所以歐洲聯邦，或大西洋公約的觀念，不但落伍，亦不切於實際。

※ ※ ※

神聖同盟的宗旨，和國際聯盟不同。前者是以聯合的武力，干涉任何國內叛變，以維護正統王朝的統治。後者則對抗外來侵略，保證會員國領土完整，與政治獨立。聯合國宗旨，亦為維護國際和平及安全，並採集體辦法，防止對於和平的威脅，制裁侵略行為，或其他對於和平的破壞。憲章並明定，聯合國不得干涉，在本質上屬於任何國家國內管轄的事件。此種制度，就國際政治的原則而言，是否為一項進步，在當時和平締造者的心目中，從未考慮。時至今日，正統王朝已成陳迹。各國人民，有決定其政府形式的自由，或由於遵循憲法途徑，或由於運用革命手段，已為舉世所公認。但今日共產主義的領土擴張，在形式上為國內叛變，在實質上為國際侵略。其奴役人類，危害和平，較專制王朝殖民帝國猶且過之。聯合國既以防制傳統的國際戰爭為其任務，對於共產主義此項方式的世界征服，祇好坐視其擴大滋蔓，而無所措手。蘇俄第五縱隊，以滲透戰術，在各國奪取政權，造成內亂，而在國際間，反高唱和平。就目前國際關係而論，一國對一國的戰爭，是否將從人類歷史上消滅，我們固尚難斷言，但共產主義的侵略方式，甚少採用一國正式武裝，去進攻另一國家，則有過去史實，可作證明，各國共產黨亦從未依靠投票方式，獲取政權。聯合國對於各國「內政問題」，既然不能過問，阻遏共產主義，自非聯合國所能勝任，除非此項「內政問題」的發生，能被證實為一國際侵略事件。

※ ※ ※

聯合國的成立，完全以兩次世界大戰的經驗為背景。他的目的，是保障和平而非以維護自由。憲章序文雖亦重伸基本人權，與人格的尊嚴和價值，但這僅是一種信念，祇有經濟社會理事會，為「增進全體人類的人權及基本自由」，可提建議案。自由的維護，不是安全理事會首要的職權，因此，便不能構成國際執行的直接對象。聯合國保證國際和平，是一種現狀保守主義，至於和平在何種情形之下，始應予以確保，則非聯合國所能討論。此種無條件的和平主義，其失與神聖同盟正同。和平可貴，自由亦同樣重要。我們有時須放棄和平而爭取自由，但不能犧牲自由以購買和平。目前國際現狀，是否為合理的存在，而值得無條件予以維持？神聖同盟採取干涉手段時，其目的在維護正統主義。但正統主義不合當時潮流，勉強扶植終被推翻。故神聖同盟亦隨正統主義而沒落。聯合國保證和平，此項和平自必須合於人類的願望。人類願望為何？歸納言之，即為自由。世人皆知聯合國為兩次對德戰爭的產物，當時口號，亦係為自由而戰，但其目的則為和平，且為人類永久的和平。以為和平之中，即有自由。豈知國際關係的和平改變，終難實現，自由常被窒息，而和平亦岌岌可危。（下轉第19頁）

※ ※ ※

貢獻給立法院幾點意見（下）

——兼釋立法院在現制上之地位——

雷震

三

我覺得立法院必須急於改善，或應着手改善的，有下列幾個重要問題：

一　委員會的任務問題；
二　院長的職責問題；
三　秘書長的職務問題。

這些問題若從另一角度來觀察，也可以說只有二個問題了。即是：

一　議事問題；
二　事務問題。

然而，第二個問題又爲達成第一個問題的目的而設，故歸根結底，則只有一個『議事』才算是中心問題了。依照前述憲法第六十三條的規定：立法院有議決如何如何之權；依照憲法第五十七條的規定：立法委員有向何人何人質詢之權。據此以觀，立法院的中心任務爲『議事』與『質詢』兩種，除此以外再也沒有其他任務可言。質詢從廣義上講，依然是議事，故議事才是唯一的中心任務了。議事與質詢兩種任務，都必須在『開會』的時候始能表現出來，故立法院的會議——包括大會和委員會，甚至小組會——開得好不好，關係於整個政務之推進甚大，不只是有關立法院的威望和聲譽而已。蓋立法院之議事和質詢，胥爲達成『監督任務』的手段；如議決法律則是交政府去執行，質詢施政方針或報告，則是要求政府予以解釋，俾作採取次一步驟之準備，兩者均爲達成監督的目的，而議決預算一事，尤爲控制政府最重要之手段。職是之故，立法院在組織上和工作進行上，應該集中全力在議事方面來打算，要爲推動議事工作而努力而奮鬪。就是說，要怎樣發揮高度的監督力量，來完成代表人民、行使政權的責任，用以促成政治的進步。

總而言之，今日的立法院已不是行憲前的立法院，兩者名稱雖然相同，而實質則完全改變了，尤其是精神這一方面。這種改變，大家贊成不贊成，那是另外一回事，不過我們的認識，則不可錯誤。如果這一點不弄清楚，不僅工作無法進行，許多更大的錯誤，將會由此繼續發出。

現在我想進而分別討論上述有關的諸種實際問題，也就是立法院今後急於需要改善的事項。如果立法院不能對這些問題逐漸改善，或沒有勇氣而對現實，甚至不能接受外界的批評和建議，則立法院的基礎不特不易建立起來，而且其地位也不會被人重視的。這是事實，也可以說是民意，立法委員要常常注意到人民的批評和願望。『關門做皇帝』，總不是好辦法，政府不可如此，立法院尤其不可如此。流水不腐、戶樞不蠹、政治要能時刻前進，而監督政治的機關，更需要時刻前進。以下特分項論之：

（一）委員會的任務問題。　立法院的工作，應集中在議事方面，上文已反復敍述，大家當可了解了。惟立法委員的人數恒在七百以上，議事工作又極繁雜，則一切問題均欲集中在大會來討論、來研究，自然是不可能之事，故有設置分組委員會之必要。

分組委員會的任務，是爲大會做準備的工作，使許多不必要或無關緊要的提案，先經分組委員會之冲洗、淘汰而歸於打銷。其次，是在大會費時過多，或重複繁雜之提案，經過分組委員會之洗刷、澄濾、歸併、最後整理成爲一比較有系統而合理之方案，俾『大會的工作側重於政策的討論和研究，與政策的質詢和答復』，不至爲一些瑣碎問題而耗時過多。因此，分組委員會的任務十分重要，可以說不在大會之下，此點不可疏忽。這裡面有幾個問題，茲擬分別加以研討。

第一　分組問題。　立法院過去分爲二十一個委員會，似嫌過多而分散力量。嗣經三十九年加以修正，減少委員會數目，現爲十二個委員會，大致尚屬妥當。惟民刑商法與法制兩委員會不必分開，可歸併成爲一個委員會。又組織法上未規定而現已設立之法規整理委員會，亦應歸併於法制委員會，毋須單獨設立。勞工問題爲今日世界上一個極重要的問題，內容既複雜，各國又有特殊的環境，其性質是多方面的，立法院應該特別加以注意，故勞工委員會應予設立。其次，土地在今後大陸上成爲一個重要問題，亦應設立一委員會專司其事。最少在目前可以收集資料，分題研究，做些準備工作。誠然，行政院設計委員會或其他機構設有此種分組，聞已完成方案，不過最後還是要到立法院來審議來決定的。這個問題太複雜，且有極端相反的意見，故不能不於事前作充分的準備。

說到此地，使人常常感到立法院在工作進行上，事前準備不够，平時研究不足，而有『臨時抱佛脚』之嫌。委員們到會場之前，常有茫然一無所知的，對於日程所列的議案，也有未曾詳閱的。立法院收集的資料亦太貧乏，使隨意研究者亦有無資料可資參考之苦，此與立法院的整個工作關係甚大，今後應該注意收集資料和多做準備工作。

第二 參加委員會之人選問題。 委員會之組織必須分得恰當，已如上述，而參加委員會之人選，比分組更為重要，應該特別愼重，絕對不可隨意參加。蓋委員會之工作，直接間接的影響於大會之工作者甚鉅。今日國家的政務，分門別類，性質殊異，內容繁複，萬緒千頭，決不是一知半解的所能悉其底蘊，亦不是粗枝大葉的所能窺其全豹。我並無意主張專家政治，但云，參與某委員會的人，對該部門的工作不可太外行。政府人員不乏通儒碩彥、老成練達之輩，你們如果太外行的話，他們可能敷衍了事，甚至發生輕蔑之感。你們不可專注意於外表，見他們踏入立法院門檻的時候，態度如何恭敬有禮，說話如何謙遜得體，倘若你們滿口外行話，抓不着問題的重心而又廢話連篇，他們在表面上雖不說甚麼，可是肚子裡定會竊笑你們不學無術，或幼稚無能的。這些話用不着我來嘵舌，你們當會想像得到的。

因此，參與委員會工作的委員們，必須是與這一部門的工作有多少的認識，具莫大的興趣，而且願意熱誠獻身的人。數百位立委之中，有的是學有專長，經驗豐富之士，各委員會當有若干專家加入，兩者通力合作，自易達成任務。專家易鑽牛角尖，通家愛說外行話，必須兩者合作，才能達成控制的目的，完成監督的任務。

分組委員會的任務既如此重要，而其工作又如此艱鉅，則參加委員會的委員必須久於其事，不可隨一會期而更動。下屆如果繼續當選，仍須從事於同一工作，久而久之，自會變為頭頭是道的內行好手了。立法院本為造就政治人才和儲備政治人才的場所，一個人如能十年八年埋首於同一委員會的工作，自可造成熟悉政情和精通政務的人才，政府在改組的時候，自易向立法院選才取士了。無論那一個國家，政府每屆改組之際，很容易向議會物色人才，我國行憲後的情形也未例外，在行議會政治的國家更不必說了。有人喻今日英國議會頗與我國過去的『翰林院』相似者，就是說明這個意思——造就政治人才和儲備政治人才。今日英國政治舞臺的重要角色，那一個不是由議會磨練出來的。現在政府的紅人、將來保守黨的領導者艾登，在開始亦不過是張伯倫的議會秘書而已。美國也有很多的人物出自國會，如現任總統之杜魯門及預備擔任候選總統之塔虎脫等是。

照上面所說，立法委員可能有一天要到政府來工作的。因此，立法委員說話要負責任，一切批評和建議要有『責任感』，既不可吹毛求疵，亦不可說風涼話，尤不可摭拾馬路傳聞，作為批評的論證。至於逞一時之痛快而故意與政府為難或希圖報復者，不僅為識者所不取，更失去忠誠謀國之道了。立法委員在發言之先，要把問題設身處地的想一想，所有批評和建議，如果是易地而處，自己在位或身當其衝的時候，自己必能按照批評的方向或建議的方案做下去。不然的話只是高調和廢話，儘管說得天花亂墜，究無補於實際政治，政府必視為書生之見，或不着邊際的空談，決不會加以重視的。而且，自己所不能為之事，而必欲他人為之，亦非合於忠恕之道。中國古訓有云：『任事者當置身於利害之外，建言者當置身於利害之中；置身於外，則無所顧慮，設身於內，則平易近情』。我以為在輿論界從事建言論政的人，均應遵守此旨，而置身於問題之內，不僅所說的要平易近情，毋誇毋矜，而且要說得到，做得到。立法委員在批評或建言的時候，更應該確守這個道理，因立法院是權力機關，有決定國家命運與人民禍福之權，其責任之重大，則百倍於輿論界的責任了。

每一委員會之人數不宜過多，不然又變成大會了。小組會議設置之目的，原為免除大會各種限制——發言時間及次數，俾可從容研討，充分交換意見，而歸納於一個比較完整之方案。凡兼有其他職務而工作特忙的委員，可以不必參加分組委員會。就是說：不必每個委員都要參加分組委員會，至於以法律明定一個委員可以參加三個委員會(三十七年公布之立法院組織法)，或二個委員會(三十九年修正之立法院組織法)者，更屬不必要之舉了(且可招致後面所述侯庭督先生所云之結果)。一個人的精力非常有限，終日專心致力於一件事情，能否做得很好尚成問題，倘若身兼數職，其不失敗也幾希！

『自由中國』的宗旨

第一、我們要向全國國民宣傳自由與民主的真實價值，並且要督促政府（各級的政府），切實改革政治經濟，努力建立自由民主的社會。

第二、我們要支持並督促政府用種種力量抵抗共產黨鐵幕之下剝奪一切自由的極權政治，不讓他擴張他的勢力範圍。

第三、我們要盡我們的努力，援助淪陷區域的同胞，幫助他們早日恢復自由。

第四、我們的最後目標是要使整個中華民國成為自由的中國。

政府列席分組委員會的人員亦不宜太多，只要眞正的主管人就够了。如主管人員覺得自己弄不清楚，而必須多帶部屬去說明，可讓這些人在另外房間等候備詢就是了，不必一齊湧到會場。據過去在參政會的經驗，此項列席人員時常來了一大羣，前呼後擁，好像保標護衞以壯聲勢的樣子，弄得會場坐無虛席，時常發生座位問題，那眞是一件大大浪費的事情。

第三 工作要鐵面無私。 分組委員會要眞正做到爲大會掃除障碍，爲大會完成準備工作，則委員會之議事要十分認眞，不可絲毫苟且；要詳細研討，不求速成。凡認爲不必提出大會的議案，要斬釘截鐵的予以打銷，要歸併的應該不客氣的予以歸併，不必敷衍，毋容顧慮。尤其不可以爲橫直要到大會來解決，小組會上可以馬馬虎虎通過；或因碍於同人的面情，而將此案讓大會去麻煩。如果這樣打算，又何貴有分組委員會的設置呢！委員有提案權這一點，我國的立法院頗像美國國會，但美國國會一年通過的議案，據說不及提案的百分之一，其中百分之九十左右是在委員會上打銷的。他們的小組委員會確是具有很高的權威，同時也是鐵面無私。

在分組委員會開會的時候，要能『人盡其辭』，眞正做到『知無不言，言無不盡』的境地。迨議案一旦經過審查階段而提到大會之後，原參加分組會之委員，除非是『少數意見』而必須申訴於大會，以求大會再加考慮重作決定者外，其他意見不應再向大會陳述，以免阻碍大會之進行。至未參加本案審查之其他委員，凡贊成審查意見者，不必率先發言。惟對審查意見，持有相反的或修正的意見者，應使其充分表示。故大會當討論審查意見時，應先聽取對本案『不利』之意見，即反對者之意見，然後再由贊成者加以辯論。如此，不獨議事進行便利，且可增加大家對於討論之興趣。最不可隨心所欲，自由發言，蹧蹋大會時間，而將議事工作變成『疲勞轟炸』了。尤不可不管三七二十一，只要自己出了風頭就算了，對問題之可否，並不關心。須知立法院不是委員們隨便出風頭的地方，要出風頭也要出個十足，俾可『一舉成名天下知』。故發言要有充分的準備，不可一衝動即登臺海闊天空的說一頓。政治家有時出出風頭，原不算甚麼壞事，惟不可以此爲家常便飯。

初登政治舞臺的人，需要經過學習階段，要能冷靜觀察，和虛心剖析，不必急於嶄露頭角，更不可處處以自己爲本位。天下的事只要你有眞實的本領——學識和才能，則不難出人頭地的。玩政治也要有一點藝術修養的。

本文草寫至此，忽讀到中央日報侯庭督先生的意見（本年三月十四日），都是很珍貴的意見，也有許多是我要講的話。惟上面有一段話，讀完深感詫異。這段話是這樣的：『如果參加某種委員會是幫朋友競選召集委員，那就無怪委員會開會，常常不足法定人數了』。如果眞有這樣的事情，那不僅是滑天下之大稽，簡直以國事爲兒戲了。『人必自尊而後人尊之』，立法院要想造成國人崇敬的民意機關，如美國之國會（Congress），英國之巴力門（Parliament）一樣，必須剷除這類惡習，大家要小心翼翼，臨深履薄的經十年二十年之努力，始能達到目的。

第四 召集人問題。 召集人不僅是主持分組委員會的議事，和聯繫委員會與大會的工作，並且應該擔負立法院與政府接觸的任務。我們應該說：代表立法院與政府『各部門』實際接觸的人，不應是立法院長而應是各委員會的召集人，立法院長只能提綱挈領的與政府接觸而已。立法院的工作與政府各部門息息相關，接觸自必頻繁，自非立法院長可能代表一切。蓋有許多問題，立法院長不能完全明瞭，亦無如許時間，故每一部門工作上實際與政府接觸的人，應該由各該部門的召集人負責，如交通委員會之與政府交通部門。如此，才不致於隔靴抓癢，而監督任務亦可不至落空。

因此之故，立法院分組委員會召集人之產生，要十分愼重其事，切不可濫竽充數。民主政治原是政黨政治，這些地方，黨部應該發生作用，負起幕後操縱指使之責。政黨本是操縱政治的，不必避嫌，毋須隱諱，惟須不偏不頗，公平合理耳。而且須要充分了解議會政治之運用，拿鞭子（whip）的工作也不是一件容易的事情。本屆立法院首次集會於南京，對召集人之產生竟排斥選舉而以『抽籤』方法來決定，眞是荒唐之至。立法委員既係由選舉而產生，何以立法委員又對選舉而懷疑？如果立法委員也是由抽籤來決定，豈非鬧成天下的大笑話。有人譏此種辦法爲『神主』而非民主，可謂爲中國憲政史上留下一個大大的汚點。

我們深爲慶幸的：是抽籤的辦法已成過去，現在的召集人一律由選舉而生。不過我覺得現在的作法尚不够愼重，立法委員對召集人也太不重視。我認爲召集人應與立法院長同等重要，每個委員會的召集人，除應具有參加委員之條件外，還要有服務的精神，願意爲公衆來服務，學識、能力、地位也要有相當的。每一委員會的召集人不宜過多，通常以三人爲宜，最多不得超過五人，且須能久於其任，毋須每一會期改選一次。這樣才能逐漸精通該部門的工作，然後才能成爲一個有權威的人民代表，這樣的人與政府接觸和對政府講話才能使政府傾聽，不致於被政府人員看不起，而其監督的任務才能順利完成。

民主政治誠然是平凡政治，庸人政治，但絕不是連『權威』，『聲譽』，『學識』，『能力』，『地位』這些東西，一古腦兒都看做不必要之物。無論行的何種民主政治，『人』的要素依然非常重要，有能力和有學識的人，自然而然會操有權力的。美國國會各委員會的召集人（主席），據說有連任至二十年以上者，難怪他們具有權威而能與政府分庭抗禮啊。平等不是要平頭的平，而是要齊脚的平。

四

（二） 院長的職責問題。 立法院本是政治鬭爭的場所。換句話說：就是爭奪政權的競賽場。惟將殺人流血的武力鬭爭變爲唇槍舌劍的『智慧比賽』耳。

立法院既是實行鬭爭的場所，立法委員當然是鬭爭双方的隊伍，必然都是政治漩渦的好漢。換句話說，議會內本有相互搏鬭的各單位存在，各黨各派都要到此地來一獻身手，比較短長，決定孰勝孰負。所以『鈎心鬭角』，『明爭暗鬥』這些玩意兒，在民意機關中是免不掉的，也無足怪異，我國的立法院當然也是如此。這也不算甚麼不道德或可恥的事情，不必諱言，也毋須忌避。一個人如怕捲入政治漩渦(廣義的)，而又要來做議員、立法委員，除非他是瘋子或狂人之流。不過，鬭爭應該旗幟鮮明的公開較量，不可偷偷摸摸的幹些地下工作。天下的事最怕的是：表面上一套，骨子裡又一套，表裏不相符合，大家則無所適從。講民主就要行民主這一套，縱然不能一下子跨得很遠，也要牛步遲遲而正心誠意的朝着這個方向走。諸事必須內外相符，心口如一，大家才可按步就班而各行其事。

政治鬭爭總比刀槍相接來得好，誰也不能否認。而其犧牲之微小，兩者相比，其微小眞是微不足道，最多不過是花些金錢與時間而已。即以金錢與時間而論，前者與後者相比,眞是微乎其微,微到無法相比了。學者謂：『人類爲鬭爭的動物』,『好勇鬭狠』原其本能之一，觀夫兒童游戲時之喜歡双方對壘以相搏鬭者，可知此說之不謬。民主政治是要把人類鬭爭本能使其朝這一方面發展，使人們之聰明才智，『儘量』在議會內發揮，以免相見於疆場之上。故在議會內講究鬭爭，實行鬭爭，絕對不是一件壞的事情，毋寧視爲當然而應該加以鼓勵的事情。這也無損於民意機關之尊嚴，保持尊嚴則必須從鬭爭的方法上去考慮、去選擇。講鬭爭自不能不講策略，講策略很容易從壞的方面去打算，這是絕對要不得的事情。策略必須是光明正大，彼此不能爲目的而不擇手段。所以，鬭爭双方必須出以堂堂正正之師，旗幟鮮明，心地正大，手段公道正直，態度光明磊落，不要爾詐我虞，不可口是心非，要有 Sportsmanship 的風度。因此，與其暗鬭則不如『明爭』之爲愈了。

民意機關之性質既如上述，立法院當然不能例外。立法院長是由立法委員而產生的,立法院長在當選之前，當然也是政治漩渦的人物,也許就是領導隊伍去衝鋒陷陣的重要角色。惟立法院長須主持立法院會議(立法院組織法第十一條)，當議案表決的時候，遇到可否同數的場合,復須取決於主席(同法第十二條)，且須維持會場的秩序(同法第十七條)。因此，立法院長儘管有黨籍的隸屬，而其工作精神如不能超越黨派關係以上，而偏於一黨一派或竟一面倒，則立法院的議事工作是不容易圓滿進行的。據說英國巴力門的議長 Speaker 當選後，立即脫離原來黨籍，而立於超然的地位，以執行維持會場的任務。因其保持特別尊嚴，他所作的決定，誰也不敢反抗。而我們的立法院長竟被委員趕走了，其故安在，原因不止一端吧！我們不能不深切加以反省。

我要聲明的，我不是說我們的立法院長當選後也要脫離黨籍，如英國的議長一樣，但在其工作關係上，應該立於超然地位而不使其介入黨派關係，則毫無疑義了。

立法院是政治鬭爭的場所，上文已詳言之，所以立法院的大大小小案件，不論是議案或是政府報告，不問是質詢或答復，都必須在立法院議席上來解決，故立法院的會議舉行得好不好，不僅關係於民主政治的前途，且更關係於國家政務之推進。而主持會議這件事，並不是很容易的事情，必須主持者抱有耐煩謹嚴的心情，持有心平氣和的態度，按照議事規則而絲毫不苟，不偏不頗的工作下去，則會議始有圓滿的結果，成績自可表現。如若不然，不僅工作不易進行，而立法院長之不能安於其位，乃勢所必然，毫不足異了。今日之立法院廻非過去之立法院可比，於此又得一明證了。

議會在外國是各黨各派滙合比武的地方，上文已經說過，可是在我國的立法院除國民黨之外，雖有民社，青年兩黨的參加，但無舉足輕重的力量，不能當作鬭爭的對象。人們本是鬭爭的動物，外鬭既不可能，則必轉移其方向於『內鬭』。所以國民黨多年來，內部是派系分立，各立門戶，明爭暗鬥，始終不懈，其間孰是孰非，誰也無法評議。黨外無黨，黨內一定有派，此乃一定不移之理，我於民國十八年春已與胡展堂先生爭論過。蘇俄過去之不斷的清黨，和共匪隨時發動『坦白』和『整風』，都是爲防止內部的分立。不過這種作法，犧牲太大，而代價也太高了。民主政治就是爲避免這種犧牲而設計，故實行民主政治的人要深切了解這個道理。

爲今之計，國民黨應該培植，更進一步扶助有力的『反對黨』 Opposition 出現，使鬭爭有對象，而目標可鮮明，以議會爲鬭爭場所，由政策而公開競爭，如此可將過去之內鬨，而變爲一致對外，國民黨本身亦必奮發圖强而日趨於有力量了。

反對黨應該與友黨有別，『友黨』這個名辭，大概是中國人發明的。反對黨是以政策的不同而與政府黨立於反對者的地位，從事政治競賽。故國家爲促成政治的進步，允許反對黨實有必要，此民主政治之可貴，亦民主政治與極權政治之區別所在。民主政治是講『容忍』(tolerance)，尤其要容許反對黨之存在。其中心思想是愛敵人，不殺無抵抗力量的敵人，戰爭的時候不要虐待俘虜，不要殘害無辜的平民。一部國際公法是以這種思想爲基礎的。這雖是基督教文化的結晶品，但儒教文化也是以此爲出發點的。而極權政治則謂：『對敵人的容忍，就是對自己的殘忍』，此不僅爲民主政治與極權政治觀念上之不同，亦人獸區分之界線所在。政治上有許多措施，乃至政策本身，一時很難斷言有絕對的是非，甲路可以行得通，乙路也許更爲迅便，今日的反對意見，明日可能變爲可行的實貴意見了。這一套的理論，證之歷史的教訓，則歷歷不爽，民主政治發展之由來，也就是基於這類的理論和經驗而成就的。人類本是易犯錯誤的動物，即聖賢亦不能全免，這也不算甚麼醜事。不過，政府有許多的錯誤，非賴有反對黨在側劍拔弩張似的虎視耽耽，隨時予以抨擊和威脅，實不易改弦更張的。蓋有若干謬誤的地方，自己不易看出，而旁人則洞若觀火，所謂『當局者迷，傍觀者清』，就是這個道理。更有不少的場合，自己明知其不妥，而相沿成習，積重難返，一時無法下決心去改正；或由於『惰性』的因循，一時也沒有勇氣去從事改革。如有反對黨存在，終日以尋鏬抵隙爲能事，時時以攻錯正非來威脅，儘管有多少是吹毛求疵，或惡意挑剔，但可提高政府及政府黨之警覺。故反對黨之存在，不必害怕，亦不可害怕。政治(狹義的)本身既然是含有鬬爭性的，『搞政治』——政治活動——的人，當然是時刻在從事鬬爭。故搞政治的人必須是隨時隨地的提高警覺，意想到自已是戰鬬行列之一員。這樣，又何懼有反對黨之存在?!如果害怕敵人，最好是不搞政治而去做一名和尚。不過，在大陸的今日，連和尚也做不成了。

至於共產黨這些東西，則是以發展獸性爲根性的造亂團體，其目的是『世界革命』，其實行的是極權政治。爲着一時的策略，共產黨亦有從事議會爭鬬者，如今日的法意等國，但其終極目的，仍是要篡奪政權以實行其世界革命，奴役人類的主張，實非普通的反對黨——政黨——可比。因共產黨一旦奪到政權，再不會容忍其他反對黨存在了。故對付共產黨的辦法，如可能的話，只有以武力革其命，實無法和平相處，從事政治競賽了。

國難已如此嚴重，大家團結反共還來不及，要來鼓勵從事鬬爭，好像是不應該的事情。其實，這不過是欲將暗鬬變爲明爭耳，鬬爭本身原是存在的。退一步言之，大家從政策上去鬬智，去吵架，而臨之以光明正大之態度，這是無礙於反共抗俄的艱鉅工作的。若從另一方面來說，這樣更可有助於反共抗俄人士之大團結，而增厚其反抗力量的。如若不然，則暗鬬必不能免，欲免亦徒勞而無功，求一時的政治安定固可能，求於長治久安的大計則無補。

這是今日中國政治上一個極重要的問題，我不過是忠誠謀國的把問題公開出來罷了，可是在大陸上的時候，無論是在街談巷議，或是在茶餘酒後，大家早已很普遍的開始談及這個問題了。迨來臺以後，關於國民黨內部派系問題，也已公開在報刊上發表過數次，惟未能徹底根究其原因所在，及應如何解決之。我以爲僅僅用『自私自利』，或『不明大體』這些理由，是不能解釋派系磨擦原因的眞相的，或要某人離開政治漩渦，也就不能眞正解決問題的。凡是成爲一個問題的問題，最好是公開提出討論，自由交換意見，再看看輿論的反映如何，方期發現眞理及解決辦法，切不可在背後說閒話，甚或做些地下工作。評論者如果也是畏首畏尾的，一味說些不關痛癢的話，或不肯面對現實而成天廢話說教，這不僅是無補於實際政治，也就失去『評論』的意義，這個國家的政治前途，也難獲有改進的機會的。

國民黨過去的毛病，也可以說是『致命傷』的毛病，就是大家不肯公開的說眞話，不肯當面講道理，尤其不欲在報刊上討論國是，批評現實政治。可是在背後則流言蜚語，隨時可以聽見，到處可以聽見，對黨內人固是公開的講，對黨外人也直言無諱，國民黨的家醜和內幕，黨外人往往會先知道。我於奔走黨派合作的時候，常常發覺自已知道國民黨的內幕太少，尤其關於派系暗鬬這一方面。最奇怪的現象是：政府負責人很多的是牢騷滿腹，一面不滿意於政府，一面更不滿意於黨部；而黨部負責人亦然，既不滿意於黨部，尤不滿意於政府。好像他們都是在委屈求全似的，使一般人不能了解究竟那一個應該是負責任的。表面上標明的是『以黨治國』，是『以政融黨』，實際上幾乎沒有一個黨部不與同級政府發生磨擦，甚至公開衝突。黨部罵政府是不行主義，是腐敗官僚；而政府則罵黨部是黨八股，是黨棍子，是少不更事。黨部與政府本是『同根生』，說得更邏輯一點，政府本是由黨部而產生，何以又如此各行其是？這是甚麼緣故？其癥結安在？我們不能不窮究詳詰求以其解決之道！彌縫敷衍仍是不能解決問題的。

依我個人的看法是：人類是鬬爭的動物，而政治是含有鬬爭性的東西，不能外鬬，必趨內鬨，結果造成『黨部互鬨，黨政對鬨』。

共產黨深知其中奧秘，所以清算鬬爭，靡有已時；地主之清鬬剛剛完畢，接着就針對民族資產階級，發動一個『四反』，『五反』的大運動。一旦四反五反完了，必定另起波瀾，重翻花樣，而常常推陳出新，把『槍口朝外』，使鬬爭向外發展，而避免內部磨擦。

挖樹從根起，要解決這個問題，須從根本着手。就是要從速培植有力的反政黨——政黨，使政敵旗幟鮮明，而鬬爭才有對象，如是，可使內鬨而轉趨於外鬬了。

外鬬不僅是目標清楚，而且有規則可循，不像內鬨一樣，無一定之成規可據。又外鬬是公開的，明顯的，國民可以完全知道，而內鬨則係暗中摸索，曲直誰也無法了解。換一句話說：外鬬可循法律去做，諸事賴法律以解決，而內鬨則是黑漆一團，一切只有隨機應變，不但國民摸不着頭腦，即鬬爭隊伍自己，有時亦感到莫知所從。於是，常給第三者以可乘之機會。國民黨在大陸上的失敗，是敗於內鬨，決不是被共匪打垮的。這一重要關鍵，痛定思痛，大家應該切實反省。窮則變，變則通，我們今日正是要變的時候了。

根據以上所述，外門與內閣之孰優孰劣，實不待費詞而后可知，故『樹立反對黨』乃肅清派系的正本清源之道，吾人必須認識清楚，若差之毫釐則必失之千里了。

復次，立法院長除上述職責外，依照立法院組織法第十八條之所定，還要綜理院務。『院務』二字依照正常的解釋，當然包括『事務』在內。事務的範圍甚廣，立法院的事情除議事之外，其他巨細無遺的均應包括在事務之內。立法院長主持會議的任務，既甚重要，已如上文所述，而院長之下復設有『秘書長』一職，故立法院的事務工作，應交由秘書長全權負責處理，院長不宜過問，亦不必過問，如過去的參政會一樣。此不僅爲保持院長的超然態度，有其必要，而立法院的事務工作，應該使其有『連續性』，不因院長之更動而變更，甚或至於中斷。其理由容於下文論秘書長職務問題時一併論之。今後立法院於修正其組織法時，可將此條規定，加以適當之修正，使今後之立法院在實質上則與過去逈不相同了。

聞立法委員中有人常喜干涉秘書處事務者，這種習慣應該極力剷除。如事務辦得不妥，立委當然可以講話，但不可隨便干涉。立法院長不宜過問事務性工作，立委尤應如此。過去的參政員從未干涉秘書處事務，這種良好的習慣值得立委效法的。

五

（三）秘書長的職務問題。立法院的任務是議事，而議事又必然的夾雜有政治鬪爭的因素；事務係爲達成議事的目的而設，性質宜於單純。因此，立法院的事務工作，最好是不捲入政治漩渦裡面，使其完全屬於事務的範圍。立法院長爲保持超然地位和尊嚴起見，不宜過問七零八碎的事務，完全交由秘書長負責處理，上文已言及之。工欲善其事，必先利其器，立法院的事務辦得妥善不妥善，週到不週到，關係於立法院的中心工作的議事之進行甚大。事務之處理，不僅需要公平合理，尤貴迅速敏捷，方能眞正做到爲委員們服務。所以秘書長乃至秘書處的工作，必須是任勞而復任怨。

然而，數百委員之服務工作，並不簡單，尤其在生活困難，衣食住行均感缺乏之今日，此項工作，瑣碎繁雜，很難做到各方面的滿意。不過委員們也要體諒辦事人員，不可頤指氣使而隨便指責，尤不可盛氣凌人而吹毛求疵。外間有一傳說，不知確否？謂『院長矮一級，秘書長矮一輩』。這就是說當了院長，則比立法委員矮了一級；而做了秘書長就矮上了一輩。此是說明立法委員過去的態度。如果這樣下去，誰人又願意來服務呢？

立法院的秘書長是一名事務官，要能久於其任而連續的爲這個機關服務，不可隨院長的進退而同其進退。立法委員是三年一變動，立法院長變動之可能性更大，如果秘書長必須隨着變動，則立法院的工作——包括議事和事務——很不容易奠立其基礎。立法院各種工作的進行，雖有立法院組織法，立法院各委員會組織法，及立法院議事規則等法規可資依據，但是，還有許多地方，必須靠着點滴累積起來的『慣例』來維持、來處理，不是明文的法規可以一一規定完備的。據說美國國會由議事進行所積成之慣例，爲數殊多，也有過了若干時日之後，復將慣例變爲法規的。如果立法院的秘書長，是『一朝天子一朝臣』的辦法，則連續性必會中斷，而慣例亦不易形成矣。如一個秘書長而能有十年、二十年之連續服務，每屆新選立法委員集會時，有熟悉過去情形的秘書長爲之安排佈置，有許多慣例可以由其傳達，如此日積月累，立法院自易樹立楷模，形成優良傳統，而爲人民崇敬之中心矣。

立委三年一次之改選，可能有半數左右是新人；基於民主政治的理想，有若干委員來自民間，對中央情形固多隔閡，而初出茅廬，諸事外行，均賴立法院有連繼服務之人爲之指點，爲之引導，則一切工作乃易於進行，不必再費若干月的功夫，去從事暗中摸索了。國民參政會過去有多少成績可言者，其功勞當歸於過去的參政員，推參政員雖經四度改選，而秘書處始終未大更動者，可能爲其原因之一。今日之立法院，一屆而四易秘書長，平均每年更動一次，其情形之不安定，當可想而知。據說美國國會的秘書長，有服務至二三十年的。我在重慶參政會時代，曾托當日出席舊金山聯合國會議的參政員，訪問美國國會秘書處，調查其工作情形，而當時的秘書長已服務至二十年，白髮蒼蒼，仍繼續爲國會服務。不要說別的，美國國會圖書館係一度燬於火災而重建者，爲美國今日幾個最大圖書館之一，其藏書的豐富，世界上沒有一個國會可以比得上。這些，都是要有連續服務的人爲之努力建設的。立法院資料之缺乏，可能影響工作，如收集資料這類事情，更非有長期服務之人不可。

總之，一個二等人才連續服務三年，其成績遠比一個頭等人才每年更動一次來得好。惟有安定，始可表現成績，臺灣有今日之建設，也因爲有五十年之和平與安定，並非日本人特別聰明。

基於以上所云，立法院的理想秘書長，要是一位無政治色彩，有能力，有熱忱，政治野心不大，能任勞任怨，而願意長久爲民意機關服務的人物，使其能夠長久的爲立法院服務，此不僅立法院之幸，抑爲民主前途之幸。

六

最後，關於立法院制度本身應該如何改進，如立法委員應否設置候補人問題，如區域代表制與職業代表制應否並用問題，如立法委員擔任行政院之政務委員（包括院長）應否取銷立委資格問題等等，我尚有若干意見，推本文寫得太長，留待他日再論。

中華民國四十一年三月十九日於金山

蘇俄在美國的陰謀

鮑頓茲作
焦木譯

鮑頓茲（Louis F. Budenz）原爲美共要員，曾任美共機關報「每日工人」編輯主任有年。於一九四五年脫黨，重奉天主教。現任職於福特哈姆大學，是一位了解共黨組織與策略最有權威的學者。他自脫黨後曾出席國全非美活動委員會作證多次，並費三千小時向聯邦調查局供給有關美共的活動情報。在去年一年中他曾在美國及加拿大作五萬哩長途旅行，從事反共抗俄的宣傳。本文原題爲『共產黨人是製造出來，並不是天生成的』，爲鮑氏近作，刊美國一月份『觀察』上。——譯者

共產黨在美國的陰謀組織，是一種計劃完善，佈置週詳的秘密工作。在美國，至少有十二個百萬富翁暗中爲史達林服務。更有無數教授，科學家以及其他有地位人士竭盡所能以謀顚覆我們（美國）的政府。

當一般的美國人，不論男女老幼，知道了上述的情形後，勢必惴惴不安。可是他們近受共產黨的宣傳所迷惑，以爲共產黨的組織是『工人政黨』。而共產黨及其同路人更自詡自己是『先鋒』能爲群衆設想服務的一群優秀份子，自信自己是最能了解群衆要求的人。

如果以爲共產黨組織單只包括工商界一般中下級職員或有閒階級人士，那是絕對錯誤的。

牠也有一部分工人，而且正以設法滲透各工會爲其主要工作。可是，共產黨的工作，在非工人階級方面的成功，遠較在工人方面爲大。

共產黨怎樣會使這些人變成黨員呢？共產黨怎樣在這些人之間，造成狂熱幻想，使他們自願日以繼夜竭力爲在這個國家（美國）建立蘇維埃奴隸制度而工作呢？

解答是很簡單的。在開始時，共產黨盡量利用每個人的弱點或野心。到後來，給他或她灌輸『馬克斯列寧主義』，使他們的思想中充滿着認爲全世界蘇維埃專政是勢必到來。

這些人依據共產黨的公式，站在勝利必屬的立場，遂使自己滿懷一種狂熱的幻想，這種幻想適如回教徒威脅歐洲時期所懷的相近似。

我認識一位共產黨的律師，當他年青的時候，就養成殘酷的癖性，後來幾近於癡狂，幾乎對週圍所有的朋友均表示敵視態度。當他和共產黨發生了關係後，却使他在經濟方面漸見充裕，這更使他的那種怪癖成爲身體上的一種病態，甚至現在還是如此。共產黨正是利用他的這種弱點將他引誘入夥。

共產黨的首領們利用他們所控制的團體組織，代他招徠了許多訟事律務。這使他的地位日隆，並掩護了他和共黨的關係，他遂逐漸擴大業務，一直到了他年可收益達十萬元美金之鉅。

這是一個新型的阿爾格故事（阿爾格爲美籍蘇俄間諜）——利用共產黨秘密從中協助，使潛伏的黨員在社會上很快獲得飛黃騰達的地位。這類情形，在華盛頓，好來塢及其他地方，屢見不鮮。這位律師更受過訓練，充滿一種思想，認爲共產黨的訴訟案件決不能敗訴。我曾經在紐約的許多次共黨集會中留心他的言行，有時他對共黨交給他的命令也表示難色，但結果總是接受。

雖然控制他的那種思想是不對的，他却無知無覺。包圍他的那一批人再三向他說，史達林一定會領導他們完成世界共產主義，他實際上已經被關進了鐵幕之內。他所閱讀的，也爲所有他的同黨們所經常閱讀的，不外是從外國運來的共黨宣傳品；那些宣傳品一致預言蘇維埃的全世界霸權行將到來。當白勞德由莫斯科命令被取消爲美國共黨的領袖的時候，這位律師曾經爲此感到徬徨。因爲白勞德是他的一個知己朋友。可是在忠於史達林的號召之下，這位律師不久就和其他黨員一樣，大罵白勞德不休。

共產黨也利用個人的安全感，達到工作的目的。但這並不是指那些『共黨的幹部』而言，他們是特殊的；這是指那些比較游移不定的一批人而言，他們可以活動於上流社會，因而危害美國也就更厲害。

可舉珍妮同志爲例。在一九四〇年的一個星期日下午，她到我紐約的家中來看我，當時我尚任共黨「每日工人」報的編輯。她那時是一位電影演員，後來在電影界及無線電廣廣方面聲譽甚盛。珍妮當時是從好來塢到紐約來參加一個共黨發動的群衆大會。她看我的目的是同我討論共產黨滲透電影工業的問題，她那樣的熱誠泛溢，竟使我不得不警告她以後要謹愼小心工作。

我更從她的談話中獲悉她怎樣並爲什麼變成共產黨員。珍妮深深地感覺到電影明星的收入，超出他們的才能所應得的過距。因此使她感到惶惶不安。她在國內所常遇到或偶然遇到的上流社會的男朋友，凡關心她的事業前途的，都處處給她暗示，使她發生個人的安全感，因而更使她對社會的不良制度發生厭惡。那些上流社會的男朋友，藉感情與勸導双管齊下，鼓其如簧之舌，宣傳蘇俄如何『尊敬藝術家』並如何消滅了社會的不公平。但是那些男朋友並沒有告訴她，蘇俄的藝術家必須是『穿上列寧裝的藝術家』，他們的報酬完全視他們對史達林

歌功頌德的程度而定，他們的一切均仰視史達林的鼻息而行。那些男朋友也並沒有告訴她，當她誇耀共產黨的社會公平的時候，她正是幫助最不公平的事——蘇俄的奴工制與警察統治的蘇維埃國家。這兩者抑是全世界上最壞的事。

此外，如珍妮所說的，『在我的週圍，到處聽到共黨活動的風聲。』戀愛與冒險，加上對事業的前途，使她萬感蝟集，使她嚮往對不公平應如何謀取補救之道。

不久之後，她的工作即順利開展。在秘密集會中，共產黨極力壓抑其他演員而來提拔她，同時，在小規模的演員酒會中或其他共黨的討論會中，盡量利用共黨的理論向她灌輸，緊緊地控制住她。因而她不顧惜她的名譽與前途，在那一個特別的星期日來看我，向我請教。

珍妮的情形可稱爲『好來塢故事』。她的遭遇適同其他無數人的遭遇如出一轍。一個享有盛譽的劇作家，曾經是『每日工人』報的一位熱誠的通訊員，受共產黨的組織的內層最高控制者政治局之命令，要他設法使共產份子在好來塢電影界中獲得工作，並設法從電影界爭取黨員。他堪稱爲一位天才，確是最能發掘作家，演員及導演的個人弱點，偏見與野心。他及他的同夥者竟宣傳史達林的暴虐政權，是唯一可以推翻希特拉主義的解放力量。

這位劇作家控制了好來塢一大批作家，其中有幾個作家不久之前曾經公然反抗國會，拒絕供認是否係共黨份子，致結果被拘入獄。有幾位曾住過紐約的，我都很相熟。我曾在共中一位的家中好幾次碰到過別的共產黨員。我還碰到過一個在幼時早就是共產主義青年團團員的。他們一致憤憤不平，認爲他們的著作無法出售，他們的藝術不受歡迎。神通的共產黨就利用他們的不滿，吸收了他們變爲眞正的共產黨員。在好來塢，他們憑共黨的組織之協助，成爲最吃香的作家，獲得最大的收入。於是他們也就變成了爲共黨陰謀組織吸收黨員的活動份子。

這並不是說電影都城的作家，演員及導演大多數是共黨份子。恰恰相反，他們大多數都是優良的美國公民。只有少數野心者互相勾結暗中從事共黨工作而已。

一個住在西海岸的名作家，沉迷酒色，共黨就利用這一弱點去爭取他。一個爲他所戀的女人被派去利用他爲共黨工作。這件事是由亞歷山大托蘭契丁堡格去佈置的，他是共黨對這個國家(美國)的一切文化工作的負責者，是一九五一年被控的二十一個著名共黨份子之一。我就是經過托蘭契丁堡格的關係認識這位名作家，當時他正受政治局所指派的一位年青女人經常監視。他所公開發表的各種言論，一律都經過那個女人的手，這就是說他的言論先由紐約第十三號街的共黨巨魁加以審核。有一次，他避過了這一關，發表一項違反黨的路線的言論，立即在托蘭契丁堡格和控制這位作家的那個年青女人間的關係上起了騷動。結果他仍舊回到黨的路線上來。

他是怎樣變成一個共黨份子呢？是由於他的腦海中與情感上對美國共黨的一個巨魁存着滑稽的崇拜心理而起。這位作家向以著述深刻而廣博著稱，竟被感而在公私方面對這個共黨首領發表最狂妄幼稚的言論。他甚至說，他所知有關蘇維埃專政與人類的『一切眞理』，都得自這個著名的共黨首領。我平生從未見過一個人的感情會那樣衝動，像這位作家在我參加的一次會議席上所表演的。

這種利用著名作家的沉迷酒色的慣技，並不是共黨不常採用的。我可以提出許多同樣遭遇的作家，但我想再說一個，已足證明。這個作家每年收入甚豐。但他始終感到不足，遂逐漸陷於憂鬱不歡，沉迷於杯中物以自娛。政治局於是就指派一個著名女作家設法如何爭取他。就共黨所謂忠實服從一點而言。她可算已經完全控制住他，做到使他言聽計從的地步。她還常常縱慫他去幫助共黨，終至使他完全接受共黨的理論。在他所有被灌輸的模糊的思想中，有一點使他忍爲是可靠的，即『蘇維埃的世界霸權之必然』。這就是共黨之所以能夠爭取他的主要原因，不管他對本身與生活如何發生厭倦，但他卻覺得史達林主義確有錦綉的前途。

關於共產黨利用『醇酒美人』來吸收黨員一事，常見傳說紛紜。就我所知，確有其事，但只有當對某個合於共黨理想的人而非加以爭取不可的時候，才使用這一法寶。因爲共產主義運動是一種陰謀工作，所以總是對黨員本身及其行爲虎視眈眈予以監視，俾免洩漏牠的罪惡的秘密。我曾經參加許多會議，決定開除那些酗酒成性的黨員，雖則他們有的曾爲黨立過不少汗馬功勞，亦在所不免。指導蔡姆勃阿爾格希斯間諜組織的那位著名共黨巨兇彼得第一次給我的警告，就是要我不要將我會晤蘇俄秘密警察的任務洩漏給黨中的某一個巨頭。

『H同志喜酒過度』，彼得帶鄙視態度批評說：『酒後話多，易洩機密。』

任何人飲酒過度而失去了理智時，自然難以使他們對僞造的假護照，對地下工作的苦痛以及其他共黨所做的犯罪行爲，保守秘密。他們自然不能巧妙去執行列寧主義的教條——說謊，盜竊或僞造證據，以達到共黨的目的。這類教條卻是每個參加共黨陰謀工作的人所必需遵守的。

就我所知，許多女人曾經在共黨的指導之下利用色相以完成有價值的間諜工作。我知道其中有一件有名的案件中牽涉到一個女人，她是國際上知名的女人。我曾經聽過她向『美國共黨政治局』所作有關她發掘間諜工作的報告。在那些男人之中，有一位對生活感到厭倦的科學家曾被她利用，受她迷惑，竟幫助一個蘇俄的間諜組織偷取了原子秘密。但一到共黨認爲那位科學家沒有用處的時候，她立即對那位科學家視同陌路，棄如敝屣。

我由於曾屬共黨要員多年，所以對爭取各界男女參加共黨陰謀工作，富有相當經驗。這些人中有一個目前仍爲共黨領首之一。他畢業於一個神學校，竟從宗教信仰轉變而傾向於激烈的革命，達到一種毫無理性的狂熱程度。在開始時，共產黨對他非常溫和，不加煽動。但和他作了兩個星期的討論後，我即向他鼓吹史達林主義是建築於有組織的暴力之上的理論，他後來就對全蘇俄的獨裁者所領導的無產階級專政表示熱烈的擁護。

在相反的情形下，我爭取了一位認人生爲一種詩意的退職部長。他曾經耗費許多工夫寫了許多讚美自然界的詩歌。我之爭取他成爲一個共產黨員，就是向他誘惑，說史達林正在『創造美麗的世界』，只有史達林這樣的一個人才算是世界上第一完人，如共黨的理論家們所說的那樣。

第三個例子，是一個女人。她年將花信，既無職業，又無丈夫。她出身於富有家庭，生活自無問題，但因此而感到苦悶，鬱鬱不歡。她懼怕共產主義運動，一向表示反對。可是我却向她鼓吹，認爲她之失業失戀全爲資本主義所造成，她只有加入共黨才可獲兩全。她果然被說動了，加入共黨，進一個秘密設立的地下工作特別學校受訓。在受過共黨的訓練之後，這個膽小的女人曾爲共黨完成了許多重要的間諜工作。因爲她賴共黨的秘密援助在新聞界獲得重要的位置，所以她對共黨的報酬却而不受。

因爲百分之九十五共黨黨員一向對自己的黨籍保守秘密，他們如何可以知道誰是爭取的對象呢？這一點說來並不難。大多數共黨份子都通過他們所加入的團體或他們所組織 用爲鬪爭陣地的組織，從事活動。共黨份子單獨或成組加入一個團體後，總是發動提出許多討論議案，議案本身並不需帶有共產性，但到了許多議案集合起來總是概括了共黨的當前路線。共黨份子會注意到誰對這些議案擁護最烈最多。他們就可由此決定誰可爭取，並決定如何去爭取。有一天，他們就去和那個擬予爭取的理想的人談話，討論國際大事，向那個人提出問題：『爲什麼我們兩個人不一起去加入共產黨呢？』如果那個人同意，兩個人就去和一個共黨首領會面，兩人一起簽名入黨；可是實際上其中一個人早就是黨員。

共黨的外圍組織，總是一個委員會或小組之類由共黨份子秘密領導的，其大部分參加的人早就是共黨的信徒，雖則這種滲透向不公開。這些潛伏的共黨即通過他們的合法的外圍組織，吸收其他許多人入黨。對新加入者如同從前一樣，一律予以共黨的測驗，此外現在不但須經過決議，而且須經過個人或小組的討論。對於整個共黨路線的同情者，就是這樣被發掘出來的。

這些潛伏的共黨之滲透外圍公開團體的活動，也是史達林用以危害美國安全的最可怕的武器之一。他們竭共所能去使美國的輿論迷亂不淸，使美國的行動陷於癱瘓。因爲他們很容易由他們的行動露出馬脚，所以應付他們雖是困難，但並不是不可能。可是我們之所以不易發現他們，主要原因是由於美國人對於共黨如何進行陰謀工作太缺乏了解所致。

當一個被吸收的人成爲一個共黨的信徒時，那只是故事的開端而已。任何人在未受過共黨的嚴格訓練之前，決不算是一個十足的共產黨員。共產黨是一支專門從事於間諜與滲透工作的侵略軍，牠們的信徒也一律訓練起來以達成這種目的。

這裏來說一說共黨的那些特殊學校。首先是那些『公開的學校』。以前叫做工人學校，公開同全國各區的共黨機關發生聯繫。後來爲着掩護他們的眞正目的，遂改用許多愛國的名稱。

只要留心一下這些學校的課程，立可發現他是致力於研究如何用暴力顚覆美國政府的科學。自史密斯法案——依據這一法案於兩年前曾有十一個共黨首領首次被控——由美國最高法院予以施行以後，這些課程的名目也就改爲『馬克思主義』了。共產黨是善於隨機應變的，使人發生錯覺以爲他們的目的也隨名目的改變而化爲烏有。

參加這些公開學校的男女，大多數都是和共黨陰謀組織有關的。他們之參加這些學校，日夜攻讀不倦，目的是想成爲更優良的共黨支部工作人員，希望成爲支部的組織者。這些工作是踏進共黨機關的第一階梯，可由此而逐漸得以躋身於眞正統治黨的那一批巨魁之列。

這些學校中有一小部分學生是屬於『黨的同情份子』，他們對共黨非常接近，可說已屆將要正式加入共黨的程度。他們之所以被吸收，大概是因爲共黨認爲他們在共黨的影響之下會同別人採取一致的立場。現在這些公開學校已罩上神秘的色彩。學校中不保存學生名册，盡量避免受外界或政府方面的注意檢査。

秘密學校正如公開學校一樣，也是共黨陰謀工作的特點。這些秘密學校目的是從事訓練選民，訓練小組幹部用以擔任美國國內史達林軍的各部首領。全國訓練學校早在上紐約省的一個共黨據點開設有年，絕對保守秘密，凡認爲有資格進這個學校的人都是準備將來派以更高位置的。

這些秘密學校遍設全美國，其校址經常移動，藉以避免被人發現。在各省中，各地一小部分最積極的共黨黨員會集一起受六個星期的共產理論與行動的訓練。所以他們之參加有計劃的顚覆政府工作，都是訓練有素。

我曾經在這些秘密學校中教過課，最主要的是伊利諾與紐約的那幾個學校。那些學校有的設立在不易引入注意的地方，有的設在城市中心地段，有的更設在偏僻的鄉村。有幾個上過我的課的青年，現在已是地方或省的黨領袖。

所有這些訓練課程，都是機械式的。因爲共黨慣用的口號是『學習，學習，學習』所以在共黨內部是不能有兩種意見的，每個人必須要服從莫斯科的決定。學生所『學習』的，不外是如何從共黨的宣傳品中去學習服從克里姆林宮的命令。他們所知的，是『每日工人』報係對共黨黨員發布指示的『電報

(下轉第29頁)

臺灣研究

臺灣的地理

楊錫福

一、概述

臺灣之名在國史上，幾經變遷，隋書稱流求，宋史因之，元代稱瑠求，明季初稱小琉球，蓋以示別於琉球群島也，繼有大灣，臺員諸名，萬歷年間始以臺灣爲定稱。而秦之瀛州，兩漢之東鯷，三國以迄南北朝之夷洲，或謂均指臺灣。公元十六世紀初，葡萄牙人稱本島爲 Ilha Formosa，意爲美麗之島，Formosa 一詞遂爲歐美人士沿襲用稱本島之專名，惟非概指政治意識上之臺灣省也。

惟臺灣命名，依據爲何？說者不一：臺灣縣志謂：「荷蘭設市……築磚城，制若崇臺，海濱沙環水曲曰灣，又泊舟處概謂之灣，此臺灣所由名也。」此說曲意求解，識者早詆其妄，或謂當漢人初移臺墾殖之時，土人對漢人之稱，訛譯而成臺灣，惟此說似亦無據。較可信者謂臺灣名稱之由來，乃係 Tayovan 族譯音之訛，該族原住西海岸，嗣遷臺南平野，再遷東南，復北徙至秀姑巒溪流域，其住西海岸時，爲當初首先與漢人接觸之土著，遂以一族之名，轉注而爲地名，該族名亦作 Tayovan 或 Taioan，音譯而爲「臺灣」。

臺省之自然方位，跨溫熱二帶，北廻歸線橫貫中部，其經緯度之四極爲東經 122°6′15″ 及 119°18′3″，北緯 21°45′25″ 及 25°37′53″，東西跨經度二度四八分二秒，南北跨緯度三度五二分二八秒。全省均由島嶼所組成，而諸島嶼在區域上通常分爲二組，一爲本島及其附島，計島嶼十四，一爲澎湖群島，計島嶼六十四，全省合計島嶼數爲七十有八，錯落海中。陸地面積合計僅達三五九六一方公里，在全國各省中殆爲最小。就本省而言，諸島中面積以臺灣本島爲最大。本島作紡綞狀，南北之長，由富貴角至鵝鑾鼻，達三九四公里，東西之寬，由新港至新社達一四四公里。本島面積佔全省千分之九百九十三，達三五七五九．五方公里，合其附島計之，達三五八三四方公里，而澎湖群島面積僅爲一二六．八方公里，其中澎湖本島則又佔澎湖群島全面積之半數。

本省西隔寬度百五十浬之臺灣海峽，與福建省相鄰，南接菲列賓，北連琉球日本，東臨太平洋。就其周遭言之，臺灣位置價值頗爲重要，蓋臺灣爲亞洲東部大陸邊緣之大島，位於大陸與大洋相交切之處，此大陸邊緣羅列若干島弧，北起千島群島，南接南洋群島，蜿蜒南北，錯落相接，而臺灣適處於中堅部位，且獨具經濟價值與軍略價值。

臺灣之位置價值，不僅現時爲世人所重視，中古時代，國人有識之士早即見之。當宋代閩海發展之際，朱文公登福州鼓山，憑海東望，謂：「五百年後，海外當有百萬人之郡」，其所指之地即爲臺灣。唐宋之際，臺灣海峽內之泉州，蔚然爲國際貿易港口，而當時宋書所載，稱澎湖爲泉州外府；元代澎湖之軍事價值，已被重視設巡檢司以治其地，爲海防之奧區。宋元而後，臺灣之位置價值，益形重要。

二、自然基礎

1. 山脈、臺地、邱陵

歐美人士稱我國爲多山之國，而臺省亦實堪稱爲多山之省，我國山脈之走向，計有三類，其一爲震旦方向，作東北西南向，我國東部諸山，如長白，武夷等山脈均是，而臺省山脈，亦均作此走向。

本省山脈，縱行並列者凡四，最東者稱臺東山脈，起於花蓮港溪口，止於臺東之北，長約一四〇公里，爲第三紀中新統砂岩頁岩及一部份噴出岩之安山岩所組成，平均高度約千公尺，其高峯在南部，向北漸趨低夷，山勢緊逼海岸，下臨無地，自海上視之，頗稱雄偉。此山脈原與其西側之中央山脈同屬一系，嗣因二者之間，中有臺東大斷層之陷落，沿斷層線侵蝕成峽谷，形勢上遂分離爲二。

自臺東山脈向西越臺東縱谷後，地勢漸形升高，西行不及四〇公里，高度已升至三千公尺，此帶高峯聳峙，崗巒連亘，是爲中央山脈。

中央山脈爲本省之主要分水嶺，起於本省北部東海岸之烏岩角，迄於恆春半島南端之鵝鑾鼻，長達三二〇公里，高峯在三千公尺至三千八百公尺者二十餘處，平均約隔十四公里即有三千公尺以上高峯一座，峯巒相接，構成臺省之屋脊。

中央山脈大部岩層屬於第三紀始新統之粘板岩硬砂岩，當造山運動時，經强烈之褶曲，兩側均發生斷層現象，東側造成臺東縱谷，西側自尖山以南，亦多見斷層。

中央山脈之西，則爲玉山山脈，北起於本省東北端之三貂角，南至尖山與中央山脈相合，平均高度約二千公尺。

玉山山脈在地史上原爲本省之主要分水嶺，後因較軟岩層，遭受侵蝕，漸次低夷，今所存之高峯，僅餘玉山彙及碧山彙，聳然而成爲本省第一與第二高峯。

玉山歐人稱 mt. morrison，海拔三九五〇公尺，與中央山脈之秀姑巒山隔以八通關隘道，該隘道海拔二八〇〇公尺，爲本省東西交通之孔道；碧山歐人稱 mt. Sylvia，海拔三九三一公尺，與中央山脈之南湖大山隔以碧南隘道，該隘道爲本省北部溝通東西之天然孔道。

玉山山脈岩層屬第三紀始新統粘板岩。此山脈之西，有另一較低平之山脈，是爲阿里山山脈，北起於本省東北端之鼻頭角，南沒於鳳山邱陵，平均高度在千公尺至二千公尺之間，其岩層則以第三紀中新統及鮮新統砂岩及頁岩爲主，而其褶曲部份之頁岩殆被侵蝕無餘，北部有劣質之褐炭層，中部有石油層。

阿里山山脈之東西兩側，均有斷層，河流流經阿里山山脈之東者多成縱谷而該山脈之西側，沿大斷層線形成若干局部盆地，其中如日月潭湖盆地，殆爲標式，類皆由斷層陷落之低地，受河流排水及湖底堆積之故而漸趨乾涸，遂成今日之湖底盆地。

另在本省北部，臺北、基隆、淡水之間，有大屯火山彙之聳立，與上述四列山脈不相連續，此山彙由大屯山、七星山、竹子山、觀音山等數個單式火山而組成，中以七星山爲最高，達一一二一公尺，均爲幼年期休火山，其噴出期在洪積世末期，沿斷層線噴出之安山岩熔岩，當時淡水河曾爲之壅塞，今尚有硫氣孔存在，北投在陽明山爲附近著名之二大溫泉區。

在本島西部，介乎山地與平原之間者，有高度約二百至三百公尺之邱陵與臺地，斷續相連，成爲一列，北部自大屯火山彙之觀音山起以迄新竹之鳳山溪河谷，稱爲桃園臺地，向南終於大安溪河谷，稱爲新竹邱陵，再南接連中部之大肚邱陵，八卦邱陵，再南則自嘉義以迄鳳山，稱爲嘉南邱陵，最南爲恒春半島之恒春臺地。

2. 河流與平原

本省河流分布及其個性，多受山脈所影響，就河流分布言，由於主要分水嶺之中央山脈位置偏東，故本省東部河流均甚短促，而西部河流則遠較東部爲長。就河流個性言，由於本省山多且高，河流上中游類均湍急，河谷深狹，下游較爲迂緩，而支流紛岐，河床淺闊，殆爲一般標式，因此可航程均極短。

河身長度在一百公里以上之河流，均在西部，最長者爲濁水溪，該溪源於合歡山，全長一六五公里，上游爲萬大溪，郡大溪與陳有蘭溪；濁水溪幹流於二水（地名）附近流出山地而入平原，下游分岐，分爲斗六溪，西螺溪，虎尾溪及北港溪各自入海。本省西部之廣大平原，北起彰化，南迄嘉義，均爲濁水溪冲積而成。流城面積達三一一四方公里，灌溉面積達八〇〇方公里。

下淡水溪爲本省第二長流，源於玉山，全長一五九公里，南流至東港入海，屏東平野乃由該溪冲積而成。下游河身極廣闊，可航程僅約五〇公里。淡水河全長一四四公里，源於大霸尖山，流經臺北附近，納新店溪與基隆河，水勢驟增，經淡水入海。此河爲本省北部之重要河流，帆船可上溯至大溪（地名）。

曾文溪全長一三七公里，源於阿里山南麓，於安平港附近入海，爲本省西南部重要河流，與八漿溪、朴子溪等構成臺南冲積平野。

餘如大甲溪、大肚溪、八漿溪，均在西部，河長概在百公里以上，亦均爲造成西部冲積平野之主要營力。其在東部者，河長概在百公里以下，舉其重要者，一爲宜蘭濁水溪，源於碧南隘道附近，全長僅六六公里，但被稱爲東部穀倉之宜蘭平原，實由此溪冲積而成。一爲花蓮港溪，源於中央山脈之大石公山，納臺東縱谷北部諸水至花蓮港入海，全長六八公里。一爲秀姑巒溪，源於中央山脈之關山，集納臺東縱谷中部之水，橫切臺東山脈之中部，至大港口入海，全長八九公里，爲東部之最長河流。一爲卑南溪，亦源於關山，納臺東縱谷南部諸水，至臺東入海，全長八二公里，其下游所造成三角洲，爲臺東縣境內主要經濟區域。

本省因係島嶼所組成，且面積不廣，故本省所謂平原，實非坦蕩千里，極目無垠之平野，而僅係諸河流冲積而成之局部盆地，或河流下游冲積扇及三角洲而已。

盆地以臺北盆地、臺中盆地爲主，他如本島中部及沿河流之河谷，亦有若干小盆地。臺北盆地圍以大屯火山彙，桃園臺地及番界嶺，介乎新莊斷層與臺北斷層之間，在地質時代，北方因火山噴出岩阻塞而成湖盆，後因地層隆起，湖盆內部之水因關渡附近之鞍部，漸次下蝕，遂成爲排水出海之孔道，盆地遂涸成湖跡平原。盆地內地勢極爲低平，海拔僅在十公尺以下。臺中盆地介乎大肚邱陵、八卦邱陵與阿里山山脈之間，兩側均爲斷層所挾，由於大肚溪之冲積，而成平野，南方之南投盆地在形勢上與此相接。

冲積平原之主要者，爲本省西南部，自彰化至高雄一帶，乃集合大甲溪、濁水溪、曾文溪及其他諸河流所造成之三角洲而成；此平原再南，過下淡水溪與屏東平原相接。本省東部則因山勢逼近海岸，河流冲積地區不廣，僅有中央山脈與玉山山脈間之宜蘭平原及臺東山脈與中央山脈間之臺東縱谷平原，二者均遠不如西部平原之廣濶。上述平原，縱因面積不廣，但就多山之本省言，實極重要，而本省產業之興盛，交通之發達，都市之興起，率皆在上述平原地帶。

3. 氣候大要

以位置而論，本省跨溫熱二帶，概言之，北部中部屬暖溫帶氣候，而南端則屬熱帶氣候。全省氣候特色爲高溫多雨，惟以地形影響，全省三分之二面積，殆爲山岳所據，高峯連亙，聳峙南北，故本省氣候既有高山平地之差異，復有東西南北之不同。

就氣溫言，本省各地年平均除高山外，概在21°C以上。21°C年等溫線橫截本島北部，約與羅東竹南之線相合，22°C等溫線行經北緯24°稍北，23°C等溫線大致與北緯23°相符，24°C等溫線則橫截本島南端。

倘以四季分布而論，本省實無冬季，而夏季之長則通常在七個月以上，如臺北夏季年達七個月，而臺中、臺南、馬公則達九個月，恒春則終年皆夏，故臺灣有常夏島之稱。

就雨量言，全省除西部沿海及澎湖群島年雨量不足千公厘外，其餘各地通常在千五百公厘以上，而山地區域，平均多在三千至四千公厘，尤以基隆南之火燒寮年達六千七百餘公厘，實爲遠東最多雨之地。雨量之季節分布，則北部冬季多雨，蓋受東北季風之影響，南部夏季多雨，蓋受西南季風之影響，因此北部之火燒寮與南部之浸水營遂爲南北二個多雨中心。西部沿海及澎湖群島之少雨原因，乃由於臺灣海峽有流管作用，終年風速甚大，且風向固定，最多風向均與海岸平行，降雨機會不多，且復受海峽兩側陸地所屏蔽，臺灣海峽遂爲著名之雨影區域。

另一本省氣候特色，爲夏秋之交，颱風頻數，颱風爲熱帶海洋特種風暴，源於太平洋加羅林群島附近，取西北方向，侵襲本省，其平均最大風速達三七．三秒公尺，故其破壞力至强，且挾豪雨俱來，平均最大日雨量達四二七公厘，因此颱風經過之區，每每漂瓦裂石，淹沒農作，毀損廬舍，致成巨災。颱風襲擊本省之月季頻率，據五十二年來紀錄，七月爲二六%，八月爲三五%，九月爲三〇%。

颱風侵襲本省，其路徑大抵從東南趨向西北，依統計，通過本省北部者佔四一%，通過中部者佔三一%，通過南部者佔一九%，經東部近海北上者佔五%，經臺灣海峽北上者佔三%。

三、人地關係

1. 地理環境與歷史發展

歷史之發展多受地理環境所影響，此爲一般原則，本省發展之史實，亦受此原則所支配，說者謂倘本省西部爲高山斷崖，東部爲平野，或西臨千尋海溝，東憑淺海，則本省史實之演進當有絕大轉變。厥因本省西部爲平原，而臺灣海峽之內，又有澎湖群島爲航海中繼站之故，因此本省進入國史範圍以內，爲時頗早。

澎湖在本省發展史上佔極重要地位。由大陸來臺，當初殆以澎湖爲「長成尖端」。隋煬帝經營臺灣（當時稱琉求），遣軍由廣東潮安（當時稱義安）航海，其先至之地即爲澎湖群島之奎壁嶼，再一日而達本島。宋代之經營，亦先及澎湖；元代之建置，亦以澎湖爲嚆矢。元代汪大淵撰島夷誌略，首條即稱述澎湖。大抵三國吳時及隋朝，已有人至其地，惟宋趙汝适撰諸番志，始首對澎湖作較詳細之記述。

由於澎湖之發展，遂逐次及於本島，而元明以來，本島之發展，基於地理環境，而有下列之歷史層序：（一）民國紀元前四百年，鄰近澎湖之本島西南沿海各河港，首先形成小市集，繼沿河向內發展爲局部墾殖區域；（二）民前二百五十年，北部港口逐漸發達；（三）民前二百年，本島西部沿河墾拓區域及以海港爲據點之墾殖範圍，逐次擴及西部各平原，由點線的墾拓擴爲面的墾拓；（四）民前一百五十年，東部平原及西部邱陵逐漸墾拓，繼則其他各區土地均已產業化。

綜之，本省發展之史實，在區域上，由西部而趨東部，由沿海而趨內陸，在地形上則先平原而後高地。

2, 地形與人口分布

法地理學家 R.Brunhes 氏在渠所著 Geographie Humaine 一書中，闡述人類對自然之關係，曾謂：「人生活動可以在某種限度下自由變更其動作和方向，但不能蔑視環境；人類可以改造環境，却不能勝過環境，所以人生活動常須受環境之影響。」左右人生環境最有力而顯著者，莫過於地形與氣候，而此二者之中，尤以地形一項更爲顯著有力。氣候影響，固屬重要，地形影響，尤爲直接。且在小區域內，地形支配力更易顯示。蓋人生一切活動與夫支持人生之一切事物，其受地形條件之影響，實較氣候爲尤甚。而了解某區域之人口分布，則該區域之產業，交通及其他人文現象，均可思過半矣。

本省人口之分布，是否與地形有正相關性 Positive Correlation，據筆者研究，適符上述原則。概括言之：本省人口分布依地形高度而遞減，茲據數字作一統計，本省人口百分之七十六分布在百公尺等高線以下低平地區，百分之二十二分布在百公尺至五百公尺之邱陵地帶，百分之二分布在五百公尺等高線以上之山地帶。

吾人倘將本省各區域人口密度分爲四級，更可闡明人地關係：

第一級，人口密度每方公里在千人以上者，其區域爲臺北盆地、臺中盆地、嘉南平原、宜蘭盆地。

第二級，人口密度爲四百至一千者，其區域爲新竹邱陵、八卦邱陵、大肚邱陵、嘉南邱陵、鳳山邱陵、屏東平原、加禮宛平原、澎湖群島。

第三級，人口密度在五十至四百者，其區域爲桃園臺地、番界嶺、恒春臺地、臺東縱谷、南澳山地、大屯山區、三貂嶺山區、西部海岸狹長地。

第四級，人口密度每方公里在五十人以下者，爲山岳地帶。

吾人試將本省人口密度圖與地形圖作比較觀察，人地相關現象至爲清晰。解釋此種現象構成之因素，亦殊簡單，蓋本省經濟以農爲主，故人口以平原爲最多，邱陵地帶農林之利兼富，地形雖較劣，尚可吸引相當人口。

本省東部地理條件較西部爲次，發展歷史乃較晚，故人口分布囿於地形之現象，特別明顯，東部一百公尺等高線以上地區，人口有極顯著之銳減，此種情形，在西部地區，則五百公尺等高線以上山地，人口始見銳減。

通常謂氣候控制乃支配人口分布之有力因素，故有謂：「人口疏密與雨量多寡相符合。」惟此原則，在本省不盡適用，蓋本省多雨之區，均在山岳地帶，該地帶適爲人口最少之區，年雨量三千公厘等雨量線幾與地形一千公尺等高線相符合，而該線所包括之區域，適爲本省第四級人口密度地區。反之，本省人口密度一級地帶，年雨量多在二千公厘以下，而澎湖群島年雨量更不足千公厘，但人口密度尚屬二級（每方公里平均六三五人），此乃由於本省「人」與「雨」之關係，不在雨之多寡，而在人對於雨之控制利用，在本省西部平原，其農業發展史，實爲一部人與雨之爭鬪史，該地帶首要問題爲如何管理雨水。而澎湖之人口稠密，乃由於其位置價值（Lagewert）之優越，其居民之生存空間，實繫諸遼濶之海洋。

雖然本省氣候與人口分布關係較微，但氣候影響於本省聚落型態者則較著：

本省聚落，顯然有南北不同。南部多屬集村（Compact settlement, Haufendorf）北部多屬散村（Scattered settlement, Einzelhof），南北過渡帶之大肚溪、濁水溪之間，則爲連村（Linear settlement, Einwegedorf），此種現象之形成，當有其人文因素摻合其間，惟氣候因素亦至重要。本省南北氣候有顯著差異，北部全年各月均有降雨，無特殊之乾季，而南部純屬夏雨區，冬期經常乾旱，故當年初墾之際，南部墾拓者須就水源而集居，北部則無此必要，再則，北部終年濕潤，原始景觀，乃爲沼澤與叢林，南部冬旱，原始型態，類似散樹草原。沼澤叢林之開發，實不容許產生大型聚落，而開曠草原之上每易於形成集村。職是之故，南北聚落型態，遂異其趣。

四、結 語

「利用厚生」爲吾人研究地理之最高原則，了解區域之自然概況，闡述其人地關係，以遂其利用厚生之目的。

本省自然情況，優點固極多，而缺點亦有，其著者爲天然災害，有損建設，高峻地形，妨碍發展，惟此不可抗力之因素，殆非人力所可改進。倘就自然所給予本省之優良條件，儘量啓發利用，以配合區域計劃經濟，使人地關係作進一步之調適，則本省發展遠景實至佳也。

推薦在港出刊之三日刊

自由人

香港高士打道六六號

電話二〇八四八

當天空運到臺

臺北經銷處

中華路一二五九號

（上接第6頁）

人類追尋自由的歷史，對內爲爭政治的民主，對外爲求民族的獨立。他們達到此項自由，在時間上容有先後，而其終必成功，則爲不可爭辯的事實。假使在一個國際組織之內，包含自由程度不同的若干國家，而要執行同一的和平保持政策，則此項國際組織，必然註定失敗。神聖同盟，互相保證，維護正統，而當時歐洲國家，或者尚受他國的統治，或者尚無統一的政府，其追求自由的堅强奮鬪，殊非神聖同盟所能壓制。於是希臘獨立，比利時革命，德意志的憲政運動，甚至法國王朝的更迭，使神聖同盟卒告瓦解。現在聯合國組織，共有會員六十餘國，其享有自由的程度，至爲不同。聯合國的崇高任務，應爲對於此項自由，力加扶植，使其和諧發展，以維護和平。換言之，即聯合國的集體行動，應積極的以自由是否被侵犯爲標準，而不應消極的以和平是否被破壞爲依歸。亦即聯合國應以自由爲目的，而以和平爲手段。對於任何民族統一與獨立的要求，應努力使其實現，任何國家民主方式的政府，亦應集體予以保證。聯合國前途，庶不至重蹈神聖同盟的覆轍。

自由中國通訊

日本舊軍人的煩悶

東京通訊・四月四日

徐逸樵

一

日本人稱戰前一切勢力爲「舊勢力」。這幾年來舊勢力對於「捲土重來」的機會的捉捕（「捲土重來」是舊勢力自贊之語），有類於明治維新以前德川家康應付日本統一所採取的態度。

在明治維新以前，一生以統一日本爲已任的有三個人，一個是織田信長，一個是豐臣秀吉，一個就是德川家康。對於這三個人追求統一的態度，以前有一位日本詩人用他們對於非時不鳴的杜鵑的態度來比方。他比諸織田信長對於杜鵑的態度是「不鳴就殺掉他」，豐臣秀吉是「不鳴偏要他鳴」，德川家康是「不鳴且等他鳴」。可是織田和豐臣都失敗了，成功的還是德川——杜鵑終於及時鳴了。

舊勢力之有今天，也有類於德川應付日本的統一——等杜鵑的及時而鳴。

可是這一次杜鵑的及時而鳴，至少在今天，還只能適應於舊黨人，舊官僚，和舊財閥等的心境，在守節已久的舊陸海軍人看來，決不是杜鵑鳴矣的陽春。爲什麼呢？對於今天的警察預備隊海上保安隊的規模和作風，他們認爲不是他們用武之地，同時也無他們用武之地。這不是舊軍人的煩悶和空虛嗎？

二

我想先談一談舊軍人這幾年來守節以待的情形，然後及於他們今天的煩悶。蓋守節至於杜鵑鳴矣的今日而竟無英雄用武之地，斯煩悶空虛之所以起也。

守節以待的事實很多，先看投降初期的情形。在裕仁接受無條件投降勸告之次日，日本軍部就密令了全國大小的軍事機構迅速藏起龐大足以驚人的有關軍事的物資。據各方面客氣的估計，這些物資的價值至少在當時美元二百億以上（註一）。他們隱藏了的目的在那裡呢？據說在進可以戰而退可以守。在進的方面說，他們認爲美蘇之戰已經迫近了當時的眉睫，有了物資就多對美討價還價協同作戰的機會，在退的方面說，縱使這一期望一時無現實的可能，總之有了物資就有煎熬的憑藉。在日本投降的時候，日本軍人鮮有認爲永無翻身之日者。例如日本少壯派的領袖石原莞爾，曾在山形縣的酒田市，對着來自日本各地的聽講代表二萬餘人，作了一次悲壯的大演說；保證日本必有捲土重來之一日，激勵他們不要因一時之敗而氣餒。據說這些代表都是日本政府通知他們提來的，交通工具都是日本政府於千難萬難中替他們調達攏來的。酒田是僻處鄉間的小市，交通工具在那時又那末混亂和缺乏，出於日本政府的「通知」和「調達」，當非捕風捉影的想像。可是這些且不必多說他，舉一二例只在明瞭當時日本軍人的待機姿勢而已。

原來在大戰方終的跟後，美蘇之間確曾有過劍拔弩張的局面，其後弩劍暫收而入於「冷戰」，於是日本軍人只好忍心寬待時機的再臨。

可是日本軍人等待時機是有計劃而不是呆等的，這又有許多事實可以證明。在作戰的檢討，研究，計劃和人事的聯繫方面，日本軍人有一個六年如一日的掩護作業的機構。這個機構就是利用資料整理作招牌的復員局，而以服部卓四郎爲首領。這一派的中心人物爲西浦進，崛場一雄，水野勝城，原四郎，橋本正勝，井本熊男等十餘人，據說都是陸軍士官學校和陸軍大學的優秀，同時又是久任參謀本部作戰業務的中堅。他們是和盟軍總部有默契通聲息的，公開的秘密稱呼是「小型參謀本部」或「服部機關」。

就在鄉軍人的布置方面說，日本軍人有無數有計劃的開拓團。開拓團廣布於北海道至九州的鄉間或山地，堪稱寓軍於農的復員軍人團體。離東京不遠的千葉縣下志津村地方就有這種規模的團體；這是一個利用陸軍砲兵學校練兵場而從事開墾的組織，有組織的復員軍人無慮千餘。就一般民間研究方面說，日本軍人也有不少待機而動的團體。這些團體比較爲人注意的有稻田正純（前陸軍中將）和福留繁（前海軍中將）等所主持的經濟研究所，渡邊鐵藏的支持，有土居明夫（前陸軍中將）和其助手淺井勇（前陸軍中校）等所主持的大陸研究所，受大藏公望的支持，有橫山彥眞（前陸軍中校）和丸山茂（同上）等所主持的國家防衛問題研究所，受寺田武雄的支持……所謂〇〇研究所云云，對象當然是如何整軍和作戰。

我們看了這些隨手拈來的事實，不難想像舊軍人「守苦節」「吃冷飯」所爲何事（「守苦節」「吃冷飯」是這幾年來舊勢力的自贊語）？然而杜鵑鳴矣的今天，他們究竟得到了些什麼呢？

三

據說前年警察預備隊籌設方始之時，「服部機關」的首領服部卓四郎高興極了，匆匆忙忙跑去見預備隊的增田長官說，「我們來幫忙了」，居然碰了一鼻子灰；其後又去見吉田，吉田認爲那是東條的餘孽（註二），請他吃了閉門羹。於是服部和其他久於「吃冷飯」者大爲洩氣。

吉田對軍人所以如此，至少可以歸納爲三點。第一，吉田在戰時曾被東條關過四十天，於是對於舊軍人大抱反感。這一說法在日本很流行，可是從我看，吉田因此而對於舊軍人不無戒心則有之，而以此作爲吉田對於舊軍人無好感的最大原因，恐不免過於皮相。第二，舊軍人太自大，太桀傲，性如悍馬而不易制，「下尅上」的歷史充滿過去。這種種，不僅吉田不放心，就連多數日本人也未見放心。在重整軍備的今天，這怕是舊軍人不受歡迎的大原因之一。第三，軍國日本所以有過去的澎漲，固然受惠於軍閥和財閥的合作。可是從一九三〇年左右少壯軍人得勢以後，少壯派和財閥遂成水火對立之局，發生了許多暗殺，暴動，甚至近於革命的所謂「大不祥」事件。這些事件和其動機，從財閥和一般資本家的利害關係看，乃是社會革命的另一表現，當然是深惡痛絕的。現在呢？財閥復活了，「吉田組」因緣時會變成新財閥了，如果他們讓那些以少壯軍人爲中心的舊軍人重掌軍權而死灰復燃，不是等於玩火自焚嗎？這是代表復活中的財閥的吉田政府所最不願意幹的。

基於這種種的原因，在吉田的本意，請些穩健可靠的舊軍人做做顧問是可以的，委責建軍和掌軍當然敬謝不敏。這幾年來吉田對於自認爲有因緣可信憑的舊軍人，例如野村吉三郎（前海軍大將），小林躋造（前陸軍大將），豐田貞次郎（同上），下村定（同上），辰巳榮一（前陸軍中將），河邊虎四郎（同上），山本芳雄（前海軍中將）等，常有密談和諮商的機會。可是只止於顧問性質的密談而已，並無意把實權交給他們。至於其他陸軍士官學校的畢業生之出身於卅八期至五十三期者，當然也有幾百人被選入隊者，可是他們的思想和其經歷是經過嚴格手續檢別過的，因之並不能也不會替整個舊軍人的東山再起發生怎樣的作用。

那末舊軍人對於目前的盟軍總部和此後的美國駐防軍當局有什麼希望可以寄托呢？說起來又是令他們洩氣的。

美國對於日本重整軍備的構想，將來有否大變化是另一問題，在目前和可以看得出的將來，似乎不外是這樣一個輪廓：陸軍儘可能的擴充，海空軍儘可能的制限，而編制，訓練，裝備和作戰的指揮則儘量受美軍的制約。這情形從日本舊軍人看來，乃是新型「殖民地軍」的性格，如果一旦有事而須在國外國內作戰，那就是驅日本陸軍作「人海戰」（註三）的結局。這是飽受「皇軍」精神陶冶了的舊日本軍人所萬不能耐的。至於美方對於舊軍人的觀感和包容性如何，美方當然不會輕易表示的。不過有一點可以斷言的是，美方對於舊軍人的能力並不低估，對於他們的反共情緒尤其欽佩，至於說到觀感和包容性，這却不能不受到現日本政府對於舊軍人者的影響。

以上是日本舊軍人處境的大概，顯然地，是無往而非煩悶空虛的局面。

四

局面固然隱匿，舊軍人當然不會束手。他們打開局面的方法可以分爲二方面說。第一方面是年輩的轉業打算，重點是向工商業和政界轉業。向工商業發展由來已久，而且其中已有卓著成績者。向政界發展是新動向，入手的辦法是競選國會議員。最近宇垣一成之擬以岡山縣爲其選擧區，土橋一次（前戰車學校校長）之擬以鹿兒島爲其選擧區，片桐英吉（前軍事參議官）之擬以山形縣爲其選擧區等，即其實例。可是中途出嫁是成功之忌，轉業於工商或政界當然不是正路。第二方面是雄心未已的屬於當年較少壯的一派。他們認爲大局面的打開一時無可能，於是大作其衞鄉之論和其準備。他們認爲衞鄉應該組織，「衞鄉軍」，「民軍」或「鄉軍」之類，靠今天或明天的警察預備隊式的軍隊是無濟於事的。他們稱預備隊員爲「六萬元」，譏爲「預備隊可以作戰，那電線柱就會開花了」（註四）。關於「衞鄉軍」一類想法的高論最近很多，這裡無暇詳細介紹。還有一派也值得一提，就是東亞連盟論派的復活。這一派是故石原莞爾將軍的信徒，人數並不少，自信也堅定，可惜時易世遷，殊少英雄用武之地。

這種種無非是無辦法中的辦法，當然不是美麗的遠景。對於他們最大的公約數，說來說去還是愈快愈好的「冷戰」結束，然而冷戰究竟何日了呢？這又引起了舊軍人的無限煩悶了。

（註一）隱藏數字無法確計，一般說法爲日本投降當初日幣值幾千億圓，而據一九四七年任隱藏物資追究任務的衆議院特別委員長加藤勘十在國會的報告中，有至少在當時幣值五千億日圓以上之語，當時日圓與美金之法比爲五〇對一，五千億合美金百億，其實，一九四七年以前爲政府追獲與被隱藏而秘密處分，以及一九四七年以後被查明而馬虎了之者，爲數至夥，故二百億還是低估的數字。

（註二）服部卓四郎曾任東條秘書，「服部機關」中曾任東條秘書者尚不止他一人。

（註三）日本評論家評日本新軍爲「殖民地軍」和預言將來協同作戰時的日本陸軍爲「人海戰術」者甚多，不必一一詳其出處。

（註四）警察預備隊募集之初，日本政府允許二年退職後可以領退職金六萬元，於是應募者頗多。一般人以應募者之動機多出於六萬元的誘惑，故街上多有指通行中之預備隊員爲「六萬圓在走」者。

緊張而興奮的越北

河內通訊

祁　仁

三月廿五日本地華文報紙在同一版面登載了兩段很重要的新聞。一段是新任僑務委員會委員長鄭彥棻氏由河內赴海防宣慰華僑，途經海陽省，當地僑胞熱烈歡迎，各商店一律懸掛中越國旗，越南海陽省長以香檳款待嘉賓，在中華會館更擠滿老少男女及青年學生行列，瞻仰多年未見的漢家衣冠，想望鄭氏的言論豐采，其盛況爲國軍入越受降以來所未見。

另外一條新聞則是法越軍越北（越南北部）最高司令部發表，越盟軍於昨夜猛攻海陽寧江法越軍陣地，激戰甚烈。全部戰況，雖然沒有公佈，但把這兩條消息，同時合併參閱，則恰好構成一幅興奮而緊張的畫面。

越南的戰事，給予人們的印象是非常渾沌與複雜微妙的，一方面法越軍隊在山林沼澤草原地區與越盟作殊死的搏鬥，一方面則不時透露試圖與越盟作政治的解決。（十七日香港星島日報）一方面傳說中共在中越邊境陳兵卅萬，在龍州南寧爲越盟訓練幹部，且有顧問及技術人員已加入越盟的消息，一方面則又說中共毫無派遣軍兵接近邊境之跡象。（廿六日越南新聞社）甚至最令人迷惘的是美國國防部長羅維特出席衆院作供時所言：若干中共軍隊，早已參加越南血戰，『中共之大規模輸送軍火與越盟，已爲明顯之事實』，而巴黎方面法國越南事務部發言人則謂：『關於中共軍隊越過越南邊境一事，尚未有接獲若何消息。』（廿七日河內太平洋日報）可見消息的矛盾與情勢的錯綜了。

消息是消息，事實則是事實，法越軍在越北兵力的雄厚，防務的鞏固，並不因情勢的複雜而稍有鬆弛。由河內東到海防，由海防北到芒街，由河內南到南定府里一條線上，碉堡林立，兵車絡繹不斷，顯然絕無放棄的跡象，最難得的是人心鎮定，對迫在眼前的戰事，毫不驚奇。在華僑商業方面，當然受了戰事影響而不景氣了，但是應運而生的運輸業洋酒業，則一枝獨秀，依然欣欣向榮。學校方面，學生人數增加了，擴充設備與教科書的供應於是成了問題。

在臺灣方面或許不瞭解此地的情況，當上月法越軍縮短戰線，撤出和平的時候，政府機關曾密詢在越北分支機構需否作必要的準備，他們的答復是此種緊張的情況，不自今日始，與其說是和不撤守而使戰火逼近，不如說危機是在去年而不是現在。他們相信韓戰不能眞正結束，臺灣有六十萬大軍，中共軍入越介入越戰，毛匪除非天奪其魄，自速滅亡，他必需多多考慮考慮的。

鄭彥棻氏此來，轟動了越北，僑胞熱愛祖國的忠誠，眞足令人感動。鄭氏帶來三百幅自由祖國的照片，三本臺灣最近的新聞電影，都擠滿了觀衆，每當蔣總統出現的鏡頭，歡呼和掌聲，吞沒了一切。銀幕上映出自由祖國陸海空軍大檢閱的場面，一片驚喜和嘆美，在每個觀衆心頭噴薄而出。這種熱烈的情感交流，非親歷其境，是不能況味的。

越南的華僑，在革命的歷史上有光輝的記錄。國父十次革命，有四次是在越北策動的，所謂防城之役，鎮南關之役，河口之役，上思之役，都是以越北爲基地。黃花崗七十二烈士，越南華僑即有十二人之多。當年參加鎮南關河口之役的老同志現在尚有健在者。

在抗日戰爭時期，西南運輸吞吐口，即在越北，不少華僑出錢出力，協助祖國，爭取勝利。日本佔領時，我地下工作人員犧牲者亦有數十人之多，此皆越南華僑對於祖國之貢獻，値得大書特書的。

越北華僑又面臨一新的局勢了，大陸的僑鄉僑眷，在共匪土改捐獻，三反五反，鬪爭清算之下，已是家破人亡。在僑居的越北，共匪已滲透越盟部隊，伺機蠢動，同情共匪亦罷，不同情共匪亦罷，有錢就有罪，安居樂業是共匪的仇敵，殘殺破壞是共匪的本來面目，在民主自由與共產集團勢不並存的時候，我相信越北華僑，一定會與自由祖國臺灣站在一起，支持國民政府，擁護蔣總統，反攻大陸，光復故土，一如過去歷次幫助革命一樣。

三月二十九日於河內

馬鈴薯與史達林

匈牙利的一個委員問一個農夫道：『今年馬鈴薯的收成如何？』

農夫回道：『在我們光榮的領袖史達林的領導下，我們馬鈴薯的收成驚人！倘若我們將我們的馬鈴薯堆積起來將可堆成一座山，其高可達上帝的脚！』

『但是你知道上帝是沒有的！』此委員說道。

農夫回答說：『那麽，也就沒有馬鈴薯了！』

留學獎學金應一律由政府考選嗎？

華府通訊·三月廿六日

楊天驥

往在海外，對於臺灣的情形是很隔膜的。尤其政府的法令，所見到的往往是一鱗半爪。難怪海外僑胞對於祖國政府常發生許多不必要的誤會。

最近讀到『自由中國』王致忠先生投書，留學獎學金應該公開考選一文。我對於王先生的處境以及悲憤情形至爲了解和同情。因爲我在出國之前，也曾如王先生這樣，等候考公費等過十一年。如果別人不了解王先生，我應當了解。

王先生原函所提：『上月十七日臺北各報登載了行政院第二二〇次院會通過：「國內外機關團體等贈送獎學金或研究補助金出國留學或實習之人員由教育部統籌考選」的議案』。原議案本人既未看到，當然不必胡亂批評。想來行政院總是一番好意。（註：這些都是造成誤會的地方。因爲原章程也許很好，但一鱗半爪，遠道傳聞之後就變了。共匪的報紙整張都是文告，固然討厭，但國民黨的海外報紙有機會而不登這些有關僑民的法令，以溝通僑民對政府的了解，也是有虧使命。）

但王先生遽然斷言道：『本來這是早就該由教育部統籌考選的事情。……』却是只知其一，不知其二了。

第一、美國獎學金雖多，但不是從天上掉下來的。每一個獎學金的設立，都有其特別意義和目的。換句話說，都有其特別的條件。這些條件也許很不近情理，但那不相干，條件仍是條件，不合者就得不着。譬如說，某個獎學金，只許姓 Smith 的得，你說：『這豈有此理！』好，那原捐款人更有權利說：『那末，撤銷這獎學金好了。』其實這些條件仔細追究起來，都是有其道理的。用個中國例子說，譬如有位姓李的，一輩子吃了不識字的虧，後來發了財，於是下決心立一獎學金，爲其同族，貧寒子弟上學之用。其後日久天長，族繁支衍，是否同族，無從查考，惟一可憑的，就只有姓李這一點了。那末，這和只許姓 Smith 的得獎學金有何區別？自然只是一個極端的例，但你能說他不對嗎？你能說他不公嗎？如果說他不夠公，則你當記得這獎學金本是私人的，他肯拿出來作幫助他人之用，就很可感了。能多造福幾個人就比不造福一個人強。爲什麼要爲爭細節，而將這幾個人可得的機會都葬送了呢？美國大學校之所以能有幾百個，甚至幾千個獎學金額就是這樣集腋成裘弄起來的。此所謂『泰山不讓寸壤故能成其高，湖海不擇細流，故能成其大。』

就因爲獎學金的條件每每非常奇怪而特殊，非得個別申請不可。姓張的不行，姓李的也許行。你說姓張的學問比姓李的好。不相干，不合我的條件，請試別處好了。這些事，凡申請過獎學金的大概多少都知道。

所以一個中國學生申請到美國大學的獎學金，已是過五關斬六將費了九牛二虎之力了。萬一教育部的規章眞的規定了非由教育部考一下不可，則等於給希望出國的人（包括王先生）多添一座關口。再萬一如果教育部規定須由其全權考選，則多半將有如下幾種可能：

㈠原獎學金給予者拒絕給予。因爲他們不願意外國政府干預其私人行政。美國是個民主國家，大多數人討厭政府插入其私人事務。連羅斯福予而不取的新政都還有人深惡痛絕，何況其他。如果一個外國政府居然干預到他們私家獎學金該給誰，不該給誰，他們無疑的對我國政府將有一種不良的印象。造謠的人又可以用『統制思想』之類來中傷了。我國政府的聲譽好容易才恢復了一點，何苦又無事找事，惹一些煩惱？

㈡原獎學金給予者有條件的授權。就是只許合他們規定的人入選。有時這些條件可以特殊到只有某人才可入選。這樣則由政府考選之意義頓失。而且等於給政府添了許多婆婆。爲政府設想，也以少添麻煩爲是。

㈢原獎學金給予者覆試，或甄選。由於上述的複雜事實，這一步實在比中國政府的劃一考試難合格得多。如果政府非考不可，則這一步應放在考前而不當在考後。因爲否則結果一定是政府考試及格的人長期擱起在臺北。甚至無人理會，結果空歡喜一場。

自然，也許有些學校機關肯全權委託教部代辦，但這將只是十分之一，甚至百分之一的機會。換句話說，無形中已由愛護我青年的政府無意中取消了大多數的出國機會。

我不知道王致忠先生所提的幾種獎學金的詳情。如果那些是中國政府接洽來的，自然當由政府來支配。至於其他經過私人多方努力才弄來的，一經統籌考選，結果恐將弄得天怒人怨。因爲當一個人費了好多心，才弄到了一個出國機會，而突然旁邊插出一群人來說：『不許去。給我這機會。我去。』這不但是不公的而且是不智的。結果將是兩敗俱傷，都去不成。而受損失的還是國家。因爲人家有了錢，本不一定要你們中國人來花啊。

以天主教獎學金爲例，當年毛神父舌敝唇焦，走遍全美，居然一二年間，創立了五百多個全部獎學金。今日毛神父去職，新獎學金未見添設多少，似乎連舊的也辦得不如前有生氣了。萬一再由政府來考選，其宗教意義大失，則前途如何，很難得說了。須知肯如當年國民政府那樣用公費去養一群『三光運動』的學生的並不太多，事實上歷史已證明那並不是『大公』而只是愚蠢。一個宗教集團選派學生的標準自然和政府選派的不同。否則連反宗教的都選上了，豈非有失原意？學問並不是教育的全部。而一次大而無當的考試能代表的學問究有多少，也是人人都肚裡有數的事。

到美國後看到人家的國富民強，總不免要多想想爲什麼自己的國家那樣的民窮財盡。其中因素雖然很多，但一個大原因是他們有能力的人常是製造新飯碗，而不和別人搶老飯碗。而政府呢，也總處處予以創造新飯碗的便利，鼓勵之，保護之，獎勵之。於是一切都有進步。藏富於民，公私兩益。返觀中國，則有能力的人每憑着自己的能力去搶別人的飯碗，結果是飯碗打碎，大家吃不成。更傷心的是偶而有有能力的人去創造新飯碗，則政府鼓勵獎助的機會少，而留難之，重稅之，甚至接收之的機會卻多得很。這一些傷心事，讀近代史的人都能舉例，不必細表。

出國的機會亦然。如果大家只等別人千辛萬苦弄到了獎學金之後，然後以一紙法令禁止其接受，甚至於奪過來給別人，則結果將是機會愈來愈少。反之，如鼓勵凡有取得獎學金可能之青年學人努力自行接洽以爭取之，而且處處予以便利，則灘頭陣地取得之後，其他機會將源源而來。以本人而論，來美後即已助兩位友人取得獎學金。其中一位業已來美，另一位則因爲政府加嚴限制，竟已失學坐候兩年，隔着個太平洋看着這獎學金嘆氣。有許多獎學金，非有人在這裡隨時注意，根本就不知道其存在，更何況說請求！事實上某大學有一百個外國學生獎學金額，聽說去年只給了七十個，這些事如等中國政府都來接洽，正不知何年何月。而且沒有具體的候選人，誰知道你合格不合格？

王先生原函的用意極好。我非常贊成由政府弄來的獎學金由政府公開考選。不過事實上政府的要公是如此的繁忙，人手是那樣的有限，那有這些功夫來爲學生多多接洽獎學金？即使非常熱心，也只能當公事辦。以在美申請獎學金的麻煩，條件之瑣碎而特殊，要希望政府以『等因奉此』的手續去爲中國學生開路，希望少得很。所以今日國內有能力有抱負的青年學人，與其等着分這杯政府考選渺茫的殘羹，不如自己不怕碰釘子的直接接洽。而今日政府如果愛護青年，則以鼓勵其自行爭取獎學金爲是。『統籌』『考選』，好聽則好聽矣，結果只怕是恰恰相反，阻礙了青年人上進之路。

王先生敢要求政府公開考選，一定是一位有學問，有能力的人。本人同情之餘，更不敢不將自己守候十一年考公費而不得出來，終於還是自己接洽了獎學金才出來的悲痛經驗告訴他，不要守株待兎了。至於提議獎學金一例公開考選的事，其中得失，經過以上的解釋，王先生想也了然了。

政府肯辦事，是再好沒有的。但如果辦得不得其法則還不如讓人民自由發展好些。中國自古的『無爲政治』不是無因而生的。美國開國元勛，獨立宣言起草人 Jefferson 其影響美國立國的政治主張：『愈少管事的政府愈好。』也不是糊塗人說的糊塗話。

如果有人不信，君不見，大陸的共匪『政府』不是『有爲』得很嗎？『化私爲公』的原則也可以說是推行得徹底了。但那不是我們所愛的政府。因此，對於我們所愛的政府不能不盡一點『知無不言』的責任，我沒有見到政府的新規章，但願政府所定的規章是非常合理而有益青年的。

民國四十一年三月廿六日於華盛頓

爲什麼不立一個史達林像呢？

在西歐有一個流行的故事。

有一個布拉格的居民不肯加入一般人之中去反對在公共廣場上竪立一個史達林的像。

他說道：『爲什麼不立一個史達林像呢？在夏天它可以爲我們遮蔭；在冬天它可以讓我們避風雨；並且它還可以使小鳥有機會代表我們說話。』

只許聽訓，不許說話！

通往克里姆林宮的電話……

有一個人去拜訪保加利亞的總理。他在室中環視了一下，驚奇的問道：『你桌上的電話是一種什麼電話？只有一個耳機，沒有口機。』

此總理嘆息道：『假若你一定要知道的話，這就是我們直通克里姆林宮的電話。』

文藝

雪除夕

——長篇「還鄉記」之一章

楊念慈

三十六年冬季，我們的部隊從漢口移駐開封。這古城，離黃醒的家只一百五十里路，可是，黃醒接連往家裡寄了十幾封信，結果却一總兒退了回來；接着一打聽，才知道考城縣只剩下一座縣城，還守在政府的保安團手裡，四鄉都是土八路。

黃醒想家想得更厲害了。他倒不是擔心，他總相信，像他爹、他娘、他妹妹，那麼樣的一家好人，老菩薩保佑他們，是決不會有什麼災難的。他只是有些着急，生氣。着急的是：離家這麼近，一百五十里路，起早趕晚的，天亮動身，不起更就到家了，可是，他回不去。生氣的是：他家鄉那麼好的地方，為什麼也會有土八路？土八路就是土匪，家鄉鬧土匪，地面上不就成了土匪窩啦麼？這，說出去丟人，悶在肚裡難受。

他天天祈求着，禱告着。希望部隊能早些出發，到他的家鄉考城去。他向他虔敬奉的菩薩許了供，只要部隊能去把他們家鄉解救出來，讓他回家看看，把土八路趕跑，爹娘和妹妹能過着太平的日子，他一定上供還願。菩薩不動葷，五大碗素菜，一滿爐高香，是無論如何也少不了的。他的話也越發多了，家鄉長，家鄉短，把班上的弟兄們全聽煩了，他還是說自管說。

眞像是菩薩有靈似的，臘月底，命令下來了，部隊沿魯豫邊境進剿，任務是打通汴曹間的交通線，路上，正好經過考城縣的黃寨子。

黃醒高興得發愣，咧開嘴，半天才笑出聲來。出發前夕，黃醒忙和着跑到相國寺商場，以他儲存的錢買了兩丈八黑芝蔴呢，一丈二陰丹士林布，分作兩份打在背包裡，準備帶回家給家人們作過年的禮物。黑芝蔴呢是給爹和娘做棉襖的，兩位老人家一人一件；陰丹士林布够妹妹的兩件旗袍料。臨上路，黃醒又向我借了點錢，經過開封南關，買了兩隻盤頸子燒雞，說是帶給他爹當酒餚。

「俺爹，」黃醒說：「俺爹就是愛喝點。俺家裡，經常不斷的有從曹州府買來的好木瓜酒。帶這兩隻燒雞給俺爹吃，俺爹會捋着鬍子笑，說俺孝順，說俺當兵這些年，還沒忘了爹的酒癮。」

燒雞不好帶，黃醒把它們託咐給炊事班長王大昌，一再囑說着，千萬別把燒雞弄髒了，壓碎了，要原樣兒帶到黃寨子，再交給他。王大昌是個酒鬼，黃醒許下了兩瓶家藏的好木瓜酒作酬勞，饞得王大昌直流涎水。

部隊出發的那天，是臘月二十七，再三天就是舊歷年了。早晨，在開封南關車站上火車，中午到蘭封，當天就宿營在蘭封城裡。二十八日，進抵蘭封城北的棗營鎮，開始踏上汴曹公路。二十九日，到了考城縣。一路上，半槍沒放，土八路聞風遠颺，跑得比兎子還要快，而我們的任務並不是把它們殲滅，上頭不許追擊，當兵的唯有握住冰冷的槍筒子，乾着急。

那天很暖。早晨自棗營鎮出發時，刮一陣小北風，天空漸漸堆起灰色的厚雲層，帶幾分雪意。果不其然的，當我們的隊伍，剛剛鑽進考城縣的城門洞，天空就已開始撒下雪粒子，半小時後，便飄飄悠悠的飛起雪花來了，後來，越落越緊，簡直就成大塊成大塊的往下墜着；不大會兒，地面上舖起一床大的羊毛氈，像一下子自地底湧出來，越湧越厚。弟兄們全為這新鮮的景色激奮的不得了，顧不得休息，像一群孩子似的，在雪地上踏來踏去，被腳底下那種軟酥酥的感覺迷惑着，忘了冷，也忘了疲倦。

宿營完畢，已是下午六點鐘；冬天晝短，尤其在北方，天早就該罨黑了的，而這時，天上的雪和地下的雪，交相輝映着，却使人間充滿了一片銀色的光影；不像黑夜，也不像白天，似乎世界正置於一種奇異的燈光的照耀之下，一切都顯得非常之美，而又美得非常之不眞實。

我們這一班，住在一家住宅的前院，一間盛柴草的屋子，又乾爽，又暖和。屋主人的一家子，正忙碌的準備着過年，一位七十來歲的老先生，親自把寫好了的春聯，貼在一座座房屋的門框上。

「過年好，老先生，」當那位老房東捂着一付春聯，走向我們借住的房門口時，我迎上去，搭訕着：「我們在這時候來麻煩您，眞是沒法子。」

老人一臉笑：「不，不麻煩，同志，像你們這麼好的正規軍，請都請不來呢。」接着，嘆了一口氣，又說：「唉，俺這住城的人，能安安靜靜的過個年節，還不是多虧了你們麼？歲尾年終，離鄉背井的，你們都多辛苦啦。在鄉下，土八路鬧得叫人活不成，就別提什麼年不年的嘍！」

黃醒正在屋裡舖床　聽到了，急忙走出來。「老先生，」黃醒問着：「城北的黃寨子怎麼樣啊？」

老人擺了擺手：「不清楚。這年頭，城裡，鄉下，簡直就是兩個世界呀。二十里路就音信不通的。——聽你這位同志的口音，像是本地人？」

「嗯，俺姓黃，俺就是黃寨子的。」

「噢。」

「俺爹叫黃大山……」

「黃大山？」老人很是驚喜：「噢，你就是黃大山的少爺？和你爹俺可是老朋友啦。我姓張。早年，你爹進城的時候，總是住在我家裡的。——你出門幾年啦？」

「三年多啦，張老伯。」

「噢，」老人說：「前些時，我還和你爹見了一次面呢。」

「俺爹，他進城來過？」

「嗯，可也有大半年啦。那時，十八路才剛到黃寨子，你爹一個人逃進城來，在我這兒住了幾天。捨不得那個家呀，你爹就又趕回去啦。這之後，就再沒得過他的信，想來不致於怎麼樣，你爹那麼大的年紀！」

「張老伯，俺爹還健壯麼？」

「比我硬朗多了。——你爹那次還提起你來，特地照了張相片，說是寄給你的，收到了嗎？」

黃醒搖了搖頭。又問：

「俺家呢，張老伯，俺家怎麼樣？」

「你家很好。不過，這都是半年前的事啦，這年頭，誰能料得久呢？——這次，你們的隊伍不經過黃寨子？」

「經過的，」黃醒笑着說：「俺明天就到家啦。」

「噢，那敢是好。你爹很想你，你也該回去看看。」老人似乎着實關懷他的老朋友，他一再囑咐黃醒：「趕明天回去了，見了你爹，要替我問好，啊。」

黃醒答應着。望着老人轉身走去的背影，黃醒頑皮的作了一個揖，嘴裡嘟囔着：

「謝謝你啊，張老伯，俺這兒給你拜年啦。」

……………

深紅的春聯，貼在漆黑的門框上，立刻便現出一番新氣象；映着門外的白雪，哦，這古老的北國的歲暮之夕啊，是多麼寧謐，多麼美！但它在我們這一群當兵漢的心裡，却投進了一團大的陰影。只除去黃醒一個人是滿臉喜色，其餘的弟兄們，玩雪的熱勁兒一落，這時全無精打彩的躺在地舖上，望着門框上的紅紙黑字，默默出神。

黃醒倚門站着，忽然大聲的，唱歌似的，唸着那付春聯：

『喜今日，家道興盛，闔宅歡聚；
願明年，國運昌隆，五穀豐登。』

一屋子沉默，突然被這聲音盪動，像在結着冰的水面上，投落一隻火把，火也燃不旺，冰也溶不開。大家都在想心事，獨黃醒那麼快樂，顯得非常之不調和。也許是由於一種嫉妒的心理，對黃醒全感到有些憎厭。

「嘎，老鄉，別這麼唱好不好？」有人警告。

「不唱？為什麼不唱？俺高興！」黃醒對衆人的心情，全無覺察，回了這麼一句，又轉頭向我說：

「噯，班長，你看這對聯作的挺不壞呀，是不是？俺得記下來，趕明天俺到了家，俺也這麼寫。」

「記就記，你別吵！」我責備他。

「怎麼？」

我要他環顧一下衆人的臉色，他才把聲音放低了。

黃醒嘴裡哼唧着，爬上地舖，也倒身躺下去。一陣靜。抖不落心頭的冰塊，都在耗着心火炙烤，聽着它慢慢的溶化了，從心底，一滴滴淋落，却又凝結成更硬更冷的冰條。沒人說話，也沒人嘆息；受不了這種靜，又生怕把它撞破了，抓不住。這時，門外的雪落得更緊，積得更深了。

排遣煩悶不容易，抑制歡樂，也彷彿很難。黃醒剛碰了一個釘子，却又咧咧啦啦的唱起來了：

「大雪，大雪，你別下啦，
給咱的老爹，帶個話吧，
明兒是除夕，後個是年下，
您的那傻小子，就到家啦……」

越唱，嗓子越高。人在高興的時候，是只顧自己，想不到別人的。——黃醒的歌聲佔領着整個的屋廂。

突然，不知是誰喊了一聲：

「揍他！」

不約而同的跳過去五六個人，把黃醒按在底下，乒乒噗哧的，一陣拳頭。黃醒掙扎着怪嚷。打完了，打的人是一聲不響，各自回到舖位，照原樣兒躺了下去。挨打的人蹲在那兒發怔，想不出這一場揍是怎麼招來的。

「同志，這，這是怎麼啦？」

老房東站在門口，正趕上瞧熱鬧。想來他大概起初當作是打架，到門口又吓得退回去，這時才遲遲疑疑的走進來。

「沒什麼，」我回答說：「他們鬧着玩兒的。」

「鬧着玩？」黃醒寃枉的大叫：「他娘的幾個人揍我自己，任什麼話不講，倒說是為什麼呀？」

「為了你熱度太高幫你煞煞火！」是劉廣興的聲音：「丟那老媽，就是你一個人有家啊？光顧得自己痛快，說呀，唱呀，你却不想想別人！」

奇怪，這次黃醒非但不還嘴，倒嘿嘿的笑起來了。彷彿他知道了被打的緣因，反而更得意，覺得這場揍，挨得很有趣味似的。

老人聽清了是這麼回事，也笑了。

「同志們，別鬧啦，」老人說：「年青人出門在外，逢年過節的，總都免不了想家，誰沒個家呢？這麼着，路過咱這個小老城，住在俺家裡，俺也欠招待，弄了幾樣現成的年下菜，兩瓶白酒，給大家暖和暖和。——唉，俺也有個孩子，正當兵呢。」

點亮了油燈，老人的背後，閃出兩個半大孩子，端着兩隻大托盤，一股子酒香菜香。

我才待攔阻：「老先生……」

「不，同志，你別辭。俺這是——」老人用手指指黃醒，這麼說：「俺這是給俺這位老仁侄送來的，代他招待招待你們，不成敬意。趕明兒到了他家，再讓他好好的請客。他爹愛吃酒，看見兒子回家啦，一定又高興的喝個薰薰醉。——好，諸位自便，俺不陪。」

老人指揮着把酒菜擺好，不容得多說，就轉身走了。

四隻大海碗，八只尺二盤，把搬進來一張矮腳木几，佔得滿滿的。杯、筷、調羹，都擺在各人的面前。熱的菜，湧起了一團香的霧，隱沒了矮腳木几，瀰漫着全屋子，香味兒刺得人喉嚨癢，像有條小蟲要往外爬。但是，弟兄們却都自管躺着不動。有的微微抬起頭，偷望着我的臉色，有的則緊閉兩眼，表示對那席豐盛的酒菜，無動於衷。

黃醒忘了挨揍的事，他第一個在矮腳木几前坐下來，熱心的招呼着：

「嗨，來呀，夥計們！」

沒人答腔，沒人動。黃醒詫異的望望衆人，覺得很奇怪。這種情形很少有，和往日不同。班上十幾位弟兄，說到別的，那是秉性各異，唯有兩樣事一般無二：在戰場上拚命，和在菜桌上衝鋒，全都是奮勇爭先，不甘落後。在往日，若是有這麼一席好酒菜端上來，不上五分鐘，保險如風捲雲散，搶它個碗淨盤空。可是今天，大家却連看都不看一眼，把黃醒僵在那裡，他瞅瞅衆人，摸摸自己，有些發窘。

「這是幹什麼？是給俺下不來嗎，還是怎麼着？不叫俺唱，就不——唱！不准俺高興，就不——高興！人都給揍完啦，還有什麼氣消不了的？拿揑人，也不是這個拿揑法呀。人家張老伯好意的送了來，不成再往回退？」

說這番話的神色很可憐。黃醒這小夥子，任什麼不在乎，就是怕別人不聽他，不理他。話說完了，還是沒效果，黃醒可眞是着急了，爬過來求我：

「班長，你說話呀！」

「退是不能退回去，」我說：「人家張老先生一番盛意，而且是衝着你。吃好啦，吃了你去謝謝人家。」

「聽見沒有，你們？班長的命令可是下來啦，誰不來誰就是不服從，誰不來就是——」想罵人，又怕在這個節骨眼兒上，再把人給得罪了，趕忙扭轉話頭，軟聲兒央告：「來啊，老劉。來啊，副班長。……李麻子，你他娘的還裝什麼？」

經黃醒三催五請，躺着的人，都坐起來了，坐着的人，都開始往矮腳木几前移動。不到半分鐘，矮腳木几被圍了個水洩不通。有的，在走過來的時候，還伸懶腰打呵欠的，裝出一付不情願的樣子，可是旣經在矮腳木几前坐定了，便立刻顯露出英雄本色，一個個都恢復了勇氣。一上來，還扭揑着，我領頭一動筷子，比操場上喊口令還齊，十幾双筷子瞄準一碗紅燒猪肉，一下子就來了個全部殲滅。漸漸的，又有說有笑的熱鬧起來了。

黃醒咧開了嘴：「大家先吃點，等到了俺家——」

「又是你家！」有人比眼珠子。

「俺是說，等到了俺家，俺好好的請客，這也不許說麼？」

「請就請，你許的那門子願！」

「俺是說，俺家有好木瓜酒……」

「還要講？」那邊『砰』的一聲，擱下了筷子。

「好，好，不講，不講還不成麼？」

黃醒這時是百依百順，乖乖的收住了嘴。

可是，當他把筷起的那塊黃病雞嚥下肚，又忘掉了『戒條』，絮絮叨叨的說起來。首先，他壓着聲，試探着說：「俺爹……」，看到沒人攔，於是他放心大膽的說下去。說他的爹，說他的娘，說他的妹妹多漂亮。再說他的柿樹林：柿葉青，柿實紅，滿樹掛燈籠。又說他家過年時如何如何的熱鬧；說他這次回了家，家人們將是如何如何的驚喜……等等，等等。沒人聽，他也不求有人聽，彷彿是說給自己聽的；別人不打岔，准他說。他已是萬分感激了。

吃完了，黃醒殷勤的伺候着，收起來送進內宅。

弟兄們藉幾口酒力，祛幾分鄉愁，都打着酒嗝兒，蒙頭大睡。黃醒從內宅回來，也在他的舖位上躺下去，不時的翻來覆去，我知道他今晚上是睡不着的。

就是自己，又何嘗睡得着呢？我倒非想家，我在想着，和黃醒認識以來，這三年多的經過。初入伍，黃醒還十足是個小孩子，身材又高又瘦，穿的件軍服又短又肥，活像個『二百五』。三年多，我從上等兵昇到中士班長，他從二等兵昇到上等兵，兩個人始終在一個班上，平日裡，也顯不出怎樣親密，但在我們中間，是存在着一種兄弟的感情，三年多，我對他眞是費盡心機。現在，他明天就回到家了，雖然只停留一天，他的爹娘和妹妹，也會因他的歸去而歡度着一個團圓的春節。我想着，想着，越想越興奮，似乎從黃醒那兒，我也能分享一份歡樂。

弟兄們都睡熟了，各自做着自己的還鄉夢，各自說着模糊的幸福的囈語。夜漸漸深了，當我最後一次看錶，已經下三點。黃醒還沒睡着，聽到我轉側的聲音，他折起腰來。

「班長！」他小聲喊着。

「唔，怎麼還不睡？」我說。

「你也沒睡！」他快活的說，像個小孩子，在和大人撒嬌還嘴。他問我：「想什麼呀，你？」

「爲你高興，小黃，你明天就到家了。」

「班長，明天俺得好好的請你，把你介紹給俺爹，俺說，這三年多是你照顧着俺，俺爹一定要謝謝你。」

「好，明天我拜望老伯去。——小黃，睡吧。」

「俺爹是個好人，俺爹就是愛喝點……」

「睡吧，小黃。」

「俺家有好木瓜酒……」

「別說啦，看驚醒了別人！」我訶斥他。

他才不敢再響。躺下去，立刻大聲的打着鼾，我知道他是假裝着的。

看看門外，雪，還在落着，落着。

× × ×

第二天，雪停了。

爆竹聲裡，我們離開了考城。

天，還陰霾着。銀灰色的雲幕，齊連着地面扯上去，乍看，彷彿很薄，一陣北風兒就能吹綳了似的，却是那麼沉甸甸的四下裡垂攏覆了來，像一隻掩覆着的大玉椀，渾然無隙。

展現在我們脚下的，是一望無垠的白茫茫的原野。那往日是風沙滾滾的道路，邱陵和村落，這時都掩沒着沉睡在氷雪之下，分不出遠近與高低。隊伍在雪地上前進，以有力的脚步，踩出一條新的道路來。

這條路是通向黃寨子的，是通向黃醒的家鄉的。

黃醒這時是踏在他自己的土地上：他回來了。「到家啦，到家啦，這可是眞的到家了啊。」他邊走，邊這麼曼聲唱着。他似乎是在藉自己的聲音，使自己確信：這一切都是眞實的。這不是夢，這不是幻境，這是分別了三年多，日夜懷念着的家鄉，在迎接他，——他回來了。一路上，黃醒的笑臉如一朵不凋之花，儘管那裂膚刺骨的小北風，從雪地上斜捲着吹過來，像夾有千萬把尖銳的刀片子，在人們的臉上劃過，他臉上的花朵，却一直在衝寒盛開，愈艷，愈香。

他笑着，四下裡張望着。但在他那閃映着光輝的眼睛裡，却流動着一種恍惚的夢樣的神情。他渴望能在這他所熟悉的土地上，找出他所熟悉的景物，好給自己的幸福，覓一個確證。然而，他找不出。這時，地面上的一切景物，都被氷雪隱飾着，掩蓋着，彷彿都已經從雪層下消失了，不露一點兒形跡。黃醒的眼睛，搜索不到他記憶中的目標，天地間，這平原，只到處是一片白，到處是一片游移不定的光影……。

我和黃醒併肩走着，觀察着他的臉色，體會着他的心情。我的臉色也跟着變幻；我的心也跟着跳躍不止。

這樣，有好半晌，我們都不則一聲，默默的前進。

脚步踩着那漸漸變硬了的雪地，噌噌作聲；和隊伍行列間時而發出的各種鋼鐵撞擊的音響，組成一支悽愴的雪地進軍曲。令人聽着，有一種僵冷的感覺，彷彿這聲音在半空中被凍結了，凝成一種有質的東西，一伸手，即可觸摸到。

突然，黃醒揮臂大喊：

「嗨嗨，普光寺，看啊，普光寺！」

在隊伍的正前方，出現了一座大廟宇。

黃醒被這座破落不堪的廟宇，一下子帶進那歡樂之源泉的深處去。打破了剛才那一大截子路的沉默，他眉飛色舞着，笑聲又回到他的嘴唇上，眼睛裡的光輝，也穩定起來了。

「看到麼，」黃醒用手肘觸觸我，要我注意他的話和他的手勢：「普光寺，班長，這就是普光寺！」

「離你家還有多遠？」我問他。

「五里路，只剩五里路了」

「小黃，你到家了。」我說。

「到家啦，到家啦，這可眞是到家了啊！」

夥伴們都不勝其艷羨的望着他。別人的嫉妬的眼色，越發襯出黃醒內心的得意來。

以後這五里路的時間，全是黃醒一個人的了。他說，他笑，他喊，他跳，他幾乎恨不得縮地有術，把這最後的五里路一蹴而過，像鳥兒一樣翩然飛起，直落到他自家的大門口去，落進他爹娘的懷抱裡去。這大孩子是多麼天眞，單純，把這份歡樂給了他，若眞是有菩薩，這菩薩是仁慈的，公正的，不愧爲神的。

一些快活的字眼兒，水一般從他的薄嘴唇裡，淌出來。他絮絮不休的說着他的家人們，他的黃寨子和他的柿樹林。這些話，夥伴們都不止聽過千百遍了，但從不會像現在這麼使人感動。

然而，黃醒說的是他那三年前的家鄉。

三年多，眞能一點兒變故都沒有麼？尤其當土八路橫行盤踞的這半年之間？——我眞禁不住替黃醒擔心，但看到他的笑臉那麼明亮，笑聲那麼爽朗，也隨即心神釋然了。——但願一切都像他所說的、所想的那樣美好。

這最後的五里路，像是很漫長，又像是很短。這最後的半小時，像是很疾速，又像是很慢。終於，我們到了黃寨子了，我們望得見黃寨子了。

黃寨子的大寨門，在敞開着，歡迎我們。寨門口，聚着一大堆灰色的人影兒。

這些人影兒漸漸的大起來，淸楚起來了。這是一大羣黃寨子的民衆：老年人，婦女，和一些小孩子。望到我們，小孩子都齊聲喊着：「中央軍，中央軍！」老人和婦女們，則靜悄悄的一聲不響，激動的淚水，在他們那些驚喜交集的眼睛裡，流出一朵朵的淚花兒，那神情像是在說：「我們的軍隊來了，我們的軍隊來了，老天爺，還眞的能等得到這一天啊！」……隊伍從他們中間穿過去，走進了黃寨子。

寨門裡有一片廣場，隊伍集合着停了下來。黃醒不可忍耐的站在行列間，左右前後的顧盼着。

而呈現在他眼底的，不是他記憶中的家鄉了。黃寨子充滿着一片寂冷，荒涼。在黃醒的臉上，陡的罩上一層怯生生的迷惑的神色。

很多房屋被拆毀了，到處是斷垣殘壁，到處是瓦礫堆。雪，掩不住匪徒留下來的暴行的遺跡，而寫在民衆們那一張張土黃色的瘦面孔上的，尤其顯著。

民衆們圍繞着我們，呆望着我們。

一位老人家顫巍巍的走出人叢。看樣子，他有七十來歲了。他的眼睛像是才瞎了不久，還不會習慣使用他手中的木杖，跌跌撞撞的，他走出人叢，到我們的身邊來。

他伸出一隻乾癟的手，向前摸索着。

「你們來了麼？你們來啦，你們來了麼？你們來啦。」他反覆不已的唸着這幾句話。他那蒼老的、發抖的、喃喃的聲音，感人下淚。

黃醒向那位老人家注視了一大會。

最後，他認出了：「啊，二叔！」

「誰？」老人諦聽着，問道。

「是俺，二叔，是俺回來了！」

黃醒走過去，攙扶着老人家。老人家一把抓住黃醒，摸索着他的臉，他的手臂，摸出了，又不敢相信似的。

「小醒兒？」

「是俺，二叔。您的眼怎麼啦？」

「小醒兒，你回來了？」

「俺回來了，回來看看您，和俺爹，俺娘。——他們呢？他們怎麼沒出來？」

「你，你爹……」

「還有俺妹妹。他們都在家吧？」

「你，你妹妹……」

老人家的舌頭痙攣着，吐不出聲音。他似乎爲這不期歸來的侄子，激動得太厲害了，以致講不出話來。

「二叔，您等一下，俺和您一塊兒回家！」

黃醒說着，掉頭向連長跑過去。

老人家失去了黃醒的手臂，驚慌的喊着：

「小醒兒，小醒兒！」

「黃醒去報告了，」我向老人家說：「老伯伯，您等一下，他馬上就回來的：」

老人家聽清了我的話，嘆了一口氣。

「回來？他，他回來的太晚嘍，太晚嘍！」

當時，我沒聽懂老人家話中的意義。

我回過頭去望黃醒，他正飛也似的跑了回來。

黃醒答應着，跑回來攙起老人家，擠出了人叢。

「恭喜你，黃醒，」連長在他背後笑着說：「回家來過年了，可別忘了請我吃年夜飯啊。」

在街道的另一端，一座破落的瓦屋門樓前面，黃醒回頭來向我招着手，示意要我晚一會兒到他家裡去。

分配好駐地，宿營完畢之後，我去了。

在街上，我碰到炊事長王大昌，手裡捧着出發前交他保管的兩隻大燒雞，到處找黃醒。

「給我吧，」我說：「我給他帶了去。」

「黃醒還許給我兩瓶好木瓜酒呢。」王大昌說。

「少不了你的。」我說：「我給你帶了來。」

走進那座破瓦屋門樓，我大聲的喊着黃醒的名字。

沒人答應，我一直走到院子裡。

在屋門口，我被屋中的景象，嚇呆了。

衝着屋當門，並排躺着三具死屍：一位老先生，一位老婆婆，還有一位十七八歲的姑娘。

我立即明白死的是黃醒的一些什麼人了。三年來，他日夜想念着的家人，等不及他回來，已經慘遭匪徒的毒手。……

「太晚嘍，太晚嘍，」瞎老人抽咽的說：「小醒兒，你們要是昨天能趕到，也不致於這麼慘哪！」

站在屋門口，有十分鐘之久，我幾乎連呼吸都停止了。瞞眶的淚水湧出來，把眼前這一幕悲慘的景象遮沒了。淚眼模糊中，我彷彿看到這家庭的昔日，充滿着愛、幸福、希望和陽光。三年來，由於黃醒的叙述，我對他的家太熟悉了，那時，我是多麼的羨慕他，嫉妬他。誰能想得到，——即使一切都向最不幸處着想，誰又能想得到：這家庭竟這樣的毀滅了。就在昨天夜裡，就在今天途中，黃醒對他這次還鄉，還是滿懷甜蜜的祝禱啊。……我擦乾了眼淚，支撐着自己，走過去，把手裡捧的兩隻燒雞，奉獻在老先生的遺體之前。

我走向黃醒。他正僵了似的站在屋角，倚着一座香案，呆望着牆上的菩薩像。我把一隻手搭在他的肩膀上，却不知道應該怎樣來安慰他。這麼慘重的不幸，不是言語所能安慰得了的。

黃醒回過臉來。他滿臉淚痕，但眼眶中已經不再流出眼淚，——他哭過，但這時，他不再哭了。眼淚是沒有用的，血的債，要用血來清償。

他緊緊的握起了一對拳頭，兩眼燃燒着復仇的火焰。……………

人生雜誌 半月刊

內容豐富

文字優美

歡迎直接訂閱

訂有優待辦法

社址：香港九龍鑽石山上元嶺正街六號

（上接第15頁）

局』，必須利用該報的社論與文章向美國社會大事宣傳。他們更受指導如何去閱讀來自莫斯科的宣傳品，俾能應用那些宣傳品的言論以完成史達林所交給他們的任務。

此外，共黨學生更受訓練，極力煽動他們的熱狂。這類訓練，不但包括如用暴力顚覆我們（美國）的政府之『必要』及蘇維埃的世界覇權之『必然』等觀點，而且包括共產黨的諾言，說繼蘇維埃專政之後，一定會隨之而產生一個人間天國樂園——自由的、共產主義的，無階級的社會。如共黨所說的，在那個時代，男人與女人得以逍遙自在，優遊於自然境界，將正如馬克思老早所寫的，人人各盡所能，各取所需。在那個人間天國樂園中，男人與女人將不再受國家，警察，軍隊及家室之累。他們能戰勝疾患，神經病與痛苦。那就是史達林及蘇俄首領們所作的諾言。

在這種『救世諾言』下所造成的殘酷的現實，却是我們今日所見到那種全地球上龐大的奴隸政權。牠正在擴大奴工，侵略與戰爭。可是美國的所謂共黨後備隊不過僅是赤色的幻影，而共黨的老黨員，到處都是一丘之貉，決不敢正視現實。（完）

書刊評介

舟子的悲歌

梁實秋

余光中著　野風出版社出版

這是一部相當純粹的抒情詩集。我說「純粹」，因為在這集裡沒有叫囂的口號，也沒有玄妙的哲理，裡面都是一些規規矩矩的詩。在這年頭兒，這樣的作品是不多見的。

無論是詩或散文，其表現的工具(即文字)必須達到熟練的地步，才能成為良好的作品。對於詩為尤然。所以有人認為『詩乃最好的文字之最好的安排』。我們中國的舊詩，對於字句的錘鍊的功夫是極其注意的，一個字的推敲往往要費很大的氣力，有時要『拈斷數根鬚』，要穩妥，要新鮮，要含蓄，要典雅，要音韻適合內容，有時很平凡的一句話，靠了幾個特別選擇適當的字眼而變成為挺拔俊俏，所謂「擲地作金石聲」。新詩數十年來，作者輩出，肯在字句上用功夫的並不太多。所謂「白話詩」這三個字是很容易引起誤解的。白話可以入詩，詩的文字可以近於白話，但並不是說普通的口語寫下來便可成為詩。詩的文字，無論其為文言或白話，總要經過一番剪裁錘鍊。這一本「舟子的悲歌」，一共只有三十幾首小詩，但是我們看得出來，在文字上是非常簡練而有力。例如，「老牛」裡有這樣的句子：

『辣鞭子在癩腿上刷刷地抽，
這一段上坡路幾時走到頭！』

「辣」字形容鞭子，「癩」的形容腿，「刷刷地」形容抽，路又是「上坡」，把一頭疲憊可憐的老牛形容到家了。並且讀起來也非常帶勁，字音和字義充分的能在我們的想像中喚起一幅生動的畫圖。這就不是隨便寫出來的字句。再舉些個好的句子：

『淒涼的胡琴拉長了下午』——算命瞎子
『一聲聲啞哨泣走了冬天』——女驗票員
『江魚吞食了二千多年，
吞不下你的一根傲骨！』——淡水河邊弔屈原
『你曾經為她飲一滴秋雨，
你曾經為她遮一絲夏陽』——伊人贈我一髮歌

詩的好處不能用「摘句」的方法來說明。「舟子的悲歌」分上下二輯，上輯是一些雜作，我以為最好的作品在這一輯裡，其中最出色的要算是「暴風雨」一首，用文字把暴風雨的那種排山倒海的氣勢都描寫出來了，真可說是筆挾風雷。「老牛」「清道夫」也好。「中秋夜」是別開生面的寫法，一面是懸念遊子的老娘，一面是懷想母親的遊子，一道海隔出兩地的愁思，對照寫來，倍覺動人。下輯是情詩，最清新的是「初戀之謎」「伊人贈我一髮歌」等。全集中，「真理歌」是有感之作，而略帶幽默，是例外的一首。下輯中「序詩」一首則似可割愛。

作者是一位年青人。他的藝術並不年青。短短的「後記」透漏出一點點寫作的經過。他有舊詩的根柢，然後得到英詩的啓發。這是很值得令我們思考的一條發展路線。我們寫新詩，用的是中國文字，舊詩的技巧是一份必不可少的「文學遺產」，同時新詩是一個突然生出的東西，無依無靠，沒有軌跡可循，外國詩正是一個最好的借鏡。無論在取材上，在詞藻上，在格調上，或其他有關方面，外國詩都極有參考的價值。我想新詩如果能有一個為大家所接受的型式，大概是一面擷取我們舊詩的技巧，一面汲拾外國詩的精神。「舟子的悲歌」便是一個很令人歡迎的實例。

徵稿簡則

一、本刊歡迎：
(1)凡能給人以早日恢復自由中國的希望，和鼓勵人以反共勇氣的文章。
(2)介紹鐵幕後各國和中國鐵幕區極權專制的殘酷事實的通訊和特寫。
(3)介紹世界各國反共的言論，書籍與事實的文字。
(4)研究打擊極權主義有效對策的文章。
(5)提出擊敗共黨後，建立政治民主、經濟平等的理想社會輪廓的文章。
(6)其他反極權的論文、談話、小說、木刻、照片等。
二、翻譯稿件務請附原文並註明其出處。
三、投稿字數，每篇請勿超過四千字。
四、賜稿務望用稿紙繕寫清楚並加標點。
五、凡附足郵票的稿件，不刊載即退回。
六、稿件發表後，每千字致稿酬新臺幣廿五元至四十元。
七、來稿本刊有刪改權，若不願受此限制，請先說明。
八、惠稿一經登載，版權即為本刊所有，非經同意不得轉載。
九、來稿請寄臺北市金山街一巷二號本社編輯部。

請訂閱　請批評　請介紹

自由中國惟一會計刊物

研究會計學理，及有關會計各項問題
闡揚會計功能，溝通會計從業人員消息

會計通訊

一、卅九年度合訂本每冊廿五元
二、四十年度合訂本每冊卅七元
三、訂閱全年十二冊卅元
零售每本三元

中國成本會計學會出版

經售訂閱及郵購處：臺北市中山北路三段德惠街九號本學會
臺北市重慶南路商務印書館

中國科學管理學會出版

「企業與管理」月刊第二期要目

管理企業之淺見　束雲章
所謂「臺灣的第四點計劃」　張直夫
製造工廠合理產量之判定　蘇在山
奉行經建見聞漫寫　胡世棻
一年來配給與配售的總檢討　汪鍾韻
論董事會　嚴瑜竹

零售每冊三元　訂閱全年十二冊三十元
經售訂閱及郵購處：(1) 臺北市西寧南路六十二號三樓本學會
(2) 重慶南路商務印書館

鄭重推薦革新後的

香港時報

言論公正　報導正確
內容充實　副刊生動
歡迎訂閱另有優待

總社：香港高士打道六四－六六號
電話：二〇八四八
分社：臺灣臺北市館前街五〇號
電話：四〇一七

東南印務出版社

地址：香港高士打道六十六號
電話：二〇八四八
臺灣接洽處：臺北市館前街五〇號香港時報分社

—承印—
圖書雜誌
工精價廉
交貨迅速

本刊鄭重推薦

工商日報

社址：香港德輔道中四十三號
郵箱：六十二號郵政信箱

·消息靈通·報導翔實·
·言論公正·副刊生動·

當日空運到臺

臺灣總經銷：中國書報社
臺北市館前路八十五號

第六卷　第八期　內政部雜誌登記證內警臺誌字第一九號　臺灣省雜誌事業協會會員　二六八

給讀者的報告

最近我們不斷接到國內外以及社會各階層讀者們的來信，都是熱誠地鼓勵我們，有的甚且提出許多寶貴的對本刊改進的意見。「自由中國」之能夠如此受到讀者們普遍地歡迎與關切，這是我們無上的榮幸，我們於感激之餘，益增對爲自由而奮鬪的信念與勇氣。至於對讀者們的來信我們都儘可能地一一作覆，其有建議者，我們也無不鄭重考慮，虛心接納。這裡我們要再向這些讀者們重申謝忱，並歡迎所有讀者們隨時賜教。

時事述評一欄我們自六卷三期以後曾暫時停止，現應讀者要求，決定自本期再予恢復，爲了更切合該欄的性質起見，將名稱改爲短評，其篇面與地位亦將不拘於過去之形式，而略具伸縮性，所謂「有話則長無話則短」是也。

孫子兵法有云：「知己知彼，百戰百勝」，這一顚撲不破的戰略原則，並未因攸長的歲月而減低其眞實性。無論在以兵石爲武器的古代，以及原子彈時代的今天，「知己知彼」同樣仍是作戰致勝的一個必要的條件。現代國家戰時一方面要保守己方軍事秘密，一方面要設法獲取敵人的情報，所以知己易而知彼難，「知彼」要了解敵情的眞象，並進而加以分析研究，這種工作最重要的是要確實客觀，萬萬不能滲雜願望的想法，自我陶醉。我們之所以在社論中討論此一問題，乃有鑒於我們在這方面努力之不够，勿以爲這是小節，却與作戰勝負有關，我們可以忽視嗎？

本期專論首篇係新任大法官黃正銘先生所撰，黃先生是國內研究國際公法的權威學者，在這篇短文中，他指出國際政治間一項極其重要的原則，就是自由之更重於和平，「自由是目的，和平是手段」，聯合國組織必須建立在此一基礎之上，才會有光明的前途。

「日本舊軍人的煩悶」是關心國際問題者所必須一讀的文字，戰後日本的政治處於左右兩集團的夾擊之中，關於左派的活動本刊通訊欄過去曾有數次報導，本期徐逸樵先生爲文分析右派中心人物——舊軍人之內幕，徐先生旅日多年，對日本政治深有研究，其見解自不同尋常也。

本期華府通訊原非報導性文字，而係該文作者對本刊六卷五期一篇討論留學獎學金的讀者投書有所商榷，楊先生主張獎學金的考選不應由政府統辦，至於原屬政府所有的留學金名額，楊先生也是同樣主張公開考選的。

本刊自闢讀者投書一欄以來，曾發表不少討論時政的文字，本欄文字完全根據讀者的原作，意見固不必與本刊所持者儘相符合，這是要附帶聲明的。

最後，當本刊付印之日(十二日)，報載英加法三國將迫使美國在韓境停戰談判中接受共方全部遣俘之原則，傳聞美國正有妥協的可能。因鑒於此一問題之嚴重性，我們不惜將已經排好的版面重新改動，增加社論一篇：「向美國政府重申警告」。早在本刊六卷五期上我們便曾爲此問題提出「給美國政府一個嚴重警告」，我們之所以堅持自由遣俘的原則，不是僅從中國人民的利害出發，而係基於自由世界全局的考慮，我們所持的不是空泛的人道主義，而是慎於世界和平與人類自由之目的，如果我們苟且妥協以接受共方的建議，我們將失去億萬鐵幕內渴求自由的人民，喪失了這樣重大的精神力量，將是自由世界失敗的開始。

自由中國 半月刊 第六卷 第八期

"Free China" 總第五十九號

中華民國四十一年四月十六日

發行人　胡　適

主編　『自由中國』編輯委員會

出版者　自由中國社
社址：臺北市金山街一巷二號
電話：六八八八五號

航空版　香港時報社

經售者

臺灣	中國書報發行所（臺北市館前街八五號）
美國	紐約民氣日報社
	舊金山國民日報社
日本	東京南友堂
	東京內山書局
韓國	釜山草梁洞新泰號
馬尼剌	大中華日報社
印尼	椰嘉達星期日報
	椰嘉達天聲日報
	棉蘭繁華圖書公司
越南	西貢中原文化印刷公司
	越南華僑文化事業公司
暹邏	曼谷攀多社十二號
緬甸	仰光振成書報店
印度	孟買梅亞號
	加爾各答塔梅學校
新加坡	中興日報社
	檳榔嶼、吉打邦均有出售
澳洲	墨爾鉢王德利公司
北婆羅洲	馬拉奕坡美芝律聯華公司

印刷者　臺灣新生報新生印刷廠
廠址：臺北市西園路二段九號　電話：二〇九六

本刊經中華郵政登記認爲第一類新聞紙類　臺灣郵政管理局新聞紙類登記執照第二〇號　臺灣郵政劃撥儲金帳戶第八一三九號

自由中國

FREE CHINA

第六卷　第九期

要目

中華民國四十一年五月一日出版

社址：臺北市金山街一巷二號

半月大事記

四月十日（星期四）

美法院拒絕鋼鐵業阻止政府接管之請求。

美國會通過延長杜魯門總統戰時緊急權力至六月一日止。

美衆院通過一九五三年度四百六十億元國防預算案。

蘇俄就德國問題重向英、美、法三國提出新照會。

四月十一日（星期五）

華府消息：英法加三國政府對美政府施用壓力，迫使其在韓境停戰談判中放棄志願遣俘之原則。

白宮宣佈，北大西洋盟軍統帥艾森豪威爾將軍已要求自六月一日起辭職。

東京七十萬工人罷工，抗議政府將向國會提出的「防止破壞法案」。

四月十二日（星期六）

監察院投票同意總統提名賈景德羅家倫繼任考試院正副院長。

杜勒斯演說批評美政府未能在冷戰中對蘇採取攻勢。

法參衆兩院通過皮奈總理所提一九五二年預算案。

英外務部宣佈，鄧寧爵士已被任命為戰後首任駐日大使。

四月十四日（星期一）

政府遷臺後大法官首次會議，修正通過會議規則，並通過聲請解釋案輪分審查辦法。

聯合國安理會投票表決法突問題列入議程案，贊成者五票，反對者兩票，棄權者四票（包括美國），未達法定票數而被否決。

四月十五日（星期二）

外交部長葉公超對記者談稱，中日和約之前言、本文及議定書均經雙方代表獲致協議，惟在換文及會議記錄中，尚有兩點仍待研商。

日外務省亞洲局長倭島英二離臺返東京。

中國大陸救災總會致電聯合國，籲請在韓境停戰談判中堅持志願遣俘原則。

聯軍停戰談判首席代表卓伊與出席戰俘小組委會代表李比自東京返抵汶山，傳將重開換俘談判。

日政府正式批准防止破壞法案，該法案旨在限制暴力破壞，但不干涉工會合法行動。

白宮否認廣播報導所稱杜魯門有意與史達林會晤之說。

四月十六日（星期三）

英政府宣佈：歐洲防衞集團包括法、義、西德、比、荷、盧等六國，倘遭進攻，英國即予以自動之軍事援助。

美總統杜魯門簽署對日和約及美日、美澳紐、美菲安全公約，並發表聲明稱，和約簽署後世界將更接近安全性的永久和平。

西班牙元首佛朗哥與葡萄牙總理沙拉查在馬德里舉行會議後發表公報稱，西葡兩國共同認為伊比利安半島在未來外交交涉中是一「戰略上的整體」。

美總統杜魯門提名麥非為戰後首任駐日大使。

聯合國集體措施委員會選定廿名軍事專家對聯合國軍提供技術意見。

美基督教會首次公佈中共迫害美教士之真象。

四月十七日（星期四）

中日締約談判枝節橫生，日方拒絕同意約草，日政府訓令河田烈繼續與我談判，原定本日舉行之第三次正式會議，勢將再予展期。

總統命令，特任黃季陸為內政部長，張茲闓為經濟部長，余井塘為政務委員。

美共同安全總署中國分署署長施幹克返臺。

蔡斯將軍赴菲訪問，雷德福亦將前往。

歐洲六國聯軍會議在巴黎復會，討論軍事聯防條約。

法駐突尼西亞總督歐特克洛克返法與皮奈總理商討突尼西亞問題。

四月十八日（星期五）

立法院三讀通過陸海空軍獎勵條例。

日本百萬工人大罷工反對防止破壞法案。

加拿大及巴基斯坦正式通知美國務院已批准對日和約。

法國批准對日和約書送達美國務院。

四月十九日（星期六）

韓境停戰談判恢復換俘會議。

李奇威下令自四月廿七日午夜停止使用佔領軍稱號。

四月二十日（星期日）

我駐日代表團長何世禮返國述職。

韓國總理張勉辭職。

四月廿一日（星期一）

新任考試院正副院長賈景德羅家倫兩氏接事。

李奇威發表談話，重申聯軍在停戰談判中決不犧牲原則。

四月廿二日（星期二）

聯合國副秘書長胡世澤抵臺。

蔡斯將軍自菲返臺。

美參院通過議案，禁止撥款經營政府接管後之鋼鐵業。

韓總統李承晚任命國會副議長張澤相繼任內閣總理。

英政府正式抗議中共拘禁外僑。

聯軍分散共俘，將六新營地址通知共方。

美共同安全總署署長哈里曼宣佈參加民主黨總統候選人競選。

四月廿三日（星期三）

盟總宣佈解散盟國對日委員會。

西德議會通過政府所提議案，聲明薩爾為德領土，非經德人許可不得脫離德國。

四月廿四日（星期四）

美衆議員及財部官員等一行十一人抵臺訪問。

中日双方在東京簽字，延長臺日貿易協定。

巴黎消息，英美兩國已向法國保證，防止德國將來退出歐洲軍而自行建軍。

日韓和約談判，由於日方要求在韓財權，因致無限期休會。

社論

五一談工運

今天是五一勞動節。我們擬乘這機會與自由中國的勞工們一談我們對於勞工運動的看法。

說起勞工運動，使人不得不想起工會運動。這二者不僅如形影之不能分離，甚至可說是一物之二名。可是，自由中國的勞工們，你們可知道，在今日這世界，工會是有兩種，這兩種工會，除了名字之外絕無共同之點，不僅絕不相同，而且它們在性質上，在作用上是剛巧相反。這兩種工會，一種存在於自由世界，一種存在於極權世界。

大家都知道，工會是勞工群衆爲保障自身的利益而組織的，它們所採取的手段，可能有激烈和溫和之分，但它們於代表勞工利益這一點，應該沒有兩樣。即令在蘇俄，直至一九二八年前後，一般人還是抱持這樣的見解。當時蘇俄的全國總工會主席湯麥斯基 M.P. Tomsky，他同時還是聯共政治局的委員），就是這一見解的代表人物。可是，在史大林喊出了「一國建設社會主義」的口號以後，他就發動整個的黨來與此一傳統的見解鬪爭。他以爲在社會主義之下，工會應以促進生產爲其主要任務。湯麥斯基被迫自殺；他縱不自殺，亦必難逃被殺的命運，全國工會被迫改組，舊時人員之被清除（殺害、放逐、囚禁）者，不可以數計。從此以後，整個蘇俄的工會，都成了史大林的御用工具，在促進生產的美名下，幫助極權統治無限制的壓搾勞工們的血汗。蘇俄那種殘酷無比的勞工法，即靠着這種御用工會才得以實施；勞工們成了奴隸，沒有行動的自由，沒有轉業的自由，甚至沒有告假的自由，更談不到請願罷工，而工會正成了嚴密而又無所不在的奴隸管理機構。

從保障勞工利益的組織，一變而爲維持勞工紀律的組織，這中間的距離，眞不可以道里計。我們要在這裏告訴自由中國的勞工們：凡是共產極權勢力統治的處所，勞工運動都必然要經歷這樣的過程，而最後達到工會之完全變質，以及勞工運動之完全取消，勞工們不復有爲自身的利益而組織，而團結的權利了。

我們還要告訴自由中國的勞工們：在民主國家，那裏的工會運動雖有一個時期與共產主義的運動發生牽攣，但到今日，勞工們差不多已完全覺悟，並斷然的與共產主義運動分家。共產黨在美國，在英國的勞工群中，可說已毫無勢力；甚至在法國，在義大利，它在勞工群中的勢力，也正迅速的失墜。在整個自由世界，共產黨的支持者，已不是眞正的產業工人，而是一些不務正業的流氓無產階級，以及一些對現實永不會滿足的、無能無用的，三四流以下的知識分子。

自由世界與極權世界不同，它承認集會結社的自由爲基本人權之中的一重要項，所以勞工們爲自身利益而組織而團結的權利，是獲得充分保障的，而工會運動，也常能獲得一般社會普遍的同情與支持。祇是，因爲自由世界的工會運動也曾一度與共產主義運動發生牽攣，今天此二者雖已分道揚鑣，但其惡劣影響，却不敢說已經完全消除。共產主義散布仇恨，提倡鬪爭，他們過去所領導的工會運動，都採取激烈的手段，慣常提出不合理的過分要求，結果是使勞資兩敗，整個社會亦因而蒙受無可補償的損失。他們這樣的製造貧窮，製造失業分子，製造大量的流氓無產階級，拿來做他們「革命」的資本；等到他們的「革命」成功，資本家固然再無立足之地，而整個勞工階級，亦都陷入他們的羅網，淪爲工奴。

眞正醒覺了的勞工們應該知道，階級鬪爭與階級仇恨，並不是勞工運動的基礎；同樣，激烈的手段與過分的要求，也決不能達到提高生活水準的目的。勞工運動，雖與資方有互相尅制的作用，但此種尅制，並不以一方面壓倒另一方面爲終點，而是以双方互相平衡爲終點，祇有在這平衡狀態中，才能提高生產效率，增加社會財富，使全人類的經濟生活從普遍的貧困進入普遍的豐足。

自由世界的工會運動，至今仍難免採取激烈的手段，提出過分的要求，這是我們所感覺惋惜的一件事。我們在上文說，自由世界的工運仍沒有完全消除共產主義運動的惡劣影響，即是指此而言。譬如，我們常能在報紙上看到的罷工，結果往往是招致社會的反感，輿論的不滿，最後則迫使政府不得不出而干涉，出而彈壓。這樣的風氣，如果任其發展，甚至連民主政治基礎，不都會爲之動搖。本來，在民主政治體制下，政府應該懂得自制，資方應該懂得自制，而勞工方面，也同樣的應該懂得自制，各方面都養成了自制的美德，一切糾紛都可以和平的解決，一切工作都可以順利的進行。在勞動與資本的關係中，祇要資方不苛刻，勞方不蠻橫，就定能發揮社會分工的充分效能，而達到互利的結果。

我們希望自由中國的勞工們瞭解：勞工運動的目的，是在於防制資方的苛刻，而不在於壓倒資方。勞方與資方，都有其合法合理的權益。合法的權利，受政府的保障；合理的權益，一般社會也會爲之定出一個公平的標準。勞工運動，不能以剝奪資方的合法合理權益爲能事。祇要不越出這一定的範圍，勞工運動就是正當而神聖的；如竟越出這一範圍，它就會成爲一種社會的破壞力，充其極，它可以爲共產極權主義開路；到那時候，就誰也不能反對政府應該出來干涉，出來彈壓了。

我們深感一般人對工運之意義與工會之性質沒有深切瞭解，所以特借勞工們自己的節日的機會，一抒我們所見，希望能由此幫助自由中國的工運找到它正確的前途。

時事述評

祝中日和約告成

糾纏了兩個多月的對日和約，現在已經簽字了，幾十年來不愉快的邦交，到今天也應該結束了。中國政府雖偏促於臺灣一島，而日本依然擇定爲邦交的對象，可見對於世界局勢和中共政權的本質已有明白的認識了。這一種明智的舉動自能贏得中國四億五千萬的人心，和世界愛好自由人士的稱贊。對於兩國折衷樽俎的人們經兩個多月的辛勞，卒能虛心坦懷收穫到預期的成果，我們敢代表人民特致尊敬。

戰爭是萬不得已而後爲之的事情，「夫佳兵者不祥之器」（老子），「夫兵猶火也，弗戢將自焚也」（左傳），我們東方二千年傳來的教訓，且看中日的兩次戰役，更可以親切地體認出其深長的意味。甲午一役，中國戰敗了，中國人民痛罵當時政府的腐敗無能，而對日本則不但未存憎恨之心，而且多懷羨慕之念，一時間主張富國強兵的人們，無不急起直追去向日本學習，一切制度都以日本式爲模範。這一次日本戰敗了，而中國的元氣損傷太甚，重以共黨得勢弄得整個社會天翻地覆，今日的中國在日本人民的眼光中，恐怕不會估價太高。不論如何像當年中國人的羨慕日本的念頭，總不會出現的。如果日本國民還有向中國學習的雅量，則愛好和平是我們三千年立國的精神，是儒佛二家立教的大本。理應深切體會，以深植於每一人的心中，而爲我們兩國今後的邦交開闢一條康莊的大道吧。

東亞的大局以中日兩大民族爲骨幹，合作則安定可期，分裂則擾攘必至，數十年往事足資證明，最近的紛亂更加明白。過去的已經過去了，我們只能於其中認取教訓，不必再去怨天尤人了，未來的從今天和約簽字起，尚待我們努力的何止百般？但是和平與合作是必不可缺的條件，這兩點不能做到，則其他一切都是空談。中國也罷，日本也罷，今日的社會秩序，物質生活，以及人民的自信力均不及戰前遠甚，這一仗打得兩敗俱傷，事實的表現是再明白不過了。但是基本的條件並未變更，拿今天的科學技術來從事開發，則不出二十年東亞經濟的繁榮必能超過西歐而比肩美國，也是沒有人不相信的。只要打倒了中共的政權，則恢復良好的社會秩序是易如反掌的。故局勢雖然嚴重，自信心必須堅持，我們兩國誠能通力合作，勇往邁進，則東亞必能平定，世界亦必重放光明，關鍵依然是握在自己手中的。現在携手前進的基礎已經奠定了，我們謹以緊張而嚴肅的心情，祝兩國前途之和平與合作。（漸）

「便民」口號重實踐

標語，口號，是二十多年來我國政治上的老花樣。當花樣嶄新時，確會收到鼓舞民情的效果，後來在人民的眼中，看出了標語只是標語，口號只是口號，與實際政治並非「正」相關，於是口號和標語的價值就變成了負數。這是事實，明眼人而又不說違心話的，都一致公認。

政府遷臺以後，這方面大大地進步了。專以貼標語寫口號爲任務的機構，和靠此拿薪水，考成績的人員，遠不及大陸時期那樣龐大和衆多了。過於精明的人不免要想到大陸和臺灣地區大小的比例，其實這又何必如此察察以爲明呢！況且，標語口號其本身並不是壞東西，問題是在能否實踐。說到「實踐」我們由衷地舉起双手來擁護。擁護政府實踐其對人民的諾言，也即是擁護我們的政府。

「便民」這兩個字，是本年二月間以來，臺灣省政府主席吳國楨給我們人民的諾言。最近他在高雄市一次公開講演中，又強調地提到。兩個多月來，省級機構從便民方面着想而計劃的事體，也曾見諸報端。四月十一日新生報載，省府正擬簡化貿易手續，對於現行進口外滙審核及許可證核發程序，儘可能縮短時間，就是最近的一個事例。我們希望繼此而來的「便民」措施，一天普及一天。實踐又實踐，而不流於口號化！

政府注意到行政方面要做到便民，這眞是一件可喜的事。老實說，今日臺灣政府給人民不必要的不便之處實在不少。好在政府既在推行便民運動，自然是已經承認了有許多不便民之處在。在分析若干不便民的事例以後，我們發覺：有些是由於執行政令的人員低能，不敢負責，或者有非法的企圖，以致給人民許多麻煩；也有些是由於政府本身所規定的辦法之不合理。屬於前者的事例太多，不必一一舉出。屬於後者的，事例也不少，上面提到的貿易手續，外滙審核程序就是一個。此外有個最使人民頭痛的辦法，爲我們站在人道的立場所常常關切的，就是治安機關對被捕者已判定無罪時，還要這個無罪者覓保後才可釋放。這種場合，在眞正的法治國家，政府是要負冤獄賠償之責的，而我們的治安機關捉錯了人，反要把責任推到被捉者及其關係人身上。於情、於理、於法都說不通。我們常常惦念到，由於這個辦法的繼續存在，今日囹圄中人，恐不免有若干無辜者因爲無法取保，不知何年何月得見天日！如果政府在這次推行便民運動中，首先把這種辦法取消，不僅是便民而已，大可以化戾氣爲祥和。「便民」一勿忘「實踐」！（蓀）

由控蘇案說到中長鐵路

凌鴻勛

本年二月一日，聯合國在巴黎召開之第六屆大會中，通過了中華民國對蘇俄違反一九四五年（民國三十四年）中蘇同盟友好條約的控訴案。這個控訴案的通過，總算是聯合國近年來一件差強人意的事。雖然案子通過後，一時不會有什麼下文。但中蘇同盟友好條約的簽訂，在當時爲舉世所注目，和遠東有關係的國家更特別關心，事隔才六七年，局勢已轉變了一個大花樣，今在很尊嚴的國際集會中，能通過這一個控訴案，把中國這幾年來說不出的幽憤稍一吐露，千夫所指，無疾而死，也可以說是對於背信棄義的國家來當頭的一棒。

在二次世界大戰的末期，當美國進攻日本附屬各島，發生很慘烈戰事的時候，美國很急切的需要蘇俄參戰，向日本進兵，使日本首尾受敵，讓戰事好提早結束，減少盟國軍隊生命的損失，遂於一九四五年（民國三十四年）二月十一日和蘇俄在雅爾達的秘密會議中，暗許蘇俄恢復其舊日在遠東的權益。這件密約，在近代外交史上，可說是一件不名譽之事。我相信羅斯福總統不是有意出賣中國，但他對於結束戰事未免過於心急，而對於蘇俄和中國及其他盟國誠意合作的希望，更未免過高。羅斯福總統大約想不到這件事與世界和平及中國的命運有這樣大的影響，更想不到留下這一條禍根，使美國今日尚蒙受在韓戰重大的生命和財產的損失。

跟着雅爾達秘密會議之後，由於美國對中國所施的壓力，果然中蘇兩方於同年的八月十四日在莫斯科簽訂了一件中蘇友好同盟條約，裡面附有一件關於中長鐵路的協定，和關於旅大的協定。

中華民國出席聯合國的蔣代表廷黻在控俄案中公開說過：「中國政府和人民當時對於雅爾達協定的意義，並不盲目。中國在一九四五年八月十四日的條約和協定上的簽字，是全國含恥忍辱的簽字，」又說：「較具懷疑心理的人士，認爲蘇聯對中國的積極援助縱不可得，至少在訂立了同盟友好條約之後，總不會對中國採取積極的敵對政策。固然中國爲使蘇聯去掉惡意，而必須付出的代價委實很高，但是大家都覺得這項代價並非毫無所補。中國政府就在此心理狀態之下，對美國政府的壓力，委曲求全地予以遷就，接受了雅爾達協定的內容。」我想政府，抗戰勝利結束之時，簽這一個協定，自是一件不得已之事。我還記得那年立法院對這條約和協定迅速地通過了，報紙上對條約和協定內容很少批評。以附帶的中長鐵路協定來說，主管鐵路機關和國內鐵路界人士都覺得有點說不出的痛苦。

關於中長鐵路的協定共有條文十八條，茲將其中最關重要的幾條摘錄於下：

第一條　中東鐵路及南滿鐵路，由滿州里至綏芬河，及由哈爾濱至大連旅順之幹線，合併成爲一鐵路，定名爲中國長春鐵路，應歸中華民國及蘇維埃社會主義共和國聯邦共同所有，並共同經營。

上開鐵路之共同經營，應在中國主權之下，由一單獨機構辦理，並爲一純粹商業性質之運輸事業。

第三條　締約國爲共同經營上開鐵路起見，同意組設中蘇合辦之中國長春鐵路公司。公司設理事會，由理事十人組織之，其中五人由中國政府派任，五人由蘇聯政府派任，理事會設在長春。

第四條　中國政府應在華籍理事中指派一人爲理事長，蘇聯政府應在蘇籍理事中指派一人爲副理事長。理事會表決時，理事長所投之票作兩票計算。理事會之法定人數爲七人。

第五條　公司設監事會，由監事六人組織之。其中三人由中國政府派任，三人由蘇聯政府派任。監事長應在蘇籍監事中推選，副監事長應在華籍監事中推選。監事會表決時，監事長所投之票作兩票計算，監事會之法定人數爲五人。

第六條　理事會委派中國長春鐵路局局長一人，由蘇聯人員中遴選，副局長一人，由華籍人員中遴選。

第七條　監事會應委派總稽核副總稽核各一人。總稽核由華籍人員中遴選，副總稽核由蘇籍人員中遴選。

第九條　中國政府擔任上開鐵路之保護，應組織及監督鐵路警察，關於鐵路警察執行本條規定之職務，由中國政府諮商蘇聯政府決定之。

第十條　上開鐵路僅得於對日本作戰時期供運輸蘇聯軍隊之用。蘇聯政府有權在上開鐵路用加封車輛，運輸過境之軍需品，免除海關查驗。

第十一條　經上開鐵路，由一蘇聯車站至另一蘇聯車站過境運輸，以及由蘇聯領土至大連旅順二港口往返直運之貨物，應免中國關稅，或其他任何捐稅。

第十五條　締約國應在本協定簽字後一個月內，各派代表三人，在重慶會同擬訂共同經營上開鐵路之章程。該項章程應於兩個月擬訂完畢，呈報兩國政府核准。

第十六條　應歸中蘇共同所有與共同經營之資產，應由兩國政府各派代表三人，組織委員會議定之。該委員會應於本協定簽字後一個月，在重慶組織成立，並於上開鐵路開始共同經營後三個月內完成其工作，該委員會之議定事項，應呈報兩國政府核准。

第十七條　本協定期限定爲三十年。期滿之後，中國長春鐵路連同該鐵路之一切財產均應無償移轉中華民國所有。

我們要檢討這一個協定，首先要明白中俄双方在過去幾十年來關於這條鐵路所發生的種種經過。中東鐵路原來是根據一八九六年（光緒二十二年）的中俄密約而興築的。其時帝俄要向東方伸展勢力，於我甲午戰敗後，藉口代我向日本索還遼東半島的功勞，要求在我國境內築路，於是乎有東省鐵路公司合同的訂定，那時所謂中東鐵路，祇係由中俄邊界的滿洲里，經過哈爾濱，至另外一處邊界的綏芬河爲止。乃簽約後僅一年，帝俄又藉口德國佔據膠州灣，而命其西比利亞艦隊佔據旅順和大連，威迫我續訂路約，繼續興築由哈爾濱經長春瀋陽以達旅大的支線。這條支線，後來因一九〇五年日俄戰後，才把長春至旅大一段轉讓於日本。

一九一七年，俄國發生革命，耳目一新，一九一九年（民國八年）七月廿五日，新俄勞農政府曾向我宣言，說：「勞農政府宣言，將從來俄國與中國所訂結之一切秘密條約，概行作廢。因此種條約，實爲俄皇政府力使利誘，壓服東方各民族之機械。勞農政府曾邀請中國政府即開談判，磋商廢棄一八九六年之條約，將俄皇政府自行侵奪，或偕日本及他國共同侵奪中國人民之所有者，一概歸還中國人民。……勞農政府願將中東鐵路及租讓之一切鑛產，森林，金產，及他種產業，由俄皇政府，與克倫斯基政府，及霍爾瓦特，謝米諾夫，高而恰克等賊徒，與從前俄國軍官商人及資本家等，侵佔得來者，一概無條件歸還中國，毫不索償……」，一九二〇年，新俄政府外交委員長加拉罕又兩次致通牒於我外交部，把上述的宣言重新聲明一次。這幾次的宣言和通牒，說得何等漂亮痛快。其實則因勞農政府當時產生不久，遭東西各國的歧視，不得不爭取與國，於是對我特爲幣重言甘的引誘，根本那裏是由衷之論。果然到了一九二四年（民國十三年），中俄正式恢復邦交，顧維鈞與加拉罕簽定解決中俄懸案大綱協定，及暫行管理中東路協定時，對於無條件歸還中東鐵路一事，已自食其言，完全改變了。

『自由中國的宗旨』

第一、我們要向全國國民宣傳自由與民主的真實價值，並且要督促政府（各級的政府），切實改革政治經濟，努力建立自由民主的社會。

第二、我們要支持並督促政府用種種力量抵抗共產黨鐵幕之下剝奪一切自由的極權政治，不讓他擴張他的勢力範圍。

第三、我們要盡我們的努力，援助淪陷區域的同胞，幫助他們早日恢復自由。

第四、我們的最後目標是要使整個中華民國成爲自由的中國。

現在姑且把三十年前的舊事暫時擱置不提，單就最近十幾年的事來說。在日本侵佔東北後，蘇俄勢力再難在北滿立足，因於一九三四年起，蘇俄和日本即在東京談判，把中東鐵路出售於偽滿洲國。一九三五年三月廿三日正式簽訂蘇俄將中東鐵路權利移交滿洲國的協定，由滿洲國付出代價日幣一億四千萬元。中國政府曾爲這件事發表過幾次宣言，否認其不法行爲。雖然沒有發生什麼效力，但這件買賣鐵路讓與主權的勾當，已是中外所共見共聞。

那末，俄國原來在我國境內所築的中東鐵路，其中長春至旅大一段，既因戰敗而拱手奉送於日本，後來又把其餘全部的路產路權，以日幣一億四千萬元讓售於偽滿，試問她還有什麼資格，在幹過這兩樁大事之後，要求『把中東鐵路及南滿鐵路由滿洲里至綏芬河及由哈爾濱至大連旅順之幹線歸中蘇兩國共同所有及共同經營』呢？

中國數十年來，凡與他國訂立有關鐵路之條約，莫不牽涉到外交問題，率直的說，莫不牽涉到國家主權人民利益的問題，一條長達二千四百多公里的中長鐵路幹線，經過了五十多年的國際糾紛，本來並不簡單。但自我國對日抗戰勝利以後，東北國土，全部收復，舊日中東南滿等路，既然和蘇俄已沒有絲毫的關係，一切過去的糾紛微妙，自可一筆勾銷。所以當時政府對於這條路，祇知到時接管，再想不到會舊事重提，再和蘇俄來一次合作，更想不到會有一個共有共營的局面。假使當時知道會有這一回事，那麼我們相信我們定會研究一下以前的舊案，檢討一下過去的得失，預先有個方案，則交涉時尚有折衝的餘地。豈知當時迫於形勢，匆遽中簽了一個協定，後來想於事業本身設法補救一下，已來不及了。

蘇俄當然不是這樣倉卒的，她在雅爾達協定，便佔了上風，取了主動，她老早就有研究有準備了。而且開會就在莫斯科，人馬齊全，資料充足。我們試看中蘇共有共營中長鐵路的期限，爲什麼定爲三十年呢？原來一八九六年和中俄密約同日訂立的東省鐵路公司合同，曾經規定公司營業期限爲八十年。到一九四五成立中長協定時，剛過了五十年，還有三十年未完。所以三十年的期限，係蘇俄未曾忘記帝俄侵略八十年舊約的一種顯示。至於中長鐵路的組織，在協定第三、四、五、六、七等條文內，關於理事會監事會的中蘇人數，地位，以及管理局，稽核局人員的分配等等，幾乎完全照抄一九三四年顧維鈞與加拉罕所訂之暫行管理中東路協定。雖然定明理事長由中國人擔任，局長由蘇俄人擔任。各處處長爲中國人時，副處長須用蘇俄人，處長爲蘇俄人時，副處長須用華人。又各級人員按照中俄兩國人民平均分配任用，表面上似乎甚覺公平。而且最高權力的理事長，係由華人擔任，在面子上更爲好看。其實蘇俄老早看穿了中國人做事，虛名是要緊的。從前任理事長的多是達官貴人，坐享厚俸，不問路事，而一切實權則操之於彼方之局長。理事會祇有形式，實同虛設。至各處處長，重要的全以俄人充任，祇有幾個沒關重要的處，像編譯處，衞生處等。才給華人充任處長，一直都是大權旁落。現在中蘇既然以多年盟友的關係，再來作運輸事業的合作，在我方正當根據過去的經驗，在新的協定中設法補救過來。乃蘇方於此早就有了腹案，我方臨時因應遂處於被動。此外尙有協定第九條，規定鐵路警察執行職務，由中國政府諮商蘇俄政府決定之。本協定開始原即說明中長鐵路共同經營，係在中國主權之下辦理。鐵路警察即國家主權之一部，現竟然要諮商蘇俄政府才能決定，理事長無權去處理，這也是不公平合理。

鐵路是一件近代運輸的專門事業，裡面當然不少技術問題，這些問題是絕對不能漠視的。東北許多鐵路從前有中東，南滿，和國有各線的個別經營管理，但在日本製造和控制僞滿，並且向蘇俄收購中東路線之後，已將東北整個鐵路網弄到一元化。所有設備成了一個單純系統，特別是電氣設備，都已集中在中東和南滿兩幹線上，成功了東北整個鐵路系統運用上的神經中樞。今要把這條幹線單獨拿了出來，則沿此幹線的重要設備，那些應屬於中長，那些應屬於國有各路，已沒法可以劃分清楚。即使勉强將其劃分，一個整個系統忽然給支解了，所有中長兩旁的各國有路線，勢將與母體一一分離，一切設備失其聯繫，將來發展動受妨碍，這問題已够嚴重。何況中長協定第十一十二兩條，規定蘇俄車輛過境辦法，這是和鐵路的軌距有關的。俄人初築中東鐵路，原係用五英尺的寬軌距，這軌距是和蘇俄本土及西比利亞幹線一樣。其後把長春至旅大一段讓於日本，日人即改爲標準軌距。到了蘇俄把其餘的幹支線出售於僞滿以後，僞滿又把這些寬軌距一概改爲標準軌距。至日本投降時止，東北鐵路祇有一種軌距，運用上祇有一個體制。而蘇俄自從派軍隊開入東北以後，首先趕忙把中東路這段軌距改回寬軌，以便把他們所刦奪的東北大量工業設備裝車運走。現在協定中對於軌距問題，輕輕避開不提。我方當時或未注意及此，但對方是胸有成竹的。車輛可以加封由西比利亞經過我境以達海參威，或由蘇俄領土至大連旅順，（參閱協定第十條第十一條）則在我國國境之內，必然要用蘇俄的寬軌，而且蘇俄早已自動改了過來，做了已成的事實，我方更有何可說。試想在我東北領土和東北整個鐵路系統內，橫來一條軌距不同的大幹線，是像個什麼東西？這豈不是單獨顧到蘇方的利益而蔑視我方的利益嗎？這可以算是平等友好嗎？

中蘇兩大國既然「願以充分尊重彼此之權益爲基礎，加强兩國間之友好關係」，而締訂條約，我方雖然明白是吃虧，但仍抱着十分誠意去履行其協定的義務。第一步即爲按照協定第十五及十六兩條，於一個月內委派擬訂章程委員三人，及議定資產委員三人。此項人員我方未到一個月即已派出，通知蘇方，候蘇方派定人員，即可在重慶開始各項工作。而蘇方則一個月之期已屆，並未派出人員，經我方再三催促，才把所派人員通知我方，且未允照協定第十五十六等條之規定，到重慶開會。迨我方陸續還都辦事，亦不肯到南京會商，而要求在長春商議，以致最關重要的兩個委員會，雙方就根本沒有見過一面，自然更沒有開過一次會議。後來國軍接收東北各地，發生重重困難，路軌橋樑且給共黨破壞，整個局面日益惡化，中蘇友好同盟條約和關於中長鐵路的協定遂成了一件歷史上的陳迹。

蘇俄於處心積慮把持東北拒我接收，並製造中共政權之後，於一九五〇年二月十四日和中共的傀儡在莫斯科簽訂了又一件『中蘇友好同盟互助條約』，及又一件關於中國長春鐵路的協定，裡面最重要的一條，規定蘇俄政府將共同管理中國長春鐵路的一切權利，以及屬於該路的全部財產，亦無償地歸還『中國政府』。此項移交一俟對日和約締結後，立即實現，但不遲於一九五二年末。又在移交前，『中蘇』共同管理的現狀不變，惟『中蘇』雙方代表所擔任的重要職務，如理事長，鐵路局長，監事長，總稽核等，改爲按期輪換制，照這個新協定的表面看來，似乎比較一九四五年所訂的好了些，以前定下共管共營的期限爲三十年，現在至遲到一九五二年的年底便可無條件歸還。從前規定中國取得理事長的虛名，蘇俄却握着局長的實權，現在理事長局長等重要職務改由『中』蘇人員輪流擔任，表面上看是多麼平等之事，蘇俄爲什麼一下子便退讓到這個地步呢？這個理由很簡單，現在中國大陸已給蘇俄控制着，作了蘇俄的附庸，和從前對國民政府的看法自然不同，大的事都已在她掌握之中，小的問題又何妨放鬆一點，以掩蔽天下的耳目？這種把戲，當然不足重視，本年二月間，報上登載過外電消息，說蘇俄現在尙絲毫沒有把中長路和旅大於本年年底歸還的跡象，我以爲未免把這事看得太認眞了，這時候歸還與不歸還，是沒有什麼分別的。這筆總帳，將來總有清算的一日。

「計劃教育」質疑

徐佛觀

若把「計劃」一詞，作常識性的廣義解釋，則人事現象中，總含有若干計劃性，値不得提出來標榜。若把「計劃」限定爲一個政府機構，根據政府的企圖，大規限統制社會的活動，如「計劃經濟」之類，則其利弊得失，由各種情況和觀點的不同，很難下一個絕對肯定或否定的結論。但拿計劃經濟的觀點和辦法，應用到教育上面，以形成所謂「計劃教育」，則在現代教育史中，尚屬少見的。

教育是對下一代的人負責的。僅就家庭言，當父母的只要能使自己的子弟受到合理的教育，使其身心有良好的發展，具備完整的人格，則當父母的責任已經盡到。有的父母，固然不免按照自己要做的事情去規定子女的教育方向，但稍有知識的，決不會以權威去强迫執行。因爲這不僅當父母的不能完全料到他下一代的需要和環境；而且也不應把自己的希望去代替下一代自己選擇，自己決定的權利。好心腸的父母，決不忍把下一代當作是上一代的無意志自由的工具。現代任何形態的政治家，他總不能說國家就是他的家庭，人民就是他的子弟，更不能把家庭中父兄對子弟所不能做，所不應做的事，通過政治的權力去爲下一代越俎代庖的去做。政治是一種權力，權力是人類無可如何中的不愉快的產物。凡是正統的中西政治學說，無不以限制權力爲第一義。所以一個政府，永遠只能，而且也只應，處理擺在他眼前的事情。把眼面前的事情處理得好，即是爲將來開好了路，爲將來奠定了基礎。就教育來說，只要教育是合乎兒童，青年身心的正常發展，以養成他正常的選擇力與擔當力，則此一政府在教育上的責任便算盡到。至于下一代根據他的選擇力與擔當力去做些什麼，這是應由下一代人的環境與意志去決定的。任何有能力的統治者，他不能完全掌握到下一代的環境，他不應徹底干涉到下一代的意志。因而僅僅根據這一代的眼前要求，以規定下一代人們的任務，這在民主政治的立場來看，確是値得加以考慮的。所以言論自由，學術思想自由，是人類自由的最後堡壘。只有靠着此一堡壘，才可以爲人類留下無限生機，才可以使人性保持其無限的可能性。現代的政治家，多半根據教育原理去談教育方針，而不輕于根據一時的政府要求去規定一種所謂「計劃教育」。這其中，實有現代政治家的不敢和不忍的良心在發生作用。國家越進步，這一國家的政治家之不敢和不忍之心也越加顯現。所以杜魯門含着眼淚宣佈他不再競選第三次總統了。

有人說，我國政府，因鑑于大學生畢業後無出路，以致學校畢業，即是社會失業。于是規定，政府能容納多少人，學校便培植多少人，這是我們計劃教育的骨幹，並不一定有壟斷下一代之意。假定是如此，我承認這是一番好的用心。但同時也使我感到這一用心是出自一種可悲的背景。中國有一句傳統的經濟政策的口頭語是「藏富于民」；而現代國家之所以成其爲現代國家，乃是「藏勢力于社會」。所以現代國家眞正的事業，在社會而不在政府。學校所培植出的人才，其最大的出路，也是在社會而不在政府。美國此次動員之成績欠佳，其主要原因之一，爲社會事業中的第一流人才沒有動員到政府中來，即其例證。因此，政府辦教育，其主要的對象是社會，是受教育者之本身；而並不完全是政府。有許多社會事業可以容納高等知識份子，固然可使社會更能進步；即使沒有許多社會事業，可以容納知識份子，只要政府培養有大批的身心發育健全的青年，散佈在社會，則這些青年的本身即是社會的動力，即可以自己之力創造自己的事業、以促進國家的前進。國家力量，是由社會各份子分別創造出來的。沒有創造力的社會，決不能產生有創造力的政府。假定這時的政府，偏要代替社會去包辦一切，此即所謂極權政治。極權政治之罪惡在此，極權政治之必然崩壞的原因也在此。我國傳統，智識份子，只知向政府找出路，此爲阻礙國家進步的最大原因。而國民黨十三年改組後，受共產黨之影響太深；共產黨是只承認作爲統治主體的黨，而決不承認社會的獨立性；因之，過去國民政府也無形中是走的歐洲十七世紀的「萬能政府」的路線。上述兩原因反映在教育問題上，恐怕便是形成現在所謂「計劃教育」的心理背景。殊不知，我們要國家現代化，政府正須準備走向社會的人才，使人才在工廠，商店，以及農村和社會各個角落中，發生發酵的作用。至于受了高等教育而不肯走向社會，無能走向社會，這是教育本身的失敗。政府應該針對這一點去用心，去下力，使學校培養出來的都是有人格獨立尊嚴，有社會職業觀念的青年，以轉移智識份子的傳統的風氣，這才是建國的基本工作。若僅以政府的需要爲培養人才的標準，則社會的需要，社會的動力，從什麼地方產生呢？即退一步言，以統治過四萬萬五千萬人民的政府，今日退而統治七百萬人民的臺灣，將來還要上到大陸去恢復過去的統治，則即使臺灣的青年，皆具有專門以上的知識與修養，使臺灣成爲一個文化的島國，這不僅是將來上到大陸去的本錢，而且也應該是今日政府的抱負，也是今日在臺灣的青年的抱負。若問青年都變成了智識份子，則誰個去生產養他？其實，青年都變成了智識份子，青年便會自己生產來養自己，只要教育的方針對，是不必要政府為青年躭憂的。而自由世界中，青年受教育的程度，也會有自然的調節限制作用。至于因受共產黨的影響而抹煞社會存在的觀念之應當改變，更不待多說。因為今日的政府，是反共的政府，當然要反共道而行的。

于是有人說，大陸上專科以上的學校，思想複雜，積極的作了共產黨的應聲蟲，消極的成為政府的負擔；假定今日政府在臺灣，不極力加以計劃的限制，豈不重蹈過去的覆轍？我認為大陸上教育的失敗，假定政府人士，認為這僅應由自由主義的智識份子去負責，而不是當時的政府和國民黨負最大的責任，則我敢斷言，中國的教育只有更失敗下去。關于這種根本性的檢討，暫時可置不論。我這裡只想指出，大家都承認反共是思想對思想的鬭爭；若青年因受有高等教育而思想即接近共產黨，則我們的反共還有什麼前途呢？就整個共產黨發展的情勢看，凡是知識低落的地方或階層，最適于共產黨的滋長；而一個只有初中教育程度的人，最易受共產黨思想的炫惑。曾在耶魯大學講過學的傑、德菲斯教授，曾經統計過，共產黨的指導者中的四分之三，都在二十一歲以前，即開始了激烈的活動。所以共產黨的幹部，只好從流氓下手，從兒童下手，決不信任成熟了的智識份子，決不允許思想有半點自由；因為他的本質是反思想，反文化的。我們反共，正應以思想去反他的反思想，以成熟的思想去反他的幼稚思想，這才有成功之望。一個政府的能力水準，是以支持他的文化意識水準去作衡斷的。假定一個政府得不到一般成熟的文化意識的支持，這便是此一政府沒落的信號，而應為該政府的負責人士，憂勤惕厲，深責痛改之資。如政府不此之圖，反因此而懷疑文化，害怕青年之接受文化，更進而想以「工具主義」來代替自由演進的文化思想，其結果如何，眞有令人所不忍言的。

卡來博士（Alexir Carrel）在其大著 Man, The Unknown. 中有幾句沉痛的話：「國民，民族，若是由以自己壽命為時間測定的標準的人來指導，則一定會發生大的混亂與破綻。我們已經知道了此種實例。倒不如，對于遼遠的將來的事情，作一種豫備，多教育次一代的青年。把我們時間的地平線伸向我們的彼方，這是非常必要的」。（日譯本二四四頁）一個人的生命有限，事業有限。我希望負國家責任的人，應透過「工具」的觀念，為後代多留生機，則個人的有限，豈不隨着生機的無限而同其無限嗎？

四一、四、十五日于臺中。

本刊園地公開
歡迎讀者投稿

劫後重逢

德國農家女安娜有一個修長的身材，烏黑的眼睛。她在第一次世界大戰後與艾里琦結婚，過着恬靜的農村生活，生了六個孩子。第二次大戰爆發，艾里琦被納粹徵做勞工。安娜守着幾個孩子度着寂寞恐怖的歲月，一心等待丈夫歸來。

戰爭將結束時，蘇俄西進。安娜帶着三個最小的孩子逃往他地。在戰爭初期，她與她丈夫還有信件往還。後來，她被迫離開老家後，艾里琦的信件無處投遞，因此而被退回。

戰爭結束後，她在西爾特島上安居下來，和她母親帶着三個孩子過着窮苦的生活。

在離安娜的家不遠的地方，同時住着一個養鴿子的人。他的朋友們只知道他的家已在戰亂中離散，他現一個人孤苦伶仃的度着餘年。

安娜與艾里琦就這樣遙遙相對地過了五年，他們可以互相呼應，但他們從未遇見過。有一天，一個來安娜家的保險商告訴安娜說，他認識一個姓莫金斯基的人，他正在島的那邊居住。他問安娜是否有什麼親戚在這兒，安娜只是黯然的搖搖頭說：『沒有。我沒有姓莫金斯基的親戚。我的丈夫……但是，他已在戰爭中失蹤了。』

後來，這位保險商便去告訴艾里琦，說他知道有一個家庭也姓莫金斯基，問他是否與此家庭有何關係。艾里琦也搖搖頭說：『不會是和我有關係。我的家人在戰爭中失蹤。我給他們所有信都被退回了。』

艾里琦的一個朋友聽見了保險商所講的話以後，勸艾里琦去探問一下。艾里琦說：『我害怕去探問。我已不知道什麼是希望。假若那是另一家……?!』

這位朋友自告奮勇為他去看看。艾里琦同意了。當這位朋友回來時，他已用不着說什麼話，他的臉部的表情已將一切告訴了艾里琦。艾里琦急忙穿上大衣匆匆而去。

安娜與艾里琦相對而立，互相凝視着。

『你是艾里琦嗎？』安娜輕問道。

艾里琦頷首。

『我是安娜。』安娜只說了這麼一句話。

此時，他們之間已不需要任何其他的語言。兩顆泣血的心已溶化在一起了。

蛻變中的美國對臺政策

——美國對華外交政策的靜態分析——

朱伴耘

一、萬變不離宗

『誰能在社會、政治、經濟及宗教各方面了解中國，誰就把握住了未來五百年世界政治的關鍵』，這是五十幾年前當美國國務卿海約翰（John Hay）擬定對華門戶開放政策時喚起西方國家注意了解中國所留下的一句名言。從這句話中，一方面固反應出海約翰個人的卓見，在當時就奠定一個對華外交的基本原則，以配合美國向太平洋方面的發展；同時也顯示出中國在國際政治上的重要性。自此以後，美國就一直以此原則爲其對華政策的最高指導方針。半世紀以來，無論中國的國內政局如何變化，無論中國的國際遭遇如何艱危，美國的對華政策始終朝着維護此一原則的方向走。是以不管滿清政府也好，北洋政府也好，國民政府也好，美國總是本此原則與中國打交道，奠友誼；不論庚子之亂，列強想瓜分中國也好，不論日本崛起，一國想獨吞中國也好；美國總是運用種種外交方式與有關各國打交道以求維護此一原則。這一原則的基本精神便是尊重中國的主權獨立與夫領土行政的完整。這一原則的具體表現便是一九二二年於華盛頓會議中所簽定的「九國公約」。我們都知道任何國家擬定外交政策時，是以維護本國利益爲其出發點的，美國自然不會例外。那末美國對華門戶開放的原則是否有利於美國呢？是的，而且永遠是有利於美國的。就政治言，中國的獨立自主，是美國向太平洋發展或維護在太平洋方面利益的唯一保障。換句話說，任何國家獨佔了中國便構成美國向太平洋發展的嚴重威脅。就經濟言，獨立安定的中國，是美國在遠東的最好市場，美國維護此一原則，便是維護其本國的利益。這一結論，在中國對日抗戰時，美國對中日兩國所施行的政策中，可獲充分的證明。

前面我說過，美國本「門戶開放」的原則與中國打交道是不論中國政局如何變化與夫遭遇何種國際環境的。國民政府自北伐成功代表中國二十餘年，便當然成了美國與中國建立友誼的交涉對手。可是這一對手在一九四八年撤出大陸時，美國却採取了放棄之而不暇的政策，所謂白皮書之公佈，所謂『且待塵埃拭淨』之態度，無一不是爲表明美國的立場及洗清美國對國府的多年複雜關係着眼。其渴望早日放棄國府之心，路人皆知。美國在當時何以採此下策以及採此下策後自食其惡果，本文不擬多加討論。此地我欲提出討論的是美國放棄國府就是放棄中國嗎？也就是放棄她半世紀來所維護的『對華門戶開放原則』嗎？我的答案是否定的。美國在當時確是放棄了國府，但絕未放棄中國，更未放棄其『門戶開放』的原則。『我的這個答案是有很多事實根據的，現在我僅將最強有力的一個證據提出來討論。

當一九四九年國府自大陸撤退後、美國一方面對國府表示冷淡，他方面却在聯合國爲其『維護對華政策的基本原則』大做文章，是年十二月九日，由於蘇俄代表開始提出國民政府代表在聯合國的資格問題，聯合國大會在美國代表的策動下通過一項有關中國問題的決議案，其要點爲要求各會員國：

1,尊重中國的政治獨立，並依照聯合國憲章的原則與中國維持關係；

2,尊重中國人民現在的權利與夫將來自由選擇其政治制度及支持一獨立不受外國控制的政府的權利；

3,尊重與中國現存的條約；及

4,A,不在中國領土內尋求勢力範圍及建立由外國控制的政權；B,不在中國領土內取得特權。

(見H.F. Mac Nair 著之 Modern Far Eastern International Relations P.656)

從這一決議案的內容看來美國的用心不外下列各點：1,這四點的內容在精神上與九國公約無異。換句話說：美國在一九二二年，是以九國公約來圈上與中國有關的各國以維持其對華門戶開放的基本原則；一九四九是透過聯合國的方式爲維持此一原則立一法律的依據，方式儘管不同，對華基本國策迄未變更。從第二點看來，國民政府在美國看來已不存在，今後中國行何制度美國可以不問，什麼政府來代表中國，美國也無意計較，只要中國不受外國的控制，美國總會與她交往，美國把中共將國府逐出大陸又視爲是一內政的變遷；一心渴望中共所組的是一個獨立不受外來控制的政府，早日同美國作朋友。昔日九國公約所防的是日本獨占中國，今日這一決議案是告訴蘇俄也不要起此野心，以爲日後挽回遠東局勢留一法律上的脚步。根據這一分析，我敢下一結論說，除非美國放棄在太平洋的勢力，她是不會放棄中國的。當時放棄國民政府，並不是改變其『門戶開放』的基本原則，相反的，她這次是用了錯誤的方法來維持其半世紀未變的對華政策。

二、對「臺」不是對「華」

前節中，我已討論過美國對華是有政策的，這一受着『門戶開放』原則支配的美國對華政策，不僅過去五十年未變，今後也不會變，因爲中國在世界政治上的重要分量是不會因時而異的。不錯，中國本身是不足以構成美國向太平洋發展的威脅，不過一旦爲她的兩大惡鄰——日俄所控制，則情形大異。至於關門後的中國，對於美國的經濟發展的障礙，自更不待言。可是自國府撤守臺灣，所謂中國已非昔日之面目，美國要想維持其傳統的對華政策，一個聯合國的決議案，並不能使中國領土主權完整而有一個不受外來控制的政府，也不能要陰謀數十年的蘇俄不在中國享有特權，那麼用什麼辦法來達到對華「門戶開放」的原則呢？行政當局只有將錯就錯在『中國共產黨只是農民改革運動』的假定上，用討得中共歡心的辦法把中國拉過來，於是對於中共將美國在華經營產業之收回，外交官員之拘禁（如美駐瀋陽總領事華德案）等等，認爲只是暫時的民情表現，對臺僅派幾員無關宏旨的領事秘書之流，前往應付一番，把重要人員如大使之流却留在大陸以便隨時打交道。國務院於一九四九年十二月分電共駐外使領館在宣傳方面將臺灣之軍略重要性儘量減低，杜魯門總統發表聲明將臺灣一筆勾銷，劃出於共太平洋防線之外，對臺灣軍援停止僅給少量經濟援助，對在美學生予以救濟，……。凡此種種，無一不想表明美國對中國人民一向是很友善的，美國並無意幫助國民政府以防害中國的統一，只要你這個代表中國人民利益的政府與我做朋友，一切都可以商量，所差的就只是沒有與國府絕交而與中共正式修好。所以自發表白皮書至中共參加韓戰的這一階段，美國對華政策是未變的，是照着其一貫的方針走的。臺灣雖爲美國政府承認的國民政府所在地，但臺灣僅是中國領土中面積甚小的一部份，如果我們要向美國在此階段內對臺取什麼措施或用什麼策略的話，我可悲痛的說一句這一期間美國是以臺灣爲餌用以釣中共上鈎，藉此能單獨同中共建立極友善的關係。就美國的利益言，這一辦法如能成功，豈不是用極小的代價而完成其對華一貫政策的實現嗎？

美國行政當局這一迷夢做了很久。一九五〇年六月韓戰爆發，美國仍認爲這可能是局部事件，不把它視爲共產集團在東方有計劃的行動。她對臺灣算是由不管而採取了管的步驟——一方面用第七艦隊巡邏臺灣海峽以阻止共黨之進攻，同時亦要國軍停止對大陸的一切軍事活動。國府爲聯合國安全理事會常任理事之一，當安理會通過對北韓採取『警察行動』時，國府代表，所投的贊成票她是計算在內的，而國府出兵相助一節却敬謝不敏。就法律的觀點言，美國何嘗不自知其矛盾，可是爲了在『美國利益第一』的前提下，她能用最小的代價換得中共的友誼仍爲其基本國策。所謂高叫『決不讓臺灣處於不友好國家之手』者，無異暗示中共只要你同我友好，拿臺灣是無問題的。這時美國派第七艦隊駐防臺灣海峽，我可以說沒有絲毫協助國府之意，更談不上援助國府反攻大陸。她唯一的動機，就是告訴中共要攻臺灣就得美國的首肯，你要想得我這點恩惠，就得同我『友好』。根據這想把共產黨所統治的中國拉到美國這一邊來的原則，凡有觸怒中共之處，無一不設法避免。是以儘管當時命第七艦隊守護臺灣海峽，對於臺灣軍事援助，依然是敷衍做着；儘管麥師報告中共大兵已入韓境作戰，而官方總是遲遲不於發表，以免弄假成眞；儘管聯合國要中共說明侵韓理由，而中共方面說我派代表來聯合國是控告美國的侵略行爲及美機轟炸東北罪行，而美國仍願請共方代表當衆在聯合國將美國大罵一番。凡此種種，又無一不說明美國在去年五月正式派軍事代表團去臺以前這一階段，是用以臺灣爲餌的這一策略，達到與中共爲友的目的。中共果與美國成了朋友，則『門戶開放』的原則，自然也就隨之而實現了。臺灣在此階段中，是美國推行對華政策的工具，而不是美國推行對華政策的對象。所以我說，對『臺』不是對『華』，對華是始終有政策的，而對臺的措施却隨着如何實現其對華政策而有所轉變。

三、『門戶開放』原則下的外交措施

要討論美國對臺政策的蛻變，不能不先回顧過去美國對維護其對華門戶開放原則的外交措施。由於中國不能自強，自清末以至今日，中國始終爲列強角逐的對象。讀中國近代外交史，我發現了一個原則；西方國家以與中國遠隔重洋，她們要想維持其在華既得利益或維持其與華發生關係後之利益，其辦法不是與中國直接交涉而是先求彼此間的妥協。在尋求彼此妥協的步驟下，最要緊的一着，是謀得中國兩大近鄰日俄的諒解，一九〇二的英日同盟與夫雅爾達秘密協定均可作此原則的有力證據。英國要想保持其在華權益，就不得不用日本做其東方的警犬；雅爾達犧牲中國的協定，如解釋其爲美國爲維持其對華門戶開放原則向俄國低頭，也無不妥之處。半世紀來，美國爲維持其傳統對華政策的外交措施是值得玩味的。

自美國强盛向太平洋逐漸發展之後，她就發現了中國對於其太平洋發展政策的重要性。要想中國處於對美政策推進有利的地位，中國就不能爲任何一國所控制，能有資格由於控制中國東北進而控制全中國的，就是日俄兩國，所謂對華門戶開放原則實際上就是由於日俄競爭在東北權益而促成的。共用意就是告訴日俄不可單獨控制中國，美國看準了這一點，半世紀來就是如何運用外交方式以達此目的。是以二十世紀之初美國與帝俄對東北利益發生衝突時，美國就開始注意到如何用新起的日本以制俄。一九〇四，五年的日俄之戰，是爲控制朝鮮與中國而起的。英國由於英日同盟，是正式的站在日本的一邊，美國呢，名義上雖守中立實際上也是日本精神上的盟友。老羅斯福是明告德法兩國不要捲入此爭端的漩渦牽制日本；同時又怕日本成爲美國的對手，在戰爭期內，老羅斯福派其私人代表，當時國防部長威廉塔夫脫（William Howard Taft）與日本秘密取得協議，以保證其在遠東權益。一九〇五年的卜資茅斯（Portsmouth）條約，一方面日本承受一部俄國在華權益，同時也承認中國主權完整及美國的門戶開放原則。這便是Taft-Katsura秘密協定的結果。這是美國第一次以外交方式以維持其對華政策：很明顯的是以日制俄。

當日本成為東亞大強國逐漸暴露其對華野心之後，美國所焦慮的是如何遏制日本了。自一九〇五至一九二二年這一階段，美國是以向日本取得諒解，俾日美兩國在太平洋各有其勢力範圍為第一義。迨日本併吞朝鮮，及趁第一次歐戰列強無暇東顧向北京政府提出二十一條後，美國已知道日本志不在小。而俄國自共產黨革命成功後，新政府所致力的方向是內部的鞏固，國力並不足以利用以牽制日本。同時美國對共產政府是取敵視態度，邦交尚未奠立，更談不上聯俄以制日。美國此時所採用的，是以國際的力量來限制日本的行為。一九二二時華府會議規定美英日五、五、三的海軍比率，很明顯的是美國聯合英國對日本施壓力，限制海軍建造是限制日本海上活動的根本辦法。至於九國公約的目的，是以國際條約的方式來遏止日本的對華侵略。可是日本佔領東北建立偽滿洲國以後，美國知此類條約之不可靠，要想維持其對華政策，仍靠自己拿出辦法來，這個給中國精神上安慰的辦法，便是史汀生的不承認主義。不錯，不承認主義是一紙跡近空頭支票的安慰，但這一宣佈，使日帝扶植的偽滿便無法正式加入國際社會。這一宣佈更加深了日本對美的仇恨。七七事變，日本一步步獨吞中國的時候，美國對華的援助也逐漸加強。及珍珠港事件發生，日本欲一舉囊括整個太平洋時，美國也不得不挺身以武力為其政策推進的工具了。同時蘇俄在大戰中是站在美國的一邊，為了戰時打擊共同的敵人，為了戰後能與蘇俄諒解以求對華門戶開放政策之維持，這便是雅爾達協定的基本由來。然而半世紀來美國使用以日制俄或以俄制日的策略以維持對華及對整個太平洋政策時何以還要犧牲一點中國利益呢！主要的是中國自己不爭氣，美國的用心總是想造成一個於中國有利的國際環境，讓中國在一個安定政府的領導下走上自立自強的道路。可是自民國成立，中國始終未有過安定的日子，而日俄兩國也無不處心積慮地令中國面對一個艱苦的環境，由分化中國而統治中國。

從上述一段簡單的分析，我們很清楚地可以看出美國對華的一貫政策，是本着『門戶開放』的原則而走的。為了此一政策的推進，她是多方設法運用外交方式——以最小的代價達到完成使命的目的，可是到了最後關頭，她也只有硬拼，同時為了減輕硬拼時的犧牲，她又不得不找一個強有力的幫手。

四、蛻變中的臺灣地位

自一九四九至一九五〇年底這一階段，臺灣在美國對華政策中的地位如何，我想每一位在臺灣的同胞，都有一個不可磨滅的悲痛回憶。美國欲以臺灣作香餌以釣中共上鈎，這是美國人自己也承認的。美國何以會想到此下策？如果我們明瞭過去半世紀美國的對華政策，自然不會覺得驚異。第一她的政策是對整個的中國及中國人民，不是對於某一個特殊政府。中國是永存的，其對美國的重要性是不變的，某一個政府——滿清政府也好，北洋政府也好，國民政府也好，只是某一時期內代表中國作為美國交涉的對象而已。是以她當時之漠視甚至拋棄國民政府，並不就解釋為美國要放棄中國及改變對華政策。第二，美國的對華政策，就中國言是盼中國獨立自主・帝國主義不能獨占中國；就對美國言，中國要打開大門同美國人作朋友。中國能不為一國所控制而又同美國作朋友，其有助於美國太平洋政策之推進，自不待言。第三、美國今天成了蘇俄在世界革命的過程中最後攻擊的目標，她的主要敵人無論在精神上及實質上是蘇俄，同時在遠東方面無一強有力的助手，她當然不願與中共為敵，能將中共釣上鈎來，門不敲而自開，豈不最為有利。是以只要中共無具體行為表現其是為蘇俄做攻擊美國的工具，美國總認為有縫可鑽，其對內共產與否，是美國在現階段對付唯一強敵蘇俄時無法計較的。

可是事實的證明不僅中共參加了韓戰，而且打得很賣力使美國遭受重大犧牲，且使美國行將擊潰北韓主力的戰果付諸東流。中共被邀出席聯合國大會中辯的代表痛責美國的演詞，其講稿內容一如維辛斯基或馬力克的手筆。在這情況下，美國不能不採取夢醒後的行動。於是運用聯合國譴責中共的侵略行為了，於是聯合國宣佈對中共禁運戰略物資了；其對臺灣呢也送了一個規模不小的軍事顧問代表團。迄停戰談判開始，美國官方也一再申明，臺灣再也不是停戰協定的交換條件了。……這些在美國看起來都是消極的措施，最要緊的是在遠東方面找一個幫手，於是艾其遜的特別助手杜勒斯東奔西走加速對日和約的簽訂。行文至此，我們很清楚的看出歷史又在走老路，美國為了對華政策半世紀來所演的手法——以日制俄又在開始重演中。至於臺灣呢，它也再不會成為餌魚之餌了。

自美國派軍事顧問團赴臺至今瞬屆一年，這一年中美國只是埋着頭在援助臺灣這是事實。可是援臺只止於援臺而已，美國從未正式宣佈一個對臺政策提高臺灣政治地位。然而，如我們細讀杜勒斯及當時助理國務卿羅斯克（Dean Rusk）於去年五月十八日在紐約華美協進社的致詞，這一政治性的宣佈給予國民政府應有的地位，只要中共在蘇俄控制下將中國之門緊閉，美國遲早要拿出來的。杜氏的講詞充滿了感情，在敘述中美的傳統友誼及蘇俄對華三十年來的陰謀後，他說美國應視北京政權為一傀儡政權，北京對於莫斯科之恭順遠較汪精衛之於東京為甚，北京政權是為蘇俄利益服務，而不是為中國人民服務。羅氏講詞內容相同，他更進一步說國民政府雖偏守臺灣一隅，仍為美國所承認，因其本質上更能代表中國人民的利益。二人都承認蘇俄今日之控制中國是三十年陰謀的結果，美國要把中國從鐵幕後拉出來，是一長期工作，尤其希望在大陸，海外及臺灣愛國之士能合作以自救。從二人的講詞看來，他們是希望早日將美國對付一個不能代表全民利益的政府的歷史法寶——不承認主義早日拿出來的。換句話說，美國是有一部份人了解這一措施是歷史必然的途徑。何以官方對此並無熱烈反應呢？主要的原因，是美國準備尚未就緒：因爲宣佈不承認中共，就等於說明美國要用武力來敲開中國的大門，這也就是麥克阿瑟一派的主張，可是行政當局不能不愼重考慮。因爲美國今天是歐亞兩面受敵，而歐洲又是決戰的地方，歐洲的盟邦如不能自保，果爾大戰發生，即使美國最後獲勝，其犧牲之慘自不可想像。其次，中國今日之局面與上次大戰時不同，與美國友好而爲美國所承認的國民政府，在整個大陸上已無立錐之地，昔日大陸慘敗，失去民心是主要原因之一。臺灣政績是否已使大陸同胞心嚮往之，與夫共黨暴政是否已迫使大陸同胞渴望國府前往拯救，這個未來決定勝利的重大心理因素，似乎要稍待時日才能看得更爲深切。尤其重要的是美國在東方的幫手，目下自顧尚且困難，當更談不上助美一臂之力以打破中國的大門。在這種種困難的環境下，美國只有先行埋頭實幹再講，一方面加強援助國府，同時也加速使日本重整軍備，其對大陸有一縫可鑽，仍不妨繼續試下去。

朝鮮停戰談判，一談就半年以上，這給美國的教訓是什麼呢？就是他們已感到連鑽縫的希望也微乎其微。朝鮮停戰談判的動機，就美國言，至少有一個是試探一下莫斯科與北京的關係究竟密切到了什麼程度？可是事實的表現，美國人多少有點難過，莫斯科與北京的關係究竟是怎樣呢？去年六月馬力克在離美返國之前說，現在是双方談判的時機了，於是北京隨爭和之，於是談判開始，未幾莫斯科說停戰條件之一聯合國軍隊（實際上就是美軍）應於三月內撤退，北京馬上予以響應；又未幾莫斯科說要談應談整個遠東問題，包括臺灣及中共出席聯合國在內，北京又馬上加以接納作爲談判基礎；再未幾莫斯科說談判應在聯合國內討論，談判最好由所謂五强來談，北京無一不相應函達查照，一直拖到蘇俄也應成爲中立國監督停戰條款的實施爲止。這一唱一和之間，美行政當局尚只是難過而已，最痛心的呢，是四分之一以上的死傷，是在所謂『談判』中造成的，豈不是歷史上的大笑話。我們只聽過在某一戰役中死傷多少，今天的新聞是在某一和判中死傷多少，你能說這不幽默嗎？不僅此也，在拖拖談談打打中，蘇俄給中共的飛機坦克是與日俱增，與昔日聯合國在韓的空中優勢逐日減少，——蘇俄能如此慷慨大膽在未能實際掌握中共以前敢將中共完全武裝嗎？美國看清了這些事實，在逐漸對『鑽縫』感到絕望之餘，不能不對臺灣予以重視，不能不對臺灣除給物質上的援助外，尚給以精神上的鼓勵。於是除一再宣稱不以臺灣爲停戰談判條件外，並一再聲明即令停戰成功也協守臺灣，於是軍政要人紛紛訪臺以提高其地位；而共中有最大政治作用的，我認爲是本屆聯合國大會對我國控蘇案的通過。國府的控蘇案是一九四九年提出的，由於美國當時的冷淡態度，結果是移交『小型大會研究』，這所謂移交小型大會研究者，就中國處理公文的辦法言，無異於『歸檔存査』。其重要性的分量與『最速件』相較，不啻天壤。一九五〇年第五屆大會，該案遭着同樣的命運，如將該案在聯合國的遭遇與美國當時對臺態度作一比較，很明顯的是表明美國當時對臺確有推之惟恐不及之概，深恐惹上是非而防碍共直接與北京修好之計劃。可是未及一年，大夢已覺，美國居然予以支持了，而且該案也由於美國之支持而通過了。由於該案通過，國民政府已由被告打成了原告。就法理言，這一原告是代表中國的，其控蘇案既以代表中國的資格而勝訴，今後如再討論其出席資格問題，無異聯合國自打嘴吧！國民政府既以代表中國在聯合國中控蘇獲勝，其代表中國的合法地位，無異於已在聯合國備案。憑此法律地位，就爲日後以任何方式伸張其法權於大陸的法律根據。美國此一助力，在出身爲大律師的美國務卿艾其遜的手中拿出來，不僅反應出對臺政策的轉變，而且也表示出美國當局用心之深遠。除控蘇案之通過外，還有一件事值得提出來作爲美國對臺日趨積極證明的，便是上月杜魯門總統請國會通過，一九五二——五三年援外法案時，居然一再提到臺灣的『自由中國』，並以自由中國因獲美援而穩定進步作爲援外是必需的證據。將臺灣同『自由中國』聯在一起而出自杜魯門總統之口，就我記憶所及，似乎爲第一遭。以前談到援助臺灣，只是把臺灣視作臺灣而已，如今臺灣已是『自由中國』了。臺灣在美國行政首長眼光中，昔日僅有軍略重要性，今天已有政治重要性了。今日的臺北已漸漸成了昔日的重慶。既有自由中國，相對的當然就有『失去了自由的中國』。回顧美國對華的一貫政策，今後援助自由中國的目的及辦法自然不言而喻，我在前文中說過，美國對華是始終有政策的，以前對「臺」不是對「華」，是以她把臺灣作香餌作工具，如今臺灣與中華民國已合爲一體了，那麼美國的對臺政策，當會走上歷史的老路。

我過去給『自由中國』的通訊中，曾提及能使美國將『使臺灣不陷於不友好政府之手與竭力援助國民政府合併成爲一件事，那便是成功的初步』，而這一希望要外在的環境與內在的努力都能使美國不得不如此，才可實現。半年以來，二者的發展果然接近我的祝望。只要中共繼續與蘇俄爲伍而在遠東及太平洋方面與美爲敵，在美國東西兩方佈置就緒以後，美國的法寶不承認主義遲早會提出來的。而爲了敲開中國的大門，也只有用臺灣這一張『王牌』最有效，因爲用其他任何力量而不以臺灣爲主，在共黨高呼異族侵略的宣傳口號下，共所遭遇中華民族的抵抗是不可想像的，用臺灣爲主而以其他內應外援爲輔，共黨的宣傳就會失其效力。因爲中國老百姓認爲這是王師歸來，將現在美國的措施，比照歷史上的措施，我敢相信只要中國遭遇昔日所遭受的環境，美國也必會以昔日用之有效的辦法來推進其一貫的對華政策。美國目下並無放棄太平洋的跡象，自然她也不會放棄中國。

歷史的治亂

陶英貝著
聶華苓譯

當我在孩提時代，滑鐵爐之役，對於一個中等階層的英國孩子而言，是一個歷史的結束。在拿破崙未曾爲害的情況之下，歷史完全停止下來，歷史走上了的是正常的狀態。大家以爲如此安適的狀態定將繼續下去，世界永無末日。人們甚至於在祈禱時都不說一個虔誠的詞語。因爲他們覺得太平景象乃理所當然，似乎不太值得祈禱了。

倘若和我同等年齡的一個美國孩子碰巧出生在梅狄線（Mason and Dixon Line 爲南北美之分界線——譯者註）以北的話，我想，他也是懷着同樣的展望而成長起來的。在他看來，歷史也已經結束了，一個著名的戰爭既已獲勝，正常的狀態便從此開始。因爲滑鐵爐就象徵阿坡馬托克斯（Appomattox——南北美戰爭時，李將軍在此向格蘭特將軍投降而結束此內戰）。

可是，當我們所設想的永恒正常狀態突然受到震撼，而歷史又開始有新的發展時，我們不勝驚愕。這正如同一九一四年八月的英國人和一九一七年四月的美國人所感受到的一樣。在第一次世界大戰剛開始的前幾個月中，我們英國人試圖用『照常作事』這個口號來安慰我們自己。但是，當業務固執的不肯照常進行，而我們不得不承認我們已陷入一個大的戰爭中時，我們又試圖從戰爭中來激勵我們自己，就是稱這個戰爭爲『結束戰爭的戰爭』。威爾遜總統也贊同此說，稱這個戰爭爲『使世界安定而走向民主的戰爭』；我們並使自己相信在一九一九年的和平會議上我們正在完成此目的。

當時我正身臨其境，我還記得那時的氣氛。我們誠心的相信這次的和平解決將是最後的一次解決。新的世界地圖將永保持原形，以致於我們能夠恢復生業，並且從此永遠的過着快樂的生涯。我們必須承認一件艱苦的事實：就是我們會遭遇到一個令人驚愕的世界浩刼。但是，我們設法使自己相信，這個第一次世界大戰（從此我們就學着如此將此次大戰列爲第一）不過是一個偶然事件，如同船隻發難，或是火山爆發一樣。其不正常的狀態雖令人恐懼但也令人感到安慰。令人恐懼的是歷史上這樣的一個大難竟會發生在歷史的某一階段老早就結束了的一個世界裏。令人感到安慰的是，在我們收拾了因戰爭所引起的殘破後，我們將發現我們自己又生活在安適的正常狀態之下。

但是，當歷史又開始了它的進程時，它是不會停止的。大戰可能被消滅，可能已經結束，但它却遺留下來了一個名叫共產黨主義的孩子，這個孩子是腼腆的不肯死去的，它還遺留了第二個孩子，名叫法西斯主義或是國家社會主義。自此以後，一九一四到一九一八年的那次戰爭立刻不是偉大的戰爭了，也不是結束戰爭的戰爭了。第二次世界大戰很快地若隱若現於地平線上，並且變得比第一次更大，更具有破壞性。

然而，對於正常狀態的嚮往仍時時縈繞我們的心際。一九四五年，我們有信心的期待着聯合國實現國際同盟在一九一九年所未能實現的目的。由於魔術家的魔杖一敲，所發生過的事實（被稱爲歷史者），又將被掩藏起來了。企望已久的正常狀態又將開始，並且自此以後將子子孫孫的持續下去。現在，當歷史又在我們的生活中重演的時候，我們正和在一九一七年和一九一四年所感受到的一樣。我們發現我們失去的正常狀態仍狡黠地閃避我們，於是，我們感到殘酷的失望，痛苦的氣餒，義憤塡膺。

在第一次世界大戰爆發時，我們未能適應歷史的重演，那時或許還有些自解的理由。盎格魯撒克遜民族的中等階層在美國過慣了五十二年的正常生活，在大不列顛過慣了九十九年的正常生活。但在今日，我們沒有這樣自解的理由，因爲反常現象——別名歷史——已是我們三分之一個世紀以來的家常便飯。

我們不要哀悼我們這一代的命運，而必須問我們自己我們對於正常生活的期待是否是合理的。現在不是問這個話的時候了嗎？盎格魯撒克遜民族的中等階層在十九世紀所享有的快樂時光當然是眞實的，但是，我們沒有將這些時光理解錯誤嗎？任何一個有理性的人想到那快樂的往時都會認爲那是些可紀念的日子——是不常在的好景，他們不會認爲那是正常的狀態。

在我們對公共事務的態度方面，我們一直生活在愚人的樂園中。我們只要問我們自己一個問題就可證明此點是眞的：倘若我們或是我們任何一個朋友將此同樣的哲理應用於私人生活方面，我們將是如何想法呢？試想像我們日常生活中的煩惱和討厭的事物：所得稅，腰酸背痛，罪惡和死亡的痛苦。試想像一個人在他臨終時的哀鳴：『這眞是太糟了！現在，一個可怕的意外事件（這是不公平的）正襲擊我，而我已花了六十九年的時光來過度人世的正常生活，你如何能期望我適應這個正可怕的意外事件呢？』

倘若我們殘酷的告訴那個愚人一個眞理，我們就會對他指出說，六十九年的時光已足够發現大多數的凡人似乎遲早是要死的。我們不應對他同情，因爲在我們的日常生活中，我們十分了解『人生正是一連串的憂患』。

爲什麼我們還幻想公共的生活不同於私人的生活呢！任何魔術都不能使公共的生活不受一般的人類生存律之支配。假若公共生活是受着一條不同的規律所支配的話，我們應當料想那種公共生活比私人生活更苦惱，決不會比它好。歷史告訴我們，人類表現得最好的時候是當他是丈夫和父親，牧童和工程師的時候，而將他當作一個政治動物而言，他是最壞的。政治常常是人類生活中骯髒的一隅。因此，我們在地球上的正常現象除了是戰爭、謀殺、突然的死亡之外，還期望什麼呢？

在我們的私人生活中——我們在此所表現的是一個比較可尊敬的人——任何人也不能夢想事物一旦固定之後便永遠保持原狀。

然而，請停一會。我忘記了在我私人生活中某些地方我自己正是這樣夢想。我如此夢想（假定是夢想），因為我是一個教授。例如，每當我的妻子勸我趁某時候去理髮，或是買一雙新鞋子，或是做一套新衣服的時候，我自己就想道：『現在，那些事情已經過去了。我已那樣搞了一輩子！現在我可以回復常態了』。我每次這樣天真的想，彷彿這個誘人的想法以前曾發生過作用一樣。常態對於我而言就是寫作。無疑的，這對於人的正常職業是一個奇異的定義，但寫作碰巧就是我的日常工作。因此，每當我在理髮店，鞋店和成衣店裏盡了人事以後，我就高興地馬上又沉溺於我的日常工作之中了。直到我的妻子又對我指出我的頭髮已長及頸，我的鞋底破了，我的大衣已襤褸不堪，於是，我又去盡盡人事。討厭！我既已盡此煩瑣的人事，那麼，理髮匠的剪刀所剪過的頭髮，鞋匠的皮革，裁縫的布為何不公平的為我保持一輩子呢？

因為這樣的事情碰巧是日常的私人瑣事，又因為我是以一個教授的姿態出現的，所以你可以笑笑。但是，假定我完全失去了克制力，並且決定仿倣哥娣法夫人(Lady Godiva——在英國的傳奇中說，她曾經因為要她丈夫免去科芬德里人民的重稅，而實行她和她丈夫之間的一個諾言，即披着長髮裸體騎着一匹白馬走過大街）的行為來結束這個永不休止的麻煩，就是讓我的頭髮垂在背後，並且將所有蔽體的人造的玩意都脫去。你便會停止笑而將我鎖起來了。我所期望的永恒的常態將被證明是瘋狂而不合理的。然而，當一個人期望他的頭髮永遠是剪理過的那種狀態，期望他的鞋子的皮革永遠是不漏水的，倘若這是瘋狂的話，那麼，有人期望在破壞的世界大戰之後所倉促弄成的和平解決，永遠保持生效，這如何能是神智清醒的想法呢？

『自由的代價是永恒的警戒。』美國革命的一個先哲曾如此說過。既然如此，警戒不就是一個政治家操勞憂慮的別名嗎？不論是公共的生活，或是私人的生活，生活就是一連串的憂患。我們回顧歷史（歷史實際上自然是永未停止的，甚至於在我們以往簡單的快樂時代，歷史事件也曾發生），就可知道幾乎在每一個時代，在世界的每一部份，人類都必須在不安定、危險、痛苦的環境下過他們的正常生活和做他們的正常工作。倘若他們不是羞於成為幼稚和儒弱的人而反抗基本的人生律『人為煩惱而生，正如火星必向上飛』，他們當時的環境能使他們變為瘋狂的。

筆者書至此，忽想起三世紀餘以前日內瓦城的一副圖畫。當時，宗教之戰正在戰行。因為日內瓦是一個新教徒的城市，所以天主教的薩伏衣公爵(Duke of Savoy) 極力要餓斃日內瓦的人民，如此以使他們投降。假若日內瓦人民的敵人勝利了，日內瓦人民可能遭遇到什麼樣的情形呢？這是不堪想像的，因為那時正和我們這個時代一樣的殘酷。日內瓦的人民面臨生死存亡的關頭。薩伏依人封鎖了他們兩條供應糧食的道路。他們建築了兩個礮臺，並駐以重兵，如此以封閉這兩條道路。除非日內瓦能夠在幾天內攻下這兩個礮臺，他們不可避免地將因饑饉而無條件的投降。日內瓦城的父老們自然是以全副精力來取得他們重要的軍事目標；但是，同時他們還要顧慮到另外的事情。倘若日內瓦要繼續存在的話，便要看她將來是否成為智識的中心。正因為他們必須要打破薩伏衣人的封鎖，所以他們必不能忽略日內瓦的大學。因此，在這個時候，日內瓦的父老們聘請了一位教希臘文的教授，他所得的薪俸是由國家歲收中開支的。以薩喀·加索朋（Isaac Casaubon）是一個逃亡來此的法國新教徒，他接受了這個工作。在他的日記中，他為我們記載了在當時保衛礮臺的戰爭一天天動盪的情形，以及他在解釋一部艱深的希臘著作時所表示的精謹的學問。他一開始便立刻將這部著作解釋給一群擁擠而熱切的學生們聽。我們從他的日記中得知，有一天，那兩個礮臺失陷了；但是，講學仍能進行。

這一個真實故事的要點就是：加索朋在日內瓦的工作環境正如歷史所示，是真正的正常環境。就在這種環境之下，貝多芬作出了他的樂曲，佛蘭克林完成了他的發明。同樣的，在尼希米（Nehemiah）時代，當猶太人重建耶路撒冷的殘垣斷壁時，他們每一個人都是一手工作，一手握着武器。

自有史以來，人類必須如何工作和生活，一直就是如此的。自有史以來，我們的祖先們所恪守的行為之標準對於我們必定不是不合理的標準。未必我們就承認在我們這一代的人不能忍受人類所遭受到的正常的艱苦考驗嗎？假若我們不能生活在安定繁榮的樂園裏(此樂園永也不是人類的正常狀態)，我們就必須停止抵抗與生活本身不可分的煩惱，或是藉某種亡命的行動而結束這些煩惱，未必我們真要這樣說嗎？我們今日的整個西方世界正如加索朋時代的日內瓦一樣，是一個被圍的城市。我們必須面臨一種可能：就是這個包圍可能延持數年，或許延持數代。我們必須決意在艱苦的環境下過我們的生活和做我們的工作，這種艱苦的環境是其他的人類曾經終於設法度過去的。這看上去可能像一件困難的工作，然而，『當你完成了所有被你支配的事情時，你說「我們是沒用的僕人：我們所做的乃是盡我們的責任。」你也照這樣的態度去應付你的生活吧。』

『日尼遜先生，我接受宇宙。』這是一位鹵莽的婦女當她在一個宴會席上發現她坐在這位詩人隔壁時而對他說的一句話。『遺憾得很，夫人，你最好這樣。』這是這位詩人諷刺的回答。當我們今日面臨這正常的煩惱的國際局勢時，這正是我們每日對我們自己重覆的一句好格言。

臺灣研究

臺灣的土著族

衛惠林

一、臺灣土著族的源流

臺灣土著諸族，明季以前鮮有詳確記載。漢書地理志曰：『會稽海外有東鯷人，分爲二十餘國：……』，當即指其族類。後漢書東夷列傳，及隋書琉求傳所載夷洲及琉求風俗，皆有一部與現在土著諸族的風俗可以互相印證。尤其琉求傳云：『俗祀山海之神，祭以酒肴，鬭戰殺人，便將所殺人，祭其神。或倚茂樹起小屋，或懸髑髏於樹上，以箭射之，或累石繫幡，以爲神主。王之所居壁下多聚髑髏，以爲佳人間，門戶上必安獸頭骨角』等記述，與之數十年前的土著風俗極似。明季何喬遠閩書及周嬰遠遊記始稱東番。清初文獻如郁永河之裨海紀遊，黃叔璥臺海使槎錄中之番俗六考中稱之爲土著，或土番。其時已略有理番制度，對土著族之一切概冠以番字，如番界、番社、番租、番餉，以至番布、番刀等。足知土著族之語言風俗與當時自閩粵移住之漢人顯有差異。惟平地土著諸族已迅速接受漢化，衣服、房屋以至禮俗習慣，漸與漢族融合。山地與東部諸族則保持其固有文化，因有生番、熟番、土番、野番等名稱。日人在明季時代，稱臺灣爲高山國或高砂國，入據初期仍沿用番族名稱，直至後期始改稱高砂族。光復以後，國人沿用日人名稱稱爲高山族。近又常稱爲山地人民，其實皆非確論，因阿眉、雅眉及漂馬三族皆未曾住山地，平埔諸族自更勿論。故吾人主張仍以照清代文獻稱之曰土著諸族。

土著諸族之種族、語言與文化特質至今研究尚未達於成熟，尤其比較研究工作不足，故對民族來源問題欲作一結論爲期尚早。惟清代文獻稱其爲馬來種，日本學者認其爲印度奈西安民族，大致無誤。但與狹義之新馬來人，與印度奈西安有重要不同。從種族觀點言，屬於古蒙古利安人種（Paleo-Mogolian）中之原馬來人（Prote Malai），從語言觀點言，屬於馬來泡利奈西安語族（Males-Polynesian）中之印度奈西安語群；在文化上屬於所謂東南亞文化系統（Sonth-eastern cultural syotem）則無疑義。此等民族自來爲東南亞民族之骨幹，與中國古代之僚越民族有深厚的淵源，曾構成中國南方古文化主流之一。因此近頗有人倡大陸民族與臺灣土著之一源說，或可於古代文化比較研究中尋得若干線索。惟吾人應知臺灣土著文化其原始性與孤立性其與中國南方文化分歧必爲期至早。東南亞文化特質中若干較高級特質如吹管，銅鼓，並不見於臺灣，足見臺灣土著文化爲東南亞文化最古老的一層，與發展極早且極複雜之中國南方文化作比較研究，頗非易事。

且臺灣土著諸族本非一元，大體說來，可以分爲北、中、南三支。阿達雅爾族 atajal 爲北支之代表，其文化最爲簡單，但有紋面之俗；中部諸族在社會組織方面較複雜，而物質文化較單純；南部與東部諸族物質文化、社會組織與崇教文化皆較複雜。平埔番各族文化亦較複雜。各族皆有其獨自之語言與風俗習慣，我群彼群之見非常牢固，足證他們之間，不只有先後新舊之分，且有不同的文化來源。大體說來北部中部各族，較南部東部諸族古老，平埔諸族較山地諸族爲後進。由山地諸族之始祖發祥地多在高山，東部與平埔諸族之始祖發祥地多在海外，足爲傍證。

尚有一點應特別指出者，即現存土著諸族並非最早之土著。曾有許多矮人(negritos)遺跡，存在於島上各處，山地各族間都流傳關於矮人的傳說。還有與琉球人同系的瑯嶠族居於恆春附近，絕滅未久。從考古學的研究，且能證明臺灣之有肩石斧與靴形石器爲中國北方沿海文化之一支，其黑陶文化亦屬於城子崖型，唯此等文化與現在的土著文化並無顯著的關聯，可能屬於與大陸的東夷民族親緣更近的民族。

二、土著諸族的名類與族羣

臺灣土著諸族的分類，在清代國人文獻中頗爲龐雜，或依其同化程度稱之曰生番、熟番、或土番野番；或依其地理環境稱之曰高山番、平埔番；或依其住地區域，稱之曰北港番、南澳番，或阿里山八社、內優六社、崇爻八社等，只根據地理分佈的狀態，而無種族、語言、文化特質研究之基礎。西人之初期分類嘗試如 G. Taylor，及 A. Wirth 的分類亦殘缺不全不足依據。直至日據時代中期，族別分類始漸具端倪。根據民族調查的最早的分類，是伊能嘉矩，粟野子之永合著「蕃人事情」一書中的分類，分臺灣蕃人爲阿達雅爾(ア々イヤr)，布農(ヴォヌム)曹(ツオオ)，澤利先(ツアリセン)，斯派約溫(スパヨワン)，漂馬(プユマ)，阿密斯(アミス)，平埔(ペイポ)八族。此分類爲科學的分類之嚆矢。東西學者多依據之。鳥居龍藏氏亦有類似的分類，惟改稱曹族曰Nitaka(新高)，另加水社(Saon)與雅眉(Yami)略去平埔族爲九族。其後森丑之助氏更修正之，略去水社與平埔各族，而加進賽西亞特族，並將澤利先與漂馬二族合併於排灣族中構成七分法。此分類爲日本殖民政府所採用，成爲官方分類，一直到光復以前，目前臺灣省政府亦沿用之。至日據後期，臺大土俗人類學研究室移川子之藏氏再將排灣族分爲三族，恢復伊能、粟野的原形，唯改稱澤利先族爲魯凱(Rukai)，漂馬族爲拍那拍那央(Panapanayan)，並改稱阿眉族爲邦澤(Pantzah)，再建九分法。語言學家小川尙義氏曾根據語言調查，分土著族爲十二種，依其分佈情形自北向南，排列如下：(1)Atayal，(2)Seedeq，(3)Saisiyat，(4)布農Bunn，(5)曹Tson，(6)Kanakanaba，(7)Sa'aroa，(8)Rukai，(9)排灣Parwan，10 Payuma，11 Ami，12 Yami。

此分類法雖純以語言爲根據，但與自然族群單位相合。唯因Seedeq在語言文化上與Atayal非常接近，可以認爲Atajal族內之別支；Kanakanabu與Sa'aroa與阿里山曹族的關係，較atajal與Seedeq之關係更遠，唯語言文化可以相通者亦復不少，故我們仍主採用九分法。惟根據實地調查所得印象，移川子之藏氏所給的新名並非完全適當，故仍沿用舊族名，茲列舉中文族名與土音對照如下：(1)阿達雅爾Atajal，(2)賽西亞特Saisijat，(3)布農bu NUN；(4)曹族Tson(5)澤利先Tsalisen，(6)排灣Paiwan(7)漂馬Pujuma，(8)阿眉Amis(9)雅眉Jami

此九族我們大體可以認阿達雅爾與賽西亞特兩族爲北部群；布農族與曹族爲中部群，以下各族爲南部群。茲將各族之內含族群系統與分佈情形，介紹其要略如下：

(1)阿達雅爾族：人口約三萬五千人，分佈於西至埔里，東達花蓮一線以北之山地。其族類分賽考列克(Sekolek)，釆敖來(Tseole)與賽德克(Scedek)三支。賽考利克與釆敖來兩支互相接近，皆自稱曰阿達雅爾。惟賽德克系種族關係較遠，自成一個獨立族群，唯其語言文化，仍屬於阿達雅爾系統。

(2)賽西亞特族：人口約一千六百人，分佈於新竹之五指山及加裡山一帶淺山區，分爲南北二方言群。北部群以大隘社(Sai Rakns)爲中心，自稱賽西拉特Saisirat，南部群以大東河(Sai waro)爲中心，自稱爲Saisijat。大體與其兩個部落同盟ahawara的地區相一致，前者現仍在山地鄉範圍，後者則早已劃入平地戶口。

(3)布農族：人口約一萬八千人；因其移動率最大，分佈區域分散，以南投之中央山地區爲其原始中心，南至高雄、屏東縣區，東至臺東、花蓮縣區之山地區皆有其部落散在。分爲五個族群系統，即卓社群take todo、卡社群take Bakha，郡社群isi Bukug、巒社群take-Banral、與丹社群take Vatan。

(4)曹族：人口約二千五百人，內分爲三個獨立族群：一爲阿里山曹族分佈於阿里山區，現有達邦tapay、圖富雅tufuja與魯富都三部落。一爲卡那布族Kanakauabu，分佈於下淡水溪上流。在較仔只Navungnavung與塔卡奴阿Takanua二社一爲薩阿魯阿族Sa'aroa，舊稱四社番，有排剪Paitsiana、塔出爾Taral、美蘭Pirayaua與喜沙拉Lilara四社。

5澤利先族：人口約六千五百人，分佈於下淡水溪支流之濁口溪及隘寮南北溪兩溪廻繞之山地，舊稱傀儡番。其族群系統可分爲下三社系與魯凱系；下三社即忙仔torokova、墩仔Kongadaran、與萬斗籠Oponuhu三社，魯凱系Rukai，可再分爲東部與西部二群，東部群包括以大南社toromark爲中心諸小社，西部群包含以考査包根Kochapogan，阿代爾adel達代爾Dadel爲中心諸小社。

6排灣族：人口約三萬二千人，分佈於澤利先住以南直至恒春之南部山地全部，可分爲拉瓦爾Raval與布曹爾Butsul兩大系。拉瓦爾系現僅有大社Parirajay三磨溪社Tova Savasai與口社Sagaray三社；布曹爾系可再分爲北部群(Butsul)、中部群(Pannau mak)、南部群(Chaobol, Sabudek, Parilarilas)與東部群(Pakarokoro)。

(7)漂馬族：人口約五千三百人，分佈於臺東縣治西南卑南溪與大麻里溪之間的山脚平地。舊稱八社番或卑南番；包含知本(Katipol)、射馬干(Kasavakan)，呂家(Rikovan)、塔馬拉加敖(Tamalakao)、巴西加敖(Murivurivuls)、溫橋(vankiu)、卑南(Puyuma)、比那西奇(Pinasiki)八社。實際上以知本、射馬干、呂家、卑南四社爲主，其他四社爲分社，故亦可謂之四大系統。

(8)阿眉族：人口約五萬人，分佈於臺東至花蓮沿海地區。恒春區亦有一部移民。在語言文化上可分爲南勢阿眉、海岸阿眉、秀姑巒阿眉、卑南阿眉與恒春阿眉五個方言群。

(9)雅眉族：人口一千六百人，住於蘭嶼島上，沿海岸一帶，共七社，西岸四社，北岸一社，東岸二社。

三、土著諸族的文化特質

臺灣土著文化是東南亞文化中最原始的典型，牠保持着甚多古老的特質，幾乎孤立於中國，印度與阿拉伯等東方高級文化之外。其重要特質如下：

(一)燒墾，(二)輪休，(三)鍬耕(四)鹿獵，(五)捕魚，(六)弓箭，(七)腰刀，(八)木杵臼，(九)矮牆茅屋，(十)腰機紡織，(十一)貝飾，(十二)拔毛，(十三)缺齒，(十四)刳木，(十五)編簍，(十六)編蓆，(十七)口琴，(十八)弓琴，(十九)吹笛，(二十)輪舞，(二十一)獵首，(廿二)親族外婚，(廿三)老人統政，(廿四)年齡分級，(廿五)靈魂崇拜，(廿六)占卜，(廿七)粟酒，(廿八)双杯或並口飲，(廿九)坐縛室內葬，(卅)幾何形挑織與刺繡。

以上三十種文化特質，只是列舉大多數族羣間的固有文化，除獵首之俗已經革除以外，其他大體保持如故。爲了說明各族間異質的發展，分別簡述如左：

1. 物質文化：生產方式大體皆以農業爲主，狩獵，捕魚與飼養家畜爲副。惟山地各族之農業大體還是燒墾、輪休、鍬耕的原始農業狀態，其種植物以粟、旱稻與薯芋爲主。臺東平地之阿眉族與漂馬族則以水田稻作爲主，捕魚與飼養爲副業，水牛使用與灌溉制度與平地漢人無異。淺山部分之山地土著如塞西亞特族、曹族與排灣之一部皆已種水稻。阿眉族且行一年二作制。唯雅眉族以海漁與水芋種植並行，不事狩獵。煙草與苧麻之種植甚爲普遍，惟皆以自給自足爲止。

飲食文化在山地各族大體皆以粟，旱稻及薯芋爲主食，以豆類，瓜辣椒及極少之蔬菜爲副食。獵肉及魚類爲間食物。在平地及淺山各族以旱稻水稻及薯芋爲主食，以魚及少量之蔬菜爲副食。菓樹以橘、柚、木瓜、桃、李爲常見，唯產量極少，僅間食之，烹調法有煮、蒸、燒、三種，唯常用的是煮食。各族皆知釀酒製煙之法。煙酒之嗜好極爲普遍，南部與東部各族且嗜咀嚼檳榔。

食物加工器具有木杵、木臼、圓箕、蒸桶、木匙、烤肉架等，鍋釜廚刀等鐵質器物購自漢人。飲食器具有竹筒、籐籩、木匙、飯瓢、竹杯爲固有器物，阿眉族能自製陶釜陶罐等。各族已或用漢式碗箸，但皆需購自漢商。

服飾文化各族間差異較大，大體北部之阿達雅爾與賽西亞特二族男子着麻布胴衣，與背心，女子着短衣圍裙，以挑織幾何形花紋爲飾而無刺繡；唯阿族有珠裙、麻布披圍，賽族則盛用挑織紋飾。中部的布農與曹族，男子皮衣皮帽，皮套袖套褲，挑織胸衣，掛胸袋腹袋爲其特色，女子則以黑布纏頭短衣股裙，間有邊繡。南部諸族男子緊衣套褲或腰裙女子短衣長裙，或長衣圍裙。長於刺繡，男女衣裙皆加紡繡。雅眉族男子背心，丁字帶，女子胴衣圍裙。以木片爲冠銀片爲飾，各族皆盛用珠貝飾物，南部諸族尤盛。

居室文化「除阿達雅爾族之一部用木板爲壁，樹皮爲頂的木屋，及布農族之一部以片板岩築牆蓋頂，排灣族之一部以木板爲壁片石爲頂以外，其他各族大體皆爲矮牆高頂之茅屋，大體以茅管爲壁茅葉爲頂，竹扉或木板爲門。屋頂樣式有兩坡式四坡式與傘式三類。大體北部爲兩坡式，中部傘式，南部爲四坡式，房屋內部爲長方形，除曹族爲縱深式以外，各族大體都是橫長式。室內中央必有方形地爐，內置三石爲火架，曹族、布農族與阿眉族尚有以氏族爲單位之合居住宅，室內以木板或茅管隔開若干床屋爲各小家族之寢所。曹族、布農族、阿眉族與漂馬族有以部落爲單位之巨大男子會所，曹族爲架空式之方形建築，阿眉爲平面式，漂馬爲望樓式。其他附屬房屋有倉房、猪舍、雞舍等。

運輸與道路方式只有山地與平地之分。山地各族除社之內外有正式道路外，獵路與田間道路，僅依地形略作崎嶇鳥道而已。遇水則架獨木橋或竹橋，過深谷則架籐橋，懸岩則削壁爲棧道。運輸器具有背簍、竹筒、網袋、背架，其樣式大同小異。運搬方法大體皆用肩背，兼用前額。阿眉族婦女用頭頂法。

工藝有釀酒、製煙、揉皮、麻線紡織、編籐竹、刳木、削竹、弓矢、樂器之製造。大體紡織工藝以北部爲最發達；揉皮工藝爲中部之特長；木工、竹工、藤工及服飾工藝以南部較爲精巧。

2. 社會組織：社會組織的形態，在土著諸族間也有相當複雜的發展。爲便於說明，分別陳述如下：

A. 親族：親族承傳的系統，在臺灣土著族間父系與母系兼而有之。阿達雅爾、賽西亞特、布農、曹、魯凱、排灣與雅眉族是父系的；阿眉、漂馬、與平埔番之大部是母系的。從親族組織形態來說，賽西亞特，布農族是父系氏族社會，阿眉，漂馬兩族是母系氏族社會。賽族的氏族組織保持圖騰制度較多。布農與曹族的氏族是地方氏族性質，但尚遺留下來許多圖騰名號與傳說，其氏族功能發揮得較爲完全，聯族外婚制度仍極完整。阿眉族與漂馬族的聯族制度已經衰微，而由亞氏族發展爲大家族組織，北部阿眉族與漂馬族連氏族外婚制也在崩潰中。魯凱，排灣兩族有貴族家系制度，當也是由氏族分裂而成的。雅眉族行父系家族制，無氏族制度之痕跡。

B. 地域社會與部落組織：土著各族之聚落，淸代以來習稱爲「社」，惟社爲地域社會與自治單位，與固有部落組織常不一致。大體可以分爲三類：第一類是由血緣社會兼祭團組織所形成，如阿達雅爾之阿朗(alay)是由其血緣社會格格(gaga)或格格之集合或部分而成。賽西亞特之涉伊(Sai)與布農之阿桑(asay)是數個氏族分子形成的祭團集合而成。第二類是由原始部落組織相一致的。如曹族之社與其原始的大社(hosa)、小社(denohin)常相一致。阿眉族之尼阿羅(Niaro)亦屬此類。第三類是雜居部落，如大隘社是賽西亞特族之舊社而有漢人，與阿達雅爾之雜居分子，屏東之雅爾社是布農、沙阿魯阿與漢族之雜居部落。

原有之部落組織，除曹族、排灣、漂馬、阿眉組織力較强，其舊部落制度尚能保持在狩獵、祭儀等習慣行爲中以外，其他各族之部落組織類已支離破碎，不能見其原形，唯以祭團或現代鄉村組織代之。唯固有部落組織之首長權力與長老會議制度，在若干傳統行爲中仍舊保持着。大體無氏族組織各族之首長制與南部之封建制度專制趨勢較强。有氏族組織諸族長老會議之權力較首長更大。

C. 年齡分級與男子會所：因年齡長幼改易其生活樣式，社會地位與責任義務的制度，在土著族間有三種方式。第一種是沒有嚴格的分級只有大體的長幼尊卑之觀念的，如阿達雅爾、排灣、魯凱、雅眉即屬於此型；第二種是有通名的年齡組級，有成年禮。個人依其年齡與能力依次昇進，賽西亞特、布農、曹即屬於此型；其年齡分級大體分爲幼、少、壯、老四級。第三種是有專名的年齡分級制。男子在十五六歲時參加成年禮後即進入新級，取得一個共同級名，終身不變。依其年齡的增長，隨着其

(下轉第28頁)

自由中國通訊

中共對印尼的外交和僑務

印尼通訊・四月十四日

津 棠

中共的外交和僑務，以對印尼最得手，此可由下列幾點事實見之：

（一）一九四九年印尼人從荷蘭人手中接收政權時，我政府曾特派吳鐵城先生爲慶賀專使，而印尼政府不但未對我表示好感，反而要求中共承認它，

（二）歷次聯合國會議，凡通過不利於中共的議決案時，自由世界各國大都投贊成票，只有印尼和印度少數國家的代表，一向棄權，此不啻間接予中共以援助。（三）中共建立政權之初，印尼僑商熱烈擁護，即國民黨員，亦紛紛靠攏；華僑學校，幾乎全部赤化，跟隨『一面倒』。凡此種種，均爲中共在大陸軍事勝利之初，形勢優越，加上一般人的錦上添花的心理，一時必然有的現象，並不是中共有什麼本領爭取的。而中共却自鳴得意，以爲是「天與人歸，」，因此得意忘形，不顧一切了。最可惡的是這一般靠攏之徒，狂吠叫囂，不可一世。凡是平常和他們有嫌隙的人，開口就罵是「白華」是「反動」；並說「印尼不久就要解放了，白華們要受到人民的清算了。」中共駐印尼的僞使領館，不圖團結華僑之道，反而火上添油，助桀爲虐，華僑社會，給弄得四分五裂，爲當地政府所輕視。這就是中共的外交和僑務的成績。

確切的說，中共的所謂外交，只是一個幌子，實際上是做『地下工作』。中共所謂僑務，也只是一個幌子，實際上是嗾使華僑做『第五縱隊』，對於不願做第五縱隊的華僑，便盡量排斥和迫害。眞是保僑其名，害僑其實。下面幾件事實是鐵證：

（一）强佔僑產——中共僞『使館』開張後，靠攏之徒到處物色地址，要建立「人民的使館」。有許氏僑長的大厦，古色古香，十足中國風味，許氏後裔，擬將之出售，有人建議購爲僞使館館址，僞使館人員及赤報聲言該大厦封建氣味太濃厚，不合「人民的要求」。福建會館乃購作福建學校的校舍，一切安排就緒，正擬開學上課，該僞『使館』因福建會館尚有若干人士未即靠攏，突然要求許氏不得將該屋出售與福建會館，福建會館提出抗議，該僞大使乃利用外交上的便利，要求印尼政府幫助强購該大厦，並申言誰敢與「人民」爲敵者，即殺戮他們在大陸上的家屬，福建人士，爲顧及家屬的安全只好忍氣吞聲，大事化小，小事化無了。事後該僞使館某職員頻頻向人表示說：『這次是大使館外交的勝利。』聽者無不肉麻。

（二）害人害了自己——中共在大陸軍事的勝利，啓發了他們南進的野心，處心積慮，要解放東南亞，其手段，始終是一貫的——製造混亂。在這一方面中共確實有了不少成績；近年印尼匪盜如毛，工潮學潮迭起，就是明證。中共爲要完成他們「偉大的任務」，自然需要人手甚多，所以中共僞大使館組織之龐大，職員之衆多，遠非他國使館所能及。猶感不足，去年七月又增加「館員」十八人，一個個都是鬼頭鬼腦，一看就知他們絕非善類。印尼政府當然知道他們是來幹什麼的，立即下令禁止他們登岸，叫他們隨原船回國去。外交史上的丟臉事，這回可算空前的了。

可是中共的地下活動，並不因此而鬆懈，相反的，他們的滲透作用，却一天比一天猖狂。看情形，似乎硬要推翻印尼政府而後快。所以一年以來，印尼各地發生暴動，據印尼報張所載，一切暴動，均有「外國人」在後面指示，並有許多華僑參與其事，印尼報並舉出華僑的姓名。印尼政府爲要鞏固自己的政權，不能不採取措施，嚴密防禦。但一切地下份子，均是有皮無骨，抓不住，搜不出的。結果黃狗吃糞，黑狗遭殃，一九五一年八月，印尼軍警大捕靠攏之徒，許多人至今還未釋放出。這件事情，中共僞大使和僞領事從未出面交涉過，因爲中共認爲擁靠份子是無關重要的。

（三）斷絕往來——因爲中共對印尼實行滲透和第五縱隊活動，所以印尼政府對於一切華僑凡是和大陸有關係者，都存着戒備的心理。自去年八月起，印尼政府對於華僑出境入境，採用下面三種防[illegible]辦法：

(1)任何華僑，如欲回中國大陸，不准再返印尼。

(2)中國大陸上的人，不准來印尼。

(3)華僑因出生地關係而取得印尼國籍者，如一九五一年底未向印尼法院聲明脫籍，不准回中國大陸。

這件事，中共僞大使束手無策，也不曾向印尼政府辦過交涉。

（四）斷絕僑滙——我國閩粵二省，僑眷最多，所有僑眷，幾乎全靠僑滙維持生活。近年來，共匪因需要軍費，支持韓戰，大陸僑眷，橫遭勒索。海外華僑遂不得不大量滙款，以贖

僑眷之生命。近年來印尼政府嚴禁華僑滙款回國，分文不准走漏，偷滙則嚴厲處罰，昔日許多辦理滙兌的僑商，因偷滙而傾家蕩產者所在皆是。華僑開發南洋，功績至偉，犧牲至大，這是世人皆知的事實。當年華僑南來時，大多把眷屬留在國內，他們胼手胝足，積蓄一點錢，原爲接濟在國內的眷屬。現在中共大事搜刮，忍心害理的勒索華僑的血汗，印尼政府因此禁止華僑滙款回國，中共僞大使竟也無可如何，不敢正面交涉，由此看來，中共雖是强盜，但在外交上同時也是一個飯桶。

（五）出賣華僑——我國爲旅外僑民最多的國家，自民國紀元以來，我政府對於海外僑民非常重視，特頒布以血統主義爲基礎的國籍法，意在保障華僑的永久國籍，使不受外國以出生地爲基礎的國籍法的影響。國際間曾以此事舉行國籍會議，訂立國籍公約。該約第四條規定：出生於居留地的外僑，不受其本國政府外交上之保護，我國政府以此項規定，影響華僑前途至大，特申明保留該項條款。所以儘管外國對於華僑如何限制其國籍，依我國國籍法，仍爲中國人。但我政府爲尊重華僑居留國國籍法起見，對於華僑之具有居留國國籍，亦不加以否認。換言之，即承認華僑之双重國籍，一九四九年中共在大陸軍事勝利之初，周恩來爲討好四鄰各國，不惜出賣華僑，居然膽敢宣布：『華僑双重國籍，今後不存在。』這就是說：出生於居留地之華僑，既因居留國國籍法而取得當地國籍，即喪失中國國籍。印尼有華僑二百五十餘萬，僑生即佔二百萬以上。一九五一年印尼政府因中共宣布放棄華僑双重國籍，乃舉辦華僑脫籍登記，不脫籍者就是印尼人。結果，脫籍華僑不到十萬，那些不脫籍華僑二百餘萬，給周恩來的一句話出賣了。但我們要明白，這些華僑只是給中共出賣了，依照自由中國的國籍法，他們還是中國人。只要自由中國和印尼政府一旦恢復了外交，所有僑生華僑就可恢復原有的双重國籍。

（六）迫害僑眷——印尼華僑，不要說是反共，只要是言語之間對中共稍有表示不滿者，其在大陸的眷屬即多遭勒索和殺戮。其實，印尼華僑對於「親共」和「反共」兩個觀念，本無絕對的決斷。有的因爲靠攏份子的拉皮條，礙於情面，假裝靠攏；但大多數華僑，是因爲平常和若干靠攏份子有嫌隙，公報私仇，被誣害了在國內的家屬，所以逼得反共了。在椰加達有某銀行的一位女士陳某，在中共使館開設之初，專在外面打聽華僑的言論，報告該僞大使，圖藉此討好僞大使的夫人。客屬華僑在大陸的眷屬，許多蒙受其大害，該女士原來是印尼華僑反共人物，一九四八年國大代表在南京集會時，該女士異想天開，趕回國內活動國大的代表未成功。一九四九年大陸變色，該女士由極右變爲極左，成爲「前進人士」，拿誣害別人來作爲投靠的手段。有一位計志文牧師，曾在杭州創辦神學院，大陸變色後，計氏曾往美國宣教，前年又到印尼宣教，該陳女士無中生有，造謠說計氏是「美帝的特務」。去年夏，印尼親共華僑組織一個「華僑回國觀光團」，該陳女士亦混在其中，她一回到杭州，便控訴計氏是「美帝的特務」，以表示她此行有所任務，不是無謂而來。當時杭州鬧得如火如荼，比北平控訴胡適的場面不相上下，計氏的許多友好，因此有很多受到「清算」，或被迫「坦白」的。

中共所搞的外交和僑務，原來只如此而已。由於中共外交人員的低能，由於國外靠攏份子的狂吠和威脅，由於國內的清算鬬爭和僑眷的被迫害，現在華僑的態度，已經完全改變了，赤色學校，紛紛脫離共產黨；效忠僞團，在局勢不斷的動搖中，正義僑團，在不斷新生中；赤奸們開始戰慄了。

原來如此！

前匈牙利經濟部長尼阿拉底曾在莫斯科停留七個月。他說他很驚奇的發現蘇俄的報紙不刋載犯罪、自殺等新聞。有一次，他問蘇聯副部長塞基夫這是什麼原故。

塞基夫說：『在西方也是這樣的。看一看你們流行的基督教箴言報；那上面那裏有謀殺、自殺、和死亡的新聞呢？』

尼阿拉底堅持着說道：『那完全不同，基督教是一種宗教。』

塞基夫回答道：『共產主義也是如此！』

推薦在港出刊之三日刊

自由人

香港高士打道六六號

電話二〇八四八

當天空運到臺

臺北經銷處

中華路一五九號

中梵外交的透視

（梵蒂岡通訊）

施克教

梵蒂岡彈丸之地，擁有五十國組成的外交團，同時她的外交使節也伸展到世界各國，原因是她的精神領導權高過其他的國家。中梵外交會於遜清及民初一度接洽，如果沒有法國的無理取鬧，當時即可成立。對日抗戰期間，日梵締交，國府遂致力促進這一建交運動，第一任公使謝壽康駐節教廷，極盡敦睦的能事。抗戰甫告勝利，天主教氣象萬千，遠東第一位樞機的出現，中國天主教組織系統的正常化，教廷駐華公使館的設立等等，莫不象徵着西方的基督文化和東方文化的締姻，已指日可待。可是，由於赤禍的蔓延，燕爾好夢既破，這一切宛如曇花一現，付之東流了。今日全國天主教遭受着空前未有的嚴重考驗和壓迫。然而由於中共的驅逐教廷公使，自由中國的廣交與國，於是中梵外交步入了一個微妙的階段。梵蒂岡是反共的堡壘，自由中國也是反共的中堅，「道同而不相為謀」，這是什麼原因呢?!

有人以為這是「人事問題」從中作祟：教廷使館人員對中共認識不清，實行「與虎謀皮」的政策，或謂是對國民政府失去信心，有琵琶別抱的企圖。當時歐美人士憧憬毛澤東會變成遠東狄托的風氣，不脛而走　同時抨擊國府的空氣瀰漫各地，更加深了這一憶測的可能性。又有一部分人士對此頗有疑問，但也善意地姑作如是想，以便給中梵外交留下轉圜的餘地，好像這件不愉快的事情，完全由於剛愎自用的一些使館職員的錯覺所致，現在只要調整人事，一切問題均可迎刃而解了。

熟悉梵蒂岡行情的人，不會作這樣天真的假想，凡是駐各國的教廷使節，事無大小，無不請求教廷的指令，才敢行事，尤其象留守南京，或隨國府遷移等大事，決不會輕信數人的片面報導，或遵照數人的偏見行事的，所以我們可以確定教廷使館之駐守南京，不是使館人員的愛惡所能決定，何況一般人所指斥的葛利根秘書，不但沒有向中共靠攏獻媚，而且退守香港，對救助從鐵幕中逃亡出來的國人多少也有些貢獻。至於在南京的黎培理公使始終堅定立場，指導全國教會忠貞堅忍，不向强權低首，至今當已沒有人否認的了。所以留守南京必定是教廷的斷然處置，即使也受到使館人員的影響，這影響當是微乎其微的。那麼這樣說來是梵蒂岡蓄意和國府絕交嗎？這結論又未免太率直了。

教廷從未對中國政府表示過不信任的態度。接近梵城當局的人一再强調，當自由中國最艱險的時候，印、英、挪、荷：：等紛紛承認中共，梵蒂岡的確是相當苦悶的，一部分人士以為承認一個政權，並不就是贊成這一個政權所實行的政策與主義。當時梵蒂岡在羅馬尼亞，南斯拉夫等紅色國家還維持着外交關係，所以承認中共並不是先天的不可能。可是事實上，儘管國際的風浪如何險惡，梵城仍屹然獨立，對承認中共並未予以考慮。當時意國政府曾再三在國會宣言，只要中(共)英樹立友好關係，意國必樂意和中共締交。其他歐洲各國也多舉棋不定。如果沒有韓戰發生，縱然英國未能完成對中共的安撫政策，歐洲的大部分國家必已派定使節，在秧歌王朝中奔走了。教廷方面雖曾婉拒國府的兩國使節升格為大使的建議，同時也謝絕了新任大使。實有共說不出的苦衷。教廷以為國府在臺，一切正在緊縮，而教廷承認自由中國政府，已為舉世熟知的事實，沒有加强外交的必要，另一方面也為避免刺激中共，以致迫害天主教的毒手變本加厲，有所藉口，教廷寧使人負我，勿使我負人的主義已束縛它自已的自由，而況它更須盡可能的扶助鐵幕內的信徒，多得一天自由(?)也是求之不得的。

不過，癥結之所在，還不是這些淺近而表面的理由，主要的原因，該是教廷公使的性質問題。普通使節是只有外交任務，向所在地政府負責便够了，教廷大使和公使却一身兼帶兩個要職。一是外交的，和其他大使公使一例；一是代表教宗，總理駐在國的教會。教廷公使的前身是「宗座代表」，這個職銜與公使的分別，就在沒有外交使命這一點。抗戰期間，當時的宗座代表蔡寧總主教寧受日方的磨難，堅守危城北平，不肯內遷，招致國府的不滿和輿論的誤解。這種忠於職守的表現，必須明瞭其職責之所在，才能深切領會和諒解。黎公使是外交官，本不可與宗座代表同日而語。但是他仍舊負有宗座代表的全部責任和使命。他該和全國教徒共患難，同犧牲，他得首先拿出殺身成仁，捨生取義的殉教精神。教廷可以責成於他，不管鐵幕如何森嚴，只要一息尚存，他該維護教會的權益和自由。縱然在中共面前，他只是一個「披着教廷公使的外表的摩納哥僑民」，但是在中國教徒的心目中，他永遠是「公使」，「教宗的代表」，他的堅忍、他的困難，至少可給受苦受難的教徒一種精神的慰藉。所以黎公使被逐出境，教廷視之為殉教的烈士，年前羅馬尼亞的赤色政府驅逐教廷大使，也沒有這次的轟動人心。最近羅馬教宗發表致中國天主教會的一項重要文告，縷述其愛護關懷在中共逼害下的教徒，目的也在彌補公使被逐後的我國教會中的精神空虛。

或許有人要追問，教廷以「中國教會」為熊掌，以「中國政府」為魚，在危難時，採取了捨魚而取熊掌的政策，情有可原，但是現在中共暴露其猙獰面目，驅逐公使，而中國政府日益堅强，正在招致與國，似乎恢復正常外交，正其時矣！我們如果仔細研究，這問題本身就有語病，教廷根本沒有實行過「取捨」的政策(下轉第24頁)

巴黎通訊

曾葆蓀爲國爭光

——在國際婦女地位委員會席上力挫蘇俄代表——

一鷗

提起曾葆蓀女士的名字，一個現代的中國人想必都不會感覺陌生的。一談起她的家世先就使人起敬。曾祖父便是清朝中興名臣曾文正公國藩，祖父廣鈞先生，文正公第二子，有名的天才算學家，父重伯先生，早逝。她少年時，即赴英國留學，研究算學及生物學，獲倫敦大學學位。一九一八年，學成返國，在長沙創辦藝芳女子中學，迄今已三十餘年，所有師資，均品學兼優之士，教學認眞管理嚴格，名譽蒸蒸日上，成爲全國有數女子中學之一。葆蓀女士辦學採取「兵在精不在多」主義，全校學生名額，決不超過三百名，每班學生決不超過三十名，以便教管。入學諸生，都經過極嚴的考試　得列門牆者，均引爲莫大的榮幸。每年畢業出去的學生，考入國內著名大學者甚多，其服務社會者，也有很大的貢獻。三十八年，赤燄逼近湖南，葆蓀女士不得不忍痛拋棄了她三十年來心血灌溉的那朶奇葩——藝芳女中，而毅然出走，初居香港，後赴臺北。

這一次，國際婦女地位委員會在瑞士開會，葆蓀女士代表中國出席，她以其清晰的頭腦，靈敏的手腕，及其流暢純熟的英語，在會議席上大露鋒芒，博得全場的尊敬，替中國爭得極大的光榮，而其力挫蘇俄代表，更令人稱快不置。女士參加會議的經過，對政府自有報告，現在我單提出這件事來談談，我想國人一定是樂於知道的。

國際婦女地位委員會這個名字，在中國或者還有許多人沒有聽見過。現請先加簡單的解釋。這是聯合國的一個機構，係從社會和經濟兩個部門分出，以爭取世界各國婦女在社會上的地位爲主，所以有這樣一個名目。這會開始成立於一九四六年，十五國家的份子組成。其中五國爲基本永久會員，即英法俄美和我們中國。其餘十國依地域分配，務求平均，譬如有了巴基斯坦的代表，即可代表印度，而印度即不能參與了。會員三年改選一次。本年在瑞士召集世界婦女代表，舉行會議，自三月二十四日起，至四月五日止共歷二週。

這次會議由十五國擴大爲十八國。依會場席次的順序是巴西、緬甸、白俄羅斯、智利、中國、古巴、杜美堅根、伊朗、墨西哥、巴基斯坦、波蘭、紐西蘭、蘇聯、英國、美國、法國、黎巴嫩。墨西哥的代表這一次未到，共爲十七國。每國代表雖僅限一人，但每人携帶隨員數人，蘇俄代表携帶人數尤多，聲勢喧嚇。開會之第一日，正式會議尚未舉行，蘇俄代表便提議驅逐中國代表，她說中國四萬萬七千萬人口現已受共產黨統治，國民黨政府局促於臺灣彈丸黑子之地，連偏安之局都談不上，所以現在國民黨的代表，決不配代表中國，我們一定要使她退出，請眞正代表中國的人民政府代表來才可以舉行會議。蘇俄代表發言時態度強橫，全場都怔住了。葆蓀女士不慌不忙，起立回答說，國民政府是聯合國大會所承認的政府，也是安全理事會所承認的政府，本是聯合國的一員，現在國際婦女地位委員會怎麼可以取消她自己的代表？再者，蘇俄原是承認中國國民政府的一個國家，蘇俄和中國不是曾經簽過中蘇友好條約嗎？政府南遷廣州時，蘇俄大使不是第一個跟隨政府南遷嗎？蘇俄和中國不是又簽訂過物資互助的條約嗎？從前蘇俄對中國這麼友善，現在在這會議席上，蘇俄代表竟提議反對中國代表，未免太滑稽吧。其次剛才蘇俄代表說必須中共派代表來，才可以代表中國，但中共出兵介入韓戰，與聯合國居於敵人地位，聯合國難道竟會容許敵人出席嗎？又其次剛才蘇俄代表說是國民黨的代表，這話是大錯特錯的。我並不屬於國民黨，這次出席僅代表中華民國的婦女界，並不代表國民黨。若因我由中國政府派來，便代表國民黨，那麼我要請問，英國現在執政者爲保守黨，而這次出席這個會議的代表則屬於工黨，難道她算是代表保守黨了嗎？我們問英國代表，我想她也決不會承認的。

葆蓀女士這番話說得蘇俄代表啞口無言，於是舉行投票表決。十二國贊成，三國反對，反對者爲蘇俄，白俄維斯，波蘭。至於黎巴嫩，緬甸二國則棄權，贊成者居多數，於是葆蓀女士代表地位屹然不能動搖了。

以後蘇俄代表每有提案，葆蓀女士輒批瑕蹈隙，加以駁詰，常使蘇俄代表面紅耳赤，幾乎不能下臺。譬如有一次會議中蘇俄代表提出同等政治利權，謂政治利權應該絕對平等，不可因種族，國家、顏色、宗教、語言而有所歧視，美國對於黑人有許多不平等待遇，甚屬遺憾，理應改善云云。曾葆蓀女士即接着說蘇俄代表之言甚是，但政治平等以政治思想自由爲先決條件。今日中國在共產黨統治之下，全國人民只有跟着政府走，絕對沒有自由可言。若思想與政府略有參差，只有三條路可走：一、槍斃，二、入獄，三、失踪。這比黑人在美國所受待遇更惡劣萬倍。蘇俄代表僅知反對美國而不肯反對中共，似乎有失公平。葆蓀女士語罷，全場鼓掌，蘇俄代表的提議遂未獲通過。

國際勞工聯合會代表談勞工待遇問題，說中國勞工在中共統治之下，生活如何改善，舉東北及上海爲例。葆蓀女士說這件事我知道得很詳細。自中共佔據大陸，口口聲聲改善工人生活，但工人生活不但沒有改善，反而比從前更糟。自從中共參加韓戰，工人的工資一減再減，已減到不足維持生活的地步，工作時間，一加再加，已加到體力不能負擔的地步。於是舉出許多統計表格，及許多確鑿證件，證明中國工人今日已變成奴隸，或可以說變成國家的生產機器，那個代表經此一駁，也就沒法再說。

蘇俄代表又提議組織和平會，當然離不開蘇俄那一套刻板文章，即世界上只有蘇俄是愛好和平，其他都是戰爭販子。所以美國代表反對，說和平原是寶貴的東西，大家都要，但世界上有些國家，一面拚命武裝，準備戰爭一面又高唱和平，痛斥別人爲戰爭販子，這種和平不知算是什麼和平？曾葆蓀女士趁此機會將中共過去反對內戰而自己發動內戰，現在跟着蘇俄搖旗吶喊，要求和平，而自己又出兵參加高麗戰爭，一一舉出來。說中共所要求的和平不過是擾亂和平的和平而已。現在人家所談的和平當然也不出這一套，我要請主席注意，莫讓蒙着羊皮的狼混進我們這個集團來。葆蓀女士妙語解頤，全場爲之大笑。

蘇俄代表又常形容國民黨政府如何腐化，如何貪污，如何無能。葆蓀女士說過去不能說沒有這種事實，但今日之臺灣，上下一心，勵精圖治，政治清明，人民安樂，比前不可同日而語。反之，中共統治下貪污腐化，現已層出不窮。且人民毫無自由，痛苦比以前更甚。遂又舉出許多證據，蘇俄代表中傷國民政府的狡計，又不能逞。

從前蘇俄代表莫洛托夫在外交會議席上以慣於使用『否決權』著名，其意氣之洶洶，態度之蠻橫，想起來還叫人頭痛。現在這個蘇俄女代表，雖不能說傳受莫氏衣鉢，但也凶得怕人。她準備的資料又十分充份，每次發言，滔滔不絕，會議對於代表發言時間本不限制，她便故意一點鐘一點鐘延宕下去，把別人發言的時間都佔據去了。但她的冗長的演說，徒使別人皺眉。葆蓀女士一開口，則掌聲雷動。當她每次以委婉而實强硬，詼諧而實嚴正的言詞，駁斥蘇俄代表時，掌聲之餘，還有許多紙條暗地向她雪片般飛來，上面寫的一些短句，如『中國代表萬歲！』『勇敢呀，中國夫人！』等等。可見她是怎樣得人的同情。

× × ×

筆者與葆蓀女士十餘年前曾在友人寓中會過一面，承該友述她幼年時代一則軼事，甚有趣味，現在不妨在這裡順便一敘。葆蓀女士少時即有遊學海外之志。負笈江南，肄業馮氏中學，專習英語。該校乃教會所辦，校長爲英國巴納斯女士，一見葆蓀女士知其將來必成大器，深相契重。葆蓀女士卒業的那年，恰值巴校長休假期屆，乃携女士赴倫敦，使其肄業於英國Blackheath最著名的女子中學。巴校長賃一小屋於學校附近，朝夕招呼着她，如慈母之於愛女。巴校長二年休假期滿，倘回到中國，滿足了她二十五年傳教工作期限，將來可獲一筆養老金。但那時葆蓀女士才升入大學一年級，她又未便捨之而去，極感躊躇，與之相商。葆蓀女士道：「我來英國時我的祖母曾囑咐我說，完全受巴校長保護，巴留則留，巴歸則歸，現在我犧牲學業和你一起返國吧。」巴校長聽了這話，足足考慮了一夜，第二天清晨，對葆蓀女士道：「既然令祖母有言在先，我決定留在倫敦了。我們辦教育的人，負有培植人才的責任，但普通人才，盈百盈千，不及一個領袖人才的重要。我久已看準了你將來要成爲一個領袖人才，爲中國教育界及女界前途着想，我那點私人利益，只有付之犧牲了」。及葆蓀女士學成返國，在長沙創立藝芳女中，巴校長不能再回馮氏中學，遂在藝芳教書，甘心做葆蓀女士的下屬。後來老死中國，享年七十有二。葆蓀女士幼時頭角岐嶷於此可見，而巴校長知人之眼光與犧牲之精神，更可算教育界一段佳話。

此次葆蓀女士瑞士會議已畢，擬赴英一遊，路過巴黎，少作勾留，筆者與數友赴其寓所拜訪，曾得暢談半夕。她對我談了許多臺灣近況，使人覺得自由中國的前途很樂觀。她又談了許多共匪控制下大陸同胞所受虐待的情形。有幾件事，在共匪看來，渺小得不堪掛齒，因爲殘酷手段在他們原是家常便飯。即使今日自由的中國人看來，也很平常，因爲共匪的血腥故事我們不知領教過千千萬萬，這幾件事相比起來，實在如小巫之見大巫，算不得什麼，但教一向呼吸於自由空氣裡的歐洲人聽之，便不免凜然變色了。葆蓀女士先說她有一故人子，讀書上海復旦大學化學系，平日對政治並不感興趣，他父親是個商人，因不堪共匪壓迫，携家逃往香港，勸他同走，他不肯，一則自己在大學再一年便可卒業，犯不着功虧一簣，二則共匪既滿口叫喊爲人民，握到政權以後一定肯眞的爲人民服務，現在一切施爲雖嫌過於操切，但總是可原諒的。後來他的學校下鄉參加土改，有一寡婦年約五十餘，有幾畝田，與一十五歲的女兒相守爲活。共匪硬咬定她是地主，沒收了全部產業不算，在寒風凛冽，滴水成冰的冬天，剝光她的衣服，罰她跪在雪地裡，向大家坦白。她的女兒不忍母親這樣受苦，失聲啼哭，共匪也剝光她的衣服，跪在母親身邊。坦白過後，共匪施行懲罰，用大皮鞭向那婦人身上很力抽去，抽得她身上青一條，紫一條。她女兒見母親快死了，覆在母親身上哀求那些禽獸們開恩饒了吧，於是連她也抽起來。到後來將母女兩人打得血肉淋漓，相抱在雪地上亂滾，點點滴滴的血，染紅了雪白的土地，分外鮮紅奪目。那位大學生目擊這樣的事，十分悲憤，而且知道共匪還有許多精彩節目要逐一表演出來，他的良心不能允許他再在這樣悲慘場合裡停留了，於是潛自脫離大隊，私行返校。反校之後，即設法逃到香港。所有物件盡皆拋棄，由深圳入港境是晝伏夜行，穿鐵絲網爬過來的。他曾對人說，假如他不親自下鄉參加土改，看了這種慘無人道的故事，人家對他說共匪怎樣殘忍，他是不能相信的。

另一故事，是一個新近逃出鐵幕的朋友對葆蓀先生所敘。某村有一小家庭，兒子十四五歲在城中讀書，加入了共匪組織的什麼少年隊之類。一日學校放假，兒子回家省親。他母親宰一隻雞給他喫。叮囑他千萬要守秘密，因爲在共匪努力支援前線的口號下，喫雞也算犯了大罪。但這兒子受了共匪訓練，實行家庭間諜的職務，回去如實報告了。共匪的村幹派人偕同他兒子來調查，那母親情急，一索弔死了。父親痛憤之餘，將兒子一刀砍死，自己也即自戕。一家三口爲了一隻雞，一天內煙消火滅。這種奇慘也可說亙古未聞，只有共匪統治下才有。

葆蓀先生又說，當共匪來時，我本來不打算出走的。因爲我政見雖與共匪不合，但實在捨不得親手創辦的藝芳，又想他上臺之後，作風或者會改變，因爲馬上得天下，不能以馬上治，而且寬大本是中國傳統的行政精神。後來又自己先淸算一下，覺得自己有「三件大罪」，不能見容於共產之世。第一件我受的教育是「資本主義」和「帝國主義」的英國教育。第二件，我是曾文正公的重孫女，文正公自民國以來蒙謗多矣，在共黨手裡，更不知要將他列爲何等人物，共產黨慣於淸算三代，像我出身於這樣的家庭，恐怕還要算到四代。第三件，我名下有幾畝薄田，當然免不了地主之名而須接受淸算。不過我還在躊躇。一日閱報，見共黨以潘金蓮爲標準婦女，我才決心出走了。因爲自問將來無論如何改造自己，如何努力學習，決不能達到潘金蓮的標準，我還有什麼資格留在共產黨統治之下嗎？葆蓀女士這番話，把我們幾個人說得哈哈大笑起來。我因感嘆地說：中國共產黨的作爲，無一不是倒行逆施，無一不違反中國人的心理。譬如他們曾以黃巢，李闖，張獻忠爲農民革命的代表人物，爲民族英雄。黃李姑不論，那張獻忠是什麼，那是個殺人魔王，一個心理失其正常窮凶極惡的大盜。他在四川所創造的殺人記錄，有蜀碧記爲證。我記得當時讀這部書，覺得燈光變成慘碧，紙縫裡彷彿嗅到一股令人作嘔的血腥臭，不快了好多天；便是至今一想起，神經還是很緊張。中共竟捧這樣一個人爲英雄，可謂肺肝別具，那末，他們捧潘金蓮爲標準婦女，又算什麼稀奇呢？但我們應知道共匪作事都有目標，因爲他們要執行史太林主子的命令，消滅中國一半人口，所以要預先捧張獻忠，他們捧過張獻忠以後，不就開始國內的大屠殺嗎？他們要泯滅女同胞的廉恥觀念，要她們做慰勞隊來滿足他們幹部的獸慾，要她們於必要時連自己丈夫都殺死，所以就預先捧潘金蓮。現在許多婦女出首自己的丈夫，許多婦女以慰勞幹部爲榮幸，不又是他們這種教育的效果嗎？我道罷，在座者頗以爲然。

葆蓀女士又根據她個人的觀點，判斷中共政權行將崩潰，她說共匪在國內控制手段雖嚴密，但暴力政權從來不能持久。秦朝的傾覆，便是歷史的好例。她又說政權建築在人心上，共匪現已失去人心，甚至唯一支持他的青年，對他幻想也消滅了。現國內青年紛紛走向理工那條路，文法已成冷門，目的在於避免政治，這便是青年對現實失望之證。

× × ×

對於尚未見葆蓀女士的人，我不妨在這裡替她作一翦影，略爲介紹。她身裁不高，有相當的肥胖，臉是長方型，上面線條很明確，正是一張事業家的臉。她的頭髮雖已花白，而通紅的頰和炯炯的眼光，還是充滿青春的精力。她態度莊嚴，待人接物則又和藹可親。她的心胸常洞開着，同誰都不隔閡，同誰都可一見如故。『豁達大度』又正是領袖人才不可缺少的條件。她雖是一個學習理科的老留學生，卻曾在中國歷史文物的温床裡培養過多年，故談吐温雅。當在一個聚會上，你傾聽她出入經史，議論風生，尤其援引掌故，歷歷如數家珍，你不能不驚佩她國學修養的深厚。筆者過去也曾見過幾個女教育家，以才氣論，似乎都遜葆蓀女士一籌。早年曾讀過不少曾文正公的著作，極爲欽佩，認爲是一代偉人。現在面對着這位氣度恢弘的女界領袖，覺得偉人的血仍在她血管裡流注着，於遺傳學的原理，確實可信。葆蓀女士於談話間，每嘆息自己是老了，不能替國家再做什麼了，其實她今年也不過五十八歲，照歐美的習慣說，她還是個壯年。一輪紅日走過天頂還沒多時，還有一大段的輝煌行程在。她這一次遠渡重洋，已替中國創造了一頁光榮歷史，希望她將來更多多發揮她的才能，對祖國作更大的貢獻！

（上接第21頁）

，始終抱着「兩全其美」的意志，努力到底。中梵邦交今日之所以停滯在不即不離，若即若離的微妙關係的主要原因，仍在於教廷公使的双重職任，在外交上，自當駐節臺北，才能心安理得，但是在教務上，駐節臺北不但遙指大陸，有鞭長莫及之感，而且憑空給中共製造口實，逼害教會的技倆，愈演愈烈。而且中共流氓式的惡意宣傳，必定大加喧染，說天主教干涉政治，與臺灣狼狽爲奸，破壞中國權益……等，這些無恥而又狡猾的中共八股，對政治認識不夠清楚的教內外人士，不能不說是一個絕大的危機。

但是，中梵外交就該停滯在這個不自然而又不愉快的現象上嗎？不！中梵双方的最高當局該努力促使這微妙關係的明朗化，該努力覓致解決的途徑。彼此諒解是解決此一急務的先決條件；彼此忍讓是解決的基本態度。而督促政府的輿論界對此尤該有深切的認識，保持謹嚴的態度，提示公正的建議，對這個爲國家爲教會大有利害的課題的解決，避免任何消極的破壞，而應有具體的積極的貢獻。

文藝

鬻血

高莫野

（一）

孩子落地不到十天，就得了肺炎。

向文看見妻那副貧血的面色和孩子發燒的臉，他心里有刀割般的難受。他羞忿慚愧，覺得自已太低能了；沒能盡到做丈夫與爸爸的責任。孩子將來的敎養，那倒還是以後的問題，當前的急務，是怎樣可以弄到一筆錢給孩子注射幾支盤尼西林針藥。借，當，全試行過多少次了。借錢總是難成功，因爲所有的朋友也都是跟他一樣的窮。進當舖每次總是妻去的，他一想到就覺得那該多麼難堪，在孩子還沒有出世以前，妻每次鼓着隆起的大肚子，拿了衣服什麼的出去，過了一會再拿一些碎米屑、豆芽菜，醬，鹽一類的大小紙包回來。他想到這些就羞慚得恨不能哭一場。有時候他自己恨自己，狠命擰自己的大腿，或者双手用力敲着自己的頭顱，覺得自己應該受嚴酷的懲罰與輕藐的辱蔑；當生活折磨他無法容忍時，他感到自己當引以自矜自傲的正直與熱情，在今日，那全不過是儒弱，愚蠢，無奈的自慰，難掩的着辱，他覺得過去憧憬的詩的世界，詩的人生，不過是春夢般的虛幻渺茫。人在現實的生活中，天天都要吃飯穿衣，天天都要用錢，然而他沒有錢，又不屑做不願做的事去弄錢。他感到自己不配作丈夫，不配作孩子的爸爸，甚至不配在這「金錢至上」的世間作人；正直，熱情，害了他，讓自己醉愛文學。起初，他憧憬着一個文藝作家該是多麼詩意呢？如今，他才深深的感到這是人世間最狹仄的一條現實生活的路。生活的艱苦擊破了他的作家夢，可是除了寫稿還能換一些錢用之外，他能作些什麼呢？儘管有許許多多的人在用着各種不費力的方法攫取金錢，然而利害總是緊連着的，那些攫錢的方法事實上也就是在盜取別人的血汗，結果是樂了自已就苦了別人。人、本來就是最自私的動物啊！這、他何嘗不明白，然而他怎忍心也同樣那麼去攫取別人的血汗呢？在作品中對一些生活乏術的人物，他的筆都能爲他們開闢指示生活下去的路向，但現在他卻不能給自己找出一條行得通的路，因爲他畢竟是個文人。他知道生活的磨難，心情的矛盾已使自已的精神失却常態，已逼迫自已對人生的看法發生轉變動搖；事實上，他知道也儘管知道而已，文人畢竟是個文人啊！妻是仰慕他的文名而愛上他的，愛他的作品而嫁給他的。兩年前，他是她的國文先生，她爲了愛他，背叛了家庭，忍受着譏議，隨他從東方第一享受都市的上海撤退到路遠迢迢的臺灣來，一方面固然爲了酷愛自由，而另一方面也是想同他過詩意的生活的。向文爲了答覆她的愛，更決心努力作一個有眞實靈魂的文藝作家，並且時時和她講起一些古今文人貧苦生活的事跡。兩年來，他一直靠着賣稿吃飯，起初還能維持，後來各報章雜誌篇幅紛紛緊縮，生活一天不如一天，物價都隨着時日高漲，稿費却始終沒有調整，尤其近來，有些報舘雜誌時常拖欠稿費，一拖往往就是兩三個月。東西一天比一天貴，而他們的食量却越來越大了。看看屋內可以變賣的東西已經典當得差不多了。而妻却依舊含笑對他說；苦死亦不抱怨。她永遠是他作品的第一個讀者，每讀着他的新作，她總是給他許多鼓勵，給他無數的吻的慰勉。正因爲這樣，他才越覺得難過，越覺得慚愧，越覺得對不起她，覺得她此刻倒不如罵他恨他來得痛快，而減少他心靈上的隱痛與負擔。她告訴他許多次，她並不希罕錢，更不希望自已的丈夫變成一架攫取金錢的機器，整天在爲她做着奴隸！她一看見向文蹙着眉頭搔着蓬亂的頭髮拚命向腦中搜索的時候，她便奪過了他手中的鋼筆，要他到院子里去走一走。換換新鮮空氣；那時他就必然双手揷進褲袋里。背着妻，咬着牙，狠命擰住自已的大腿，雖然他明白自已這樣做對于妻依舊沒有什麼好處，可是他這樣做了，文人終究是文人啊！

（二）

當向文託師範學院敎書的朋友謀敎職的希望又成泡影時。妻撒嬌的撫摸着他的頭髮說；

「向文，你看這孩子像你還是像我？」她說着就在向文的消瘦的臉上輕輕的吻了一下。

「嗯——」他明白妻是故意這樣說，是爲他解除煩惱，可是他振作不起來，只是低着頭默不作聲。

「向文，你在想什麼，怎麼不說話呀？」

「噢，沒有想什麼。」他支吾着說：「像你像我不都是一樣嗎？」

「嘻，嘻，向文，你說這孩子我們將來應該給他學什麼？當軍人，還是做醫生？……」

「唔，當軍人，做醫生……。」

「學什麼，說呀！難道做爸爸的還怕難爲情麼？」

她輕輕的搖撼着他的肩膀，向文的身子隨着她的手勢癱軟地動着，像被抽掉骨頭似的。她知道他的心正沉淪在失望的苦惱裡。她要用話來打斷他的煩腦，喚起他的笑容。

「嘻，你不說，我說吧。其實我早已猜透了你的心，這孩子長大成人，一定能繼承他父親的意志，成爲一個出色的文化人，名作家……。」

「不，不，我們絕對不能叫第二代走錯路，如今我眞討厭這『文』字！」向文，挺直了身子認眞的說。

「幹嗎這樣說呢？『文』字討厭，什麼字不討厭呢？」她故意呶着嘴搖搖頭說：「『文』字是神聖的，文化人是高貴清白的！」

「惠霞，妳這不是開玩笑嗎？兩年來的生活，還不够教訓你嗎？兩年前我們簡直在做夢，到如今，你的美麗的夢幻難道不會醒麼？你該鄙棄這『文』字，咀咒這『文』字，摧殘了妳一生美麗與幸福的憧憬。現在，妳該知道，『文』是『懦弱』，『無能』，『沒出息』，『文人』是『窮光蛋』。」

向文感慨的叫起來，惠霞一手堵住他的嘴，搶着說：

「向文，你瘋了嗎？幹什麼要這樣說呢？『窮』並不是下賤的事呀！」

「唉，窮不下賤，『文』可是不能治肚子餓的啊！無論如何，我決不讓孩子再走這條倒霉的『文』路，儘管目不識丁倒沒有關係，那怕他拖板車，做苦工。妳說三百六十行，那一行不比文人強?!」

妻眞後悔，後悔她方才多言，弄巧成拙，否則向文也許可以自己靜靜的坐一會，默默地睡一覺。然而她靈機一動，又找到了話題，企圖把向文從感傷中解救過來。

「我不信命運，但我却相信機運的輪轉，也許我們這個愛情結晶的出世，就是我們好運轉來的開始。」

「妳說這孩子的誕生，會爲我們帶來好運嗎？」向文對躺在床上剛出世的孩子看了一眼，笑得幾乎失聲地說：「落地還不到十天，就得了肺炎。…」

「那是臨產時着了一點凉，過兩天就會好的。」她說：「不能因爲孩子有些不舒適，就說他給你帶來不利的預兆。相反的，『新生』在你的作品里不一向是一股可信的力量嗎？」

向文聽惠霞說到這里，圓瞪的眼睛又立時闔起了。他本來要想同妻認眞辯說的，這時他的心忽然一動；辯說又有什麼用呢？望着妻的臉，體會着妻的心情，隨便點了點頭，搭訕了一句：

「帶來好運氣，嗯——也許。」

其實他又何嘗不知道，聽信命運的擺佈，那是可笑的愚蠢。生活本就是戰鬪，生命是要自己創造的。然而此刻他已失去了爲自己作生之戰鬪的氣力，與創造生命的剛毅了。

孩子的誕生，那是生命的創造，那新生啓示的意義，他雖然不忍抹煞，可是事實上新生的第二代的出世，將帶給他一些現實的更多的苦惱。他恐怖，他煩惱，他的心陷入不能自拔的泥沼。于是他又攤軟地斜躺在舊藤榻上，凝視着屋頂紙糊的破洞，當他感到那是不透光的天窗時，覺得心里更複雜更亂，痛苦地擰着自己的大腿死不放手。

（三）

大概是惠霞產前缺乏較好的營養，而產後就下床勞動的緣故，以致幾天來她時時感覺頭昏目眩四肢乏力。這一下，可眞把向文給急慌了。心想孩子的醫藥費還沒有着落，如果再把惠霞給病倒了，這教他又該怎樣辦呢？

「惠霞，我看你還是少勞動吧！一切事讓我來作。」

「那怎麼能行呢？你全沒有做過。」

「能行，能行，一樣能行，譬如妳從前在家里做小姐的時候，一向嬌生慣養吃不得半點苦的，而現在妳怎麼也能忍受了呢？」

「向文，你怎麼又說這話了，苦與樂本是各人主觀的判別，人生志趣不同，對于苦樂的判別自然也就因人而異了」。

「從前我天天寫稿，妳總說怕擾亂我的文思，不讓我在家里幫忙妳做事。如今，我好久擱筆不寫了，就算妳並非身體不適，我在家里做一點事，不也應該的嗎？人生享權利就得盡義務，吃飯就得作活。惠霞，妳不該總是把工作分開，那些是女人的事，那些不當讓男人作，那末我要問你；男子掙不到錢生活，進當舖是女人應該去的嗎？」

「幹嗎又這麼說呢？向文！等我確實沒有氣力工作的時候，你帮我做點事，自然可以，可是現在我不是不能工作呀，再說我們一家三口又沒什麼過份繁重的事需要我操勞，至於我方才覺得頭昏，也許是夜間受了一點凉，這又算得什麼呢？你看我現在不完全好了嗎？」

向文對于惠霞的體貼，心里眞有一種說不出的感激與恩愛，他緊緊的擁抱着妻，心騰到喉嚨，兩三分鐘之後，才喘出一口氣，同時眼淚禁不住像小河一樣的流下來。晚飯沒有吃，但也並不覺得餓，天色還不曾黑透，他們就睡了。

但是無論如何，翻來覆去他始終睡不着覺，剛一闔眼，噩夢就來驚擾他了。米沒有了，煤用光了，可以變賣的東西，也大都已經典當盡了，情緒不好，文章寫不出，找教職的夢又幻滅了……像無數把尖刀在他的心上絞着刮着，他想不起辦法，想不出路走；難道就這樣奄奄等死嗎？他默默地咬着牙又狠命在自已的大腿上擰了幾把。眼睛滯澀得有些刺疼，頭感覺陣陣昏旋，他直覺的感到今天的夜色似乎比昨晚深黑了，黑色像凝結了千斤萬斤重；壓在他的身上，使他喘不過氣來。他每次藉了翻身舒喘一口氣的時候，妻也常翻動着身子，這分明惠霞也並沒有睡着。

「惠霞，你睡着了嗎？」

「是的，我已經睡着好一會啦，現在剛醒。」她說：「你呢」？

「我嗎？我也睡着啦！天還早，我們再睡吧！」

「是的，再睡吧！」

這樣，一夜他們說了好幾遍，彼此的心裡都明白。直到天亮，他不知翻了多少次身，妻失眠的眼睛也不知道亮了多少時。

太陽還沒有照上東窗，妻照例又先起來了，也沒有整理蓬亂的頭髮，她就把兩只僅有的舊紙提箱打開，把里面就那麼幾件隨身衣服，反覆拿出來好幾次，他一方面比量着，一方面凝神默想。忽然丟下手中的衣服，蹀蹀躞躞歪倒在床上，緊鎖了眉宇，双手捧着頭顱。

「怎麼，又頭痛了？」

「不，不，有些眼花，一會就好的！」

惠霞說着忙把兩手拿開，可是不一歇，又不自禁把手在自已的額前按住了。

向文瞥見妻灰白失眠的臉，呆滯的眼睛，緊蹙的眉宇，感到可憐，更覺得可怕。一時恍然想起來，自己同樣難看的臉色被妻瞧見，急忙將頭縮進被裡去。

北屋馬秘書太太的房門開了，西廂劉委員夫人亦推門出來，聽劉委員太太跟馬秘書夫人笑嘻嘻的招呼說：

「今天天氣眞好，不冷不熱，睡一宿好覺。」

「可不是嗎？」馬太太說：「若不是我先生今天準備請客，那我還得好好再睡一歇呢？噢，我倒差一點兒忘記通知你了，今天務必請你先生給陪客呀，反正禮拜天沒有什麼事，吃完飯來八圈！」

「謝謝你！今天是難得的星期天，沒有應酬，我打算同我先生吃完飯上基隆國際聯誼社跳場茶舞呢！怎麼樣？有沒有興趣，大家一塊兒去。包一輛小汽車才八十塊錢，眞便宜！」

向文聽到這里，禁不住把被緊蒙住自己的頭顱，甚至用手塞住自己的耳朶，因爲他實在沒有勇氣再聽下去。

(四)

孩子的咳嗽一天比一天厲害。漲紅的小臉，咳得幾乎喘不過氣來。惠霞强作歡欣的面色已找不到一絲勉强的笑容，向文的頭上却又頻添了幾十根白髮。

莫非就這樣眼看着自己這一塊親骨肉活活的病死嗎？向文以手用力撑着前額，不知道如何是好。最後，還是惠霞提醒他說：

「半個月以前春秋雜誌社長顧棟不是曾經特約你寫過一個長篇小說嗎？」

「是的」向文說：「可是這一期雜誌還沒有出版呢！」

我看顧棟平日與你的交情不錯，過去在上海你也幫過他很多的忙，這一次他又再三特約你寫了一篇小說，雖然雜誌還沒有出版，距離發稿酬的辰光尙有一段時間，可是看在彼此至友份上，多少我想總可以預支一點稿費吧！再說春秋雜誌創辦快兩年了，錯路很好，經濟情形一定還不壞吧！向文，你說是不是……。」

向文經妻這樣一提，禁不住興奮得跳躍起來說：

「對，對，這話倒不錯，按過去我和他的交情，雖說不上患難，至少亦够得上知己，隨便怎樣，孩子的醫學費我想總沒有問題吧！……」向文說着臉上頓時顯露出無比希望的光彩，心里高興，連頭髮也忘記了梳，蓬亂着頭轉身走出門去。

他在春秋雜誌社里跑了三趟，候了一上半天，終于才會見了孩子的救星——顧棟先生。

于是他們開始從握手寒喧說到了正題。向文說：

「我前次寄給你那個長篇小說收到了嗎？內容是否合適？」

「啊，你說你那篇大作，非但收到，而且已經拜讀過，文筆內容實在精彩極了，我決定把它放在下期的第一篇……」

「噢，噢……」向文說：「我今天到你這里來，還有一點事想請你給幫忙一下呢！」

「幫忙？」他說；「不敢當，老兄有何見教？」

「這兩天因爲孩子的病鬧得很厲害，打算找一位大夫給他看看，不知道老兄是不是可以給我先預支一部份稿費？……」

「噢，噢，你說稿費，沒有問題。可是近來社方的經濟情形也不大好，要是你早通知我一天就好了，湊巧我今天身上也沒有錢，本來大家都是很要好的朋友，其實亦說不上幫忙，況且你又有稿子存在我這里。昨天社里倒還有幾千塊錢，可是今天早上都給買紙張了……。」

「我想是不是可以湊兩三百塊給我？」

「噢，噢，兩三百塊」？顧棟思索了一下說：「你昨天來就好了，今天我實在連自己也沒有錢化。眞抱歉，還請你千萬原諒才是。我想假如一禮拜之後，我或許可以先湊幾百塊給你。」

「可是孩子的病恐怕等不到一禮拜了！」

「那麼，這樣吧！」顧棟說：「你既然等錢用，我想你還是把稿子拿到別處去發表吧！你看怎麼樣？」

想不到這一句乾脆的話，竟出自向文自以爲够得上知己朋友的嘴里，他滿腔的希冀與熱望頓時從沸度降到冰點。

(五)

時間應該是吃午飯的時候了，向文夾着一卷稿子魂不附體的從春秋雜誌社踉蹌出來，眼睛一黑，幾乎與門前迎面而來的一輛流線型小轎車撞個滿懷。只聽里面那個歪着嘴吸烟的司機大聲駡着：

「豬玀，你要尋死何不跳淡水河去！」

平時向文或許要瞪他一眼，甚至回駡他一句，可是今天他如同一隻被人遺棄的狗，祇管垂頭喪氣向前茫然的走着。文人，淸高，孩子的咳嗽與發燒的臉，妻的溫柔，痛苦與企望；一時都在他的心頭浮現，他覺得在今天的社會里面，像自已這樣正直而又低能的人，已不配在這人世間活着。

想着，想着，不知不覺地他已沿路走進一幢高大的房屋，抬頭一看，門外寫着「臺灣省立醫院」六個大字，他一直糊里糊塗的隨應診的病人走到裡面，忽然才意識到自己到醫院里來究竟是幹什麼？他一轉身準備出去，但就在這時候突然有人在他的肩上拍了一下。向文驚異的掉過頭來一看，站在自己面前的却是一個全身白色裝束陌生的醫師。

「向文！快八年沒有見了，你還認識我嗎？」

向文沒有說話，只是從頭到脚對他仔細端詳了一番，覺得他的臉很熟，好像在什麼地方見過，但一時實在記憶不起來了，他竭力思索了好一會，方才從模糊的印象中記憶起來，說：

「你不是褚耀嗎？」

「是的」他點點頭說：「老同學，莫非也忘記了。」

「可是你過去不是和我一樣在學校里是研究中國文學的，而現在怎麼忽然搖身一變為醫師了，你就在這里工作嗎？」

「唉，我之所以放棄文學寫作生活，說來可真話長呢！其實按我個人的志趣，應該是向寫作方面發展的，可是文人，作家，尤其在這驚慌不安的亂世當中，連最起碼的生活也維持不了，你說我又有什麼情緒專心一致從事寫作！不信？……」他說：「過去的同學，不都病的病，死的死，改行的改行，轉業的轉業了嗎？這年頭，文人，唉，……向文，那麼你呢？」

「我嗎，」他說：「我除了寫點稿子以外，又有什麼辦法呢？」

褚耀沒有說什麼，只是向他周身打量了一番，時令已是冬季了，而向文却依舊穿着那一襲單薄破舊的夾西裝，他不禁為眼前這一位老同學深深感覺悲哀起來。

大家相對沉默了好一會，最後還是褚耀安慰着他說：

「向文，你真不愧為一枝傲霜骨，在這黑暗勢利，反常的社會里面，居然還清白的堅守着自己的工作崗位，生活雖然比人苦一點，但你是值得自矜自傲的。歷來所有堅貞的文人作家不都個在苦難中支撐着的……。」他招呼向文在會客室里坐下，遞了一支烟倒了一杯茶給他之後又說：「對不起，請你在這里稍稍坐一歇，我馬上就來，因為急病室裡正有一個病人等着我去給他找人輸血呢？」

「輸血？」向文忽然想到自己孩子的醫藥費說：

「他需要什麼血型？」

「A型」，他說：「兩百西西」。

「我可以賣嗎？」向文興奮得從椅子上站起來說。

「你，賣血？」褚耀驚異的說：「我看你自己的身體也並不好吧！」

「沒有關係。」向文說：「我也是A型，你不妨拿我的血檢驗一下。」

「那，那，那怎麼可以呢」？

半小時以後，向文帶着灰白的臉龐，失神的眼睛，拿了自己兩百西西血液變賣得來的代價，從省立醫院出來。在他貧血的臉上，泛有一些淡淡的苦笑，他覺得自己雖然少了兩百西西的血，可是，孩子的醫藥費可有着落了。

他連跑帶跳的一口氣走到家裡，只聽見屋內有隱約的哭聲傳來，他還以為是間壁馬秘書夫婦又在吵嘴了，但走近仔細一聽，這不是惠霞的聲音又是誰呢？他知道情形不妙，難道自己家裡發生了什麼意外的不幸？

向文鼓着勇氣推門進去，只見惠霞抱着孩子哭倒在床上。

「這究竟是怎麼一回事！」向文用手摸了摸孩子的胸口，才瘋狂大叫起來：「遲了，遲了，我的孩子。」

他的眼淚像潮水般的從眼眶里不停地湧出來。

天色逐漸黯淡下來，屋內黑暗得沒有一點光，祇有窗外的風在作着不平的怒吼。

(上接第18頁)組級昇高其地位。此種年齡級制與社會組織關係非常密切，如在漂馬與阿眉族，年齡級之高級者，即為該部落之統治者。以下皆照階級服從之原則互相指揮監護。

C.風俗習尚：土著諸族之風俗習尚，門類繁多不能詳述，僅就各族之代表特質與歧異之點分述如下：

(a)身體毀飾：黥面之俗只行於阿達雅爾與賽西亞特兩族間。兩族男子刺額部與頤部，女子則阿族刺額頤與兩頰，賽族則只刺額頤而無頰紋。紋身之俗，阿族，賽族刺胸，排灣之貴族男子刺胸與背，漂馬，阿眉兩族之男子，刺手腕與手背，阿達雅爾之女子且有刺下股者，惟並不多見。

缺齒之風，行於北部與中部各族男女間，南部諸族有嚼檳榔涅齒之俗，而不缺齒。拔毛之俗各族男子皆然。穿耳之俗亦男女皆為之，惟現在則男子已極少穿耳者。

(b)名制：各族大體皆有傳統的名譜，有氏族諸族則有氏族之姓；排灣，魯凱兩族有貴族宗族名；阿達雅爾，賽西亞特行父子聯名制；阿眉族行母子連名制。

(c)宗教，迷信：各族皆信祖靈與惡靈。一切吉凶禍福，皆認為靈力所左右。北部二族只有靈魂而無神的觀念，中部之布農族與曹族有創造神的觀念，布農族信太陽為主神，曹族有天神日 hamo 為最高主神，尚有戰神，地神，粟神，河神等司理之神；南部各族更有複雜的多神教，有創造神，司理神，守護神及祖靈，惡靈。

歲時祭祀以農祭為主，山川祭，成年祀，祖靈祭等常附屬其中；臨時祭儀有敵首祭，禳祓祭等。重要祭儀都是公祭，以部落與氏族為單位。唯阿眉族有家族單位之私祭。

占卜之風極盛，無論下種，收割，作祭，出行，出獵，建築以至醫病等，皆先行占卜，最常用者為夢卜與鳥卜，賽西亞特有水卜，布農族有瓢卜。南部諸族盛行骨卜及竹卜。徵兆之迷信亦篤，如遇鳥橫飛，蛇阻路等凶兆則一切企圖皆應停止。惟亦有厭勝，禳祓之法，可以避凶轉禍。各族皆有男女巫師，為人醫病，祈禱或作厭勝。

(d)葬法：各族對死亡的看法，大體都分為善死惡死二類：年衰病死者為善死；夭折，橫死與戰死者皆為惡死。善死者由其家人為之洗滌更衣，移置地上，曲其手足於胸前，用籐皮或布條縛之，葬於室內地下。非近親者不得參與，唯賽西亞特族，漂馬族與阿眉族之一部則以平尸不縛，仰葬於戶外荒僻處。死者之衣物用具，視為凶物，棄置於一定之棄置所。惡死者之屍體，則僅隨地掩埋，或棄置野外，作一標記使過者遠避而已。

書刊評介

中國之亂與中國文化精神之潛力

朱啓葆

唐君毅著 華國出版社出版

這是一個三十二開本五十頁的小冊子，可是在這裡所論究的，却是個大問題，關心國運而又好學深思的人們所常常想到的大問題。

共產黨爲甚麼能够竊據中國大陸？通常淺顯的說法，總以爲是由於大陸時期我們的政府腐化、低能、而共黨方面則組織嚴密、紀律森嚴、而富於戰鬪性；在這種情形下，兩方面一碰，自然是前者解體，後者取而代之。這種說法，我們不能認爲不對，尤其是從「直接的」因果關係來看。但是，如果我們把這種說法視爲「充分的」理由，除此以外再不指出更根本的原因，其後果可能是害大而利小。何以故呢？

我們先就「利」的方面說，如果我們把中國當前之亂，照上述淺顯的解釋，「只」認爲是由於一方腐化、低能，一方富於戰鬪性，那末，好了，我們「只」須要求政府一反大陸時期的腐化和低能，同時培養並發揚戰鬪性，則就可以戡平匪亂了。我們政府播遷臺灣以來，也確有這個認識，也確能基於這個認識來做，軍事上的改進、社會上的安定，都是政府這幾年來勵精圖治的結果。這是好處，也就是我們上面所說的「利」。

可是，如果我們和我們政府，「只」有這種認識，同時也「只」基於這種認識去勵精圖治，不更進一層從中國文化本身和世界文化的趨勢加以深思，而把握住政治的最高指導原則，則所謂勵精圖治，難保其不迷失方向甚至走反方面，其結果危害自己的國家，而且也遺害世界。半世紀以來我們在這方面受到的教訓已經够多了。

由於上述的理由，我們覺得這本小冊子是值得介紹的。它是從中國文化本身指出中國當前之亂之所由形成，也即是指出中共一時的成功是得力於中國文化之支持。另一方面，它也指出中國文化之本質畢竟不會容許共黨政權長久存在，至於類似共黨的任何其他極權政治，自然也是如此。這一指點，我們想，是大有益處的。

本書除前言和結論外，分上下兩篇。上篇論「中國之亂之文化背景」。這裡分別說到：(一)中國數十年來未能建立富强國家之文化背景；(二)中國科學不發達之文化背景；(三)中國民主政治失敗之文化背景；(四)中共在中國大陸勝利之文化背景。下篇論「中國文化精神與其潛在力量」，分節爲：(一)中國文化精神之不容否定；(二)中國文化中之勞動精神；(三)中國文化精神之種子。

這本書原是一本小冊子，讀者很可在一二小時以內細心地把它讀完，所以筆者用不着分節介紹其內容。這裡，他所要摘述的是：(一)本書的一個大輪廓；(二)若干發人深省或值得我們更進而深究的地方。

「中國文化精神之一特別偉大之一好處，我們可以藉水滸傳中一人之外號『沒遮攔』名之。中國人之受苦與吃虧，都是由於此沒遮攔之精神，此亦可稱爲世界主義之精神。」(原書第六頁)

這是本書的一個主要論斷。全書的輪廓，差不多可以從這一段話看出來。『沒遮攔』的精神，著者認爲是中國文化一特別偉大之好處，同時也承認中國人之受苦吃虧也是由於這種精神，所以他在本書的下篇，極力想把中國文化精神中之好處，與世界文化之好的方面相通接。但在這裡，著者所提示的只是個抽象的概念，因此，他在結論中說：「至於如何依此精神創制立法；形於事業，是另一問題」。讀者讀到這裡，可不必失望，問題的提出，比問題的解答或許更重要點。

說到「中共在中國大陸勝利之文化背景」，著者的看法，大體上是對的。無論如何，從文化方面來解釋中共問題，縱令其解釋不盡完善，總比僅着眼於中共的黨性和其戰鬪性，其爲害要少得多。著者在剖析中國文化精神支持中共成功的地方有那幾點以後，深深地同情到陶養於中國文化但因一念之差而誤入歧途的青年。在那裡，他寫下一段很沉痛的話：

「這一類青年之附和或參加共產主義運動之動機，我們必須眞切的同情而加以了解。十餘年來我在學校中教書，我更親切的感覺到常常左傾的青年反是誠實的，比較有人道觀念正義觀念。社會亦不少比較天眞的人，反而同情寬容共產黨。我們說這是受了欺騙，是對的。但受欺者則不僅可憐且可敬。我常對人說，一切從唯物史觀講下來，使一切好最後都會成壞。但是人們可以根本不從哲學上去反省。我無法用事實證明非共黨之政治勢力社會勢力所含之精神與道德價值，較青年之一念之誠爲高，我即無法說服青年信我的哲學，而我亦不能不承認青年之精神本身有一可愛處。」(原書一八頁)

「無法用事實證明非共黨之政治勢力社會勢力所含之精神與道德價值，

較青年之一念之誠爲高，即無法說服青年信我的哲學」，這種苦悶、想是多年來一般非共反共而又不失其良心的文化工作者所共有的。非共反共的文化工作者在推行其工作時有了這樣的苦悶，則其工作的成效也就低落甚至等於零了。從這裡想想，我們就可知道實際政治對於教育文化之關係如何密切了。反共要反得澈底，必須從文化方面求認識，在文化方面做工夫。但要文化方面的工夫做得有效，必要有一個前提，就是反共的實際政治所含的精神和道德價值高於共黨政權所含有的。至於不腐化、不低能，嚴格地說只屬於行政問題，並不等於政治的道德價值之提高。

衡量某種政治的道德價值之高低，我們可撇開民主不民主不談，只須就一個最起碼條件來看，即：「人」在實際政治社會當中是否被當作「人」。在這一點上，本書的著者特爲指出，中國文化之根本精神的第一點，就是「絕對不容許視人爲手段、工具」（原著四二頁）。同時他又依據「人有心、有善性、有仁心」而說到：

「人自身是一目的。而非通常所謂與社會主義相對之個人主義。因人之心原是虛靈不昧、慧照及於萬物，不認自陷自限而物化。心之性又爲仁，故個人原能情通萬物，及於家、及於國，及於天下，及於自然世界，及於上下千古之歷史文化世界。個人精神依此即能涵攝社會而有成物之志，亦可自動依其不忍之心，以成仁取義。然此成仁取義，亦並非以自己爲社會之一細胞、一工具，而是成物即以成就自己。故自外而觀，社會固包括個人；自內而觀，個人亦涵攝社會。因而以個人自外於社會，固是罪惡；而以社會凌駕個人，亦絕不如理。何況以社會凌駕個人者，恆皆歸於個人之極權專制乎？」（原書四三—四四頁）

這一段話，如從學術的立場來看，見仁見智，大家的意見或不盡同。數十年來研究中國文化問題的人，都不免有其獨到之見。關於這一點，筆者不擬有所臧否。但他之所以摘錄上面那幾段話介紹於讀者，因爲他覺得那些話特別值得我們加以深思。現在，臺灣省教育廳正在奉命研究所謂「四維八德教育」，以期宏揚我國固有的文化，在這個當兒，這本小冊子該可以給讀者若干或正或反的啓發吧！

並非醉話

在莫斯科，有一天，一個醉薰薰的農夫走到高等法院的門前，對守衛的軍士問道：『這就是戰爭販子所住的地方嗎？』這個軍士對他揮手要他離去，他却跪下吻此軍士的手說道：『同志，謝謝你，保護我們！』

——摘自 Letters From moscow——

本刊鄭重推薦

工商日報

社址：香港德輔道中四十三號

郵箱：六十二號郵政信箱

·消息靈通·報導翔實·

·言論公正·副刊生動·

當日空運到臺

臺灣總經銷：中國書報社

臺北市館前路八十五號

鄭重推薦　擴版後的

香港時報

社論精闢公正　大陸消息詳盡
台灣專電充實　副刊輕鬆雋逸
國際專稿豐富　體育新聞傑出
港聞消息靈通　經濟報導正確
出紙兩大張　各報攤均售
歡迎訂閱　另有優待

總社：香港高士打道六四——六六號　電話：二〇八四八
分社：台灣台北市館前路五十號　電話：四〇一七
九龍訂閱處：黃大仙正街竹園聯合村20號民新書店

附設

東南印務出版社

承印圖書雜誌

工精價廉　交貨迅速

讀者投書

論畢業學生分發就業制度

李惪

本省三十九年度與四十年度中等以上學校畢業學生，都經過省政府專設機構加以訓練甄試後分發到省屬省營機關任用。這一措施的目的或者是爲了補救「畢業即失業」的社會病態，其用意自無可厚非，但就實際情形加以分析，此種措施實有改良之必要，現在試分幾方面來研究：

首先就社會的安寧來說，「畢業即失業」固然使社會失業者數日增加，造成社會動盪不安的現象，但這兩次省政府分發一批就業學生給某一機關的時候，同時也命令該機關裁員百分之幾，好騰出空缺來讓他們就業，這種情形類似挖東牆補西壁，一方面消減了失業的學生，另一方面增加了一大批失業的公務人員。卅九年度省政府頒發一種公務人員退休辦法，規定六十五歲以上的員工在原則上都要退休，其意在以退休代替裁員，以避免經驗豐富工作能力强家庭負擔重的中年公務人員失業，這當然是一個很好的辦法，無奈六十五歲以上的公務人員爲數有限，即令都退休了也騰不出多少名額，不够分配給就業學生，某公營機關最近就曾將員工退休年齡改爲五十五歲以上，凡五十五歲以上的員工在原則上都要退休，而在實際上該機關首長却以種種方式明示暗示的命令五十五歲以上的委任人員退休，這個原因很簡單，就業學生的任用敘級，是自委四至委十，若任職對於他們沒有用，工人又非這些「士」所願屈就，裁了工人沒有用，荐級以上人員用不着裁，該裁的就是委任級。再就實際情形看，「退休」後最沒有辦法的也就是委級人員，荐級人員大多都老有社會經驗，有「後臺」，有「關係」，未被裁之前可藉此種因緣免於被裁，即使被裁後也因有這些關係不愁沒有另外出路。至於工人可以隨時改行，賣力氣的工作比較容易找。最糟的是委任人員，高不「成」，低不「就」，一旦「退休」之後，就是絕路一條，雖有區區「退休金」，既不足爲營商資本，又能維持生計幾月！更不幸是這些人常多是一家老小，失業後影响於社會遠比青年學生失業爲大，挖東牆補西壁的結果，是愈補愈爛？

次就這種制度來說，我們憲法第八十三條規定：考試院掌理考試，任用……退休，養老等事項。第八十五條規定：公務人員之選拔，應實行公開競爭之考試制度……非經考試及格者，不得任用。依此，公務人員未經考試及格就不得任用，而公務人員的任用，是應該由考試院掌理，過去因爲人事制度尚未建立，公務人員大多數都未經過考試，公務人員的任用也沒有一定標準，全憑單位主管推薦，憲法頒佈後，由於客觀環境困難，這一方面也不能立即實行。這兩次中等以上學校畢業學生分發就業，同時辦理公務人員退休，這兩種措施，正是實現這兩條憲法的良好機會，而當局似乎忘記了考試院的存在，聽任省政府取考試院之職權而代之，令人莫解；除非我們不承認自己的憲法，或做一個徒有憲法法典而永不實行的國家，不然的話，這種違背憲法精神的情事應該趕快加以糾正。

再說到學生的「就業」，除了少數的例外，這種就業其實等於封爵賞祿，大多機關都是不需要而硬安插，這樣的就業，徒增社會消費者，對於生產建設毫無增益，就業學生當中，有很多是來自農村，他們父兄從事於生產工作，他們畢業後很可能也繼承參加生產，經過這一「就業」，由於「仕」字的誘惑，「生之者」都轉變爲「食之者」，這一轉變之間，影響國家社會又何其重大。

我們指出這種制度的缺點，並非完全否定分發就業的制度，因爲「畢業即失業」也是一項嚴重的社會問題，所以我們希望當局就此制度加以改善，使用心原來很好的措施，能收到眞正的良好效果。現在試提出改善的意見幾點：

首先我主張，中等以上學校畢業學生分發任用的職責，依照憲法規定交還考試院依法辦理，公務員退休辦法，也應該由考試院依法執行，絕對不能因爲容納就業學生而把六十五歲以上退休改爲五十五歲以上退休，學生再多時又改爲四十五歲退休，這種「退休」辦法應該立刻廢止。

如果爲了安插青年而必須裁汰人員的話，似乎應該用考試的方法，就是現任公務人員，未經過考試合格的，一律加以考試，不合格者就不予保障，這樣並且還可以有助於人事制度的建立。當然對這批裁汰人員，也不能任其自生自滅，最好加以集體訓練後使其從事於生產工作，設立農場畜牧場之類容納，或使他們補充農村子弟因「就業」而轉入都市後農村人口之不足。

至於「就業」的改善，並不十分困難，主要的是在當局態度，這兩次的分發就業純粹是消極的形式的，把這些學生硬安插一個職位吃飯就算了事，如果積極的充分利用這些熱血青年，發揮他們的力量，使他們深入農村民間，負起灌輸文化，普及教育，傳播科學，衞生知識，覺醒民衆思想，扶植地方自治，培植民主精神等工作，該是多麼有價值的工作，不但國家能藉此步向現代化，更能鼓舞青年們的熱情與志趣，較之使他們閒坐在都市裡做一個消耗者，相去何啻天壤？

以上都是些原則性的意見，自然有待商榷的還很多，但希望拋磚引玉，使各方面都能重視這個問題，共同研究出一個改善的辦法來。

第六卷　第九期　內政部雜誌登記證內警臺誌字第一九號　臺灣省雜誌事業協會會員　二〇〇

給讀者的報告

本期出版之日，正逢五一勞動節，我們願乘此機會，說明我們對勞工問題的看法。在社論裡，我們剖解兩種不同性質的勞工組織：一是自由世界的工會，一是共產世界的工會。如衆所周知，在共產極權的統治之下，工人們是一樣地沒有自由的。蘇俄從十月革命以來的卅餘年間，建立起了歷史上空前的奴工制度；中共現在正步趨其後塵，共產主義者自詡代表勞工階級的利益，實際是無恥的騙人的謊言。共產黨常假藉勞工運動以從事其「革命」的陰謀，可是在共產世界裡，工會卻被刼持而成爲奴役工人的工具，作爲一個自由工人是不能不對此有所警覺的。

「從控蘇案說到中長鐵路」一文，主要地是追溯民國卅四年中蘇友好條約簽訂的往事，這個問題現在看來雖似明日黃花，但實際上卻有其深長的歷史教訓的意義，値得我們重複加以討論。本文剖解中蘇條約中有關中長鐵路的條文，顯示蘇俄遠在當時便蓄有侵略中國的陰謀，所謂「司馬昭之心，路人皆知」！因此這篇文章正好是對控蘇案作了一個最有力的註釋。中蘇友好條約的簽訂，我國政府固然迫於當時國際情勢，但在外交折衝的努力中，似乎亦有未能盡善之處，淩鴻勛先生是當時主管交通事業的首長，他提出此一往事，可作爲我們今後外交上很好的殷鑑。

極權與自由原是一個基本的思想衝突，從不同的思想出發，表現於政治、經濟與社會各方面，便形成極端不同的觀念與制度。在教育的理論上，情形亦復如此。極權政治是一種父權政治，迷信統治者的萬能，因此人們的一切都必須納入他們主觀的計劃之中，後一代的人亦必須依據他們的意志而塑造成一定的類型。這正是爲什麼在共產黨統治下不容有自由教育的原因。極權主義者完全漠視個人人格的獨立尊嚴，不容許個性有創發的機會，「教育」在他們看來與「奴役」同等其意義，於是，超乎「計劃」以外的一切個人之發展都被視爲是浪費與危險的。我們反對共產主義，須從根本上反對其反人性的極權思想。我們不能一方面反對有形的共產黨，而另一方面卻又無形的接受了極權思想。但人們竟常在不知覺中同化於這個無形的敵人，這是很可悲的，也是我們應該特別戒慎的。徐彿觀先生在他這篇大文中對這方面有很警闢的高見，値得向讀者們特爲推薦。

朱作松先生討論「蛻變中的美國對臺政策」。朱先生遊學華府，對美國政治與外交的觀察，可謂洞察入微，其對政府所寄的期望亦復是很懇摯的。

最後本刊付印之日（四月廿八日），報載中日和約簽字的消息，在幾經波折的談判之後，中日和約終能於舊金山和約生效之日簽訂，無論如何，這是中日兩民族間令人喜欣的大事。我們衷心爲兩大民族的未來的合作與互助而祝，以此置於短評之首篇。

廣告刊例

一、封底裡面全幅每期新臺幣一千五百元，半幅八百元，1/4幅五百元

二、普通全幅每期新臺幣一千二百元，半幅七百元，1/4幅四百元。

三、式樣及鋅版自備，如欲本社代辦，則照値計算。

本刊售價

一、	臺	幣	三元
二、	越	幣	八元
三、	菲	幣	五角
四、	港	幣	一元
五、	暹	幣	四銖
六、	美	金	二角
七、	叻	幣	四角
八、	印尼	幣	三盾

自由中國 半月刊 第六卷第九期

"Free China"　總第六十號

中華民國四十一年五月一日

發行人　胡適

主編　『自由中國』編輯委員會

出版者　自由中國社

社址：臺北市金山街一巷二號

電話：六八八五號

航空版　香港時報社

經售者

臺灣　中國書報發行所（臺北市館前街八五號）

美國　紐約民氣日報社　舊金山國民日報社

日本　東京南友堂　東京內山書局

韓國　釜山草梁洞新泰行

馬尼剌　大中華日報社

印尼　椰嘉達星期日報　椰嘉達天聲日報　棉蘭繁華圖書公司

越南　西貢中原文化印刷公司　越南華僑文化事業公司

暹邏　曼谷攀多社十二號

緬甸　仰光振成書報店

印度　孟買梅亞號　加爾各答塔梅學校

新加坡　中興日報社　檳榔嶼、吉打邦均有出售

澳洲　墨爾鉢王德利公司

北婆羅洲　馬拉奕坡美芝律聯華公司

印刷者　臺灣新生報新生印刷廠

廠址：臺北市西園路二段九號　電話：二〇九六

本刊經中華郵政登記認爲第一類新聞紙類　臺灣郵政管理局新聞紙類登記執照第二〇號　臺灣郵政劃撥儲金帳戶第八一三九號

自由中國

FREE CHINA

第六卷 第十期

要目

中華民國四十一年五月十六日出版
社址：臺北市金山街一巷二號

半月大事記

四月廿五日（星期五）
韓境停戰談判換俘秘密會議破裂，聯軍要求無限期休會。
盟軍總部發表聲明稱，多數共俘均不願重返共區，聯軍對遣俘一事，將尊重戰俘之願望。
美海軍部長金波爾在華府談話，再度呼籲加强軍事援臺。

四月廿六日（星期六）
駐日盟軍最高統帥李奇威將軍宣佈，對日佔領將於四月廿八日下午十時卅分結束，日本將隨和約之生效而恢復全部主權與獨立。
韓境停戰談判共方接受聯軍重開全體會議之建議。
美衆院通過修正現行移民法，取消外僑取得美公民資格之種族障礙。

四月廿七日（星期日）
中日和約談判舉行第三次正式會議，對和約條文及附件已獲致完全協議，並完成草簽手續。
美太平洋艦隊司令雷德福自東京飛菲律賓視察。
韓境停戰談判原定舉行之全體會議，臨時因故停開。
盟軍總部發表聲明，指責共軍利用談判時間，擴充在韓實力。
日政府宣佈重獲獨立紀念日之大赦令，一百廿萬犯人將因此受益。

四月廿八日（星期一）
中日双邊和平條約在臺北正式舉行簽署儀式。
舊金山對日和約正式生效，美國務院繳存批准書。
美日安全公約亦同時生效。
盟總最後命令，宣佈結束佔領任務。
美總統杜魯門正式任命李奇威將軍爲歐洲聯軍統帥，克拉克將軍繼任李奇威將軍在遠東之遺缺。

四月卅日（星期三）
日國務大臣岡崎勝男被正式任命爲獨立後首任外相。
美聯邦法院頒佈臨時命令，結束政府對鋼鐵工業之接管，並拒絕政府保留接管之要求。
英法兩國海軍司令抵菲律賓與美太平洋艦隊司令雷德福將軍舉行會議。

五月一日（星期四）
自由中國勞工界熱烈慶祝五一勞動節。
日共操縱下，日本東京京都兩地發生大規模暴動。
美上訴法院宣佈准許美政府保留接管鋼鐵工業，直至向最高法院所提之訴狀採取行動時爲止。
柏林東區共黨群衆湧入西區示威，與西區警察發生鬬毆。

五月二日（星期五）
立法院三讀通過修正貨物稅條例，並決議同時廢止鑛產稅條例。
立法院決議同意總統咨請繼續行使立法權一年。
日本締和全權代表河田烈暨代表團一行十人於任務完成後離臺返日。
韓境停戰談判舉行全體會議，共方拒絕接受聯軍所提之全面計劃。
美鋼鐵工業要求最高法院發還被接管產業。

五月三日（星期六）
新任韓境聯軍最高統帥克拉克將軍與杜魯門總統舉行會議後稱，決促成韓境停戰。
日政府對參加五一暴動份子進行調查控訴。

五月四日（星期日）
美最高法院下令禁止政府增加鋼鐵工人之工資。
美政府宣佈鋼鐵業工人談判因双方意見分歧宣告破裂。

五月五日（星期一）
香港附共大公報因刊載僞人民日報對九龍三一事件之狂妄社論，觸犯煽動條例，經提出控訴，被判停刊半年。
聯合國副秘書長胡世澤休假屆滿，離臺返美。
總統咨覆立法院，第一屆立法委員繼續行使立法權期間再延長一年。
美國鋼鐵工業恢復全面生產，增加工資糾紛迄未解決。
美參謀首長聯席會議主席布萊德雷在參院作證稱，一九五四年蘇俄軍力將達最高峯。

五月六日（星期二）
美太平洋艦隊總司令雷德福上將，自港飛臺訪問。
日前國務大臣緒方竹虎抵臺訪問。
新任聯軍統帥克拉克離美飛日履新。
美參院以四十票對卅三票將外委會通過之六十九億元安全法案送交武裝部隊委會再研究十日。
韓境美第八軍團司令符立德談話稱，停戰談判業已進入自開始以來之最嚴重僵局中，第八軍團將準備應變。
韓國議會通過李承晚總統提名張澤相爲內閣總理之任命。

五月七日（星期三）
行政院會議通過裁撤我派駐遠東委員會代表團。
韓境停戰談判聯軍全面計劃遭共方拒絕，聯軍堅定不再讓步，李奇威聲明談判無成，應由共方負責。
美總統杜魯門聲明支持李奇威所提之停戰建議，並堅持志願遣俘之立場。
克拉克將軍抵東京。

五月八日（星期四）
中美高級將領在臺北舉行會議，檢討遠東局勢。
美太平洋艦隊陸戰隊司令哈特抵臺。
英外相艾登在下院聲明，支持聯軍在韓境停戰談判中對遣俘問題所持之立場。

五月九日（星期五）
韓境巨濟島戰俘營司令杜德被共俘刼持，李奇威下令營救。
東京早稻田大學學生與警察發生流血衝突。
歐洲六國代表對歐洲聯軍公約在巴黎舉行初簽

社論

堵防時代思潮中的一股逆流

自大陸淪陷，政府遷臺以來，我們常常感覺到：島國思潮中似乎有一股逆流在活動。而這股逆流，有時也表現在若干實際的事象中。事象的形態雖不盡同，而其精神則或多或少都是反現代化。

反現代化的思想，不一定都是復古的。但本文只就最近顯露出來的那股復古的逆流來講。

存心復古，一有機會即暗地朝着這個方向走的，向來不少其人；但敢於公開如此主張的，近年來究竟得未曾有，有之，就是最近就任考試院院長的賈景德先生。

賈先生於上月二十七日在其就任院長後第一次公開講演中，即特別强調地說，今後的考試，要將四書五經列爲必考的科目。並且說：「先以考試來治標，再向教育機關詳研根本處置辦法」。這裏所謂根本辦法，想是要學校將經書列入必讀的科目。賈院長這篇講詞，片斷地分載於當日的自立晚報和第二天(四月二十八日)新生報。這些片斷記載，或許未經過他本人的校閱，他儘可以說那是些斷章取義；但把兩報的記載，相互印證，融會貫通來看，我們沒有理由不認爲這篇講詞充滿了復古的氣氛。賈院長告訴聽衆：「諸君不要以爲這是開倒車」，這等於說「此地無銀三十兩」。

考試要考經，其理由，據說是「恢復中國固有文化，發揚中國舊有道德」。這理由，正正堂堂，而且給以高度的權威化。權威化了的東西，只許接受，不許再想，這就叫做「毒格碼」(dogma)。「毒格碼」，永久是進化過程中的攔路石！

我們這樣講，並不是一味地否認中國固有文化的價值，也不是說中國舊有道德不值半文錢；相反地，我們承認我國固有文化在世界文化中有其不朽的光輝，我們也承認我國舊有道德在先民生活史上有其完美的功用。我們尊重周公孔孟在中國文化上的地位，決不讓於西洋人之尊重栢拉圖和亞里斯多德。可是我們應當知道，古聖先賢之所以爲聖爲賢，各有其時代背景。「匹夫而爲『萬世』師，一言而爲『天下』法」，畢竟是文人寫頌詞時的誇大語，人世間根本沒有這回事。所以我們如要研究經典，只能以「史」的眼光來研究。關於這一點，清代中葉章學誠先生有句不朽的名言：「六經皆史也」。

自章學誠先生說出「六經皆史也」這句啓發性的名言以後，我們讀書人對於四部當中的所謂「經」，應該接受章先生這個正確的認識，不應再像耶教徒之信奉新舊約，或回教徒之信奉可蘭經。可是，想不到時代演進到二十世紀五十年代的今日，主張讀經考經的人，尚不能如此認識，而其主張讀經考經的動機，是慨乎文化的病態而求治於古方，是慨乎道德的墮落而乞靈於聖廟！

我們也可了解，今日主張讀經考經的人，在其主觀上是有其苦心孤詣，有其救世救民的宏願的。尤其是自共黨統治大陸以來，淸算鬪爭，把一切社會關係毀滅得乾乾淨淨，兒子殺父親已成爲風尚，簡直不成其爲「人」的世界。衛道的先生們，眼看這種情形，難怪其要恢復中國固有文化和道德而更振振有詞了。殊不知共黨是要把人類社會變成馬戲團，它自己左手拿飼料，右手拿鋼鞭來支配群獸的生活；爲達到這個目的，共黨所要毀滅的不只是中國固有文化和道德，而是包括人類社會的一切精神力量，尤其是現代化的精神力量更是共黨的勁敵。現代化的主要內涵，爲科學與民主，以及適存於科學精神和民主制度下的生活方式和行爲規範。這些東西，在我國固有文化和道德中是找不出的。如果以爲共黨毀滅中國固有文化和道德，我們反共就必須恢復共黨所毀滅的，這是一種似是而非的想法。這想法不僅不能有助於反共，而且防碍了我們現代化的進程，因而在事實上替共黨削弱了它的勁敵。

國家考試，爲的是基於國家的需要而取材。中華民國目前所迫切需要的人材，無論是屬於那一類，都要有現代化的科學頭腦和民主精神才行。這類人材決不是靠四書五經所可培養得出來的。而且一個人的精力究屬有限，現代化的人材經常所必須研習的本行東西多得是，除本行以外，我們有理由規定，學理工科的人讀幾本有益於民主精神的名著，我們也有理由規定，學文法科的人讀幾本訓練科學頭腦的大作。至於我國固有經典，自然是研究各門史學的人所必讀，也是考試史學人材時所必考。但我們却沒有理由要以經典作爲錄取現代化人材的一個共同必考的科目。如果必須如此，我們無以名之，只好名之曰盲目的復古，或「思想復辟」。

以科學與民主爲內涵的現代化，是我們反共的武器，也是我們建國的要圖。凡是違反這個要圖，損害這個武器的思想，都是時代思潮中的逆流。逆流的源頭可能不只一個，而「思想復辟」這個源頭，當其顯露的今天，我們必須加以防堵。否則推波助瀾，其爲害將不堪設想。

短評

軍法與司法劃分的進步

去年十月間政府公佈過一個「臺灣省戒嚴時期軍法及司法機關受理案件劃分暫行辦法」。那個辦法公佈後，我們詳加研究，發現其劃分標準，有若無，實若虛，一點明確的界限也沒有。當時我們曾於本刊五卷九期(十一月一日出版)發表一篇社評，對該辦法加以分析、批評，並提出我們的建議。關心這個問題的讀者，可以再找出那篇社論來看看。

本刊發表那篇社論後，社會上每個角落裏不公開的輿論，無不表示贊許，可是一般報紙和雜誌，對此至關民命的重大案件，似乎沒有公開發表過評論。我們曾因此而感到惶惑，爲甚麼在自由中國地區，健全的輿論只能見之於私人談話，而不多見於公開的文字呢?!

事情過了半年，本月十一日報紙上發表了一個可喜的消息，就是行政院現已另行製定「臺灣省戒嚴時期軍法機關自行審判及交法院審判案件劃分辦法」一種，呈奉總統核定，並由院公佈於四十一年六月一日施行。去年公佈的辦法，將於同日廢止。新辦法共有四條，劃分的標準分列於第二條各款。第二條原文如下：

「第二條　軍法機關自行審判之案件，以左列爲限：(一)軍人犯罪。(二)犯戡亂時期檢肅匪諜條例懲治叛亂條例所定之罪。(三)犯懲治盜匪條例所定之罪。(四)非軍人勾結軍人犯懲治走私條例所定之罪。(五)犯刑法公共危險妨害秩序之罪於地方治安有重大危害者。

關於前項第五款之內容，司法行政部得呈准行政院對各主管機關予以必要之詳細指示」。

這次新訂的辦法與去年公佈的比較，確實是一個大大的改進，值得我們表示讚揚。就中稍感美中不足的，尚有第二條第五款之規定。因爲既有了第二款及第三款，凡是犯刑法公共危險及妨害公共秩序等罪而係出自匪諜叛亂陰謀者，均已劃入軍法審判範圍，則這個第五款就可不要。至於「於地方治安有重大危害者」這一限制，實質上仍是一個不明確的規定。好在關於這一款尚有該條第二項的補充，即司法行政部對於這一款的內容，有權呈准行政院對各主管機關予以必要之詳細指示。於此，我們不得不特別矚望於司法行政部在這個工作上要拿出責任心來，維護司法獨立，樹立法治精神。

總而言之，政府這次在法制上的改革，算是有知過善改的勇氣和美德的。因此，我們更要藉此機會提出本刊曾經再三再四地提出過的另一個屬於法律範圍的建議，要求政府虛心考慮，毅然採納。這個建議，即切實遵守民國三十三年頒佈的「保障人民身體自由辦法」第二條前半段之規定：「各機關依法逮捕人民，經訊明後如認爲誤行逮捕或嫌疑不足時，應立即釋放，不再經取保手續」。(濟)

負責與法治

香港大公報關於本年三月一日九龍暴動事件，轉載了一篇僞北平人民日報的短評，爲檢察官所控，香港高等法院於四月中旬開庭審訊，歷時半月餘，至本月五日始正式宣判，罰該報停刊半年，其督印人及總編輯均分別判罪。法官於判案前對各被告宣稱：「輿論在今日之世界，固然有無上之權威，但亦有重大之責任，汝等濫用權威，毫不負責，汝等之報紙，對於本港實足以有所損害」。我們於此有幾點感想。

第一、這種出版界之對簿公庭，在我國實爲少見，在抗戰時期，報章有違反事實的記載，多由行政機構處罰之。行憲後的出版法雖已經除掉，但未有由法院開庭審判的事實。其實行政處分縱使極其公正，亦未必能使受處分者心悅誠服，尤其不能使是非大明於社會。若由法庭公開審判，則被告可以充分申述理由以作辯護，一字一句均充分推敲，故受處分者亦可心服，縱使被告仍堅持己見，而旁觀的社會人士亦必不予以同情。我們以爲政府之處分出版者，其最壞的結果便是社會上往往反寄同情於被處分者，使人民失掉信仰政府之心，而致與法律的原意背道而馳，我們所以力主法治者即以此故。

第二、在民主國家內，輿論界被譽爲「無冠之帝王」，故其責任心亦甚重；在中國古代，孔子作春秋操褒貶之權，漢儒因此尊之爲「素王」，而「筆則筆，削則削，游夏不能贊一辭」，其負責而謹嚴概可想見。由此可見，中西古今實有同符，惟負責者始有權威，惟有權威始能負責，相因而至，理有固然。我們中國效法西方已有數十年，而健全的輿論始終樹立不起來，所以有權威的刊物也很少；反之，共產黨及其同路人，則利用此種情勢專以造謠說謊爲能事，而社會上不知是非，不辨眞假，於是彼輩的鬼蜮技倆乃得盡量賣弄而發揮煽動之力。因爲大家不致負責，不能負責，則群衆沒有一個足以充分信賴的刊物，而造謠說謊者也可以獲得疑信參半的結果，便已達到他們的目的了。

第三、香港的法官斥大公報爲「濫用權威，不負責任」。我們記得，抗戰時期的大公報在輿論界確實有相當權威，只因他們不負責任而濫用之，這幾年來該報的權威早已蕩然無存了。此次該報的辯護，猶以轉載「官方意見」爲理由，實已不知出版界責任爲何物。輿論對於「官方意見」，理應採取是則是非則非的態度，然後能表示自己之負責的精神，實在是二十世紀的常識。不料今日慣做應聲蟲的人們，竟以「官方意見」爲有百是而無一非，豈「勢」令智昏呢？還是根本不懂呢？(澌)

回教文化與近東問題（上）

張致遠

近東係西方文化的搖籃。西方文化的淵源出自希臘文化和希伯萊文化，它們位置在近東；並且希臘文化不管它本身如何燦爛，是受埃及與兩河流域文化的影響的。所以我們對於近東問題的看法就不應僅以政治、地理以及戰略爲根據，實在更須注意文化的因素，特別文化發生的意義。雅典、伊斯坦布爾，安第奧克（Antioch），卑路特（Beirut），大馬士革斯（Damascus），巴格達，耶路撒冷，亞歷山大城，開羅，麥加都是近東的通都大邑，同時亦是世界歷史的著名城市，基督教與回教的聖地，東方文化與西方文化的發祥地。就是今日歐洲文化的形態與精神觀念也不能和這些地區完全脫離關係。祇因爲現代國際關係的錯綜局勢掩蔽了這個文化上的基本因素。我們應以客觀求眞的態度，推源究委，找到問題的核心，這樣也許對於解決現時世界危機的一個焦點，稍能有所貢獻。

近東總共有二十個國家與行政區。希臘、土耳其與以色列屬於非阿剌伯國家。伊朗亦爲非阿剌伯國家，嚴格說起來，牠還不能完全被認爲是一個近東國家，牠是中東，並與亞洲方面的關係更爲接近。其餘都是阿剌伯國家或行政區。在普通稱爲膏腴的新月狀地帶有敘利亞與黎巴嫩共和國，約旦與伊拉克王國。在阿剌伯半島有沙地阿剌伯與也門，此外尚有默斯加與阿曼（Muscat and Oman）卡塔爾（Qatar），科威特（Kuwait），巴林島（Barein），以及休戰阿曼（Trucial Oman），阿登殖民地與保護國。在北非尚有埃及與蘇丹。其他北非國家如利比亞，突尼斯與摩洛哥等雖係阿剌伯世界的一部分，但不屬於近東範圍。很明顯的近東是銜結歐亞非三洲的地帶。

九個近東國家（如果包括伊朗就是十個）係聯合國的會員國。七個近東國家組織一個阿剌伯同盟，但牠們中間祇有六個是聯合國會員國。土耳其、伊拉克、伊朗與阿富汗另有一九三七年訂立的沙達巴特公約（Sa'adabad Pact）互相聯結。土耳其與希臘已參加北大西洋公約組織。此外在近東各國間尚有好些双邊條約的存在。

在所有近東國家中間，不論阿剌伯和非阿剌伯的，最先走向現代國家的形式與組織的是埃及。埃及軍事領袖兼大政治家摩罕默德阿利早就仿效西方國家從事改革，結果是局部工業化與中產階級的興起，要比凱末爾差不多早了一個世紀。如果埃及的戰略形勢沒有那樣重要，摩罕默德阿利不受外來力量的壓迫能自由進行他的改革，也許埃及在社會與經濟方面的收穫就會更大，對於近東的和平與安全的維持也能發生更積極的影響。

可是命運不容許它如此。埃及主權的發展遲緩而受阻礙，不僅國內時起叛亂，自從拿破崙在一七九八年入侵埃及，直到第一次世界大戰英國之正式宣佈埃及爲保護國，這個國家從來不曾脫離侵略的威脅，列强的虎視眈眈，特別英法和土耳其帝國的爭奪和壓迫眞是無時或已。一九二二年埃及宣佈獨立後，形勢並未改善，即令最後在一九三六年簽訂的英埃條約，還不能使埃及脫離今天尚在掙扎的束縛。

政治上埃及領導阿剌伯與回教世界。埃及曾經發生過重要的阿剌伯文化運動，埃及的報紙受到阿剌伯人民的廣大歡迎，埃及大學吸收來自阿剌伯各地的青年學子。

近代蘇丹由於一八二〇年摩罕默德阿利之入侵開始爲人注意。從那時起直到十九世紀之末，埃及軍隊由於英人的援助綏靖這個國家，一八九九年蘇丹全部被佔領，並且被迫訂立條約，言明英國可以預聞蘇丹的行政，英埃兩國旗子同時懸掛，蘇丹總督的任命亦須先得英埃双方的同意。

埃及兼併蘇丹的理由大致根據四種事實：（一）埃及與蘇丹人民文化同宗（包括語言、宗教、種族以及一般文化型式）；（二）兩個民族的歷史關係，尤以摩罕默德・阿利之後，埃及地位愈顯重要；（三）一部分人口的要求，例如阿西加黨（Ashigga party），他們想在埃及君主名義下獲得自治；（四）國家利益與安全的基本考慮——因爲尼羅河上流經過蘇丹，這是埃及命運的關鍵，埃及的農田要靠尼羅河的灌溉，在埃及人的腦筋裏尼羅河是一個整體。

這個問題的徵結和埃及本身問題相同，那就是應該採取何種方式去求得解決。祇要英埃双方有誠意，能把實際情形加以確切考慮，和衷共濟，坦白措置，那末不僅英埃兩國，連西方列强與近東各國的全部問題都能獲得良好合作的基礎。大家應該站在實際利益之外，捐棄成見，以純潔眞誠從事談判，我相信最後是可以成功的。有一個因素却不能不予以注意。研究地緣政治的都知道人口問題是決定歷史的一個重要原因。埃及人口到了這個世紀盡頭，將會增加一倍，埃及如果不在蘇丹想辦法，怎樣能夠解決人口過剩？這一點令人玩味。

阿剌伯半島上的兩個王國沙地阿剌伯與也門已經從牠們的孤立地位興起了。其餘的行政區還是相差很遠。這兩個王國在阿剌伯民族集團中不能算做主要分子。牠們雖然是聯合國與阿剌伯同盟的會員國，但它們在聯合國的貢獻可以說微乎其微，和阿剌伯世界的接觸，亦比較次要。

沙地阿剌伯王國對於阿剌伯各國的政治發展有時能夠發生相當影響，能在緊張的局勢中緩和空氣。但因阿剌伯民族集團的國家沒有積極的民衆與論和良好的政治制度，沙地阿剌伯對於其他阿剌伯國家的影響幾乎完全限於政府階層，連這個範圍都是非常狹窄。沙地阿剌伯王國的君主在二十世紀頭半期的地位似乎頗爲重要，然以國內外各種複雜原因就難以預測將來的命運如何。有一點可以確定地說；由於石油增產所獲得的財富，將來必會影響社會和經濟的變遷。

伊拉克民族主義的情緒曾經激動一九二〇年的叛變；此後英國陸續對伊拉克的要求表示讓步，先經過託管試驗時期，後來正式獨立，並且締結了條約，作種種軍事上的讓步。這裏又是一個英國和阿剌伯民族的政治關係的良好例子：從第一次世界大戰以來，英國想出許多方案，使帝國主義的利益角逐能够適合時代情勢的變遷，如果不是因爲英國本身力量漸趨衰弱和阿剌伯民族對於獨立目的的堅持，形勢也許就會比較更和緩些。

民族主義的情緒在最近卅年來的伊拉克眞是異常囂張，他們聚精會神在爭取全部獨立的理想，結果却把內政和社會經濟的建設都疏忽了。民族主義的信仰在伊拉克確較其他阿剌伯國家來得堅定，能够切實控制社會思想。在最近三十年來伊拉克平均每年更換一次內閣。三種理由可以用來解釋政治的不安定：『種族宗敎與社會勢力的鬪爭』。法賽爾國王（King Feisel I）死後領袖人才的缺乏；民族運動不具實際內容，不論社會經濟以及思想的各方面都沒有積極的表現和成就，因此人民的擁護祇是感情的，不是客觀的持久的。哈希瑪王朝（Hashemite House）在這幾十年來倒是一個安定局勢的因素，他在國內地位鞏固，深受人民愛戴。法賽爾第二很有希望在二十世紀的後半期表現他領導的才幹。

約旦的哈希瑪王朝的歷史差不多就是去年被暗殺的阿伯都拉君主（King Abdullah）個人的故事。一開端他便使原屬於叙利亞的外約旦成爲一個回敎總督統治地區，在一九二二年一度被託管，一九四六年三月在英國勢力扶植下正式獨立。在二十五年中間約旦發展成爲一個頗有聲勢的王國，割據約旦河以西的巴勒斯坦，這個地帶原爲阿剌伯人所居住。在好些國家命運的緊要關頭，阿伯都拉始終是中心的領導力量。這個國家的安定純粹由於君主個人權威所造成。他的統治也能設法避免外來勢力的衝突，他被刺後大家就擔心約旦的命運，尤其在外交方面的影響將是不可挽救的損失。

在所有近東國家中間祇是叙利亞與黎巴嫩得與法國勢力相周旋。叙利亞民族主義的情勢開頭就很緊張，因爲大馬士革斯在阿剌伯社會居重要地位，並且叙利亞曾經受到協約國的多次虐待。大叙利亞被分割成爲南北兩部，它們中間又裂爲無數小的行政區域。叙利亞和法國人的衝突永遠不會休止，巴勒斯坦之有猶太人的國家激動叙利亞人的憤慨，所以叙利亞的民族主義猛烈反對西方國家。民族主義運動把西方國家當做陰謀破壞的敵人，促成猶太人在叙利亞疆土的倒行逆施。

叙利亞在這幾十年來爲自由獨立而奮鬪的運動也缺乏縝密計劃與強有力的領袖。這一代的叙利亞青年都在反抗帝國主義的狂潮中受過煎熬，因爲是痛苦的經驗，是一種忍受所以也就不容易產生積極有爲，負責任有遠見的政治才幹。另一方面青年的領袖却由於長期的訓練逐漸養成。一九四九年的三次政變並非絲毫沒有原因和效果；一方面因爲在巴勒斯坦的失敗，另一方由於舊的領袖的無能，大家開始有所覺悟。雖然不曾產生穩定的政府以及積極的發揮效能，却也已經制定一部憲法，有些比較和緩的改革，且曾改良農業與經濟情形，對於敎育與軍隊亦頗能予以整頓。

最重要的成就還是在於政黨的組成，使獨立的要求成爲全國人民的信仰，因此獲得他們的熱烈擁護。叙利亞要比其他阿剌伯國家能有眞實的政治與社會運動，具有明白確切的政綱與有效的組織，並能產生創造性的自由觀念。由於他們經濟與人文的力量，叙利亞會在近東與阿剌伯民族世界佔據一個極重要的地位。

黎巴嫩享有自治權利已經將近一個世紀。在十九世紀的六十年代法、英、普、奧、俄、意六大强國與土耳其回敎帝國訂立協定，讓黎巴嫩獲得自治地位，由一個信基督敎的總督統治，這個總督爲回敎主所任命，六大國所同意。即在第一次世界大戰期間，土耳其回敎帝國至少在名義上還是承認黎巴嫩的自治。第一次大戰後黎巴嫩疆土擴充，成爲國際聯盟的委任統治地，由法國擔任託管。黎巴嫩共和國於一九二六年正式宣佈成立，但法國勢力仍未擺脫。黎巴嫩人民繼續不斷爲其祖國獨立而奮鬪，至一九四三年始將憲法中限制國家獨立的條文一概取消。

黎巴嫩在國際大局中有其積極的責任與貢獻，這可不是政治的，而是思想與精神的。它可以爲東方與西方的媒介，緩和双方的緊張局勢，因而達到切實諒解的地步。有些作家以爲以色列能够達成這個任務。但以色列既非基督敎又非回敎人民，可以說兩方面都不着根，因此決不能擔負這個重大責任。黎巴嫩國土雖小，但所包含的回敎與基督敎人民爲數甚衆，在黎巴嫩的回敎人民對於東方文化能有具體貢獻，而其基督敎人民又能和西方發生最深刻的精神與歷史的交往。這是具有創造性的接觸。

阿剌伯民族的思想裏最主要的有兩件事：『獨立與統一』。兩種情緒中差不都具有神秘的成分。類似的情形我們祇能在最近幾十年來的德國找到。『獨立』這個字的意義在阿剌伯民族心目中和普通的看法不同，特別由於阿剌伯民族和世界其他各地人民的疏遠而趨於尖銳化。『統一』有各種不同的程度與形式，從組織鬆懈的阿剌伯同盟到完整無缺的政治統一，如伊拉克與叙利亞所要求的那樣。但不論形式和程度的區別如何，有一點值得注意；一個阿刺伯人和另一個國家的阿刺伯人相遇的時候，就會發生一種神秘的感情聯繫。

阿刺伯同盟係阿刺伯國家趨向統一的表規。大部分阿刺伯的思想領袖與智識分子對於統一的期望遠勝過一般統治階級。人民對於同盟的行動大感不滿，尤其因為同盟往往措置失當，處處表示無能，連促進阿刺伯民族的團結都不能盡如理想，當然易於招致批評。

阿刺伯同盟在其於一九四四年十二月成立之初，已經遭遇嚴重危機。即以巴勒斯坦為例，普通阿刺伯人都不相信僅以外來勢力的干涉與猶太民族主義者（Zionists）的迅速行動，就會把聖地給了以色列，如果不是因為阿刺伯同盟自己沒有能力應付這個險惡的環境。不過我們如對一切錯處歸咎於同盟，那似乎也有些感情用事；因為同盟實際也由各會員國組成，不能完全超越他們。

同盟之不能團結一致也有好幾種原因：阿刺伯集團本身的分裂，王室和社會的互相歧視，下層人民分子的隔閡，再加上世界各地對阿刺伯社會的特別注意。以色列國家的存在使形勢更趨於嚴重，影響社會經濟以及戰略的各方面。阿刺伯同盟亦是短少英明果敢的領袖。這個缺乏領袖人才的危機在每一個阿刺伯國家與整個阿刺伯集團同樣敏銳地感覺到。

除了政治以外，阿刺伯同盟在社會文化與經濟生活各方面尚有積極應做的工作。各國間對於這些問題的相互合作應該不受內部和外來不統一的因素的障礙。

以色列的興起是一件重要歷史大事，它的全部影響此時猶不能預測。可是近東會因此踏上危險的發展階段，那是沒有疑問的。近東的命運現在就和以色列交織着。

以色列國家的存在對於阿刺伯世界係一嚴重的挑戰。這是給阿刺伯民族一種愛國精神與政治能力的試驗，這也是阿刺伯民族自決與自衛的緊要關頭。以色列國家已為世界所公認，且是聯合國一會員國。成千成萬的猶太人湧進以色列國土，他們在經濟與社會生活的發展正是方興未艾。但這些成就不能完全保證它的將來，因為建立一個國家或一種制度是一件事，維持這個國家或制度却是另一回事。建國所需要的道德基礎和維持國運不同。在立國的時期必須克服敵對勢力，維繫國家命脈就須與人和平相處，得把人家的生存意義加以考慮；因此自己的觀念便會柔和些，庶能適應環境，根據互讓互助的精神處理對外關係。以色列能否做到這一層，還得有待將來事實證明。

要知道以色列與其鄰近各國猶未能和平相處，阿刺伯和回教國家都沒有承認它。它和周圍民族簡直不發生關係。除了政治與經濟以外，以色列和近東國家尚有思想與精神的裂痕。兩個全然不同的經濟組織，兩個全然不同的宗教、語言，思想情緒與文化形態，使這個裂痕更為深刻。所以以色列祇有在地理上是近東的一部分，它的根本問題不是怎樣鞏固自己的勢力，而是怎樣使自己加入近東的整個團體裏。

我想猶太民族主義者的觀念將會獲得全世界的擁護與同情，他們擁有第一流的組織天才；加以猶太人近幾十年來所忍受的痛苦經驗，證明他們確實精明能幹。可是這個觀念能否在未來的發展階段贏得阿刺伯回教世界的信心與合作，還是不能預知。關於這一點美國也應負一部分責任，因為美國以共民主政治的傳統和外交的特殊作風曾經扶植以色列的勢力，並且總是站在他們一邊，反對阿刺伯民族的立場。

在以色列與阿刺伯民族之間有四個根本問題亟待解決。第一個是政治問題：怎樣能使一個為周圍民族所絕對不歡迎的國家繼續存在。這就需要外交策略以及外來的壓力。歐洲與美國的利益，心理與環境的趨勢均須考慮週到。第二個是語言宗教與種族的問題。在這個世界上祇有以色列是希伯萊語文，祇有以色列是猶太人，也祇有他們信猶太教。沒有一個國家會是單獨回教或基督教的。除了阿比西尼亞沒有一個國家的文字會像以色列那樣，和其他文字絕對不相關連。沒有一個國家是僅有的阿里安人種，或蒙古人種或黑人。像以色列那種情形簡直是對近代國家觀念的一種挑戰。這也可以說是一種哲學的挑戰。但較政治經濟哲學更為深刻的挑戰尚有神學的挑戰，其一出之於舊約，另一出在新約。

『自由中國』的宗旨

第一、我們要向全國國民宣傳自由與民主的真實價值，並且要督促政府（各級的政府），切實改革政治經濟，努力建立自由民主的社會。

第二、我們要支持並督促政府用種種力量抵抗共產黨鐵幕之下剝奪一切自由的極權政治，不讓他擴張他的勢力範圍。

第三、我們要盡我們的努力，援助淪陷區域的同胞，幫助他們早日恢復自由。

第四、我們的最後目標是要使整個中華民國成為自由的中國。

根據舊約記載，伊希米爾 Ishmael 與伊薩克 Issac 同爲阿拉罕（Abraham）的兒子。阿剌伯人自認爲伊希米爾的後裔；阿拉罕深愛伊希米爾，薩拉 Sarah 教阿拉罕驅逐伊希米爾和他的母親，這使阿拉罕非常後悔。這裏就有一個神學問題値得仔細研究。現在猶太人與阿剌伯人的爭執如此劇烈，聯合國難道可以置之不管麼？聯合國自成立以來對於阿剌伯民族問題，如叙利亞、黎巴嫩、巴勒斯坦、埃及、利比亞，摩洛哥等問題總是在過問，惟有以色列與阿剌伯的衝突，却仍以普通政治與經濟問題看待，這不能解決眞實的危機。

關於新約的問題是如此：現在的以色列究竟和聖經上所語的舊以色列（Old Israel）與新以色列（New Israel）有什麼關係？因爲依照基督教神學的解釋，舊以色列已被耶蘇基督解散，從此不復存在，新以色列就是現在的教會（the Church），這是耶蘇所創的。那末現在的以色列究竟以什麼做根據？這是一個最神秘的問題。

研究近東問題不能僅以政治爲限，我們得深入人類生活的物質條件，自然環境以及社會和文化的因素。近東各國尤其阿剌伯國家在經濟與社會上都是非常落後，好些地方簡直是全世界最欠開發的區域。可是有幾處已經發展到相當程度。在這西方文化的發祥地歷史上的貢獻確是洋洋大觀。阿剌伯建築的宏偉，古代羅馬城市的遺蹟，處處都表現着過去的影響。

現時的工業落後與貧乏情形可以由近東各國國民每年平均收入和進步國家一比較，就容易明瞭。根據聯合國統計，近東和歐美各國的國民平均收入大致如下：

	（單位美元）
阿剌伯國家	
黎巴嫩	一四〇
叙利亞	一〇〇
埃及	一〇〇
伊拉克	九〇
沙地阿剌伯	六〇
也門	四〇
其他近東國家	
以色列	三八九
希臘	一三〇
土耳其	一二五
伊朗	八五
巴勒斯坦	五一
歐美國家	
美國	一、四五三
加拿大	八七〇
瑞士	八四九
英國	七七三
丹麥	六八九
法國	四八二
捷克	三七一
阿根廷	三四六
葡萄牙	二五〇
意大利	二三五

阿剌伯國家人民的平均收入遠較西方進步國家爲低。大部分阿剌伯國家人民的生活程度比這個統計數字更低。因爲是平均數字，所以也就不能充分表現事實的眞相。貧富不均的懸殊使大部分人民生存在饑餓線上，而極小部分人民却奢侈過度。社會正義根本不存在。差不多祗是百分之十的人民擁有國民總收入的一半，他們生活水準與西方社會無異。百分之九十的人民也祗有國民總收入的一半，那當然是很困苦了。

近東阿剌伯國家貧窮的根本原因，係由於他們經濟組織還停滯在半封建制度的農業社會。這個陳腐的農業經濟使三分之二的人民，直接或間接靠土地過活。最近幾十年來埃及、黎巴嫩與叙利亞等國的工業已經開始發達，但工業所能吸收的勞工人數比例還是很低，實際趕不上人口增加的比例，且自工廠興起後手工業逐漸衰落。農業制度的陳腐又使農業增產無法實現，因此大部分人民的生活程度繼續低降。除了這個根本問題以外，還有像埃及那樣，耕地有限而人口却不斷增加，那就特別易於造成食糧恐慌的危機。根據統計，百分之·四埃及地主擁有百分之三六·一的土地總面積，他們平均能有五十費屯 feddans（每費屯約等於一英畝），百分之七二·八地主祗有百分之一二·七的土地總面積，每人大致祗有一費屯。大地主與自耕農相去懸殊之程度於此可見。大地主多半住在城市，對於土地改良毫無興趣。在叙利亞一半以上土地爲大地主所有。在伊拉克半封建制度的農業社會之上還存在着最簡陋的部族組織，土地分配的不平均就更驚人了。窮困的佃農和在土地耕種的工人佔了絕大多數，他們負債，得付很高利息。在這種情形下，怎能教他們設法改進生產。這個半封建制度的農業社會，不僅爲近東阿剌伯國家農業發展的基本障礙，並且也是限制工業發展的一重要因素。農村居民的生產力與購買力比較低落，他們人數又佔全國人口的大部份，結果就使工業停頓，因爲沒有大量的市場銷售，廉價生產與大規模的製造便不可能。

除了產油國家能夠獲得極可觀的收入以外，國內資本來源最感缺乏。政府財政力量異常薄弱，不僅由於生產能力低落，並亦由於貪汚舞弊與徵稅制度的不健全。他們的財政收入大都不能維持最低限度的社會服務，自然亦就沒有能力推進經濟發展的計劃。國家教育經費不够充實，因此文盲的比例依舊很高。

近年來工商業的發展雖受限制，不能盡如理想，但亦帶來了新的社會力量，開始向舊的地主階級的傳統勢力挑戰。勞動階級已經自己組織起工會來，並在社會上有了影響。一個新的階級包括企業家與工廠僱主亦已興起，他們對於經濟與社會的開發具有濃厚興趣。思想界與智識分子又在領導新的民族復興運動，從社會與經濟各方面反對帝國主義的侵略政策，要比舊日專從政治立場出發，意義更爲廣泛與深遠。但這些現在才開始產生的社會力量還是相當薄弱，也沒有運用到家，所以將來情形如何，誰實難以逆料。

近東阿剌伯國家的經濟開發亦受好些因素的限制，最重要的是天然資源的貧乏，資本來源的欠缺，勞工效率的低落．與人口增加的壓力。

除了石油以外阿剌伯國家的資源是貧乏的。照現在所知道的，那裏並沒有煤礦和鐵鑛的蘊藏。也沒有森林，祇有可耕種的土地，這在阿剌伯國家是很肥沃的。不過有一個限制，那就是水。阿剌伯民族居住地帶極少雨水，並且大部分是沙漠。可是大的河流像尼羅河、底格里斯與幼發拉底斯河，以及比較小的河流如從黎巴嫩與叙利亞山麓流出來的，可供灌溉與水利之用。如果水利發達，農業增產，食糧就能供給比現時加倍人口的需要。但大規模與長期的投資又係必需辦到的先決條件。

阿剌伯國家的油鑛集中在波斯灣區域，伊朗，沙地阿剌伯，科威特與伊拉克，其次爲巴林島與卡塔爾，這個區域的全部鑛藏估全世界總量的百分之四十二。這些國家現在從油鑛合同規定利益中可以得到大宗收入。

第二個限制的因素是資本。在阿剌伯國家裏政府和私人所能運用的資本實在少得可憐。根據聯合國專家統計，中東各國(包括阿剌伯國家在內)正在儲蓄他們總收入的百分之六，但如要把他們每年平均收入提高百分之二，那末必須將他們國家收入的百分之十五投資在工業和農業身上。石油增產可以使阿剌伯國家的國民平均所得增加百分之三十。再加上外國投資，如能有阿剌伯國家全部總收入的百分之五，意思是說每年能有外國投資一七五、〇〇〇、〇〇〇元美金，那末國民平均所得就可以增加百分之二，並在二十年之後增加到百分之五十。

第三個限制的因素是勞動效率。技術上有訓練與有效率的勞力對於經濟開發與農工業的振興關係重大。要使工作發揮效率與技術有訓練，又必須先有良好的教育，增進國民健康與農業技術的普遍改良。第四點計劃對於這一方面能有眞實與重要的貢獻。但農工業，公衆衛生以及政府行政的徹底革新是一件極困難極複雜的事情。這不是任意可以從外國輸入，而須有文化的適應與吸收能力來做基礎。

人口增加的壓力係一種特殊限制的因素。像埃及那樣，人口增加的速度使國民平均所得無法改善，生活程度的提高自然也就困難。研究埃及經濟的學者都認爲埃及大多數人民生活程度的低降，係由於人口增加的速度超過全國生產量所能增加的數字。

所以問題的癥結，不在於最近五十年內近東阿剌伯國家能否進行經濟與社會的改革，而是在發展的速率必須和人口增加的速度並駕齊驅。這樣才能提高人民生活程度，使人民境況由普遍窮困與失望轉爲合理與興奮。(未完)

(上接第20頁)

完全是軍事的，能够作個好總統嗎！但是，他現在却以一個五星上將，來競選總統了。他常向人說：作總統亦不是一件幸福，但是，如果國家需要他出來，他是一個公民，沒有拒絕的權利；艾帥如果在三次世界大戰時，仍能率領聯軍擊敗蘇俄，這眞是不世之功，他是全世界上最偉大的人了。

艾森豪威爾去職後的繼任人選，最初有三個人有可能性，美國聯合參謀總長布來德雷，李奇威與北大西洋聯軍參謀總長葛林德爾。布來德雷身任美國參總，是不能輕易離職的，那麼現在繼任艾師的人選是只有李奇威與葛林德爾了，最近美國政府曾以這倆個人商討北大西洋公約各國的意見，華府方面是想調李奇威來繼任艾師的，不過據內幕人士透露，艾帥曾向華府方面推薦了葛林德爾作他的繼任人，葛林德爾亦曾對人說：如果華府請李奇威來替艾森豪威爾，他是一個軍人，是有服從的天職的。從他的話裡，我們可以看得出來，他是不太願意在李奇威之下的。上月葛林德爾返華府述職，華府方面對他的印象甚好，而葛林德爾本人與歐洲的關係，亦較李奇威爲深，因爲他在歐洲，已兩次出任聯軍參謀總長之職，對歐洲一般情形認識甚清，所以還是以他繼任艾師爲宜，李奇威身任遠東聯軍統帥之職，豈可輕易換人！但是，我們不是華府決策人，也不能絕對擔保如此，只有等待事實來證明了。(編者按：李奇威將軍已於四月廿八日正式被任爲大西洋公約國聯軍統帥，繼艾帥之遺缺)。

値得我國集會採用的習慣

巴黎一家報紙上刊載：法屬赤道非洲，有一個民族，他們從前有過一種値得我們仿效的習慣：凡有人要在開會時講演，無論他是軍人政客，在講演時只許用一條腿着地，提起另一隻腿來，這就是我們常說的「金雞獨立式」。這樣能避免許多冗長的演講，免得使聽衆討厭，而枉費時間。

我們很希望我國各種集會出席諸公能採用這種習慣，免得一篇講演動輒萬言，一次開會竟費三四小時，談話不着邊際，廢話連篇，還研討不出一點辦法來。(道)

戰後日本大觀

徐逸樵

一

日本在戰前是亞洲的首強，也是世界中舉足輕重的國家。惜乎他走錯了應走的道路，至少在形式上亡過了六年半的國。可是他究竟不是一個平凡的民族；他將以四月廿八這一個和約生效的日子爲轉捩點，從被占領的國家變成獨立的國家。從這一天起；他將以獨立國的姿態，主持對內對外的政策，處理國內國際的事務。顯然地，這是日本史上又一個劃時代的日子，也是世界史上一個極重要的日子。從這一天起，他將在這二大集團對壘的局面中發生有力的作用，更將在這不幸的亞洲尤其在東南亞引起重大的影響。

可是歷史是延續的，世界上事事物物是不可能逃出因果的支配的。獨立後的日本將是怎樣的日本？他將在世界大局中發生怎樣的作用？他又將在亞洲尤其在東南亞形成怎樣的影響？要瞻望這種種，就不能不回顧到六年多來被占領下的歷史。這六年多的時間說來是很短的，可是他的變化却是非常複雜而突梯的。在這里，只能就其大者要者，作一個扼要的敍述而已。

二

盟國管制日本的重要政策有三個：投降以前的波茨坦宣言，投降當初的美國對日初期政策，投降以後二年纔決定了的遠東委員會的對日政策。這三個都是綜合的對日管制政策。這三個政策從理論上說當然以波茨坦宣言爲最高，可是事實上的重心却是美國的對日初期政策。同盟國管理日本的重要機關也有三個：指導和監督管理業務的遠東委員會，執行管理業務的盟軍總司令部，作爲盟總諮詢機關的對日委員會。這三個機關從理論上說，當然是以遠東委員會爲最高，可是事實上的最高機關却是實際聽命於華盛頓的盟軍總部而不是遠委會，作爲諮詢機關的對日委員會根本沒有發生過作用，到佔領中期以後，他更成爲盟總無用的長物。這樣說起來，管理日本雖然該是同盟國共同的任務、尤其該是以四強爲中心的遠委會構成國共同的任務，然而誰也不能否認，事實上却是斟酌一部分同盟國意見而決定政策而執行管理的美國的單獨的任務。至於那個美國對日初期政策，也眞是一個實符其名的「初期」的東西，到了一九四八年後，由於二大陣營間「冷戰」顯然的亢進，那個初期政策也就公然變了質——名義上雖然還披着「民主化」日本的外衣，而實質上却成爲鼓勵日本使其加緊復原的護符。

根據這些最高政策實際的演變而反映於日本六年半來現實情形的演變的是怎樣呢？說來眞是太錯綜和太幻變。

第一應該指出的是關於武裝解除和其後的情形。盟軍登陸後最先着手的是日本陸海空軍的武裝解除。這工作做得很快，到同年十月十五日，所有日本國的武裝完全解除，麥克阿瑟即於同日向全世界廣播復員完畢，離日本簽訂降約的九月二日，不過一個半月而已。可是解除武裝雖然快，而重整武裝也不慢。如果日本的重整武裝可以指日本的海上保安隊和警察預備隊的成立爲其起點，那末他的重整武裝開始之時，離其解除武裝方畢之時，只有二年零七個月或四年零十個月而已（註一）。海上保安隊現在已經改稱爲海上警備隊，人數從一萬八千人增加到二萬四千人。警察預備隊今年的人數，第一期從七萬五千人增加到十一萬人，第二期將從十一萬人增加到十八萬人。這第二期增加的數字，日本政府雖然還沒有公認甚至在否認，然而其爲勢所必至已成爲公開的秘密。同時這二個部隊之將統轄於保安省（Ministry of National Security），成爲正式的國防軍，要亦爲迫近眉睫的問題。吉田首相常常在闢謠，否認日本將重整軍備，甚至否認警察預備隊是軍隊。要說近美式裝備的數達六個師團的武力不是軍隊，那是連日本的小學生都會聞而驚走的。

第二應該指出的是關於「公職追放」和戰犯的處置。「公職追放」的本意是逐出「欺騙和誤導日本人民使其妄想征服世界之徒」（"……those who have deceived and misled the people of Japan into embarking on world conquest"）於公職之外，使其永遠無禍國殃民攪亂世界的機會。這些人盟總最初概稱之爲「無望者」(the undesirable)，範圍廣而人數多，三次大追放數達二十萬以上。（註二）因之有「追放旋風」的美名。可是追放雖有類於旋風，而解除也有近於旋風。在第三次大追放的一九四六年十一月廿一日以後不久，解放就變形開始，到了一九五〇下期，解放逐漸到了最高峯。不是幾百幾十地，而是幾萬幾千地在解放整肅。在和約生效的今天，那二十多萬的「無望者」幾乎全成爲自由人了。至於戰犯的審判，最有名的是遠東國際法庭所受理的A級戰犯二十五人（註三），其次是橫濱軍事法庭所受理的次級戰犯約七〇〇人和東京丸之內軍事法庭所受理的少數人。這些戰犯被判死刑的共計不到二百人，其餘均爲刑期不等的徒刑。到現在爲止，那些被判徒刑的戰犯多數已經陸續被釋，其餘經獨立後即將實施的大赦，特赦，減刑，復權等所謂「講和恩赦」的恩典，那就離完全解除整肅大旨不遠了。

第三應該指出的是關於新憲法的製定和其執行。日本戰前的憲法是明治天皇欽定的「大日本帝國憲法」。這個憲法投降以後當然要撤廢，代替他的就是一九四六年十一月三日公布的現在的「日本國憲法」

。新憲法有別於舊憲法的當然是些有關民主自由的條文，然而最大的並且也是空前絕後的驚人的特色當莫過於「永遠放棄國權發動的戰爭」和「不保持陸海空軍和其他戰力」的規定。這確是一個大膽而驚人的傑作。這個憲法從支加哥太陽報記者蓋因（Mark Gayn）揭穿其製訂的內幕，於是日本輿論為之大譁。蓋因指出新憲法是麥克阿瑟的欽定物，指出他的藍本是麥克麥瑟指定盟總民政局的專家們製定後，密交日本政府接受的（註四）。近二三個月中，知其內幕的一部分日本要人和記者們認為揭穿的時機也到了，也公開地在雜誌報紙中發表了許多眞相，於是證實了這個新憲法之類於欽定物之說並非無據。這樣一來，夾着日本重整軍備事實上的進展和其他不合於新憲法精神的許多行政措置，於是這個新憲法乃大受日本大衆的鄙視。日本政府對於新憲法本來是無誠意和敬意的，看情形，他的壽命不過是風前之燭而已。

第四應該指出的是關於「財閥解體」，「集中排除」和「獨占禁止」的情形。統而言之，這些就是所謂「經濟民主化」的措置。關於財閥之必須解體，這里有一段日本投降後不久率領美國賠償調查團來日本的鮑萊氏（Edwin w. pauley）的意見可以證明。他在上美總統杜魯門的報告中有一段話這樣說：「日本的財閥是日本最大的戰爭潛在力，使日本一切征服和侵略成為可能的是他們……。財閥對於軍國主義，不僅像那軍國主義本身一樣，應該要負責任，而且他們還只憑藉了軍國主義才能獲得巨大的利益。他們在戰敗了的今天，事實上還在强化他們的立場……。在財閥未被解體以前，日本人要作為自由人而統治自己的希望幾乎是沒有的。在財閥繼續存在之間，日本只是財閥的日本而已。」（註五）財閥解體就法令上說，開始於一九四五年十月，一直到次年十月才算眞正動手，而其執行機關則為財閥關係人所主持的「持株會社（Holding Company）整理委員會」。到了一九四九年，解體業務已成下火。也就是新舊財閥開始勃興和復活。所以財閥解體云云，事實乃是換湯不換藥的門面戲，並沒有大傷財閥的元氣。關於這事實，只要看那本整理委員會所出的「日本財閥和其解體」的記錄，也就可以明白，初不必旁及於其他珍秘的材料。到了最近，不僅財富的新集中形成可怕的亢進，就是表面上一時拆散而實際上並未絕緣的那些舊財閥的變相組織也就公然地破鏡重圓骨肉相聚了。例如今年初頭三菱財閥系的太平洋工商，三都商事，清和商事和旭交易等公司合併，而為東京商事會社。由舊三菱商事會社社長服部一郎任該社社長，最近中央信託銀行（舊安田財閥系）申請復名為安田信託銀行。富士（舊住友財閥系），東京（舊三井財閥系），朝日（舊三菱財閥係）等信託銀行之申請復名為舊財閥系信託銀行的名稱，就是顯著的例子。那末財閥解體為什麼會做得那樣糟呢？這裡有盟軍總部主管財閥解體的產業金融科科長洛克一九四六年五月間所說的一段話，可以引來做說明。他說：「要是破壞了財閥的話，不僅要作十年混亂的準備，而且非要弄得實行社會主義經濟不可。要是掃清了財閥系的銀行的話，金融機構就立刻會崩潰。要是粉碎了財閥的話，我們在日本的投資就立刻會消失。為什麼呢？我們不久就要和蘇聯算總賬，不是需要同盟國麼？日本就是那個囉！」（註六）盟總的態度尚且如此，其他可以不問，又何況財閥解體的基本方案事實上乃出於財閥們本身之手，而當時的日本政府，無論幣原內閣也好，吉田第一次內閣也好，和自由民主兩黨妥協而成的社會黨片山內閣也好，芦田內閣也好，對於財閥解體沒有不抱反對，牽制和阻礙的呢！這幾年來日本新舊財閥的勃興和復活的情形，說來盡數萬語不足以明全貌，簡言之，日本財富的集中和其控制力的增大，根據日本大藏省和各銀行的報告，只有比戰前還厲害。財閥解體和財富新集中的情形既然如此，自然更談不到所謂排除經濟集中禁止獨占了。

第五應該指出的是關於土地改革的情形。日本戰前的土地集中於地主，貧農和佃農的生活非常苦。這是日本產業預備軍所以多的主因，也就是日本應試各種軍事學校者所以多的主因。應徵當兵者所以多，勞力所以廉，商品所以廉，經濟的和軍事的侵略所以突進的主因。一言之，戰前日本對外侵略所以頻繁而急進，他的土地集中和其剝削關係應負其極大的責任。日本投降不久，盟總就責令日本政府努力改革，務期消滅佃農和貧農，這個法令，就是一九四五年十二月間給予當時幣原政府的所謂「關於農地改革的備忘錄」（Memorandam Concerning Rural Land Reform）。這個備忘錄規定的相當詳細，指示得相當徹底，如果日本政府能夠照他的指示認眞執行，佃農制度的消滅大有可能。可是日本政府究竟還是代表資本家和地主利益的政府，總是千方百計去阻礙他和歪曲他。到了勢無可再拖的時候，於是勉强於一九四六年九月通過了一個農地改革法案，這就是所謂第二次農地改革案（註七）。不過這個改革案雖然已經歪曲了備忘錄的精神，然而如果眞正能夠認眞地執行，還是大有裨於土地制度的改良的。事實上，這個改革案公布以後，弊病層出不窮。封建勢力阻擾不已，久經封建勢力壓迫下的農民還是不能翻身。這情形，只要看一九四九年農林省的官方報告便可以明白。據那一年農林省的報告，因該案的實施而取得了土地的佃農和貧農中已經有了四萬戶，放棄了土地八、五〇〇町步（一町步約合六百畝），其中荒廢了的占二、〇〇〇町步。同時代替過去封建勢力控制下的「農業會」和「農事實行組合」的那些民主的「農地委員會」和「農業協同組合」的勢力，在該案實施之初，曾經活躍過了一個時期，可是其後跟着封建勢力的復活和反攻，那些民主的「農地委員會」和「農業協同組合」就加速地萎縮了。到了今天日本獨立的前夜，過去以廉價分讓貧農佃農的土地，依舊逐漸為地主所收還；他們大多回復到原狀，鬻女為娼以求溫飽之風比起戰前有過無不及。

第六應該指出的是關於「勞動解放」的情形。盟總於日本投降之後，至少有半年是很鼓勵工運的；頗有認爲只有鼓勵工運可以抽去右傾的軍國味道。他嚴厲命令日本政府釋放政治犯，極力鼓吹工人們組織工會。於是工會乃如雨後春筍，會員之增加，是一日千里之勢。誠泱泱乎「解放軍」之風度也（**註八**）。不必說，那時日本政府根據盟總的指示所公佈的「勞動組合法」，「勞動基準法」和「勞動關係調整法」等，其中尤其「勞動組合法」，當然是相當民主而堂皇的。根據一九四五年十二月公佈次年三月開始實行的那個「勞動組合法」的規定，不僅一般工人有權組織工會，就連國有事業和政府機關的職員和工人（包括教職員、警察、消防人員等）也有權組織工會。不但一般工人有團結權，罷工權和團體交涉權，就連國有事業和政府機關的職員和工人也有團結權，罷工權和團體交涉權。這種種，對於久受軍國政府壓迫的日本人民，當然是望外的收穫，久旱的雲雨，那還有不接受好意的道理？可是這一民主自由的空氣，到了次年（一九四六年）五月以後，就逐漸緊迫起來了。其後跟着時間的推移，那些法令逐漸修改了（這種修改，一般稱之爲「改惡」），干涉和取締的法令就逐漸增加了，過去只適用於「欺騙和誤導日本人民使其妄想征服世界之徒」的追放令逐漸適用到曾經稱爲「自由戰士」的頭上了。到了一九四九乃至五〇年以後，於是情形大爲改觀，前後判若晝夜。極言之，過去被目爲「無望者」而被追放的人們逐漸被解放之後，公然以主人的姿態，將追放法實套到「自由戰士」頭上了。這一經過說來眞是太複雜。簡括說一句，這幾年來日本社會不安和頭痛的種子，恐怕十九就是這一局面倒轉。

第七應該指出的是關於「國家和神道的分離」的情形。日本戰前的國教是神道教。說到神道教的意義就不能不說到戰前軍國日本的御用學者所揑造出來的所謂日本民族的由來。據他們的說法，日本民族是天照大神的子孫，而天皇一族乃是大神的直系。從這一荒誕的假說出發，於是他們認爲日本民族就是神聖家族，而天皇乃是這神聖家族萬世一系的家長。這個國家居然被他們認爲是具有神聖家系的「神國」，於是就自以爲天皇的地位超越於其他任何國家的元首，日本民族超越於其他任何地域的民族，而日本國當然超越於任何同時代的國家。這些原始的，封建的，神秘的超國家主義的教義，就是神道教的教義。這教義顯然是軍國日本的精神的支柱，是對外侵略對內壓迫的精神的武器。於是代表同盟國執行管制業務的麥克阿瑟將軍，在其蒞任之初，自然要根據波茨坦宣言和美國對日初期政策的規定，設法使國家和神道分離。這個分離的指令就是一九四五年十二月十五日所發的「國家和神道分離令」。從這命令頒發以後的情形如何呢？在頒發以後的一小段時間，從表面上看，所有全國十萬以上的大小神社一時香火消滅了，受國家支持的大小神道團體都解散了，神宮神社之門幾乎門可羅雀了。可是到了一九四八年後，跟着盟總作風的逐漸變更，日本人自信力的逐漸恢復，日本經濟的逐漸復興，神道也就逐漸隆興起來。旁的且不去說，說來也就太多，只看今年新年頭三天參拜各主要神社的人數，參拜明治神宮和靖國神社的各四百萬人左右，參拜遙遠的伊勢神宮（有「神道的麥加」之稱）的五十萬人左右，參謁過去被稱爲「現世神」的天皇於二重橋前的四百萬人以上。於是一般日本人均認爲「現世人」又離「現世神」不遠（**註九**）。至於僻處在宮崎縣日向市的那個戰時所建的「八紘之基柱」（**註十**），投降後久已無人參拜了的，從去年冬季又恢復了過去的光輝，同時還由宮崎縣政府出資四百萬日圓，在柱頂上裝了一個二十萬支光的大探照灯，表示「一八紘一宇」又將捲土重來。四月廿八是和約生效之日，四月底至五月初是一連串慶祝獨立的儀式，精神當然集中於神道的復活。四月廿二至廿五之間，靖國神社例大祭的隆重和熱鬧得未曾有，預定五月二日在東京新宿御苑擧行的「全國戰歿者慰靈式典」一將有天皇和吉田首相的祭奠。這種種又何嘗有分離的影子呢？明明是神道的復活。

要說的話很多，這里只是六年多來日本現實的犖犖大者，掛一漏萬，誠不足以當識者之一笑。可是篇幅太有限，只好作一個粗雜的介紹。

三

看了以上一些話，日本朋友也許不高興，被佔領管制之幕所阻塞而不易來日觀光的朋友們也許會驚奇。其實現實究竟是現實；增之一分則太長，減之一分則太短。我所說的只會是減之一分，然而我寧願選擇減之一分的非現實也。

日本六年多來所走的路是初前進而後倒退，初民主而後集權，初左偏而後右側。這現象，日本的評論家名之爲「右廻轉」，「走逆路」，「再反動」。「右廻轉」也好，「走逆路」也好，「再反動」也好；大半都是關於日本國內的問題。我認爲國內問題既是內政問題，好好歹歹應該讓其國人去處置。國人如認爲不行，遲早自有時代的巨輪起揚棄的作用。至於內政不行而禍延海外，作那橫蠻的干涉或侵略，那末被干涉或侵略者，恰和六年前的對日戰一樣，當然有權反擊，使其萎縮潰滅而後已。總之說，內政乃一國人民的事，介紹或批評則可，干涉或阻擾大可不必。因之我所說的只是客觀的介紹，決無惡意的排擊。

可是世界發展到二十世紀五十年代的今天，這理論事實上等於百分之百的廢話。日本六年多來完全處於被管制，管制就是百分之百的內政控制，固不僅干涉而已。這內政控制乃是現實發展無可避免的現象。其後由民主到集權，由左偏到右側，當然一樣是現實發展無可避免的現象。這現象顯現於那一時候呢？明顯的信號就是一九四八年初期「杜魯門政策」的宣布。於是世界的分裂愈甚，而事實上日本的所謂「右廻轉」也愈甚。「右廻轉」當然是走類似於過去的舊路。摸生不如摸熟，以期收效速而成功抉，此乃日本之命運也。

要使日本走舊路，當然要拔擢日本的舊勢力，於是發生了上面所說的許多的舊路現象。要使日本走舊路，當然要犧牲許多舊日盟友的意見，於是發生了許多舊友間的不快。要使日本走舊路，甚至不能不抹煞血債的賠償，於是許多被掠奪國乃不得不作阿Q式的好漢(註十一)。

要使日本走舊路當然不是無條件的，這條件就是要他跟着走。要使他跟着走，當然要作經濟的和軍事的控制。

說到美國對日的經濟控制，說來也非盡數萬語不足以明輪廓，這裏只能作掛一漏萬的簡語。日本六年多來的美援約爲價值美金廿億，這廿億完全是物資。這二十億物資的運用，初期的方式是以釘死工資爲主要條件，以補給必要物資於煤、鐵、電力、化工等獨占資本，到了一九四九年後，這辦法變成了以美援物資所變成的資金（Counterpart fund）列入於日本政府特別會計，而由盟總强力支配其融通資金於國有及私有獨占資本的方式。這樣一來，美援就成爲掌握日本財政金融極有力的工具，成爲掌握日本重要產業使其變成軍事潛在力的極有力的工具。於是日本經濟乃入於美國的掌中，欲其左則左，欲其右則右。上面所說的財閥復活，拆開西洋鏡一看，也就是經濟控制的又一表現。又何況美國的私人資本還用各種巧妙的方法滲入於日本的產業呢？

其次說到美國對日的軍事控制，這也不是三言兩語可以明白。大家都知道，日本這次的和平條約是用「美日安全保障條約」換來的，而安保條約的眞東西乃是實現該約的「美日行政協定」。這協定公布以後，日本輿論大譁，國會論戰紛起，民間不問左右群起反對，將成爲此後頭痛之種。這協定爲什麼會引起那樣的軒然大波呢？原來這協定付諸執行，不僅日本軍隊將受美軍完全控制，日本法權將受重大制限，日本人民生活（尤其農民）將受重大制約，日本產業和交通運輸活動將受重大影響，即日本統帥權也將名存實亡，不知何時拖入於戰爭。然而日本政府既已覺悟於反共之責無旁貸而視此之爲六年多來管理的蛻變，對於這樣的協定那又有什麼辦法呢？

四

我們看了上面的情形，對於「四·二八」後留有複雜困難而不易解決的許多問題的日本將是怎樣的一個日本，他在政治上將會發生怎樣的演變，他在經濟和社會上將會發生怎樣的困難，他在二大集團對壘中將會發生怎樣的作用，他在這不幸的東亞將會發生怎樣的影響，也就不難想像的。

日本以「四·二八」爲轉捩點進入於驚浪險濤的大洋了，我們以鄰邦休戚相關之誼，謹祝其健全的和平的發展。

寫於「四·二八」日本獨立紀念日——

(註一) 海上保安隊成立於一九四八年五月，警察預備隊成立於一九五〇年八月。

(註二) 第一次追放開始於一九四六年一月四日，第二次追放開始於一九四六年十一月八日，第三次追放開始於同年十一月廿一日。追放的總數極難確計，因爲進進出出（在追放中間又在解放）非常複雜，大約在廿二萬人左右。

(註三) 遠東國際軍事法庭設於東京，受理的A級戰犯初爲東條英機等二十八人。其中大川周明一開始就發瘋，從此不再被審，松岡洋右和永野身中途死亡，故實際只有二十五人。

(註四) 見 Mark Gayn: Japan Diary 中關於一九四六年三月六日那一天的日記。

(註五) 見鮑來的 Report on Japan Beparation to the President of the united State p, 6—7,

(註六) 見 Mark Gayn 前書關於一九四六年五月廿七的日記。

(註七) 日本政府知道盟總必須責令農地改革，曾於一九四五年十二月匆匆通過並公佈了一個農革法案，用以抵制，這就是第一次農地改革法。這個法案當然不會受盟總的背書，於是不得已，又於次年九月通過了第二次法案。

(註八) 投降初期的日本人愛稱占領軍爲「解放軍」，今天通稱的「進駐軍」之名雖已由當時日本政府命令全國作如此稱呼，但仍多愛稱解放軍者。

(註九) 一九四六年初，天皇裕仁曾有勅語表示自己和普通人一樣，是「現世人」而不是「現世神」。

(註十) 「八紘一宇」是神惠普於大地的意思，也就是混一宇內的意思。這個「八紘之基柱」乃是戰時軍部命令海外出征部隊和日僑，精選當地華美堅石計一七八九塊（每塊方二尺），建築而成的高達一百二十尺的紀念塔。

(註十一) 美政府於一九四九年五月十二發表停止賠償交付。截至該年十一月底止，除掉關係各國在其國內所接收的敵產以外，關係各國從日本國內作爲賠償而運去的產業設備約值美金三千五百萬，從日本政府繳出的貴金屬而得到的約值美金一億三千萬。這一億三千萬原則上作爲占領軍費用化掉了。這是賠償的總數。事實上，價值一億三千萬的貴金屬還是掠奪物資，不能算作日本的賠償，又何況這數目中被害國所分到的又是極微極微呢。

（上接第29頁）

斷地跌倒，不斷地掉了鞋，最後差不多是爬着往前走了。小小的可人臉蛋上，鼻涕，眼淚和津津的汗水，滲合着泥土，涂抹得一塌糊涂，面目全非。

莊子裡簡直看不見人煙，只聽見一陣陣的喧嚷。孩子被那些零星的家屋迷失了捷徑，摸索了好久，才到了爺爺的麥場上，只見人頭擠擠，嚷成一片，好像是往日張義盛當備着他去看的猴兒戲，他劈尖了頭擠進去。

並不是玩大把戲的；場子裡放着幾隻箱子，好像是剛從地下挖出來的。遍地凌亂地扯着一些皮襖和衣物，毛毛一眼就認出掛在箱口的姑姑往日常穿的一件黑地藍碎花的夾衣，那對毛毛是多麼的熟悉而刺眼！

彷彿那就是美麗的姑姑的溫情和化身。

毛毛不解地仰起頭來，頓時他楞住了，只見爺爺反綁着手，垂首立在一張大桌上，胸前掛着一個大紙版，上面寫着四個大字！毛毛一個也不認得。

民主與權威

許冠三

不少人常常這樣的在想：正如自由與組織的關係一樣，「民主與權威」是無法調和的。在這些人的心目中：民主的含義無異是散漫、紛歧、混亂、無秩序，無力量。或者說，那就是權威的喪失。要民主就會失去權威；反之，要權威就得放棄民主。作爲一個中國人，有這種想法是不足爲奇的。這種想法在中國社會裏能起作用，也是不足爲奇的。這幾十年來，人們在中國所看到的「民主」實在與「散漫、紛歧、混亂、無秩序、無力量」相去不遠的東西。於是，那些有意與民主爲敵的先生們便振振有詞了。最近，我們還不是常常聽人說嗎？共產黨爲什麼會得勢呢？還不是因爲我們要講民主；他們絕對不講民主嗎？因爲我們講民主，我們的陣營就散漫，紛歧，混亂而無秩序，無力量了；我們就敵不過他們了。據此，這些先生們就下了一個結論：我們要反共嗎？要打倒共產黨嗎？唯一的辦法就是絕對不講民主。愈不民主，勝利也就愈有把握。

這種說法對嗎？當然不對。如果這種說法是正確的話，我們還有什麼理由相信自由世界有力擊敗共產國家呢？我們又還有什麼理由和美國做朋友呢？和民主國家合作呢？如果，我們一方面不信任民主；而一方面又信任美國——民主國家的領袖，這不是天大的笑話嗎？既然，我們信任美國；那種說法——要打倒共黨，唯有不民主——當然就不會是對的了。其實，這種說法只是上述誤解——民主與權威沒法調和——的邏輯的結果之一。自然，這種誤解並非毫無根據。近幾十年來中國人所看到的「民主」實在是太糟了。傅斯年教授生前曾經說過：「我們中國人所講的民主是『一字並肩王』的民主。」這當然是一種調侃的話。實在說，民主那是這種樣子的呢？如果這種「一字並肩王的民主」是民主的話，民主還有什麼價值呢？如果英、美行的是這種民主，她們的社會還會有秩序嗎？她們的國家還會繁榮，進步嗎？她們的人民還有自由，幸福嗎？我們既根據「一字並肩王的民主」去了解「民主與權威」的關係，那還有不誤解的嗎？

事實上，民主與權威是絕對可以並存的。權威與社會是同來的。人類自有社會，即有權威。一個社會不可以無組織，不可以無秩序。一個社會既然要組織，要秩序，就不能沒有權威。民主社會既是一種社會，當然也就不可能無權威。不過，民主社會的權威在性質上與其他權威有所不同而已。翻開人類社會的進化史，我們會見過酋長的權威，巫師的權威；諸侯（或封建領主）的權威，僧侶（或教皇）的權威；君主的權威；領袖的權威；這些不同的權威是因社會的演進而變異的。某一種社會，存在着某種權威。到了民主時代，這些權威便該揚棄了。如果說「民主與權威」不能並存的話，那末，「權威」二字便是專指這些領袖，君主……的權威了。是的，民主與這些「權威」是不能並存的。

民主社會有民主社會的權威。民主社會的權威在性質上與上述諸權威有着基本的差異：民主社會的權威是屬於多數人，多種人的；而上述諸權威呢？只是屬於少數人或一兩種人的；有時，只是某幾個人或某一個人的。這也就是說：民主社會存在的權威是屬多數人，多種人所有；而爲多數人，多種人服務的；以外的那些權威呢？只是少數人所有，而爲少數人服務的。反過來，我們也可以用這個標準去衡量一個社會是否民主：存在着後一類權威——爲多數人服務的權威——的社會是民主社會；而存在前一類權威的社會，便是不民主的社會。

那末，我們怎樣去鑑別一個社會的權威是屬於多數人，多種人？還是屬於多數人中之一二種人；或某幾個人、某一個人呢？這不是難事。民主權威是有其特質的，我們只要找到那些特質，便知道它已經存在了。存在着那些特質的社會，便自然是民主社會了。民主社會權威的特質有三：

第一、民主權威是多元存在的。所謂多元存在是指社會中沒有一個絕對主宰的勢力。比如說，在英美社會中，有政治（政黨），經濟（資本家），文化（學校文化機構），宗教（教會），社會（各種人民團體，最著的爲工會）等各種力量，彼此有相生相尅，相反相成之作用。一種力量只能在一定範圍內起影響，而且必須在與其他力量求配合，求和諧。換句話說，任何一種力量必須在與其他力量和諧的情況下，才能發生積極性，建設性，創造性的作用。在民主社會中，絕不止有一種權威——這個社會裏絕大多數人的窮通禍福，都由這一權威來決定。英國的權威並不止在英皇，在國會。白金漢宮，西敏寺以外還存在着許許多多的權威。一個職工同盟或一個職業公會的權威，常常可以推倒內閣。可見在民主社會國家中，是沒有一種絕對權威存在的。這種絕對權威主宰一切，其他的「權威」也只是它的化身，它的衛星。民主社會的權威是多元的。任何一個權威都不能起絕對主宰的作用。各個權威之間，互有相反相成的作用。某一種權威代表某一種人的利益，在社會中起某一種作用；誰也不能代替誰，誰也不能消滅誰。因爲，必須如此，這些權威才能爲多數人多種人服務？如果只是一種權威存在的話，民主就必然要遭到危害了。那種權威做了壞事，誰來約制它，懲罰它，改造它呢？多種權威的存在就可以不發生這種毛病了。縱或有一兩種權威要想橫行霸道，要想胡作非爲，別的權威是有力量約制它，懲罰它，改造它的。我們中國爲什麼不易民主化呢？就是在我們的社會中只存在着一種絕對權威。這種權威不管落入誰手，都不是好事。這便是以刀槍做後盾的政治權威。除去政治權威以外，我們中國是沒有任何社會權威——人民團體的權威——存在的。

第二、民主權威是分層使用的。在民主社會中，很少有大權齊集中央的現象。而政治權威一項，則絕對是地方分權的。中央政府所握的權威始終是有限的一部，權威的大部是在地方的。我們遍觀各民主先進國家，無一不是如此。美國、英國政府不得干涉教育正是好的例子。美國州立大學，亦不受聯邦政府之干涉，私立大學更不用說了。在經濟公有化的原則下，已有公營，公私合營，私營的主張。在公營事業中，有些是中央政府經營，有些是地方政府經營。在公私合營的事業，亦分爲中央的，地方的兩種，這不是經濟權威分層使用之例證嗎？人民團體的權威分配的情況，亦是如此。一般社團是不用說了；即以政治色彩最濃厚的工會和政黨來說，重心依然是在地方而不在中央的。不然的話，我們便只能看到權威，而見不着民主了。中央與地方之分層固極明顯，即在中央政府或地方政府以內，權威亦係分層使用。我們中國人所熟悉的「分層負責」，可爲權威分層使用的一種說明。比如，在一部之內，部長雖握有最高權威，部長的權威可以防止肅正以下各級權威之錯誤使用。但最高權威並不是「全部權威」，它不能代行以下各層權威，也不能隨意更動各下級權威之範圍。如果最高權威，可隨便下條字改動的話，那就是分層負責的行政制度，而不是民主權威的分層使用了。分層負責在專制時代即有，在獨裁國家中亦可有。愈是民主的社會，各層權威的分界愈明顯，而這種界限是不可能輕易改動的。只有社會成員或其代表通過一定合法程序，才能改動。如美國大學教育的權威在地方政府。大學又爲一獨立之自治單位，大學之內，校長、各院教授會、各系教授會都是分層負責使用權威的，絕不是校長或董事會能隨意改動的，除非美國人民有了這個意向，但還得經過一定程序。因爲，權威的過度集中是一定要吃掉民主的。不管集中在誰的手中都是一種危險，都是民主的對頭。歷史上無數次的災害，無數人的犧牲不都是因此而來嗎？無數次偉大的革命，流血的鬪爭，不都是因此而起嗎？中國爲什麼不易民主呢？還不是因爲中央集權害了我們嗎？過去的中央政府只集中了政治，教育的權威；於今人們還要加上經濟權威（國有化政策的結果），這如何得了呢？

第三、民主權威是有限的。這一點我們不妨學英美的實際政治來作說明。英美政治權威內在的有三種限制：第一是司法，立法，行政之間的限制，第二是中央政府與地方政府間之限制，第三是上級行政機構與下級行政機構間的限制。外在的有兩種限制：第一種是其他權威，經濟、宗教、文化、社會、以及在野的政治權威的限制；第二種是人民權利的限制。政府（政治權威）如果不好，而有越軌行爲的話，人民就可利用他們的基本權利批評、指責、攻擊、反對，最後是改組政府，更動權威或權威的使用者。民主權威如果沒有這第三個特質的話，那是不完全的。儘管民主權威的存在是多元的分層的，本身已有了約制。但是這種約制依然是不明確不可靠的。這些權威的範圍究竟有多大呢？誰來決定這個範圍呢？誰來運用這些權威呢？誰來調整這些權威呢？權威本身是沒有資格來解答這個問題，處理這個問題的。因爲民主權威必須是有限的，它必須受它本身以外的許多因素約制。而且，這些限制一定得有明確的規定。讓那些握有權威的人，不得任意或借故擴張權威。

那末，究竟是誰來約制權威呢？這不是權威的使用者，而是權威的授予者，或者說是權威服務的對象。我們知道：權威雖與社會俱來，但權威本身並不是目的。社會所以要有權威，是因必須有權威，才有秩序。而人們必須生活在有秩序的社會中，才有自由與幸福可言。歸根結底，權威存在的價值只是在爲社會成員服務。因此，對於誰來行使權威？權威應有多大？權威如何調整？等等問題，只有社會成員有權決定。在一國之內，由全體公民決定。在一黨之內，由全體黨員決定。在一工會之內，則由全體會員決定。如果，各個社會成員不能決定這些問題的話，這些權威的限制就不明確，不可靠了。或者可以說，權威的限制已不存在了。縱或還有某些事實上的限制，那也是無補於事，無益於民的限制。那種限制是無甚價值可言的。民主權威的限制，一定是多數人決定，並爲多數人謀福利的限制。這種限制究竟該有多大呢？這還得看民主品質的高低來決定。一百年前民主權威所受的限制，和當前民主權威所受的限制已相去甚遠了。一百年前大家認爲不能做的事，現在認爲可以做了；有些，當年認爲可以做的事，現在又不能做了。這些限制的內容一直是在變動的。不變的只有一個原則：民主權威必須有限制，民主權威絕對不能擴張到危害民主權利的地步。當然，如果某種權威的存在是增進民主權利的話，那是可以儘量擴充的。在民主社會中，每一個成員都得有一個絕對的「私有區」（Privacy or Private Zone），那是神聖的，任何權威不得侵害的。但，私有區的存在是必須依賴民主權威保鏢的。如果，沒有適當的權威保鏢，社會成員是不可能有「私有區」的。

當然，這一私有區的範圍也是因時而易的。一百年前的「私有區」和現在的「私有區」已顯然不同了。那末，人們又憑什麼標準來決定私有區的大小？並劃分權威與權利的範圍呢？依據近代的民主哲理，這個尺度有二：一是事實上已經存在，或爲人們公認的民主權利和民主權利的要求。這些權利與要求的內容又可分做人身、政治、經濟、社會四大項。這些權利的具體內容，（下轉第25頁）

戰後歐洲的社會主義

中央社編譯部譯

自史達林首先激劇背離革命的社會主義以來，二十五年間，「一國社會主義」的理想業已證明其爲可能。社會主義政黨及其政綱與行動已作一種政治與理念上的重新調整。歐洲舞臺的傳統馬克斯主義者力斥史達林的行動，認爲是對社會主義運動中所固有的國際主義的出賣。而史達林所強調的則爲，一國內社會主義政權之創造與防衛是最終協助國外社會主義運動的先決條件。這便是歐洲社會主義政黨新演變的開始，而使其難于重返舊「國際主義」。

表面看來，目標雖然並無二致（即希望表現社會主義之團結與四海之內皆兄弟也的理想），而新社會主義國際與各社會主義政黨的理論與戰術，則已經歷理想與政治的蛻變。此一蛻變終而使歐洲社會主義者對于政治權力採取一種新的接觸途徑。這種新途徑是由于對於所得政治權力之技術持取一種較現實態度而產生的，也是對于曾經過分迎合共產理想與目標的一種防禦性的反應。

自戰爭結束以來，這一段短短期間是社會主義者與共產黨徒間歷史性的自相殘殺鬬爭的再起與激烈化。社會主義者和共產黨徒彼此是毫不妥協的互相仇視，其原因係由于其理論的近似和選擧的競爭。目前歐洲政治舞臺上的錯綜複雜便頗受社會主義者和共產黨徒彼此間以及對於其他爭權政黨的交互作用影響。

分析這一段期間社會主義政黨的特點，顯示了兩個基本趨勢的存在，這兩個趨勢既是國際性的，又是國內性的。雖然其強度將視各國情形而異，而方向則並無二致。第一，正如最初由馬克思所闡釋的社會主義的政策在兩次戰後已被政治需要所轉變，以致社會主義政策之本質幾乎無從辨認。第二，社會主義與民族主義之生長其間關係愈益明顯。

一九五一年七月初，德國的法蘭克福會作爲一九四六年創立的新社會主義國際會議舉行地點。參加者除了自阿根廷西班牙及八個共產控制國家的流亡代表團外，一共有來自二十一國之二十二個社會主義政黨的代表——義大利一國有兩個代表參加。這再生的社會主義國際在東西鬬爭中的溫和影響不可能有何重要效果。然而，如果研究這次會議的最後宣言，而就其對歐洲社會主義明顯進程的揭示看來，倒有很大價值。

這次會議末次會所發表的「民主社會主義原則宣言」簡單而明確的陳述許多民主社會主義者久已認是政治及理論方面的眞正情狀。在民主社會主義之脫離教條武斷主義的窠臼方面，這篇宣言表現了一大步的前進。這並非意即暗示在更光明明天的理想與信仰（那是明顯而密切的與社會主義者企望發生連繫的），已經被人揚棄了。遠非如此。不過使社會主義者爭取政權時力量加強的是對于今天政治現實之一個遠更明晰的估價，馬克斯主義已不再被人看作全知的教義。馬克斯的許多學說已因其不能逆睹的社會經濟發展而變成不正確或錯誤的，因而或被改造，舊瓶加新酒，或則被人所忽視。上述宣言代表馬克斯社會主義者與非馬克斯社會主義者的融會折衷。那是個大家都能支持的原則的陳述。

社會主義的原則

經過幾十年逐漸修改後，傳統的馬克斯階級鬬爭觀念顯然已對新的現實主義讓步。於此的陳述見于宣言的序文；不過，附註中已說明自十九世紀當「社會主義首先以工資收入者運動開始」發展以來，社會主義階級的分界線已有急劇改變。根據宣言，社會主義並非無產階級的唯一特權，而反之現在正吸引社會中所有經濟與社會各階層較溫和份子。

歷史的關于兩階級——資產階級與無產階級的正統看法，即兩階級之形成由于資產之日益集中，與鬬爭權力而終爲無產階級之不可避免的勝利一說，已不再被人重視。社會主義者認識了其政治實力基礎築無產階級也築中產階級，便在政治上智識上和社會中極重要因子站在同一陣線。因爲社會主義除去了其革命的含義，現在便成爲一種教條和一種工具，於是社會各階層的一般支持便可以團結起來擁護這種社會主義。中產階級對于尊嚴與安全的希冀已與無產階級之激烈爭權爭較佳生活水準爭健全工業社會所需要的安定的運動携手。純粹馬克斯意義中的階級鬬爭現在已成歷史上陳跡。

社會主義者正根據一種加強的漸進主義來確定其新的動向，這種漸進主義承認而且的確讚美資本主義之自由與明智的革新。他們認識了資本主義經濟之下發展的驚人生產力，其一部份原因是由于個人能在政治上經濟上對其自己能力作最佳運用的制度的活動。社會主義者的問題是要設計一種兼容並包的制度，以便在社會主義秩序的創造中容納資本主義中的最佳因素；要承認自我表現的個人權利；同時，他們還必須防止一種極權觀念從社會主義教條的理想中產生出來。

作爲新現實主義標誌的另一政策的改變是關于所有權對統制的問題。傳統上，社會主義的說教從來不變的是主張主要生產工具的公有。

正統的馬克斯主義者要說，因爲生產手段是所有經濟力量的中心，所以不能把它付託給自私的少數人去統制。他們需要的是公有，因之，社會的經濟生產力才能用于大有利于社會之途。然而，過去三十年已經確定的顯示，過分的統制可能引致左派的極權主義，其危險性正與右派的相同。明瞭這種後果的新動向便鼓勵分散不集中化和由政府設計來指導的私有。這種所有和統制之劃分是企圖發現一條中間道路的嘗試。它可能避免極權的統制與資本主義的經濟無政府狀態及與其俱來的景氣與不景氣的循環。

另一個更重要的發展是，認識了對民主社會主義和社會主義運動的主要威脅，並非正統的馬克斯主義的傳統敵人——資本主義，而是一個新的更危險性的敵人——共產主義。左派的骨肉相殘之爭在歐洲政治舞臺上留下不可磨滅的烙印。這種敵視的加強是由于彼此都主張一種共同創始的理論，而其呼籲的對象又是人民中主要相同的階層。國際社會主義已經發表其宣言——一個原則的宣言也是作戰的宣言。例如帝國主義，這以前被認係財政資本主義的隨伴的，現在已被認爲和蘇俄的企圖對全歐建立霸權有關。這個「新」帝國主義的技術比舊方法更爲詭譎，因而也更爲有效。共產黨人巧妙的運用權力的各種因素，熟識地利用純粹的民族願望，作爲一種取得普遍支持的方法。他們在能攫取絕對權力的時期以前，假裝擁護政府的國會與民主形式。這便是所謂「人民民主國家」的玩藝兒。

法蘭克福會議的一般空氣完全譴責蘇俄的極權主義，而且宣告自己衷誠支持聯合國憲章的原則。然而當時所發表許多篇擁護集體安全要求重整軍備和積極表示贊成韓境聯合國行動的演說，與會代表則持以冷靜和某種謹慎態度的反應。這好像在一個社會集會中所有人都傾向于注意最適當最正式的樂趣時，有一個人突然提出一個微妙問題一樣。裁軍與平和主義兩問題，歷史上一向是社會主義政策兵工廠中的可怕武器，這次被人以現實眼光來考慮。不過所出現的却是一種對兩政策的和緩說法。要瞭解這個新動向的充分意義，我們必須回溯一九一四年以前時代，當時各國社會主義者都宣佈其對于相處如兄弟的深切意識，而且最強調的宣佈他們永遠不致自相攻擊。在四十年代中，沒有一個社會主義黨派能夠不陷入支持整軍作爲可能的防止德國侵略的教條理想主義的錯綜中。甚至慕尼黑的悲劇也不能使他們從理想的迷惘中掙拔出來。

雖然法蘭克福會議已經很勉強的試圖閃避問題，而作爲國際社會主義理想兩大柱石的平和主義與裁軍都已不復存在了。也許還有少數傳統主義者與黑守教條的啦啦隊仍然保持名義上的固執。而大多數均已認識一個軟弱的歐洲絕不能長保自由。社會主義政黨目前面臨的重大問題是如何能再整軍而又可不消失過去若干年的經濟利益。防務的需要對于各社會主義政黨的國內政策影響如何？如何能修改理想而又不致嚴重削弱一般人民擁護？在外交政策方面其結果如何？

於此可以英國作最賅括的分析，因爲直至最近英國有惟一戰後連續執政六年的社會主義政府。因之，英工黨便有充分機會來表現其主張。其他各國都不能提供一個這樣明晰的社會主義政府執政的情景。

戰後期間，英國對大陸政策的特點是繼續不願參加任何從歐洲的經濟政治運動，這種運動可能明確的需要英國被迫喪失其國家主權之若干特權。這種「孤立主義」之由于傳統上着重不列顛聯合國聯繫及均勢政策的英國外交政策影響如何？其由于英社會主義政府之厭惡融合其計劃經濟制度與相當自由市場經濟制度的影響如何？這些問題都不易答覆。然而仍有若干趨向可得而言。

工黨執政時，對於一切主張更有機團結歐洲的事項都表現出維多利亞時代的約束作風。工黨謹愼而處心積慮的釐定其政策，使趨于這個方向的一切積極建議與努力歸于無用。英國認爲不列顛聯合國及殖民地的連繫造成一個很特殊的經濟與政治上均能調和的制度，而這種制度不能與更密切的歐洲連繫相協調。英國認爲不列顛聯合國的連繫最爲重要。社會主義政府僅在軍事範疇內表示願與西歐發生連繫。布魯塞爾公約——以後因北大西洋條約之成立而變成不重要——便是一個例證。這有令人驚奇的，英國顯然贊同法國的歐洲陸軍計劃。然而對其他旨在造成歐洲「團結」的更可兼容並包方案，社會主義者都狡猾的運用各種延宕戰術，從乾脆拒絕到原則上贊成。

當一九五零年五月間徐滿計劃最初提出時，大家便馬上譽爲從未想過的對歐洲團結的一個最大貢獻。現在看來也的確如此。這個計劃可以很有效的連繫一個廣大工業區域。而且無疑的將有助于消除對歐洲團結的最嚴重壁壘之一，即經濟國家主義。這是各個國家一般懷有恐懼心理的反映，這種恐懼心理之產生也不無由于歷史現實的關係，因爲各國深恐和它競爭的國家如認爲最有利于其國內經濟，便將試圖「輸出失業」或各行其是。如果能在統一的制度內應付歐洲經濟問題，則政治上的合作將可更趨接近。因爲經濟的緊張常常會支持政治的紛歧。

由于英工黨政府之致力于計劃經濟與充分就業的計劃，它便不能參加徐滿計劃，因爲恐怕徐滿計劃將危害其在國內的地位。如果可能的話，工黨倒願意看到工業國有制度之廣佈全大陸。因之，每逢有適合于此一路線的機會出現時，他們便採取適應的行動。例如，數月前當討論有關徐滿計劃時，發生了結束中央售煤公司問題。德國法國顯然有美國的支持，都贊成其逐漸結束，它們指出徐滿計劃之實行將使魯爾的煤得以均平分配。工黨則因展望未來可能的國有化而力求予以保留。

歐洲理事會的前途

另一旨在促進「團結」的是歐洲理事會，那是歐洲聯邦的議會雛型。其基礎比徐滿計劃尤爲廣泛，如獲忠誠支持，則此歐洲理事會很可能發展而爲一個歐洲議會。這是法國政治思想的路線，另一方面，英國則堅持其傳統的均勢政策。他們對于大陸上勢力之集中尤表冷漠；他們贊成歐洲理事會沿着務路線發展。這便是說，他們力持理事會可在經濟社會及文化範圍對歐洲安定與繁榮作顯著的貢獻。然而各項計劃之實施必須先得各國政府同意，不應有犧牲主權之處。在業務的發展之下，實際權力操于各國內閣，而透過其所指派代表來行使。雖然英國在去年八月間部長委員會中同意修改其前此堅持的一致同意規定，而使大陸各國能成立一個超國家的組織，而如無英國支持，則若干國家（如比利時）便很不願意進行組織。因之，甚至採取善意超然態度的英國也足以妨阻歐洲理事會之進展。

於此，我們宜對英工黨內部的理論之爭加以申述。最近保守黨的勝利即易於引起工黨的內鬨，而此種內鬨未來將有重大政治意義。政治上言，由談吐粗獷的比萬所領導的工黨左派代表工黨中更激烈與不滿的份子。作爲左派整個看法根據的觀念是，如果英國在國際問題上遵循一個獨立的政策，她便能造成和蘇俄的友好。進而言之，英國如以其擬議中國防費用之一部份來提高落後地區的生活水準，她也可能造成一個對抗共產主義的有效堡壘。

因之，左派之要求英國應繼續遵循到社會主義之路，實爲其更致力于理想的預兆。左派份子之强調英國民族主義與主權，較温和的艾德禮派猶有過之。而值得注意的是，最近幾次選舉中，左派候選人得票甚多。保證國內經濟進步而犧牲整軍與「團結」的願望，雖爲左派所最力持，而却是整個社會主義政黨的特點。其間不同者僅爲程度與時機。

總之，英國工黨從來不强調馬克斯主義的革命敎條，因爲它需要獨立的中等階級的擁護，對于這一批人，這種敎條是格格不相入的。從種種跡象看來，社會主義者的主要興趣似乎是在于其內部的經濟改革，必要的階級呼籲，以及其取得政權以實施改革。這種事實加上社會主義者之需要在一個比較狹隘的國家利益內活動，限制了對于促使團結歐洲的計劃作超乎名義以外的支持。

譯自二月份「現代史料」

人而不如馬！

在蘇俄的集中營中有一個囚犯曾向集中營的主管人員遞一請願書，請求將他的地位換成一匹在金礦中工作的馬的地位。他請願的理由如下：

『假若我是一匹馬，每十天之中我將至少有一天不工作。但現在，我沒有一天停止工作。

『一匹馬能常常休息。但我這個囚犯却不能休息。

『假若我是一匹馬，我被分派的工作將爲我的力量所能勝任者。但我這個囚犯常常是飢餓的，當我不能做完我那份工作時，我便得到更少的麵包，以致使我更不能工作。

『一匹馬每天不一定要做十四小時以上的工作。但是，我每天必須作十六小時的工作，當我不能做完我那一份工作時，我的工作時間更要加長。

『倘若一匹馬被趕馬人鞭笞得太厲害了，趕馬人便要受懲罰。因爲在蘇俄馬是珍貴的。但是，當獄吏們因我身體太弱而不能好好工作以致鞭打我時，誰將懲罰他們呢？

『蘇俄的囚犯是什麼？什麼也不是。但是馬呢？馬還被當一回事！』

——囚營十一年記——

莫斯科的房荒

莫斯科房荒的嚴重情形可從每家門前所掛的名字之多而得知。有一天，我（即美國前駐蘇大使寇克夫人之自稱——譯者註）經過一棟一層樓的房子，那房子橫着有八個窗子寬，有五個窗子深。但在大門前所掛的木板上却有三十二個名字。附近又有一棟較小的房子橫着有五個窗子寬，有三個窗子深，這棟房子有二十個人。據我的一個僕人告訴我說：當一個離婚的丈夫接進他的新婚妻子時，他已離了婚的妻子僅僅退讓在同一房間中的布幕後面。倘若她沒有其他的地方可遷移的話，她是不能夠被驅逐的。

來函照登

頃閱本年四月十六日出版之貴刊第六卷第八期第二五九至二六〇面載有留美學生楊天驥君三月廿六日華府通訊一篇原文題爲「留學獎學金應一律由政府考選嗎」讀後深覺該文用意甚善惜眞象不明易滋誤解查本部前以近來各方贈送我國獎學金或研究補助金甚多而主辦機關不一亟宜統一辦理以專責成經呈奉

行政院核准以後國內外機關團體贈送我國之獎學金由本部統籌考選並應由本部與有關機關隨時切取聯繫在案此係專指外國機關團體或學校贈送我國之獎學金而言至於私人洽獲之獎學金並不包括在內凡專科學校畢業或大學修業滿二年而獲得國外獎學金者毋庸經過本部考選可隨時按章申請出國留學用特函請惠予披露以正視聽爲荷　此致

自由中國編輯部

敎育部國際文化敎育事業處啓　五・七

燕歸來著
紅旗下的大學生活
是最忠實的報導，寫出中共如何在大陸上摧殘自由敎育的眞象，凡關心中國文化敎育的人不可不讀此書。
友聯出版社出版
香港德輔道中惠羅公司三樓二〇五室
定價：港幣一元

艾帥返美前夕的西歐防務

西歐通訊・四月二十四日

本刊特約通訊記者 安道

有人把西歐防務的進展，與烏龜行步，蝸牛登塔相比，這的確是一個很恰當的比喻。不過，雖然進展很慢，但它總是在前進，沒有後退，而歐洲聯軍的產生更是一個驚人的進步。這在證明自由世界還有合作的精神，對侵略者是一個很大的打擊，使得赤色魔王不好不懸崖勒馬改變方略了。

艾森豪威爾來歐洲已一年有餘了。在這一年內他的忍耐確實感化一些歐洲人。他用他的苦口婆心，使一盤散沙的西歐復歸合作，使破碎了的歐洲又重新建立起來，這不能不說是艾森豪威爾的成功。雖然沒有達到預期的進展，但可以告慰的是，西歐的防務總是一天天在進步着。我們從艾森豪威爾最近的談話中可以看得出來，他雖不十分樂觀，但他却從不悲觀，他用時間來爭取最後的成功，他在歐洲最大的成就是他提高西歐人民反共的警覺。他提高了西歐人的士氣，他說三年前的歐洲人沒有反共的決心，但是現在的歐洲人却有了決心來抵抗共產主義的侵略。

在去年艾森豪威爾赴任之時，歐洲根本沒有什麼防務可言。北大西洋公約國家叫囂怒罵，只不過是紙上談兵，那時充其量，他們只才有十二個不完整的師，物資缺乏，士氣低沉，飛機一千架，還多是二次大戰後的剩餘物品，當時的西歐防務，只在海上擁有優勢，但海上的優勢，却不能減退共產主義對西歐的威脅。

我們再看當時蘇俄的軍事力量。北起北極海，南至亞得利亞海與地中海，在鐵幕背後它擁有一百七十五個師，再加上其他附庸國家的六十個師，飛機兩萬架，巡洋艦二十艘，潛艇三百隻，這枝龐大的力量，虎視破碎不堪的西歐。如果一旦要逞其逐逐之欲，戰事爆發，它可以用排山倒海之勢進攻西歐，西歐正是沒有力量能與它抗衡的。如果那時赤色魔王進攻西歐，不下兩個星期，整個歐洲便都早已鐵幕低垂，圈入赤色帝國的版圖了。

在艾森豪威爾初來歐洲之時，歐洲在二次大戰時所遭受的傷損，還未能恢復。眞是千瘡百孔，體無完膚，歐洲疲憊已極，再也無力振作起來。經濟的赤貧，人心的腐敗已達到了極點，要使它再振作起來，實在不是一件易事。當時的法國幾已傾其全力在安南與胡志明的共產黨軍周旋，他又應當顧全在北非的殖民地，它再也無力量來裝備更多的軍隊。英國更是千瘡百孔，窮于應付英伊石油的紛爭，英埃糾紛，馬來亞土共的騷擾，而佛朗哥又時時表示有威脅直布羅陀的趨勢，這實在使英國頭焦額爛，困難萬分，它不得不把它的力量分散，在歐洲駐有四個師，三個師駐防東南亞，三個師駐防中東，它也時常感到對于西歐防務，實在無能爲力了。在美國當時則又有些人反對派遣軍隊到歐洲來。那時，西歐防務實在是困難層層，幾乎令人絕望。但是艾森豪威爾却有他的決心，他認定時間能對他有利，他很忍耐的期待着。

西歐防務之所以能夠堅强，是因爲它佔有有利的地勢。他南北擁有兩個大堡壘，北部的堡壘是挪威丹麥，挪威有多山的海岸，沿海一帶尤如一道銅牆鐵壁，丹麥是一個水道國家，海島相連，形成天然的碉堡。意大利的北部與東部都被高山圍繞，這好似一道天然的防線，又何況他的外邊更有亞得利亞海，是一道天然的護城河。總而言之，這些地形是利于守，而不利于攻的。公元前二百多年加太基名將漢尼巴爾攀山越嶺，勢如破竹，幾乎滅亡了羅馬帝國，但是，羅馬人終於以逸待勞，臨山憑險，而把他擊敗。

大半的歐洲軍隊都駐在歐洲中部，而南北兩翼却是海軍用武之地。現在駐防西德的陸軍，有美國的四個師，英國的兩個師，法國的四個師。更多的軍隊是會提高歐洲人反共的信心的，但這却不是一件易事。艾森豪威爾用了他很大的忍耐，期待着計劃的實現，他的苦口婆心解決了歐洲各國許多政治的糾紛。又因艾帥的力爭，美國對歐洲各國的經援也都更轉積極，從戰後以至今日，美國援英的總數不下六十五億美元，法國約爲四十五億，德國三十五億，意大利二十五億。上年十二月間美國又給法國六億美元，美國運往歐洲的物資。一九五〇年是一百六十二萬餘噸，一九五一年冬是五萬四千噸，今年正月與二月間約爲二十萬噸。一九五二年爲在歐洲建立空軍基地，美國的預算是五億美元，一九五二年在歐洲能用的機場只有三十座，它還需要多的機場，聯軍的空軍力量還是很薄弱的，到今年年底可能有四千架飛機，這要與蘇俄在東歐所有的兩萬架飛機相比，相差很是懸殊。但是空軍不僅重量而重質，更要看駕駛員技術好壞，蘇俄的飛機多半是戰後的陳舊物品，而駕駛員的訓練亦較西方為差。

這次歐洲聯軍的成立，在計劃中是五十個師，三十個常備師，三十個後備師，法國十四個師，德意各十二個師，荷比盧共五個師，每師一萬三千人，英國對歐洲聯軍，曾一再表示，它無意參加，因為它是一海島國，並不屬歐洲大陸，但它始終聲稱，它願與歐洲聯軍密切合作。英國曾于一九四八年在比京布魯塞爾與法比荷盧簽立互助協訂，現在它即是一個北大西洋公約國家，連西德與意大利也在互助協訂之內，它曾一再聲明：如果這六個國家，任何一個遭受侵略，英國必定要以軍事援助，但是，如果英國遭受侵略（包括直布羅陀，馬爾他和的港），歐洲六個國家也有同樣的義務。英國的國防計劃本來是二十二個師，但是，何年何月方才能全部完成，現在推定言之，還似乎有點為時過早。

里斯本會議最大的成就，是西德也參加了西歐聯防。西德名義上雖不是北大西洋公約國家，但實際上它卻有北大西洋公約國家一切的義務與權利。法外長舒曼在里斯本會議席上曾一再表示反對西德參加北大西洋公約，他說：北大西洋公約是一個防衛性的組織，並非有土地野心的國家所能參加，那麼西德對于薩爾和波蘭佔有德國的土地是常念念不忘的，這種野心與北大西洋公約是相背的，他曾要求英美，如果德國退出歐洲聯軍，他們應當擔保它的安全，英美已拒絕了法國這種多心的請求。不過在對德和約完成之後，英美軍隊仍要駐防西歐。美國對西德參加西歐聯防，兩年來曾費盡了苦心，傷透了腦筋 因為它知道，不但德國軍隊能打仗，而西德的工廠對歐洲的防務亦是不可或少的，美國常對法國施以壓力，最後法國方面更出現了佛爾內閣，提出建軍計劃終于使德國建軍獲得了紙上的通過。

但是另一個問題卻又來了，蘇俄眼看西德倒向了西方集團，而且它又在整軍備戰，參加了西歐聯防，這是蘇俄的一個失策，為挽救這種失策，所以它才倡導德國統一問題，借着德國統一問題，借着德國統一的騙局，把西德也關進鐵幕。但是聯合國卻很謹慎從事，若使德國統一，必須舉行東西德民意普選，聯合國當即決定派代表進行調查，監視，預防人民投票時被威脅的情形發生，西德總理艾德諾立即聲明說：西德的大門是敞開着的，歡迎聯合國代表來西德調查。但是，當聯合國代表要進入東德時，東德政府卻不與以照准。東德總理葛羅托維爾說：這是德國內政問題，聯合國無權過問，結果聯合國代表在西柏林等了一個星期，還是不得要領，遂失望而返。從此可以看出來，史太林並沒有和平的誠意，他不過借此想來欺騙而已，當一次欺騙失敗以後，他又改變了手法，所以最近他又提倡四强直接會商對德和約問題，西方國家知道蘇俄並無誠意，已與以拒絕了。史太林看一計不成一計又敗，所以他不得不以卑鄙的手段來促使他的兩個傀儡，東德總理葛羅托維爾與共黨領袖吳爾布利希運動西德工人從事罷工，來反對西德總理艾德諾，他們說：西德參加西歐聯防，答允建軍，這是危害德國和平，阻止德國統一，有害人民福利，艾德諾值此棒喝，當然也不肯示弱，他一方面向西德人民說明真情，另一方面則另警告西方國家，當心蘇俄的詭計，不要上當。

北大西洋公約國家，可以分作三個地區：中部包括法比荷盧西德與奧國，直屬艾森豪威爾指揮，他有一位法國人 Juin 作陸軍司令，美國人 Norstad 任空軍司令，法國人 Jougard 任海軍司令，北部包括英國丹麥挪威，屬英國海軍司令布林德 Brind 指揮，他有一位挪威人任陸軍司令，一位英國人任海軍司令。南部包括意大利和地中海區，隸屬美國海軍司令加爾尼 Carney 指揮，他有一位意大利人任陸軍司令，一位美國人任空軍司令，海軍由加爾尼本人指揮。在里斯本會議之後，北大西洋公約，又增加了兩個新會員國家，希臘與土爾其，希臘有十個師，土爾其有十九個師，暫不加入歐洲聯軍。最近法國政府，在艾森豪威爾辭職之後，又要爭奪中部的指揮權，因為北部是一位英國人任總指揮，而南部又是一位美國人，那麼中部自應是一位法國人任總指揮了。

艾森豪威爾在歐洲的聲望，真是響澈雲霄，歐洲雖是五尺童子，沒有不知道艾森豪威爾其人的，他的聲望還較杜魯門總統為高，他好似與歐洲結了不解之緣，兩次來歐洲都當了最高統帥，二次大戰時，他率領聯軍擊敗了不可一世的希特勒，現在他又來歐洲重整軍備，等着與赤色魔王一較勝負。但可惜，他想上了美國總統的寶座，魚與熊掌不可兼得，艾帥終于要嘗一嘗熊掌的滋味，競選在即，於是不得不辭掉魚頭，命駕美國。目前他正在風塵僕僕的去向各北大西洋公約國家告別，我們看歐洲人是不願意艾森豪威爾辭職的，因為他好似歐洲的希望，他把歐洲各國重新聯合起來，給歐洲帶來了新生氣象，但是歐洲人並不太覺得依依不捨，反到更歡迎艾帥囘國競選，因為如果艾帥一旦競選成功，這為歐洲是會更有利的。他認識歐洲的情形，知道歐洲人需要什麼，歐洲人最怕的是麥克阿瑟和塔虎托，如果他倆人中有一人當選美國總統，美國對歐政策，可能完全改變，最受影響的可能是英國，他們也知道，現在在美國能與麥帥塔虎托相抗衡的，也只有艾森豪威爾，所以歐洲人希望他囘國競選，更希望他一舉成功。

艾森豪威爾四月二日的辭職書，已經得到了華府的批准，他準備于六月一日離職返美，他很為他正月七日的聲明抱歉，那時他說過：如果總統不召他返美，他決不肯先上書請辭，但是杜魯門總統卻說：艾帥是自由的，他幾時願意回來，就幾時回來，我決不召他返美，這使艾森豪威爾很有點尷尬，他在哥倫比亞大學當校長時，曾有人給他說：你將來可能有機會作總統呢，他說：你想一個軍人，他的經驗

（下轉第9頁）

北非通訊．四月十二日

奮鬭中的突尼斯

紫宸

愛國主義與民族運動，在北非與中東正如火如荼的燃燒着。它燒過了中東，又燒過了北非，從伊朗燒到埃及，又從埃及燒到了突尼斯與摩洛哥。殖民地裡的愛國主義與侵略者的帝國主義是水火不能相容的，而民族運動與殖民政策又是鑿枘不能相入的。帝國主義者說：殖民地裡的愛國主義是一種罪惡，是一種大逆不道的行爲，弱小國家只要稍微表現一點民族意識，而殖民者就要大放厥詞的說：這是共產主義在作祟，勢非剷除不可。所以在今年正月間，突尼斯國家政黨領袖布爾規巴 Bourguiba 即因國家主義色彩過深，而遭法方逮捕入獄。從此以後突尼斯也就多事了。突尼斯人時常以罷工罷市，來作消極的抵抗，突尼斯城裡的歐洲區時常發生炸彈爆炸的事件，這使法國人很感頭疼，雖日夜出動坦克車在街上巡邏示威，亦不能防止意外事情之繼續發生，突尼斯人並沒有被法國這幾個破坦克車所嚇倒而終止抵抗，直到三月廿七日，法國採取積極行動，更澈底的表現了帝國主義的眞面目，法駐突尼斯總司令何特可勞克 Hauteclogue 將軍下令逮捕突尼斯的內閣總理秦尼克 Chenik 和他的三個部長，即衛生部，商業部和農業部，並其他政治首腦八人，當日即押上飛機載到無人知曉的地方，農業部長薩迭拉 Mohamed Saadallah 因臥病在床，法方未便立即逮捕，但他却要求法方逮捕他，因爲他不願意離開他的幾位同事，他願與他們同甘共苦，這是多麼可歌可泣的犧牲精神！

按法軍總司令何特可勞克將軍說：他爲了法國的利益，爲了突尼斯的安全，不得不採取這種方法。因爲突尼斯內閣總理敵視法國，不鎭壓叛亂，曾派遣了兩位代表，去紐約安全理事會控訴法國，這兩位代表的出國護照業經法方扣留未能成行。

突尼斯的皇帝擺夷 Bey 曾上書法總統歐理和抗議這種事件，但是歐理和並未接受他的抗議，反而給他去一個極嚴厲的照會，命令擺夷立即提名親法份子，出來組織新內閣，不然，他的「土」皇帝寶座，恐亦將不能保矣。

帝國主義威風十足，擺夷在無可奈何之下，又捨不掉土皇帝的寶座，他不得不屈服于帝國主義淫威之下，遂提名一位親法的撒拉·艾丁·巴古斯 Salah Eddine Baccouche 出來組閣。這個閣員名單是早經法方擬定好了的，只請擺夷出名而已，擺夷並提名法駐軍總司令何特可勞克爲突尼斯的外交部長，同時撤消在聯合國的控訴。這是多麼滑稽的一幕戲劇。一位法國人任突尼斯的外交部長，這與一位蘇聯人任波蘭的國防部長又有什麼分別？

在法軍總司令何特可勞克逮捕突尼斯內閣總理的當天，突尼斯駐巴黎的兩位代表撒拉班·于瑟夫 Mahamed Salal Ben Yussef 及巴特拉特 Mo-hamed Badrad 即宣告失踪，原來他們害怕法方扣留，竟在人不知鬼不覺的時候逃出巴黎，第二天出現在比京佈魯舍爾，第三天乘飛機到了開羅。在開羅他們曾去電印尼及中東的亞刺伯集團國家，乱他們在聯合國控訴突尼斯事件，伊拉克曾給法軍總司令去電，請他立即釋放突尼斯內閣總理。在擺夷提名巴古斯組閣之後，突尼斯的工會曾發表宣言說：巴古斯是一個賣國賊，他們不能承認他的政府，他在突尼斯沒有號召力。在巴古斯組閣的時候，一位突尼斯的高級官員拒絕參加，何特可勞克將軍在老羞成怒之下，又予以逮捕，但是武力並解決不了問題。巴古斯組閣無望，只看法方如何處理了！土皇帝擺夷已失掉了自由，受法方監視甚嚴，但是每日有許多突尼斯人集結在夷擺的宮殿外面，大聲疾呼，請擺夷不要向帝國主義者屈服！現在巴基斯坦與亞刺伯集團國家已向聯合國提訴了突尼斯事件，我們希望聯合國能有一個公正的裁決。

（按該案已於四月十四日爲聯大安理會所否決，而且在該案中，美國竟一反過去同情民族主義的作風而投反對票，這是令人惋惜的。——編者）

法國在突尼斯的兵力並不很大，它只有一萬三千陸軍，傘兵海軍警察共五千人，合計還不到兩萬人。在突尼斯僑居的法國人約有十五萬人，佔僑居突尼斯的歐洲人的半數，他們幾乎握有整個突尼斯的經濟權。比較來說：法國人掌有突尼斯的經濟力在百分之五十五以上，其他的歐洲人握有百分之三十五，而突尼斯人却只有百分之五。從這個數字看來，突尼斯的經濟怎能會獨立呢？它已被帝國主義者搾取殆盡了，他們是主子，而突尼斯人却成了他們的奴才。

突尼斯人一向是很安分守已的，所以法國人曾把他北非屬地人民的性格作一個比較，他們說：摩洛哥人是獅子，阿爾吉利亞人是男子，而突尼斯人却是女人。這是說：突尼斯人沒有血氣，最好欺侮。但是，在外人壓迫之下，他們忍無可忍的時候，就要起來反抗了。現在的女人已經不是從前的女人了，比男子和獅子還要厲害呢！

法國人在突尼斯所表現的是十足的帝國主義作風，這也許是因爲突尼斯是女人之故吧！在一年以前，他們還不讓突尼斯人參加他們的工會，更不讓突尼斯人自已來組織工會，另一方面，法共却號召突尼斯的工人參加他們的工聯，這迫使突尼斯的工人不得不參加法共所組織的工聯，法國人所持的理由是：一、使他們反對美國；二、如工人罷工，他們好有藉口說這是受了共產黨的煽動；三、因爲純突尼斯的工會是反法的。

更進一步，他們限制突尼斯人開設學校，統制突尼斯的教育，殖民地裡的愚民政策莫過于是。大部分來自突尼斯人的稅收不爲突尼斯人所用。稅收的百分之十二是用在教育方面的，而分配却很不平均，一個法國兒童在學校裡得到的津貼，每年是三萬二千佛郎，但是，一個突尼斯的兒童所能得到的津貼却少了一倍，他們只能領到一萬二千佛朗。不但此也，在勞工方面也是如此，勞力相同，而所得到的工資却又完全兩樣。美國在北非建立空軍基地時擬定了工人待遇原則，出力同則工資亦同，但是，法國當局却說，這是不可能的，因爲這違反了歷來法國的政策，他們擬定了一個工資表格請美方批准，普通每日一個本地人可得一百五十佛郎，而一個歐洲人最少却要得四百五十佛郎，工資最高的本地人，每日僅可獲得四百，但是，歐洲人的工資普通都是五百至六百佛郎。美方最初很不願意批准這種不平等的待遇，但因法方一再的堅持，又因北非是法國的屬地，美國亦無可奈何！但事後他們却說：這是美國人擬定的工資，移禍于人，帝國主義者是何居心呢？

還更有甚者焉，對于高尚的職業和高尚的技術，突尼斯人根本無權問津，法國人也不讓他們學習，這樣的不平等，這樣帝國主義的作風，怎能不激怒突尼斯人？所以從一月起直到最近，突尼斯人的暴動和仇視歐洲人的事件層出不窮，玆摘要報導如下：搗毀私人轎車五十五部，破壞鐵路十五次，搗毀歐洲人的私產八十二次，破壞自來水管廿七次，破壞發電廠六次，搗毀郵政局和電報局十一次，破壞橋樑七座，破壞蓄水池廿二次，割斷電線廿二次，有一次竟達五公里之長度，損壞電線杆五百餘枝，殺死法僑十二人，十人受傷，攻擊法警和巡邏隊五十四次，十五次攻擊軍車和軍部，法軍死傷四十一人，最近一位法國高級官員被炸彈炸傷頗重。這一切的破壞行動和敵視歐洲人的行爲，並不是受了法共的煽動。回教民族都是反共的，突尼斯的國家政黨領袖布爾規巴是一個反共很堅決的人，他很不贊成亞剌伯聯邦的中立政策，他並不要法國駐軍撤退突尼斯，他曾說過：在現在世界風雲緊張聲中，法軍駐防突尼斯和北非是很重要的。但是，突尼斯人所要的是自治是平等，並不似過去那樣徒擁有自治的虛名，而實權仍握在法人手中。所以突尼斯人要求的是：一、純突尼斯人的內閣，不是似現在所有的七個突尼斯人和七個法國人所組的內閣，而實權握在法國人手中。二、一個純突尼斯人選的立法機關，並不要法國的參議員在內，因爲法國人的法律並不適宜于突尼斯人。三、政府公務員，應當用突尼斯人，並不能一如過去，突尼斯人對于高尚的職業和技術不能問津。前兩天，法外長舒曼，擬定了對突尼斯政策的四點大綱，要求國會通過：一、法國完全承認突尼斯的主權。二、法國要幫助突尼斯達成完全自治。三、法國人不過問突尼斯的內政。四、擺夷所出的指令，不需要經過法方同意。突尼斯人的要求和努力是正當的，是合理的，我們希望突尼斯人繼續努力奮鬥，不達到完全的自治絕不罷休。

北非的每一個大城市，都分有好幾個區。他們分歐洲區與亞剌伯區，歐洲區裡房屋高大，街道寬敞，現出一片富麗堂皇的氣象。亞拉伯人是不能到歐洲區來建造房屋的。亞拉伯區裡的房屋低矮，街道狹小，現出一片骯髒氣象。最可恨的是，他們把一個最污穢最窮的地方，叫着中國區，雖然那裡沒有一個中國人。這是因爲我們的國家不濟，政府不給華僑爭氣。國家强勝了，誰還敢來侮辱我們呢？

老實說：英法的人民在本國都還不錯，但是，他們一到了殖民地裡，就露出來了帝國主義的兇燄，好似亞非二洲的人民欠他們一筆債似的。林語堂在他「啼笑皆非」一本書裡說的很好：如果你願意一個英國人或一個法國人變成一個君子，你只要把他送回歐洲來，他就會變得很正派的。歐洲人是欺軟怕硬的，如果你對他客氣，他就以爲你怕他，如果你對他態度强硬，他倒佩服你，或者甚至怕你。

帝國主義處處給共產主義預備道路。他們是共產主義的前驅，給共產黨許多宣傳的好機會。他們欺壓弱小，卑視有色種族。而共產黨却說：他們要援助弱小解放世界，這是多麼好聽的宣傳！共產黨還會說幾句騙人的甜語，而帝國主義者却連一句好聽的話也不向你說，他們在殖民地裡高視濶步，目中無人的態度，幾使人不能相信他們是受過洗禮的基督教徒，他們逼使許多的弱小民族受了騙倒向了共產主義。在開羅，伊朗，我們已聽慣了這種呼喊：「該死的英國人」，「蘇聯萬歲！」但是回教民族是反共的，伊朗、埃及都在設法肅淸內部的共產份子呢！

亞非兩洲的回教民族，擁有將近三億的人民，他們的國家，都處於很重要的戰略地帶，在反共抗俄戰爭中是不可缺少的，如果帝國主義者肯在這時放下屠刀，以其所表現于本國的民主作風，來表現於文化比較落後的殖民地區。不再掛羊頭賣狗肉，不再在內倡民主，而對外施行獨裁。不再心口不如一，則未來亂事當會減少，民主陣營的和平與堅强團結乃可獲致，而在反共抗俄戰爭中始能握勝利之左券，如不然者，吾恐這些弱小民族，多多少少，總會要掣肘西歐國家的後腿，使勝利更艱苦，或者有害於西歐反共也未可知。一念之差，終身之累。願法方注意及之！

香港通訊

造謠者的果報

——記附共大公報之被判停刊——

范家樹

最近以來，香港的天氣，突然悶熱非常，有使人透不過氣來的感覺。但在這令人煩悶的季節，卻發生了一件大快人心，使兩百多萬香港市民鼓掌稱慶的事情，那便是附共的大公報，因刊載煽動文字而被控告，經過了審判之後，終於被判停刊了。對於具有正義感的香港市民們，引用一句大公報自己的話，這眞是「一大喜事。」

和大公報同時被控告的，還有另外兩家附共報紙，文滙報和新晚報，該兩報之負責人在三月二十日同被拘捕之後，經過了初審，已各交保一萬元釋出，聽候大公報案審判終結之後，再依次傳訊審問。

參加大公報案的陪審員們，六月五日以六對一的比例，決定了大公報罪名的成立。於是主審法官威廉士乃當堂宣判！大公報出版人費彝民，處罰款四千元或徒刑九個月。總編輯李宗瀛判罰款三千元，或入獄六個月。同被控告的還有該報承印人他里查，則無罪釋放。威廉士法官在判刑時，曾對被告們說：「陪審員已經判定你們刊載煽動性文字的罪名成立，我對他們的判斷完全同意。你們曾經自己說過，大公報不像其他報紙一樣，你們只刊載事實，不登載謠言的。但你們所登的關於三一事件的那篇文字，則從頭到尾，都是謠言。你們只利用了輿論的權力，而完全忽略了本身應負的責任。」

法官又判他們交納堂費，說是：「你們委託代辯律師，提出了種種問題，其中有許多和本案根本無關，荒費了許多時間所以判你第一被告（費彝）繳付堂費一千五百元；第二被告（李）繳交堂費一千元。」

大公報則被判於五月六日起，停刊六個月，關於該報詳細的控罪是：「於一九五二年三月五日，刊載涉及香港政府之煽動性文字。違返煽動法例第四段，第一節(C)之規定。」

而根據香港「管制出版統一條例」之規定，暫時停刊時間，不能超過六個月所以對大公報處以六個月的停刊，乃是法令規定中的最重的處罰。被告曾經請求延緩執行停刊，但被法官拒絕。兩個被告則在當天繳付罰款之後，已被釋放了。

從這天起，這一張標準漢奸面目的附共報紙，就此「壽終正寢」不再在太平山下露臉了。

說這張投共報的停刊，是一件大快人心的事，這句話絲毫沒有誇張的意思，拋開政治的立場不談，僅就香港政府所標榜的Keep your city Clean（保持城市清潔）的觀點來看這些骯髒的政治垃圾也有清除的必要。因爲這些奴隸性十足的漢奸文人們卑汚無恥的面孔，和他們那種向奴隸主獻媚的下流言詞，形諸筆墨充斥在香港的街市上，使任何人看見了，都不能免作三日嘔之感。對於港九市民的心理衞生來說，情形實在太也惡劣一點，較之「隨地吐痰，」「任意拋棄垃圾」的行爲，對市民的健康影響尤壞。

在這件案子審訊時間，被告們所用的標準共產黨策略，和目前中韓共代表們在朝鮮談判中，所用以對付聯軍代表者，殊無二致，疲勞，拖延，枝節旁生，糾纏不已，狂妄無知，危言恐嚇……應有盡有。這案子原定于八天內審判終結的，但結果卻由四月十六日一直拖到了五月五日才完。甚至在法官已經宣佈了判詞之後，被告們還糾纏着要說話，還是法官告訴他們說，他們已經沒有資格再說話了，他們的罪名已經判定，法官不要再聽他們說什麼話了。這個拖延了二十來天的審判才算告一段落。

從大公報對於它本身被控告的消息的報導來看鐵幕新聞的特殊作風，也可窺見一斑。姑不論新聞本身的價值如何，只要與共產黨自己的利益不相符合時，就簡直一字不提了。恰如附庸報紙們從來不曾披露過中日和約的消息一樣，大公報對於它的發行人，和總編輯在三月二十日被捕的消息，根本沒有登載過。直到四月十六日，它的律師在法庭上公開的辯護了，它才突然沒頭沒尾的，用了頭號大字，大部的篇幅，來刊載它的辯詞了，其情形恰像附庸報紙從來只報導「勝利」，「解放」的「喜事」，不登載失敗，撤退的軍事消息，一樣的叫人感到突兀。如果不是看到了「解放」某地，許多人還不知道那兒已曾失守了呢。

至於被告們在法庭答辯時期，所表現的無賴，狂妄的作風，在香港市民心中，也留下了一個非常惡劣的印象。從四月十六日第一次開庭時起，被告的律師陳丕士，便採取了張狂無理的態度來進行辯護，他首先聲稱香港政府對大公報負責人的拘捕，審訊，都是非法的。應即停止控訴，釋放被告等。接着又指摘，連陪審員的任命也是非法的，雖然這些抗議都由法官駁斥了。及至開始盤問證人之際，被告又枝節旁生，東拉西扯，鬧來鬧去，連他自己也不知說到那裡去了。其間且還練以幼稚已極的挑撥離間的詞句，例如當他盤問原告證人勞維警官的時候，便曾經問他：「在香港警察的英國人中，你是最低級的了嗎？」「你服務已經六年之久，還是個副警辦嗎？」「你覺着你是被警方苛待了嗎？」……等挑撥性的問題，這使人不由得聯想起共產黨「盡量向敵人的武裝部隊宣傳，解除他們的武裝而無須經過戰鬥」的戰術。顯然這些問題是和控案根本風馬牛不相及的。這使主審的威廉士法官也忍耐不住了，他告訴陳丕士說：一切有關警官們升級不升級的問題，根本與本案無關，他大聲的制止了，陳丕士這樣無休無止的胡攪下去。

其後辯論的中心，又轉移到英文譯文方面去，陳丕士在向原告的證人，香港高等法院首席繙譯陳國英，舉行盤問時，又重施故伎，他撇開了正題不談，只是一味胡扯，他問過了證人的家祠在那裡？問過了證人的祖國是那裡，他稱贊了證人的長壽，又問到了證人死了以後願意埋葬在什麼地方？又問到了證人是不是政治專家？當法官不耐煩的制止他這樣糾纏下去，告訴他這是一件煽動性案件，證人以繙譯的身份出庭作證，根本無須扯到什麼政治專家之類時，他就又問證人是不是經濟專家？法官於是又說，不必要答覆這種問題。但陳丕士還是沒完，他又問證人是不是社會科學專家？一味無理取鬧的作風，不但使主控官和法官都立即表示反對，且使旁聽席上的人們，也忍不住紛紛的投之以鄙視的眼光。

陳丕士接着又大加賣弄他對於英文造詣的高深，他指陳證人對於「屠殺」一詞繙譯之不當。本來在九龍三一事件中，只有一個當場受傷的人，其後因傷致死了，但附庸的廣州「南方日報」卻使用了「大屠殺」這三個字來加以渲染。若就實際的情況來說，對於一個人的死亡，稱之為屠殺猶自不可，而況「大屠殺」乎？附庸文人們這種無恥無稽的誇張語氣，原本是共產黨的傳統特徵之一。例如在附庸報提到美國的時候，永遠要稱之為美帝。一說到它們自己的政權時，便要說：「代表了全中國五萬萬人民的中國人民政府。」在報導戰事消息時，附庸報紙所報的「打死打傷和活捉美李軍××名」，若用了正常的說法，則是「傷斃及俘擄聯軍××名」。共產黨在文字上所搬弄的虛張聲勢的手法，仍不外是危言恐嚇策略中之一種。其用意不過是誇張自己的「強大無比」，以嚇嚇老百姓而已。但是這種狂妄低級的文字，竟成了大公報這次在香港招致法律制裁的原因之一。因為「大屠殺」三個字，在譯成英文時，便成了 Wholesale massacre，此就譯筆的本身來說，確是完全忠實於原來的詞句和語氣的。然而問題就在這裡，在九龍三月一日的衝突中，既然沒有死人，又那裡來的「大屠殺」呢？即使其後有一個人因傷致死，但仍然不能以「大屠殺」三個字來形容的。甚至可以說在今天的人類社會中，除了鐵幕國家以外，任何自由國家中，「大屠殺」這三個字也用不着的。

說是「大屠殺」而沒有死人，怎麼辦呢？於是原告律師想出了不成理由的理由，他企圖使證人把「大屠殺」三個字，解釋為適用於單數的形容詞，把 Wholesale massacre 改成了 kill，如此一來，就可以免去造謠，煽動的理由了。可見在他們的思想中，任何文字的固定解釋，都是沒有的，隨便怎樣解說，都無不可，「教育，文字，無非是政治的工具罷了。」一切按照他們自己的需要而定。至於像「大屠殺」這三個字的實際含意如何，想來每一個只有受過了小學教育的人，都可以充份的了解，說「大屠殺」的意思，就是只有一個人在暴動中因傷致死，那顯然不是中國的解釋，即使這個人確具有中國人的血統，至少他的思想已經不是中國人的了，否則對「祖國」的文字，又何至隔膜至此！

在整個的審訊過程中，有兩次幽默的談話，曾引起旁聽者無言的微笑的，第一次是四月廿八日，第十次開庭時，陳丕士所說的，「辯方的責任必須代表全香港的報紙，提出這個問題。」這幾乎使所有旁聽席上的記者們，都啞然失笑了。實際上香港的報紙，除了大公，文滙，新晚三報以外，幾乎全是反共的，陳某這種代表全港報紙的大膽作風，使許多記者們大吃一驚？沒有「委託」，就被「代表」了，中共今天「代表中國人民」的真象如何，也不難由此獲得一個深刻的認識。

還有就是原告證人彭德在法庭作證時，對于「南方日報」那篇文字的批語，他說：「那篇文字，是非常粗劣的文字，表示寫這篇文字的人，根本沒有受過多少教育。」當陳丕士要他把其中的一些字句，用比較「受過教育的」，「有禮貌」的語氣釋出時，他說他做不到，因為那篇文字實在太惡劣了，「假如我的學生寫出了這種粗劣的文字，我將立刻退還他，叫他重做。」

這幾句話確能十分透澈的形容出目前中國文化的沒落，和那些莫明其妙的附庸「報紙」的內容，是些什麼東西？同時也道出了中國附共文人們的悲哀。本來這些人中也不乏良家子弟，和曾經受過高等教育的人物，其奈中共對於高等教育之類，素不重視，過去一個學生要辛苦的受過十六年的教育，才能拿到一張大學文憑的，在今天中共盤據下的大陸上，一個不識字的人也可以進「大學」，而且只須一個月不到，就可以「畢業」了。過去多少有名的作家，今天不是閉門思過，就是「下工廠學習」，對文學已不能再贊一詞矣。受過高等教育，何足為奇！一經賣身投靠之後，就變成了俎上肉，奴下奴，每天戰戰競競的替主人做着無聊無恥的工作，而猶恐不迨，但騎在他們頭上的發號施令者，卻是一些目不識丁的土包子，「老幹部。」為了迎合「上級」的心理，也只好放棄了自己的學問，改寫一些對外欺騙恐嚇，對上脅肩諂笑的無恥之談，以圖苟全生命於亂世而已，前年還在稱史大林作父親的郭沫若，今年就已經改稱史大林作「親愛的爺爺」了。世勢若此，夫復何言，文人的身價越貶價，土包子們的身價越高，土包子們的身價越高，文人們的身就也越貶值，明年此時，假使郭沫若和史大林都還活着的話，郭沫若就更進一步的叫史大林「親愛的曾祖父」了，此殆為確定而不可疑之事。具有悠久歷史的大公報，賣身投靠之後，竟搞成了如此下流的面目，實為時勢之使然，也更可以說是少數認賊作父的漢奸文人們罪惡的一大證明。

此後在大公報控案過程中，還有兩件事是最令人感到惡心的。第一是被告在法庭上幼稚的政治宣傳，法官已經告訴他們，法庭是中立的，不必宣傳了，但他們還是要宣傳，他們要宣傳反美，他們要挑撥英美的感情，費彝民在自辯時還說：「我認爲很可能有許多事情，正如『人民日報』所說，是遵循了美國的意旨的。禁運就是一個很好的例子，因爲帝國主義者不想看到中英人民的友好。」陳丕士則更甚其詞的說：「香港如果跟着美國走，等於自己割自己的頭。」很顯然的，這與案情仍舊無關，法官照例又制止了他們再說下去。據說在香港有史以來，在法庭上胡說八道，儘是講些毫無關係的話，且又被法官阻止達如次多的次數，還以此案爲第一次。「遁詞知其所窮」，恐怕眞正有關案情的理由，已經根本無話可說了。

第二件使人齒冷的是，大公報在報導它自己的案情時，那種自我誇張的作法，似乎它不但已經主宰了眞理，且也主宰了法庭，說什麼「陳大律師的聲音，震撼了整個的法庭。」之類使人肉麻的詞句，在香港市民中，所引起的唯一的反應，便是使人聯想彭德的那句話，「那是一些非常粗劣的文字，表示寫這篇文字的人，沒有受過多少教育。」

並且，也正爲了共產黨徒們一向唯我獨尊，犯妄無知的傳統作風，也就更加重了由三一事件，到大公報停刊這一階段中，共產黨「港九行動組」鬪爭工作失敗的程度，這顯示了正義和法律的力量，並不會被史大林走狗的虛張聲勢而屈服，三一事發生後，港督葛量洪曾很坦白的宣稱：「我們是不會被嚇倒的。」

最後，筆者附帶把現在港九幾十萬難民的處境和心情向自由中國的同胞們作一報告。因爲香港大公港的被處罰，乃是爲了刊登一篇廣州「南方日報」所載的「廣東省廣州市各人民團體慰問九龍城東頭村受災同胞代表團」的一篇「抗議書」而起，而這篇「抗議」之所以發出，則是爲了該團自稱要在三月一日來九龍慰問「災胞」，港九共特們組織隊伍，到車站「歡迎親人」，其後該團被拒入境，共特乃藉此發動了三一事件。所以飲水思源，很易使人誤解現在的港九難民已陷入共特們的利用和操縱了，實際上，這是與事實絕對相反的，首先我們要了解，共產黨對於難民的態度，是永遠處於敵對立場的，這些人逃出鐵幕，來港九當難民，其動機何在，乃是非常明顯的。在共產黨看來，他們全是「國民黨殘餘」，是「反動」，是「瞧不起新中國」，是「跟在國民黨後面跑的」。所以共特們所搞的什麼「救濟災胞」，什麼「歡迎親人」，任何人都了解這是百分之百的陰謀。兩年以來，共特們曾用盡了所有的手段來誣蔑迫害難胞，即以大公報爲例，便經常寫了「一群學生」「一群工人」「一個小市民」之類的「讀者投書」，來發表他們的迫害意見，有的建議市民向政府抗議，拒絕支出專款，救濟港九難民。有的則主張把難民投進海裏，以「保持清潔」。……壞話說盡，壞事做盡，卑污狠毒，層出不窮，在此情形下，他們決不會有任何「溫情」來救濟難民的，這是很明顯的。再就難民而言，他們之所以成爲難民，流浪到港九來過着艱苦的生活，根本就是共產黨迫害的結果。沒有共產黨就沒有迫害和屠殺，沒有迫害和屠殺就沒有難民！千百萬和平恬靜的中國同胞，在中共殘害下家破人亡，骨肉離散，迫得背井離鄉，託庇在異國的旗幟之下，苦待着天亮，這情景是悲慘無比的，是所有難胞銘心刻骨，沒齒難忘的。中共是他們的生死敵人，血債血還，這筆賬遲早要清算！在大陸上失去了盈萬家產的人們，決不會對共特們區區的三四元「救濟金」而發生興趣，血腥的劊子手們的假慈悲的醜劇，更不會使不共戴天的難胞們感動，他們不是「親人」，而是敵人，所有的難胞對此都有清楚的認識。而且共特們這次發動三一事件的目的，又顯然是想要假難民之名，引起暴動，擾亂治安，一方予香港政府以威脅，一方更借刀殺人使難民蒙禍首之名，然後藉香港政府的力量以迫害難民，居心陰險，手段毒辣。是人都看得出來，處在鐵幕邊緣上，政治警覺極高的港九難民，決不會上共特的當，更不會受敵人的收買利用的。由於現在世界局勢的開展，港九難胞們正懷着無比的興奮心情，等待着報國的時機，國難家仇，鑄成了港九難民的堅強戰鬥意志，一旦反攻的號角響起，在青天白日的旌旗招展下，港九難胞便是一支收復失地的英勇先鋒隊。

四十一年五月七日於香港英皇道

（上接第15頁）

聯合國人權委員會曾經有過明文規定，我在這裏不一一的列舉了。另一個尺度，便是人們公認的自由、平等、博愛的理想。這些理想是永無止境的。是以，人們所要求的權利也是逐漸增多，逐步提高的。民主權利的範圍既經確定，權威的範圍自然不難劃出了。然而，權威的增加未必是權利的減少。有時，權威的擴張還大大有利於權利的增進哩！不過，只有民主權威才有這個可能。事實上，權威的擴張是否有利於權利的增進呢？權威使用者的判斷是不可信賴的，除非權威的建立者，權威的所有者——社會多數成員——認爲某些權威的增加是必要的，有益的，才能算事。否則的話，權威是不該輕易擴張的。

由此看來，民主與權威是相反抑相成哩！究竟是相反呢？還是相成呢？這就得看權威的性質了。如果是非民主權威的話，那就絕對相反的。如果是民主權威的話，那就似相反而實相成了。握有權威的先生們！何必一定得怕民主呢？

文藝

何處是歸宿

朱西甯

一

毛毛睡得正甜，讓母親喚醒了。含糊中神志不清地堅持着道：「不尿嘛，毛毛不尿嘛……」孩子的無知，愈使做母親的心疼地親着吻着。

滿屋子煙霧迷濛，火盆裡無數的火舌上下伸縮，貪饞地拚命想去舔那些一片片輕飄的黑色紙魂。後者狡猾的很，四處躲閃，旋起旋落。燒焦的煙氣嗆人，孩子嗆得舌頭堵着小嘴，縮着頭直是咳嗽。母親拍着孩子脊背，俯身低道：「醒醒！乖，醒醒！爸爸要走了。」

孩子驚詫地停住了咳嗽——爸爸要走！怎麼忽然要走？到那兒去？疑雲佈滿了毛毛的方寸之地，他望望媽媽，望望爸爸，他們什麼時候跑來的？還有張義盛，他怎麼三更半夜跑到這兒來？這一切都顯得很唐突，他努力地想去理解。

媽媽整理着包袱，爸爸和張義盛沉着臉，忙着收拾卷辭，不時往火盆裡丟進些信件紙張。

外面的車輛在石板路上隆隆地顛動，耳朵貼在枕頭上，聽來像半天的鬱雷，沉重而沒有休止。大風一陣又一陣送來婦人孩子的尖厲地呼喚喊應，亂嘈嘈嚷成一片，忽隱忽現，彷彿堵着耳朵停在海邊，潮聲隨着双手陣起陣落，那麼遠，又忽然那麼近。毛毛撑起胳膊，托住小下巴，双手堵着耳朵，一起一落。小心眼兒裡不斷地怨尤：這些人放着覺不睡，無事起鬨，害得爸爸要走！

張義盛忙中抽閒地過來親親毛毛，轉過臉去道：「科長，我看還是把毛毛帶着吧！」父親瞟了孩子一眼，沒作聲。隔上一陣，等大家的思念都各自轉移別處去了，才又嘆道：「我這逃出去，還不是個地道的難民！只怕光桿子一個兒不了還要挨餓……」。

看着收拾的差不多了，父親分付張義盛道：「你回去吧，科裡的行李，你明兒有空就給送來。還有，將後來萬一城裡日子實在過不下去了，你就幫忙把他們娘兒倆送下鄉去。萬一你也混不下去了，乾脆也一道去，老太爺年事高了，你多少也可以照應照應。」張義盛一面應着，一面不捨地退出去。但立刻又轉回來，什麼話也沒有說，歎口氣走了。

做父親的臨去匆匆，俯身到床邊去，親着孩子，溫情中夾着慌張的顫慄，久久不肯離去，只管反覆地叮嚀着：「要學乖，毛毛，好生聽媽媽的話，要不幾天爸爸就回來了。」嘴唇膠着在孩子初醒後紅潤的小臉蛋兒上。

爸爸走了，爸爸只提着一個小包袱。但那個小包袱彷彿帶走了一切，家裡留下來的是一無所有，孩子吊懸在這四無邊際的空虛中，想抓取一些什麼，却一點什麼也抓取不到。他翹起頭來，聽見母親在外間客堂裡傷心地哽咽，爸爸低聲哄着，聽不清說些什麼。不一會，兩個人推門出去了，腳步從街前躑躅而過，牆根落葉滴溜溜地打轉，低訴着陽關悲曲，踏上去碎嚓有聲，刺人肺腑。

火焰熄了，黑色紙魂上火星兒各處流竄，一面唧喳私語，彷彿偷偷地討論他們的壽命尚有多久，然而瞬息之間火星兒一個個少了，一個個死去。沉沉的灯光在孩子的淚眼裡長短交錯，金芒四射，他怯怯地望着漆黑的屋頂，被窩裡愈來愈沒有暖氣，小小的心靈上掙扎着一種棄兒的觖望。他喊着：「媽媽，媽媽！」却沒有應，不敢再喊，生恐驚動了暗處的妖魔鬼怪，一點保護也沒有。

忽然母親蹌蹌踉踉地跌到床邊，擁抱着孩子直是哭。孩子的小腿讓母親壓麻了，他却不忍抽出，他不能在母親的悲慟下還顧及自己的苦楚。彷彿這種不顧惜的捐棄，便是他的愛，他的孝心，他是個懂事的孩子。

二

毛毛忘了隔夜事，同隣家伙伴搬磚頭蓋小房子。房子落成了，室內無主。太陽地裡小黃貓舒適地來去蹓着牆根擦癢兒。孩子們圍上去，捉來送進了新屋。小黃貓却不安于室，一塊磚頭堵住門，房頂直擺動，惹得孩子們蹲在地上哈哈大笑，拍着凍得紅腫的小手，狂喜地得意于他們的傑作。

忽然一隻腳伸進毛毛的屁股下面，蹺了蹺。毛毛穿的是開襠褲子，他敏感地跳了起來，一見是張義盛，便伸開双手等着抱。

張義盛却一反往例，沉着臉，愛答不理。從嘴角上取下香煙，問道：「你媽呢？」

母親在屋子裡，臉貼上玻璃窗喊道：「張義盛，科長的行李呢？」

張義盛不答話，直奔屋裡去。

小黃貓趁機溜掉，一下子就跳到院牆上去，回過頭來，萬般無奈地喵了一聲。

孩子們嚷着：「你下來，我們不逮你！」小黃貓不理會。大家看條件講不妥，興趣便轉移了。一窩蜂圍到水缸四週撈冰塊，飢飢渴渴地咬着，鼻涕黏到冰塊上，津津有味，咬得挺開心。

牆頭上風吹得太冷，小黃貓待不住，偷偷地溜進堂屋裡去。毛毛在大家鼓動之下，奮勇地跟蹤追到桌底下，追到東間房，再回到西間房。小貓躲到床底下死也不肯出來，孩子四下裡溜着眼，想找根棍子搗一下。

然而他楞了，母親靠着床架，一臉的蠟黃，像是還在準備竭力地往後退。孩子隨着母親的目光轉過去，只見張義盛的臉上有一種向所未見的難看，笑不是笑，怒也不是怒，皺着鼻子，嘴裡冒着一串串的煙圈。最後摔去煙蒂，狠狠地采上一脚，抱着膀子道：「你是聰明人，這以後，還怕你娘兒倆不成孤兒寡婦！我照顧你，是賞你的臉。別諒着我張義盛找不到黃花閨女。當眞是下賤到底，非給人家刷鍋？左不過鄉下老頭子那兒是你的去處。可你自己想想去，你這麼一身的色彩，只要你能走得掉，到鄉下去保險，那你儘管走，我不攔着你。」

可憐的小婦人双手掩着臉道：「你不能這麼沒人性！科長待你不錯，科長從未把你當作下人看待，科長會回來的……」

張義盛喉嚨裡咯咯地笑着，衝得肩膀直是哆索。他道：「別再滿腦子漿糊，把眼前這個時代給認識清楚！我張義盛幹麼兩三年來掃地抹桌子當二小？今天××政權推翻了，你還在迷戀你那個官老爺？我看他有三頭六臂的能耐還敢回來！還是方才那句話——跟我過，虧待不了你，孩子留在這兒，我不擋。到鄉下去，我也不留。老頭子那邊，你放心，我交待下去，給他留兩畝田養老，不怎麼他。你馬上給我決定。不的話，用不着我交待下文，你看着辦好了！」

毛毛抱着母親，仇視着那人，表示參加了媽媽的陣線。他想：「他不是挺喜歡我嗎？他一來，便揹着我，街坊上去看慫傀儡子，買糖胡芦給我吃，買風車給我玩。爸爸和媽分付他做什麼便做什麼。他管爺爺喊老太爺，爺爺進城來他跟我搶着給爺爺拿煙，倒茶，點火……」他不明白媽媽爲什麼這麼突然地怕起張義盛來？媽媽爲什麼不叫張義盛滾出去？他仰着臉看媽媽，她只管摀着臉哭。

他撲過去，揚起小拳頭下死勁地搥着張義盛的大腿，一面喊着：「你幹麼欺負媽？不許你欺負媽！爸爸回來會罵你！」張義盛唬地吼起來：「過去，小雜種！」毛毛一下子便倒在地上，衝出尖銳的第一聲，接着張大着嘴，蹩上半晌才哭出來。母親慌忙過來，半途中被張義盛一把拖住，母親摔不脫，孩子隔在一傍破聲嚎啕，伸出求援的小手，但也只是徒然地抓空。

毛毛絕望了，他第一次感到母愛被阻攔，他一直全心信託的母親如今使他可望而不可及的隔離那麼遠了。

房東繆奶奶在院子裡喊着：「小鬼，想死了！寒冷十月的吃氷凍，不聽見毛毛挨打啦！」孩子們一鬨而散，從窗前急促地跑過，銷聲匿跡地躲到前院去了。

毛毛繼續地哭着，跪着往前爬。他聽見繆奶奶嚷着：「太太！寒冷十月的，少打兩下吧！」他看見張義盛在媽媽身上亂摸，他看見繆奶奶突然站在房門口，他以爲有救了，大聲地哭嚷着，然而繆奶奶呸地罵了聲：「該死！」折身便走。

三

逢到張義盛一來，毛毛便被隔離到東間房去。細床短被，鼠𪕽爲伴。只有寒月探首進來，隱隱地把室內茱梱、桌椅、堆積的柴火等勾出模糊的輪廓。母懷以外的夜世界是這般的冷，這般的沒有保障。到處有耗子的輕嗅，嘁嘁喳喳，彷彿在低聲計議如何來收拾這個孤援無助的孩子。他顫慄地縮做一團，不敢舒一口暢氣。直到下半夜，兩隻小腿摸上去還是氷凉，渥不過來。孤苦使孩子與小黃貓建立了友誼，他摟牠在懷裡，聽牠呼嚕呼嚕地念經，茸茸地毛貼在孩子的胸前，他得到些許的溫暖和慰安，有時也敢悄悄地探出頭來，提出問題給月姥姥：「爸爸呢？爸爸呢！」始終如一詢問着。他得不到答覆，但他荒唐地替代月姥姥答覆自己：爸爸回來了，爸爸提着包袱正走在運河大橋上，爸爸立刻就要叩門了，爸爸一進門便問：「毛毛那兒去了？好，你們把毛毛趕到這兒！」爸爸開始打張義盛，爸爸有手槍，「咚！」孩子兩隻小手伸到被外，編成手槍，對準了那假設的目標打過去。爸爸接着把毛毛抱起來，親親啄啄地疼着說：「毛毛，你受屈了。」孩子的小淚珠滾到枕頭上。媽媽也挨罵了，垂着頭認罪——可是，不，媽媽不挨罵，媽媽挺可憐的，他愛媽媽的美麗。媽媽早上梳頭，那烏油油的黑髮披在肩上，他抱着媽媽的腿，始終仰着臉孔張着小嘴楞楞地瞧着。直到工作完畢，媽媽一低頭，瞧他這份憨像，便狂喜地一把將他提到桌子上，踮起脚尖咬他的小頭梆兒，他再重新把媽媽的頭髮給撕亂。媽媽生氣了，梳子輕輕地敲着他的小腦殼，媽媽簡直只比他大三歲。可是西間房裡母親一聲沉悶的咳嗽傳來，那使孩子感到母親已經與他隔離得千里遙遠，像在世界的另一端，並提醒他那隔絕之後更感飢渴需要的溫懷。他躲進被窩，低喚着媽媽。然而當清晨母親𤸷着眼泡來給他穿衣時，却又任性地抗拒，不肯接受。只管嚷着：「不要你，不要你……。」他說不上是恨她，是怨她，是存心嘔她。他恨不得立時死去——他並不懂得死是什麼——讓媽媽懊悔不及的哭死，那他才暢快。

母親怕給人偷聽去似的，咬着耳朵提醒他：「乖，記着爸爸臨走囑咐你的話。好乖，只有你是媽的心肝寶貝，別讓媽心裡難受。」毛毛堅持不下去，母子倆緊抱着嗚咽。但等到滿腹的委屈並未得到解決地傾瀉後，他仍不能就此原諒了母親；媽是把他當做心肝寶貝的疼着嗎？她爲什麼聽張義盛的話，把他孤零零一個人丟在這兒？她爲什麼不罵張義盛，不打張義盛呢？——就只知道躲着人哭！最可惱的是爺爺進城來看他們，母親滿口說他們在城裡過得很好。老人聞聽之後，心滿意足地回鄉下去了。爺爺說：「進一趟城，可不容易，求哥哥拜姐姐的開路條。路上盡是些小忘八蛋執着高粱楷把守着，至大的不過十一二歲。高起興來，高粱楷抽你兩下。這倒成了個什麼世界！老年人是該死了。這些牲口！目無王法！聚了半個多月才聚上十一個鷄子兒，特帶來給毛毛的，都讓那些野孫子磕爛了。」

天那麼冷，爺爺一身的破爛，手裂的不成樣子。爺爺道：「皮袍子哪還敢穿？稍微像樣兒的棉褲頭也不敢露面了。年年穿慣的，這一下可眞有些受不住。人一上了年歲，血氣衰了，經不住熱，耐不住寒……」爺爺抱緊了毛毛不肯放，彷彿抱的不止是他的孫兒，而且是他那流浪逃亡，音訊全無的兒子。

毛毛要跟爺爺下鄉去，鄉下好玩。爺爺忙阻止道：「鄉下不是住人了！」老人不一定是專對孫兒訴說的：「我可捨不得我們的寶貝到鄉下去啃白薯秧。等着，寶貝。」老人把聲音放低：「等國軍打回來，鄉下日子好過了，再接你去。」孩子不過想想而已，並未堅持。可是當他蜷臥繩床，凝視寒星擠眼的時候，他又在惱恨那次爲什麼不堅持着非去不可！

忽然有人叩門，盡量壓低了喉嚨，用力地喚道：「張區委！張區委！張同志……」那是張義盛使喚的通信員的聲音。一口山東的土腔。

孩子翹起頭來，冷氣趁機溜進被窩。小黃貓那一對顆果綠寶石似的眼睛躲在裡面閃光。他平氣靜聆着。夜深，一根繡花針落地也清晰可聞。雖然來人彷彿在閉着嘴講話，但那山東話特具的濁音，却瞞不掉一個字地送進了毛毛的耳朵裡。「報告區委，包同志在家裡又哭又鬧，擾的不成樣子，賭咒罰誓非要明天告到組織去咧。」

「她知道我在這兒？」

「俺曉道是誰告訴大太的嘛。俺說你上公安局開會去啦，說啞着太太也不聽。區委：頂好你即刻回去，防着她眞找到了公安局，那可膽嗦了。」

「老騷×！三更半夜的……」

那人咬牙切齒地罵着，急促回西間房去。不一會兒，便聽見兩個人大步大步地走遠，窗外有手電筒的餘光。

毛毛等着母親來抱他回去，然而一等，二等…沒動靜。他渴望着母懷，一刻也不能安靜，最後他埋怨地喊着媽。

母親的聲音非常低，有氣無力地應着：「毛毛，你自己過來吧！」

毛毛先是賭氣不肯，只管一聲聲地喊着。最後沒辦法，頂着小棉袍跑過來，一路打算着非跟媽媽鬧一場不可。

然而剛爬上床，鑽進那噴着母親氣味的被窩，孩子降服了，所有的惱怒全完了。他貼緊母親的胸脯，在母親輕微的呻吟中，哭着睡熟了。

天剛朦朧，毛毛便被母親扭動的身子給擾醒。母親胸脯上盡是汗珠，喘息着，彷彿接不上氣。

媽媽病了，媽媽求着他把衣服穿好，去請繆奶奶來。

媽媽養了個小弟弟，但只有白薯那麼大，生下來一動也不動。鄰家的孩子偎在門口想從門縫裡看，並且用條件來交換：「等我媽媽有小弟弟，也准你看。」毛毛橫攔着門，不答應。他彷彿感到這是一件見不得人的事，準備從今以後與這些不體諒的孩子們絕交。

繆奶奶用媽媽一件破衣服把那塊白薯嚴嚴地裹緊，提着出來。把下一個任務交給住在後門口專靠拾破布打「靠子」的又髒又窮的苦老太太。繆奶奶小聲嘆道：「你說可惜不可惜！五個月了，好生的一個小子給糟蹋了，這種人該多麼作孽喲！」

那苦老太太皺着眉，分外顯得一份苦相．「五個月？那該還是前夫的？」

「可不！」

繆奶奶一走，孩子們都湊了上來，一個個駝着背，伸着頸子，扶着膝蓋，明知應不出什麼來地應着那個小包裹。臉幾乎貼了上去。

毛毛氣急敗壞地跑回來。母親臉埋在枕頭裡，抽噎着。

四

繆奶奶這兩天專愛在他們屋子裡，和母親低聲計議着什麼。母親的淚終日不乾，說着說着的就哭了。毛毛聽不懂，但從兩個人的臉上，孩子彷彿預感有種大難臨頭的惡兆。他一刻也離不開母親，拉着母親衣襟，抱着母親的腿。奇怪的是母親一些也不煩，任他拉着抱着，從不像往日那樣：「煩死了！死過去！」

繆奶奶道：「我早說過，你是有學問的人，什麼都明白，你得防備這一着。他們那些個老女人，什麼毒手她不會下？如今把你配給那種十不全兒的鬼，這不等于把你凌遲了？老天，這不簡直是陰曹地府了嗎！還那兒是陽間人世？」

母親顯得十分單薄，不勝其寒地縮着肩，抽泣着，斷續不清地訴道：「你叫我怎麼防備得了？…我是挨綑在這兒，綁在這兒了。叫我上天無路，入地無門，往那兒逃？那兒躲？」母親親着孩子，親得他透不過氣來。她軟弱透了，幾乎要反轉過來把孩子當做她的母親那樣地皈依了。她捧着毛毛的臉蛋，凝望着，像不認識她的孩子，又像是拚命地想把孩子看個足。但她却一下子把臉埋在毛毛的肩上，哭道：「乖，別老是把眼睛緊盯着媽，媽經不起你這麼盯！」

繆奶奶勸道：「別光是哭，事情走到這步田地，不是哭得了的。打點起精神，給孩子用得着的衣物零碎早些收拾收拾，孩子要緊。留得青山在，不怕沒柴燒，這你就算對得起你家先生了。事情也難說。設或國軍馬上打回來了呢，不又是好生的一家人家了嗎！」母親瘋一樣地哭道：「我那兒還有那個妄想！就是還留着一口氣，我還有什麼臉見他？天哪，我命就這麼苦麼？……」

毛毛讓母親呼天搶地的瘋癲唬得大聲哭着，口口聲聲嚷着：「媽媽，媽媽……」他却抑止不住媽媽的無休止的嚎啕。

繆奶奶催促着道：「收住吧！事不宜遲，當眞聽他們那一套，把孩子留給什麼國家不國家的！那是誑人的鬼話，你捨得毛毛落到他們手裡麼？」母親道：「可是鄉下那兒他們並不是不知道的，萬一……」繆奶奶搶着埋怨道：「我看你是白唸了一肚子書，這一點你怎的轉不過來？話不過是這麼說，念頭還不都是打在你身上？他們要孩子幹嗎？」

毛毛一聽說要他到鄉下去，他慌了，害怕了。他死命哭鬧着，抓緊了母親的頭髮，生恐立刻有什麽力量要把他母子倆給拆開。繆奶奶道：「毛毛，乖孩子，聽我說，媽媽要去找你爸爸，路上人家不准帶小孩子走路。讓你到鄉下爺爺那兒去待幾天，等爸爸回來了，馬上就去鄉下接你。」毛毛不聽，非要跟媽媽一道去。母親忍住了心痛，收住了淚，好說歹說，硬着心，誑着孩子，應允了許多許多優厚的條件。孩子堅持到臨了，覺得母親太可憐了，他應該成全媽媽。而且他嘗試着去設想並回憶鄉下的生活：當姑姑還沒出嫁的時候，他曾在鄉下整整玩了一個夏天，從沒想要回城。爺爺，姑姑都那樣地疼他，一切由着他。碉樓上有甥甥拍拍旋起旋落的鴿子。小登科——爺爺家的小夥計——爬到樹上去摸小斑鳩給他。還有頸子下面墜着一對穗穗的小荷蘭羊，咩——咩——地叫着，好像可憐楚楚地在喊着媽——媽——……。

孩子跪到地上，攔腰抱着母親，他竟反過來要求了：「媽，你不哭，毛毛才走！」母親一聽這話，分外哭得兇。孩子超年齡的體恤，遷就，和忍受，更强調了小小心靈是如何的備受委屈！母親的心像被一把利刄插了進去，絞過來，絞過去，痛楚得彎下了腰。

繆奶奶見孩子的衣物零碎收拾差不多了，忙着回去換双合脚的鞋子。鄉下風大，需要再加上一付包頭。

母親急促地寫了封信，裝進毛毛裡層口袋裡，囑付孩子把它交給爺爺。遂又把毛毛緊緊地抱住，臉貼着臉，反覆地依潰擦着，彷彿這樣便可以在孩子的身上永恒地留下什麽。

母親不再哭，母親的淚也許已經乾了。

五

北國的清明前後，雖然楊枝抽芽，小風依舊刮人。毛毛穿得圓圓的，活像一支陀螺，跟在繆奶奶的身邊出了城。

大運河滔滔的流水，映着初陽，千點萬點的銀星，擠着跳着，洋溢着無窮的生命。大橋中間的一段吊橋傾着身子站在那兒，像一隻不解事的小雛鷄詫異着面前絡繹而過的螞蟻似的，這傷感的巨靈在無言地凝視那從它下面擁擠而過的一隻連着一隻的沉重的運糧船，它顯得不解這是怎麼一回事。孩子擠在人叢裡探着頭，指指點點，顛三倒四數着：「一隻、兩隻、五隻、三隻、……」船上有比他還小的孩子，背上繫着偌大的葫芦，步履不穩地來去在船沿上。毛毛擔着心事，咬着指頭咕噥道：「瞧你好危險啊！你坐下來該多麼好！」他不敢看下去，縮回頭來，瞬即忘掉那些徘徊于生死邊緣的小孩。他仰看小臉，開始低聲指責站在他左近的那些男子漢的棉襖沒有領子，耳朵後面儘是齷齪。那擋在他前面的那個人，只穿了一條破單褲，凍得發抖。

繆奶奶說：「毛毛，船還多着呢，我們到那邊避風彎兒裡等去吧！」孩子跟着過來。迎面來了個傴傴縮縮的小販，挑着麥楷靶子，上面插着一串串看上去好像幾天賣不出去的又乾又髒的糖胡芦。孩子很久不見這個了，走過好幾步，又掉過頭來依戀地望上一眼，嚥了口唾沫，差一點被一塊不相干的石頭絆了一跤。

繆奶奶問道：「毛毛，媽沒給你一點零錢在身上？」毛毛搖搖頭，踮起脚尖又看了一眼那幾乎看不見的麥楷靶。可是他想起來了，他說：「繆奶奶，媽交我帶了一封信給爺爺。」繆奶奶道：「裝在那兒？拿出來瞧瞧。」毛毛翹起小嘴唇，吃力地掏了半響才掏出來。可是繆奶奶不識幾個字，看不懂，又不敢隨便找人來讀。她察情觀色地在一同候船過河的幾個人裡面，自認靠得住地相中了一個滿臉忠厚的男人。她請那人離開這避風彎兒，有點小事相煩，問他可識字？那人點點頭，接過信去，結結巴巴地讀着：

父親大人：媳，被迫，改嫁除一死，表明心跡外另，無——他途，媳，死不足錯（惜），唯狐鄒（孤雛）無託，全——全賴大人，照無（撫），因不願，毛毛目睹，此一，慘局，特請房東，膠（繆）奶奶，先送，毛毛，投奔膝下，個中情——個中情形，當由膠奶奶，代言稟告，彼等走後，媳當縣（懸）樑，以了，殘生，只因在生之日，有辱門楣，槐（愧）對大人，父子三代。死後，萬勿歸葬，家林兗葬（髒）祖先，牛眠之壞（壤）……

繆奶奶請那人停住，問他究竟這信上是什麼意思。那人重又看了一遍，他所能看懂的，並不比繆奶奶聽懂的更多。不過當他們兩個人費了好一會兒的推敲之後，繆奶奶的臉色陡地變了。

好容易盼到吊橋放下，繆奶奶把毛毛送過河，問他是否找得到爺爺家？孩子賣弄地數說着路線，頭頭是道，並且說他可以一口氣跑到爺爺家。繆奶奶急促地叮嚀了一陣，便連忙趕了回去。

毛毛一口氣跑進了第一個屋子，頂面便有兩個孩子拉着向日葵桿子攔住。窮孩子對于這種落單的細皮嫩肉的小孩特別愛好捉弄；而且他們現在有了特權；而且彷彿他們受窮受苦統統得由他來負責。

他們攔着桿子，讓毛毛從下面爬。他蹉跎地回過頭去望望來路，他被迫伏下身子，桿子跟着放低，攔住下巴，毛毛爬不過去。他靜了一下，迅速地爬起來，想從上面超過去，但桿子比他更快地又提高了一些，他開始倔强地從下面强行通過。然而那桿子着實地壓在他的頸子上，小臉蛋壓進沒踝的塵土裡。毛毛忍不住地哭了，一嘴的泥，喊着媽。

他飢渴地望着爺爺家的碉樓，跌跌絆絆地哭着奔着，準備一頭栽進爺爺的懷裡，訴盡委屈。爺爺的莊子裡有鑼聲，前面路口有小孩子把守，毛毛急忙繞進麥田：穿過耕耙地，犂起的土塊有毛毛的膝蓋高，一塊連着一塊，像千重山，萬重山。毛毛滿頭是汗，滿身是泥，沙土灌滿了棉鞋殼兒，艱苦的掙扎使他停住了哭，他上氣不接下氣地喘哮着，不

（下轉第13頁）

讀者投書

「不在其位，不謀其政」？

編輯先生：我爲貴刊忠實讀者，平時常與同仁親友就其中某問題進行討論，益覺貴刊立論公正堪爲反共抗俄的理論中心。但每在我們討論貴刊中某問題時，總有人非但不參與意見，反謂：「不在其位，不謀其政」，有時竟使討論爲之停止。因此我深爲懷疑這句孔夫子的話目前是否有存在的價值。

說這種話的人可能有兩種不同的立場，一種是懷疑到論政者的動機，認爲凡是論政的人都是功利場中的獵犬，因此自視清高者便不屑爲之。另一種則是完全出於消極的遯世態度，覺得這年頭多一事莫如少一事，少管事免得惹禍上身。我認爲這兩種看法都是不對的。

民主政治之所以可貴，就在乎人人可以參與政治。國父也主張人民應有政權，政府應有治權。簡單的比喻：政府的施政者是一個司機，人民則是汽車的主人，而司機開車的目的與方向顯然應以主人的意見是從，假如人民卻因「不在其位，不謀其政」而放棄他主人的意見與計劃，任憑司機將車子亂開，結果一定會遭遇到嚴重的災禍。如政治也如此，非但有失民主的眞諦，抑且更陷國家民族於困境。世上絕沒有這樣的道理：就是少數人的計謀，措施，比多數人的更周密，更完善。任何一個有才能的人都不能說他所知道的事物已經超過了其他所有人所知者之總和。因此，要通盤的改良，要更大的進步，只有集合多數群衆的意見，此所謂「集思廣益」。否則，只憑幾個執政者一意孤行，那還成什麼民主政治？

所以，在民主的原則下，人民非但能夠謀政，而且應當常謀政。同時，政府的執政者，只要其出發點正確，即應虛心採納，多加考慮，絕不能因爲「苦口」或「逆耳」而不予理會，因爲「智者千慮」「必有一失」，「愚者千慮」「必有一得」。

「不在其位，不謀其政」，這句話雖然是孔子所說的，但是現在時代已經不同了，這句話的含義已不復有其價值。我們決不能因爲孔子講的話，就絕對地奉爲金科玉律，不加懷疑，現代的治學方法是需要懷疑和批判的。須知這種不合潮流的觀念對社會的影響是很不良的。

讀者 顧梅生 五、一、臺北

我們需要一個新的運動

編輯先生：我以讀者立場，提出對貴刊之感想與期望數點，以請尊裁：

「自由中國」自立論態度言，較之官方所辦僅以錦上添花，歌功頌德者，自不可同日而語，臺灣能有此刊物自爲臺灣之光榮。爲達到貴刊宗旨第一、二兩條之目的，內容方面請稍增對臺施政實況之篇幅，是者是之，非者非之，對執行政策之人亦然；結果或較純理論文字更引人入勝。蓋貴刊讀者臺灣固爲主要對象，而散佈海外尤其他日貴刊可能進入鐵幕，此等臺灣以外之讀者亦不可忽視，在此等情況下，臺灣以外讀者關懷政治實況之殷切並不下於臺灣讀者對世局與其他各國對臺態度之關懷也。此外，個人至盼此刊物能領導並刺激一種新的運動，何以個人有此盼望？貴刊宗旨第四條爲使整個的中華民國，成爲自由的中國。目下名義上的中華民國乃偏居臺灣一隅，自臺灣返大陸爲一階段，自回大陸後而使之成爲自由的中國，爲又一階段。臺灣目下非有一復國與建國合一的運動，實難達成貴刊第四條之理想，歷史上自守舊以至革興，自亡國以至復國，皆賴睿智之士登高一呼，造成一種朝氣，向一確定目標前進，今日臺灣情形尤須有此種運動，表示非僅等待他人之拯救者。政府當局能領導此一運動固好，不然由貴刊領導輿論界造成此一運動，使政府確信此爲必走之道路，亦無不可。今日復國遠非推翻滿清可比，非激起臺灣海外及大陸青年之高度愛國熱忱，實難收事半功倍之效，當政者如不多動腦筋，即令世局轉變返回大陸，能否安定建國不受內外牽制，以個人愚見仍爲一大問號。目下政府當局以反共抗俄爲口號，但什麼是反共抗俄的內容，似乎大家只重口頭與教條，而未顧及如何擊潰敵人的心理長城。共產黨在大陸上之成功，世人皆驚爲奇跡，美國近來書報討論中共者無一不作種種分析，政府注意此問題否？若僅將責任推在貪污無能與美國人撤臺等數點上，未免看問題太粗淺也。是以「自由中國」果有促成此一運動之意，使臺灣與大陸同胞精神上先起共鳴，則目下老成持重之態度，很難達此目的，同時目下之立論內容亦以逐漸轉爲系統化爲好。假定此爲一促成自由中國運動之刊物，則內容方面似得顧到 1.有刺激性之短論促起愛國高潮，2.闢邪說 3.建立足以擊潰共產主義的理論系統，4.闡述自由中國的內容。能如此，風格當與前不同也。

讀者 朱明上 五、一、華盛頓

加強海外宣傳

編輯先生：

來信已收到，承詳細覆我，感謝之至。貴刊第六期我尙未收到。關於代銷一事我已去信給一位在德里的友人，俟他來信我再奉告一切，德里方面的華僑比較集中，在知識水準上也比較能夠接收貴刊，我相信一定有很多人是高興讀貴刊這樣刊物的。新德里的華僑人數較少，只有幾位華僑學生在此念書，是從馬來亞來的，中文程度很差，他們都希望看英文出版的東西。可能的話我希望你介紹點在臺出版的英文雜誌給他們，這幾位青年都是十分關心祖國的。一般說來，在印度和南洋的華僑，中文程度都不好，如果有英文雜誌，在東南亞的銷路一定是好的，因爲縱使是印度人也希望能看點自由中國出版的東西。

我來印數年，深覺政府在海外的宣傳做得不够，凡愛國華僑都會有與我同樣的感覺。自由中國的宣傳遠不如中共之强大，我在此看到中共的報張雜誌以及圖畫册子之類，如排山倒海之勢而來，大量奉送給每一個華僑，不管你願意接受與否。此地華僑大多數都是貧苦的，因此也就當爲他們美麗的謊言迷惑了。這是多麼令人惜惋的事！我希望貴刊對此能喚起國內朝野人士之注意，以求改進。

史美玉啓 四月廿日新德里

願代銷臺灣書報

—婆羅洲青年書店—

編輯委員會諸先生：敝號開設婆羅洲汶來屬詩里亞第六十八號，敝號同人不僅是「自由中國」的忠實讀者，而且也是「自由中國」的自動推銷者。敝號自貴刊分銷處批來貴刊，在此出售。由於「自由中國」公正的言論立場，很受此間華僑的歡迎，現在我們直接向貴刊接洽推銷事宜，請賜示辦法。此外並請你們代爲介紹臺北方面所有出版之各種雜誌及書刊，或同業書商，敝號均誠意願爲經售。這裡的華僑大部份是反共的，而且希望能看到臺灣的書報。特此函懇，祇頌臺綏

青年書店謹啓 四、廿五

一位華僑青年徵求祖國朋友

編輯先生：

我是一位熱愛祖國痛恨中共極權統治的華僑青年，同時也是貴刊一個忠實的讀者。我很感謝你們給我們青年在思想上的啓示，由於年來不斷閱讀貴刊的緣故，使我在思想與認識上有了不少的進步。

編輯先生：你知道一個遠離祖國的華僑青年是多麼嚮往於自由祖國？我雖不能直接參與祖國青年反共黨爭自由的行列，但在精神上我是和祖國青年站在一起的。我很希望能認識許多在臺灣的祖國青年，俾彼此交換意見，藉求進步。我想借貴刊一角之地，爲我登出這封徵友的信，我將我的地址附後，我在伸出熱情的手，準備與祖國青年做至誠的朋友！

我的通信地址是

CHANG SANG CHING
c/o LIAN WAH
P. O. Box No. 6
KUALA BELAIT,
BRITISH NORTH BORNEO

讀者 張昌正啓 五、一

推薦在港出刊之三日刊
自由人
香港高士打道六六號
電話二〇八四八
當天空運到臺
臺北經銷處
中華路一二五九號

鄭重推薦 擴版後的
香港時報
社論精闢公正 大陸消息詳盡
台灣專電充實 副刊輕鬆雋逸
國際專稿豐富 體育新聞傑出
港聞消息靈通 經濟報導正確
出紙兩大張 各報攤均售
歡迎訂閱 另有優待
總社：香港高士打道六四——六六號 電話：二〇八四八
分社：台灣台北市館前路五十號 電話：四〇一七
九龍訂閱處：黄大仙正街竹園聯台村20號民新書店
附設
東南印務出版社
承印圖書雜誌
工精價廉 交貨迅速

給讀者的報告

「五四」運動是一個新文化運動，人們當稱之爲現代中國的文藝復興。五四運動所揭櫫的理想——民主，科學，指示出現代中國應走的正確的方向。無論仇視五四運動的人如何詆毀它，但總不能提出反對科學民主的理由來。無疑地，我們須要建立起一個現代化的社會。現代化的含義，乃是在現有基礎上走向科學與民主，自然不是根本否定舊文化，但更不是舊思想的復辟。這應該是多數人都可以同意的前提。但是遺憾的是，時至今日，我們還可聽到人們在唱復古的調子，真令人有毛骨悚然之感。這正是我們本期社論之所以作的動機，爲此，我們不能不呼籲國人「堵防時代思潮中的一股逆流」。

近東當歐亞非三洲之衝，在世界戰略上有其重要之地位，尤其在共產極權者企圖征服世界之今日，在行將決定人類命運的未來戰爭中，近東實有其重大的影響作用。由於近東文化有其特殊的歷史背景，以及長期被統治於西方民族的結果，近東遂成爲近年來國際間的多事之區。近東各國所渴求獲得者爲獨立與自由，此種願望原爲今日世界潮流之所趨，但因於西方民族傳統的殖民思想之未能根絕，必不能及時修正其政策以適應近東民族之要求，於是，更加深近東民族對西方之反感。西方國家對內是最重自由民主的，然一旦君臨其他弱小民族之時，則又儼然帝國主義之面目。此種內外之矛盾，實爲西方精神之危機，亦爲自由世界心腹之敵人。西方國家應尊重世界各民族之生存及其文化，然後全人類之自由始能獲致。近東與西方間之衝突，不能僅從政治經濟的角度來看，而實有其文化與歷史的背景。因此吾人欲了解近東問題，必先研究近東之回教文化，從而發現其癥結，並尋致解決之道。張致遠教授是史學權威，他之討論此一問題，自有超人之識見也。

盟國對日本的佔領業於上月廿八日隨金山和約之正式生效而宣告結束，日本於無條件投降七年後之今日，開始重獲國家之獨立與自主。吾人不僅爲日本之光明的未來而慶欣，尤爲遠東與世界之前途而祈禱。職是之故，獨立自主後日本之動向，將爲世人所關切。然而歷史原是不可分割的，未來之日本實始於今日之日本。徐逸樵先生以其對日本之深刻了解，特爲此文，將戰後七年來日本政治經濟與社會各方面的發展，作一綜合之分析。徐先生此文很謹慎地避免了主觀的批評，而側重於客觀事實的報導，讀者們從此是不難據以測知日本之未來的。

分權主義是民主政治在制度方面的精神與骨幹，在民主政治下，權力的運用有賴於制衡作用而和調的進行，以達社會發展與個性創發之目的。在此基礎之上，權威與民主就不會是相反而是相成的了。許冠三先生在「民主與權威」一文中對此有透闢之分析。

本期由於稿擠之故，臺灣研究一欄暫停一期，容於下期續載。

本刊鄭重推薦

工商日報

消息靈通　報導翔實
言論公正　副刊生動

社址：香港德輔道中四十三號
臺灣總經銷：中國書報社

自由中國　半月刊　第六卷　第十期
"Free China"　總第六十一號
中華民國四十一年五月十六日

發行人　胡適
主編　「自由中國」編輯委員會
出版者　自由中國社
社址：臺北市金山街一巷二號
電話：六八八五號

航空版　香港時報社

經售者
臺灣　中國書報發行所（臺北市館前街八五號）
美國　紐約民氣日報社　舊金山國民日報社
日本　東京南友堂　東京內山書局
韓國　釜山草梁洞新泰行
馬尼剌　大中華日報社
印尼　椰嘉達星期日報　椰嘉達天聲日報　棉蘭繁華圖書公司
越南　西貢中原文化印刷公司　越南華僑文化事業公司
暹邏　曼谷攀多社十二號
緬甸　仰光振成書報店
印度　孟買梅亞號　加爾各答培梅學校
新加坡　中興日報社　檳榔嶼、吉打邦均有出售
澳洲　悉爾尼王德利公司
北婆羅洲　馬拉奕坡美芝律聯華公司

印刷者　臺灣新生報新生印刷廠
廠址：臺北市西園路二段九號　電話：二〇九六

本刊經中華郵政登記認爲第一類新聞紙類　臺灣郵政管理局新聞紙類登記執照第二〇號　臺灣郵政劃撥儲金帳戶第八一三九號

自由中國

FREE CHINA

第六卷 第十一期

要目

中華民國四十一年六月一日出版

社址:臺北市金山街一巷二號

半月大事記

五月十日（星期六）

行政院公布自六月一日實施臺灣省戒嚴時期軍法機關與法院審判案件劃分辦法。

美太平洋艦隊總司令雷德福離臺赴菲。

美第八軍團司令符立德將軍宣佈，被巨濟島戰俘營共俘刦持之杜德准將已安全獲釋。並透露聯軍曾作若干讓步。

新任聯軍統帥克拉克將軍宣誓就職。

白宮及美海軍部否認法世界報所載之美海軍軍令部長費區特勒報告，據法報稱該報告表示一九六〇年前歐戰將不能避免。

英全國城鎮議會選舉，工黨獲壓倒勝利。

五月十一日（星期日）

美駐華大使館代辦藍欽公使返美休假，館務由參事鍾華德代理。

美太平洋艦隊海軍陸戰隊司令哈特離臺返防。

南斯拉夫狄托元帥演說，表示不承認英美以治理的里雅斯德甲區之充分權力，給予義國之協議。

埃森城德共暴動，反對西德締和平契約。

五月十二日（星期一）

聯軍統帥克拉克將軍宣佈新任巨濟島戰俘營司令柯爾遜准將爲使杜德准將獲得釋放對共俘所作讓步之條件。

美第八軍團發表杜德准將被俘經過。

李奇威將軍離日返美。

五月十三日（星期二）

美參謀首長聯席會議要求遠東統帥部就巨濟島戰俘營事件提出詳細報告。

第八軍團司令符立德將軍改派布特納准將繼任戰俘營司令。

美英法三國答覆蘇俄照會，表示堅決完成西歐防務及與西德簽訂和平條約之計劃。

西德政府宣佈美國對德佔領將於六月間結束。

五月十四日（星期三）

旅美華僑領袖周錦朝抵臺。

五月十五日（星期四）

聯軍統帥克拉克將軍宣佈柯爾遜與共俘間交換之文件絕對無效。

韓境停戰談判共黨代表誣控聯軍迫害共俘。

日衆院通過防止破壞法案。

杜勒斯演說，批評美政府外交政策，呼籲重視亞洲。

五月十六日（星期五）

日外相岡崎勝男宣稱蘇俄在日本已無外交特權共方聲明，如不全部遣俘，即將繼續作戰。

五月十七日（星期六）

美海軍軍令部長費區特勒宣稱，美政府如決定封鎖中國大陸，美海軍力能達成任務。

聯軍統帥克拉克將軍派兵增防巨濟島嚴防共俘暴動。

美官方透露，美政府已敦促法國在突尼斯作合理改革。

美國防部長羅維特指責共黨以和談作宣傳，並警告共黨勿施用細菌毒氣。

韓境停戰會議聯軍首席代表卓伊指責共黨無誠意，表示聯軍不擬再作讓步。

西班牙元首佛朗哥演說譴責西方姑息蘇俄。

五月十九日（星期一）

英外部照會中共，宣佈英國商業組織已決定在中共區內停止營業。

美官方宣佈柯拉克海軍中將繼卜瑞斯寇海軍中將出任第七艦隊司令，卜氏將繼卓伊出任美駐遠東海軍司令。

克拉克將軍宣佈任命哈里遜陸軍少將繼卓伊海軍中將出任停戰談判聯軍首席代表。

美第八軍團宣佈聯軍已完成對杜德事件之調查案。

五月二十日（星期二）

大法官會議決議，監察院得對立法院提出法律案。

美總統杜魯門在西點軍校演說反對強迫遣俘。

東京消息，日政府將通知蘇俄，撤退其駐日代表團。

釜山俘虜營共俘與美兵發生衝突。

五月廿二日（星期四）

李奇威出席國會兩院聯席會議演說，報告韓國局勢。

卓伊臨別聲明，志願遣俘原則不變，和談成敗決於共黨。

菲參院通過結束對日交戰狀態。

五月廿三日（星期五）

總統命令，特任馬國琳爲考試院秘書長，史尚寬爲考選部長，雷法章爲銓敍部長。

美英法三國外長抵波昂，與西德總理艾德諾磋商和平契約最後問題。

聯軍統帥克拉克將軍下令美第八軍團對共俘得採取斷然控制。

韓境停戰談判決定休會三天。

蘇俄照會伊朗，抗議伊政府接受美國軍援。

美衆院通過削減援外款項總額至六十一億六千萬元。

五月廿四日（星期六）

美陸軍部通知參院軍委會，杜德及柯爾遜准將均已予降級之處分。

美參院軍委會公佈柯爾遜文件。

巴黎法共舉行反美反李奇威示威。

美參院安全小組委員會公佈七年前秘密情報，指證中共爲蘇俄傀儡。

法內閣會議通過授權徐滿簽署對德和平契約，惟以西德不退出歐洲軍爲條件。

社論

從對西德和平契約談起

美英法三國對西德的和平契約，已於五月二十六日簽字。這個契約對於世界和平的重要性，比起舊金山和約，實在有過之而無不及。因爲舊金山和約，中華民國沒有參與，好像有助共匪張目的嫌疑；而這回的對西德的和約，三國一致，英法——尤其是法國——各能捐除成見而以公共安全爲前提，在步驟上尤足使俄人膽爲之喪而氣爲之奪。

俄人果然膽爲之喪而氣爲之奪麼？史達林深居克里姆林宮，天天試用他的詭計，天天要使世界上愚惷的野心家或匪徒(如毛澤東之流)上他的當。他在世界和戰的局面上，可以說操着全副權柄，因爲他如果不動用武力，西方國家亦必不至甘爲戎首的。世界上的野心家或匪徒，可以說十之八九是愚惷，不怕不上他的當的。世界上有那麼多的人上他的當，而他不是有十分把握打贏仗的時候又不會向西方國家動用武力，所以儘管西方三强對西德簽署和平契約，儘管西德加入北大西洋公約國所建立的歐洲聯軍，史達林亦可以視若無睹而笑西方國家爲無事忙。

克里姆林宮的陰謀者當然可以用這個想法來安慰自己。然如意算盤無論打得怎麼好，決不能埋沒事實。即就詭計而論，史達林亦決不是一個聰明的人。他如果是一個善於運用詭計的人，決不至於前年發動韓戰，決不至去年不簽字於舊金山和約上。這些事情，與其說史達林有什麼秘密的妙計，毋寧說史達林因日暮途窮而倒行逆施。

這些倒行逆施，一方面踏上失敗的路途，一方面使西方國家倍加警惕而對於共同安全的問題較容易得着協議。這回對西德和平契約的成立便是事實的證明。西德的人口，多於法國；而西德的資源，亦至爲雄厚。如果在短時間內能够恢復軍備而重建工業，則復興的事業必不在遠。西德的復興，可以說反共堡壘的加强。因爲：(一)西德人民的知識水準，遠比東歐各國人民高，決不至受了史達林的欺騙而爲蘇俄的傀儡的；(二)西德人民，因受過兩次的教訓，必傾心於眞正的民主政治而不至再容忍極權的政府；(三)這回簽訂的和平契約，當然有極大的影響。這種推論雖然須待事實的證明，但必不至有很大的差池。無疑的，老奸巨猾的史達林，又大大的失敗一次了。

克里姆林宮的陰謀者當然有不甘心的地方，所以正當西方國家在最後磋商對西德簽訂和平契約的條款時，蘇俄又突然提出建議，要和英美法三國立即談判統一全德國的問題。「司馬昭之心，路人皆知！」這還不是和去年蘇俄所提的韓戰和談一樣的戲法麼！我們知道，蘇俄是決不願意有一個統一而且强大的德國的，除非這個統一面强大的德國是蘇俄的衛星國。這一點，非特英法美的人士知道得很清楚，即西德人士——以及東德中腦筋比較清楚的人——亦知道得很清楚。因此，雖然有人以爲蘇俄這個照會足以使法國和西德的國會在批准和約上發生困難，我們以爲絕對不會有這樣的情形的。實在說起來，這個契約，對整個西方國家——因之對全世界的眞正和平——固然重要，對德法兩國的運命尤爲重要。法國政府最後授權徐滿簽約，實在是一種明智的舉動，「獨恨其不早耳！」在德法議會中固然難免共產黨徒的藉口搗亂；但這等緊要關頭如果沒有見解遠大的人士來主張國是，則這個國家便應該滅亡。我想德法兩國都不至於這樣糟。在蘇俄方面，本希望英國的自私與現實主義和法國的政出多門足以遲誤和約的實現。那知蘇俄一向的行爲，已經使病根甚深的英法幡然覺悟呢！

一九五二年五月二十六日美英法和西德在波昂簽訂和平契約；接着，歐洲聯軍公約又於二十七日在巴黎簽署。這可以說二次大戰以後歐洲史上最重大的事情。我們對於人類文化保存和發揚的希望，我們對於世界眞正和平的希望，寄存於這兩個條約上的很多。下面的重要節目，當然就是西德加入聯合國的問題。(西德的加入北大西洋集團，那是不成問題的。)蘇俄於不承認對西德的和約以外，無疑的要阻止西德加入聯合國。但我們可以說 蘇俄這個阻止，定必不能維持得太長久；太久了，蘇俄必遭毀滅，——至少是退出聯合國。

我們是欣幸一切足以幫助世界眞正和平的事情出現的。我們對於西德和約歐洲聯軍公約都極端的贊成。這些條約雖然和我們沒有直接關係，但牠們是阻止共禍最堅厚的一段堤防。將來如果有歐洲聯邦的實現，或歐美聯邦的實現，我們亦同樣的歡欣，同樣的祝賀。

我們對於亞洲的情勢比較明瞭，當然對東南亞的局面更爲焦急。我們很希望美國把西歐佈置得相當穩妥以後，即立刻着手在東南亞作同樣的佈置。美國如果願意做蘇俄的奴隸國，那我們便無話可說；如若不然，則一切足以阻止蘇俄侵略的行動，愈早愈好，愈早愈省事，愈早愈經濟。三四年前，美國的對華態度，一來中了躲藏在國務院裏共產黨徒的奸計，二來由於少數人士的意氣用事，三來誤於觀察不明的官吏的報告，實在有助長中國大陸共匪的嫌疑。設使那時美國當局能平心靜氣放眼以看將來，則或許會不顧一切以挽回我們在大陸的局勢，和後來美國阻止北韓的侵入南韓一樣。我們在大陸上的失敗，當然是不能諉過於別人的。但我們可以說，美國現在的替南韓打仗，比之在那個時候維持中華民國政府，眞不啻艱難萬倍。我們亦可以說，如果中國大陸上有中華民國政府在，則非特東北沒有韓國的戰爭，即泰國緬甸和越南等亦必不怕共匪的擾亂了。這共間利害得失的相差，誠不可以道里計。「往者不可諫，來者猶可追。」我們於慶祝對西德和平契約之後，很誠摯的希望美國能立刻佈置東南亞防止共禍的堤障。

短評

英商自中國大陸撤退

最近英國政府正式宣布，英國在中國大陸上的商業投資全部撤退，據說這是由商人自動的請求，已將此意通知中共當局，且要求賠償損失，但據一般觀察，則獲得賠償的希望甚微云。本來英國之承認中共，以商業利益為最大的着眼點，只要目前能夠獲得貿易上的利益，則不管他國實行什麼主義，甚麼制度都是沒有關係的。

記得三十八年年底某大英商極力主張承認中共，且說這幾年來英國對中國貿易受了美國的壓迫甚大，現在美國去了，正是英商的大好時機，還不乘此時機利市三倍嗎？誰料二年半以後的今天，不但額外的利益分文沒有，而且百年來慘澹經營的基業，都要忍痛收場，將老本虧光，其內心的痛苦概可想見。

大家知道，英國人是持經驗主義的，商人的唯一目的在乎賺錢，一個老主顧換了一個新老板，當然要和他交易一下，看看能不能賺錢，這是經驗主義下應有的舉動，是英國人向來如此的作風，並不是對於中共所作的特別例外。韓戰未發生以前，美國商人不是有一部分主張承認中共嗎？現在日本的商人還不是天天嚷着要和中共通商嗎？故當時英政府之承認及其商人想獲利，都是不足怪異的。此次的毅然撤退，足見英國政府與商人已到了忍耐的最高限度，「經驗」已經證明要在中共區經商完全無望了。不但對中共政權的認識更加清楚，而且資本主義國家和共產主義國家能否並存而不悖，也更加明白了吧。中共在三十八年七月宣布四大階級聯合政權，民族資本家亦在其內，私有財產則直至今日還是正式承認的，英商的產業自在承認之列，經營也沒有被認為違法，何以被逼至非撤退不可呢？由此可知，中共政權是十足的共產主義的，其最終目的在乎消滅商人，而且認定資本主義國家為革命的對象，非顛覆不可的。

那麼，英國政府對中共會不會撤消承認呢？據我們看，只此一事尚不足以促其撤消。英國的大商家有時自可左右國策，但亦無絕對的權力，只可當作一種因素，此外還有許多因素和它平行的或比它更重要的，要將多種因素綜合起來始能決定外交的大計。這幾年來英國對中共的邦交都是不愉快的，此一舉動固可以增加其不和的程度，但仍不致於馬上決裂，三億磅的資產在大英帝國看來，並不是什麼了不起的大數目哩。自從邱吉爾上臺以後，英國的態度漸次轉向，從前在聯合國中偏袒中共的態度最近已是少見了，今後縱使不積極攻擊，也不會再事偏袒了吧。毛澤東成為狄托的希望固然幻滅了，即結束韓戰及安謐東南亞的希望也怕要從此斷念了吧。

戰俘營中竟有私刑

板門店的談判，以志願遣俘為最大的障礙，最近巨濟島的戰俘曾再三暴動而不已，杜德以俘虜營司令官的身份，反為俘虜的俘虜，這種天外奇聞真正是史無前例的，據我們的常識去應付，將無往而不受共黨的毒害，於此更足證明了。為甚麼俘虜可以刼持司令，而且和管理人員分庭抗禮而談判起來呢？我們局外人殊難索解。讀最近報載小新聞二則，始恍然有悟，履霜堅冰至，由來者漸，非一朝一夕之故了。

（合衆社巨濟島廿六日電）據稱共黨戰俘所主持非法法庭，至少曾將他們同營的俘虜一百十五人判處死刑並加以執行。此一消息透露時，正值美軍發表聲明，謂所有巨濟島戰俘，刻正在盡量收集各種武器，準備戰鬬。

（泛亞社東京廿六日專電）據今日獲悉；四月十日巨濟島戰俘營發生暴動時，死硬派的共軍戰俘曾將一部反共戰俘身上刺的反共標識連皮帶肉撕去。一位聯合國醫官宣稱，他診治過十二個遭受這種撕皮的虐待者。

由此可見共黨之行同禽獸及管理人員之處置失當了。

沒有直接經驗的人，對共黨之殘忍慘酷的行為，往往不肯置信，而他們却是行所無事的，其鬬爭思想之徹底確實驚人，只要有機可乘，不論何時何地都實行鬬爭，即在俘虜營中還能用私刑以威迫他人而強之從已，在共黨的統治下還不是千百倍於此嗎？他們已有各種巧妙的方法以催眠羣衆，遇有不受催眠者則以暴力壓服之，那裡還有對抗者存在的餘地？他們的力量所以能壯大者在此，而其弱點也未嘗不在此。以力服人者畢竟不能使人心服，一旦有反抗的機會便要挺身而起了。此次十七萬的俘虜中有十萬人表示反共者已足證明。其實竟還有七萬人自願歸還共區者，我們實不勝驚訝之至，現在才知道，即在俘虜營中還可以盡量施行其暴力，則所謂願返的七萬人中，我們斷定還有大部分被暴力逼迫的，願聯軍當局注意及之。

反過來說，聯軍的管理俘虜人員何以任他們施行暴力而不加以制止呢？還是不知道嗎？這便是無能。被處死刑者竟至一百一十五人之多，如果是一次行刑，則無不知之理，如果是分次舉行，也很難保持秘密。還是明知而不制止嗎？這便是失職。照這樣下去，衷心反共的人們，縱使投降到聯軍陣營中，依然不能發表其自由意志，則聯軍何以能說「為自由而戰」呢？我們以為聯軍對共軍制勝的要點，便是在共黨陣營中有許多反共的，理應以一切機會供給這些人們，才可擊中共黨的要害。今竟在俘虜營中任共施行私刑，使共黨得以挽救其弱點，聯軍不能發揮其長處，其影響於今後的戰鬬實非淺鮮，亟需徹底糾正，切勿以為小事而輕輕放過！

價值判斷與民主政治

劉世超

一

政治活動與人的日常生活一樣，除了成爲慣例的事物而外，恒需在多種可能的選擇中作一決定。作一決定就包含一組價值判斷。因此價值判斷是一切政治活動的基始之一。這個問題在政治中的重要性不問可知。

不幸，極多的從政與論政者都忽視價值判斷這個問題。這個問題是一個極爲複雜的問題。譬如政治目的就是一個屬於價值判斷的問題。所以我們對之不可忽而不論。

但有一類人却把政治目的問題看得太簡單了。他們以爲政治目的好壞是自明的。好壞誰分不出，何必還要細加論列呢？譬如當這類人爭辯到民主與極權兩政治制度的優劣時多把論據集中在這二制度的技術方面。他們會辯稱：「某制度下作事較有效率，某制度能選擇較優的人材，或產生較聰明的方法。」像這種失之於一偏的評論自然不能使一個政治制度得其應得的評價。

共產主義並不承認政治目的的好壞是自明的。反之它曾向傳統的價值標準狠命地抨擊，並且以共自己的價值標準來代替舊有者。共產主義用以衡量一切價值的標準就是無產階級的利益。共產黨人的態度雖不如前面所說那一類人的天眞，但他們仍未眞正認識價值判斷的性質。他們對價值判斷的認識是失之於籠統和武斷。他們恒誤將自己的價值標準强諸別人。共產黨高唱一切爲了人民。但他們認爲好的，而要强加諸人民的往往並非人民眞正的希望。共產黨人這種武斷與籠統的態度，與前面所說那種天眞的態度，在實際政治中皆產生極有害的影響。

究竟價值判斷在政治中是怎樣一類問題，現需舉例以說明之。今假定有幾個政治主張：(一)要一個落後區(如中國)的人民日食糟糠，廢棄一切娛樂，並容忍悲慘的奴工制度凡三十年。這樣據說可以累積資本增加生產，使該區人民在三十年後能够達到如今日美國人一樣的優裕生活程度。(二)現在臺灣當局應對小偷厲行懲處，捉到小偷即立處以極刑。這樣庶可恢復從前日據時代那樣夜不閉戶的良好治安。(三)在一個社會中政府應取締精神生活方面的享受，如圍棋，音樂，祭神等，然後把用於這方面的「浪費」拿去增加生產，以充裕衣食。(四)目前世界上有一個正爭持得很厲害的政治爭點，在此亦可作爲一例，那就是要以基本人權來換取經濟平等。事實上凡在鐵幕以內的國家都在照着這個主張做。具體言之，他們要人民感受謹言愼行的不安，容忍「有吏夜捉人」的恐怖，以及生命輕易死亡的威脅。這樣據說可以防止資本主義的再度入侵或地主階級的翻身，人民的經濟平等才能永遠保持。

以上幾例都是世界上已有的或極可能出現的政治爭點。一個政府所要做的事固不能以「爲人民好」幾個字來概括。它要做的實在是一個個具體的事件，如以上幾例所言者。以上幾例所涉及的問題當然不是簡單和自明的，在以上幾例中本有容易引起人們異議的地方，就是在這幾例中所作的知識判斷之是否正確。現在爲了情形的簡單，姑且把這部份有疑問的因素捨去，承認他們所作的知識判斷都是對的。譬如我們在第一例中承認三十年的苦痛在事實上確可換得三十年後的快樂。這樣我們在這幾例中所剩下的就只是價值判斷的問題了：在第一例中我們需判別三十年的苦痛與三十年後的快樂誰優，在第二例中要比較治安與人道孰重，第三例需比較精神與物質孰重，第四例則需比較人權與經濟利益的價值。像這類的價值判斷，其性質究竟如何，我們用什麼標準來衡量，採什麼方式來決定，這是極煩難的問題。在這樣的問題上，人們如用天眞的態度或用共產黨那種武斷的態度去從事，觸犯大錯一定難免。

如果我們承認人的生活高於蜂蟻的生活，那末我們甚至可以說價值判斷是政治中最根本的問題。一個最善於處理價值判斷這樣問題的政治型式才能算是最優的政治型式。因爲，價值判斷是根本地決定政府政策方向的因素。方向如果對了，即使它的方法差些，效率低些，也不過是所取路徑曲直的差別，終無大害。但如果它的方向走錯了，則這個政府的效率越高它所壞的事也愈大。讀過老殘遊記的人都知道老殘在看到「王明」那位正直幹練的官員所作的惡以後曾感嘆道：「苛政猛於虎」。「王明」所犯的錯誤是他的嚴刑峻法，與他寧枉無縱的態度。他並非不知這樣會產生慘無人道的事件，然而他認爲這種損失可由換來的地方治安中取得補償。他的錯誤亦可說是對價值判斷所取態度上的錯誤，那麼老殘的感嘆亦可作爲忽略價值問題的一般從政與論政者的警語了。

現在要問什麼政治型式是最善於處理價值判斷問題的政治型式呢？這就是本文所要解答的問題。

二

價值一詞被不同的人意指爲慾望的滿足，愉快，利益，純理性的意志，公正的，美的，神聖的，眞的要素。我們現在討論價值問題應先把價值一詞的意義弄明白。然而價值一詞的意義究竟何所指，這只是習慣上用語的約定並無一定限制。

不管價值一詞前人在用法上是多麼不同。但價值總不失爲人們行爲的指標。除非一個人的行爲沒有通過大腦，或因激情失去了理智上的平衡，他所決定做的事常可被稱爲有價值的。他所不要做的事總是被稱爲壞的、惡的，或無價值的。又如果有諸事物，某人必在此諸事物間選擇其一，則他所選擇的必被稱爲較其他落選之事物具有更高的價值。由此可知價值的觀念與人的行爲實在具有極密切的關係。

然而究竟什麼事物才能被稱爲具有價值？這在傳統上許多人所持的態度就大有不同。有些人認爲一件事有沒有價值，其態度是武斷的。譬如他們說某事物是上帝之意志，因此必爲至善，或隨意指某事物爲禁忌，犯此忌諱即爲罪大惡極。又譬如有些人把國家，民族，全體等事物的重要過分誇張。他們認爲國家至上，民族至上，又認爲「全體」才是有意義的，組成全體的人反倒成了附屬品，成了工具，因此反倒把「全體」視爲有超乎個人之上的價值。但是我們可以問，「全體」究竟有什麼意義呢？他們却沒有妥當的回答，爲「全體」之價值辯護的人常歸結到：「全體」的發展乃上帝之意志。這當然仍是一種未加分析的詞語。

另外一種態度則認爲一件事有沒有價值需有合理的依藉，又因爲價值事實上是人們行爲的指標，這依藉需由人而決定。根據這種態度，人們斷定一件事物之價值普通憑兩種不同的方式。第一，一件事物之是否有價值需看這事物的本身是否爲人所喜欲，爲人認爲是好的，或認爲是壞的。譬如美味，愛情，自尊，這些事物之爲人所喜欲，重視其原因主要皆在這些事物本身。又奴役是被人厭惡的，而其被人厭惡亦在於奴役之本身。像這樣被稱爲有價值的事物，其價值哲學上的術語稱爲基本價值(intrinsic value)，而奴役的基本價值是負號的。

第二，一件事物之被稱爲有價值並非憑藉這事物本身之被人好惡或認爲好壞，而是看這事物所能產生的後果。如果它產生的後果被人認爲好，則它將被稱爲有價值。如果它所產生的後果被人認爲壞，則它被稱爲具有負價值。譬如勞役，勞役本身很少被人喜歡，但一個人在勞役之後常能有飯吃。吃飯乃爲人之大欲。因此勞役亦被稱爲有價值。像用這種方式決定的價值，哲學術語稱爲工具價值（Instrumental value）。國家的價值，在非黑格爾主義者看來，即屬於工具價值，而吸鴉片則應列入具有負號工具價值的事項之類。

在我們提出了這兩種不同的價值以後，我仍可以立刻發現這兩種價值有着極密切的關係。第一，這兩種價值常常在一件事物上同時出現。很少有一件事物只有基本價值而沒有工具價值，或只有工具價值而沒有基本價值的。譬如看戲可以給人聲色之娛，它的價值主要是基本價值，但如果看戲又可以增長知識，那麼它又有了工具值價。又如飲酒，飲酒可以使人有登仙之樂，它的價值自然主要是基本的。但飲酒亦可損人健康，而健康之損失乃人所不願者，那麼飲酒亦有工具價值，而且是負號的工具價值。勞役的價值，我們前面已說過，主要是工具性的，因爲人們只把它拿來換飯吃。但勞役亦可發洩精力，對某些人亦可使其得到一種滿足。那麼勞役對這些人便也具有基本價值。亦有事物其價值主要是工具性的，而自身却具有負號的基本價值。如吃苦藥。吃苦藥固然可以治病，因而有工具價值，但吃苦藥既很苦，那麼它的基本價值是負值。由以上幾例我們既知道基本價值與工具價值有如此密切的關聯，則我們斷定一件事物的價值時，應把這事物的兩種價值連帶考慮。如果甲乙兩事物有同等的工具價值，而甲的基本價值較乙的基本價值高，則我們應總起來說甲比乙的價值高。反之亦然。又如果一件事物本有極高的工具價值，但它同時又有一極大負值的基本價值，則這事物的總值應可能被人估得很低。講爲目的不擇手段的人，就是只注意到一個手段的工具價值，而沒有注意到一個手段自身的基本價值可以很低而終爲人所不取。在一個教化較高的社會裡，屈節以求官的事就會有許多人所不做的。

此外基本價值與工具價值還有一種依存的關係。工具價值並不單獨存在。照前面所講的定義，我們說甲有工具價值是因爲藉甲可以達成乙，自然碰巧乙可以仍是一個工具，藉乙又可以達成丙。甚至碰巧丙又是一個工具，藉丙可以達成丁。但一個人做事絕不會永遠追求一串工具。他必有一最終的目的。譬如一般人做事的最終目的是快樂。而快樂的價值是一種基本價值。因此我們說一件事物具有工具價值實在因爲藉它能達成具有基本價值之事物。那麼工具價值終必不離於基本價值。在價值論中，通常都只討論基本價值的問題。而工具價值的討論則主要在於自然界(包括人)的因果關係。這已屬於知識的範圍了。

雖然基本價值與工具價值的關係如此密切，但這二者的區分却很重要。因爲一件事物有沒有工具價值要靠知識的幫助來識辨。而一件事物之基本價值的決定却只是由人對此事物本身的態度，在此全無知識問題可言。沒有人能引用知識來證明某事物的基本價值更高或更低。

三

我們現在根據工具價值與基本價值的區分可以將包含於價值一詞之下所指的各個項目約略加以討論。在這些項目中有一類是特別爲人重視和敬服的，譬如道德與宗教信條，如眞理。另一類則比較被人輕視，如快樂，美好，中意等。因爲它們常被視爲短暫的，多變的。甚至有人認爲這兩類不能相提並論。只有前者才能算爲具有價值的事物。而後一類只能算爲人類一時的偏好愛惡。但這種偏袒的態度實在是沒有把價值問題作認知之分析的結果。因爲我們可以問，爲什麼道德的規條就特別有價值呢。有人可以說這是聖人定的，或這是神的意志，又或者說如果人不照着道德的教條作就會引起種種爲人所不希望的後果。前兩種說法都不能算有確實基礎的理由，或只能算作玄學的理由。最後一種回答則等於說道德的價值仍需歸結到願不願意的事上去。願不願意的事乃是屬於基本價值的事。道德的功用既是爲了避免人所不願意的事，那麽道德的價值主要是工具價值。事實上許多被人特別重視的一類事物，如果分析到最後，其價值大多是工具價值。而工具價值實以基本價值爲其基礎。明乎此，我們在學理上實不必把道德一類的工具價值看得比好惡一類的基本價值更高。

自然許多事物在傳統上被視爲神聖是有其理由的。譬如讀書被認爲比一時嬉戲高貴。這是因藉讀書所能得到的快樂比一時嬉戲所得到者更多，更久遠。信義被視爲高於一時便利取巧。這是因爲前者給人們的利益更多。自尊被視爲不可侵犯是因爲他在人性中植有至深的根基。但這些事被重視的理由都可歸結到人的利害與好惡一類基本價值的問題上去。可是人們因爲把這些事物當作特別重要，不斷講授，甚至以民可使由之不可使知之的態度只說其然而不告訴其所以然。時間久了，人們把這些事物所以重要的理由給忽略了，反倒給它們加上一層神秘色彩。甚至眞的認爲它們有超乎常理的神聖性。這就是一種有害的態度。

事實上許多在傳統上被視爲好的或被尊崇的事物，在人性中並沒有根基，而只是一時風尚或少數人的主張，亦或只有一種工具價值，而時過境遷他們的工具亦失其效用。像這類事物的價值，如果人們只從習俗中不加考察的予以接受，竟視爲永久的「眞理」，那就是構成許多困擾的根源了。像所說這類的事例很多，如小脚，英國過去的教育要把學生鑄成紳士型，歐洲中古時的騎士如被挑釁即需起而決鬪。但用現在人的眼光看來，這些都算不了什麽有價值的事。現在我們亦正遇到一些被很多人視爲當然而本身却極有問題的價值觀，如視勞動爲神聖而卑視閒暇，視物質利益高於人權，『視眞理爲最高價值』。關於後一種看法，我們在此欲略加批評。

眞理本是可貴的。但我們應知道它可貴在什麽地方。我們知道眞理可以告訴我們事實，可以作爲人們行爲的可靠的參考，於是它高於謊言或錯誤的斷語。那麽眞理的可貴只是當作知識來說的。它的價值是工具性的。至於因指陳事實而形成的眞理是否也可貴呢？這便大成問題。譬如人必死。表示這一事實的命題乃一眞理。但死並不被人視爲至善。不幸許多人把眞理所指陳的事實亦同樣認爲極其神聖。譬如我們常聽人說：『人們應照着必然的眞理作。因爲人們應服從眞理。』像這種想法實在是觀念上最大的混淆。有這種想法的人，一方面因爲懾於眞理的威嚴，一方面覺得眞理乃不可抵禦者，即使這眞理所指的事實是壞的也只有向它屈服。但這只是一種宿命的態度而已。有些人還要變本加厲，雖明知必來的事是壞的還要故意想着它是好的，並用一種歡迎的態度去加速其到來。這眞是自欺欺人。必至親身感受其壞時爲止，但後悔已經晚了。現在「必然的便是善的」這種說法十分流行。盲從附和的人也非常之多。在人群中所以容易出現這種不合於理性的推斷，十足表示人們心靈的脆弱。一句話說穿，就是人們唯恐必然的竟是壞的。這種心理是人們誤作價值判斷的一個主要原因。

四

我們前文曾說價值是人類行爲的指標，一個人所要作的事就是他認爲比較有價值的。然而一件事物的價值可以因人而不同。這豈不要在人類活動中引起衝突嗎？如果一件事物之出現爲某些人所歡迎，而又爲某些人所厭惡，但此事物之出現與不出現兩種情形却不能兼得，這自然會在持兩種不同態度的人中間引起衝突。但人們之在同一事物上可以作不同的價值判斷乃是一個事實，由於這種事實而引起衝突只能說是一種不幸，我們只有面對它而不能規避它。事實上如果人們對某些事物的價值判斷可以完全相同，這亦會引起麻煩。因爲衆人所同樣喜歡的事物在世界上可能存在得很少，人們爲了都要得到它們亦不免發生爭執。我們可以說以上兩種引起衝突的原因是世界上一切爭端的原始。解決這些爭端的方法自古有之。然而在古時解決這類爭端的方法太簡單，就是訴諸强迫，搶奪與戰爭。這類方法實在太粗笨了。人類使用這些方法常引起人類極不可歡迎的後果。譬如戰爭罷，在戰爭中就是得勝的一方亦常得不償失。因此逐漸地人們已開始用比較少犧牲的方法來代替前者，譬如妥協折衷，所謂妥協折衷就是以利益補償損失，以已之有易已之無；以多量之劣者易少量之珍者等一類的事。從人類的歷史看，這些新方法的採用應是一個很大的進步。這些方法的長處是能計及後果以免不必要的犧牲。但這些方法實行起來，技術上却有許多困難，至今未得解決。因此這些方法的應用還未能普及於人類事物的各方面。

一個人要講妥協折衷，首先需知道一件事物在別人身上所產生的後果是什麽，知道別人將這事物作何種反響，這就需知道別人對此事物作如何的價值判斷。譬如我們將把一種損失加於某一人而欲給以補償時，就需先知道這損失將在此人身上所產生的反響如何（是一笑置之呢，抑要起而反抗呢。）如果不知道這損失在此人心目中有多大價值，則即使欲給此人以補償亦不知是否恰當。一個重視自由的人，如果你剝去他的自由而以食物作爲補償，他的反應可能是恨你而不是感激你。

五

在理論上，要一個人知道自己對各事物的價值判斷（這裏面包括工具價值的判斷，需涉及知識問題），並能準確地表達出來讓衆人知道，這實在是一件極煩重困難的事。幸好人類的行爲並不需要理論上所要求的那樣準確細膩，在實用科學中往往採用一些實用方法，其結果雖不如理論所要求的那樣準確，然而簡便可行。在經濟行爲中，幫助人們解決價值問題的方法就是市場系統。人們在市場中不但可以把各人所作價值判斷提出來互相參照，而且他們同時把彼此的爭執也在此解決，不敷分配之物由肯作最大犧牲者取去。市場系統的優點有二：第一，如果市場是自由的普及的，它最能反映各個人的經濟要求。第二，市場行情易變，他可以隨人們的需求隨時調整。這兩點都是管制性的經濟(無論古時或現代的)所沒有的好處。市場系統的優點是值得向人的生活其他方面推廣的。事實上用市場系統的方法來幫助人們解決價值問題，這已在人生很多方面多少被採用着。只是市場系統在經濟方面經過幾千年的改進，漸臻完備，而這種方法在人生其他方面還未具規模，還未形成完備的制度。

六

價值判斷在政治中是怎樣一種問題，我們在前面曾舉過四個例子略加說明。我們說任何政治行動的抉擇，除了需要作一些知識上的考慮外，最後總需依藉人們對一些事物所作的價值判斷。現在我們可以在價值兩字的前面再加上基本兩字，即政治行動的抉擇最後需依藉人們所作的「基本價值」判斷。因爲照前文的分析，人每做一件事必有其最終目的。比較某些最終目的之好壞就主要在衡量它們的基本價值。如果我們所考慮者只是一個目的，則我們仍必考慮達成此目的的方法。用一種方法達成一種目的是需要代價的，即需犧牲一些其他爲人所愛好的事物，當我們考慮是否願意用某方法達成某一目的時，我們主要就在看那被達成的目的是否值得因用那方法而受到的犧牲，這亦是基本價值的衡量。我們可以說政治問題之包含人的基本價值判斷乃是政治問題一個最根本的性質。人們如不從這個性質着眼而欲解決政治問題，勢必引起種種不幸。

照我們前面的分析，基本價值是因人而定的。因此也可以因人而不同。它也與知識無關，我們絕不能引經據典證明某某人在一件事物上所作的基本價值判斷不對。關於重大的政治爭點，人們爭辯起來，最後常至誰也不能說服誰，因爲他們那時已爭辯到基本價值判斷的階段，這時只有委諸各個人的選擇。政治所要處理的問題就經常是這麼一類無所謂對錯的問題，其別於知識問題者在此。有許多人在作政治爭論時，常揚言我的主張是眞理，而眞理只有一個，因此你們都應服膺我的主張。說這樣話的人就是昧於政治問題的性質。殊不知只有知識上指陳事實的語句才有眞假可言，才是非眞即假的。至於政治上的兩個爭端，即使互相背謬亦常能有並存的權利。

當然我們並非意謂在政治中所作的價值判斷都是因人而不同的。我們在前面已經舉例說明：人們在某些事物上所作的基本價值判斷確可以一致。而且如果人性沒有徹底的改變，他的這些判斷也是不會改變的。像這一類事物的價值判斷，人類在傳統上已有定評，人人都已習知，不致引起爭辯。如果在政治中所需要作價值判斷的事物皆屬於這一類，則政治問題不知要簡單容易多少。可惜像這一類，其價值爲衆人所同的事物在比例上只佔極少數。而且我們謂衆人對某些事物的價值判斷可以一定。是在比較一兩件簡單的事物的價值高下時才較易正確。當許多事物複合成不同的組，然後再來權衡此各組事物的總價值時，那種價值判斷的一致性就會很快消失。譬如自由高於奴役，安全生活高於混亂這都可算作衆人一致承認的價值判斷。但如果我們將自由與混亂合爲一組，而將奴役與安全生活合爲一組，則各個人對此二組事物價值的高下所作的評斷就會大不相同了。可是在政治中所需要人作價值高下之比較的事物很少一次出現一兩樣的。因爲，按照自然律，一件事物的出現常有許多其他事務相偕以至。因此當我們欲選擇兩件事物之一時，即需在兩組事物間從事選擇，亦即需要人們比較兩組事物的價值高下。這益發增加了政治問題的歧異性。另外我們還可提出一個因素，亦可增長政治問題之歧異的。那就是時間的因素。英文將這種時間因素稱爲 time preference，有些事物其價值高下一眼看去本是可以衆人一致的。譬如人人都承認吃十次酒席比吃一次酒席的價值高。但如果加進了時間的因素，譬如讓一個人現在吃一次酒席，或讓他等十年後可以吃十次酒席，而要在此二情形中選擇其一，恐怕每個人究竟中意前者還是中意後者就會各不相同了。這就是說，如果加進了時間因素，則人們對一次酒席與十次酒席的價值，各人可以作不同的判斷。我們前面舉例要比較三十年的苦痛與三十年後的快樂，看何者價值較高，以及在工業國家常常爭辯的，輕工業與重工業孰重要的問題，都是在政治中與時間因素有密切關係的問題。人們在這類問題上所作的價值判斷，其歧異性極大。

七

上文我們已根據價值的性質對政治問題的性質作了一番解說。然而有一部份人從根本上對價值的性質之認識就是錯誤的。那麼他們對政治問題的性質自然也不會有正確的了解。這些人對價值問題認識上的錯誤可以歸結成如下幾項。(一)各事物價值之高下是自明的，人們無庸多加考慮。(二)他們心目中沒有基本價值與工具價值的區別，以爲只有靠知識才能認識價值之所在，於是愚笨無知的人連作價值判斷的資格都沒有。(三)一切價值之評定皆有一絕對客觀的標準。(這標準不管神定的還是由少數大人物定的。)持這第三種見解的人會以爲兩件事物間的價值高下是確定的，要選擇這兩件事物之一時所有人都應作同一選擇。他們不承認妥協折衷是正當的行爲。這實在具有一種濃厚的絕對主義色彩。上面這幾項對價值觀念的錯誤見解如反映到政治上便天然形成獨裁政治。不論獨裁政治所取的型式是神權政治，或是哲人政治，或是一黨專政，它的特點總是國家大權總攬於少數人手中；而一切事務就照着這少數人認爲對的目標做去。由於這種獨斷獨行，獨裁政治已給人類帶來極大的災害。

獨裁政治中比較可以寄以同情的是父權政治（paternalism）。因爲它要撫育人民，管敎人民。這還爲的是人民好。然而父權政治的爲害並不因之稍減。因爲一切獨裁政治的主要錯誤就是以少數人所承認的價值判斷用來代替所有人民的價值判斷。我們已知不同的人所作的價值判斷是可以極不同的。同一件事物有些人可以視爲至珍至貴，有些人則棄如敝屣。譬如聽一次高尚深奧的西洋音樂。又有的事物可以被一些人視爲至樂者，而有些人則深以爲苦。譬如讀書，演習數學，譬如捨生取義。然而獨裁者昧於這種道理，以爲自己認爲好的和對的一定放諸四海而皆準，也要拿來强加諸人民。這種錯誤輕則引起民衆種種不便，如果作到極端便會產生悲劇。歷史上一個很有趣的例子就是喀爾文在瑞士所統治的神權國家。在這個國度裏，人民須過最嚴厲苛板的生活。因爲這是神聖的。人民不許娛樂，因爲娛樂是罪惡的根源。人民不僅平常不許娛樂，就是在星期天亦不許娛樂。這國家還在各家庭中設有偵探。如果一個當父親的在星期天曾偷偷作了某項娛樂，這家庭中作兒子的就可能去向國家報告，將父親治以應得之罪。這種倒行逆施的行爲自然已到了荒謬的程度。這樣的國家自然也不會久存。然而這類荒謬的事件正類似地在現在的共產國家裏重演，能不令人慨嘆歷史之倒退？

在獨裁國家裏所以容易有荒謬的事出現，是因爲統治集團所作的價值判斷容易與一般民衆者相差甚遠。因爲他們的地位不同，生活不同，教養不同，人生觀亦不會同。這都增加二者間的距離。統治集團總是好整齊一致的。因爲整齊一致就便於管理。如果民衆的想法各不相同，需求各不相同，這便憑空給治理者增加許多麻煩。統治集團又是好大喜功的。他們總需歌頌豐功偉業。因爲做大的功業可以發揮個人的創造慾，支配慾，權力慾，又可抒發人的精力。對於主其事者來說，這本身就是一種最大的滿足。如果偉業幸而成功，其光榮又將與主持者合而爲一。但是做這些大事業需要受痛苦，拚性命，這一切犧牲却全落在民衆身上。譬如在歷史上我們知道萬里長城的光榮總是與秦始皇的名字連在一起，而萬里尋夫的却是受人哀憐的孟姜女。近代有『希特勒德國』。在希特勒未失敗以前，他要德國民衆束緊腰帶，製造軍火。他又爲集中力量消除反對者更肆意殺人，最後不惜以全德國的毀滅爲賭注。

上面所說是獨裁政治由於不了解價值問題之性質而作出的害處。它所犯的錯誤就是不知一件事物的價值，特別基本價值應保留給各個相關的人去作判斷。而獨裁政治既把少數人所作的價值判斷代替所有民衆的判斷，那麼它所犯的錯誤實在是一根本的錯誤。我們在政治中如果想把價值問題處理得適當，唯有設法將價值的判斷權保留給人民自己。

八

民主政治就是把價值的判斷權（至少基本價值的判斷權）交給人民的。民主政治這樣處理政治問題，在基本態度上已經對了。昔者邊沁 Bentham）亦曾言政治之目的在求最大多數人的最大幸福。而幸福是什麼？這譬如求愛，只有當其事者自身才明白其中滋味。因此什麼是幸福，應讓各人自己去判斷。這種態度與我們的說法恰相符合。不過僅具有這種態度還不能完全作爲支持民主政治的理由。因爲從前文的討論，我們知道人們所作的價值判斷是太分歧了。而且考慮工具價值還要涉及知識問題。因此要想在政治中把價值的判斷權保留給人民，將不知遭到多少技術的困難。要解除這些困難，勢必訴諸優良的方法與制度。我們現在爲民主辯護所持的理由，是說民主這個制度確可在技術上使主權在民的目的實際成爲可能。自然民主制度還不能算完備。但我們至少可以說整個民主制度是針對這個目的而形成的。如果我們朝着這個方向不斷將它改進，民主制度確可臻於完善。

民主政治解決價值問題，有兩個不同的途徑。第一個途徑是講「最小政府」的原則。「最小政府」的意思就是要政府盡量少管閒事。民衆願崇拜那個神就讓他信仰那個宗教；願受那種教育就讓他辦理那種學校。民衆願興辦何種事業也都隨自願。政府最好只變成一個維持治安的機構。有人會主張最小政府的理由就是前面所說的，衆人所作的價值判斷太分歧了，由此引起的問題也太複雜了。這些問題政府很難管，管也不容易得當，淸官難斷家務事。這些問題還是留待人民各人自己去解決。只要民衆不打架就可以。在這個「最小政府」的原則指導下，人們已逐漸使宗教與教育脫離了政府的掌握。現在各國之工業國家化所以未能遽然走到過分的程度，也是受了「最小政府」學說的影響。這對於人類社會確是莫大的貢獻。

但是，「最小政府」的原則只是一個消極的方法，它不能根本解決問題。一個政府再小，而我們一再提到的價值判斷問題仍是存在的，因此我們欲解決價值問題尚需在「最小政府」外尋求其他途徑。此外近代科學技術進步，生產愈來愈大規模化，政府與民衆的關係愈密切，政府必需承辦和干與的事也愈多，這個趨勢正與「最小政府」的原則相背。於是許多人已開始對「最小政府」這學說的道理忽視了。事實上「最小政府」的精義是始終正確的，而且也是永遠有用的。自然在不同的環境，它可以有不同程度的應用罷了。現在由於經濟上大規模生產而促成的政府過大病，就需要「最小政府」的藥來制止。在今天囂極一時的社會主義主張無限制的擴張政府職權，這也需用「最小政府」的道理來約制。特別今天的共產主義，它簡直要造成一個包天蓋地的政府，它不僅要控制人民的一切事，而且要改造人甚至要改變人的人生觀，所謂人生觀實在就是人對一切事物所作價值判斷的總稱，那麼共產黨的政府實在就是要替人民包辦一切事物的價值判斷。這樣的政府可謂管的事太多了。凡不忘「最小政府」之精義的人，類能知道共產黨這種政府之謬，而不會心悅誠服的接受這樣的政府。

九

民主政治解決價值問題的另一個途徑就是議會制度。所謂議會正好比一個大衆喊價還價的交易場，我們從解決價值問題的觀點來看議會制度，可以知道這制度中那些成份是基本的，必要的；那些成份只不過是因時因地的權變。議會政治最主要的功能是反映民衆的意願，議會要能反映民衆抱怨什麼，珍視什麼，他們又願意付何種代價去達成何種目的。更要緊的是人民的這些意願要能成爲議會制訂政策的決定因素。如果一個議會沒有這種功能，這議會便是有名無實的。然而現有些人竟把議會誤認爲一個立法的技術室。議員的選舉不過是「選賢任能」，找幾個懂得政治經濟的明白人，月給薪俸，然後讓他們秉承少數人的意旨，製訂一些法律條款。這種見解實爲大謬。像上述這種議會最好也不過是少數統治者的智囊，充其量落在父權政治的套內。這與民衆保有價值判斷權的精神是根本違背的。

議會如何能反映民衆的意願呢？這一方面需依藉在技術上有確實的選舉制度；另一方面則要民衆有言論的自由。有些人根本反對言論自由。他們所持的理由是政治已發展到極複雜專門的地步，而人民卻愚昧無知(希特勒語)，如果讓人民也參加在政治爭論中吵鬧，勢必紛擾不已，一事無成。持這種見解的人自然對民主也表示懷疑。但這些人實未懂得我們所謂言論自由，主要的意義是指人民表示意願的自由。民衆認爲什麼是幸福，什麼是痛苦，什麼好，什麼壞，這都是基本價值的判斷。表示這樣的意見，民衆不但能優爲之，而且他們也有這種權利。

現在我們可以進一步看議會政治竟究如何工作。社會中衆多人所作的價值判斷既十分紛歧，各人的需求因而也大不相同。由於這些不同而引起的紛爭，議會政治就用我們在前面所說，已爲它逐漸採用的市場系統方法來加以解決。在議會裏大衆喊價還價、互相折衷互相交換。只是議會這個市場與日當商業市場有所不同的地方，是前者所處理的事務較後者更廣泛。在商業中人們所交易的和要作價值比較的，只是關於金鋼鑽與食物，僕役與衣著一類的事物。而在議會中，人們還可把人格，好惡，道德的價值拿來一齊較量。議會這個場所，在其功用上，實在就是一般商業市場的推廣。而且這個推廣至少就理論上說是有益的。因爲，在商業市場中，參加較量的事物較狹窄，往往因此會發生顯得荒謬的價值判斷。譬如在商業中，美妓被視爲有很高的價值，雅片等吸毒用品也竟有極高之價值。但如果我們把人格，道德，以及人生其他各種因素一起參加進來較量，這種荒謬的情形就會大大減少了。

議會政治既是用類似市場系統的方法來解決社會的紛爭，那麼一個從議會中製成的決議一定曾經過極繁冗複雜的過程。它決不是幾個人舉手表決，服從多數那樣簡單。我們可以想象一個議案在醞釀之初，人民曾用各種方法表示他們所作的價值判斷，並互相參照較量。譬如他們所表示的可能是他認爲是否值得犧牲自己的生命去換取國家的光榮，或是否值得犧牲某些自由去贏得一些物質利益。如在一個問題上大家的價值判斷有相左的地方，那麼更要進而進行折衷妥協。譬如有人主張要修建一條路，修路自然是於大衆有益的，但有車輛的人會享用這道路的利益更多，因此乘車的人在道路修好以後，除了應要納一般的稅而外，還要額外的繳養路捐。如果事先這樣的條件沒有談好，則修路的議案就可能在議會中通不過。如果一個政府想作一件規模較大，牽涉較廣的事，這種折衷與妥協便尤甚需要。譬如在美國曾成立一個著名的田納西河谷管理處。這是用民主方法行計劃經濟的一個成功的實驗。因爲這個機構所需的經費太大了，必需全美國的人民來籌款才能支持。但另一方面，這機構所作的事，其好處大多只屬於該河流域的人民。因此在此機構成立之先，提議者必算好這條河工程完成之後可以有多少出息，能有多少利得，並商討用何種方式將這些可能的利得將來分償給全國的納稅人。再者，在這工程中需要修築很多水垻，修水垻是要淹沒房屋和良田的。那麼他們事先一定要講好，這些損失應如何予以賠償，並非事後隨便給幾個可憐錢了事。民主政治甚至會考慮到更細微的地步。譬如修這些水垻還要淹沒許多墳墓，而墳墓的人可能是其活着的親屬回憶中認爲最可貴的。因此工程當局在水垻未放水之先，還得幫助人民另選墓地，並協助他們搬運屍骨。如果工程當局的態度向來是不顧民情的，是粗暴行事的，人民知道他們必不管這些閒事，則成立該機構的議案，其在議會中的通過就會多遭到一分阻礙。

以上所舉的例子就是議會政治工作的實際內容。議會政治要想把這整套喊價還價折衷妥協的交易辦好，自然是不易的。這唯有在技術上力加講求完善。民主政治的整套制度，從選舉，辯論，政黨，一直到議會室旁的會客廳(lobby)都是針對這個目的而設的。我們已知道折衷妥協都是很複雜的事。它們也是損傷人腦筋的事。凡曾從事過調解與斡旋的人類能體會到這種傷腦筋的滋味。有些性急的人對於這煩人的民主政治簡直感到不耐。然而民主政治最需要折衷與妥協。因爲民主政治承認基本價值的判斷權屬於人民自己。在這原則下，唯有用折衷妥協的方法才能使各個人作最少的犧牲而換取可能最多的利益。因此折衷與妥協實在是民主政治不可少的特點。

在此我們附帶對「服從多數」的原則簡單作幾句評語。我們從上文知道議會的主要工作是折衷與妥協。所謂「多數表決」實在是當一件事折衷到不可再折衷，妥協到不可再妥協時的一種不得已的了結辦法。「多數表決」的原則是不可孤立起來使用的。如果決定一件事，事前沒有折衷妥協的準備，對損失毫無賠償的觀念，而徒事表決，其粗糙惡劣將與獨夫政治無異。事實上在一個政黨系統發達的國家，人們對一個問題的爭執，在經過多方折衷妥協之後，而提出的幾個可能選擇的解決途徑，常可不相上下。這時如果碰到的是兩黨在這問題競爭，人們就會覺得無論那黨勝利都沒有多大關係。至於談到如何才能使解決一個問題的各種可能途徑，其彼此距離縮至最短，這是政治掮客的職業，我們且不去管它。我們只知道到那時，「多數表決」原則的功效就會縮至沒有了，人們用拈鬮的方法亦可代替它。有些人把「服從多數」的原則看得很死板，又看得很神聖，好像是民主制度中什麼了不起的事，這多少是一錯覺。

十

以上是專就基本價值而作的討論。然而在政治中工具價值的考慮亦同樣重要。因爲我們要達成一個目的總需要工具，要做一件事則應知道它的後果。這一切唯有訴諸知識。由知識才能知事物與事物之間的前因後果。這非專家莫辦。近代科學技術的發達，社會情形的高度複雜化，使一個政府借重專家的地方是太多了。我們甚至可以把現在的政治戲稱爲專家政治，亦無不可。然而專家並不能替別人決定價值，他不但不能替別人決定基本價值，就是工具價值的決定亦不能代疱。專家的功能只在於一個人決定某事物的工具價值時可從他那裏得到知識上的幫助。我們在前文已舉過一例，就是讀書。當你欲決定讀書的工具價值時，你自然可以向博學的人請教，但他能告訴你的只是由讀書而能達到的一些結果，譬如做官等等。致於決定讀書對你究有多大工具價值的還是你自己。如果你是喜歡做官的，則讀書對你就有很高的工具價值。如果你不喜歡做官，則讀書的工具價值對你也許就要差些。在此我們遭逢一個嚴重的困難，就是一方面作價值判斷的最終決定者常缺乏相干的知識，或根本缺乏接受知識的能力。譬如像本文所論的，不過是些常識問題，然而在全國中就可能有極大部份人看不懂，至於一些專門知識更超乎他們了解能力之外了。但另一方面專家又不能代替每一個人作價值判斷，（事實上，專家所作的價值判斷常與常人者相差甚遠。）民主政治解除這個困難的方法就是採用政黨制度。通過政黨可以把專家與人民連在一起，庶幾乎在技術發達的今天，人民仍能在政治中保持其爲主人的地位。政黨的功能我們可以用例證的方式說明如下：譬如人民有什麼目的（其實只能算是些模糊的希望），幹政黨的人就把這些目的具體化，條理化，然後拿去與專家磋商。專家告訴他說用些什麼方法可以達成這些目的，以及這些方法所需付代價是多少。幹政黨的人再把這些條件拿回去問人民承諾不承諾。幹政黨的人應將這些專家告訴他的條件整理得簡單易明，人民不但可以懂，而且只要搖搖頭或點點頭就可以作答了。幹政黨的人實相當於人民與專家間的翻譯員，又相當商業中的包商。他把基本價值的判斷權留給人民，而從專家那裏得到一些有助於決定工具價值的知識，拿去向人民販賣。

這是說政黨的需要。事實上，在民主政治中我們需要許多個政黨。如果事實容許，政黨的個數愈多愈好。因爲人民的需求是如此紛歧，而專家的能力也有優劣之分，要幫助人民在這許多選擇中作一適當的決定，非有許許多多不同政黨出來互相競爭不可。奇怪的史達林曾有部「民主憲法」。在這部「民主憲法」中明文規定一國只許有一個政黨存在。他所持的理由是，在社會主義的國家裡，人民的階級只有一個，一個階級便只有一種利益，那麼用一個政黨來代表一種利益就已經足够了。這樣的理由實在是再可笑沒有了。別的不講，我們只就人民的需求來分析，這那裏是史達林所說的那樣單純啊！我們都知道無論在什麼社會中，人民總有一些是性急的，不耐的。有些則看事較爲保守不求急功的，有些視光榮勝過生命，有些則重物質而忽略精神生活；又有些願一生辛勤，然後將勞力所得積到老年享用，甚至移贈他人，有的則寧願今朝有酒今朝醉，或優遊卒歲與世無擾。從這樣不同類型的人當中，我們自然可找到有些人是贊成計劃經濟的，某贊成計劃經濟中某些項目的。亦有根本反對計劃經濟的。譬如當今英工黨下臺就表示英國反對計劃經濟的人加多了（據說英國工黨之下臺，英國主婦不願站隊領配給亦是一相當因素。）有主張忍苦以興事業的。如在蘇俄曾有人建議把北部沿海堤岸增高若干尺以擋住北面寒風而提高該地區的溫度。但法國人鮮有作這類主張者。現在民主國家與共產國家的鬭爭正趨白熱化。有人就主張立時與蘇開戰，但有人寧願用文化的力量去消弭它。如此說下去，眞不知可以列舉多少類似的針鋒相對的政治主張。這那裏是一個政黨所能包含淨盡的哩？我們可以說只有一黨的國家絕不會是民主的。

政黨的競爭不僅由於衆人所作基本價值判斷之有紛歧而需要，就是爲了人們對於工具價值之正確估計亦十分重要。判斷工具價值既需依靠知識，然而人類到現在爲止，其求知的能力仍是十分可憐。人們大部份都在謊言與錯覺中過生活。這不僅因爲人們思想理路訓練得不够清楚，科學方法應用得不够熟習，主要還因爲人類求知的本能有重大缺陷。人總是有偏蔽的，譬如有些事物就在他了解或欣賞的能力之外。有時爲了自身利益或偏好，又容易作如願的想法(wishful Thinking)或自圓其說(rationalization)。在中國古訓中亦有「利令智昏」，「當局者迷」的說法。一個人有了這些缺陷的限制，則求眞知對他自然是不易得的。就是一個顯得很有智慧的人，亦常會作出極荒謬的見解。人們既有這些缺點不易求眞知，那麼在政治上爲了在知識方面少犯錯誤，則由代表不同主張的許多政黨互相熱烈的挑剔指摘乃屬必要。這也可作爲替「言論自由」辯護的另一個理由。

十一

在一個社會中，人們爲了去偏見求眞知還有另一個方法，就是學術獨立。這意謂學術應擺脫利害偏好等惡劣的影響。這個道理本是無可爭辯的。然而在今日思想的潮流裏却有一股逆流，與這些道理正想背謬。在尊奉共產主義的國家裏，學術竟被隸屬於政府之下。他們主張學術應爲一個政治目的而工作，他們反對純技術觀點，認爲無所爲而爲的研究對人不僅無益而且有害。殊不知學術一日爲了一種外在的利害而工作，便已有了先入的立場，眞知便已不易降臨，代之而來的却多是偏見了。如果沒有正確的知識，請問他們又有什麼方法來達成他們的目的呢？我們知道基督教的聖經爲了符合上帝的啓示，曾研究出地球生成的歷史，且被那些有善良目的之人相信着。希特勒的科學家曾證明德國人血統最優，亦曾鼓起一代德國青年的熱情。但今天受過純技術觀點影響的人反能知其爲大謬。現在共產黨國家的「學術機關」正爲其主義的目的而從事研究，甚至在研究的方法上亦不能逃脫主義的覊絆。譬如蘇俄有人根據辯證法的道理研究種麥。在蘇俄，爲了辯護其大規模改造人性的偉大行爲，又有一位「來生科」先生在生物學上研究出一套後得性可遺傳的理論。這理論我們的註解是這樣：人類現在雖是愛自由的，是具有布爾喬劣根性的，但當它受了幾代管制奴役習以爲常以後，它的子孫便會永遠隨着覺得管制奴役乃是一種樂趣，不復對共黨的統治方式發生反感。如果「來生科」先生的理論確是對的，那麼共產黨自可永遠統治而萬世不墜。但如果這理論竟錯了，則有一天當共產黨的管制鬆懈了而人類好自由的天性又暴發出來，豈不是要把共黨政權推翻嗎？「來生科」的理論，其爲錯的機會其實最大，因爲世界上所有自由學者以多年客觀研究的結果都只知與他所說相反的事實。如果他以一個爲黨辯護的理論家來研究科學，結果倒對了，那才是歷史上一件奇跡哩！無論如何，學術不獨立的國家在知識上總是犯錯要多些。在歷史上這樣的國家總是逐漸走上愚昧之途，而終至自毀其國。凡主張將學術隸屬於一個主義或一個目的之人，主要由於其意識中沒有淸楚價値問題與知識問題的區別與關係。但民主國家承認這種區別，故民主國家鮮有不主張學術獨立者。

十二

現在我們可以把民主制度的整個內容作一結要：民主制度從抽象方面講，它把價値與知識關連在一起；從具體事物上講，它把專家與人民關連在一起。在民主制度下價値是由人民去判斷的，而知識則留待專家與政客去互相討論。如果人類求知的方法與辯論的技術能進步到某一程度，則在不同的專家與政客間終能討論出彼此可以承認的結論：譬如用某種方法可達成某種目的，而需付多少代價。又用另外一種方法可達成某種目的，而需付多少代價。然後由不同的政客把這些不同的選擇用通俗的話說出來，讓人民去辨認以作最後決定。經由這樣一種方式，民主制度能使「主權在民」的目的在實際中實現。自然目前的民主制度還不能稱爲完備。但它的方向已經走對了。以後我們的努力只要技術上不斷改進它就行了。

我們在本文的討論中可說對民主政治的內容，已作了相當的分析。這與時下一個常爭論的題目頗有關係。這問題就是什麼是眞民主什麼是假民主。我們不妨在此再略贅數言加以解釋。民主的觀念到現在很少人敢去正面加以反對了。即使與此極端相反的極權政治，亦想混身民主之林，自稱其制度爲民主的，以求魚目混珠。由於民主制度總在不斷發展，沒有定型，又因時因地它採取了或多或少的不同型態，這更給魚目混珠者以趁便的機會。因此爭執眞民主假民主的聲音竟能囂極一時。弄得人莫衷一是。有些人爲了解決這個爭辯並曾提出一些鑑別民主制度的標準。然而這些標準有的太複雜，不易把握應用，有的太重民主制度的型式，易生參差。而由本文的分析，我們知道承認基本價値的判斷權留給人民乃民主政治最根本的特性，其餘制度上的變化皆不過由基本價値判斷權在民的前提下推演而來。如一個政治制度承認了這個前提，則由此前提推演出來的結果也便不會有多大問題。這樣的政治制度便可以稱爲民主的，否則便不能稱爲民主。在此我們願把基本價値判斷權屬於人民的原則提出來，作爲鑑別民主制度的另一個標準。這標準或者較爲簡明而確定。

最後，我們將討論一個關於民主政治與價値判斷的更爲根本的問題，以作爲本文的結束。民主政治把基本價値的判斷權完全交給各個人，這意謂人的行爲可按着他認爲可產生最善結果的方法做去。各人的行爲互相適應調協，再滙成人類行爲的總途徑。簡言之，大家的命運由大家自己決定。這就是民主政治的基本態度。但有人極嚴肅鄭重地反對這種態度。他們所持的理由是，人心是壞的，或人心已日漸其壞，如果讓大家自己掌握自己的命運，那只有走向罪惡毀滅。這種反對，其本身的意義並不大淸楚，但乍看似乎有理。因此我們有必要將其可能的含義加以分析，並予批評。所謂人心變壞可能是指人的天性會變壞。譬如有一天日光可能忽然射出一種綫素刺激人的神經，使人類竟變得嗜殺如命。人性這種改變自然非人力所能挽回。人類的天性如果有一天眞作了如此的改變，用我們現在的眼光來看，這自然是極大的不幸。但這只是自然界一種必然的變遷，這不僅與民主政治無關，就是與任何制度亦沒有關係。實在，價値判斷決定於人之天性，如果人生性喜聞臭味，則

原書
原樣

原書
原樣

原書
原樣

原書
原樣

回教文化與近東問題（下）

張致遠

對於這些問題的解答我想提出四個先決條件。

第一個先決條件是土地改革，使耕者有其田，並把現在停滯與腐敗的狀況澈底加以改變，因而產生自由進步的農民，他們會自己設法改進農業生產。第二個先決條件係有效的政府行政。在阿剌伯國家裏地方與私人的經營都不很可靠，因爲他們資本與經驗都是非常有限。外國的私人投資亦不可靠，因爲他們祇圖贏利與剝削。結果政府的經營，投資與領導對於經濟開發就變成絕對需要了。但政府對於經濟事業的領導必須有通盤與詳盡的計劃，眼光遠大措施賢明，特別是管制的人必須廉潔，辦事認眞有效。第三個先決條件是阿剌伯國家都需要堅强能幹的最高領袖，基本改革與政治修明非有雄才大略的政府當局不能實現。最後也許是最重要的條件，近東阿剌伯國家的經濟開發不能不在安定的社會秩序下進行，使人民能有自由平等的機會去參加工作，那就必須把經濟社會與政治的特殊權利澈底剷除。若要達到理想的進展，還須有阿剌伯各國間的相互合作。至於美國的財政與技術的援助也是同樣不可少的因素。

在現時政治與思想戰的世界危機中，共產主義已經滲透歐亞大陸，近東便居於世界最重要的戰略地位，蘇俄的侵略箭頭已經指向波斯灣，近東對於共產主義與非共產世界間的關係實在太重要了。我們姑且假定戰爭已經爆發，因而提出下列幾個問題，從這些問題去仔細研究近東各國可能發生的情況。

一、政府對於戰爭的態度如何？

二、人民的態度如何？這是和政府有區別的。

三、不管上述兩個問題的答案如何，共黨可能發動搗亂，那末第五縱隊的活動如何？

四、假使共黨入侵，西方國家在近東的勢力被毀滅，那末這些國家裏的那一種人民會眞心想念西方文明？

五、假使近東蘇維埃化，可能發生的地下反抗運動會是怎樣？

六、西方如果經過相當時期（五年或十年）把共產重新擊退，近東人民對於西方勢力的返回態度又將如何？

七、經共產主義糜爛後，這些國家內部的情形與發展將會如何？政治、經濟、社會、教育的建設方針又將如何？

最後，「近東往那裏去」這個問題主要的還是「回教往那裏去」，這就引起最深奧的問題。我現在想以純粹求眞理的立場來解釋。

第一我們應當注意，這個問題不僅關係回教並且關係全世界。因爲回教是世界的一股大力量，所以一切也要看它的發展如何，猶如回教徒之須研究這個或那個文化系統，非回教徒亦得追問回教的將來命運如何。對於近東的基督教徒這個問題更爲迫切。回教的命運也是他們的命運。因爲回教不僅係一宗教且是世界觀。因此對於近東基督教徒，回教文化，不論阿剌伯，土耳其或波斯，在一種深刻的意義說來也就是他們的文化。他們和他們的回教弟兄分擔經濟、政治與思想的責任，所以他們應該深切注意這個共同的精神遺產。

許多學者曾以其畢生精力研究這個思想問題，並且發表過精闢的見解：英國有陶恩培（Toynbee），吉勃（Gibb）以及他的助教胡蘭尼（Hourani），法國有麥西農（Massignon），美國有霍京（Hocking）與希蒂（Hitti），還有好些學者在中東，埃及有泰哈胡山（Taha Hussein），叙利亞有蘇瑞克（Zurayk），他們都有獨特的貢獻。不過我不希望在這裏會產生一個最後答案，事實上也不可能。這個文化，歷史和生存問題的研究猶在初步發展階段，最多祇能說出一個輪廓來，指示問題的廣泛範圍以及作眞實研究時應有的道德與態度。底下列舉的問題就是爲研究這個核心思想所準備的。

1 最重要的我們得想到沙漠的地理環境和沙漠人民的生活方式，要設法瞭解他們和溫帶居住人民的情形迥然不同。溫帶裏有雨雪以及青山綠水風和日麗的自然現象，有變化亦有刺激。自然與人生互相調和。沙漠裏的氣候不是酷暑就是嚴寒，變化劇烈，有時則狂風捲沙昏天黑地，自然對人的壓力太驚奇，太恐怖了。

2 因此，「往那裏去」的問題，引起我們對沙漠居民（badu）的思想情緒和精神生活的追究。

3 在阿剌伯歷史上從來不曾有過中產階級，總是下等階級人民居絕大多數，所以就得注意群衆和群衆心理，要明瞭他們的想像就須變成他們中間的一份子，這樣才能獲得他們的擁護。群衆有他們自身的力量，能吸收亦能發揮，到了後來往往是他們變成了主人，不是你我。

4 因此要在阿剌伯世界做一個實際的領袖是一件極艱難的事情。由於這個關係不禁令人對摩罕默德的成功表示無限敬意與由衷的欽佩。他不僅是宗教先知，且能作超人的領導。

5 阿剌伯語文有其特殊的神秘力量。所以要統治人民，必須有修辭學家或詩人來輔佐國家大事，這樣才能有所號召，使人民心服。

6 回教哲人伊朋拉希德 Ybn Rashd（Averroes）曾經指出統治階級與民衆的隔閡，這裏的根本意義和性質必須特別注意。

7 研究阿剌伯社會的分裂與中斷的現象，要知道地理，歷史與實際的原因。

8 回教包括各種不同的民族，此層有其優點亦其其弱點。值得注意的是這個現象的地理因素。

9 阿剌伯民族對於他們光榮過去的回憶極爲活躍，這對於他們實際生活能發生重要影響。

10 理性與情感在基督教與回教中的意義，他們在文學藝術以及人生觀有何不同的精神表現。

11 阿剌伯人之不講因果關係可以影響「阿剌伯民族往那裏去」的問題。

12 東方與西方精神在回教大思想家阿爾、加柴里（Al-Ghazzali）與伊朋，拉希德的結合 the two taliafuts。

13 基督教與回教關於天啓的說法（dortrines of revelation, alwahi）。

14 歷史是否多元？有沒有一個絕對的文化起源？能否以一個尺度來衡量文化的優劣，或比較它們的價值。

15 東西双方需要澈底的自我批判，要有一批改革家、批評家、思想家、先知先覺以及叛徒來共同檢討，互相糾正，如此方能產生自由而又負責的觀念。

16 回教世界短少研究基督教教義與基督教生活的學者，基督教的學者不論阿剌伯或非阿剌伯人對於回教及其文化曾經寫過好些權威的著作。

17 回教本身根據猶太教與基督教的傳統，並且自認爲要完成這些傳統，但基督教繼續獨立發展，與回教無關。那末回教所承受的與拒絕的是什麼？「回教往那裏去」就得追溯到「回教從那裏來」。

18 由於這個關係公元後第七第八世紀的歷史就顯得非常重要，尤其在這個時代以及從這個時代起，回教與希臘—羅馬—歐洲文化的相互關係。

『自由中國』的宗旨

第一、我們要向全國國民宣傳自由與民主的真實價值，並且要督促政府（各級的政府），切實改革政治經濟，努力建立自由民主的社會。

第二、我們要支持並督促政府用種種力量抵抗共產黨鐵幕之下剝奪一切自由的極權政治，不讓他擴張他的勢力範圍。

第三、我們要盡我們的努力，援助淪陷區域的同胞，幫助他們早日恢復自由。

第四、我們的最後目標是要使整個中華民國成為自由的中國。

19 基督教的中心教義爲回教所排斥：肉體化（the incarnaton）十字架（the Cross），與教會（the Church），忍受不是回教的要義，懺悔與贖罪亦不爲回教所接受。教會 the Church（教會的實際存在）引起基督教與回教對於歷史觀念的根本差異。

20 研究回教藝術及其所代表的精神。

21 政教分離在回教是否可能？

22 「回教往那裏去」的問題得靠回教與基督教世界的學者與思想家能開誠相見，根據博愛與純潔的精神，共同研討如何在這物質關係錯綜複雜的現世能夠和平相處。最重要的莫過於追尋有利於精神研究的客觀的政治與社會條件。

23 歐美各大學之設有回教與近東研究所對於文化的溝通與問題的磋研均有確切貢献，美國方面尤爲進步。但純粹的客觀研究，以追求眞理爲宗旨的虛心探討應該和具有商業與政治目的的現實主義有所區別。

24 從世界文化與歷史的觀點來說，回教人民曾經有過五大貢献：他們的思想家很謙遜地接受過其他文化的精義而融會貫通之；阿剌伯科學的卓越貢献，特別在天文數學物理以及醫藥等各方面的重要發明；回教神學的精采（al-kalam）；回教與阿剌伯哲學家的思想貢献；最深奥的還是回教聖人與經師（Sufis）的精神造詣。「往那裏去」的途徑祇能由於這五大貢献重新被人發現，並加以纂釋與發揚。希望有一天伊朋拉希特與耶拉定，阿爾路米（Jalal-al-Din-Al-Rumi）能受到普遍的愛好，且能有人作更深刻的瞭解。

25 阿剌伯世界可以做到的並且也應該積極去做的，係用阿剌伯文刊行一兩百本世界名著。這樣才能溝通西方與回教文化的交流。

26 强國與弱國間的關係應該澈底調整，强國應負維持和平與經濟繁榮的責任。

27 基督教—阿剌伯文化有沒有可能？

28.西方對於阿剌伯世界的同情心理是否已經充分表現？。

「回教往那裏去」，依我看來應該從檢討這些根本問題着手。大家似乎都關心近東與回教民族的命運，但所想到的祇是獨立問題或經濟與社會的進步。但如這些根本問題未經首先獲得解答，政治與經濟的措施就不能達到理想的效果。對於近東問題一般看法的浮淺實在令人驚異。這是西方危機的一個具體表現。

西方世界對於近東現勢的發展應該負責。西方人的原則是：『誰有權益，誰須負責』"Unts whomssever much is given, of him shsll be much reguired" 近東國家的態度係針對西方的反應。今日阿剌伯民族所表示的情緒根本就是西方列強過去行爲所引起的還擊，阿剌伯精神所顯示的弱點也是西方的弱點。在一較深刻的意義說來，近東問題實際是西方問題。

近東在一方面反映着西方文明的優點：行政機構的刷新，社會服務與衛生設備的改良，生活水準的提高，鉅大的工程建設(如在埃及與伊拉克)，以及學術研究的迎頭趕上(大半由於西方各國在近東所創立的學校以及書籍傳播的結果)。以上種種使人回想到近代國家的進步觀念：秩序，衛生，享樂，科學與社會意識。

另一方面阿剌伯國家有其根深蒂固的缺陷：百萬阿剌伯難民的存在，阿剌伯各國與其鄰國的鴻溝(對以色列人的仇視，土耳其人的猜疑，波斯人的冷淡)，猶太教，基督教與回教的緊張關係，社會正義的不發達，以及人民對西方國家的普遍而又深刻的仇恨心理。把以上短處全然歸咎於西方，那是沒有意義的。近東人民有他們的錯誤，淺見與黑暗。除非這些弱點有了改正，近東是沒有希望的。

西方也有可以批評的地方：

1 本身不一致。西方國家的分裂與敵對情形不僅使西方削弱，且使近東各國分裂，互相仇視。

2 缺少責任感。列強祇知投機取巧，不作長期計劃，因而使近東政治生活不安定。尤其英國政策之猶豫不決，徘徊於干涉與不干涉之間，好玩弄權術，以達成其現實主義的目的。當其本身利益危殆的時候(如石油與蘇彝士)便挺身而起，捍衛其既得權益；對於當地人民的幸福完全置之不理。這是自私的表示，沒有遠見，也沒有誠意。

3 不够眞摯。西方政策自始至終是一種假仁假義的作風，利用回教保護人的名義，或以基督教精神使命爲掩護，實行政治與經濟侵略的目的。列强往往利用少數民族分子，假借託管之美名，施行欺詐的手段。

4 不能認識問題的癥結。特別不能明瞭一點，那就是所有近東的政治問題都和宗教有密切關係，所以對於這些問題的態度必須從眞實的精神思想出發。西方並未以其正面的精神傳統輸入近東，而以其文化的錯誤觀念施於他人：軍國主義，唯物主義與共產主義。

5 缺乏同情心理。戰略，商業，剝削，爭取帝國主義的勢力範圍：這些都是過去西方爲什麼到近東來的理由，並非他們對於東方人民有何厚愛。在近東和回教人民心目中西方人從來不曾眞實過，所以不能相信他們。近東屢次發生的叛亂與民族主義的狂潮係針對西方列强的淺見與壓制所引起的反抗運動。

一切都得根據眞理從頭做起，否則怎會使双方發生好感。精神文化是能自己彌補缺陷的。西方文化有了危機，這是盡人皆知的事實，但今天西方人却居世界政治的領導地位。近東問題以至整個世界問題的最後解決有待於西方精神的澈底省悟。唯利是圖的現實主義像英國人那樣的作風眞是行不通了。特別爲着對付共產主義的挑戰，西方與回教世界不能不有眞誠的合作。大家若能根據博愛和眞理的立場，從文化起源的原始關係獲得精神啓發，這樣也許能够重建世界和平。

(上接第21頁)

五月懷胎分阿男阿女。

六月的懷胎分阿六臟，南無阿彌陀於於佛。

七月的懷胎分阿七仔孔。

八月的懷胎腹肚大嚝嚝。南無阿彌陀於於佛。

九月的懷胎腹肚轔轔轉。

十月懷胎都脫娘身，孩兒生落，啊啊啊連天哮三聲。公婆就緊走來聽。臍未斷，肥未落，娘身生命去了一大携。公婆擧香來祈願，祈去合家保平安。娘今抱子，來食乳。乳今食了押胸前。南無阿彌陀於於佛。一歲二歲都手裡抱。三歲四歲都土脚四界挫。五歲六歲都能去迌迌。七歲八歲送伊去落學。九歲十歲知人事。十一十二十三十四讀冊考校成擧人。十五十六中進士。十七十八娶新婦。南無阿彌陀於於佛。

(4)雜曲　雜曲有四種：第一種酒拳歌，第二種打筒孔，第三種唱曲，第四種其他。

酒拳歌

酒拳歌即是猜拳歌。在宴席場猜拳時唱的。

例：小調曲拳，開始時先唱歌曲，「沙窓外啊啊，鐵馬響叮噹啊啊。」接猜拳後再唱「姑娘問聲誰叫啊。隔壁王大娘啊啊。」後再猜拳。以後照樣重複。

打筒孔(或稱抨響鼓)

花子(乞食)之曲，樂器是濕帶的，是一種約二尺半長的竹筒，內節相通，竹筒一方筒口用蛇皮紮住，用指敲打，同時唱歌，歌題有「美女賞花」、「郭子儀」、「拋綉球」、「買魁生」、「送銀來」、「送寒衣」等。

唱曲

這是瞎子在路傍，或彈月琴，或拉大管絃，同時唱歌謠以向人求乞的。打拳賣膏藥的，有時亦用以作宣傳，並有向聽衆收費的。

其他各種雜曲。

(完

臺灣研究

臺灣的音樂

呂訴上

在源流上講，臺灣音樂是明清民間音樂的一支，因爲臺灣音樂是由福建和廣東傳來，所以在漢人遷臺初期，南管音樂比較佔優勢，可是北管傳人臺灣後，即吸引了閩粵人中的上層階級，而與一般人民沒有發生多大關係。但因當時臺灣屬于草創時代，缺乏娛樂設備，北管音樂便因此逐漸盛行起來。

臺灣所有的代表性音樂，可分類如左：

（一）雅樂

古典而優雅，並帶有靜中美的力量。這只是一種樂器的演奏。雅樂還可分爲聖樂與十三腔兩類。

聖樂只限在臺南市孔廟（武廟間亦採用此樂）祭典日演奏，是一種古雅的音樂。其樂器、音調、樂譜（採取上．工．×．凡）與普通音樂完全兩樣。樂器原有二十五種（鏞、鼓、鎛鐘、楹鼓、應鼓、鼗鼓、搏拊、搏鐘、特磬、編磬、編鐘、麾、節、柷、敔、琴、瑟、笙、籥、篪、笛、壎、排簫、簫、翟、羽），據說現在只剩下一半，藏在臺南市孔廟。祭典是春秋二季，仲月上丁日（農曆二、八月初之丁日）。重要祭品用牛、羊、猪，樂用八音，樂章爲淸乾隆九年禮部頒行，舞用六佾，即持籥翟的舞童三十六人。

十三腔起源于民間古樂，不屬於南管，亦不屬于北管。這是書生、士紳等所組織的樂團，每逢神佛祭典，都參加遊行。其音譜亦採用上．工．×．凡．樂器有二十一種，沒有歌詞。代表的曲題有「將軍令」、「百家春」、「春景」、「昇平樂」、「殿前催」、「霓裳曲」等。

（二）南管樂

發生於長江以南的南曲，在臺灣稱爲南管。發展於福建泉州地方，與北管並行，爲臺灣最普遍的音樂。樂曲比較高尚，亦被稱爲士紳音樂，最適宜於室內演奏。七卸仔班（囝仔戲）、九家戲（大人戲）、布袋戲（木偶戲）均採作伴奏。這種音樂最少要五人演奏，十四人、廿四人亦可以。北管一定要有歌詞，南管卻有時僅只音樂。南管樂，有郎君樂及普通樂（或稱笛管）二類。

郎君樂與十三腔樂，同被稱爲士紳音樂。樂器有五種（柏子、筒簫、琵琶、二絃、三絃）。歌唱時聲音粗大，與日本謠曲相同。相傳爲唐代孟昂郎所創，至淸朝，福建泉州出了五位專家（李義伯、葉時謁、王祥光、陳雲行、黃向應），在康熙帝面前演奏，而得恩賜涼傘。自此以後，每奏此曲，必樹涼傘於傍，以表示其權威，雖高級官員，亦須下馬通行云。這種淸雅的音樂，滿淸時代，稱爲「御前淸曲」，多爲上層階級所欣賞，莊嚴而抒情，富於南國情調，又帶着大陸氣息。代表的曲題有：走馬、梅花五操、百鳥歸巢，思陽關等。

南管的普通樂或稱笛管，樂器有七種，以月琴代替郎君樂的琵琶，以笛仔代替筒簫；此外有叫鑼、二絃、三絃、拍板等。歌曲有高尚的「太平歌」，也有低級的「使犁仔歌」。太平歌的曲題有「連步行人」、「出漢關」、「王昭君」、「陳杏元」、「過番」等。

（三）北管樂

在長江以北最發達，故亦稱北曲，在臺灣因與南管對立，稱爲北管，其樂器乃以南管樂器加上東北及蒙古之大鼓，哨吶等類。聲調哀怨，略帶輕浮，歌詞用北京語，多在演戲時伴奏，頗能抓住人心。利用北管之奏樂及歌詞採取北京官話的原因，是徇淸朝的政治傾向及上層階級的趣味。據說當時（淸廷）總督每年必由北京招聘著名的樂劇團奏樂演戲，然後在萬華龍山寺前空地建立露天舞臺，公開唱戲，往往延續至一月以上。民衆當然歡迎，民衆對於音樂的趣味也因此逐漸提高；反言之，亦可以說上層階級的趣味也因此而擴大到民衆中間。

北管歌稱爲「曲」，分大曲與小曲；大曲是演歷史劇所用的；小曲是以詩歌爲題材，屬于小說、情歌等一類，多由酒樓藝姐淸唱。大曲的歌題有天水關、平貴回窯、甘露寺、玉堂春、大嫖院、鼎樑登殿等。小曲的歌題有鬧五更、哭五更、五更思思、五娘跳古井、彩樓配、六帆船、九連環等。所用樂器有打樂器：板、單皮鼓、唐鼓、大羅、小鑼、大鈸、小鈸。管絃樂器：胡琴、二胡、三絃、月琴、笛仔、大哨吶、小噴吶等。北管有西皮調、二黃調、梆子調的區別，比南管有強烈的刺戟，但因使用大鼓大鑼，頗覺喧噪。北管樂可分爲北管（樂團）及後場樂（伴奏）兩類。

北管的樂團有二種：正音與亂彈（亂談）。正音或稱爲京調，亂彈是一種帶着土音的京調，此種樂團俗又稱爲北管。

後場樂是演戲時場面上及僧道讀經伴奏所採用的音樂，葬儀時在家中所奏的亦同。

演戲所伴奏的音樂叫做場面，分爲文場（管絃樂器）與武場（打樂器）的二場。採用這種「場面」的戲劇有正音（平劇）和亂彈，是純北管系。還有四評，九家（或九甲）、七卸仔（囝仔班）屬南管系。歌仔戲屬俗謠系。南管系的戲劇音樂亦有採北管系樂器的。

（四）藝姐曲

藝姐曲是臺灣藝姐的淸唱。伴奏用的樂器分由唱的人自拉自彈和曲師拉彈兩種。藝姐曲有二類。第一類是南管（俗稱南的）如前記的南管普通樂。曲和太平歌同樣，樂器是琵琶（南琶）。第二類是北管（俗稱北的），即是京調。又分三種：（甲）種是唱京調即是大曲，樂器是使用琵琶（北琶）及胡琴。（乙）種是唱「小調」即小曲。（亦可屬於俗謠系）。（丙）種名爲「開天官」，這是北管的後場樂而又加上藝姐的清唱。

（五）雜　樂

雜樂可分爲四大系：俗謠、童謠、慶弔樂、雜曲等。

⑴ 俗謠　俗謠可以再分爲俗謠團及褒歌二類。

俗謠團是表演短劇的歌劇形式。有六種，即採茶（或稱山歌）、車鼓（或稱撑渡）、駛犂歌、打鐵廠仔、阿祿仔歌、歌仔曲等。

採茶（或稱山歌）歌散布在新竹、中壢一帶，是廣東客家人帶到臺灣來的。是以山歌（民謠）作基礎，而加上表演，所以具有粵曲風格。最初由挽茶相褒歌起，以唱情歌說情話爲主，臺詞盡是一長串笑語、笑劇的表演、大都是四句式的，所以唱這種歌的小丑、潑婦之流，必須長於口才，能對答如流，且要善知情調，能側面道出愛情的「奧妙」，唱詞並不呆板，儘可以臨機應變，譬如逢到他們在表演「求乞」時，觀衆在捧場，送給他們的東西，假定是手帕，她們就得臨時唱四句有關手巾的情歌，以娛觀衆。樂器採用北管。演唱的戲題有「無良心」「李九五看山花」、「紅花告狀」、「送歌」等。

車鼓（或稱撑渡）是一種滑稽小戲，唱演時大多是唱情歌說情話，句句輕鬆而滑稽，與採茶略同。其起源據說是脫胎於花鼓戲，唱詞用閩南語。音樂是屬於南管的。演唱的戲題有「番婆弄」、「桃花過渡」、「病子歌」、「盲人看花燈」、「小補缸」、「石三駕媒」等，每一齣，都脫不了男女互相戲謔、諷刺、相罵，又好像是在談情說愛的。這種戲不一定要在舞臺上表演，在馬路邊也可以演出，演員不要多；祇需五個以上便可以開演了。不過演員都騎在人家的肩上表演。

駛犂仔歌是農村青年男女在耕作勞動時的情歌，歌詞與褒歌略似，在迎神賽會時，頭上蓋着牛頭假面具的人拖着一隻犂，扮農夫的則一手拿犂柄，一手拿一根鞭，另一、二個扮農夫肩上帶着鋤頭，一個扮農婦，其他幾個奏音樂，南管北管都有，全班分爲二組，跟着遊行的隊伍，由二組對答歌唱。樂器採用月琴、三絃、笛仔、鐘仔等。

打鐵廠仔是扮飾打鐵店男女職工，相褒的情歌。和駛犂歌略同。

阿祿仔歌是臺南縣麻豆鎮一帶的俗謠樂團。

歌仔曲字句的讀音，是純臺灣的方言。歌調富有地方色彩，帶有濃厚的南方情調。歌調有哭調、唄思、七字仔、恒春調、宜蘭調、留傘調、葱調、什唸調等。其中七字仔和哭調最特殊，如哭調有艋舺哭、彰化哭。臺南哭詞的苦傷悲，濫淚啼、咿囉咿等。在屏東縣一帶流行的，叫做「恒春調」，這種歌調也是七字句的，不過每句開始，總要拉長地唱着三字思想起（士上支），然後再唱歌詞的本文。還有一種由宜蘭縣一帶風行到全島的宜蘭調，這不論是歌詞或是歌譜均素朴可愛，其歌詞如下：⑴丟丟銅仔：火車行到，磅空內，磅空的水，丟丟銅仔，亞滅里搭丟亞里刀，滴落來。⑵六月田水，六月田水，鯨魚仔落水，尾會搖，尾會搖。現在臺灣地方劇中，最通俗的歌仔戲就是由歌仔曲產生出來的，從這點也可以證明在俗謠中最重要的是歌仔曲。

褒歌或作「博歌」、「婆歌」、「相褒」等，另一名稱爲相罵歌。與山歌的性質相同，不同的是這必須兩人對答，一個人唱是例外。

⑵ 童謠　臺灣童謠的語調，比詞意更爲有趣，而值得玩味。唱法很容易學，只要聲調提高一點，自然就可以隨口唱出來。詞句的字數不一定，有三言一句或五言、七言，亦有四言、七言等等的。童謠可分爲三種：

搖子歌

例：搖呀搖！一暝睏較燒，嬰呀睏，一暝睏屆天光。

囝仔歌

例：火金姑，來食茶，茶燒燒，來食弓蕉，弓蕉冷冷，來食龍眼，龍眼蛀核，來食藍茇，藍茇無子，來食臭頭疕。

囝仔迫迌歌（兒童遊戲歌）

例：掩咯鷄，走白卵，一粒食，一粒舐，放鷄子，尋鷄卵，尋若無，掊一個尻川。

⑶ 慶弔樂　慶弔樂不屬於南管，亦不屬於北管，且沒有歌詞。

慶祝樂是指結婚及其他喜慶事採用的，譜題有「將軍令、拜印、狀元調、客人吹」等。在結婚娶親遊行中，音樂的順序如下：第一是催鑼（公鑼一母鑼一），第二是大三通（大嗩吶二小嗩吶二），第三是大八音（提絃、三音、鑼仔、鼓仔、拍板、鐃板、銅鑼）。

葬喪樂是送喪或做法事等所用的音樂，採用譜題有「雷登臺、揚文祿、五才王、百家春、天下樂、五句詩、客人吹」等。在送葬時的音樂，遊行順序第一是開路鼓（開路鼓二）、第二是三通（嗩吶大小），第三是滿山鬧（銅鑼大小），第四是八音（與慶事同，但是音階採用帶有憂愁的韻）等。

慶弔樂可分爲三類，第一類是鼓吹，第二類是幼吹，第三類是司公調。

鼓　吹

大鼓和大嗩吶組成的樂隊。

幼　吹

小嗩吶和單皮鼓的樂隊，情緒比較優雅。

司公調

在法壇上的道士音樂。樂器是鼓、鑼、嗩吶、大鈸等。

例：司公調十月懷胎歌詞：

正月的懷胎來，一滴甘露水。

二月的懷胎都，心仔悶悶，南無阿彌陀阿阿佛。

三月的懷胎來在照水影。

四月懷胎都，結成人，南無阿彌陀於於佛。

（下轉第19頁）

自由中國通訊

巨濟島風雲

釜山通訊・五月二十一日

本刊特約通訊記者　朴日成

一、巨濟島簡述

巨濟島是在韓國東南部的一個小島，位於釜山西南，南北長約五十公里，東西寬約三十公里。在日本統治韓國以前，德國曾經一度佔據過該島，後來覺得它沒有什麼價値，便放棄了它。至今那裏還有德國人樹立的一個紀念碑。在日本統治韓國五十餘年期間，日人對該島也不重視，因此在那兒也沒什麼建設。島上原來只有少數漁民居住，一片荒涼。曾幾何時，這個寂寞的小島現在竟成爲世人注目和關懷的地方。自從韓戰爆發，中韓共軍因受聯軍的包圍而大批投降，這個小島便被聯合國軍選爲戰俘營的所在地。聯軍之所以選擇這個地方，其原因有二：一是因爲巨濟島是一個四面環海的島嶼，可與外界隔絕，自成一個小天地，既便於防範戰俘逃跑，又便於教育戰俘；二是因爲該島距釜山近，交通補給均甚便利。這個島上除了戰俘外，還有逃難來此的韓國難民十三萬八千人。現在，這個冷靑的小島已漸漸繁榮起來了。

二、戰俘營一瞥

共軍戰俘營設在巨濟島西南部的古縣地方。由釜山坐船約四小時可抵達該島西南海邊的碼頭。如果由鎮海坐船，只要一小時便可到達。巨濟島有十七個戰俘營，共拘留十萬二千韓共，二萬一千中共和四萬韓國平民。這些韓國平民都是在韓戰期間曾經參加共黨暴動者。本年四月中旬，約有八萬戰俘被移至巨濟島以外的地方，反共的中共戰俘大部被移至濟州島，反共的韓共戰俘大部被移至釜山的新戰俘營和韓國大陸上的其他新戰俘營。所以現在巨濟島的戰俘營中，中共和韓共一起只有八萬人。他們大部分都是十分頑强而狂熱的共產主義者。由聯合國軍事法庭審詢他們的結果，得知他們大都是希望回北韓和中國大陸去的。據說其中有許多人是想回到老家去過日子。每一個戰俘營的面積都在一萬坪以上，所包括的房屋和帳蓬約有三十餘棟。每一個戰俘營都是用双重鐵絲網圍繞着的，附近並設有監視塔，其上裝備着機槍，並由聯軍駐守。

在中共的戰俘中，有百分之九十是反共的，他們認爲臺灣的自由中國是中國唯一的希望。記者曾有機會參觀巨濟島中共第七十二號戰俘營。其正門上掛有聯合國旗，在聯合國旗的旁邊有世界和平 World Peace 兩個英文大字，在兩個小旁門的上端有『自由』『和平』的標語，再進去就可以看到一個中國的古式門，上面有『九洲盡赤化男兒莫在空感慨，武穆踏宋仙壯士捨身當取義』的對聯，門上並飾有中國國民黨徽。門口的旗桿上飄揚着青天白日旗，聯合國旗和美國星條旗。戰俘營的建築很多是仿照中國古式的建築，有金黃色的屋頂和紅色牆壁。

巨濟島第七十二俘虜營之正門

每個房子門前還掛有紙做的中國燈籠。置身此間的人，眞彷彿置身在中國一般。在戰俘營中，有許多反共壁報，這都是反共戰俘的心血結晶。記者曾看到一個彫像，是一個俘虜用斧頭斫下毛澤東的頭，在它旁邊是中國國軍和美國士兵握手的彫像。反共的中國俘虜的臂上多刺有『反共抗俄』四字以示決心。他們在營中完全是自治。在中共戰俘營中，記者所得的印象是有紀律、有熱情，愛國家、愛民族。去年聖誕節前後和今年年初，聯軍第八軍軍長符立德將軍曾兩度視察巨濟島的戰俘營。他對於反共戰俘的守紀律和有組織的精神會深深的感動。當他視察此種戰俘營的時候，反共戰俘聞悉便自動列隊歡迎。當他進入營房時，軍樂齊奏，青天白日旗，聯合國旗和美國星條旗隨風飛舞，構成一幅令、赤人感動的畫面。

韓共戰俘的頑强份子在第六十二、七十一、七十八和八十五等四個戰俘營內。中共戰俘營只有兩個，即七十二和八十六兩戰俘營。中共七十二戰俘營和韓共七十一戰俘營遙遙相對。中共八十六戰俘營和韓共八十五戰俘營遙遙相對。都相隔不及百米。中共戰俘是堅決的反共份子。他們面對着死硬的韓共，因此，双方時常鳴鑼打鼓，彼此對罵。這邊高舉孫中山先生和蔣總統的肖像，那邊就將史達林，毛澤東和金日成的像擡出來。這邊高呼蔣總統萬歲，中華民國萬歲，那邊即狂叫史達林、毛澤東、金日成萬歲。這邊是青天白日旗、聯合國旗和星條旗在空中飄揚，而那邊是五星旗

巨濟島第七十二俘虜營之內門

旗，鐮刀斧頭旗飛舞。這正反映出民主自由與獨裁專制是不能相容的。

戰俘所吃的是米麥和花生米合煮的，菜多半是牛肉罐頭之類。他們所穿的衣服是美軍的制服。反共戰俘帽子上大都佩有中國國民黨黨徽。這象徵着他們一心嚮往臺灣。中共戰俘中以四川人、山西人、山東人為最多。其他省籍如福建和廣東的也都有。他們的年齡小至十六七歲，年紀大的也有六十歲的。

三、聯合國對戰俘的管理與教育

關於戰俘的管理，是由巨濟島戰俘營的司令官負責，設有憲兵大隊。每一個戰俘營中的戰俘均組成一個聯隊；聯隊下設六個大隊；大隊下設有中隊；中隊下分成若干小隊。聯隊有聯隊長、聯隊附；大隊有大隊長和大隊附；中隊有中隊長和中隊附；小隊有小隊長和小隊附。上自聯隊長，下至小隊附，都是按民主方式選舉出來的。聯隊並設有警備隊約三百人，負責警備的任務。因為各隊長都是大家選出來的，所以大家都很服從他們。他們的一句話是有很大的效力的。聯隊長負責對內對外的一切事務，聯隊附負責司法的任務。

關於戰俘的教育方面，是由聯合國民間新聞教育處負責的。有民間新聞教育處學校（CIE School）和職業學校。前者是由中國指導員和由受過相當教育的戰俘中選出來的一部份戰俘組織而成，其目的是灌輸戰俘民主的思想。後者分鐵工、泥瓦工、木工、圖書館各部門，其目的是使戰俘們能學得一技之長。

聯合國對戰俘的教育收效很大。教育的原則並不是填鴨式的施教，而是完全根據民主的原則。在巨濟島負責戰俘教育的是班本博士（Dr. John Benben）。他是前美國西北大學的教授，專攻教育。他曾經說過：『我們對戰俘的教育工作是散佈獨立思想的種子，同時，使他們回去後成為好的使者。』負責向中共戰俘講授的是中國指導員；負責向韓共講授的是韓國指導員。中國指導員很得到中共戰俘的尊敬。他們彼此相處如同家人一般。中共戰俘常替指導員裝煙倒茶。在這裏，你可以領略到失去已久的『尊師重道』的中國古風。戰俘營中每週還放映幾次電影。每當他們看見電影中放映出『臺灣』兩個字的時候，他們都鼓掌歡呼。中共戰俘自己還組織有平劇和各種娛樂團體。戰俘的娛樂品完全是利用双手製造出來的。他們的鑼是用舊鐵皮做的；鼓是用舊帆布做的。他們可使無變為有，使現有的東西變得更精緻。在這裏，你會為人類的創造力而驚嘆。戰俘們還可以看到臺灣的報章雜誌和聯合國所印行的書刊。關於臺灣的書報方面，有新生報、自由中國，新聞天地和人生雜誌等。雖然如此，他們的精神食糧還是不够豐富。

巨濟島第七十二俘虜營之內景

四、『三軍』不發莫奈何！

四月中旬，反共的中共戰俘被移至濟州島。濟州島是韓國第一大島，位於韓國西南。島上雖有少數北韓游擊隊，但由於聯軍海軍的嚴密封鎖，

他們已無法施展其游擊戰術，現已形成瓦解的情勢。

當反共的中共戰俘將由巨濟島移往濟州島時，聯軍的船隻都在巨濟島海邊待發，但中共戰俘以爲是將他們遣回中國大陸，全部堅決不肯登船。聯軍官員幾度勸告他們，向他們保證決不將他們遣返大陸，而是移往濟州島。可是，他們仍不相信，以爲他們是在欺騙他們。聯軍官員無可奈何，束手無策。在這個時候，中國指導員向他們解說，並表示願意和他們一齊去。於是，中國指導員先登上了船。戰俘們睹此情景，欣喜若狂。他們一面歡呼和奏樂，一面陸續上船。往那較好的島上進發。

五、杜德之被劫持

凡是來過韓國的人都會有此印象，即美國人反共，但在現實的政策上似乎又過分遷就共方。譬如，如果在巨濟島工作的中國人宣揚臺灣的情形，美國人即認爲政治意味太濃厚 too political，每當中共戰俘營揭出青天白日旗的時候，他們也認爲是如此。但是，當他們眼看着韓共戰俘營中的赤旗招展時，却並不去過問。他們對共產主義以及共產黨的戰略和戰術並不甚瞭解。他們幾乎不懂戰俘的心理，而且對於戰俘的管理也太不機警。共產主義的戰略和戰術是活用的，他們善於利用機會。一套死板的成規是不足以應付他們的。

就記者所知，杜德准將是一個膽大和善的人。他與以前的巨濟島戰俘營司令官不同。他出入戰俘營一向不携帶侍衛。這次他在五月七日下午被七十六戰俘營的韓共死硬份子所劫持，固然是由於韓共的倔強野蠻，但聯軍的管理不够，杜德的大意和過於信任戰俘却是最大的近因。過去巨濟島的戰俘也曾有過兩次暴動。那兩次都發生在第六十二韓共戰俘營。就平常的觀察得知，七十六戰俘營中的戰俘還是比較溫和的份子，而這次杜德之被劫持竟發生在此戰俘營中。杜德准將曾被拘留四天，終於在五月十日下午九時半被釋放。這是經過一番努力之後才得到的結果。

杜德准將被拘後，柯爾遜准將立即接任巨濟島戰俘營司令官之職。他本是第十兵團參謀長。爲了要解救杜德，他曾對戰俘發表一項聲明。共中說『將不再強制審詢和武裝此營中的戰俘』，並說『戰俘將享有人道的待遇』。這項聲明造成人們的一個印象：就是聯軍承認曾經強制審詢戰俘和有意武裝戰俘，並且承認過去對戰俘未予以人道的待遇。殊不知這正是狡黠的共產黨所欲得到的效果。因此，這項措辭不當的聲明供給了北韓和中共宣傳的好資料。北平共黨電臺曾於五月十三日廣播，攻擊聯合國軍以毆打和威脅的方式強迫共俘宣佈反共；在板門店的中共代表曾引證柯爾遜的聲明作爲聯合國虐待俘虜的證據。但就記者所知，巨濟島的共俘不但沒有被強制審詢和武裝，相反的，他的待遇是相當優渥的。

繼柯爾遜准將而任巨濟島戰俘營司令官的是布特納准將。現在巨濟島雖在大體上恢復了平靜，但未來不幸事件發生之可能性仍然很大。聯軍以前在巨濟駐有一團兵力。在杜德被劫持以後，聯軍即派坦克二十輛至巨濟擔任警戒的工作。五月十七日下午克拉克將軍又派第一八七空運步兵團到達巨濟島。到目前爲止，聯軍在巨濟的兵力已增至六千人，並有大型坦克，其上附有火燄噴射器。此外，又添設新的監視塔和沙袋堡壘。現在聯軍的戒備甚嚴，同時韓國當局也在嚴密的調査戶口，以防共黨份子滲透。共俘和北韓中共在過去都可能有聯絡。他們可能是利用漁民轉遞消息的。每次發生暴動時，在聯軍還未發表以前，平壤和北平的電臺便先廣播了。

六、誰是反共戰俘的第一號敵人？

韓戰和談的焦點有三：一是重建機場的問題；二是停戰中立監督國的問題；三是換俘的問題。至於建築機場的問題，聯軍同意停戰條款中將不提及飛機場的重建和修復的問題。至於停戰監督國的問題，如果共方接受聯軍所提名的瑞典和瑞士爲中立監督國的話，則聯軍將接受共方所提名的波蘭和捷克爲中立國。因此，前兩問題已經獲得協議。至於最後一個問題，即換俘問題，才是韓戰和談的最大關鍵。現在聯軍俘獲的共俘約有十六萬九千人。根據聯軍詢問俘虜志願的結果，願意返回北韓或中國大陸者共七萬人。聯合國堅持將不反對遣返的七萬共俘，去交換現被共軍所執獲的一萬二千聯軍人員；並將於停戰實現後，准許双方的監督人員對聯軍所管理的十萬反對遣返的共俘進行訪問；然後，聯軍便將那些不反對遣返的共俘遣返共方。聯合國軍所根據的原則是按照俘虜的志願遣俘，決不強迫遣俘。而共方則堅持非遣返十三萬二千人不可。韓戰是否能够停下來，就要看共黨是否肯讓步，接受這個最後的條件。

聯合國爲了準備遣俘，曾詢問共俘的意向。此工作是由美國人通曉中國語言或韓國語言者所擔任的。中國譯員並未參加此項工作。他們詢問共俘的意向時大致提出下列七個問題：(一)你將自願被遣返北韓或中國嗎？(二)你將堅決拒絕遣送嗎？(三)你曾經詳細地考慮過你反對遣送的行動對你的家人是一種打擊嗎？(四)你知道在那些自願遣送的人回家後，你們仍長期的留在巨濟島嗎？(五)你知道聯合國軍不能保證你將被送到任何確定的地點嗎？(六)你仍舊決定拒絕遣送嗎？(七)不顧你的決意，而將你遣送回去，你將怎樣呢？倘若某個俘虜表示願意回去，詢問立即終止。倘若某個俘虜的回答是若他被強迫遣回，他便將自殺，逃亡或奮鬪至死，那麼，就將他與願意遣回的分開。聯合國對戰俘的意向未施以任何壓力，完全是由他們表現他們的自由意志。

中共的戰俘中有百分之九十是願意赴臺灣的。當聯合國人員詢問中共戰俘的意向時，曾發生過一件令人啼笑皆非的事。有一次，聯合國的人員問一個共俘道：『你姓什麼？』答曰：『臺灣！』『你的編號是多少？』答曰：『臺灣！』『你願意到什麼地方去？』共俘一致高呼『臺灣！』他們並向聯合國人員表示，『如果你們把我們強迫遣返大陸，那麼，你們就是我們的第一號敵人，我們就先和你們拚命！』

瑞典能守中立嗎？

西歐通訊・五月五日

安東

一個初到瑞典的遊客，第一個印象，就覺得一切都是光明的。冬天在瑞典白雪籠罩了大地，夏天的太陽卻又溫暖得可愛。全國的電氣事業非常發達，可與美國並駕齊驅，交通便利，乘電汽車可達窮鄉僻壤，這一切都象徵着瑞典在歐洲是一個很進步的國家。

瑞典的地形狹長，泰半的土地都在北極圈內，人口約在六百五十萬左右，據一八八〇年的統計，瑞典人十分之七皆是農民。但現在卻農民只有十分之三，其他的十分之七則都到工廠裡去做工，其工業進步之快，從此便可窺豹一斑了。

瑞典的工業十分發達，但工人卻感不敷應用，有些工廠尚缺少六萬至七萬工人，所以瑞典沒有一個工人失業。有一次在斯德哥爾摩的一家報紙上，登出了一張漫畫：某某人在一小時以前失業了，立時就有許多新型的汽車，停在他門前，都出高價請他出來工作。

瑞典是一個前途富有希望的國家，國民的生活程度很高，尤其是工人的生活還較美國的工人爲優，討乞的窮人在瑞典幾乎是絕無僅有：人人有工作，人人有飯吃，這句話可以說在瑞典是實現了。瑞典的社會事業辦的很是完善，遠較丹麥小國爲佳，老年人的補助金，年爲八億 Kroner，約合一億六千萬美元，這筆款項，三分之二是由稅收來支付，其他的三分之一，由機關募捐和健康保險金來補充。瑞典人一到六十七歲，每月由政府發給養老補助金一千 Kroner。自一九五一年健康保險是强迫執行的，所以病人都是免費住醫院，如果病人住在自己家裡，百分之六十五的診療費，和百分之五十的醫藥費，由政府代爲支付，這一切的成就，皆是社會民主黨五十年來的政績。據共產黨宣傳說：瑞典人的生活程度，正是共產黨統制世界後的烏托邦，但是瑞典政府，並沒有像共產黨那樣清算鬬爭，殺人放火，草菅人命，反之，瑞典的資產階級與工人皆能相安無事，雖稅收很重，而國民卻仍應付有餘，毫與怨恨，好的社會事業，正是反共的良方，共產黨在瑞典之所以不得勢者即在此也。

瑞典雖守中立，但它現在對武裝自衞的工作卻非常積極，瑞典每年的總預算是五十億 Kroner，每年的社會事業用去十三億，國防預算是十億 Kroner，以比率來說這比歐洲任何一個國家的國防預算都高。它的武裝戰鬬力，在歐洲除英蘇之外，居第三位，它現有戰鬬機千餘架，皆藏在地下和山洞的飛機庫內，它的工廠能製造飛機，而且最近已有了新型的噴射機出現，東部沿海一帶已有了雷達設備。但是瑞典缺少的是原料，因爲它不是北大西洋公約國家，所以美國照北大西洋公約條文，不供給它原料。

當北大西洋公約成立之初，曾有許多國家邀請瑞典參加，但遭瑞典拒絕了。瑞典的中立是大多數人民的決議，由最近的一次選擧，更堅定了瑞典守中立的信心，自由黨和保守黨都是主張參加北大西洋公約的，但經社會民主黨力排衆意，而未能實現。自由黨領袖阿立 Ohlin 還仍主張，至少瑞典應與丹麥挪威兩近鄰合作，但是社會民主黨說：這是破壞中立。韓戰發生時，有些軍官主張招請志願軍去參加韓戰，未經政府同意而擱淺。斯德哥爾摩的幾家報紙，曾以參加北大西洋公約，作了民意測驗，但所得到的結果，贊成參加北大西洋公約的，只有全國人民百分之十八。瑞典駐聯合國代表 Mr Grafstrom 曾經說過：如果蘇聯一旦退出聯合國，那麼瑞典也要考慮退出，以表中立的立場。

東西兩大集團的冷戰和其武裝整軍的競賽，更使瑞典對東西兩大集團有敬鬼神而遠之的態度，瑞典人常說：既不美國：亦不蘇聯，一切全靠自己爭生存而求獨立。但是在一九四九年，當北大西洋公約成立之初，它卻響應了蘇聯的和平攻勢，讓蘇聯在斯德哥爾摩召開和平大會，這是美國對它最不滿意的一點。

瑞典這種中立的態度，很影響西歐一般人的心理，西歐各國都如同瑞典一樣，都不贊成美國的外交政策，他們更不贊成美國的反共的方法，瑞典政府的機關報紙 Morgontidning-en 和法國的 Le Monde 都是宣傳中立的報紙，瑞典的外交部長 Mr. Osten Uden 和法國的 M. Beure Mery 都是主張守中立的宣傳家。

中立的瑞典人說：如果美蘇双方的冷戰和現在世界的緊張局勢不稍緩和，大戰終究是要爆發的，這次戰爭，不論敗者勝者，双方都要同歸于盡。蘇聯和它的附庸國家無能力征服西半球，但是美國和自由世界也不會征服蘇聯集團和它所控制的七億兩千五百萬人。

瑞典人說：西方集團都在整軍備戰，而東方共產集團卻有一種奇怪的思想，他們相信，這次戰爭無論是勝是敗，即讓鐵幕縮回到倭爾加河，戰爭對共產主義總是有利的。戰爭只會使共產主義擴張，不但在疲憊了的歐亞，即未開化的非洲也要擴展無已。

瑞典人並不反對反共，而且它自己也是一個反共的國家，也正在積極的備戰自衞呢。瑞典在西歐是一個共產黨不佔勢力的國家。共產黨員只有

(下轉第13頁)

生·死·哀·樂

A, E, Hotchner 原作
聶華苓 譯

他將一角錢遞給了收通行稅的人，他們互相笑了一笑。收稅人說：『謝謝你，』他點了一下頭便將車開走了。他想到了嬌安，自己不禁笑了。無論她乘車到什麼地方去，她總要對收通行稅的人說聲謝謝。

他常問她道：『你認為你現在為什麼事而謝謝他呢？是為了他收了你這一角錢嗎？』

她常輕快的說道：『這不過是一種固有的禮貌』。或是說：『可憐的人，他整天必須說多少「謝謝」來打破那單調。』

他看看他的手錶，汽車前遮灰板上的鐘已經不走了。好長的時間。他離開白石橋才只有十五分鐘，而他抵達拿加底亞機場時要早二十分鐘。他討厭在機場等待。他還頗欣賞火車站，但飛機場使他精神不愉快，他大聲說道：『可能是因為戰爭的緣故』。他打燃了打火機，將他從襯衣口袋中取出的一支香煙點燃了。當他吐着煙霧時，他才注意到他曾不自覺的將車速加快了。於是，他將車開慢了下來。駛上了右手邊的一條小路。

他想，當嬌安聽見了那個好消息時，她將會如何的興奮。在他以前有五個人爭取這個工作，但他勝利了。這是一個比較有興趣的工作，也可有較多的收入，還可令他有更大的名望。工作是在兩天以前決定的。他幾乎要打電報告訴她，但他決定等她回來時在歸途中給她一個意外的驚喜，這更有趣。

他似乎聽見她對他說道：『你的運道這樣好。我知道你工作很努力，他們眞聰明，這樣快就認識你的能力。但是，親愛的，眞的，你在那兒還沒有一年呢！難怪你打撲克牌時常常是贏的。』

他有他自己的道理。好運道就像一隻可愛的杯子，你經常將它擦得亮亮的，利用它，並信任它。心理學家的證明將和這不同，但他可從他自己的生命史中舉出許多事例來駁倒他們的話。

突然的，他忽意識到汽車中的空虛，內心感到一陣痛苦，這種痛苦是由於他幾星期以來所忍受的寂寞而引起的。他極力去回憶孩子們的樣兒，但他回憶不起來了。至於蓓西的頭髮和笑以及她將頭伸在一邊的樣兒，他還能記得，但她的像貌他已記不清了。蘇三有金黃色的頭髮，活潑可愛，但現在只是一團模糊的影子。他想，眞奇怪；你和兩個孩子在一塊生活了幾年，她們才離開了五個星期，而你竟連她們的面貌都記不清了。

嬌安。

她的笑靨呈現在他眼前如一張照片那樣的清晰，不像孩子們的那樣模糊。他想起了她站在窗前的姿態，她輕刷着頭髮，閒看窗下來往的行人，窗外透進來的光輝圍繞着她。幾個星期以來，這副側影一直使他迷惘。他想起了早上他們未起床以前她在床上伸懶腰的樣兒，她玩弄他的頭髮，讓他的頭依在她的肩上。

白石橋的橋門已呈現在眼前，他拿起了放在關着的煙灰盒上的兩角五分錢。收稅室中的人很忙，當他收錢時，並未擡頭。也未說『謝謝你』。若嬌安在此，她一定會使他擡起頭來的，他這樣想。

現在已是薄暮時分。當他駛過這個大橋時，只見橋前橋下暮色蒼茫。他駛離橋後，便開始駛向拿加底亞機場。飛機在頂空不斷的飛過，來往的行人絡繹不絕。他以前似乎從未感到過這樣急切的期待心情。他和家人第一次分開這幾天；這已够難受了。使他尤其難受的是他們離開的那天所發生的事情。

『口角』這個字是太卑鄙了；那是一場爭吵，一場眞正的爭吵。他已記不清他和妻之間的口角是如何開始的，但他還記得在飛機場的候機室中他們分別時的幾句話。

『我不在乎我是否還回來，彼得，』嬌安以一種平板的聲音說道。

『好，隨你便，』彼得這樣說，他吻別了兩個孩子，便走出了候機室。

這就是他們分手時的情形。他走到樓上，看着飛機起飛，但嬌安並沒有看見他。

有兩個星期的時光，他們沒有通信。但在後來他接着了嬌安一個簡略的條子，要他將孩子們的毛衣寄去，因為要抵禦加拿大西北部的夜寒。他回了一信，也是一樣的簡略；但是，在後來的幾個星期之中，他們之間的信開始有了一點温情，變得比較親蜜。最後，他們之間每天都有一封信，這樣濃情蜜意的情書是他們結婚以前從沒寫過的。有一個時候，彼得甚至於上了飛機，準備飛到妻那兒去，但他又下來了。『我們必須相聚在一塊，但事實上我們沒有錢，親愛的，最好你還是保留你的工作，我覺得沒有理由使你離開你的工作。』嬌安曾經這樣寫過。

他轉彎駛入機場，將車停在停車場中。當他走出汽車時，他看了看後面的座位，他想起了蘇三。他曾經打算帶一條毛毯和一個枕頭來，可使蘇三睡下來，但是他忘記了。

當他走向終點時，他躭心蘇三不知病得如何了。嬌安在頭天晚上曾打電話告訴他說，醫生認為蘇三在幾天內最好不要旅行，但他們倆人都認為蘇三的傷風病既然好一些了，旅行可能不會對她有害。

但是，他還是想他應該記得帶毛毯和枕頭來的。他沒有將他們高貴的捲毛狗詹波帶來歡迎他們。或許這又是一件錯事。孩子們要即刻知道它的情形。在這五個星期之內，他都沒去看詹波一次，他應該向他們承認這件事嗎？但是，他曾對詹波講過話的。赫姆斯曾將電話機放在詹波的耳邊，彼得由電話裏對它說道：『喂，詹波。你是一個好孩子，是嗎？』詹波叫了兩聲。赫姆斯說彼得還肯勞神打電話給詹波，他眞是聰明，眞是想得週到。他要將這一切告訴兩個女兒。

現在他又要開始料理兒女的瑣事了，這是他所情願的。他摸摸大衣裏面的珍珠盒子，確定是否眞的將它帶來了。四月間，嬌安曾看見一家店中放着這樣的一串珍珠，表示很喜愛。自從那個時候起，他一直就記得當時她臉上的羨慕神情。這是一種雙串的珍珠，珠粒非常小，有一個普通的金扣。

他走過燈光如晝的候機室，順着斜路走下去，這條路通往機場的各辦公室。時鐘告訴他來早了五分鐘。他來的正是時候。他很高興。

他找到了訊問處，向那裏的一個職員探問五百二十八號班機是否準時到達。

那職員說道：『不，先生，飛機還要遲一點才能到。』

『要遲多久呢？』彼得着急的問道。

『大約半點鐘，』訊問處的職員說道。

『但在我離家以前，我打電話問過，他們說飛機準時由多倫多起飛。』

『先生，對不起，可能是由於逆風的原故。』

彼得知道這個職員和飛機誤點這回事完全無關係。他走到了飲料器旁邊，扔進去一角錢，看着牌酒噝噝流入一隻紙杯內。他啜着牌酒，有興緻的旁觀着擁擠在門口的乘客們，他們正準備搶先上飛機。當他們上了飛機時又如何呢？他們全搶飛機尾部的坐位，而尾部是震動得最厲害的。他曾問過一位飛行小姐，爲什麼人們愛坐在後面，她說這是因爲大多數的乘客覺得靠近門口比較安全一些的原故。

這半個鐘頭過得眞慢。剛過了半個鐘頭，他又回到訊問處。

『先生，這趟飛機還要遲一會才能到達。』那職員說道。

他抑制住他的焦灼情緒。『還要多久呢？』

『不會超過幾分鐘。』

『我希望如此，』彼得說道。

他走到走廊的盡頭，由樓梯走上了瞭望臺。夜色很美，一輪滿月當空，還有兩顆星星在那兒閃爍。這輪皎月就是嬌安，那顆大星是蓓西，那顆小星是蘇三——我是如此善感，怎樣哪？

他看見了幾架B—17。這些飛機正以它們的地面速度開動了，拉直了尾巴，升起了笨重的機身而離開了跑道。先後的有二十分鐘。在這兩年之中，飛機起飛時從沒發生意外事件；十分穩當。有時飛機回來時，尾部有一半被擊中了，或是落地裝置被擊毁了，這是人們的猜想。

嚇！如何戰時的事情今晚都想起來了。

他將煙捲在鞋底上研滅了，又回到訊問處去。

『怎麼樣？』他問那個職員。

『還未到。』這職員說道。

職員說話的態度有點異樣，使得彼得縐了縐眉頭。『那麼，由飛機上打來的報告是如何說的呢？』

『先生，我不知道。在我這裏只有簡單的消息。』

『問問你們的管理室。』彼得說道。

這職員看了看電話機，但並沒拿起來。『他們不高興我們擾亂他們。他們常常是一有消息時就告訴我們的。』

『看這裏，從多倫多起飛只要兩個鐘頭就可到達。現在已經遲了四十五分鐘。飛機迷失了嗎？還是發生了什麼事情呢？』

『我來——我來問問。』這個職員準備去拿電話機，但他又停住了，經理和兩個助理由櫃臺後走了出來。

『你是經理嗎？』彼得問道。

『是的，先生。』

『五百二十八號班機。何時才能到達呢？』彼得問道。

『先生，等一下，』『我現在正來報告關於這班飛行的情形。』經理從他身後的桌子上拿起了一個擴音器。並且試了兩下，確定它是否好用。他對着擴音器說道：『從多倫多起飛的五百二十八號班機應於七點二十分到達拿加底亞，但現在要到九點零五分才能到達。請諸位原諒。』經理放下了擴音器，走出去了。

『當我打電話的時候，他們告訴我說五百二十八號班機已準時由多倫多起飛。如何到現在還未到呢？』彼得說道。

『這就是糟糕的事。顯然的，五百二十八號班機並未準時起飛，你所接到的消息是他們照着規定的時刻所告訴你的。眞是萬分對不起——那些事情會發生的。』

那些事情會發生的。當那個有着褐色的眼睛和柔美嘴唇的女孩子緊抱着他的時候，他們的這句話正說得恰當。他的兩臂不由自主的稍稍向前一伸，這是一個熱切的舉動，他立刻將手收了回來。

當他走到這個大機場的盡頭時，他似乎聽見遠處模糊的聲音：『五百二十八號班機。』他加快着步伐向回走去。當他急走了兩步時，報告的聲音又開始了：『重覆報告一遍。凡是等待由多倫多起飛的五百二十八號班機的人，請立刻聚集在候機室中。』

他沿着走廊急忙走去。候機室中的人十分擁擠。經理正站在一邊，手中拿着一個夾子。

『你是密斯特——』他對彼得說道。

『海米爾頓，』他回答道。突然的，那已經遺忘的恐懼又襲擊着他的內心。

經理查閱着他的夾子。

『妻嬌安，女蓓西和蘇三？』他問道。

彼得點點頭。

經理在他的夾子上做了一個記號。還有幾個人站在他的兩旁。

『太太先生們，』他說着，將夾子拿着靠在胸前，『這裏還有誰不是等待五百二十八號班機的乘客的嗎？』沒有一個人回答。『好了，馬克，將門關上。』經理說道。

曾經和彼得說過話的那個職員將門關上了，背着門站在那裏。彼得的喉中感到一種熟悉的壓抑的感覺。他看見一個戴白帽的護士正站在屋的那一端。倘若一個護士是來迎接朋友的，爲何還穿着制服呢？顯然的，那個護士並不是在等待任何人。

彼得轉向了經理。

『太太先生們，』經理說道。『這條航線碰着這種情形，這還是第一次。我除了向你們報告實情外，別無他法可想。倘若有什麼辦法使你們不受打擊，有什麼辦法來減輕你們的打擊——』

減輕打擊——

『五百二十八號班機今晚由多倫多準時起飛。由多倫多到達此地需時二小時，這是你們所知道的。飛機起飛十分鐘後，即與我們失掉聯絡。當時公司立即派機前往察看，發現該機已落在多倫多城外的一個森林區中。救護的飛機已到達肇事地點，據剛才所接到的報告說；飛機上的人沒有一個存在。』

霎時全室驟然哭成一團，那個護士在婦女之中走來走去。經理將夾子舉起，喚大家注意。室內漸漸安靜下來了，但安靜中夾着啜泣。

經理向大家請求道：『請大家讓我唸唸乘客名單。這個名單是飛機由多倫多起飛後由那邊機場通知我們的。我們並未接着飛機上的無線電。』

他安祥而清晰地唸着乘客的名字。他們的名字在那名單上面，在名單上排列的次序是第三。彼得的胸中感到透不過氣來，他恍惚的聽着經理唸他們的名字：嬌安，海米爾頓，蘇三，海米爾頓，蓓內，海米爾頓。

他要離去，他要逃避，但他必須掙扎着支撐他的雙脚。他心中感到一種作嘔的感覺，眼睛昏黑。經理的聲音繼續說道：『航空公司已準備好飛機，有誰希望——』

他的雙脚必須要移動。他踉蹌的向前走去。當那個叫馬克的職員看見他的面容時，急忙將門打開了。

『海米爾頓先生，海米爾頓先生！』經理叫道。但他現在已在走動，走動一下還可以使他感到好一點，他蹣跚地走入站在門外的幾個人之中，但他仍繼續向前走去。

一個人抓着了他的臂膀對他說道：『我是新聞報的非爾，彼學布。你能允許我們將你的妻子和孩子的照片照下來嗎？』

他無神的眼光轉向了這個新聞記者，將手對着這人的胸部一推，將他推到了賣香煙的機械旁邊。他推的並不猛，但是這個新聞記者也不去追隨他，只是兩眼閃着怒光。

彼得走出了這棟房子，站在那陡峭的石級最上一級停了一會兒，極力要呼入一點空氣。他踉蹌的走了下去，但他並未摔交。他走到一叢樹木的後面，他嘔吐了。然後，坐在草地上，將前額撐在兩個手掌上。他在那兒坐了許久，但他什麼也不能想，『減輕打擊』這句話縈繞在他耳際，他一遍又一遍的喃喃自語着。

他感到有人推他的肩，他抬起了頭。

『怎麼回事？朋友，不好受嗎？』一個機場的警察問他道。

『不好受，不好受。』彼得重覆的說着，一面點着頭。

警察扶着他的臂膀，將他攙了起來，對他說道：『你最好回家去。』

『謝謝你。』彼得說了之後，便向着停車處跌跌撞撞的走去。我最好回家去——回到妻和孩子那裏去。他爲什麼不說這句話呢？回到妻和孩子那裏去。

他尋找了十分鐘才找到他的汽車。當他打開了車門時，他大聲說道：『哦！感謝上帝！毛毯和枕頭不在後座上。我不能忍受那種情景。』他上了汽車。

他很快的駛去。他取道東邊的一條道路，因爲他不想去公路，以免見到那些收通行稅的人，他們會意識到來時的熱切的心情。

爲何我沒有什麼深沉的感覺呢？爲何我沒什麼感覺呢？我在表面上表現了些什麼呢？沒什麼眞正的感覺呢？

他放了一支煙在嘴裏，打燃了打火機。但他忽又將煙捲拿出來了，他的嘴十分厭惡煙的味道，他將煙捲扔掉了。你到什麼地方去呢？你幹什麼呢？找朋友去嗎？不。到酒館裏去嗎？口味不好。開車，繼續開車嗎？或許，或許就是這。啊！你到什麼地方去呢？

他的腦中突然湧上了一個念頭：他們會不會沒有上飛機呢？那名單沒有錯嗎？爲什麼沒有呢？僅因爲那經理宣讀了那名單——

他在下一個轉角轉了彎，離開了公園路。他加快了汽車的速度，幾分鐘以後便抵達了鎮內。他知道有氣燈處就是藥房，他停下了車，跑進去了。那兒有一個電話室，但正有人打電話。一個十幾歲的小女孩正在打電話，另一個小女孩正靠在關着的門上聽着。『問他爲什麼，』她對她的朋說道。彼得走到電話室旁。當那個在門口的小女孩看見他時，她移開了，臉上有好奇之色。他走近玻璃，向裏看着那個正在打電話的小女孩。當她看見他時，他將頭急忙向後一轉，於是，她急忙與對方說了『再見』，而讓出了電話室。

當他踏進電話室時，他想：我現在成了電影上的無賴了。他將喀爾加利的電話號碼告訴了接話生，指明由接電話的人付電話費，他想：我是一個幸運的人，我的運氣常常是好的。他們在那裏，我知道他們在那裏。嬌安常常是誤時的。有一次，火車在交叉河車站停留十分鐘，但等她到達火車站時，火車剛開走了。去年，有一次，她乘自行車去拿加底亞，當她到達那裏時，我們的百慕大的飛機剛飛離了跑道。啊！她趕掉了那班飛機。對了！她天生就是拖延的性情，而我是幸運的。

『你要和那個電話號碼的任何一個人講話嗎？』接話生問道。

『是的。』他說。他將和任何一個人講話。但是，他想：嬌安會來接電話的，而且她一定很不安，我知道的。她常延到最後一分鐘才離開屋子，這是她的習慣。我不知道心理學家稱這種心理是什麼心理。一年以來，他們去戲院看了十二次戲，但其中就有十一次是遲到的。遲到已成了他們的慣例。

他想：在這一分鐘，我就要利用我的運氣了。

他聽見喀爾加利那邊的電話鈴響了。他的心跳得厲害。

他聽見接話生向對方說道：『這是從紐約打的電話，你和這邊講話嗎？』

『喂！是的。』

『佛羅稜斯，你是佛羅稜斯嗎？』

『是的。誰呀？彼得嗎？』

『是的，佛羅稜斯，彼得。現在聽講話——』

『彼得，你打電話給我，眞太好了。嬌安沿途好嗎？我要和她講話。』

啊！運氣，你絕望了。

『彼得，喂！彼得！』

他極力呼吸。『聽呀，佛羅稜斯，飛機失事了，他們摔死了。』

『什麼？你說什麼？』那充滿驚恐的聲音侵襲着他。

『他們都摔死了，這就是我所知道的。』他說着，耳朶停止了聽覺。『我知道了更多的消息時，再打電話給你。我要掛電話了。』

『等一等，彼得，等一等！』對方的聲音彷彿瘋狂了。

『佛羅稜斯，我不能講那件事了。對不起。』他將話機從耳邊拿開了，讓聲音消失在電話機的架上。他汗流夾背。當他離開電話室時，那兩個小女孩凝視着他。

他的希望粉碎了。他軟弱無力。他用一雙無知覺的手駕着車駛回公園路，向着紐約駛去。那突來的打擊使他對於痛苦麻木無知，但現在，他已漸漸恢復了知覺。他已預先想像到他將如何忍受那最大的痛苦。

他突然發現他的汽車已到達他的屋門前。他擡頭凝視了一會窗子，然後才將車開進去，開得太靠近了一個水龍頭。他走了出來。在他未進屋以前，他又仰望了一會。

當他用鑰匙開門時，電話鈴正響着。室中充滿了煙味。他在黑暗中走到了電話機旁，拿起了電話機。

『喂……喂，』一個聲音說道。

『喂，』他回應道，他的喉管緊縮了。

『喂，我要和海米爾頓先生講話，你是海米爾頓先生嗎？』

『是的，』

『哦！海米爾頓先生，我是布來客雷，我們聽見了飛機失事的消息很難受。海米爾頓先生，我們不知道你是否允許我們將你太太和女兒的照片用一下。我們將十分小心——』

他手中拿着的話機離電話機座大約有一尺高，他讓電話機掉下了，重重的落在機座上。他想：這是第二次了，還會有人打電話來的。

電話又開始響了。他想：我希望它整夜響着。我喜歡這聲音。它塡補了這屋子的空虛。他知道這一夜將比他的一生還長。他走入了客室，脫下大衣。當他脫大衣時，他觸着了裝珍珠的盒子，他將那串珍珠拿了出來，在黑暗中躺在地毯上，手中握着那串珍珠。他又將珍珠放在額上，閉上了眼睛。已經停止了的電話鈴聲又開始響了。

他想：在我殘餘的生命中，我將永遠將你的珍珠放在我的額上，我將如何呢？喝酒嗎？自殺嗎？不，我將始終如一的生活下去——但是，那橋口，那山坡上的陽春，炸鷄的香味，和入夜的枕衾，將絞盡我的膏血。那冷清的床衾會是我們愛的堡壘，保護那纏綿的愛語和我們未來的計劃。

我和她是在怒氣中永訣的。啊！天！我們爲什麼在怒氣中分開呢？爲什麼不能讓我的記憶全是溫情蜜意的記憶呢？

那一天，親愛的，你知道我們爲什麼爭吵。我們倆人都不能忍受離別的痛苦。就是爲了這個原故。我們要在一塊度過夏天，不受外界的干擾，但是，你覺得那樣將得罪你的父母，因此，最好你還是走，去和他們一道度過夏天。沒有一個人是應受責備的。但我確信那就是我們爭吵的原因。婚後十二年的生活是美麗的，從沒受任何干擾。我們所反抗的就是這突然挿入我們美麗的生活中的離別。十二年以來，我深愛着你。

電話鈴聲不斷的響着，彷彿是就寢前的號音。他大聲自語着。他站了起來，拿起了電話。

『我必須和某個人談談話，甚至於和一個記者談談也可以。』

『喂！』他說道。

『彼得，啊！我才聽見。啊！親愛的！你眞可憐。你要我來嗎？我能在三小時以後到你這裏。要我來嗎？』

『不，媽媽，謝謝你，你現在不要來，什麼時候要你來我再告訴你。』

『親愛的，你爲什麼不到這裏來呢？你需要人照顧你。那樣對你不適合吧？』

『不，謝謝你，媽媽。當我有什麼打算時，我再打電話告訴你。』

『你還好嗎？眞的好嗎？』

『我還好。』

『很好，孩子，但是倘若你——』

『媽媽，我現在只要孤獨。』

『什麼？啊！好：你自己知道得最清楚，彼得。』

『晚安，親愛的。』

『晚安，孩子，上帝與你同在。』

然而，他們呢？誰將和他們同在呢？

讓我們不再接電話了。

當他這樣想着時，電話鈴聲又冲破了寂靜而開始響起來了。他又躺在地板上，將那串珍珠放在額前。隔着客室的牆，他可以聽見那被阻隔的音樂的聲音夾雜着電話鈴聲。他極力想辨明這是一支什麼歌曲，但電話鈴聲擾亂了樂音。電話停止了一小會，他屏住氣息靜聽那模糊的音樂，一個聲樂家正在唱一個歌，當那疊句的歌詞傳入他的耳中時，他閉上了眼睛，懊悔他不該聽這個歌的。那聲音重複唱道：『必須是你』『必須是你』。

你這一支歌正是爲這個時機唱的，他想。這個歌還可以慢慢的唱，用木笛伴奏。現在我已不在乎什麼事情了，我在這兒一直擲着銅錢預卜命運，我爲什麼沒有什麼事情發生呢？『我到處流浪，我終於發現——』音樂繼續唱着。嬌安是否有一支心愛的歌呢？多數夫婦有一支共同愛好的歌曲。什麼是我們的呢？他突然感到必須要記起什麼是他們的歌，這是很重要的。他決定了他們所愛好的歌是『依偎』，但他知道這是一個不自然的決定：『必須是你，必須是——』

仁慈的電話響聲將這聲音趕出了室內，但趕不出他的腦海。他將珍珠輕放在閉着的眼上，開始數着一次一次電話的響聲。

門口有嘹嘹的聲音，他睜開了眼睛聽聽。

『他不在那裏，拜爾，你可以聽聽電話』這是沙姆同拜爾，善良的老沙姆和拜爾，他們關心着他。

『但是，他能在什麼地方呢，沙姆？我們必須找到他。』

『可能，他駕車到什麼地方去了。』沙姆說。

『哦！他的母親。她可能已從他那聽得了消息。我們下樓到藥房去打電話叫她吧！』

他想：假若我要見人的話，我只想見沙姆和拜爾。一陣溫流流過他的全身，觸及了他的眼睛。他站起來打開了門，向下一看，但電梯的門剛剛關上了。

他關上了門，將桌上的臺燈打開了。在幻想中，他正聽着那模糊的音樂聲：『必須是你。』在臺燈上面的架子上放着幾個小彫像。他拿起一個他們所喜歡的，那是一個帶着假面具的丑角拿着一個手風琴的彫像。他坐在椅臂上，凝視着這個彫像。

他們曾選擇威尼斯作為他們蜜月旅行的地方。祖父曾將旅行歐洲的旅費給他們，但他們決定選一個地方將四個星期的時光全消磨在那兒。在他們蜜月的最後一天，當他們正在買東西時，嬌安突然叫道：『我們不能不買一點東西帶回去，親愛的。我們要為我們的家選一點最好的東西。』在聖馬克廣場的那一頭有一個威尼基尼店，在那店中的窗櫥內，他們看見了這個小彫像，優美而有趣。他們買了四個，十分珍貴的帶回了美國。

他將這個彫像放回了架上。那丑角帶着冷漠的神情回視着他。

『我今夜不能呆在這兒。』他大聲說道。

他走到了響着的電話旁，等它的響聲停下來，於是撥動了紐約旅館的電話號碼。『對不起，先生，在三號以前我們都沒有空房。』他又撥動斯泰勒爾旅館的電話號碼『是的，先生，就是你自己嗎？什麼名字？我們保留到午夜為止。謝謝你。』

就是你自己。為什麼他不說單身或雙人呢？『不，那也好不了多少。我現在一定要化兩個星期的時光來將『我們』這個字從我的語彙中除掉，他這樣想。

他走進了臥室，從壁櫥中拿出了一隻小箱。他決定在旅館中住一會。電話鈴聲又開始響了。他擡頭從門口望去，望入了客室。那個玻璃丑角在架上向着他閃爍。『好，這個屋子全是你的。』他說道。

當他正將幾件襯衣放進箱子時，他聽見門口嘹嘹的聲音。

『彼得，彼得！』拜爾的聲音在喊他。『彼得，我們知道你在那裏。』

他走到門前將門打開了。拜爾衝進室內。

『哦，彼得，你為什麼不接電話！』她的聲音很高。沙姆進來了，將門隨手關上。

『聽，彼得。』他開始說道。

『喂！喂！』拜爾對電話大叫道。『是的，接話生，他在這裏。是的，將她的電話接上。』

她轉向彼得，她的手放在話機上。彼得靜靜的站在那兒，他的雙腿已經失去知覺。

『你這個傻子，』拜爾說道。『我們一直在亡命的找你。現在你準備好，嬌安和孩子不在那飛機上。』

沙姆走到他的身旁，扶住了他的臂膀，支撐着他站着。

『嬌安嗎？』拜爾對電話說道。『他在這裏，親愛的，但我不知他是否能夠講話。』

彼得走向電話，他感到昏迷，正如同他離開飛機場的候機室時所感受到的一樣。他用手拿着電話，他的手感到十分沉重。他將話機拿到了耳邊。

『彼得，彼得，親愛的，你在那裏嗎？』那聲音說道，那聲音是他設想永也不能再聽見了的聲音。

『我的上帝！』他低語道。

『哦！親愛的，我一直在拚命地找你。在你給媽媽的電話剛掛了一分鐘之後，我曾打電話給她。哦！我的彼得，親愛的，你必定受了許多罪！』

『再多講幾句，請再多講幾句。』彼得說道。

『你的聲音很可怕。你的聲音和你那次在醫院時的一樣。哦！彼得，親愛的！』

『我——我不能自主了，一分鐘以後我就好了。』彼得說道。

『哦！彼得，來吧！你能乘什麼時候的飛機你就什麼時候來。』

『那兒——你在那兒？』他費力的口吃着。

『多倫多，你要知道詳細的情形嗎？』

『要知道，要知道每一件事。』

『好，你知道喀爾加利班機停在多倫多的機場大約有半個鐘頭——』

『是的，我知道。』

『孩子們和我曾去休息室。蘇三突然轉向我，對我說道：「媽媽，我十分不舒服。請不要讓我坐飛機回去。」

『祝福她，』彼得說道。

『我摸她的臉——她發着高熱。我想我最好不要冒險，因此我沒有上飛機回來。我猜想乘客名單還未由飛機拍出之前飛機便失事了。』

『蘇三怎麼樣？』他問道。

『她在醫院裏，但醫生說她沒任何危險。肺炎剛剛開始。』

彼得開始哭起來了。他的心絃突然鬆弛了。他也不要去掩飾他的眼淚。拜爾也開始哭起來了，她正站在那兒看着他。沙姆離開了屋子。

『我們在這裏成為淚人了。』彼得說道。

『這裏也是一樣。』嬌安回答道。

『你在什麼地方？』彼得問道。

『佛瑤兒醫院。哦，趕快，親愛的，要他們派專機送你，這是他們應給你的賠償。』

『我一定來。』

『永也不要讓我一人單獨到任何地方去了，永不，永不，永不。』

『就是這個話，親愛的，永不。』

『我愛你，彼得。』

『再說一遍，照那樣再說一遍。』

『我愛你，親愛的，我愛你。』

『再說一遍。』

『我愛你，我愛你，我愛你。』

讀者投書

澄清所有的反時代思潮之逆流

編者先生：

頃讀貴刊社論「堵防時代思潮中的一股逆流」一文，讀後感慨萬千。骨骾在喉，頗欲一吐爲快。爰執筆述其一二，以就正於先生。如可能請刊之投書一欄，蓋大多數讀者對此必有同感也。

首先我須向貴刊諸君子致衷心之敬意。貴刊此種剛正直言之態度，允爲輿論界之領導，正如胡適之先生所言，「够得上『自由中國』的招牌」。臺灣的刊物雖多，但給人的印象是千篇一律，歌頌之詞令多，而針砭之良言少，惟貴刊者可謂一枝挺秀，堪爲民之喉舌矣！此固貴刊之榮，然亦輿論界之危，蓋輿論乃民意之表現，必令人人皆勇於發表其意見，然後始足以言集思廣益，合衆人之力以赴當前之國難。反之，若人皆緘口，噤若寒蟬，不敢言其欲言，則反共黨反極權之前途寧不可悲？此不能不爲戒懼者也。

貴刊社論明白指陳考經復古的主張爲時代思潮中之一股逆流，眞是慨乎言之。科學民主之爲現代潮流之所必趨，爲今日人所共知之事實，亦爲今日中國必走之途徑。不如此，將不足以言反共抗俄，不能拯中國之命運於連年戰亂之中。此乃歷史慘痛之教訓，不容吾人忽視。復古的思想，無論其表現之方式爲何，然窮其本質則爲反民主反科學，殆無疑義。科學民主之倡導始自五四運動，五四迄今已卅餘年，民主科學之厄運頻頻，而復古之幽靈竟復時現於今日，能不使人爲之太息？我誠不解：時至今日，那些衞道的先生們還如此諱疾忌醫，如此怕聽科學民主，這有如人之病危而不信科學之醫理，却去「求治古方」—「乞靈聖廟」，其愚昧實足以喪其性命。一國如此，害必及於蒼生，禍必止於無窮。若謂共產黨嘗竊功五四運動，並曾以民主科學爲幌子，因此我們便反對科學民主，這與因爲共產黨企圖摧毀固有文化，因此我們便提倡復古，其同爲愚昧之行爲，如出一轍。事實上，科學與民主不僅爲反共之目的，抑且爲反共唯一有效之手段。反共之理論已盡在科學民主之現代思潮之中，無庸他求。我們如不此之圖，而一味開倒車，勢必心勞日拙，益足證明其心靈之空虛而已。

復古思想不只見於主張考經一端。反現代化思潮之逆流亦不僅限於復古之一端。政府自遷臺以來，雖不無有所改進，然可慨者，爲此種反現代化思潮之逆流，頗有到處流竄之概，而常表現於實際政治作風之中。此類事象幾乎到處可以發現，主張考經之賈景德先生，不過此一風尚中之一善於揣摩者而已。是所以有識之士莫不對此深致隱憂也。思想之貧乏爲反共陣營最大之危機，反現代化思潮之氾濫乃思想貧乏之有力之明證，此種風氣如任其滋蔓而不加遏止，則國家前途還有什麼希望？貴刊凜於大義，剛正直言，殊堪敬佩。然愚以爲僅只堵防考經復古之一逆流，猶爲未足，實應對所有反時代思潮之逆流，全面予以澄清。此實思想文化界當務之急，不容忽視。而此一責任亦惟貴刊始能當之。故作此書，以請教於左右。即祝撰安

讀者 王浩然敬上 五月廿日

從「金鷄獨立式」說起

編輯先生：

由於我特別愛好貴刊的緣故，可以說每一期每一篇我都曾細心閱讀。上一期我在一個很易爲人忽略的角落裡，發現一篇短短的妙文，讀後不禁拍案叫絕。這文的標題是「值得我國各種集會採用的習慣」，只寥寥數十字，而且是被用作補白，登在一個極不被人注意的地方。但在我看來，這個補白倒與一篇洋洋長文的時論有同等的價值，因爲它道着了一件爲人詬病之事象，而這事象則又顯示着一個望之似小影響實大的問題。

這文的內容是說在赤道非洲一個民族有一種習慣，就是人們在會議中發言的時候，只准用一隻脚着地立着，像我國國術中的所謂金雞獨立式。作者建議凡各種集會中都採用此一習慣，以免發言人亂發冗長的議論，而節省與會人的時間。

此文風趣幽默，誠然令人捧腹，然讀者切不可以笑話視之，蓋此中有深長之意寓焉！據我所知，我國官場中，任何大小會議，大部份的時間，都是被冗長而無聊的演說佔去，尤其是一些行政首長，在任何場合裡只須有他們出席，必得「訓話」一番，就像天生他們時就高衆人一儔。他們像是無所不知無所不曉的，所以得以『作之君作之師』的態度（借用貴刊的標題），把人們教訓一番，一番教訓少則數十分鐘，長則數小時，眞是俗話說王大娘的裹脚布又臭又長。這些長篇演說的內容常常是千篇一律的教條口號，人們經這番疲勞轟炸之後，精神已告解體，那還有什麼興趣與筋力開會討論正經問題？我有一位朋友被聘爲某院設計委員，從前他總是認眞去討論研究問題，現在他竟嚇得不敢出席了，他說他每次去開會，總得「奉陪末座」—先傾聽數小時大官們的「訓詞」，弄得你頭昏腦脹，所以出席這樣的會議直等於虐待自己。從此一例可見冗長的演講與訓話，不僅疲人心神，且足以害國家大事。

我記得貴刊×卷×期曾刊過張佛泉教授『從民權初步說到精誠團結』一文，其中意見是很發人深省的。他說國民黨過去之所以失敗，未會開好會議是其中一項原因。此說是頗有道理的。所以他主張政治上的改革應先從民權初步做起。開不好會的原因固然很多，但是，冗長而無聊的訓話與演說，在我看，大概要算其中頗重要的一項。要想開好會嗎？首先就得免去那些冗長的廢話。那麼金雞獨立式的演說姿態，確乎有其妙用，我不禁要附和這項頗切實用的建議呢？

讀者 孫 愚上 五 廿一

給讀者的報告

西方三強在共黨多方阻撓威脅之下，並克服了若干內在的矛盾之後，終於五月廿六日在波昂與西德政府簽訂了和平契約。這一和平契約與舊金山和約之先後簽訂，同是民主集團外交上重大之勝利。民主國家尤其是美國政府在長期對蘇冷戰的失敗教訓中，已逐漸洞悉共黨極權之侵略技倆，開始修正其過去所採用的戰略，轉以爭取主動之地位。這確乎是自由世界値得欣欣的事象。最近歐洲聯軍的計劃已在積極進展之中，西德和平契約之簽訂，將使歐洲防務益見增强。今後我們更望美國能在亞洲方面採取同樣積極的步驟，以迎擊共黨之侵略，則人類自由之勝利當可及早降臨。

事實是最好的教訓。英國政府現已正式宣佈封閉其在中共區內之商業機構，英國政府承認中共政權兩年多來所得的酬答，原來如此。這眞是最現實的「經驗」。凡現在仍夢想與中共發生商業關係的國家，應該虛心接受此一經驗之教訓。中共政權從頭來便是一個不折不扣的蘇俄之附庸，永遠是自由世界的死敵。英國是一個具有政治智慧的民族，從過去的教訓中對此應已有深切之認識。英國應考慮修改其對中共的態度，並消除英美兩國間遠東政策之歧異，現在已是最好的時機！果爾，則過去的犧牲與失敗，還是有價値的。

劉世超先生的「價値判斷與民主政治」一文，是一篇不可多見的力作。劉先生從哲學與邏輯的觀點闡析民主政治之價値，在人們對民主政治仍無較深認識與信任之今日，對於這類理論的介紹，該是異常必要的。

「立委三年成法師」？是一個頗具諧趣的標題，但本文所討論的卻是一個很爲嚴肅而値得重視的問題。民主政治是法治政治。在民主國家法律之制定乃一極神聖之任務，人民代表制定法律之時必不忘其受託於人民之重，故俱有高度之責任感，絕不草率任意爲之。「立委三年成法師」，像這樣草率與自利的立法，就吾人所知者尙屬「創舉」。爲維護法律之尊嚴，吾人盼立法當局能速爲補救之道。

杜德事件發生以後，舉世矚目。由於此事件之發生，世人始恍然於對巨濟島俘虜營眞象之隔膜。此一與世隔絕之天地，其中大多數戰俘乃渴求獲得自由之人，其對自由之信仰較之世界任何區域之人民尤爲深切。這裏我們應感謝這位韓國友人朴日成君，爲本刊撰此報導，並附實地拍攝之照片數幀。本文資料，外間很少有人知道，即英美記者亦難獲致，堪爲珍貴也。

本期尙有佳作多篇，以稿擠不克刊出，將移於下期發表。於此便向作者致歉。

本刊鄭重推薦

工商日報

消息靈通　報導翔實

言論公正　副刊生動

社址：香港德輔道中四十三號

臺灣總經銷：中國書報社

自由中國 半月刊 第六卷 第十一期

"Free China" 總第六十二號

中華民國四十一年六月一日

發行人 胡適

主編 「自由中國」編輯委員會

出版者 自由中國社

社址：臺北市金山街一巷二號

電話：六八八五

航空版經售者 香港時報社

臺灣	中國書報發行所（臺北市館前街八五號）
美國	紐約民氣日報社
	舊金山國民日報社
日本	東京南友堂
	東京內山書局
韓國	釜山草梁洞新泰行
馬尼剌	大中華日報社
印尼	椰嘉達星期日報
	椰嘉達天聲日報
	棉蘭繁華圖書公司
越南	西貢中原文化印刷公司
	越南華僑文化事業公司
暹邏	曼谷聯多社十二號
緬甸	仰光·聯成書報店
印度	孟買梅鼎號
	加爾各答塔梅學校
新加坡	中興日報社
	檳榔嶼、吉打郵均有出售
澳洲	墨爾缽王德利公司
北婆羅洲	馬拉奕坡美芝律聯華公司

印刷者 臺灣新生報新生印刷廠

廠址：臺北市西園路二段九號 電話：二〇九六

本刊經中華郵政登記認爲第一類新聞紙類 臺灣郵政管理局新聞紙類登記執照第二〇號 臺灣郵政劃撥儲金帳戶第八一三九號

自由中國

FREE CHINA

第六卷　第十二期

要目

中華民國四十一年六月十六日出版

社址：臺北市金山街一巷二號

半月大事記

五月廿五日（星期日）蘇俄照會美英法三國要求談判統一全德問題。

五月廿六日（星期一）對西德和平條約在波昂簽字。
韓境停戰談判聯軍首席代表哈里遜表示決堅持志願遣俘。
英陸軍部宣佈哈定上將被任命爲英國參謀總長。

五月廿七日（星期二）歐洲聯軍公約在巴黎簽字。英美兩國宣言允續駐軍歐陸並保衛柏林。
蘇俄封鎖西柏林，切斷電話電報線，禁止盟軍巡邏通向西德之公路線。
新任歐洲盟軍統帥李奇威將軍飛抵巴黎。
第八軍團司令符立德飛抵釜山與李承晚會談韓國政治危機。

五月廿八日（星期三）美英法三國外長在巴黎會議商定致俄新照會綱要，並討論北非及中東問題。
韓國會要求李承晚總統解除戒嚴法，按李氏因據此法於前昨兩日逮捕反對派之議員九人。
英國防部長亞歷山大警告稱，自停戰談判開始以來，共黨在韓實力增加一倍。
美空軍部長芬勒特宣稱，蘇俄已擁有直接攻擊美國的原子攻擊力量。
美參院通過將對西班牙援助列入共同安全法案。

五月廿九日（星期四）法政府對共黨反李奇威將軍之流血騷動採嚴厲措施。共黨首領杜科洛及黨徒九百餘人均以從事破壞國內安全罪被捕，若干共黨報紙亦被沒收。
邱吉爾向英下院警告稱，韓境一般情勢異常嚴重。
美參院通過六十七億援外撥款案。並通過「凱姆」修正案，該法案規定對以任何戰略物資與軍需品資共之國家，將削減其美援。
巨濟島共俘示威，經聯軍强力鎮壓後，恢復平靜。
美總統杜魯門要求國會撥款卅三億擴大原子武器之生產。
韓國副總統金性洙因不滿李承晚政府，宣佈辭職。
聯合國韓國統一復興委員會籲請李承晚取消釜山戒嚴令，並釋放被捕九議員。
美英法三國對聯合國裁軍委員會提出裁軍建議，該建議規定美國蘇俄及「中國」在三國與聯合國同意條件下，將武裝軍力各裁減至一百五十萬人。
德共衝入西柏林，四百廿六人被捕。

五月卅日（星期五）教育部長程天放宣佈自今年起大學與專科學校畢業生，將接受爲期一年之軍事訓練。
立法院修正通過四十一年度政府追加預算案。
日本政府重行聲明無意放寬對中共之貿易限制。
美英法三國要求蘇俄停止干涉盟國巡邏公路，並爲共黨切斷東西鐵路及電話線提嚴硬抗議。
西德政府發表公報否認放棄西柏林之謠傳。
法政府宣佈共黨陰謀奪取政權，全國警察奉命戒備，被捕共黨領袖已被提起公訴。
新任歐洲盟軍統帥李奇威將軍就職。
東京日共舉行「殉難日」示威運動，卒爲警察驅散。
日政府正式通知蘇俄駐日代表團稱：「盟國對日委員會內蘇俄委員之職務已隨四月廿八日盟國佔領結束時而終止」。
巨濟島共俘再度暴動，攻擊聯軍衛兵，共俘四名遭擊斃。

五月卅一日（星期六）立法院第九會期正式宣告休會。

六月一日（星期日）韓總統李承晚拒絕撤銷戒嚴，並續捕議員三人。
日共領袖衆院議員中西伊之助宣佈脫離共黨。

六月二日（星期一）蘇俄正式封鎖東德與西德間全部邊境。
越北華僑回國觀光團抵臺。
美著名教育家哲學家杜威博士在紐約病逝。
美最高法院宣判政府接受鋼鐵工業爲違憲行爲，工會聯合會主席摩萊下令工人罷工。
克拉克將軍視察巨濟島，表示聯軍決用武力使共俘聽命。
韓總統李承晚對聯合國韓國委員會答辯稱：無意以暴力爭政權。克拉克將與李氏晤談表示關心韓國政潮。

六月三日（星期二）美總統杜魯門函李承晚，對韓國政潮表示震驚。
美國務卿艾其遜演說稱，美決繼續保持其在柏林之權利。
蔣廷黻警告聯合國裁軍委員會勿採納任何以中共爲基礎之裁軍建議。

六月四日（星期三）行政院會議決定政府會計年度由曆年制改爲七月制。
美參衆兩院聯合委員會通過援外款項六十四億元。
艾森豪威爾解除軍職後首次發表政治性演說。
美軍進入巨濟島共俘營拘捕抗命之共俘首領。

六月五日（星期四）美第七艦隊司令柯拉克抵臺訪問，與中美將領舉行軍事會報，美十三航空隊司令摩爾亦自菲趕抵參加。
艾森豪威爾表示贊同一九五〇年共和黨政綱。
聯軍開始執行巨濟島共俘之分隔工作。
韓總統李承晚函覆杜魯門表示以合理方法解決政潮。

六月六日（星期五）星馬華僑回國觀光團抵臺。
日衆院外委會通過中日和約。
東京五千日共集會，宣誓驅逐美軍建立親俄政府。
韓國會決議要求釋放被捕議員。

六月七日（星期六）日衆院以壓倒多數通過中日和約。
賴伊致函李承晚對韓國政潮表示關切。

六月八日（星期日）韓境停戰談判聯軍宣布休會三日。
韓總統李承晚聲明願與國會和解，如國會通過憲法修正案，李氏同意國會選舉總統。

社論

求公平、節浪費！

——寫在軍公教人員待遇調整之前——

在這次臺灣全省財政會議當中，行政當局宣佈，對於軍公教人員的待遇，現正全盤考慮，重新調整。這個消息，自爲軍公教人員所樂聞。他們的待遇，在三十九年八月調整時（去年五月雖也調整一次，但職務加給的加成數又於同年九月份起取消。這次調整只是有眷屬的多了一點有限的收益而已）。其應有的「不虞匱乏之自由」並沒有得到適度保障。兼之一年多以來，物價還是逐步上漲，儘管上漲率，比過去法幣和金圓券時期，雖說不太驚人，但照我們所能找到的幾種物價指數來看，目前的指數已漲到前年八月的一倍以上。如果我們另編公教人員及軍隊官兵生活費指數（將實物配給的物品不計）的話，那個指數當比一般物價指數爲高。這就是說，目前軍公教人員的待遇，其現金部份已較上次調整時貶值了一大半。所以他們的待遇，即以戰時應有的艱苦生活水準來說，也到了非調整不可的時候了。

這次籌議中的調整，其辦法將會怎樣，現在我們還不知道。但有一點已經當局明白說過，即不仰賴發行，而仰賴稅收。這個第一要點，政府若眞能把握得住，物價當不致因而劇烈波動，待遇調整後的軍公教人員也當可受到若干實惠。在這個前提下，對於調整待遇這個問題，我們建議下述兩個要點：

（一）求公平　提起「公平」這個原則來，大多數的軍公教人員都不免牢騷滿腹，憑他們所見所聞，都可指出一大堆不公平的事象來。我們也看得多，聽得多，這裡把它們分做下列兩方面來說：

1）機關與機關間的不公平　如以機關爲單位來比較待遇，大家都知道以重慶南路聯合大厦內的幾個洋機關——安全分署、美援會、農復會——爲最高。但是大家也知道，這些機關是由美援開支的，講到機關間待遇問題時，這些機關不在比較之列。公營事業機關，是大家所常常說到的，尤其在大陸時期，它們確像個獨立的「經濟王國」，自收自支，誰也弄不清它們用錢拿錢的花樣。現在、比較改善了許多（還有些待改善的地方，下面再說），而且這些機關的性質究與政府行政機關不一樣，其待遇多少要受民間工商業員工待遇的影響；只要比起一般公教人員的待遇超過得不太遠，大家也無話可說。至於同在政府行政系統下的機關，天經地義應該同地同工同酬。但今天還有許多相反的事例，最顯著的就是關務署及海關總稅務司署。這兩個海關方面的機關，其開支報銷可以不嚴格遵照審計程序；而其俸給制度，也有其特有的一套。

海關人員的待遇，名目雖只有四種：（甲）本俸、（乙）職務加給、（丙）米代金、（丁）年終獎金；而內容則有四大特點爲一般行政機關所無：⑴本俸按照海關自己編製的物價指數乘其底薪；⑵年終獎金，也即是緝私提成，這個數額究有多少，過去的，我們沒有資料，未來的，也無法估計，但就下列第⑶個特點看，數額一定是很大的；⑶年終獎金雖名爲「年終」獎金，事實上是每月墊發。每月墊發的數目等於上述（甲）（乙）（丙）三項薪津總和的百分之二十五。這項每月墊發的獎金，到了年終再在緝私提成中扣除；⑷米代金是按照中熟米每人每月「十五市斗」的「市」價計算。我們說了這一大堆話，有人會問：海關人員的待遇究竟比一般公教人員要高多少呢？這一問，我們無法概括地回答，即海關人員自己也說不出來。因爲在物價上漲的趨勢下，他們的待遇每月不同。因爲在其每月的薪津總額中，有兩個不能事先確定的因數：一是他們自編的物價指數，一是中熟米的市價。但僅就某一個月說，只要資料齊全，我們也可以計算得出來。茲就我們所找到的資料，就去年（四十年）四月份的，比較如下表：

海關人員與一般公教人員的待遇比較表

民國四十年四月份

俸額	一般公教人員實得數	海關人員實得數
一〇〇元	一四三·一〇元	七五八·一三元
二〇〇元	一八四·四〇元	九一五·四三元
四〇〇元	二六九·四〇元	一,二三七·三三元
六〇〇元	三五二·八〇元	一,五五五·一二元
八〇〇元	四二四·五〇元	一,八七四·八三元
一,〇九二元	—	二,三四三·七三元

在上表中一般公教人員的實得數，不包括實物配給；但實物部份如折合現金，其數目也很有限。另一方面，表中所列的海關人員實得數，不包括年終獎金的補發數，這個獎金每人所得的總額，是隨職位高低而不同的。確數我們無法說出，但據大家所風聞的，最高所得額可能超過全年薪津若干倍。此外還請注意，上表所列是去年四月的待遇，目前的還不知高了多少倍。

海關人員的待遇如此，如以戰前的公務員俸給標準比較，或者不算高，但是現在是戰時，大家都在吃苦，海關人員不應例外；如果有甚麼奇蹟，能够把一般公務人員的俸給也提高到戰前的標準與海關人員看齊，而不增加發行，不影響物價的話，我們也贊成維持海關人員的現有待遇；但是這只是一個幻想，絕對沒有實現的可能。既然如此，就難怪大家要叫不平了。這個不公平，我們找不出任何理由來爲它辯護。海關已經不是洋機關，爲甚麼可以有一種特殊的俸給制度？海關也不是甚麼有特殊技術性的事業機關，爲甚麼其待遇要高過一般公教人員？如果說稅務人員的待遇，可以比其他部門的公務員高一點，爲的是稅務人員的養「廉」，有其特別必要。這種說法，確有其苦心。但是，即令我們同意這種說法，也應當適用於所有的稅務人員，但也不應容許其高過一般公教人員的若干倍，更不應容許有其特殊薪給制以破壞國家行政系統的統一。這件事，據報載曾由監察院向行政院提過糾正案。行政院的答覆據說很冠冕：海關現行的特殊薪給制度已令飭分別修正或停止。至於修正或停止後的待遇如何規定呢？我們還不知道其內容。我們躭心：命令是命令，事實是事實。特殊的俸給制或廢止，或修正（據說、行政當局僅僅命令海關自本年五月份起凍結其自編的物價指數），而優厚待遇還是優厚待遇。這一着，在這次全盤考慮調整軍公教人員的待遇時，政府應該注意到。

機關間待遇的不公平，是由於有些機關本身有收入而其他機關沒有。於是前者就成爲一般人所說的「肥缺」，海關是「肥缺」之尤者。「肥缺」的現象，不應存在！

除海關這個特例以外，機關間待遇不公平，還有的是，不過沒有如此奇特而已。中央和省級各機關，俸給制是統一的，可是各機關的實際待遇，也有不一致的地方。例如：海關的主管機關財政部，就和內政、教育、考銓等部不同；立監兩院，也與考試、司法等院不一樣；公營事業機關，彼此間的待遇也不一致。這些不公平，雖未大到引人特別注意，但在全盤考慮下，也當力求減少。

(2) 機關內的不公平　軍公教人員因其職位有高低、責任有輕重、學歷經歷有深淺、俸給當然也有等差。在戰前，我們政府官員的俸薪等差，比現在各級實支的薪額，距離大得多，但戰前各機關職員很少在俸給上訴不平，爲甚麼在現在反有不平之感呢？這裡的原因，主要的恐怕是在辦公費方面。戰前各機關首長的辦公費，大都是等於或稍低於其俸額；現在呢？一個機關首長所支領的辦公費，通常超過其實支月俸的十倍至二十倍。在幣值低落的今天，一個機關首長決不能僅靠其每月實支的薪額來過活，只要是有點常識的小娃娃也會知道。他們除實支薪額外，再領十倍二十倍的辦公費無寧說是應該的，可是問題的發生，發生在下列二點：

(1) 領了鉅額辦公費的機關首長，如果他的公館開支，私人應酬、都由他的辦公費中開支，而不由機關的總務來辦，不向機關報銷，那也罷了；可是事實上公私絕對分明的人，百不得一。公館開支、私人應酬、既都向公家報銷了，再領鉅額的辦公費，自然會引起大家的不平。

2 十倍二十倍於實支薪額的辦公費，其由來，當然是因爲機關首長們深知實支薪額太不够用，增加實支薪額就要連帶地普遍增加。普遍增加，財政上既不許可，而機關首長又好像是不應該和大家同甘苦的，於是只好打破戰前成規，將等於或稍低於俸給的辦公費，加上它十幾倍乃至二十倍。這樣一來，機關首長們也就不會體會到一般職員們朝夕煩惱的生活匱乏了。鉅額辦公費的由來，除此以外，還有甚麼其他的解釋呢？這也是一般軍公教人員所氣憤的。

政府在這次籌議軍公教人員的待遇調整，據說是在全盤考慮中。考慮既及於全盤，則上述的現狀——機關間和機關內的不公平，統統要使它消滅，至少要盡可能地減少。

（二）節浪費　我們很高興地聽到，政府這次調整待遇，將不藉發行膨脹，而靠稅收增加。於此，我們得更進一步建議政府，也不要完全靠稅收的增加。稅收增加得過份了，則有損工商業資本的累積，因而影響稅源。所以我們還要同時從現狀中大大地節省浪費。節浪費也可分兩方面來說：

(1) 公營事業機關的浪費　政府對於公營事業有預解盈餘的規定，這個規定是好是壞，不在本文討論的範圍。但就我們所知的，公營事業也許有因預解盈餘而影響其事業活動的，但我們很少看見因預解盈餘而大力節省浪費。舉例來說，四十年八月行政院曾通過一個「政府財政節流十項措施」，其中曾有「絕對停止屋房之新建或購置」。但公營事業機關之購買房屋，則時有所聞。出自官方法令的「絕對」二字，其意義是如此！公營事業浪費的現象一般說來確實相當普遍。這些浪費若能節省下來，其總額當不在少數，以此移用於軍公教人員的待遇調整，當非小補。

(2) 政府本身的浪費　說官話，任何一個機關的負責人，決不會承認其機關有何浪費的情事，可是大多數的機關職員，尤其是中下級的職員，很少不從私人談話中歷舉其機關浪費的事實的。這些事實，個別地看似乎都是小事，但積少成多，綜合估計，政府機關每月的浪費，其金額當也驚人。這些積少成多的浪費，我們且不去詳細講它。最近幾年來我們感覺得浪費很多的，是訓練機構的繁多。這些訓練又多是偏於所謂精神訓練的。我們總不敢相信，一般軍公教人員心裏正挂念着自己家庭的物質生活，同時他們還可以接受甚麼精神訓練。關於這一事，在上述「政府財政節流十項措施」的第十項，曾規定：「目前舉辦各種訓練機構繁多，應籌劃統一，以節省財力物力」。可見政府亦覺得這是浪費；可惜這個規定，限制得不够徹底，而且這個不徹底的限制也等於具文。此外我們還感覺到，有些來頭大的機構，花起錢來眞是嚇人！他們在主觀上也許認爲花這些錢都是有益於反共抗俄的，但其眞正的後果是怎樣？天曉得！

政府遷臺以來，確實有些進步；因爲有些進步，我們才願意不斷地指出尚待改進的一些缺點。這次政府籌議軍公教人員待遇的調整，決心不仰賴發行，這是一進步。在這個進步中，我們再提出「求公平、節浪費」這兩個要點，請政府注意及之。

從間接民主到直接民主（上）

戴杜衡

一

在盧梭（J.J. Rousseau）的整個政治理論中，有二點最受人注意：一是「社約」之說，一是「總意」之說。事實上，這兩個立論中心，都比較模糊而抽象，以致引起不少誤解與爭辯。他另有二點意見，更明朗而確切，也許同時是更基本的，卻爲一般所忽略。這二點意見，第一是：他認爲代議制度祇好算是介乎專制與民主之間的一種政治形態。主權不容轉讓，意志不能代表（由人家代替來表達）；在民主政治，主權既屬於人民，意志既出於人民，就不該有什麼代議制度。他主張立法必須由人民親自批准，否則應視爲無效。他說：「英國國民以爲他自己是自由的，其實大錯，因爲祇有在選擧議員之時，他是自由的，當議員一經選出之後，它就被奴役了。」另一個意見是：他認爲政黨非民主政治所應有。政黨對其組成分子代表「總意」，對國家則僅代表一種「私意」（volonte particuliere）。他說：「有政黨，「已不復是有多少人就有多少投票者，而變成有多少黨乃有多少投票者。」他又說：「如果一個政黨大至能壓倒其餘一切政黨時，就不復有所謂總意存在，祇好讓私意支配一切。」（附帶說，筆者個人對盧梭的總意之說全不贊同，所以反對用「總意」「私意」這些名詞；在論及政黨之處，如把「總意」改成「多數意志」，把「私意」改成「少數意志」，詞意二者似均更覺通順。）

像這樣的意見，如果今天有人突然提出，而不言明出處，就簡直有點駭人聽聞。今天一般人所瞭解的民主政治，正是以盧梭所不喜的議會與政黨這二者爲其體制之骨幹；而且，一個政黨壓倒其餘政黨的情形，正被視爲常態，甚至被視爲成熟的標記。這已經成爲一種習俗（convention），一成習俗，就牢籠了人們的想像，限制了人們的視野。一切超乎習俗的可能的事物都成爲不可思議。這樣的現實一成習俗，人們就不把它當作整個發展中之一階段，而差不多把它當作發展之止境。這樣就是民主，民主就是這樣。而且這樣已經非常美滿，再作進一步的追求就成爲好高騖遠，不切實際。更可悲的一點是：人們已經忘記了會經有過什麼目標，不知道這目標究竟是什麼，究竟在那裏，以致政治的現實正在一天天走得離開這目標更遠，人們都並無感覺。

翻開書刊報章，對民主政治的贊頌之聲，至今仍洋洋盈耳，好像都並未喪失信心。但我們切勿引以自慰，因爲最害事的，也正是這種無保留的阿諛態度。好像祇要比專制式極權較勝一籌，就已經滿足。好像過去的成就已經太多，今天，祇要能保存，甚至祇要能少喪失一些，就已經很好。最近看到一部擁護民主政治的著作，叫做 "The Ramparts We Guard,"。這書名即令人短氣，我眞不忍把它的全名譯出。（"Ramparts" 一字，祇要稍稍歪曲一點，可以解作「殘壘」。）好像民主已再無發展，再無前途可以開拓了。

盧梭那兩個重要意見之被修改，之被忽略，並非從今日始。法國革命是在盧梭的直接影響下掀動起來的；一七八九年的「人權宣言」之主要內容，即爲盧梭學說之複述。但宣言第六條說到法律爲總意之表現時，其所作的解釋爲：「所有公民均有權親自或經由其代表參與法律之製訂。」這一「或」，早把盧梭的主張根本推翻：盧梭要的是「或」中之前一項，反對的是後一項，而事實上人們是要了「或」中之後一項，把前一項完全視同具文。再關於政黨，即盧梭本人也感覺難於避免，因此他補充說：如果非有政黨不可，則應該使其數目儘可能多，讓它們勢均力敵，扯成平局。

但我要鄭重指出：在一七八九年把盧梭的卓絕意見修改是合理的，因爲那是一個以馬車爲最便捷的陸上交通工具的時代。到了一九五二年還把盧梭的卓絕意見認爲不值一顧，卻是不該的，因爲這已經是一個飛機與無線電傳眞的時代。由於技術的進步，過去許多空想到今天都成了現實；如此迅速而驚人的技術發展，爲什麼單單對我們人群組織的基本體制不能有絲毫貢獻？請容許我再引盧梭的一句話。他說：「精神事物的可能發展之限度，沒有如我們所想像的那麼狹窄，這是由於我們的弱點，我們的罪惡，我們的偏見，才使之縮小了。」有些人口頭信服而內心懷疑或甚至憎厭，有些人過於樂觀，以爲一切都已經很好，有些人過於悲觀，以爲搞來搞去總搞不清楚，有些人則對任何新的事物都感覺一種莫名其妙的的畏懼：於是，進步的路就被永久阻塞。後一代人如不把前一代人的遺產增殖，就總有一天會把它吃光蕩盡。我敢說，民主政治即在先進國家，都已經臨到這一危機的邊緣。

二

我個人完全接受盧梭關於議會與政黨的意見，試爲分別申論。先說議會政治。

從來對於議會的性質，議員的任務，有二種不同說法：一種是稱爲「委派說」（Theory of delegation），另一種可以稱爲「信託說」（Theory of trusteeship），有些學者把它叫做「個人判斷說」（Theory of personal judgement）。前一說法，認議會爲純粹的民意機關，議員應以轉達選民的意志為職守；後一說法，則認議會為具有自身權力的政治機構，議員應運用他個人的智慧與能力來替國家也替選民服務。按前一說法，議員是由選民委派出來，以代表其主張和利益的，充其極，選民應能指揮議員，甚至以主人的身分命令議員。按後一說法，議員為選民所信任，並以國事全權託付，一經託付之後，選民不應對議員的獨立行動與意見再加限制或干涉。應知此二說不過是理論上的辨析，在實踐上並不如此的涇渭分明。如以英美兩國對比，大致可以說，美國的體制(或習慣)，較諸英國略略接近於前一說，美國議員常常與其選民大量通信，並採納其意見，在英國則較少此種情形。但也祇是略略接近而已，並不是美國的實際，可以與英國從根本上區別出來。於多數國家，我們更看不清究竟算是接近那一方面。

英國的保守政論家勃爾克（E.Burke）在一七七四年曾這樣說：「他（指議員）不能把他的公正的意見，他的成熟的判斷，他的開明的良心，來犧牲於你們(指選民)，犧牲於任何人或現存的任何團體。……你們的代表所該你們的，不祇是他的辛勞，同時還有他的判斷；如果他把他的判斷犧牲於你們的意見，他不是替你們服務，而是出賣了你們。」這是信託說的代表主張。不用說，它在民主政治的理想家聽來，非常刺耳。它充滿貴族政治與寡頭政治的氣息。它是先假定了選民之完全無知與議員之絕對優越的；因此政治祇能有議員們的分，不該有選民的分。難怪盧梭要說，當議員一經選出之後，選民就被奴役。如果勃爾克的主張成為政治實踐的基礎，則此種政治形態祇好算是介乎專制與民主之間，實為再精確不過的評價。

要從理論上駁斥勃爾克的說法，非常容易；但，要從實踐上完全擺脫勃爾克的或其類似的說法之影響，却非常困難。此一矛盾，正是議會政治最大弱點之所在。

信託說根本就建立在一個非民主的假定上。這假定如竟成立，則民主政治不僅全無可能，並且全無是處；這假定如不能成立，則信託說自身即不攻自破。選民既如此無知，他又如何能把眞正優越的議員選舉出來？選民的意見既如此的不可靠，為什麼他在選舉議員時所表示的意見偏偏又如此的可靠？一大群完全無知者居然可以把單獨的一個絕對優越者選舉出來，這樣的事，我們無以名之，祇好名之曰民主的奇跡！

事實是：議員並不是因為他優越，所以他被選舉；而是因為他被選舉，所以他優越。議會政治的整個弊病即由此而起。議員們由其優越感而專斷，不再反省他自己是否眞正的優越，選民乃被當作一敲門磚而拋棄。

可是，我們儘管在理論上反對，在情感上憎厭勃爾克之類的說法，在實踐上，我們仍不得不違反本願的走着勃爾克指示的道路。儘管當議員的是如何冷靜、客觀、虛懷若谷，誠心誠意的準備儘可能以他所代表的選民的意見為意見，他也無法辦到。他所要伺候的主人不祇一個，至少是千百之數，這千百數的主人，公要餛飩婆要麵，叫他無所適從。他所要處理的事項不祇一件，至少有百十之數，千百數的主人對百十數的事項的意見，更是紛煩錯綜，叫他無法揣摹。關於議員任務的「委派說」，在這裏逢到不可超越的障碍。因為選民們給議員的委派，並不是像主婦吩咐下女「你替我去買五毛錢花生來」那樣簡單，而是許多許多意見一定不同的人，委派單獨的一個代表，去處理許多許多複雜的事項，這如何可能！我當然知道，議員代表的是多數，不是全體。但議員要測知選民的多數意見，也同樣的沒有把握。民意怎樣？多數意見怎樣？議員仍要憑藉他自己的「個人判斷」，這判斷當然難免錯誤，除非在議會每次表決之前，議員先回到自己選區把選民召集起來舉行一次投票。

即令議員願意代表民意，他也無法代表，而事實上，連這願意也成問題。如果他祇有一個動機可以使議員願意留心民意，那就是他下屆聯任的希望。如果他根本不想聯任，或者離改選之期尚遠，他就常常會更傾向於自作主張。在美國，參議員與衆議員同為民選，而後者比較的多願順從民意，前者則更為獨立，原因是簡單的，參議員的任期是六年，不必急急乎為下屆競選準備，衆議員則沒有那過幸運，他的任期祇有二年。此事說明：議員在自身的願望上大都是傾向於「個人判斷」的，他並不甘心作一個名副其實的被「委派」者。

無論美國衆院與參院的分別，或是美國與英國的分別，都不過是較輕微的程度上的分別而已。整個說，凡議員之被選，多是近於「信託」的性質而遠於「委派」的性質。信託說縱為多數民主理想家所不喜，它在實踐上是勝利了。因為，議會政治在本質上即會有貴族政治寡頭政治的成分，所以它恰好能與帶有貴族政治寡頭政治氣息的理論相適合；拿純粹民主的理論裝配到議會政治上去，就要感覺互相枘鑿而格格不入。我當然不是說，議會一定違反民意，但它決不是一個能符合理想的表達民意的工具，這工具是那樣的粗糙、拙劣，且常常不堪使用。

或謂：議員的候選人先發表意見，選民選擇與自己意見相同或接近的候選人，所以他當選以後在議院所持意見，自然會與他的多數選民相同或相接近了。此說驟然聽之，似乎也頗具理由，但我們如把實際情形詳細考察，就又不敢十分輕信。候選人要先發表意見是事實。但所謂競選綱領之類的東西，並不是對所有重要問題都發表了明確意見的，它常常是掛一漏萬，語氣模糊。我還要指出：在多數場合，帮助候選人成功的、正是綱領之模糊，而不是綱領之明確。特別對於若干成問題的問題，最聰明的辦法是避免不談，却儘量強調那些不可能有人反對的號召而號召，照例是愈空洞愈能吸引。現在競選人大都已懂得此一「天機」。試以美國總統競選的實例來說明。當羅斯福第一次出馬競選時（一九三二年），他祇是標榜「給衆人以公道」，他上臺以後雷厲風行的新政，在競選綱領裏竟一點暗示也沒有。當羅斯福第三次競選時（一九四〇年），他早就在作戰爭的準備，但他的競選宣傳還是滿口和平。

最近，艾森豪威爾元帥在競選中聲勢如此浩大，但他竟守口如瓶，直至今日也並未聽到他發表過什麼具體的政見。（過一時他是會發表的，但我敢預言，他的政見一定朦朧得叫人無從捉摸。）漸漸，選民也大都懂得了此一「天機」，他們對競選綱領之類的東西已並不重視，正如他們並不重新發明藥品的廣告一樣。總統選舉的情形如此，議員選舉並無不同，而且可能更甚。選民可以從綱領選擇是一句官腔，並非實際。

就算綱領表示了明確而包羅宏富的意見，還有許多問題：（一）對許多綱領都祇能同意其一部分而不願接受其另一部分，怎麼辦？選民不能在甲問題上選舉候選人A而在乙問題上選舉候選人B。（二）對所有候選人的綱領都不太滿意，怎麼辦？有意見的選民常發現他理想中的代表並不在候選人名單之列。（三）意見可能改變。如果議員當選之後，多數選民的意見變了而議員未變，或反過來，議員的意見變了而多數選民未變怎麼辦？已選出的議員，即令明明白白在做着一件違背多數選民意見之事，選民也是無可奈何。

這裏還祇說到議員的意見，沒有說到議員的操守。他可能存心欺騙。他可能從頭就準備爲一特殊利益團體服務而不顧選民。誰都知道競選是一件很花錢的事。如果錢是出於自己的腰包，這成了「血本」，他可能打算到什麼地方去找得補償；如果是由別人接濟，則他當選以後勢必受制於出錢的老闆。議員，祇要他願意，隨時隨處可以把選民出賣而不負絲毫有形的法律責任。所以，選民的選擇，不僅要考慮到意見，同時還更要考慮到操守；而對一個人操守的認識，較諸對其意見的瞭解，更爲困難。

選民似乎還賸有一個較爲可靠的最後憑藉，那就是候選人過去的記錄。但這一憑藉仍有許多欠缺之處：舊人難保他不有所改變（無論在意見上或操守上），新人則可能根本無記錄可尋。更重要的是，絕大多數選民對自己所選議員，在議會的言行都並不或甚至無法詳細知道。在先進國家，議會記錄是如此的卷頁繁重，選民不會有時間來把它詳細研究。一九四二年美國舉行的測驗更顯示了一個可怖的事實：有半數的選民都不知道他自己選區所產生的衆議員的名字；即在知道衆議員名字的選民中，也僅有百分之六五，知道那位議員在珍珠港事變以前對參戰問題所會抱持的態度。（類此的事例尚可舉出不少，請參看 T.A. Bailey 所著 "The Man in the street" 一書。）重大問題且如此，對較次要的問題，選民當然更不會知道本選區的議員在議會究竟作何主張，究竟是否與自己的（選民的）意見相合。

我們如把政黨的因素抽掉，可以說，選民在投票之時，縱非絕無，却確是極少憑藉，可以作爲選擇的標指。這樣的選擇，如何能希望被選人定能代表自己的意見？歸根結蒂，這祇可能是一種馬馬虎虎的選擇。

沒有一種政治會是永遠違反民意。即連羅馬的最大暴君尼羅，他曾經企圖當一演員，也居然在民意的反對下放棄此一怪想。開明專制更可以做出許多得人心的措施。在民主政治之前，却也沒有一種政治能夠永遠符合民意。現有的議會民主較諸專制誠然進步了一點，這是說，更能夠符合民意一點。

但這一點進步似乎總還嫌太少。我不相信議會政治可以算是較充分的民意政治，因爲我不相信僅在三五個候選人中馬馬虎虎選擇一個，在他的名字上加個圈子，就能夠把我多方面的意見表達清楚。當我投票之時，我是把全權都奉託了。憲法學權威岱西（A.V.Dicey）確認英國的體制爲議會主權，事實之客觀分析使他無法再作空言，硬說主權屬於人民。（英國因爲還有國王，人民主權之說本來就流傳不廣。）其它國家，除了瑞士，人民主權又何曾存在；在投下選票的一剎那，投票者已完成了主權讓渡的手續。

三

可是，我們也不要對議會政治過於苛刻。它雖然略近於貴族政治寡頭政治，到底也並不與貴族政治寡頭政治完全相等。議會政治如尚能有若干優點，這優點是在於議員人數之多。因爲人多，它就有機會包含各種各樣紛歧的意見。議會決策，縱不是全民意見之綜合與調合，却可以是議會以內各項紛歧意見的綜合與調和；選民縱不能保證他自己選區的議員能代表他的意見，却常能發現人家選區的議員倒與他意見相同。各種民意勢力之數量的比例，反映到議會中是歪曲了的，但至少，各種民意尚能在議會中找到或多或少的代言人。截至本世紀初葉爲止，議會政治頗能發展此一長處。當時議會處理的事項較少，而辯論的時間較多；議會雄辯，條分理析，不厭其詳，而個別議員也多能就各方面論據之強弱來作他表決時的取捨標準。

但是，產生了麥考萊（T.B, Macaulay），若雷斯（J, Jaures）這一輩傑出人物的議會雄辯時代是過去了。爲什麼？因爲一個新的因素破壞了議會政治的基礎。

這新的因素，便是政黨組織之強化。

政黨早在議會政治的黄金時代即已存在，有些國家中，它甚至先於議會而存在。在早期，它對議會政治的運用，有過若干貢獻：在選舉時，它爲投票者提出了一些較爲顯明的標指，以作他選擇的憑藉。個別的候選人可能沒有歷史的記錄，可能沒有競選的主張，但他所隸屬的黨籍却是一個補救，因爲政黨不能沒有主張沒有記錄，而且政黨的主張和記錄，較諸個別候選人的主張和記錄，更容易爲一般選民所熟知。所以，歷來的選舉，投票者名義上選的是個人，事實上却選的是政黨。

正因爲議會政治的運用要依賴政黨，政黨組織就一天天的趨於龐大與凝固。它從競選團體的性質，進而變成整個政治生活之幕後組織者與推動者，終至於削弱了議會政治，湮沒了議會政治，從某種意義更可以說，篡奪了議會政治。

這變化是漸漸而來的，因此在十九世紀以前，還並不能看出它嚴重的後果。但到今日，這變化在許多國家差不多已經完成，其後果也就不容我們忽視。在早期，政黨構成分子（黨員）是爲了意見相同（嚴格說應該是相近）而團結，所以其團結，僅限於他們本來相同的處所。到現在，他們不祗是爲相同而團結，並且進一步，更要爲團結而相同，本來不同的處所，亦必强迫使之齊一。選民們選的是政黨所提的候選人，因此，當選者也覺感到把他自已選舉出來的，不是選民，而是政黨。他的效忠對象，從選民移轉到了政黨。他再度當選的希望，也並非依託於選民而是依託於政黨。政黨利益與個人利益相一致，這是團結的心理基礎。在本世紀初葉，還有一種特殊情勢使政黨組織益趨强化。那就是社會主義運動勢力之伸長。一個政黨如感覺它自已負有一種社會革命的使命，它就自然而然更具有戰鬥的性格，爲戰鬥，它就自然而然會要求更堅固的團結。在社會主義政黨（包含共產黨與社會黨）倔起之前，所謂「黨紀」這東西，並不存在；現在，即連非社會主義政黨，爲了用自己的團結來對付社會主義政黨的團結，也變得非講求「黨紀」不可。於是，政黨組織之加速强化，差不多已成了一個無可避免的普遍趨勢。

我無需細說這整個變遷的過程。祇要把這變遷的結果拿出來，就可以把我的論點表白清楚。我不以美國爲例。正因爲美國無强大的社會主義政黨存在，所以美國政黨組織尚未强化到足以根本危害議會政治的程度。我以英國爲例。

英國工黨的黨綱規定：議員（當然是指工黨議員）在作任何提案或修正案以前，都必須徵得議會黨部的同意；他不能投票贊同任何與黨會議之決定相反的提案或修正案。祇有關於宗教及禁酒這兩個問題，議員得由良心自擇，在投票時准許棄權。但仍不能與黨的路線相反。這完完全全是共產黨人所謂「黨團組織」的辦法，現在不僅英國工黨，各國社會主義政黨，都安全仿效。結果怎樣呢？盧梭眞不愧爲偉大的先知，他的預言應驗了：在議會中，有幾個政黨就祇要幾個投票者。

這樣的政黨，祇要它能在議會中維持過半的多數，黨所決定的議案是保險會在議會中通過的，而反對黨的提案，不會有一絲一毫通過的希望。議會辯論完全成爲多餘之事。事實上，在英國工黨執政時期，有許多包含數十百條文的國營法案，都是不經過什麼辯論就通過了的。問題已不在議會決定，而是在黨部的會議決定。議會，已百分之百的成爲政黨決策的橡皮圖章。總有一天，人們會感覺這樣一個組織儘可廢掉，以節省國家無謂的開支。

勃爾克所主張的議員應憑個人判斷爲國家服務之說，到現在又不適用了。但，並不是議員會以選民的意志爲意志，而是變得以政黨的意志爲意志了。

這樣的辦法更能够表現民意嗎？不會的。這樣的辦法是把選民與議會統分成了左右兩群，當左黨執政時，即形成一種左黨對右群的「民主專政」（請容許我於此採用一句共產黨人的術語，因爲這是一個再確切不過的表現），右群的意見不全有被採納的機會。這裏沒有全體意志之綜合，有的祇是部分意志的綜合。議會政治尚不失爲一個具體而微的「全」，議會政治一旦爲政黨政治所湮沒所篡奪就永遠的以「偏」代「全」，也正如盧梭所說，以「私意」代「總意」。

一個議案是先在黨部會議通過，再拿到議會去作形式的批准。類此的事情就時常出現：執政黨在議會僅擁有六〇%的多數，而一特殊議案，在黨部會議也僅由六〇%的多數通過。這是說，在執政黨本黨之中，即有四〇%是反對此案的，他們到議會中，却不得不爲了黨的團結而投票同意。在議會中，占百分之四〇席數的反對黨分子，由於此案之必然的偏激性，當然也是反對的。如果議員在議會中憑個人判斷而投票，則此案應以三六%對六四%而被否決。但事實上，它是以六〇%對四〇%堂堂正正而合法的通過了。經過政黨的魔術，即在議會中，少數也變成了多數。照本文前節所論，議會政治表現民意，已經歪曲；再通過政黨運用，是歪曲之後再加上一度歪曲。所以政黨政治，較諸議會政治，不是離人民的多數意志更近，而是離多數意志更遠。也就是說，它更不民主。

或謂：一政黨之執政，是經過選民投票表示同意了的，就沒有什麼不民主之處。我要指出，過去納粹黨在德國執政，也曾經過選民投票同意，甚至沒有人能指說這同意是出於强迫。因爲祇可能在少數的對象中選擇，上文說過，這同意本來就是馬馬虎虎的。所以單單的同意不够，必須在同意之後保有若干的監督權。而此種監督權，在多數國家，均付缺如。如果國中祇有兩個占勢力的政黨，而此二政黨又都是組織强固，且互相壁壘森嚴，則所謂人民的選擇，就不過如像水滸傳中混江龍李俊所提出的餛飩與板刀麵那樣的選擇而已；人民所能得到的，不過是兩個「民主專政」之彼此交替而已。不幸，英國的政治，即已眞眞實實的做到了這個地步。（未完）

蘇俄外交官員的醜態

一九五〇年七月四日，前美駐蘇大使柯克的夫人在莫斯科舉行舞會招待外賓。他們預計有三百七十五個客人，但那一天忽有一些蘇俄衛星國的外交使節『生病』，因此，到會的客人只有三百五十八。柯克曾斷言葛羅米柯不會去參加他們的舞會。但他太太說他一定會去，因此他們倆之間還打過一次賭，但畢竟是柯克賭贏了。

那一天，大約只有七八個不重要的俄國官員到會，他們只留了半個鐘頭，便僵硬的握握手走了。他們的外表都很陋俗。這表示那些人是如何的惶惶不安和心地之不光明。他們幾乎完全不懂在這種場合下外交上應有的禮節。

經濟政策之技術的觀點

瞿荊洲

一、技術觀點之表白

自從總統昭示本年度總動員工作中將經濟動員列為四大改造運動之一，再加以最近自由中國經濟情勢演變之表現，一般人士對於經濟政策之研討，發生了濃厚的興趣。若干學者和專家且以研討這個問題為「己任」，感到了有迫切的需要。因為經濟活動尤其是指導經濟活動的經濟政策對於國家大計及國民生活，其關係實在太大太深了。所以近來的報章和雜誌上陸續發表了許多篇研討經濟政策的文章。

一個多月以前，自由中國的雷儆寰先生囑筆者對於這個問題發表一點意見；筆者因為二十餘年來向在銀行裏服務，銀行是個執行事務的機關，並不是決定政策的機關，以一個銀行員來寫經濟政策的論文，實在「非其所長」。況且無論何項政策，實際施行起來，很難十全十美，總不免有可議之處；尤其是在今日的臺灣以土地總面積三萬五千餘平方公里，可使用面積僅一百二十七萬餘公頃，人口總數七百七十餘萬人，職業人口僅二百餘萬人，要來支持東亞最堅强的反共抗俄的力量，其在經濟上無論由那一方面看，其處境之艱困，是有衆皆知的。在這樣艱困的境地，推行全盤經濟措施，大體上能夠保持安定，沒有弄得「支離滅裂」，已經算是「難能」，若能再有若干進步，那就更是「可貴」了。「最近自由中國在聯合國的地位已較前鞏固，同情我們的日益增多」（見聯合國副秘書長胡世澤先生談話）。軍援顧問團團長蔡斯先生經過長時期考察之後，對臺灣各方面之進步，頗加讚揚，他是我們的友人，我們且莫引他的言論以自滿；英國素來是敵視我們的，而且他們特別重視經濟，近由於貝特 M. Bate 氏所著之臺灣報導，其朝野對我國也一改舊觀了。各外國既多重視我國經濟的進步，而我們自己却來對它漫為疵議甚至予以抨擊，似亦「殊非所宜」。這是筆者不願寫經濟政策論文的另一原由。

人是不滿意於現狀的；而學者貴乎求眞。我們對於當前的各種措施，如有優點，應提出研討而使之加强，如有弱點，亦應提出剖析而使之改善。不斷的研究，纔有不斷的進步。何況經濟政策之當否，是個很嚴重的問題，「實乃存亡」之爭，是非之辯」（見王師復先生論臺灣物價與生產一文）豈可諱疾忌醫，自我陶醉？各人骨鯁在喉，自應坦然暢快的傾吐出來。那些在報章和雜誌上發表大作的學者或專家，都是「好心的先生」，「純潔的靈魂」。他們毋寧是忠於學理的勇士，熱心愛國的志士。他們對於當前的經濟政策既然述之已備，筆者雖間有不敢苟同之處，何可「災梨禍棗」，妄啓爭端？正如王師復先生所說，「無非出於新舊之爭仁智之見……彼此又何妨少捐己見（見王先生同上論文。）這是筆者不願參加研討經濟政策之又一原由。

惟以研討經濟政策，是離不開經濟事實或實情的。對於實情若是有了遮蔽或是有了「偏差」，縱然是一位學驗湛深而兼天才逸俊的先生，你請他來考訂經濟政策，必不易「對症下藥」，至少會「文不對題」而白費氣力。這該是何等可笑而又可悲的事啊！在前面已交代清楚，筆者對於當前經濟政策之研究或批評，孰是孰非，不敢妄贊一辭，但對於有關經濟政策的事實，因職務上的接觸，尚能略知一二。在這方面，各位學者或專家所提出的問題，綜合起來，約有差別滙率，限制或減少輸入，輸出未能增加，對民族工業之保護政策以及通貨膨脹等等。筆者擬將與上列各項有關的事實，從技術的觀點，就管見所及，簡略的敷陳出來，既非與任何人爭論，也不替任何人辯護，祇盼能略供研討這些問題的以參考。好在這些都是事實，合用的就請略予採取，不合用的儘可棄置不理，全憑高明君子之「玉尺裁量」。

敷陳事實，嘮叨滿紙，容易陷於枯燥。故間用輕鬆詞句，請恕輕率。表白已畢，言歸正傳，請看下文。

二、差別滙率應不起訴

「差別滙率給出口貿易以打擊，使許多輸出產品滯銷。」「有不少的商人因差別滙率而獲得暴利，增加社會財富分配的不均。」這種說法，傳之於口頭，形之於筆墨，已數見不鮮 且多持之有故，言之成理，一若差別滙率犯罪累累者然。此處姑不作任何辯論，只從差別滙率成立之經過說起。

新臺幣對美金之滙率，本來只有一個官價。自民國卅九年九月五日起，臺灣銀行賣出美滙，即為美金一元兌新臺幣十元三角，買入美滙則為十元二角五分。規定此項滙率，曾有統計數字為根據，故施行以來，迄未變動。其後對內物價略漲，新臺幣對外滙價，頗有偏高之嫌；但臺灣的出口貨物，如糖、米、鹽、水泥、樟腦、紙漿等，均係公營事業之產品，佔出口總額百分之八十以上。各公營事業因淘汰冗員，節省開支，改進生產計劃，減低成本，種種努力，頗能支持這個滙率。所以這個滙率得有堅定的立場。同時只有一個單純的滙率，大家也就沒有什麼異議。到了民國四十年上期，一般出口業者僉以美國官價太低，不利於本省產品之出口。又以公營事業向外國購進器材其所需的外滙有優先核准之利益，其平日所需的週轉資金又可向臺灣銀行或相對基金項下以較低的利息借入。民營事業沒有享受這些優惠。故公營事業產品之出口，讓它依照官價結售外滙，至於民間輸出之貨品，則請求當局予以津貼。津貼出口，與反托辣斯立法之原則相違，每爲貿易之對手國所抵制，頗爲滯礙難行。當局爲迎合民意，輔助民間出口起見，特規定民間產品之出口，只須以其所得外滙之二成，照官價結售於臺灣銀行。其餘八成則由臺灣銀行發給結滙證。此項結滙證可由出口業者售與進口商。國內物價既已上漲，進口貨有厚利可圖，進口商自可出較高於官價滙率的價格以收購結滙證。臺灣向無滙票買賣市場，出口商與進口商不易會合，爲促進此項買賣實現起見，特由臺灣銀行撥出基金指定臺灣第一、華南、彰化、中國、交通、五家銀行及中央信託局代爲辦理買賣。其價格由銀行業同業公會、進出口業同業公會、中國銀行交通銀行臺灣銀行及中央信託局之代表組織審議會代爲議定。自四十年四月十一日起臺灣銀行代購結滙證之價格爲美金一元兌新臺幣十五元八角五分。至五月廿一日改爲十五元五角五分。照此計算，出口商之外滙每一元美金，較之四月十一日以前，可多得新臺幣四元二角四分。換言之，即無異對於出口貨每得美金一元給以新臺幣四元二角四分之津貼。民間出口業者既有津貼可得，公營事業亦援例請求，當局者復參酌實際情形，對於食鹽及樟腦之出口，特准以六成照官價滙率，四成照結滙證價格。此種津貼辦法，其用意原在輔助本省產品之出口，應爲大家所歡迎。至於進口方面，除對於次要的商品由臺灣銀行照結滙證價格結售外滙外，對於本省不能生產而需要殷切的生產器材、化學原料、及民生必需品，則適用官價滙率，旨在減輕進口成本以平定物價，似亦未可厚非。但行之既久，顯見得臺灣銀行對於外滙，有兩個價格。一個是原有的官價滙率，一個是代理買賣結滙證價格。這兩個價格即被惡謚爲「差別滙率」。公營事業眼見民間出口之結滙證可以超過官價以出售，而公營事業產品之出口，所得之外滙則必須全部照官價滙率結算，因此深感「不平」。民間之出口業者認爲出口所得之外滙，只有八成照結滙證價格，而結滙證價格又提得不够高，況且還有二成仍要照官價結算，因此亦感「不滿」。此種「不平」之聲與「不滿」之聲交織着成爲對差別滙率之抨擊。本來臺灣銀行代理買賣結滙證，旨在津貼出口，到了今日差別滙率反成爲世人詬病之柄，此殆非當局者始料之所及也。

上面所謂之「不平」與「不滿」，並非心理作用，以意爲之；要亦確有其實情實理。其最强有力者，厥爲「物價上漲」。因着物價上漲，致令出口貨之生產成本增高，縱然出口所得外滙之全部槪照結滙證價格十足結算，尚嫌不足，何況還留着一個官價滙率，因此遷怒到「差別滙率」。其實差別滙率本來是爲了津貼出口纔成立的。至於使差別滙率成爲大家攻擊之標的的，乃是「物價上漲」。若是不問物價上漲的情由而完全歸罪於差別滙率，實在是「寃枉了好人」。

以上是差別滙率對於出口而言；在進口方面亦適用差別滙率，前已略爲提及。進口商申請結購外滙，因有審核及證金等種種規定，頗爲煩難。經核准者每歎得來不易，未核准者則是怨聲載道。此種歎怨之聲，亦集矢於差別滙率。但追溯其原由，外滙之不易核准，係由外滙之須節約。外滙之須節約，係由輸出之不足。輸出之不足，亦係由於物價之上漲。

綜上所述，無論在輸出或輸入任何一方面，差別滙率之所以被人紛紛聚訟者，皆是由於物價上漲。而物價何以上漲，另有種種原因，其最主要者則爲通貨膨脹。所以只有通貨膨脹纔是本案的「主犯」，而差別滙率乃「無辜受累」，是應當予以「不起訴處分」的。

今日攻擊差別滙率的學者，只主張要廢止差別滙率，而沒有表明究應採取那一種單一滙率。就目前實情觀之，如將官價滙率取消而專用結滙證之滙價，然後將結滙證滙價穩定或提高，此即是無異於將滙率提高。「滙率若一度提高，進口貨物價格，必因此而上漲，其上漲程度，往往大過滙率提高的程度」（詳見開昌國先生差別滙率的存廢問題論文），因此必致引起一般物價之狂漲。其次美援物資數額幾與一般輸入之總額相埒，現均照官價滙率計算，如改照結滙證滙價，則臺灣一般物價更會暴漲，其後果當極嚴重（見井仲容先生一年來的臺灣生產情形與展望論文）。如將結滙證議價辦法取消，專用官價滙率，則是新臺幣價值更加估高，臺省許多產品有了結滙證滙價之變相津貼，尙不能暢快的出口，尙有四十八種產品之滯銷，如將此項津貼取消，那臺灣的出口貿易，豈不是要完全凍結麼？所以我們爲了免於「自擾」起見，似不必在「差別滙率」上做文章。這個「差別滙率」正在扮演着輔助進出口貿易吃力而不討好的角色，還是讓它「安居樂業」吧。縱使以經濟刑警的眼光來看，也應該優容它「逍遙法外」啊！

三、入超之「不可能性」

研討經濟政策的學者中頗有抨擊目前臺灣輸入太少，而主張臺灣的對外貿易最好能够入超。因爲臺灣經濟是一個海島經濟，其「輸入」是不能隨便予以限制或減少。在某種意義上，臺灣對外貿易中的「輸入」寧可說是臺灣經濟或臺灣對外貿易的「目的」，而輸出僅爲其「手段」。所以我們要求擴大或增加輸入。即使因此而支付大量的外滙並造成當年貿易入超及外滙收支不利的形勢，亦在所不計。以上是目前流行的一種說法，此處且不作理論上的研究，只從技術的觀點來看『輸入』和「入超」。

關於「擴大和增加輸入」或「限制和減少輸入」以形成貿易上之「入超」或「出超」，原是重農主義及重商主義時代古老的問題。在多數國家施行金本位制時代，一國的貿易常有「出超」或「入超」。在有了「出超」時，則外國會輸送黃金來清償，反之，在有了「入超」時，則須將黃金送往外國以抵補。其次有的國家因以前貿易的出超累積有鉅額的外滙存在外國，其後因實際的需要，動用積存的外滙，輸入大量物資，就此一會計年度計算，該年度的貿易即係入超。又如英國或美國，其對外貿易係以英鎊或美元爲決算支付之貨幣，輸出輸入均在英國或美國記帳，則英國或美國在貿易上可有入超。再如近時有的國家施行「寄託帳款」(Escrow a/c)辦法，亦可暫時形成入超。另外有某國已向外國成立借款，或外國願向某國投資，則某國的對外貿易亦可有入超。現就臺灣而論，尤其是中央政府遷臺而後，我們爲保全庫藏之充實，既未便運出黃金以抵償貿易之差額；我國在外國又未積存鉅額外滙；亦未成立借款；更無外國向我國投資；寄託帳款辦法，更不易施行；對外貿易並非以新臺幣爲決算及支付之工具。在此種情形之下，縱欲使貿易入超，實在無法辦到。我們目前對外貿易必須先將本國的產品，運售於外國，取得外滙存於外國銀行之後，始能由我方銀行開出信用狀或購買證寄交外國銀行轉向外國廠商購貨。縱使是與我方素有往來感情融洽的外國銀行，在我方銀行開出信用狀或購買證送達該外國銀行時，如我方在該銀行沒有外滙存款，或存數不足以支付信用狀或購買證上所載金額，則這個外國銀行就會將那份信用狀或購買證擱置起來。所以就事實言，我們的對外貿易如欲入超，簡直是不可能的。

入超之不可能性既如上述，其次再看臺灣的對外貿易是否限制了輸入或減少了輸入。關於這一點，可按我們累積外滙存額之多寡以爲斷。因爲當局者如限制或減少輸入，必係積存外滙而不肯支用，外滙積存之數額增多，就是限制或減少輸入的證據，這是無可逃隱的。

據最近三年來臺灣進出口結滙統計，以美金爲計算單位：卅八年出口結滙總額爲三三、八七四千元，進口結滙總額爲二五、九九〇千元，積存外滙七、八八四千元。卅九年之出口結滙總額爲九三、〇七三千元，進口結滙總額爲九一、六一七千元，積存外滙一、四五六千元。四十年之出口結滙總額爲九三、一三四千元。進口結滙總額爲八四、三一八千元，積存外滙八、八一六千元。無論那一年的外滙積存額，都在一千萬元以下。每年的外滙積存額應累計起來滾存至民國四十年底止總和爲一八、一六二千元，但須減去同年度的國外滙款一〇、七〇二千元，淨餘額仍僅七、四六〇千元。以一個國家的對外貿易，數百萬元的週轉金，是大有必要的。因爲外滙資金決不可捨數用罄，總要有點餘裕，以備一朝有特別必需時，緩急有濟。否則一國的經濟將蒙受重大的損害。所以由實際的統計數字看來，外滙積存額爲數無多，足證尚無限制或減少輸入情事。

入超既不可能，輸入亦未故意限制或減少，但輸入的實額如嫌不足，仍可以損害臺灣的經濟。所以我們還得查看臺灣輸入的實額。前面雖然已經敘述過，入超是不可能的。但我們因有美國的經濟援助，我們實際上却有了入超。據本年二月份中美經濟合作月刊所載之統計，美國運到臺灣的經援物資，包括民生日用品及生產所需之原料器材共二十餘種，以美金計值，在卅九年爲一八、四四九千元，四十年爲五六、六二一千元，若將此兩項數字分別加入卅九年及四十年之輸入額內，則臺灣之對外貿易，在卅九年輸出爲九三、〇七三千元，輸入爲一一〇、一六六千元，入超一七、〇九三千元。在四十年輸出爲九三、一三四千元，輸入爲一四〇、九三〇千元，入超四七、七九六千元。

由上列的統計看來，我們因已獲得美援，輸入與輸出比較起來，民國四十年實有四千七百餘萬美元的入超，尚有自備外滙進口二百餘萬美元，未計算在內。可見輸入已不算太少。現在所剩下的問題，是要看輸出是否太少。因爲先有了輸出，然後才能有輸入。輸出若不積極，輸入自會減少，縱然因美援而有入超，也是無足稱道的。關於輸出之是否積極，以及輸出未能增加之原因，容於次節述之。

四、輸出須算舊帳

臺灣對外貿易中之輸出，根據結滙統計，以美元爲計算單位：卅八年爲三三、八七四千元，卅九年爲九三、〇七三千元，四十年爲九三、一三四千元。卅九年與卅八年比較，就總值言增加了五九、一九九千元，就比率言，增加了百分之一七一强。四十年與卅九年比較，就總值言，僅增加了六萬餘元，就比率言，僅增加了百分之〇．〇六，連千分之一都不到。照這樣分析起來，民國四十年的輸出，似乎失之太少。這是不是當前經濟政策所應負責的呢？

說到民國四十年臺灣對外貿易之輸出數額，必須查算舊帳。大家都知臺灣的出口產品，是以糖爲大宗的。據歷年糖之出口結滙統計：在卅八年爲二二、一四四千美元，約佔同年各項出口總額百分之六五；卅九年爲七四、二五〇千美元，約佔同年各項出口總額百分之七九；四十年爲四九、八二七千美元，僅佔同年各項出口總額百分之五三。就這三年比較起來，糖在出口總額中所佔比率，卅九年由其前年百分之五七增爲百分之七九，至民國四十年比其前年不特未見增加，反而由百分之七九減爲百分之五三。足證糖產之減少對於出口總額影響之顯著。

臺灣的生產是糖米相尅的，如糖產減少，米之產量必增加，故糖之出口額減少，可以由米出口額之增加來補償。這也是不可以不辯的。我們仍然查看出口結滙統計，卅八年以前沒有米糧出口的記錄，卅九年米出口額爲二、八七〇千美元，四十年米出口額果然增加了，增爲一五、〇六二千美元。但與糖之減少額相比，仍相差甚遠。爲較爲準確起見，試將卅九年與四十年出口總額中之糖米兩項剔除，就其餘的出口貿易作個比較，則卅九年之出口總額爲一五、九五三千美元，四十年之出口總額爲一八、二四三千美元。就數額言增加一二、二九〇千美元，就比率言，則增加百分七七以上，所以四十年之出口貿易，實有鉅額之增加。其總額之所以增加無多者，乃由於糖產之減少。按糖之生產程序，自植蔗以至榨糖，須經過十八個月之時間，自種蔗以至出口，至少需時兩年以上。四十年糖出口額之減少，早在民國三十八年已註定了它的運命。因糖產減少而輸出未能增加，若完全歸咎於民國四十年的經濟政策，實未免有欠公允。

臺灣產品之輸出雖未減少，但當局者辦理輸出事務時，其態度是否不夠積極？如昧於由輸出或增加輸出來考慮增加外滙的來源之理論，對輸出抱消極的態度，以拖延輸出的時間，是無異於減少輸出。據筆者管見所及，當局者爲了籌措外滙頭寸，對於輸出催促之急切，可算是「不遺餘力」。其急切的情形，幾可使局外的先生們發笑。研究經濟政策的先生們只在理論上說輸出應當積極，但實際上究應怎樣積極並沒有說明。筆者姑就技術的觀點略述一個實例。我們的對外貿易必先將我們的土產運到外國點驗交淸後，始能取得外滙存入外國銀行，然後始能動支那外滙存款以購貨輸入，前節已有說明。但有一個時期，我們爲了急需外滙以支付輸入貨價，特與外國銀行洽妥：只要我們把出口貨裝上輪船，取得公證人檢驗證明書及輪船提單寄到外國銀行，該銀行即撥給我們外滙，不必等待貨到交淸。當時有一可裝九千噸的輪船在高雄上貨，碼頭上工人搬運，需時多日。我們爲了爭取時間，特加添工人，露夜趕辦，每裝足三千噸時，即請公證人就已裝部份出具證明書，另由輪船分批簽出提單，派專人乘夜車送到臺北，翌晨託飛機寄往外國銀行，提取外滙。其對出口要求之迫切，殆已出乎常情之外。尚有一次，我們曾將尚未洽妥成交的特級砂糖運往外國，向外國銀行押借外滙，以免受買賣交涉的拖延。至於四十年至四十一年度之糖，聞在尚未製煉完工之前，即已訂售過半。此更足證當局者對於出口貿易所抱的並不是消極的態度。

臺灣經濟是海島經濟，前人之述已備。海島經濟的特色，不僅是它所需要的民生日用品及工業器材或某些原料是它不能生產或不易生產而必須自外輸入，而它所生產如糖、鹽、米、茶、樟腦等除一部份自身消費外其多餘的部份必須設法輸出。試以食鹽爲例：臺灣每年可產鹽三、四十萬噸，本地食用約爲五、六萬噸，餘鹽如不輸出，留存起來，不特保管不勝其煩，且易遭受損耗。故當局者爲此遴派妥員，常駐外國，尋覓銷售。所以臺灣對外貿易之輸出，實在是不會不積極的。

深具研究精神的學者，作更進一步的推論，認爲臺灣應行輸出的產品，固然會積極的輸出，但如削價求售，豈不是硬做賠本的生意嗎？這是對內以新臺幣計算而言。若說到輸出產品銷售的價格，是要依國際市場現行的價格的。我們輸出的產品，在國際市場上大都有現行價格，我們決不會以低於國際市場現行價格出售，但也不易把我們的產品的售價提高到國際市場現行價格以上。有時爲爭取市場起見，以略低於國際價格輸出，其損失可於爭得該市場後取得補償。又如我們輸出的產品在某一市場原可獲得較優的價格，但因同樣產品已以普通價格售於另一商埠，而該另一商埠竟以該項產品轉售於某市場來和我們競爭，以致我們在某市場未能獲得較優的價格。此種技術上問題，當局者早在注意之中。所以臺灣產品之輸出所謂削價賠本的問題，似不成立。

在輸出方面所成爲問題的，還是在於生產成本之過高，以致發生輸出不易增加及成品滯銷等現象。形成此種現象之原因，頗爲複雜。約略言之：如設備之不完善，管理之欠週密，主管者之不得其人（俗所謂「貪污無能」）冗員過多，開支浮濫，技術落後，捐稅過苛，工料漲價，資金不足，利息負擔過重等等皆是。這些項目，涉及人事制度，社會風氣，以及教育問題；決非經濟政策一詞所能概括。其中資金不足，利息過重，及工料漲價等，可歸納於「通貨膨脹」一個題目中以研究之。

綜觀本文所述，滙率，輸入，輸出三者各爲當前經濟政策表現最鮮明的一面，其本身尚少可議之處，其所以引起大家指摘者，都是由於「物價上漲」在那裏作祟；而「物價上漲」之癥結則在於「通貨膨脹」。所以我們對於當前經濟政策所提出的各項問題，應該結聚於「通貨膨脹」這一總題之下。其他都是派生的或因果相生的問題。我們若不把握着問題的核心，而徒然將那些枝枝節節的問題「炒來炒去」，終不免犯了「同義反覆」的毛病。雖曰討論學理不厭求詳，但不舉綱而張目，治絲而棼實在是一種「浪費」，像這樣研討經濟政策，就未免太「不經濟」了！盼就本文技術的觀點所敷陳的事實，有助於這種局面的澄清；如蒙讀者諸君子許可，請容於本刊下期對於「臺灣的通貨膨脹」續申論之。

本刊鄭重推薦
工商日報
消息靈通 報導翔實
言論公正 副刊生動
社址：香港德輔道中四十三號
臺灣總經銷：中國書報社

我爲什麼反共？

殷海光

當我正臥病榻的時候，一位朋友送來一份香港出版的刊物。這份刊物以相當的篇幅，報導五四運動紀念將近，共黨趁勢又逼害大陸學人的情況。其中有一則北平通訊，提到金岳霖先生新近所寫『自我檢討』的文字。在這篇文字中，金先生有涉及我的地方。他於『檢討』他底『思想』後，接着說：『像現在逃向臺灣，反抗人民的殷福生，就是由我一手培養成功的反動份子。』

聊聊數語，讀後使我發生難言的感慨。棄去刊物，我躺在牀上，思緒起伏不已，打破了兩個多月來我精神上的寧靜。

金岳霖先生是我底老師。雖然我現在已不是個新實在論者，但他是我初期的思想之播種者。他對我底影響是怎樣的深遠，由此可見。關於我底老師，除非我在將來寫中國思想之現代化史，我現在不擬多說什麼。他對於中國思想之現代化（modernization of thought in China）底努力和影響，他之把中國年青學人研究哲學和邏輯引上正路，他之介紹劍橋底解析學風，已有確定的歷史地位。凡此等等，俱不是那個憑造亂起家的北大旁聽生毛澤東及其爪牙藉人身迫害的外在辦法所能毀滅的。我與我老師睽違，物換星移，已十度秋了。照我自己看來，我沒有什麼言行值得引起共黨注意而要利用我老師之口來罵我的。這幾天來，我底腦筋一直在爲這個問題打轉。

實在說來，我並不是金先生底『得意門生』。他底得意門生，應數沈有鼎先生。沈有鼎先生底天才是那樣卓越。還有王浩。王浩在邏輯上的成就，直到目前爲止，在整個東方應算第一人。他發表的論著之多，已經引起國際邏輯界之注意；雖然東方號稱弄此道者很少知有其人。我呢？十年以來，鬼混唐朝，無論事功學問，毫無成就可言。像這個樣子的一個不肖學生，那裡還值得一提？

自從『逃向臺灣』以來，我沒有參加任何政治組織與從事任何政治活動。這個地方對於我是陌生的。我像一個孤獨的行脚僧，這兒的人不悉我來自何方。從製造方帽子的機構一直到看來似乎很積極從事於什麼的群組，根本沒有將像我這個樣子的書生算在賬上。我作一枚渺不足道的『人之患』以糊口。只差一點兒我沒有成『無業游民』。像我這樣渺不足道的人，在反共基地如此可被忽略，而居然沒有逃過共黨視線，被目爲膽敢『反抗人民』，眞是令我受寵若驚，愧不敢當。

保有私人財產，共黨認爲是一種原罪。但我沒有財產可供『淸算』。我家底財產，隨着五十年來中國底劇變，早已盪然無存，勿勞共黨仁兄高抬貴手。我從南京帶出的，祇有一點殘書和幾套『洋服』。這幾件行頭，又瘦又小；隨着年歲增加，有的袖口長了鬍鬚，褲脚生了毛；有的則鈕扣潛逃無踪，衣縫老是愛鬧分裂，很不合作的樣子。這些貨色，我想我底小同鄉林彪不要『共』；我底大同鄉毛澤東更是看不上眼。至於我底書呢？說它們是數學吧，又少一二三四五；說它們是哲學吧，又沒有『唯心』，『唯物』這些皇皇字眼。不管它們是什麼，在毛澤東們看來，一概是『資產階級腐臭的學術』。這些書籍，裝訂太硬，不便應急，他們拿到的話，只合搗碎，再製紙漿。我實在沒有什麼值得共黨起心思的地方。

我既不是什麼『員』，又不是什麼『長』。我沒有任何權利可資保衛。除了可隨時搬動的一席臥榻以外，我沒有一寸土地。當然，這樣的脚色是不配同八路爭江山的。

想來想去，如果我有一點不能令共黨去懷的地方，那就是因爲我反共，恐怕尤其是我反共的理由與許多人不盡相同。共黨借我老師之口罵我是『反動份子』。『動』與『共』是諧音。如果將『反動份子』輕輕改爲『反共份子』，我倒是樂於接受的。咱們楚漢，行不改名，坐不改姓。我的確是個反共份子。十幾年來，我反共的態度鮮明，毫不掩飾，毫不晦澀。我寫過許多反共的文章和小冊。而且，就我底記憶所及，我彰明皎著反共的時候，正是某些人士恐共，避共，媚共的時候。但是，假若從個人功利主義的觀點着眼，我這十幾年的反共歷史，大大值不得效法。我反省自己，我目前反共的理由和情緒，隨着我底年齡之增加，比初期的階段，深切得多，深藏得多。可是，我底反共理由變化到了現階段，與似乎得勢的群組所播散及其希望在人衆之間流行的理由頗不相同。因此，從個人功利方面着眼，我底這一肚皮反共思想，似乎是到功利之路的一大障礙。所以，我未曾希望個人功利主義者注意到這一路的想法。但是，赤色文化人們既然通過我底老師來罵我，我就不必隱諱我底思想和情緒。我願意趁這個機會把它表明出來。我這十幾年來反共思想之變化以及我現在所持的想法，照我所接觸到的，似乎是若干較有思想能力的年青人在這一方面的寫照。如果有人認眞研究中國現代思想發展底歷史，那末這一路底過程是不可忽略的。我個人回溯起來，也是滿有意味的。

我在中學時代喜歡讀些課外的書籍，間或也看到一點左翼的舶來貨色。後來我讀到羅素底『自由人之崇拜』一文，讀到『論理學』，以及別的科學書。這些東西，我那時雖不能全懂，但已津津有味。由之，我發現左翼貨色底內容粗糙惡劣，其中的講法簡直說不通。加之，我又聽說共黨在鄉間鬧什麼『蘇維埃運動』，殺人放火，於是對於共黨底惡感越來越深。一九三七年，我到北平，預備投考清華大學，住在沙灘附近。這時日軍侵華已深。我聽到左翼學生高唱『保衛瑪德里』歌曲。我心中深痛惡絕。我常常問他們：『爲什麽不唱保衛華北，却要越俎代庖去保衛瑪德里？』因此常常與他們口角。『民族解放少年先鋒隊』在各學校積極活動。但由於眞正的民族意識隨日軍之侵略而高潮，不滿彼輩者也與日俱增。那年五四紀念舉行，楊立奎與吳保三他們率領志成中學童子軍，手持木棍，痛擊『保衛瑪德里』一褚流於師範大學，又聽說北大有位叫陶希聖的教授，在北大三院演說，痛斥左翼份子。反共陣容，聲勢爲之一振。同屋一青年走告這些消息的時候，我心中之痛快，有如吃冰淇淋，痛快無比。我立即跑到北大去看看。同鄉中有位『民先份子』（忘其大名）被毆，頭破血流。我去看他的時候，不知不覺發生了双重人格。我看見他被打得鮮血淋漓，很是難過；但又想起他是個左傾的傢伙，心中覺得他該打，打得好。

抗日戰爭期間，我在西南求學，讀的是哲學系。那時三校名儒碩彥雲集。我受的教育可說是自由教育（Liberal education）。見的多，聽的多，我尤其喜歡析理的（analytic）東西。這些教育的基礎，使得我從根本上就不喜歡也瞧不起共產黨底那一套玩意。我們那時在校中就很少聽到有人談『唯心』『唯物』這些空大名詞。我是後來離開學校，才聽到搞政治的人多談『唯物』『唯心』問題的。我們當時多着重分析哲學問題。如今我知道，現在西方正統哲學底發展趨向，至少講 Philosophical Analysis 者，正是如此。很少的幾個人偶爾也在課外看看唯物辯證法之類的東西。但是，大多早已知道那只是在學術面貌之下的宣傳武器，而不是純正學術，所以瞧它不起。共產黨底那些玩意，我們早已看穿了。記得我讀四年級的時候，有位讀二年級的周某，愼重其事地拿着艾思奇著的那本什麽『大衆哲學』來『請教』於我。我一看是這本『大衆』玩意，非常生氣，不禁高聲大叫：『你現在已讀到大學哲學系二年級了，這本所謂的書是政治工具，你難道這點分辨能力也沒有？』他悻悻而去。

西南這間大學左傾分子眞不少，恐怕眞八路也有。他們就是我抬槓，爭吵的對象。可想像地，在這種吵鬧中誰也折服不了誰。高我一級的有位莫君，他平常的言論總是左袒共黨，而我則老實不客氣說共黨是群賣國賊。有一次我把他約到校園草坪上坐下，『來！』我拍拍草地，說：『請坐下，我們這回澈底談一下。如果你眞有理，不七扯八拉，談得我心悅誠服，我當共產黨去。』當然，這一次的談判，正如別次一樣，又是不歡而散。後來新四軍事件發生，莫君隨之不見，我才明白他是共黨中人物。我所受的思想教育，和分析訓練，很輕鬆地使我能避免瘟疫。用不着把我底眼睛矇起來，用不着把我底耳朶塞住，共黨那妖精怎麽樣也不曾使我動心。

金岳霖先生不談政治，很少作公開演講。他自美國講學歸來後，有學生社團請他講演美國在戰爭中的情形，也被他拒絕。在我底記憶之中，他只作過一次公開講演，題目是『哲學與小說』。張奚若先生則頗健談。他一談就是二三個鐘頭，縱論天下大事。有一次爲了一張他們出名的傳單，我和他激辯了一個多鐘頭。結果，我沒有服他底道理。現在想來，這是由于我所吸收的黨派成見在作祟。我現在才明白過來，他是個道地的民主主義者。

我離開學校，自印度歸來以後，剛好抗日戰爭結束。這時，許多人忙於摘取勝利的果實，而隱伏的共黨問題却隨之公開爆發。我憂慮着國家未來的局面。我抱着滿腔熱血，從昆明奔往重慶，在一家出版社作編輯，以爲可以秉筆救國，揭發共黨底陰謀。在這一段期間，我寫了一些小冊，也寫了一些文章。那時的政治重心，爲和談與政協造成的氣氛所瀰漫，人心又被多年形成的恐懼巨大事物和順應既成現實勢力的心理所痲痺，因而轉變成媚共心理。我本店自製的反共貨色，簡直找不到銷路。後來碰見徐佛觀先生，彼此都熱心反共，因而談得很投機。他把我寫的『共產黨底氣象學』一文，介紹給某報。這算是我反共底處女作。其時俄軍久佔東北不退，舉國惶憤。我寫了一篇文章；題名『質周恩來』，註明文責自負，投到世界日報。過了幾天，原稿寄回，上面寫了一個『退』字。我當時因此很難過，總想不出不刋登的理由。現在，我可全明白了。但已經遲了，這篇稿子，至今我還保存着。它對於我，對於這個時代爲反共而奮鬥的某些年青人，是一個深痛的創痕。

復員到南京，我在中央日報做寫文章的工作，後來又在某一教會大學教書。這時赤焰一天一天高漲，而我反共的焦急也隨之與日俱增。那時，我常午夜疾書，揮汗構思，不覺其苦。在這一階段，我指責共黨底『人海戰術』，『職業學生』，等等。因爲教書的緣故，我常常和劉不同，倪青原他們碰在一起。每碰在一起，我們總要談時局。每談時局，總是意見相左。這好像是學生時代與左派抬槓的情節之重演。我每次總是說：『共產黨來了將更不得了！在共產黨統治之下再求自由．簡直是與虎謀皮。我在徐州親眼看見幾十萬亂民。那都是共黨製造的。如果共黨眞好，他們何致流離失所？』他們歲數比我大，結論總是這樣：『唉！老弟！你不懂政治，你還是念哲學去吧！這些現象在革命的時候是免不了的。』現在，我不知道『自由』二字，共黨規定每人每日可用幾次了！

我反省自己反共底經過。從我開始反共一直到在南京底初期，可以算作一個階段。在這一個階段裡，我反共底熱情和眞切是很够的。然而，據之以反共的思想，照我現在分析起來，不免有許多盲從成份。我據之以反共的思想，有兩種成份：一種成份是我所受的自由教育給我的；另一種成份則是一個利害群組給我的。這兩種成份，在實質上，本是極不相同的，然而我一直裝在一個腦袋中，有好多年而不自覺。我所受的自由教育給我的思想與共黨底那一套有基本上的不相容；可是，一個利害群組給我的一些東西，照我如今分析起來，與共黨在思路上基本不同之處似不太多。我那時反共，在談純理論問題時，尚能切合我底思想教育；可是，在一接觸到現實問題，尤其是作法方面，我所吸入和呼出的，多是一個黨派底觀點，一個組織底成見，或一個集體底利害。在一個大混亂時代，任何與黨派之實際利害不分的政治觀點，對人底心理平衡和健康，常爲一大威脅。一些年青人，爲了要解決某些問題，尤其是爲了要對付某一敵體，當着他們自己一時未能在思想上成熟和在實際上拿出辦法時，最易飢不擇食。這時，即使是最不高明的說法和辦法，也易被採用。我回想在我反共的這一階段中的許多想法，尤其是情緒，簡直是狂執之情（fanaticism）。黑褐色的法西斯味兒太濃厚了。那時我們在校中遇見相好的反共『同志』，動輒伸手行法西斯敬禮，引爲笑樂。我現在回想起我那時的心情，幸喜我是一個書生，手無寸鐵。如果我當時有政治實力，或手握重兵，憑我那時的激越之情，眞不知會把國家搞成個什麼樣子。那我今日更愧對陷赤的師友了。

我在南京的末期，目擊時艱，特別自徐州之行以後，思想漸漸有了新的轉變。自下關至徐州，眞可謂赤野千里，廬舍爲墟。極目四顧，心慟神傷。我開始怳然大悟。五十年來，中國底思想激變和激盪，物質建設大量破壞。參與的任何一批人似乎都振振有詞。而身受實禍者，終歸是千千萬萬無辜的人民。我開始了解觀念與實際之間的距離，我體認到中國底問題滿不是派系口號所喊的那麼簡單。我開始了解黨派偏見如何有害於中國問題之適切的解決。因而，我開始懷疑我自少年時代以來於無意之間吸入的由派系所製造的一部分世界觀，對共黨問題的看法，及其解決辦法。我逐漸洗刷這些有害的先入之見。我底思想和經驗告訴我，那是一條永遠走不通的死巷子。難怪我從前的說詞不足以使人折服。『趕快收拾人心』一篇社論之撰寫，可算是我持之以反共的理論轉變之一標記。

在這一個大鬪爭的轉捩時期，由於人心望治，調和思想以各種形式出現。社會民主主義或民主社會主義的思想爲共中最受人注意的。費邊社的思想，爲我和朋友們常常談論的主題。京滬告警，我來臺灣以後，住在遠離市中心區的一個靜僻的角落裡，日與三五友人，低坐榻榻米之上，談論費邊思想我們在這個時候，覺得共黨持以惑衆的是高調解決吃飯問題。而解決吃飯問題乃經濟平等之問題。因此，我們把『經濟平等』與『政治民主』列爲同等重要之政治主張。我本乎這種思想，在報紙雜誌上寫了許多文章。但是，這類思想，爲與我在第一階段所持思想有一方面相同的朋友們所尚未習慣。當時朋友們這種不習慣的心理，藉着『人事因素』而發作。據說當時臺北經常有三四家報紙對我施以『圍剿』，共勢頗熾，歷時二三月而不衰。鬪爭一事，誠爲人類生存所不可全廢者。但如朋友們底思想之內容新鮮和文鬪技巧確有新的創作，當會引起我去拜讀的興趣。

用語言來構造天堂是不難的。從說來好聽這方面着想，將『經濟平等』與『政治民主』平列，等量齊觀，固未嘗不可動人。但是，這類思想出於浮泛的調和之願望者多，出於眞知灼見者少，出於接觸並分析實際問題者尤少。這種將二者並列的想法，一旦與實際情境遭遇，究竟是否可以同時實行，實在大成問題。造出美麗的政治詞令實在不難；尋出可以實際把握的政治重點，則須費很大的勁，須要長期的觀察，冷靜的思考，有時甚至須要在歷史的長期試行錯誤中去探求。中國今日之病，病在一部分人之思路混亂，層次不清，病在什麼『連環性』，什麼『不可分性』，什麼『哲學基礎』。他們抓着這一把想要那一把；抓着那一把又想要這一把；結果是一場亂。今日中國政治在實際上亟應把握的重點究竟是『政治民主』呢？還是『經濟平等』？爲了這個問題，我和朋友們苦思了許久。來臺以後，我比較有機會接觸西方的政治哲學，沉思中國近五十年來的政治動亂，益之以現在親身感受到的種種刺激，我才得到一個確定的答案：在中國的現在，政治民主重於經濟平等。沒有政治民主，一切都無從談起。失去了政治自由的人，自身先淪爲農奴，工奴，商奴，文奴，先失去了人底身分，一動也不能動，說話不合分寸有生命的危險，那裡還能爭取什麼經濟平等？顯然得很，在中國的現在而談社會主義將構成民主之致命的威脅。其結果一定走向新奴隸制度。從此，我拋棄了將二者並重的不切實際的想法，而向政治民主之路走去。在中國，必須先求實現政治民主，打開數千年的死結。有了民主，改善生活才能着手。否則只有作奴隸。於是，我結束我自己思想上的第二個階段。現在，我步入了第三階段。

「自由中國」的宗旨

第一、我們要向全國國民宣傳自由與民主的眞實價值，並且要督促政府（各級的政府），切實改革政治經濟，努力建立自由民主的社會。

第二、我們要支持並督促政府用種種力量抵抗共產黨鐵幕之下剝奪一切自由的極權政治，不讓他擴張他的勢力範圍。

第三、我們要盡我們的努力，援助淪陷區域的同胞，幫助他們早日恢復自由。

第四、我們的最後目標是要使整個中華民國成爲自由的中國。

我反共反了十幾年，到了現在，我在思想上才算找到了一條正路。我現在的思想，與我自己所受的教育連繫起來了。這是十幾年痛苦的代價。在我短短的人生經歷中，深覺人要弄『通』他底思想，比換一套新裝困難萬倍。要一些人在意氣，利害，優越感，和支配欲的攪混中弄『通』思想，更不知困難多少倍。聖經上說：『要富人進天國，比纜繩穿過針眼還難』。富人那怕只剩下最後的一塊錢，他還是要習慣於從錢孔裡看這個世界的。

有人常常問我：『你底思想有了這樣的轉變，你爲什麼不成系統地寫出來呢？寫出來對於反共不是很有幫助的嗎？』我聽到這類問題，總是苦笑地回答他們：當今反共陣營中，大理論家，大法師，大宣傳家多得很。他們底理論夠好了，那裡用得着咱們這一套呢？何況我所有的，是滿肚子的不合時宜，即使是打個七折八扣拿出去，也不見得會有幾人相信。事實是很明白地擺在面前：許多人六根未淨，餘火未消，我們底這一套是不會中聽的。尤其是近來，我底人生閱歷逐漸增多了。我覺悟到，至少到目前爲止，我還能享受沉默之自由，眞是『洪福齊天』。只一海之隔，我底師友，想閉住嘴做個啞吧，共黨還不饒他們，還要利用他們底嘴來自我毁滅，使其受到人格的凌遲炮烙之刑。倖而逃出的人們，立刻面孔一板，不是罵他們不明白眞正的精神自由，不肯『不捨不放以興魔鬪』，不肯『申大義於天下』，便是罵他們爲『軟骨頭』。作人之難，未有如今日者。作知識分子之難，更未有如今日者。像我這樣渺不足道的人，絲毫無功於民族國家，得享沉默的自由，已經是上帝底賞賜太多了。如果我還要說太多不投機的話，那眞是『享福不知福』哩！所以，我無寧選擇沉默。我如能在沉默中讀幾頁書，和陷赤的師友對照起來，那簡直是太好了。如 Boethius 共人者，雖不必至，心嚮往焉。可是，現在既然共黨尚未忘記我底小名，硬要利用我老師駡我一下，那末我便不能不稍稍表示表示反共的理由。好在毛澤東底湖南辣子還辣不着我。我至少還有『對毛澤東的言論自由』。同時，也好使反共人士知道，反共並非就是一定要接受一個群組所頒製的獨斷之論。稍有常識的人能夠判斷，不接受頒製的獨斷之論的人不見得就不反共。也許，他們才更澈底更純潔無私地反共。唯有在理論上站不住的東西，才需要靠理論以外的利害關係來維持和强力來掩護。共黨集獨斷與暴力之大成。如果在這一條路上同共黨競爭的話，我看不出有何合乎希望的奇跡會發生。反共就是反獨斷反暴力呀！假若有人說要反大獨斷與大暴力必先屈服於小獨斷與小壓力，我怎麼樣也想不通。冰箱裡的魚是不能游泳的。共黨之所作所爲，根本是人性之歪曲與理性之摧毁。因此，反共事業究竟必須人性之解放與理性之自覺才能完成。然而，祇有一個民主的環境才能實現這些。當然，對富人談施捨總是白說的，即使富人已經所餘無幾了。只有後世的歷史才能證示這些話。

我在這裡所要表示的反共理由，乃低調中之低調。我反共的理由，簡單地說，只有這一句話：

反對極權政治

『反對極權政治』，可算是我持以反共的基本語句。從這一基本語句出發，再加上別的語句之幫助，我可以推演出反共之全部『理論的體系』(但恕我不是『體系』之建造家，所以我不擬這樣做。)

也許有人問我，你爲什麼不提出保衞自由作爲反共的理由呢？我告訴他，這有兩個原因：一、自由常被誤解爲不忠或不守紀律，所以我不願在此把它作爲基本語句，雖然我視自由如珍寶。二、我感到我們在自由銀行所餘的存款本來太少。對於英美人士喊保衞自由，他們會感到興趣。對於咱們喊自由，恐怕眞的興趣不會太大。

也許又有人說，你爲什麼不提反對共產主義？反對共產主義，是不在話下的。從共產主義背後的什麼『哲學基礎』，一直到它底作法，我通通反對，澈底反對。然而，幾十年來，有些人拿這個主義來反對那個主義；又有些人拿那個主義來反對這個主義。鬧來鬧去，越鬧越不清楚。空話太多了！從前流寇造亂，都曉得扯起杏黃旗子，說是『替天行道』。連張獻忠殺人如麻，他都會說出一個『道理』來。他說天生萬物以養人，人無一善以報天，所以要殺。掩飾暴力的『理論技術』，到如今更精密得多了，冠冕堂皇得多了。在事實上，自昔至今，凡想起事而又成功的人，決不肯先暴露其大欲的。他們所標榜的口號，無一不是足以掀起『群衆運動』的妙道。可是，等到他們拿到政柄或奪得江山以後，實際幹起來，壞事就來了。這時，歡迎他們的人再也請他們不走，後悔無及了。所以，僅憑起事者所標榜的口號或『主義』，實不足以判斷其是非，要看手上作的事。共產主義這玩意，既能在貧困，混亂，和落後的地區騙得着人，大收奇效，可見其說素之中並非在任何一點皆不合窮人底希冀：其中是含有强烈的煽動因素的。時至今日，還有些人以爲共產主義有可取之處，只是共產黨要不得而已。主義是口說筆寫的，誰都會來幾下。而最使大家感到影響的，到是手上實際做的一套。這點認識，應該是飽嘗痛苦的東方人士所能領悟的。那個毛澤東當初提倡共產主義『革命』，許多人欣然和從。他們多爲『主義』之美名所騙。在事實上，無論左的列寧也好，右的希特勒也好，都是曾標榜過好聽之說的。要不然沒有『群衆』跟着跑。如果毛澤東在江西時代就坦白表示：『如果老子拿到天下，老子要實行極權政治，老子要殺二千萬人。』這樣一說，恐怕連劉少奇也會嚇跑了。

『主義』一詞，在我是老早看穿了。胡適之先生說：『多談問題，少談主義』。一切『主義』，去其特色，就其理想成分言，概可歸約到一句話：『爲大家好』。既然如此，統統一樣。所以，我不想提到空泛的什麼主義，而只談實際，只談一個一個的問題。實際的作法令大家好過，問題解決得於大家有利，管他標榜什麼主義，大家沒有不歡迎的理由。如果不然，主義再說得好聽些，也引不起大家底好感。

極權政治之實際可就與什麼主義不同了。極權政治是一個硬過硬的現實。極權政治一旦從天而降，每個人便要受到它底災害。好像臺灣此時的驕陽一樣，如果你沒有大帽子，便會晒得你頭昏眼花，無處躲避。極權政治固然與共產主義關係較爲密切。可是，由於現代技術之支配力，非共產主義的地方，如果作得不好，秉政的黨派或個人底權力欲太强，也未嘗沒有走上極權政治之路的危險。英國工黨底辦法，如果爲王室所操持，可能逐漸步入極權之路。美國底極權味兒，已經不是太不明顯了。如果總統底權力再加一點，接管的東西再逐步加多，如果國務院管的事再多一些，那也就差不多了。英美尚且如此，別的地方，就不必說了。所以，我不必提出反對共產主義作爲反共的理由，我只提出反對極權政治爲反共的理由。這實際得多。

極權政治，不自今日始，在古代有其胎胚。柏拉圖底理想國所描繪的就是一極權國家型模。喀爾文(Calvin)在瑞士所行的一套，更是活現現的極權政治。這些人並沒有標榜『唯物論』啊！也許他們還『唯心』一點啊！不過，到了今日的共黨統治，極權政治便發展到了它底完備階段。這種極權政治，完備到天上地下，精神物質，衣食住行，以至於下一代底教育，甚至於後代底遺傳，無所不統，無所不治。基督教說，人是上帝創造的，因而人底言行和性質，都屬上帝所管。今極權統治者則無一不管，眞可謂『替天行道』了。

也許有人說，不管極權不極權，如果是『爲了大家好』，何必要反對？極權政治是否能爲大家好，有事實擺在面前，不必多說。退一百步講，極權統治者果眞是一聖王，居心有所作爲，爲大家好，如果他藉其政治權力以此『好』强加諸人，那就是不以平等視人，甚至於把人不當人。這樣，其好亦變成不好，其好之意義與價值將全失。這樣的王，充其量只可作一好的蟻王，蜂王，獸王，人是不需要他的。美國猪底營養好，衛生設備佳，你要不要去作美國猪？所以，從基本價值(intrinsic value)着想，極權政治可咒詛之處，在於它將極權者底主義或計劃在未經大家同意之前强迫加諸大家。人是生而平等的。你底心腸再好，主義再好，要人家高興接受嘛！你有什麼天賦的權力强加諸人？如果你向某小姐求婚，你說你如何年青，如何體壯，如何誠實，如何有希望。但是，最後的決定，還是要她底『願意』。否則你等於白說一場。如果你說她不識擡舉，便以强迫手段佔有她，要作她底夫君，那末你就構成强暴罪。婚姻私事尚且如此，關係乎大家之禍福安危的政治大事更何獨不然？極權統治者永遠只有少數人在那裡擺佈大家。極權統治者之所爲，乃對大家之强姦罪犯。毛澤東乃其尤者。

極權統治者之所以敢拂逆衆意而對大衆施以强暴，除因其藉『革命』而打出江山，除因其手握炸藥衆莫敢犯，或因其利用『緊急狀態』(如『帝國主義包圍』等等，)以外，其心理上之因素，厥惟彼輩或自認爲負有上天之使命(今日之新花樣謂之『歷史使命』。馬克思之徒從黑格爾大法師那裡學來的。)或自認爲出於人民底選擇（所謂人民民主專政，乃花樣之一）。極權統治者有這些『理論基礎』橫在心中，其基礎較之路易十四之純以血統爲依憑者牢固多多，因而其氣亦遠較古代暴君爲壯，其詞亦遠較彼等振振，而其壓制人民亦遠較彼等爲嚴刻苛峻。這眞是現代底一大刼數！

極權統治者之基本心理狀態，當然除了彼一人以外，他不承認其他個體(individual)之客觀獨立存在，不承認社群(Community)(非社會 Society)之客觀獨立存在，甚至不承認國家之獨立存在。(如狄托爲史達林痛恨)本此，極權統治者以黨爲目的，以國家爲幌子，以人衆爲工具，進行文化、教育、軍事、經濟、政治、以至於思想之全面控制。於是而有計劃經濟，甚至有計劃的教育（蘇俄早行計劃的教育，共黨不過步其後塵而已），因此，在極權統治之下，不許有獨立於政治的學術自由，不許有本乎個人良心的言論自由，不許有外於政治的結社自由，不許有自主謀生的自由。凡此等等基本自由俱遭剝奪，其他自由，更無論矣。於是，凡倡導個體自由的言論，莫不視爲大逆不道。凡社團之自由組合，莫不目爲危險之行動。總而言之，在極權統治之下，一切行動皆由一總機關自上而下發動。若有自下而上行動，一律解釋作異動，或不軌，甚至叛亂。

極權政治之所以如此者，乃因其政府觀等等，俱與民主政治不同。在民主國家，政府是爲人民而存在的；而在極權空間，人民乃爲政府而存在。因此，在民主國家人民批評政府，常得金質獎章；而在極權空間，人民若批評政府，至少會嘗鐵窓風味。『天下無不是的父母』。流風所至，久而久之，人衆被養成一種習慣，凡政府所作，人民必須强顏承歡，歌功頌德；而人民批評政府，則如兒子罵老子，被認爲大逆不道。在極權空間也有所謂政黨，但其性質與民主國家之政黨大不相同。民主國家底政黨是服務人民的政治組織，極權空間底政黨乃一統治工具。所以，在極權空間，屬於此一政黨者，常流露一優越感，並發展支配欲。共黨算是把這一特質發揮盡緻。

既然極權政治有這種特質，形態，和統治工具，於是它天然把國家視作黨產，置黨於國家之上。極權統治者自身是一個『絕對精神』之化身。他是絕對的目的。極權的黨是一個絕對性的黨。因而，他在平時靠壓制和剝削大家以延續其生存。因而，在這種統治之下，社群和個人不可能有新的生機。所以，極權統治底存在等于社群底元氣和個人底生機之耗竭，極權政治者，乃生人之死敵也。

至於個人呢？個人底人生意義，目的，價值，個性，和作人的風格，在極權統治之下，淹沒無聞——即使被談到，也必須被嚴格地要求『配合』那一『組織』；否則，他們不是說你有『小資產階級意識』，便是罵你『自私自利』，或『不明白大時代的要求』等等。這是個體底完全取消。在極權統治者眼底下的個人，像麵包師手上的麵粉。他不認識一粒一

（下轉第30頁）

臺灣研究

臺灣的建築

宋祖平

臺灣建築的背景

建築是不能脫離自然環境（即地文）和民族傳統（即人文）的限制的，因此如要討論臺灣的建築，必須首先考察一下臺灣的地文上和人文上的條件。

(1)地文上的背景

（甲）爲海所環繞的島嶼，往往產生該島獨特的建築，具有特殊色彩的臺灣高山族的建築，就是在這種自然環境中所產生的；一方面臺灣與福建僅一海之隔，因此很早就有福建、廣東的漢族渡來開發，所以臺灣建築大部分屬于福建系，少數屬于廣東系。

（乙）由于地形上的限制，漢族的建築和現代建築之屬于高級文化者，多半分佈于西部平原，而高山族建築之屬于低文化者，則散在臺灣東部的山岳地帶。

（丙）氣候對于建築的影響亦很重大。臺灣屬于中國南海沿岸的潮濕亞熱帶型氣候，雖不太熱，但其建築仍須注重防熱的設計。建築的方向、走廊的設備或「亭仔脚」等等是由于這種條件所決定的。此外，多雨、潮濕、白蟻之害、夏季的颱風、地震等亦是必須考慮的條件。

（丁）建築材料亦多受制于自然條件。木材：因臺灣盛產木材，所以其建築幾乎都是木造，或以木料爲主的混合構造者，木料以扁柏爲最多，約占六三%，其次爲紅檜一二%，其餘的一五%則有香杉、亞杉、楠仔、烏心石、茄苳、肖楠、鷄油、赤皮等。竹：臺灣竹的產量亦大，因此漢人的簡單家屋和北部泰耶魯族房屋即有完全用竹造成的。茅草：在臺灣極多，漢族和高山族均很普遍地用以葺蓋屋頂。泥土：產于西部平原的第四紀冲積層，漢族農民將它作成磚形，陰乾之後（他稱之爲「土墢」）以作牆的材料。磚瓦：荷蘭、西班牙等西人占據臺灣時，即使用由厦門、爪哇等地運來的磚，其尺寸與漢族者不同，很容易區別；漢族在鄭氏時代已在臺南開始製造磚瓦而作建築的重要材料。石料：建築用石料有安山岩、砂岩、版岩、硓砧石等。石灰、水泥：臺灣所產已能充分地供給本島的需要。

(2)人文上的背景

人類的各種生活方式決定了建築的各樣形式，即不同的文化傳統在建築上表現爲各種不同的形式。臺灣史前時代的文化頗爲複雜，其民族或文化的系統又尚未得到考古家的定論。但關于臺灣史前文化的一般情形，我們可作如下說法：雖其中有許多所謂北方系的要素，但其整個文化屬于東南亞古文化，因此其建築亦屬于南方系統。到了有史時代即有高山族的南洋系（馬來系）建築，漢族的大陸系建築及西人的西洋系建築，並存至今。以下將概述這幾個系統的建築。

史前的居住遺址

臺灣的有史期間頗短，因此在臺灣建築史上，史前建築所流行的時間比有史以後不知要長多少倍。有關史前的建築或居住遺址的報告或發現，雖極缺少，因而前人從未談及此一問題，但我們並不能說是無法討論的。

(1)巨石建築

鹿野忠雄博士很早就注意過廣泛地分佈於臺灣東海岸的大石柱遺址，他認爲這是房屋的遺跡，而且這種文化與太平洋諸島的巨石文化有關。後來金關丈夫、國分直一兩氏在臺東縣的卑南發掘過這種石柱遺址，其結果證實了該遺址確爲石造房屋的遺跡。這種石屋地基爲長方形；是把地面挖成一坑，而在坑底舖有石板的半地下式建築；臨海的一面，植立起大石柱；另一面的屋外地上舖有石頭，這是進門的小路；坑基中央又植立兩石柱；這些石柱多已倒坍或折斷，現在所見的最高石柱，地上部分的高度約有七公尺；石柱的上部或開有一至數個孔或挖有凹槽，可能爲用以間架木質的棟梁；石柱並非單獨存在，而係朝某一方向成組配列，可知這是造成聚落的。由於和這些石柱共存的石器，陶器等，可知這種建築在金石併用時代中的某一時期盛行於臺灣東海岸，而遺留這種文化的民族可能與現在的阿美族、畢瑪族、排灣族有某種關係。如要在臺灣的現在建築中找出與它有親緣性者，則可假定爲排灣族的石造房屋。我們從現存石柱的高大，可以猜測這種建築或其聚落時情形，實頗可觀，且特有風味。

(2)木造建築

除了上述東海岸石柱遺址以外，迄今已發現的四百多臺灣先史遺址中，尤其是西部平原的許多遺址，幾乎尚未發現過建築的遺留或居住遺址。這也許並不能單單歸因於調查的不完全，並且當我們發掘這些遺址時，往往看見有火爐的遺跡。對於這些事實我們可作如下解釋：臺灣史前的建築多爲木造草葢，而因氣候潮濕，不能遺留至今。關於這種木造房屋的構造，雖無材料可供敍述，但我們可想像，其形式很可能與下文將敍述的南洋系建築相近。

(3)洞窟或岩蔭居所

黃叔璥著「臺海使槎錄」中的「番俗六考」，南路鳳山瑯嶠十八社三，居處：「築厝於巖洞，以石爲垣，以木爲梁，葢薄石板以厝上。」這一風俗已不見於現在的臺灣土著中，但我們可想像這種風俗雖不很普通，但史前時代必會採用過。事實上，國分直一氏曾調査而發見了小琉球的烏鬼洞爲史前的居住遺址。

南洋系建築

臺灣的氣候風土是熱帶性的，因此臺灣的建築可說直接或間接地都屬于南洋系統。但我們如以南洋人的建築爲標準，則只能認爲是高山族的建築，具有南洋系建築的特徵而已。高山族各族建築之間，雖有相當差異，但本系建築，除了在建築史上和人類學上的意義外，對于臺灣現代建築以及將來的建築不會有甚大的影響，故本節僅將簡略述及。

山地番社多位於高燥的山腰，後背峭壁，前面陡坡，下望則有溪谷的地形上。他們先開成上下幾級的梯田式平地，而在這窄而長的平地上營建房舍或從事耕種。因有這種地形的限制，房屋前面自然朝着溪谷的方向，而屋背的地面多高于屋簷。主要的建築物爲家屋，此外多附有穀倉、雞舍、猪欄等；在鄒族和阿美族更有集會所；泰耶魯族有望樓；耶眉族有工作小屋、涼臺、船庫等；耶眉族以外的各族並曾有頭顱架。

建築的地基，分挖入地面以下的半地下式，和與地面相平的地平式；地板高架於地面以上，高架式有三種。在布農族和泰耶魯族，排灣族的一部即見有半地下式房屋。這是因爲山地的夜間和冬天相當寒冷，而且因爲建築構造頗爲簡陋，屋頂造得不够高，使人不能直立屋內，因此便挖入地面來彌補這一缺點，此種房屋現不見于熱帶地方土人之間，因此在高山族所見的，頗値得注意；最普遍的是地平式，這一方法常見於密古羅內西亞或其他南洋的土人之間，而高山族即用林來避免由于接觸地面所能引起的種種毛病；爲着防鼠與防濕，他們的倉庫都是架空的高架式，此外集會所、望樓、涼臺亦是高架式，而住房與工作小屋即不見有高架式構造。地基多爲長方形，僅在鄒族的房屋中見有頗屬原始的橢圓形平面者。室內普通只有一間，又有分兩間者。建築材料以木、竹、石板等造牆或蓋頂，此外又有以茅草、樹皮爲頂者。建築的構造頗屬原始。

大陸系建築

所講大陸系建築，是指其建築的形式或構造屬于中國大陸系統者而言，因這種建築係由占臺灣總人口百分之九十五以上的漢人所通常採用，因此臺灣建築的大部分屬于此一系統，一般人因而認此爲臺灣建築的代表。臺灣漢人可大別爲二系：一爲閩南人，另一爲客家人。因此建築式樣亦分福建、廣東兩系統：前者富曲線，其特徵爲豐滿濃厚；後者富直線，有清爽挺勁之意味。但廣東系的勢力極爲微弱，僅在臺南地方偶有少數。漢人建築或其聚落，城市的發展，當和漢人在臺灣發展的歷史相並行。但因漢人在臺灣活動的歷史頗新，故其建築實爲中國南方系統建築的支流。而且白蟻之害甚大，所以古建築遺留到現在者頗少；雖有些歷史較古，但幾乎都是後來重建或經過大規模修改。因此要編一建築年代史，幾乎是不可能的。

1構造　建築的構造是由該建築的用途、規模和自然環境等條件而決定的，本系建築的主要構造可舉下列四種：(甲)磚厝：其主要部分以磚造成，屋頂多用木料而蓋瓦；城市裡的廟、寺、高級住宅等多採用之。(乙)土埆厝：用土埆造成，屋頂同前；這在農家很爲普遍。(丙)架筒厝：木造房，屋頂蓋瓦、茅草、竹子等；山麓地帶，便於運搬材料的海岸地方、或富有木材的地方民家多採用之。(丁)柱仔脚厝：草厝，以木竹造成，頗爲簡單；富產竹子地方的小民房、小屋等即多採用之。

2種類　過去所營造的主要建築如下：(甲)官用建築：城堡、衙門。如臺南城、打狗舊城、竹塹城、里港城、屛東城、恒春城、臺北城、臺中城、媽宮城等；砲臺有億載金城、淡水舊砲臺、蘇澳舊砲臺等；臺北、臺中、媽宮等地的舊衙門。(乙)公共建築：會館，頗爲優秀的建築有臺南的兩廣會館，爲廣東系建築。(丙)住宅建築：住宅及庭園，最有名者爲臺北板橋的林本源邸園及臺中縣霧峰的林家邸園但，均過於雕琢，建築上的價値可說很少。(丁)宗教建築：文廟及書院、道觀、寺廟等，本省儒、釋、道三教的混淆，比大陸上的情形更爲顯著，很難區別，可舉其中較爲純粹者，文廟有臺南、彰化、竹塹、宜蘭、臺北等文廟；現存書院，主要者有臺北新莊的明誌書院、澎湖馬公的文石書院、臺南市的奎樓書院、高雄鳳山的鳳儀書院、屛東市的屛東書院、鹿港的文開書院、南投的藍田書院、草屯的登瀛書院、大甲的磺溪書院等；道觀、廟宇之類頗多，各地均有城隍廟、土地公廟、有應公祠、關帝廟、媽祖廟、保安宮、三山國王廟、開漳聖王廟、指南宮、開山王廟、武聖廟、五福宮、保元宮等等；寺院有臺南的開元寺、法華寺、竹溪寺、超峯寺，鹿港及臺北的龍山寺等。(戊)其他：牌樓、碑碣等，臺灣牌樓，在建築上沒有什麼可注意的；石碑之類相當多，但除了史料上的價値以外，多無其他特色。上述幾種建築遺留到現在，或現在還在營造的，當以住宅爲最多；其次爲宗教建築，其中又以廟宇爲最多，可看出民間信仰的情形；城堡之遺存到現在者較少；衙門多已廢除；會館可說幾乎已絶迹了。

3住宅　如上所說，本系建築以住宅爲最多，雖有富麗的大園囿和窮苦的小房屋等大小不等的規模，但其基本式樣相同，即均屬福建廣東的住宅形式。建築地基爲方形；方向以朝南爲原則，但由於環境情形，可改爲面東或面西；多爲一層，且左右對稱；因大家族制度在臺灣還相當盛行，而老家的家族住在中間的正身(廳堂)，這一棟是最基本的；若有分家者便在正身前方之左右建造護龍(或稱護厝、伸手)，此棟方向與正身的方向成直角，而必須建得比正身爲低；人丁再增加而要伸長護龍時，則要建得更低；正身與護龍圍繞着埕；等到護龍不能再伸長時，則在兩邊的後龍背後或在正身的背後建外護；外護有好幾棟者，若前後有三棟即由前面者稱之爲「前進」「中進」「後進」等，如有五棟即稱之爲

「前進」「二進」「三進」「四進」「後進」等，大官住宅多有五進；這些房屋以走廊（稱過水或雨廊）相連；儲薪炭的小屋稱爲柴間；大房屋即在埕的前面造有籬「笆」，屋後有門；富有的家即在房屋的兩旁或背後造庭園；一般農家有刺竹林，前面往往有池塘可以養鴨。

西洋系建築

1 前期

臺灣在明末，也成了西方殖民國家向東發展的對象，一六二二年荷蘭占據澎湖建紅木埕城，一六二四年即至臺灣本島而在現在的安平建了熱蘭遮城。西班牙繼之而來。一直到一六六一年鄭成功驅走荷人之三十八年間，他們所建的有城堡、基督教建築、商館、住宅等。其中最重要而且遺址留存最多者爲城堡，其構造可說都基於當時歐洲的築城法。（甲）荷蘭人所建城堡有紅木堡城（紅毛城）在澎湖馬公郊外（一六二二）；Casteel Zelandia（赤嵌城）在臺南（一六二四）；Casteel Provintia（赤嵌樓）在臺南市（一六五〇）。（乙）西班牙人所建城堡有Castelo San Sarvador（荷蘭人占領後改稱Casteel Noorthollandʼ）在基隆市社寮島（一六二六）；Eltenburg（或 Nodelenburgh）砦在基隆市社寮島；Castelo Santo Domingo（紅毛城）在淡水鎮（一六二九）。

2 後期

自從道光廿六年（一八四六）清朝解禁基督教後，西班牙、加拿大、蘇格蘭等國人重新在臺灣從事傳教，通商，西洋建築又漸見盛行，以迄於今。建築種類有教堂、商館、住宅等。前期的基督教建築均已不存，後期的建築則尚有保存創建時情形的。最重要者有屏東縣潮州區的萬金（赤山）天主堂（一八六七），這是臺灣現在完整保存創建時情形基督教建築中最古的教堂。其建築式樣以西班牙式爲主，而在其細微部分又巧妙而且很自然地採用大陸系的形式，結果創造獨特的臺灣式的西化建築，這一建築在文化史、建築史上的價值可說是甚高的。據云，現在這一教堂之一部正處於逐漸崩壞的狀態，深望有關方面設法予以保護。

臺灣建築的展望

建築是造形藝術的一種，因此與一般美術或文化相同，今後的建築將日受世界潮流的影響。我們必須不斷地採用新建築的優點，但又不能忽視臺灣的地文和人文的條件。地文條件中，筆者想特別指出的一項是，過去建築或現在正在營造中的許多建築，對於臺灣很常有的地震毫未考慮，因此每一次大地震均引起極大的災害。關於建築與地震這一問題，筆者於民國卅四年在臺灣新民報上發表過相當詳細的談話，並且提出利用土產材料的耐震構造的農村房屋設計方案。建築的耐震，其意義乃與防空相同，建築家或政府必須當作第二國防那樣重視。關於人文條件的重要，我們如想一想上述兩廣會館、萬金天主堂等之所以在臺灣建築史上佔極高的地位，便可知道。日據時代建築的主要者，如現在的總統府、臺北博物館等，都可說是尚未充分消化的西洋建築的式樣。至於日人所遺留下來的日本式房屋，也如他們在各移民地所建者一樣，可表示出他們保守排外的國民性，而完全忽視該地方地文和人文的條件。

現在或將來的城市建築，是需要在精密的都市計劃之下，與街路、公園等相配合而構造的。此外在現在東方頗爲罕見的富有美術價值的紀念碑、美術像等，也是不可缺少的構成要素。個別的建築或它們全體的調和是對於市民的情緒頗有影響的。最近造成的紀念建築中，最重要者有故臺灣大學校長傅斯年先生的墓亭，該建築可說是相當成功的。

自由中國學生權威讀物
學生 半月刊
新知識的寶庫
是教師們必備的參考材料
是家長們必需的優良助手
學生界的良友
社址：臺北市中正西路二十六號

鄭重推薦 擴版後的
香港時報
社論精闢公正 大陸消息詳盡
台灣專電充實 副刊輕鬆雋逸
國際專稿豐富 體育新聞傑出
港聞消息靈通 經濟報導正確
出紙兩大張 各報攤均售
歡迎訂閱 另有優待
總社：香港高士打道六四——六六號 電話：二〇八四八
分社：台灣台北市館前路五十號 電話：四〇一七
九龍訂閱處：黃大仙正街竹園聯合村29號民新書店

附設
東南印務出版社
承印圖書雜誌
工精價廉 交貨迅速

法國政黨政治的動向

巴黎通訊・五月二十六日

本刊特約通訊記者 舒 文

從法國政制說起

法國民主政體，幾經滄桑，從一九四六年十月廿七日頒布現行憲法起，算是第四共和國了。共和的重心「國會」分爲上下兩院，上院叫做「共和國參議院」，（Conseil de la Republique）下院叫做「國民大會」（Assemblee Nationale）上院聊備諮詢，有名無實，根據法國傳統觀念，國家主權完全操在國民大會。

「部長會議」（Conseil des Ministres）便是普通所謂內閣。內閣總理由總統授命組閣後，第一步必須經過國民大會二分之一以上「多數」通過；內閣成立以後，國民大會隨時隨地可以用質詢權，彈劾權以及不信任投票種種規定，控制內閣，而內閣對付國民大會唯一的武器解散權，卻因爲行使的條件過于嚴格，事實上等于虛設。所以內閣如果不好說是國民大會的附屬品的話，至少是處于非常劣勢的地位。內閣只有揣度國民大會「多數」的意見，決定政策，一旦內閣所決定的政策得不到國民大會「多數」支持的時候，內閣便只有臺撈一條路可走。

法國內閣與國民大會這一種相左的關係，既不是瑞士的委員制，也算不上英國式的責任內閣制。法國學者另外給它取了一個名稱「大會制」。（regime d'assemblee）。換句話說，一切權力集中在國民大會，內閣的任務就在調和各黨各派的意見，針對時局決定政策，覓取國民大會「多數」的支持，引導法國政府和社會向前推進。因此，如何決定政策，如何去覓取國民大會「多數」的支持，這便是法國政局動盪的主要癥結，也就是法國政治舞臺上光怪陸離，政黨政治擂鼓喧騰的根本原因。

政黨有左右之分

法國的政黨從左到右，五花八門，千變萬化，複雜到法國本國人老于政治生涯的，都不一定抓得住每一個黨派悲歡離合的來龍去脈，分辨得出各黨各派之間有時相差並不太遠的政策政綱。而且法國政黨的名稱，往往又是那麼樣拖泥帶水特別冗長，在他們也許是想藉這一套連串的名稱儘可能地一目瞭然表示出他們的主張和立場，但是在旁人，尤其是我們外國人卻感覺到難以記憶的痛苦，越發覺得法國的政黨複雜了。

談起政黨之分左右，不能不提到巴黎塞納河畔的國民大會會場。這是一個古色古香的戲院式的建築。議員席，深紅色的沙發椅，像一把摺扇，半圓形地展開。議長席，便像扇墜子，一般擺在扇把的尖端。赫里歐從一九四七年以後連年當選議長，在這個小小的主席臺上，已經坐過好幾個年頭了。沿着主席臺，在扇形議席的前幾排，是保留給內閣總理和閣員的。有時候前任內閣已經垮臺，繼任內閣還沒有組成，只剩下那一位試圖組閣的內閣總理獨個兒占據這幾排空座位。

以議長席爲中心，議員席便有所謂左右之分。議長面對着議員們，議長右手的議員們算是右派，左手的算是左派，正中面對議長的叫做中間派，或者是中間偏右，或者是中間偏左。

根據法國傳統的政治觀念看來，所謂右派，是指主張用一切方法，維持現狀的政黨。所謂左派是主張採用積極手段，改變現狀的政黨。中間各派，便是主張中庸之道，溫和的改良主義者。這種均衡的勢力如果運用得當，一方面是改革的力量，一方面是箝制的力量，社會便很容易穩步前進，得到合理的改革。所以法國早先有一位政治家說過這樣的話：「組織政府好像肩槍一樣，槍有時放在左肩，有時放在右肩。」

然而事實上並沒有這般圓滿。所謂右派，極端保守之下，很容易開倒車與時代背道而馳。所謂左派，極端激進之下，又很容易借用暴力，一腳把現狀整個兒推翻。一般人民多少是喜歡中庸之道的，對於極左或極右，照例都不敢歡迎。就是政黨本身，對于自己之屬于左或屬于右，也往往打一個問號，因此對于國民大會會場座位的安排，也大大地傷了一番腦筋。譬如去年六月十七日法國大選以後，戴高樂派便不願坐在極右的右邊。據他們說，他們的主張並不是來維持現狀的。但是國民大會舉行一場投票表決的結果，依舊把他們擺在最右，他們無可奈何，也只得委曲委曲了。

以領袖爲中心的戴高樂派

現在我們就從坐在最右的戴高樂派說起。它的正式名稱是「法國人民同盟」（Rassemblement du Peuple Français），以戴高樂將軍個人爲中心，因此又稱爲「戴高樂派」（Gaullisme）。該黨秘書長蘇斯退爾（Jacques Soustelle）說得好：「戴高樂派如果沒有戴高樂便等于零」。他們時常引用霞飛將軍和克里蒙梭的例子，主張用領袖來號召統一，恢復法國的光榮。

　在去年六月大選以前，戴高樂派用「民主社會行動黨」的名義，在國民大會只有寥寥十六席，就是連「自由共和黨」以及其他同路人算進去，總共也不過是四十五席。六月大選以後，戴高樂派的聲勢驟然膨脹了。它正式把「自由共和黨」吸收，在總數六百二十七名的國民大會裡，居然占了一百一十八席，另外還有同路人三席，總計一百卅一席，算是首屈一指勢力最為雄厚的政黨了。

　談到戴高樂，便很容易聯想到第二次大戰期間自由法國的抗德運動，而戴高樂派所以自豪的也就在這裡。因此戴高樂在宣傳工作上，便有意強調戴高樂解放者的地位，而主張在內政上，修改憲法，推翻現行議會制度，一切權力集中內閣，而由戴高樂出來主政；對外反對歐洲聯軍和徐滿計劃，主張德法之間的問題，應由德法直接談判解決，北大西洋公約應該修正，外交上的要求目標在確立法國對于西歐的領導地位，提高法國在國際舞臺上的比重。

　戴高樂派雖然在大選中膨脹了很大的力量，但是並沒有獲得決定性的勝利。換句話說，它在國民大會裡雖是第一個大黨，但說不上是國民大會的多數黨。所以在目前情形下，戴高樂派依然無事可做。對于戴高樂，不消說，一般法國人都表示敬佩。不過，法國人最怕獨裁政治，對戴高樂多少存了幾分戒心。即如年高德劭溫良恭順的赫里歐，每次碰到機會，便不會忘記把戴高樂抨擊一番。法國的社會黨也是如此。法國共產黨，更不消說，他們不惜用種種恫嚇的宣傳，例如「戴高樂就是戰爭」這一類的標語，彷彿指着選民胸脯：「戴高樂上臺，就是內戰，如果你選戴高樂，你就得負起發動內戰的責任。」這種恫嚇，無形中使許多好心的法國人也都因為懼怕戰爭而遲疑起來了。在國際輿論中，戴高樂的政治作風，英美各國常有批評，同時戴高樂又喜歡說：「並不因為美國人給我們武器，我們就要做他們的子民」。事實上美國的外交非常尊重法國。美國努力支持法國的結果，得到這種刺激性的句子，自然感覺頭痛。

滿意現狀的溫和派

　法國國民大會扇形的議席中，向左展開，坐在戴高樂派隔壁的便是法國農民黨和獨立黨兩個政黨。因為兩黨的主張都差不多，一般人為了省事起見，便籠統給他們取了一個名字：溫和派 Modérés。

　農民黨詳細的名稱，應該叫做「農民社會行動共和黨」 Républicains d'action paysanne et sociale。去年十二月初黨內發生分裂，另外產生了一個「農民社會同盟」 Paysan d'union Sociale。不過最近聽說又要合併成一家了。好幾年來，法國聯合內閣的農民部長一直是農民黨的領袖擔任。而農民黨的選票也就是來自鄉村一班小康之家的農人。農民黨日夜所考慮的，是如何減輕農民的負擔，增高農產品的價格，倒也真正為農民的利益而打算。在他們理想中，法國應該是一個農業國家，農業的法國和工業的德國最好能夠密切合作。不過他們這種想法，因遭受法國工業家強烈的反對，只好放棄。

　獨立黨 Républicains Indépendants 普通稱為 Indépendants 在大戰前聲勢相當雄厚，像他的領袖雷諾 Paul Reynaud 望重一時，也曾組織過好幾任內閣。戰後不幸一落千丈，組織渙散，最近幾年才慢慢抬頭，歷屆聯合政府的財政經濟幾個單位，多半是獨立黨人負責。今年三月六日皮奈 Antoine Pinay 以公共工程部長出而組閣成功，在保衛法郎專家政治的動人的號召下，贏得了多數黨派和一般民衆的支持。在法國政治舞臺上，獨立黨正表演主角。

　獨立黨的「群衆」，用法國名詞來說，獨立黨的「顧客」，包括法國大企業家，以及一般中產階級的商人。獨立黨為了迎合顧客的要求，第一步便是給予私人企業以大量的自由，而對于國營企業的範圍儘量加以限制。其次便是減少政府支出，以減輕工商業者的捐稅和負擔。反過來看，顧客也儘量想辦法維持主人的信用和地位。在皮奈保衛法郎平抑物價聲中，這些顧客們倒是誠誠實實的奉行皮奈的平價政策。

　獨立黨和農民黨關係密切，每次大選兩黨互相支持，國會裡安排的議席也在一道。自從皮奈組閣後，兩黨都感覺到非常興奮，連彼此的黨員代表大會都聯合起來舉行。

和事老：左翼共和同盟

　法國國民大會裡，「激進黨」和「抗聯」是兩個政黨，可是在上院，兩黨卻又混合為一個團體：「左翼共和同盟」 Rassemblement des Gauches Républicains。因此一般人喜歡叫這兩黨為左盟。其名雖左，其實是些中間偏右的政黨。

　激進黨 Radicaux Socialistes 普通稱為 Radicaux 歷史悠久，在法國所謂第三共和國占據了一席很重要的地位，在政治上一向是爭取民主與自由的先導，在經濟上則採取放任主義。這一黨人材濟濟，大名鼎鼎將近八十高齡的赫里歐就是黨的領袖，其餘如達拉第 Edouard Daladier 高義 Henri Queuille 梅葉 René Mayer 傅爾 Edgar Faure 在我們中國也許都不感到陌生。

　抗聯的全銜應該叫做「社會民主抗敵聯盟」 Union Démocratique et Socialiste de la Résistance。這是一個非常年青的政黨；與年邁的激進黨正是一個顯明的對照，而他們的關係，卻也有點像是家人父子。抗聯的政策，在改善貧苦階級的生活，保持薪水階級的購買力。他們喜歡自稱為中間偏左的政黨，不過事實上對于經濟問題所取的態度並不見得怎樣積極。

　這兩黨，並不是大黨，抗聯根基

未定，在國民大會的席次尤其少得可憐。話雖如此，他們在各大黨之間却往往發生舉足輕重的作用。大黨旗幟明顯，敵我分明，在國會爭取多數的條件下，彼此爭執，不容易組織內閣。反之，這兩黨主張溫和，抱了一種和事老的態度，左右各派都拉得攏來，出面組閣的機會，反而比大黨大得多。上面所舉的幾個激進黨份子，以及抗聯的領袖普里溫（Rene Pleven）都是組閣的風雲人物。抗聯和法國軍事方面的領袖很熟諗，所以法國國防部長一席也常在抗聯手裡。

去年大選以後，達拉第想把激進黨和抗聯在國民大會裡也打成一片，合成一個大黨，與戴高樂派，共產黨以及社會黨分庭抗禮，這就是那時候盛傳一時的第四勢力。可是結果遭受激進黨赫里歐他們的反對，第四勢力並沒有產生。

中間偏左的兩大政黨

今日法國，偏重社會改良主義的，有兩個大黨，一個是天主教社會黨，一個是以第二國際爲背景的法國社會黨。

天主教社會黨的正式名稱是「人民共和運動黨」（Mouvement Republicain Populaire）。它的組成份子，大多是信仰天主教的工人、教師以及一般靠薪水過活的店員和公務人員們，所以簡稱爲天主教社會黨，再簡單一點的話，索性就叫做天主教黨。法國是一個天主教的國家，雖說是政教分立，但很容易把天主教徒的選票化爲一種政治力量。這種以宗教爲基礎而又獨立在宗教之外的政治組合，在西歐各國，尤其在義大利和西德，都是一支雄厚的政治勢力。

天主教黨在國民大會裡的議席，排在獨立黨和激進黨之間，如果以此種座位排列來說，應該算是中間偏右的一個政黨。這大概是由于它維護宗教利益，保衞天主教會所辦的學校的緣故吧。但是在事實上天主教黨的組成份子是一般工人和薪水階級，他們的主張在限制私人企業，經濟權力合理地集中在國家，這種主張，比激進黨和抗聯都來得明顯積極而堅決。

戰後，天主教黨始終在法國聯合政府占了一席重要的地位。皮杜爾（Georges Bidault）徐滿（Robert Schuman）都曾兩度組閣，而法國的外交部，一直就在他們兩個人手裡。主張法國聯邦（Union Française）最力，迭任聯邦部長，現在還兼任駐越專員的，也是他們的黨員李圖諾（Jean Letourneau）。天主教黨在政治舞臺上總算是一帆風順了。不過去年大選，一些中產階級的天主教徒的選票竟給戴高樂派搶去，天主教黨在國民大會的議席，由一百四十三席驟然減到八十五席，這不能不說是一個沉重的打擊。

法國社會黨正式的名稱，是「工人國際法國支部」（Section Française de l'Internationale ouvrière）是第二國際的一環，與英國工黨，德國民主社會黨來往甚密，美國有些工會也經常給他們一點經濟上的支持。法國社會黨對于經濟上的主張比較積極，擴充國營事業限制私人企業，稅收採取累進率，對于薪水階級的待遇，主張根據物價比例調整，注重社會保險公共工程及增設房屋等福利措施，以改善一般平民的生活。

社會黨在里翁布朗（Leon Blum已故），的領導下，曾經在一九四六年冬組織過清一色的社會黨內閣。一九四七年一月改由拉麻第（Paul Ramadier）組織了一個容共的聯合政府，到了五月，拉麻第把共產黨的閣員趕走，另外成立了一個新的聯合政府。同年十一月拉麻第第三任內閣垮臺後，社會黨內部時常發生糾紛，從此不再組閣，只是以客人的身份被邀參加政府。到了去年大選以後，社會黨在國民大會的席次由九十九席增加到一百零五席，沒有失敗，也沒有勝利，但此後連聯合內閣都懶得參加，乾脆做了一個在野的政黨。最近獨立黨雷諾呼籲「全國大聯合」，仍然遭受到社會黨的拒絕。

天主教黨和社會黨都是溫和的社會主義者，意見相近，照理兩黨應該聯合起來，在國民大會中成爲一種穩定的結合力量，然後拉攏其他中間黨派，就可以取得一個穩定的多數，建立一個穩定的政府。然而不幸在他們兩黨之間存在了一道鴻溝。天主教黨顧名思義，自然主張津貼教會學校。去年六月大選，戴高樂派取得勝利，大半是因爲他們叫津貼教會學校，比天主教黨還要叫得響亮的緣故。天主教黨懲前毖後，對于津貼這一問題，更加不敢隨便放鬆。可是社會黨正巧相反，在傳統上便反對教會學校。這一個教育上的意見分歧，在一般外國人看來，也許認爲只是小節。然而法國人態度畢眞，看得十分嚴重。社會黨和天主教黨辯論教育提案時，就好像仇人見面，分外眼紅。

爲史太林服務的共產黨

法國政黨很多，每一個政黨倒有他們一貫的政策和作風。因此那一個政黨登臺組閣，一切動作多少有一定的軌道可尋。但法國的共產黨是一個例外。法共缺乏個性，對于一個問題往往沒有固定的主張。在法國人眼裡，這是一個多變的政黨。不過萬變不離其宗，他們是隨史太林的變而變的。最顯明的例子，就是第二次大戰期間，法國共產黨對于戰爭的態度。在一九三九年八月廿三日蘇德協定簽訂以前，史太林對希特勒還是針鋒相對的時候，法共天天大罵希特勒法西斯蒂，主張法國應該採取積極的態度，制止侵略。等到蘇德協定一簽字，緊接着九月一日德軍進攻波蘭，法共的態度便完全不同了。史太林正和希特勒平攤賊贓，瓜分波蘭，於是法共指摘波蘭政府是一個反動的政府，英國銀行家爲了保護但澤的商業利益，而支持這一個反動的政府，因此這種戰爭，是帝國主義的戰爭。不久，法共領袖陶萊（Maurice Thores）爲了想號召工人拒絕參加這種帝國主義的戰爭，居然一逃不知去向。當時抵抗希特勒侵略的達拉第，雷諾一班人，在法共的宣傳品裡，却成爲戰爭販子了。好景不常，蘇德協定轉瞬成爲廢紙，一九四一年六月廿二日德軍大舉進攻蘇聯，於是在法共心目中，帝國主義戰爭已經一夜之間變爲英勇的保衛戰爭。從此法共爲保衛祖國蘇聯，擁護祖父史太林，(法共領袖們自稱爲「人民之子」，而尊稱史太林爲「人民之父」，巴黎有些報紙說他們是祖孫關係)，愛屋及烏，而參加了自由法國的抗戰行列。

這一種爲史太林忠誠服務的精神，到現在更變本加厲了。像意大利的共產黨一樣，法共也到處宣傳，如果英法美西方國家進攻蘇聯，那便是侵略，他們要誓死抵抗，反之，如果蘇聯進攻法國，那便是工人的解放，他們願充先鋒。關於北大西洋公約組織以及西歐聯軍，法共無時無地，不在想辦法破壞。去年艾森豪威爾到巴黎法共大舉示威，李奇威最近快要到巴黎來了，聽說法共也正在準備，另一方面，法共却極力誇張蘇聯的軍備，向法國人民作種種恫嚇的宣傳。譬如，在五一勞動節，把蘇聯的飛機大砲，莫斯科紅場閱兵的鏡頭，在巴黎街頭張貼。同時，他們喜歡歪曲事實，爲蘇聯掩飾。上月廿九日蘇聯軍用飛機在柏林附近平白地攻擊一架法國民航機，法國無辜受了一頓損失，乘客無辜受傷，到了法國共產黨口裡，却是法國民航機用苦肉計向蘇聯挑釁，企圖演成第三次世界大戰了。

自然，人民的眼睛是雪亮的。共產黨的宣傳技倆漸漸爲法國人民所了解。舉一個例，巴黎幾十家報紙中，普通銷路總是在四十萬份到五十萬份之間。法共中央的機關報「人道報」(Humanite)在一九四六年，銷路也是四十萬份。可是到了去年，只剩下廿一萬份。最近，却只有十九萬份，不及原來的半數了。再舉一個例，一九四八年以前，法共發動的各種罷工，多半是相當成功的，至少給了政府不少麻煩。可是最近二月十二日法共發動一個總罷工時，全部工人照常工作，巴黎一般人連罷工這回事都不知道。從這兩椿事看來，法共確實逐漸在走下坡路。而去年大選，共產黨由一百六十七席減到九十九席，自然更是顯明的失敗了。

法國政府往何處去？

大戰以後，法國可算是一個元氣恢復得最快的國家。然而當前的困難，依舊很多。對內方面，經濟基礎沒有打穩，在整軍聲中，物價蠢蠢欲動，法郎朝夕都在動搖。安南戰事，突尼斯和摩洛哥等殖民地的反抗，在在都使法國政府感覺頭痛。對外方面，最大的目標，自然在防禦蘇聯的侵略其次爲了德國整軍以及沙爾礦區的地位各項問題，德法之間，始終存在着許多障礙。

法國人盼望有一個穩定的政府，代他們好好解決這些問題。戰後幾年來，却就缺乏這麼一個穩定的政府。以事實如例，內閣壽命最長久的，是葛義第一任內閣，(法國此時進步最快)，從一九四八年九月十日到翌年十月廿七日，也不過是十三個半月。內閣壽命最短的，是徐滿第二任內閣，一九四八年九月五日到九日，前後只有五天。又如今年二月十七日傅爾組織內閣，僥倖趕上了一趟里斯本會議(北大西洋公約組織理事會)到二月廿九日便塌臺了。

國民大會是一面鏡子。我們先看國民大會各黨各派的實力究竟如何，才可以推想到法國將會組織怎麼樣的一個政府。去年大選以後各黨各派的實力如下，(大選以後，一部份席次因議負個人關係，略有更動，下表係以本年一月最近的實際情形爲準，故與前面所述數字，略有出入。)

戴高樂派	(其中包括附麗份子三席)	一一七席
農民社會同盟	(其中包括附麗份子四席)	二三席
農民社會行動共和黨	(其中包括附麗份子三席)	二二席
獨立黨	(其中包括附麗份子九席)	五四席
激進黨	(其中包括附麗份子八席)	七六席
抗聯	(其中包括附麗份子七席)	廿三席
海外獨立黨	(這些議員來自殖民地，多半爲非洲人)	十二席
天主教黨	(包括附麗份子三席)	八八席
社會黨	(包括附麗份子二席)	一〇六席
共產黨	(包括附麗份子進步黨四席)	一〇一席
無黨無派		五席
總計		六二七席

組織內閣的先決條件，在能够得到國民大會過半數的多數的支持。國民大會議員共計六百廿七席，半數爲三百一十四席，所以至少要能够抓住三百一十四席，才能够組織內閣。根據上列國民大會的席次分配表，我們可以想到法國內閣的組成，不外有四種可能。

第一種可能，便是所謂「全國大聯合」，(Unite' Nationale)。本年二月廿二日獨立黨的秘書長居協(Roger Duchet)曾經呼籲除共產黨以外的各黨各派領袖擧行一個圓棹會議，組織聯合陣線。二月廿九日傅爾內閣塌臺以後，獨立黨領袖雷諾。更以奉命組閣的身份，正式請求除共產黨以外各黨各派全部參加他的政府。這一個政府如果能够成立，當然是可以穩定下來的。可是因爲社會黨反對參加，這一個計劃終究沒有成功，雷諾也就放棄組閣的念頭了。

其次一種可能，便是以社會黨爲中心並包括天主教黨，抗聯，激進黨的中間偏左的聯合內閣。這是一般講究溫和改良主義的法國人所馨香禱祝的。可是如前所述，津貼教會學校問題成了社會黨和天主教黨聯合的障礙。自從去年九月間國民大會通過津貼教會學校案以後，社會黨天天都在想報復，在想翻案。所以在目前，社會黨與天主教黨是不可能在一起組織政府的。除非以後日子久了，記憶也淡忘了，在國家安全一個更大的問題之下，有一天聯合起來，也未可定。

再次，便是以戴高樂派爲中心，包括農民黨獨立黨的右傾的聯合內閣。自然，他們的票數還嫌不够，得設法再向激進黨和抗聯，拉一部份比較靠右的份子參加他們的行列。不過，在這種可能情形下組織的內閣，戴高樂派勢必請出戴高樂來主持，戴高樂勢必提出修改憲法擴充權限的主張。到那時，愛好自由主義者，又要聯合起來表示反對了。就目前法國的情況而論，戴高樂這個希望，恐怕難以實現。

最後第四種可能，便是以農民黨，獨立黨，激進黨，抗聯爲中心，包括天主教黨的聯合內閣。這恰巧是今日的法國政府——皮奈內閣。這種聯合的基礎，依然非常薄弱，不能不向外面去拉票。海外獨立黨，無黨無派議員，以及戴高樂派，社會黨內的游離的份子，都是拉票的對象。譬如皮奈內閣三月六日贏得國民大會多數通過，應該歸功于戴高樂派內游離的二十張票。不過，戴高樂派和社會黨的黨紀比較嚴格，這種游離現象，並非經常能够發生。爲了避免戴高樂派和社會黨的左右夾攻，皮奈內閣巧妙地提出了一個「政治休戰」的口號。皮奈强調法國的經濟危機，呼籲各黨各派放棄黨派的存見，聯合起來，搶救法郎，平定物價。皮奈也就以「專家內閣」自命。在全國與論熱望與督促之下，皮奈提了一連串的經濟提案，四月八日居然都在國民大會通過了。在投票的紀錄上，除了共產黨一直採取敵對的態度外，其他各黨各派或多或少都表示熱切的支持。社會黨贊成了一部份提案，但對于政府節約竟節約到公共福利事業身上，却投票反對。至於戴高樂派，則始終投票贊成。因此有人認爲戴高樂派從此以後支持皮奈內閣，事實上，這不過是皮奈內閣「政治休戰」運用後暫時的成績而已。皮奈內閣的前途，依然靠他將來保衛法郎的成敗以及這種聯合內閣內各黨派結合的實力而決定。

法國政府往何處去？這是法國人最感焦灼的大問題。以目前國民大會的組織來看，法國內閣無疑地仍在第四種可能情形裡面兜圈子。除非國內外局勢有急劇的變動，法國各黨各派仍然是喜歡學他們的前輩子，在政治舞臺上儘情角逐的！（五月廿六日巴黎）

人生雜誌　半月刊
內容豐富
文字優美
歡迎直接訂閱
訂有優待辦法
社址：香港九龍鑽石山
上元嶺正街六號

推薦在港出刊之
三日刊
自由人
香港高士打道六十六號
電話二〇八四八
當天空運到臺
臺北經銷處
中華路一二五九號

（上接第28頁）

他說一九四九年威夫利內閣曾拒絕過承認中共，當時波登在那裡做秘書長的外交部，曾經以文略達英國外交部，告以工黨所以不能給予中共以事實承認的原因。據加爾威爾說工黨直到現在還沒有變更過這一個政策。這一段話告訴了我們——英國當時承認中共時，曾知照過各自治領共同行動。

波登和加爾威爾的爭執先不過是工黨內部的爭辯，但到了本月廿日澳下院會議中，這問題却變成了政府黨和工黨激烈的爭辯。自由黨政府在這一次所採取的態度是異常耐人尋味的。照理來說反共的自由黨政府，應當毅然拒發護照給這些前往的代表的，但政府也有牠的苦衷和其用心的地方，澳洲憲法雖然沒有人民基本權利一章規定人民有旅行國外的自由，但只要人民能符合規定，澳洲同英國的慣例一樣，原則上平時政府沒有絕對權力禁止人民出國，但就這一個事件來說，倒不是政府絕對無權力禁止他們出國；澳洲是參與聯合國對中共作戰的國家，基於戰時限制人民出國的原則，政府對於一個曾經身掌外交機密的人投身匪僞，當然不是沒有禁止他出國的權力。政府所以不願意强制阻止這些人出國，主要的考慮，還是怕工黨利用這事來攻擊政府，以削弱政府的聲望。反之，政府讓他們去了，倒使人民感覺到工黨和共產黨是骯髒一氣的。

也許就是由於這一考慮，政府黨於廿日的議會中對工黨，尤其工黨領袖猛烈加以攻擊，攻擊的論點歸納起來，不外下列幾點：埃瓦特庇護波登前往北平，波登是埃瓦特一手提拔的寵兒，他由三等秘書成爲其私人秘書，再一躍而爲外交部的秘書長，兩人關係之深，自不待說，而這次波登所代表的澳洲太平洋和平協會，又是埃瓦特的兄弟在那裡做主持人，所以埃瓦特對波登到北平是不能辭其咎的。工黨方面則以政府不應發給他們護照爲理由抨擊政府。截至筆者此時執筆時止，這一個政潮還在那裡繼續之中，不過到北平做代表的五個人則已於昨天坐着載運前往韓國澳官兵所乘的飛機一同到香港後再分道揚鑣，這不能不說是民主國家內部矛盾的一個諷刺。（五月廿一日雪梨）

華府通訊

美國的鋼鐵工業糾紛

（六月二日）

楊志希

糾紛的緣起

美國是個工業化的國家，勞工佔人口的比例甚大，工會組織也很發達。工資標準，由勞資双方簽訂合同決定，如因工資問題而引起糾紛，工會方面唯一的武器便是實行罷工。美國鋼鐵工業勞資合同，業於去年年底滿期，從本年一月一日起，必須另行簽訂新合同，但因工資問題，雙方未能獲致協議，新合同遂無法產生。工會方面隨即醞釀着全國鋼鐵工人總罷工，以求達到增加工資的目的。旋經美國政府從中調停，希望獲得合理解決，不必訴諸罷工之一途，杜魯門總統並以私人資格要求工會延緩採取行動。據鋼鐵聯合工會主席摩雷（Philip Murray）表示，截至本年四月八日爲止。全國性的鋼鐵總罷工，已經延期四次之多。

我們在未報導鋼鐵工業糾紛的緣起以前，有將美國經濟管制機構略加敘述的必要。美國一般物價，因受朝鮮戰事影響，曾經一度波動。根據統計，自一九五〇年六月到一九五一年三月這段期間，平均物價上漲百分之二十七點五，換言之，便是生活費用增加三分之一。美國政府爲求管制物價與工資，遏止通貨膨脹，並促進國防生產起見，特於一九五〇年夏由國會通過國防生產法（Defense Production Act），隨即成立國防動員局，任命具有生產經驗的威爾遜（Charles E.Wilson）氏爲局長，在該局內部，有兩個主要機構，分掌「物價管制」和「工資穩定」事宜。前者稱爲物價管制處（Office of Price Stabilization），後者定名工資穩定委員會（Waga Stabilization Board），物價管制處的工作，在規定各項主要商品的限價（Ceiling Price），一切交易，均不得超過官定限價，如確因成本增高，產品必須漲價時，事先要請求核准，在工資穩定委員會裏，若干勞工界的領袖被羅致爲委員，該會的任務，爲審定工資高低，遇到勞資雙方因工資發生爭執時，該會並可擬訂合理標準，要求雙方同意接受。

這次美國鋼鐵工業勞資磋訂新合同，工會方面，因物價高漲，生活費用昂貴，請求增加工資，經工資穩定委員會擬議，鋼鐵工人每小時工資應提高二角六分，此議既出，工會主席摩雷氏宣稱，其增加數字，雖未達到工會原來要求，表示可以接受，杜魯門總統也認爲該會所擬，與政府現行經濟管制政策相符，予以贊同，可是各鋼鐵公司（資方）則拒絕此項增加工資的擬議，除非政府准將鋼鐵產品售價比例提增，根據他們估計，每噸鋼鐵必須加價十二元，始够補償，資方此項要求，與物價管制處的限價政策相衝突。目前鋼鐵限價每噸一一三元，實際售價每噸一一〇元，即令加價，每噸最多祇能加三元，因物價管制處無意將現行限價放寬。在這個雙重矛盾下，勞資雙方無法達成協議。於是鋼鐵工會決定從四月九日開始全國鋼鐵工人總罷工，美國鋼鐵工業的糾紛，便正式演出，在美國今年的經濟動態裏，算是一件大事。

政府接管

在這個總罷工的威脅下，全國所有煉鋼工廠，勢必一齊關閉，其後果的確很嚴重。杜魯門總統爲防止總罷工發生，採取了一項緊急措施。他以第一〇三四〇號行政命令，宣佈自四月八日起，所有鋼鐵工廠（全美鋼鐵公司，計有四十九家，大部份工廠，散布在芝加哥 Chicago 和彼士堡 Pittsburgh 一帶）一律由政府接管，並指定商務部長梳亞 Charles Sawyer）負責執行。無論何種工業，一旦經由政府接管，依照法律規定，工人必須繼續工作，不得罷工，否則便構成違抗政府的行爲。

杜魯門總統一面命令接管鋼鐵工業，一面召集勞資雙方代表至白宮舉行會議，對工資問題，尋求合理解決，但會議結果，毫無成就。杜氏接管鋼鐵工業所持的理由，謂鋼鐵工業乃一切重工業的基礎，對軍火生產關係尤大，在目前國家緊急狀態下（杜氏曾於韓戰發生後宣布美國進入緊急狀態），若使全國鋼鐵生產陷於停頓，不但影響朝鮮戰事，而且妨害美國安全。他爲國家安全和公衆利益着想，才決心接管鋼鐵工業，使其繼續生產。在勞資雙方因工資問題爭執不決的期間，杜氏適在南部富羅林達州（Florida）休假，他爲此事特召國防動員局長威爾遜到休假地點商議，他對威氏表示，爲避免鋼鐵總罷工，不惜付出任何代價，藉以滿足工會方面的要求，因此贊同工資穩定委員會的提高工資擬議，却無意讓鋼鐵產品同時加價。他認爲鋼鐵工業的利潤已很優厚（據廠方統計，鋼鐵每噸利潤在完稅以前爲十九元五角，完稅以後，僅餘六元，被政府稅去三分之二），各公司應從利潤中撥出一部作爲增加工資的開支。這裡威爾遜的意見，又和杜魯門總統相左。威氏站在經濟管制的立場，主張目前最好不加工資，也不提高產價，希望勞資雙方繼續原有合同，到今年年底再議，如果工會堅持增加工資，那麽，鋼鐵產品勢非准其漲價不可，在一九四六和一九五〇兩年已有前例可援。鋼鐵工業如此，其他工業必作同樣要求。結果祇是促使全國物價工資，循環上漲，加速通貨膨脹。兩年來穩定經濟的努力，等於白費。威氏所言，自亦有其見地，但不爲杜魯門總統接納，遂於返回美京華府時，辭去了國防動員局長的職務。

杜魯門總統此次對鋼鐵工業的措

施，顯係全力支持工會。他始終主張增加工資，而不贊成鋼鐵產價上漲，其他美國政府官員，如副總統布克利（Barkley）和勞工部長杜賓（Tobin）兩氏在費城出席鋼鐵工人聯合會發表演講時，亦採同樣態度。這些事實，固然說明杜魯門政府志在避免鋼鐵罷工，以資應付當前的緊急需要，同時還是受了民主黨傳統勞工政策的影響。

一場訴訟

自杜魯門總統實行接管鋼鐵工業後，資方認爲這一舉措，無異沒收私人財產，顯然缺乏法律依據，於是以商務部長梳亞爲對象，向華府區法庭起訴，如此一來，鋼鐵工業糾紛，由勞資雙方對工資問題的爭執，轉爲鋼鐵公司和美國政府間的訴訟，眞是一波未平，一波又起。美國政府方面，認爲杜魯門以國家行政元首兼海陸空軍統帥的資格，在已宣佈的緊急狀態下，因實際需要，根據憲法第二條賦予的行政權力，可將鋼鐵工業予以接管。法官派因（David A. Pine）站在純法律的觀點，於四月三十日發表長達數千言的判決書，大意指明美國憲法第二條並未賦予總統以特殊權力，作爲此次接管鋼鐵工業的法律依據，在緊急時期維護國家安全和公衆利益的權力，付託在國會而不在總統，換言之，杜魯門總統不經國會認可而以行政命令接管鋼鐵，構成違憲行爲。在這個前題下，派因遂判定政府接管鋼鐵無效，並命令執行人將各工廠交回原主。工會主席摩雷聽到這個消息，大聲叫道：「我們六十五萬鋼鐵工人，除了一齊走出工廠外，別無他途可循。」法官派因對此案既作如上的宣判，政府方面，當即要求上級法院延緩執行，並具表向最高法院（美國大理院）上訴，請求覆審。同時廠方代表律師提出在政府接管期間，應由法院禁止其增加工資或改變工作條件。

在未敘述這場官司打到美國大理院以前，我們來檢討一下美國人對此事的看法。自鋼鐵糾紛發生，輿論迭有評述。歸納起來，大都認爲杜魯門總統以行政命令接管鋼鐵工業，在法律程序上似有欠缺，甚至于說杜氏舉措違反民主，跡近武斷。還有人指出，如果鋼鐵有非由政府接管不可之勢，爲何不引用塔虎脫法（Taft Hartley）？原來美國在第二次世界大戰結束後，工潮不斷發生，國會爲求應付罷工起見，便通過了塔虎脫法。根據此項法律，政府遇到有危害國家安全的罷工威脅時，有權將其延期八十天。在這段期間內，由總統指定一委員會研究勞資雙方爭執的內容，並妥謀解決方案。如果期滿尙未獲致協議，總統應將上述委員會的研究報告，提交國會討論。國會認爲必要時，可通過議案授權政府接管私營工業，藉以防止罷工，這是接管所經的法律程序。杜氏此次沒有引用塔虎脫法，其所持理由，是說該法從未試用，是否有效，不得而知；況且鋼鐵工業勞資糾紛，截到本年四月八日止，已經超過八十天的限期，此時引用塔虎脫法只求解決，對鋼鐵工會有欠公允。

平心而論，法官派因的判決，未能顧全美國實際情況；杜魯門總統的接管措施，是以政治局勢作背景。他唯一的目的在維持鋼鐵繼續生產，這點無可訾議。不過他以行政命令予以接管，未免操之過急。上面對不引用塔虎脫法的解釋，顯係表面的理由。骨子裏或是因爲該法係共和黨參議員塔虎脫擬訂（塔氏正與艾森豪將軍爭取共和黨總統候選人），在這個大選年頭，杜氏雅不欲引用此法，免得無形助長了敵對政黨的聲勢，這也許是杜氏的一點政治私衷吧。

大理院的辯論

話題扯得太遠了，讓我們言歸正傳。自美國政府方面對派因的判決提出上訴後，這場官司便打到了大理院。鋼鐵工業廠家聘請著名老律師戴維斯（John W. Davis）出庭辯護：政府方面，則由代理司法部長皮爾曼（Philip B. Perlman）發言，戴維斯乃著名憲法專家，現年七十九歲，鬚髮斑白，他在大理院第一天開審此案時，發言達九十分鐘，他根據憲法原理，提出詰詢道：請問我們（指美國）的政府是否係一個權力有限的政府呢？我們是否採行立法，行政和司法三權分立的政治制度呢？我們政府行使權力，是基於法治呢？抑是基於人治呢？他在作結時，並引述了哲佛遜的話：「當權的人必須嚴格遵守憲法，才能避免失當的行爲。」總之，戴維斯的辯詞，無非是要指責杜魯門總統接管鋼鐵，係違憲越權。皮爾曼則謂戴氏所言不切實際，此次政府接管鋼鐵，目的在維護美國國家安全和公衆利益，非如此不能使鋼鐵工業繼續生產，以應實際需要。皮氏發言完畢，有大法官多人，包括大理院長文生在內，先後對皮爾曼加以詰難。經過兩場辯論，大理院即宣告本案辯論終結，但未定期何日宣判。

今天（六月二日）當筆者即將本文投郵時，報載大理院以六票對三票決議杜魯門總統行爲違憲宣佈美國政府接管鋼鐵工業無效（大理院長文生氏支持杜總統）該案既作如此宣判，杜氏便令商務部長梳亞（接管執行人）將鋼鐵工業交還原主，工會主席摩雷立即以電話通知全國鋼鐵工人實行總罷工，同時要求公司方面（資方）恢復談判，但他聲明勞方仍將堅持工資穩定委員會所擬提高工資的立場。

美國大理院今日之所以作如此判決，當然是純法律的立場，基於美國傳統的維護私人財產的立國精神，但是這樣一來，美國鋼鐵總罷工，勢無法避免。從政治的角度來看，增加工資，以適應生活費用的高漲，並避免全國性的總罷工，所引起的不安，亦爲事實上勢在必行，聰明的美國人必能在兩全的原則下，找出一條可以行得通的道路。

六月二日華府

雪梨通訊

失意政客充「貴賓」

本刊特約通訊記者　孫宏偉

五月十七日澳洲各報登載一項消息說，由澳洲前外交部秘書長工黨黨員波登博士 Dr. J. W. Burton 為首的五代表，於本月廿日即將往北平參加一個和最近莫斯科世界經濟會議前後「輝映」的所謂「和平會議」。因為這位波登博士過去當過外交部秘書長（澳洲部會的秘書長，權力甚大，超過我國兩次長所有的權力。）而且他是前工黨政府外交部部長、現在工黨領袖埃瓦特 H. B. Evatt 一手提拔的夾袋人物，因而這項新聞很引起全澳朝野一致的詫異。

說起這位退任的外交部秘書長，我們如果要了解他這次所以悍然不顧一切的到北平去，也許我們這裡對他上年澳洲兩院選舉時候所鬧的一件事情，要加以簡單的介紹；原來波登為人少年得志，頗饒資財，他從當埃瓦特的私人秘書一躍而為外交部秘書長，陞遷之速為一般人所不及，更兼他微有才能，因此更是自負不凡，意氣淩人。埃瓦特的外交部部長，不久因工黨政府一九四九年選舉失敗而丟了寶座；這位當秘書長的事務官，原可繼續下去，但因為他和工黨埃瓦特的特殊關係，不能為自由黨政府所諒解，終於隨工黨的下臺而被外放到錫蘭當高級專員。這位抱負非凡的年輕秘書長，當然經不起這一個無情的創傷，他於是滿懷悵惘，每天只想怎樣去恢復他那已失去的權力。機會終於一九五一年四月間降到他的身上，這時自由黨政府因上院拒絕通過政府法案，毅然宣佈解散兩院，重新改選，波登博士遂認為這是他千載一時的機會，他竟不事前報告外部，突然的回國競選工黨議員，以一個政府現任的外交官而回國競選，眞是前所未有，在前外交部長自由黨史賓德一怒之下，迫他辭去了駐錫蘭高級專員的職務，這一個雞肋丟了原不可惜，最使他痛心的是他千里辭官而並沒有選上一個議員的席次。這一下只好自怨命薄，回到老家去經營他自己的農場去了。知道了他的性格和他過去的歷史之後，讀者們自然對他之所以冒天下大不韙去替偽「和平」會議搖旗吶喊，不會再感覺到任何奇怪！

中共在澳洲並沒有外交代表，究竟他們和澳方接洽的情形怎樣！這倒是一個很有興趣的問題。我們從波登博士的聲明和其他的報導中所能得到的情形是這樣的：

中共方面發出請帖的人是偽政府副主席宋慶齡和北京大學偽校長馬寅初的一群篡權份子，原先被邀的為數不下幾十人，但其中不乏明智之士，不願沾污清名，決然謝絕的很多，結果只剩下五個人應邀，這五個人中除波登外，其他都不是知名之士。據說埃瓦特的介弟原亦答允前往，後來不知道怎樣又忽然改變了計劃。當然「光」是請帖是邀不到人的，在其中奔走接洽的大有人在。這些人倒底是誰呢！波登在他的本月十六日的聲明中說：「他和若干澳洲的中國問題專家研究的結果：……他相信這會議確是一羣在野名流誠心努力打破……殭局的會議。」我們因此不難想像這些所謂中國問題專家是在這裡為匪共奔走，他們並且是決定波登應邀的一個重要因素。

一年來平靜的澳京，由於國立研究大學的設立，隨着來了兩位自命所謂中國問題專家；一個是自取華名叫做費文智的 C. P. Fitzgerald，一個是曾和八路在延安共游而不擇的林得賽 Michael Lindsay。前一位在中國時間不下十九年，把中國人的一套貌是心非，內方外圓的本領都學會了，再加上了共產國際的權詐，所以他的活動能力也特別強。後一位是英國上院議員牛津大學院長 Lord Lindsay 的兒子，最近老林得賽死了，他並沒有回國奔喪，但却承受了"Lord"的稱呼，並且當他在中國時，還娶了一位燕京大學的左傾學生做太太。關於這二君的言行，筆者有容時當另文報導，這裡要順便告自由中國文化界人士的是林得賽現正在寫一部自一九三七年至一九四九年關於國共談判的歷史，所使用的材料，當然是百分之百的匪偽材料，我文化界人士似乎應針對這一部在親共份子創造中的歷史早些設法也有一個英文本的著述。

上述兩位親共人士之外，再加上彼得羅索（Dr. Peter Russo 略有文才，係一無恥文人）等一般左派文人教授，的確是中澳兩國人民間了解的一個大障礙。

波登聲明的發表之後，首先予以迎頭痛擊的，却是工黨自己的副領袖加爾威爾 A. A. Calwell，這位信奉天主教親美反共的加爾威爾先生是澳洲工黨中一位自由中國最有力的友人。他斥責波登身為工黨黨員，絕不應參加一個偽裝的共產黨會議，他要求波登，假如決定到北平去，他應該馬上退出工黨。

波登的見解是：他為了改善澳洲和中共的關係，並且為了獲悉中共眞相，他之應邀前往北平，這是一件很平常的事情。假定所謂太平洋和平會議是虛偽的話，他必將這些情形向國人報告，而且已故工黨首相戚夫利 J. B. Chiefly 和埃瓦特都是主張承認中共的，很明顯的他們兩位是要我們工黨黨員竭盡智能來改變澳洲的中國政策的。

波登的答辯再度的引起了澳工黨副領袖的駁斥，這一次的爭辯中却透露了一件很值得我們注意的外交秘密，加爾威爾否認戚夫利和埃瓦特是主張承認中共的（據筆者所知二人至少在私人意見上，確是主張承認中共的）

（下轉第26頁）

書刊評介

紅旗下的大學生活

燕歸來著　香港友聯出版社印行

悼萍

自共黨統治大陸以後，從大陸跑出來的人，只要他是自以為可以寫幾句的，總不免要在報紙雜誌上發表一兩篇報道性的文字或印行一本小冊子。這，差不多成了一時風尚。這個風尚是好的，反共得先弄清白共黨統治是怎樣一會事，而且我們在自由區域的人們，那一個不時時想多知道點大陸的情形呢？不過這一類的報道性的東西，我們看到的可也不少，但其中值得一看的實在不多。其原因，倒不完全是在文字方面（自然也有許多是文字惡劣的），而多是在描寫共黨罪行時沒有抓住要點，甚至描寫得走了樣；有的時候，我們甚至可以看到一篇或一本反共的東西，其中不僅盡是些反共八股，而且寫作者本人也充分暴露了他自己所持有的共黨型的氣氛，儘管在字面上有些「自由」、「民主」這一類的名詞。

老實說，要從表面的事象來分析共產黨這個怪物（在一八四八年共產黨宣言中，它曾自認是個怪物），而分析得又不走樣，確是一件不太容易的事。共產黨殺人，自然是滿不在乎，鬪爭大會上血淋淋的表演，共產黨是常常幹的，但我們不能說這就是共黨的全貌。殺殺砍砍，是有聲有色的粗暴行為；粗暴行為的本身和其反應（無論這種反應是正的或是反的），都是熱熱辣辣，轟轟烈烈的，容易看出，也容易寫出。可是共產黨的最利害處，不是在它所常常顯露出的粗暴殘忍，而是在它經常所保持的平淡中的冷酷。後者比前者更難受。這是個要點，我認為，這是我們報道共黨罪行時所要抓住的一個要點。

「紅旗下的大學生活」這本報道共黨罪行的小冊子，在這個「抓住要點」的標準下，照我看來，至少是及格了。在這裏，看不見一幌一幌的鐮刀，嗅不到一陣一陣的血腥，甚至也找不出一幅像我們壁報上所畫的共產黨人所特有的怪面孔。這並不是意味着共產黨不好殺人，也不是說共產黨人完全沒有猙獰面目，然而這些這些都不在作者的筆下；但從作者的筆下，我們感到了劇烈的同情的創痛，這創痛是屬於心靈上的。心靈上的創痛來自平淡冷酷的日常生活中者，遠比來自砍砍殺殺的屠場上者深刻得多！

本書的題目為「紅旗下的大學生活」，實際上所寫的只限於北大。北大是有其「北大風」的，以「北大風」來襯托今日共黨的作風，格外來得驚心動魄。大家在閱讀本書以前，試閉目想想：北大三院閱覽室壁上的掛像，昨日是蔡孑民先生，今天換上了毛澤東，這一變換，所象徵的是一些什麼?!

全書分兩部：第一部「唯物主義下的物質生活」，第二部「黨化精神生活」。內容都是關於學生的起居工作。從文字技巧方面看，第二部似乎不及第一部。第一部的精采處，輕鬆、細膩，沒有狂叫、沒有謾罵，但其感人之深，比若干反共專家在講臺上扼腕頓足力竭聲嘶的講演詞，不知要強多少萬倍。

人總歸是有人性的。共產黨人在其作為共產黨人的時候，固然有其一套，但他們也還是人，所以他們在執行其反人性的任務時，究不能完全抑制住人性的流露。在這一點上，本書常常加以描寫。從這裡，我們得到一個明白的認識，即認識到在共黨反人性作風下，大部分的共黨幹部是在心靈極度矛盾下過生活，這種生活的苦痛是深刻的。從這裡，我們也得到一個堅強的信念，即堅信共黨必敗—因為人性是不會完全汨沒的。下面我摘錄一段關於這一方面的描寫，讓讀者在展開本書以前，先嘗其中之一臠。

「一個很愛美的女同學，『解放』後在一家將要倒閉的綢緞莊買來一件紫紅色的綢料，拿回宿舍，正披在身上左比右量，非常得意，問我認為做長袖好還是短袖好，這時她的男朋友來了。他加入新青團已經很久了，同學們公認他學問好、能力強，是一個負責、誠實、可敬的同學。黨團員尤其敬重他，因為他的思想『正確』，忠於組織。

「他已經進來了，並且已經看見了她的新衣料和得意的姿態。她是很伶俐的人，只好仍舊維持自然的神色，微笑着對他說：『你看這料子怎樣？我穿好不好？』

「他的目光集中在那料子上：柔軟光澤，紫紅色的花紋，既美麗又典雅。他抬起眼來，看看她的面龐，白白的圓臉配着俏皮的下頷，修長的秀眉覆蓋着明亮的眼睛，鼻子高高的，沒有塗口紅的嘴唇似乎集聚了一切柔性美的優點。他早就迷戀着這俊秀脫俗的女孩子，今天襯上這件衣料，格外顯出上帝對她的偏愛。

「她似乎以為他呆呆地看着她，是一種無言的責備，連忙有點難為情地把披在身上的衣料扯下來。我立刻伸手重新給她披上，冷笑着問她的男友：『怎麼樣？到底怎麼樣？』

「我清楚地察覺到，這次感到難為情的是他了。討厭他那畏畏縮縮、尷尬遲疑的樣子，於是我又逼緊一步：『你眞心以為怎樣？』

「他把手裏的書包放在桌上，低着頭坐下了，勉強笑着說：『誰有功夫管這些事！——你們：：』這兩個字是臨時拉夫拉出來的，下文還沒有想好。他看看錶——如果我立即問他幾點鐘，他一定還得重新看一次——又翻翻書，一本字典。我相信他不但沒有看見字典中任何一個字，而且根本不知道他自己在做甚麼。他好不容易想出了一句下文：『你們……最近看了些甚麼書？』說完，又微微抬起眼皮，偷看一下他的女友那典雅大方的衣料所陪襯着的俊秀脫俗的面龐。………」

為節省篇幅，摘錄就止於此。下面就是描寫這位新青團團員態度上的又一轉變，滿口背誦起黨的教條來(整個故事見原書一九一—二一頁)。這段描寫，盡情盡理，從盡情盡理的描寫中顯現出共黨統治的反情反理，這才是指摘共黨罪行的好作品。

「戀愛與結婚」，是本書第三部「黨化精神生活」中的最後一篇。在這裡作者報道黨辦婚姻的場面，頗好笑，但笑後你一定會感到一個嚴重的問題。事情是這樣的：共區的結婚典禮，大致說來有三種典型。第一種可說是過去那種典禮的簡化，第二種叫做民主結婚方式，這兩種不在我們話下。第三種是純粹黨辦的，這種黨辦的結婚典禮，據作者說：「……雖然『樸實』得近於寒酸，却比任何豪華的婚禮要顯得親切(如何「親切」，請看下面)。四周的喜聯有時不免粗俗一點，但還能不流於低級，同時也很巧妙而恰當；例如在對聯的上款不寫新夫婦的姓名，而用『××(双方的姓)生產合作社開張誌喜』。……」結婚是「一生產合作社開張」，這才十足地代表了共產黨徒的人生觀！

為着介紹這本書，我想、只指出上述的幾點已足够了。作者在其「寫在前面」中也說過：「這本書因為限於報道紅旗下的大學生活，所以無法把我所知道的其他方面的事實證據盡情暴露出來，更沒有把中國老百姓反共的理由作具體詳細的論列；但如果朋友們肯多用推論和聯想，也可以發現一些問題……可以推想到其他一切，自然更加是被控制被黨化的。」

最後，我要引作者的一句話，作本文的結束，這句話在反共的陣營中有大大的教訓意義：

「不誠實的人，沒有資格反共！」

——民國四十一年六月於臺北

(七接第17頁)

粒的麵粉，只認識一團麵粉(所謂『群眾』是也)。對於這一團麵粉，他高興按照他底想法(『計劃』是也)，揉成怎樣的形狀便揉成怎樣的形狀，他高興做成什麼樣式的麵包便做成怎樣的麵包。麵粉從來不能自作主張，向他提出抗議的。如果麵粉向他抗議，他很容易地伸出他底爪子，把麵粉扔進渣滓桶裡去。在這種統治之下，個人底情緒，好惡，興趣，被認為不值一提。至於優美的情操，高尚的文化，超越利害的活動，更無從談起。大家終日流汗，將勞動所得全部奉貢，然後擺起長蛇陣，領點殘餘配給，過度茫茫無盡之歲月。這還有什麼可說的啊！這簡直不是人的生活！人之所以為人的要素被剝奪淨盡了！這是在『主義』的美名之下，利用最現代化的統治技術和工具，逼使人家回返到蜂群，蟻群，羊群的生活狀態，以滿足少數狂執份子之原始野蠻的權力欲而已。

我寫到這裡，猛一擡頭，看見我底書架上有三巨冊的 Principia Mathematica；有 Frege，Russell，Wittgenstein，Carnap 底大作；有十九世紀末葉以來關於 Philosophical Analysis 的精粹文選；還有國外學者寄贈的刊物。我大吃一驚。我幾乎不信我尚置身於東方洪水泛濫的邊沿。這點西歐文化底結晶，我視之如珍寶。假設八路仁兄一旦光臨的話，這些東西有被化作紙漿的危險。而我這枚小小『反動份子』呢？毫無問題，一定經過『人民公審』的例行手續以後，丟到大海裡去餵魚！

你要作個人嗎？你要作個人，必須反共。而反共之最實實的理由，就是反極權政治。如果反共而不反極權政治，便陷於自相矛盾。

共黨之禍是二十世紀初葉以來世界底一個巨大的激變。中國之苦於赤禍者三十餘年於茲矣。而到了現在，共黨問題已經演變成為一個世界性的問題。今後反共事業底成敗所關係者，不只是一個國家或一個黨派或一個個人，而是整個自由世界。既然如此，於是從事反共，必須放開眼界，配合自由世界底全盤情勢。在這一全般情勢之下從事反共之基本的政治前題就是實行民主。實行民主，就對外而論，才能與自由世界協和一致；就對內而論，才能抒發真正的新力量。所以，在這一關聯上，反共與民主是一事底二面，在實踐上是不可分的。因此，凡誠意反共而無私念者，必定要將反共與民主密切聯繫起來。而實行民主就是反對極權。所以，在反共運動中，實行民主既成為目的又成為方法。

只有民主的反共，才不是與共黨比量而是比質。反共集體底政治品質高於共黨多多的那一天，便是致勝共黨的一天。我們看得很清楚，私欲還在橫流，重溫舊夢之念還在那裡盪漾，成見還在支配許多角落，因而走上這一條路還要費很多周折。但是，長江千迴萬轉，終歸會流向大海的。凡對民主反共事業有信心的自由人，是不會灰心而放棄這個宏願的。

(完)

(七接第31頁)

少一事」的想法，不去理睬這個問題，我們只好不得已而再求其次，即希望律師公會向立法院請願。截至現在止，律師公會應該還沒有以立委經歷而取得律師執照的所謂「律師」滲進去。律師公會為保障會員們業務上的權益，自可向立法院請願，請其修改那些不合理的法律條文。賢明的律師先生們應該知道，這個問題，是他人的「瓦上霜」，同時也是自己的「門前雪」，為公為私，都得當仁不讓地走出來打掃打掃！

話說回來，我們希望司法院或律師公會發動來解決這個問題，這是假定立法院置之不理而說的。我們為着愛護我們人民代表機關的榮譽，還是希望立法院自動地來做這件修改法律的工作。這正是本屆立法院樹立威望和榮譽的大好機會。說得嚴肅一點，乾脆一點，就是重複前面所說的那句話：本屆立法院面臨一個嚴重的考驗！

讀者投書

本屆立法院面臨考驗

朱啓葆

編輯先生：

貴刊六卷十一期所登出的原之道先生那篇「立委三年成法師」的文章，眞是一個了不起的發現。我讀完那篇文章以後，又有一個補充的發現。同時我覺得這個問題不能等閒視之，於是寫了這篇文字寄來；內容與原先生文章沒有重複之處，題目擬用「本屆立法院面臨考驗」，不知貴刊可否登出？敬頌

撰安！

朱啓葆謹上六月七日

怪事年年有，今年發現多。而今年發現的怪事，又以貴刊六卷十一期原之道先生所揭舉的「立委三年成法師」爲怪事之尤怪者！

由於原先生的揭舉，大家才注意到這個問題；由於注意，我才去翻翻六法全書中有關這個問題的各種法規；這一翻，我又有另一發現。發現除原先生所舉出的「律師法」及「法院組織法」上所規定的，當了立委三年即可取得律師和推檢資格，五年即可取得最高法院院長資格以外，還有「司法院組織法」上的一項規定。「司法院組織法」第四條：「大法官應具左列資格之一」（請注意「之一」兩字），其左列的第二款，即「曾任立法委員九年以上者」。

律師、推事、檢察官、最高法院院長，乃至大法官，都可以立委的經歷取得其資格而不問其學歷如何，這樣一來，立法院似乎成了一個法律專家養成所，大學內的法律學系也可取消了！

律師執行業務，是人家找上門的。殺人的庸醫、你不找他，他無權殺你，找錯了律師、官司打輸了，活該！（這並不是說政府無妨濫發律師執照，而只是說，找錯了律師，找的人自己也要負一部份責任）至於推事、檢察官，最高法院院長，是代表國家來執行職權的，其宣判、其起訴，關係到人民的權益乃至人民的生命，而大法官則有解釋憲法之權，憲法是立國之本。而今推事、檢察官、最高法院院長，和大法官的資格，都可以立委的經歷取得之，而不管其是否學習過法律，這眞是把民命和國本拿來開玩笑！

僅憑立委的經歷不能充當律師推檢，其理由已給原先生說得夠透闢了，那些理由也同樣地適用於大法官的資格之不能僅憑立委的經歷來取得。除此以外，我們以爲大法官資格之取得，似乎還應該具備一個必要條件，即研究公法學而富有政治經驗。在現行法中雖也有這一條件，但這只是條件之一，而不是必要的條件。

有人說，大法官解釋憲法，係由大法官會議之決議行之（司法院組織法第三條及大法官會議規則第二條之規定），大法官個人並不能單獨行使憲法解釋權。因此，在大法官中有一兩個不懂得法學的人，又有甚麼關係呢？這種說法，就是承認「濫竽充數」。竽，是充了，竽濫、可不管！

事理已經弄清白了，那些不合理的法律條文（律師法第一條第一項第三款後半段、法院組織法第三十七條第五款、及同法第三十八條第三款暨司法院組織法第四條第一項第二款）却依然存在，那末、怎麼辦呢？聽說，現在已有百位以上的立委憑其當立委三年以上的資格，曾經從考選部申請到律師執照，此外還有以百計的立委已在或正想申請中。有這種不合理的法律條文，自然有這種不合理的事件；但是，只要這種法律條文存在，這種事件雖不合理，可不是不合法的。所以問題的關鍵，還是在那些法律條文。因此、關於這個問題合理合法的解決，我們要寄希望於本屆立法院。

立法院是國家的最高立法機關，代表人民行使立法權（憲法第六十二條），而有權議決法律案的（憲法第六十三條）。所謂議決法律案，自然包括法律的創制和修改。上述的那些不合理的法律條文，就其公佈施行的年月日來看，都不是本屆立法院創制的，我們自不能厚評本屆立法委員，說他們假藉人民所付託的立法權而謀其私人的利益。但是，關於那些法律條文的修改，我們却不能不責望於本屆立法院。現任立法委員中當然有不少的法律專家，尤其是參加法制委員會的立委們，該是些對法律研習有素的，他們對於法律問題的處理，負有更大的責任。合情合理而又爲人民所希望的法律，立法院應該創制，不合理而又爲人民所指摘的現行法律，立法院應該考慮、修改。在人民的眼中，部份的立委並不代表立法院，因之、我們並不以這次有若干立委憑藉不合理的法律申請到律師執照，而認爲是本屆立法院的恥辱，相反地，我們正期待本屆立法院不要顧全那一部份立委們的利益或情面，毅然決然地依法律程序來修改那些不合理的法律條文，這正是本屆立法院的光榮。本屆立法院，在這個問題上，已面臨一個嚴重的考驗！

我們把這個希望寄托於立法院，這是天經地義。立法院似不會規避這個責任。萬一立法院不管的話，我們則希望司法院來提案，司法院有無向立法院提案權，憲法雖無明文規定，但照最近大法官會議對於監察院提案權的解釋例來看，司法院當也有關於所掌事項得向立法院提出法律案之權。如僅就「律師法」及「法院組織法」說，司法行政部應也可以提出修正案。司法院及司法行政部有維護司法尊嚴的職責，司法尊嚴的維護，也有賴於律師、法官們的「人」的因素。如果在這類人中間混進了一些根本不懂得法律爲何物的人，則司法尊嚴也就有所損害了。所以我們有理由希望司法院及司法行政部提案修正那些不合理的法律條文。

萬一司法院及司法行政部也抱着「多一事不如

（下轉第30頁）

第六卷　第十二期　內政部雜誌登記證內警臺誌字第一九號　臺灣省雜誌事業協會會員　三九六

給讀者的報告

政府當局最近宣佈自八月份起調整軍公教人員待遇，此乃軍公教人員渴盼已久之消息。一般說來，現在軍公教人員的生活清苦已達極點，實應早加調整，其所以遲遲其行者，當然是政府有其經濟上的困難。這次政府表示在不增加發行的原則下調整薪給，實屬極賢明的措施。然而基於以往之事實，我們覺得在調整軍公教人員待遇問題上，「求公平，節浪費」，實是最基本的原則，也是我們急宜改革之事象。特爲社論以論之。

本期專論首篇是戴杜衡先生的大作。本文從民主政治的理論基礎剖析間接民主制度上之缺失。現代民主制度主要的以議會政治與政黨政治爲骨幹，可是議會政治與政黨政治本質上是間接民主的制度，其發展之趨向可能與民主基本精神相牴牾，因此爲確保人民主權之不致旁落，實應逐漸採取直接民主，在科學文明發展之今日，過去人類之所以無法實行直接民主之障礙已逐漸消失，故此項理論之實踐已非不可能之事實。戴先生說得好：「消除極權主義威脅的唯一途徑，祇有把主權穩穩掌握在自己手中。不要把保險箱的鑰匙交託於人，一交託，你又如何能禁止他不把收藏箱內的財富一點點或一下子的拿走？」人類在感受了極權主義的威脅之後，當可發現更直接的民主才是最可靠的保證。

在一切爲爭取反共戰爭勝利的前提之下，經濟動員之重要性實不下於軍事之動員。然經濟動員之能否順利達成，則端視有否合理之經濟政策爲之基礎。經濟政策之厘定一方固須有正確理論之指導，他方更重要者則須有實際事實之依據。凡不基於事實之理論，無論其如何美妙，事實上必格格難行。瞿荊洲先生的大文，正是從實際事實的基礎上討論現行經濟政策。由於其在財政金融方面所具之經驗，所見當然是甚切實際的。本文包括前後兩篇，其續篇將於下期發表。

『我爲什麼反共？』一文雖然是殷海光先生的一篇自白的文字，但却是作者十幾年來的痛苦之經驗與思索之所得，而這痛苦的經驗與心得不僅是殷先生個人的，同時也代表了這一苦難時代中所有良善的知識份子之遭遇。因此，此文之發表將可供作有心之士在此問題上思想之線索也。

本期通訊三篇均爲難得之作，巴黎通訊分析法國政黨之動向，內容至爲翔實。華府通訊綜述美國最近發生的鋼鐵糾紛。雪梨通訊報導澳洲失意政客前往北平參加中共召開之所謂和平會議。均屬忠實而生動之寫實文字。

本期讀者投稿，義正詞嚴，讀者勿輕易放過。

廣告刊例

一、封底裡面全幅每期新臺幣一千五百元，半幅八百元，1/4幅五百元。

二、普通全幅每期新臺幣一千二百元，半幅七百元，1/4幅四百元。

三、式樣及鋅版自備，如欲本社代辦，則照值計算。

本刊售價

一、	臺	幣	三元
二、	越	幣	八元
三、	菲	幣	五元
四、	港	幣	一元
五、	暹	幣	四銖
六、	美	金	二角
七、	叻	幣	四角
八、	印尼	幣	三盾

自由中國 半月刊 第六卷第十二期 總第六十三號

"Free China"

中華民國四十一年六月十六日

發行人　胡適

主編　「自由中國」編輯委員會

出版者　自由中國社　社址：臺北市金山街一巷二號　電話：六八八五號

航空版　香港時報社

經售者

臺灣	中國書報發行所（臺北市館前街八五號）
美國	紐約民氣日報社
	舊金山國民日報社
日本	東京南友堂
	東京內山書局
韓國	釜山草梁洞新泰行
馬尼剌	大中華日報社
印尼	椰嘉達星期日報
	椰嘉達天聲日報
	棉蘭繁華圖書公司
越南	西貢中原文化印刷公司
	越南華僑文化事業公司
暹邏	曼谷攀多社十二號
緬甸	仰光振成書報店
印度	孟買梅亞號
	加爾各答塔梅學校
新加坡	中興日報社
	檳榔嶼、吉打邦均有出售
澳洲	墨爾鉢王德利公司
北婆羅洲	馬拉奕坡美芝律聯華公司

印刷者　臺灣新生報新生印刷廠　廠址：臺北市西園路二段九號　電話：二〇九六

本刊經中華郵政登記認爲第一類新聞紙類　臺灣郵政管理局新聞紙類登記執照第二〇號　臺灣郵政劃撥儲金帳戶第八一三九號

自由中國
第五集

第六卷第一期至第六卷第十二期
1952.01-1952.06

數位重製・印刷　秀威資訊科技股份有限公司
http://www.showwe.com.tw
114 台北市內湖區瑞光路 76 巷 65 號 1 樓
電話：+886-2-2796-3638
傳真：+886-2-2796-1377
劃 撥 帳 號　19563868　戶名：秀威資訊科技股份有限公司
讀者服務信箱：service@showwe.com.tw
網 路 訂 購　秀威網路書店：https://store.showwe.tw
網路訂購：order@showwe.com.tw

2013 年 9 月
全套精裝印製工本費：新台幣 50,000 元（不分售）

Printed in Taiwan

本期刊僅收精裝印製工本費，僅供學術研究參考使用